Prof. Dr. S. Frensdorff,

Die Massora Magna.

Die Massora Magna

nach den ältesten Drucken mit Zuziehung alter Handschriften.

Herausgegeben

von

Prof. Dr. S. Frensdorff.

Sollen Andere Vortheil von mir haben,
So muss ich pflegen meine Gaben;
Und wer da nichts thut, als das Seine,
Der lebt erst recht für's Allgemeine.

Platen.

Erster Theil:

Die Massora in alphabetischer Ordnung.

assora agna.

ster Theil:

ssoretisches Wörterbuch

Massora in alphabetischer Ordnung.

Dr. S. Frensdorff.

WIPF & STOCK · Eugene, Oregon

Wipf and Stock Publishers
199 W 8th Ave, Suite 3
Eugene, OR 97401

Die Massora Magna, Erster Teil
Massoritisches Worterbuch, oder Die Massora in alphabetischer Ordnung
Edited by Frensdorff, S.
ISBN 13: 978-1-55635-668-1
Publication date 1/8/2008
Previously published by Cohen & Risch, 1876

Vorwort.

In der so vielseitig und erfolgreich bearbeiteten biblischen Literatur ist gerade in dem grundlegenden Theile derselben eine Lücke vorhanden, welche auszufüllen bisher nur Versuche gemacht worden sind, ohne dass Männer von Sach- und Fachkenntniss das hierher gehörige Material wissenschaftlich zu bemeistern und der biblischen Linguistik und Exegese dienstbar zu machen unternommen haben. Ich meine den überlieferten Bibeltext. — Man hat mit der ausdauerndsten Anstrengung und grössten Opferwilligkeit sich bemüht, durch Vergleichung der über Europa zerstreuten Bibelhandschriften, mit Berücksichtigung der Massora einen möglichst authentischen Text herzustellen, aber die Massora selbst, das eigentliche Fundament dieser Studien, liegt bis heute noch, wenigstens in ihrer Ganzheit, unbearbeitet vor uns. Sie wäre vielleicht in den Bibelhandschriften begraben geblieben, wenn sie nicht von dem edlen, die jüdische Wissenschaft durch seine hebräische Buchdruckerei fördernden Daniel Bomberg in Venedig, in Gemeinschaft mit R. Jacob ben Chajim ans Licht gezogen und der sog. Rabbinischen Bibel, welche in Venedig 1525 erschien, einverleibt worden wäre. Fern sei es von mir, das Verdienst dieses Mannes zu schmälern. Wer die Beschaffenheit der Handschriften, besonders der ihnen beigefügten Massorabemerkungen, kennt und weiss, wie diese grösstentheils zur Verzierung der Codices oft in geschnörkelten Figuren und in einem bestimmt vorgezeichneten Raume, daher oft verstümmelt und von leichtfertigen Schreibern unrichtig beigeschrieben worden sind (s. Ochlah W'ochlah „zum Verständniss" § 6, Anmerkung S. VIII ff.), der wird eine solche erste Druckausgabe zu schätzen wissen, zumal wenn er bedenkt, dass Jacob b. Chajim seinem Berufe nach nur Sammler und Corrector war und zur Vertiefung in das so ungeheure Material keine Zeit finden konnte. Wir glauben ihm gern, wenn er betheuert: והשם יודע כמה טורח עברתי (עבדתי?) על זה וכבר זה מפורסם לכל מי שראה אותי מתעסק בו וכו׳ und am Schlusse der Vorrede bekennt: ולא נסוגותי אחור בשביל הטורח הרב כי שנה לעיני לא נתתי לשובע הן בחורף הן בקיץ ולא חששתי לקום בלילה לקור וזולתו כי חפצי וכו׳ und wissen ihm Dank für sein mit ungeheurem Fleisse zu Stande gebrachtes Werk. — Dass aber diese erste Massora-Ausgabe, welche mehrmals wieder abgedruckt, aber niemals neu bearbeitet worden ist, an grossen Mängeln leidet, sowohl durch Form- als Inhaltsfehler fast unzugänglich ist und die Forschung beirrt, bedarf wohl keines Beweises; dass ferner dieser Literaturzweig trotz des Bedürfnisses keine weitere Bearbeitung gefunden, hat nicht zum geringsten Theil darin seinen Grund, dass diese erste Bearbeitung durch den Mangel an Uebersichtlichkeit abschreckte und durch ihre vielen Irrungen in unlösbare Schwierigkeiten verwickelte.

Ueberzeugt von der Unvollkommenheit jener als Grundlage dienenden Erstlingsarbeit, sowie durch vielseitige Aufforderung von Aussen ermuntert, glaube ich der biblischen Wissenschaft einen Dienst zu leisten, wenn ich es unternehme, die Massora magna in einem selbstständigen Werke treuer, übersichtlicher und zugänglicher als bisher herauszugeben. Es giebt mancherlei Gesichtspunkte und Methoden in der Textbehandlung der heiligen Schrift; die Erklärungsweise ist halachisch im Talmud; ethisch und historisch im Midrasch und in der Agada; mystisch im Sohar und den kabbalistischen Schriften; philologisch nach den gegenwärtigen Anforderungen der Wissenschaft in der neueren grammatischen, lexicalischen und exegetischen Literatur; die Massora aber hat keine andere Tendenz und kein anderes Motiv, als dem heiligen Texte seine überlieferte Gestalt zu sichern; sie sagt: so ist hier, so ist dort zu lesen; diese Stellen sind plene, jene defective zu schreiben u. A. und überlässt es dem Forscher, die daraus fest und sicher gestellte Textgestalt weiter zu deuten, die Gründe des Wortlauts und der Schreibweise zu erforschen und das mit gründlicher Sorgfalt Erwiesene unter einheitliche, höhere Gesichtspunkte zu stellen. — Um nun aber die Massora selbst auf ihre authentische Gestalt zurückzuführen, ist es unerlässlich, alle jene massoretischen Angaben, welche in den vielen Handschriften und zu den vielen Bibelstellen oft von einander abweichend angeführt sind, zu controliren, um durch Vergleichung und Ausgleichung das Richtige zu finden und ein inneres Correctiv zu gewinnen, welches unsichere Conjecturen so viel als möglich fern hält. — Darum wird diese Ausgabe die Massora, wie sie in der ed. princeps von 1525 angegeben ist, treu nach der Reihenfolge der Bibel, doch ohne den Text der letzteren, wiedergeben und zwar:

1) Die Bemerkungen der Massora nach der Folge der biblischen Bücher mit den bezüglichen Capiteln und Versen;
2) die Schlagwörter vollständig punctirt, weil ohne dies, wie bisher, allerlei Irrungen durch unrichtiges Lesen entstehen;
3) die Belegstellen mit Bezeichnung der BB., Capitel und Verse, wo sie zu finden sind.
4) die schwerverständlichen Angaben mit Uebersetzung, wie das bereits in dem von mir herausgegebenen Ochlah W'ochlah geschehen ist.
5) Ausführliche Anmerkungen zu den Artikeln, in denen Fehler, Verstümmelungen und Zusätze sich finden, so dass durch Vergleichung der Angaben untereinander und mit den Handschriften der Sinn der Massora geklärt und wo erforderlich zurechtgestellt wird.

Bei dieser schwierigen, vieljährigen Arbeit benutzte ich sowohl die Schriften alter Grammatiker, wie die des Ben-Ascher, Ibn Bil'am, Chajug, Ibn Ganach, Ibn Esra, David Kimchi u. s. w., sowie der Fachmänner R. Mëir Ha-Levi (רמ״ה), Elias Levita, Lonzano (Verf. des אור תורה), Elia b. Asriel (Verf. des מכתב מאליהו) und besonders des Sal. Norzi (מנחת שי), sowie auch der jüngern, R. Anschel Worms (סיג לתורה), Eschwege (מבין חדות), R. Sal. Dubno (תקון סופרים) u. s. w. Ganz besonders aber habe ich den Schriften des sel. Heidenheim Vieles zu verdanken; nicht allein seine gedruckten Werke, sondern auch seine handschriftlichen Bemerkungen zu Buxtorf's Concordanz und Massora finalis standen mir zu Gebote, sowie auch sein unvollendet gebliebenes Onomasticon, dessen Benutzung mir durch die Güte des werthen Herrn R. Kirchheim in Frankfurt a. M. ermöglicht wurde. Selbstverständlich benutzte ich auch werthvolle, correcte Handschriften, mit deren Hülfe ich die Verstümmelungen richtig herstellen und die Fehler verbessern konnte.

Da nun aber richtiger Gebrauch und sichere Handhabung der Massora voraussetzen, dass man bestimmt, leicht und übersichtlich erfahre, was sie zu den betreffenden Wörtern, Redensarten u. dgl. bemerkt, und da andererseits die Vergleichung der in der gedruckten Massora oft wiederholten Bemerkungen mit einander sowohl, als mit handschriftlichen Angaben unabweislich fordert, dass man die Parallelstellen sogleich finde, was bei der bisherigen Art und Weise ihrer Angaben sehr schwierig ist, so erschien es als dringend geboten, neben der bisherigen Darstellungsweise der Massora, die nicht verlassen werden durfte, eine neue Form für dieselbe zu finden. Ich habe daher die massoretischen Angaben in alphabetische Ordnung zu bringen gesucht und demzufolge ein massoretisches Wörterbuch verfasst, welches zu jedem Worte und zu jeder

Wortform die Bemerkungen der Massora angiebt und zugleich nachweist, wo sie in der gedruckten Massora zu finden sind. Damit ferner andererseits die vielen zur Erklärung und Berichtigung der Massora erforderlichen Anmerkungen mehr concentrirt würden, so dass man sie ohne vieles Suchen leicht an bestimmter Stelle finden könne, empfahl es sich, diese Anmerkungen mit dem Wörterbuche zu verbinden und dieses als ersten Band dem eigentlichen Texte der Massora vorauszuschicken. Das so gestaltete Wörterbuch bietet ausserdem den Vortheil, dass es als selbstständiges, von den folgenden Bänden unabhängiges Werk zu jeder Ausgabe und Handschrift der Massora benutzt werden kann. *)

---

*) Als Beispiel, wie dieses Wörterbuch zur Bearbeitung und Benutzung der Massoraangaben in den Handschriften zu gebrauchen ist, möge hier ein durch die Güte des Herrn Prof. Fr. Delitzsch in Leipzig erhaltener Probebogen (von Jer. 40, 7. bis ibid. 42, 4.) der jetzt in Petersburg befindlichen Bibelhandschrift vom Jahre 916, welche Herr Hermann Strack photographisch herausgiebt, dienen. — Zu Jer. 40, 11. wird daselbst in der beigefügten Mass. magna angegeben: וגם · כל ישעיה וירמיה ר״פ גם במ״ט וגם וסימניהון אלה חכם מהם בכל זאת בימים חשפתי איש אלנתן היהודים, d. h. in den BB. Jes. und Jer. kommt die Partikel גַם am Anfang des Verses immer ohne Waw copulat. vor, mit Ausnahme von 9 Versen, die mit וְגַם anfangen, und nun werden nach obiger Weise diese 9 Stellen angeführt. Wie aber und wo sind nun jene Stellen zu finden? — Die Concord. verlässt uns, da sie die Partikel nicht aufgenommen; die Mf. hat die Angabe, wie sie hier gefasst ist, nicht. — Schlägt man nun unser W. B. unter Art. גַם (S. 231, auch Anmerkung 4 das.) nach, so wird man daselbst finden, wo die Angaben über diese Partikel in der gedruckten Mass. zu suchen sind und ist demnach die obige Anführung des Mpts. so zu erklären: אלה, וגם אלה ביין שגו Jes. 28, 7. חַכם, וגם הוא חכם ויבא רע ibid. 31, 2. מהם, וגם מהם אקח לכהנים ibid. 66, 21. בכל זאת, וגם בכל זאת לא Jer. 3, 10. בימים, וגם בימים ההמה ibid. 5, 18. חשפתי, וגם אני חשפתי שוליך ibid. 13, 26. איש, וגם איש היה ibid. 26, 19. מתנבא· אלנתן, וגם אלנתן ודליהו ibid. 36, 25. היהודים, וגם כל היהודים ibid. 40, 11. Auch die Mf. stimmt mit obiger Angabe überein, nur dass erstere anders gefasst ist und statt ·כל ישעי׳ וירמי׳ וכו׳ במ״ט angegeben wird: וכל ישעי׳ דכו׳ ר״פ גַם במ״ג וְגַם · · · וַגַם ו׳ ר״פ בירמי׳ וסי׳ וכו׳; beide Angaben controliren sich demnach, indem 3 in Jes. u. 6 in Jer., zusammen 9 in diesen beiden BB. vorkommen, wie das Mpt. sie zusammenfasst. Zu ibid. 40, 12. heisst es: ·וַיַּאַסְפוּ חד מן י׳ וסי׳ שביה שלויה שלחו שלחו לפלשתיה גרמוי דמלכה ולאחיהון כספה וחמרה Der Sinn dieser Angabe ist, dass diese Form mit Pathach des Jod u. Alef im futur. Kal vom Verb אס״ף (פ״א) nur 10 M. vorkommt und zwar nach dem beigefügten chaldäischen, mnemonischen Zeichen: „die Alten schickten Wachteln; sie schickten den Philistäern die Knochen (Gebeine) des Königs, aber ihren Brüdern Silber und Wein". Siehe zum Verständniss dieser St. unser W. B. s. v. אסף (S. 23.) und die daselbst angeführten Stellen Ex. 4, 29. und 2 Chr.*29, 15. in der gedruckten M., so sind die Stellen leicht zu finden; sie sind: שביה, את כל זקני Ex. 4, 29. שלויה, את השלו Num. 11, 32. שלחו, את כל סרני פלשתים (וישלחו) 1 S. 5, 8. שלחו, וחברו שלחו את ארון 1 S. 5, 11. לפלשתיה, פלשתים את מחניהם 1 S. 17, 1. גרמוי, ויעל משם את עצמות שאול 2 S. 21, 13. דמלכה, וישלח המלך ויאספו 2 Reg. 23, 1. ולאחיהון, ויאספו את אחיהם 2 Chr. 29, 15. כספה, ויאספו כסף לרוב 2 Chr. 24, 11. וחמרה, ויאספו יין וקיץ הרבה מאד Jer. 40, 12. S. Mp. zu den verschiedenen Stellen, die einige unwesentliche Abweichungen von obiger Angabe im Mpt. hat; auch ist eigenthümlich, dass das Mpt. immer He statt Alef (des Artikels) am Schlusse hat. — Daselbst zu 41, 3. bemerkt das Mpt. ·ואת כל היהודים חד מן ה׳ וסי׳ אתו ויבז ונשלוח לך כנוס Diese Angabe ist in der gedruckten Mass. nicht vorhanden; die Stellen sind: ·אִתּוֹ (Jer. 41, 3.), וַיָּבֶז (Est. 3, 6.), וְנִשְׁלוֹחַ (Est. 3, 13.), לֵךְ כְּנוֹס (Est. 4, 16.) Wenn die Angabe sagt חד מן ה׳, so dass diese Verbindung 5 M. vorkäme, so ist das falsch, da sie nur in den bemerkten 4 Stellen sich findet, wie auch die Mp. in obigem Mpt. richtig ד׳ = 4 bemerkt; der Fehler ist wahrscheinlich dadurch entstanden, dass der Schreiber לך כנוס für 2 Stellen genommen hat und also glaubte, es wären 5 Stellen, wie das in der gedruckten Mass. nicht selten vorkommt. — Ibid. 41, 8. heisst es: מַטְמוֹנִים חד מן ג׳ וסימניהון יש לנו ויחפרהו תחפשנה קד׳ חס׳ כת׳ בוו, die Stellen sind: יש לנו מטמונים בשדה (Jer. 41, 8.), ויחפרהו ממטמונים (Job 3, 21.), וכמטמונים תחפשנה (Prov. 2, 4.) Diese Angabe hat die gedruckte Mass. m. nicht, nur die Mp. bemerkt zu jeder dieser 3 Stellen ·לית. — Nach חד מן ג׳

Die Einrichtung des Wörterbuchs ist folgende: es ordnet die Wörter und Wortformen, welche die Massora behandelt, nach Stämmen und Wurzeln alphabetisch und zerfällt in zwei Abschnitte, von denen der erste die Zeit- und Nennwörter, der zweite die Partikel und Eigennamen nebst den allgemeinen Lehrsätzen (כללים) befasst; jedem Worte folgen die Bemerkungen der Massora magna (bei den Partikeln und besonders bei den Eigennamen auch die der Massora parva), sowie die Schriftstellen, bei denen die Massoraangaben in den Ausgaben zu finden sind. Findet sich die vollständige, mit Anführung der Belege versehene Angabe an mehreren Stellen, so werden ausser der ersten die folgenden durch ein Sternchen (*) bezeichnet, so dass man die ausführlichen Angaben von denen, wo nur auf schon dagewesene oder folgende Stellen hingewiesen wird, leicht unterscheiden kann. Die Erläuterungen und Verbesserungen stehen als Anmerkungen zu den betreffenden Artikeln unter dem Texte; die mehrfach wiederholten und zerstreuten Angaben werden hier zusammengefasst und in diesem Zusammenhange erläutert. Bei den Artikeln, welche auch in Ochlah W'ochlah vorkommen und schon dort erläutert sind, habe ich, um Wiederholung zu ersparen, auf dieses Buch verwiesen und nur hier und da ergänzend Zusätze zu dem dort Bemerkten gegeben. Ein gewiss nicht unwillkommenes alphabetisches Verzeichniss der eigenthümlichen Ausdrücke und Abkürzungen der Massora bildet den Schluss. —

Unter einstweiliger Hinweisung auf das in Ochlah W'ochlah Vorangeschickte behalte ich mir eine ausführliche Einleitung in das Studium der Massora, sowie noch manches Ergänzende z. B. eine Abhandlung über die chaldäischen mnemonischen Zeichen (סימנים) u. A. für die folgenden Bände vor.

Indem ich nun noch der gefälligen Bereitwilligkeit dankend erwähne, mit welcher mein Freund, Herr Dr. Wiener hierselbst, die letzte Revision der Druckbogen übernommen und ausgeführt hat, dürfte ich hiermit dies Vorwort schliessen, wenn nicht ein unabweislicher Gedanke mich drängte, noch ein Wort über die Veröffentlichung dieses umfangreichen Werkes hinzuzufügen. Freilich habe ich, wie oben bemerkt, schon seit längerer Zeit mich mit dieser Arbeit beschäftigt und die Herausgabe derselben beschlossen. Allein sehr oft wurde ich unterbrochen und verstrichen abwechselnd manche Jahre, in welchen ich dieselbe liegen liess, theils zwar wegen der mich mehr in Anspruch nehmenden Berufsgeschäfte, theils und besonders aber wegen des fast entmuthigenden

---

muss wohl בלישנא stehen, da die Formen von einander abweichen. Heid. bemerkt in der Concord. zu Jer. 41, 8. מטמנים מלא וי״ו כתיב וכן נראה כי שנים חבריו גם הם מ״ו והוי ליה לבעל המסרה למימסר לית וחסר או ג׳ ולית חסר, עכ״ל. Er hat also die Angabe des obigen Mpts. nicht gekannt, welches ausdrücklich bemerkt קדמא חס׳ כת׳ בו״ן, also ist das angeführte (Jer. 41, 8.) def. Waw, gegen Heid's. Vermuthung. — Ueber ibid. 41, 12. אל מים רבים, s. S. 110 Anmerkung 2, — ibid. 41, 16. גדליה חד מן ה׳, s. nom. pr. S. 274. Ebenso ibid. 42, 1. הושעיה חד מן ג׳, s. S. 280.

Gedankens, dass der Umfang des Werkes Kosten erfordert, die schwer zu erschwingen sein dürften, und das Werk also ungedruckt bleiben müsste. —

Doch was auf dem gewöhnlichen Wege fast unausführbar schien, ist der Freundschaft und der Achtung vor der Wissenschaft gelungen. Edle Freunde und liebende Verwandte, welche meinen Wunsch in Beziehung auf die Veröffentlichung des obigen Werkes kannten, benutzten die Gelegenheit der Feier meines 70jährigen Geburtstages dazu, in der zartesten Weise jenem Wunsche entgegenzukommen und mir die Mittel zur Ausführung desselben zu sichern, ohne mir in irgend einer Beziehung Zwang aufzulegen. Ich spreche daher diesen hochgeehrten Männern, und an deren Spitze den Herren Dr. med. N. Berend und Simon Coppel hier öffentlich meinen innigstgefühlten Dank aus, hoffend, dass ich dies auch im Namen der Wissenschaft sagen darf, indem auch sie durch jene hochherzige Opferbereitschaft sich gefördert fühlen möchte.

Hannover, Anfangs November 1875. **S. F.**

Eigenthümliche Ausdrücke und Abkürzungen, deren sich die Massora bedient.

Cap. I.

Alphabetisches Verzeichniss der eigenthümlichen Ausdrücke der Massora.

א.

אדכרא, אזכרה (von זה זִכְרִי Ex. 3, 15.), bezeichnet den vierbuchstab. Namen Gottes (Quadrilitterum) z. B. ג׳ פסוקין רישיהון וסופיהון אדכרא (Deut. 31, 3.), d. h. 3 Verse, deren Anfang u. Ende das Quadrilitterum ist. S. auch Jud. 1, 1. Neh. 3, 19. Mf. אך, 44. und 45. S. Mf. חג, 1., wo es am Schlusse irrthümlich heisst וכל דסמיך לי״י ולאדכרא u. s. w. da das לי״י ja dasselbe ist, was לאדכרא bezeichnet; es muss לה׳ ולאדכרה heissen, d. h., wenn חג vor einem Worte steht, das mit einem He (=לה׳) anfängt, oder vor dem Quadrilitterum, so hat das Cheth ein Pathach. Der Abschreiber hat aber das ה׳ = י״י gelesen (wie das oft so vorkommt) und darum das unrichtige לי״י ולאדכרא gesetzt.

אופן ועגלה (Rad und Wagen) wird, wahrscheinlich seiner Figur wegen, das קרני פרה mit vorhergehendem ירח בן יומו genannt, s. Mp. 2 Reg. 10, 5.; in der Mm. heisst es gewöhnlich פזר גדול וגלגל. S. Num. 35, 5. Ez. 48, 21. Est. 7, 9. Neh. 13, 5. משפטי הטעמים 24a.

אוריתא = תורה (im Gegensatz zu קריא Ex. 12, 39.) Bezeichnung für Pentateuch, s. Mf. לך, 4.? Die Mp. bedient sich dessen besonders, wenn כָּל vorhergeht, so dass bei einer allgemeinen Bemerkung zum Pent. nicht כל התורה, sondern כל אוריתא gesetzt wird, wahrscheinlich weil ersteres auch die g a n z e heil. Schrift bezeichnet.

אות (Plur. אתין), Buchstabe, s. Mp. 1 S. 12, 23. zu מֵחֲטֹא: ג׳ ומשנין באתיהון, d. h. dieses Wort kommt 3 M. vor, doch verschieden in seinen Buchstaben, wofür Mm. daselbst und Gen. 20, 6. Ps. 39, 2. Mf. חם, 13. בכתיבתהון = in ihrer Schreibform steht; s. auch Mf. א׳, 27.

אחשורוש = das Buch Esther, z. B. Mf. שם, 95. Ibid. unter פסיקת׳ דכתובי׳ ist das Buch Esther überschrieben אחשורש.

אטרופי S. טרפוי.

איכא, = יש „ist“.

אילין = אֵלֶּה „diese“, auf folgende, auch auf vorhergehende Beispiele bezogen, s. Ex. 21, 5.

אינש S. (נש) שום.

איתתא, אינתתא, s. שום.

אכין ורקין Bezeichnung für Einklammerungszeichen, die sich an gewissen Stellen der heil. Schrift befinden, s. Num. 10, 35. Ps. 107, 23. und מ״ש daselbst או״א, 179. und Anmerkung daselbst.

אלפא ביתא, das Alpha-Beth. Die Massora bedient sich dieses Ausdruckes:

a) wenn Bemerkungen zu einer Anzahl von Wörtern gemacht werden, die alphabetisch zusammengestellt sind,; so häufig in der Mf.

b) zur Bezeichnung des Ps. 119, weil seine Verse nach einem achtmaligen Alpha-Beth geordnet sind, s. Mm. Jes. 13, 11. Mp. Ps. 86, 14. — Dieser Ps. wird auch א"ב רבתי (das grosse Alphabet) genannt, z. B. Mm. zur Ueberschrift dieses Psalms und oft in demselben.

אמצעות ,אמצע, „die Mitte" eines Wortes oder Verses, doch so, dass es nur dem Anfang und Ende entgegengesetzt ist, z. B. Mf. 'י, 12. 13. 14. 18. etc. Wenn Mp. Gen. 27, 12. zu כִּמְתַעְתֵּעַ bemerkt wird: לית ורפי ת' אמצעית, so bezieht sich das auf das erste Taw im Worte, das beinah in der Mitte steht, während das zweite mehr dem Ende nahe steht (vorletzter Buchstabe). S. unten מצע.

אן, „wo, wann", s. Lev. 26, 34. (סימן דהדין ענינא). M. marg. Num. 4, 28.

אנדרוגינום = doppelgeschlechtig. — Es bezeichnet eine Wortform, die das Zeichen des männlichen und weiblichen Geschlechts an sich trägt, s. Mp. Gen. 30, 38.; auch מ"ש daselbst.

אנשא ,אנש s. שום.

אסחופי s. סחופי.

אפי s. תמניא.

אריח. s. ausführlich oben כ', לקוטים (Seite 385 Anmerkung 1.)

אריך „lang" „gross". Es bezeichnet:

a) den Buchstaben Waw (ו'), das, im Vergleich zum Jod (י') = זעיר s. diesen Art, gross ist, s. Num. 7, 20. Mf. 'י, 27. und ו', פסוקים oben S. 376 Anmerkung 4.

b) das Nun und Zaddi finale (ץ' ן') s. Mm. Prov. 16, 28. 31, 3. Dan. 7, 12. Mp. Job 16, 14. 24, 22 Mf. 'נ, 2.

c) einen Vers, der in Vergleich mit einem anderen, ähnlichen kürzeren, lang genannt wird, s. Mm. Deut. 5, 30., wo Jer. 35, 15., um ihn von ibid. 44, 4. zu unterscheiden, אריך genannt wird. Jer. 35, 15. Job 6, 29.

אשלמתא „Vollendung" „das Unmittelbarfolgende". Bezeichnung für den zweiten Theil der Bibel, die sogenannten „BB. der Propheten". Wie nun die BB. d. Proph. in נביאים ראשונים und נביאים אחרונים eingetheilt wurden, so hiessen auch erstere אשלמתא קדמיתא und letztere אשל' תנינא, s. Mf. לא, 1. ibid. של, 12. (In lezter St. steht zwar נביאים neben אשלמתא, was aber fehlerhaft ist, wie es auch in einem von Heid. angeführten Mpt. fehlt.) — Ueber die Erklärung dieses Wortes s. ausser den WB. „Orient" 1844. c. 471. 572. ibid. Jahrgang 1850 S. 83 Anmerkung 113. Ergänzungsblätter des Orients 1851 S. 355. Mir scheint, dass wegen der הפטרה, die nur aus נביאים vorgetragen wurde und unmittelbar nach dem Vortrag aus dem Pent. folgte, die BB. der Propheten so genannt wurden, indem שלם im Hiph. von den Talmudisten in der Bedeutung von unmittelbar folgen gebraucht wird, s. Tr. Sabbath 23b. Jalkut zu Ex. 13, 22. und Raschi daselbst.

אתין s. אות.

אתתא s. שום.

ב.

בזויי = das Wort בַּז in seinem mehrfachen Vorkommen z. B. Mm. Prov. 14, 4. S. unsere Ausgabe des דרכי הנקוד von Moses Punctator S. 11 und Anmerkung S. XVII daselbst.

בנינא „Aufbau des Tempels" = Bezeichnung für Ez. 40ff. s. Mm. und Mp. zu Ez. 40, 29. 40, 49. auch Art משכנא.

בנקבות „in weiblicher Form" z. B. Mf. אב, 12.

בספרא, s. ספרא.

בעירא = בהמה d. h. wenn eine Form, ein Ausdruck vom Viehe gebraucht wird, z. B. Mm. Prov. 1, 12. Mp. Ex. 29, 1. wo über das Wort תְּמִימִם, ob es plene oder def. Jod ist, der Unterschied hervorgehoben wird, wie es als Eigenschaftswort von Menschen = דגברי oder vom Vieh = דבעירא geschrieben wird. S. oben S. 207 Anmerkg. 6.

בעקבא = בסוף d. h. am Schluss oder „das letzte" s. Prov. 1, 12. und oben S. 207 Anmerkung 6.

בר נש s. שום.

ברויי Das Wort בָּר betreffend in seinem mehrfachen Vorkommen; s. Prov. 14, 4. auch unsere Ausg. des דרכי הנקוד von R. Moses Punctator, S. 11 und Anmerkung S. XVII daselbst. Es kommt aber auch in der Bedeutung von „essen, sattsein" vor, s. M. marg. Thr. 3, 15. = dem Hebr. ברה, שבע.

בשתא s. שתא.

בתמיה „fragend", besonders vom He am Anfang gebraucht z. B. Mf. 'ה, 3.

בתרא „das letzte" oder „das letztere" wird gebraucht, wenn die Bemerkung auf das letzte oder letztere einer angeführten Anzahl sich bezieht. Auch von

2 ähnlichen Stellen, wenn die zweite gemeint ist, z. B. Ex. 9, 16., wo auf אוּלָם שָׁלַח נָא יָדִךְ im B. Job. hingewiesen ist; da aber diese Phrase 2 M. daselbst vorkommt (1, 11. und 2, 5,), so wird durch בתרא die zweite Stelle bezeichnet. Es kommt auch mit Suffixen vor, z. B. דבתריה = das darauffolgende, s. Ex. 28, 5. Manchmal bedeutet es auch s. v. a. מלרע (s. diesen Art.), z. B. Mp. Gen. 6, 18., wo es sich auf die letzte Silbe bezieht, s. Mm. daselbst.

ג.

גב, גבי = „bei", besonders bei Anführung einer Stelle, zu welcher die Angabe des Capitels oder der Abtheilung nicht bezeichnend genug ist; z. B. Ex. 13, 11. (s. פרשתא) 20, 10. Ueberhaupt hat man in der alten Zeit nur durch den Inhalt, durch das Vor- und Nachfolgende eine Stelle angeben können (da Zifferung der Capp. und Verse nicht gebräuchlich war), was durch גבי angezeigt wurde.

גבר, גברי = „Person", besonders mit שום (s. diesen Art.) verbunden. בגברי s. v. a. Männer- oder Personen-Name, im Gegensatz von Städtenamen (שום קרתא) s. 2 S. 8. 3. Ebenso: דגברי, (gegensätzlich dem דבעירא s. בעירא), wenn es auf Personen bezogen wird, s. Mm. Prov. 1, 12.

גורא, Stammwort, Ausdruck, s. Mf. קן, 9.

גיסא, Seite s. v. a. unmittelbar vor oder nach einem Worte, z. B. Deut, 31, 16.

געיא, Lese-Tonzeichen, z. B. Num. 5, 24. Jes. 65, 8. Jer. 12, 16. Ob. 1, 5. Zach. 9, 2. Ps. 66, 6. 105, 28. = Metheg, Mp. 1 Chr. 29, 18. S. משפטי הטעמים Absch. 4, Cap. 1 und 2, S. 39ff.

ד.

דא, „dieses" דא בתר דא Ez. 21, 9. „eins nach dem andern", d. h. in 3 aufeinanderfolgenden Versen.

דבוקים, „verbunden" „anstossend". S. Ex. 32, 25, wo es heisst, der Strich des Kuf ist mit der Oberlinie, dem Kopfe verbunden; s. M. marg. Num. 7, 2.

דגברי, s. גבר.

דגש, plur. דגשין (Gegensatz von רפה; verwandt und oft gleichbedeutend mit מפיק, w. m. s.) bezeichnet: 1) das auch in der Grammatik sogenannte Dagesch (fast immer Dag. forte) u. wird gebraucht, wenn dasselbe als Eigenthümlichkeit der Wortform angegeben werden soll, grösstentheils die Artikelform (mit Auslassung des He), zu unterscheiden von der Form ohne Artikel, sowie das 'ו convers. fut. vom 'ו copulat.; letztere heissen dann רפה (רפי) z. B. Ex. 14, 6. Jud. 1, 8. Mf. עש, 61. S. Heid. zu עה"ק Lev. 27, 30. und oben S. 152 Anmerkung 1. מ"ש Gen. 21, 6. Lev. 14, 6. Jer. 5, 6. besonders Neh. 10, 39. u. oft; 2) den Auslaut einer Silbe, so dass das darunter stehende Schwa ein quiescens sei; im Gegensatz zu dem Chataf, das den Anlaut bildet; letzteres wird durch רפה bezeichnet. S. Mass. Ps. 62. 9. Num. 18, 21. מ"ש Joel 4, 16.

דוקא, „buchstäblich" (dem בלישנא = בלי', s. diesen Art. entgegengesetzt) z. B. 1 Reg. 12, 26. Mf. לב, 8. אם, 45. (s. אמר, S. 19 Anmerkung 3.) — S. Mf. יש, 26. wo das דוקא bezeichnen soll, בֵּית buchstäblich ohne etwa einen Zusatz eines Präfix. etc.

דחיק, דחיקא. Ausser der bekannten grammatischen Bedeutung in Beziehung auf Dag. lene, worüber nachzusehen unsere Ausg. des דרכי הנקוד von R. Moses Punctator S. 23 und daselbst Anmerkung S. XXXV ff. heisst es auch s. v. a. „verdrängt", „dazwischen gedrängt", besonders von einem Buchstaben, z. B. Mm. Esr. 4, 12. (א' דחיקא).

דין (gewöhnlich mit suffix. und vorhergehendem כן) כן דינו „Gesetz" „gesetzmässige Form" z. B. Num. 20, 17. s. auch כתיב. Auch s. v. a. "dieses".

דכותיה, „desgleichen" „ebenso". Wird besonders gebraucht nach angeführten Ausnahmen, wenn angegeben werden soll, dass grössere Abschnitte oder ganze Bücher die Ausnahmeform in der Regel gebrauchen, z. B. Mm. Gen. 3, 11. וכל נביאים וכתובי' דכו', d. h. die dort angeführte Ausnahmeform צִוִּיתִיךָ (doppelt plene) ist in den BB. d. Proph. und Hagiogr. die Regel etc.

דלוג a) „fehlt" „ist ausgelassen". Wenn in einer oft wiederkehrenden Satzform manchmal ein Wort fehlt, so werden diese Stellen aufgezählt und dabei bemerkt, דלוג d. h. hier fehlt das Wort, das gewöhnlich in dieser Satzform vorkommt z. B. Ex. 33, 1. י' דלוג לֵאמֹר, d. h. 10 M. fehlt in der angeführten Satzform das gewöhnliche לֵאמֹר.

b) „unvollständig" „mangelhaft". Bei Angaben von Wörtergruppen, die nach dem Alphabet aufgezählt werden, für welche sich aber nicht in jedem Buchstaben Beispiele finden, z. B. Mf. אל, 23. ה׳, 11., wo ein alphabetisches Verzeichniss der Wörter, die nur 1 M. mit vorhergehendem אָל vorkommen, angegeben ist, wozu sich doch im Buchstaben Waw kein Beispiel findet und so oft.

דמיין „ähnlich". Wird grösstentheils gebraucht, wenn ähnliche Formen oder Schriftstellen angeführt sind, um das Unterscheidende derselben anzugeben, z. B. ה׳ פסוקים דמין 51. Mf. אי, ב׳ זוגין דמין Mm. Ex. 6, 24. (eigentlich 18.) Num. 26, 33. 36, 11. Jos. 17, 3. s. Gen. 41, 26. Ez. 41, 23.

דעל, דעלוי, (plur.) דעלם, = „dem oder denen folgt oder vorangeht". Es wird gebraucht, wenn eine Stelle angeführt wird, die ähnlich mehrmals vorkommt; um diese nun nicht zu verwechseln (da die Mass. unsere Capitelabtheilung nicht kennt, s. oben Art. נב), werden einige vorhergehende oder folgende Wörter angeführt mit obigem Ausdrucke z. B. Ex. 7, 8. 28, 21. Num. 18, 8. 20. 33, 48. ibid. 36, 13. (wo sogar dieselbe Stelle 1 M. mit דעלוי und 1 M. mit דעלם eingeleitet wird), wo es heisst: welchen folgt: וַיַּרְא בָּלָק; es bedeutet in letzterem Falle s. v. a. דבתריה; s. Lev. 3, 5. Deut. 15, 15. und Jud. 21, 2. (דעלי׳ Jer. 44, 7.)

דערוב Ex. 7, 15., „welches bei der Plage ערוב steht", ibid. 8, 16. (Angabe des Inhalts statt des Verses.)

דרגא (ausser dem Namen eines Accents) = „Stufe" von 3 Wörtern, die mit Kaf anfangen und 2 M. vorkommen, 1 M. mit Kaf und 1 M. mit Beth präfix. s. Mm. Ps. 71, 9. Es ist aber wahrscheinlich ein Schreibfehler und muss זוגין statt דרגין lauten.

ה׳

האי, „dieser" „jener", kommt oft so vor.

היכא, „wo" z. B. כל היכא דאיכא „allenthalben wo ist".

הכרע, „Entschiedenheit" „Gewissheit" (Hinneigung) wird gebraucht (gewöhnlich mit vorhergehendem אין ...ל), wenn nicht mit Entschiedenheit angegeben werden kann, ob ein Wort zum vorhergehenden oder folgenden Satztheil gehört z. B. Deut. 31, 16. Mf. טע, 9.?

הלין, „diese" „folgende", z. B. Ex. 25, 30. הלין זוגין „diese Wörterpaare" u. s. w. Auch auf das Vorhergehende bezogen Ex. 14, 12.

הלל, das in das Gebetbuch aufgenommene Festgebet, bestehend aus Ps. 113—119 s. Jes. 12, 2.

הלילא, a) das Psalmbuch im Allgemeinen.
b) Ps. 113—119 (s. vor. Art.), Ps. 42, 6.

הללי, Name eines gewissen correcten Bibeltextes S. אבן ספיר von R. Jac. Saphir, Th. 2 S. 199ff.

הפוך, „mit dem Accente Mahpach versehen", z. B. Lev. 4, 29. Mp. ibid. 13, 22. 14, 19.

ו׳

וי״ו, Name eines Buchstaben. S. Num. 10, 9. וי״ו לוי״ו d. h. bei נְתוּנִם, das mit Waw (ohne Jod nach dem zweiten Nun) geschrieben ist (Num. 3, 9.) heisst es לו, mit Waw, aber bei נְתֻנִים mit Jod (ohne Waw nach dem Taw) Num. 8, 16. heisst es לי, mit Jod.

ודאי, ודאין, „gewiss" „bestimmt". S. Mf. אך, 23., wo es bezeichnet, dass אֲדֹנָי (so geschrieben u. nicht als Leseform für das Quadrilitterum) bestimmt für den Namen Gottes vorkommt; s. auch Jes. 38, 16. und Abtheilung 1, S. 5 Anmerkung 4. Ebenso wird es gebraucht, wenn die zweite Pers. sing. m. der Objectsfürw. deutlich, bestimmt כָה (mit He und nicht ךָ) geschrieben wird, s. Mf. ה׳, 21. כ׳, 4. Ps. 139, 5.

וידבר, (gewöhnlich mit vorhergehendem ספר) = das vierte B. M., s. Lev. 8, 36. 13, 36. 13, 51.

ויושע =das Lied am Meere, d. i. 2 B. M. 14, 30. bis 15, 20.

ז׳

זוג, זוגין, „Paar" „Gruppe". Es wird gebraucht, wenn Gruppen von je zwei, manchmal auch von mehren Wörtern, die gleiche Eigenthümlichkeit haben, zusammengestellt werden. S. S. 339ff. diesen Art.

זוטא = klein, besonders von den Buchstaben gebraucht, welche kleiner als die gewöhnliche Schrift geschrieben werden sollen, z. B. Mp. Num. 25, 11.

זעיר, זעירא, „klein" a) wie das vorige z. B. Gen. 2, 4. Mm. Jes. 44, 14. (s. רבא). b) Bezeichnung des Jod, im Gegensatz des Waw, s. oben אריך.

זקיף, s. נחית.

זריז, „eilig" „schnell" = unselbstständig, tonlos, verbunden mit dem folgenden Worte durch Makkaf. S. Mm. Gen. 24, 14., wo es bedeutet: wenn das auf die Partikel גַם folgende Wort mit גמ (גַּמְלֶיךָ) anfängt, so ist גַם tonlos (d. h. durch Makkaf verbunden = גם זריז. אל גם) folgt aber ein anderer

Buchstabe (לְנַמְלִיךְ ibid. 19.), so ist es betont, s. עין הקורא daselbst. In diesem Sinne muss auch die Stelle in M. marg. zu Gen. 42, 11. genommen werden. S. auch Ps. 105, 28. und die gewiss richtige Erklärung dieser Stelle in תורת אמת von S. Baer ed. Frankfurt a./M. S. 22. S. auch unten עצל und מתון.

זריקה, Bezeichnung des Accents Sarka.

ח.

חבר, „Genosse" „das Aehnliche". Es wird gebraucht, wenn bei einer Aufzählung eine Stelle, die 2 M. vorkommt, aufgeführt ist; die erste wird ausführlich angegeben und die zweite (gleiche oder ähnliche) durch וחברו bezeichnet, s. z. B. Gen. 1, 11. wo zu der Redensart ואת כל עורב למינו hinzugefügt wird: וחברו דמשנה תורה, weil dieselbe Deut. 14, 14. ebenso vorkommt.

חג = das Sukkothfest Num. 29, 12ff. s. Mm. daselbst.

חד, חדא „ein" „Einheit"; letzteres wenn לישן vorhergeht z. B. Mf. בא, 9. — כל חד וחד = jedes. חד .... וחד = das eine .... das andere.

חדל, s. Mf. ו', 1. ed. Buxt. וכל חדל דכותיה. Es ist wohl ein Druckfehler und soll dieser Zusatz Buxtorf's heissen וכל חד לית דכותי', d. h. die angeführten Wörter kommen ein M. am Anfang des Verses mit Waw vor und (setzt Buxt. hinzu) sonst gar nicht mehr, (selbst in der Mitte des Verses). Ed. Bomb. hat diesen Zusatz nicht, weil sich dies wohl von selbst versteht; obgleich allerdings dadurch das Missverständniss beseitigt wird, als ob die Wörter nur am Anfang des Verses 1 M. vorkommen, sonst aber mehrfach, was aber nicht der Fall ist, sie sind vielmehr Hapaxlegomena.

חול „nicht heilig" (Gegensatz von קדש) bezeichnet Wörter, die sonst von Gott gebraucht werden, wenn sie im profanen Sinne zu nehmen sind, z. B. הָאֵל Mp. Deut. 4, 42., wenn es für הָאֵלֶּה steht, also nicht in der gewöhnlichen Bedeutung von אל, Gott, gebraucht wird.

חומש = Pentateuch, im Gegensatz zu מקרא, d. h. die übrigen BB. der heil. Schrift, s. Mm. 2 Reg. 25, 5. (im Mpt. Hamb. 2 Chr. 6, 19. steht וכל חומשא für חמש מגלות, s. Lev. 6, 32.)

חזק, „stark" (Gegensatz von חלש, רפי). Es bezeichnet einen ursprünglichen Vocal, im Gegensatz von Schwa oder einem schwachen, d. h. aus einem Schwa entstandenen Vocal, s. Mp. Lev. 25, 30. wo das Pathach des Lamed לַצְּמִיתֻת genannt wird חזק, während das aus dem Schwa entstandene schwache Chirik in לִצְמִיתֻת (Num. 25, 24.) mit רפי bezeichnet wird.

חטף, = Schwa mobile, s. Mm. Jer. 3, 18. מ"ש Jes. 58, 2.

חלף, חלופים, מתחלפין, „verschieden". Es wird gebraucht:

a) bei ähnlichen Wörtern oder Sätzen, um deren Verschiedenheit (in Hinsicht auf Vocale, Orthographie, Accente und Stellung) anzugeben. Mm. Lev. 23, 12. Ex. 5, 17. Jer. 51, 62. Mf. א', 4. und 5. ibid. ב', 3.

b) um Ausnahmen von der Regel anzuzeigen, z. B. Ex. 21, 35., s. auch משפטי הטעמים von Heid. Mp. Ez. 23, 42. u. zu letzterer St. Mm. Ps. 68, 10., wo es heisst: מפקין רפין.

חלוקים „verschieden geschrieben" s. v. a. חלופים (wenn es nicht wirklich so gelesen werden muss?) Num. 33, 59.

חלש, s. חזק.

חמיין, „sehen aus" „scheinen" s. v. a. „dem Anscheine nach", s. Hos. 2, 6., wo von Wörtern die Rede ist, die dem Anscheine nach ein שׂ (Sin) hätten, aber doch mit ס' (Samech) geschrieben werden. Prov. 14, 21. Mf. בא, 9. ס', 2.

חמש, = חמש מגלות (Mpt. Hamb. zu 2 Chr. 6, 19. hat dafür חומשא). s. Mp. Jud. 16, 11.

חסר, „fehlend" wenn ein Buchstabe, besonders einer von den אה"וי, oder besser ו"י fehlt, der der Regel oder dem Gebrauche nach stehen sollte. חסר דחסר bezeichnet, dass in dem Worte zwei solcher Buchstaben fehlen, z. B. Gen. 1, 6. und Mp. ibid. 14., wo in מְאֹרֹת das Waw zwei M. fehlt. Mf. יל, 2.

ט.

טובא = „viel" „oft".

טעם, בטעם „Accent". Es wird gebraucht:

a) anzuzeigen, dass ein gewisses Wort oder eine Wörtergruppe den an der Stelle sich findenden Accent so und so viel Mal hat z. B. וְאָמַרְתָּ kommt 5 M. mit dem Accent Gerschajim vor, Mf. אם, 47. Mp. Lev. 11, 47. ibid. 13, 21. s. Art. טעם, S. 364ff.

b) dass überhaupt ein Wort einen Accent hat, was nach der Regel nicht sein sollte, z. B. Mp. Gen. 17, 17. zu הַלְבֵן, s. Art. בֵּן S. 35 Anmerkg. 2.

c) s. v. a. „ein trennendes Tonzeichen“, so Mp. 1 Chr. 3, 15., wozu auch das טעמא לאחור, (s. Lev. 5, 2. u. unter טעם S. 356 Anm. 7.) zu rechnen ist. Letzteres soll heissen: das Jethib (ein trennender Accent) kommt vor (rückwärts = לאחור vom Sakef gerechnet) dem Paschta zu stehen.

טרחא = טפחא, Name eines Accents.

טרפוי = עלה, Blatt. Massoraangabe über das Wort עָלֶה (= Blatt) s. Lev. 26, 36. u. s. v. S. 140 Anmerkung 8.)

י.

י"וד Name dieses Buchstaben.

יושב, Bezeichnung des Accents Rabia (von רבע, lagern, ruhen, s. v. a. ישב), s. M. marg. Lev. 8, 15., (wo das Zeichen versetzt zu sein scheint) und Deut. 11, 17.

יחידאין, מיחדין, „allein“ d. h. ohne seine gewöhnliche Verbindung; „einzig“, „eigenthümlich“, „nur 1 M. so“. Es wird gebraucht von Wörtern oder Wörtergruppen, die sonst in einer gewissen Verbindung, hier aber allein ohne diese Verbindung vorkommen, z. B. Gen. 17, 18., wo יִחְיֶה zu den יחידאין gerechnet wird, weil sonst immer חָיֹה (Inf.) vorangeht, das hier aber fehlt. Ebenso Gen. 19, 37. wo zu עַד הַיּוֹם das gewöhnlich folgende הַזֶּה fehlt. S. Art. יחידאין S. 358ff. „Eigenthümlich“. s. z. B. Mf. אך, 43. S. Ex. 18, 8. (wo וַאֲכַלְתֶּם nicht gerechnet ist, weil es 2 M. vorkommt). Es bezeichnet aber auch (besonders wenn לישני vorangeht) s. v. a. „Einzahl“ s. Mm. und Mp. zu 2 S. 11, 16.

יפה, „recht so“, „so ist's schön“, kommt mehrmals in der Mp. vor, um anzuzeigen, dass die Form, wie sie im Texte steht, die richtigere ist, im Vergleich mit einer andern Leseart z. B. Joel 2, 8. (s. מ"ש daselbst) Jer. 17, 3. Ez. 40, 6. Am. 5, 2. Hab. 3, 4. (s. מ"ש), ibid. 3, 4. Joel 2, 8. Am. 5, 2. Ps. 86, 11. 96, 3. 106, 6. (ויפה) ibid. 29. Doch s. Ps. 119, 68., wo es der Anfang einer angeführten Stelle ist, (יפה קול).

ישן, Der Accent Rabia, nach Lev. 8, 15.; es kann aber den Accent Athnach bezeichnen, wenn dort eine Versetzung stattfindet, s. יושב.

יתיב, „sitzend“, Bezeichnung des Accents Munach (נוח = יתב) im Gegensatz zu קאים, „stehend“ = der Accent Geresch, s. Mp. Ex. 36. 9.

יתיר, „zu viel“, „überflüssig“, besonders wenn ein Buchstabe zu viel steht, z. B. Mp. Cant. 2, 14. Ruth 3, 14. Jos. 8, 7. (יתרין).

כברויי, das Wort כְּבָר betreffend, so oft es vorkommt, s. M. Prov. 14, 4. דרכי הנקוד von R. Mos. Punctator ed. Hannover S. 11 und Anmerkg. daselbst S. XVII.

כוותיה s. oben דכותיה.

כינוי, Bezeichnung, Umschreibung für etc., z. B. Mp. Ps. 105, 9.

כפופות s. צעיפות.

כתיב, „geschrieben“, „so geschrieben“. Es bedeutet:

a) den Gegensatz von קרי, d. h. es wird so, wie der Consonantentext es hat, geschrieben aber anders gelesen (nach den angeführten Vocalen), besonders mit כן verbunden, z. B. Ex. 14, 12. (s. auch oben דין).

b) dass das Wort so, d. h. in dieser eigenthümlichen Form geschrieben ist, obgleich man eine andere, gewöhnlichere erwarten sollte, z. B. Gen. 9, 21.

כתובים, כתיבא = Hagiographen, s. Deut. 3, 24. Es bedeutet aber auch, wie in den talmudischen Schriften „Verse“ s. Mf. יש, 75. (wenn es daselbst nicht בתו', wie Lev. 1, 2. heissen soll, das nur durch den Herausgeber falsch als כתו' und daraus כתובים gelesen wurde.)

ל.

לאחור, „rückwärts“ s. oben טעם, c.

לבינה, s. oben אריה.

לישן, s. לשון.

למטה, „unten“. Bezeichnung eines Accents, der unter einem Buchstaben steht, als Gegensatz von למעלה, d. h. ein Accent, der über dem Buchstaben steht, z. B. Thebir und Sakef, s. Mp. Lev. 26, 39.

לעיל, s. מלעיל. (Was סיג לתורה von Worms hierüber sagt, ist unverständlich).

לשון, לישן, לישנא, בלישנא, „Bedeutung“ „ähnliche Form“. Es wird gebraucht:

a) wenn von der Bedeutung (Inhalt) eines Wortes gesprochen wird, z. B. Gen. 8, 2. 30, 24. Jes. 30, 7. Besonders aber, wenn verschiedene

Bedeutungen ein und derselben Wortform angegeben werden sollen z. B. בב' לישני Gen. 1, 28. 21, 7. und oft. ג' בג' לישני Gen. 25, 3. 29, 9. (sogar wenn eins Personen- und das andere Städtenamen ist, z. B. Mp. Neh. 3, 23. 32.) Zuweilen bezeichnet es auch verschiedene Wörter, z. B. Prov. 16, 16. verglichen mit Mf. 'א, 21. — Mit חד und סגין verbunden bedeutet es „Einheit und Mehrheit" s. חד. Auch s. v. a. „Lautähnlichkeit" „Gleichklang" s. וִיחִיָה S. 63 Anmerkg. 3.

b) wenn die Hauptform eines Wortes bezeichnet werden soll, ohne Rücksicht auf kleine Veränderungen durch Prä- und Suffixe, z. B. Num. 6, 2., wo zu יַפְלִא bemerkt wird: ד' חסרים בלישן, d. h. es wird 4 M. def. Jod geschrieben und zwar 2 M. יַפְלִא, 1 M. מַפְלִא und 1 M. הַפְלִא. (S. auch z. B. Mf. חן, 3., wo חֲנוֹת und חֲנֻת so bezeichnet wird?).

לית, „nicht mehr", „nicht wieder", wird gebraucht um das einmalige Vorkommen eines Wortes oder einer Wortverbindung zu bezeichnen (Hapaxlegomenon); es wird meistens in der Mp., bisweilen auch in der Mm. so gebraucht.

מ.

מאוחר, s. מוקדם.

מאילא, so wird der Accent Mercha genannt, wenn er vor Athnach oder Silluk steht; ebenso vor Sarka, wo es aber nur s. v. a. Gaja (געיא) bedeutet. S. ausführlich Heid. im משפטי הטעמים S. 15a ff.

מאריך, מרכא, מארכא, Name des Accents Mercha, sowie auch Bezeichnung des sonst sogenannten Methegs. S. die Abhandlung Norzi's מאמר המאריך ed. Livorno und Heid. in משפ"הט an verschiedenen Stellen. S. auch Mf. על, 25. und oben S. 257 Anmerkg. 6, auch Mp. Lev. 13, 29. und 38. Num. 34, 14. s. auch Art. טעם.

מגילה, besonders das Buch Esther s. Ps. 99, 2. Mp. Num. 11, 15.

מגירה, „Säge" eigenthümliche Form eines Buchstaben, s. M. marg. Num. 1, 22. und מ"ש, אור תורה zur Stelle.

מדבר, = 4. B. M., s. Mp. Jud. 20, 9.

מדנחאי, „die Oestlichen" (im Gegensatz zu מערבאי „die Westlichen") bezeichnet die Juden, welche in Babylon, östlich von Palästina wohnen. Ueber die verschiedenen Lesearten der beiden genannten Volkstheile, der babylonischen und palästinensischen Juden, s. die Sammlung derselben am Schlusse der Rabb. Bibelausgabe und Mp. an verschiedenen Stellen, wie z. B. 1 S. 1, 4. 2 S. 6, 23. 1 Reg. 3, 12. 16. 16, 1. und ff., Geiger's Urschrift Excurs III, S. 481.

מוכרת = Pause s. Mf. אכ, 15.

מוקדם steht gewöhnlich mit מאוחר zusammen und bezeichnet, dass 2 Buchstaben versetzt sind, so dass der erste zu zweit und der zweite zuerst stehen sollte (metathesis) s. Prov. 13, 20. Mf. 'ן, 14.

מוריא דלכרות, (Est. 9, 9.) muss מורדיא דלברות heissen und bezeichnet eine Form, ähnlich dem Ruder oder Steuerruder am Lafros, s. ausführlich Abth. 2 S. 384 Anmerkung 4.

מחזורתא, Bezeichnung eines bestimmten Bibelmanuscripts.

מטעין, „Veranlassen zum Irrthum". Dies wird bemerkt zu Stellen, die ungewöhnlich geschrieben oder vocalisirt sind, um dadurch anzuzeigen, dass man nicht lesen soll nach der erwarteten (gewöhnlichen) Leseart, die hier irrthümlich wäre; es ist mit סבירין w. m. s. verwandt; aber doch auch verchieden; s. מ"ש Ex. 25, 15.

מיחדין, s. יחידאין.

מיעוט, wenig, weniger (Gegensatz von ריבוי), bezeichnet, dass ein Buchstabe weniger stehe, als an einer andern ähnlichen Stelle, oder dass das eine Singular- und das andere Pluralform ist, s. Num. 5, 16 Mf. 'ה, 30.

מלא, „voll" die Silbe ist voll, d. h. der nach dem langen Vocal ruhende אה"וי-Buchstabe steht dabei (Gegensatz von חסר, s. diesen Art.). Es wird nur bemerkt, wo das plene die seltene Form ist. מלא דמלא bezeichnet, dass zwei oder alle Silben des Wortes plene sind.

מלין, „Wörter" wird gebraucht, wenn von einer Anzahl von Wörtern eine gewisse Eigenthümlickeit angegeben wird. Es wird aber auch von Buchstaben gebraucht, s. Mf. כל, 23. u. Art. פסוקים S. 373ff und מלין 360ff.

מלך, „König", „Herrscher" von einem trennenden Accent gebraucht (der den Satz beherrscht), im Gegensatz von משרת, s. diesen Art. unten.

מלכיא, „Könige" kommt als mnemonisches Zeichen für das Buch Reg. vor, s. Mp. 1 Reg. 12, 24.

מלעיל, oben, oberhalb (Gegensatz מלרע). Es wird gebraucht:

a) gewöhnlich in zweifelhaften oder Ausnahme-Fällen, um anzugeben, dass der Wortton auf der vorletzten Silbe ruht, so z. B. Gen. 19, 20. s. auch י"ב זוגין S. 346.

b) um längere Vocale oder trennendere Accente zu bezeichnen, besonders im Vergleich zu verhältnissmässig kürzeren, z. B. Cholam gegen Kamez Gen. 22, 22.; Cholam gegen Pathach Gen. 37, 25.; Vocal gegen Schwa Lev. 6, 32, 13. 10. und oft s. noch Mf. 'א, 24. פח, 1. und מ"ש 1 S. 25, 12.; Paschta u. Sakef Katon, im Gegensatz zu Darga und Thebir Gen. 23, 3.

c) bei den Bedienungsbuchstaben בו"כל wenn sie einen natürlichen Vocal haben, im Gegensatz zum Schwa oder einem aus Schwa entstandenen schwachen Vocale, s. Lev. 13, 10. Mf. 'ב, 2. 'ו, 3

מלרע = Gegensatz von מלעיל s. vor. Art.

מנוזרות s. אכין ורקין. Ps. 107, 23. und מ"ש daselbst.

מנין, „Zahl" s. Mp. Ps. 26, 12. 94, 18., wo es als Zeichen gebraucht wird für רַגְלִי in der Bedeutung „Fussgänger" (im Gegensatz zu רַגְלִי von רֶגֶל mit suffix 1 pers. „mein Fuss"), bei welchem immer eine „Zahl" (wie viel) steht. Auch überhaupt „Vermehrung" z. B. ריבוי מנין Est. 2, 16ff. Num. 7, 66.

מסורתא = „eigenthümliche, merkwürdige Form" wird gebraucht zur Bezeichnung zweier Wörter, die in einer eigenthümlichen (seltenen) Form hintereinander vorkommen und nur durch ein Zwischenwort getrennt sind. Es heisst dann gewöhnlich מסורתא מכא ומסורתא מכא z. B. וְאֵיפָה לְפַר וְאֵיפָה. S. Deut. 10, 21. Zach 1, 13. Mf. 'ו, 36. 38. 42. und oft.

מסכתא, Bezeichnung eines Tractats im Talm. z. B. Mp. Ex. 16, 29. wo es den Tractat שבת bezeichnet, der 24 Abschnitte hat.

מספ', S. M. marg. Jud. 7, 5. wo aber das מספ' ein Fehler ist und אס"פ heissen muss; s. unten S. 252 Anmerkung 2, auch Heid. im Pent. מאור עינים Ex. 12, 37.

מערבאי, s. מדנחאי.

מפיק, מפקין, „hörbar" wird gebraucht von den Buchstaben אה"וי, wenn sie vermeintlich ruhen sollen, aber dennoch hörbar sind, besonders vom He. Beim Alef bezeichnet es, dass das Alef mit einem Vocal gelesen wird und nicht nach dem vorhergehendem Vocal ruht, s. Ex. 6, 24. 2 Reg. 16, 7. Mf. 'א, 4. und 5.

מצע, במצע, מציעות etc. „Mitte" „innerhalb" (Gegensatz von רישא = Anfang, z. B. Lev. 6, 32. 15, 20.) eines Verses; auch als Eigenschaft dem מלה beigelegt; auch das „Mittelste" von 3 Stellen (= die zweite Stelle) s. Ex. 10, 1. 12, 11. 14, 16ff. Es wird auch von Buchstaben gebraucht, s. Lev. 8, 26.? Es heisst auch s. v. a. בתוך = „in" s. Mp. Dan. 11, 6. מציע דאסתר.

מקף = Bindestrich; מוקפין = eng verbunden.

מקרין bezeichnet (als mnemonisches Zeichen durch einen angeführten Vers Ps. 69, 32.), dass ein Wort (וְאִם) betont werden soll, während alle andern ähnlichen tonlos, durch Makkef verbunden sind; s. M. marg. Ex. 21, 29. Auch, dass ein Wort ein bestimmtes Tonzeichen habe, s. M. marg. Lev. 9, 18 und עין הקורא daselbst.

מרדף (מורדף) = aufeinanderfolgend, s. Ex. 21, 10. 1 Reg. 3, 26. Hos. 2, 11. Neh. 2, 2.

מרעים, מרעימין, „zitternd", „trillernd". Bezeichnung der Wörter, die den Accent Schalscheleth haben. — Gen. 34, 12. Lev. 8, 23. Am. 1, 2.

משכנא = Bezeichnung für die Beschreibung der Stiftshütte, so dass wenn קדמאה dabei steht, es den „Befehl zum Aufbau desselben" bezeichnet, ungefähr Ex. 28, 1. bis 30, 11.; wenn בתראה (auch משכן תניין s. Ex. 26, 5.) folgt, es heissen soll „die Ausführung des Aufbaues", also von Ex. 35, 1. bis Ende des Buches, s. Ps. 75, 4. Job 9, 8. Mf. קן, 9. — Das erste wird auch צוואה, das letzte עשייה genannt. — Auch wird dem „כל משכנא" gegenüber כל קריא gesetzt, wo dann ersteres beide Stellen und letzteres die übrige heil. Schrift bezeichnet, s. Mp. Ex. 25, 20.

משלשין = kommen 3 M. hintereinander vor; s. Mm. Jer. 22, 29. S. auch מתאימין.

משמש, משמשין „wird gebraucht" „kommt vor" häufig so, besonders mit בלשון, wo es heisst: kommt vor in der Bedeutung, s. z. B. Job 6, 4. Mf. 'א, 9. 13.

משנה תורה = 5. B. M., s. Mp. Deut. 12, 1.

משנין, משתנין = sind verschieden, s. Ex. 13, 3. 17, 7. s. שניין.

משרת, verbindendes Tonzeichen, ebenso auch das Schwa.

מתאימין, aufeinanderfolgend, s. v. a. משלשין s. oben; so Mp. Ez. 21, 27.

מתון, „langsam", „bedächtig", „betont", soll bezeichnen, dass gewisse Wörter (im Gegensatz zu einer anderen Stelle) betont, oder mit Gaja versehen, also langsamer, weniger schnell (s. זריזין) gelesen werden sollen, s. M. marg. Lev. 25, 55. und bes. Ps. 105, 28. S. auch מ"ש zu letzter Selle und Heid. משפטי הטעמים S. 60a.

מתחלפין, s. חלוף.

נ.

נדרים, Der Abschnitt über Gelübde im Pent. Num. 30, 2ff. S. Mp. Jer. 6, 24. Jos. 6, 27. 9, 9.

נזיקין, „Schaden", Bezeichnung für das zweite Buch Mos., besonders für Ex. Cap. 21 u. 22. s. Gen. 24, 8. u. unten S. 216 Anmerkg. 4. u. S. 217 Anmerkg. 1.

נחית, „sinkend", „unten", „niedrig" bezeichnet den niedrigeren Accent in Vergleich zu dem höheren (trennendern) z. B. Thebir im Vergleich zum Sakef, welcher letztere dann קאים oder וקיף genannt wird; s. Ex. 6, 9. Lev. 23, 12. 1 Chr. 18, 3. או"א, 228. — s. סלקי ונחתי.

נסיב, נסבין, annehmen, haben, s. Ex. 5, 7. ibid. 17. 3. Mf. א', 7.; es wird in der Regel von einzelnen Buchstaben, besonders Präfixen gebraucht, die eine Wortform eigenthümlich hat oder annimmt.

נקדימון, Name eines Massoreten oder Punctators.

ס.

סביר, סבירין, „man sollte erwarten", „ist zu vermuthen" d. h. man sollte eine andere Form erwarten, als die gegebene, s. מ"ש Gen. 30, 40. und או"א, Einleitung § 4.

סגין, „viel", „Mehrheit", s. Mf. בא, 9.

סדר, סדרא, (was auch פרשה genannt wird, s. Mp. Lev. 4, 24. Mm. Num. 16, 26.) bezeichnet den Abschnitt des Pentat., der sabbathlich vorgelesen wird; „Wochenabschnitt", wie solche im Kalender vorkommen, als בראשית, נח etc. s. Ex. 18, 12. ibid. 21, 9. Lev. 3, 4. Ps. 77, 21. סידרא אחריתי als „vorhergehender Abschnitt", s. Deut. 9, 26. סדרא תליתאה דד"ה s. Num. 3, 23. Ps. 96, 7.?

סחופי, Bezeichnung für den Accent Athnach s. Mp. Lev. 18, 15. S. סיג לתורה s. v. und מבין חדות Lev. l. c.

סימן = „Zeichen". Dies wird zu verschiedenen Bezeichnungen gebraucht:

1) s. v. a. Cap. Abschnitt (so besonders vom Herausgeber der Massora in der Rabb. Bibel) s. Ex. 12, 30. 32ff.

2) s. v. a. „in folgenden Stellen"; wenn nemlich eine massoretische Angabe vorangegangen ist und nun die Stellenangabe folgt, so heisst es vorher: וסימן, וסימנם und dann folgen die Stellen.

3) s. v. a. „Gedenkzeichen" (mnemonisches Zeichen), wenn nemlich durch einen Schriftvers oder durch eine sprichwörtliche Redensart, ein mnemonisches Zeichen (סימן) für eine massoretische Angabe angeführt werden soll, z. B. Gen. 40, 17. ד' פתחין סימן סלא וכו'. S. unsere Erklärung solcher Angaben.

4) (besonders in der Mp.) s. v. a. ein Ausrufungszeichen oder Gedankenstrich, wenn nemlich auf eine eigenthümliche Form eines Wortes oder einer Phrase aufmerksam gemacht werden soll und zwar:

a) wenn das Eine oder Andere durch ein Präfix, oder einen sonstigen Buchstaben von ähnlichen unterschieden wird, z. B. Lev. 25, 35., wo auf die Verschiedenheit des וְכִי יָמוּךְ aufmerksam gemacht werden soll.

b) wenn die Verschiedenheit durch ein Wort entsteht, z. B. Num. 4, 6. u. 14., wo auf das Wort את vor בַּדָּיו aufmerksam gemacht wird, das ein M. steht und das andere M. fehlt, s. Lev. 18, 14. (und Mp. ibid. 11.), ibid. 22, 29. Num. 24, 13. und dazu 23, 30. Ps. 56, 5. und 12.

c) wenn die Verschiedenheit im Accent besteht, z. B. Num. 4, 35. und 40. — Lev. 20, 4. von 21, 11. ibid. 23, 19. von ibid. 12. ibid. 27, 23. und Mm. ibid. 18.

סיני, Name eines Mpts. in den massoretischen Schriften s. Ex. 18, 1., Heid. zu עין הקורא Ex. l. c. und Num. 21, 1.

סיפא, s. רישא.

סלקי ונחתי „steigt und fällt". Bezeichnung für Asla und Mercha vor Sarka, s. Num. 36, 3. Deut. 19, 5.

סמוך, סמוכין, בסמוך, „nebeneinander stehend", „unmittelbar folgend", s. Mp. Lev. 21, 18.

סמיכה = Athnach, s. Gen. 49, 27. und unten S. 134 Anmerkung 5.

ספרא, (בספרא, דספרא) wird gebraucht, wenn eine

Bemerkung sich auf ein ganzes Buch der heil. Schrift bezieht, in welchem diese Massoraangabe sich findet, z. B. wenn im B. Exod. eine Bemerkung angegeben ist, so bedeutet ספרא „in diesem Buche“ wie etwa ג' בספרא so viel ist als 3 M. kommt diese Form im Buche Exod. vor. In dieser Hinsicht werden die Bücher der kl. Propheten für ein Buch betrachtend, so dass eine Anmerkung zu Hos., die בסיפרא hat, sich auch auf die andern 11 BB. bezieht. Ebenso verhält es sich mit den BB. Esr. und Neh., s. z. B. Am. 3, 12. — Auch כל ספרא heisst „in diesem ganzen Buche“, z. B. Jos. 14, 4. — Mit ו' vor בספרא (ובספרא) „und zwar nur in diesem Buche“, s. auch ענין. — Es heisst aber auch s. v. a. Pentateuch, s. Gen. 36, 20. כל יומי דספרא ff.

ע.

עומד, Bezeichnung für den Accent Schalscheleth s. Lev. 8, 15.; auch das Sakef, s. Mp. Deut. 11, 17. (s. יושב).

עטור סופרים = eine von den Sopherim vorgenommene Veränderung der Leseart, s. Mp. Gen. 18, 5. Ps. 36, 7. Mf. עט, 3. S. או"א, 217. und Anmerkung; auch מ"ש Num. 12, 14. Ps. l. c.

עני, עניא, עניותא, s. עשיר.

ענין, בענין, ענינא „in diesem Abschnitte“, „im Abschnitte von ähnlichem Inhalte“, z. B. Gen, 5, 5. Ex. 12, 50. ibid. 14, 13.? Lev. 17, 11. (s. Num. 22, 6., wo in Mm. בפרשה für בענין steht?). Dass es auch „von gleichem Inhalt“ (ohne in demselben Abschnitt zu stehen) bedeutet, s. Lev. 8, 15. (auch Num. 25, 9.), wo Num. 17, 14. und ibid. 25, 9. בענין genannt wird, da doch nur der gleiche Inhalt (מגפה) gemeint sein kann. Ebenso werden die BB. Sam. und Chr. mit בחד ענינא bezeichnet s. Ex. 6, 9. Mf. טע, 14. 15ff. — ובענין heisst wie בספרא und ובסיפרא s. ספרא) „und nur in diesem (oder ähnlichem) Abschnitt“, s. Ez. 58, 15.

עצל = מתון s. diesen Art., auch זרין.

עשיה, s. משכנא.

עשיר, עשירים (Gegensatz von עני) bezeichnet, dass ein Buchstabe mehr steht (plene) = יתר oder מלא.

פ.

פליג, פליגא, פלוגתא, „hier herrscht verschiedene Meinung“, gewöhnlich über eine Leseart. Mp. Gen. 27, 3. Ex. 12, 15. (wo דפלגא דס' heissen muss: דפליגי ביה סיפרי oder דין פליגי; s. auch מ"ש Ex. 26, 1., wo die Mass. zu Jer. 39, 2. angeführt ist und das dort angeführte פלוגתא nach d. Mpt. דפלגיה d. h. „die Hälfte des Buches Ez.“ heissen muss). Ex. 13, 16. (פלוגתא דר"ת); ibid. 17, 16. 21, 19. 24, 5. 40, 7. Lev. 16, 10. Num. 7, 3. 7, 84. (ופליג רב יוסף). 1 S. 23, 4. 2 S. 21, 21. Jes. 9, 3. 41, 28. 53, 7. 64, 4. Jer. 2, 13. 13, 12. 26, 24. 37, 3. 39, 2. 17. 44, 26. Ez. 4, 4. 33, 22. Hos. 6, 9. Joel 2, 31. Am. 5, 15. Jona 1, 8. Nah. 1, 15. Prov. 20, 4. (פלוגתא דרב נחמן s. מ"ש Zach. 14, 6.) Ruth 3, 15. Koh. 6, 10. Dan. 5, 11. 2 Chr. 20, 8. Mf. ה', 25. הי, 23. יד, 54. מ', 11.

פלוני, Bezeichnung eines beliebigen, nicht angegebenen Namens, z. B. Mp. Num. 11, 21. ibid. 16, 28.

פנים ואחור, Bezeichnung für die Wörter לְפָנָיו וְאַחֲרָיו z. B. Ex. 10, 14. Joel 2, 3ff.

פסח קטן bezeichnet den Abschnitt Num. 9, 1. bis ibid. 15. s. Ex. 19, 1.

פסוק = Vers. ב' בפסוק heisst gewöhnlich: 2 M. (kommt es vor) im Verse. Es bedeutet aber auch „das zweite im Verse“, s. Mm. Gen. 18, 1. וחד בחום ב' בפסוק, d. h. das zweite im Verse; das erste lautet כְּחֹם, mit Kaf. — ובפסוק bezeichnet „und zwar in einem oder in diesem Verse“, z. B. 2 Reg. 7, 8. Jes. 8, 9. 15, 1. und oft.

פסק, פסקא, פסיקתא s. v. a. Interpunctions- und Tonzeichen (und wird solches auch als Zeitwort gebraucht) s. Gen. 39, 10. Ex. 22, 35.! Lev. 11, 35. 23, 20. Num. 6, 25. und 26. 17, 28. 22, 20. Mf. טע, 6. 12, 18. — Es bedeutet aber auch „Einschnitt“, „Pause“ (auch s. v. a. פרשה סתומה s. Mp. Num. 26, 42.) besonders, wenn eine solche in der Mitte eines Verses (פסקא באמצע פסוק) eintritt, z. B. Ez. 44, 15. Letztere wird auch פריגמא genannt.

פרויי, das Wort פַּר in seinen verschiedenen Stellen, s. Prov. 14, 4. und דרכי הנקוד von Mos. Punctator ed. Hannover S. 11. S. פרר S. 156.

פריגמא, s. פסק.

פרשה, פרשתא = Abschnitt s. z. B. Ex. 18, 11., (wo סימן für „Cap.“ und פרשתא mit Rücksicht auf den Inhalt als „Abschnitt“ gebraucht wird) Ex. 23, 21. Lev. 14, 19. 15, 4. s. סדרא. Die Beifügung: סתומה oder פתוחה bezieht sich auf die verschiedenen Formen in der Abtheilung der Abschnitte, mit Rücksicht darauf, ob eine kleinere oder grössere Trennung des Inhaltes stattfindet, s. die betreffenden Ritualgesetze.

פשוטה = אריך w. m. s. S. Mm. Dan. 3, 12. ibid. 7, 23.

פשט = Pathach, (gerade ausgehaucht). פשטין s. v. a. mit Pathach versehen, z. B. Mf. על, 40. פשטין צבחר bedeutet: mit dem „kleinen Pathach" (=Segol = פתח קטן) punctirt, s. Ez. 6, 9. ibid. Mp. 18. 7. 45, 12. Mf. קמץ, 3.

פתח = Pathach; auch Bezeichnung für Segol und Chataf Pathach, s. Mp. 1 S. 26, 19. und Kimchi W. B. s. v. סית.

צ.

צבחר, wenig, klein s. פשט.

צואה, s. משכנא.

צורת הבית דיחזקאל = die Darstellung des Tempels in Ez. von Cap. 40 an. S. 1 Reg. 7, 7. Ez. 40, 41. Auch ohne den Zusatz דיחזקאל Mf. אם, 21.

צעיפות, s. M. marg. Zeph. 3, 8., wo es so viel bedeutet als כפופות (im Gegensatz von פשוטות), d. h. krumme, gebogene Buchstaben. Vielleicht soll es צנופות heissen, s. Aruch Art. צנף. Es heisst: in diesem Verse sind alle Buchstaben des Alphabets enthalten, sowohl die Krummen i. e. Gebogenen, als die Gestreckten = Endbuchstaben.

צפוי, בצפוי d. h. mit dem Zeitwort צפה verbunden, s. Mf. נח, 31.

ק.

קאים, s. נחית, יתיב

קדם, vorangehen. Lev. 14, 45. 15, 16. 19, 3. u. o.

קדמאה, קדמאי (Gegensatz von בתראה) = das erste, wenn dasselbe Wort im Verse oder Buche nochmals vorkommt, z. B. Ex. 14, 12. 14, 20. Deut. 3, 24ff.

קטיעה, „verkürzt", „abgeschnitten", z. B. Num. 25, 13. s. מ"ש Ps. 24, 4.!

קלויי, das Wort קָל an verschiedenen Stellen s. Prov. 14, 4. und דרכי הַנקוד ed. Hannover S. 11.

קמץ, Kamez, auch Zere (als Kam. Katon) oft.

קרויי, das Wort וַיִּקָר betreffend in seinen verschiedenen Stellen, s. Prov. 14, 4. u. דרכי הַנקוד ed. Hannover S. 11 und Anmerkg. S. XVII.

קרחי, kahl, abgerupft, fehlend, besonders von Wörtern gebraucht denen, gegen Erwartung das Waw copul. fehlt, s. Gen. 31, 52. und besonders Art. פסוקים.

קריא, die heil. Schrift, s. auch אוריתא

ר.

רבא = אריך d. i. der Buchst. Waw (im Gegensatz von Jod, das זעיר genannt wird.) S. M. marg. Jes. 34, 11. רבא בזעיר und סינ לתורה S. 39b. auch 41b.

רבע bezeichnet den Accent Rebia, s. Mp. Num. 26, 63.

רומא, „Höhe" (Gegensatz von תהומא, „Tiefe"), Bezeichnung eines trennenden Accents, im Vergleich zu einem „verbindenden", den dasselbe Wort an einer andern Stelle hat; vielleicht auch mit Bezug auf Sakef; (= Höhe, Aufrichtung) in Vergleich zum Thebir (= Bruch, Sinken) s. Ex. 6, 9. 1 Chr. 18, 1. מפ"הט S. 14b., י"ו זונין S. 357. או"א, 228.

ריבוי (Gegensatz von מיעוט w. m. s.) s. v. a. מלא, d. h. es befindet sich hier ein Buchstabe mehr, als an einer anderen ähnlichen Stelle. Es bezeichnet auch die Pluralform, s. Num. 5, 16. ריבוי מנין, s. מנין.

רישא, Anfang (eines Verses), Gegensatz von סיפא = Ende z. B. 31. 3.

רם, Zeichen für einen Accent oberhalb des Buchstaben, s. Mp. Num. 4, 42., wo das Sakef im Gegensatz zum Tipcha so genannt wird. רמה Bezeichnung für Kadma und Asla, Gegensatz zum Munach und Katon; s. Mp. Num. 14, 36. s. oben רומא. — רם scheint auch s. v. a. מלא, plene zu bezeichnen, s. Mp. Ex. 28, 35. zu קולו.

רפה, רפין, „schwach" d. h. I, ohne Dagesch. Es wird gebraucht, anzuzeigen:

1) dass das Dag. nicht steht, wo man es allerdings analog erwarten sollte, z. B. חַיּוֹת zum Unterschiede von חַיוֹת s. Mp. Ex. 1, 19. Job 15, 5.

2) dass nach dem Präfix. וכל"ב kein Dag. forte folgt (also das He des Artikels nicht ausgefallen ist), es also ein Schwa hat, s. o.

3) dass das He am Ende des Wortes nicht hörbar sein, also kein Mappik haben soll. Ebenso

4) das He interrogativum vom He des Artikels (das Dag. forte nach sich hat) zu unterscheiden. z. B. Mp. Gen. 4, 9. — II, Anlaut durch Chataf, im Gegensatz zu Schwa quiescens als Silbenschluss, s. דגש, 2.

ש׳

שבר, Zeichen für den Accent Thebir ֚ (was dasselbe bedeutet im Aram.) s. Mp. Num. 31, 54. und oft.

שום, Name, Eigenname. Es kommt mit folgenden Verbindungen vor: אינש, Mannsname, Mp. Gen. 3, 18. Jer. 22, 16. Ps. 71, 3. — אנש, dasselbe, Mp. Ex. 18, 6. Ruth 4, 20. 1 Chr. 2, 29ff. — אנשא, Mp. Esr. 10, 15. אינתתא = Frauenname, s. Mp. 2 S. 17, 20. 2 Reg. 18, 2.; ebenso איתתא, אתתא, 2 Chr. 32, 10. Jes. 6, 6ff. בר נש = Menschenname Dan. 11, 2. 1 Chr. 25, 2ff. גברא, גברי, גבר (wie אנש), Mm. Jos. 15, 43. Jud. 15, 43ff. — קריא, קרתא Stadtname, Mm. Jos. 15, 43. 19, 7ff. (Man muss unterscheiden שום קרתא von לישן קרתא; letzteres heisst „in der Bedeutung" von עיר = Stadt z. B. Mm. 1 Reg. 14, 12., wo לישן קרתא dem לישן עורה gegenübersteht, das erste in der Bedeutung von עיר, d. h. Stadt, das andere als Zeitwort von עיר, „erwecken", „aufmuntern". — Es kommt auch pl. שמהת vor, z. B. Mf. ׳ך, 62. auch שֵׁם Mp. Neh. 10, 26. 2 S. 13, 32. 1 Chr. 2, 24. (שם נקבה).

שטה, Reihenfolge. Gewisse Eigenthümlichkeiten nach Angabe einer Reihenfolge geordnet, s. S. 381ff.

שמש (im Piel), שמוש = „gebraucht werden", „so vorkommen", besonders mit לישן oder לשון verbunden; das Substantiv wird, im Gegensatz zu שרש gebraucht um Bildungsbuchstaben zu bezeichnen, im Gegensatz zu Wurzelbuchstaben,

שניין, משנין = „sind verschieden", gewöhnlich mit folgendem בכתביהון, d. h. dasselbe Wort, aber verschieden in der Schreibart, Schrift (in Hinsicht auf אר״י) z. B. Num. 20, 16. und oft.

שַׁתָּא = Jahr, so בשתא, Mf. ׳שנ, 5.

ת׳

תאומים, „Zwillinge" bezeichnet, dass ein Wort 2 M. hintereinander vorkommt ohne Psik (s. פסק) dazwischen, s. Mf. ׳ב, 14. Es wird auch als Zeitwort gebraucht, s. oben מתאימין.

תורה = Pentateuch; aber auch für die ganze heil. Schrift = קריא, מקרא z. B. Ps. 107, 23. אכין ורקין שבתורה.

תורת כהנים = 3 B. Mos. so Lev. 11. 3. Ps. 96, 7.

תיבה, Wort, Silbe; auch „Buchstabe" s. Gen. 37, 25. und ב׳ זוגין בתרי לישני Anmerkung

תיקון סופרים, Eine von den Sapherim veranlasste Umschreibung, s. Num. 1, 1. ibid. 11, 15. Ps. 106, 20. Job 22, 3., s. מ״ש Zach. 2, 12. כרם חמד 8, S. 135 oben und 212. מעשה רקח letzte Seite und או״א, 168. und Anmerkung.

תיקון עורא, wie voriges, s. Mp. Num. 12, 12. und או״א, l. c.

תיקון ס״ת = תיקון ספר תורה, d. i. ein correctes Textbuch des Pentateuchs für den סופר zum Abschreiben der Gesetzesrollen, s. Mm. Ps. 18, 48.

תמניא אפי = 8 Alphabete. So wird der 119te Psalm genannt, in welchem je 8 Verse in der Reihenfolge des Alphabets verbunden sind, worin also 8 Alphabete vorkommen am Anfang des Verses, s. Ps. 119, 52. Es ist eigenthümlich, dass immer בא״ב noch dabei steht, s. Mf. ׳ך, 57.

תריסר, das Buch der 12 kleinen Propheten, Ex. 30, 10. 35, 22. und oft.

Cap. II.

Alphabetisches Verzeichniss der Abkürzungen, Zusammenziehungen u. dgl., deren sich die Massora bedient.

א׳

א״א, Anfangsbuchstaben von אַבְרָהָם, אִתּוֹ dieses Zeichen findet sich Mm. Num. 22, 22. (angeführt מ״ש daselbst und im Mpt. Hamb. Gen. 22, 3.), wo es lauten soll, dass der Ausdruck: שְׁנֵי נְעָרָיו 2 M. vorkommt und zwar 1 M. mit אִתּוֹ bei אַבְרָהָם (Gen. 22, 3.) und 1 M. mit עִמּוֹ bei בִּלְעָם (Num. 22, 22.) verbunden, so dass das mnemonische Zeichen ist, א״א ע״ע, d. h. bei אברהם steht אתו und bei בלעם (das ein ׳ע hat) steht עִמּוֹ. In unserer Ausgg. steht: אותו אתיהון, was aber wohl lauten muss: אותות אתיהון, oder אותותם אותות, d. h. „ihre (der Wörter) Buchstaben sind Zeichen für das Beiwort" (ob es mit Alef = אִתּוֹ oder mit Ain = עִמּוֹ anfängt).

נ״א נ״א, נ׳ נ׳ א׳ א׳ = אֶחְדָּל נֵלֵךְ, נֵלֵךְ אֶחְדָּל, אֵלֵךְ אֶחְדָּל נֵלֵךְ אֶחְדָּל. S. Mm. 1 Reg. 22, 6., wo es ein Zeichen sein soll, durch welches die 2 ähnlichen Verse: 1 Reg. 22, 6. und 15. mit 2 Chr. 18, 5. und 14.

unterschieden sind; in 1 Reg. l. c. folgt auf אֱלֶךָ, אֶחְדָּל und auf נֶחְדָּל, נֵלֵךְ, während in 2 Chr. auf beide אֶחְדָּל, נֵלֵךְ folgt.

א״ב, bezeichnet:

a) das Alphabeth, z. B. Mp. 2 Reg. 4, 39. 6, 32. Jes. 5, 25.

b) das alphabet. Verzeichniss gewisser Wörter oder Wortformen; so häufig am Anfang jeden Buchstabens in der Mass. fin.; s. auch Gen. 11, 11. und besonders Mf. 'ומ, 1.

c) den Ps. 119, der wegen seines achtmaligen Alphabets auch א״ב רבתא genannt wird, so oft in Ps. 119, s. Mal. 4, 15. Endlich

d) die Capp. des Buches Threni, deren Verse alphabetisch geordnet sind, z. B. א״ב תניין = Thr. 2., s. Mf. 'ז, 6. נע, 3. — א״ב ג׳ = Th. 3., s. Mf. זך, 5. — א״ב ד׳ = Thr. 4. s. Mf. 'ה, (vor) 26. א״ב קדמאה = Thr. 1., s, Mf. מר, 2. קה, 3. Steht das א״ב drei M. hintereinander, so bedeutet es: אחד בתורה, אחד בנביאים, אחד בכתובים und soll bezeichnen, dass eine gewisse Form 3 M. u. zwar 1 M. im Pent., 1 M. in den BB. d. Proph. und 1 M. in den Hagiogr. vorkommt.

אב״ג בג״ד ..., ein Verzeichniss von 1 M. vorkommenden Wörtern, deren erste Buchstaben nach dieser Zusammenstellung des Alphabets folgen, s. Ps. 119, 113., wo das betreffende Wort (סֵעֲפִים) mit סעפ anfängt. Das Verzeichniss selbst findet sich so in der Mf. nicht, obgleich Ps. l. c. darauf hingewiesen wird. S. Mf. 'א, 18. או״א, 37., wo die Angabe: סֵעֲפִים א״ב ב״ג ג״ד וכו׳ lautet und auch das angeführt wird.

אב״ד = erster, zweiter und vierter (Tag), s. Mm. Num. 29, 16. וסי׳ אבד עִזִּים, d. h. nur am ersten, zweiten und vierten Tag (des Festes) heisst es וּשְׂעִיר עִזִּים; bei den anderen Tagen lautet es וּשְׂעִיר חַטָּאת.

א״ד = אֶפְרַיִם דָּן; s. Mp. Num. 26, 42., wo angegeben ist, dass nur bei diesen beiden der Abschnitt (פסיקתא) mit אֵלֶּה בְנֵי anfängt, während bei den übrigen das Wort אֵלֶּה vor בְּנֵי fehlt.

אד״וז = 1, 4. 6, 7. s. Mm. Num. 29, 12., wo es bezeichnen soll, dass beim ersten, vierten, sechsten und siebenten Tage in diesem Abschnitte מִנְחָתָהּ (ohne), bei den übrigen aber וּמִנְחָתָהּ (mit) Waw copulat. steht.

אד״יר = אפרים, דן, יהודה, ראובן, s. Mp. Num. 10, 14 d. h. bei diesen kommt: וְעַל צְבָאוֹ (mit Waw suff.) sonst וְעַל צְבָא (ohne Waw) vor. Ueber das במרום daselbst als Zeichen für Sakef s. Cap. I. רם und רומא.

אהוו״כץ, Zeichen für die Verse derjenigen Buchstaben in Ps. 119. in welchen פִּקֻּדֶיךָ def. Waw vorkommt, s. מ״ש l. c. 4.

אהי = אה׳ (so ist zu lesen) als Anfangsbuchstaben eines Wortes, wie אהל, אַהֲרֹן, s. die schwierige Stelle Ex. 27, 21. und מ״ש daselbst. Auch unsere Erklärung S. 379 Anmerkg. 1.

או׳, באו׳ = באוריתא אוריתא s. oben diesen Art. s. Gen. 1, 1. 2, 21. 15, 4. und oft.

אז״ן = אֲנִי, וזאת, נָא Thr. 3, 19., s. מ״ש Ps. 25, 6. Auch אֵלֶּה gehört zu dieser Abbreviatur s. S. 57, Anmerkung 1.

א״ח = אחד חסר, d. h. eins ist def.; es wird gebraucht wenn von einer Reihe von Wörtern, die sämmtlich plene sind, eins def. geschrieben wird.

אח״ז = אסירים חולים ז״ן, s. Ps. 107, 13. und 19., wo וַיִּזְעֲקוּ mit Sain (statt sonst Zaddi) steht; das Zeichen ist also bei אסירים (Gefesselten V. 13.) und חולים (Kranken V. 19.) steht Sain = ויזעקו, während bei den anderen beiden (V. 6. und 28.) ויצעקו (mit Zaddi) steht.

איתן die Vorsatzbuchstaben im Futurum. S. Ex. 7, 17. wo es das Futurum im Allgemeinen bezeichnet.

א״מ = אחד מלא, Gegensatz von א״ח, w. man s.

א״מ ג״ר = אהרן מ׳ גרשון ר׳, s. Mp. Jos. 21, 19., wo es bezeichnen soll, der Vers, welcher mit כָּל עָרֵי anfängt, hat bei אַהֲרֹן in der Gesammtzahl שלש עשרה עָרִים (mit Mem am Schluss, Jos. 21, 19.), bei גרשון aber עיר (mit Resch am Schluss, ibid. 33.)

אמ״ת = a) איוב, משלי, תהלים = d. BB. Job, Prov. u. Psalmen, wenn bezeichnet werden soll, dass gewisse Wörter oder Formen in diesen BB eigenthümlich vorkommen;

b) אלה הדברים, מלכים, תרי עשר, d. h. Deut. Reg. und die 12 kl. Propheten, s. Ex. 15, 11. Deut. 10, 18., (wo דת״קע dabei steht, s. diesen Art.) Ps. 146, 6. ausführlich Am. 9, 12. (s. מ״ש daselbst, wo Michlol 151b verbessert ist und אלה הדברים מלכים u. s. w. heissen muss) Mf. עש, 8.

אנ״ך = אוריתא, נביאים, כתובים, d. h. Pentat. Proph. und Hagiogr. Es wird gebraucht, wenn ein Wort nur ein M. in jedem der genannten Theile der heil. Schrift vorkommt, so Gen. 1, 2. (Gen. 2, 90. falsch) 3, 18. und oft; ausdrücklich Lev. 6, 5. Auch תנ"ך kommt in diesem Sinne vor Num. 23. 12. Deut. 21, 23. S. oben א"ב ,א"ב ,א"ב.

אס"ף = a) אתנחתא ,סוף פסוק, wenn Eigenthümlichkeiten dieser 2 Accente bemerkt werden sollen. b) = אחד סוף פסוק, d. h. „ein Wort am Schlusse des Verses" s. Mp. Num. 16, 18., wo es mit אר"ף (d. h. eins am Anfang des Verses = אחד ראש פסוק) verbunden steht.

אפ"ס = אחד פסוק סימן (auch וחד פסוק סימן kommt vor Ex. 32, 7., wo Mp. ואס"פ hat) d. h. „ein Schriftvers sei das Zeichen". Dies wird gebraucht, wenn die Verschiedenheit zweier ähnlichen Verse od. Wörter angegeben ist, die durch eine Schriftstelle anschaulich gemacht wird, z. B. Gen. 22, 18., wo zwischen den beiden ähnlichen Stellen: (אויביו) וְיִרַשׁ זַרְעֲךָ אֵת שַׁעַר Gen. 22, 18. und ibid. 24, 60. der Unterschied hervorgehoben wird, dass in erster Stelle אֹיְבָיו, in der anderen aber שֹׂנְאָיו steht, und dafür wird der Vers Deut. 30, 7. angeführt, in welchem erst אֹיְבֶ und dann שֹׂנְאֶ steht. S. ferner Gen. 23, 10. ibid. Mp. 24, 3. 24, 24. 24, 26. Ueber Buchstabenverschiedenheit s. 1 Chr. 16, 15. (über לְיִשְׂחָק ,לְיִצְחָק); für Vocalverschiedenheit Mp. Gen. 40, 13. und oft. Manchmal wird auch blos וסי' gesetzt, z. B. 1 Chr. 23, 22. (וסי' היו היה וכו') Mp. Deut. 23, 4.

אר"ה, s. אס"ף z. B. Gen. 26, 35.

א"ש = אלה שמות, d. h. das „2. B. M." s. Ex. 20. zu den 10 Geboten.

אשמ"ו . . . . אלפים שבע מאות ו, Mp. Num. 4, 36. Mf. שב, 52., d. h. „bei dieser Zusammenstellung" heisst es (3 M.) שֶׁבַע und nicht, wie erwartet wird, וְשֶׁבַע (mit Waw copulat.), worauf das בראשו (auf Num. 5, 7. anspielend) deutet, d. h. mit dem Stammbuchstaben שׁ (Schin) anfangend, und nicht mit dem vorgesetzten ו' copulat.

אש"קף, אֵלָה, שַׁמָּה, שְׁרֵקָה, חֶרְפָּה s. Mp. Jer. 29, 18. 40, 18. 44, 12., d. h. dass diese 4 Wörter so aufeinander folgen, wie angegeben. Bei diesen und ähnlichen Zeichen werden die Hauptlaute und nicht die Anfangsbuchstaben, wie das ק' und פ' in שרקה und חרפה hervorgehoben.

את"בש = eine Vertauschung der Buchstaben nach angegebener Versetzung des Alphabets, als ת' für א' ש' für ב' u. s. f. und umgekehrt, s. Mp. Jer. 51, 1., wo die Wörter לֵב קָמָי nach dieser Vertauschung = כַּשְׂדִּים; ebenso בָּבֶל = שֵׁשַׁךְ erklärt werden.

ב.

ב"א = בן אשר = ר' אהרן בן אשר, ein alter Massoret und Kritiker.

ב"ב, „je zwei", d. h. eine Gruppe von je 2 Wörtern oder Versen, die gleich oder ähnlich sind, so oft.

בו"ז = 2, 6 und 7, s. Mm. und Mp. zu Num. 29, 19. Es soll bedeuten, dass bei diesen 3 Tagen die Buchstaben מי"ם ausnahmsweise stehen, und zwar מ' bei וְנִסְכֵּיהֶם, י' bei וּנְסָכֶיהָ (da es bei den übrigen Tagen וְנִסְכָּהּ heisst) und ם' bei כְּמִשְׁפָּטָם Num. 29, 19. 31, 33. (sonst כַּמִּשְׁפָּט). Mir scheint, es sollte heissen, וו"ב מ"ים, mit Anspielung auf die Deutung ניסוך המים. S. מ"ש zu Num. 29, 33., wo nach dem B. Sohar, בוו יבוו לו darauf anspielt.

בום"ק, d. h. in diesen 4 Buchstaben des 119ten Psalms kommt 1 Vers vor, der aus 4 Wörtern besteht, s. Ps. 119, 47.

בט' = בטעמא, s. oben Cap. 1.

בכ"ס = בכורים ,כפור ,סכות. Bei diesen drei Festen, Num. 28, 29. ibid. 29, 10. und 15. kommt עִשָּׂרוֹן עִשָּׂרוֹן mit Paschta und Sakef Katon vor, s. das. Mp. 28 und 29.

בכתו' = בכתובים d. h. „in den Hagiogr".

בלי', בליש' = בלישנא s. Cap. I. לישן. Gen. 1, 2. 30, 3ff.

ב"מ = בר מן, „mit Ausnahme", worauf dann die Zahl und die Stellen der Ausnahme angeführt werden, z. B. Lev. 2, 15. 2 S. 8, 17.

במ"א = בר מן א', d. h. „mit Ausnahme von einem" ebenso mit den anderen Zahlbuchstaben: במ"ב במ"ג u. s. w. במ"ד heisst aber zuweilen: בר מן דין, d. h. „mit Ausnahme dieser Stelle".

במצ' = במצעא, s. oben diesen Art. s. Gen. 1, 1. 6, 4. 24, 41ff.

ב"נ = בן נפתלי, Name eines alten Massoreten und Kritikers, s. ב"א.

בנבי' = בנביאים, „in den BB. der Propheten".

בס', בסי' בספ' = בספרא, s. oben diesen Art. (Mp. Num. 32, 11. hat für בסי' = בסיפרא fehlerhaft בסיר', s. Mm. daselbst. Ebenso Mp. 1 S. 17, 50. steht בסימן für בסי'.

בס"ד = בסיעתא דשמיא, „mit Gottes Hülfe" z. B. Mf. א', 16, und 17.

בסד' = בסדר oder בסדרא, s. oben diesen Art.

בע' = בענינא, s. oben ענין.

בפ', ובפ' = בפסוק, ובפסוק s. oben s. v.

בק' = בקריא, s. oben s. v. (s. Gen. 8, 21. 12, 6. 31, 15ff.)

בקל"ר = בִּפְלַגּוֹת, חִקְקֵי, לִפְלַגּוֹת, חִקְרֵי, d. h. bei dem ersten Worte, das mit Beth anfängt, folgt חִקְקֵי mit Kuf; bei dem zweiten, das mit Lamed anfängt, folgt Resch, חִקְרֵי. S. Mp. Jud. 5, 15.

ב"ש = בֵּית, אֵשֶׁת Mm. Ex. 20, 16., d. h. im Decalog 2. B. M. 20. heisst es לֹא תַחְמֹד בֵּית und in Deut. 5, 6ff. heisst es לֹא תַחְמֹד אֵשֶׁת; es ist wohl eine Anspielung auf א"ת ב"ש, s. oben unter א'.

בתו' = בתורה „im Pentat."

בת"כ, ת"כ s. Es heisst aber auch: בכורים, תרועה, כפור Mp. Num. 28, 28., d. h. bei diesen drei Festen kommt der Accent Mahpach-Paschta bei den Wörtern שְׁלֹשָׁה עֶשְׂרֹנִים vor, sonst nicht.

בתר' = בתרא z. B. Ex. 7, 12., s. Cap. I. s. v.

בתרי' = בתרין, „bei zweien", „in zwei" (Bedeutungen).

ג׳.

ג"ג, „je drei".

גה"ח, מ"ש s. Ex. 35, 11. Es bedeutet die Zahl, 3, 5, 8. d. h. von den 8 M. את in diesem Verse hat das dritte, fünfte und achte ein Waw copulat. (וְאֶת).

ג"ז = נד זקף, d. h. אֱלֶף bei נֶד (Num. 1, 25. und 2, 15.) hat Sakef, s. Num. 1, 25.

גז"ט יכ"ע, d. h. in den Versen dieser Buchstaben des Ps. 119 kommt das Wort זֵדִים vor. S. Ps. 119, 51. Mal. 4, 15. Ps. 86, 14.

ג"ט = נד טפחא, d. h. וְעַל צְבָא bei נֶד (Num. 10, 20.) hat den Accent Tipcha, s. Mp. das.

ד׳.

דא"ג = דְּכִיתַנִי, אֶת, נִם, d. h. in den Hagiogr. kommt das Wort תַּנִּים immer mit Nun fin. vor (תַּנִּין), mit Ausnahme dreier Stellen, die mit diesen 3 Wörtern anfangen, wo es auf Mem fin. ausgeht, s. Ex. 7, 9.

דאו' = דאוריתא, s. diesen Art.

דג' = דגש oder דגשין, s. oben s. v.

דד"ע = דברי הימים, דניאל, עזרא, d h. die BB. Chr. Dan. und Esra (und Neh.), s. Mm. 2 Chr. 10, 5. Mf. אמ, 32. 69.

ד"ה = דברי הימים, die BB. der Chr.

ד"ח = 4 und 8., d. h. beim vierten und achten Tag daselbst (Num. 29, 24. und 37.) steht מנחתם. S. Mm. Num. 29, 12.

רחס' = רחסר, def. s. חסר.

דכו' = דכותיה, s. oben s. v.

דמט' = דמטעין, Gen. 41, 49., s. oben מטעין.

דנסצ"ת = דֶּרֶךְ, נַפְשִׁי, סֵעֲפִים, צִדְקָתְךָ, תָּאַבְתִּי, d. h. in den Versen, welche mit diesen Wörtern anfangen kommt וְתוֹרָתְךָ in Ps. 119 vor, s. Mm. Ps. 119, vor, s. Mm. Ps. 119, 174.

ד"ן ע"ם = דרכי ן' על ם', d. h. Thr. 1, 4. heisst es שׁוֹמֵמִין (mit Nun. fin.), ibid. 16. שׁוֹמֵמִים (mit Mem fin.). דַּרְכֵי und עַל sind die Anfänge der bezeichneten Verse.

דס' = דסמיכי, דסמיך, z. B. Gen. 1, 2. 3, 11. 4, 3ff. s. oben s. v. Es bedeutet aber auch s. v. a. דספרא, w. m. s.

דסבי' = דסבירין, דסביר s. oben s. v.

דע' = a) דעזרא, d. h. im B. Esra (und Neh.)

b) דעי"ן „des Buchstaben Ain", z. B. Gen. 22, 3., wo das Ain aus den übrigen Buchstaben hervorgehoben ist.

c) דענינא „in diesem Abschnitte", s. Mm. Gen. 24, 14.

ד"פ = דן פשטא, d. h. כָּל־הַפְּקוּדִים hat nur bei דָּן ein Paschta, s. Mp. Num. 2, 31,

דק' = a) דקריא, s. oben קריא.

b) דקרין, „welche gelesen werden sollen" (so oder so).

ד"ר = דעואל, רעואל, d. h. erst Daleth und dann Resch s. Mp. Num. 2, 14., wo bemerkt wird, dass obiger Name zuerst (Num. 1, 14.) mit Daleth am Anf. und dann (ibid. 2, 14.) mit Resch vorkommt.

ד"ת, Zeichen für הָאֶחָד, הָאַחַת, s. M. Ex. 26, 26.

דתק"ע = דברי הימים, תהלים, קהלת, עזרא, d. i. d. BB. d. Chr., Ps., Koh. u. Esr. (mit Neh.), wenn in diesen Büchern Eigenthümlichkeiten vorkommen; s. oben אמ"ת.

ה׳.

ה"ו d. h. „erst He und dann Waw", s. Mp. Lev. 19, 5. wo angegeben wird, dass das erste M. הו und das andere M. ו gelesen werden soll.

הל"ע, Name dieser Buchstaben, z. B. Mp. Lev. 8, 28., wo es heisst, dass wenn אִשֶּׁה vor einem Worte steht, das mit einem dieser 3 Buchstaben anfängt, so hat das Schin ein Pathach (d. h. Katon = Segol) sonst aber Zere.

ו.

Das Waw ist ein Vorsatzbuchstabe und bedeutet: „und", „und zwar nur", z. B. ג' ובספרא ist s. v. a. es kommen 3 vor und zwar (alle 3) in diesem Buche. Darauf beruhet auch der Unterschied, ob z. B. die Mass. sagt ג' חסר, oder ג' וחסר; erstere will sagen: von der angegebenen Form sind 3 def., die übrigen sind plene, also die Form kommt mehr als 3 M. vor; ג' וחסר heisst aber: diese Form kommt nur 3 M. vor, „und zwar" sind alle 3 def. — Dieser Unterschied wird oft nicht beachtet und darum die vielen Fehler in den Angaben bei חסר u. מלא und וחסר und ומלא. S. auch unten: ל' כ"ב.

וכו' = וְכֻלּוֹ, „so das Ganze", „u. s. w." wird gebraucht bei einer Angabe oder Aufzählung, die nur zum Theil angeführt und in der Mitte abgebrochen wird, ganz wie unser deutsches „ff.", „u. s. w."

וש"מו = וּשְׁבַע מֵאוֹת וּשְׁלוֹשִׁים. S. Mp. Num. 26, 51., wo es heisst וש"מו קודמו (Buxt. hat falsch שמ"ן), d. h. das vorhergehende (Num. 26, 7.) hat וּשְׁבַע, dieses aber שְׁבַע.

ז.

וא"ב שמ"ן = זבולן, אשר, בנימין, שמעון, מנשה, נפתלי. S. Mp. Num. 10. 15. Es soll bezeichnen, dass daselbst bei den genannten Stämmen das Wort צְבָא immer Sakef Katon hat.

זר"וק וא"ב יש"אג = זבולן, אשר, בנימין, יהודה, שמעון, אשר, גד, haben den Accent Sarka, auf welches letztere das זרוק anspielt, S. Mm. Num. 26, 12ff. und ibid. Mp. 35., wo angegeben wird, dass daselbst die bezeichneten Wörter mit vorhergehendem בְּנֵי immer den Accent Sarka haben.

ז"ז ב"ת = זלפה זקף, בלהה תביר, s. Mp. Gen. 46. 19. Es soll heissen זִלְפָּה (ibid.) hat Sakef, בִּלְהָה (ibid. 26.) hat Thebir. S. hierüber auch Mm. Ex. 6, 9. 1 Chr. 18, 3.

ר"ש ז"ז חנ"פט, d. h. in einem der Verse dieser Buchstaben kommt im 119ten Psalm das Waw convers. mit Kam. vor, also 8 M. in diesem Ps. s. Mm. Ps. 119, 106. 158. Mp. ibid. 167. Das ט' in dem angegebenen Zeichen muss in ק' verändert werden, weil 1) unter diesem und nicht unter jenem das Waw convers. mit Kam. vorkommt. 2) da das Zeichen der Reihenfolge des Alphabets folgt, so kann ja nicht auf פ' das ט' folgen. S. מ"ש ibid. 44., wo noch eine ältere, weit kürzere Mass. angeführt ist.

ז"ך = 27, Zahlenwerth der Buchstaben, z. B. Mp. Hag. 2, 5ff. 9, 10.

זל"אל = זכרה לי אלהי לטובה, Mm. am Ende von Neh. Es soll entweder ein Schlussgebet des Herausgebers sein, oder es fehlt die Angabe, wie etwa ב' א' ר"פ וא' ס"פ וסי' וכו'.

ח.

חד"ל, Mf. ו', 1. ed. Buxt. — Es ist wahrscheinlich ein Druckfehler und soll heissen: וכל חד לית דכותי' s. Cap. I. חדל.

ח"י = חומש יריחו, d. h. ein sehr correcter Codex des Pentat. aus Jericho, s. Lev. 18.

חל"ן = נח, חנוך, למך, s. מ"ש Gen. 9, 29. und Mm. ibid. 5, 23., wo angegeben ist, dass bei den drei genannten וַיְהִי (וַיְהִי כָּל יְמֵי im Sing.) steht, sonst steht in diesem Abschnitte וַיִּהְיוּ (pl.) vor כָּל יְמֵי, s. Mm. ibid. 5, 5.

חמש"ק = חֶרְפָּה, מָשָׁל, שְׁנִינָה, קְלָלָה, Angabe der Reihenfolge dieser Wörter in Jer. 24, 9., s. Mp. daselbst und oben אשק"ח.

חמש"ת = חֻקָּה, מִדָּה, שָׁנָה, תּוֹרָה, s. Mm. und Mp. Ex. 16, 33. Jos. 6, 14. Es will sagen, dass bei den angeführten Wörtern, אַחַת immer (mit Ausnahme einer Stelle) ein Doppelt-Pathach hat und nicht, selbst bei dem trennenden Accent Sakef in אֶחָת umgeändert wird.

חס' = רחס' = דחסר, חסר, s. Cap. I. s. v. S. Gen. 1, 14. 2, 4. 7, 11. und oft.

חשר"ק = חָרְבָּה, שַׁמָּה, שְׁרֵקָה, קְלָלָה, Angabe der Reihenfolge dieser Wörter in Jer. 25, 18. s. Mp. das.

י.

י"ב, (besser ב"י als mnemonisches Zeichen) — יהודה, בנימין, d. h. bei diesen beiden fehlt daselbst nach וּלְמַטֵּה und לְמַטֵּה das Wort בְּנֵי, s. Num. 34, 19.

יב"י = יהודה, בנימין, יוסף, d. h. diese 3 haben im dortigen Absch. ein Sakef Kat. s. Mp. Num. 35, 21.

יב״ם = מנשה, בנימין, יהודה, s. Mm. Num. 35, 19., d. h. diese 3 haben daselbst לְמַטֵּה vor sich, während bei den andern וּלְמַטֵּה (mit Waw copul.) steht.

יב״ן = לישׂשכר לבנימין לנפתלי, s. Mp. Num. 1, 8, d. h. diese 3 haben daselbst den Accent Paschta und Sakef Katon.

יד״ו = יעבץ, דן, יהודה, s. Mm. Gen. 29, 33. Bei diesen dreien steht קָרְאָה (sing. f.) vor שְׁמוֹ, sonst geht קָרָא (sing. masc.) vorher.

ימ״ה = יוצא מן הכלל „macht (oder machen) eine Ausnahme von der Regel"; diese Abkürzung kommt, nach Levita, öfters in den massoretischen Schriften vor.

ימ״ו, bedeutet den Zahlenwerth dieser Buchstaben, also = 56, s. Mf. ׳י, 12.

י״ס = יש ספרים „nach einigen Codd.", „eine andere Leseart". S. Mp. Jes. 16, 6., wo es ׳סי heissen muss; s. auch מ״ש Jer. 48, 30.

יצ״ל ג״ת = Bezeichnung der alphabetischen Versgruppen im Ps. 119, in welchen שַׁעֲשֻׁעַי def. Waw vorkommt; s. Ps. 119, 77.

יר״א = יהודה, ראובן, אפרים, Mp. Num. 2, 9. Bei diesen 3 hat das Wort הַפְּקֻדִים daselbst den Accent Geresch.

יש׳ = ישראל s. Mp. Jes. 5, 27.

יש״ג אז״ן (so ist zu lesen) = יהודה יששכר גד אשר, זבולן נפתלי, s. Mp. Num. 26, 22. Bei diesen Namen hat das Wort אֵלֶּה am Anfang des Verses vor מִשְׁפְּחוֹת daselbst den Accent Thebir.

כ.

כ״ד = כֵּן דִּינוֹ, „so ist es recht". Es dient zur Bestätigung einer Form wie im Context sich findet.

כ״ה = כֵּן הוּא, wie das vorige.

כו׳, כול׳ = כלם oder כלהון, „alle so", „sie kommen immer so vor", s. Gen. 38, 8. 45, 12. und oft.

כ״ = 30, als Zahlenwerth. So wird, wenn keine nähere Angabe dabeisteht, als etwa זונין u. dgl., s. Gen. 29, 12., die Zahl 30 bezeichnet, s. z. B. Mm. und Mp. Ruth 2, 13. Weil das ׳ל auch לית bezeichnet (s. unten ׳ל) hat man um Irrthum zu vermeiden statt ׳ל = 30 gesetzt כ״י, das denselben Zahlenwerth hat.

כ״כ = כֵּן כתיב, „muss so — wie angegeben — geschrieben werden", s. Gen. 8, 21. 36, 1. 37, 2. 8. 16. 39, 1ff.

כ״ל = כל לישן, „alle in dieser (und ähnlicher) Form" s. Cap. I, s. v. Gen. 37, 10. 24. 34. 38, 20.

כנ״ל = a) כנזכר לעיל, „wie oben erwähnt".
b) כן נראה לי, „so scheint es mir", wo die Ansicht des Autors angegeben werden soll; s. 1 S. 20, 38. (wo auch statt קדמא zu lesen ist: בתרא oder תנינא).

כ״פ = כִּכַּר פָּרֹכֶת, Ez. 25, 39. ibid. 26, 31.); an diesen Stellen steht יַעֲשֶׂה, wo man תַּעֲשֶׂה erwarten sollte, s. Mp. zu diesen Stellen.

כ״ק = כל קריא, „die ganze heil. Schrift" — auch כן קרי, „so muss gelesen werden".

כת׳ = כתיבה oder Pl., „Schreibart", „Schreibform" s. Mm. und Mp. Gen. 39, 15. Num. 32, 15.

כתי׳ = כתיב, כתיבין, „so geschrieben" (oft dem קרי w. m. s. entgegengesetzt).

כתמפ״ום, כמת״פום, כתופג״מס, כמת״פסו, כתפסמאצם?, כתמפ״סג, כת״מום } Bezeichnung für die betreffende Reihenfolge gewisser Völkernamen, die in der heil. Schrift oft nebeneinander vorkommen: s. Mf. חילופי קרי׳, 8. Mp. Ex. 3, 9. 3, 17. 13, 5. Jos. 11, 3. Esr. 9, 1. Neh. 9, 9. Die Buchstaben bedeuten: גִּרְגָּשִׁי = ג׳, מוֹאָבִי = א׳, אֱמוֹרִי = מ׳, כְּנַעֲנִי = כ׳, חִוִּי = ו׳, (nach Mp. Esr. 9, 1. auch עַמּוֹנִי), יְבוּסִי = ס׳, חִתִּי = ת׳, פְּרִזִּי = פ׳, עַמּוֹנִי = ע׳. — Das ׳מ in dem Zeichen כתפסמ״אצם soll wohl ein ׳ע sein?

ל.

ל׳ = לית, d. h. diese Form oder dieses Wort kommt in der Bibel nicht wieder vor (= Hapaxlegomenon), s. o. Es kommt aber auch als Zahlenwerth = 30 vor, s. Mp. 1 S. 17, 3. und oben Art. כ״י.

ל״ב, s. Num. 15, 3. und מבין חדות das.

ל׳ בט׳ = לית בטעם d. h. es kommt mit diesem (im Context angegebenen) Accent nicht wieder vor.

ל׳ כ״כ, ל׳ וכ״כ = לית כתיב כן, לית וכתיב כן; Letzteres: „Es kommt nicht wieder vor und es wird so (wie im Context) geschrieben", d. h. es ist ein Hapaxlegomenon und dieses eine wird so (wie angegeben) geschrieben. Ersteres: Es giebt kein anderes dieser Form, das so geschrieben wird, wie dieses, aber diese Form kommt mehrfach vor. — S. oben ׳ן am Anfang.

לג׳ = לגרמיה, Name eines Accentzeichens. Zuweilen bedeutet es s. v. a. „allein“.

לי׳ = a) לית, s. Cap. I, s. v.
b) לְי׳, d. h. dem Jod geht ein לְ (mit Schwa) vorher, s. z. B. Mf. ר׳, 24.

לק״א / לק״ה } d. h. das Alef und He wird nicht gelesen.

ל״ר = לשון רבים, „Mehrzahl“ (Plural).

מ.

מֶ מַ, Bezeichnung für וַיֹּאמֶר und וַיֹּאמַר, s. Mp. Gen. 33, 5. 40, 39ff.

מד׳ = מדנחאי. s. Cap. I, s. v.

מה״מג ת״לוש / מהם תנ״לוש } Anfangsbuchstaben der Wörter, die den Accent Mercha und Tipcha in einem W. haben; sie sind: מוֹשְׁבוֹתֵיכֶם (Lev. 23, 21.), הֶהָרוֹתֶיהָ (2 Reg. 15, 16.), מַבְלִיגִיתִי (Jer. 8, 18.), גִּלּוּלֵיכֶם (Ez. 36, 25.), תּוֹעֲבוֹתֵיכֶם (Ez. 44, 6.), לְמֵבָרִאשׁוֹנָה (1 Chr. 15, 13.), וּנְבִזְבְּיָתָךְ (Dan. 5, 17.), שֶׁהֵם (Cant. 6, 5.). S. Lev. 23, 21. 2 Reg. 15, 16. Ez. 36, 25.? 44, 5. Cant. 6, 4.

מוח״מו / מנו״וו / מתו״וו } Stellung und Folge der Namen der Töchter Zelophchad's, s. Num. 26, 33. und Mp. daselbst. Num. 36, 11. Jos. 17, 3.

מי״ץ = מדבר, יורדי הים, צדי. Ein Zeichen für Ps. 107, 6. und 28., wo וַיִּצְעֲקוּ (mit צ׳, sonst steht וַיִּזְעֲקוּ mit Sain) steht, also bei מִדְבָּר (Wüste) und יֹרְדֵי (die auf dem Meere waren) steht צ״די (= Zerstörung); s. מ״ש daselbst und oben אח״ו.

מכח מס״ה, s. Mp. Jos. 8, 12.?

מל׳ und דמל׳ = מלא, מלא דמלא, s. Cap. I, s. v.

מלכ״י, bedeutet den Zahlenwerth dieser Buchstaben = 40, 30, 20, 10. Bei diesen 4 Zahlen (Gen. 18, 29. 30, 31. 32.) für welche Abraham gebeten, kommt אוּלַי יִמָּצְאוּן vor, s. Mp. z. St.

מלע׳ / מלר׳ } = מלעיל, מלרע s. Cap. I, s. v.

ממ׳ = מן משאבים, s. Mp. Gen. 24, 14.

מ״מ ה״ה, d. h. bei שְׁמְאָם (mit Mem am Ende) steht הֵם (mit Mem am Ende); bei שִׁמְאָה (mit He) steht הֵמָּה (mit He am Ende). S. מ״ש 1 Chr. 9, 38.

מס׳ = מסרה.

מס׳ רבת׳ = מסרה רבתא, „die grosse Massora“ = M. fin.

מע׳ = מערבאי s. Cap. I, s. v.

מע״קף / רכ״שם / קעי״ח } משכן, יריעות, קרשים, פרכת, ארון, כפרת, שלחן, מנורה, מזבח הקטרת, מזבח העולה, כיור, חצר. d. i. die Reihenfolge der einzelnen Theile bei Errichtung der Stiftshütte Ex. 36, 8ff., abweichend von der Ordnung im Befehle Mosis zum Aufbau derselben Ex. 25, 10ff., s. Mm. Ex. 27, 18.

מפכתנום, s. כתמפום. Mp. Jos. 24, 11.

מצעו׳ = מצעות, s. Cap. I, s. v. Ex. 8, 26.

מ״פ = מצע פסוק, „in der Mitte des Verses“.

מפ״ק = מִצְוֺתָיו וּמִשְׁפָּטָיו וְחֻקּוֹתָיו, d. h. diese Wörter kommen in dieser Folge vor, s. Mp. Deut. 8, 11.

מ״ת = משנה תורה = „Deuteronomium.“

מתפ״ום / מתפכ״ום } (so muss M. marg. Ex. 23, 23. gelesen werden) s. כתמ״פום.

נ.

נ״ון, wo der Buchstabe Nun oder נִי folgt, s. Mm. Ez. 37, 2.

נ״א, = נוסחא אחרינא, „andere Leseart“.

נ״כ, = נביאים, כתובים, die BB. der Propheten und Hagiogr.

נ״ל, וג״ל = ונראה לי, נראה לי, „so scheint es mir“ s. Jes. 30, 7. und Ps. 89, 11. (wo וְרָהַב von Vielen mit Cheth, וְרָחַב gelesen wird, s. Kimchi im WB. s. v. רהב. Mm. Neh, 10, 35.

נמ״ז = נפתלי, מנשה, זבולן. S. מ״ש Ez. 48, 27.

נפ׳ = נפתלי, s. Mp. Ez. 28, 12. — בן נפתלי = ב״נ s. ב״נ.

נר״ף = נתחים ראש פדר. Mm. Lev. 1, 8., als verschieden bezeichnet von ibid. 8, 20., wo die Reihenfolge רנ״פ ist.

ס.

ס׳, zur Bezeichnung des שׂ (Sin) Gen. 50, 5.

ס״א, ספר אחר (auch Plur.), d. h. „in einem Cod.“ ist eine andere Leseart.

ס״ג, סוד גדול, „ein grosses Geheimniss“, „Mysterium“ s. Mp. 1 S. 3, 10. (auch מ״ש und Heid. zu עין הקורא Ex. 3, 4.

סופ׳ = סופא, am Ende.

סי׳ = סִימָן, s. Cap. I. s. v.

ס״פ = סוף פסוק, „Schluss des Verzes“. Es bezeichnet aber auch den Accent סילוק, s. Gen. 37, 32.

38, 17. 39, 1. — Gen. 1, 1. 3, 10. 23, 13. 27, 42. und oft.

ס״ת = a) ספר תורה, Gesetzesrolle.

b) סופי תיבות „Schluss der Wörter".

ע.

ענ״ב = עֵר, גֵּרְשֹׁם, בְּרִיעָה s. Mp. Gen. 38, 4. Es bezeichnet die 3 Namen oder Personen, bei welchen nach וַתַּהַר וַתֵּלֶד nicht וַתִּקְרָא (fem.), sondern וַיִּקְרָא (masc.) folgt.

עכ״ל = עד כאן לשונו, d. h. „so weit" am Schlusse einer buchstäblichen Anführung.

ע״ע s. oben א״א.

ע״ש = עיין שם „schlage das. nach", wenn eine Stelle nur kurz oder auszüglich angeführt ist; s. v. a. „s. die Stelle an der Quelle".

עש״ן = עוֹרֵב, שִׁמְעִי, נַעֲמָן, bei diesen dreien kommt יָצוֹא plene vor; s. Mm. Gen. 8, 7. Num. 35, 25. Mp. 2 Reg. 5, 11.

עתופ״נמס, s. כתמ״פום. Mp. Jos. 3, 10.

פ.

פ׳ = פסוק, w. m. s.

פ״ד, פר״ם = פסקי דספרא, פתחין דספרא, die „Versabbrechung" (in der Mitte des Verses); die „Pathachs" des Buches (statt des erforderlichen langen Vocals).

פ״ך = פרכת, כפרת s. Mp. Ex. 30, 6.

פס׳ = a) פסוק, w. m. s.

b) s. v. a. פסיק = Trennungszeichen, s. Mp. Gen. 22, 11. 15. 24, 12. 39, 10.

פסקת׳ = פסקתא s. Cap. I, s. v. und Mm. Gen. 30, 16. Auch „Abschnitt" (פרשה סתומא) Mp. Num. 26, 42.

פ״פ = פסח פשטא d. h. die Wörter עִשָּׂרוֹן עִשָּׂרוֹן haben den Accent Paschta nur bei diesem (פסח) Feste, Num. 28, 21. s. Mp. daselbst.

פר״ז = פַּשְׁטָא, רְבִיעַ, זקף, s. Mp. Mp. Num. 4, 45. Angabe des Accents für das Wort פְּקוּדֵי ibid. 37, 41. und 45. und zwar in der gegebenen Reihenfolge.

פר״ט ת״ח ז״ט (so muss gelesen werden) = פשטא, רביע, טפחא, תביר, פשטא, זקף, טפחא d. i. die Reihenfolge der Accente des Wortes עֶרְכְּךָ nach וְהָיָה, das Lev. 27, 3—16. 7 M. vorkommt.

פר״ץ ב״ן דמ״ה, Verzeichniss der Buchstabengruppen in Ps. 119., in welchen עֵדְוֹתֶיךָ (mit hörbarem Waw) gelesen werden muss, s. Mm. und Mp. ibid. 14. Mf. עד, 18. und מ״ש ibid. 4.

פת׳ = a) פתחא d. i. der Vocal Pathach.

b) פשטא, תביר, s. Mp. Num. 32, 31., wo die Verschiedenheit der Accente zwischen Vers 25 u. 31. angegeben wird, so dass גָּד im V. 25 Paschta und 31 Thebir hat.

צ.

צ״ע = צריך עיון „es bedarf des Nachdenkens", wird besonders gebraucht bei (unzulänglicher) Erklärung einer schwierigen Stelle.

צפ״ק, צק״ף, קצ״ף } Reihenfolge der Wörter: מִצְוֹתָיו מִשְׁפָּטָיו חֻקּוֹתָיו s. Mm. und Mp. Num. 30, 16. Deut. 26, 17. und ausführlich Mm. Deut. 30, 16.

צ״ש = עֵצִים אֵשׁ; צש״ז = עֵצִים אֵשׁ מִזְבֵּחַ } Unterscheidungs-Zeichen zwischen Lev. 10, 12. u. ibid. 10, 17. Mm. ibid. 10, 12. Lev. 1, 2.

ק.

ק׳ = a) קְרִי, „so ist zu lesen", im Gegensatz zum כתיב. Ersteres wird durch die Vocalisation, letzteres durch die Consonanten bezeichnet.

b) קריא, „die Bibel"; bisweilen nur נ״כ, Proph. und Hagiogr., im Gegensatz zu תורה oder אוריתא s. Mp. Gen. 10, 1. 45, 21,

קו״צי, s. Mass. marg. Deut. 31, 7. und מבין חדות das. Der Sinn ist: die Phrase, חֲזַק וֶאֱמָץ כִּי אַתָּה in Cap. 31, 7. hat תָּבוֹא; aber ibid. Vers 23 hat תָּבִיא, also der Vers, welcher mit וַיִּקְרָא (=ק׳) anfängt, hat den Vocal ו׳=Cholam, der Vers, welcher mit וַיְצַו anfängt (צ׳) hat י׳=Chirik, wofür das mnemonische Zeichen dient, קוֹצִי, d. h. ק׳ hat ו׳, צ׳ hat י׳.

קמ׳ = קמץ.

קפ״ץ, קצ״ף } s. צפ״ק.

ר.

ר״ז = a) רביע, זרקא, Verschiedenheit des Accents bei dem Worte וְעָשִׂיתָ Ex. 28, 26. und 27. s. Mp. das.

b) רביע זקף, s. Mp. Deut. 10, 12.

ריש׳ = רישיהון, רישא, der (oder deren) Anfang.

רכ״שם = Reihenfolge der Theile der Stiftshütte nach מעק״פוח dem Befehle Mosis Ex. 25, 10., s. oben מע״קף.

רם, s. M. marg. Ex. 28, 35. und מבין חדות daselbst, der das ר״ם erklärt durch רמון מלא, d. h. קולן ist im Pent. immer def. Waw nach dem Kuf, mit Ausnahme einer Stelle (ibid.), wo es folgt auf רִמּוֹן (im vor. Vers)?

רנ״ף, s. נר״ח.

ר״ם = a) ריש סידרא, „Anfang des Wochenabschnittes".

b) ריש סימן, „Anfang des Cap."

c) ריש סיפ־א, „Anfang des Buches."

ר״פ = ריש פסוק (auch Pl.), Anfang des Verses.

רפ׳ = רפין, רפה, s. Cap. I, s. v.

רש״פ = ראובן שמעון פשטא, d. h. bei diesen beiden Stämmen hat בְּמִסְפַּר שֵׁמֹת die Accente Mahpach-Paschta, s. Mp. Num. 1, 2. und 20.

רש״גם = ראובן, שמעון, גד, מנשה. Bei diesen vier Stämmen steht das Wort שְׁמוֹת plene Waw sonst wird es def. geschrieben s. Num. 1, 26 u. Mp. mehrmals; s. auch אור תורה Anf. Num.

רש״ג הי״ב = Reihenfolge der Stämme in Num. 1, 20—44.

ספ״ם דא״ת s. Mm. das. 1)

ר״ת „Anfangsbuchstaben der Wörter."

ש.

שבוהם = שָׁלֹשׁ, בְּבוֹא, וּלְמִזְבַּח, הַמִּסְכָּן, מִי d. h. in 5 Stellen, welche mit einem dieser Wörter anfangen kommt יִבְחָר (das Cheth mit Kam.) vor, s. Mm. und Mp. Jos. 9, 27.

שב״נ = שום בר נש s. Cap. I, s. v. שום

שד״ן = יששכר דן נפתלי, d. h. diese 3 Stämme haben mit vorhergehendem בְּנֵי Mahpach-Paschta, während gewöhnlich Mahpach-Sarka steht, s. Mm. und Mp. Num. 26, 23. und oben Art. וא״ב ישא״ג.

שז״ר = יששכר, זבולן, ראובן, d. h. bei diesen drei Stämmen steht וּצְבָאוֹ וּפְקֻדָיו am Anfang des V. während bei den andern וּפְקֻדֵיהֶם folgt, s. Mp. Num. 2, 6. 8.

שילנ״ע = שֵׁת, יֶרֶד, לֶמֶךְ, נֹחַ, עֵבֶר, diese haben den Accent Sakef-Katon, s. Mm. und Mp. Gen. 5, 6.

(קודמו) שמו = שבע מאות ושלשים, s. Mp. Num. 26. 51. zum Unterschiede von ibid. 7, wo es וְשֶׁבַע (mit Waw copulat.) heisst, s. oben וש״מו

שעעש״ש = אַשְׁחִית, אֶעֱשֶׂה, אַשְׁחִית, אֶעֱשֶׂה, אַשְׁחִית, Zeichen für die Reihenfolge im Ausdruck der göttlichen Antwort an Abraham Gen. 18, 28—32, s. Mp. daselbst.

שפח״ק = שַׁמָּה, חֶרְפָּה, חֹרֶב, קְלָלָה, d. h. Reihenfolge dieser Wörter in Jer. 49, 13., s. Mp. daselbst.

ש״ש = שָׂדֵהוּ שׁוֹרוֹ d. h. diese beiden Wörter haben Deut. 5, 21. kein Waw copulat., verschieden vom Decalog Ex. 20., s. Mp. Deut. l. c.

ש״ת = שְׁלָמִים, תּוֹדָה s. Mp. Lev. 19, 5. (es bezieht sich auf den Ausdruck (וְכִי תִזְבְּחוּ זֶבַח) u. ibid. 22, 29., die erste der beiden Stellen hat שְׁלָמִים die andere תּוֹדָה (nach זֶבַח).

ת.

תו׳ = תורה, s. Cap. I, s. v. S. Gen. 3, 11. 37, 27. 40, 14ff.

ת״כ = תורת כהנים d. i. das dritte B. M., s. Mm. 1Reg 11, 1. und oft.

ת״ל = תרי לישני, s. Cap. I, s. v. לישן.

תמכפו״ם, s. כתמפו״ם. Mp. Jos. 12, 8.

תנ״ך = תורה, נביאים, כתובים d. i. die Bibel, s. אנ״ך.

ת״ע = תרי עשר d. i. das Buch der 12 kl. Proph. (Es wird wie ein Buch betrachtet).

תר׳ = תרגומא d. i. die chaldäische Uebersetzung (gewöhnlich die des Onkelos).

---

1) Das Zeichen ist fehlerhaft, indem ספם entweder bezeichnen soll יוסף אפרים מנשה, dann fehlt aber בנימין, — oder es muss פמב lauten und bedeutet אפרים, מנשה, בנימין?

מחברת

המסרה הגדולה

כפי אשר נדפסה במקראות גדולות וע״פ כתבי יד

הוצאתי לאור

הקטן **זלמן פרענסדארף** סג״ל

חלק ראשון

מסודר ע״פ שרשים וסדר אלפא ביתא

הנובר ולייפסיג

שנת תרל״ו לפ״ק

בבית האלופים המ״ס ה׳ כהן והיש

ע"י האדון המדפים רודאלף-מערץ בהנובר·

בע״ה·

יעידו הנבונים ויגידו הנאמנים בדת אל ובתורתו כי כתב יושר דברי ספרי הקדש וקריאתם הישרה הם יסוד מוסד ואבן פנה להבין דברי נביאינו ואנשי קדשנו ולהעמיק בם· ועל כן כבר בימי קדם הישרים בלבותם מהעומדים על הפקודה וממלמדי בני ישראל לא שנו את תפקידם ואמצו כחם לחזק הכתיבה והקריאה הנכונה בפי תלמידיהם ובבתי ספריהם, וכל מה שקבלו מאבותיהם בדבר היקר הזה מסרו להם להיות מורשה לעדת ישראל, כל מי שהיה נאמן במלאכתו מלאכת הקדש נקרא מצדיק הרבים ואיש אשר היה רפה ידים ואיננו מחזיק בתומו עליו קראו עשה מלאכת ה׳ ברמיה· והנה כלל אלו הנמוקים על האותיות והתנועות והנקדות והטעמים על המלות וחבורם וענינם אשר בשם מסרה יכנה קבלו וקימו על פה והורישום גם כן לבניהם ותלמידיהם בע״פ, ולא נעלם מהם דבר כי זכרונם רב וחזק ולא נתנו להכתב· אבל ברבות העתים ונשתנו מקרי הזמן וקרבו ימי אבל ימי הגלות המר ובטלו בתי הספר וגם הזכרון נחלש מחמת הדאגות הרבות אז החלו לכתוב — כמו שעשו בהלכות ובתורה שבע״פ בכלל — גם אלה יסודי התורה והמקרא, וכל אחד ואחד מבעלי החכמה הזאת כתב כל מה ששמע מענין הזה בקוצר ובדיוק רב אצל כל מלה ומלה מספרי הקדש, ובדרך הזאת חלפו ועברו העתים עד אשר קמו אחריהם אנשים חכמים יודעי בינה כמו אנשי טבריא ובני סגולתם ועתדו עסקם להמסרה ואספו קבלותיהם ביתה והמציאו כללים מנינים וערכים וחברום או בספרים מיוחדים או אצל גליוני העשרים וארבע שלהם ובזה הצילו והרחיבו דברי המסרה הנ״ל ונתנו לה שארית לבניהם אחריהם· אמנם מעת המצאת מלאכת הדפוס, אשר על ידה רבו הספרים והעתקתם על ידי עט בדזל ועופרת וחדל צורך כתבי יד ומעטו גם אלה וכמעט אבדו ולא נמצאו מהם רק מעט מזעיר והם כלאו ובלו בבתי אוצר הספרים זעיר שם זעיר שם אז זכרון דברי המסרה היה קרוב להשכח וכמעט לא היתה לה שארית לולי ר׳ יעקב בן חיים טרח טורח גדול וקבץ הרבה כתבי יד אשר בהם המסרה עוד נשארה ומסר אותה בדפוס המקראות הגדולות של שנת רפ״ו לפ״ק, ושכרו גדול מאד בגלל הדבר הזה, וה׳ הטוב יכפר בעד! —

והנה המסרה הזאת הנדפסת לקתה בכפלים הן מצד חומרה והן מצד צורתה וע״כ היתה לרבים כדברי הספר החתום ולא הבינוה כ״א מעטים מהחכמים מפרשי התנ״ך ומדקדקי הלשון כמו שהצעתי בהקדמתי לספר אכלה ואכלה אשר הוצאתי לאור זה עשר שנים ועוד ע״ש· ובעבור שהידיעה הזאת היא חלק עקרי מחכמת התורה, הן בשביל שהיא סיג לתורה וחומה אשר תסובב ותשמור אותה, הן מפני שהיא — ובפרט בדור הזה אשר רבים מחכמי התורה והלשון מעמיקים לדרוש ולחקור בכתבי הקדש בתהלוכותיהם ודרכיהם — מפיצה אורה על דברי הנביאים והליכתם בקדש, לכן נתעוררתי לסקל דרכיה, לבאר עמוקיה ולהגיה טעיותיה בדיוק רב ובהערכת ההערות המסריות אלה מול אלה ועסקתי בזה שנים רבות, גם עלה במחשבתי, ולבי אומר לי כי גם זאת היא עבודת הקדש להוציא לאור ע״י מכבש הדפוס המסרה הגדולה כפי אשר היא נדפסת בשנת רפ״ו הנ״ל ולבארה כיד ה׳ הטובה עלי ע״י הערות מבארות ומישרות דבריה· ובראותי כי אף גם זאת בהיותה בתכונתה הראשונה תהיה נעדרת השמוש (המבוקש) ומחוסרת ההבנה, ולמשל אם רצינו לדעת המסרה על תיבות מיוחדות, ועל מלות הטעם באיזה תכונה ישמשו, או אם מסכימים מאמריה במקומות מושבותיהם אלו עם אלו ובפרט עם דברי כתבי יד, ובמקום המחלקת איזה מהם יכשר — מי יורנו דרכיה ואיזה מקום בינה? על כן מצאתי נכונה להריק המסרה הישנה מכלי אל כלי ולסדרה על פי שרשים ואלפא ביתא ולסמוך ולחבר אליה ביאור המקומות הקשות על כל שרש ותיבה מתחת

היריעה. וזה הוא ענין החלק הראשון אשר אנכי נותן בזה הספר לפני אנשי החכמה. ואקוה כי יהיה לתועלת לכל דורשי התורה והמסרה, כי בו ועל ידו ימצאו על כל תיבה ותיבה מה שמסרה עליה המסרה ובאיזה מקום מתנ״ך, וגם מה שמסרו עליה הכתבי יד יוכלו או לדמות עם המסרה הנדפסת או להוסיף עליה, גם אם ימצאו בכ״י המפוזרות הנה והנה איזה מסרה יכירו וידעו אם כבר נדפסה או איננה שם, וכל דבר הקשה יביאו אל תחת היריעה ושם ימצאון (לפי תקותי —) המעות לתקון והחסרון להמנות ומעקשים למישור; ואולי בע״ה על ידי כן ירבו מעתה אנשיה ומבקשיה, והם ירחיבו גבולה ויאירו מחשכיה ויעמידוה לנס עמים ולתפארת ישראל. — ובזה אבוא אל המלך ממ״ה להודות לו כי טובות רבות עשה עמי עד היום וגבר חסדו עלי להשלים החלק הראשון הזה (כי בן זקונים הוא לי), ולהתחנן לפניו שיזכני להשלים מחשבתי ולסיים גם החלקים האחרים עד גמירא, אמן!

פה הנובר מעלי דשבתא א׳ דר״ח מרחשון שנת ישוב ה׳ **לשוש** עליך לטוב.

הק׳ זלמן פרענסדארף סג״ל.

Erster Abschnitt:

Zeit- und Nennwörter.

א׳

אבב

אָבִיב ג׳. Mf. אב, 17.

אבד

אָבְדָה ב׳. Koh. 9, 6.

וְאָבְדָה ג׳. Mf. אב, 14.

אוֹבֵד ב׳ מלא בלישן. 2 M. in ähnlicher Form plene (Waw nach dem Alef). Prov. 31, 6.

תֹּאבֵדוּן ד׳. Deut. 4, 26. Mf. אב, 15.

וְיֹאבְדוּ ב׳. Jes. 41, 11. 1)

אבה

לֹא אָבָה ג׳. Deut. 10, 10. Mf. אב, 16. 2)

אֶבְיוֹנִים ג׳ חסרים (בלישן). Ps. 140, 13. Job 24, 4. Mf. אב, 19. 3)

אִמּוֹ דקדים לְאָבִיו ·אמם S.

וְאָבִי ב׳. 1. Sam. 24, 12.

וַאֲבִיכֶן ב׳. Ez. 16, 45.

וְאָבִיו ט׳. אב, 1. Gen. 35, 18. 44, 20. Lev. 19, 3. Jud.*14, 4. Mf.

וּלְאָבִיו ג׳. אב, 2. Gen. 45, 23. 1 S.*14 1. Mf.

אָבִיהוּ ז׳. Jud. 14, 19. 16, 31. 1 Reg. 5, 1. Zach.*13, 3. 1 Chr.*26, 10. Mf. אב, 3.

אֲבִיהֶם ג׳ בלשון נקבה וחד אֲבִיכֶם·

D. h. 3 M. ist bei diesem Worte das Suffix הֶם und 1 M. כֶם auch als Fem. Num. 27, 7. 36, 6. Mf. אב, 12.

אֲבִיהֶן ז׳. Gen. 19, 33. Num. 27, 7. 36, 12. Mf. אב, 13.

אָבֹת ב׳ חסרים· Ex. 20, 6. 4)

רָאשֵׁי הָאָבוֹת ב׳ באוריתא ובנביאים וכל כתובים דכו׳ ראשי האבות במ״ו ראשי אבות· Mf. רא, 65. 5)

---

1) Einige haben ב׳ רפין, d. h. das Waw hat Schwa, da es auch mit Pathach vorkommt.

2) S. Talmud babl. Jebamoth 106b, wo er Deut. 25, 7. וְלֹא (mit Waw) gelesen zu haben scheint; s. Tosaphoth das. und מנחת שי zu Deut. l. c. — S. Mpt. Hal. Seite 6b, wo es heisst: לֹא אָבָה ג׳ וסי׳ וכו׳ זאת המסרה אינה ממסורת הגדולה והעתקתיה כי שמעתי שיש רבים כותבים בגט חליצה ולא אבה ויש ראיה לדבר דהכי אמר אביי בפרק מצות חליצה האי מאן דמקרי גיטא לא ליקרי לא לחודיה ואבה לחודיה דמשמע אבה יבמי׳ פי׳ מאן יבמי לא כן הוא כי אבה יבמי ואילו היה ולא לא הייתי יכול לטעות בזה·[?] מפי הרב ר׳ יהוד׳ בר יוסף· עכ״ל·

3) D. h. 3 M. kommt dieses Wort in ähnlicher Form def. Waw (nach dem Jod) vor; Mf. l. c. muss בלישן hinzugefügt werden, da auch לְאֶבְיוֹנִים (Est. 9, 22.) dazu gehört.

4) Diese Angabe gehört zu V. 5 das.; s. מ״ש zu Ex. 34, 7. ausführlich.

5) D. h. diese Verbindung kommt im Pent. und d. Proph. immer ohne ה׳ (des Artikels zu אבות) vor, mit Ausnahme zweier St., wo es האבות heisst, wie angegeben. Dagegen in den Hagiogr. steht es immer mit He, ausser 6 M. wo es ohne He (אבות) gelesen wird. S. Mf. l. c. in ed. Bomb. wo zu den Hagiogr. 7 Stellen und zwar auch 1 Chr. 7, 7. angeführt sind, obgleich in letzter St. es ראשי בית אבות heisst. — Es giebt demnach ראשי אבות in den Hagiogr. nur 6, wie auch במ״ו richtig ist. Wenn aber die Mp. zu manchen der angef. St. und einige Mpte. bemerken: במ״ו (= 7.) so ziehen sie 1 Chr. 7, 7. hinzu, um im Allgem. anzugeben, wo ראשי אבות i. d. Hagiogr. vorkommt, während es

אֲבוֹתַי ז' מלא בלישן. 1) 1 Reg. 21, 4. 2 Reg. 19, 12. Mf. אב, 6.

אֲבוֹתֵינוּ ח' מלאים וסי' וכו' וכל יהושע ושפטים ותהלים דכו' מלאים במ"א חסר. Gen. 46, 34. Jer.*14, 20. Prov. 22, 28. Mf. אב, 8. 2)

אֲבוֹתֶיךָ ג' מלא. Gen. 31, 3. Jer.*34, 5. Prov. 22, 28. Mf. אב, 7.

אֲבוֹתֵיכֶם (מלא וחסר). S. Ex. 3, 13. Num.*33, 55. Deut. 1, 8. Hos.*9, 10. Zach.*1, 2. Mf אב, 11. (S. auch מ"ש zu Ex. 3, 13. Deut. 1, 11. Jos. 18, 3. 1 S. 12, 6. Anmerkung. Zach. 1, 5. u. 2 Chr. 33, 8). 3)

אֲבוֹתָיו (מלא וחסר) ז' חסר בתורה. Num. 1, 4. ibid. 13, 2. (ז' חסר בסיפרא). Jud.*2, 10. Ps.*49, 20. Mf. אב, 4. ibid אב, 5. (ג' מלא). 4)

אֲבוֹתָם ב' מלא בתורה וסי' וכל נביאים וכתובים דכו' מלאים במ"ה חסר וסי' Num. 1, 16. 34,*14. Neh.*7, 61. Mf. אב, 9. 5)

אֱלֹהֵי אֲבוֹתָם: אלה. S.

אֲבוֹתֵיהֶם (מלא וחסר) ד' מלא בנביאים וכו' וט' חסרים בכתובים וכו'. מ"ש 1Reg. 14, 15. Mf. אב, 10. (S. 2 Chr. 31, 17. 36, 15.) 6)

---

sonst in dieser Zusammenstellung immer האבות (mit He) heisst, ohne Rücksicht darauf, ob בית dazwischen steht oder nicht. (s. חית הארץ, wo auch חית כל הארץ dazu gezählt wird.) — Buxt. der, um das במ"ו = 6 zu rechtfertigen, eine Stelle auslässt, hat den Fehler begangen, dass er 1 Chr. 7, 7. anführt und dafür 1 Chr. 9, 33. auslässt, da aus obigem Grunde 1 Chr. 7, 7. fehlen, während ibid. 9, 33. stehen müsste. —

1) Mf. l. c. muss בלישן hinzugefügt werden, da auch וַאֲבוֹתַי (mit Waw copulat.) 2 Chr. 32, 13. dazu gehört.

2) Ist unrichtig zu Gen. l. c. abgedruckt; sie gehört vielmehr zu Gen. 47, 3. wie sie auch bemerkt תנינא דפ', d. h. das 2. in diesem Abschnitte; das דפ' ist wohl besser דע' = דענינא zu lesen. S. auch מ"ש zu Gen. 47, 3. — Der Sinn ist: in Jos. Jud. u. Pss. kommt diese Form, mit Ausnahme einer Stelle, immer plene (Waw nach d. Beth) vor, in den übrigen Büchern aber nur 8 M. plene, sonst immer def. —

3) Das Resultat dieser Angaben ist:

a. im Pent. ist dies Wort, mit und ohne praefix. immer def. Waw und plene Jod geschrieben, mit Ausnahme von Ex. 3, 13., wo es plene Waw und Jod, und Deut. 1, 11., wo es plene Waw und def. Jod ist.
b. in Jos. ist es immer doppelt plene.
c. in Jud. immer doppelt plene, ausser das. 2, 1.
d. in den BB. Sam. immer doppelt plene, mit Ausnahme von 1 S. 12, 7. und dem ersten in 1 S. 12, 8.
e. in den BB. Reg. immer doppelt plene, mit Ausnahme von 2 Reg. 17, 13.
f. in Jes. immer def. Waw und plene Jod, mit Ausnahme von 65, 8., wo es doppelt plene ist.
g. in Jerem. immer doppelt plene, ausser ibid. 35, 15. und 44, 3., wo es def. Waw ist.
h. in Ez. immer doppelt plene, ausser ibid. 36, 28. und 47, 14, wo es def. Waw ist.
i. in den Proph. min. immer def. Waw, ausser 3 Stellen, wo es doppelt plene ist, als: Hos. 9, 10. Zach. 1, 2. u. 1. 5.
k. in d. Hagiogr. immer doppelt plene, mit Ausnahme von 3 Stellen als: Neh. 13, 18. 2 Chr. 13, 12. u. ibid 29, 5 wie auch dem B. Esra, wo es def. Waw und plene Jod ist.

In Betreff des Pent. s. רמ"ה v. מסרת סיג לתורה s. rad. Massoreth Hamassor. v. Levita ל"ר דבור ח' (ed. Ginsburg S. 168) u. מ"ש zu den angef. Stellen; auch Heid. zur הפטרה Absch. קרח. In den Angaben ist schwierig,

1) dass es zu Jud. und Reg. heisst: וכל שפטים וכו', da es in diesen beiden BB. ja überhaupt nur je 1 M. vorkommt,
2) dass es heisst וכל כתובים וכו' במ"ג, da es ja nur 2 St. in Chr. l. c. sind, indem Neh. (13, 18.) zu Esra gehört (in d. Massora), wovon es heisst וכל עזרא דכו'?— Das dritte scheint Zusatz von Buxt. zu sein, da ed. Bomb. v. 1525 wirklich nur 2 St. anführt, obgleich במ"ג angegeben ist. מ"ש 2 Chr. 33, 8. und Heid. aus Mpten. lesen wirklich במ"ב. S. auch die versch. Angaben der Mp. zu den Stellen. —

4) Die Angaben in ed. Buxt. bedürfen der Verbesserung. In Num. 1, 4. sind 8 gezählt, worunter 2 M. לַאֲבֹתָיו (mit Lamed), es fehlt aber Num. 36. 8.; es kommt somit 9. M. def. und zwar 7 M. אבתיו und 2 M. לאבתיו, vor. Wenn demnach ז' חסר = 7 M. def. angegeben wird, so darf es nicht heissen בתורה, wo es ja 9 M. vork.; sondern statt dessen muss Num. l. c. בסיפרא (d. h. in Num.) gesetzt werden, indem es in diesem Buche nur 7 M. def. vorkommt 6 M. ohne u. 1 M. mit Lamed, wie auch Mp. bemerkt: ז' חסר בלישנא. Soll die Angabe aber auf den ganzen Pent. sich beziehen, so muss gelesen werden: ט' חסר בתורה בלישן oder: ז' חסר mit Weglassung der Stellen mit Lamed. Ebenso muss Mf. אב, 4. d. Angabe lauten: אבתיו, לאבתיו ט' בתורה וחסרים was überhaupt die richtige Leseart ist. Auch Mp. l. c. muss wohl zu ז' חסר בלישנא hinzugefügt werden: בסיפרא, indem es sich nur auf Num. bezieht.

5) Wenn Mf. אב, 9. auf 2 Reg. 17, (41.) hingewiesen ist, so fehlt dort die Angabe. Nur Mp. daselbst bemerkt richtig ג' חסר בנביאים.

6) Die Angaben in Mf. l. c. ed. Bomb. v. 1525. u. ed. Buxt. sind verschieden. Erstere giebt an: כל דכתובים מל' במ"י d. h. es kommt in den Hagiogr. 10 M. def. (Waw) vor; sie zählt aber nur 9 Stellen auf; ferner wird daselbst mitgezählt

אבל

כל לשון אבל על במ״ה אל. D. h. dieses Zeitwort hat immer die Präposition עַל und nur 5 M. אֶל als Bezeichnung der Beziehung. Koh. 7, 2.? Mf. אב, 23.

אָבַל ג׳. 1) Jes. 24, 7. Hos.*10, 5. Mf. אב, 20.

אָבְלָה ה׳. Mf. אב, 21.

וַיִּתְאַבֵּל ד׳. 2) Gen. 37, 34. Mf. אב, 22.

אבן

רגימת אבן (בלא אֶת) ה׳ רגם S.

וְהָאֶבֶן ב׳. Gen. 29, 2.

בְּאֶבֶן ב׳ בתורה. (ג׳ וחד ובאבן) Ex. 21, 18. Num. 35, 17. Mf. אב, 24. — S. auch Mf. ר׳, 8. או״א, 15.

לְאָבֶן ב׳. Gen. 11, 3.

לְחוֹת הָאֲבָנִים. לוח. S.

אבנים דקדמין לעצים ד׳. Lev. 14, 45. Mf. אב, 25.

עַל הָאָבְנָיִם ב׳. Gen 1, 16.

אגם

לַאֲגַם ג׳ פתחין. 1. אג, 3) Jes. 35, 7. 41, 18. Mf.

אַגְמוֹן ג׳ חסר בלישן. 2. אג, Job. 40, 21. Mf.

אגרטל

אֲגַרְטְלֵי ב׳ ובפסוק. 2 M. u. zwar in einem Verse. Est. 1, 9.

אדין

אֱדַיִן ט׳ ר״פ בטעם וסי׳. 4) S. Abth. 2. טעם u. Part. s. v.

כל ריש פסוק דדניאל בֵּאדַיִן במי״ג אֱדַיִן וכו׳. S. Abth. 2. Part. s. v.

בֵּאדַיִן ה׳ בטעם. טעם S. Abth. 2.

אדם

אָדָם י׳ ר״פ. 3. אד, Lev. 13, 2. Mf.

וְאֶל אָדָם לית וחד וְעַל אָדָם. Job 32, 22.

(S. Num. 4, 49. Mf. על, 6. או״א. 86.)

בֶּן אָדָם ל״א בזקף גדול. 14. אד, 5) Mf.

ומקוה אבתיהם (Jer. 50, 7.), was aber gar nicht dahin gehört, da hier nur von den Hagiogr. die Rede ist. — Auch fehlt 2 Chr. 20, 33. das def. ist. — Buxt. liest richtig במ״ט, lässt Jer. l. c. aus und zählt 2 Chr. 20, 33. dazu so, dass es richtig 9 def. in d. Hagiogr. sind. —Mpt. Hamb. liest במ״י und giebt Jer. l. c. und 2 Chr 20, 33. an? — Wenn letzteres hinzufügt: וכל עזרא דכו׳ חסר, wie das auch Heid. in manchen Handschr. gefunden, so streitet das mit den Ausgg. — Heid. führt eine Angabe an, die auch במ״י liest u. 2 Chr. 36, 15. als def. dazu rechnet, was aber gegen die Ausgg. und מ״ש das. ist.

1) Mf. אב, 20. muss es heissen: אבל ג׳ וחד ואבל; es gehört zu או״א, 15.

2) Die Aufzählung ist in Mf. אב, 22 unrichtig, sie muss heissen: ויתאבל על בנו Gen 37, 34. ויתאבל על בנו 2 S. 13, 37. אפרים אביהם ימים רבים, דה״, 1 Chr. 7, 22. על אבשלום ibid. 19, 2. — S. Gen. 37, 34.

3) Einige Handschr. lesen: ג׳ ב׳ פתח וא׳ קמץ. Kimchi (Michlol unter der Form פָּעָל, ed. Venet. parv. S. 199a) liest wie unsere Angabe alle 3 mit Pathach des Gimmel.

4) Der Sinn ist, dass dieses Wort in s. ähnl. Formen 9 M. am Anf. d. V. mit dem Accent Tlischa gedola vorkommt. Die Angabe Dan. 6, 6. ist die richtige, wie der 1. Herausgeber bemerkt und Heid. aus 2 Mpten. anführt.; besonders da auch die Mp. an den angeführten Stellen immer ט׳ בטעם bemerkt. Nur muss in der Ueberschrift hinzugefügt werden בלישנא, da 2 M. באדין (mit Beth) dazu gehört; auch ist d. zweite M. ענו ואמרין fehlerhafte Wiederholung der vorhergehenden St. In Esr. 6, 13. ist dieselbe Angabe, nur etwas verstümmelt; die 2 mittleren Stellen הרגישו, קריבו (und das überflüssige ענו ואמרין) sind ausgefallen. — In der Angabe Mf. אד, 1. ist עללין כל חכימי Dan. 5, 8. und הוו בעין עילא Dan 6, 5. zu streichen; die Reihe: סרכיא ואחשדרפניא אילך הרגישו muss in 2 Beispiele getrennt werden und so heissen: סרכיא ואחשדרפניא (Dan. 6, 7.) אילך הרגישו (ibid. 6, 12.). — Ebenso ist קריבו ואמרין Dan. 6, 13. zu wiederholen, aber das zweite Mal statt קריבו ואמרין zu setzen ענו ואמרין (ibid. 6, 14.) so, dass alle 3 Angaben übereinstimmen.

5) Die Angabe Mf. אד. 14. sowohl in ed. Bomb., als Buxt. muss an mehren Stellen verbessert werden:

1) muss in der Ueberschrift nach זקף גדול hinzugefügt werden ביחזקאל d. h. im B. Ez.

2) führt ed. Bomb. עבור בתוך העיר (Ez. 9, 4.) an, wo aber בן אדם gar nicht vorkommt. Auch würde diese St. aus Cap. 9 gegen die Reihenfolge der angeführten Stellen sein. — Buxt. setzt dafür קח בלבבך (ibid. 3, 10.) was richtig ist; warum hat er aber nicht den Anfang des Verses את כל דברי citirt, was richtiger wäre, wie es auch Heid. in einem Mpt. gefunden? — Die Richtigkeit dieser St. beweist auch d. Mp., welche dazu bemerkt: ל״א בטעם.

3) Zu שים פניך bemerkt ed. Bomb.: קדמאה, weil sie nur שים פניך anführt, welches später noch mehrmals vorkommt. — Buxt. lässt das קדמאה aus, weil er אל הרי hinzufügt, das so nur 1 M. vorkommt. —

4) Die folgende St. in ed. Bomb. עמך דהך muss, wie Buxt. richtig hat עיניך דרך (ibid. 8, 5.) heissen, letzterer hat aber davor שים נא, was שא נא gelesen werden muss.

5) בתוך מרי in ed. Bomb. muss בית המרי gelesen werden.

וּבֶן אָדָם ה׳ 1) Num. 23, 23. Job 25, 6. Mf. אד, 15.?

בְּנֵי אָדָם ט׳ וסי׳וכו׳ וכל תהלות דכו׳ בְּנֵי אָדָם במ״ב בְּנֵי הָאָדָם. Deut, 32, 8. Prov. 15, 11. Mf. אד, 9.
Diese Verbindung (mit אדם ohne He des Art.) kommt in der Bib. nur 9 M. vor, sonst aber immer mit האדם; in den Pss. aber nur 2 M. mit He; in d. anderen St. ohne He. 2)

לִבְנֵי אָדָם לי׳ בספרא (ת״ע) וכל תהלות דכו׳ במ״א (לִבְנֵי הָאָדָם). Micha 5, 7.

וְאָדָם ט׳. Gen. 2, 5. Prov.*3, 4. 20,*24. Job. 34, 15. Mf. אד, 7.

בְּנֵי הָאָדָם ו׳ בקריא וכל קהלת דכו׳. Gen. 11, 5. Ps. 33,*13. Mf. אד, 8. 3)

עַל הָאָדָם ג׳ וכל עַל הָאָדָם וְעַל הַבְּהֵמָה דכו׳. Gen. 2, 21. Mf. אד, 13.

בְּאָדָם ד׳ חטפין וכו׳ וחד וּבְאָדָם. Lev. 13, 9. 22, 5. Prov.*23, 28. Koh. 8, 9. Mf. אד, 10. S. auch Mf. ו׳, 10. או״א, 17.

כְּאָדָם ג׳. Hos. 6, 7. Job 31, 33. Mf. אד, 11.

לְאָדָם י״ב (י״ג). Gen. 3. 21. Job*33, 23? Mf. אד, 5. (S. Lev. 13, 9.) 4)

לָאָדָם ה׳ מלעיל וכל קהלת דכו׳ מלעיל במ״א מלרע. Ex. 4, 11. (Lev. 13, 9.) Jer.* 14, 23. Zeph. 1, 17. Prov. 23, 28. Mf. אד, 6.

---

6) Die folgende Stelle muss ed. Bomb. הלא אמרו heissen.

7) Als 15. St. giebt ed. Bomb. חרב חרב an, wozu Buxt. richtig הוחדה hinzufügt, was aber nicht nöthig ist, indem man nur das eine חרב zu streichen braucht.

8) Die folgende St. hat ed. Bomb. למען למוג לב (ibid. 21, 20.), was aber falsch ist (s. Heid. zur Haphtora Absch. קדושים, Anmerkung) da in demselben בן אדם nicht vork. — Buxt. setzt dafür חרב חלל הגדול (21, 19.), was aber nicht hierhin gehört, da אדם daselbst kein Sakef gadol hat. — Das Richtige, wie Heid. bemerkt, ist, dass statt למוג gelesen werden müsse: לסוג und sich auf ibid. 22, 18. beziehe wo das אדם ein Sakef gadol (nicht wie in unseren Ausgg. mit Gerschajim) haben muss nach Handschriften u. מ״ש. Er führt auch eine alte Handschrift an, wo dafür angeführt ist: היו לי בית ישראל, was eben 22, 18. ist u. mit der Leseart לסוג übereinstimmt. S. ed. Buxt. die Bemerkung des Herausgebers zu Ez. 22, 18. die ganz unrichtig ist und demnach in sich zerfällt. —

9) Die 19. Stelle hat ed. Bomb. לקח את בני; sie muss aber richtig nach Buxt. in הנני לקח ממך את מחמד verbessert werden, ebenso das folg. אל בני עמון in: את בני עמון.

10) Die vorletzte St. hat ed. Bomb. unrichtig תחתונה für, wie Buxt. richtig hat: התחיינה. —

1) Mf. אד, 15. hat unrichtig ד׳ = 4; es muss ה׳ = 5 sein.

2) S. die Bemerkung des ersten Herausg. zu Prov. l. c. Das Richtige ist, dass die Angabe, welche ט׳=9 zählt hinzufügen muss: וכל תהלות דכו׳ במ״ב, weil es in diesen Stellen (Ps. 33, 13. u. 145, 12.) mit האדם verbunden ist; die aber ו׳ = 6 angeben, müssen וכל תהלות ומשלי דכו׳ במ״ב hinzusetzen, weil die 3 aus Prov. beim Aufzählen ausgelassen sind. Mpt. Hamb. zu Dan. 10, 16. hat ו׳ u. schliesst doch nur mit וכל תהלות דכו׳, was fehlerhaft ist; dasselbe hat auch nur במ״א u. führt Ps. 33, 13. an, lässt aber 145, 12. aus, wahrscheinlich weil in letzter St. nicht בְּנֵי, sondern לִבְנֵי vorkommt. (S. לבני אָדָם in folg. Art.)—Ueber das בני אדם Jer. 32, 19. ist eine Versch. zwischen Morgenländern (מדנחאי), die בני האדם (mit He) und den Abendländern (מערבאי), die בני אדם (ohne He) lesen, welchen letzteren wie bekannt die Massora in der Regel folgt. —

3) S. Gen. l. c., wo das בקמץ fehlerhaft aus בק׳ entstanden ist; in Mp. das. muss קריי׳ in קהלת verändert werden.

4) Die richtige Angabe ist die zu Lev. l. c.; wenn es aber da heisst: וכל חמש מגלות דכו׳ במ״ב während Ex. 4, 11. liest: במ״א מלרע so ist in letzterer St. das in Koh. 2, 21. nicht mit gerechnet, weil hier וּלְאָדָם (mit Waw) steht; in ersterer Angabe ist's mitgezählt, so dass 2 M. das Lamed (in d. 5. Megilloth) Schwa hat. — Die Angabe in Job u. Mf. l. c. (zu לאדם ולאדם), wo י״ג=13 angeführt sind, ist unrichtig. Es sind im Ganzen 15, in denen das Lamed Schwa hat u. zwar 12 ohne u. 3 mit Waw vor dem Lamed. Wenn also Gen. 3, 21. י״ב = 12 angegeben werden, so bezieht sich das auf לְאָדָם ohne Waw davor; diejenigen, welche י״ג=13 angeben, wie die Mp. an manchen Stellen u. Mpt. Hamb. zu Koh. 2, 29. (י״ג חטפין), zählen die 13, ausser den beiden Stellen in Koh. l. c., von denen es auch Lev. l. c. heisst, במ״ב. In Job l. c. fehlen 2 Stellen: Jes. 44, 15. u. Prov. 24, 9. indem der Art. laut Angabe auf לְאָדָם, mit und ohne Waw sich bezieht und auch die 2 St. in Koh. l. c. mitgerechnet werden, wodurch es 15 sind und demnach י״ג=13 in ט״ו=15 zu verbessern ist. — Merkwürdig ist, dass das Mpt. Hamb. zu Prov. 24, 9. angiebt: לְאָדָם י״א und 11 St. aufzählt, während es Jes. 44, 15. auslässt u. dann fortfährt וג׳ וּלְאָדָם u. letztere 3 richtig anführt. Ist es ferner eigenthümlich, dass dass. Mpt. Hamb. in den Stellen immer mit לְאָדָם beginnt, ausser bei Prov. 24, 9. wo es nur angiebt זמת אולת (den Anf. des Verses), so hat der Herausgeber der Massora wahrscheinlich eine Angabe, wie die erwähnte des Mpt. Hamb. vor sich gehabt und daraus die Ueberschrift י״ג=13 gemacht, was aber, wie oben bemerkt, eine ganz andere Bedeutung hat.

מֵאָדָם עַד בְּהֵמָה כל בראשית וידבר ותלים מֵאָדָם עַד בְּהֵמָה וכל אלה שמות ויהמי׳ מֵאָדָם וְעַד בְּהֵמָה׃ Lev. 6, 7. Num. 3, 13. Mf. אד, 12. (S. Abth. 2 Art. עַד.)

אֲדָמָה י״א. Gen. 4, 2. Joel*2, 21. Am. 7, 18. Ps. 104, 30. 2 Chr. 26, 11.

אֶל הָאֲדָמָה ו׳. Gen. 3, 19. 28, 15. Deut. 31, 20. Mf. אד, 19. אל, 33.

וְהָאֲדָמָה ג׳. Gen. 47, 19. Deut. 11, 17. Jos. 6, 11. Mf. אד, 17.

אֶל אַדְמַת, וְאֶל אַדְמַת ה׳ בסיפרא (יחזקאל). Ez. 12, 19. ibid. 20, 42. 37, 12. Mf. אד, 21. 1)

עַל אַדְמַת ה׳ Mf. אד, 20? 2)

אַדְמָתִי ג׳. Jona 4, 2. Job 31, 38. Mf. אד, 18.

עַל אַדְמָתָם ד׳. Ez. 36, 17? Mf. אד, 22. (S. מ״ש Ez. 39, 28.) 3)

אַדְמוֹנִי ב׳ ומלא. Gen. 25, 25. (S. Mf. ו׳, 6.)

אדן

הָאָדוֹן י״י צְבָאוֹת ·הויה S. Abth. 2. Art.

כִּי אֲדֹנִי ו״ין. ·כִּי Gen. 44, 18. Mf. אד, 24. S. Partikel s. v. כִּי

אֲדֹנִי ד׳ וחד וַאדֹנִי. Gen. 42, 30. 1Reg. 16, 24. Mf. אד, 42. (S. Mf. ו׳, 10. או״א, 17.)

אֲדֹנָי קל״ד וכו׳ (כ״ב בסיפרא Jes. 38, 15. Ex. 34, 9. Mf. אד. 23. (S. Abth. 2. יחידאין u. מ״ש zu 1Reg. 3, 15. Mal. 1. 12. Ps. 90, 17. Thr. 2, 18. u. 3, 31. 4)

אֲדוֹנָי ז׳ מלא בלישן ארנות. Mal. 1, 6. Mf. אד, 33? (S. Ps. 140, 8. מ״ש Jud. 13, 8.) 5)

כִּי אֲדֹנָי ה׳. Ex. 4, 10. Jud. 13, 8. Mf. אד, 25. u. אד, 71. S. Abth. 2. Partikel כִּי.

לַאדֹנָי ז׳ כ״כ. Gen. 18, 30. Jes 28, 2. Mal. 1, 14. Dan. 9, 9. (S. מ״ש Mal. l. c.)

אֲדֹנַיִךְ ב׳. Jes. 51, 22. (S. Mf. פת, 18. או״א, 24.)

לַאֲדֹנֵיהֶם ז׳ מפקין א׳ בלישן. Gen. 40, 1. Am.* 4, 1. Ps. 136, 3. Mf. אד, 40. u. 126? (S. מ״ש Gen. l. c. 1 Reg. 1, 11. Ps. 135, 5.)

אֲדֹנָי יֱיִ ·הויה S. Abth. 2. Art.

אדר

וְאַדִּירֵיהֶם ב׳ ומלא וא׳ אַדִּירֵיהֶם? Neh. 3, 5. (S. Ex. 39, 3. Mf. ו׳, 7. או״א, 14.)

אהב

אָהַב ד׳ פתחין. Gen. 37, 3. Mf. אה, 2.

---

1) Mf. l. c. muss das Wort "בסיפרא" hinzugefügt werden, indem sich die Angabe auf das B. Ez. bezieht, wie das auch im folg. Art. der Fall ist.

2) Auch hier muss Mf. l. c. "בסיפרא" hinzugefügt werden, da es sich nur auf das Buch Ez. bezieht. Heid. will ו׳ = 6 statt ה׳ = 5 lesen, indem Ez. 38, 19 ausgelassen ist, wo עַל u. nicht אֶל gelesen werden muss, weil es nicht zu denen im vorigen Artikel gezählt ist. — Die in Mf. l. c. angegebene St. בן אדם הנבא על גוג (39, 1,) muss wohl geändert werden in: לכן הנבא על אדמת ישראל (ibid. 36, 6.), wie auch die folg. St. etwas corrupt ist. —

3) Ez. u. Mf. l. c. muss zu ד׳ = 4 hinzugefügt werden, בסיפרא, indem die Angabe sich nur auf d. B. Ez. bezieht; in den anderen BB. kommt es noch oft so vor. S. מ״ש Ez. 39, 28. und Randglosse zur rabb. Bibel daselbst. —

4) Der Sinn ist, dass אֲדֹנָי (so geschrieben und nicht als Leseform f. das Quadrilitterum) 134 M. in der heil. Schrift vorkommt. — Die Angabe bezieht sich aber nur auf אֲדֹנָי, wenn weder vorhergeht noch nachfolgt יהו״ה (das oder אֱלֹהִים אֲדֹנָי gelesen wird); denn in solcher Verbindung kommt es noch öfter vor, wie es die Mass. angiebt, s. Abth. 2. unter Art. הויה. Wenn es Ex 34, 9. heisst: י״ד מנהון מיחדין, so sind 2 M. וַאדֹנָי (mit Waw) mitgezählt, so dass nur 12 M. אֲדֹנָי im Pent. vorkommt, wie auch manche Angaben der Mp. י״ב haben. Jes. 38, 16. wird bemerkt כ״ב בסיפרא d. h. im B. Jes. kommt es 22 M. so vor und zwar 21 M. ohne und 1 M. mit Waw copulat. Einige lesen כ״ג = 23; dann ist auch לַאדֹנָי Jes. 28, 3. mitgezählt. Uebrigens zählt die Mf. l. c. nur 133 (s. darüber B. Chajim in den Anmerkungen das.; es fehlt aber das. Ps. 130, 7. wo nach den besten Handschriften אֲדֹנָי und nicht, wie in den Ausgg. יהו״ה gelesen werden muss. S. מ״ש l. c. auch Buxt. im Anhange zur Concordanz, wo, ausser manchen Fehlern, auch nur 133 gezählt sind; es muss auch das. Ps. 130, 7. hinzugefügt werden. Wenn nun auch an manchen der angegebenen Stellen Handschriften und Ausgg. verschiedener Ansicht sind und יהו״ה statt אדני haben, so ist dennoch der obigen Massora-Angabe zu folgen. Buxt. irrt, wenn er zu וַאדֹנָי nur 2 Stellen angiebt, da es nach Mp. 2 Reg. 7, 6. (das Buxt. zu אדני zählt) heisst: ג׳ כ״כ שכחני, לריבי ודין, also 2 Reg. l. c. וַאדֹנָי heissen muss. — Es giebt also 124 אֲדֹנָי, 3 וַאדֹנָי und 7 לַאדֹנָי, zusammen 134, wie angeführt.

5) Die Angabe zu Mal. l. c. ist schwierig, da sie 1 S. 16, 16. mitzählt, das doch nach derselben Angabe doppelt def. (חסר דחסר) ist. Es wäre daher richtiger ו׳ = 6 zu lesen, wie es Mp. an manchen Stellen hat. Wenn Einige ה׳ = 5 angeben, so ist wahrsch., 2 Chr. 17, 8. nicht mitgezählt, indem dies ein nom. propr. ist. (S. Heid. zur Concord.)

אָהֵב ט׳. Gen. 27, 9. 1 S.*1, 5. Hos. 12, 7. Ps. 78, 68. 99, 4. Mf. אה, 1.

אֲהֵבוֹ ד׳. Gen. 44, 20. 1 S. 20, 17. 2 S. 12, 24. Mf. אה, 4.

אֲהֵבָהּ ב׳. Ps. 119, 140.

אֲהֵבוּךָ ג׳. 1 S. 18, 22. Cant. 1, 3. Mf. אה, 6.

וְאֹהֲבֵי ד׳. Hos. 3, 1. Ps. 69, 37. Prov. 14, 20. Mf. אה, 5.

אֶהֱבוּ ב׳?. Ps. 31, 24.

אֶהָבֶהָ ל׳. Prov. 4, 6.

וַיֶּאֱהָבֶהָ ב׳ וחסר. Gen. 24, 67. Mf. אה, 3.

מֵאַהֲבָה ב׳. Prov. 27, 5.

אהל

וְאֵת אֹהֶל (מוֹעֵד) ה׳. Lev. 16, 20. Num. 4, 25. Mf. אה, 16.

לִפְנֵי אֹהֶל מוֹעֵד ז׳. Ex. 29, 10. Lev. 3, 8. Num. 8, 9. Mf. אה, 17.

הָאֹהֱלָה ח׳. Gen. 24, 67. Ex. 18, 7. 33, 8. Num. 11, 26. Jos. 7, 22. Jud.*4, 18. Mf אה, 10.

בְּאֹהֶל ח׳ חטפין וסי׳ וכו׳ וכל בְּאֹהֶל מוֹעֵד, בְּאֹהֶל הָעֵדוּת דכו׳. Num. 19, 14. Mf. אה, 9.

בָּאֹהֶל ו׳ קמצין. Num. 19, 14. Jud.*5, 24. 1 Reg.*8, 4. 2 Chr.*5, 5. Mf. אה, 8.

לָאֹהֶל ה׳ מיחדין. Ex. 26, 7. 36, 14. Num. 9, 15. Mf. אה, 13? 1)

לְאֹהֶל מוֹעֵד ה׳. Lev. 16, 16. Num. 2, 2. Mf. אה, 15.

לָאֹהֶל ג׳. Ex. 26, 14. 36, 19. Mf. אה, 12.

מֵאֹהֶל ד׳. Lev. 1, 1. Mf. אה, 18.

אָהֳלֹה ד׳ כתיב ה׳. 2) Gen. 9, 21. Mf. אה, 11?

בְּאֹהָלִים ד׳. Jud. 8, 11. Jer. 35, 10. Hos. 12, 9. Mf. אה, 14. (S. מ״ש Hos. l. c.)

כְּאָהֳלֵי לית. Cant. 1, 5. (S. Mf. כ׳, 2. או״א, 19.)

לְאֹהָלָו ב׳ חסר. 2 Reg. 14, 12.

יַהֵל. S. הלל

אוב

אֹבֹת ו׳ חסר. Lev. 19, 31. Num.*33, 43. Mf. או, 1?

אוד

אוֹדֹת ד׳ כ״כ. 3) Gen. 21, 11. Mf. אד, 128.

אוה

אִוְּתָה ג׳. Mf. או, 2.

תְּאַוֶּה ג׳. 4) Mf. או, 3.

וְאַל תִּתְאָו ב׳ ובסיפרא וחד. אַל תִּתְאָו. Prov. 24, 1. (S. Abth. 2. Partikel אַל. או״א, 320.)

אול

אֱוִלִים ה׳ חסר יו״ד קמא (בלישן). Zach. 11, 15. Ps. 107, 17. Mf. או, 4.

---

1) Ex. 26, 7. sind zwar 5 St. angeführt, von denen aber eine, ויעש שלמה unrichtig ist, da sie nicht existirt. — Heid. in d. Concord. s. v. führt 2 versch. Angaben aus Mpten. an und zwar:

a. welches angiebt: לאהל ג׳ מיחדין וסי׳ ועשית יריעת עזים Ex. 26, 7. ועשית יריעת עזים Ex. 36, 14. וביום הקים את המשכן Num. 9, 15. Diese Angabe ist richtig, indem sie sich auf den Pent. bezieht, wo es nur 3 M. so vorkommt; weswegen auch nach מיחדין zu setzen ist: בתורה.

b. ein Mpt., wo es ausdrücklich heisst: ד׳ מיחדין also nur 4 M. und das ויעש שלמה nicht zu zählen ist. — Das Mpt. Erf. der Mp. hat zu Ex. 26, 7. das Wort angezeichnet, aber die Zahl fehlt u. erst eine spätere Hand hat dazu bemerkt: ד׳; an anderen betreffenden St. hat es auch ה׳=5, was auffallend ist. Das Richtige ist ד׳ und das ה׳=5 ist wahrsch. auf לְאֹהֶל מוֹעֵד zu beziehen, das 5 M. vorkommt; s. folgenden Art.

2) Mf. l. c. giebt ה׳=5 an, was aber unrichtig ist; es muss vielmehr ד׳=4 heissen. Buxt. in d. Concord. s. v. zieht Jud. 4, 11. hierhin, was aber falsch ist, denn dieses hat ו׳ (Waw) am Ende.

3) Mf. l. c. führt ג׳=3 M. an, was das richtige ist; denn wenn Gen. l. c. angeführt wird: Gen. 26, 32, so ist das falsch, indem an dieser St. אֹדוֹת (def. Waw nach dem Alef u. plene nach dem Daleth) gelesen werden muss. Ebenso hat Mpt. Hamb. ג׳ (ושארא אדות) und lässt Gen. 26, 32. aus. Auch רמ״ה s. rad. hat: ב׳ כתיב ו׳ אחר האלף (was sich freilich, wie bekannt, nur auf den Pent. bezieht) u. führt nur Gen. 21, 11 u. Ex. 18, 8 an. Das ד׳ in Gen. 21, 11. muss demnach in ג׳ verbessert werden. S. auch מבין חדות zu Gen. l. c. — Wenn Heid. im עין הסופר bemerkt, dass nur 2 so vorkommen, so bezieht sich dies gleichfalls auf den Pent. (wie bei רמ״ה), was freilich seine Art sonst nicht ist.

4) Diese Angabe ist unrichtig u. muss nach Heid. in d. Concord. entweder ה׳=5 heissen, indem וּמלכת בכל אשר 2 M. (2 S. 3, 21. u. 1 Reg. 11, 37.) vorkommt und 1 S. 2, 16. ausgelassen ist; oder die Angabe bezieht sich auf die Phrase: בכל אשר תאוה נפשך, die allerdings nur 3 M. vorkommt, (Deut. 14, 26. 2 S. 3, 21. u. 1 Reg. 11, 37).

וְאוּלָם ה׳ ר״פ. Ex. 9, 16. S. Abth. 2. Partikel. s. v.

און

אוֹן כלם חסר במ״ג. Gen 41, 50. Mf. אן, 5.

אֹנוֹ ג׳ חסר (בלישנא). Deut. 21, 17. Neh. 7, 37? Mf. אן, 6.

אוֹנִים ג׳ מלא. Mf. אן, 7?

אוץ

אָץ ו׳ קמצין בלישן ד׳ אָץ וב׳ וְאָץ. Jos. 17, 15. Prov. 19. 2. 21, 5. Mf. אץ, 1.

אור

(אור מלא וחסר. S. מ״ש Jud. 5. 23.)

אוֹרוֹ ג׳ מלעיל. Mf. או, 13.

יָאֵר ב׳. Num. 6, 25. Ps.*67, 2. (S. Mf. ר׳, 3. או״א, 66.)

וַיָּאֶר ב׳. Ps. 118, 27.

עַד אוֹר הַבֹּקֶר ו׳. Jud. 16, 2? 2 S. 17, 22. Mf. או, 15. בק, 12.

וָאוֹר ג׳ קמצין. Mf. או, 14. 1)

לָאוֹר ז׳ קמצין. Gen. 1, 5. Micha*7, 9. Job.*12, 22. 24, 14. Mf. או, 12.

בְּאוּרִים ב׳ חד מלא ובתרי לישני. 1 S. 28, 6. Jes. 24, 15. (S. Mf. א׳, 22. או״א, 59.)

הַמְּאֹרֹת ב׳ חסר דחסר (בלישנא). Gen. 1, 16.

אות

הָאֹת ג׳ חסרים. Mf. או, 17.

אֹתוֹת מלא וחסר. Gen. 4, 9. Deut. 26, 8. Mf. או, 18.? (S. מ״ש Num. 14, 11.) 2)

אֹתֹתָיו ג׳. Ps. 105, 27. Mf. או, 19.

וְאֹתֹתָם לית. Job. 21, 29. (S. Mf. או, 29. או״א, 248.

אזב

אֵזוֹב ג׳ מלא בתורה. Ex. 12, 22. Num. 19, 18. Mf. אז, 2. (S. מ״ש Lev. 14, 4. 6, 49.)

אזן

הֶאֱזִינוּ ג׳. Neh. 9, 30. Mf. אז, 19.

הַאֲזִינָה י״ו. Ps. 55, 2. 78, 1. 86, 6. 143, 1. Job 33, 1. Mf. אז, 20.

הַאֲזִינוּ ח׳ ומלאים. Deut. 32, 1. Jud. 5, 3. Jes. 28, 23. Hos. 5, 1. Ps. 49, 2. Job. 34, 1. Mf. אז, 18.

---

1) Das ג׳ = 3 ist in ב׳ = 2 zu verbessern, indem es nur 2 M. mit Kam. (des Waw) vorkommt, wie auch die Mp. zu den Stellen angiebt. So bemerkt auch Mpt. Erfurt. zu Jes. 5, 30: וָאוֹר ב׳, הולך; ebenso zu Prov. 4, 18. ואור ב׳. An letzter St. stand urspr. לית, was auch richtig ist, indem es sich bezieht auf וָאוֹר als Part., und als solches kommt es nur 1 M. vor, während Jes. l. c. ein Substantiv ist. S. Kimchi WB. s. v.

2) Die Angaben sind folgende:

1. Ex. 4, 9. אתות כל אוריתא האתת כתיב במ״ג כתי׳ אתות וסי׳ והיה אם לא יאמינו גם Ex. 4, 9. בכל האתות אשר עשיתי Num. 14, 11. ובאתות ובמופתים Deut. 26. 8. וא׳ כתיב אותת ויתן י״י אותת ומופתים Deut. 6, 22.

2. Deut. 26, 8. וּבְאֹתוֹת ג׳ כתיבין כן בלישנא וסי׳ בסדר שמות וא׳ כתיב אותת ויתן י״י אותת ומופתים Deut. 6, 22, ושאר אוריתא אתת. ובמסרה אחריתי מונה גם זה: שלח אותת ומופתים, Ps. 135, 9. וא׳ אתת ותתן אתת ומופתים Neh. 9, 10.

3. Mf. או, 18. הָאֹתוֹת ג׳ מלא דמלא וסי׳ נמסר בסדר שמות ובסדר תבא.

S. רמ״ה s. rad. u. מ״ש Num. 14, 11.

ad. 1 muss die Angabe lauten: כל אוריתא אתת כתי׳ וכו׳; es wird hier nämlich nur auf das Hauptwort Rücksicht genommen; die Praefixa sind unberücksichtigt, da es 2 M. mit vorhergehendem ה׳ und 1 M. mit vorhergehendem וב׳ so vorkommt. —

ad. 2. Das ובמסורה אחריתי bezieht sich auf die übrige h. Schr. oder die Hagiogr., während die Angabe 1 auf den Pentat. sich bezieht.

ad. 3. Das מלא דמלא ist falsch und muss wohl heissen: ג׳ מלא ו׳ בתרא באורית׳, wie oben bemerkt. Vergleicht man nun die obigen Angaben mit denen der Mp. zu den Stellen, so ist das Resultat, dass, 1. im Pent. dieses Wort immer doppelt def. Waw steht, mit Ausnahme dreier Stellen, die nach dem Alef def. u. nach dem Thaw plene Waw sind, während eins umgekehrt, nach dem Alef plene u. nach dem Thaw def. Waw ist, wie oben angeführt. 2. in der übrigen h. Schr. (oder wenigstens in d. Hagiogr.) immer אתות geschrieben wird, während nur 1 M. (Ps. 135, 9.) das Waw nach dem Alef steht, aber nach dem Thaw fehlt und 1 M. (Neh. 9, 10) doppelt def. ist. Der Text der rabb. Bibel ed. Buxt., auf welchen die Mp. sich bezieht, ist manchmal fehlerhaft, z. B. Ps. 135, 9. muss es im Text אותת heissen und das ב׳ כ״כ der Mp. bezieht sich auf diese St. u. Deut. 6, 22., während das in 1 angegebene וא׳ כתיב אותת sich nur auf den Pent. bezieht. — S. auch Mm. zu Ps. 105, 27. wo es heisst: אוריתא אתתיו und Mf. או, 59. u. או״א, 248. über וְאֹתֹתָם, u. s. w.

האזנה ב׳. Gen. 4, 23. Mf. אז, 17. (S. Mf. ה׳ 2. או״א, 64.)
(אזן כ״ה. 1) (S. Mpt. Hamb. Lev. 14, 14.
אזני ח׳. Job 23, 1. Mf. אז, 4.
אזנך ט׳ חסרים. 2) Mf אז, 13.

אזנכם ה׳. Mf. אז, 11.
אזנו ז׳ Ex. 21, 6. Mf. אז, 10.
אזנם ט׳. 3) Job 36, 10.? Mf. אז, 5.?
אזנים ז׳. Ps. 115, 6. Mf. אז, 3.

---

1) Mpt. Hamb. Lev. 14, 14. bemerkt: אזן כ״ה וסי׳
וישחט, ויקח משה מן הדם, (מדמו כצ״ל) Lev. 8, 23. ולקח הכהן מן השמן אשר על, (מדם האשם כצ״ל) Lev. 14, 14.
ומיתר השמן אשר על כפו Lev. 14. 17. ושחט את כבש האשם Lev. 14, 25. ונתן הכהן מן השמן אשר Lev. 14, 28.
שתי כרעים או בדל אזן Am 3, 12. ה׳ פתח לי אזן, (אדני י״י כצ״ל) Jes. 50, 5. הלא אזן מלין תבחן Job 12, 11.
אזן שמעת׳ הנוטע אזן הלא ישמע Ps. 94, 9. לשמע אזן שמעתיך Job 42, 6. אזן שמעת תוכחת חיים Prov. 15, 31.
אזן שמעת ועין ראה Prov. 20, 12. מוכיח חכם על אזן שמעת Prov. 25, 12. ולא תמלא אזן משמוע Koh. 1, 8.
לשמע אזן ישמעו לי, דשמואל 2 S. 22, 45. לשמע אזן ישמעו לי, דתהלות Ps. 18, 45. אז יגלה אזן אנשים
Job 33, 16. גלית את אזן עבדך, דשמואל, גליתה כצ״ל 2 S. 7, 27. וחברו, דד״ה 1 Chr. 17, 25. ושחטת את האיל
Ex. 29, 20. ב׳ בפסוקא ibid. תבקש דעת Prov. 18, 15. וי״י גלה את אזן שמואל 1 S. 9, 15.
Diese Angabe, die mit mehren Angaben der Mp. übereinstimmt, befindet sich nicht in der gedruckten Massora. Sie ist aber nicht nur verwirrt in Angabe der Schriftstellen, und deren Folge — wie bemerkt — sondern auch mangelhaft u. unrichtig; denn: a. sind nur 24 Stellen angeführt, da es nach der Ueberschrift 25 sein sollen. b. ist Prov. 18, 15. unrichtig, indem es das. ואזן (mit Waw copulat.) heisst. c. fehlen die Stellen יעיר לי אזן (Jes. 50, 4.) כי אזן שמעה (Job 29, 11.) u. כי אזן מלין תבחן (Job 34, 3.). d. ist אזן שמעת 4 M. gezählt, während es nur 3 M. vorkommt. Wahrscheinlich muss das אזן שמעת nach Job 12, 11. umgeändert werden in אזן שמעה und bezieht sich auf Job 29, 11. Das Prov. 18, 15. ist zu streichen, wie angegeben; u. müssen Job 34, 3. und Jes. 50, 4. eingeschaltet werden. Der Irrthum des Abschreibens war um so leichter, als Job 34, 3. כי אזן מלין תבחן mit ibid. 12, 11. הלא אזן מלין תבחן u. Jes. 50, 4. יעיר לי אזן mit ibid. 50, 5. פתח לי אזן grosse Aehnlichkeit haben; sie sind daher an diese betreffenden Stellen anzureihen, so dass es gerade 25 M. vorkommt. —

2) Ueber das def. oder plene dieser Form mögen hier einige Angaben zur wechselseitigen Berichtigung folgen:

1 S. 20, 12. heisst's: אזנך כלהון מלאים בנביאי׳ במ״ג חסר וסי׳ כי אחקר את אבי 1 S. 20, 12.
כי ייטב אל אבי ibid. 13. גם מאז לא פתחה אזנך Jes. 48, 8.

Prov. 2, 2. heisst's: אזנך ט׳ חסרים וסימן וגליתי את אזנך 1 S. 20, 12. ודבתריה דגבי שבועת
דוד ויהונתן ibid. 13. גם מאז לא פתחה אזנך Jes. 48, 8. אל תסתר פניך Ps. 102, 3. תאות ענוים שמעה י״י,
שמעת כצ״ל Ps. 10, 17. תהיינה אזנך קשובות לקול תחנוני Ps. 130, 2. להקשיב לחכמה אזנך Prov. 2, 2. בני
לדברי הקשיבה Prov. 4, 20. בני לחכמתי הקשיבה Prov. 5, 1.

Ps. 130, 2. heisst's: אזניך ב׳ מלאים בכתובים וסי׳ ואזניך קשובות 2 Chr. 6, 40. תהיינה אזניך
קשובות, Ps. 130, 2. וכל נביאים דכו׳ מלא במ״ג וסי׳ כי אחקר את אבי 1 S. 20, 12. כי ייטב אל אבי ibid. 13.
גם מאז לא פתחה אזנך Jes. 48, 8.

Mf. אז, 14. heisst's: אזניך ב׳ מלאים בכתובים וכל נביאים דכו׳ וסי׳

Zu der Angabe Prov. 2, 2. bemerkt Heid. mit Recht, dass das daselbst angeführte Ps. 130, 2. nach d. Mass. das. plene Jod gelesen werden soll. — Er will daher an dessen St. setzen: ואזנך לאמרי דעת (Prov. 23, 12.), das def. sein muss, da nach obigen Angaben diese Form in d. Hagiogr. nur 2 M. plene vorkommt. Zu Mf. אז, 14. muss nach וכל נביאים דכו׳ hinzugefügt werden במ״ג, wie oben angeführt ist. Als Resultat ergiebt sich aus obigen Angaben, dass אזנך (sing. od. plur.)

a. im Ganzen nur 9 M. def. Jod vorkommt.

b. in den BB. der Proph. immer plene Jod steht mit Ausnahme der angegebenen 3 Stellen.

c. in den Hagiogr. immer def. Jod ist, mit Ausnahme der 2 angeführten Stellen.

Zum Schlusse sei hier noch eine von Heid. aus einem Mpte. angeführte Angabe beigefügt:

ואזניך ג׳ וסי׳ ואזניך תשמענה דבר Jes. 30, 21. ואזניך קשובות 2 Chr. 6, 40. ואזנך לאמרי דעת Prov. 23, 12.
wozu er bemerkt, dass Buxt. in d. Concord. s. v. wohl 3 M. ואזניך angiebt, aber fälschlich anführt Ez. 23. 25. da dieses ואזניך gelesen wird; es gehört, wie angeführt, Prov. 23, 12. dazu. Ebenso irrt Buxt., wenn er zu אזניך (plene Jod) 1 S. 20, 12 u. 13 rechnet, da diese nach d. oben angef. Mass. zu Prov. 2, 2. def. Jod sind und zu אזנך, אזנך gehören, wo er sie auslässt. —

3) In der Angabe Job und Mf. l. c. ed. Bomb. ist ח׳ = 8 angegeben; es fehlen aber Jer. 11, 8. u. 44, 5; diese Form kommt demnach 10 M. vor? Die Mp. bemerkt zu den meisten Stellen: י״א = 11, was aber gleichfalls nicht richtig ist —

וְאָזְנֵי ג׳. Jes. 35, 5. Mf. אז, 16.

בְּאָזְנֵי ל״ו. Mf. אז, 15.

וּבְאָזְנֵי ד׳. Mf. אז, 12. 1)

בְּאָזְנַי ח׳ קמצין. Num. 14. 28. Mf. אז,*6.?

בְּאָזְנֵינוּ ו׳. Mf. אז, 7.?

אָזְנֶיךָ ב׳ מלאים בכתובים וכל נביאים דכו׳ (במ״ג).
1 S. 20, 12. Prov. 2, 2.? 4, 20. Ps.*130, 2. Mf. אז, 14.
(S. Seite 8. Anmerkung 2.)

בְּאָזְנֵיכֶם ד׳. Mf. אז, 8.?

בְּאָזְנֵיהֶם ח׳. Gen. 20, 8. Ex.*32, 3. Deut. 31, 28. 2Reg. 23, 2.
Mf. אז, 8. 9?

אזר

(S. Art. זרח)

כְּאֶזְרָח ג׳ קמצין וא׳ פתח. Lev. 19, 34. Mf. אז, 21.

כַּגֵּר כָּאֶזְרָח. גור S.

הָאֶזְרָחִי ב׳ (צ״ל ג׳). Ps. 89. 1.

אחד

אֶחָד. יחידאין S.

יוֹם אֶחָד. יום S.

הַיָּם אֶחָד. ים S.

אֶל מָקוֹם אֶחָד. קום S.

וְשֵׁם הָאֶחָד. שמה S.

וְאֶת הָאֶחָד ד׳. Lev. 14, 31. Num. 8, 12.? 1 Reg. 12, 29.
Mf. אח, 17.

וְהָאֶחָד ד׳. Lev. 14, 22. 15, 15. Mf. אח, 16.

כְּאֶחָד ו׳. Jes. 65, 25. Esr. 6, 20. Mf. אח, 14.

לְאֶחָד ב׳. Num. 15, 12. (S. Mf. ל׳, 5. או״א, 28.)

אַחַד כ״ה פתחין. Gen. 21, 16. 26, 10. 2 Reg.*6, 12.
Ez. 33, 30. 1 Chr. 17, 6. Mf. אח, 11.

אַחַד הָעָם. עם S.

אַחַד עָשָׂר ב׳ בתורה. Deut. 1, 2.

כְּאַחַד י״ב פתחין. Gen. 3, 22. 39, 16. Ez.*48, 8. 2 Chr.*
18, 12. Mf. אח, 13.

לְאַחַד, וּלְאַחַד ו׳ פתחין. Deut. 28, 55. 2S. 1, 15. 2Reg.*9, 1.
Jes. 27, 12. Zach. 11, 7. Mf. אח, 15.

אֲחָדִים ד׳. Gen. 11, 1. Dan. 11, 20. Mf. אח, 18.

אַחַת ו׳ פתחין בזקפא וכל חֻקָּה, מִדָּה, שָׁנָה, תּוֹרָה
(חמ״שת סימן) דכו׳ אַחַת במ״א (קמץ). Ex. 16, 33.
ibid. 26, 5. Jos.*6, 14. Mf. אח, 35.

אַחַת אֶל אַחַת ב׳. Ex. 36, 10.

הָאֶחָת ג׳ קמצין וכל אתנחתא וס״פ וזקפין דכו׳ קמצין
במ״ב וסי׳? Ex. 26, 5. 36, 9, 1Reg. 7, 18. Mf. אח, 36.

אחה

וָאָח לית מלעיל. Koh. 4, 8. (S. Mf. וא, 1. או״א 47.)

וְאֶת אֲחִיכֶם ב׳. Mf. אח, 3. 2)

אִישׁ אָחִיו. איש S.

אָחִיהוּ ד׳ בלישן. Jer. 34, 9. Job. 41, 8. Mf. אח, 1.

אֲחֵיהֶם ד׳ וחד וַאֲחִיהֶם. Jud. 9, 24. 2S. 3, 30. Mf. אח,
2. (S. Mf. ו׳, 10. או״א, 17.) 3)

אַחִים אֲנַחְנוּ ב׳ קמץ? Gen. 42, 13. (S. Mp. das.)

וְאֶת אָחִיךָ ב׳. Gen. 47, 6. 1 S.*17, 18. Mf. אח, 3.

Buxt. hat ט׳ = 9 und verweist auf Job l. c. wo aber nur ח׳ = 8 aufgezählt sind. — S. סיג לתורה (von Dr. Wolf) zu Job l. c., wo er nach der dritten Stelle lesen will: וחברו, דבשרירות (Jer. 11, 8.) u. dann ולא שמעו etc. folgen lässt; er liest daher ט׳ = 9 statt ח׳; woher auch Buxt. wahrsch. sein ט׳ hat. — Aber sowohl ט׳ als ו״א (der Mp.) bleibt immer schwierig, da es 10 sind. — Merkwürdig ist, dass Mpt. Erf. zu allen 1 0 S t e l l e n bemerkt: ח׳ = 8? S. auch Mp. zu Lev. 8, 24., wo sie angiebt ח׳ = 8, was übrigens auf תְּנוּךְ das. sich beziehen kann, das nach d. Mass. 8 M. vorkommt.

1) Die 4te Stelle in Mf. l. c. ארתחששתא כתב befindet sich Esr. 4, 7., wo aber das וּבְאָזְנֵי nicht vorkommt; es wären demnach nur 3 Stellen. —

2) In Mf. l. c. ist hingewiesen auf ויגש = Gen. 47, 6.; da kommt aber nur die Angabe zu וְאֶת אָחִיךָ vor? s. diesen Art. Uebrigens ist die Angabe ihrem Inhalte nach richtig, denn auch diese Verbindung kommt nur 2 M. vor, Gen. 42, 20. u. 43, 13. S. Mp. zu den Stellen.

3) In Mf. l. c. fehlt וחד וַאֲחִיהֶם. Buxt. führt in d. Concord. s. v. וַאֲחִיהֶם (mit Chirik des Cheth) nicht an, weil er 1 Chr. 9, 17, ואחיהם (das Cheth mit Zere, pl.) liest, wie es auch viele Ausgg. haben, was aber nach unserer M. unrichtig ist. S. Mf. ו׳, 10. u. או״א, 17., wo es als וַאֲחִיהֶם (mit Chirik) angeführt ist. —

וְאֵת אֶחָיו ה׳. Gen. 47, 12. Jud. 9, 41. Jer. 35, 3. Mf. אח, 4.

אָחוֹת ג׳ קמצין. 2 S. 13, 1. Cant 8, 8. Mf. אח, 5.

אֲחוֹתִי ג׳ מלא. 2 S. 13, 6. Mf. אח, 10.

אֲחֹתִי אַתְּ ב׳ דסמיכי. Prov. 7, 4. (S. Mp. Gen. 12, 13.)

וַאֲחוֹתִי לית. Job 17, 14.

אֲחוֹתֵנוּ ג׳ בסיפרא ב׳ חסר. Gen. 24, 60. 34, 14. Mf. אח, 8? (S. מ״ש Gen. 34, 14.) 1)

אֲחוֹתַיִךְ ג׳. Ez. 16, 55. Mf. אח, 9? (S. auch Mf. ר׳ 6. אר״א, 13.) 2)

אַחְיוֹתֵיהֶם ה׳ בלישן. Jos. 2, 13. Ez. 16, 52. Job*1, 4. 42, 11. Mf. אח, 6. 3)

אחז

אָחַז ב׳. (חד מלעיל וסי׳ וכל שום גבר. קמוץ ומלרע) Ex. 15, 14. 1 Reg. 1, 51. Job 23, 9. Mf. אח, 21. (S. מ״ש Job l. c.) 4)

אָחֻז ד׳ חסר וא׳ מלא. 5) Num. 31, 47. Est. 1, 6. Mf. אח, 19.

וְאֶחֱז ב׳. Ex. 4, 4. Mf. אח, 20.

אֲחֻזָּה לית וחד וַאֲחֻזָּה. Cant. 7, 8. Mf. א׳, 13. אר״א, 1.

אחר

S. Abth. 2. Partikel. s. rad.

וְאַחֲרָיו. פסוקים S.

הָאַחֵר ג׳. 2 Chr. 3, 12. Mf. אח, 26.

אַחֲרֵיהֶם ג׳ (וחסר). 1 Reg. 7, 25. Ez. 8, 16? Mf. אח, 28.

הָאַחֲרוֹנִים ז׳ מלא. 6) Mf. אח, 33.

לָאַחֲרֹנָה ב׳. Num. 2, 31. Mf. ל׳, 5. אר״א, 28.

אֲחֹרַנִּית ו׳. Gen. 9, 23. 2 Reg. 20, 10. Jes. 38, 8. Mf. אח, 25.

מְאַחֲרֵי 7) S. Mf. אח, 27?

מַשְׁכִּימֵי מְאַחֲרֵי. שכם S.

תְאַחֵר ד׳. Ex. 22, 29. Deut. 23, 21. Jes.*46, 13. Koh.*5, 3. Mf. אח, 31.

תְּאַחַר ג׳. Ps. 40, 18. 70, 6. Mf. אח, 32.

---

1) Der Sinn ist, dass diese Form 3 M. u. zwar im B. Gen. vorkommt, 2 M. doppelt def. (Waw u. Jod), u. 1 M. plene (Waw aber def. Jod), nämlich Gen. 34, 31. — Die Mf. l. c. ist also unrichtig und muss heissen: ג׳ ב׳ חסר וא׳ מלא und die angeführten Stellen müssen so folgen: Gen. 24, 60. 34, 14. 34, 31. — Einige Mpte geben an: ד׳ בלישנא, was auch richtig ist, da alsdann Cant. 8. 8. (לאחותנו) dazu gezählt wird.

2) Zu ג׳ = 3 muss בלישנ׳ hinzugefügt werden, da es 1 M. mit Waw copulat. (Ez. 16, 55.) steht. Das Schlagwort ist in ed. Buxt. unrichtig angegeben u. muss אחותיך u. nicht ואחיותיך heissen. Wenn Mf. l. c. ed. Bomb. es heisst ב׳...וצ״ע so ist diese Angabe richtig, insofern nur die 2 Stellen ohne Waw copulat. berücksichtigt sind. —

3) Wenn man die verschiedenen Angaben u. d. Mp. zu den Stellen untereinander vergleicht, so ergiebt sich, dass die Angaben sich bloss auf den Plur. von אחות beziehen, welcher (Plur.) nur 5 M. vorkommt, aber das plene Waw nach dem Jod, oder das קרי, wo es mit Jod als Pl. gelesen wird, obgleich es nach dem Cheth fehlt, will diese Angabe nicht hervorheben, so dass die Angabe zu Jos. l. c. unrichtig ist und in ה׳ בלישן. בקריאה verbessert werden muss. Ueber das Jod u. Waw giebt die Mp. Auskunft.

4) Diese Form (אָחַז) kommt 2 M. als 3. pers. sing. m. praet. Kal. v. אחז mit dem Accent auf ult. vor, worauf sich die Angabe zu Ex. l. c. bezieht; ein drittes M. kommt sie vor mit Accent auf penult. u. ist 1. pers. sing. fut. im K. v. חזה (s. מ״ש l. c.), sonst aber als N. propr. hat dieses Wort immer ein doppeltes Kam. (אָחָז), worauf sich die andern Angaben beziehen; besonders auch Mp., welche גָ׳ angiebt. — 1 Reg. l. c. muss es heissen ג׳ חד מלעיל וכו׳.

5) אָחֻז kommt 4 M. vor u. zwar 3 M. def. u. 1 M. plene Waw (Est. 1, 6.); ausserdem 1 M. וְאָחֻז u. 1 M. הָאָחֻז. Die Angabe zu Num. 31, 47. (eigentlich 31, 30. s. Mp. das.) bezieht sich auf אָחֻז ohne Waw copulat. (obgleich sie das mit He praefix. dazuzählt?) und fügt hinzu: וחד וְאָחֻז u. s. w. Die Angaben zu Est. u. Mf. l. c. beziehen sich auf אָחֻז und וְאָחֻז, ohne das mit He anfangende zu berücksichtigen. Sie sind alle def. Waw nach dem Cheth, ausser Est. 1, 6. — S. auch Mf. ר׳, 10. u. אר״א, 17.

6) Es muss בלישנא hinzugefügt werden, da mehrmals וְהָאַחֲרוֹנִים dazu gehört. Die angeführten Stellen müssen so heissen: כִּי בדברי דויד 1 Chr. 23, 27. ושאר דברי שלמה 2 Chr. 9, 29. ודברי רחבעם 2 Chr. 12, 15. והנה דברי אסא 2 Chr. 16, 11. ויתר דברי אמציה 2 Chr. 25, 26. ויתר דבריו 2 Chr. 28, 26. גם האחרונים לא ישמחו Koh. 4, 16. S. auch d. Mp. zu den Stellen.

7) Mf. l. c. ist auf 2 S. 15, 1. hingewiesen; diese St. bezieht sich aber auf מֵאַחֲרֵי כֵן, das 3 M. in dieser Verbindung vorkommt. Heid. will daher auch in unserer Angabe "מאחרי כן" lesen, was aber unrichtig wäre, da dies in Mf. אח, 30. angegeben ist. Es scheint mir, dass hier מְאַחֲרֵי (Das Mem mit Schwa) zu lesen ist und muss heissen מְאַחֲרֵי ב׳ worüber zu vergleichen Mf. מ׳, 1. u. אר״א, 69. Die Hinweisung auf 2 S. 15, 1. ist eine Verwechselung mit ibid. 30.

אטר

אִטֵּר ב׳. Jud. 20, 16.

איב

אֹיֵב ג׳ חסרים בלישן. 1 S. 18, 29. Mf. אי, 11.

אוֹיֵב וּמִתְנַקֵּם ב׳. Ps. 44, 17.

הָאוֹיֵב ה׳ ד׳ מלא וא׳ חסר. Mf. אי, 10.

אֹיְבִי ז׳ (וחסר). Ps. 13, 5. 41, 12 ? Mf. אי, 6. (S. Mp. das.)

אוֹיְבֵנוּ. אוֹיְבֵינוּ S.

אֹיְבוֹ ד׳ וחסר. 1S. 24, 20. 1Reg. 8, 37. Jer. 44, 30. ? Mf. אי, 5.

אֹיְבֶךָ. אֹיְבֶיךָ S.

אוֹיְבִים ד׳ בלישן ב׳ מלא וב׳ חסר. Mf. אי, 14. (S. Mp. Ps. 127, 5. ?)

אוֹיְבַי י״א מלא (בלישן). 1 S. 2, 1. Ps. 9, 4. 31, 16. ibid. 41, 6. Mf. אי, 9.

אוֹיְבֵנוּ ב׳ כ״כ וסי׳ וכו׳ וכל עזרא אויבינו כתיב במ״א
אֹיְבֵינוּ כתיב וכל שאר קריא דכו׳ אֹיְבֵינוּ כתיב. Mf. אי, 13. 1)

אוֹיְבֶיךָ ז׳ מלא. s. rad. (S. רמ״ה Ps. 83, 3. Mf. אי, 12. u. מ״ש Ex. 23, 22. Deut. 20, 1. 21, 10.)

אוֹיְבָיו ה׳ מלא. Ps. 68, 2. Prov. 16, 7. Mf. אי, 8.

אֹיְבֶיהָ ב׳ חסרים (וחסרים ?). Mf. אי, 15.

אוֹיְבֵיהֶם ו׳ מלא (בלישנא). Ps. 81, 15. Mf. אי, 7.

אֵיבַת ב׳ ובסיפרא. Ez. 45, 5.

איד

וְאֵד ב׳. Gen. 2. 6. (S. Mf. א׳, 22. או״א, 59.)

איל

אֵל ב׳ בטעם זקף גדול. Num. 16, 22.

אֵל בסוף התיבה ולית דכו׳. Ex. 6, 25. 2)

הַאֵל לית. Mf. אל 100.

אֵל אֱלֹהִים י״י. אלה S.

הָאֵל ח׳ סבירין הָאֵלֶה. אֵלֶּה S.

לָאֵל י״א. Gen. 35, 1. Num. 3, 24. Ps.*57, 3. Job 22, 17. Mf. אל, 39. ?

אֵלִים ו׳ כ״כ בנ״ך. (וחד הָאֵלִים) Ps. 29, 1. 89, 7. Job*41, 16. (S. מ״ש Ex. 15, 11. Job l. c.) 3)

וְאֶת הָאַיִל ה׳. Ex. 29, 15. Lev. 8, 20. 9,*18. Num. 6, 17. Mf. אי. 21.

וְאֵילִים ד׳. Gen. 32, 14. ? Ex.*29, 1. ? Lev. 8, 2. 23, 18. Num. 7, 17. Mf. אי, 20. (S. מ״ש Num. 29, 18. Ez. 27, 21. 2 Chr. 29, 21. 3)

אַיֶּלֶת ג׳. Ps. 22, 1. Prov.*5, 19. Mf. אי, 24.

---

1) Diese Angabe, wie die folgende (אוֹיְבֶיךָ) bezieht sich auf das plene u. def. Waw nach dem Alef, sowohl im Sing. als im Plur.

2) Gen. 6, 25. werden 6 angeführt. S. Joel 1, 1. wo noch פתואל, מתושאל, מחייאל hinzukommen. Ueber פניאל S. 1 Chr. 8, 25.

3) Ueber אֵלִים u. וְאֵילִים finden sich versch. Angaben in den angeführten Stellen. Ueber deren Berichtigung und Resultat hat Heid. in einer Beilage zur Concord. s. v. Folgendes: הא לך הסימן לכל לישנא דאֵילִים שבכל הקריאה לפי המסרות הבדוקות והמאושרות מכתבי יד וממסרה מערכית ומס״ג דתלים כ״ט ודאיוב מ״א וכפ׳ תצוה אלא שבמסרה דדפוסא נתבלבלו קצתם ונשתבשו ולכן אעתיק המאושרת כפי שהיא בכתבי יד בדוקים. וז״ל הרמ״ה ז״ל בספרו מסרת סיג לתורה: אֵילִים ד׳ מלאים דמלאים בתרין יודי״ן באוריתא וסי׳
רחלים מאתים ואילים עשרים, (והמסרה עליו ד׳ כ״כ מל׳ דמלא באוריתא) Gen. 32, 15. ואת שני האילים, דקח את אהרן ואת בניו (ד׳ כ״כ באורית׳) Lev. 5, 2. בנה לי בזה, קדמאה, (ד׳ כ״כ באוריתא) Num. 23, 1. חמאת בקר וחלב צאן עם חלב כרים ואילים, (ד׳ כ״כ באוריתא מלא) Deut. 32, 4.

וכל שארי אֵילִם, הָאֵלִים כתיבין ח״י בתראה ומלא יו״ד קדמאה, ודכוו׳ ויסעו מֵאֵילִם (Ex. 16, 1.) וכל שום אתרא דכוותהון מלא חד יו״ד קדם ללמ״ד, וחד חסר דחסר וסי׳ מי כמכה בָּאֵלִם י״י (Ex. 15, 11.) חסר תרין יודי״ן, עכ״ל הרמ״ה. וכן הוא במסרת אלא שבמסרת מסרים: וכל נביאים וכתובים אֵילִים, הָאֵילִים, כָּאֵילִים, לָאֵילִים כתיבין בר מן יו״ד חסרים, ג׳ מנהון אֵילִם ח״י בתרא וסי׳
בכרים ואילם Ez. 27, 21. ותאי השער לאילם ibid. 40, 10. הלא הדחתם 2Chr. 13, 9. ושבעה כתיבין אֵלִים בלישנא ח״י קדמא ומ״י בתרא וסי׳ הנחמים באלים Jes. 57, 5. הבו לי״י בני אלים Ps. 29, 1. ידמה לי״י בבני אלים Ps. 89, 7. משאתו יגורו אלים Job 41, 17. ועל אל אלים Dan. 11, 36. ויזבחו לי״י זבחים 1 Chr. 29, 21. וישחטו האלים 2 Chr. 29, 22. ושארא בלישנא אֵילִים כתיבין מל׳ דמלא. עכ״ל רוו״ה.

כָּאֵילוֹת ג׳. Mf. אי, 26.

אֵלָיו כולהן חסר בבנינא במ״א מלא וכל קרי׳ דכו׳ מלא במ״ג חסר׳ 1) 1 S. 22, 13. Ez.*40, 49.

אֵלוֹן׳ אלן S.

אים

אֵימָה ד׳ חסר יו״ד בלישנא׳ Job 9, 34? Mf. אי, 27.
(S. מ״ש Ps. 55, 5. 88, 16.

אין

וּמֵאַיִן ה׳. Jos. 9, 8. 2 Reg. 20, 14. Jes. 39, 3.
(S. Abth. 2. Partikeln.)

איפ

הָאֵיפָה ב׳ חסר׳ Lev. 5, 11.

איש

אִישׁ י׳ ר״פ בתורה וכ׳ באיוב׳ Ex. 30, 33. Lev. 22, 4. Job 1, 1. Mf. אי, 44.

אִשׁ ג׳ סבירין יֵשׁ׳ סבירין S. Abth. 2.

אִישׁ ו׳ זוגין׳ זוגין S.

ח׳ זוגין דמיין מן ב׳ ב׳ אִישׁ (אי״א, 243 Anmerkung.)
(S. Abth. 2. זוגין׳

אִישׁ וְאִישׁ ג׳. 2 S. 10, 6. Mf. אי, 62.

אִישׁ אָחִיו ב׳ וחד וְאִישׁ אָחִיו׳ Gen. 9, 5.

אִישׁ אֱלֹהִים ו׳. Mf. אי, 45.

י״א נקראו אִישׁ הָאֱלֹהִים׳ 1 Reg. 12, 22. Ps, 90, 1. Neh, 12, 24. 2 Chr. 8, 14. Mf. אי, 46.
(S. Mp. Jer. 35, 4.) 2)

אִישׁ וּבֵיתוֹ׳ בית S.

וְאִם אִישׁ ג׳. 2 Reg. 1, 10. Mf. אי, 65.

וְאֵין אִישׁ ו׳. 3) Gen. 39, 11. Mf. אי, 63.

וְכָל אִישׁ י״ו. 1S. 14, 22. Job*1, 1. 2Chr.*34, 30. Mf. אי, 52.

עַל אִישׁ ה׳. Ps. 80, 18. Job 34, 23. Mf. אי, 64.

כִּשְׁלֹשִׁים אִישׁ ג׳. 1 S. 9, 22. Mf. של, 65.

דָוִד אִישׁ הָאֱלֹהִים ג׳. Neh. 12, 24. Mf. דן, 10.

מֹשֶׁה אִישׁ הָאֱלֹהִים ו׳ בלישן׳ Jos. 14, 6. Mf. מש, 7?
(S. איש האלהים 4)

וַיֵּלֶךְ אִישׁ מִבֵּית ב׳ דסמיכי׳ Ex. 2, 1. Mf. הל, 22.
(S. Abth. 2. ח׳ זוגין דמיין, זוגין)

אֶת עֹלַת אִישׁ׳ עלה S.

וְאִישׁ יְהוּדָה׳ (S. Abth. 2. Nom. propr. יהודה)

וְהָיָה הָאִישׁ הַהוּא ב׳ דסמיכי׳ Jer. 20, 16. Job 1, 1.

וְהָאִישׁ ג׳ בטעם׳ טעם S.

כָּאִישׁ ח׳. Gen. 19, 9. 26, 11. Lev.*20, 3. Deut. 29. 20. 2 S. 12, 5. Mf. אי, 54.

כְּאִישׁ כ׳. 5) Num. 14, 15. Ps. 38, 17. Mf. אי, 49.

---

1) Diese Angabe spricht von dem Unterschiede zwischen dieser Form in der Bedeutung von „Schwelle“ „limen“ (בבנינא = „zum Bau gehörig“ bes. in Ez. Cap. 40. etc.), wo immer das Jod des Pl. fehlt, u. der Bedeutung von „zu“, wo immer das Jod des Pl. steht, mit Ausnahme von 3 Stellen, wie das. angegeben. Das במ״א bezieht sich auf בבנינא d. h. in diesem Cap. kommt אֵלָיו nur 1 M. plene Jod des Pl. vor; aber das אֵלָיו auf welches es sich bezieht (ibid. 40, 49.) ist von אֶל als Präposition und wie in der Regel geschrieben. —

2) Ebenso hat das Mpt. Halense. Der Sinn ist, dass 11 Personen in der heil. Schrift so genannt werden; der Ausdruck kommt aber öfter vor. S. איש אלהים, das 6 m. verk., auch: die Art.: משה איש האלהים, דוד איש האלהים׳

3) Mf. l. c. ed. Buxt. giebt ו׳ = 6. an; ed. Bomb. hat richtig ז׳ = 7. lässt aber eine St. aus (Jes. 57, 1.). — Die Angabe zu Gen. 39, 11. ist verstümmelt u. falsch; das Richtige hat Mpt. Hamb. zu Jud. 19, 15. u. Jes. 57, 1. Das. heisst es:
וְאֵין אִישׁ ז׳ וסי׳
ואין איש מאנשי הבית שם בבית .Gen. 39, 11. ואין איש מאסף אתם .Jud. 19, 15. ואין איש מאסף אתי Jud. 19, 18.
ואין איש מבני ישראל טוב ממנו .1 S. 9, 2. ואראה ואין איש .Jes. 41, 28. ואין איש שם על לב .Jes. 57, 1.
מדוע באתי ואין .Jes. 50, 2.

4) Die Angabe Mf. l. c. ז׳ = 7 ist richtig und muss in Jos. l. c. das ו׳ in ז׳ verbessert werden, wie auch das. 7 Stellen angeführt sind. S. auch Mp. zu Deut. 33, 1. wo es heissen muss: „משה איש האלהים ז׳; das בלישנא bezieht sich auf מֹשֶׁה, da auch וּמֹשֶׁה u. לְמֹשֶׁה dazu gehört. —

5) Das כ׳ = 20. in Mf. l. c. ed. Bomb. ist das Richtige. Buxt. hat ב׳=2, was aber Druckfehler ist u. um so irrthümlicher, als die Stellen in der gedruckten Massora nirgends angegeben sind. In Mpt. Hamb. zu Jud. 20, 1. Ps. 38, 15. sind sie angeführt; es sind dieselben, die Concord. s. v. sich befinden, weswegen ich sie hier nicht wiederholen will. —

לָאִישׁ ל״ב· Gen. 43, 6. Prov. 24, 29.? Mf. אי, 47.
(S. מ״ש Gen. 45, 22.) 1)

וּלְאִישׁ ג׳. Lev. 15, 33. Mf. אי, 60.

לְמֵאִישׁ ג׳. Ex. 11, 7. Mf. אי, 61.

אִישִׁי ח׳. Gen. 29, 31. 2 Reg. 4, 1. Hos. 2, 16. Mf. אי, 55.

אִישֵׁךְ ו׳ בקריא וחד לְאִישֵׁךְ· Gen. 3, 16. Jud. 14, 15.
Mf. אי, 59.

(אִישָׁה כ״ה· S. Mp. Num. 5, 13. Concord. s. v. es fehlt das.
Gen. 16, 3.)

בֵּית אִישָׁהּ ב׳. Ruth 1, 9. Mf. אי, 58.

וְאִישָׁהּ ד׳. Num. 30, 14. Mf. אי, 53.

אִישִׁים ג׳ ומלא. Jes. 53, 3, Prov. 8, 4! Mf. אי 56.

כְּאִישׁוֹן ג׳. Ps. 17, 8. Mf. אי, 66.

אִשָּׁה· S. אנש

אית

אֵיתָן ג׳ (חד אֵתָן) 2) Num. 24, 21.

לְאֵיתָנוֹ לית ומלא Ex. 14, 27.

אכ

אכין ורקין· צורת האותיות S. Abth. 2.

אכל

וְלֹא אָכַל ד׳. Mf. אכ, 5.

אֲכָלַתְהוּ ד׳ וחד פתח· Gen. 37, 33. Ez.* 15, 5. Mf. אכ, 13.

וַאֲכָלָתַם ב׳. 3) Jer. 5, 14.

אֲכַלְתִּי ב׳ פתחין במוכרת· 4) Mf. אכ, 15.

וַאֲכָלֻהוּ ג׳ וחסר· Lev. 24, 9. 26, 16. Jer. 10, 25. Mf. אכ, 21.
(S. Mp. Lev. 24, 9.)

אוֹכֶל ד׳ מלא· Gen. 39, 6. Nah. 3, 12. Ps.*41, 10. Mf. אכ, 10.
(S. מ״ש Ex. 12, 15.

אָכְלָה ה׳ וחד וְאָכְלָה· Deut. 4, 24. 9, 3. 12, 20. Joel 2, 5.
Mf. אכ, 8.

אָכוֹל י׳ מלא בלישן· Lev. 10, 18. 2 Reg. 19, 29. Jes.*22, 13.
Joel*2, 26. Mf. אכ, 24. (S. מ״ש Jes. l. c.)

אֲכָל ב׳ אחד חטף קמץ וא׳ בחולם· Gen. 3, 11.

לֶאֱכוֹל י״ג מלא· Ez. 16, 20. Mf. אכ, 19.

בְּאָכְלָם ב׳ וא׳ כְּאָכְלָם· Lev. 22, 16. Mf. אכ, 14.
(S. Abth. 2. א״ב Buchst. כ׳.)

אֱכוֹל ה׳ מלא· 5) (S. מש Prov. 23, 7.) Ez. 3, 1? Mf. אכ, 18.?

וָאֹכַל לית· Gen. 27, 33. (S. Mf. וא, 1. או״א, 47.)

תֹאכַל י״ז· Deut. 15, 23. Mf. אכ, *3.

וְלֹא תֹאכַל ג׳. 1 S. 1, 7. Mf. אכ, 17.

יֹאכַל י״ג בקריא· Lev. 21, 22. Job 5, 5. 31, 8. Mf. אכ, 4.

וְיֹאכַל ה׳ רפין· Gen. 27, 31. Ex. 2, 20. 10,*12. 1 Reg. 13,
18. Cant. 4, 16. Mf. אכ, 6.

וְתֹאכַל ד׳ (ו׳ כצ״ל)· ? Zach. 11, 1. Mf. אכ, 16.

נֹאכַל ג׳ (ב׳ כתיב א׳ וחד ו׳). Gen. 3, 2. Mf. אכ, 7.

וְיֹאכְלוּ ג׳ רפין· 2 Reg. 4, 42. Mf. אכ, 11.

יֹאכְלֻהוּ ד׳ וחסרים· Ex. 12, 8. Lev. 8, 31. Num. 9, 11.
Jes. 62, 9. Mf. אכ, 22. (S. מבין חדות Ex. l. c.)

---

1) Mf. l. c. ed. Bomb. hat auch in der Ueberschrift ל״ב = 32, zählt aber 33 Stellen, indem sie zuletzt noch anführt: בתי, הנה בתי הגדולה (1 S. 18, 17.) in welchem Verse aber לָאִישׁ gar nicht vork. Ferner ist auffallend, warum dieser V. zuletzt angeführt ist, da er ja zum B. Sam. gehört und oben nach יעשה (1 S. 17, 28.) hätte stehen müssen? Heid. verbessert daher mit richtigem Tact:
לָאִישׁ ל״ב וסי׳ וכו׳ וחד וְלָאִישׁ וסי׳ בתי, הנה בתי הבתולה (Jud. 19, 24.), wo das וְלָאִישׁ sich befindet, so dass לָאִישׁ 32 M. u. וְלָאִישׁ 1 M. vorkommt. — Buxt. hat das letzte ausgelassen, weil er glaubte, es wäre ein Fehler. Wenn Prov. 24, 29. die M. כ״ג = 23. angiebt, so ist das ein Druckfehler, und muss (mit וְלָאִישׁ) ל״ג = 33 heissen. Ueber וְלָאִישׁ s. auch Mf. ל׳, 12. unter: קי״ח יחידאין·

2) Diese Angabe ist scheinbar unrichtig, da es ausser den angegebenen noch mehre giebt. — Heid. will sie folgendermassen verbessern: אֵיתָן ג׳ באוריתא בלישנא ומלאים וסי׳
איתן מושבך Num. 24, 21. אל נחל איתן Deut. 21, 4. ותשב באיתן Gen. 49, 24. וכל קריא דכו׳ מלא במ״א וסי׳ ורוב עצמיו אתן Job 33, 19.

3) In beiden hat das Thaw ein Pathach u. beide sind penult. — S. Heid. im Pent. מאור עינים zu Gen. 31, 32. und שום שכל das.

4) Diese Angabe ist unrichtig u. gegen d. Ausgg.? — S. Heid. im שום שכל u. im Pent. מאור עינים zu Gen. 31, 38., wo er die richtige Leseart aus Mpt. v. 1294 anführt, welche so lautet: ב׳ ס״פ א׳ קמץ וא׳ פתח וסי׳. S. auch Kimchi im Michlol ed. Venet. parv. S. 7b u. 8a, sowie סיג לתורה v. Dr. Wolf. —

5) Mf. l. c. ist das ח׳ = 8 im ה׳ = 5 zu ändern, wie in Ez. l. c. richtig angegeben ist, nur muss das. nach מלא das Wort בלישנא hinzugefügt werden, indem es 1 M. וֶאֱכוֹל (1 S. 28, 22.) heisst. —

יֵאָכֵל כ״ג. 25. אכ, Gen. 6, 21. Ex. 13, 7. Mf.

וְלֹא יֵאָכֵל ב׳. Ex. 13, 3.

מַצּוֹת יֵאָכֵל׳ מצה S.

תֵּאָכֵל ט׳. 20. אכ, Lev. 6, 9. Zeph.*3, 8. Zach. 9, 4? Mf.

תֵּאָכַלְנָה ד׳. 23. אכ, Jer. 24, 4. 29, 17. Mf.

אֻכְּלוּ ג׳. 26. אכ, Mf.

מַאֲכָל, וּמַאֲכַל ד׳ פתחין. Gen. 40, 17. 1 Reg. 10, 5. 2 Chr.* 9, 4. Mf. אכ, 9.

מַאֲכָלָהּ לית. Prov. 6, 8.

הַמַּאֲכֶלֶת ג׳. 12. אכ, Gen. 22, 6. Mf.

אכר

אִכָּר ב׳. Jer. 51, 23.

אלה

אֵל, כתיב אלה׳. 16. כת, Esr. 5, 15. Mf.

הָאֵל ח׳ סבירין אֵלֶּה׳. אל S. Abth. 2. Partikel

הָאָלוֹת ג׳ ב׳ מלאים. 120. אל, Deut. 30, 7. Mf.

אֵל׳ איל S.

הָאֵל לית. 100. אל, Mf.

וי״ו דכל חד וחד לית דכו׳ בלישן (אלהות)׳. 100. אל, Mf. 190׳. או״א

אֱלוֹהַּ אלה כתיב. 16. כת, Deut. 32, 17. Mf.

בֵּית אֱלָהָא דְּנָא ד׳ (ושארא דֵּךְ). 82. אל, Mf.

אֱלָהִי ב׳. Dan. 6, 23.

אֱלֹהִים ל״א ר״פ. 1) 42. אל Ex. 22, 28. Ps. 46, 2.? Mf.

עֲלִיַּת אֱלֹהִים ג׳. 70. אל, Gen. 17, 22. Mf.

מלין דמשמשין אֱלֹהִים ולית דכותי׳ מ״ש S.) 99. אל, Mf. Ps. 46, 9.) 2)

אֵין אֱלֹהִים ג׳. Mf. אל, 57. (S. Mf. l. c. ed. Bomb., wo die Angabe zu וְאֵין אֱלֹהִים gehört; so auch im Mpt. Hal.)

אִישׁ אֱלֹהִים׳ איש S.

אָמַר אֱלֹהִים ו׳. Gen. 3, 1. 31, 16. Ex.* 13, 17. Ps. 50, 16. Mf. אל, 106.

אַתָּה (וְאַתָּה) אֱלֹהִים ה׳. Ps. 55, 24. 61, 6. 86, 10. Mf. אל, 85.

בֵּית אֱלֹהִים ה׳ בתנ״ך וכו׳? Gen. 28, 22. Jud. 17, 5. Mf. אל, 47. u. 98? 3)

בָּרָא אֱלֹהִים ג׳. 1. בר, 50. אל Gen. 1, 1. Mf.

בָּרוּךְ אֱלֹהִים ב׳ חד ר״פ וחד ס״פ. Ps. 68, 36.

דְּבַר אֱלֹהִים ג׳. 53. אל 1 S. 9, 27. Mf.

דַּעַת אֱלֹהִים ג׳ בלישנא. 74. אל Hos. 6, 6. Prov. 2, 5. Mf.

הוּא אֱלֹהִים ד׳. Jos. 2, 11. Jer.*10, 10. Ps.*100, 3.? Mf. אל, 49. (S. מ״ש Ps. l. c.) 4)

---

1) Ex. 22, 8. wie auch Mf. l. c. ed. Bomb. haben ל״א = 31., danach würden aber Hab. 3, 19. u. Ps. 140, 8. mitgezählt, obgleich das. אֱלֹהִים nur gelesen wird (קרי), indem י״י (quadril.) das כתיב ist. Die Mm. zu Ps. 46, 2. u. ed. Buxt. zu Mf. l. c. haben כ״ט=29., so dass die beiden genannten Stellen nicht mitgezählt werden. Wenn aber Buxt. dennoch Ps. 140, 8. mitzählt u. Job 28, 23. auslässt, so ist das ein doppelter Fehler, indem letzteres mitgezählt und ersteres ausgelassen werden muss. Heid.

2) Der Sinn ist, dass diese Wörter nur 1 M. mit אֱלֹהִים vorkommen, während sonst י״י oder הָאֱלֹהִים folgt; nur beim letzten: מִכְתַּב אֱלֹהִים kommt keine andere Verbindung vor, was auffallend ist. — Ueber מִפְעֲלוֹת אֱלֹהִים s. ausf. מ״ש zu Ps. 46, 9. — Wenn derselbe von unserer St., wo מִפְעֲלוֹת אֱלֹהִים allerdings nicht mitgezählt wird, beweisen will, dass diese Verbinduug 2 M. vorkommt, u. es sowohl Ps. 46, 9. als ibid. 66, 5. אֱלֹהִים (und nicht י״י) heissen muss, so ist das nicht stichhaltig; denn warum erwähnt alsdann die Massora nicht, wie bei מַלְאֲכֵי אֱלֹהִים Gen. 28, 12. auch מפעלות אלהי׳ ב׳? — S. auch Mm. Ex. 5, 17. Heid. will in der That מפעלות אלהים (Ps. 66, 5.) hier einfügen nach einem Mpt; so dass Ps. 46, 9. י״י (quadril.) gelesen würde. —

3) Die Angabe Gen. 28, 22. muss am Ende so lauten: וד״ה ועזרא אית בהון מ״ח בית האלהים d. h. 48 Mal kommt בית האלהים in d. BB. Chr. u. Esra u. Neh. vor, wozu 3 לבית האלהים (mit Lamed) gehören. S. Heid. zu בֵּית הָאֱלֹהִים weiter unten.—Das "ב״מ ד״ה ועזרא" in d. Angabe ist schwierig, da doch בֵּית אֱלֹהִים (2 Chr. 34, 9.) mit zu den 5 angegebenen gezählt wird. Die M. scheint im Ganzen angeben zu wollen, w. v. M. אלהים od. האלהים auf בֵּית folgt, während sonst י״י (quadril.) damit verbunden ist, so dass 5 M. אלהים u. noch ausserdem 48 (45?) M. האלהים folgt; sonst aber י״י. Ueber das 45 od. 48 s. unten בֵּית הָאֱלֹהִים! — Mf. אל 47. hat ג׳=3, was schwierig ist; vielleicht lässt sich diese Angabe mit der zu Gen. 28, 22. so ausgleichen, dass gelesen werden soll: בית אֱלֹהִים ג׳ בתורה ונביאים ב׳ בכתובים ב״מ ד״ה ועזרא דאית בהון מ״ח (מ״ה ?) בית הָאֱלֹהִים וכו׳?

4) Die Angabe zu Jer. 10, 10. ist falsch. Der Herausg. hat sich verleiten lassen, ונשמע und ולא קמה als 2 Stellen anzunehmen, weil sie vielleicht im Mpt. getrennt waren; er giebt darum ה׳ = 5 an. Es muss aber ד׳ = 4 heissen, da es nur 4 St. giebt, in denen das Schlagwort vorkommt. S. die Parallelstellen.

וַיֹּאמֶר אֱלֹהִים כ״ה. Gen. 1, 3. 17, 9. Mf. אל,* 79.

וַיֹּאמֶר אֱלֹהִים ג׳ בטעם זקף. Gen. 1, 6.

וַיֹּאמֶר אֱלֹהִים ג׳ בטעם (קדמא ואזלא)· טעם S.

וַיֹּאמֶר אֱלֹהִים ל׳... ד׳ דסמיכי לל׳ בלישנא. Gen. 6, 13.

וַיְבָרֶךְ אֱלֹהִים ג׳. Gen. 2, 3. Mf. אל, 54.

וַיְדַבֵּר אֱלֹהִים ג׳ דסמיכי בתורה. Gen. 8, 15. Ex.* 6, 2. 20, 1. Mf. אל, 52.

וַיִּזְכֹּר אֱלֹהִים ד׳. Gen. 8, 1. 19, 29. Ex. 2, 24. Mf. אל, 90.

וַיַּעַשׂ אֱלֹהִים ד׳. Gen. 1, 7. Mf. אל,* 73.

וַיַּרְא אֱלֹהִים ט׳ בתורה וחד בנביאים· Gen. 1, 4. Mf. אל, (60 101.*) 1)

וְרוּחַ אֱלֹהִים ח׳ בלישן. Gen. 1, 2. 41, 39. Ex.* 35, 31. Num. 24, 2. Mf. אל, 78. רו, 1. ? (S. מ״ש Gen. l. c.) 2)

חָנֵּנִי אֱלֹהִים ג׳. Ps. 51, 3. 56, 2. Mf. אל, 63.

יוֹדֵעַ אֱלֹהִים ג׳ בלישנא בתורה. Gen. 3, 5. 41, 39. Ex. 2, 25. 3)

יְרֵא אֱלֹהִים ד׳. Gen. 22, 12. Mf. אל, 86. (S. ed. Bomb.)

יִרְאַת אֱלֹהִים ג׳. Gen. 20, 11. 2 S. 23, 3. Mf. אל, 51.

לִדְרֹשׁ אֱלֹהִים ד׳ וב׳ לִדְרֹשׁ הָאֱלֹהִים· Ex. 18, 15. 1 S.* 9, 9. Mf. אל, 64. (S. מ״ש 2 Chr. 19, 3.) 4)

לִי אֱלֹהִים י״א. Gen. 4, 25. 48, 9. 1 Reg.* 2, 23. Mf. אל, 65.

לִפְנֵי אֱלֹהִים ד׳. Ps. 56, 14. Mf. אל, 108.

מַלְאֲכֵי אֱלֹהִים ב׳. Gen. 28, 12. 32, 1.

עִיר אֱלֹהִים לית. עיר האלהים S.

עִם אֱלֹהִים ג׳. Gen. 32, 28. Mf. אל, 68.

עָשָׂה אֱלֹהִים ב׳ דסמיכי באוריתא. Gen. 42, 28. 5)

שָׁמַע אֱלֹהִים ג׳ דסמיכי. Gen. 21, 17. Ps.* 66, 19. Mf. אל, 58.

אֱלֹהִים וְנַחְתָּנוּ ג׳ ובתלים. Ps. 60, 3. Mf. אל, 80.

אֱלֹהִים לְיִשְׂרָאֵל ג׳. Mf. אל, 69.

אֲרוֹן בְּרִית אֱלֹהִים ד׳. 6) Mf. אל, 96.

וְעַתָּה י״י אֱלֹהִים· הויה. S. Abth. 2.

---

1) Die Angabe in Mf. l. c. וחד בנביאים (Jona 3, 10.) ist auffallend, da es dort הָאֱלֹהִים (mit He des Artikels) heisst. — Es muss also entw. fehlen, wie Gen. 1, 4. oder es bezieht sich überhaupt auf die Verbindung von וַיַּרְא mit אלהים bez. האלהים, die allerdings im Ganzen nur 10 M. vorkommt, indem es sonst mit י״י (quadril.) verbunden ist. —

2) Die richtige Angabe ist Ex. 35, 31; nur, dass erstens nach der Angabe בלישנא folgen u. statt במ״ח gelesen werden muss במ״ה, wonach auch die Parallelstellen zu berichtigen sind; so besonders Mf. אל, 78. ח׳ statt ה׳ u. רו, 1. ח׳ statt ד׳. — Der Sinn ist: der Ausdruck רוח אלהים kommt in der Bibel — ausser den BB. Sam. — 8 M. vor u. zwar 5 M. so, 2 M. ורוח (mit Waw copulat.) und 1 M. mit ב׳ präf. ברוח (sonst mit י״י); im B. Sam. aber kommt immer רוּחַ u. s. w. mit folgendem אלהים vor und nur an 5 Stellen folgt י״י, 4 M. mit רוּחַ u. 1 M. mit וְרוּחַ (1 S. 16, 14.). Hierdurch gleichen sich auch die sonstigen Angaben aus; denn wenn zu וְרוּחַ י״י (1 S, 16, 14.) bemerkt wird: ג׳, so bezieht sich das auf die ganze Bibel, in welcher וְרוּחַ י״י nur 3 M. vorkommt. Andere bemerken dazu לית d. h. s. v. a. בסיפרא, nämlich im B. Sam. kommt es nur 1 M. vor. Wenn Andere dazu bemerken ה׳ = 5, so bezieht sich das auf רוּחַ (u. וְרוּחַ) mit י״י (quadril.) verbunden, das, wie bemerkt, in Sam. 5 M. vorkommt. —

3) Die Angabe sollte heissen ידיעת אלהים wie Ex. 2, 25. Der Sinn ist, der Ausdruck ידע (in seinen verschiedenen Formen) kommt mit folgendem אלהים nur 3 M. (im Pent.?) vor; sonst folgt: י״י. — Ein M. tritt das Wort בִּיהוּדָה dazwischen, s. Gen. 41, 39. Durch letzteren Zusatz sieht man, dass das בתורה auf die ganze Bibel sich bezieht, da die angef. Stelle in dem B. der Pss. (76, 2.) sich befindet —

4) Der Zusatz Ex. 18, 15. muss lauten: וכל אוריתא ונביאים חסר במ״ב. Er bezieht sich aber nur auf das Wort לִדְרוֹשׁ (s. diesen Art.) u. gehört nicht hierher, wo von der Verbindung mit אלהים die Rede ist. In Mpt. Hamb. zu Chr. 21, 30. ist unsere Angabe angeführt, aber obiger Zusatz fehlt mit Recht. —

5) Das באוריתא (zu עָשָׂה) ist wohl richtiger ובאוריתא zu lesen, da sonst immer auf עָשָׂה das Quadril. י״י folgt.—

6) In Mf. l. c. ist ein Fehler; es muss heissen אֲרוֹן בְּרִית הָאֱלֹהִים (mit He des Artikels) —. Es soll die Ausnahme freilich bemerkt werden, dass an diesen 4 Stellen nicht י״י wie sonst in der Regel — (s. Mf. אד, 108 u. 109.) nach ארון ברית folgt. Wenn Mf. אד, 108 bemerkt wird: וכל מלכים דכו׳ במ״א ארון ברית האלהים, so ist das gegen unsere Angabe. Heid. verbessert es in: במ״א ארון ברית אֲדֹנָי (1 Reg. 3, 15.); s. Mf. אד, 23. wo es unter die קל״ד ודיא gezählt wird, wie auch d. Mpt. v. 1294 daselbst אֲדֹנָי liest u. nicht י״י (quadril.), wie die Ausgg. es haben; so auch מ״ש daselbst. Der Sinn das. ist, im ganzen B. Reg. kommt ארון ברית mit darauffolgendem י״י vor und nur 1 M. mit darauff. אדני, wie angegeben. —

מפני י״י אלהים ב׳ באוריתא. (S. הויה) Ex. 9, 30.

על כל אלהים ג׳ ובתלים. Ps. 95. 3. Mf. אל, 61.

וירא אלהים כי טוב ה׳ בבראשית. 1) Mf. אל, 60.

ואלהים ה׳. Gen. 50, 24.

האלהים לית. Mf. אל, 100.

אמירה אל האלהים ט׳. 2) Mf. אל, 111.

יראה את האלהים ז׳. Gen. 42, 18. Ex. 1, 17. Mf. אל, 103.
3) יר, 3?

נתינת האלהים ז׳ וכל קהלת דכו׳ במ״ב נתן אלהים.
Gen. 27, 28. Dan. 1, 9.? Mf. אל, 104.

עלייה אל האלהים ג׳ (בלישן). Mf. אל, 72.

איש האלהים. איש S.

בית האלהים מ״ח. 4) Mf. אל, 98.

בבית האלהים ו׳. Mf. אל, 83.

בני האלהים ד׳. Gen. 6, 2. Mf. אל, 62.

כי האלהים ו׳. Gen. 45, 8. 1 S. * 10, 7. Koh. 5, 1. 5, 19.
Mf. אל, 86.

לפני האלהים ו׳ וכל קהלת דכו׳. Gen. 6, 11. Ex. 18, 12.?
Mf. אל, 93,? 5)

מיד האלהים ג׳ בלישנא וכל קהלת דכו׳. Mf. אל. 71.

מלאך האלהים ח׳. Gen. 31, 11. Ex. 14, 19. Jud. 6, 20.
13,*6. 2 S. 14, 17. Mf. אל 87. 6)

עיר האלהים לי׳. Ps. 87, 3. (S. Mf. ה׳, 11. u. Gen. 22, 3.)

דוד איש האלהים. איש S.

לעבודת בית האלהים ח׳. 7) Mf. אל, 95.

משה איש האלהים. איש S.

---

1) Mf. l. c. ed. Bomb. hat zwar d. Angabe aber ohne Stellennachweis; sie verweist auf Gen., wo sie aber nicht vorkommt; Buxt. hat sie wahrsch. nach d. Concord. zusammengestellt. —

2) Die Stellenangabe Mf. l. c. ed. Bomb. ist nicht ganz richtig; für למחרת muss es heissen (אמרתי) למנות 1 Chr. 21, 17. (so hats auch ed. Buxt. —). In der letzten St. (2 Chr. 1, 8.) steht nicht אל, sondern לאלהים, mit Lamed. Der Sinn ist, dass אמירה mit אלהים verbunden nur 9 M. vorkommt; sonst folgt י״י (quadril.).

3) Diese Angabe bezieht sich auf das את nach dem Stamm ירא, wenn er mit אלהים verbunden ist, indem er ausser diesen 7 Stellen ohne את construirt wird. — Buxt. führt diesen Art. auch unter Mf. יר, 3. an, was überflüssig ist; ed. Bomb. lässt ihn mit Recht das. aus. —

4) Die Schriftstellen zu dieser Mf. l. c. u. Mp. oft angeführten Angabe מ״ח = 48. sind in der gedruckten Massora nirgends angegeben. Heid. bemerkt in einer Beilage zu obiger St. Folgendes: וכאשר חפשתי אחריהם לא מצאתי כי
אם מ״ה ואילון אינון כל ימי היות בית האלהים Jud. 18, 31. עבודת משכן בית האלהים 1 Chr. 6, 33. נגיד 1 Chr. 9, 11.
עבודת 1 Chr. 9, 13. האוצרות 1 Chr. 9, 26. וסביבות 1 Chr. 9, 27 לבנות 1 Chr. 22, 2. עבודת 1 Chr. 23, 28. לעבודת
1 Chr. 25, 6. אוצרות 1 Chr. 26, 20. לאוצרות 1 Chr. 28, 12. עבודת 1 Chr. 28, 21. לעבודת 1 Chr. 29, 7. לבנות את
2 Chr. 3, 3. הכלים אשר 2 Chr. 4, 19. באצרות 2 Chr. 5, 1. כבוד ה׳ את 2 Chr. 5, 13. ויחנכו את 2 Chr. 7, 5. וקדשיו
2 Chr. 15, 18. אשר 2 Chr. 23, 9. פרצו את 2 Chr. 24, 7. ויעמידו את 2 Chr. 24, 13. ויסוד 2 Chr. 24, 27. את כלי
2 Chr. 28, 24. ב׳ בו ibid. נגיד 2 Chr, 31 13. בעבודת 2 Chr. 31, 21. נגידי 2 Chr. 35, 8. וכל כלי 2 Chr. 36, 18.
וישרפו 2 Chr. 36, 19. לבואם אל Esr. 3, 8. במלאכת Esr. 6, 22. ואת Esr. 8, 36. לפני Esr. 10, 1. מלפני Esr. 10, 6.
ברחוב Esr. 10, 9. נועד אל Neh. 6, 10 ובחצרות Neh. 8, 16. נגיד Neh. 11, 11. מלאכת Neh. 11, 22. בחצרי Neh. 13, 7.
כלי Neh. 13, 9. נעזב Neh. 13, 11. ומקצת כלי Dan. 1, 2. אל Koh. 4, 17. תראה כי המסרה הזאת כלל בהדייהו הנך
ג׳ דכתיבין לבית האלהים ולפ״ז אינון מ״ח על נכון וצריך להוסיף: תלתא מנהון לבית האלהים וסי׳ וכו׳
(Esr. 1, 4. 2, 68. u. Neh. 11, 16. —)

Zu der Concord. s. v. bemerkt er: וכן מצאתי נמנים במסרת כ״י בכלל מ״ח d. h. die 3 לבית. — Wobei aber schwierig bleibt: 1) dass eine St. aus Jud. (18, 31.) u. 2 Stellen aus Dan. u. Koh. l. c. mitgezählt werden, da nach Gen. 28, 22. die 48 St. in Chr. u. Esr. (Neh.) sich befinden sollen. — 2) warum wird לבית הא׳ mitgezählt u. בבית הא׳ ausgelassen, das doch nach Mf. אל, 83. 7 M. vorkommt? Das Richtige wäre wohl zu lesen wie Mf. l. c. ושארא בית האלהים ואינון מ״ה=45 (st. מ״ח) u. zwar die oben gezählten, ohne לבית וכו׳ dazu zu rechnen. — S. oben בית אלהים. Nach בית folgt also אלהים 5 M. u. האלהים 45 M., ausser diesen folgt immer auf בית das Quadril. י״י. —

5) Das ו׳ = 7 in Ex. u. Mf. l. c. ist falsch; es kommt nur 6 M. so vor, wie es Gen. l. c. richtig angegeben ist. —

6) Es muss בלישנא hinzugefügt werden, da auch כמלאך dazu gehört. —

7) Mf. l. c. ist ח׳ = 8 unrichtig; es sind nur 7, denn מלאכת u. גברי חיל bilden nur e i n e Stelle (1 Chr. 9, 13.); das ח׳ ist aus der falschen Abth. der Verse entstanden. Auch Heid. führt ein Mpt. an, in welchem ז׳ = 7 angegeben ist. Es fehlt auch das בלישנא, denn es bezieht sich auch auf בעבודת u. לעבודת u. will nur den Gegensatz feststellen zu den Stellen, in welchen es mit י״י (Quadril.) verbunden ist. —

מֹשֶׁה עֶבֶד הָאֱלֹהִים ד׳. Mf. אֵל, 94.

וְהָאֱלֹהִים ז׳ ׳י. Gen. 22, 1. Ex. 19, 19. Koh.*3, 14. 1Chr.*28,3. Mf. אֵל, 43.

בָּאֱלֹהִים לִי. Mf. אֵל; 100.

בָּאֱלֹהִים י׳ ר״פ. Ps. 56, 5. 60, 14. Mf. אֵל, 97.

שָׁאֲלָה בֵּאלֹהִים ז׳ בלישן. Mf. אֵל, 102.

שְׁבוּעָה בֵּאלֹהִים ד׳ בלישן. 1 S. 30, 15. Mf.*אֵל, 105.

כֵּאלֹהִים ג׳. Zach. 12, 8. Ps. 77,*14.

כִּי לֵאלֹהִים ג׳. Ps. 47, 10. Mf. אֵל, 55.

שִׁירוּ לֵאלֹהִים ב׳ ובענינא. Ps. 68, 33.

וְהָיִיתִי לָהֶם לֵאלֹהִים ג׳. Mf. אֵל, 46.

וַאֲנִי אֶהְיֶה לָהֶם לֵאלֹהִים. אֲנִי S.

לֵאלֹהִים לית. Mf. אֵל, 100.

וּמֵאֱלֹהִים לית. Mf. אֵל, 100.

אֱלוֹהִי חד מלא. Ps. 143, 10. (אֱלוֹהִי) S.

אֱלֹהִי, אלה כתיב. 16. כת, Mf. (S. 2 Reg. 17, 31.

אֱלֹהֵי ג׳ מלעיל. Gen. 9, 26. Ex.*20, 22. Deut.*33, 27. Mf. אֵל 89. (S. מ״ש l. c. und מאירי zu den פרקי אבות am Ende.)

אֱלֹהֵי אֲבוֹתָם ד׳. Deut. 29, 25. 2 Chr. 28, 6. Mf. אֵל, 81. (auch אַד, 39.) 1)

אֱלֹהֵי הָעִבְרִים ה׳. Ex. 5, 3. 7. 16. 10, 3. Mf. אֵל, 66.

אֱלֹהֵי הַשָּׁמַיִם יְחִידָאִין. S. Abth. 2. הוי׳ u. Art.

אֱלֹהֵי יִשְׂרָאֵל כ״ח מיחדין. Ex, 24, 10. Mf. אֵל, 67.? (S. יחידאין, Buchst. ׳א.) 2)

אֲרוֹן אֱלֹהֵי יִשְׂרָאֵל ז׳. 1 S. 5, 7. Mf. אֵל, 45. 107.? u. אַד, 20? 3)

כֹּה אָמַר י״י אֱלֹהֵי יִשְׂרָאֵל. אמר S.

הָאֱלֹהֵי לית. Mf. אֵל, 100.

לֵאלֹהֵי יִשְׂרָאֵל ד׳. Mf. אֵל, 110.

אֱלֹהֵי ב׳ פתחין באתנח. Num. 22, 18. Ps.*86, 2.

אֱלֹהַי ח׳ קמצין וכל אס״פ דכו׳ במ״ב פתחין. Num. 22, 18. Deut. 26, 14! 1 Reg. 3, 7. Ps. 35, 24. 4)

אֱלוֹהַי ב׳ מלא וחד אֱלוֹהֵי מלא. Ps. 143, 10. Mf. אֵל, 41.? (S. מ״ש 2 S. 22, 47. Ps. 18, 47.)

אֱלֹהֵי י״ד מיחדין. Mf. אֵל, 77. 5)

---

1) Die Angabe אֱלֹהֵי אֲבוֹתָם ist unrichtig; es bezieht sich auf י״י אלהי אבותם, wie Mf. אַד, 39. richtig angegeben ist.

2) Der Sinn ist, dass אֱלֹהֵי יִשְׂרָאֵל, ohne vorherg. י״י (Quadril.) od. צְבָאוֹת י״י (die in der Regel vorangehen) 28 M. in der Bibel vorkommt = מיחדין, Ausnahmen. Ex 24. 10. sind aber 31 Stellen aufgezählt; es sind indessen 3 Stellen zu streichen u. zwar 1S. 1, 17. (das fehlerhaft 2 M. gezählt ist), weil darin וֵאלֹהֵי (mit Waw copulat.) u. 1 Sam. 6, 5., weil das לֵאלֹהֵי (mit Lamed praef.) vorkommt. Es bleiben also 28 St. richtig, in denen אלהי ישראל ausnahmsweise steht. — Heid. bemerkt, dass die Angabe dennoch schwierig sei, erstens, dass die 7 St. mit ארון אלהי ישראל (s. diesen Art.) mitgezählt sind, da diese Verbindung ja einen besondern Art. bildet, was die Mass. nicht zusammenzuziehen pflegt; ferner hat Mp. zu manchen Stellen כ״ד=24 oder auch כ״ו=26, was sich nach obiger Angabe nicht erklären liesse. Er führt daher eine Angabe aus einem Mpte. an, in welchem wirklich die 7 Stellen ארון אלהי ישראל ausgelassen sind, aber dafür die beiden, oben gestrichenen (1 S. 1, 17. u. 1 S 6, 5.) u. Jos. 22, 16. Jes. 48, 1. Esra 8, 35. 1 Chr. 4, 10. u. 2 Chr. 29, 7. gezählt werden, in welchen auch לֵאלֹהֵי u. וּבֵאלֹהֵי, בֵאלֹהֵי, וֵאלֹהֵי vorkommen, so dass es 28 Stellen sind, in welchen diese Verbindung (ohne אֲרוֹן u. ohne י״י oder צְבָאוֹת) in ihren verschiedenen Formen vorkommt. Die Angabe muss daher heissen: כ״ח מיחדין בלישנא. — Die Mp. welche כ״ד=24 angibt, lässt die mit לֵאלֹהֵי, welche 4 M. vork. (s. Mf. אֵל, 110.) aus; die aber כ״ו=26 angibt, lässt die 2 בֵאלֹהֵי u. וּבֵאלֹהֵי aus. — Jedenfalls ist das כ״ה=25 in der Mf. l. c. in כ״ח=28 zu verändern. —

3) Die richtige Angabe ist: ז׳ ובענין, wie Heid. lesen will, indem diese Verbindung in einem zusammenhängenden Abschnitt (v. 1 S. 5, 7. bis 6, 3.) 7 M. vork. Die Angabe 1 S. 5, 7., welche ו׳=6 hat, ist falsch und muss ז׳=7 heissen; sie rührt davon her, dass das 1 S. 5, 11. ausgelassen ist. — Uebrigens muss vor ובענין noch hinzugefügt werden בלישנא, da לַאֲרוֹן (mit Lamed) dazu gehört. —

4) Einige lesen זקפין קמצין ח׳; das זקפין scheint aber unrichtig zu sein, da Ps. 35, 24. Rabia und nicht Sakef hat. — S. Kimchi Michlol ed. venet. parv. 37a; das. werden nur 7 angeführt. S. auch Heid. im Pent. ed. מאור עינים zu Gen. 33, 14.

5) Diese Angabe ist verstümmelt u. unklar, denn 1) kommt אֱלֹהֵי mehr als 14 M. ohne vorherg. י״י (was doch מיחדין bedeuten soll) vor; — 2) sind die angeführten Stellen in ed. Bomb. u. Buxt. sehr verschieden; 3) hat ed. Bomb. אזכירה שמך (Ps. 45, 18.) angeführt, wo aber אלהי nicht vorkommt. Auch zählt letztere Ausgabe nur 13 Stellen und ohne Ordnung auf. Jedenfalls ist das כי אתה אלהי בוחן (das nicht so vorkommt) aus 2 Stellen zusammengezogen, aus כי אתה בוחן (1 Chr. 29, 17.), und כי אתה אלהי (Ps. 143, 10.) so dass es 14 Stellen sind. Doch die Hauptschwierigkeit ist dadurch nicht gehoben.

לי״י אֱלֹהֵינוּ· הויה S. Abth. 2.

שְׁמַע אֱלֹהֵינוּ ב׳ דסמיכי· Dan. 9, 17.

מִצְוֹת י״י אֱלֹהֵיכֶם· הויה S. Abth. 2.

אֱלֹהָיו עִמּוֹ ה׳· Num. 23, 25. Mf. אל, 84. (Einige lesen ד׳, d. i. aber wenn י״י davorsteht.)

אֱלֹהֵיהֶם י״ג בתורה? (1 Mf. אל, 76.

י״י אֱלֹהֵיהֶם· הויה S. Abth. 2.

אֱלֹהֵיהֶן ה׳ בלישן· Ex. 34, 16. Num.*25, 2. 1 Reg. 11, 8. Mf. אל, 75. (S, מ״ש Num. l. c.)

אלם

אֵלֶם ב׳· Ps. 56, 1.

וְאַלְמְנוֹתָיו ב׳ חד חסר וחד מלא· Ps. 78, 64. (S. Mp. das.)

פְּלֹנִי אַלְמֹנִי פל S.

אֵלָם ג׳ חסר בקרי׳ וכל צורת הבית, דכו׳ במ״ה· 1 Reg. 7, 6. Mf. או, 9. (S. מ״ש Ez. 40, 7.)

אלן

אֵלוֹן מלא וחסר (2 S. Mf. אי, 22.

אלף

אֶלֶף כֶּסֶף· כסף S.

וָאֶלֶף ב׳· Num. 3, 50.

הָאֶלֶף ג׳ וחד הָאָלֶף· Ex. 38, 28. Jos. 18, 28. Mf. אל, 134.

לְאֶלֶף דּוֹר· דור S.

לָאֶלֶף ב׳· Jes. 60, 22. (S. Mf. ל׳, 5. או״א, 28.)

אַלְפֵי ד׳ סבירין אלפים· Ex. 32. 28 Mf. אל, 135. (S. מ״ש Ex. l. c. Jud. 4, 10. Job 1, 3.

שְׁגַר אֲלָפֶיךָ· שגר S.

אַלֻּף ה׳ חסר בלישן וחד בְּאַלּוּף לית ומלא· Gen. 36, 29. Jer.*13, 21. Zach. 12, 5. Mf. אל, 132.

אמם

אֵם עַל בָּנִים ב׳· Gen. 32, 11.

אִמּוֹ דקדים לְאָבִיו ג׳· Gen. 44, 20. Lev.*19, 3. Mf. אם, 19.

וְאֶת אִמּוֹ ג׳· Lev. 20, 9. Mf. אם, 18.

לְבֵית אִמָּהּ· בית S.

אִמּוֹתָם ג׳ וא׳ לְאִמּוֹתָם (3 Mf. אם, 20.?

וְאֶל אַמָּה לית Ex. 24, 14. Ez. 44, 25. Mf. אל, 14.

וְעֶשְׂרִים בָּאַמָּה ד׳ (בלישנא? Mf, אם, 22.

שְׁלֹשִׁים בָּאַמָּה ד׳· Mf. אם, 23.

אַמּוֹת ו׳ ס״פ בבנינא· Ex. 40, 27. Mf. אם, 21. (S. מ״ש Ex. 36, 21.)

אמה

הָאֲמָהוֹת ב׳ חד חסר וחד מלא וחד אַמְהוֹת· Gen. 31, 33.

---

1) Die Angabe י״ג בתורה = 13 M. im Pentat. hat nur Buxt., wahrscheinlich, weil er ed. Bomb. nicht verstand, aus seiner Concord. fabricirt und hat daher אֶת אֱלֹהֵיהֶם (Deut. 12, 30.), weil es auch in d. Concord. fehlt, ausgelassen, wonach es 14 M. vorkäme und nicht י״ג = 13. (Merkwürdiger Weise zählt er unter אֱלֹהֵיהֶם auch Deut. 31, 13., das aber אֱלֹהֵיכֶם gelesen wird. —). In Mf. l. c. ed. Bomb. heisst es ז׳ בתורה und werden dieselben St. angeführt, die auch רמ״ה s. rad. so anführt: אֱלֹהֵיהֶם ז׳ כתי׳ במ״ם בסוף וכלהון חסרים וי״ו ומלאים יו״ד וכו׳· — Diese Angabe ist aber schwierig, indem es ja, wie bemerkt, 14 im Pent. giebt. — Heid. will daher mit richtigem Tact lesen ז׳ קדש בתורה d. h. 7 M. kommt diese Form im Pent. von Gott (קדש = heilig) vor, während die anderen 7 nur Bezeichnungen der heidnischen Götter (חול = unheilig) sind. Die angef. St. sind: ויאמרו עבדי פרעה Ex 10, 7. וידעו כי אני י״י Ex. 29, 48. ב׳ בו ibid. קדושים יהיו Lev. 21, 6. ג׳ ibid. בו ibid. ואף גם זאת בהיותם Lev. 26, 44.

2) Die Angabe das. ist unrichtig, da את אילון ואת (Jos. 21, 24. auch 1 Chr. 6, 54?) zu Mf. אי, 23 gehört, wo von אַיָּלוֹן die Rede ist u. sie auch das. gezählt werden? Bei אֵילוֹן (doppelt plene) ist auffallend, warum Jud. 12, 11. u. 12. nicht mitgerechnet werden, die doch nach den Ausgg. doppelt plene sind? Wenn Heid. es auffallend findet, dass die Mp. zu אלון (def. י׳ u. plene Waw) bisweilen ה׳=5 bemerkt, während hier nur 4 angegeben sind, so liegt der Grund darin, dass sie Gen. 46, 14. mitzählt, das aber וְאֵלֹן (mit Waw copulat.) gelesen wird, während die Angabe ד׳=4 nur auf die ohne Waw sich bezieht.

3) Die Angabe ג׳=3. in Mf. l. c. ist in ב׳=2 umzuändern, wenn: וא׳ לְאִמֹּתָם folgt. Andernfalls müsste letzteres fehlen u. die Angabe müsste heissen: ג׳ בלישנא, da diese Form erst mit לְאִמֹּתָם nur 3 m. vorkommt. Sollte es nicht etwa so heissen: ג׳ בלישנא וכו׳ וחד לְאִמֹּתָם? S. Mf. א׳, 24. או״א, 5.

אמן

אמונה ד׳ חסר בלישן. Deut. 32, 20. Ps.*119, 90. 143, 1. Mf. אם, 26. 1)

והאמן לית חסר יו״ד. Ps. 119, 90.

ויאמן ב׳. Ex 4, 31

ויאמינו ג׳. Ex. 14, 31. Mf. אם, 24.

אמנה ג׳. 2 Reg. 5, 12. Mf. אם, 25. (S. Mf. ר׳,8. או״א, 15. u. 16.)

ורב חסד ואמת. חסד S.

והאמת ג׳. Zach. 8, 19. 2 Chr. 31, 20. Mf. אם, 96.

אמן ׀ אמן ב׳ דסמיכי. Neh. 8, 6.

אמץ

ואמץ ב׳ פתחין. 1 Chr. 28, 20. Mf. פת, 18. או״א, 24. (S. מ״ש Jos. 1, 6.!)

ואמיץ ד׳ ג׳ מלא וא׳ חסר. Job 9, 4. Mf. אם, 28.

אמר

ג׳ חסר אל״ף בלשון אמירה. 2 S. 19, 14.

אמירה בטעם פזר. טעם S. Abth. 2.

אמירה לפני ה׳. 2) Ex. 6, 30. Mf. אם, 70.

אמירה בלבו (דווקא) יו״ד. Gen. 17, 17. 27, 41. 1 Reg. 12, 26, Est. 6, 6. Mf. אם, 45 ? לב, 8. 3)

אמירה בלב ל״ג בלישן. Mf. לב, 7.

אמירה אל האלהים. אלה S.

אמירה לבית ישראל ג׳. Mf. יש, 64.

אמירה לבני ישראל ה׳. Ex. 3, 14. 14, 3. Mf. יש, 65 ?

אמר ג׳ קמץ. Ex. 18, 17. Mf. אם, 41.

אמר לי ה׳ וב׳ ואמר לי. Gen. 20, 5. Ez. 29, 3. Mf. אם, 56.

אמר אלהים. אלה S.

אמר י״י להם. הויה S. Abth. 2.

כה אמר, כי כה אמר, לכן כה אמר, כה אמר י״י לטעמיהם. טעם S. Abth. 2.

כה אמר י״י אלהי ישראל כ״ד (יחידאין) Ex. 5, 1. 32, 27. Jer. 13, 12. Mf. אד, 111.? 4)

אמרת ג׳ ר״פ. Jer. 45, 3. Mf. אם, 39.

ואמרת ג׳ בטעם פזר. טעם S. Abth. 2.

ואמרת ה׳ (בטעם) בסיפרא. טעם S. Abth. 2.

ואמרת אליהם ג׳ בטעם. טעם S. Abth. 2.

דבר אל בני ישראל ואמרת אליהם. דבר S.

אמרת ז׳. Ps. 16, 2. Mf. אם, 53.

ואמרת ג׳. 1 Reg. 1, 13. Mf. אם, 60.

---

1) Einige geben ו׳=6 an, weil sie wahrscheinlich das ותמונת (s. Ps. 119, 90.) als nicht hierhingehörig, nicht mitzählen. Allein es sind dennoch 7, ohne ותמונת, indem nach einem alten, von Heid. angeführten Mpte. zu 1 Chr. 9, 22. bemerkt wird: באמנתם ח״ו וז׳ חסר בלישנא. —

2) Mf. l. c. ed. Bomb. hat als Angabe: „אמירה לפני י״י“, was unrichtig ist, da es nur auf den Stamm אמר verbunden mit לפני (ohne Rücksicht auf d. Quadril.) ankommt, wie die angef. Beispiele beweisen —

3) Die richtige Angabe ist 1 Reg. 12, 26. während Gen. 17, 17. unrichtig ist; (nur muss 1 Reg. l. c. am Schluss st. לא תמות gesetzt werden: בל אמות. Das ה׳ in Mf. אם. 45. muss י׳ = 10 sein.

4) Die Angabe Mf. אד, 111. ist sehr fehlerhaft; denn

1. giebt sie כ״ח = 28 an u. zählt nur 27.
2. zählt sie ויאמר אל בני ישראל u. אנכי העלתי für 2 Stellen, da beide nur einen Vers bilden.
3. führt sie כתב לך את שם (Ez. 24, 2.) an, worin diese Verbindung gar nicht vorkommt. (Es ist wahrscheinlich, כתב לך את כל (Jer. 30, 2.) gemeint.)
4. sind die Stellenangaben verworren und nicht nach der Reihenfolge d. BB. der heil. Schrift.
5. giebt zu den meisten St. die Mp. כ״ד = 24 an.

Darum liest Heid. (indem er die mit vorangehendem לכן, deren es nach d. M. 3 giebt und die mit vorangehendem כי, deren es 5 giebt, auslässt, welche aber die obige Angabe in Mf. l. c. untereinanderwirft) כ״ד מיחדין d. h. 24 M. kommt diese Verbindung ausnahmsweise ohne כי, לכן od. צבאות vor u. zwar: Ex. 5, 1. 32, 27. Jos. 24, 2. Jud. 6, 8. 1 S. 10, 18. 2 S. 12, 7. 1 Reg. 14, 7. 2 Reg. 9, 6. ibid. 19, 20. ibid. 22, 15. (וחברו) 2 Chr. 34, 23. 2 Reg. 22, 18. (וחברו) 2 Chr. 34, 26. Jes. 37, 21. Jer. 11, 3. 13, 12. 21, 4. 24, 5. 30, 2. 34, 2. 34, 13. 37, 7. 42, 9. 45, 2. — Wenn Mp. zu 1 Reg. 17, 14 bemerkt ה׳ = 5, so bezieht sich das auf die Verbindung mit vorhergehendem כי. —

ולא אמרו ד׳. Jos. 22,33. Jer.*2, 6. Ps.*129, 8. Mf. אמ, 71.

ואמרתם אליהם ב׳. Lev. 15, 2.

אמרים לי ג׳ בלישן. Ez. 20, 48. Ps.*122. 1. Mf. אמ, 55.

אמור ג׳ מלא וג׳ חסר. Ex. 21, 5. Num.*6, 23. Jud. 15, 2. 1 S. 20, 21. Mf. אמ, 36. (S. מ״ש Num. l. c.)

אמור להם ב׳ וא׳ באמור להם Mf. אמ, 61.

באמר ג׳ וחסר, אנ״ך, וחד באמר· Deut. 4, 10. Ps. 42, 4. Mf. אמ, 66. (S. מ״ש Ps. l. c.)

לאמור ג׳ מלא. Gen. 48, 20. Jer. 18, 5. Mf. אמ, 63.

לאמר ט׳ ר״פ. Jer. 25. 5. Ps.* 105, 11. Mf. אמ, 59.

ויאמרו לאמר ג׳, Ex. 15, 1. 2 S. 5, 1. Mf. אמ, 65.

ואל בני ישראל תדבר לאמר· דבר S.

ויאמר י״י אל משה לאמר ו׳ר״פ ? הויה S. Abth. 2.

וידבר י״י אל משה יו״ד דלוג לאמר Ex. 33, 1. Lev. 25, 1. Num. 1, 1. 35, 1.? Mf. אד, 98. 1) (דלוג, חסר, דלא נסיב

ולאמר ג׳. Mf. אמ, 38.

אמר ג׳ קמצין בסיפרא. 2) Dan. 4, 15. Mf. אמ, 40.

אמרי נא ב׳. Gen. 12, 13.

ואמרו ו׳. 3) 1 Chr. 16, 35, ? Mf. אמ, 62.

מה אמר ב׳. Ex. 3, 13.

ואומר ג׳ ב׳ קמצין וא׳ פתח. Mf. אמ, 52. (S. Abth. 2. Nom. propr.) 4)

ואומר ג׳ מלא. Mf. אמ, 51.

ואמר ד׳ כתובים ויאמר· Neh. 5, 9. Mf. אמ, 94. (S. או״א, 133. מ״ש Neh. l. c. Zach. 4, 2.)

יאמר י״י ו׳. הויה S. Abth. 2.

ויאמר ו׳ רפין. 2 Reg. 9, 17. Mf. אמ, 35.

ויאמר צ״א וכל ויען ויוסף דאיוב דכו׳ אבל הם כלם מלעיל. Gen. 14, 19. Ex. 33, 14. Job, 1, 18. Mf.* אמ, 31. (S. Mp. zu d. versch. St. u. מ״ש Job 3, 2.)

ויאמר ד׳ ר״פ בטעם זרקא. טעם S. Abth. 2.

ויאמר ב׳ פסוקים דאית בהון ד׳ ויאמר· פסוקים S.

ויאמר י״ד בטעם פזר. טעם S. Abth. 2.

ויאמר י״ב סבירין ויאמרו· סבירין S. Abth. 2.

ויאמר···ויאמר ג׳ פסוקים אית בהון כן. פסוקים S.

ויאמר···ויאמר ז׳ פסוקים אית בהון כן. פסוקים S.

ויקרא···ויאמר י״א פסוקים אית בהון כן. פסוקים S.

ויאמר אלהים· אלה S.

ויאמר אלהים ל··· אלה S.

ויאמר אלי י׳ בטעם. טעם S.

ויאמר אלי ז׳ בטעם. טעם S.

ויאמר לי ח׳. Jud. 13, 7. Prov.*4, 4. Neh. 2, 6. Mf. אמ, 54.

(ויאמר בלבו ג׳ רשיעי. S. Mp. Est. 6, 6.)

ויאמר להם כ״ב. Gen. 29, 5. 44, 15. Ex. 32, 27 Jud. 9, 9. Mf.* אמ, 32.? (S. Mf. אמ, 69. 2 Chr. 10, 5.! u. מ״ש 1 Reg. 1, 33.) 5)

ויאמר להם ג׳ בטעם. טעם S.

---

1) Der Sinn ist, an diesen 10 Stellen folgt das gewöhnliche לאמר nicht unmittelbar auf משה, wenn es auch im Satze vorkommt — das דלוג ist hier nicht in s. gewöhnlichen Bedeutung, sondern s. v. a. חסר, wie es an einigen Stellen auch mit חסר oder דלא נסיב (S. Lev. 25, 1. Num. 35, 1.) abwechselt. — Mpt. Hal. hat: ט׳, was daher kommt, dass zu בערבות (Num. 33, 50.) das וחברו (ibid. 35, 1.) ausgelassen ist u. beide f. eins gezählt werden. —

2) Ueber אמר sind d. Ausgg. verschieden, indem an manchen St. einige אמר (mit Pathach) lesen. — Heid. führt ein Mpt. an, in welchem bloss steht: ג׳ בסיפרא = 3 M. so in diesem Buche (Dan.); er bezieht das auf das Chataf-Segol (Jmperat.), während die übrigen Chat. Pathach (Perfect.) haben. Die Mp. giebt zu Dan. 2, 4. bloss ג׳ = 3 an, aber zu 4, 6. u. 4, 15: ג׳ d. h. 3 M. mit Kamez ? —

3) 1 Chr. 16, 35. sind nur 5 Stellen angegeben; es fehlt: השמיעו על ארמנות (Amos 3, 9.).

4) Diese Angabe ist schwierig: 1. wird תימן ואומר (Gen. 36, 11.) angeführt, das aber ohne Waw copulat. gelesen wird. 2. wird zur 2ten St. (1 Chr. 1, 36.) in d. Mp. angegeben: לית, woraus hervorgeht, dass Gen. l. c. ohne Waw gelesen werden soll. 3. s. Mf. אן, 10., wo Gen. 36, 11 u. 16. ohne Waw u. das Mem mit Kamez angegeben wird. Heid. will daher unsere Angabe so lesen: ואמר ב׳ חד קמץ וחד פתח וב׳ אומר. —

5) Einige lesen כ״ג = 23, was aber aus der fehlerhaften Angabe Mf. l. c. ed. Bomb. herzustammen scheint, wo וישבע להם und ויאמר להם אל תיראו aus 2 Stellen verzeichnet sind, da beide nur einen Vers angeben (2 Reg. 25, 24.). Es kommt also nur 22 M. so vor, wie es auch Mpt. Hamb. zu 2 S. 4, 9. richtig angiebt. — Oder sollte das שניהם in ed. Bomb. auf das vorherg. ויאמר להם ישעיהו sich beziehen u. Jes. 37, 6. gemeint sein ? — Das hat aber nach allen Ausgg. ויאמר אליהם. — Die Mp. muss hiernach an manchen Stellen verbessert werden, bes. in 2 Chr. l. c. —

וַיֹּאמֶר מֹשֶׁה ב׳ בטעם זרקא. טעם S.

וַיֹּאמֶר פַּרְעֹה ג׳ בטעם זקף ר״פ. טעם S.

וַיֹּאמֶר י״י י״ב בטעם. טעם S.

וַיֹּאמֶר י״י ד׳ בטעם. טעם S.

וַיֹּאמֶר שְׁמוּאֵל ו׳ בטעם. טעם S.

וַיֹּאמֶר י״י אֵלַי ד׳ בטעם. טעם S.

וַיֹּאמֶר מֹשֶׁה אֲלֵיהֶם ג׳. Ex. 16, 15.

וַיֹּאמֶר לוֹ פַּרְעֹה ב׳ דסמיכי. 1 Reg. 11, 22.

וַיֹּאמֶר לָהּ מַלְאַךְ י״י ג׳ דסמיכי. Gen. 16, 9.
Mf. אר, 121. (S. Abth. 2. הויה)

וַיֹּאמֶר מֹשֶׁה אֶל י״י ה׳. Ex. 4, 10. (S. הויה).

וַיֹּאמֶר י״י אֶל מֹשֶׁה לֵאמֹר. אמר S.

וַיֹּאמֶר י״י אֶל מֹשֶׁה וְאֶל אַהֲרֹן. הויה S.

(תֹּאמֵר ב׳ בצירי ובהפסק וסי׳ וכו׳. Prov. 1, 21. מ״ש S.)

וַתֹּאמַר ה׳ וכו׳ בתרא מלעיל. Est. 5, 7. Mf. אמ, 37.?
(S. מ״ש Prov. 7, 13.)

וַתֹּאמֶר לָהֶם ג׳ דסמיכי וכו׳ וכל נביאים דכו׳ במ״א.
Gen. 39, 14. Mf. אמ, 68.

כֹּה תֹאמְרוּ ו׳. 2 Reg. 22, 18. Mf. אמ, 50. (S. Mpt.
Hamb. Jer. 37, 7. das ח׳ = 8 liest. —) 1)

תֹּאמְרוּן ט׳ ח׳ מלא וחד חסר Gen. 32, 4. 2 Reg.* 18, 22.
ibid. 19, 10, Jes. 8, 12. Jer. 21, 3. Mf. אם, 33.

יֹאמְרוּ ג׳. Ps. 145, 11, Mf. אמ, 64.

וְיֹאמְרוּ ט׳ רפין. Jes. 14, 10. Joel 2, 17. Ps. 70, 5.
Mf. אמ, 34. (S. מ״ש Ps. 40, 17.)

וַיֹּאמְרוּ ו׳ ר״פ בטעם גרש. Gen. 11, 3. 1 S.* 11, 9.
Jer. 42, 2. Mf. אמ, 42. ? S. Abth. 2. טעם.

וַיֹּאמְרוּ ג׳ ר״פ בטעם זרקא. Gen. 29, 8. Ex. 14, 1.
Mf. אמ, 43. S. טעם.

וַיֹּאמְרוּ ב׳ בטעם פזר. Gen. 43, 7. Mf. אמ, 91.

וַיֹּאמְרוּ אֵלָיו ב׳ ר״פ. 1 Reg. 20, 31.

וַיֹּאמְרוּ אֵלֶיהָ ב׳ דס׳. Gen. 24, 58.

וַיֹּאמְרוּ אֲלֵיהֶם ז׳. Gen. 34, 14. Mf. אמ, 48.?

וַיֹּאמְרוּ כָּל הָעָם. עמם S.

וַיַּעַן וַיֹּאמְרוּ. ענה S.

וַתֹּאמַרְנָה, ז׳ S. Gen. 31, 14. (מ״ש ibid. u. 1 S. 18. 7.)

יֵאָמַר ג׳ וחד וַיֵּאָמַר. Gen. 10, 9. Num. 21, 14. Ps. 87, 5.
Mf. אמ, 67. (S. Mf. ר׳ 8. או״א, 15.)

אֹמֶר ו׳ מלעיל וחסר. Ps. 77, 9. Mf. אמ, 61.

אֲמָרִים ב׳ Prov. 22, 21.

אִמְרָתֶךָ י״ב בלישן : Ps. 119, 82. 138, 2, Mf. אמ, 58

(אַמְתְּחֹתֵינוּ. Gen. 43, 18. מ״ש S.)

אנה

תַּאֲנִיָּה ב׳. Mf. תא, 3.

בָּאֳנִיּוֹת ד׳ וחד וּבָאֳנִיּוֹת Deut. 28, 68. Jes. 43, 14.
Mf. אנ, 14.

אנח

(נֶאֱנָחָה ב׳. Joel 1, 18. מ״ש S.)

אנף

הִתְאַנַּף ג׳. Mf. אנ, 24.

כל לשון אַף עַל במ״א אֶל. Ez. 8, 17. 2)

בָּחֳרִי אָף. חרה S.

1) 2 Reg. 22, 18. ist gleichfalls ו׳ = 6 angegeben u. sind nur 6 Stellen angeführt, indem Jer. 37, 7. ausgelassen ist. Es sind demnach 7 Stellen, in welchen כה תאמרו vorkommt u. muss das ו׳ in ז׳ = 7 verändert werden. Wenn aber Mpt. Hamb. l. c. ח׳ = 8 angiebt (s. auch Mp. zu Gen. 50. 17,) u. והבאתי אתכם anführt, so ist zweifelhaft, welche St. damit gemeint sei. — Zu 2 Reg. 19, 6. bemerkt Mpt. Hamb: כה תאמרון ח׳, führt aber dieselben Stellen an, die zu כה תאמרו (Jer. 37, 7.) angeführt sind u. da heisst's: והבאתי אתכם אל אדמתכם (Ez. 36, 24.), wo weder תאמרו noch תאמרון vorkommt.? — Es scheint demnach ein Fehler des Abschreibers zu sein; תֹּאמְרוּן kommt 8 M. plene vor (s. diesen Art.); er hat aber dieses ח׳ = 8 irrthümlich auf כֹּה תֹאמְרוּ bezogen, statt dass dieses nur 7 M. vork. wie bemerkt. — Immerhin ist aber das והבאתי schwierig. —

2) Anmerkg. z. אַף. Ben Ascher führt an: כל לשון אף פתח בר מן חד קמץ, וחרון אָף (2 Chr. 28, 13.), וכל אתנח וס״פ דכו׳. S. auch Mp. zu Ps. 135, 17., nach welcher es Ps. 115, 6. אָף לָהֶם (mit Kamez?) gelesen werden muss. — S. auch א״ב מן חד חד קמ׳ בזקף׳ (Umschrift zu Lev. 1, 1.) u. או״א, 21. Nach ersterer hat es Sakef (gegen die Ausgg. in welchen es Tipcha hat —) mit Kam.; in letzterm wird's nicht gezählt; es liest es also mit Pathach, da es auch die ohne Sakef angiebt. —

Job 19, 4. 36, 16. Esr. 6, 5. Mf. אף, 4. וְאַף ט׳ ר״פ׳

S. Abth. 2. הויה׳ וְאַף י״ד׳

Gen. 18, 23. Mf. אף, 1. 1) הַאַף ג׳ פתחין׳

Deut. 9, 19. 29, 24. Jer. 36, 7. Mf. אף, 2. הָאַף ג׳ קמץ׳

Ps. 55, 4. (S. Mf. ב׳, 8. או״א, 62.) וּבְאַף ב׳׳

Gen. 3, 19. Ex. 15, 8. Mf. אף, 3. אַפֶּיךָ ב׳ מלא׳
(S. מ״ש Gen. u. Ex. l. c.)

אנק

Lev. 11, 30. Mf. ק׳, 2. וְהָאֲנָקָה לית׳

אנש

S. אשר׳ אַשְׁרֵי אֱנוֹשׁ׳

Jud. 9, 9. Ez. 23, 48. Neh. 1, 2. 2,*12. Mf. אנ, 25 וַאֲנָשִׁים י׳

Ex. 5, 9. עַל הָאֲנָשִׁים ה׳ ושאר קריא אֶל הָאֲנָשִׁים׳
2 Reg. 18, 27. Zeph. 1, 12. Mf. אנ, 30.

שְׁנֵי הָאֲנָשִׁים ד׳ (ושארא שְׁנֵי, וּשְׁנֵי אֲנָשִׁים)׳
Deut. 19, 17. Jos. 2, 4. 2, 23. 1 Reg. 21, 13.
Mf. אנ, 29.

Gen. 46, 32. וְהָאֲנָשִׁים ח׳ ר״פ וא׳ הָאֲנָשִׁים׳
Num. 13, 31. 14, 36? Jos. 2, 7. Mf. אנ, 34?

Deut. 1, 35. Mf. אנ, 26. בָּאֲנָשִׁים ג׳ ב׳ קמצין וא׳ פתח

Ruth 1, 11. Mf. אנ, 33. 2) לָאֲנָשִׁים ח׳

1 S. 23, 3. Mf. אנ, 27. דו, 14. אַנְשֵׁי דָוִד ד׳

Gen. 13, 13. Ex. 22, 31. 2 Reg. 17, 30. Mf. אנ, 28. וְאַנְשֵׁי ד׳ ר״פ׳

1 S. 18, 5. Jer. 11, 21. Mf. אנ, 32. עַל אַנְשֵׁי ד׳

Mf. אנ, 31. וַאֲנָשָׁיו כ״ה׳

Jer. 18, 21. Mf. אנ, 35. וְאַנְשֵׁיהֶם ד׳

S. Abth. 2. אִשָּׁה ג׳ סבירין לאשה׳ סבירין

S. בנה בֶּן אִשָּׁה׳

Num. 31, 17. Mf. אש, 4. 3) וְכָל אִשָּׁה ג׳

Num. 5, 31, Mf. אי, 50? אש, 9. וְהָאִשָּׁה ה׳

Gen. 3, 13. Num. 5, 21. לָאִשָּׁה ה׳ קמצין וחד ולאשה׳
2 S. 11, 3? 2 Reg.*8, 6. Mf. אש, 10.

S. שמה וְשֵׁם אֵשֶׁת׳

Gen. 7, 13. Jes. 54, 6. Prov. 6, 26. ibid. 27,*15. וְאֵשֶׁת ו׳
Mf. אש, 11.

Gen. 17, 15, 26, 10. Mf. אש, 8. אִשְׁתְּךָ ז׳ וחד אֶשְׁתְּךָ׳

Mf. אש, 12. לְאִשְׁתּוֹ ג׳

Zach. 5, 9. Mf. אש, 17. 4) שְׁתַּיִם נָשִׁים ג׳

Jer. 44, 15. Mf. אש, 7. u. 13.? 5) וְכָל הַנָּשִׁים ג׳

Esr. 10, 11. 6) הַנָּשִׁים הַנָּכְרִיּוֹת ב׳ דסמיכי׳

Jes. 19, 16. Mf. אש, 15. כַּנָּשִׁים ג׳ דגשים׳

Gen. 34, 21. Num. 36, 6. Jud.*21, 7. לְנָשִׁים י״ד רפים׳
Mf. אש, 14.

Mf. אש, 16. מִנָּשִׁים ג׳

---

1) Das soll so viel heissen als באוריתא d. h. im Pentat. kommt's 3 M. mit Pathach (des He); in den andern BB. kommt's noch 3 M. vor: (Amos 2, 11. Job 34, 17. u. 40, 8.). Wenn daher Mp. zu הָאַף (Deut. 9, 19. 29, 24. bemerkt: ח׳ ג׳ קמץ וה׳ פתחין, so ist das unrichtig, da es 6 mit Pathach des He giebt, wie bemerkt. S. מבין חדות zu Deut. 9, 19.

2) Das ח׳ = 8 bezieht sich auf die Form אֲנָשִׁים mit vorhergehendem ל׳, das aber nur 1 M. Kam. hat; bei den übrigen 7 hat das Lamed ein Pathach. Das Mpt. Hamb. zu Ruth 1, 11. sagt ausdrücklich: ח׳ א׳ קמץ וסי׳ רק לאנשים וכו׳ קדמאה קמץ; ebenso zu 1 S. 4, 9. — Ueber לַאֲנָשִׁים s. Mf. ל׳, 3. או״א, 26.

3) Die betreffenden Stellen sind in der gedruckten Mass. nirgends angegeben; Mpt. Hamb. zu Num. 31, 17. führt sie so an: וְכָל אִשָּׁה ג׳ וסי׳ וכל אשה חכמת לב בידיה טוו Ex. 35, 25. ועתה הרגו כל זכר Num. 31, 17. וזה הדבר אשר תעשו Jud. 21, 11.

4) Das Schlagwort in Mf. l. c. ist unrichtig שְׁתֵּי נָשִׁים angegeben; es muss שְׁתַּיִם heissen. Merkwürdiger Weise hat das Mpt. Hamb. z. Zach. l. c. ב׳ וסי׳ שתים נשים זנות׳ והנה שתים נשים יצאות u. lässt Ez. 23, 2. aus. — Sollte es wohl an letzter St. שְׁתֵּי gelesen werden? — Buxt. in der Concord. s. v. נָשִׁים hat שְׁתֵּי; aber unter שְׁתַּיִם (rad. שנה) liest er das שְׁתַּיִם? —

5) In Mf. אש, 7. ist auf Ex. 35, 26. hingewiesen, was aber falsch ist; es wird nur zu Jer. 44, 15. angeführt. Mf. אש 13., die ו׳ = 6 hat, ist unrichtig u. überflüssig, da es schon ibid. 7 angeführt worden.

6) In der Angabe zu Est. l. c. muss die Anführung der Stellen heissen: גם אתו החטיאו Neh. 13, 26. ועתה תנו תודה Esr. 10, 11. Heid. führt in der Concord. s. v. zu Neh. 13, 26 an: לית, ohne anzugeben, wo sich das befindet? — Es müssen aber 2 sein, nicht nur nach unserer Angabe, sondern auch nach Mf. ה׳, 4. u. או״א, 371., wo es hätte aufgezählt werden müssen, wenn es nur 1 M. vorkäme. —

אסף

כל לשון אסיפה אֶל במ"ג עַל. Am. 3, 9. Mf. אם, 10.

וְאָסַף ג׳. Num. 19, 9. Jes.*11, 12. Mf. אם, 18.

אֱסֹף ד׳ (צ"ל ג׳) וחסר. Jer. 8, 13. Micha 2, 12. Mf. אם, 16.

בְּאָסְפְּךָ ג׳. (1) Mf. אם, 19.

תֶּאֱסֹף ב׳. יסף Deut. 28, 38. S.

וַיֶּאֱסֹף כ׳. Mf. אם, 13. (S. מ"ש 2 Chr. 29, 20.

וַיַּאַסְפוּ י׳ פתחין. Ex. 4, 29. Num. 11, 32. 1 S. 5, 11. 17, 1. 2 Reg. 23, 1. 2 Chr. 29,*15. Mf. אם, 12.

נֶאֱסַף ג׳ ב׳ פתחין וא׳ קמץ. Gen. 49, 29. Jes. 57, 1. Mf. אם, 5. (S. מ"ש Jes. l. c.)

וְנֶאֱסַפְתָּ ג׳. Mf. אם, 21.

נֶאֶסְפוּ י"ד. Jud. 6, 33. Mf. אם, 9.

וְנֶאֶסְפוּ ד׳. Zach. 12. 3. Mf. אם, 15.

נֶאֱסָפִים ג׳. Mf. אם, 8.

הֵאָסְפוּ ו׳. (2) Gen. 49, 1. Mf. אם, 11.

תֵּאָסֵף ג׳. Mf. אם, 22.

יֵאָסֵף ט׳. Ex. 9, 19. Num.*20, 26. Mf. אם, 2.

וְלֹא יֵאָסֵף ב׳. Ex. 9, 19.

וַיֵּאָסֶף ז׳ ה׳ לעיל וב׳ מלרע. Gen. 25, 8. 35, 29. 49, 33. Num.*11, 30. Deut. 32, 50. Mf. אם, 20.

וַיֵּאָסֵף ב׳ מלרע. S. vor. Art.

יֵאָסְפוּ ד׳. Gen. 29, 8.

וַיֵּאָסְפוּ י"ב. Ex. 32, 26. Jos. 10, 8. Jud. 20, 14. 2 S. 10, 15. Mf. אם, 1.

מְאַסֵּף ד׳. Jer. 9, 22. Mf. אם, 17.

(אֹסִפְךָ (3 1 S. 15, 6. מ"ש .S)

הָאָסִיף ב׳ חד חסר וחד מלא. Ex. 34, 22. Mf. אם, 14. (S. Ex. 39, 24. ח׳ זוגין. Mf. ר׳, 60.

אסר

אִסְרוּ ב׳. Ps. 118, 27.

וַיֶּאֱסֹר ג׳ א׳ רפה וב׳ דגש. Gen. 42. 24. 46, 29. Ex. 14, 16. (4 Mf. אם, 24. (S. מ"ש Gen. l. c. 2 Chr. 13, 3.

וַיַּאַסְרֻהוּ ג׳. Jud. 16, 21. Mf. אם. 23. (S. מ"ש Jud. l. c. 2 Reg. 25, 6. u. Mp. das.)

אפף

אֲפָפוּנִי ד׳. 2 S. 22, 5. Ps. 18, 5. Mf. אף, 6. (S. Mf. ר׳, 28.)

אפד

אֵפוֹד ט׳ מלא בלישנא וכל נביאים וכתובים דכו׳ מלא. Ex. 28, 4. Mf. אפ, 7.? (S. מ"ש Ex. 28, 26. ibid. 35, 9.) (5

לָאֵפוֹד ג׳ ב׳ מלא וא׳ חסר. (6 Ez. 35, 9.

אפס

אֶפֶס ד׳ וחד הָאָפֶס. Gen. 47, 15. Mf, אפ, 8.

---

1) Mf. l. c. ist auch באספך את תבואת הארץ (Lev. 23, 39.) angeführt, wo es aber בְּאָסְפְּכֶם heisst? Es muss entweder ב׳ = 2 statt ג׳ = 3 corrigirt werden, oder es bezieht sich überhaupt auf die Form des Inf. Kal mit pronom. object. die nur 3 M. vorkommt.

2) Gen. l. c. sind zwar 6 Stellen angeführt; es kommt aber nur 5 M. vor, indem im V. אמר לצפון תני (Jes. 43, 6.) das Wort nicht vorkommt. —

3) Im מ"ש zu 1 S. 15. 6. wird aus einem Mpt. angeführt: אֹסִפְךָ ג׳ חסר וסי׳ ויאמר שאול אל הקני 1 S. 15, 6. לכן הנני אספך על אבותיך, דיאשיהו במלכים 2 Reg. 22, 20. וחברו, דד"ה 2 Chr. 34, 28. Die Mp. zu diesen Stellen stimmt damit überein. —

4) Zwischen Gen. 42, 24. u. den anderen angegebenen Stellen, die ג׳ דגשין haben, ist ein Widerspruch. S. מ"ש zu Gen. l. c. und zu 2 Chr. 13, 3., auch Mp. zu derselben Stelle. —

5) S. רמ"ה v. מסרת סיג לתורה s. rad. und מ"ש, wie auch Heid., die alle י׳ = 10 lesen, da Ex. 28, 26. ausgelassen ist. Ausführlich spricht sich מ"ש zu Ex. 28, 26. darüber aus. S. auch Ex. 39, 24. (ח׳ זוגין וכו׳). — Wenn zu Ex. 28, 4. bei על שתי כתפות האפוד bemerkt ist: קדמא, so soll das nicht das zweite הָאֵפוֹד in demselben Vers ausschliessen, denn auch dieses ist plene Waw, wie es heisst: ב׳ בו d. i. 2 M. in demselben Vers, sondern es bezieht sich auf die ganze Phrase, die eben so weiter unten Ex. 39, 20 vorkommt, in welcher הָאֵפֹד def. Waw steht. (s. ebenso קדמא zu Ex. 35, 9.) — Mf. אפ, 7. muss ובלישנא hinzugefügt werden. S. auch folg. Art.

6) Wenn Ex. 35, 9. bemerkt ist בתרא חסר, so ist das falsch, da dieses (35, 27.) plene Waw ist, indem nach Ex. 28, 4. es zu den (ט׳) י׳ מלאים gehört; es muss vielmehr heissen: קדמא חסר (Ex. 25, 7.) das nach Ex. 39, 24. (ח׳ זוגין) entschieden def. Waw steht. S. vorigen Art.

אפק

וַיִּתְאַפַּק ב׳. Gen. 43, 31. Est. 5, 10.

אפר

עָפָר וָאֵפֶר. עפר S.

אצר

אוֹצָרוֹת, אוֹצְרוֹת מלא וחסר. S. Jes. 45, 3. Jer. 51, 13. Job*38, 22. Mf. אצ, 3. u. 4. (S. מ״ש Jer. l. c. Neh. 13, 12. 1 Chr. 9, 26. 1)

בְּאוֹצְרֹתָי ג׳ חסר. Deut. 32, 34. 2 Reg. 20, 15. Jes. 39, 4. Mf. אצ, 5.? (S. מ״ש Deut. l. c.)

ארר

אָרוּר ח׳ בטעם זקף גדול. Deut. 27, 16. Jer. 48, 10. Mf. אר, 13. (S. Abth. 2. טעם)

אָרוּר ה׳ בטעם רביע. Deut. 27, 19, Jer. 48, 10. Mf, אר, 14.

אֲרוּרִים ג׳ בקריא. Jos. 9, 23. Ps. 119, 21. Mf. אר, 15.

אֹורוּ. אור S.

תָאֹר ג׳ בתורה (וחסר ובתורה). Ex. 22, 28. Num. 22, 6. Mf. אר, 17.

ארב

וְהָאוֹרֵב ג׳ מלא בלישן. Jos. 8, 19. Mf. אר, 1. (S. מ״ש Jud. 20, 33.)

יֶאֱרֹב ג׳. (בלישנא ?). Mf. אר, 2.

לָאַרְבֶּה ב׳. Ps. 78, 46. Prov. 30, 27.

ארה

אֲרִיאֵל ד׳. (2 Mf. אר, 4.?

כַּאֲרִי ב׳. Num. 24, 9. Mf. אר, 3. (S. מ״ש Num. l. c. Jes. 38, 13.) (3

---

1) Zur Ergänzung u. Erläuterung dieser verschiedenen Angaben mögen hier zwei Bemerkungen Heidenheim's in d. Concord. s. v. Platz finden. Sie lauten : כל לישנא דאוֹצְרוֹת (דקרי צד״י בשו״א) המלאים והחסרים : ז״ל מס״ג באיוב סי׳ ל״ח : אוֹצְרוֹת, וְאוֹצְרוֹת י״א מלאים וסי׳ עלה שישק מלך מצרים, דמלכים תנינא דפסוק (ר״ל ואת אוצרות, גם מסור עליו י״א מלא) 1 Reg. 14. 26. ויקח אסא את כל הכסף, ב׳ בפסוק 1 Reg. 15, 18. (בספרינו באוצרות בית י״י ואת אוצרות בית המלך, אבל בכ״י של נ״ד מחק הסופר מלת ואת וכתב תמורתו ובאוצרות בית המלך ומסר י״א מלא, והדין עמו בעדות המסרה האומרת: וְאֵת אוֹצְרוֹת ג׳ וסי׳ ויקח את אוצרות בית י״י ואת אוצרות בית המלך 1 Reg. 14, 26. וחברו, דד״ה 2 Chr. 12, 9. ואת בני התערובות. 2 Chr. 25, 24. ועל שלשתם מסר במקרא כ״י ג׳ דסמיכי, ש״מ דהך דענינא ובאוצרות, וכן הזכירו בעל מאיר נתיב בערך ובאוצרות ובערך בית.) ויוצא אסא (צ״ל ויוצא משם וכ״ה בכ״י) את כל אוצרות, ב׳ בפסוק (וגם עליו מסר י״א מלא) 2 Reg. 24, 13. ונתתי לך אוצרות חשך (א״ד י״א מלא וא״ד י״ב וא״ד י״ג) Jes. 42, 3. את כל חסן העיר (ואת כל אוצרות, ומסר עליו י״ב מלא, ובכ״י מסר עליו י״א מלא) Jer. 20, 5. והלוים אחיה, בד״ה קדמא דפסוק (על אוצרות, ומסר עליו י״א מלא אבל תנינא ולאצרות כתיב ח״ו קדמא) 1 Chr. 26, 20. ואוצרות ברד תראה (ומסר עליו י״א מלא, ור״ל תנינא דפסוק ואוצרות כי קדמא אל אצרות כתיב ח״ו קדמא) Job 38, 22. לא יועילו אוצרות רשע (ומסר עליו י״א מלא, ובכ״י י״ז מלא) Prov. 10, 2. ואת בני התערובות, דד״ה (ואת אוצרות מסר עליו י״א מלא) 2 Chr. 25, 24.

כל לישנא דאוֹצָרוֹת (דקרי צד״י דידיה בקמץ) המלאים והחסרים : ז״ל מס״ג בירמי׳ סי׳ נ״א: אוֹצָרוֹת ד׳ מלאים בלישנא בקריאה וסי׳ שוכנת על מים רבים רבת אוצרות (בספרינו גם בכ״י אוצרת כתיב ומסר עליו לית כ״כ, וכן מסר בכ״י) Jer. 51, 13. נותן באוצרות תהומות (ומסר עליו ד׳ מלא ור״ל מלא דמלא כי כן במערכת מסר אוצרות ד׳ מלא דמלא וסי׳) Ps. 33, 7. ויפקדו ביום ההוא (לאוצרות כתיב ומסר ד׳ מלא) Neh. 12, 44. ואוצרה על אוצרות (וכן בכל ספרינו אוֹצָרוֹת) Neh. 13, 13. — מסרה אחריתי: אוֹצָרוֹת ד׳ מלא דמלא וסי׳ נותן באוצרות תהומות, (הנ״ל). ויפקדו ביום ההוא (הנ״ל). הביאו מעשר הדגן (לאוצרות כתיב בכל הספרים) Neh. 13, 12. ודבתריה, ואוצרה על אוצרות (הנ״ל) וא׳ אוֹצָרֹת ח״ו בתרא וסי׳ שוכנת על מים רבים (הנ״ל). ושארא אֹצָרוֹת ח״ו קדמא, עכ״ל. ולשון מסרה עיקר ומסכמת עם המציאות ועם המסרה הגליונית על כל חד וחד ונשמע מיניה כי לכל דבר וְלָאֹצָרוֹת דדה״ב ח׳ ט״ו הוא ח״ו קדמא וכ״ה בספרינו ומסרה עליו ד׳ וחסר וזה קשה, וראיתי בכ״י של נ״ד שמסר עליו לית. (עכ״ל רוו״ה בגליון הנ״ל).

2) In Mf. l. c. fehlt 1 Chr. 11, 22.; es sind daher 5. — Heid. will lesen: אֲרִיאֵל ה׳ ד׳ מלא וחד חסר וסי׳ את שני אראל 2 S. 23, 20. וחברו, דד״ה 1 Chr. 11, 22. הוי אריאל אריאל Jes. 29, 1. ב׳ בו ibid. הצבאים על אריאל, Jes. 29. 7. קדמא ח״י S. Mp. Jes. l. c.?

3) Die Angabe Num. 24, 9. ist unrichtig, da Ps. 22, 17. das Kaf ein Kam. hat. Es muss statt dessen heissen: כארי שואג (Ez. 22, 25). Die Mf. l. c. ist richtig; nur hat sie wegen der Ordnung der Stellen nach d. BB. d. heil. Schr. die angef. Verse verwirrt. Num. 24, 9. u. Ez. 22, 25. in welchen das Kaf ein Pathach hat, gehören zusammen; Jes. 38, 13. u. Ps. 22, 17., in welchen das Kaf ein Kam. hat, gehören gleichfalls zusammen, wie מ״ש zu Num. l. c. es anführt. Ueber כארי als קרי u. כתיב s. auch Heid. im Pent. מאור עינים zu Num. l. c. In der Concord. s. v. schliesst er: ולכן נראה כי יש מחלוקת קדמון בתיבת כארי ידי ורגלי.

ארח

אָרְחִי ב׳. Ps. 139, 3.

ארך

תַּאֲרִיכוּ ג׳ ומלא. Deut. 32, 47. Mf. אר, 8.

יַאֲרִיכוּ לית בתורה. Deut. 25, 15.

(יַאֲרִיכֻן ג׳ ומשתניין באתיהון וכו׳. Deut. 6, 2. מ״ש .S)

בְּאֹרֶךְ ג׳ בקריא, אנ״ד. Ex. 31, 7. Prov. 25, 15, Mf. אר, 5.

לְאֹרֶךְ יָמִים ג׳. Ps. 93, 5. Thr. 5, 20. Mf. ין, 13.

אֲרֻכָּה ג׳ וחסר ודגושים. 2 S. 3, 1. Jer.*29, 28. Job*11, 9. Mf. אר, 7. (S. מש l. c.)

אֲרֻכָה ב׳ מלא וב׳ חסר. מ״ש .S) Jer. 33, 6. Mf. אר, 6. Jer. 30, 17.)

ארם

(אַרְמְנֹתֶיהָ ד׳ חסר בלישנ׳ וסי׳. Am. 1, 10. מ״ש .S)

ארן

אֶל הָאָרוֹן, וְאֶל הָאָרוֹן ג׳. Mf. אר 11.

אֲרֹן ג׳ חסר וכל הָאָרֹן דאוריתא חסר נביאִם וכתובים מלא, וכל בָּאָרוֹן מלא בכל הקריאה. Ex. 30, 6. Num. 4, 5. 7, 89. Mf. אר, 12. (S. מ״ש Ex. 25, 22. 39, 35.)

אֲרוֹן הָעֵדוּת י״ב. Ex. 30, 26. 39, 35. Num. 8, 89. Jos. 4, 16. Mf. אר, 10, עד, 13.

אֲרוֹן אֱלֹהֵי יִשְׂרָאֵל. אלה .S

אֲרוֹן בְּרִית אֱלֹהִים. אלה .S

וַאֲרוֹן בְּרִית י״י ב׳ (בתורה?) Num. 10, 33. 14, 44.? (S. הויה).

ארץ

אֶרֶץ ה׳ סבירין אַרְצָה. Gen. 45, 25. 1 Reg. 1, 31. Mf. אר, 41. (S. מ״ש Num. 32, 32. 1 S. 25, 23.)

אֶרֶץ י״ג ר״פ. Gen 47, 6. Deut. 8, 9. Ps. 67, 7. 68,*9. Job 10, 22. Mf. אר, 22.

אָרֶץ ד׳ פתחין באתנח. Ps, 35, 20. 48, 11. Prov.*30, 14. Jes. 14, 9.

אָרֶץ י״ד זקפין קמצין בקרי׳ וכו׳ וכל אתנחתא וס״פ דכו׳ קמץ במ״ד בסגול. Jes. 14, 9. 51, 16. Ps. 44, 4. Mf. אר, 21,

אֶרֶץ וְשָׁמָיִם ב׳. Gen. 2, 4.

אֶרֶץ יִשְׂרָאֵל ג׳ בספר יחזקאל. Mf. יש, 59.

וּבְכָל אֶרֶץ ה׳. Lev. 25, 24, 1 Reg. 9, 19. Mf. אר, 45.

מַלְכֵי אֶרֶץ ב׳ וכל תהלות דכו׳ כל מלכי ארץ במ״א וכל מלכי הארץ. Mf. אר, 35.?

עַל אֶרֶץ ט׳ וכל ארץ מצרים דאוריתא דכו׳. Am. 9, 6. Ps.*81, 6. Mf. אר, 49.

עֲפַר אֶרֶץ ג׳ דסמיכי (בלישנא). 2 S 22, 43. Mf. אר, 46.?

קַצְוֵי אֶרֶץ. קצה .S

עַל כָּל אֶרֶץ מִצְרָיִם ד׳. (1 Gen. 41, 41.

וָאָרֶץ ג׳ וכל שָׁמַיִם וָאָרֶץ דכו׳. Jes. 26, 19. Prov. 25, 3. Mf. אר, 26.

הָאָרֶץ ג׳ ס״פ ובתריהון וְהָאָרֶץ. Gen. 1, 1. Mf. אר, 40.

אֶל, עַל הָאָרֶץ. S. Deut. 12, 16.*23, 20. Ez.*14, 17. Mf. אר, 50. (S. מ״ש Jer. 35, 11. Ez. l. c.)

אֶל הָאָרֶץ ד׳ דסיפרא. Gen. 12, 1. Mf. אר, 34.?

וְאֵת הָאָרֶץ ה׳ דסמיכי וכל אֵת הַשָּׁמַיִם (וְאֵת הָאָרֶץ) דכו׳. Gen. 35, 12. 42, 34. Deut. 3, 12. Jer. 22, 12. Mf. אר, 43.

וְכָל הָאָרֶץ ה׳. Gen. 41, 57. Ex. 32, 13. 1 S. 14, 25. 2 S. 15, 26. 1 Reg.*10, 24. Mf. אר, 44.

וְנִכְבְּשָׁה הָאָרֶץ. כבש .S

חַיַּת הָאָרֶץ. חיה .S

עֵשֶׂב הָאָרֶץ. עשב .S

פְּרִי הָאָרֶץ ד׳ בלישן. Mf. אר, 29.

י״ו זוגין מיחדין נסבין הָאָרֶץ. זוגין .S

אֶת כָּל הָאָרֶץ י״ד. Gen. 13, 15. Deut.*34, 1. Mf.*אר, 32. (S. מ״ש Ps. 72, 19.) 2)

עַל כָּל הָאָרֶץ ז׳ וכל תהלות דכו׳ על כל הארץ במ״ב עַל הָאָרֶץ. Mf, אר, 48. (S. מ״ש Ps. 47, 8.)

עַל פְּנֵי הָאָרֶץ ה׳ חסר כָּל ושארא עַל פְּנֵי כָל הָאָרֶץ. Num. 11, 31. Jer. 27, 5. Mf. אר, 36.

---

1) Die Aufzählung Gen. l. c. ist unrichtig; die vierte Stelle gehört mit zur dritten u. ist falsch abgetheilt; als vierte St. ist Ex. 10, 14. ausgelassen.

2) Mit אֶת (ohne Waw copulat.) sind es eigentlich nur 13; die also י״ד = 14 angeben, zählen וְאֶת (Jer. 45, 4.) mit, das nur 1 M. in dieser Verbindung vorkommt, wie auch Mp. dazu bemerkt לית. S. auch Mf. כל, 14., wo das ואת כל הארץ (Jer. l. c.) zu den יחידאין gezählt wird. Die aber י״ג = 13 (z. B. Jos. 10, 40.) angeben, zählen das ואת nicht mit.

וְעַל הָאָרֶץ מִתָּחַת ג׳. 57, אר Mf.

מִקְצֵה הָאָרֶץ וְעַד קְצֵה הָאָרֶץ. קצה S.

אֶת הַשָּׁמַיִם וְאֵת הָאָרֶץ. שמים S.

אֶת כָּל יֹשְׁבֵי הָאָרֶץ ד׳. 24. יש, 31. אר Mf. Jos. 9, 24.

וְהָאָרֶץ ח׳ ר״פ. 23. אר Mf. Gen. 1, 2, Lev. 25, 23. Jos. 13, 5.

מֵהָאָרֶץ ה׳. 27. אר Mf. 2 S. 12, 20. Ez. 41, 20.

בְּאֶרֶץ הַחַיִּים ג׳. 24. אר Mf. Jes. 38, 11. Job 28, 13.
ibid. חי, 15.

וּבְאֶרֶץ ה׳. 28. אר Mf. Gen. 47, 14. Jer. 33, 13.

כְּאֶרֶץ ה׳. 25. אר Mf. Gen. 13, 10. Deut. 11, 10. Ps. 78, 69.
(S. מ״ש Ps. 143, 6.)

ישיבה לָאָרֶץ ד׳. 53. אר Mf. Jes. 3, 25. 47, 1. Job *2, 13.
יש, 25.

אַרְצָה כְּנַעַן ח׳ דסמיכי. Gen. 11, 31. 42, 29. 45, 17.
Num. 35, 12. Mf. אר, 51. 1)

וְאֶת אַרְצוֹ ה׳. Num. 21, 34. Deut. 2, 25. 3, *2. Jos. 8, 1.
Mf. אר, 42.

וְאֶת אַרְצָם ג׳ דסמיכי. Jos. 10, 42. 2 Reg. 19, 17.
Mf. אר, 37 u. 52.

הָאֲרָצוֹת חסר ומלא. 33. אר Mf. Gen. 26, 3. 41, 54.

מַמְלְכוֹת הָאֲרָצוֹת ד׳. 39. אר Mf.

עַמֵּי הָאֲרָצוֹת ה׳ (ח׳ צ״ל) בלישן. 38. אר Mf. Neh. 10, 28.

בְּאַרְצֹת ב׳ חסרים ובענין. Lev. 26, 36.

אשש

אִשׁ ג׳ סבירין יֵשׁ. (סבירין S.) 2 S. 14, 19.

וְהִצַּתִּי אֵשׁ. יצת S.

צְלִי אֵשׁ. צלה S.

וְאֵשׁ ג׳ בטעם. טעם S.

וְהָאֵשׁ ג׳, אנ״ך. 2. אש Mf. Lev. 6, 5.

בֹּעֵר בָּאֵשׁ. בער S.

תִּשְׂרֹף בָּאֵשׁ ג׳ וחסר. Ex. 29, 14.?

אִשֶּׁה ה׳ פתחין (ד׳ צ״ל) וכל דסמיך ללמ״ד דכו׳.
Lev. 8, 21. Mf. אש, 6. 2)

אִשֶּׁה כל ויקרא אשה בטעם תביר תחת אשה במ״ב שהתביר תחת עֹלָה וכל במדבר דכו׳ במ״ב?
Lev. 1, 9.

אִשֶּׁה הוּא לַי״י ג׳. הויה S.

עֹלָה הוּא אִשֵּׁה רֵיחַ נִיחֹחַ לַי״י. עלה S.

אִשֵּׁי ט׳ כתיב י׳ וכל מֵאִשֵּׁי דכו׳. Lev. 4, 35. ibid. 7, 30.
21, 6. Jos. 13, 14. Mf. אש, 3.

אשך

אֶשְׁכֹּל. שכל S.

אשם

אָשָׁם ב׳ קמצין. 3) ? 18. פת Mf. Num. 5, 7. Jer. *51, 5.

אָשֵׁם ב׳ חד מלא. (S. מ״ש Ez. 25, 12.) Lev. 5, 19.

אשפ

אַשְׁפָּה ב׳. Job. 39, 23.

אַשְׁפָּתוֹ ג׳. 20. אש Mf. Jer. 5, 16. Ps. 127, 5. Thr. 3, 13.

מֵאַשְׁפֹּת ב׳ חסר (וחסר כצ״ל). Ps. 113, 7.

אשר

אֲשׁוּרִים ג׳ בג׳ לישן, אנ״ך. 37. אש Mf. Gen. 25, 3.
(S. Mf. אב, 'א 20. או״א, 56. שום שכל v. Heid.
Gen. l. c.)

---

1) Die Anführung der Stellen fehlt. Mpt. Hamb. u. רמ״ה (letzterer angeführt v. H. in Mf. l. c.) haben sie in folgender Form: רמ״ה: ח׳ דכתיבין כן דסמי׳ וסי׳ ללכת ארצה כנען, ויקח תרח (נח) Gen. 11, 31. ואת הנפש אשר עשו בחרן ללכת ארצה כנען. ויבאו ארצה כנען (לך לך) Gen. 12, 5. לבוא אל יצחק אביו ארצה כנען (ויצא) Gen. 31, 18. טענו את בעירכם (ויגש) Gen. 45, 16. ויבואו אל יעקב אביהם (מקץ) Gen. 42, 29. וישאו אותו בניו (ויחי) Gen. 50, 13. כי אתם עוברים את הירדן (מסעי) Num. 35, 10.
Mpt. Hamb. (Gen. 45, 17.): ח׳ וסי׳ ויקח תרח את אברם בנו Gen. 11, 31. ויקח אברם את שרי Gen. 12, 5. ב׳ בפסוקא ibid. וינהג את כל מקנהו ואת (כל, כצ״ל) רכושו Gen. 31, 18. טענו את בעירכם ולכו Gen. 45, 16. וישאו אתו בניו Gen. 50, 13. ויבואו אל יעקב אביהם Gen. 42, 29. כי אתם עברים את, דלעיל מן והקריתם Num. 35, 10.
Ebenso das. Num 35, 10. Auffallend ist die Unordnung in der Anführung der Stellen in beiden Angaben. —

2) Die Angabe ה׳ oder ח׳ ist unrichtig. Mpt. Hamb. hat nur: אִשֶּׁה ד׳ בב׳ נקדות, was das Richtige ist, wie auch Lev. 8, 21. nur 4 Stellen aufgezählt sind; drei mit folgendem ה׳ u. eins mit folgendem ע׳. Die übrigen haben alle ein Lamed als folgenden Consonant, wozu die weitere Angabe passt: וכל דסמיך ללמ״ד וכו׳. S. auch die Angaben der Mp. —

3) Diese Angabe ist unrichtig und muss heissen: ב׳ פתחין, wie es auch Mpt. Hamb. hat. S. Mf. פת, 18. u. או״א, 24. Das ב׳ פתחין der Mp. ist falsch zu לַאֲשֶׁר (Num. 5, 7.) verzeichnet; es gehört zu אָשָׁם. —

ואשיריהם ג׳ מלא בלישן. Deut. 7, 5. 2 Reg.*17, 16.
Mf. אש, 18. (S. מ״ש Deut. l. c.)

ויאשרוה ב׳. Prov. 31, 28.

אשרי ד׳ ר״פ בטעם. (S. מ״ש Ps. l. c.) טעם Ps. 1, 1. S.

אשרי ד׳ בטעם זרקא. טעם S.

אשרי ד׳ בטעם. טעם Ps. 32, 2. S.

אשרי אנוש ב׳ דס׳. Job 5, 17.

אשרי הגבר ד׳. Ps. 94, 12. 127, 5. Mf. אש, 35.

אשריך ב׳. Ps. 128, 2.

אתה

אתיו ג׳. Mf. את, 59.

התיו ג׳ חד מלא. Dan. 3, 13. Mf. את, 60.

יאתה ב׳. Job 37, 22. (S. מ״ש Prov. 1, 27.)

ב׳

באר

ובאר ד׳. Mf. בא, 81. (S. Mf. ב, 8. או״א 62.)

בארה ד׳ ג׳ מלעיל וחד מלרע. Gen. 46, 1. Num. 21, 16.?
Jud. 9, 21. Mf. בא, 80. 1)

בגד

בוגדים ה׳ מלא. Jes. 24, 16. Hab. 1, 13. Ps.*25, 3. Mf. בג, 1.

בבגדו ב׳ בב׳ לישן. Gen. 39, 12. (Mf. א״ב א׳, 20. או״א, 59.

ויבגדו ב׳. Ps. 78, 57.

בבגד ד׳ דגשים. Mf. בג, 3.

ואת בגדי ו׳. Ex. 31, 10. 40, 3. Mf. בג, 4.

ובגדיו ד׳. Ex. 29, 21. 2 S.*1, 2. Prov. 6, 27. Mf. בג, 2.

בדד

בד כלהון פתחין במ״א. Lev. 16, 4.

בתים לבדים. בית S.

ואת בדיו ד׳. Ex. 35, 12. Mf. בד, 1.

לבד S. Abth. 2. Partikeln.

בודד ג׳ ומלא. Jes. 14, 31. Hos.*8, 9. Ps.*102, 8. Mf. בד, 4.
(S. מ״ש Ps. l. c.)

בדד ח׳. Lev. 13, 46. Deut. 33, 28. Jer. 49, 31. Mf. בד, 2.

לבדד ג׳, תנ״ך. Num. 23, 13. Micha 7, 14. Mf. בד, 3.

בדל

להבדיל ב׳ בטעם (בתורה, כצ״ל). Gen. 1, 14. Lev. 11, 47

ואבדל ב׳ חסר בלישן. Lev. 20, 26. (S. מ״ש Lev. 1, 17.)

ויבדל ג׳. Gen. 1, 4. Mf. בד, 6.

בהה

ובהו. תהה S.

בהל

יבהלנני ג׳ וחסר. Dan. 4, 2. 7,*15. 28. Mf. בה, 6.
(S. מ״ש Dan. 5, 6.)

בהתבהלה ב׳ וחד וב׳ וכו׳. Dan. 2, 25.

(נבהל ג׳ ב׳ קמצין וחד פתח. S. מ״ש Prov. 28, 22.)

בהם

וכל בהמה ג׳. Ex. 22, 10. Mf. בה, 10.

מאדם עד בהמה. אדם S.

מן הבהמה ג׳ ר״פ וכו׳. Gen. 7, 8. (S. Mf. מן 5.)

בבהמה ו׳ דגש וד׳ רפים. Gen. 9, 10. Lev. 7, 21. 11, 3.
20, 25. 27, 27. Prov. 30, 30. Mf. בה, 7.

ולבהמה ג׳. Lev. 7, 26. Mf. בה, 9.

בבהמה ד׳ רפים. Lev. 7, 21. 27, 26.? Mf. בה, 8.
(S. oben בבהמה)

בוא

ט׳ חסר א׳ בלשון ביאה: 1 Reg. 21, 29. Jer.*39, 17.
Mf. בא, 72. (S. מ״ש 1 S. 25, 8.!)

ביאת שם י״ב בלישן. Mf. בא, 57.

בא בימים. זקן, יום S.

ולא בא ג׳. 1 S. 13, 8. Mf. בא, 68.

---

1) Die Verschiedenheit der Angabe zwischen Gen. 46, 1. u. Num. 21, 16. liegt darin, dass erstere die 4 M. בארה zusammenstellt, von denen 3 penult. u. das vierte ult. ist, u. rechnet dann das mit Waw besonders; letztere stellt aber die penult. zusammen und deren giebt es 3, während das vierte als ult. mit ובארא zusammengezogen wird und daher diese beide als 2 ult. = ב׳ angegeben werden. —

וּבָא י"ו (י"ז) ר"פ. Lev. 14, 35. 16, 23. 22, 7. Deut. 14, 28. 2 S.*16, 5. Jes.*47, 11. 59, 20. Ez. 41, 3. 46, 2. Prov. 24, 34. Dan. 11, 9. 11, 41. Mf. בא, 39.

וּבָאתָ ז' בטעם לרע. Gen. 6, 18. Deut. 26, 3. 1 S. 20, 19. Mf. בא, 53.

וּבָאתָ ג' בטעם רביע מלעיל? Zach. 6, 10. Mf. בא, 62.

בָּאת ב' בקמץ. Gen. 16, 8.

וּבָאת ה' לנקבה וחד חסר וּבָת טות. Ruth. 3, 4.? Mf. בא, 71.

וָבָא ג'. Mf. בא, 23.

וְהֵבָא ו'. Mf. בא, 60.

בָּאָה י"א מלרע (בלישנא, כצ"ל). Gen. 29, 6. Jer. 10, 22. 47, 5. Mf. בא, 4.

הַבָּאָה ג' מלעיל. Gen. 18, 21, 46, 26. Job 2, 11. Mf. בא, 20. (S. מ"ש Gen. 46, 27. Job l. c.)

הַבָּאָה ג' בטעם לרע. Gen. 46, 26. Ruth 4, 11. 1 Chr. 27, 1. Mf. בא, 19.

וְהַבָּאִים ב'. Gen. 7, 16,

לְכֹל, בְּכֹל בָּאֵי (כל חד לית). Gen. 23, 10.

בּוֹא י"ג מלא. Gen. 24, 31. 39, 16. Jos. 10, 27. Jes. 2, 10. Ez. 33, 22. 38, 18. Joel 2, 31.? Mf. בא, 48. (S. מ"ש Ex. 17, 12. Ez. l. c,) 1)

בֹּא ה' חסר בשמואל ובכתובים. Ps. 126, 5. Mf. בא, 48. (S. vorigen Art.)

בֹּא יָבוֹא ה' דסמיכי בקרי'. Lev. 14, 48. Hab. 2, 3. Mf. בא, 64.

וָבֹא ג' ב' חסר וא' מלא. 1 Reg, 22, 30. Mf. בא, 56.

בְּבוֹא ט' מלא. Gen. 42, 15. Ps. 52, 2. (ח'?) 54, 2. Prov. 18, 3. Mf. בא, 32. 2)

---

1) Zur Berichtigung dieser Angabe mögen zuerst die 2 Angaben, die eine gedruckte zu Ez. 33, 22. u. die andere aus d. Mpt. Hamb. zu Jos. 10, 27. angeführt werden. Sie lauten: Mm. zu Ez. 33, 22. בוא י"ג מלא בקריאה וסי' ויאמר בוא ברוך י"י למה תעמד Gen. 24, 31. ויכינו את המנחה עד בוא יוסף Gen. 43, 25. ותנח בגדו אצלה עד בוא אדוניו Gen. 39, 16. עד השנה התשיעית עד בוא תבואתה Lev. 25, 22. אם חבול תחבל שלמת רעך Ex. 22, 25. לבלתי בוא בגוים Jos. 23, 7. עד בוא המלך אחז מדמשק 2 Reg. 16, 11. כל אשר ידבר בוא יבוא 1 S. 9, 6. בוא בצור והטמן בעפר Jes. 2, 10. בוא כתבה על לוח Jes. 30, 8. ביום בוא גוג אל אדמת ישראל Ez. 38, 18. לפני בוא הפליט Ez. 33, 22. את אליהו הנביא לפני בוא יום י"י Mal. 3, 23. וחד וידי משה כבדים, Ex. 17, 12. פליגי על דין, וכל שמואל וכתובים דכו' מלא במ"ה חסר.

Mpt. Hamb. l. c. בוא י"ג מל' וסי' בוא ברוך י"י Gen. 24, 31. עד בוא אדוניו אל ביתו Gen. 39, 16. עד בוא יוסף בצהרים Gen. 43, 25. עד בוא תבואתה תאכלו ישן Lev. 25, 22. לעת בוא השמש Jos. 10, 27. עד בוא המלך אחז מדמשק 2 Reg. 16, 11. בוא בצור והטמן בעפר Jes 2, 10. בוא כתבה על לוח אתם Jes. 30, 8. בוא הפליט, וב' בו Ez. 33, 2. ביום בוא גוג על אדמת ישראל Ez. 38, 18. את אליה הנביא לפני בוא Mal. 3, 23. השמש יהפך לחשך Joel 3, 4. וכל שמואל וכתובים דכו' מלא במ"ה חסר וסימן אבשלם בא אל 2 S. 16, 21. כי אם בא אתה 2 Chr. 25, 8. עד עת בא דבר Ps. 105, 19. בא יבא ברנה Ps. 126, 7. ובא עם המלך אל Est. 5, 14.

Das Unrichtige der angeführten, gedruckten Mass. sieht man schon an der Unordnung der angeführten Stellen, aber auch und vorzüglich daran, dass sie Stellen auslässt und andere anführt, die nicht hierhin gehören; so Ex. 22, 25., wo es entschieden def. Waw ist, da, wie רמ"ה anführt*) im Pentat. es nur 4 M. plene Waw steht u. Ex. 22, 25. nicht dazu gehört. Ferner führt sie 1 S. 9, 6. an, was ja nach den Schlusswörtern: וכל שמואל דכו' מלא gar nicht zu den Ausnahmestellen gehört. Ebenso lässt sie Jos. 10, 27. u. Joel 3, 4. aus, welche nach Mp. u. den Ausgg. gewiss plene Waw sind u. hierhin gerechnet werden müssen. — Jos. 23, 7. ist nach handschriftl. Mp. bes. nach Cod. Erf. def. Waw. — Ez. 33, 22. sind beide (in demselben Verse) בּוֹא plene, wie das auch in Cod. Erf. deutlich bemerkt wird. — Das Richtige hat also entschieden das obige Mpt. Hamb., das sogar das וב' בו mit Recht hervorhebt, während gewöhnlich ב' בו (ohne Waw) vorkommt, indem es dadurch anzeigen will, dass beide M. בּוֹא in demselben Verse plene sind, während ב' בו auf das zweite im Verse sich beziehen könnte, was die gedruckte Mass. wahrscheinlich fälschlich so verstanden hat. — Heid. macht in einer Beilage zur Concord. geistreiche Versuche unsere Mass. zu berichtigen, greift aber fehl. Ihm fehlte die obige Angabe im Mpt. Hamb.

2) Vergleicht man die angeführten Stellen, so sind es 8 ohne u. 2 mit Waw copulat, die plene Waw sind nach dem Beth. Die Angabe müsste demnach heissen, entweder: ח' מל' וב' ובבוא oder י' מלא. In der Angabe zu Gen. 52, 15. fehlt בבוא הזיפים Ps. 54, 2. Heid. meint, dass ח' = 8 das Richtige sei und das ט' nur eine Verwechselung mit כבוא u. וכבוא (mit Kaf) sei, indem diese 9 M. plene vorkommen, s. unten den betreffenden Art. — Mp. Erf. bemerkt zu בבֹא

*) Da in der ed. Berlin die St. nur verkürzt abgedruckt ist, so will ich sie nach Heid. hier vollständig anführen, indem sie auch auf unsere St. Einfluss hat: כל בֹּא בלישנא דביאה ח"ו ומלא אלף כתיב במ"ד שהם מל' וי"ו ומל' אלף וסי' בוא ברוך י"י, עד בוא אדוניו אל ביתו. עד בּוֹא יוסף בצהרים, עד בוא תבואתה וכן מסר בכ"י י"ג מלא ומנו ד' אלו דאורית', בוא בצור, בוא כתבה, בוא הפליט ב' בו, בוא גוג, הנה אנכי בוא, השמש יהפך לאור, וכל שמואל וכתובים דכו' במ"ד וסי' כי אם בא אבשלם, בא אתה, בֹּא דבריו, בא יבא ברנה, עם המלך· עכ"ל הרמ"ה·

Hier sind die 2 Stellen (Jos. 10, 27. 2 Reg. 16, 11.) wahrscheinlich durch ein Versehen des Abschreibers (da sie nebeneinander standen u. so eine Reihe übersehen sein dürfte) ausgelassen. Das במ"ד am Schlusse muss noch vor עם המלך das „וחד וּבֹא" haben, so dass es ganz mit Mpt. Hamb. übereinstimmt. Letzteres sagt במ"ה weil es בֹּא und וּבֹא zusammenzieht; ersteres hat במ"ד indem es וּבֹא (mit Waw am Anfang) besonders aufführt. —

וּבָאִי ד׳ ג׳ חסר וחד מלא׳ Gen. 19, 34. 1 Reg. 1, 13. Jes. 47, 6. Mf. בא, 17. u. 54.?

אָבֹא, וְאָבֹא ה׳ חסר׳ Gen. 24, 42. 33, 14. Mf. בא, 24.

וְאָבֹאָה ד׳ וחד אָבֹאָה׳ Gen. 29, 20. Mf. בא, 22.

תָבֹא י״ו חסר וכל משלי דכו׳ במ״ד מלא׳ Gen. 49, 6. Lev. 12, 4.? Deut. 23, 24. Ps.*119, 170. Job*2, 2. 1, 7. Mf. בא, 29. (S. מ״ש 2 S. 13, 5.) 5)

תָבוֹא ד׳ מלא בסיפרא׳ Prov 22, 24. 27, 10. Job 2, 2.

וַתָּבוֹא י׳ מלא בנביאים וכל כתובים דכו׳ מלא במ״ב חסר׳ Ez. 22, 4. 33, 4. Ps. 109, 18.? Mf. בא, 74.

יָבוֹא ז׳ מלא׳ Gen. 32, 8. Lev. 14, 8. 16,*28. Num,*8, 24 Mf. בא, 66.
ד׳ מלא בסיפרא׳ Job 5, 21. 22,*4.
כל סיפרא מלא במ״ב חסרים׳ Esr. 9, 8.
(S. מ״ש Lev. 11, 34. 14, 36. 2 S. 15, 4. Jes. 35, 4. Ez. 20, 38. Prov. 6, 15.)

י״ד קריין יָבֹא וסבירין יָבֹאוּ׳ סבירין S.

וְיָבֹא י״א רפין׳ 1 S. 4. 3. Job 21, 17. Dan. 11, 7. Mf. בא, 3.

וַיָּבוֹא ט״ו מלאי׳ וכו׳ 1 S. 4, 13. Ez.*40, 6. Mf. בא, 44. (S. מ״ש Est. 4, 2. 9.)

וַיָּבֹא ח׳ סבירין לשון רבים׳ סבירין S.

וְלֹא תָבוֹא ג׳ Ez. 24, 16. Mf. בא, 34.

תְּבוֹאֶנּוּ ג׳ ב׳ מלא׳ Prov. 11, 27. Mf. בא, 76. (S. מ״ש Prov. 10, 24.)

וּבְבוֹא ד׳ ב׳ חסר וב׳ מלא׳ Ex. 34, 34. Num. 7, 88. Mf. בא, 61.

כְּבוֹא ב׳ מלא באוריתא וחד וּכְבוֹא׳ 1) Gen. 12, 14.

כְּבֹא ו׳ חסר בלישן׳ 2) Ex. 33, 9. 1 Reg. 22, 36. Mf. בא, 36.

וּכְבוֹא ג׳ ב׳ חסר וחד מלא׳ Deut, 23, 11. Jos. 3, 15. ibid.*8, 29. Mf. בא, 65.

לָבֹא ט׳ חסר׳ Gen. 48, 7. Ex. 12, 23. Deut. 9, 1. Mf. בא, 59. (S. מ״ש Gen. 19, 31. 35, 16. 41, 54. 48, 7. Deut. 4, 34. 3)

וְלָבוֹא ד׳ מלא (ומלאי׳ כצ״ל)׳ Deut. 31, 2. Mf. בא, 18.

מְבוֹא ו׳׳ Gen. 24, 62. Mf. בא, 49.

בֹּאֲךָ ה׳ כ״כ׳ Gen, 10, 19. 1 S. 15, 7. (S. מ״ש Gen. 19, 22. u. Heid. das.)

בֹּאֲכָה ו׳ כתיב ה׳׳ Gen. 10, 19. 25, 18. Mf. בא, 77.

בְּבֹאֲכֶם ג׳ וחסרים׳ Num. 15, 18. Mf. בא, 50.

בֹּאוֹ כלם חסר במ״א׳ Ex. 34, 35.

וּבְבֹאוֹ ג׳׳ 2 Reg. 11, 8. Mf. בא, 46.

בְּבֹאָם כלם חסר במ״ג׳ 4) Ex. 28, 43. 30, 20. Mf. בא, 69.

(כְּבֹאָם S. מ״ש Jer. 41, 7.)

בְּבוֹאָן ב׳׳ Gen. 30, 38. Ez. 42, 12.

וָבֹאוּ ג׳׳ Mf. בא, 63.

(Ps. 54, 2.) חסר? — Ein von Heid. angeführtes Mpt. rechnet auch Prov. 1, 27. zu denen, die plene sind; es wären dann (mit Ps. 54, 2.) 9 M. כְּבוֹא u. 2 M. וּכְבוֹא, die plene sind? —

1) Das ב׳ מלאים = 2 M. plene Waw ist unrichtig, denn das als וּכְבוֹא angegebene (Deut. 24, 13) muss כְּבוֹא (ohne Waw copulat.) heissen; (s. unten וּכְבוֹא) es sind also 3 plene Waw nach dem Beth u. ohne Waw copulat. Die Angabe ist also in ג׳ מלא באוריתא zu verwandeln, wie es auch רמ״ה s. rad. hat. S. auch Heid. in שום שכל zu Gen. l. c. und die folgende Anmerkung. —

2) Auch hier ist das ו׳ = 6 in ז׳ = 7 umzuändern; es fehlt Jos 8. 29., das nach Mm. zu Deut. 23, 11. gleichfalls def. Waw nach dem Beth ist. Der Fehler konnte beim Abschreiben leicht entstehen, da auch Jos. l. c. mit וכבוא השמש anfängt und beide für eine gehalten wurden. Es sind also von dieser Form (mit u. ohne Waw copulat.) 9 plene wie Mp. zu 2 Reg. 5, 6. bemerkt, u. 7 def., zusammen 16 (13 ohne u. 3 mit Waw copulat.). — Wenn in der Buxt. Concord. nur 15 aufgezählt werden, so fehlt das. Ez. 23, 44., was gleichfalls plene ist. — S. תקון ספרים zu Ex. 33, 9.

3) Es muss hinzugefügt werden: ז׳ באוריתא וב׳ לָבֹא

4) Die Angabe Ex. l. c. ist unrichtig und muss nach Mpt. Hamb. zu 2 Chr. 20, 10. so verbessert werden: ב׳ חסר וסי׳ בבאם מארץ מצרים 2 Chr. 20, 10. בבאם הכהנים ולא יצאו מהקדש Ez. 42, 14. וכל אוריתא דכו׳ חסר׳ d. h. dieses Wort kommt im Pent. immer u. in der übrigen Bibel nur 2 M. def. Waw vor; sonst aber immer plene Waw.

5) Das ר״ן = 16 ist fehlerhaft; es sind 17 = ר״ז, wie sie auch Lev. u. Job l. c. angeführt sind; in Ps. l. c. muss nach וישש das Wort עשרה eingeschaltet werden, was, wie bemerkt, eine Verdeutlichung des ר״ן sein soll, aber unrichtig ist. Dass bei dieser Angabe die 2. pers. m. u. die 3. pers. fem. zusammengefasst sind, versteht sich von selbst, wie das bei ähnlichen Formen Eigenthümlichkeit der Massora ist. Diese Form kommt demnach im Pent. (בתורה) 9 M. und in der übrigen Bibel 8 M. def. Waw vor; von den letzteren befinden sich 3 in den BB. d. Proph. (s. Mp. 2 S. 13, 5. u. 5 in den Hagiogr., sonst ist es immer plene, ausser in den Prov., wo es immer def. ist mit Ausnahme von 4 Stellen — S. folgenden Artikel. —

נָבוֹא, וְנָבוֹא כל׳ מלאי׳ במ״ג. Gen. 37, 10. Deut.*1, 19.
Mf. בא, 30.

וְנָבוֹאָה ב׳ חד מלא וחד חסר וא׳ נָבוֹאָה. Jer. 4, 5.
Mf. בא, 25. (S. Mf. ׳ן, 7. או״א, 14.)

יָבוֹאוּ ו׳ מלא בקרי׳. 1 S. 31. 4, Ps.*86, 9. Mf. בא, 31.

וַיָּבֹאוּ ז׳ רפין חד מלא. Ex. 14, 16. Deut. 10. 11. Jos.*18, 4.
13, 2. Jer. 3, 18. Mf. בא, 11.

וַיָּבוֹאוּ ג׳ מלא. 2 Reg. 11, 19. Mf. בא, 45.

וַתָּבֹאנָה ה׳ כ״כ וכו׳. Ex. 2, 16. Mf. בא, 38. (S. מ״ש
Est. 4, 4.) 1)

מלין דחסרים יו״ד בלשון ביאה. Jer. 17, 26. Mf. בא, 51.
(S. מ״ש Jer. l. c. 2)

לַאֲשֶׁר הֵבִיא לית. Job 12, 6.

הֱבִיאַנִי ד׳. Deut. 9, 4. Ez. 40, 2. Cant. 1, 4. Mf. בא, 65.

וְהֵבִיאָהּ ב׳ מפיק ה״א. Lev. 5, 12.

הֵבִיאָה ג׳ וא׳ וְהֵבִיאָה. Est. 5, 12. 2 Chr. 9, 12. Mf. בא, 27.

וְהֵבִיאתִי ד׳ מלא יו״ד בלישן הבאה בקריאה. Num. 14, 31.
Jes. 43, 23. Cant.*3, 4.? Mf. בא, 42. (S. מ״ש
Cant. l. c. 2 Reg. 9, 2. Jes. 37, 26.) 3)

הֲבִיאוֹתִיו ד׳ ב׳ מלא וב׳ חסר. Gen. 43, 9. Jes. 48, 15.
Mf. בא, 37. 4)

וַהֲבִיאוֹתִים ד׳. Jer. 25, 9. Neh.*1, 9. Mf. בא, 41. 5)
(S. מ״ש Neh. l. c.)

הֲבֵאתֶם ג׳. Num. 20, 4. 1 S. 21, 16. Joel 3, 5. Mf. בא, 40.

וְהֵבִיאוּ ד׳. Lev. 4, 14, 14, 42. Jes. 66, 20. Mf. בא, 16.

וְהֵבִיאוּם ג׳ ב׳ מל׳ וא׳ חסר. Lev. 17, 5. Jes. 14, 2. Jer.*20, 5.
Mf. בא, 70.

---

1) Das Resultat der Angabe zu Ex. 2, 16. ist Folgendes: die 3. pers. pl. fem. im Kal kommt 5 M. vor u. zwar 4 M. def. Waw u. Jod u. 1 M. plene Waw u. Jod (Est. 4, 4. das aber וַתָּבֹאנָה gelesen wird). S. Est. ed. Heid. u. מ״ש z. St. — 1 M. kommt es def. Waw u. mit Nun finale (׳ן, ohne ׳ה) vor (Gen. 30, 38.). 1 S. 10, 7. wird es def. Waw u. plene Jod geschrieben, aber תָּבֹאנָה gelesen. Jer. 9, 16. (das zweite im Verse) u. 2 Chr. 9, 21. steht es plene Waw u. def. Jod. — Jer. 9, 16. (das erste im Verse) heisst es וּתְבוֹאֶינָה plene Waw u. Jod u. das Alef wird mit Segol gelesen. — Est. 4, 14., das ebenso geschrieben ist, wird aber וַתָּבֹאנָה gelesen d. h. das Alef ruht. — Sonst aber immer: תָּבֹאנָה —

2) In Jer. 17, 26. werden die Folgenden angeführt: וסי׳ והיה כי יבאך י״י אל ארץ הכנעני כאשר נשבע .Ex. 13, 11. תבאמו ותטעמו .Ex. 15, 17. ואבא אתכם אלי .Ex. 19, 4. ויבאנו אל המקום .Deut. 20, 9. ויבאום אל יהושע Jos. 7, 23, ואבאה אתכם .Jos. 24, 8. ומבאי תודה .Jer. 17, 26. ויבאם בבלה (בבל, כצ״ל) .Jer. 24, 1. והבאתם בית י״י Jer. 35, 2. הקנאה הזאת בבאה .Ez. 8, 5. ואבאם אל ארץ? במים רבים הבאוך .Ez. 27, 26. ושובבתיך וששאתיך Ez. 39, 2. ואבא אותם אל לשכת .Jer. 35, 4.

S. מ״ש zu den angeführten Stellen, wie zu Jes. 56, 7; auch ת״ם zu Ex. 10, 11. u. 13, 11. — ויבאם בבל ist Jer. 24, 1. u. nicht 28, 3., denn diese ist plene Jod. Das (ארץ) ואבאם אל will Heid. durch המדבר (Ez. 20, 10.) ergänzen, da das angeführte ארץ (הארץ) ibid. 20, 28. plene ist nach der Mass. — Uebrigens fehlen in dieser Angabe noch einige; so z. B. מבאים Jer. 33, 11.; ebenso תְּבִאֵהוּ Jer. 13, 1. s. Mp. das.; וְנָבִא Ps. 90, 12. S. Mf. נב, 8. Dan. 9, 24. Heid. führt ein Mpt. zu Ex. l. c. an, das die Stellen sehr fragmentarisch angiebt und schliesst mit: ומוסיפי טודאי והבאותים אל הארץ .Jer. 25, 9. והבאתם בית י״י .Jer. 35, 2. והקנאה הזה בבאה .Ez. 8, 5. —

3) Der Sinn ist: 4 (oder 3) Mal kommt nach dem Beth (das Zere hat) dieser Wurzel im Hiphil ein Jod, d. h. es ist plene, während die anderen dieser Form ohne Jod zwischen dem Beth u. Alef stehen, also def. sind. Die Verschiedenheit der Angabe, ob es 3 oder 4 M. plene vorkommt, beruhet auf Jes. 43, 23. das die Einen plene u. die Auderen def. lesen. — Die Angabe zu Num. 14, 31. ist unklar; sie bezieht sich nur auf das Wort וְהֵבֵיאתִי, das hier plene Jod geschrieben ist, worauf sich auch das: ושארא וְהֵבֵאתִי (d. h. def. Jod) bezieht. Das hinzugefügte והבאתיו וכו׳ gehört nicht hierher, da in dieser Form (Beth mit Chirik u. Alef mit Cholam) 4 vorkommen; s. diesen Art. — S. auch רמ״ה s. rad. Wahrscheinlich gehört das וַהֲבִיאֹתִיו zu Vers 24, wo auch die Mp. angemerkt ist, und ist nur irrthümlich zu dem (einmaligen) והביאתי gesetzt worden. Die Mp. zu Num. l. c. (לי׳ וכ״כ וג׳ מל׳ בלישן,) welche der Verfasser des מבין חדות durchaus missverstanden hat, stimmt mit der Angabe zu Cant. 3, 4., welche nur ג׳ מלא angiebt, überein, so dass לי׳ וכ״כ sich auf וְהֵבֵיאתִי (plene) u. das וג׳ מל׳ בלישן auf diese Form (Beth mit Zere) im Ganzen sich bezieht. —

4) S. vorigen Art. u. bes. רמ״ה s. rad. Es muss בלישנא hinzugefügt werden. In Mpt. Hal. steht bloss ד׳; über מלא u. חסר ist das. nichts bemerkt.

5) Die Angabe zu Neh. 1, 9. ist im Widerspruch mit der zu Jer. l. c. — Uebrigens hat Mpt. Hamb, zu Jes. 56, 7. den Schluss so: ישעי׳ ויחזקאל והביאותים כתיב ירמי׳ והבאתים כתיב עזרא והביאתים כתיב. Auch Heid. führt ein Mpt. an, in welchem es heisst: דישעי׳ ויחזקאל מלא דמלא דירמי׳ חסר דחסר דעזרא מ״י קדמא וח״ו. Derselbe schliesst mit den Worten: וכן כתבם ומסכים עם ספרינו דלא כמסרת הדפוס ירמי׳ כ״ה.

הָבִיא ח׳. Jes. 1, 13. Jer. 17, 18. 24. Ez.*20, 15. Mf. בא, 7.

הָבִי ב׳ לנקבה בלישן. (S. מ״ש Ruth 3, 15. Mf. בא, 10, ?
Jer. 39, 16. S. auch oben: ט׳ חסר א׳ בלשון ביא׳ 1)

לָבִיא ב׳ לשון ביאה וכל לשון ארי דכו׳ במ״א לְבִיָא.
Jer. 39, 7. Mf. בא, 58.

הָבֵא ג׳ ב׳ חסר וא׳ מלא. Gen. 43, 16. 1 S.*20 40. Mf. בא, 75.
(S. Mf. בא, 42. מ״ש 1 S. l. c.)

הָבֵיא ד׳ ג׳ מלא בלישן. 2) Mf. בא, 42.

הָבִיאָה ג׳ וחד וְהָבִיאָה. Gen. 27, 7. 2 Chr. 9, 12.
Mf. בא, 26.

הָבִיאוּ ג׳, וְהָבִיאוּ ו׳. Ex. 32, 2. Jer. 27, 12. 2 Chr. 29, 31.
Mf. בא, 14. u. 15.

הָבִיאִי ג׳. (S. Mf. ן׳, 20. או״א, 136.) Mf. בא, 55.

וָאָבִא ג׳ חסרים. (S. מ״ש Ez. 19, 4. Mf. בא, 33.
Jer. 35, 4. 3)

תָּבִיא י״ג. Ex. 23, 19. 34, 26. Lev. 12, 6. Jes. 58, 7.
Mf. בא, 6.

יָבִיא ט״ו וחד וַיָּבִיא. Lev. 7. 29. Num. 6, 13. ? Ps.*78, 29.
Cant. 8, 11. Dan. 11, 8. Mf. בא, 5. u. 52.
(S. מ״ש Num. 6, 10.) 4)

וַיָּבֵא כ״א. Gen. 27, 14. 27, 25. 37, 2. ? Ex. 37, 5. 40, 21.
Jes. 31. 2. Jer. 40, 3. 2 Chr. 15, 18. Mf. בא, 1.
(S. מ״ש Gen. 27, 25.) 5)

וַיְבִיאֵהוּ ה׳. Gen. 29, 13. Mf. בא, 47. (S. מ״ש 2 Reg. 25, 6.
Jer. 26, 23.) 6)

וַיְבִאֶהָ ד׳ ב׳ מלא וב׳ חסרים. Gen. 2, 22. 24, 67.
1 Reg.*3, 1. Dan.*9, 14. Mf. בא, 28. (S. מ״ש
Gen. 2, 22.)

וַתְּבִיאֵהוּ ג׳ ב׳ חסרים וחד מלא. Ex. 2, 10. 1 S. 1, 24.
Mf. בא, 35, ?

וְנָבִא. S. נבא

יָבִיאוּ ט׳. Lev. 10, 15. 17, 5. Num, 18, 13. Mf. בא, 13.

וַיָּבִיאוּ ל״ו. Gen. 37, 32. 43, 26. Mf. בא, *2.

וַיָּבִיאוּ ב׳ דגשין וסי׳ לו לנו. Gen. 43, 26. Mf. בא, 2.
(S. Lev. 23, 17. auch צורת האותיות u. מ״ש Gen. 2, 25.)

וַיְבִאֻהוּ ז׳. Jer. 26, 23. Mf. בא, 12. (S. מ״ש 2 Reg. 25, 6.) 7)

---

1) D. h. 2 M. kommt sing. Hiph. dieses Stammes das masc. f. das fem. vor und zwar 1 M. imperat. und 1 M. d. praeterit. Heid. führt ein Mpt. an, welches so lautet: לית חסר א׳ ותרין לשון נוקבא וקרין לשון דוכרא. Es scheint hieraus hervorzugehen, dass die Mass. das הָבִי nicht von יהב sondern von בוא ableitet, denn nach ersterem wäre ja das Jod Zeichen des fem. —

2) Diese Angabe ist ungenau; sie muss heissen: הָבֵיא ג׳ וד׳ מלא בלישן. Der Sinn ist, הָבֵא kommt 3 M. vor (s. diesen Art.) und zwar 2 M. def. und 1 M. plene Jod; aber 4 M. kommt die Form Hiph. mit Zere des Beth vor, dem ein Jod folgt (plene). S. oben unsere Anmerkung zu וְהֵבֵיאתִי (Seite 30 Anmkg. 3.) — S. auch Mf. ה׳, 5.

3) S. מ״ש Jer. 2, 7. u. bes. das. 35, 4., wo er lesen will: וָאָבִא ב׳ ח״ר (Ex. 19, 4. u. Jer. 35, 4.). Auch Mp. liest: ב׳ ח״ר. — Es lässt sich aber das ג׳ ח״ר insofern rechtfertigen, dass das הכרמל in unserer St. (Ex. 19, 4.) ein Irrthum oder falscher Zusatz ist; es muss vielmehr heissen ואבא אתכם אל ארץ (Jos 24, 8.), das zwar mit He am Ende geschrieben ist (כתיב), aber ohne dasselbe (וָאָבִא) gelesen wird, indem es zu Mf. ה׳, 25. u. או״א 112. gehört u. def. Jod (nach dem Beth) ist (s. מ״ש Jos. l. c.). Es sind demnach 3 (ג׳) dieser Form ohne Jod = def. Die Mm. folgt, wie bekannt, dem קרי u. lässt das כתיב unberücksichtigt bei Aufzählungen.

4) Die Angabe zu Lev. 7, 29. ist unrichtig (s. Num. 6, 13.); es muss vielmehr י״ג = 13 heissen, wie sie Ps. 78, 29. ganz richtig angegeben sind; das המנחה ist kein Vers u. das כי את כל המעשה gehört zum folgenden יָבִא במשפט (statt המעשה muss מעשה gelesen werden); es bleiben also 13, von denen 8 def. Jod u. 5 plene sind. — Cant. 8, 11. muss es wie Dan. l. c. heissen: ה׳ חסר וח׳ מלא. Mf. בא, 5. hat das Richtige; die wiederholte Angabe Mf. 52. ist falsch. — Merkwürdig ist, dass sowohl Mpt. Hamb., als auch Mpt. Hal. ט״ו = 15 angeben, im Aufzählen aber nur 13 herauskommen. Das המנחה kommt auch im Mpt. Hal. nach והגוי אשר יביא vor, ist aber von späterer Hand in הארון (2 Chr. 24, 11.) verbessert. —

5) Das כ״א = 21 an mehreren Stellen ist Schreib- oder Druckfehler, es muss נ״א = 51 gelesen werden. Die Aufzählung zu Ex. 37, 5. ist uncorrect, stimmt aber nach einigen Umstellungen, Zusammenziehung und Trennung, und wenn man Ez. 8, 14. hinzufügt, ganz mit den in der Concord. s. v. angeführten, die mit וַיָּבֵיא (Ez. 40. 3., das plene Jod ist) נ״א = 51 betragen. Auch Mpt. Hal. hat sie ganz ebenso, wie in d. Concord. —

6) Gen. 29, 13. muss es heissen ה׳ מלאים וכו׳ וכל ד״ה דכו׳ מלאים במ״א חסר וסי׳ In Mf. l. c. muss ה׳ = 5 st. ז׳ = 7 gelesen werden. S. מ״ש l. c.

7) S. מ״ש, der nach einem Mpt. alle def. Jod nach dem Beth liest, mit Ausnahme von Jud. 1, 7., dem auch Heid. in der Concord. beistimmt; aber Mpt. Hamb. (zu Jud. 1, 7. 2 Reg. 25, 6. u. 2 Chr. 22, 9,) hat: קדמא ויבאהו כתיב ושארא ויביאהו כתיב so dass gerade Jud. l. c. def. Jod wäre, die anderen aber alle plene sind. Das ז׳ ולי׳ כ״כ zu Jud. l. c. entscheidet nichts. — Die Ausgg. stimmen mit מ״ש überein.

מוּבָאִים ג׳. Ez. 30, 11. Mf. בא, 21.

יוּבָא ה׳ ומלא׳. Lev. 6, 23. 11, 32. 2 Reg.*12, 5. Mf. בא, 43.

מְבוֹאוֹ ד׳ וכו׳. 1) Mal. 1, 11. Mf. בא, 67.

תְּבוּאָתְךָ ג׳. 2) Mf. בא, 79.

תְּבוּאָתֹה ב׳ כתיב ה׳. Ez. 48, 18. Mf. תב, 2. (S. מ״ש Lev. 19, 28.)

תְּבוּאַת ז׳ וכו׳. Gen. 47, 24. Deut. 33, 14. Mf. בא, 78. תב, 1. 3)

בוז

לָבוּז ב׳ ומלא׳. Gen. 38, 23.

בון

בֵּן׳ בנה S.

הֵבִין ג׳ . Job 28, 23. Mf. בי, 7.

הָבִין ה׳ וקמצין. 1 Reg. 3, 11. Prov.*14, 8.? Jes. 28, 19. Ps. 32, 9. Mf. בי, 6.

וְלֹא אָבִין ד׳. Dan. 12, 8. Mf. בי, 12.

וְלֹא יָבִין ג׳. Mf. בי, 11.

וַיָּבֶן ד׳. Mf. בי, 8. (S. מ״ש 2 Chr. 11, 23.)

וַיָּבֶן ג׳ רפין. Jer. 9, 12, Hos.*14, 10. Mf. בי, 9.

וְלֹא יָבִינוּ ג׳. Mf. בי, 10.

וַתִּתְבֹּנֵן ג׳ חסר בלישן. Job 30, 20. 38, 18.

בִּינָה ב׳ מלעיל ׳ואו׳ וּבִינָה׳. 4) Ps. 5, 2. Dan. 11, 1.?

כַּבִּינָה לית. Job 39, 17.

בום

וּמְבוּסָה ג׳ ומלא׳. Jes. 18, 2. Mf. בם, 1.

בור

בּוֹר ג׳ כתיב באר. 2 S. 23, 15. Mf. בו, 2. (S. Mf. א׳, 7. או״א, 103.)

בֹּר ב׳ חסר. 5) Mf. בו, 3. (S. מ״ש Prov. 28, 17.)

וְהַבּוֹר ב׳. Gen. 37, 24. Jer.*41, 9. (S. Mf. ה׳, 20. M. marg. Gen. l. c.)

הַבֹּרוֹת ה׳ בלישן וכו׳. Gen. 37, 20. Deut. 6, 11. Mf. בו 4. (S. מ״ש Gen. l. c.)

בוש

בֹּשֵׁשׁ ב׳. Gen. 32, 1. (S. מ״ש Gen. l. c. u. 2, 25.)

בֹּשְׁתִּי ג׳. Jer. 31, 19. Esr. 8, 22. Mf. בו, 6.

בּוֹשׁוּ ג׳ מלאים? 6) Ez. 36, 32. Mf. בו, 8.?

וּבֹשׁוּ ג׳ וחסר. Mf. בו, 9.

בֹּשׁ ג׳ חסר. Mf. בו, 5.

בָּשְׁתָּם ד׳. Ps. 70, 4. 109, 29. Mf. בו, 7.

בזז

כל בזויי דמשלי וכו׳. Prov. 14, 4. (S. דרכי הנקוד v. Mos. Punctator S. 11 etc,)

---

1) Mal. l. c. muss es heissen: ד׳ ג׳ מלא וחד חסר; es scheint nur ein Druckfehler das. zu sein. —

2) Die Mf. l. c. angegebene Leseart (das zweite Thaw mit Schwa und nicht mit Segol) ist die richtige; wenn aber dazu angeführt wird Job 31, 12. so ist das falsch, denn daselbst heisst es תבואתי. Es muss dafür Deut. 26, 12. gesetzt werden. Merkwürdiger Weise liest Buxt. 3 M. תְּבוּאָתֶךָ (das zweite Thaw mit Segol), was unrichtig ist, da es nur 1 M. (Prov, 3, 9.) so vorkommt.

3) Die Anführungen in Gen. l. c. sind ungeordnet und der Schluss unklar. — Heid. will nach einem Mpt. so lesen: ד׳ מלא בלישנא וסי׳ וכו׳ דמשלי תבואות כתיב ושארא תבואת. Wenn er im Pentat. מאור עינים zu den betreffenden Stellen bemerkt ד׳ כ״כ, so bezieht sich das nur auf den Pent., wo diese Form 4 M. vorkommt und zwar mit Waw nach dem Beth, aber def. Waw nach dem Alef. —

4) Die Angaben zu Ps. 5, 2. u. Dan. 10, 1. widersprechen sich nicht: die erstere hat ב׳ = 2, fügt aber hinzu: וחד ובינה; in Dan. aber sind beide Formen zusammengezogen; nur muss daselbst בלישנא hinzugefügt werden. S. auch Mf. ו׳, 6. u. או״א, 13., wo diese Form mit Accent penult. als 2 M. ohne u. 1 M. mit Waw copulat. vorkommend angeführt wird, während בִּינָה als Subst. und Accent ult. oft vorkommt. — Buxt. mischt sie ohne Einsicht untereinander. —

5) Die Angabe Mf. l. c. ist nach der Leseart der מדנחאי, die Prov. 28, 17. def. Waw lesen; nach den מערבאי aber, denen die Mass. gewöhnlich folgt, ist es plene Waw, aus welchem Grunde auch die Mp. zu Ex. 21, 33. bemerkt: לית חסר, indem nach den מערבאי es nur 1 M. def. Waw vorkommt. S. מ״ש zu Prov. l. c. —

6) Mf. l. c. ed. Bomb. ist zu lesen: ג׳ מלא בקריא; das ו׳ מלאים in ed. Buxt. ist unrichtig. In Ez. l. c. ist angeführt ואם נכלמו מכל (Ez. 43, 11.); in diesem Vers kommt aber das Schlagwort nicht vor. Es muss in וגם נכלמו (Jes. 45, 16.) umgeändert werden, wo auch Mp. bemerkt: ג׳ ומלא.

לָבוֹז ג׳ ב׳ מלא· Est. 3, 13. 2 Chr. 20, 25. Mf. בז, 2.
(S. מ״ש Est. l. c.)

בזה

בָּזָה ח׳ בקריאה וחד וּבָזָה· Num. 15, 31. 2 Reg. 19, 21. Ez.*17, 16. Mf. בז, 1.

וַיִּבֶז ב׳· Gen. 25, 34.

(וּנְבִזְבָּה כתיב ה״א· Dan. 3, 21.)

בחן

וּבָחַנְתָּ ב׳· Jer. 12, 3.

וּבְחַנְתִּים ב׳· Jer. 9, 7. Zach. 13, 9. (S. Mf. ב׳, 8. או״א, 62.)

בחר

בָּחָרוּ ג׳ קמץ· Gen. 6, 2, Jes.*66. 4. Prov.*1, 29. Mf. בח, 2.

וּבָחוֹר ג׳· Mf. בח, 4. (S. Mp. 1 S. 2, 28. מ״ש Jes. 7, 16.)

יִבְחָר ה׳ קמצין· Jos. 9, 27. Ps. 25, 12. Mf. בח, 1.

בַּחֻרִים ד׳ חסר בלישן· 2 S. 3, 16. 1 Reg. 2, 8. Jer. 31, 13. Mf. בח, 5. 1)

וּבַחוּרֵיהֶם ג׳ ב׳ מלאים· Mf. בח, 3.

בְּטוֹבַת בְּחִירֶךָ· S. טוב

וּמִבְחַר ב׳· Ex. 15, 4.

(מִבְחוֹר ב׳ ומלא· 2 Reg. 19. 23. מ״ש S.)

בטח

כל לשון בטיחה עַל במ״י אֶל· Ps. 4, 6. Mf. בט, 2.
(S. Mp. Prov. 3, 5.)

בּוֹטֵחַ ב׳ מלא וכו׳· 3. בט, Mf.
ה׳ חסר בכתובים וכו׳· Prov. 28, 25.
(S. מ״ש Jer. 5, 17. Prov. 14, 16.) 2)

בָּטוּחַ ב׳ חד חסר וחד מלא· Ps. 112, 7.

וְיִבְטְחוּ ב׳· Ps. 9, 11.

מִבְטַחוֹ ד׳· Jer. 17, 7. Job*8, 14. Mf. בט, 1.

בטל

(מבטלים· בתר יה״וא· צורת האותיות S. Abth. 2.)

בטן

בַּבֶּטֶן ג׳· Hos. 12, 3. Mf. בט, 5.

בית

בָּיִת ד׳ קמצין בלישן· 3) Gen. 17, 27. Mf. בי, 33. 37.

ישיבת בָּיִת· S. ישב

עַל הַבַּיִת ד׳· 4) Gen. 19, 4. Mf. בי, 15.

עַל, אֶל הַבַּיִת· Mf. בי, 17.

וְאֶת הַבַּיִת ה׳· Lev. 14, 41. 1 Reg.*9, 7. Mf. בי, 26.

בְּבַיִת ו׳ רפין· Ex. 12, 46. 1 Reg.*3, 17. Mf. בי, 31.

וּבָיְתָה ב׳ קמץ· 2 S. 5, 9.

הַבַּיְתָה י״ח· Gen. 19, 10. 39, 11. 1 Reg. 13, 15. Mf. בי, 13. 5)

בַּיִת, וּבַיִת ד׳ סבירין בְּבַיִת וכו׳· סבירין S. Abth. 2.

בֵּית אִשָּׁה· S. איש

---

1) Einige lesen נ׳ חסר; diese zählen die Form וּבַחֲרֵיהֶם (2 Reg. 8, 12,) nicht mit und beziehen sich nur auf בַּחֻרִים. — (Heid.)

2) Die Angabe der Mf. l. c. ist in ed. Bomb. verschieden von der in ed. Buxt. — Erstere hat ב׳ מלא בתורה, was unrichtig ist, da es im Pent. nur 1 M. vorkommt und zwar def.; letztere hat zu כתובים nur 2 Ausnahmen (במ״ב), da es ja 5 sind und במ״ה sein muss. Die Angabe ist so zu lesen: בּוֹטֵחַ ב׳ מלא בנביאים וכל כתובים דכו׳ מלא במ״ה וכו׳ Das Wort ist also immer (wie das erste Part. Kal in der Regel) def. Waw, mit Ausnahme, dass es in d. BB. d. Proph. 2 M. plene vorkommt; in d. Hagiogr. ist es 5 M. def., sonst plene Waw. —

3) Die Angabe muss lauten: ד׳ קמצין בלישנא וכל אס״ף דכו׳. Dass sie in der Mf. 2 M. angegeben wird (בי, 33. u. 37.) ist, wie ziemlich oft, Gedächtnissfehler. Buxt. setzt das zweite M. לַבָּיִת als Schlagwort, was aber darin nichts ändert, da das בלישנא ja anzeigt, dass הַבַּיִת, בָּיִת u. לַבָּיִת dazu gehört. —

4) Nach Mp. zu Gen. l. c. muss die Angabe so lauten: ד׳ וכל מלכים וישעי׳ דכו׳ עַל במ״ד אֶל הַבַּיִת S. Mf. בי, 17. Das Mpt. Hamb. setzt noch hinzu: וכל שאר קרי׳ דכו׳ אֶל הַבַּיִת במ״ד עַל הַבַּיִת

5) Das י״ח = 18 ist ein Fehler und muss י״ט = 19 sein. — Mpt. Hamb. zu Jud. 19, 15. hat י״ט und fügt zu ויבא יוסף הביתה (Gen. 43, 16.) hinzu: ב׳ בן, mit welchem es 19 sind. Dasselbe zählt irrthümlich nur 18, da das 1 Reg. 13, 15. fehlt. — Am Schlusse fügt dasselbe Mpt. hinzu: וחד מטעין סביר הביתה וסי׳ ויבא יואב אל המלך הבית (2 S. 19, 6.)?

בֵּית אֵל ג׳ בטעם זקף׳ טעם S.

בֵּית אֱלֹהִים, בֵּית הָאֱלֹהִים׳ אלה S.

בֵּית אֱלָהָא דְנָא׳ אלה S.

אֶל בֵּית י״א במלכים ישעי׳ ירמי׳ ות״ע׳ 1 Reg. 14, 10. Jer. 33, 14. ד׳ בסיפרא׳ (S. עַל בֵּית) u. Anmkg. 1.)

וְכָל בֵּית י״ב׳ Gen. 50, 8. Jud.*9, 6. 16, 31. 1 S. 22. 16. Mf. בי, 23.

עַל בֵּית, וְעַל בֵּית י״ג׳ Num. 2. 34. 2 S. 2, 4. 14, 9. 1 Reg. 14, 10. Jes. 29, 22. Mf. בי, 14. על, 16. 1)

וְאֵת כָּל בֵּית ט׳. Gen. 47, 12. 2 Reg.*25, 9. Jer. 52, 13. Mf. בי, 25.

בֵּיתָה ה׳ בתורה׳ 2) ? Mf. בי, 36.?

וּבֵית דָּוִד ב׳. Mf. דו, 8.

וּבֵית הַמֶּלֶךְ ג׳. 2 Reg. 12, 19. Mf. בי 30.

וּבֵית יוֹסֵף ב׳. Obadja 18.

בְּבֵית י״א מיחדין׳ 3) Num. 30, 4. Mf. בי, 28.

בְּבֵית הַמֶּלֶךְ ג׳ ואחד בְּבֵית מֶלֶךְ׳ Est. 9, 4. 2 Chr. 23, 5. Mf. מל, 34.

בְּבֵית הַמַּלְכוּת לית וחד בֵּית וכו׳. Est. 5, 1. (ה׳ זוגין חד בֵּית וחד בְּבֵית, זוגין (S. Abth. 2.

לְבֵית אִמָּהּ ב׳ דסמיכי׳. Gen. 24, 28.

אמירה לְבֵית יִשְׂרָאֵל׳ אמר S.

לְבֵית יִשְׂרָאֵל ד׳ דסמיכי וכל יחזקאל דכו׳ (במ״א דבר אליהם)׳ Ps. 98, 3. Mf. יש, 53.

וּלְבֵית י׳ ג׳ מנהון ר״פ׳ Num. 4, 38. Jes. 22, 21. Mf. בי, 22.

וּלְבֵית אֲבוֹתָם ג׳. שפח S.

מִבֵּית יִשְׂרָאֵל ו׳. Lev. 17, 3. Mf. יש, 54.

וַיֵּלֶךְ אִישׁ מִבֵּית׳ איש S.

וְאֶל בֵּיתוֹ ג׳. Mf. בי, 18. אל, 37.

וְאֵת בֵּיתוֹ ז׳. Gen. 12, 17. 1 Reg.*4, 7. 7, 1. Mf. בי, 34.

וְכָל בֵּיתוֹ ג׳. 1 S. 1, 21. 2 S.*15, 16. Mf. בי, 20.

עַל בֵּיתוֹ ח׳. Gen. 39, 4. *43, 16. Mf. בי, 16. על, 17.?

וְעַל בֵּיתוֹ ד׳. 4) Mf. בי, 19.

וּבֵיתוֹ ו׳. Ex. 1, 1. 1 S. 27, 3. 2 Chr.*24, 16. Mf. בי, 32.

אִישׁ וּבֵיתוֹ ג׳. 1 S. 27, 3. 2 S. 2, 3. Mf. בי, 24.

בָּתִּים לְבַדִּים ב׳ ובענין׳ (בדד S.) Ex. 37, 14.

הַבָּתִּים ג׳ בתרי טעמי׳ 5) Ex. 12, 7. (S. מ״ש) Mf. בי, 35.

בכה

כל לשון בכיה עַל במ״ג אֶל׳. Mf. בך, 6.

בֹּכָה ז׳. 6) Ex. 2, 6. Num. 11, 10. Jer. 41, 6. Mf. בך, 2.

בֹּכִים כלם חסר במ״ב׳. Num. 25, 6.

בָּכוֹ ה׳ כתיב ו׳. Jes. 30, 19. Jer.*22, 10. Mf. בך, 3.

---

1) Das Resultat der angeführten Angaben ist, dass in der Regel vor בֵּית die Präposition אֶל steht und nur 13 M. kommt עַל oder וְעַל davor; aber in den BB. Reg., Jes., Jer. u. d. 12 Proph. minor. ist die Regel, dass עַל davor steht und nur 11 M. kommt אֶל vorher. S. vorz. Num. 2, 34. 1 Reg. 14, 10. und Mf. עַל, 16. — Von diesen 11 St. kommen 4 im B. Jer. vor, s. das. 33, 14. Die Mass., welche 13 mit עַל in den anderen BB. rechnet, folgt wie gewöhnlich (S. oben S. 32. Anmkg. 5.) den מערבאי; denn nach den מדנחאי ist auch Koh. 12, 5. עַל בֵּית zu lesen, so dass es 14 wären. — Heid.

2) Für ה׳ = 5 muss ו׳ = 6 gelesen werden, indem das ויבא האיש 2 M. vorkommt (Gen. 43, 17. und 43, 24.), das irrthümlich für eins gerechnet wurde; wahrscheinlich fehlt nach ויבא האיש וכו׳ das Wort וחברו׳. Mpt. Hamb. giebt ebenfalls ה׳ = 5 an und zählt gleichfalls die beiden Stellen für eine. In ed. Bomb. fehlt auch Gen. 47, 14. —

3) Der Sinn ist, mit den angegebenen Wörtern kommt בְּבֵית nur 1 M. vor, sonst steht בֵּית (ohne Präfix. ב׳) davor. Darum ist in Num. 30, 4. das בבית גנזיא (Esr. 5, 17.) ungehörig, da גנזיא niemals mit בֵּית sonst vorkommt; es sind daher das. nur י״א = 11 angegeben, wenngleich es mit dem das. angeführten גנזיא 12 St. wären. Uebrigens ist die Aufzählung in Num. l. c. sehr verstümmelt und unrichtig abgetheilt; die richtige Angabe hat Mf. בי, 28. —

4) Mf. l. c. muss es heissen: ג׳ וחד ועל כל ביתו S. die Bemerkung des ersten Herausgebers (Ben Chajim) daselbst.

5) Heid. bemerkt hierzu: wenn es in Mp. zu 1 Chr. 28, 11. heisst: ה׳ תוו״ין דגשין בחווק, aber die Stellen nicht angegeben sind, so bezieht sich das auf diese drei הַבָּתִּים, sowie auf לְבָתִּים (Ez. 45, 4.) u. בָּתָּיו (1 Chr. 28, 11.) Diese 5 haben einen Doppel-Accent, wesswegen das Thaw Dag. forte haben muss. —

6) Heid. führt ein Mpt. an, in welchem bemerkt wird: ד׳ ו׳ חסר וא׳ מלא וסי׳ במעלה הזתים (2 S. 15, 30.) מלא ושארא חסר׳. S. מ״ש Jer. 41, 6. ed. Wien die Anmerkung des Herausgebers.

וָאֶבְכֶּה ג׳. בך, 5. Ps. 69, 11. Mf.

יִבְכָּיוּן ב׳. Job 31, 38.

בִּבְכִי ו׳. בך, 4. Gen. 45, 2. Jes. 16, 9.! Mf.

בכר

בְּכֹר ז׳ חסר. Gen. 25, 13. *46, 8. Ex. 6, 14. Num. 1, 20.? 3, 40. Mf. בך, 7. 1)

וְכָל בְּכוֹר ד׳. (S. מ״ש Num. 3, 12.) בך 9. Mf.

הַבְּכוֹר ד׳ מלא בתורה וכל נביאים וכתובים דכו׳ מלא במ״א. Gen. 41, 51. Deut. 15, 19. 25, 6. Mf. בך, 10. (S. מ״ש Gen. l. c.)

מִבְּכוֹר ב׳ מלא. בך, 11. Ex. 11, 5. Mf.

ב׳ חסר. Ex. 12, 29. (S. מ״ש Ex. 13, 15.)

בְּכֹרִי ב׳ בטעם לעיל. Gen. 49, 3. Mf. בך, 12. (S. מ״ש Gen. l. c. Jer. 31, 8.)

בְּכוֹרוֹ ג׳ מלא. Gen. 38, 6. Jud.*8, 20. Mf. בך, 8. (S. מ״ש 1 Chr. 8, 39.)

בלל

בָּלוּל ד׳. בל, 5. Ex. 29, 40. Lev. 14, 21. Num. 15, 4. Mf.

בֵּל ג׳. Jes. 46, 1. Jer.*50, 2. (S. Abth. 2. Nom. propr.)

בָּל לית קמץ. Dan. 6, 15.

בלג

וְאַבְלִיגָה ג׳. בל 3. Job 9, 27. Mf.

בלה

בָּלוּ ד׳. בל, 4. Deut. 29, 5. Ps.*32, 3. Neh.*9, 21. Mf.

בלע

יְבֻלַּע ב׳ א׳ פתח וא׳ קמץ. (Mf. ר׳, 3. או״א, 66.) Job 37, 20.

במה

כֹּהֲנֵי הַבָּמוֹת. כהן S.

בָּמֳתֵי ג׳ מלא. (S. מ״ש ו׳, 30. במ, 3. Jes. 58, 14. Mf. Deut. 32, 13.)

(בָּמוֹתֵי ג׳ חד מלא. Ps. 18, 37. מ״ש (S.

בָּמוֹתֶיךָ ג׳ ב׳ מלא וא׳ חסר. במ, 4. Jer. 17, 3. Mf.

בנה

וּבְנִיתִים ב׳ א׳ חסר וא׳ מלא. Jer. 24, 7.

בּוֹנֶה, הַבּוֹנֶה ה׳ מלא. בן, 37. Mf.

הַבּוֹנִים ה׳ וחד וְהַבּוֹנִים. Ps. 118, 22. Job *3, 14. Mf. בן, 38?

בּוֹנֵי ב׳ קמצין חד כתיב ה׳ וחד וּבוֹנֵי. Mf. בן, 36. (S. Mf. ו׳, 6. או״א 13.)

וַיִּבְנֶה ג׳. בן 35. 1 Reg. 18, 32. Mf.

נִבְנֶה ז׳ וחד וַנִּבְנֶה. (S. Mf. ו׳, 7. בן, 34. Num. 32, 16. Mf. או״א, 14.)

וְאִבָּנֶה לית וחד אִבָּנֶה. (S. Mf. א׳ 13. או״א 1.) Gen. 30, 3.

לִבְנֵא, לְמִבְנֵא, יִתְבְּנֵא, מִתְבְּנֵא, תִּתְבְּנֵא כלהון כתיב א׳ בסוף תיבותא. Dan. 2, 9. 7, 23.

יִבְנֵה כתיב ה׳. Dan. 2, 26.

בֵּן ג׳ ר״פ קמצין. (S. Mass. 1 S. 22, 20.) בן, 1. Wf.

בֵּן, בֶּן ... Gen. 17, 17. 30, 20. Lev. 1, 5. 24, 10. 1 S.*22, 20. 2 S. 9, 12. Est. 2, 5. Mf. בן, 2, u. 4.? (S. מ״ש Gen. 30, 7. 1 S. l. c. Ez. 18, 10.) 2)

בֶּן אִשָּׁה ב׳ ר״פ בקרי׳. בן, 6. 1 Reg. 7, 14. Mf.

בֶּן קרי׳ בַּת. (S. Mf. נ׳, 7. או״א, 159. u. 162.) 2 Chr. 11, 18.

---

1) Diese Angabe muss heissen: entweder ו׳ חסר, oder ו׳ חסר וחד בִּבְכֹר oder ד׳ חסרי׳ בלישן. S. die verschiedenen Angaben.

2) Das Resultat der angeführten Stellen ist, dass בֵּן mit dem Accent immer Zere hat mit Ausnahme von 6 oder 7 Stellen, in welchen es mit dem Accent Segol bekommt; ebenso umgekehrt, wenn es durch Makkaf verbunden (accentlos) ist, hat es in der Regel Segol mit Ausnahme von 4 Stellen, in denen es ohne Accent Zere annimmt, wie angegeben. Wenn nun aber zu Gen. 30, 20. es heisst במ״ו (= 6 Ausnahmen) und Mf. בן, 2. במ״ז (= 7 Ausnahmen) angegeben ist, so liegt das darin, dass jene nur בֶּן ohne Präfix rechnet und deren giebt es nur 6; die aber 7 angeben, (s. Mp. zu den versch. Stellen) zählen הַלְבֶן (Gen. 17, 17.) mit, so dass es im Ganzen 7 mit Accent und Segolform sind. — Darum schliesst auch Gen. l. c. mit וכל מִבֵּן וּמִבֵּן הַלְבֵן פתח, weil הַלְבֶן nicht zu den aufgezählten gehört; die aber 7 zählen, können nur schliessen: וכל מִבֵּן ומבן לבן פתח, weil הַלְבֶן zu den aufgezählten Ausnahmen gehört. Beiläufig sei bemerkt, dass die Angabe zu Gen. 30, 20. fehlerhaft und daher auch unrichtig abgetheilt ist. Das sechste muss statt בן משלם בן ברכיה heissen: בת משלם בן ברכיה welches zusammen gehört und eine Stelle bildet (Neh. 6, 18.). S. ausf. דרכי הנקוד v. Mos. punct. ed. Hannover S. 14 und Anmerkung dazu S. XXI.

בֵּן ז' חסר בלישנא· Deut. 25, 2. Jona*4, 10. Prov. 23, 1, 30, 1. Dan. 10, 1. Mf. בן, 3. בי, 5. (S. מ"ש Prov. 14, 9. 23, 1. 30, 1.) **1**)

וּבֵן דסברי וּבְנֵי, וּבְנֵי דסברי וּבֵן· סבירין S. Abth. 2. auch Gen. 46, 23.

וּבֶן אָדָם· אדם S.

וּלְבֵן· לבן S.

בנו ד' כתיב כן וקרי' בָּנָיו· Deut. 2, 34. 1 S.*30, 6. Mf. בן, 22. (S. מ"ש, Num. 21, 35.)

וְאֶת בְּנוֹ ב'· Jer. 27, 7.

וְאֶת בְּנָהּ ב' דסמי'· Gen. 21, 10.

בָּנִים וּבָנוֹת כל קריא כן במ"א· **2**) Gen. 5, 4.

אֵם עַל בָּנִים· אמם S.

וְהַבָּנִים ג'· Mf. בן, 14. Gen. 31, 43.

בַּבָּנִים ב'· Prov. 7, 7.

בְּנֵי ג' בטעם· טעם S.

בְּנֵי ג' בטעם שופר ופשטא· טעם S.

בְּנֵי פלוני ז' בטעם זרקא· טעם S. Num. 26, 12.

בְּנֵי פלוני ה' בטעם בד"ה· טעם S.

בְּנֵי אָדָם· אדם S.

בְּנֵי אַהֲרֹן הַכֹּהֵן ג' בלישן· 19. אה, Mf.

בְּנֵי הָאָדָם· אדם S.

בְּנֵי הָאֱלֹהִים· אלה S.

אֵלֶּה בְּנֵי ד' ר"פ ושארא בְּנֵי· Num. 26, 35.

וְאֵלֶּה בְּנֵי י"ז· **3**) Gen. 36, 13. Mf. בן, 10.?

וְאֶת בְּנֵי ו'· Gen. 37, 2. 2 Reg. 14, 6. 25, 7. 2 Chr. 25, 24. Mf. בן, 12.

וְכָל בְּנֵי ו'· Ex. 34, 30. Num. 27, 21. Jos. 3, 1. Mf. בן, 20.

מִן בְּנֵי, וּמִן בְּנֵי ד' וכו' Lev. 14, 30. Jud. 10, 11.
כל ד"ה כן במ"ז· 17. בן, Mf.
מִבְּנֵי, וּמִבְּנֵי· **4**) 1 Chr. 12, 32.

עַל בְּנֵי יִשְׂרָאֵל ז'· Num. 6, 27. 8, 19. Neh.*1, 6. Mf. על, 20. יש, 72.

שִׁבְטֵי בְּנֵי יִשְׂרָאֵל· שבט S.

וְאֶל בְּנֵי יִשְׂרָאֵל תְּדַבֵּר לֵאמֹר· דבר S.

וּבְנֵי ל"ו יחידאין· יחידאין S. Abth. 2.

---

1) S. die angeführten Stellen mit der Bemerkung des ersten Herausgebers. Das Richtige ist, dass diese Form (בֵּן u. בִּין) 7 M. in ähnlicher Form, בלישנא vorkommt, (d. h. 3 M. בֵּן oder בִּין; 3 M. וּבֵן oder וּבִין und 1 M. שֶׁבֵּן) und zwar 4 M. def. und 3 M. plene Jod. Die Angabe zu Jona l. c. ist richtig, 'ז' בלישנ; das 'ז' חסר וכו in Deut. l. c. ist fehlerhaft; nur muss, wie Heid. bemerkt, statt וּבִין ישרים רצון (Prov. 14, 9.) gesetzt werden: וּבִין בדבר (Dan. 9, 23. s. Mp. das.); zu letzterer Stelle führt ein Mpt. an: ז' בלישנא, woraus hervorgeht, dass dieses וּבִין (das Beth mit Chirik) gelesen wird und zu den 7 gehört. Es verdient bemerkt zu werden, dass allerdings im Mpt. von 1294, wie Heid. anführt, das ובין, Prov. 14, 9. ein Chirik hat, worin aber das genannte Mpt. allein steht. — Wenn Buxt. unsere Angabe 2 M. (בן 3. und בי, 5.) anführt, so ist das überflüssig; ed. Bomb. hat es nur unter בי, 5. —

2) Ueber diese Angabe s. Heid. in seinem Pentateuch-Fragment zu Gen. l. c. — Sie widerspricht nemlich den Ausgg. und Handschr., die 2 Chr. 24, 3. wie sonst immer, בָּנִים וּבָנוֹת lesen. Er verweist auch auf Mf. am Ende, wo unter חילפי קריאה, 7. (s. או"א, 273.) das בנים ובנות, das angeblich 1 M. umgekehrt בָּנוֹת וּבָנִים vorkommen soll, nicht angeführt wird, was nach obiger Angabe geschehen müsste. — Er glaubt daher, unsere Angabe bezöge sich auf den Accent des ויולד בנים ובנות und sie müsste so verbessert werden: כל קריא וַיּוֹלֶד בָּנִים וּבָנוֹת במ"א וַיּוֹלֶד בָּנִים (2 Chr. l. c.) ·וּבָנוֹת דיהוידע ·לית בטעם S. auch Mp. daselbst: —

3) Das ר"ך = 17 zu Gen. 36, 13. ist unrichtig und muss wie Mf. l. c. ר"ג = 13 sein. (Wahrscheinlich soll das ר"ך zu וְאֵלֶּה gehören, das 17 M. am Anfang des Verses im Pent. vorkommt und gehört zum folgenden 'כל רישי פ' וכו—). Doch ist in Mf. l. c. (ed. Buxt.) ואלה בני עיטם (1 Chr. 4, 3.) falsch, da es hier ואלה אבי heisst, wie es auch ed. Bomb. anführt; es muss dafür nach Heid. ואלה בני אחוד (1 Chr. 8, 5.) gesetzt werden. —

4) Der Inhalt dieser Angabe ist: in der Regel heisst es מִבְּנֵי resp. וּמִבְּנֵי und nur 4 M. kommt in der Bibel — ausser den BB. d. Chr. — מִן resp. וּמִן בְּנֵי vor. In den BB. d. Chr. aber ist die Regel מִן oder וּמִן בְּנֵי und nur 7 M. kommt dafür מִבְּנֵי resp. וּמִבְּנֵי vor, wie an den Stellen angegeben. —

וּבְנֵי, בְּנֵי ר״פ בד״ה׃ ¹) Mf. בן, 21.

וּבְנֵי יִשְׂרָאֵל ט״ו מצעות פסוק וכל ר״פ דכו׳׃ Num. 26, 4. Deut. 4, 46. Jos. 12, 6. Hos. 1, 21. Mf. יש, 55.

וּבִבְנֵי ד׳׃ 1 Chr. 24, 5. Mf. בן 19.

אמירה לִבְנֵי יִשְׂרָאֵל׃ S. אמר

מִבְּנֵי ח׳ ר״פ בעזרא׃ Esr. 10, 33. Mf. בן, 15.

לֹא מִבְּנֵי יִשְׂרָאֵל הֵמָּה ג׳׃ ²) Mf. יש, 70.

וּבָנֶיךָ וּבְנוֹתֶיךָ ג׳׃ Mf. בן, 24.

וְאַתָּה וּבָנֶיךָ אִתָּךְ ג׳ דסמיכי׃ Num. 18, 1.

בָּנַיִךְ י״ח׃ ³) (S. מ״ש Micha 1, 16.) Mf. בן, 23.

בָּנָיו עִמּוֹ ד׳׃ ⁴) Gen. 48, 1. Mf.*בן, 5.

אֶת בָּנָיו ד׳׃ ⁵) Gen. 42, 33. Deut. 21, 16. Mf. בן, 13.

וְעַל בָּנָיו ג׳ ואחד עַל בָּנָיו׃ Ex. 28, 43. Mf. בן, 16.?

וְאַהֲרֹן וּבָנָיו ג׳ דסמיכי׃ Ex. 40, 31. Mf. אה, 21.

וְאֶת בְּנֵיהֶם ד׳׃ Deut. 4, 10. Jos.*5, 7. 1 S. 6, 10. Mf. בן, 11.

וּבְנֵיהֶם וּבְנוֹתֵיהֶם ג׳ דסמיכי׃ 2 Chr. 31, 18. Mf. בן, 25.

וְאֵת בַּת ה׳ דסמי׳ בקריא׃ Lev. 11, 16. 18, 17. 1 Reg.*11, 1. 2 Chr.*8, 11. Mf. בת, 2.

הַבַּת ד׳ ורגש׃ Ex. 1, 22. Jer.*49, 4. Thr. 2. 13. Mf. בת, 1.

בְּבַת ב׳ בב׳ לישן׃ Gen. 34, 19. (S. Mf. א׳, 27. או״א, 41. u. 59.)

לְבָנוֹת׃ S. לבן

אֶל בְּנוֹת ג׳׃ (S. מ״ש Ez. 13, 17.) Mf. בן, 26.

בִּבְנוֹת ב׳ ומלא׃ Gen. 34, 1. Mf. בן, 27.

בְּנוֹתֶיךָ, וּבְנוֹתֶיךָ ג׳ מלאים (בלישן)׃ Gen. 31, 31. Job 1, 18. Mf. בן, 30.

בְּנוֹתָיו ג׳ מלא בלישן׃ מ״ש (S. Gen. 31, 54. Mf. בן, 28. Gen. 5, 4.

בְּנֹתֶיהָ ה׳ חסר וי״ו וכו׳׃ ⁶) Num. 21, 32. Mf. בן, 33. (S. מ״ש Jos. 17, 11. ausf.)

---

1) Heid. bemerkt, dass das במל״ב (= 32 Ausnahmen) unrichtig ist: es gäbe nach Vergleichung nur 30 Verse von Anfang der Chr. bis zur angegebenen Stelle, die mit בְּנֵי (ohne Waw) anfangen; somit sei auch die Bemerkung des Herausgebers: (Buxt. — die ed. Bomb. hat es nicht —) כאן נשמטו ב׳ פסוקים unrichtig; es muss vielmehr במ״ל (= 30 Ausnahmen) gelesen werden. — Der Schluss der Angabe: במ״א בני ידיהו (1 Chr. 24, 23.) ist gleichfalls unrichtig, weil erstens in allen Ausgg. hier וּבְנֵי (mit Waw) steht und zweitens dieser Vers ja vor ויקהל דוד (1 Chr. 28, 1.) steht u. es das. (nach dem Vorhergehenden) in der Regel am Aufange des Verses בְּנֵי, ohne Waw, heissen muss. Heid. will daher, nachdem er bemerkt, dass in guten Handschriften das במ״א בני ידיהו fehlt, was das Richtige ist, die Schwierigkeit dadurch lösen, dass er statt des במ״א liest וחד ובני ידיהו, indem er aus alten Ausgg. (Bomb. 1525. ed. Paris v. 1545.) und Handschriften nachweist, dass diese Stelle nicht ובני (das Nun mit Zere), sondern וּבְנַי oder וּבְנָי (mit Pathach oder Kamez des Nun) gelesen wird, so dass die Mass. diese Eigenthümlichkeit am Schlusse anzeigen will. —

2) Das הֵמָּה in der Angabe ist zu streichen; mit diesem Worte verbunden kommt es nur 2 M. vor; Jud. 19, 12. folgt הֵנָּה (nicht הֵמָּה). Die Angabe bezieht sich also nur auf die Verbindung לֹא מִבְּנֵי יִשְׂרָאֵל׃ —

3) Mf. l. c. werden nur 17 Stellen angeführt, wie auch der Herausgeber bemerkt: נשמט פסוק אחד וכו׳׃ Der fehlende Vers ist nun entweder Micha 1, 16., wenn die Mass. על בניך gelesen hat, (s. מ״ש das.) oder, was richtiger ist, dass 2 Reg. 4, 7. fehlt, wo zwar בניכי geschrieben ist (כתיב), aber וּבָנַיִךְ gelesen wird (קרי), dem d. Mass. folgt. — S. Mf. ו׳, 16. או״א, 117. —

4) Heid. bemerkt zu Gen. 48, 1. ד׳ דסמיכי וכו׳ תרין קמייתא בניו עמו ותרין בתרייתא ובניו עמו וכל שאר קריא בניו אתו׃ —

5) Die Angabe muss im Ganzen so heissen: כל אוריתא וְאֶת בָּנָיו במ״ד אֶת בניו, וכל שאר קריא דכו׳ אֶת בניו במ״ו וְאֶת בניו וסי׳׃ So giebt es Mpt. Hamb. Deut. 2, 33. an. Wenn Mf. בן, 13. auf Jos. 7, 24, hingewiesen wird, so fehlt die Ausführung das. (ed. Buxt.) Im Mpt. Hamb. l. c. sind sie so angeführt: במ״ו ואת בניו וסי׳ ויקח יהושע את עכן Jos. 7, 24.׃ ויקדש את ישי ואת 1 S. 16, 5.׃ כי אם איש את אשתו 1 S. 30, 22.׃ וידבקו פלשתים את 1 S. 31, 2.׃ וימצאו את שאול 1 Chr. 10, 8.׃ ותלו אותו ואת בניו על Est. 9, 25.׃

6) Die Angabe Num. 21, 32. ist verstümmelt und verwirrt; s. ausführlich מ״ש Jos. 17, 11. — Heid. (zu Mf. l. c.) führt die Schwierigkeiten dieser Angabe einzeln auf und nach vielfachen Versuchen führt er am Schlusse Folgendes an: אחר כתבי זאת מצאתי את שאהבה נפשי מסרת כ״י מסכמת עם כל מה שכתבתי וז״ל בדה״א ז׳׃ וּבְנוֹתֶיהָ ו׳ מלא וסי׳: מגדו ובנותיה 1 Chr. 7, 29.׃ דור ובנותיה, תרויהון בפסוק ibid.׃ בית אל ובנותיה 2 Chr. 13, 19.׃ ישנה ובנותיה ibid. שוכו ובנותיה 2 Chr. 28, 18.׃ תמנה ובנותיה ibid.׃ וכל נביאים דכו׳ מלא במ״ה חסר וסי׳: עקרון Jos. 15, 45.׃ תענך

בקע

בָּקַע ב׳. בק, 1. Ex. 38, 26. Mf.*

בּוֹקֵעַ ב׳ מל׳ בלישן. (3 בק, 2. Mf.

נִבְקְעוּ ב׳. בק, 4. Mf.

וַתִּבָּקַע ד׳. Num. 16. 31. 1 Reg. 1, 40. 2 Reg. 25, 4. Mf. בק, 3.

בקר

לְבַקֵּר ב׳ וחד וּלְבַקֵּר. בק, 5. 2 Reg. 16, 15. Mf. (S. Mf. ל׳, 12. Mf. או״א, 13. ר׳, 6.)

לֹא יְבַקֵּר ב׳. Lev. 13, 36.

לִפְנוֹת בֹּקֶר ב׳. Ex. 14, 27.

אוֹר הַבֹּקֶר. אור S.

מֵהַבֹּקֶר ג׳. בק, 10. 2 S. 24, 15. 1 Reg. 18, 26. Mf.

בַּבֹּקֶר ג׳ ר״פ. בק, 8. Mf.

בַּבֹּקֶר בַּבֹּקֶר ג׳. Ex. 16, 21, 36, 3. Jes. 50, 4. Ez. 46, 13. Zeph.*3, 5. 2 Chr.*13, 11. Mf. בק, 9.

וּבַבֹּקֶר ו׳. בק 7. Ex. 16, 12. Jes. 17, 11. Est.*5, 14. Mf.

וְלַבֹּקֶר ב׳. בק, 6. Ps. 30, 6. Mf.

לַבְּקָרִים ד׳ וא׳ לִבְקָרִים. Jes. 33, 2. Ps. 101, 8. Mf. בק, 11.

בְּפַר בֶּן בָּקָר. פרר S.

כַּבָּקָר ג׳. בק 13. Jes. 11, 7. Job*40, 10. Mf.

וּבְבְנֹתֶיהָ ד׳ ב׳ מלא וב׳ חסר. מ״ש (S. בן, 32. Mf. 1 Chr. 5, 16. —)

בְּנוֹתֵינוּ ד׳ מלא בלישן. Jud. 21, 18. Ps. 144, 12. Mf. בן, 31.

בְּנֹתֵיהֶם ה׳ חסר וי״ו וכל עורא דכו׳. Deut. 12, 31. Jer. 7, 31. Mf. בן, 29.

בעל

בְּעוּלָה ב׳. בע, 1. Mf.

בְּעֻלַת בַּעַל ב׳ דסמי׳ באוריתא. בע, 2. Gen. 20, 3. Mf.

לִבְעָלָיו ג׳. בע, 4. Ex. 21, 34. Koh. 5, 12. Mf.

בער

בֹּעֵר בָּאֵשׁ ב׳. (1 Deut. 4, 11.

בֹּעֲרִים ב׳ וחסר. (S. Mf. א׳, 22. או״א, 59.) Ez. 21, 31.

וּבִעֵר ב׳ בב׳ לישן. (S. Mf. א׳, 22. או״א, 59.) Ex. 22, 5. Lev. 6, 5.

בעת

נִבְעַת ב׳. Est. 7, 6. (S. Heid. das.)

תְּבַעֲתַנִי ג׳ ופתחין. בע, 6. Mf.

בצע

מַה־בֶּצַע ב׳ דסמי׳. בצ, 1. Gen. 37, 26. Ps.*30, 10. Mf.

בצר

בְּצֻרוֹת ו׳ וכו׳. (2 בצ, 4. Deut. 3, 5. Neh. 9, 25. Mf.

יִבָּצֵר ב׳. בצ, 2. Mf.

Jos. 17, 11. תענך. Jud. 1, 27. יבלעם דשופטים. ibid. ובנתיה באש תצתנה. Jer. 49, 2. וכל אוריתא דכו׳ חסר׳ עב״ל. S. auch Heid. in der Erklärung zur Haphtora am ersten Neujahrstage. —

1) Wenn die Massora ב׳=2 angiebt, so ist das scheinbar unrichtig, da diese Verbindung 4 M. vorkommt (Ex. 3, 2. Deut. 4, 11. 5, 23. und 9, 15.). Wahrscheinlich soll die Angabe so heissen: בֹּעֵר בָּאֵשׁ ב׳ הסנה וההר
Sie will damit bemerken, dass diese Phrase nur bei zwei Subst. (הסנה, וההר) vorkommt; die 3 letztgenannten fasst sie in וההר zusammen, da hier immer וְהָהָר davorsteht. — Das ist auch der Grund, warum das gewöhnliche „וסי״ nach der Zahl (ב׳) nicht steht; weil nicht die Stellen, sondern nur die Wörter angegeben werden sollen. —

2) Die richtige und vollständige Angabe hat Mf. l. c. Der Sinn ist, dieses Wort kommt unter 4 verschiedenen Formen vor und zwar in der Regel בְּצֻרֹת (def. Waw nach dem Zadi und plene Waw nach dem Resch); 2 M. בצרת (doppelt def.) 2 M. בצורות (doppelt plene) und 2 M. בצורת (plene nach dem Zadi und def. nach dem Resch), so dass es ausser der Regel 6 M. vorkommt, aber je 2 verschieden in Hinsicht auf plene und def. Waw. Wenn aber in Mpten. zu Job 28, 10. בצורות bemerkt wird: לית ומלא, so bezieht sich das לית auf die Form, in welcher das ב׳ Pathach hat, während in der anderen das ב׳ Schwa hat; es giebt aber von dieser Form (doppelt plene) zwei, wie oben angegeben.

3) Die Angabe Mf. l. c. ist in beiden Ausgg. (Bomb. und Buxt.) unrichtig und muss nach Vergleichung mit den resp. Angaben in d. Mp. und guten Druckausgaben so heissen: בּוֹקֵעַ ב׳ מלא וסי׳. בוקע עצים יסכן Koh. 10, 9. בוקע מים Jes. 63, 12. וחד חסר כמו פלח ובקע Ps. 141, 6. —

בקש

ובקשתם. ג' וחד בקשתם. Num. 16, 10. Deut.*4, 29. Jer.*29, 13. Mf. בק, 16. (Mf. ו', 9. או"א, 16.)

ומבקשי"י לי'. (S. הויה)

בקש ג' וחד ובקשו. Mf. בק, 14. (S. Mf. ו', 8. או"א, 15.)

ולבקש ד'. Ps. 104, 21. Mf. בק, 17.

בקשו ז' וחד ובקשו. Zeph. 2, 3. Ps. 105, 4. 1 Chr.*16, 11. Mf. בק, 15.

ויבקשו ג'. Mf. בק, 18.

ברר

כל ברויי דיוסף וכו'. Prov. 14, 14. (S. דרכי הנקוד 11 u. M. marg. Num. 23, 32.)

בר לית. 1) Prov. 14, 4.

ברה ה' כתיב ה' וכל לשון אכילה דכו' במ"א. Jud. 7, 24. Cant.*6, 8. Mf. בר, 2.

ברי ב' בב' לישן. 59 או"א. Prov. 31, 2. S.

ברא

ברא אלהים. S. אלה

בריאה ב' ומב' לישן. Num. 16, 30. (S. Mf. א', 22. או"א, 59.)

הבריאה ב'. Ez. 34, 3.

בריאות ג' מלא. Gen. 41, 5.

ברח

ברחת חד פתח וחד קמץ. 2) Gen. 16, 8.

ברחו ג'. 3) Ps. 57, 1. Mf. בר, 4.

לברח ג' וחסר. 4) Ez. 36, 33. Mf. בר, 5.?

מברח נ' חסר בלישן. Ex. 26, 28. Mf. בר, 7.

בריחם כלם חסר יו"ד תניין במ"א. Ex. 26, 26. 36, 32. Mf. בר, 8. (S. מ"ש 2 Chr. 14, 6. Jes. 43, 14.) 5)

בריחיה ד' ג' מלא 6) Mf. בר, 6.

ברך

וברוך ז' ג' ר"פ וד' באמצע פסוק. Gen. 14, 20. Deut. 28, 3. 1 S. 25, 33. 2 S. 22, 47. Ps. 72, 19. Mf. בר, 9. (S. Mf. ו', 22. או"א, 173.)

ברך י"ב ? Gen, 24, 1. Ex. 20, 10. Deut. 33, 1. 2 S. 6, 12. Jes. 61, 8.? Job*42, 12. Mf. בר, 21. 7)

וברך ג'. Ez. 23, 25. Deut.*7, 13. 1 S.*2, 20. Mf. בר, 15.

ברכו ד'. Gen. 27, 27. Jes. 19, 25. Mf. בר, 10.

מברכיך ב' וחד ומברכיך. Gen. 12, 3.

---

1) Diese Bemerkung zu Prov. 14, 4. scheint zu ibid. 11, 26. zu gehören, wo der Accent kein אס"ף (Athnach oder Silluk) ist, also eine Ausnahme bildet; denn 14, 4. hat es Athnach, das in der Regel ein Kam. haben muss. S. Randglosse Num. 23, 32. wo es richtig angegeben ist; auch das כל ברויי דיוסף bezieht sich auf die, welche nicht mit אס"ף stehen. S. auch דרכי הנקוד ed. Hannover Seite 11. und deutsche Anmerkung dazu. —

2) Die Angabe Gen. l. c. ist falsch, da es Mf. פת, 18. או"א 24. zu denen gezählt wird, die 2 M. vorkommen und Pathach haben, während es unter פת, 17. und או"א 23 fehlt. — S. Heid. im שום שכל zu Gen. l. c. — Es muss also in ב' ופתחין verbessert werden. —

3) Das Schlagwort Mf. בר, 4. ist sowohl in ed. Bomb. als in ed. Buxt. unrichtig unter בברכן (mit Kaf) angegeben und die Verweisung auf Ps. 37 (ל"ז) muss in 57 (נ"ז) geändert werden. Wenn Mp. zu Gen 35, 7. ב' = 2 angiebt, so ist auch das unrichtig; es muss ג' = 3 sein, wie es auch Mp. in Mpt. Erf. richtig ג' hat. —

4) Sowohl die Angabe Ex. als auch Mf. l. c. ist ungenau; sie muss heissen: ד' ג' חסר וא' מלא, wie auch zur Stelle ויקם יונה (Jona 1, 3.) bemerkt ist: מלא.

5) Die Angabe במ"א (2 Chr, 14, 6.) bezieht sich nur auf die Form בריחם (das Beth mit Schwa), denn in der Form des Beth mit Kam. kommt es nochmals plene des zweiten Jod vor. (Jes. 43, 14.) Darum variiren die Angaben der Mp. die bald ב' = 2, bald לית ומלא hat. —

6) Diese Mass. bezieht sich nur auf das Jod nach dem Resch; denn im Ganzen kommt diese Form 2 M. doppelt plene Jod, (Jer. 51, 30. s. Mp. das. und Thr. 2, 9.), 1 M. plene des ersten und def. des zweiten Jod (Jes. 15, 5.) und 1 M. def. des ersten und plene des zweiten Jod plur. (Jona 2, 7.) vor, also 3 M. plene und 1 M. def. des ersten Jod's. —

7) Wenn Job l. c. zwölf aufgezählt werden und doch bisweilen י"ג = 13 angegeben sind, so ist wahrscheinlich ברך (Ps. 10, 3.) mitgezählt. Das Mpt. Hamb. giebt an vielen Stellen י"ג an, zählt aber nur 12 (wie Job l. c.) und setzt nach ברך נבות das Wort וחברו, was wahrscheinlich bedeuten soll s. v. a. „in derselben Bedeutung" d. h. „Gott lästern," so dass ברך (Ps. l. c.) damit gemeint ist und in diesem Sinne genommen wird. —

מברך ג׳ וחסר ואחד ומברך׃ Num. 22, 6, Ps. 13, 2.
Mf. בר, 17. (S. Mf. ו׳, 8. או״א 15.)

לברך ט׳. Num. 24, 1. Deut. 27, 12. Jos. 8, 33. Mf. בר. 20.

ולברך ד׳. Deut. 10, 8. 21, 5. 28, 12. 1 Chr. 23, 14.
Mf. בר, 13.

וברך ג׳. Ps. 28, 9. Mf. בר, 16.

וברכו ב׳. Ps. 134, 2. (S. Mf. ב׳, 8. או״א, 62.)

ואברכהו ב׳ אחד פתח ואחד קמץ׃ Gen. 27, 33.
(S. מ״ש l. c. Mf. וא׳, 1. או״א, 47.)

ויברך אלהים׃ S. אלה

ויברך אתם ד׳ בתורה׃ 1) Mf. בר, 24.

יברכך י״י ד׳. S. הויה

תבורך ג׳. Jud. 5, 24. Mf. בר, 18.

יבורך ד׳ ב׳ פתחים׃ Ps. 112. 2. 128, 4. Mf. בר, 12.

וברכה ב׳ בב׳ לישן׃ Prov. 11, 26. (S. Mf. א׳, 22. או״א, 59.)

הברכה ב׳ בטעם אתנחתא׃ Ps. 133, 3.

כברכת ב׳. Deut. 12, 15.

ברכתי ג׳ וחד וברכתי׃ Gen. 33, 11. Lev. 25, 21.
Mf. בר, 19. (S. Mf. ו׳, 8. או״א, 15.)

ברכתך ב׳. Ps. 3, 10.

ברכות ד׳. Prov. 10, 6. 28,*20. Mf. בר, 11.

ברכת ו׳ ה׳ חסר וא׳ מלא׃ Gen. 49, 25. Ps. 21, 4. Mf. בר, 14.

ברך בחירק או בצירי אם הוא מלעיל או מלרע׃
S. Dan. 6, 11.

מברך בלשון ארמי Dan. 3. 12.

ברכוהי לית רפי׃ כל לשון ברכים דגשים במ״ב׃ Dan. 6, 11
(S. מ״ש Gen. 30, 3. Jud. 7, 6. Dan. 6, 11.)

ברק

וברק ג׳. Jud. 4, 16. Job 20, 25. Mf. בר, 27.

ברק ג׳. Mf. בר, 26. (S. Mp. Deut. 32, 41.)

ברת

בברית ג׳ רפין׃ Deut. 29, 12. 1 S. 20, 8. Mf. בר, 3.

בברית ה׳ דגשין׃ 1 Reg. 20, 34. 2 Reg. 23, 3. Mf. בר, 4. und 5.

בשש

S. בוש

בשל

מבשל ב׳ קמצין׃ Ex. 12, 9.

בשר

בשרה ג׳ חסר׃ 2 S.*18, 20. 2 Reg.*7, 9. Mf. בש, 4.
(S. מ״ש 2 S. l. c.)

לכל בשר ו׳. Num. 18, 15. Jes. 66, 24. Jes. 12, 12.
Mf. בש, 2.

והבשר ג׳. Mf. בש, 3.

ובשר ח׳. Gen. 2, 23. Lev.*13. 18. 1 Reg. 17, 6. Ez.*37, 8.
Job 10, 11. Mf. בש, 1.

בשר ערלתו ב׳ חסר את׃ Gen. 17, 24.

רחיצת בשרו׃ S. רחץ

בשרים ב׳ וכו׳. Prov. 14, 30. (S. Mf. א׳, 22. או״א, 59.

בתל

בתולות ד׳ ומשנין באתיהון וכו׳. Ps. 148, 12. (S. מ״ש Thr. 5, 11. Est. 2, 2. Ez. 44, 22.) 2)

ג.

גג

הגגה ב׳ א׳ חסר וא׳ מלא׃ Mf. גג, 2. (S. Mf. ה׳, 2. und 25. או״א, 64, u. 111.) 3)

---

1) Das ד׳ בתורה muss ה׳ בתורה heissen, da Gen. 5, 2. fehlt. —

2) Die Angaben über die Form dieses Wortes, besonders in Beziehung auf plene und def., sind nicht genau und zum Theil sich widersprechend; wenigstens geht das sicher daraus hervor, dass sie im B. Est. immer doppelt plene ist d. h. dass nach dem Thaw u. nach dem Lamed das Waw steht. — Ueber die anderen s. מ״ש l. c. — Heid. führt noch Folgendes an: ועתה מצאתי בכ״י מסרה ברורה וז״ל כל דבתולת הבתולת ח״ו במ״ד מלא וסי׳ רוממתי בתולות (Jes. 23, 4.)׃ בתולות אחריה רעותיה (Ps. 45, 15.)׃ בחורים וגם בתולות (Ps. 148, 12.)׃ וכל מגלת אסתר דכו׳ מלא, ינובב בתולות (Zach. 9, 17.) בתרי למדנחאי ולמערבאי בחד [ר״ל למדנחאי הוא מלא דמלא בתרי ווי״ן ולמערבאי בחד וי״ו]׃ נשים בציון ענו בתלת (Thr. 5, 11.) חסר דחסר עכ״ל, והנה בכללם אמר במ״ד ובפרטם לא מנה כ״א ג׳? לכן ברור שנשמט בו תתעלפנה הבתולות (Am. 8, 13.) שגם זה מלא דמלא בס״מ וכ״י ומסר עליו בכ״י ח׳ וצ״ל ד׳׃ עכ״ל הרו״ה׃

3) Das א׳ חסר וא׳ מלא bezieht sich auf das He am Ende, das 1 S. 9, 26 fehlt, s. Mf. ה׳, 25. או״א, 111. — Man sieht hieraus, dass das מלא und חסר der Mass. sich nicht blos auf אה״וי als matres lectionis bezieht, da das He hier ein He locale (ה׳ במקום ל׳) ist. —

גַּגּוֹ ד׳ בלישן. Ex. 30, 3. 37, 26. Ez.*40, 13. Mf. גג, 1.

גַּגּוֹתֵיהֶם ב׳ א׳ מלא וא׳ חסר. Mf. גג, 3.

גאה

גָּאוֹן ג׳ וא׳ וְגָאוֹן. Ez. 16, 49. Prov. 16, 18. Mf. גא, 1. (S. Mf. ו׳, 8. או״א, 15.)

גַּאֲוָה ה׳. Mf. גא, 2.

בְּגַאֲוָה ב׳. Ps. 31, 19.

גֵּוָה. S. גו.

גאל

גֹּאֵל כל׳ חסר במ״ב מלאים. Gen. 48, 16.

גָּאַל ג׳ וחסר. Lev. 27, 13. Mf. גא, 3.

גבב

גַּב לית פתח וא׳ קמץ. Ez. 43, 13. (S. Mf. פת, 17. או״א 23.)

גוּבָּא כלהון א׳ בסוף. Dan. 3, 21.

גבה

גָּבַהּ ה׳ וחד וְגָבַהּ. Ez. 28, 2. Mf. גב, 1.

הַגְבֵּהַ ב׳. Ez. 21, 26.

גֹּבַהּ ג׳ וחסר. Prov. 16, 18. Job*22, 12. Mf. גב, 2.

כְּגֹבַהּ ב׳. Ps. 10, 4. (S. מ״ש das.)

גבל

גְּבֻל ט׳ חסר בליש׳. Num. 21, 13. 34, 9. Deut. 3, 17. Mf. גב, 4.

וְעַד גְּבוּל ד׳ בקריאה. Jos. 13, 3. Ez.*29, 10. Mf. גב, 11.

עַל גְּבוּל ה׳. Num. 20, 23. Jos. 19, 12. Mf. גב, 6. (S. מ״ש Ez. 11, 11.)

גְּבוּלְךָ ג׳ מלא בתורה. Ex. 7, 27. 10, 4. Deut.*28, 40. Mf. גב, 9. (S. מ״ש Ex. 10, 4.) 1)

גְּבוּלְכֶם ג׳ ב׳ חסר וא׳ מלא. Mf. גב, 12. (S. מ״ש Amos 6, 2.)

גְּבֻלוֹ ה׳ חסר. Gen. 23, 17. Num. 21. 23. Jud. 11, 20. Mf. גב, 5. (S. מ״ש Jos. 18. 5.)

אֶל גְּבוּלוֹ לית וחד עַל גְּבוּלוֹ. Job 38, 20. (S. Mf. אל, 24. או״א, 2.)

גְּבוּלוֹת חסר ומלא. S. Num. 32, 33. Ps.*74, 17. Job 24, 2. Mf. גב, 8. 2)

לִגְבוּלֹתֶיהָ ד׳ דאוריתא לִגְבֻלֹתֶיהָ יהושע.
לִגְבוּלֹתֶיהָ. Num. 34, 2. Mf. גב, 7.

גבע

עַל הַגִּבְעָה ג׳. 3) Mf. גב, 15.

גִּבְעַת עוֹלָם ג׳ ב׳ מלאים וא׳ חסר. Gen. 49, 26. Hab.*3, 6. Mf. גב, 13.

גָּבִיעַ מלא וחסר. 4) S. Ex. 37, 19. Mf. גב, 14.

(הַמִּגְבָּעוֹת. Ex. 39, 28. S. מ״ש)

גבר

גֶּבֶר י״ח. 5) Mf. גב, 17

גְּבַר ג׳. Dan. 2, 25. Mf. גב, 16.

אַשְׁרֵי הַגֶּבֶר. אשר S.

גִּבֹּר ג׳ חסר. Gen. 10, 8. Mf, גב, 24.

גִּבּוֹר ג׳ סבירין גִּבּוֹרֵי וסי׳ וכו׳. 2 Chr. 17, 16. (S. מ״ש)

וְגִבּוֹר ג׳. Mf. גב, 19.

---

1) Diese Angabe bezieht sich auf das Waw nach dem Beth ohne Rücksicht darauf, ob das Lamed, Schwa oder Segol hat d. h. ob es in Pause steht oder nicht? — In ed. Buxt. Mf. Art. גב, 9 ist der Fehler eingeschlichen, dass Art. 8 und 10 zusammengezogen sind und der darum unverständlich ist. In ed. Bamb. fehlt er mit Recht.

2) Die verschiedenen Angaben sind von einander abweichend; die zu Num. 32, 33 ist insofern unklar, dass sie die Schlagstelle (בִּגְבֻלֹת) nicht verzeichnet, die aber nach Mp. doppelt def. Waw zu sein scheint. Es wären demnach: 2 doppelt def. Waw (Num. 32, 33 und Deut. 32, 8.); 2 def. nach dem Beth (Jes. 10, 13. und Job 24, 2.) und 1 M. doppelt plene Waw (Ps. 74, 10.), was auch mit der Angabe zu Ps. 74, 17. übereinstimmt; nur ist dann auffallend, wie Heid. bemerkt, das ושארא וכו׳, da es doch überhaupt nur 5 dieser Form giebt? — Am Rande der Mf. l. c. führt Heid. folgende Stelle, aus einem alten Mpte an: הארץ לעריה, בגבלת כתיב. Num. 32, 33. יצב גבלת עמים, חסר דחסר. Deut. 32, 8. ואסיר גבולת עמים, כתיב. Jes. 10, 13. אתה הצבת כל גבולות, כתיב. Ps. 74, 17. גבלות ישיגו, גבלות כתיב. Job 24, 2. עכ״ל.

3) Das ג׳ = 3 muss wohl ב׳ = 2 zu lesen sein; es kommt nur 2 M. so vor. Das דד״ה veranlasste wohl den Fehler, da diese Stelle nicht zu finden ist.

4) Nach Mm. Ex. l. c. ist der Singular immer plene Jod nach dem Beth und der Plur. immer def.; nach Mf. גב, 14 aber ist der Plur. Jer. 35, 5 doppelt plene Jod? — רמ״ה s. rad. entscheidet nichts, da dieser immer, wie bekannt, nur zum Pentat. seine Bemerkungen macht.

5) Das י״ח = 18 ist in י״ט = 19 umzuändern, wie es auch Mpt. Hamb. angiebt und Job 34, 9 hinzufügt. Es sind 5 Eigennamen (עֶצְיוֹן גֶּבֶר) und 14 Appellativa.

גִּבֹּרִים ז׳ חסרים. Jos. 10, 2. Cant. 3, 7. Mf. גב, 22.
(S. מ״ש Jes. 5, 22. Jer. 5, 16. Prov. 21, 22.) 1)

הַגִּבּוֹרִים ז׳ מלא. 2) Joel 3, 9. 1 Chr.*11, 19, Mf. גב, 23.

בַּגִּבּוֹרִים ד׳ מלא. Jud. 5, 13. Mf. גב, 21.

גִּבֹּרֵי הַחַיִל ה׳. 3) Mf. גב, 25.

גִּבֹּרֵי הַחֲיָלִים ד׳. 4) Mf. גב, 26.

גְּבִרְתָּהּ ד׳ וחד כַּגְּבִרְתָּהּ. Gen. 16, 4. 2 Reg.*5, 3.
Mf. גב, 18.

גְּבוּרוֹת ב׳ מלא. 5) Ps. 106, 2. (S. מ״ש Ps. das.)

וּכְגְבוּרֹתֶיךָ לי׳ כ״כ וג׳ בלישן. Deut. 3, 24. Mf. גב, 20.
(S. מ״ש Deut. l. c. Jes. 63, 15.)

גדד

גַּד ב׳ פתחין וא׳ לַגָּד. Mf. גד, 1.

יְגֻדֶנּוּ ב׳ א׳ מלא וא׳ חסר. Gen. 49, 19. Hab. 3, 16.
Mf. גד, 2. (S. Mf. ו׳, 3. או״א, 66.) 6)

הַגְּדוּד ה׳. 7) Mf. גד, 3.

גדה

גְּדָיֵי עִזִּים לית וחד גְּדָיֵי הָעִזִּים. Gen. 27, 9.
(S. Mf. ה׳, 11. או״א, 3.)

גְּדוֹתָיו ד׳. Jos. 4, 18. Mf. גד, 23.

גדל

גָּדֵל ג׳. Gen. 26, 13. 38, 14. Mf. גד, 17.

גְּדֹלָה ג׳ אנ״ך. Gen. 19, 13. 1 S. 26, 24. Esr.*9, 6.
Mf. גד, 13.

וְגָדֵל ג׳. Gen. 26, 13. Mf. גד, 5.

הַגָּדֵל ג׳ חסר בלישן. 1 S. 12, 24. Mf. גד, 7.

גָּדֹל ג׳ חסר בלישן. Deut. 1, 17. 26, 8. Ps.*48, 2. 57*, 11.
Mf. גד, 16. 8)

וְגָדוֹל ג׳. 9) Gen. 26, 13?

---

1) Es muss בלישנא hinzugefügt werden, da eins כַּגִּבֹּרִים (Zach. 10, 15) ist; daher geben Einige nur ו׳ = 6, an, weil sie letzteres nicht mitzählen. Als das 3te wird in Cant. l. c. 2 S. 1, 27 angeführt, was aber wohl nicht richtig ist, da Mp. zu 2 S. 1, 25 angiebt ז׳חסר (kann also 1, 27 nicht dazu gehören). Die Angabe zu Jos. 10, 2 entscheidet nichts, da sie blos איך נפל anführt, das sowohl 2 S. 1, 27 als auch ibid. 25 sein kann. — Heid. entscheidet sich für 2 S. 1, 25.

2) Wegen der verschiedenen Praefix. muss בלישנא hinzugefügt werden. Die Angaben zu Joel und Chr. l. c. sind fehlerhaft, indem Cant. 4, 4. gezählt und Joel l. c. (auf welchen Vers die Angabe sich bezieht) ausgelassen wird. Das Richtige hat Mpt. Hamb. 1 Reg. Anfang (wie auch ein v. Heid. angef. Mpt.) das so lautet: הַגִּבּוֹרִים, וְהַגִּבּוֹרִים ז׳ מלא וסי׳ ושמעי ורעי והגבורים 1 Reg. 1, 8. ואת נתן הנביא ובניהו ibid. 1, 10. עלו הסוסים Jer. 46, 9. קראו זאת Joel 3, 9. אלה עשו שלשת הגבורים, דד״ה 1 Chr. 11, 19. ואת כל צבא ibid. 19, 8. עם הסריסים ibid. 28, 1. aber — Cant. 4, 4. ist, wie gewöhnlich def. Waf, wie es auch Heid. aus dem Mpt. v. 1294 nachweist.

3) Die Zahl ה׳ = 5 bezieht sich nur auf die Verbindung mit הַחַיִל (das Cheth mit Pathach); aber mit Kam. (הֶחָיִל) giebt es noch 2, nemlich Jos. 7, 2 und 10, 7. — Zu dem Worte גִּבֹּרֵי führt Heid. eine Massora an, welche so lautet: גִּבֹּרֵי ה׳ חסר בלישנא וסי׳ למצד מדברה גברי החיל 1 Chr. 12, 8. ארבעת גברי השוערים Ibid. 9, 26. ויועץ עם שריו וגבריו 2 Chr. 32, 3. ואחיהם גברי חיל Neh. 11, 14. מגברי ישראל Cant. 3, 7. Hiermit stimmt die Mp. zu den Stellen überein.

4) Das הַחֲיָלִים (mit He des Art.) ist uncorrect, es muss גִּבֹּרֵי חֲיָלִים ד׳ heissen, wie das die angeführten Stellen nachweisen.

5) Die Mp. welche ג׳ = 3 angiebt, rechnet בִּגְבוּרוֹת (Ps. 20, 7) dazu, das gleichfalls doppelt plene Waw ist.

6) Den Zusatz: א׳ מל׳ וא׳ חסר will Heid. streichen (wie auch Hab. l. c. nur ב׳ = 2 angegeben und nichts von מלא oder חסר erwähnt ist), da in den Ausgaben, wie in den Handschriften beide plene Waw sind; er führt auch dafür ein Mpt. an, das nur ב׳ angiebt und das übrige auslässt. S. תקון ספרים zu Gen. 49, 19.

7) S. die verschiedenen Angaben der Mp. zu den Stellen; im Ganzen sind es 8. — Sollte das ה׳ aus ח׳ = 8 entstanden sein? — Warum zählt aber die Mass. nur 5 Stellen auf?

8) Deut. 1, 17. u. Ps. 48, 2. wird als 3te Stelle Ps. 108, 5. angegeben, während Ps. 57, 11. diese Stelle als 3te angeführt ist. — Was ist das Richtige? Oder sollten beide wegen ihrer Aehnlichkeit als eine gezählt worden sein, indem es in Wirklichkeit 4 Mal def. vorkäme?

9) Die Angabe zu Gen. 26, 13. ist scheinbar falsch, da ja וְגָדוֹל 8 Mal vorkommt, s. folgenden Art. Indessen ist das nur scheinbar; denn unsere Angabe bezieht sich nur darauf, dass הלך vorangeht und deren giebt es nur 3 mit וְגָדֵל und 3 mit וְגָדוֹל, weswegen es auch als Anhang zu וְגָדֵל (וחילופיהון), dem auch הלך vorangeht, angefügt ist. Wenn aber משה angegeben wird, so ist das unrichtig; es muss heissen: דוד, מרדכי; bei ersterem kommt es 2 Mal vor (2 S. 5, 10 und 1 Chr. 11, 9.); bei משה aber gar nicht. —

וְגָדוֹל ח׳. Mf. גד, 4. Job. 3, 19. Est.*9, 6. 1. Chr. *11, 19.

הַגָּדוֹל ח׳ מלא. Gen. 10, 21. Lev. 21, 10. Deut. 4, 6. 29, 24. 34, 12. Jer. 44, 26. גד, 6. (S. מ״ש Gen. 15, 18. Num. 34, 6.) 1)

וְהַכֹּהֵן הַגָּדוֹל. S. כהן.

גְּדֹל ג׳ ב׳ מלא וא׳ חסר. Mf. גד, 10. Jer. 32, 19.

גְּדוֹלִים, הַגְּדוֹלִים ו׳ מלא בקריא. Jud. 5, 16. Jer. 25, 14. Ps. 111, 2. Neh. 11, 14. Mf. גד, 12.

גְּדוֹלָה ד׳ מלא בתורה. Num. 22, 18. Deut.*4, 36 ? 25, 13. Est. 4, 1. Mf. גד, 8 u. 9. (S. מ״ש Neh. 6, 3.) 2)

גְּדֹלֹת, הַגְּדֹלֹת כל אוריתא חסר דחסר במ״א וכל נביאים וכתובים דכו׳ גְּדֹלוֹת במ״ב גְּדוֹלֹת כתיב מ״ו קדמא. Deut. 27, 2. Mf.*גד, 11. (S. מ״ש Jos. 24, 17.)

כְּגֹדֶל ב׳ חסר? Mf. גד, 15. Ps. 79, 11.

וּמִגְדָּל ו׳. Mf. מג, 3. Gen. 11, 4. Jos. 15, 37. Jud. 9, 51.

מִגְדַּל־וּמִגְדַּל עֹז ג׳ דסמיכי בלישן. Jud. 9, 51. Ps.*61, 4. Prov. 18, 10. Mf. מג, 4.

גְּדִלִים ב׳ וחסר יו״ד קדמא. Mf. גד, 14. Deut. 22, 12.

גדף

גִּדְּפוּ ג׳. Mf. גד, 21. 2 Reg. 19, 6.

גדר

גָּדַר ג׳. Mf. גד, 22. Job 19, 8. Thr. 3, 7.

וּגְדֵרֹת ב׳ וחסר. Num. 32, 24.

גהר

וַיִּגְהַר ג׳. גה, 1. Mf.

גוב

גֹּבַי ב׳ א׳ חסר ופתח וא׳ מלא וקמץ. Mf.*גב, 3. Am. 7, 1.

גוה

גֵוָה ה׳ בלישן. Mf. גו, 1. Deut. 4, 34.

גְּוִיּוֹת ב׳ א׳ מלא וא׳ חסר. Ps. 110, 6.

גוי

וְגוֹי ד׳. Mf. גו, 3. Ex. 9, 6. Jes.*55, 5. Jer. 50, 41.

לְגוֹי עָצוּם ג׳. Mf. גו, 10. Jes. 60, 22.

מִגּוֹי אֶל גּוֹי ג׳. Mf. גו, 11.

גּוֹיִם ה׳ זוגין. S. זוגין.

עַל גּוֹיִם ב׳. Ps. 47, 9.

אֶל הַגּוֹיִם ה׳. Mf. גו, 8. Jes. 66, 19. Ez.*39, 28. Zach. 2, 8.

כְּכָל הַגּוֹיִם ד׳. Mf. גו, 9. Deut. 17, 14. 1 S.*8, 5.

עַל הַגּוֹיִם ה׳. Mf. גו, 6. Jer. 1, 10. *46, 1. Ez.*29, 15.

עַל כָּל הַגּוֹיִם י׳ בקריאה. Mf. גו, 7. Deut. 26, 19. (S. מ״ש Jer. 46, 1.) 3)

וְהַגּוֹיִם לית. (או״א, 9. וא, 2. u. ה׳, 18. S. Mf.) Ps. 106, 5.

וּבַגּוֹיִם ד׳. Mf. גו, 4. Deut. 28, 65.

כַּגּוֹיִם ג׳ דגשין. ? Mf. גו, 5. 2 Reg. 17, 11. Ez.*20, 32.

---

1) Wenn man die angegebenen Anführungen vergleicht (s. auch רמ״ה s. rad. und מ״ש l. c.), so kommt das Wort הַגָּדוֹל im Pentat. immer def. Waw vor mit Ausnahme von 8 Stellen, wo es plene Waw ist, wie angegeben; in den übrigen BB. der Bibel aber ist es immer, ohne Ausnahme plene Waw. Wenn es aber Ps. 48, 2 heisst: כלהון מלא במ״ג, so bezieht sich das auf die andern Formen von גָּדוֹל, ausser הַגָּדוֹל (mit dem Art.), das eine andere Regel befolgt, wie oben angegeben. Die Bemerkung des ersten Herausgebers zu Mf. גד, 6. hat schon מ״ש l. c. beseitigt. —

2) Nach den angeführten Angaben ist das Resultat: Diese Form ist im Pent. immer def. Waw, mit Ausnahme von 4 Stellen, welche Num. 22, 18. angeführt sind; in den übrigen BB. der Bibel ist sie immer plene Waw mit Ausnahme von 8 Stellen (2 M. in den BB. der Proph. und 6 Mal in den Hagiogr.), wie sie Est. 4, 1. angegeben sind. Im B. Dan. ist es immer def. mit Ausnahme einer Stelle, s. Est. l. c. — Deut. 4, 36. ist statt במ״ח zu lesen במ״ד. — Mf. גד, 8. ist das ה׳ חסרים entweder in ח׳ = 8 umzuändern, oder es bezieht sich nur auf גְּדֹלָה und lässt וּגְדֹלָה und הַגְּדֹלָה unberücksichtigt, durch welche letztere es 8 sind.

3) Die Stellenangabe fehlt sowohl Deut. als Mf. l. c. — Mpt. Hamb. zu Jes. 25, 7. und Jer. 25, 13. führt sie folgendermassen an: על כל הגוים י׳ וסי׳ ולתתך עליון על כל הגוים. Deut. 26. 19. זאת העצה היעוצה. Jes. 14. 26. והמסכה הנסוכה. Jes. 25, 7. הנני שלח ולקחתי את כל משפחות. Jer. 25, 9. כי קצף לי״י על כל הגוים. Jes. 34, 2. והביאותי על הארץ ההיא. Jer. 25, 13. קח לך מגלת ספר. Jer. 36, 2. כי קרוב יום י״י. Ob. 1, 66. ואסערם על כל הגוים. Zach. 7, 14. ויצא שם דוד (על כל הגוים). 1 Chr. 14, 17.

לְגוֹיִים לית׳. 1) Ps. 106, 5.

גּוֹיֵי ג׳ מלא וכל אוריתא דכו׳. Jer. 33, 9. Mf. גו, 2.
(S. מ״ש Jer. 26, 6. 2 Chr. 32, 17.)

גּוֹיֶךָ לית׳. Ps. 106, 5.

גול

גִּיל ג׳ וחד וְגִיל׳ (S. Mf. ו׳, 8. או״א 15.) Mf. גי, 5,

תָּגִיל ב׳. Jes. 41, 16.

וַיָּגֶל ב׳ (בב׳ לישן). Gen. 29, 10. Ps.*16, 9. (S. Mf. א׳, 22. או״א, 59.)

גור

גָּר שָׁם ד׳ בקרי׳. Gen. 35, 27. Deut. 18, 6. Esr.*1, 4.

גַּרְתִּי ב׳ (ומב׳ לישן). Ps. 120, 5. (S. או״א, 59. Anmerkg.)

הַגָּרִים ד׳ קמץ (בלישן?). Lev. 25, 45. Mf. גר, 4.

גּוּר ב׳ ר״פ בסיפרא בב׳ לישנא. Gen. 26, 3. (S. או״א, 59. Anmerkung.)

אָגוּר. S. אגר

וְכִי יָגוּר אִתְּךָ ב׳. Lev. 19, 33.

וַיָּגָר ב׳ בלישן דחילא. Num. 22, 3.

גֵּר ג׳ ר״פ. Gen. 23, 4. Jer.*7, 6. Mf. גר, 1.

כַּגֵּר כָּאֶזְרָח ג׳. Mf. גר, 5.

מְגוּרֵי ב׳ בב׳ לישן. Gen. 37, 1. Ez.*21, 12. (S. Mf. א׳, 22. או״א, 59.)

(מְגוּרֵיהֶם ב׳ מלאים. Gen. 36, 7. S. מ״ש)

גזז

וַיָּגָז ב׳ בתרי לישני. Num. 11, 31. (S. Mf. א׳, 22, או״א 59.)

גזל

גָּזָל ב׳ קמץ. 2) Lev. 5, 23.

גזר

נִגְזַר ג׳. Mf. גז, 1.

גיא

גַּי ג׳ חסרים א׳ בלישן. מ״ש Deut. 34, 6. Mf. גי, 2. (S. Jos. 8, 11.)

גֵּיא ב׳ פתחים חד כתיב ה׳ וחד כתיב א׳. Mf. גי, 3.

גֵּי ט׳ כתיב י׳ וכל יהושע דכו׳ חסרים א׳. Jos. 18, 16. 2 Reg. 23, 10. Zach.*14, 5. Neh. 11, 35. Mf. גי, 1. 3)

גֵּיהִנֹּם ג׳. Mf. גי, 4.

גלל

גֹּלּוּ ב׳. Jos. 10, 18.

וַיָּגֶל. S. גול

לְגַלִּים ג׳. Jer. 9, 11. Mf. גל, 1.

גֻּלֹּת ז׳ חסר׳. מ״ש Jos. 15, 19. 1 Reg.*7, 41. Mf. גל, 2. (S. 1 Reg. l. c.)

גְּלִילֵי ב׳ חד מלעיל. Cant. 5, 14.

לְגֻלְגֹּלֶת ג׳ וחסר׳. Ex. 16, 16. 38, 26. Mf. גל, 4.

לְגֻלְגְּלֹתָם ז׳. 4) Mf. גל, 5.?

גלה

גֹּלֶה, גּוֹלֶה ה׳ ג׳ חסר וב׳ מלא׳. 2 S. 15, 19. Mf. גל, 6.

גֹּלָה ד׳ חסר בלישן. Nah. 3, 10. Est.*2, 6. Mf. גל, 7.

גָּלוּת ב׳. Mf. גל, 10.

---

1) Die Angabe לית l. c. soll sich wohl auf לְגוֹיֵהֶם beziehen, das nur 1 M. vorkommt, s. Mp. Gen. 10, 31. — לְגוֹיִים oder לַגּוֹיִם kommt mehr als 1 Mal vor.

2) Die Angabe Lev. l. c. ist fehlerhaft, 1) weil גָּזָל (mit Kam.) 3 Mal vorkommt (Lev. 6, 4. Ez. 18, 12. u. 18, 16.) und 2) ist Ez. 18, 17. als Belegstelle angeführt, wo es nicht vorkommt. — Würde nicht עין הקורא zu Lev. l. c. eben so angeben (גָּזֵל ב׳ גזולות), so könnte man glauben, dass unsere Angabe ein Irrthum sei und sich vielmehr auf גָּזֵל bezöge, wie es Ez. 18, 18. heisst: גָּזֵל ב׳ קמצין (Zere wird in der Mass. durch קמץ קטן = קמץ bezeichnet); wie sie aber einmal steht muss das ב׳ קמץ sich auf diese Form beziehen, wenn sie ein trennendes Tonzeichen (Rabia od. Sakef) ausser Athnach und Silluk (אם״ף) hat, da letztere in der Regel das Kam. statt Pathach verlangen. Das 3te גָּזָל (Ez. 18, 16.) hat nun Athnach und wird daher hier als seltenere Form nicht mitgezählt. Jedenfalls ist der V. מעני השיב ידו falsch angeführt und muss etwa heissen: עני ואביון הונה = גזולות des עה״ק l. c. —

3) In Jos. und Zach. l. c. sind nur 8 Stellen (= ח׳) angeführt, wie es auch nur 8 giebt, in denen das Alef fehlt. — Zwischen גֵּי הָעוֹבְרִים und וְחוֹסֶמֶת ist zwar ein Komma gesetzt, was wahrscheinlich zu der Angabe ט׳ = 9 Veranlassung gegeben hat; beide gehören aber zusammen und bilden nur eine Stelle (Ez. 39, 11.). —

4) Das ז׳ = 7 l. c. muss in ו׳ = 6 verändert werden, da es nur 6 Mal vorkommt; die unrichtige Abtheilung des ויספרו הלויים (1 Chr. 23, 3.), das nur 1 Stelle bildet, hat zu der falschen Angabe Veranlassung gegeben. — Ed. Buxt. hat הקהילו (Num. 1, 18.) mit Unrecht ausgelassen; ed. Bomb. hat es vor ויהיו בני ראובן בכור. —

וַיִּגֶל ד׳ וא׳ וְיִגֶל וא׳ יִגֶל 2 Reg. 25, 21. Job 36, 10.
1) (S. מ״ש 2 Reg. 17, 23. Mf. גל, 8.

תִּגָּלֶה ג׳ וחד וְתִגָּלֶה. Mf. גל, 9. Ez. 16, 57.? Ex. 20, 25.

(לְגָלְתֵנוּ ב׳ בקריא וחסר. S. מ״ש Ez. 33, 21.)

גלמד

גַּלְמוּד ג׳. Mf. גל, 11. 30,*3. Job 15, 34.

גמא

גֹּמֶא ג׳ וחסר וחד וְגֹמֶא. Mf. גמ, 2. Jes. 18, 2. Ex. 2, 3.

גמל

גָּמֻל ו׳ חסר בלישן 2) (s. מ״ש Joel 4, 4.) Mf. גמ, 13?

גנן

עַל גַּן כל לשון גַּן אֶל במ״ג עַל. Mf. גן, 1. 2 Reg. 25, 4.

כְּגַן ד׳. Mf. גן, 2. Jer.*31, 12. Deut. 11, 10.

גנב

יִגְנֹב ב׳ א׳ חסר וא׳ מלא. Prov.*6, 30. Ex. 22, 1.

כַּגַּנָּב ג׳. Mf. גנ, 3.

גנז

אֶל גִּנְזֵי לית וחד עַל גִּנְזֵי. Est. 3, 9.
(S. Mf. אל, 24. או״א, 2.)

גער

וַיִּגְעַר ב׳. Gen. 37, 10.

געש

וַיִּתְגָּעֲשׁוּ ג׳. Mf. גע, 1. Ps. 18, 8.

גרה

יְגָרֶה ג׳ ובסיפרא. Mf. גר, 3. Prov. 15, 18.

גְּרוֹנָם ג׳ בלישן ובסיפרא ב׳ מלא וא׳ חסר. Ps. 115, 7. 149,*6. Mf. גר, 12.

גרן

גֹּרֶן ד׳ מיחדין. Jes. 10, 15. Mf. גר, 6. (S. Mf. ב׳, 5.
או״א, 6. Mf. ג׳, 1. ה׳, 19. או״א, 1. (ג׳).

גרל

גֹּרַל ד׳ חסר בלישן ופתח. Num. 36, 3. Jos.*18, 11. Ps.*125, 3. Mf. גר, 10. 3)

גֹּרָל ד׳ חסר וי״ו בלישן. Lev. 16, 8. Mf. גר, 9. (S. מ״ש Dan. 12, 13. Neh. 11, 1.)

בְּגוֹרָל ה׳ רפין 4) Jos. 14, 2. Jud. 20, 9. Mf. גר, 8.

בַּגּוֹרָל ד׳ דגשין וכלהון מלאים וי״ו 5) Jos. 21, 4. Mf. גר, 7.

וְגוֹרָל ב׳ ומלא. Lev. 16, 8.

גרם

גֶּרֶם ג׳. Mf. גר, 11.

גרש

(מְגֹרָשָׁה לית כוותי׳... Mpt. Hamb. Lev. 2, 16.)

גָּרֵשׁ ג׳. Mf. גר, 14. Gen. 21, 10. Ex. 11, 1. Prov.*22, 10.

---

1) 2 Reg. l. c. ist unter den 4 Stellen angegeben: ויגל השארית דד״ה (2 Chr. 36, 20.), wo es aber entschieden וַיֶּגֶל (das Jod mit Segol) gelesen wird, s. מ״ש 2 Reg. 17, 23. — Mpt. Hamb. hat es richtig: ויגל ישראל מעל אדמתו 2 Reg. 17, 23. ויגל יהודה מעל אדמתו 2 Reg. 25, 21. וחברו Jer. 52, 27. ויגל אזנם למוסר Job 36, 10. וחד וַיִּגֶל ויגל בלחץ אזנם Job 36, 15.

2) Einige geben ז׳ = 7 an; wie Heid. bemerkt, sind in Ps. 131, 2 beide כגמל def. Waw.

3) Die Angaben über die Formen גֹּרָל und גֹּרַל sind vermischt und darum uncorrect angegeben. — Das Richtige ist 1) in dieser Form hat das Resch immer Kam. mit Ausnahme von 4 Stellen, wo es Pathach hat. S. Num. 36, 3. Jos.*18, 11. Ps.*125, 3. und Mf. גר, 10; 2) ist die Silbe גו immer plene Waw, mit Ausnahme von 4 Stellen, in welchen sie def. ist. S. Num. 36, 3. Mf. גר, 9.

4) Das ה׳ רפין ist unrichtig, indem diese Form (das Beth mit Schwa) mehr, als 5 Mal vorkommt. — Sie muss wohl mit Berücksichtigung der Mp. zu Jud. 20, 9. so gegeben werden: ד׳ רפין וכל במדבר דכו׳ d. h. ausser Numeri kommt diese Form (das בְ mit Schwa) noch 4 Mal vor. Das Jos. 14, 2. angeführte ויצו משה את בני ישראל gehört nicht dahin, da es in Num. 14, 13. sich befindet und also in וכל במדבר דכו׳ inbegriffen ist. — Würden Jos. l. c. die Stellen nicht angeführt sein, so könnte man das ה׳ = 5 in ח׳ = 8 umändern, da das Wort בְּגוֹרָל wirklich nur 8 Mal vorkommt. S. Concord.

5) Eigentlich kommt diese Form (das Beth mit Pathach und darauf folgendem Dagesch) 7 Mal vor, weswegen einige Mpte. auch ז׳ = 7 angeben; wenn daher unsere Angabe kein Schreibfehler ist, so muss hinzugefügt werden בסיפרא, d. h. im B. Josua kommt jene Form nur 4 Mal vor. —

(מִגְרָשֶׁיהָ. (S. מ"ש Jos. 21, 13.

מִגְרְשֵׁיהֶם, מִגְרְשֵׁיהֶן. ה׳ חילופי קריא׳ Jos. 14, 4. Mf. או"א, 271.

גרגר

גַּרְגְּרֹתֶיךָ חסר ומלא. Mf. גר, 13. Prov. 1, 9.

ד׳

דאר

דֹּאר. דור S.

דבק

דָּבְקָה ב׳. (פי׳ עם שמוש ל׳) Ps. 44, 26.

דָּבֵקָה לית. (S. Mf. ק׳, 2.) Job 29, 10.

יְדֻבָּקוּ ב׳. Job 41, 8.

וַיִּדְבְּקוּ ג׳. Mf. דב, 1.

דבר

וְדֹבֵר ה׳ וחסר. Ps. 15, 2. Prov. 16, 13. Mf. דב, 25.

דֹּבְרֵי ד׳ ג׳ חסר וחד מלא. Ps. 5, 7. Mf. דב, 23.

דבור אִתָּם ו׳ בלישן. Gen. 42, 7. Mf. דב, 3.

דִּבֵּר, כל דבור אִתּוֹ אִתָּם אִתְּךָ במ"ט אותו אותם אותך. וכל דבור דיחזקאל דכו׳. Gen. 21, 2. 23, 8. Num. 26, 3. Jer. 5, 6. 2 Chr.*18, 23. Mf. את, 79.

דבור בלשון עִם ז׳ בתורה. Deut. 5, 4. Mf. דב, 2.

דבור אֶל כָּל בְּנֵי יִשְׂרָאֵל ה׳ בתורה? Mf. יש, 69.

דִּבֵּר ב׳ ר"פ. Gen. 42, 30. (S. Mf. ר׳, 21. או"א, 171.)

(דִּבֵּר. (S. מ"ש 1 Reg. 8, 15.

דִּבֶּר טוֹב עַל ב׳. Num. 10, 29.

דִּבֶּר י"י בְּיַד מֹשֶׁה. הוי"ה S.

וַאֲשֶׁר דִּבֶּר ב׳. Jer. 9, 12.

כַּאֲשֶׁר דִּבֶּר י"י אֱלֹהֵי אֲבֹתֶיךָ לָךְ. הוי"ה S.

דִּבַּרְתָּ ג׳ פתח באתנח בסיפרא. (טעם S.) Ex. 10, 29.

וְדִבַּרְתָּ אֵלָיו ג׳ (צ"ל ד׳). Ex. 4, 15. 9, 1. 1 Reg. 21, 19. Mf. דב, 27.

דִּבַּרְתִּי ב׳ ר"פ. (S. Mf. ר׳, 21. או"א, 171.) Koh. 2, 16.

דִּבַּרְתִּי וְעָשִׂיתִי ד׳. Mf. דב, 28. Ez. 17, 24. 36,*37.

וְלֹא דִבַּרְתִּי ב׳. Mf. דב, 39.

הַמְדַבֵּר ד׳. Mf. דב, 20. Gen. 45, 12. Dan.*8, 13.

דַּבֵּר ד׳ ר"פ בטעמא תביר בסיפרא. Lev. 7, 23. 23, 24. Mf. דב, 7. (S. טעם.)

דַּבֶּר־ ב׳ פתח וכל דַּבֶּר־נָא דכו׳. Mf. דב, 31.

וְדַבֵּר י"א. 2 Reg. 1, 3. Neh.*9, 13. Mf. דב, 13.

כְּדַבֵּר ג׳. 1) (S. Mf. ר׳, 6. או"א, 13.) Gen. 27, 5. Mf. דב, 35.

מְדַבֵּר ח׳ דגשים וחד וּמְדַבֵּר. Gen. 31, 29. 34, 33. Num. 7, 89. 1 S. 25, 17. Ez. 2, 2. 43, 6. Ps. 34, 14. Mf. דב, 15.

דִּבְרֵי ג׳ וא׳ כְּדִבְרֵי וא׳ וּכְדִבְרֵי. Job 21, 3. Mf. דב, 21.

וּכְדַבְּרוֹ ג׳ ובסיפרא וא׳ וּכְדַבְּרוֹ. Dan. 8, 18. Mf. דב, 8.

דַּבֵּר אֶל בְּנֵי. טעם S.

דַּבֵּר אֶל בְּנֵי יִשְׂרָאֵל ו׳ חסר לֵאמֹר. Ex. 14, 2. 25, 2. Num. 19, 2. Mf. יש, 74.

דַּבֵּר אֶל בְּנֵי יִשְׂרָאֵל וְאָמַרְתָּ אֲלֵיהֶם י"ג בתורה. Lev. 1, 2. 23, 2. Mf. יש, 75?

דַּבְּרוּ ד׳ (באוריתא, כצ"ל) ג׳ מנהון ר"פ. Ex. 12, 3. Lev. 15, 2. Mf. דב, 4.

וְלֹא אֲדַבֵּר ב׳. Ps. 77, 5.

וַאֲדַבְּרָה ד׳ וחד אֲדַבֵּרָה. Gen. 18, 30. Deut. 32, 1. Mf. דב, 44.

וְאֶל בְּנֵי יִשְׂרָאֵל תְּדַבֵּר לֵאמֹר ד׳. Ex. 30, 31. Lev. 9, 3. 24, 15. Mf. יש, 68.

וּתְדַבֵּר ג׳. 1 S. 25, 24. Jes.*40, 27. Mf. דב, 9. u. 33.

וַיְדַבֵּר אֱלֹהִים. אלה S.

וַיְדַבֵּר י"י ו׳ בטעם. הוי"ה S.

וַיְדַבֵּר י"י אֶל מֹשֶׁה יו"ד חסר לֵאמֹר. אמר S.

וַיְדַבֵּר י"י אֶל מֹשֶׁה וְאֶל אַהֲרֹן. הוי"ה S.

לֹא יְדַבֵּרוּ ב׳. Mf. דב, 43.

---

1) Hier muss entweder בלישנא hinzugefügt werden, da וּכְדַבֵּר dazu gehört, oder es muss heissen, wie Mpt. Hamb. angiebt: כְּדַבֵּר ב׳ וחד וּכְדַבֵּר. —

וַתְּדַבֵּרְנָה ג׳ 1 S. 4, 20. 1 Reg.*3, 22. Jer. 44, 25. Mf. דב, 6.

מְדֻבָּר לית׳ Ps. 87, 3.

עשיית הַדָּבָר י״א חסר אֶת בלישנא׳ Gen. 30, 31. 34, 14. Ex.*9, 5. Mf. עש, 31.

הַדָּבָר ד׳ בטעם גרשים׳ Jer. 51, 59. Mf. דב, 42.

הַדָּבָר ה׳ בטעם בסיפרא׳ Jer. 35, 1. 44, 16. Mf. דב, 41?

וְזֶה הַדָּבָר ד׳ ר״פ׳ Ex. 29. 1. Jos.*5, 4. Mf. דב, 14.

וְהַדָּבָר ג׳ Mf. דב, 5.

כַּדָּבָר הַזֶּה ח׳ Deut. 3, 26. 1 Reg.*13, 34. Mf. דב, 26.

וּכַדָּבָר הַזֶּה ב׳ Deut. 1, 32. 32,*47. 1 Reg. 13, 34. (S. Mf. ב׳, 8. או״א, 62.)

כַּדָּבָר הָרַע הַזֶּה ה׳ (בלישן. כצ״ל)׳ Mf. דב, 19.

וְזֶה דְבַר ג׳ ר״פ׳ 1 Reg. 9, 15. Mf. דב, 11.

כִּדְבַר הַמֶּלֶךְ ג׳ Est. 1, 12. Mf. דב, 24.

דְּבָרִי י״ג׳ Num. 11, 23. 1 Reg. 6, 12. 17, 1. Jer. 1, 12. 23, 28. Mf. דב, 12.

דְּבָרְךָ ח׳ כתיבין דבריך וקרי׳ דברך׳ Gen. 30. 34. Mf. דב, 18. (S. או״א, 131. מ״ש Jud. 13, 17. Jer. 15, 16.)

דְּבָרוֹ ב׳ כתיבין דבריו׳ Mf. דב, 32.

וּדְבָרִים ב׳ Gen. 11, 1.

אֵלֶּה הַדְּבָרִים ה׳ וא׳ וְאֵלֶּה הַדְּבָרִים׳ Ex. 35, 1. Deut. 1, 1. Zach.*8, 16. Mf. אל, 116. דב, 36.

אַחַר הַדְּבָרִים הָאֵלֶּה ג׳ דסמיכי׳ (S. אחר.) Gen. 15, 1.

וַיְהִי אַחֲרֵי הַדְּבָרִים הָאֵלֶּה ג׳ Gen. 22, 20. 48, 1. Jos.*24, 29. Mf. הי, 29.

וְאֵת הַדְּבָרִים ג׳ Mf. דב, 37.

אֵת כָּל הַדְּבָרִים י״ג חסר הָאֵלֶּה׳ Gen. 24, 66. Deut. 1, 18. Jer.*36, 2. Mf. דב, 10.

עַל פִּי הַדְּבָרִים הָאֵלֶּה׳ S. פה.

וְאֵלֶּה דִּבְרֵי ב׳ Jer. 29, 1.

עַל דִּבְרֵי י׳ וכל ד״ה דכו׳ במ״א אֶל׳ 2 Reg. 22, 13. Ps.*7, 1. Mf. דב, 40. (S. Mf. על, 21.)

וְדִבְרֵי ה׳ ג׳ מנהון ד״פ׳ Ps. 109, 3. 1 Chr. 29, 29. Mf. דב, 16. (S. Mf. ו׳, 22. או״א, 173.)

אֶל דְּבָרַי ג׳ Jer. 29, 19. Mf. דב, 29.

דְּבָרֶיךָ ג׳ מלא בא״ב׳ Ps. 119, 139.

כִּדְבָרְךָ ג׳ חסר יו״ד בתורה׳ Gen. 30, 34. 47, 30. Ps. 119, 9.? 119, 25. Mf. דב, 17. או״א, 130. (S. מ״ש Jud. 13, 12. ausf.)

כְּדִבְרֵיכֶם ג׳ Gen. 44, 10. Mf. דב, 34.

אֶת כָּל דְּבָרָיו ב׳ Amos 7, 10. Mf. דב, 38.

וּדְבָרָיו ה׳ Deut. 4, 36. Job*34, 35. 2 Chr. 35, 27. Mf. דב, 22.

דִּבְרָתִי ב׳ Job 5, 8.

(כַּמִּדְבָּר ו׳ בקריא וסי׳ Ps. 106, 9. מ״ש S.)

וּבַמִּדְבָּר ג׳ Jos. 12, 8. Mf. מד, 3.

מִדְבָּרָה ה׳ ג׳ קמץ וב׳ פתח׳ Jes. 16, 1. Mf. מד, 1. (S. Mp. 1 Reg. 19, 15. 1 Chr. 5, 9. מ״ש Jos. 18, 12.)

הַמִּדְבָּרָה י״ב׳ Ex. 4, 27. Lev.*16, 10. Num. 33, 8. Jud. 20, 45. Ez. 29, 5. Mf. מד, 2. 1)

דְּבֹרִים ג׳ חסר בלישן. אנ״ך׳ Jud. 14, 8. Ps. 118, 12. Mf. דב, 45. (S. מ״ש Ps. l. c.) 2)

לִדְבִיר ב׳ א׳ מלא וא׳ חסר׳ Mf. דב, 47. (Mf. א׳, 22. או״א, 59. מ״ש 1 Reg. 6, 16.)

דְּבִרָה ג׳ חסר׳ Jos. 10, 38. Mf. דב, 48. (S. Nom. propr.)

דגה

וְהַדָּגָה ב׳ Mf. דג, 1. (S. Mf. ה׳ 20. Mf. א׳ 23, או״א, 61. או״א, 63.)

דהב

דַּהֲבָא כלהון כתיב א׳ בסוף במ״ג כתיב ה׳ Dan. 3, 21 5, 23. Esr. 5, 14. 6,*5. Mf. דה, 1,

---

1) Dass an einigen Stellen י״ב = 12 und an andern י״ג = 13 angegeben wird, liegt wahrscheinlich in dem לעיני העם פלוגת׳, welches Lev. 16, 10. angeführt ist. Mpt. Hamb. hat es an den verschiedenen Stellen nicht, giebt aber doch manchmal י״ג an, obgleich es nur 12 St. anführt? — Was mit dem פלוגתא gemeint sei, will Heid. auf 2 S. 17, 16. beziehen, das auch von Buxt. zu diesem Art. (מִדְבָּרָה) gezogen wird. —

2) Die Angabe muss lauten: ג׳ בלישן וחסרים, אנ״ך, denn es kommt im Ganzen nur 3 M. vor, je eins in verschiedener Form; sie sind zugleich def. Waw und befinden sich vertheilt, je eins in einem Theile der Bibel = אנ״ך. — Mf. hat irrthümlich ד׳, das richtige ist ג׳ = 3. — S. מ״ש zu Ps. 118, 12., der eine andere Angabe der Mass. anführt. —

כל לשון ארמית **דהבא** קדים **לכספא** במ"ד דקדים **כספא לדהבא**. Dan. 2, 45. 5, 2.
Mf. כם, 8.

דוד

דֹּד ב׳ חסר. Lev. 10, 4. Est. 2, 15. Mf.* דו 2.

דּוֹדוֹ ה׳ מלא. Jud. 10, 1. 1 S. 10, 16. Am. 6, 10. Mf. דן, 3.

דֹּדִים ד׳ ג׳ חסר וחד מלא. Prov. 7, 18. Mf. דן, 4.

דוה

דָּוָה ג׳ אנ"ך. Lev. 20, 18. Jes. 30, 22. Thr. 1, 13. Mf. דן, 18.

דַּוָּי ג׳. Job 1, 5. Thr.*1, 22. Mf. דן, 19.

מַדְוֵה ב׳ א׳ כתיב יו"ד. (S. Mf. ה׳, 27. או"א, 94,) Mf. דן, 20.

דום

דּוּמִיָּה ד׳ ג׳ מלא וא׳ חסר. Ps. 62, 2. 65, 2. Mf. דם, 8.
(S. מ"ש Ps. l. c. u. 22, 3.)

דון

דָּן ג׳ לשון משפט וכל שום אנש וקרתא דכו׳. Gen. 15, 14.
Jer. 22,* 16. Mf. דן, 1.

לָדִין ג׳. Ps. 50, 4. Koh. 6, 10. Mf. דן, 2.

מִדִּין ג׳ חד לשון קרתא וחד לשון ארח וחד לישן דין:
Jes. 10, 2. Mf. מד, 6.

מִדְיָנִים דכתיב **מדונים** ו׳ בסיפרא. Prov. 21, 9. 19.
25, 24. 26, 21. Mf. דן, 3. ? מד, 7. או"א, 147.

מְדָנִים ג׳ בלישן. Gen. 37. 36.

דוץ

תָּדוּץ לית. (S. Mf. ד׳, 1. או"א, 7. Prov. 4, 12. Job 41, 13.

דור

מִדּוּר לית. (S. Mf. ד׳, 1. או"א, 7.) Ps. 84, 11.

דֹּאר ד׳ כ"כ. [1]) Jos. 17, 11. Ps.*83, 11. Mf. דא, 1.

דּוֹר וָדוֹר ה׳ כ"כ וכו׳. מ"ש (S. Ps. 145, 4. Mf. דן, 22.
Deut. 32, 7. Ps. 89, 2.?)

לְאֶלֶף דּוֹר ג׳. (אלף S.) Deut. 7, 9. Mf. אל,*136.

וְדוֹר ב׳. Gen. 15, 16.

דּוֹר וָדוֹר. S. דור

לְדוֹר וָדוֹר ד׳ כ"כ וכו׳. Ps. 49, 12. 79, 13.? 89,*5.!
145, 4. Mf. דן, 21. (S. מ"ש Ps. 89, 2.?)

לְדוֹרֹתֵיכֶם ה׳ ס"פ. Mf. דן, 23.

מוֹשְׁבֹתֵיכֶם דקדים ל **לְדֹרֹתֵיכֶם**. S. ישב

חֻקַּת עוֹלָם לְדֹרֹתָם. S. חקק

דחף

נִדְחַף ב׳ ופתח. Est. 6, 12. 2 Chr. 26, 20.

דיי

דָּיָם ג׳. Ex. 36, 7. Jer.*49, 9. Mf. די, 2.

דֵּי ז׳ בקריא. Lev. 12, 8. 25, 28.? Deut. 15, 8. Jes. 40, 16.
Mf. די, 1. (S. מ"ש Prov. 27, 27.) [2])

---

[1]) Zu den verschiedenen Angaben über die Formen: דור, דאר, דור וָדור, לְדור וָדֹר gehört auch eine Angabe, welche Heid. aus einem Mpt. mittheilt und die so lautet: כל לישנא דדור ביחידאי דור כתיב מלא וי"ו במ"ב דר וסי׳ ויושבי עין דר Jos. 17, 14. כי שאל נא לדר רישון Job 8, 8. וכל לישנא דדור ודור (כצ"ל) כלהון חסר במ"ה תרויהון מלא בלישנ׳ בכתובים וסי׳ דור לדור ישבח מעשיך Ps. 145, 4. כי לא לעולם חסן Prov. 27, 24. כסאך לדור ודור Thr. 5, 19. והימים האלה נזכרים Est. 9, 28. והארץ לעולם עמדת Koh. 1, 4. וכל נביאים דכו׳. וארבעה דכתיבין דור ודר קדמא מלא ותניא חסר וסי׳ לכן ישבו ציים Jer. 50, 39. קרבם בתימו לעולם Ps. 49, 12. ואנחנו עמך וצאן מרעיתך Ps. 79, 13. מלכותך מלכות Ps. 145, 13. וא׳ חלוף קדמא חסר ותנינא מלא וסי׳ ובניתי לדר ודור כסאך Ps. 89, 5. וד׳ כתיבין דאר באלף וסי׳ ויהי למנשה, קדמא דפסוק Jos. 17, 14. וממטה נפתלי Jos. 21, 32. בן אבינדב 1 Reg. 4, 11. נשמדו בעין דאר Ps. 83, 11. עכ"ל המסרה כ"י.

Das Resultat dieser Angaben über דור ist also: —— A. Wenn es allein, d. h. ohne Wiederholung steht, ist es immer plene Waw, mit Ausnahme — a. zweier Stellen, wo es דֹּר, also def. Waw geschrieben ist und — b. 4 St., in denen es statt des Waw ein ruhendes Alef hat und also דאר steht. —— B. Wenn es (abgesehen von resp. Präfix.) zweimal aufeinander folgt, so sind sie — a. im Pent. und den Hagiogr. immer beide def. Waw und — b. in den BB. der Proph. immer beide plene Waw mit folgenden Ausnahmen: 1) in den Hagiogr. giebt es 5 Stellen, in welchen beide plene Waw sind 2) in den Hagiogr. und Proph. giebt es 4 Stellen, wo das erste von beiden plene und das zweite def. Waw ist (דור ודר); endlich 3) 1 M. kommt es vor, dass das erste def. und das zweite plene Waw ist: לְדֹר וָדוֹר, wie angegeben. —

[2]) Die Angaben haben bald ך׳=6 und bald ך׳=7, was aber kein Widerspruch ist; die Einen zählen das mit Waw copulat. dazu und so sind es 7; die aber 6 zählen, rechnen letzteres nicht mit, so dass die eine Form ohne Präfix nur 6 M. vorkommt. Wenn aber Deut. 15, 8. ה׳=5 angegeben wird, so ist das fehlerhaft.

דכך

דַּכֵּן ג׳. Mf. דך, 2.

דכא

דַּכָּא ג׳ אנ״ך. Deut. 23, 1. Jos.*57, 15. Mf. דך, 1. (S. מ״ש Deut. l. c. ausf.)

דכה

דִּכִּיתָ ב׳. Mf. דך, 3.

דלל

דַּלּוֹתִי ב׳ חד מלרע וחד מלעיל. Ps. 142, 7. (S. מ״ש das.)

דַּלּוּ ב׳ אחד מלרע וא׳ מלעיל. Job 28, 4. Mf. דל, 2.

וְהַדַּל י״ב פתחין בלישנא וכל דסמיך לְאֶבְיוֹן דכו׳. Ex. 30, 15. Lev. 14, 21. Jud.*6, 6. Jes. 17, 4. Ps. 41, 2. 141,*3. Prov. 22, 22. 28, 11. Ruth 3, 10. Mf. דל, 1. (S. מ״ש Ps. 82, 3.)

דלף

דָּלְפָה ב׳. Ps. 119, 28.

יִדְלֹף ב׳ חד מלרע וחד מלעיל. Gen. 22, 22. (S. Mf. א׳, 24. או״א, 5.)

דלת

דְּלָתוֹת ג׳ וכל יחזקאל דכו׳ במ״ב דַּלְתוֹת. Ez. 26, 2. Mf. דל, 4.

דמם

וְכָל דָּם ד׳ ב׳ קמץ וב׳ פתחין. Lev. 3, 17. 2 Reg.*16, 15. Mf. דם, 1.

דַּם הַנָּקִי ג׳. 1) Deut. 19, 13. 2 Chr. 24, 4. Mf. דם, 5.

דָּמִי ב׳ וא׳ וְדָמִי. Mf. דם, 4. (S. Mf. ו׳, 6. או״א, 13. u. Mf. א׳, 27. או״א, 41.)

מִדָּמָהּ ו׳. Lev. 4, 30. Num. 19, 4. 2 Reg. 9, 33. Mf. דם, 2.

דָּמֶיהָ ג׳ ומלא. Lev. 12, 7. Mf. דם, 3.

יִדֹּם ב׳ וא׳ וְיִדֹּם. Ps. 30, 13.

וַיִּדֹּם ב׳ וא׳ וְיִדֹּם. Lev. 10, 3.

דוּם ג׳ ב׳ מלא וא׳ חסר. Mf. דם, 6.

דָּמִי ג׳. Mf. דם, 7.

דמה

וְדָמֵה לית וחד דָּמֵה. Cant. 8, 14. (S. Mf. ד׳, 2. או״א, 1. (ד׳).)

נדמה כתיב ה׳. Dan. 2, 26.?

דמע

בַּדְּמָעוֹת לית וחד כתיב בִּדְמָעוֹת. Thr. 2, 11. (S. Mf. ב׳, 2. או״א 49.)

דנג

כַּדּוֹנַג ג׳ ב׳ פתח וא׳ קמץ. Ps. 97, 5. Mf. דן, 4.

דנה

נדנה כתיב ה׳. Dan. 2, 26.

דקק

דַּקָּה ב׳. Lev. 16, 12.

דקר

מְדֻקָּרִים ב׳ וא׳ וּמְדֻקָּרִים. Jer. 37, 10. Mf. דק 1. (S. או״א, 13. Anmerkung.)

דרר

וַדְרֹדַר ב׳. Mf. דר, 1. (S. Mf. ו׳, 33.)

דרך

תִּדְרֹךְ ה׳ וחסר. Deut. 11, 24. 33, 29? Jos.*1, 3. Ps. 91, 13. Mf. דְר, 2. (S. מ״ש Micha 6, 15.)

הִדְרִיכֻהוּ ב׳ א׳ מלא וא׳ חסר. Job 28, 8. Mf. דר, 7. (S. מ״ש Job l. c.)

דֶּרֶךְ הַדָּרוֹם ז׳. Ez. 40, 24. Mf. דר, 8.

דֶּרֶךְ הַצָּפוֹן ו׳. Ez. 40, 20. 42, 11. Mf. דר, 9.

וַיֵּלְכוּ דֶרֶךְ ג׳. Mf. דר, 6. הל, 24.

כל לשון דרך עַל במ״ז אֶל. Gen. 38, 16. Mf. דר, 5.

עַל דֶּרֶךְ ה׳ וכל עַל הַדֶּרֶךְ דכו׳ במ״ב. Jud. 5, 10. 1 S. 6, 12. Hos.*13, 7. 2)

תְּמִימֵי דֶרֶךְ. S. תמם

---

1) Die Ausnahme will sagen, dass sonst immer דַּם נָקִי (das Daleth mit Pathach und das Beiwort ohne ה׳ des Artikels) vorkommt. S. Michlol v. Kimchi forma פַּל (ed. Venet. parv. S. 251b.), wo es heisst: דַּם נקי קמץ דַם הַנָּקִי פתח, wozu Heid. in d. Concord. s. v. bemerkt: וכן מצאתי בכ״י דָּם נָקִי קמץ דדברים י״ט וכ״ז וכן עיקר כי לא יבואו פתחים כ״א הסמוכים ודם נקי בלתי סמוך כי נקי תאר לדם אבל דם הנקי סמוך בראיית הה״א והנקי תאר אל האיש הנקי. עכ״ל רוו״ה.

2) Das Resultat der Angaben über דֶּרֶךְ in seinen verschiedenen Formen mit der Präposition אֶל oder עַל ist folgendes: 1) mit אֶל kommt דֶּרֶךְ in seinen verschiedenen Formen nur 7 M. vor und zwar דֶּרֶךְ 4 M., הַדֶּרֶךְ 2 M. und דְּרָכֶיהָ 1 M. 2) mit עַל kommt דֶּרֶךְ 5 M. vor; die anderen Formen von דֶּרֶךְ kommen immer mit עַל vor, ausser, wie unter 1

וַיֵּלֶךְ בְּכָל דֶּרֶךְ ג׳. 1 Reg. 16, 26. Mf. הל, 23.

וּבְדֶרֶךְ ד׳. Num. 9, 13. Ps. 1, 1. Mf. דר, 4.

כְּדֶרֶךְ ב׳ וחד וּכְדֶרֶךְ. Mf. דר, 3. ר׳, 6. או״א, 13.

לְדֶרֶךְ ג׳ רפין. Jer. 1, 18. Mf. דר, 10.

דְּרָכְךָ ג׳ חסר, אנ״ך. Ex. 33, 13. Jos.*1, 8. Mf. דר, 13.
(S. מ״ש Ex. l. c.)

דְּרָכָו ה׳ חסרים יו״ד בקריא. Ps. 10, 5. Mf. דר, 12.

בְּכָל דְּרָכָיו ד׳. ילך. 1 Reg. 8, 58. Mf. דר, 11. S.

דרש

דָּרֹשׁ ב׳ בקרי׳. 1) Lev. 10, 16?

דּוֹרֵשׁ ד׳ מלא. Ps. 142, 5. Mf. דר, 15.

וְדֹרֵשׁ ג׳ חסר. Deut. 18, 11. Jes. 16, 5. Mf. דר, 14.

לִדְרֹשׁ ז׳ חסר וכל אוריתא דכו׳ חסר במ״ב מלא. Esr. 6, 21.
ז׳ בכתובים וכו׳. 1 Chr. 21, 30. Mf. דר, 17.
2) (S. מ״ש 2 Chr. 30, 19.)

לִדְרֹשׁ אֱלֹהִים. אלה S.

אֶדְרוֹשׁ ג׳ מלא בלישן. Ez. 20, 40. Mf. דר, 16.

תִּדְרֹשׁ ד׳. 3) Mf. דר, 18.

ה׳

ג׳ הה״ין נראין תמוהות וכו׳. Gen. 18, 25.

הא

הֵא ג׳ אנ״ך. Gen. 47, 23. Mf. הא, 1.

הבל

וְהֶבֶל ג׳ אנ״ך. Gen. 4, 4. Jes.*49, 4. Prov. 31, 30. Mf. הב, 1.
(S. Mp. וחד שום בר נש).

הֲבֵל הֲבָלִים ג׳ דסמיכי. Koh. 1, 1.

הֶבְלֶךָ ב׳ ובפסוק. Koh. 9, 9. Mf. ב׳, 13. או״א, 58.

בְּהַבְלֵיהֶם ג׳. Deut. 32, 21. 1 Reg. 16, 13. Mf. הב, 4.

הגה

הֶגוּ ג׳ חד כתיב ה׳. Jes. 59, 11. Mf. הג, 9.

הִגָּיוֹן ב׳. Ps. 9, 17.

הדף

הֲדָפוֹ ב׳. Num. 35, 22. Mf. הד, 1. (S. Mf. ה׳, 2. או״א, 64.)

הוד

הוֹדוֹ ה׳ ד׳ כתיב ו׳ וחד ה׳. Jer. 22, 18? Hab. 3, 3.
Mf. הד, 3. יד, *29.

הוה

הֹוֶה ב׳. Mf. הו, 11.

הֱוֵה ב׳ חד כתיב א׳. Mf. הו, 12.

תֶּהֱוֵה ג׳ כתיב ה׳ בסיפרא. Dan. 2, 41. 4, *24.
Mf. הו, 13. הי, 14.

הַוּוֹת כל הוות מלא במ״ג. Num. 32, 41. Prov. 18, 13.?
(S. מ״ש Job 6, 30.)

---

angegeben, הַדֶּרֶךְ das 2 M. und דַּרְכֵּיהָ das 1 M. mit אֶל vorkommt. Daraus ergiebt sich, dass דֶּרֶךְ im Allgemeinen mit diesen Präpositionen nur 9 M. u. zwar 4 M. mit אֶל und 5 M. mit עַל verbunden ist. Heid. bemerkt mit Recht hierzu, dass מ״ש zu Reg. 20, 38. unsere Massora-Angabe nicht gekannt oder nicht beachtet haben muss, indem es dort nach unserer Mass. ohne Zweifel עַל הַדֶּרֶךְ heissen muss, während מ״ש אֶל liest und nur aus einigen Handschriften und älteren Druckausgaben die Leseart עַל anführt. — Hieran schliesst nun Heid. folgende Bemerkung: Die Mm. zu 1 S. 17, 3. bemerkt, dass עמד mit der Präposition אֶל 10 M. vorkommt, wozu sie auch 1 Reg. 20, 38. zählt, was also für die Leseart des מ״ש spräche, wodurch aber ein Widerspruch zwischen dieser Mass. und den obigen Angaben entstände. — Diesen löst er aber dadurch, dass er nachweist, die Angabe zu 1 S. 17, 3. sei fehlerhaft, da sie in der Ueberschrift von 10 Stellen spricht und dennoch 11 Stellen anführt. — Es muss also das angeführte וילך הנביא (1 Reg. 20, 38.) daselbst gestrichen werden, weil dies nach Obigem עַל hat und so sind es wirklich auch nur 10 Stellen, die bei עמד die Präposition אֶל haben. S. übrigens Mf. עם, 29. die (wohl irrthümlich nach dem Zählen der angeführten Stellen, —) י״א = 11 hat? —

1) Diese Angabe weiss ich augenblicklich nicht zu erklären; es sind deren 5. — Auch Heid. sagt וצ״ע —

2) Diese Stelle muss so heissen: ז׳ חסר בכתובים וסי׳ וכו׳ וכל אוריתא ונביאים דכו׳ חסר במ״ב מלאים וסי׳ S. 1 Chr. 21, 30. Auch ein Mpt. hat es so. —

3) Es sind aber 5 Stellen? — S. Mp. zu Job 10, 6. welche ב׳ מלא hat, das sich auf Ps. 10, 15. bezieht. Wenn aber dieses Waw nicht gelesen wird und nur als Zeichen des Kam. Chatuf unter dem Resch dient, (S. מ״ש zu Ps. 10, 15.) dann wäre die Zahl ד׳ = 4 wohl richtig; aber jedenfalls ist die Stellenanführung in Mf. l. c. falsch; es muss statt Ps. 10, 15. gesetzt werden Ps. 10, 13. —

היה

הָיָה ג׳ בטעם מאריך ולעיל. Mf. הי, 10.

הָיָה ה׳ בטעם מלעיל מ״ש 1Reg. 17, 7. (S. Mf. הי, 23.? 2Reg. 25, 3.) 1)

אֲשֶׁר הָיָה ג׳ בקהלת. (שֶׁהָיָה S.) Mf. הי, 33.

וְלֹא הָיָה כ״ה. 2) Mf. הי, 36.?

הָיָה בְמַלְכוֹ. מלך S.

ג׳ זוגין מן ב׳ ב׳ בחד ענינא קדמא הָיוּ תניא הָיָה׳ זוגין S.

וְהָיָה ה׳ בטעם גרש ר״פ וכו׳. Ex. 12, 25. Mf. הי, 47. (S. טעם.) 3)

וְהָיָה י״ג בטעם פזרין. 4) Mf. הי, 50. Jos. 2, 19.?

וְהָיָה כַיּוֹם. יום S.

וְהָיָה י״י. הוי״ה S.

וְהָיָה הָאִישׁ הַהוּא. איש S.

שֶׁהָיָה ב׳. 5) Mf. הי, 33. und 43.?

הָיְתָה ה׳ ר״פ. Mf. הי, 9. Ez. 37, 1. Ps. 114, 2. Prov. *31, 14.

הָיָתָה ד׳ קמצין. Mf. הי, 16. Jes. 14, 24. 64, 9. 2 Chr. 15, 19.

וְהָיְתָה ג׳ בטעם בנביאים. 6) (S. טעם.) Mf. הי, 38.

וְהָיְתָה ג׳ בטעם גרשיים בנביאים 2 Reg. 9, 37. Zeph. 2, 6.
Mf. הי, 40. (S. Heid. in משפטי הטעמים 21b.)

וְהָיְתָה לָכֶם, לָהֶם ב׳ פסוקים מטעין. Lev. 16, 29.
(S. Abth. 2 פסוקים.)

---

1) Diese beiden Angaben in Betreff des Worttons in הָיָה sind schwierig, denn nicht nur dass die angeführten in den Ausgg. den Accent ultima haben, sondern sie (die Angaben) sind auch im Widerspruch mit der ausdrücklichen Anführung Kimchi's im Michlol ed. Venet. parv. S. 6b, wo es heisst: וכבר באו מהם על זה הדרך (בנסוג אחור) מלרע וכו׳ כי לא הָיָה גֶשֶׁם (1 Reg. 17, 17.). בעבור האדמה חתה כי לֹא הָיָה גֶשֶׁם בארץ (Jer. 14. 4.). כי לא הָיָה דֶשֶׁא (Jer. 14, 5.) ולא הָיָה לֶחֶם לעם הארץ, דירמי׳ (Jer. 52, 6.). ודמלכים (2 Reg. 25, 3.) פליגין עליה. ודסמיך למלה׳ זעירא הָיָה אִישׁ גדול לִפְנֵי אדניו (2 Reg. 5, 1.). ובמקצת ספרים הוא מלעיל, וכן מלרע וְהָיָה צֶדֶק (Jes. 11, 5.). עכ״ל הרד״ק. Ferner führt Heid. zu der ersten der beiden obigen Angaben ein Mpt. an, welches so lautet: הָיָה ג׳ בטעם מאריך ביו״ד וסי׳ הַנחל (1 Reg. 17, 7.), בעבור האדמה חתה (Jer. 14, 4.). ויחזק הרעב בעיר, דירמי׳ (52, 6.). wo also ausdrücklich gesagt ist, dass der Accent ult. ist. — Darum glaubt Heid. so verbessern zu müssen; ad. a. הָיָה ג׳ בטעם מאריך. ad b. הָיָה ה׳ בטעם מלרע ומלרע, so dass a. angeben will, dass diese Form 3 M. den Accent Maarich hat, während b. angiebt, dass diese Form 5 M. den Accent ultima hat (d. h. 3 M. mit Maarich, wie angegeben und 2 M. mit einem anderen Accent), obgleich sie der Regel nach, als נסוג אחור, penult. sein sollten. — Beide Angaben stimmen demnach ganz mit der Anführung Kimchi's überein, auch sogar in der St., über welche der letztere unsicher ist und von der er sagt ודמלכים פליגי (2 Reg. 25, 3.). In ed. Bomb. (bei Buxt. ungenau) heisst es nemlich am Schlusse von b.: דין והיה צדק אזור. פליגי ולא והיה צדק אזור Das soll gewiss getrennt sein und bedeuten: ולא (= ולא היה לחם לעם) und והיה צדק אזור, so dass mit dem ולא die St. 2 Reg. 25, 3. angedeutet ist, von welcher Kimchi angiebt: פליגין עליה.

2) Die Angabe in ed. Buxt. (כ״ה = 25) ist richtig, wie auch die Mp. an vielen Stellen כ״ה bemerkt. Die ed. Bomb. hat כ״ב = 22, was schon nach der Aufzählung unrichtig ist. Nur gehört 1 Reg. 12, 20. nicht hierher, da diese St. לא הָיָה (ohne Waw copulat) hat. Die Reihe ולא היה למחלי וכו׳ muss in 2 getheilt werden, nemlich in 1 Chr. 23, 17. und 1 Chr. 24, 28., wie es auch Mpt. Hamb, 2 Reg. 3, 9. und an anderen Stellen ganz richtig hat, nemlich כ״ה und wie angegeben. —

3) Ueber diese Angabe s. Heid. im Pent. מאור עינים zu Ex. 13, 14. u. Deut. 27, 2., wo er in der ersten Stelle mit Rücksicht auf Ex. 18, 22. lesen wollte: ה׳ בתורה ד׳ ר״פ וחד במצע פסוק, indem in der angeführten St. אבנים גדולות (Deut. 27, 2.) das וְהָיָה ein Rabia und nicht Geresch hat. Für diese Verbesserung würde Mf. הי, 47. sprechen, die auch ה׳ בטעם גריש וכו׳ ד׳ בטעם וכו׳ angiebt. Indessen in der zweiten Stelle kommt er davon zurück und findet richtig mit Zuzählung von Deut. 6, 10., wo auch das וְהָיָה am Anfang des Verses ein Gerschajim hat, nur dass statt אבנים גדולות es heissen muss ערים גדולות. Mf. l. c. ist demnach ה׳ statt ד׳ zu lesen. —

4) S. die Anmerkung des ersten Herausg. (B. Chajim) zu Jos. l. c. — Heid. führt ein altes Mpt. zu Ex. 4, 9. und Deut. 29, 18. an, welches י״ד = 14 angiebt. —

5) Die Angabe in ed. Buxt. ist die richtige. Ed. Bomb. hat ג׳ = 3, was aber unrichtig ist, wie auch Mp. zu Ps. 124, 2. ב׳ = 2 hat. Auch die 3 Stellen aus Koh. (wo אֲשֶׁר הָיָה steht) sind in ed. Bomb. corrumpirt. —

6) S. die Bemerk. des ersten Herausg. zu Mf. l. c. Heid. setzt für Zeph. 2, 6. die Stelle: והיתה חרפה וגדופה (Ez. 5, 15.), so dass es richtig 3 sind. S. משפטי הטעמים 21a. —

הָיְתָה ג׳ מלא דמלא וכו׳ וחד וְהָיִתָ ושארא וְהָיִיתָ כתיבין· 1) Jud. 11, 6. Mf. הי, 17.

וְהָיִית ב׳· Mf. הי, 19.

הָיוּ ג׳ ר״פ ? (S. מ״ש Ex. 37, 9.) Mf. הי, 42.

וְהָיוּ ב׳ סבירין וְיִהְיוּ· S. סבירין.

וְהָיָה ו׳ כתיבין והיה וקרין וְהָיוּ Num. 34, 4. Jos.*15, 4. 18, 12. Mf. הי, 15. או״א. 13 u. 14. (S. מ״ש Jos. l. c.) 2)

הֱיִתֶם ב׳ חסרים· (S. מ״ש Deut. 31, 27.) Mf. הי, 18.

הָיֹה ב׳ כתיב ה׳· Mf. הי, 12.

בִּהְיֹת, לִהְיֹת, מִהְיֹת ח׳ חסרים בלישן· Ex. 9, 28. 19,*16. 36, 18. 39, 21. Lev. 11, 45. Mf. הי, 20 u. 46. (S. מ״ש Ex. 28, 28. 39, 21. Lev. 25, 38.)

כִּהְיוֹתוֹ ג׳ חסר· 2 Chr. 10, 6. Mf. הי, 51.

וְלִהְיוֹת ב׳· 3) ל׳, 12? Mf. הי, 44.

וֶהְיֵה ו׳· Gen. 12, 2. Ex. 24, 12. Jud.*17, 10. Mf. הי, 11.

וִהְיוּ ו׳· 4) 2 S. 2, 8? Jer. 48, 28. 2 Chr. 23, 7. Mf. הי, 49.

וְכִי יִהְיֶה ד׳ ר״פ· Deut. 15, 21. Mf. הי, 52.

וְלֹא יִהְיֶה ה׳ ר״פ· 5) Mf. הי, 39.

שֶׁיִּהְיֶה ד׳ בקהלת ? Mf. הי, 43.

וְאַל יְהִי ב׳· Ps. 109, 12.

וִיהִי ל״ב· 6) Gen. 1, 6. Mf.*הי, 30.

וַיְהִי ד׳ בטעם גרשים בעזרא 7) (S. Neh. 4, 15.) Mf. הי, 13.

וַיְהִי ה׳ בטעם גרש בסיפרא· 8) Gen. 10, 19. Mf. הי, 24.

וַיְהִי כ״א ר״פ בטעם תברין Num. 31, 37. 2 Chr.*12, 11? Mf. הי, 22. 9)

וַיְהִי יְמֵי· S. יום.

וַיְהִי בִּימֵי· S. יום.

וַיְהִי כֵן ח׳ בספר בראשית· 10) Gen. 1, 7. Mf.*הי, 25.

---

1) Ueber diese Angabe, welche Jud. 11, 6. auch 2 S. 10, 11. zu dieser Form zählt, S. Kimchi W. B. s. v. היה, der diese St. וְהָיִתָה, def. des zweiten Jod liest.

2) In dieser Angabe ist entweder das ו׳ = 6 in ה׳ = 5 umzuändern, da וְהָיָה nur 5 M. vorkommt, oder es muss gelesen werden: ז׳ כתיבי׳ היה וקרין היו, und sie bezieht sich auf den Plur., der 7 M. ein He am Ende hat statt des erforderlichen Waw und zwar 5 M. וְהָיָה, 1 M. הָיָה und 1 M. יִהְיֶה· — S. ausführlich unsere Anmerkungen zu או״א, 113. und 114, auch מ״ש Jos. 15. 4. —

3) S. Mf. ל׳, 12., wo das Wort וְלִהְיוֹת zu den 118 ein M. vorkommenden Wörtern, die mit ול anfangen, gezählt wird, was aber unrichtig ist, da nach unserer Angabe (wie es auch עין הקורא zu Est. 8, 13. hat) das Wort 2 M. vorkommt, wie angegeben. —

4) Statt des ו׳ = 6 muss ז׳ = 7 gelesen werden, wie es auch Mpt. Hamb. zu 1 S. 4. 9. und 2 Chr. 23, 7. angiebt. Daselbst sind חזקו והיו לבני חיל (2 S. 13, 28.) und תחזקנה ידיכם (2 S. 2, 7.) als 2 Stellen angegeben, was richtig ist; während sie in obiger Angabe zusammengezogen (תחזקנה ידיכם והיו לבני חיל) und darum für eine gezählt sind, woher das unrichtige ו׳ = 6 statt ז׳ = 7 entstanden ist. — S. unten Seite 53 Anmerkung 1.

5) Die M. zählt zu diesen 5 auch Jes. 65, 20., das aber in unsern Ausgg. לֹא, ohne Waw copulat. hat.

6) Mf. l. c. ed. Bomb. ist fehlerhaft חשך zwei M. gezählt; es wären dann 33 Stellen. Buxt. hat es richtig nur 1 M. gezählt. —

7) Die Angabe ד׳ = 4 u. s. w. ist unrichtig und muss nach Mm. Neh. 4, 15. ג׳ בטעם גרשים בסיפרא heissen, wie sie dort und in der Mp. zu den 3 Stellen angegeben sind. —

8) Die Angabe zu Gen. 10, 19. bezieht sich auf diese Form, die mit dem Accent Geresch 5 M. in Genes. vorkommt; wenn aber Mf. l. c. nur ד׳ = 4 angegeben ist, so ist das „ר״פ" das. wohl zu merken, indem sie mit Geresch am Anfang des Verses in Gen. nur 4 M. vorkommt; das fünfte steht in der Mitte des Verses. —

9) Die Angabe כ׳ = 20, wie Mf. und 2 Chr. l. c. auch Mp. sie haben, ist richtig. In der Aufzählung zu 2 Chr. l. c. ist der doppelte Fehler, dass הדבר הזה לחטאת und וילכו העם als 2 St. angeführt sind, während beide nur eine Stelle (1 Reg. 12, 30.) bilden; auch ist das letzte וחברו in וחבריו zu änderen, indem das ויהי דבר י״י צבאות in Zach. 3 M. (7, 4. 8, 1. 8, 18.) vorkommt; es sind demnach richtig 20. — Vielleicht ist das כא = 21 durch die irrthümliche Doppelzählung von 1 Reg. 12, 30. und die Zählung der 3 Stellen in Zach. entstanden. —

10) Buxt. hat es Mf. l. c. verbessert in: ח׳ ו׳ מנהון בס׳ בראשית (d. h. es kommt so 8 M. vor und zwar 6 M. in Gen.) was insofern richtig ist, als es nur 6 M. in Gen. sich befindet; aber ausserdem kommt es nur noch 1 M. (Jud. 6, 38.) vor und die Mp. zu den Stellen giebt richtig ז׳ = 7 an. — Vielleicht ist das ח׳ dadurch entstanden, dass das ז׳ ו׳ בס׳ בראשית zusammengezogen wurde in ח׳, wie das nicht selten der Fall ist beim weniger genauen Lesen der Handschriften und wodurch oft Fehler erklärt werden können. —

וַיְהִי מִיָּמִים׃ יום S.

וַיְהִי מִקְצֵה׃ קצה S.

(וַיְהִי תֹּצְאוֹתָיו ב׳. S. Mp. Jos. 17, 9. Es sind: Jos. 17, 9. und 19, 33.)

וַיְהִי אַחֲרֵי מוֹת׃ מות S.

וַיְהִי בַּיּוֹם הַהוּא׃ יום S.

וַיְהִי בָּעֵת הַהִיא׃ ענת S.

וַיְהִי לְשִׁבְעַת הַיָּמִים׃ יום S.

וַיְהִי מִקֵּץ יָמִים׃ קצה S.

וַיְהִי אַחֲרֵי הַדְּבָרִים הָאֵלֶּה׃ דבר S.

וְלֹא תִהְיֶה ח׳. Lev. 20, 14. Num. 27, 17. 1 S. 25, 31. Jes. 7. 7. Dan.*11, 29. Mf. הי, 41.

וּתְהִי י״ד רפין׃ Gen. 24, 51. Lev. 15, 24. 1 S.*18, 17. 1 Reg. 1, 2. 2 Reg. 19, 25. Job 13, 5. 21, 2. Mf. הי, 31.

וַנִּהְיֶה ב׳. Jer. 44, 17. Mf.* הי, 35.

וְלֹא יִהְיוּ ג׳ וכל יחזקאל דכו׳ במ״א לֹא יִהְיוּ׃ Deut. 28, 41. Jer.*16, 2. Mf. הי, 37.

וִיהְיוּ י״א רפין׃ Ex. 7, 20. 26,*24. Num. 17, 3. 31, 3. 1 Reg. 8, 59. Prov.*3, 23. Thr. 1, 21. Mf. הי, 32.? (S. מ״ש 9, 21.) 1)

וַיִּהְיוּ יְמֵי׃ יום S.

וַיִּהְיוּ כָּל יְמֵי׃ יום S.

תִּהְיֶינָה יו״ד כתיבין כן בתרין יו״דין וה׳ בתר נו״ן וחד וַתִּהְיֶינָה׃ Lev. 23, 17. Num. 35, 13. Mf. הי, 45. (S. מ״ש Lev. 23, 15. Jer. 48, 6.

תִּהְיֶיןָ ה׳ כ״כ בלישן בנביאים׃ Ez. 29, 12. Mf. הי 48.

נִהְיָה ח׳. 1 Reg. 1, 27. Prov. 13, 19. Mf. הי, 34.

הכל

בְּהֵיכְלֵי ב׳. Prov. 30, 28.

הלל

וַיְהַלְלוּ ד׳. Gen. 12, 15. Jud. 16, 24. Neh.*5, 13. Mf. הל, 42.

יְהַלְלוּהוּ ב׳ ובספר תהלים׃ Mf. הל, 43.

מְהֻלָּל ג׳ וחסר׃ Ps. 18, 4. 113, 3. Mf. הל, 40.

תִּתְהַלָּל ב׳. Jes. 41, 16, Prov. 31, 30.

הִלּוּלִים ב׳. (S. Mp. ב׳ ומלא) Mf. הל, 37.

תְּהִלַּת ד׳. Ps. 145, 21. Mf. הל, 38. (S. Mf. חילופי קריאה, או״א 4. 270. u. 162.) 2)

תְּהִלּוֹת ד׳ ג׳ מלא וא׳ חסר דאוריתא חסר וא׳ וּתְהִלֹּת׃ (Jes. 63, 7. Mf. הל, 39.)

יְהוֹלֵל ג׳ ומלא. Mf. הל, 41.

יָהֵל ב׳ בב׳ לישן א׳ פתח וא׳ קמץ׃ Job 31, 26. (S. Mf. ה׳, 7. או״א 211. Mf. פת, 17. או״א, 23.)

תָּהֳלָה לית׃ Job 4, 18. Mf. ל׳, 18.

הלט

וְהַלְּטָאָה לית. Lev. 11, 30.

הלך

וְלֹא הָלַךְ ג׳. Num. 24, 1. 2 Reg.*21, 22. Mf. הל, 25.

הוֹלֵךְ ט׳ מלא בתורה׃ Gen. 25, 32. 28, 20. Ex. 19, 19. Lev. 11, 27. Num. 22, 22. Mf. הל, 7.

י״א מלא בנביאים׃ Mf. הל. 8.

ז׳ חסר בכתובים׃ Koh. 9, 10. Mf. הל, 8.

וב׳ מלא בתלים׃ Koh. l. c.

אֲנִי הֹלֵךְ ד׳. Mf. אנ, 7.

הַהֹלֶכֶת ג׳. Gen. 32, 20. Lev. 11, 27. Mf. הל, 11. (S. מ״ש 1 S. 25, 42.

---

1) D. h. diese Form, in welcher das Waw Schwa (und nicht einen Vocal, etwa Pathach) hat, kommt 11 M. vor. Wenn es Num. 31, 3. heisst: י״א מלרע, so bedeutet das dasselbe, indem מלרע bezeichnet s. v. a. „unten“ „untergeordnet“ wie das Schwa im Vergleich zu einem Vocal genannt wird, den die Mass. מלעיל = „oben“ „übergeordnet“ nennt. — Mpt. Hamb. giebt an י״א י׳ מלא וא׳ חסר und bemerkt zu Jer. 18, 23. חָסֵר; das will sagen: 10 M. ist diese Form regelmässig geschrieben mit dem Jod der 3. pers. fut. nach dem Waw; aber Jer. l. c. fehlt dieses Jod und wird nur so gelesen (כתי׳ והיו וקרי׳ ויהיו) S. oben S. 52 Anm. 4. Die M. richtet ihre Bemerkungen immer, wie schon oft bemerkt, auf das קרי.

2) Die Angabe ד׳ = 4 bezieht sich nicht auf das Lamed mit Pathach, da ja das angeführte Jer. 49, 25. תְּהִלָּת (das Lamed mit Kam. im Keri) hat; s. או״א, 162. und Kimchi im Michlol ed. Venet. parv. S. 16b auch im W. B. s. rad., sondern sie will bemerken, dass diese Form mit Taw am Ende, 4 M. in der Bibel sich findet.

הָלְכַת ב׳ חסר דחסר. Ex. 2, 5. Mf. הל, 12.

הָלוֹךְ ד׳ מלא בתורה. Gen. 8, 3.

ד׳ חסר וכל ירמי׳ דכו׳ במ״ו מלא. Gen. 31, 30.
Mf. הל, 3. u. 4.
Jer. 28, 13. ו׳ מלא בסיפרא. (S. מ״ש Jer. 2, 2. 17, 19.) 1)

לַהֲלֹךְ ד׳ וחסר. Ex. 3, 19. Num. 22, 13. Koh. 6, 8.
Mf. הל, 28.

הָלַכְתִּי ג׳. Job 30, 28. Mf. הל, 35.

הָלְכוּ ב׳ דגשים וא׳ רפה. Job 24, 10. Mf.* הל, 32.
(S. מ״ש Jer. 51, 50.)

כִּמְהַלֵּךְ לית. Prov. 6, 11.

יְהַלֵּךְ ג׳ וא׳ ויהלך. Prov. 6, 28. Mf. הל, 34. (S. Mf. ר׳, 28.)

יְהַלֵּכוּן ג׳. Ps. 89, 16. 104,*27. Mf. הל, 31.

וְהִתְהַלֵּךְ בַּחוּץ פלוגתא דב״א וב״נ. Ex. 21, 19.

וַיִּתְהַלֵּךְ ג׳ ר״פ. 2) Gen. 5, 22. Ez. 19, 6. Mf. הל, 14. u. 29.

הֲלִיכַי לית. Job 29, 6.

הֲלִיכוֹת ד׳ וכו׳. 3) Ps. 68, 25, Prov. 31, 27. Mf. הל, 15.

הליכה שָׁמָּה. ילך S.

הלם

וַיַּהֲלֹם ג׳ וחסר. Ex. 28, 18. 39, 11. Mf. הל, 44.

המם

וַיָּהָם ב׳. Ex. 14, 24.

וַתֵּהֹם ג׳ וחסר. 1 S. 4, 5. 1 Reg. 1, 45. Mf. הם, 14.

וַיְהֻמֵּם ג׳. 1 S. 7, 10. Mf. הם, 15.

המה

הָמוּ ג׳. Zach. 9, 15.? Mf. הם, 19.

וְהָמוּ ג׳. 4) Ps. 46, 7. Mf. הם 12. (S. מ״ש Zach. 9, 15.)

יֶהֱמָיוּן ג׳. 5) Jes. 17, 12. Ps. 39, 7. Mf. הם 11.

הוֹמִיָּה ג׳ ב׳ חסר וא׳ מלא. Jes. 22, 2. Prov.*7, 11. 9, 13.
Mf. הם, 13. (S. מ״ש Prov. l. c.) 6)

הֲמִיתוֹ ג׳. מות S.

הֲמוֹנוֹ ג׳ מלא. 7) Jud. 4, 7. Ez. 31, 2. Mf. הם. 17.

הֲמוֹנֹה ד׳ כ״כ. Ez. 39, 11. Mf. הם, 16. (S. מ״ש Ez. 32, 31.

הסה

הָס ב׳ קמצין. 8) Am. 6, 10. Mf. הם 1.?

הפך

נֶהֶפְכוּ ב׳. Dan. 10, 17.

וַיֵּהָפֵךְ ב׳. Mf. הפ, 1.

---

1) Mpt. Hamb. zu Gen. 8, 3. bemerkt: הָלוֹךְ ד׳ מלא בתורה וסי׳ וכו׳ וכל קריא ב״מ ירמי׳ דכו׳ מלא במ״ד חסר וסי׳ וכו׳ וכל ירמי׳ דכו׳ חסר במ״ו וסי׳ וכו׳. Der Inhalt dieser Angabe ist, dass diese Form 1) plene Waw ist: a. 4 M. im Pentat. b. 6 M. im B. Jerem. und c. sonst in der h. Schrift. 2) def. Waw ist: a. im B. Jerem. immer ausser in obigen 6 St. b. 4 M. in der übrigen h. Schrift (incl. Pent.).

2) Gen. 5, 22. muss es heissen ג׳ ר״פ, wie es Ez. u. Mp. l. c. haben, indem es im Ganzen 5 M. vorkommt. Die Mf. macht 2 Art. daraus, 14 und 29. weil sie die Angaben zu Gen. und Ez. l. c. für verschiedene hielt, was aber unrichtig ist.

3) Die Angabe der Mm. zu Ps. 68, 25. (s. auch Prov. 31, 27.) ist ungenau, da sie von 3 St. eine bestimmte Leseart angiebt und dann hinzufügt: ושאריהון הליכות, während es ja ausser diesen dreien nur noch 1 M. vorkommt? (dass übrigens ושארא etc. auch auf eine St. sich beziehen kann, s. u. A. unsere Bemerkung zu מזוזות —). Darum will Heid. nach einem alten Mpte. so lesen: הליכות ד׳ וכו׳ דאיוב הליכת כתיב דמשלי הילכות כתיב ושארא הליכות כתיבין womit die correcten Ausgg. übereinstimmen.

4) S. die angeführten Stellen und bes. מ״ש Zach. 9, 15. und Ps. 46, 7., woraus hervorgeht, dass diese Form 3 M. ohne und 3 M. mit Waw copulat. vorkommt, aber alle 6 den Accent auf ultima haben. Zach l. c. muss es aber וְהָמוּ mit Waw copulat. geschrieben werden und nicht הָמוּ, wie es viele Ausgg. haben. —

5) Wie lässt sich diese Angabe ausgleichen mit Mf. ר׳, 29. wo es zu den ein M. vorkommenden Wörtern gezählt wird? Wie verhält sie sich ferner zu Mf. ר׳, 4. die gleichfalls ein M. vorkommende W. zählt und darunter solche, die mit Jod anfangen und mit וּן endigen? — S. או״א, 67. —

6) Die Angaben in den angeführten Stellen der Massora sind verschieden; die eine hat ב׳ מלא וא׳ חסר und die andere: ב׳ חסר וא׳ מלא? S. מ״ש Prov. 9, 13.. — Indessen trifft der Zweifel nur das in Prov. 9, 13., indem Jes. 22, 2. gewiss plene Jod und Prov. 7, 11. gewiss def. Jod ist nach beiden Angaben. —

7) Muss nach einem Mpt. mit Recht ג׳ ומלא heissen (und zwar ב׳ הֲמוֹנוֹ וחד וַהֲמוֹנוֹ), da es nur 3 M. überhaupt vorkommt. Warum ist es nicht angeführt zu Mf. ו׳, 6. או״א, 13.? — Etwa in Rücksicht auf הֲמוֹנֹה? —

8) Die Angabe l. c. ist unrichtig, indem es 3 M. mit Kam. vorkommt; sie muss also nach einer Handschrift so verbessert werden: ב׳ קמצין וקפין וסי׳ ויאמר הס ויצאו מעליו. Jud. 3, 19. ואמר הס כי לא להזכיר. Am. 6, 10. Das in l. c. angeführte aus Amos 8, 3. hat ein Silluk. —

מִתְהַפֵּךְ ב׳. Job 37, 12.

תַּהְפֻּכוֹת ג׳. Mf. הפ, 2.?

כְּמַהְפֵּכַת ו׳. Jer. 49, 18. Am. 4, 11. Mf. הפ, 3.

הרר

בְּהַרְרֵי קֹדֶשׁ לית. Ps. 87, 1. S. Mf. ד׳, 1. או״א, 7.

מֵהַרְרֵי ג׳. Ps. 76, 5. Mf. הר, 8.

אֶל הַר י״ז וכל הַר הַכַּרְמֶל דכו׳ אֶל הָר׳. Ex. 3, 1. 34, 4. Num. 27, 12. Jos.*57, 7. Mf. הר, 26. אל, 3. (S. מ״ש Ez. 35, 2.) 1)

וְכָל הַר ב׳. Mf. הר, 1.

הֹר הָהָר ו׳. 2) Mf. הר, 11.

עַל הָהָר ד׳. Ex. 3, 12. Jos. 18, 13. Mf. הר, 2.

עַל רֹאשׁ הָהָר ה׳. 2 Reg. 1, 9. Ez.*43, 12. Mf. הר, 7.

וְהָהָר ג׳. Deut. 4, 11. Mf. הר, 9.

וּבָהָר ב׳ חד ר״פ וחד ס״פ. Jos. 15, 48. (S. Mf. ב׳, 8. או״א, 62.)

הָרָה נָּסוּ. S. נוס

הָהָרָה י״ג. Gen. 12, 8. Ex. 24, 12. Deut. 1, 41. 9, 9. Jos. 2, 16. Jud. 1, 34. Mf.*הר, 5.

בְּהַר י״י. S. הויה

כְּהַר ב׳. Ps. 125, 1. Mf.*הר, 4. (S. Mf. א׳, 27. או״א, 41.)

אֶל הֶהָרִים ב׳ וכל יחזקאל דכו׳ במ״ב עַל. Ps. 121, 1.

עַל הֶהָרִים וכו׳. Ps. 121, 1. Mf. הר, 10.

אֶל הָרֵי ה׳. Ez. 6, 2. 34,*14. Mf. אל, 27. הר, 6. (S. מ״ש Ez. 39, 2.)

הרג

וַהֲרָגָנִי ג׳. 1 Reg. 18, 14. Mf. הר, 17.

וַהֲרָגוּנִי ב׳ א׳ מלא וא׳ חסר. Gen. 20, 11. Mf. הר, 16. (S. Mf. ה׳, 20. או״א, 63.)

הֲרֹג ג׳ וחסר וחד וַהֲרֹג. Num. 11, 15. Jes. 22, 13. Mf. הר, 14. (S. Mf. ו׳, 8. או״א, 15.)

לַהֲרוֹג ד׳ מלא בלישן. Mf. הר, 15. (S. Amos 9, 1. מ״ש Ex. 13. 15. 32, 12.!)

לְהָרְגֶךָ ג׳. Gen. 27, 42. Mf. הר, 13.

אֶהֱרוֹג ב׳ חד מלא וחד חסר. Am. 9, 1.

הרה

וַתַּהַר עוֹד ז׳. Gen. 29, 32. Mf. הר, 12.

הרם

הֵרוֹם ג׳ מלא בלישן. Job 12, 14. Mf. הר, 18.

ו.

ז.

זבח

זֹבְחֵי ב׳ וחסר. Hos. 13, 2.

וְכִי תִזְבְּחוּ זֶבַח ב׳. Lev. 22, 29.

וְיִזְבְּחוּ ב׳. Ps. 107, 22.

זֶבַח שְׁלָמִים ו׳ בתורה בלישן. Lev. 3, 1. 19, 5, 22, 21. Num.*6, 17. Mf. זב, 17.

לִזְבֹּחַ ב׳ קמצין. Mf. זב, 18. Mf. ל׳, 5. או״א, 28.

זְבָחִים וְעֹלוֹת ב׳. Ex. 10, 25.

הַמִּזְבֵּחַ, הַמִּזְבֵּחָה. Lev. 9, 13. 14.*20. Mf.*זב, 14.

הַמִּזְבֵּחָה ל״ב. 3) Mf. זב, 14. S. קטר

אֶל הַמִּזְבֵּחַ ט׳. Ex. 28, 43. Lev.*1, 15. 9, 7. 16, 18. Num. 5, 25. Mf. זב, 12. אל, 31.

וְאֶל הַמִּזְבֵּחַ ג׳. Mf. אל, 32. זב, *13.?

---

1) Die Angaben haben bald ר״ץ = 16, bald ר״ז = 17. Das Richtige ist ר״ץ = 16, wie sie Jes. 56, 7. angeführt sind u. wie sie auch Mpt. Hamb. an verschiedenen Stellen aufzählt. Sollte ר״ז kein Schreibfehler sein, so ist das Zweifelhafte wahrscheinlich Ez. 35, 2. s. מ״ש das. —

2) Heid. liest nach einem Mpte.: ה׳ וחד: והר ההר (= 5 M. ohne und 1 M. mit Waw copulat.), weil das Angeführte Num. 34, 8. מֵהֹר הָהָר hat, was nicht hierher gehört. — Mpt. Hamb. hat ו׳ בלישנא, was aber auch nicht richtig ist, da es mit ב׳ und מ׳ präf. mehrfach vorkommt. —

3) Der Sinn dieser Angaben ist, dass diese Form (mit He am Ende) im Ganzen 32 Mal vorkommt, und zwar 27 Mal mit der Wurzel קטר verbunden und 5 Mal ohne diese Verbindung; sonst aber kommt es immer הַמִּזְבֵּחַ (ohne He am Ende) vor und sogar 3 Mal mit קטר. —

וְאֶת הַמִּזְבֵּחַ ד׳. Lev. 16, 20. Mf. זב, 15.

וְעַל הַמִּזְבֵּחַ ב׳. Num. 4, 26.

וְהַמִּזְבֵּחַ ב׳. Ex. 40, 47. Mf. ה׳, 20. או״א, 63.

וְלַמִּזְבֵּחַ ב׳. Mf. זב, 9.

וְאֶת מִזְבַּח ט׳. 1) Ex. 38, 30. 39,*38.? Mf. זב, 16.

וּלְמִזְבַּח ב׳. Jos. 9, 27. Mf.*זב, 8.

הַמִּזְבֵּחַ ב׳ פתחין (S. Mf. ה׳, 2. או״א, 64.) Mf. זב, 7.

מִזְבְּחִי ח׳. Ex. 20, 25. 1 S. 2, 33. Mf. זב, 5.

מִזְבְּחוֹ ג׳. Thr. 2, 7. Mf. זב, 6.

מִזְבְּחֹת ב׳ חסרים וכל אוריתא דכו׳ חסר. Mf. זב, 10.
(S. מ״ש 2 Reg. 21, 3.!)

מִזְבְּחוֹתֶיךָ ג׳ חד מלא. Ps. 84, 4.

מִזְבְּחוֹתֵיהֶם ג׳ ב׳ מלאים וא׳ חסר וא׳ מִזְבְּחוֹתֵיכֶם.
Deut. 7, 5. Jud.*2, 2. Ez.*6, 13. Mf. זב, 11.
(S. מ״ש Deut. l. c. Ez. l. c.)

זהב

זהב קדים לכסף בלשון ארמית׳ דהבא S.

זָהָב וָכֶסֶף ג׳. 2) Ex. 25, 3. Mf. כם, 7.

(זָהָב טוֹב ב׳. S. מ״ש 2 Chr. 3, 5.)

זָהָב שָׁחוּט ד׳ (ה׳). 3) Mf. זה, 10.

זָהָב סָגוּר ח׳. Mf. זה, 11.

כְּלִי זָהָב ג׳ דסמיכי׳. כל, 64. Num. 31, 50. 2 Reg. 12, 14. Mf.

וְכֶסֶף וְזָהָב ג׳. Mf. כם, 5.

אֶת הַזָּהָב ו׳. Ex. 28, 5. Num. 31, 22. Mf. זה, 13.

כַּזָּהָב ג׳ דגשים. Mal. 3, 3. Job*23, 10. Mf. זה, 12.

זְהַב ד׳ חטפין פתחין בקריא וא׳ וּזְהַב. Ex. 38, 24.
Num. 7, 86. 2 Chr.*3, 6. Mf. זה, 9. (S. Mf. ך׳, 10.
או״א, 17.)

זהר

נִזְהָר ג׳ המצין. Mf. זה, 15.!

וְהִזְהַרְתָּה ג׳ ב׳ חסר וא׳ מלא. Ex. 18, 20. Ez. 33, 7.
Mf. זה, 14.

זוב

יָזוּבוּ ד׳ מלא בלישן. Thr. 4, 9. Mf. זב, 4.

וַיָּזוּבוּ ב׳ מלא. 4) Ps. 78, 20. (S. מ״ש Thr. l. c.)

זָבָה ב׳ א׳ מלא וא׳ חסר. Lev. 15, 19.

זוד

הֵזִידוּ ג׳. Mf. זד, 2.

(יָזִיד ב׳ א׳ מלא וא׳ חסר. Ex. 21. 14. מ״ש S.)

זֵדִים ד׳ וכל אלפא ביתא דכו׳. Jes. 13, 11. Mal. 3, 15.
Ps. 86, 14. 69. 119*51. Mf. זד, 1. (S. מ״ש Ps, 54, 5.)

זוז

הַמְּזוּזוֹת וכו׳. ב׳ מלא דמלא. Ex. 12, 7. Mf. מז, 1.
(S. מ״ש Ex. l. c. ausf. Jud. 16, 3.) 5)

---

1) In der Angabe zu Ex. 39, 38. fehlt der V. Ex. 38, 30. — Aus der Angabe ט׳ = 9 beweist Heid., dass 2 Chr. 29, 18. — wo Buxt. in d. Concord. und viele der besseren Ausgg. וְאֵת (mit Waw) lesen — אֵת (ohne Waw) gelesen werden muss, indem sonst 10 Mal וְאֵת מִזְבַּח sich fände, gegen obige Angabe. — Aber auch aus Mm. Ex. 37, 16. ist dies bewiesen; da es dort zu den 14 Versen gezählt wird, in welchen 2 Mal אֵת und 3 Mal וְאֵת vorkommt, also muss 2 Chr. l. c. אֵת מִזְבַּח העולה (ohne Waw) gelesen werden. —

2) Diese Angabe (ג׳ = 3 Mal) ergänzt Heid. dadurch, dass er וּנְחֹשֶׁת hinzufügt, so dass diese drei Wörter hintereinander nur 3 M. vorkommen; denn זהב וכסף ohne darauf folgendes וּנְחֹשֶׁת findet sich mehr als 3 M. in d. heil. Schrift.

3) Ed. Bomb. hat ה׳ = 5, was richtig ist, u. wenn nur 4 St. aufgezählt werden (wonach Buxt. irrthümlich ד׳ = 4 liest), so fehlt nach מאתים צנה (2 Chr. 9, 15.) die Bemerkung „ב׳ בו" indem es in diesem V. 2 M. vorkommt und im Ganzen also 5 M. —

4) Ueber diese Angabe s. genau die Bemerkung des ersten Herausgebers zu Thr. 4, 9. Nach מ״ש das., wie auch Heid. bemerkt, muss die Angabe so lauten: ד׳ ב׳ מל׳ וב׳ חסר. — Wenn zu Jes. 48, 21. die Mp. bemerkt ב׳, so soll das so viel heissen, als ב׳ חסר (ein M. יָזֻבוּ u. 1 M. וַיָּזֻבוּ); die andern beiden sind plene (Waw nach dem Sain). Das ב׳ = 2 kann sich aber nicht auf die Form וַיָּזֻבוּ beziehen, da diese 3 Mal vorkommt, wie angegeben. — Die aber ג׳ = 3 angeben, beziehen sich auf וַיָּזוּבוּ (mit Waw convers.) und müssen hinzufügen ב׳ מלא וא׳ חסר. —

5) S. מ״ש zu Ex. 12, 7. (auch Jud. 16, 3.) und Mp. zu Deut. 6, 9. — Heid. führt eine handschriftliche Mass. an, welche so lautet: כל ספר ואלה שמות ומשלי מזוזות כתיב חסר וי״ו תנינא, וכתבתם קדמא (דפרשת שמע) ושמשון (שופטים י״ו ג׳) מזוזת כתיב, וכתבתם בתרא (דפ׳ עקב) ומלכים מזוזות כתיב מלא דמלא, עכ״ל. Das Resultat der ver-

זון

וּמָזוֹן ג׳. Gen. 45, 23. Dan. 4, 9. Mf. זן. 3.

זור

זָרוּ ב׳. Job 19, 13.

זֹרוּ ב׳ וחסרים. (59. ,אר״א 22. ,א׳ S. Mf.) Mf. זר, 1.

זחח

וְלֹא יִזַּח ב׳. Ex. 39, 21.

זכך

זָךְ ב׳ קמצין. Lev. 24, 2.

זַכָּה ג׳. Ex. 30, 34. Lev.*24, 7. Job 16, 17. Mf. זך, 1.

זַכּוּ ג׳ וא׳ רחצו הִזַּכּוּ. Job 15, 15. Thr. 4, 7. Mf. זך, 2.

זכר

וְלֹא זָכַר ג׳ דסמיכי. Gen. 40, 24. Mf. זך, 7.

וְלֹא זָכְרוּ ג׳. Mf. זך, 8.

זָכַרְתְּ ב׳ כתיב זכרתי. Mf. זך, 10.

זָכוֹר ה׳ ר״פ. Mf. זך, 9.

זָכֹר ב׳ חסר וכל זְכֹר דכו׳ במ״א. Deut. 7, 18. Ps. 132, 1.
Mf. זך, 6. (S. מ״ש Deut. l. c.)

זְכֹר כלם חסר במ״א וכו׳. S. vor. Art.

זְכָר ג׳ קמצין וכל דסמיך לאזן (אֲנִי, אֱלֹה, זאת, נָא) דכו׳ קמצין.
Thr. 3, 19. Mf. זך, 5. (S. מ״ש Ps. 25, 6.) 1)

וַיִּזְכֹּר אֱלֹהִים. S. אלה

זִכְרוֹ לית, וכל תריסר דכו׳ במ״א זִכְרוֹ. Job 18, 17.
Mf. ,חילופי קריא׳ 5. אר״א, 271.

זִכָּרֹן ג׳ חסרים (בלישנא?). Ex. 28, 12. Mf.*זך, 3.
(S. Zach. 6, 14.)

זִכָּרוֹן, זִכְרוֹן. Zach. 6, 14. Koh.*1, 11 (S. Mf. חילופי ,קריאה 5. אר״א, 271.)

לְזִכָּרוֹן ח׳ ו׳ מלא וב׳ חסר. Ex. 28, 12. 30, 16. Jos. 4, 7. Zach.*6, 14. Mf. זך, 4.? 2)

זלל

וְזוֹלֵל לית וחד זוֹלֵל. Prov. 23, 21. (S. Mf. ז׳, 1. אר״א, 1.)

זלג

כל קריאה אֶת הַמִּזְלָגוֹת במ״א וְאֶת הַמִּזְלָגוֹת.
2 Chr. 5, 16.

זמם

זִמֹּתַי לית. Job 17, 11.

זמן

מְזֻמָּנִים ב׳ וחסר. Neh. 10, 34.

זמר

עָזִּי וְזִמְרָת. S. עזז

זְמִרוֹת ד׳ בקריא וכלהון חסר יו״ד וסי׳ וכו׳ וחד חסר דחסר וחד בִּזְמִירוֹת. 2 S. 23, 1. Ps. 95, 2. 119, 54.
Job 35, 10. Mf. זמ, 1.

בִּזְמִרוֹת לית. S. זמרות

מִזְמוֹר ב׳ בטעם פזר. S. טעם

מִזְמוֹר לְדָוִד ח׳ ר״פ. Ps. 3, 1. 23, 1. 63, 1. Mf. זמ, 3.

לַמְנַצֵּחַ מִזְמוֹר. S. נצח

ז׳ דקדים דָּוִד לְמִזְמוֹר. Ps. 24, 1. 101, 1. 109, 1. Mf. זמ, 2.

שִׁיר מִזְמוֹר ג׳ בטעם. S. טעם

---

schiedenen massoretischen Angaben ist demnach gleich, d. h. Ex. 12, 7. 22, 23. und Prov. 8, 34. ist diese Form plene des ersten und def. des zweiten Waw. Deut. 6, 9. und Jud. 16, 3. ist sie def. des ersten und plene des zweiten Waw; 1 Reg. 6, 31. und 33. sind doppelt plene Waw. Nur Deut. 11, 20. und 1 Reg. 7, 5. sind noch zweifelhaft, ob sie doppelt plene oder def. des zweiten Waw sind? — Nach dem Zusatz Ex. 12, 7 "ושאריהון מזוות כתיב" und nach Mf. מז, 1. "ב׳ מלא דמלא" müssen sie def. des zweiten Waw sein; aber nach Mp. Deut. 6, 9. und der handschriftl. Mass., wo es heisst; וכתבתם בתרא ומלכים מזוות כתיב מלא דמלא sind auch diese doppelt plene. S. auch אור תורה zu Deut. 6. 9. —

1) Dieses אזן wird Thr. 3, 19. erklärt als Anfangsbuchstaben der Wörter: אֲנִי, זאת, נָא, was aber etwas ungenau ist, da das א׳ zugleich אֱלֹה bezeichnet; denn auch vor diesem steht — ausser den 3 angeführten — זְכָר mit Kam. des Kaf (Jes. 44, 21.).

2) Mf. זך, 4. muss es heissen: ח׳ ו׳ מל׳ וב׳ חסר. Wenn Mpt. Hamb. liest: ח׳ ז׳ מלא וב׳ חסר, so ist statt dessen zu lesen: ז׳ ה׳ מל׳ וב׳ חסר indem das 8te (וּלְזִכָּרוֹן mit Waw copulat.) nicht mitgezählt wird. Ebenso ist Mp. zu Ex. 30, 16. zu lesen: ז׳ ה׳ מל׳ וב׳ חסר. — Die 2 M. לְזִכָּרֹן mit def. Waw nach dem Resch sind auch oben, unter זִכָּרֹן (wo es ג׳ חסרים בלישנא heissen muss) gezählt. — Ueber וּלְזִכָּרוֹן s. Mf. ל׳, 12. (קי״ח יחידאין).

זְמֹרָה ה׳ חסרים בלישנא. 1) Mf. זמ, 6.

הַזְּמוֹרָה ב׳ ומלא. Ez. 15, 2. Mf. זמ, 4.

זנב

וַיְזַנֵּב לית. Deut. 25, 18.

זנה

זֹנֶה ב׳ חד חסר וחד מלא. Ps. 73, 27.

זֹנָה ג׳ חסר. Lev. 21, 7. Mf. זן, 1.

לְזוֹנָה ב׳. Gen. 38, 15.

זעם

זָעַם ב׳ מלרע. Mf. זע, 1.

זעף

זֹעֲפִים ב׳. Gen. 40, 6.

זעק

וַיִּזְעֲקוּ ג׳ פתחין. Jud. 10, 14. Joel 1, 14. Mf. זע, 4.

וַיִּזָּעֵק ג׳. Mf. זע, 6.

וַיַּזְעֵק ד׳ בקריא. Jud. 4, 10. Jona 3, 7. Mf. זע, 3.

זַעֲקַת ג׳. Gen. 18, 20. Mf. זע, 2.

מִזַּעֲקַת ג׳. Jer. 48, 34. Prov. 21, 13. Mf. זע, 5.

זקן

זָקֵן בָּא בַּיָּמִים ד׳ וחד זָקֵן בָּא בָאֲנָשִׁים Gen. 24, 1.
Mf. ין, 36. זק, 7.?

זָקַנְתִּי ד׳. 2) Gen. 18, 13. Mf. זק, 3.

יַזְקִין ב׳. Job 14, 8.

זְקַן ב׳ בב׳ לישן. Gen. 24, 2. M. זק, 2. (S. Mf. א׳, 22. או״א, 59.)

וְכֹל זִקְנֵי ג׳. Gen. 50. 7. Ex. 18, 12. Mf. זק, 5.

וְאֶת זִקְנֵי ג׳. 2 S. 17, 15. 2 Reg.*19, 2. Mf. זק, 6.

הַזָּקָן ג׳ אנ״ך. Lev. 13, 30. Ps.*133, 2. Mf. זק, 1.

(זְקֵנֵינוּ. Jos. 9, 11. מ״ש S.)

זְקֻנִים ב׳ וחסר. Gen. 37, 3. Mf. זק, 4. (S. Mf. א׳, 25.
או״א, 70.)

זרה

זֹרֶה ב׳ וחסר. Ruth 3, 2. Mf.*זר, 3.

זֵרוּ ב׳ ובענין. Zach. 1, 19.

אֱזָרֶה ג׳. 3) Lev. 26, 33. Ez. 5, 12. Mf. זר, 2.

זרח

וְזָרַח ג׳. Mf. זר, 4.

זָרְחָה ד׳. Ex. 22, 3. 2 Reg. 3, 22. Neh. 3, 17. Mf. זר. 5.
(S. Mf. ן׳, 10. או״א, 17.)

מִזְרָחָה ג׳. Mf. זר, 6.

מִזְרְחָה הַשֶּׁמֶשׁ ב׳ וא׳ מִזְרְחָה שָׁמֶשׁ וא׳ מִזְרַח
שָׁמֶשׁ. Mf. זר, 7.

כְּאֶזְרָח ג׳ קמצין וא׳ פתח. אזר S.

כַּגֵּר כָּאֶזְרָח. גור S.

הָאֶזְרָחִי ב׳. Ps. 89, 1.?

זרע

זוֹרֵעַ ב׳ מלא. Jer. 50, 16. Mf. זר, 12.

זֹרֵעַ ג׳ בלישן וכל חד לית דכו׳ וסי׳ אנ״ך (זֵרוּעַ, זֵרוּעֶיהָ
זָרֻעַ). Ps. 97, 11. (S. Mf. א׳, 19. und 20. או״א. 38.
und 57.)

---

1) Mf. l. c. ed. Bomb. hat ד׳ = 4, was richtiger ist, da das angeführte זְמוֹרָה in Num. 13, 23. nach רמ״ה, יהב״י u. A. plene Waw ist; dagegen וּזְמֹרֵיהֶם (Nah. 2, 3.) fehlt. Es sind also richtig 4 def. Waw, nemlich: Lev. 25, 3. 4. Jes. 17, 10. u. Nah. 2, 3. — Buxt. hat mit Unrecht das ד׳ in ה׳ umgeändert.

2) Das soll heissen s. v. a. ד׳ פתחין בהפסק d. h. 4 M. bleibt das Pathach selbst in der Pause; denn die Form an sich kommt mehr als 4 M. vor.

3) Aus dieser Angabe will Heid. schliessen, dass dieses Wort in Ez. 5, 12. auch so, d. h. das Resch mit Segol — und nicht mit Zere, wie es die Ausgg. haben — geschrieben wird, weil sie sonst hätte sagen müssen ג׳ ב׳ צירי וחד סגול (od. besser ג׳ ב׳ קמץ וחד פתח), ähnlich wie מִזָּרֶה (Jer. 31, 10.) s. Mp. das. Dasselbe lässt sich auch aus Mf. קמץ, 2. beweisen, wo 25 Wörter aufgezählt werden, die ausnahmsweise Zere haben und מִזָּרֶה gezählt, unser אֱזָרֶה aber übergangen wird. Auch Kimchi im Commentar erwähnt unser Wort als Ausnahme, dass das Alef in demselben Chat. Segol hat; vom Zere des Resch erwähnt er aber nichts; er scheint es also auch mit Segol, wie die beiden andern gelesen zu haben. — Dennoch ist H. nicht entschieden für das Segol, indem das Zere insofern keine Ausnahme ist, als wegen des trennenden Accents (Sakef) ein Zere verlangt wird, wie z. B. bei תְּגַלֶּה, das in der Regel in Pause (אס״ף) ein Zere hat. —

מֹזֶרַע הַמְּלוּכָה׃ מלך S.

זַרְעֲךָ עַד עוֹלָם וכו׳ ג׳ פסוקים מטעין דעוֹלָם׃
Deut. 28, 46. Mf. עו, 22. S. פסוקים

וְזַרְעוֹ ז׳. Gen. 48, 19. Num.*24, 7. Jer. 22, 28. Ps. 37, 25.
Mf. זר, 11.

זְרוֹעַ ג׳ מלא בתורה בלישן וכל נביאים וכתובים דכו׳ מלא במ״ג חסרים׃ Ex. 6, 6. Deut.*33, 20. 1 S. 2, 31.
Mf. זר, 8.

זְרֹעִי ב׳ מלא בלישן׃ Mf. זר, 10.

וּבִזְרֹעֲךָ ה׳ חסר׃ Deut. 9, 29. 1 S. 2, 31. 1 Reg. 8, 42.
Ez.*4, 7. Mf. זר, 9.? (S. מ״ש Ex. 15, 16.) 1)

זרק

וְזָרְקוּ אם הוא בפזר או בתלשא׃ S. Lev. 3, 2.

ח׳

חבה

חֲבִי ד׳ חסרים בלישן׃ 2) Mf. חב. 1.?

מַחֲבַת ג׳. Lev. 7, 8. Ez.*4, 3. Mf. חב, 10.

חבל

לְחַבֵּל ג׳. Jes. 13, 5. 54, 16. Mf. חב, 2.

(חֵבֶל הח״ת בצי״רי וכל שארא בסגול בכל לישן׃
S. מ״ש Jes. 66, 7.)

חבק

חִבְּקוּ ב׳. Job 24, 8.

תְּחַבְּקֶנָּה לית׃ Prov. 4, 8.

חִבֻּק ב׳ וחסרים׃ Prov. 24, 33.

חבר

יחבר כתיב יבחר׃ Koh. 9, 4. Mf. ן׳, 14. או״א, 91.

חֲבֵרָיו ד׳ ג׳ חסר וא׳ מלא׃ Jes. 44, 11. Mf. חב, 3.
(S. מ״ש Jes. l. c.)

חבש

חֲבוֹשׁ ג׳ ב׳ חסר וא׳ מלא׃ Jes. 30, 26. Job 40, 8.
Mf. חב, 5. (S. מ״ש Ez. 24, 17.!)

חגג

חַג ג׳ פתחין וכל דסמיך לה״א ולאדכרא דכו׳׃
Mf. חג, 1. 3)

(וַיָּחֹגּוּ לית כוותי׳ וחד יָחֹגּוּ, יָחֹגּוּ וְיָנוּעוּ׃ Mpt. Hamb.
zu Ex. 5, 1. S. Mf. ר׳, 1. או״א, 1.

חַג י״י׃ הויה S.

חגה

בְּחַגְוֵי ג׳. 4) Mf. חג, 3.

חגר

חֲגוֹר ד׳ וחד וַחֲגוֹר׃ 2 S. 20, 8. 2 Reg. 4, 29. 9, 1.
Ps. 45, 4. Mf. חג, 4. (S. Mf. ו׳, 10. או״א, 17.) 5)

---

1) Das Resultat der Angaben über dieses Wort in s. verschiedenen Formen in Beziehung auf plene oder def. Waw ist Folgendes: 1) זְרֹעַ, in s. versch. Formen, d. h. mit oder ohne Praef. (= בלישנא), auch als Inf. v. Verb. זרע, ist im Pent. immer def. Waw, mit Ausnahme v. 3 Stellen; in den BB. der Proph. u. Hagiogr. ist es immer plene Waw, mit Ausnahme v. 3 St., wie angegeben; 2) זְרֹעִי, in s. versch. Formen ist immer def. und nur 2 M. plene Waw; 3) זְרוֹעֲךָ ist immer plene u. nur 5 M. def. Waw, wie in den angegebenen St. angeführt ist. Die Angabe zu Ez. 4, 7. ist zwar in ihrer Aufzählung fehlerhaft, da sie זְרוֹעַ und זְרוֹעֲךָ unter einander wirft, aber die Angabe ד׳ = 4 ist richtig, weil sie nur von „בנביאים ובכתובים" spricht und das. sind es 4 def. Die andere dort angeführte Leseart, ה׳ חסרים בקריאה rechnet auch die St. im Pent. (Deut. 9, 29.) dazu und so sind es 5 = ה׳. Hiernach müssen die versch. Angaben der Mp. berichtigt werden. — Soweit die Angaben der Mass. magna. Die andern Formen dieses Wortes müssen aus der Mp. zu den versch. St. eruirt werden; so z. B. die Form: 4) זְרוֹעוֹ ist immer def. Waw mit Ausnahme von Jes. 30, 30. u. Zach. 11, 17. nach den betreffenden Angaben der Mp. — Ebenso 5) זְרוֹעָם. Das kommt in ähnl. Form nur 2 M. vor u. zwar 1 M. plene (Ps. 44, 4.) u. 1 M. def. Waw (Jes. 33, 20.). So auch זְרֹעוֹת in s. versch. Formen. —

2) S. Mp. zu Num. 13, 14., wo ג׳ חסר אלף בלישן angegeben ist; auch Heid. führt aus einem alten Mpte an: ג׳ חסר א׳ בלישן וסי׳ נחבי בן ופסי, ונחבתם, חבי. Auch ist das 4te, Jer. 49, 10. nicht def. א׳, sondern es hat ein He statt des Alef. —

3) Das וכל דסמיך לי״י ולאדכר׳, welches ed. Bomb. hat, ist irrthümlich aus לה׳ (d. h. vor einem W. das mit He anfängt) entstanden, da לאדכרא ja den vierbuchst. Namen Gottes bezeichnet. Aus dem לה׳ hat ein Abschreiber irrthümlich לי״י gemacht, weil nach älterer Gewohnheit das ה׳ oft für י״י gesetzt wird. S. unsere Bemerkung zu דרכי הנקוד S. XV. —

4) Buxt. hat das ד׳ = 4 der ed. Bomb. in ג׳ = 3 verändert, was richtig ist. Auch H. führt aus einem Mpte ג׳ an. Hiernach sind die betreffenden Angaben der Mp. zu corrigiren. —

5) Zu diesem Art. bemerkt Heid. in d. Concord., dass er in einem alten Mpt. gefunden: ג׳ מלא, wobei aber nicht bemerkt wird, welche Stellen plene sind; er glaubt, dass Ps. 45, 4. 2 S. 20, 8. und Prov. 31, 24. gemeint seien. —

חֲגֹרִים ב׳ חסר וא׳ מלא· Ex. 12, 11. Dan. 10, 5. Mf. חג, 5. 1)

חדד

הֶחַדָּה ג׳ תלתיהון בחד ענינא דא בתר דא· Ez. 21, 9.

חַדָּה ה׳ בקריא קדמאה שום קרתא· Jos. 19,21. Jes. 49,2. Prov. 5, 4. Mf. חד, 2.

וַיִּחַדְּ לית וחד יִחַדְּ· 1. או״א 1. ו׳, Mf. Ex. 18, 9.

חדל

וְחָדַל ב׳· Ps. 49, 9.

וַיֶּחְדְּלוּ ב׳· Gen. 11, 8. Ex. 9, 33.

חדר

הַחֹדְרָה ב׳· Mf. חד, 3.

חדש

חֲדָשָׁה י״ד· 2) Mf. חד, 7.

חֹדֶשׁ בְּחָדְשׁוֹ ב׳· Num. 28, 14.

בַּחֹדֶשׁ ז׳ ר״פ· Ex. 19, 1. Lev. 23, 5. Jer. 52, 6, Zach. 1, 1. Est. 3, 7. 2 Chr. 31, 7. Mf. חד, 6. 3)

(בְּעֶשְׂרִים בַּחֹדֶשׁ· (S. Mp. Num. 10, 11.?

לַחֹדֶשׁ בָּעֶרֶב ד׳ וכו׳· Ex. 12, 18. Jos. 5, 10. Mf. חד, 5.

וּבַחֹדֶשׁ ה׳ ר״פ· Num. 28, 16. 2 Reg. 25, 8. Jer. 52, 12. Mf. חד, 4.

(חָדְשֵׁיכֶם· (S. מ״ש Num. 10, 10.

חוה

חַוֹּת כל חות חסר וכו׳· Num. 32, 41. S. הוות

נְהַחֲוֵה כלהון כתיב ה׳ במ״ב כתיב א׳· Dan. 2, 7.

חול

חָלָה ג׳ מלעיל· 4) Jes. 66, 8. Mf. חל, 19.

חוֹלָלְתִּי ג׳· Prov. 8, 24. Mf. חל, 15.

מִתְחוֹלֵל ב׳ מלא· Job 15, 20.

הַחֹל ב׳ בתרי לישן חד חסר וחד מלא· Lev. 10, 10. Prov.*27, 3. (S. Mf. א׳, 22. או״א, 59.)

וְכַחוֹל ב׳ בתרי לישני· Gen. 22,18. Job 29, 18. (Mf. א׳, 22. או״א, 59. מ״ש Job l. c.)

חוס

תָּחֹס ב׳ חסר· Gen. 45, 20. Mf. חס׳, ב׳? (S. מ״ש Gen. l. c.)

(וַתָּחָס (S. מ״ש Ez. 20, 17.

וְלֹא תָחוֹס ה׳· Ez. 7, 4. Mf. חס, 1.

חוץ

בַּחוּץ ב׳ ר״פ· Job 31, 32.

חוּצָה ד׳ ג׳ מלא וא׳ חסר· 5) Ex. 12, 46. Mf. חו, 6.

הַחוּצָה י״ו· Gen. 15, 5. Jud.*12, 9. Ez. 34, 21. 2 Chr.*5, 9. Mf. חו, 7.

חֻצוֹת ב׳ כ״כ ח״ו קדמא בלישן וכל ירמי׳ דכו׳ חצות וא׳ בחוצת כתיב ח״ו תניין וסי׳ וכו׳ ושאריהון חוצות מלאים דמלאים· Num, 23, 2. Mf. חו, 8.

חוּצֹתֶיהָ ג׳ כ״כ בלישן· 6) Ez. 11, 6, Mf. חו, 9.

1) Aus den versch. Angaben geht nicht deutlich hervor, welches plene Waw ist? Schon רמ״ה s. rad. scheint darüber ungewiss gewesen zu sein, indem er zu Ex. 12, 11. bemerkt: דכולי עלמא הדין דאוריתא חסר· —

2) S. Concord., wo mehr als 14 aufgezählt sind; aber auch diese ist mangelhaft; so ist z. B. Jes. 65, 17. ausgelassen. Es muss wohl st. י״ד = 14. י״ז = 17 gelesen werden, indem hier 3 (1 Reg. 11, 29. Ez. 18, 31. und ibid. 36, 26.) und in d. Concord. (Jes. 65, 17.) fehlen. — Wenn in d. Mf. l. c. 2 S. 21, 16. für 2 St. gerechnet wird, so liegt dies an der unrichtigen Abtheilung des Verses. —

3) In der Aufzählung der Stellen zu Ex. 19, 1. und Zach. 1, 1. ist fehlerhaft הרביעי, דמלכים angegeben, da das Schlagwort dort nicht vorkommt. Es muss heissen: הרביעי דירמי׳· (Zach. 1, 1.) בחדש השמיני דזכרי׳· Mpt. Hamb. hat ausdrücklich: בחדש הרביעי, דירמי׳, בחדש השמיני, דדריוש·

4) Heid. macht aufmerksam darauf, dass חָלָה (Jes. 66, 8.) zu den Wörtern auf לָה am Ende des W. gehört, die nur 1 M. vorkommen, s. Mf. ל׳, 18, während es nach unserer Angabe 3 M. (penult.) in der Bibel sich findet?

5) Es sind 7, s. Concord. Sollte es vielleicht so heissen: ז׳ ו׳ מלא וחד חסר? — Dass ד׳ für ז׳ vorkommt, s. oben Anmerkg. 2. S. Mp. zu Ex. 12, 46. wo sie bemerkt לית מלעיל, da doch eigentlich diese Form immer penult. ist? Im Mpt. v. 1294. heisst es: לית בטעם בתורה. Es dürfte demnach Mp. l. c. heissen: לית מלעיל בתורה, was richtig ist. —

6) Das Ergebniss der Angg. zum Pl. חֻצוֹת in s. versch. Formen ist, dass 1) in der Regel חוצות doppelt plene Waw geschrieben ist; 2) im B. Jerem. es immer חֻצות, d. h. def. des ersten Waw steht; 3) ausser Jer. kommt ausnahmsweise 2 M. חצות (d. h. mit def. erstem Waw) in ähnlicher Form (בלישנא) und 3 M. חוצת (d. h. def. des 2ten Waw) in

הַחִצוֹנָה ג׳ כ״כ ח״י וחד חסר דחסר׃ Ez. 42, 7. Mf. חצ, 1. 1)

חור

וְחוּר לית׃ Est. 8, 15. (S. Mf. ר׳, 5. או״א, 71.

חוֹרֵי יְהוּדָה ד׳׃ Mf. יה, 6.

חֹר ב׳ חסר׃ Mf. חו, 10.

חוש

חֻשִׁים ב׳ בב׳ לישן׃ Gen. 46, 23. (S. או״א, 59. Anmerkung.)

חזה

חֲזֵה ג׳ וכל חֲזֵה הַתְּנוּפָה דכו׳׃ Mf. חז, 1.

אֶחֱזֶה ד׳ וא׳ ואחזה׃ Job 19. 26. Mf. חז, 4. (S. Mf. ר׳, 10. או״א, 17.)

אָחַז׃ אחז S.

וַיֶּחֱזוּ ב׳׃ Ex. 24, 11.

חֲזוֹן ב׳ ר״פ׃ Ob. 1, 1. Mf. חז, 3.? (S. מ״ש Anfang Nah.)

חֱזֵוְתָה ה׳ ב׳ מל׳ וג׳ חסר׃ Dan. 2, 41. Mf. חז, 2.

חזק

חָזַק ה׳ פתחין׃ Gen. 41, 57. 47, 20. Jud. 1, 28. Mf. חז, 19.

חָזְקוּ ג׳ רפין׃ 1 Reg. 20, 23. Mf. חז, 18.

חִזְקוּ וְאִמְצוּ ג׳׃ Deut. 31, 6. Mf. אמ, 29.

וַיֶּחֱזַק ט״ו׃ Ex. 7, 22. 1 S. 17, 50. Jer.*52, 6. Neh. 3, 19. Mf. חז, 6. (S. מ״ש 2 Chr. 27, 5.)

וְחִזַּקְתִּי ב׳׃ Ez. 30, 24.

חַזֵּק ד׳׃ Deut. 1, 38. Mf. חז, 10.

וּלְחַזֵּק ג׳׃ Mf. חז, 13.

חִזְקוּ ד׳ דנשים׃ 2 Reg. 12, 7. Mf. חז, 8.

וַיְחַזֵּק ה׳ וכל דסמיך לאדכרא דכו׳׃ Neh. 3, 19. Mf. חז, 7.?

הֶחֱזִיקָה ו׳ חסרים׃ Dan. 11, 32. Mf. חז, 17.? 2a)

וְהֶחֱזִיקָה ב׳׃ Deut. 25, 11. Prov.*7, 13. Mf. חז, 16. (S. Mf. ר׳, 20. או״א, 63.)

וַיַּחֲזִיקוּ ו׳ ד׳ מלא וב׳ חסר׃ Gen. 19, 16. Mf. חז, 14.? (S. מ״ש 1 Reg. 9, 9.) 2b)

וַיִּתְחַזֵּק ח׳ וב׳ וַיִּתְחַזֵּק וכל הִתְחַזֵּק דכו׳׃ Gen. 48, 2. Jud. 20, 22. 1 S.*30, 6. 2 Chr.*1, 1. Mf. חז, 12.

וַיִּתְחַזֵּק ב׳׃ 1 S. 30, 6. 2 Chr. 21, 4. Mf. חז, 11. (S. vor. Art.)

חֲזָקִים ג׳׃ Ez. 3, 8. Job*37, 18. Mf. חז, 9.

כְּחֶזְקָה ד׳ וא׳ וּכְחֶזְקָה׃ Mf. חז, 15.

חטא

חטייה ועשיה׃ פסוקים S.

חָטְאוּ ג׳׃ 1 Reg. 14, 22. Mf. חט, 1.

חֹטֵא ג׳ חסר בלישן׃ Jes. 1, 4. Koh. 9, 2. Mf. חט, 17.

מֵחֲטוֹא, מֵחֲטוֹ ג׳ ומשניין באתיהון׃ Gen. 20, 6. 1 S.*12, 23. Ps. 39, 2. Mf. חט, 13.

תֶּחֶטְאוּ ב׳׃ Ex. 20, 19.

וְחִטֵּאתָ ג׳׃ Ex. 29, 36. Ez. 43, 20. *45, 18. Mf. חט, 6.

אֶחֱטָנָּה לית׃ Prov. 4, 8. Mf. נ׳, 5.

חַטָּאת הוּא ד׳׃ Ex. 29, 14. Lev. 5, 9. Mf. חט, 5. 3)

כַּחַטָּאת ד׳׃ Lev. 7, 6. Mf. חט, 10.

ähnlicher Form (בלישנא) vor, wie sie Num. 23, 2. und Ez. 11, 6. angegeben sind. Auffallend ist, a) warum sind die Angaben getrennt, da sie doch beide בלישנא angeführt sind? b) warum ist בחוצֹת (2 S. 1, 20.) auch in Ez. l. c. angeführt, da es nicht zu dem W. mit Suffix gehört? Zwar giebt Mf. חז, 9 an: ב׳ כ״כ, was richtig wäre; sie verweist aber auf Ez. l. c. und da heisst es doch: ג׳ כ״כ? c) was meint Mp. zu Jer. 5, 1. wenn sie bemerkt: לית ומלא, da ja nach Num. l. c. im B. Jer. das Wort immer def. des ersten Waw ist? Endlich d) scheint Ez. 11, 6. vor וכל ירמי׳ דכו׳ חצות כתיב etwas zu fehlen, da sonst das דכו׳ nicht passt zum Vorhergehenden, wo von חוצתיה (def. des 2ten Waw) die Rede ist? — Wahrscheinlich hat gestanden וב׳ חצות וכל ירמי׳ דכו׳, ähnlich, wie Num. l. c.

1) Zu dieser Angabe bemerkt Heid. in d. Concord. s. v. וכן מסר גם בכ״י ומסיים שם וב׳ כתיבין הַחִיצֹנָה וסי׳ וקול כנפי הכרובים נשמע עד החצר החיצנה Ez. 10, 5. ושבתי על המלאכה החיצנה, ושארא החיצונה כתיבין. Also ist es in der Regel doppelt plene (Jod u. Waw); Ausnahmen bilden 3, die def. Jod sind, 2 mit def. Waw u. 1 doppelt def. (Jod u. Waw). —

2a u. b) Mf. l. c. und die Mp. an einigen Stellen haben ז׳ = 7, woher?

3) Hier ist auf הוּא (im Gegensatz zu הִיא) der Ton zu legen; denn das vierte ist חַטַּאת הַקָּהָל הוּא (Lev. 4, 21) also das Teth nicht mit Kam. —

חַטַּאת ז׳ פתחין וכל תריסר דכו׳ במ״א קמץ. Ex. 30, 10. Lev. 4, 21. Num. 29, 11. 1 S.*2, 17. Jer. 17, 1. Ps. 59, 13.? Mf. חט, 15.

לְחַטַּאת ו׳ פתחין. Zach. 13, 1.

וּלְחַטָּאתִי ל׳. Job 10, 6.

חַטָּאתְךָ ב׳ וחד וְחַטָּאתְךָ. Lev. 9, 7. (S. Mf. ר׳, 6. אר״א, 13.)

מֵחַטָּאתוֹ ג׳. 1) Mf. חט, 18.

חַטָּאוֹת ג׳ מלא בקריא (בלישנא). 2 Reg. 12, 17. Mf. חט, 3.

חַטָּאת ו׳ חסרים. Num. 5, 6. 2 Reg. 13, 2. Ez. 18, 14. Mf. חט, 2. 2)

חַטֹּאותֵינוּ ג׳ מלא. 3) Mf. חט, 7.

חַטֹּאותֶיךָ ג׳ מלא וכו׳. 4) Jer. 15, 13. Mf, חט, 11.

חַטֹּאתֵיכֶם כל׳ חסר במ״ד מלא (בלישן). Lev. 16, 30. Jos.*24, 19. Mf. חט, 4.

חַטֹּאתָיו ג׳. 1 Reg. 16, 19. Mf. חט, 12.

חַטֹּאתָם ט׳. Lev. 16, 16. Num. 16, 26. Jes.*58, 1. Hos. 8, 12. Mf. חט, 8. u. 9.? (S. מ״ש Hos. 9, 9.) 5)

וְחַטָּאִים ד׳. Gen. 13, 13. Jes. 1, 28. Ps.*51, 15. Mf. חט, 14.

חטר

חֹטֶר ב׳. Jes. 11, 1.

חיה, חיי

וְחָיְתָה ב׳. Gen. 12, 13.

וְחָיוּ ב׳ וא׳ חָיוּ. Zach. 10, 9. (S. Mf. ר׳, 7. אר״א, 14.)

אֲשֶׁר הֵם חַיִּים ג׳ אנ״ך. Deut. 4, 10. Mf. חי, 2.

חָיוֹ ד׳ כתיב וי״ו בקריא. Ez. 3, 21. (S. מ״ש ibid. 18, 9.)

וִחְיוּ ז׳. Gen. 42, 18. 2 Reg. 18, 32.? Jer. 27, 17. Am.*5, 4. Mf. חי, 20.? 6)

אֶחְיֶה ד׳ וחד וְאֶחְיֶה. Ps. 119, 17. Job*7, 16. Mf. חי, 14. 7)

יִחְיֶה י״ח יחידאין וכל חָיֹה יִחְיֶה דכו׳. 8) Mf. חי, 3.

---

1) Diese Angabe kann sich nicht auf die Form des Worts beziehen, da diese mehr, als 3 M. vorkommt; sie berücksichtigt vielmehr die Phrase: וְכִפֶּר עָלָיו הַכֹּהֵן מֵחַטָּאתוֹ, die nur 3 M., wie angegeben, vorkommt.

2) Es sind auch nur 6 St. angegeben. Woher kommt es, dass oft ז׳ = 7 angegeben wird? S. Ed. Bomb., die auch Mf. l. c. ז׳ hat. —

3) Heid. führt in d. Concord. s. v. (wahrsch. aus einem Mpte.) an, ב׳ מלא und liest 2 Chr. 28, 13. def. Waw. Auch hier fehlt בלישנא, da versch. mit Praef. dazu gehören.

4) Die Angabe zu Jer. l. c. ist unrichtig, da das וא׳ על חטאותיך ähnlich geschrieben ist (plene ו׳) wie die 3 andern angeführten und wären es demnach 4 plene? — Heid. führt aber ein Mpt. an, wo על חטאתך (Micha 6, 13.), def. Waw u. Jod plur. geschrieben ist, woraus hervorgeht, dass es heissen muss: — — וא׳ על חטאתך ושארא חטאתיך כתיב —

5) Die Angaben Lev. 16, 16. Jes. 58, 1. Hos. 8, 12. und Mf. חט, 8. sind verschieden von denen zu Num. l. c. und Mf. חט, 9. (auch v. Mpt. Hal. II, 177.), indem die einen ט׳ = 9 und die andern ג׳ = 3 angeben? und die Mf. 2 Artikel daraus macht. — Doch ist das nur scheinbar; denn diejenigen, welche ט׳ angeben, zählen sie speciell auf; die aber ג׳ = 3 angeben, setzen hinzu: וכל יזכר יפקד וכל פרשת אחרי מות דכו׳ חטאתם, was auf die übrigen 6 sich bezieht, von denen 3 in אחרי מות (Lev. 16, 16. 21. 34.) und 3 mit vorhergehendem יזכר (עונם) יפקד (Jer. 14, 10. Hos. 8, 13 9, 9.) vorkommen. Nur ist unrichtig, dass a., Mf. 2 Artikel daraus macht, da beide dasselbe sagen und b. dass in der ersten Gruppe hinzugefügt wird: וכל בחטאתם ובחטאתם דכו׳, da ובחטאתם gar nicht vorkommt. — (S. מ״ש Hos. 9, 9.)

6) Das ז׳ = 7 ist unrichtig und muss in ח׳ = 8 verändert werden, wie die Angabe in Mf. l. c. u. die Mp. oft hat. Das ה׳ in 2 Reg. 18, 33. ist wahrsch. ein Druckfehler, aus ח׳ = 8 entstanden. Zu Am. 5, 4. bemerkt der erste Herausg. ע״פ המסרה נשמט אחד, was wohl so viel heissen soll, als es fehlt eine St., was aber insofern nicht richtig ist, als nur ז׳ = 7 angegeben ist u. 7 aufgezählt werden. — Aber der Herausg. hat den (nicht ungewöhnlichen) Fehler begangen, zwei Stellen zusammenzuziehen, dadurch, dass im Mpt. wahrsch. ein Trennungspunkt fehlte; ein solches muss zwischen עבדו את מלך בבל (Jer. 27, 17.) u. והשיבו וחיו (Ez. 18, 32.) stehen, so dass es richtig 8 Stellen sind. — (Man sieht hier wieder, wie sich die Zahl der Angabe oft irrthümlich nach falsch verstandener Aufzählung hinterher richtete.) —

7) Das וחד הבינני ואחיה scheint ein Fehler zu sein, da וְאֶחְיֶה mehr als 1 M. vorkommt; es müsste auch nach dieser Angabe zu den ד׳ א׳ וחד וא׳ in Mf. ר׳, 10. אר״א, 17. gerechnet werden, wo es aber fehlt. — Heid. will es daher verbessern in וחד אֲחַיֶּה (Jer. 49, 11.), was auch vielleicht im Mpt. so gestanden hat, wo aber der Herausg. aus Missverstand .... הבינני ו hinzugefügt hat. —

8) Das יחידאין bedeutet hier wahrsch. s. v. a. „ohne das vorhergehende חָיֹה“ was aber nicht die gewöhnliche Bedeutung des יחידאין ist. — Wahrscheinlich ist es entstanden aus י״ח, das man f. יחידאין nahm; es sollte aber nur

יְחִי ב׳ וכל מלך דכו׳ יְחִי הַמֶּלֶךְ׃ Mf. חי, 10. (S. Mf. י׳, 3. אר״א, 66.)

וַיְחִי ג׳. Ps. 69, 33. Mf. חי, 1.

וַיְּחִי ה׳ בטעם וכו׳. 1) טעם. S. Gen. 5, 6.

וּתְחִי ג׳. Gen. 19, 20. Jer.*38, 20. Mf. חי, 5.

וּנְחְיֶה ג׳. 2) Mf. חי, 19.?

תִּחְיוּ ג׳. Jer. 35, 7. Mf. חי, 12.

תִּחְיוּן ב׳. Deut. 4, 33.

יִחְיוּ ז׳. Jos. 9, 21. Jes. 26, 14. Ez.*20, 25. Zach.*1, 5. Job*21. 7. Mf. חי, 6.

חד וִיחְיוּ וחד וַיְּחְיוּ. Ex. 26, 24. (S. Mf. וי, 1. אר״א, 45. Mf. ח׳, 2. אר״א, 212.)

חַיֵּינִי. חָנֵּנִי. S.

תְחַיֶּה ג׳. Ex. 22, 18. Deut.*20, 16. Mf. חי, 7.

יְחַיֶּה ז׳. 1 Reg. 20, 31. Jes. 7, 21. Ez.*18, 27. Mf. חי, 13.

וַיְחַיֶּהָ ג׳ בלישן. 3) חַיֶּיהָ. S.

וּנְחַיֶּה ג׳. Gen. 19, 32.

יְחַיּוּ ב׳. Gen. 12, 12. Mf. חי, 9.

הֶחֱיָה ו׳. 4) Mf. חי, 4.

הֶחֱיִתָנוּ ג׳ חסר בלישן. Gen. 47, 25. Jos. 2, 13. Mf. חי, 18.

לְהַחֲיֹת ב׳ חסר בסיפרא. Gen. 6, 19.

וּלְהַחֲיוֹת ג׳ ומלא. 5) Gen. 45, 7. 2 Reg. 5, 7. Mf. חי, 22.

נֶפֶשׁ הַחַיָּה. נפש S.

חַיַּת הָאָרֶץ י׳ בלישנא. 6) Gen. 1, 30. Mf.*אר, 47. חי, 8.

אֶת הַחַיִּים ג׳. Mf. חי, 23.

בְּאֶרֶץ הַחַיִּים. ארץ S.

בַּחַיִּין לית. נ׳, 2. Job 24, 22. (S. Mf. ב׳, 2. אר״א, 49. אר״א, 75.)

בְּחַיִּין לית כתיב נ״ון אריכא. Dan. 7, 12. S. d. vor. Art.

לְחַיֵּי ג׳. Gen. 7, 11. Dan. 12, 2. Esr.*6, 10. Mf. חי, 21.

חַיֶּיךָ כלם מלא במ״א וכו׳. Gen. 47, 8.

ר״ח = 18 bedeuten, d. h. 18 M. kommt es vor (mit Rücksicht auf יְהְיֶה v. היה). S. Mpt. Hamb., wo es 3 M. (2 S. 1, 10 Ez. 33, 19. u. Ps. 89, 48.) angeführt ist, aber immer ohne den Zusatz יחידאין. —

1) S. Heid. im שום שכל Gen. 5, 6. u. 32., wo er nachweist durch Mpte., dass es heissen muss ד׳ בטעם וחד ויהי וסי׳ שילנ״ע so dass es 4 M. וַיְחִי (mit Cheth) u. 1 M. וַיְהִי (mit He) giebt, die den Accent Sakef Gadol haben.

2) Dieses Wort kommt nach der Concord. s. v. 5 M. vor; ferner sind die Angaben der Mp. bald ג׳ = 3 bald ד׳ = 4, was also in jeder Beziehung schwierig ist. — Das ג׳ = 3 kann recht sein, insofern es sich auf die Phrase: ונחיה ולא נמות (s. oben unsere Bemerkung zu מְחַטָּאתוֹ) bezieht, die kommt nur 3 M. vor. Dann muss aber statt Neh. 5, 2. — Gen. 42, 2. gesetzt werden. Indessen kann auch ד׳ = 4 richtig sein, wenn die Mass. Gen. 42, 2. וְנִחְיֶה (das Jod mit Zere) liest, s. מ״ש u. שום שכל zu dieser St. — Es muss dann aber Hos. 6, 3. hinzugefügt werden.

3) Hier hat das „בלישן“ die ungewöhnliche Bedeutung von „Gleichklang“, denn die beiden andern sind die Subst. בְּחַיֶּיהָ, חַיֶּיהָ. Auf diese beiden bezieht es sich auch, wenn angegeben wird. ב׳ מלא, weil diese ein doppeltes Jod haben, was bei וַיְחַיֶּהָ nicht der Fall ist. —

4) Aus der Aufzählung der betreffenden Stellen scheint hervorzugehen, dass die Mas. den V. 2 Reg. 8, 5. als 2 Verse gelesen hat, und mit ויאמר גחזי ein anderer Vers anfängt, weil, a. sie vorher angiebt ב׳ בפסוק, da es ja sonst 3 in einem Verse (ג׳ בפסוק) wären? b. zählt sie als sechste St. ויאמר גחזי, das nach Art der Mass., die in der Regel nach dem Anfang eines Verses citirt, ein neuer Versanfang sein müsste. — Uebrigens ist die Aufzählung der Stellen uncorrect, indem 2 Reg. 8. 5. vor ibid. 8, 1. angegeben wird. —

5) Zu dieser Angabe s. רמ״ה s. rad. und מ״ש zu Gen. 6, 19. — Wenn ersterer sagt: וחד ולהחיות לכם וכו׳, so ist damit nicht gemeint, dass וּלְהַחֲיוֹת, nur 1 M. plene vorkommt, denn das wäre gegen unsere Massoraangabe; רמ״ה spricht aber nur, wie bekannt, vom Pent. und daselbst kommt es allerdings nur 1 M. plene vor. Dass Heid. Gen. 6, 20. (hinweisend auf מ״ש, der die Angabe des רמ״ה citirt) hinzufügt: להחיות ג׳ מלא ו׳ בלישן, ist ungenau, denn וּלְהַחֲיוֹת kommt schon allein 3 M. plene Waw vor, wenn er sich nicht etwa auch nur auf d. Pent. beziehen wollte, was bei Heid. nicht anzunehmen ist. —

6) Mf. l. c. sind nur 9 Stellen angeführt; es fehlt Ez. 32, 4., das auch von Mpt. Hamb. zu Ez. 29, 5. angeführt ist, obgleich es das. חַיַּת כָּל הָאָרֶץ (mit dazwischentretendem כָּל) gelesen wird; denn es soll hier nur die Verbindung mit הָאָרֶץ, im Gegensatz zu dem gewöhnlichen חַיַּת הַשָּׂדֶה hervorgehoben werden, ohne auf die unmittelbare Verbindung beider Wörter den Ton zu legen. — S. Mp. zu Ez. 32, 4., wo ב׳ בסיפרא angegeben wird, weil nur dieses und ibid. 34, 28. mit הָאָרֶץ vorkommen; die anderen sind alle mit הַשָּׂדֶה verbunden. —

חַיָּה, בְּחַיָּה וכו׳ ג׳ ב׳ מלא וא׳ חסר. Lev. 18, 18. 2 S, 12, 3, Prov. 31, 12. Mf. חי, 17.

חַיָּו ד׳ חסרים (בלישנא). 2 Reg. 25, 30. Jer. 52, 33. Mf. חי, 11. (S. מ״ש 2 Reg. l. c.)

חיל

חֵיל ד׳ קמצין בקריא וכל אס״ף דכו׳. 1 Chr. 25, 6. Mf. חי, 24.

גִּבֹּרֵי הֶחָיִל. גבר S.

גִּבֹּרֵי הַחֲיָלִים. גבר S.

חֵל ה׳ חסר יו״ד בלישן. 2 S. 20, 15. 1 Reg. 21, 23. Thr. 2, 8. Mf. חי, 26.

הַחֵל. (הָחֵל) חלל S.

לְחֵילָה לית. Ps. 48, 14. (S. Mf. ה׳, 14. או״א, 44.)

חיק

חֵיק ד׳ חסר בלישן. Prov. 5, 20. 17, 23. Koh.*7, 10. Mf. חי, 27. (S. מ״ש Jer. 32, 18.)

חכך, חכה

וְחֵךְ ב׳ וחסר. Job 12, 11.

חִכִּי ג׳. חך, 1. Mf.

לְחִכִּי ג׳. Ps. 119, 103. Mf. חך, 2.

חַכָּה ב׳ חד מפיק ה׳ וחד רפי. Prov. 5, 3. (S. Mf. ה׳, 14. או״א, 44.)

בְּחַכָּה ב׳. Job 40, 20.

חכם

וְחָכָם ד׳. Gen. 41, 33. Prov. 29, 11. Mf. חך, 4.

בְּחָכְמָה ל׳ בסיפרא. סימן כל סיפרא בְּחָכְמָה במ״א וסי׳ וכו׳. Koh. 2, 21. (S. Mf. חילופי קריאה, 5. או״א, 271.)

חָכְמוֹת ד׳. Ps. 49, 4. Prov.*9, 1. Mf. חכ, 5. (S. מ״ש Jud. 5, 29.)

חלל

נִחָל. נחל S.

הַחִלֹּתִי ב׳ (וחסר). Deut. 2, 32.

הֵחֵלּוּ ו׳. 1) Est. 9, 23. Mf. חל, 10.

הַחִלָּם לית. Gen. 11, 6. (S. Mf. ל׳, 17. מ׳, 16.

הָחֵל ד׳ ג׳ קמץ וא׳ פתח. Deut. 2, 25. 32. Ob. 20. Mf. חל, 9.

אָחֵל ג׳ וכו׳. 2) Deut. 2, 26. Jos. 3, 7. Ez.*39, 7. Mf. חל, 7.

יָחֵל. יחל S.

וַיָּחֵלּוּ ג׳ (ד׳). Mf. חל, 14.?

תְּחִלַּת ג׳. Hos. 1, 1. Mf. חל, 13.?

בִּתְחִלַּת ו׳. 2 S. 21, 9. 2 Reg.*17, 25. Ruth*1, 22. Esr.*4, 6. Mf. חל, 12.

חָלִלָה ג׳ חסר. Gen. 18, 25. Job 34, 10. Mf. חל, 6.

וּמְחֹלֹת ב׳ חד״ח. 3) Mf. מח, 4.

בְּתֻפִּים וּבִמְחוֹלֹת. תפף S.

חַלֹּנוֹת ג׳ חסרים. Mf. חל, 27.

חַלּוֹת ג׳ מלא בתורה. Lev. 2, 4. 7, 12. 24,*5. Mf. חל, 22.

---

1) Das ו׳=6 muss ז׳=7 sein, indem 2 Chr. 20, 22. ausgelassen ist. —

2) Diese Angabe muss Deut. 2, 26. lauten: ג׳ ב׳ קמצין וא׳ פתח, wie die anderen Angaben und Mpt. Hamb. sie haben. —

3) Bei dieser Angabe ist schwierig: a. das Schlagwort ist וּמְחֹלֹת und die Beispiele beziehen sich auf וּבִמְחֹלוֹת? b. da das Wort ובמחלות im Ganzen nur 2 M. vorkommt, so müsste es, wenn die Angabe auf diese sich bezöge, וח״דח heissen, wie das die Ausdrucksweise der Mass. ist? c. die Mp. Ex. 15, 20. giebt an ב׳ חסר und zu Jud. 11, 24. bemerkt sie blos ב׳, woher dies? — Deswegen nimmt auch Heid. in der Concord. an, dass an letzterer St. es ובמחלות (mit Waw nach dem Lamed) heisst. Es scheint daher, dass unsere Angabe nur sagen will, dass von dieser Form (מְחֹלֹת) zwei doppelt def. Waw vorkommen und zwar 1 M. וּמְחֹלֹת (Ex. 32, 19.) und 1 M. וּבִמְחֹלֹת (Ex. 15. 20.); darum bemerkt sie zu dem einfachen וּמְחֹלֹת: ב׳ חד״ח, wozu man sich בלישנא hinzudenken muss, wie das oft geschieht; die übrigen alle sowohl וּבִמְחֹלוֹת (Jud. 11, 34.) als 3 M. בִּמְחֹלוֹת und וְהַמְּחֹלוֹת haben das Waw plur. nach dem Lamed. Es muss also nur Ex. 15, 20. st. Jud. 11, 34. angeführt werden. Darum bemerkt Mp. nur zu Ex. 15, 20. ב׳ חסר d. h. das erste Waw fehlt, während zu Jud. l. c. es nur blos ב׳ heisst, indem es sich auf die Form וּבִמְחֹלוֹת bezieht, die nur 2 M. vorkommt, ohne das plene oder def. zu berücksichtigen. — S. תקון ספרים zu Ex. 15, 20., der diese Angabe nicht verstand und darum Verbesserungen vornimmt, die unrichtig sind. —

חלב

וְחָלָב ג׳. Gen. 18, 8. Mf. חל, 3.

מֵחָלָב ג׳. Jes. 28, 9. Thr. 4, 7. Mf. חל, 5.

חֵלֶב ב׳ וא׳ וַחֲלֵב. Mf. חל, 4. (S. Mf. ו׳, 6. או״א, 13.).

וְאֶת הַחֵלֶב ה׳ וכל שְׁתֵּי הַכְּלָיוֹת דכו׳. Ex. 29, 22.
Lev. 7, 3. Mf. חל, 1.

כַּחֵלֶב לית. Ps. 119, 70. (Mf. כ׳, 1. או״א, 11.)

מֵחֵלֶב ח׳. Ps. 73, 7. Mf. חל, 2. 1)

חֶלְבְּהֶן ב׳ ובענינא. Lev. 8, 25.

חלה

חָלָה ח׳ ז׳ חסר וחד מלא. Gen. 48, 1. 1 Reg. 14, 5.
Mf. חל, 20. (S. Mf. ו׳. 59. או״א, 248.). 2)

מַחֲלַת ד׳. Gen. 28, 9. Ps. 53, 1. 88, 1. Mf. מח, 2.

מַחֲלֵהוּ לית. Prov. 18, 14. (S. Mf. ה׳, 34.?)

תַּחֲלוּאִים ג׳ כתיב כן בלישנא וכו׳ וַחֲלָיִם, חֳלָיֵנוּ כן כתיב חסר יו״ד רבים. Mf. חל, 21. 3)

וַיְחַל ד׳. Ex. 32, 11. 2 Reg.*13, 4. Mf. חל, 16.

וַחֲלִי ב׳ בב׳ לישן (Prov. 25. 12. (S. Mf. א׳, 22. או״א, 59

חלם

בַּחֲלֹם ב׳ חסרים. Mf. חל, 25. 4)

כַּחֲלוֹם ג׳. Jes. 29, 7. Mf. חל, 23.

חֲלֹמוֹתָיו ג׳ ב׳ חסר וחד מלא. (רמ״ה .S). Gen. 37, 20.

וְחֶלְמָא ב׳. Mf. חל, 24. (S. Mf. א׳, 23. או״א, 61.)

חַלָּמִישׁ ד׳ בלישנא קמצין ומיחדין וחד מֵחַלָּמִישׁ.
Ps. 114, 8. Job 28, 9? Mf. חל, 26.?

חלף

יַחֲלֹף ד׳ בקריא (וחסר). Jes. 2, 18. Job 4, 15. 11,*10.
Mf. חל, 29.

חֲלִפוֹת ג׳ כ״כ וב׳ חסר דחסר ושארא מלאים דמלאים.
Gen. 45, 22. Mf. חל 30. (S. מ״ש Gen. l. c.)

חלץ

חֲלוּץ ב׳ בב׳ לישן. (Deut. 25, 10. (S. Mf. א׳, 22. או״א, 59.

חֲלֻצִים כל׳ מלא במ״א. Num. 32, 30. (S. מ״ש das.)

חלק

חָלְקוּ ב׳ בב׳ לישן. (Ps. 55, 22. (S. או״א, 59.

וַיֶּחָלְקֵם ב׳. 1 Chr. 23, 6. (S. מ״ש Ps. 24, 3.?)

חֶלְקִי ב׳ ר״פ. Ps. 119, 57.

חָלָק ג׳ קמצין אנ״ך וחד וְחָלָק. Gen. 27, 11. Ez. 12, 24.
Prov. 26, 28. Mf. חל, 31.

חֲלָקוֹת ג׳. Ps. 12, 3. Mf. חל, 32.

חמם

חַם ב׳ א׳ פתח וא׳ קמץ וכל שום בר נש דכו׳ וקמץ.
Ps. 39, 4. Mf. חם, 1. 5)

וְחַם ג׳ פתחין וא׳ חָם. Ex. 16, 21. 1 Reg.*1, 2. Mf. חם, 2.
(S. Mf. ו׳, 9. או״א, 16.)

לְחָמָם. S. לחם

---

1) Es muss ז׳=7 heissen; der Fehler ist daraus entstanden, dass כי רותה בשמים חרבי (Jes. 35, 4.) fälschlich angeführt ist, wo מֵחֵלֶב gar nicht vorkommt. Es stand vielmehr ורותה ארצם מדם, das dem ועפרם מחלב ידושן vorhergeht und mit diesem eine St. bildet, so dass es nur 7 M. vorkommt. Das וְרִוְּתָה hat leicht zur Verwechselung mit כִּי רִוְּתָה Veranlassung gegeben. —

2) Auch Gen. 48, 1. muss es heissen: ח׳ ז׳ חסר וא׳ מלא wie es 1 Reg. 14, 5., Mpt. Hamb. u. Mp. an unserer Stelle haben. — Wenn einige Mpte. lesen: ט׳ ז׳ חסר וב׳ מלא, so ist וְחֹלֶה (Mal. 1, 8.) mitgerechnet und würde es dann plene Waw sein, was unsere Angabe ungewiss lässt, indem das ח׳=8 nur auf חֹלֶה (ohne Waw copulat.) sich bezieht. Dass die Mass. aber auch וְחֹלֶה l. c. def. Waw liest, lässt sich aus Mf. ו׳, 59 und או״א, 248 erweisen, wo als Gegensatz von חוֹלֶה (plene Waw), וְחֹלֶה als def. angeführt wird. — Letzteres bleibt also zweifelhaft, ob es plene oder def. Waw nach dem Cheth ist?

3) Es fehlt תַּחֲלוּאֵי (Jer. 14, 18.), was wahrscheinlich plene Waw ist, weil es nicht zu den 3 gezählt wird; aber warum wird es nicht, wie תַּחֲלוּאָיְכִי durch לי׳ ומלא bezeichnet? —

4) Statt Gen. 20, 3. will רמ״ה s. rad. lesen: אליו האלהים (Gen. 20, 6.), welchem Heid. folgt, s. חומש עורת הסופר zu den Stellen; er liest Gen. 20, 3. plene Waw. —

5) Die Angabe Mf. l. c. (ב׳ קמצין) ist unrichtig und muss, wie in Ps. l. c. lauten: ב׳ א׳ קמץ וא׳ פתח; nur muss es in letzter St. umgekehrt werden und ist zu lesen: ב׳ א׳ פתח וא׳ קמץ וכל שום בר נש דכו׳. Dass Ps. 39, 4. חַם mit Pathach zu lesen ist, ersieht man aus Mf. פת, 16. או״א, 22. u. Mf. ו׳, 9. או״א, 16, wo חַם mit Pathach verzeichnet ist. —

כחם ד' וחסר וחד בחם· Gen. 18, 1. 2 S. 4, 5. Mf. חם, 3. 1)

חמא

בחמה לית חסר· (S. יחם Job 29, 6.

חמד

החמדת חד"ח· 2) Gen. 27, 15. Dan.*10, 3. Mf. חם, 4.

נחמד ב'· Prov. 21, 20.

חמדת ד'· Mf. חם, 5.

חמה

חמה ג' חסר וכל מלכים דכו' במ"ב מלא· Ex. 14, 29. Lev. 25, 31. Mf. חו, 4. (S. מ"ש Ex. l. c.)

אל החומה ג'· Mf. חו, 3.

חומות ח' וכו' וסי'· 3) Ez. 26, 4. Ps.*51, 20. Mf. חו, 2. u. 3.

כל סיפרא (ירמי') חומות במ"ג חומת וכו'· Jer. 49, 27. 51, 44. Ps.*51, 20. (S. vor. Art.)

חמט

והחמט לית· Lev. 11, 30.

חמל

לא אחמול ג'· Mf. חם, 8.

יחמול ד' מלא· Hab. 1, 7. Prov.*6, 34. Mf. חם, 6.

ולא יחמול ד'· Prov. 6, 34. Job.*16, 13. Mf. חם, 7.

חמס

חמסי ב'· Gen. 16, 5. Jer.*51, 35. Mf. חם, 9.

חמסים ד'· Ps. 140. 2. Prov.*4, 17, Mf. חם, 10.

חמר

כחמר ב'· Job 10, 9. (S. מ"ש Jer. 18, 4.?)

לחמר ב'· Gen. 11, 3. Job 30, 19.

חמרם ג' ב' חסר וא' מלא· Ex. 8, 10. Num. 11, 32. Mf. חם, 11. (S. מ"ש Ex. l. c.)

חמר ה' חסר בלישן· Gen. 49, 14. Ex. 4, 20. 13, 13. Mf. חם, 13.? (S. מ"ש Ex. 13, 13.) 4)

---

1) Gen. 18, 1. muss nach Heid. gelesen werden: וחד בחם קציר; (das „ב' בפסוק" heisst s. v. a. „das 2te im Verse" indem das erste mit Kaf geschrieben ist.) Diese Leseart mit Beth geht hervor aus Mf. 'א, 21. und או"א, 57., wo es unter 'ב zu der Gruppe von je 3 gezählt wird, die nur 1 M. etc. vorkommen; s. auch Mf. 'ב, 1., wo es zu den 1 M. vorkommenden gezählt wird, die mit Beth anfangen; dagegen wird 1 S. 11, 9. כחם (mit Kaf) gelesen, wenn es auch mit Beth geschrieben ist. S. Mf. 'ב, 10. und או"א, 149., weswegen auch die obige Angabe (Gen. 18, 1.) es zu den 4 כחם (mit Kaf) rechnet.

2) Die Angabe zu Dan. l. c. ist die richtige. In Gen. 27, 15. muss es heissen: חמודת כוהב דעורא כ"כ ושארא חמדות כתיב, d. h. in der Regel hat es das Waw plur.; ist aber def. des ersten Waw (nach dem Mem).

3) In den angeführten Angaben sind viele scheinbare Widersprüche, über deren Ausgleichung und Resultat ich die Uebersetzung einer hebräisch geschriebenen Beilage von Heid. zur Concord. s. v. hierher setzen will. Nachdem er nemlich die verschiedenen Angaben zusammengestellt und verglichen hat, fährt er so fort: „Alle diese Angaben sind schwer auszugleichen. Ich habe aber noch eine Angabe zu Jer, 51, 12. im Mpt. von 1294 gefunden, welche so lautet:
חומת ד' כ"כ וסי' ואת חומת ירושלם, דמלכים 2 Reg. 25, 10. אל חומת בבל Jer. 51, 12. הסגיר ביד אויב חומת ירושלם Thr. 2, 7. ואהיה שובר בחומת ירושלם Neh. 2, 13. וחד בביתי ובחומתי Jer. 56, 5.
Aus diesen allen geht hervor, dass — was obige Angaben eigentlich bemerken wollen — in der ganzen heil. Schrift ausser dem B. Jerem. diese Form (mit Thaw am Ende) mit Pathach das Mem gelesen wird, mit Ausnahme von 8 Stellen, wo das Mem ein Cholam (חומת) hat, ohne aber weiter zu berücksichtigen, ob und in wie weit sie def. oder plene sind. — In Jer. aber ist diese Form immer Plur. also חומות zu lesen, mit Ausnahme von dreien, die Sing. sind und also das Mem ein Pathach hat (חומת), aber ebenso ohne Rücksicht auf plene oder def. Form. — In Beziehung auf letztere ist zu bemerken: a. die Singularform ist immer plene Waw nach dem Cheth (חומת); — b. die Pluralform ist verschieden und zwar: 1) 3 Stellen sind doppelt plene (חומות); s. Ps. 51, 20. 2) 4 oder 5 Stellen sind plene Waw nach dem Cheth und def. nach dem Mem (חומת); s. obige Angabe aus Mpt. 1294. 3) Die übrigen sind def. nach dem Cheth und plene Waw des Plurals (חמות). Es ist beiläufig hieraus zu ersehen, dass die Pluralform im B. Jer. immer חמות heissen muss mit Ausnahme von ibid. 51, 12., wo nach obigem חומת geschrieben wird. — Nach diesem ausgleichenden Resultat ist nur noch auffallend, dass die Angabe des Plurals (ausser d. B. Jer.) 'ח = 8 lautet, da es doch 9 sind, indem החמות (Cant. 5, 8.) übersehen zu sein scheint." So weit Heid. —

4) Einige Angaben haben 'ד = 4; das soll sich aber wahrscheinlich auf den Pent. beziehen und ist s. v. a. ד' חסר בלישן בתורה, wie Ex. 13, 13., indem das fünfte in Jud. 15, 16. sich findet. Heid. will aber überhaupt nur 4 def. annehmen, indem Jud. l. c. das Wort in allen Ausgg. plene Waw ist. S. תקון סופרים zu Gen. 49, 14. —

חֲמוֹרִים ו׳ מלא בלישן בקריא. Jud. 19, 21. Ez. 23, 20. Mf. חם, 12.

לַחֲמוֹרֵיהֶם ג׳ מלא בלישן. Jos. 9, 4. Mf. חם, 14.?

חמש

חָמֵשׁ כ״ה קמץ. 1) Ex. 27, 1. 38, 1. Mf. חם, 15.?

חֲמִשִּׁים וּמָאתַיִם ד׳. 2) Mf. חם, 24.

הַחֲמִשִּׁים ח׳. Lev. 25, 10. Num.*16, 35. 31, 30. 2 Reg. 1, 13. Mf. חם, 22.

וּבַחֲמִשָּׁה עָשָׂר יוֹם ג׳ ר״פ דסמיך בתורה? (ג׳ דסמיך ור״פ ובתורה, כצ״ל). Lev. 23, 6. Num.*29, 12. Mf. חם, 19.

חֲמִישִׁי כול׳ מלא במ״ג. Num. 7, 24. Zach.*7, 3. Mf. חם, 16.

חֲמִישִׁית ג׳ מלא. Gen. 47, 24. Lev.*27, 15. Mf. חם, 23.

הַחֲמִשִׁית ה׳ חסר יו״ד קדמא וכו׳. Lev. 19, 25. Jer. 36, 9. Ez. 1, 2. Mf. חם, 17. (S. מ״ש Lev. l. c.) 3)

חֲמִשִׁיתוֹ ב׳ חסר יו״ד קדמא וחד חֲמִשְׁתוֹ. Lev. 22, 14. Mf. חם, 20.

חֲמִישְׁתוֹ ג׳ חסר יו״ד תנינא. 4) Lev. 5, 16. Mf. חם, 18.

וַחֲמִשִּׁים ד׳ בלישן וחסרים. Ex. 13, 18. Jos. 1, 14. 4, 12. Jud. 7, 11. Mf. חם, 21. (S. מ״ש Ex. l. c.)

חנן

וְחַנֹּתִי ב׳. 5) Ex. 33, 19.

חָנֵּנִי מן ריש סיפרא עד א״ב רבתי חָנֵּנִי וכו׳ חַיֵּנִי במ״ג וסי׳ וכו׳. Ps. 119, 58. Mf. חן, 10.

חָנֵּנוּ ג׳. Ps. 123, 3.

חָנֻּנִי ב׳ ובפסוק. Job 19, 21. (S. Mf. ב׳, 13. או״א, 58. Mf. ב׳, 14. או״א, 72.).

יָחְנְךָ ב׳. Gen. 43, 29. Mf. חן, 6. (S. Mf. י׳, 3. או״א, 66.)

רַחוּם וְחַנּוּן, חַנּוּן וְרַחוּם. S. רחם.

חנה

חָנָה ב׳ וחסר. Ex. 18, 5. Mf. חן, 2.

וְהַחוֹנִם ב׳ כ״כ מלא וי״ו וחסר יו״ד. Num. 2, 12. (S. מ״ש ibid.) 6)

---

1) כ״ח קמץ hat ed. Bomb.; es giebt aber viel mehr dieser Form als 28? — Buxt. hat es zu verbessern gesucht nach s. Concord. und giebt Mf. l. c. נ״ג = 53 an, wobei er den Fehler begeht, 1 Chr. 3, 20. auszulassen, es sind also נ״ד = 54. Doch auf solche Weise lässt sich eine Massoraangabe nicht ändern! — Heid. meint, es bezöge sich auf חָמֵשׁ und וְחָמֵשׁ, die im Pent. 27 M. vorkommen; aber alsdann fehlte noch immer eins, es wären nur כ״ז und nicht כ״ח, wie angegeben, und besonders sind die angegebenen Schriftstellen ja nicht passend; es fehlte auch באוריתא oder בתורה? —

2) Heid. bemerkt zu dieser Angabe, es fehle hier eine fünfte Stelle, nemlich Num. 26, 10. — Zwar sollte man glauben, die Mass. habe hier (wie an der ähnlichen Stelle Num, 16, 35.) החמשים ומאתים (mit He des Artikels) gelesen, wie diese Leseart sich auch findet im Mpt. von 1294 und in einer alten Sonciner Ausg. von 1488. — Indessen aus 2 anderen Angaben der Mass. lässt sich deutlich ersehen, dass hier (Num. 26, 10. חֲמִשִּׁים (ohne He) gelesen werden muss. Zu Num. 16, 35. bemerkt nemlich d. Mm. החמשים ח׳ Ebenso Mpt. Hamb. 2 Reg. 1, 13. — Mf. חם, 22. ed. Bomb. hat fälschlich ד׳, was, wie in ed. Buxt., ח׳ = 8 sein muss —), wozu Num. 26, 10. nicht gezählt wird. Ebenso bemerkt das. die Mp. zu את החמשים: לית, was also anzeigt, dass es so nur 1 M. vorkommt. Es geht also aus beiden Angaben hervor, dass Num. 26, 10. חמשים gelesen wird und die Verbindung חמשים ומאתים 5 M. vorkommt. Es muss also wohl in unserer Angabe ה׳ statt ד׳ stehen. —

3) Die Worte חסר י״וד קדמא sind Lev. 19, 25. zu streichen; das ה׳ will sagen, dass diese Form nur 5 M. vork.; über die Schreibform in Hinsicht des plene und def. ist die Bemerkung hinzugefügt דאורית׳ החמישת u. s. w., wie es auch ebenso Mpt. Hamb. hat. — Heid. führt ein Mpt. an, welches bemerkt: החמישית ג׳ מלא דמלא וסי׳ שישק, וחברו, לגלות המלך יהויכין, was mit dem Obigen übereinstimmt. S. ausf. מ״ש Lev. 19, 25. —

4) Ueber das plene und def. dieses Wortes s. die angeführten Stellen. Das Ergebniss ist: dieses Wort kommt 6 M. vor und zwar 2 M. mit def. Jod nach dem Mem (Lev. 22, 14. und 27, 31.); 3 M. mit def. Jod nach dem Schin (Lev. 5, 16. 27, 13. und Num. 5, 7.) und 1 M. doppelt def. Jod (Lev. 27, 27.). —

5) Heid. führt ein Mpt. an, in welchem es heisst: ב׳ חד מלרע וחד מלעיל (so dass Ex. 33, 19, penult. u. Job 19, 17. ult. wäre), was aber nach unserer Angabe nicht der Fall ist. Sie scheint beide ult. zu lesen, wie es auch Kimchi (Michlol S. 175b ed. Venet. parv.) ausdrücklich angiebt. —

6) Die obige Angabe ist unrichtig und muss gelesen werden: ב׳ כ״כ בלישנא מלא וי״ו, וחד חסר יו״ד. Das in Nah. 3, 17. ist plene Waw und Jod. S. מ״ש Num. l. c. —

חֲנוֹת ב׳ מלא בלישן. 1) Mf. חנ, 3.?

חֲנוּ ב׳ וסי׳. Num. 31, 19.

וַיִּחַן ג׳. 2) Mf. חן, 1.

מַחֲנֶיךָ ג׳ ב׳ מלא וא׳ חסר. מ״ש S.) Mf. חנ, 4. Deut. 23, 15. Deut. l. c.)

הַמַּחֲנֹת ג׳ חסר. Num 2, 17. Mf. חנ, 5?

חנך

חֲנֹךְ ג׳ חסר בלישן. Gen. 25, 4. Prov.*22, 6. Mf. חנ, 9. (S. מ״ש Num. 26, 5.) 3)

חנת

וַתְּחֶנַּת ב׳ וכו׳. 4) Mf. חנ, 12.

חסד

וְעֹשֶׂה חֶסֶד. S. עשה.

וְרַב חֶסֶד וֶאֱמֶת ב׳. Ex. 34, 6.

וְחֶסֶד ה׳ קמצין. Ps. 23, 6. Prov. 21, 21. Job*10, 12. Est. 2, 17. Neh. 1, 5. Mf. חם, 6.

חַסְדְּךָ ב׳. Gen. 20, 13.

חֲסָדָיו ב׳א׳ מלא וא׳ חסר. 5) Mf. חם, 7.

חֲסָדֶיךָ כלהון מלא במ״א. Ps. 119, 41.

חֲסִידָו ב׳ חסרים. Mf. חם, 8. (S. מ״ש Ps. 37, 28.)

חֲסִידָה ג׳. Mf חם, 9.

חסה

לַחֲסוֹת ג׳ ומלא. 6) Ps. 118, 8. Ruth 2, 12. Mf. חם, 4?

מַחֲסֶה ט׳ רפין. Joel 4, 16. Ps. 62, 9. 118, 8. Mf. חם, 3. (S. מ״ש ibid. Kimchi W. B. s. rad. חסה, auch Ps. 73, 28.)

---

1) Die Bemerkung bezieht sich nur auf die Endsilbe, denn die beiden Wörter sind von verschiedenen Stämmen; das eine ist von חנה und das andere von חנן, so dass das Pathach in dem einen ein Chataf, während das andere ein wirkliches Pathach ist mit Dag. forte nach sich. S, רמ״ה s. rad. unter וּבַחֲנֹת. —

2) Zu dem ג׳ = 3 muss בתורה, d. h. im Pent. ergänzt werden; es kommt sonst mehrfach vor. —

3) Wenn Gen. und Prov. l. c. angeführt ist: חנך משפחת החנכי, (Num. 26, 5.), so bezieht sich das auf הַחֲנֹכִי und nicht auf חֲנוֹךְ, denn letzteres ist plene Waw. S. מ״ש Gen. l. c. —

4) Das ב׳ = 2 bezieht sich auf diese Form mit Waw convers., in welcher das Nun ein Pathach hat; sie fügt dann hinzu, dass sie ohne Waw auch 1 M. mit Pathach vorkommt; worauf es dann heissen muss: וא׳ תֶּחֱנָף d. h. mit Kam. des Nun, was ausgelassen ist. — S. übrigens Kimchi (Michlol ed. V. parv. S. 21a) der Jer. 3, 9. וַתֶּחֱנָף mit Kam. liest scheinbar gegen unsere Mass.? —

5) So hat es Mf. l. c. in der ed. Buxt. was aber schwierig ist: 1) da es 3 M. in der Bibel vorkommt? s. Concord. 2) ist Ps. 106, 45. nach Mf. ר׳, 12. u. או״א, 128. def. Jod, während es hier plene (מלא) angezeigt ist? — 3) haben die meisten Ausgg. und viele Handschr. auch Thr. 3, 32. def. Jod; s. מ״ש das., wie auch Heid. ein altes Mpt. anführt, wo Thr. l. c. ein Punctator das Jod ausgestrichen hat. — Richtiger freilich liest ed. Bomb, ב׳ חסרים, so dass hier nur von den Defectiven die Rede ist, deren es 2 giebt; das dritte aber ist regelmässig plene. Es wird also Thr. l. c., wie bemerkt, def. Jod geschrieben (wenngleich beide wie plene d. h. als Plur. gelesen werden.). — Schwierig ist aber auch nach dieser Leseart die oben angeführte Mf. ר׳, 12. und או״א, 128., wo nur Ps. 106, 45. als def. Jod angegeben wird, indem das. die nur 1 M. so vorkommenden def. Jod angegeben werden? S. Anmerkung zu או״א, l. c., welchem nach Thr. l. c. plene wäre? — Wenn nun auch, wie es wahrscheinlich ist, die Mass. 2 verschiedene Angaben hat — was bisweilen vorkommt —, so ist dennoch die ed. Buxt. insofern uncorrect, dass sie das מלא zu Ps. und nicht vielmehr zu Thr. bemerkt; auch das ב׳ ist, wie oben gesagt, unrichtig, wenn es nicht etwa heissen soll ב׳ בכתובים, so dass Jes. 63, 7. nicht dazu gehört. —

6) S. die im Text angegebenen Stellen und besonders auch folgende St. aus Kimchi W. B. s. rad. חסה: ומסרת אחד מצאתי? וכל מחסה, מחסי, לחסות רפין וסי׳ בטחו (Ps. 62, 6.). לנו (Ps. 46, 2.). מציון (Joel 4, 16.). כמופת (Ps. 71, 7.). למחתה (Jer. 17, 17.). טוב (Ps. 118, 8.). טוב (Ps. 118, 9.). כנפיו (Ruth 2, 12.). וכל אחסה כותהון בר מן חד, ובצל כנפיך אחסה (Ps. 57. 7.). Es ist klar, dass es zu Anfang so heissen muss: וכל מחסה, מחסי, לחסות דגשין במ״ח רפין Zur Erläuterung dieser verschiedenen Angaben will ich die ausführliche Angabe der Mm. zu Ps. 62, 9. hierhersetzen mit der Bemerkung, dass רפין s. v. heisst, als mit Chataf Pathach (des Cheth) im Gegensatz zu דגשין, d. h. mit blossem Schwa quiescens zu lesen. Die Angabe lautet:

ט׳ רפין בלישן (חסיה) בקריאה וסי׳

בטחו בו בכל עת Ps. 62, 9. . . . . מַחֲסֶה
אלהים לנו מחסה ועוז Ps. 46, 2. . . . . מַחֲסֶה
וי״י מציון ישאג Joel 4, 16. . . . . מַחֲסֶה
כמופת הייתי לרבים Ps. 71, 7. . . . . מַחֲסִי
אל תהיה לי למחתה Jer. 17, 17. . . . . מַחֲסִי
טוב לחסות בי״י מבטוח Ps. 118, 8. . . . . . . לַחֲסוֹת
וחברו, טוב לחסות בי״י Ps. 118, 9. . . . . . . לַחֲסוֹת
ישלם י״י פעלך ותהי משכרתך שלמה Ruth 2, 12. לַחֲסוֹת
חנני י״י כי בך חסיה נפשי Ps. 57, 2. . . . . . אֶחֱסֶה

מַחְסִי ג׳?· (S. מ״ש Jer. 17, 17.) Mf. חם, 5.

חסר

חָסֵר ד׳· Koh. 6, 2. Mf. חם, 11.

תֶּחְסַר ג׳ ב׳ קמצין וא׳ פתח· Deut. 8, 9. Prov. 13, 25. Mf. חם, 12.

אַל יֶחְסַר ב׳· Koh. 8, 9.

מַחְסוֹר ה׳· Mf. חם, 13.

חפה

חָפוּ ג׳ וחד וְחָפוּ· (S. או״א, 15?) Mf. חפ, 1.

חפז

בְּחִפָּזוֹן ג׳ ומלא· Ex. 12. 11. Deut. 16, 3. Jes. 52, 12. Mf. חפ, 2. ?

חפץ

אֲשֶׁר הַמֶּלֶךְ חָפֵץ בִּיקָרוֹ· מלך S.

הֶחָפֵץ ג׳· Ps. 34, 12. 35, 27. Mf. חפ, 3.

הַחֵפֶץ ג׳· 1 S. 15, 22. Job*22, 3. Mf. חפ, 4.

חפר

וְחָפַרְתָּה ב׳ א׳ מלא וא׳ חסר· מ״ש Deut. (S. Mf. חפ, 6. 23, 14.)

לַחְפֹּר ג׳ וחסר· Jos. 2, 2. Jes. 2, 20. Mf. חפ, 5.

וַיֶּחְפְּרוּ לית· (1 Job 6, 20.

וּמַחְפִּיר לית· Prov. 19, 26.

חפש

וַיְחַפֵּשׂ ב׳ בטעם זקף גדול· Gen. 44, 12.

חצב

מַחְצֵב ג׳· Mf. חצ, 4.

חצה

וַיַּחַץ ג׳· Gen. 32, 7. Mf. חצ, 3.

בַּחֲצִי הַלַּיְלָה ג׳· Ex. 12, 29. Ruth 3, 7. Mf. לי, 7.

חֶצְיוֹ ה׳· Mf. חצ, 2.

וּמִמַּחֲצִת ב׳ חסר· Num. 31, 30. Mf. חצ, 5.

חצר

חֲצֵרֹת ד׳ חסר בלישן· Num. 33, 17. Deut. 1, 1. Mf. חצ, 7. (S. מ״ש Ex. 8, 9.).

חֲצֹצְרֹת ג׳ חד״ח וחד חסר וי״ו בתרא ושארא חֲצֹצְרוֹת חסר וי״ו קדמא כתיב· (2 Num. 10, 2. Mf. חצ, 8.

חקק

חֹק וּמִשְׁפָּט ג׳· Ex. 15, 25. Mf. חק, 6.

חֻקַּת עוֹלָם ה׳ וי״א בלישן· Ex. 30, 21. Lev. 6, 15. Jer. 5, 22. Mf. חק, 3 u. 11.

וכל אחסה דכו׳ רפין במ״א ובצל כנפיך אֶחְסֶה Ps. 57, 2. מסורתא אחריתי: מחסה ג׳ ב׳ דגשין וא׳ רפי וסי׳ וי״י מחסה לעמו Joel 4, 16. אלהים לנו מחסה Ps. 46, 2. אלהים מחסה לנו סלה Ps. 62, 9. — Aus der Angabe zu Kimchi l. c., sowie daraus, dass die neunte Stelle der obigen Massoraangabe (Ps. 57, 2.) gar nicht hierhingehört, indem das darin vorkommende אחסה nicht Chataf sondern Schwa hat, wie es gleich heisst: וכל אחסה וכו׳ will מ״ש schliessen, dass es nicht 9 sondern nur 8 (במ״ח) sind, die Chataf haben, und zwar: 3 M. מַחֲסֶה, 2 M. מַחֲסִי und 3 M. לַחֲסוֹת. Aus diesem Grunde, um nemlich die gleichen Formen zusammenzustellen, sind die angeführten Stellen nicht nach der Reihenfolge der BB. der heil. Schrift geordnet, sondern nach dem Vorkommen der gleichen Formen, wie sie oben bei den einzelnen Stellen bemerkt sind. — Sollte Mf. חם, 5. richtig sein und mit Ps. 73, 28. מַחְסִי 3 M. vorkommen, so sind es allerdings ט׳ רפין, was aber fraglich ist, da es in beiden obigen Angaben fehlt. — So ist auch Joel l. c. nach Kimchi fraglich, was מ״ש l. c. über Kimchi bemerkt und ihn eines Widerspruchs zeihet. — Was die angeführte מסורתא אחריתי betrifft, so ist das Corrupte derselben klar, da מחסה viel mehr als 3 M. vorkommt. Sie muss heissen: (?ח׳ וט׳ (וח מַחֲסֶה ג׳ וט׳ רפין בלישנא d. h. diese Form kommt 3 M. mit Chataf (des Cheth) vor und im Ganzen kommt dieser Stamm 9 M. mit Chataf vor, wie angegeben. Eine ähnliche Angabe findet sich in einem von Heid. angef. Mpte. — Merkwürdig ist, dass Mpt. Hamb. zu Joel l. c. die Angabe ganz ebenso hat, wie die gedruckte Mass. zu Ps. 62, 9. —

1) Der Zusatz: והוא חד מן כ״ב זוגין נסבין וכו׳ (s. Mf. וי, 1) ist unrichtig, da וַיֶּחְפְּרוּ (das Waw mit Schwa) nicht vorkommt, also das חד מלעיל וחד מלרע nicht anwendbar ist. Es wird daher auch Mf. וי, 1. (worauf hingewiesen ist) und או״א, 45. nicht aufgezählt. — S. Mm. zu Prov. 19, 26., wo auch auf Mf. (מ׳, 11.) hingewiesen wird und das Wort (וּמַחְפִּיר) dennoch das. fehlt und zwar hier ohne Grund. —

2) Die dritte l. c. angeführte Stelle (Hos. 5, 8.) gehört nicht hierher, indem das חֲצֹצְרָה sing. steht, wobei ja das חד״ח nicht anwendbar ist. — Heid. will daher an der Hand der Mp. zu Num. 10, 9. ב׳ חד״ח (= 2 M. doppelt def. Waw) lesen. —

וְאֶת הַחֻקִּים ד׳. Deut. 17, 19. 2 Reg. 17, 37. Mf. חק, 13.

מִצְוֹתָיו דקדים לְחֻקָּיו (S. או״א, 277.) צוה S.

חֻקָּה ב׳ בתורה. 1) Num. 9, 14?

חֻקַּת עוֹלָם לְדֹרֹתָם ב׳ ושארא לְדוֹרוֹתֵיכֶם
Ez. 27, 21. Lev.*7, 36.

חֻקּוֹת ט׳. 2) Mf. חק, 1.

חֻקֹּת ה׳ חסר בלישן וכל חֻקֹּתָיו דכו׳. Lev. 20, 23.
Mf. חק, 8. 3)

חֻקּוֹתַי כל אוריתא חסר במ״א מלא וי״ו וכל נ״ך דכו׳
במ״ט חסר וי״ו. Gen. 26, 5. 1 Reg. 9, 6. 11, 38.
Jer.*44, 10. Ez. 44, 24. Ps. 89, 32? Mf. חק, 2. (S. מ״ש
2 Reg. 17, 13. Ez. 20, 11.) 4)

חֻקֹּתַי דבתר מִשְׁפָּטַי. שפט S.

חֻקֹּתַי דקדים לְמִצְוֹתַי ו׳. 279. או״א 7. חק, Mf.

חֻקֶּיךָ ב׳. 14. חק, Mf.

חקר

תַּחְקְרוּן לית. (75. או״א 2. נ׳, S. Mf.) Job 32, 11.

חרב

חָרֵב י״ו מלעיל וחסר בלישן. Gen. 31, 40. Jes. 61, 4.
Zeph. 2, 14? Haggai 1, 11. Job*30, 30. Mf. חר, 5.

חָרְבָּה ג׳ וא׳ וְחָרֵבָה. Prov. 17, 1. Neh.*2. 17. Mf. חר, 7
u. 8.? (S. Mf. ו׳, 8. או״א, 15.)

בָּחֳרָבוֹת ב׳. Jes. 48, 21. או״א, 25. (S. Lev. 28, 4. Num. 1,
1. 3, 47. מ״ש zu Ez. 13, 4.)

תֶּחֱרַב ב׳ א׳ פתח וא׳ קמץ. 9. חר, Mf.

לְחָרְבָּה לִשְׁמָמָה לית דכו׳ דסמיך כן. Jer. 44, 6.

לְחָרְבָּה לְשַׁמָּה ב׳. Jer. 25, 18.

חָרְבוֹתֶיהָ ב׳ (בלישן) א׳ מלא וא׳ חסר. 3. חר, Mf.

בְּחֶרֶב ח׳. 1 S. 17, 45. Jes. 31, 8. Mf. חר, 1.?

בַּחֶרֶב בָּרָעָב ח׳. Jer. 38, 2. Mf. חר, 2. (S. מ״ש
Jer. 32, 36.)

וּבַחֶרֶב וּבָרָעָב ב׳. 4. חר, Mf.

כְּחֶרֶב ג׳ (רפין). 6. חר, Mf. Jes. 49, 2.

בְּחַר בוֹתֵיהֶם כתיב תרין וקריא חד׳. 2 Chr. 34, 6.
(S. Mf. כת, 11, או״א, 100.).

חרד

וַיֶּחֱרַד ג׳. 5) Gen. 27, 33. Mf. חר, 13.

---

1) Das בתורה muss wohl ובתורה gelesen werden, da es im Ganzen nur 2 M. vorkommt. — Es heisst also: „2 M. und zwar im Pent." —

2) Mpt. Hamb. zu Jer. 31, 35. und Micha 6, 16. liest: ט׳ ח׳ מל׳ וא׳ חסר, giebt aber nicht an, welches def. Waw ist. Diese Angabe scheint aber dennoch die richtige zu sein, indem Jer. 31, 35. nach Mp. das. und nach den Ausgg. חֻקֹּת def. Waw ist. S. unten ה׳ חסר בלישן. —

3) Die Angabe ה׳ חסר (=5 M. def.) ist unrichtig, da Lev. 26, 3. (בְּחֻקֹּתַי) gar nicht dahingehört, indem diese Form (d. h. mit der ersten pers. sing. verbunden) im Pent. immer def. ו׳ ist, mit Ausnahme einer Stelle (Gen. 26, 5. S. Mm. Gen. 26, 5. Jer. 44, 10, und Mf. חק, 2.), folglich nicht zu den Ausnahmen gerechnet werden kann. Heid. will daher nach Mp. zu den Stellen und nach einem alten Mpt. ד׳ חסר בלישנא (=4) lesen, wie auch Mf. חק, 8. es hat, so dass Lev. l. c. ausfällt. — Aber auch das חֻקֹּת שָׁמַיִם, welches obige Angabe anführt, ist incorrect, erstens weil es 2 M. vorkommt (Jer. 32, 25. und Job 38, 3.) man also nicht weiss, welche St. gemeint sei; auch sind, zweitens beide in unsern Ausgg. plene Waw und d. Mp. bemerkt nichts dazu? — Heid. will daher statt חקת שמים lesen חקת ירח (וכוכבים) (Jer. 31, 35.), welches nach Mp. und den Ausgg. def. Waw ist. S. vorige Anmerkung.

4) Das Ergebniss der obigen Angaben über die plene oder def. Form dieses Plurals ist folgendes: 1) חֻקּוֹת ohne suffix. ist immer plene (Waw vor dem Thaw), mit Ausnahme von Jer. 31, 35. und Lev. 20, 23. (בְּחֻקֹּת). 2) חֻקּוֹתַי ist im Pent. immer def. mit Ausnahme von Gen. 26, 5. (s. מ״ש das.); aber in den BB. der Proph. und Hagiogr. immer plene mit Ausnahme von 9 Stellen, in denen es def. Waw ist. 3) חֻקֹּתָיו ist immer def. Waw (auch mit Präfix.) 4) כְּחֻקֹּתָם (2 Reg. 17, 35.) und וּבְחֻקֹּתֵיהֶם (Lev. 18, 3.) sind def. Waw. — Nach diesem Resultate, bemerkt Heid., müsste וּבְחֻקּוֹתָיו (Jer. 44, 23.) def. sein, ist aber in den Ausgg. plene. Ebenso giebt die Mp. zu 2 S. 22, 23. an: ב׳ חסר, was unrichtig zu sein scheint, da diese Form ja immer def. ist. — Vielleicht bezieht sich das ב׳ חסר auf diese Form (וְחֻקֹּתָיו) in den BB. der Proph. u. Hagiogr., wo sie überhaupt nur 2 M. vorkommt, da die übrigen sich im Pent. befinden; es wäre also s. v. a. ב׳ חסר בנ״ך. — Es bleibt also nur noch zu bestimmen über בְּחֻקּוֹתֶיךָ (Ps. 119, 16.), das nach Obigem plene sein müsste, aber in den Ausgg. def. Waw gedruckt ist. — S. רמ״ה s. rad. —

5) Diese Form kommt mehr als 3 M. vor. — Vielleicht wollte die Mass. angeben, dass 3 M. das Cheth ein Chataf Segol hat, während es bei den anderen mit Schwa (quiescens) gelesen wird. Jedoch ist in den Ausgg. keine Verschiedenheit bemerklich. —

חרה

חָרָה לְךָ ב׳ דסמיכי. Gen. 4, 6. Jona 4, 4.

יֶחֱרֶה ג׳. 1 S. 20, 7. Mf. חר, 10.

וְאַל יִחַר ב׳. Gen. 45, 5.

בָּחֳרִי אַף ה׳ בקריא (וחד בְּחָרִי בְיִשְׂרָאֵל). Jes. 7, 4. Thr.*2, 3. 2 Chr.*25, 10. Mf. אף, 5. חר 12. (S. Ez. 24, 5.) 1)

חָרוֹן ג׳ קמצין בקריא. Ez. 7, 12. Mf. חר, 11.

חרט

חַרְטֻמִּם ב׳ חסר יו״ד בלישן. Ex. 9, 11. (S. מ״ש Ex, 8, 15.)

חרך

הִתְחָרַךְ כל כ״ף פשוטה בלשון ארמי קמוצה במ״ד פתחין. Dan. 3, 12.

חרם

יָחֳרָם ג׳ ב׳ פתחין וא׳ קמוץ. Ez. 22, 20. Lev. 27, 29. Esr. 10, 8. Mf. חר, 14.

חרף

חרפי ג׳ וסי׳ וכו׳ בתרא נקוד חָרְפִּי קמץ חטוף. Ps. 119, 42. Mf. חר, 15.

וָחֹרֶף ב׳. Gen. 8, 22.

חרץ

חָרוּצִים ג׳. Mf. חר, 17.

וְנֶחֱרָצָה ג׳ וא׳ נֶחֱרָצָה. Jes. 10, 23. Dan. 9, 27. Mf. חר, 16. (S. Mf. ן׳, 9. או״א, 16.)

חַרְצֻבּוֹת ב׳ ומב׳ לישן. Ps. 73, 4. (S. או״א, 59. Anmkg.)

חרש

חָרַשׁ ג׳ פתחין. Ex. 28, 11. Jes. 44, 12. Mf. חר, 18.

חֲרַשְׁתֶּם ב׳ בב׳ לישן. Hos. 10, 13. (S. Mf. א׳, 22. u. 23. או״א, 59.)

לֹא תַחֲרֹשׁ ב׳. 2) Deut. 22, 10.

יַחֲרוֹשׁ ב׳ מלא. Mf. חר, 20. (S. Mp. ibid.)

חרישה ז׳ חסר בלישן. Gen. 34, 5. Num. 30, 15. 2 S. 19, 11. Jer.*38, 27. Mf. חר, 22.? (S. מ״ש Gen. l. c.) 3)

הַחֲרֵשׁ ו׳. Job 13, 5. 33, 31. Mf. חר, 21.

תַּחֲרִשׁוּן ב׳ א׳ מלא וא׳ חסר. Ex. 14, 14. (S. oben Art. חרישה)

חֵרֵשׁ ג׳ בטעם מלרע וחד וְחֵרֵשׁ (ה׳ ב׳ מנהון מלעיל). Lev. 19, 14. Mf. חר, 19. (S. Mf. א׳, 22. 25. u. 27. או״א, 59. 70, 41. u. מ״ש Jos. 2, 1.)

חֲרָשִׁים ג׳. Mf. חר, 23.

חשב

כל לשון מחשבה עַל במ״ג אֶל. Jer. 49. 20. *50, 45. Mf. חש, 5.

וַיַּחְשְׁבֶהָ ג׳. Gen. 15, 6. 38,*15. 1 S.*1, 13. Mf. חש, 3.

יַחְשְׁבוּ ב׳. Ps. 41, 9. (S. Mf. חש, 3. מ״ש Dan. 11, 25.)

נֶחְשַׁבְנוּ ג׳. Gen. 31, 15. Job 18, 3. Mf. חש, 6.

תֵּחָשֵׁב ג׳. 4) 2 S. 4, 2. Mf. חש, 7.

יַחְשְׁבוּ ג׳. 5) Mf. חש, 3.

מַחֲשָׁבֹת ג׳ חסר. Ex. 35, 32. Mf. חש, 2. (S. מ״ש Gen. 6, 5.)

---

1) Die Angabe ד׳ = 4 in Mf. אַף, 5. ist falsch; es sind ה׳ = 5, wie es auch Mpt. Hamb. zu 2 Chr. 25, 10. hat; es fehlt das. ויקם יהונתן מעל השלחן בָּחֳרִי (1 S. 20, 34.). S. über בָּחֳרִי oben unter בחר. —

2) Die Angabe kann sich nicht beziehen auf die Verbindung mit לֹא, da die zweite Stelle אַל hat. — Sie bezieht sich vielmehr auf das Wort תַחֲרֹשׁ allein. S. Mp. zu Prov. 3, 29. Mf. א׳, 22. am Ende und או״א, 59. —

3) Das ו׳ = 6 in Mf. חר, 22. ist ז׳ = 7 zu lesen. Mpt. Hamb. Jer. 4, 19. liest ח׳ חסרים בלישן und fügt Job 41, 4 hinzu, was aber nach obigen Angaben und in den Ausgg. plene Jod ist. —

4) Die Angabe Mf. l. c. ist die richtigere, wo es heisst: ג׳ מלרע; es giebt noch ein viertes תֵּחָשֵׁב לו (Prov. 27, 14.) das aber penult. ist. — Die Aufzählung zu 2 S. 4, 2. ist unrichtig, indem sie Num. 2, 20. auslässt, das hierhin gehört, während das angeführte צדקה תחשב לו (besser קְלָלָה) Prov. l. c. nicht hierhin gehört, da es, wie bemerkt, penult. ist. Einige lesen: ה׳ ג׳ מלרע וחד מלעיל was dasselbe sagt. —

5) Das ג׳ = 3 widerspricht der Mm. zu Ps. 41, 9. und den Ausgg., welche das hier angef. Dan. 11, 25. יַחְשְׁבוּ (Jod mit Pathach und Cheth mit Schwa) lesen. S. auch מ״ש Dan. l. c. Es muss daher statt ג׳ gelesen werden: ב׳ = 2. — Buxt. in d. Concord. hat die Mm. Ps. l. c. nicht berücksichtigt und liest in Dan. l. c. יְחַשְּׁבוּ, was auffallend ist, da auch d. Ausgg. יַחְשְׁבוּ lesen. —

חשה

מַחֲשִׁים ד׳ בקריא׳ Jud. 18, 9. 1 Reg. 22, 2. Mf. חש, 1.

חשך

חָשַׁךְ ד׳ בלישן חֹשֶׁךְ׃ Thr. 4, 8. Job 18, 6. Mf. חש, 10.

וְחֹשֶׁךְ ב׳. Gen. 1, 2.

חֲשֵׁכָה (וַחֲשֵׁכָה, בַּחֲשֵׁכָה, כַּחֲשֵׁכָה) ד׳ מיחדין. Mf. חש, 8.

מַחְשָׁךְ ב׳. Jes. 42, 16. Ps.*88, 19. (S. מ״ש das.)

בְּמַחֲשַׁכִּים ג׳. Ps. 88, 7. Thr. 3, 6. Mf. חש, 9.

חָשַׂךְ ז׳ לשון מניעה. Gen. 39, 9. 1 S. 25, 39. 2 Reg. 5, 20. Ez. 30, 18. Mf. חש, 11. (S. מ״ש Ez. ibid.)

חשל

הַנֶּחֱשָׁלִים לית. Deut. 25, 18.

חשמל

חַשְׁמַל סימן. Ez. 1, 27.

חשק

וַחֲשֻׁקֵיהֶם כל׳ חסר וי״ו במ״ב מלא. Ex. 36, 38.

חתת

חַת א׳ פתח וא׳ קמץ. Mf. חת, 1.

וַתְּחַתַּנִי לית. Job 7, 14. Mf. נ׳, 4?

חתה

מַחְתּוֹת ג׳ מלא. Num. 16, 6. 17, 3. Mf. חת, 2. מח, 9.

חתם

חֲתוֹם ד׳ מלא בליש׳. Jes. 8, 16. Jer. 32, 44. Mf. חת, 6.

חֹתָם כל׳ מלא במ״ו׳ Ex. 28, 11. 39, 14. Mf. חת, 4. (S. מ״ש Ex. 28, 11.) [1]

כַּחוֹתָם ג׳ ומלא. Hag. 2, 24. Mf. חת, 5.

חתן

חֲתַן ד׳ וא׳ וַחֲתַן. Ex. 4, 25. Jud. 15, 6. 2 Reg.*8, 27. Mf. חת, 7. (S. Mf. ו׳, 10. או״א, 17.)

ט.

טבח

לִטְבוֹחַ ד׳ ומלא. Jer. 25, 34. Ps.*37, 14. Mf. טב, 26. [2]

טבע

טָבְעוּ ב׳ ר״פ (ור״פ כצ״ל). Ps. 9, 16.

טַבְּעוֹת ז׳ מלא (בלישנא). Ex. 28, 23. Mf. טב, 27.

טהר

טָהַרְתִּי לית. Prov. 20, 9. (Mf. ט׳, 1. או״א, 1.)

וּטְהָר ג׳ וקמצין וחד טְהָר׃ 2 Reg. 5, 13. Job*17, 9. Mf. טה, 1. (S. Mf. ו׳, 9. או״א, 16. Mf. א׳, 24. או״א, 5. — מ״ש Job l. c.) [3]

וְטִהֲרוֹ (הַכֹּהֵן) ד׳. Lev. 13, 6.

לְטַהֲרָם ב׳. Num. 8, 7.

(כ״י האמבורג: וְהִטַּהֲרוּ ל׳ וא׳ הִטַּהֲרוּ׃ Gen. 35, 2. (S. Mf. ה׳, 19. או״א, 1.)

הַטָּהֹר ה׳ חסר בתורה (בלישנא). Lev. 11, 47. 14, 57. Num. 19, 19. Mf. טה, 3. (S. רמ״ה s. rad. u. מ״ש Gen. 8, 20. Lev. 15, 8.)

הַטָּהוֹר ב׳ מלא (בתורה). Lev. 10, 10. (S. רמ״ה).

---

1) Das במ״ז (= 7 Ausnahmen) ist unrichtig; denn das zur letzten St. (1 Reg. 21, 8.) angegebene ב׳ בפסוק ist ein Irrthum, da es nur 1 M. in diesem V. vorkommt. Es muss daher במ״ו (= 6) gelesen werden, wie auch ein Mpt. bei Heid. liest. — S. auch מ״ש Ex. 28, 11., wo noch ein anderer Fehler dieser Mass. nachgewiesen ist. — Endlich muss nach dem במ״ו auch בלישנא stehen, da es sich nicht blos auf חֹתָם bezieht. —

2) Ein von Heid. angeführtes Mpt. hat: ד׳ וחסר. Welche Angabe die richtige ist, lässt sich nicht bestimmt angeben. מ״ש bemerkt nichts darüber. Die Angabe Mf. l. c., wie auch die Mp. zu einigen Stellen, welche blos ד׳ = 4 haben, ohne über das plene od. def. etwas anzugeben, scheint das richtigere zu sein.

3) Nach מ״ש Job 17, 7. sollte man meinen, dieses וקמצין bezöge sich auf das Ch. Kam. des ט׳, das nach Kimchi ein Ch. Kam. hat. Was diese Erklärung unterstützt ist, dass wenn in der Mass. das Kam. des He gemeint wäre, sie zusammenstellte das lange Kamez (wie in וּטְהָר 2 Reg. 5, 10. 13.) mit dem Ch. Kam. in וּטְהָר ידים (Job 17, 7.). — Wenn man aber dieselbe Zusammenstellung in Mf. ו׳, 9. und או״א, 16. wiederfindet, so sieht man deutlich, dass dennoch die Angabe auf das Kam. des He sich bezieht, wie auch ein Mpt. (bei Heid.) deutlich sagt ג׳ וקמצין וכו׳ und hinzufügt: ומן א״ב מן ג׳ ג׳ וא׳ וחד א׳ וסי׳ וכו׳. —

טְהֹרָה ה׳. Gen. 7, 2. Deut. 14, 11. Mal. 1, 11. Ps.*19, 10. Mf. טה, 2. (S. מ״ש Gen. 7, 2. 8.) 1)

טוב

הֲטִיבוֹתָ ג׳. Mf. טב, 15. (S. Mp. 2 Chr. 6, 8.?)

דְּבַר טוֹב עַל. S. דבר

וְטוֹב י״ז. Deut. 5, 33. 1 S.*16, 16. 1 Reg. 1, 42. 2 Chr. 17, 8. Mf. טב, 4. 5.

וְטוֹב ב׳ ר״פ. Mf. טב, 4. (S. Mf. ו׳, 4. und 21. או״א, 171 u. 172.)

וָטוֹב ה׳ קמץ. Gen. 18, 7. 1 S.*2, 26. 1 Reg. 10, 7. Mf. טב, 10.

הַטּוֹב ד׳ רפין. Jud. 11, 25. Job*10, 3. 13, 9. Mf. טב, 12.

הַטּוֹב וְהַיָּשָׁר ד׳. Deut. 12, 28. Mf. טב, 19.

וְהַטּוֹב ד׳ ומלא. Deut. 6, 18. 2 Reg. 20, 3. Thr.*3, 38. Mf. טב, 11.

בְּטוֹב ד׳ רפין. Lev. 27, 10. Ps.*25, 13. Koh. 2, 1. Mf. טב, 13.

בַּטּוֹב ט׳ דגושין. Gen. 20, 15. Deut. 23, 16. Jes.*7, 15. Jer. 29, 32. Ps. 103, 5. Job*21, 13. Mf. טב, 8.

כְּטוֹב ד׳. Jud. 16, 25. 2 S. 13, 28.? Hos. 10, 1. Mf. טב, 25. (S. כי טוב Mf. כת, 11. או״א, 100.)

לַטּוֹב ב׳ דגשין וחד וְלַטּוֹב. Num. 36, 6. Mf. טב, 2. (S. Mf. ו׳, 6. או״א, 13. Mf. ל׳, 5. u. 12, או״א, 28.)

טֹבִים ה׳ חסר בלישנא. Gen. 27, 9. Deut. 8, 12. 1 S. 25, 15. Joel 4, 5. Mf. טב, 21. (S. מ״ש Joel l. c.)

וְטוֹבִים ג׳ ב׳ מלא וא׳ חסר. 1 Reg. 2, 32. Prov. 15, 3. Mf. טב (zwischen) 15 u. 16. (S. vor. Art.)

וְטוֹבֵי ג׳ (ומלא). Mf. טב, 16.

טוּב י״ט בלישן. Gen. 24, 10. Neh.*9, 25. Mf. טב, *6. (S. Art. בְּטוּב).

וְכָל טוּב ב׳ דס׳. Gen. 24, 10.

בְּטוּב ד׳. Prov. 11, 10. Mf. טב, 7. (S. Mf. ו׳, 10. או״א, 17.)

טוּבוֹ ג׳. Job 20, 21. Mf. טב, 14.

טֹבָה ה׳ חסר בלישן. Gen. 50, 20. (S. d. folg. Art.)

הַטֹּבָה ג׳ חסר. Deut. 11, 17. Mf. טב, 22.

לְטֹבָה ה׳ חסר בלישן. Gen. 50, 20. Deut. 30, 9.! Mf. טב, 23.

טֹבֹת ד׳ חס״ח וב׳ מלאי׳ דמלאים ושארא טבות כתיב. Gen. 41, 26. Deut. 6, 10. Mf. טב, 24. (S. Mf. טב, 9. מ״ש Gen. 26, 7. 41, 5.) 2)

טָב ב׳. Mf. טב, 1.

טוח

וְטַח ב׳ א׳ פתח וא׳ קמץ. Mf. טח, 1. (S. Mf. ט׳, 1. או״א, 1.)

הַטּוֹחַ ב׳ חד חסר וחד מלא. Lev. 14, 43. (S. Mf. ה׳, 2. או״א, 64.)

טוט

טוֹטָפֹת וכו׳. Ex. 13, 16. (S. מ״ש Deut. 11, 18.)

טור

טוּרֵי ג׳ ומלא. Ex. 39, 10. 1 Reg. 6, 36. Mf. טו, 1.

טחן

טְחוֹן לית. Thr. 5, 13. Mf. א׳, 20. או״א, 56.

טחר

טחורים קרי וכתיב. צורת האותיות. S. Abth. 2.

טיר

טִירֹתֵיהֶם ג׳ מלא בלישן. Ez. 25, 4. Mf. טח, 2.

טלל

וּבְטַל ב׳ ובענין. Dan. 4. 12. Mf. טל, *1.

טלא

טְלָאִים ב׳ (ובלישנא ?). Mf. טל, 4. (S. Mf. ב׳, 5. או״א, 6.)

טמא

יִטְמָא כל נגיעה יִטְמָא עַד הָעָרֶב במ״ב יִטְמָא לבד. Lev. 11, 36.

טִמֵּא ט׳. Gen. 34, 5. Mf. טמ, 5.

טִמְּאוּ ג׳ וחד וְטִמְּאוּ. Gen. 34, 27. Ps.*79, 1. Mf. טמ, 2. S. Mf. ו׳, 8. או״א, 15.)

---

1) An den angeführten Stellen ist die Angabe unrichtig; sie muss nach רמ״ה s. rad. und מ״ש zu Gen. 7, 2. 8. so lauten: טהורה ה׳ ג׳ חס׳ וב׳ מלא וסי׳. אשר לא טהרה Gen. 7, 2. אשר איננה טהרה Gen. 7, 8. כל צִפּוֹר טהרה Deut. 14, 11. לשמי מנחה טהורה Mal. 1, 11. יראת י״י טהורה Ps. 19, 10. תרין בתראין מלאים וחד וטהרה היא ונקתה Num. 5, 25.

2) Wenn (Deut. 6, 10.) 6 Stellen aufgezählt werden und es heisst בתרא מד״מ, so fehlt das ב׳ und es soll heissen ב׳ בתראי מד״מ, wie Gen. l. c. S. Mf. טב, 9. —

וְטִמְאוּ לית. (S. d. vor. Art.) Ez. 43, 8.

טַמֵּא ב׳ דגשים. Lev. 20, 3. Mf. טם, 1.

תְּטַמְּאוּ ג׳ קמצין. Ez. 20, 18. Mf. טם, 4.

יִטַּמְּאוּ ב׳ בחירק (S. Mf. י׳, 3. או״א, 66.) Ez. 14, 11.

טְמֵא ד׳. Lev. 22, 4. Mf. טם, 3.

טעם

טַעְמוֹ ד׳ בקריא וחד וְטַעֲמוֹ. 1 S. 21, 14. Ps. 34, 1. Mf. טע, 1. (S. או״א 17. מ״ש Jer. 48, 11.)

מַטְעַמִּים ה׳. Gen. 27, 7. Mf. טע, 2.?

וּמִנִּי שִׂים טְעֵם ד׳ ר״פ וא׳ מִנִּי וכו׳. Esr. 6, 11.

טרף

טָרָף ב׳ קמצין וחד פתח. Gen. 8, 11. Mf. טר, 2. (S. Mf. א׳, 22. או״א, 59. Mf. א׳, 27. u. או״א, 41.

וְטָרָף ב׳. Micha 5, 8.

טֶרֶף ד׳ וחסר. Ez. 22, 25. Nah. 2, 12. Job 18, 3. Mf. טר, 3.

טָרֹף ג׳ וחסרים. Mf. טר, 4.

י.

יאל

הוֹאִיל ג׳ ומלא. Deut. 1, 5. 1 S. 12, 22. Mf. הו, 8.

הוֹאֶל ד׳. 1) Jud. 19, 6. 2 Reg. 5, 23. Mf. הו, 9.

וַיּוֹאֶל ז׳ בטעם מלעיל ה׳ מלא וב׳ חסר וחד מלרע. Ex. 2, 21. Jos. 17, 12. Jud. 1, 27. 1 S. 14, 24. Mf. הו, 10.? 2)

יאר

יְאוֹר חסר ומלא. Gen. 41, 1. Mf. יא, 3. (S. מ״ש Zach. 10, 11. ausf.) 3)

עַל הַיְאוֹר ה׳ בלישן. Ex. 2, 5.

יאש

נוֹאָשׁ ד׳. Jer. 18, 12. Mf. יא, 4. (S. או״א, 17. מ״ש Job 6, 26.)

יבל

יוֹבִילוּ ב׳ חד מלא וחד חסר. Ps. 76, 12. (S. מ״ש ibid.)

תּוּבַל ו׳ פתחין. 4) Gen. 4, 22. Mf. תו, 1.

יְבוּל ג׳. Mf. יב, 2.

יְבוּלָהּ ח׳ וחד וִיבוּלָהּ. Lev. 26, 4. Ez. 34, 27. Mf. יב, 3.

יְבוּלָהּ ד׳ חסרים אֶת בנתינה. S. נתן

הַיּוֹבֵל ח׳ מלאים. Lev. 25, 15. 27, 24. Mf. יו, 4. (S. מ״ש Lev. 27, 24.)

יבש

וְיָבֵשׁ ה׳. Ps. 12, 6. Mf. יב, 7. (S. Jud. 21, 9. u. Nom. propr.)

וַיִּיבַשׁ ג׳ ב׳ מלא וא׳ חסר. Jona 4, 7. Ps. 102, 5. Mf. יב, 6.

וְיָבְשׁוּ ד׳ חסר בלישן. (S. Jes. 19, 7?) Mf. יב, 8.

הוֹבִישׁ ד׳ מלא וכו׳. 5) Jos. 4, 23. Joel 1, 10. Mf. יב, 9. (S. בוש).

---

1) Die Angabe in Jud. l. c. ist sinnlos. In einem Mpt., angeführt von Heid., lautet sie so: הואל ד׳ וסי׳ הואל נא ולין. Jud. 19, 6. ולך אל עבדך. 2 Reg. 6, 3. וברך את בית עבדך. 2 S, 7, 29. הואל וקח ככרים. 2 Reg. 5, 23. Die beiden ersten haben הוֹאֶל (Alef mit Segol); in den beiden letzten hat das Alef ein Zere. Daher die scheinbare Unordnung in der Anführung der Stellen, da sie nach dem Vocal des Alef gruppirt sind. —

2) S. Mp. zu 1 S. 14, 24. Das daselbst angegebene וד׳ חסרים בלישן bezieht sich auf die 2 M. וַיֹּאֶל (1 S. 14, 24. 17, 40.), 1 M. וַיֹּאֶל (Job 6, 9.) und auf וְנֹאָלוּ (Jer. 50, 36.), zu welchem letzteren d. Mp. gleichfalls bemerkt לית וחסר. —

3) Die Stellenangabe Gen. 41, 1. ist unrichtig abgetheilt und daher unklar; es muss nur nach dem ודבתריה ein Komma gesetzt werden, indem dieses auf Jes. 19, 8. (da vorher die 3 St. in Jes. 19, 7. angeführt sind) sich bezieht, und dann folgt: קציר יאר תבואתה (Jes. 23, 3.) etc. S. מ״ש zu Zach. 10, 11. ausführlich; er scheint unsere St. nicht vor sich gehabt zu haben. —

4) Gen. l. c. ist ראש משך ותובל unrichtig, es muss an dessen Stelle שם משך תובל (Ez. 32, 26.) gesetzt werden, wie es Mpt. Hamb. z. St. hat. —

5) Sowohl Jos. als Joel l. c. ist die Angabe unrichtig; sie muss so lauten: ד׳ מלא וסי׳ כי שמענו את אשר הוביש Jos. 2, 10. אשר הוביש, ר״פ Jos. 4, 23. ויהי כשמוע כל מלכי Jos, 5, 1. הוביש תירוש וחד Joel 1, 10. הבאיש, כ״כ Jes. 30, 5. Das letztere ist nicht plene Waw; nur das nicht zu lesende Alef ist d. Ausnahme. S. Mf. א׳, 7. und או״א, 103.

יגב

וְלְיֹגְבִים ב׳. 1) Jer. 52, 16.

יגה

הוֹגָה ג׳ ב׳ מלא וא׳ חסר וחד הוֹגָה לית מפיק ה׳.
Thr. 3, 32. 2 S.*20, 13. Mf. הג, 10. (S. מ״ש Thr. 1, 5.)

יגר

יָגֹרְתִּי ד׳ וחסר. Deut. 9, 19. Ps.*119, 39. Job*9, 28. Mf. גר, 2.

ידד

ידידות ב׳ א׳ מלא וא׳ חסר וי״ו. Ps. 84, 2. (S. Mf. יד, 33.
או״א, 66.)

יַדּוּ ג׳ וחד וַיַּדּוּ. Joel 3, 3. Ob. 11. Mf. יד, 26. (S. Mf. ן, 8.
או״א, 15.)

ידה

נטיית יָד׳ נטה s.

נשיאת יָד׳ נשא s.

סמיכת יָד׳ סמך s.

שליחות יָד׳ שלח s.

שליחות אֶת יָד׳ שלח s.

וְיַד ג׳ קמץ. Gen. 37, 22. Deut. 23, 12. Ez. 21, 19. Mf. יד, 12.

בְּיָד רָמָה ג׳. Num. 15, 30. 33, 3. Mf. יד, 3. u. 24.

אֶל יַד ה׳ וכל אסתר דכו׳ אֶל יַד במ״א עַל. Ez. 48, 1.
Mf. יד, 14. אל, 36.

הֲיַד ב׳. Num. 11, 23. Mf. ה׳, 2. או״א, 64.

עַל פִּי י״י בְּיַד מֹשֶׁה׳ הוי״ה s.

כְּיַד ח׳ בקריא. Esr. 7, 6. Dan.*5, 15. Mf. יד, 7.

מִיַּד הָאֱלֹהִים׳ אלה s.

קנייה מִיַּד׳ קנה s.

תִּמְצָא יָדְךָ ג׳. 15, יד, 1 S. 25, 8. Ps.*21, 9. Koh.*9, 10. Mf.

יָדְךָ ה׳ חסר בסיפרא. Ps. 32, 4. 38, 4. 119, 73.
(S. unten יָדֶיךָ u. Job 14, 5.)

וְסָמַךְ יָדוֹ׳ סמך s.

עַל יָדוֹ, וְעַל יָדוֹ ח׳ דסמיכי. Neh. 3, 2. Mf. יד, 21.?
und 22.? 2)

וְיָדוֹ ג׳. Gen. 25, 26. Jes. 14, 27. Mf. יד, 11.

וּבְיָדוֹ ג׳. 3) Mf. יד, 23.?

וִידֵי ד׳. Ex. 17, 12. Ez.*1, 8. Mf. יד. 10.

יָדַי כ״א וחד וְיָדַי. Ps. 18, 20. 28, 2. 144,*1. Dan. 10, 10.
Mf. יד, 2.

יָדֶיךָ י״א מלא וכל תהלות דכו׳ מלא במ״ה חסר. Ex. 15, 17.
Deut. 16, 15. 24, 19. Job 10, 8. 14,*15. Koh. 5, 5.
Mf. יד, 6. (S. מ״ש Deut. 12, 18.) 4)

יָדֶךָ׳ S. oben

לְמַעֲשֵׂי יָדֶיךָ׳ עשה s.

יָדוֹ, מִיָּדוֹ ה׳ כ״כ וקרי׳ יָדָיו. Ex. 32, 19. Lev.*9, 22. 16, 21.
Ez. 43, 26. Mf. יד, 5. (S. מ״ש Ex. 17, 12. Lev. l. c.)

וְיָדָיו ד׳. Lev. 15, 11. Job*20, 10. Mf. יד, 9.

בְּיָדֶיהָ ג׳ בקריא ומלאים. Ex. 35, 25. Prov. 14, 1.
Mf. יד, 13.

יָדֵינוּ י׳ מלא. מ״ש Gen. 5, 29. Deut. 21, 7. Mf. יד, 8. (S.
Neh. 5, 5.)

---

1) Was soll Jer. l. c. der Zusatz sagen: והוא חד מן מלין דרישיהון ול׳ וסי׳ במס׳ רבת׳ וכו׳? — Es findet sich das nicht unter den קי״ח מלין etc., noch kann es dazugezählt werden, da dort nur von יחידאין die Rede ist, diese Form aber ja 2 M. vorkommt, wie angegeben. —

2) Bei den Angaben sowohl Neh. als Mf. l. c. fehlt das Wort: בענין oder בסיפרא, da diese Verbindung sonst noch mehrfach vorkommt. Das ח׳ = 8 in Mf. יד, 22. bezieht sich auf beide (mit oder ohne Waw copulat.); dagegen das ג׳ = 3 in Mf. יד, 21. bezieht sich nur auf עַל יָדוֹ (ohne Waw); in ed. Bomb. ist der Artikel fälschlich עַל יָדָהּ angegeben. —

3) Was die Mass. mit dem ג׳ angeben will, ist nicht klar, da das Wort 7 M. vorkommt, s. Concord. s. v. — Sollte sie in Beziehung auf ult. oder penult. einen Unterschied finden? — Merkwürdig, dass die Mp. zu keiner St. etwas bemerkt; auch ist das Wort דשמואל zur dritten Stelle überflüssig, da es ja sonst nicht vorkommt? — Auch Heid. bemerkt nirgends etwas darüber. —

4) Diese Form (plur.) kommt plene Jod 7 M. in d. Ps. und 11 M. in den übrigen BB. der heil. Schrift vor; es sind also im Ganzen 18 Stellen, in denen sie plene Jod steht. Die Angaben also, welche י״ח = 18 haben, beziehen sich auf die ganze Bibel; die aber י״א angeben, berücksichtigen die Bibel ausser den Pss., in welchen sie 7 M. plene und 5 M. def. Jod steht. So sind die verschiedenen Angaben auszugleichen. —

יְדֹת ג׳ חסר בלישן. 4. יד. Ex. 36, 22. Mf.

לְהוֹדוֹת ד׳ מלא בלישן. 28. יד. Mf.

לְהוֹדוֹת לַי״י ג׳ חסרים כִּי טוֹב. (1a) 4. הד. Mf.

וּלְהוֹדוֹת ג׳. 27. יד. Mf.

הוֹדוּ כלהון מלא במ״א. Ps. 118, 1.

הוֹדוּ לַי״י ב׳ חסר כִּי טוֹב. (1b) 4. הד. 2 Chr. 20, 21. Mf.

תּוֹדֶךָּ ב׳. Ps. 76, 11.

יוֹדוּךָ כלהון מלא בתרין ווי״ן במ״א חסר וי״ו תניין. Gen. 49, 8.

וְהִתְוַדּוּ ב׳. 63. או״א, 20. ה׳. Num. 5, 7. Mf.

לְתוֹדָה לית וחד לְתוֹדָה. (7. או״א, 1. ד׳. Ps. 100, 1. (S. Mf.

ידע

וְלֹא יָדַע י״א. Gen. 19, 33. 31, 32. Lev.*5, 17. Deut. 34, 6. Job 35, 15. Mf. יד, 62.

יְדָעָהּ ב׳. Gen. 24, 16.

הֲיָדַעְתָּ ה׳. 46. יד. 2 Reg. 2, 5. Dan.*10, 20. Mf.

יְדַעְתֶּם ד׳ וקמצין. 33. יד. Jes. 48, 6. Jer. 33, 3. Mf.

וְיָדַעַתְּ ו׳ בקריא. 50. יד. Ez. 22, 16. Hos. 2, 21. Ruth 3, 4. Mf.

אָנֹכִי יָדַעְתִּי ג׳. 18. אנ. Gen. 20, 6. Jer.*29, 11. Mf.

וְלֹא יָדַעְתִּי ה׳. 61. יד. Jer. 11, 19. Ps. 35, 15. Mf.

וְלֹא יָדְעוּ ג׳ בקריא. 58. יד. Hos. 11, 3. Mf.

יָדְעוּ ה׳ קמצין. (2) 63.? יד. Mf. (S. מ״ש Jer. 9, 2.).

וְלֹא יָדְעוּ ב׳. (3) 57.? יד. Jer. 14, 18. Mf.

הַיְדַעְתֶּם ג׳. 39. יד. Gen. 29, 5. Jud. 18, 14. Mf.

וִידַעְתֶּן ב׳ בנו״ן וא׳ יְדַעְתֶּן. 56. יד. Ez. 13, 21. Mf.

יוֹדֵעַ י׳ מלא וכל תריסר וד״ה וקהלת ומשלי דכו׳ מלא במ״ג חסר. 1 S. 26, 12. Ps. 37, 18. 90, 11. Prov. 12, 10. 17, 27. Mf. יד, 51.

יֹדֵעַ ב׳ חסר בסיפרא. Prov. 38, 2. (S. ibid. 12, 10.

יוֹדֵעַ אֱלֹהִים. S. אלה

וּמִי יוֹדֵעַ ג׳. Koh. 2, 19. Est. 4, 14.

וְיֹדֵעַ ג׳ וחסר אנ״ך. Num. 24, 16. Nah. 1, 7. 2 Chr.*2, 7. Mf. יד, 38. (S. מ״ש Gen. 3, 5.)

יוֹדְעִים ד׳ מלא. (4) 53. יד. Mf. (S. מ״ש Est. 4, 11.)

יֹדַעַת ג׳ וחסר. 40. יד. Num. 31, 17. Mf.

הֲיָדוֹעַ ג׳ ב׳ חסר וא׳ מלא. 44. יד. Gen. 43, 7. Jer. 13, 12. Mf. (S. מ״ש Gen. l. c. Jer. l. c. und רמ״ה s. rad.

וְלָדַעַת ה׳. 43. יד. 2 S. 3, 25. 1 Reg. 8, 43. Mf.

---

1) a. u. b. Diese beiden Angaben leiden 1) an einem Widerspruch, da zu a. 2 Chr. 20, 21. angeführt wird, welche St. aber nicht לְהוֹדוֹת, sondern הוֹדוּ hat; ebenso wird zu b. 1 Chr. 16, 9. angeführt, wo es לְהוֹדוֹת und nicht הוֹדוּ heisst. — Aber 2) ist die Angabe an sich unrichtig, indem beide mehrfach ohne כִּי טוֹב vorkommen, s. Concord. — Das Richtige hat ein bei Heid. angef. Mpt., welches so lautet: הוראה לי״י כי לעולם חסדו בחסרון כִּי טוֹב אינון ג׳ תרין מנהון להודות לי״י כי לעולם חסדו וסי׳ וכו׳ (דה״א י״ו מ״א ודה״ב ז׳ ו׳), וחד הודו לי״י כי לעולם חסדו (דה״ב כ׳ כ״א). Beide Artikel (a. und b.) müssen daher zusammengezogen werden in einen, der so zu lauten hat: לְהוֹדוֹת לַי״י כִּי לְעוֹלָם חַסְדּוֹ ב׳ חסרים כִּי טוֹב וסי׳ (ועמהם הימן וידותון) ושאר הברורים .1 Chr. 16. 41. והכהנים על משמרותם 2 Chr. 7. 6 וחד הודו לַי״י כי לעולם חסדו וסי׳ ויועץ אל העם ויעמד משוררים 2 Chr. 20, 21. — Das angeführte 1 Chr. 16, 7. gehört nicht hierhin, da לְהוֹדוֹת לַי״י ohne כל״ח mehrmals ohne כִּי טוֹב vorkommt, s. Ps. 92, 2. 2 Chr. 5. 12. —

2) Diese Angabe ist so, wie sie Mf. l. c. hat unrichtig, denn 1) kommt diese Form (das Daleth mit Kam.) mehr als 5 M. vor. 2) kann sie sich auch nicht auf die Verbindung mit וְלֹא oder לֹא beziehen, da erstere nur 2 M. (s. diesen Art.) und letztere 11 M. vorkommt. Weder מ״ש, der zu Jer. 9, 2. diese Massoraangabe anführt, noch Heid. bemerken etwas darüber. — Jedenfalls ist hier eine Corruption und dürfte vielleicht mit Berücksichtigung der angeführten Stellen, so zu lesen sein: יָדְעוּ ו׳ קמצין בזקפא וסי׳ והולכתי עורים .Jes. 42, 16. צפו עורים .Jes. 56, 10. דרך שלום .Jes. 59, 8. כי אויל עַמִּי אֹתִי (קדמא) .Jer. 4, 22. הובישו כי תועבה .Jer. 6, 15. וחברו .Jer. 8, 12. — Das וחברו ist vielleicht ausgefallen und so entstand das ה׳ = 5 wie das oft vorkommt und an vielen Stellen von uns nachgewiesen worden ist. — S. unten S. 80. Anmerkung 2.

3) Mf. l. c. ist לֹא (ohne Waw) falsch und muss in וְלֹא (ידעו) (mit Waw copulat.) geändert werden. —

4) מ״ש zu Est. 5. 11. und Heid. (in s. סדר ימי הפורים) lesen es Est. l. c. def. Waw nach unserer Mass. obgleich die Mp. zu allen 5 — wie auch ein altes Mpt. bei Heid. — "ד׳ מלא" bemerkt. —

וְלֹא אֵדַע ג׳ בקריא׳ Jes. 47, 9. Ps. 73, 22. Mf. יד, 59.

וָאֵדַע ג׳ בקריא ובטעם זקף 1) Jer. 32, 8.

וְאֵדְעָה ו׳. Gen. 42, 34. Ex. 33, 5. Num. 22, 19. Mf. יד, 36.

יֵדַע י״ט בקריא׳ Ps. 92, 7. Prov. 24, 12. 28, 22. Koh. 9, 12. Mf. יד, 30.

וַיֵּדַע ג׳. 2 Reg. 5, 8. Mf. יד, 37.

לֹא נֵדַע ג׳ אנ״ך. 2) Ex. 10, 26. Mf. יד, 45.

וְנֵדְעָה ה׳ וחד פליגי. Gen. 19, 5. Jes.*41, 22. Jona*1, 7. Mf. יד, 54. (S. מ״ש Hos. 6, 3.)

תֵּדְעוּן ד׳. Num. 16, 28. Job 19, 29. Mf. יד, 34.

יֵדְעוּ י״ב. Jer. 31, 34. 2 Chr. 6, 29. Mf. יד, 31.

וַיֵּדְעוּ י״א רפין. Ps. 59, 14. Mf. יד, 32. (S. מ״ש Ps. 83, 19.

וַיֵּדְעוּ ו׳. 3) Gen. 3, 7. Mf. יד, 42.

יֵדְעוּן ד׳. Jos. 3, 7. 1 Reg. 8, 38. Prov. 10, 32. Mf. יד, 35.

וְנוֹדְעָה ב׳. Lev. 4, 14.

נוֹדַעְתִּי לָהֶם, אֱלֹהִים וכו׳. Ex. 6, 2.

נוֹדָע ג׳ קמצין וא׳ וְנוֹדָע קמץ. Ps. 76, 2. Prov. 31, 23. Mf. יד, 55. 4)

לְהוֹדָעוּתַנִי ד׳ מלא בליש׳. ג׳ ב׳ מלא וא׳ חסר. Dan. 4, 15. 5, 15. 5)

דֵּעִי ד׳. Job 32, 10. Mf. יד, 66.

וָדַעַת ד׳ ג״ קמצין וא׳ פתח. Jes. 33, 6. Ps. 119,* 66. Prov. 22, 20. Koh *1, 16. Mf. יד, 48.

וּבְדַעַת ה׳. Ex. 31, 3. *35, 31. Prov. 10, 9. Mf. יד, 52.

יִדְּעֹנִי ה׳ חסר. 6) Lev. 20, 27. (S. מ״ש 2 Chr. 33, 6).

יה

יָהּ ד׳ דגשים בקריא׳. Ps. 94, 7. 118, 5. Dan. 5, 11. Mf. יה, 2. (S. מ״ש Ps. l. c.) 7)

בְּיָהּ ב׳. Ps. 68, 5.

---

1) Nach einem von Heid. angeführten Mpt. muss es heissen: ג׳ בקריאה וב׳ בטעם זקף, — Jes. 50, 7. hat nach den Ausgg. kein Sakef. S. Mp. Jer. l. c. und Jes. 50, 7. — Das ב׳ bezieht sich auf die Form mit Sakef, das ג׳ = 3 auf die Form im Ganzen. Wenn einige ג׳ haben, so ist das Kam. auf das Waw (convers.) zu beziehen; das Daleth hat Pathach. —

2) Das ג׳ אנ״ך will nicht sagen, wie das gewöhnlich der Fall ist, dass sonst וְלֹא נֵדַע (mit Waw vor לֹא) vorkommt, sondern, נֵדַע kommt ausser dem B. Job, wo 4 M. וְלֹא נֵדַע sich findet, im Ganzen mit der Verneinung nicht mehr als diese 3 M. mit vorhergehendem לֹא vor. — S. Mf. חילופי קריאה 6. או״א, 272. — Wenn nun aber Mp. zu Job 37, 5. bemerkt ג׳ (= בסיפרא, d. h. in Job) so ist das ein Fehler, da es 4 M. mit וְלֹא in Job vorkommt. — Sieht man aber auf Mp. in Mpt. Erf. zu Job 35, 26. und 37, 5., so ergiebt sich, dass das ג׳ nicht auf die Verbindung mit לֹא oder וְלֹא sich bezieht, sondern auf das Wort נֵדָע; es heisst nemlich das. ג׳ קָמֶץ = ג״ק, so v. a. dieses Wort kommt 3 M. mit Kam. des Daleth vor; die Mass. scheint also 1 M. נֵדַע mit Pathach des Daleth gelesen zu haben. —

3) ו׳ = 6 ist richtig, wie es auch Mpt. Hamb. zu 2 S. 3, 37. Neh. 6, 16. hat. Das ז׳ = 7. in d. Mf. l. c. muss in ו׳ = 6 verbessert werden. —

4) Die richtige Angabe hat Prov. und Mf. l. c., so dass diese Form mit Kam. des Daleth 3 M., und zwar 2 M. ohne und 1 M. mit Waw copulat. vorkommt. So lautet nicht nur ein Mpt. bei Heid. נוֹדָע ב׳ קמצין וחד וְנוֹדָע, sondern es geht auch deutlich aus Mf. ו׳, 6. und או״א, 13. hervor, wo es zu denen gezählt wird, die 2 M. ohne und 1 M. mit Waw copulat. vorkommen. Wenn daher Ps. 76, 2. es heisst: ג׳ קמצין וחד ונודע und dazu gezählt wird נודע י״י (Ps. 9, 17.) so ist das falsch, denn in demselben hat das Daleth ein Pathach, wie aus Obigem hervorgeht und auch alle Ausgg. es haben. S. auch Mf. אד, 43. או״א 186., wo נוֹדַע י״י mit וְנוֹדַע י״י zusammengestellt wird, also beide mit Pathach. —

5) Die erste der beiden Angaben bezieht sich auf das plene Waw nach dem Ain und deren giebt es 4, und zwar 2 M. לְהוֹדָעוּתַנִי, 1 M. תְּהוֹדְעוּנַנִי und 1 M. לְהוֹדָעוּתָךְ. Die zweite Angabe bezieht sich aber auf die Form: לְהוֹדָעוּתַנִי; aber da ist die Angabe unrichtig; dieses Wort kommt nemlich 4 M. vor, so dass Dan. 2, 26. ausgelassen ist. Die beiden Angaben scheinen verwechselt worden zu sein; die zweite muss etwa lauten: להודעותני ד׳ ב׳ מלא וב׳ חסר; die 2 plene sind die oben angeführten. —

6) Das ה׳ חסר = 5 M. def. ist unrichtig, da dieses Wort nur 4 M. vorkommt. Das Richtige hat die M. marg. l. c. S. מ״ש zu 2 Chr. 33, 6., der folgende Massora anführt: ג׳ חסר וא׳ מלא בליש׳ וכל ידענים, הידענים דכו׳ חסר. יִדְּעֹנִי ג׳ חסר וא׳ מלא בלישנא וסי׳ כי יהיה בהם אוב או ידעני Lev. 20, 27. וחבר חבר Deut. 18, 11. אשר הכרית את האבת ואת הידעני 1 S. 28, 9. ועשה אוב וידעוני, דד״ה 2 Chr. 33, 6, בתראה מלא, וכל ידענים, הידענים חסר.

7) Das דגשים bezieht sich nicht auf das Mappik im He, sondern auf das Jod, obgleich eine offene Silbe (אה״וי quiescens) vorhergeht. S. Mass. Dan. 5, 11. und מ״ש Ps. 94, 7.

יהב

מִתְיְהַבָא כלהון א׳ בסוף. Dan. 3, 21.

יום

יום ׀ יום ז׳ ופסקין וב׳ יום יום דלא פסקין. Gen. 39, 10. Ez. 16, 5. Ps. 61, 9. Prov. 8, 30. Mf. יום, 19.

יוֹם אֶחָד י׳ וחד עַד יוֹם הָאֶחָד. Gen. 27, 45. 33, 13. 1 S. 27, 1. Mf. יו, 29.

יוֹם אֶחָד ב׳ ס״פ. 1) Gen. 27, 45.

בְּכָל יוֹם ג׳. (S. מ״ש Ps. 88, 10.) Mf. יו, 20.

וּבַחֲמִשָּׁה עָשָׂר יוֹם. חמש S.

לַיְלָה וָיוֹם. ליל S.

לְמִן הַיּוֹם ז׳ וחד וּלְמִן הַיּוֹם. Ex. 9, 18. Deut. 4, 32. Haggai 2, 19. Mf. יו, 24.

עַד הַיּוֹם ט׳ מיחדין. 2 Reg. 10, 27. 2 Chr. * 20, 26. Mf. יו, 23. 2)

וְעַד הַיּוֹם הַזֶּה ג׳ דסמיכי וכל ירמי׳ דכו׳ במ״ד. 2 Reg. 21, 15. Jer. 32, 20. Mf. יו, 30.

עַד עֶצֶם הַיּוֹם הַזֶּה. עצם S.

גַּם תְּמוֹל גַּם הַיּוֹם. תמול S.

כְּהַיּוֹם ד׳ וכל עזרא דכו׳. Gen. 39, 11. Deut. 6, 24. Mf. יו, 11.

בְּיוֹם ב׳ רפין ר״פ ובענין. Num. 7, 72.

בְּיוֹם מָחָר ב׳. Gen. 30, 33.

וְהָיָה בְּיוֹם ה׳. Deut. 21, 16. 1 Reg. 2, 37. Zeph. * 1, 8. Mf. יו, 16.

בְּיוֹם הַקָּהָל ג׳. 3) Mf. יו, 41.

וּבַיּוֹם כל הדין ענינא וּבְיוֹם ר״פ בר מן שמיני לפי שהוא רגל בפני עצמו. Num. 29, 35.

בַּיּוֹם ג׳ דגשין דמטעין בהון. Koh. 12. 4. Mf. יו, 12. (S. מ״ש Cant. 8, 8. Koh. 12, 3. Prov. 12, 16)

בַּיּוֹם הַזֶּה ו׳ וחד וּבַיּוֹם הַזֶּה. Gen. 7, 11. Ex. 19, 1. Lev. 16, 30. Jos. 7, 25. Mf. יו, 9.

בַּיּוֹם הַשְּׁבִיעִי. שבע S.

בַּיּוֹם הַשְּׁלִישִׁי. ב׳ ר״פ באוריתא. Gen. 22, 4.

בַּיּוֹם הַשְּׁמִינִי. שמן S.

וַיְהִי בַּיּוֹם הַהוּא ב׳. Gen. 26, 32.

וּבַיּוֹם הָרְבִיעִי. רבע S.

כַּיּוֹם י״א. 4) Jos. 10, 13. Mf. יו, 7.

לַיּוֹם ב׳ (כ׳ כצ״ל) דגשים. Ex. 19, 11. Num. 7, 11.? Ez. 30, 2.? Mf. יו, 6.? 5)

לְמִיּוֹם ג׳ בקריא. Jud. 19, 30. 2 S. 7, 6. Mf. יו, 22.

יוֹמַיִם ה׳ בלישן ג׳ מלאים וב׳ חסרים. Ex. 16, 29. Num. *9, 22. Mf. יו, 15.

יָמִים ג׳ ר״פ. Ps. 61, 7. Mf. יו, 5.

יֶרַח יָמִים. ירח S.

לְאֹרֶךְ יָמִים. ארך S.

שְׁלֹשָׁה יָמִים ד׳ דסמיכי בקריא. 2 Reg. 2, 17. Mf. יו, 14.

שְׁלֹשֶׁת יָמִים ג׳. 6) Mf. יו, 17.

וַיְהִי מִקֵּץ יָמִים. קצה S.

---

1) Das ב׳ ס״פ ist uncorrect; es sind 3 am Ende des Verses, indem auch Jes. 9, 13. dazu gehört. Das Richtige hat Mp. in Mpt. Erf., welche zu Gen. 1, 5. bemerkt: יוֹם אֶחָד י׳ ג׳ מהם ס״פ.

2) D. h. 9 M. kommt diese Verbindung allein ohne darauffolgendes הַזֶּה vor, wie 2 Chr, 20, 26. angegeben ist. Mpt. Hamb. zu Gen. 35, 20. hat es ebenso, setzt aber hinzu: וא׳ בעזרא עד היום האחרון (Neh. 8, 19.), d. h. auch hier folgt nicht הַזֶּה, doch folgt ein Adj., was bei den anderen nicht der Fall ist. —

3) Mf. l. c. muss die erste Stelle heissen: ויכתב על הלחות (Deut. 10, 4.). Das ויתן לכם את בריתו (ibid. 10, 13.) ist unrichtig. —

4) In Mf. l. c. sind zwar 11 Stellen aufgezählt, aber die letzte כרמיה (Hos. 2, 15.) hat וּכְיוֹם (mit Waw); andererseits fehlt Ez. 30, 9., wo כְּיוֹם vorkommt und zu welchem Mp. bemerkt י״א = 11. Wahrscheinlich soll die Angabe so lauten: כְּיוֹם י״א וחד וּכְיוֹם und Ez. l. c. muss eingeschoben werden. —

5) In den angeführten Angaben steht oft ב׳ für כ׳ = 20. Das Letztere ist richtig und ausgeführt Mf. l. c. —

6) Das Schlagwort muss שְׁלֹשֶׁת הַיָּמִים (mit He des Artikels) heissen, wie es in den angeführten Stellen vorkommt. Auffallend ist, dass Buxt. 1 S. 9, 20. יָמִים (ohne He) liest und es unter diesem Art. in d. Concord. anführt, da es nach unserer Mass. und den Ausgg. הַיָּמִים gelesen werden muss. —

הַיֹּמָם ב׳ חסר בלישן׃ (S. מ״ש Num. 6, 5.) Gen. 36, 23.

שִׁבְעַת הַיָּמִים ח׳ בלישן תרין מנהון לְשִׁבְעַת׃ Gen. 7, 10. Ex. 13, 7. Jes. 30, 26. Ez. 45, 23. 2 Chr. 30, 22. Mf. ין, 39. שב, 59.

הַיָּמִים הָאֵלֶּה ו׳ בלישן׃ Zach. 8, 9. Est.*1, 5. Mf. ין, 26.

בַּיָּמִים הָהֵמָּה ח׳ בקרי׳. Jer. 3, 16. Mf. ין, 8.

בָּא בַּיָּמִים׃ זקן S.

כַּיָּמִים ד׳ דגשים׃ Deut. 1, 46. 10, 10. Zach. 8, 11. Est. 9, 22. Mf. ין, 31.

לַיָּמִים ה׳ דגשים בקריא׃ Ez. 22, 14. Mf. ין, 25.

מִיָּמִים יָמִימָה ה׳. Ex. 13, 10. Jud.*11, 40. 21, 19. 1 S. 1, 3. Mf. ין, 10.

וַיְהִי מִיָּמִים ג׳ דסמיכי בקריא׃ Jos. 23, 1. Mf. ין, 21.

יְמֵי שְׁנֵי ה׳. 1) Gen. 47, 8. 2 S. 19, 35.? Mf. ין, 28.?

וַיְהִי יְמֵי ו׳ דמטעין בהון׃ 2) Gen. 47, 28.

וְכָל יְמֵי ג׳. Jos. 24, 31. Jud.*2, 7. Mf. ין, 38.

וַיִּהְיוּ יְמֵי ג׳ חסר (כָּל) בלישן׃ Mf. ין, 34.

יִקְרְבוּ יְמֵי׃ קרב S.

וַיְהִי כָּל יְמֵי ג׳ בענין׃ Gen. 5, 23. Mf. ין, 33.

וַיִּהְיוּ כָּל יְמֵי ז׳ בענין׃ Gen. 5, 5.

וַיְהִי בִּימֵי ה׳. Gen. 14, 1. Jer. 1, 3. Ruth*1, 1. Est.*1, 1. Mf. ין, 32. הי, 26.

כִּימֵי הַשָּׁמַיִם לית וחד כִּימֵי שָׁמַיִם׃ שמים S.

לַיְלָה וְיוֹמָם׃ ליל S.

יוֹמָת ב׳ קמץ׃ Esr. 4, 15.

יון

יוֹנָתִי ג׳ ובסיפרא׃ Cant. 2, 14. Mf. ין, 43.

יחד

תֵּחַד ב׳. Gen. 49, 6.

יחל

יִחַלְתִּי ה׳ ובענינא בא״ב׃ Ps. 119, 74. Mf. יח, 3.

יַחֵל ה׳ ג׳ פתחין וב׳ קמצין׃ Num. 30, 3. Jud. 13, 5. Ps.*130, 7. Mf. חל, 11. (S. Mf. חילופי קריאה 6. או״א, 272. מ״ש Jud. 10, 18.)

וָאֲיַחֲלָה לית׃ Job 30, 26. Mf. ל׳, 18.

וַיָּחֶל ט׳. 3) Gen. 8, 10. Num. 25, 1. 1 S.*31, 3. Mf. חל, 8.

אוֹחִיל ג׳. Thr. 3, 24. Mf. חל, 18.

אוֹחִילָה ג׳ ומשנין באתייהון׃ Micha 7, 7. Mf. חל, 17.

יחם

בְּחֵמָה לית חסר׃ חמא S. Job 29, 6.?

חֲמַת כל לשון רוגזא פתח וכו׳. Amos 6, 2.

חֲמֹת ב׳ חד מלא וחד חסר׃ Ps. 76, 11.

---

1) Die angeführten Angaben differiren in der Zahlenangabe und der Anführung der Stellen; sie stimmen aber darin überein, dass sie ישמעאל (Gen. 25, 17.) anführen, wo aber יְמֵי nicht vorkommt? Auch ist 2 S. l. c. ז׳ = 7 fehlerhaft angegeben, indem ישמעאל mitgezählt wird. Das Richtige ist daher in Gen. l. c. zu lesen: יְמֵי שְׁנֵי ה׳ בתורה וסי׳ ימי שני חיי אברהם Gen. 25, 7. יעקב Gen. 47, 8. יעקב Gen. 47, 9. ג׳ ibid. בן ibid. In 2 S. l. c. muss ו׳ = 6 statt ז׳ = 7 gelesen und ישמעאל gestrichen werden. — Diese Verbindung kommt demnach 5 M. im Pent. und im Ganzen 6 M. vor. S. Mp. z. St. —

2) Ueber die Schwierigkeit dieser Angabe s. ausführlich אור תורה Gen. 9, 29. (מכתב מאליהו das.); מ״ש Gen. 9, 29. סיג לתורה S. 34b. (wo statt סי׳ מ״ח zu lesen ist סי׳ מ״ו); מבין חדות und תקון ספרים zu Gen. l. c. und ibid. 9, 29., welche Alle diese Stelle zu verbessern suchen, aber sehr gewagt. — Es ist auffallend, dass Keiner an die Mp. zu Num. 9, 6. (auch angef. v. מ״ש daselbst) gedacht, wo es heisst: וַיְהִי ד׳ סבירין וַיִּהְיוּ, ohne dass diese Angabe in der Mass. M. zu finden ist. Ich glaube, es sind (s. מ״ח l. c.) folgende: ויהי ימי (Gen. 47, 28). ויהי הם מריקים (Gen. 42, 35). ויהי אנשים (Num. 9, 6). ויהי בהם (Dan. 1, 7). — Obige Angabe will wahrscheinlich dasselbe sagen und muss es statt ו׳ = 6 lauten (דמטעין בהון) ד׳ = 4; sie bezieht sich dann auf וַיְהִי mit folgendem יְמֵי = Plur., der nach וַיְהִי, wie bemerkt, (Mp. l. c.) 4 M. vorkommt. — Die angeführten Stellen dürften etwa so verbessert werden: יעקב (Gen. 47, 28.). בני יעקב (Gen. 42, 35.). משה (Num. 9, 6.). דניאל (Dan. 1, 7,). — Jedenfalls bedarf unsere Angabe noch der Untersuchung. Ueber die Artikel: וַיְהִי יְמֵי, וַיְהִי כָּל יְמֵי und וַיִּהְיוּ כָּל יְמֵי s. סיג לתורה S. 33a und 34b. —

3) S. 1 S. l. c., wo die St. 2 Chr. 3, 2. fehlt; wenn das. 1 S. 31, 3. und 1 Chr. 10, 3. zuletzt gezählt werden, so geschieht das, um die Bemerkung hinzuzufügen: תרין בתראי לשון חולי, wie es auch Mpt. Hamb. zu 1 Chr. 10, 3. hat. —

יטב

ט׳ מלין חסרים יו״ד בלשון הטבה׳ Num. 8, 16. Deut. 30, 5. Ez.*33, 32. Prov. 17, 22. 30, 29. Mf. טב, 17. (S. מ״ש Deut. l. c. Ez. 36, 11. Prov. 15, 13. 17, 22. 30, 29.) **1)**

יְטַב ג׳ חסר יו״ד בלישן׳ 1 S. 24, 5. 1 Reg. 21, 7. 2 Reg.*25, 24. Mf. טב, 18. (S. מ״ש Jud. 19, 6.)

וּמֵטִיב ב׳ וכו׳. Mf. טב, 3.

הֵיטִיב ב׳ מלא׳ Jer. 7, 5. Mf. טב, 20.

יֵיטִב ב׳ חסר׳ Prov. 17, 22. (S. מ״ש ibid. und oben (ט׳ מלין

יין

וְיַיִן י״נ׳ Mf. יי, 3. **2)**

וְיַיִן ה׳ ר״פ׳ Num. 15, 10. Ez. 44, 21. Mf. יי, 2.

וְיַיִן וְשֵׁכָר ג׳ דסמיכי׳ 1 S. 1, 15. Ez. 44, 21. Mf. יי, 4.

וָיַיִן ד׳ קמץ׳ Gen. 14, 18. Jes.*5, 12. Neh.*5, 15. 2 Chr.*11, 11. Mf. יי, 5.

יֵין יו״ד בלישניהון׳ Deut. 32, 38. Am.*2, 8. Est. 1, 7. Mf. יי, 1. und 6.

יכח

וְהוֹכִחַ ג׳ חסר יו״ד׳ Gen. 21, 25. Mf. יכ, 2. (S. מ״ש Prov. 19, 25. שום שכל von Heid. Gen. l. c.)

הוֹכֵחַ ה׳ וחד וְהוֹכֵחַ׳ Lev. 19, 17. Job*6, 25. 13, 10. *15, 3. Mf. יכ, 1.

וְיוֹכַח ב׳ א׳ ר״פ וא׳ ס״פ׳ Job 16, 21. (S. Mass. m. Gen. 35, 5. Deut. 1, 1. Mp. Gen. 31, 42. או״א, 90.)

נוֹכָח לית מלרע׳ (ושארא מלעיל והכ״ף בפתח)׳ Job 23, 7.

יכל

יָכֹלְתִּי ג׳ (וחסר)׳ אנ״ך׳ Gen. 30, 8. Jud.*8, 3. Ps.*40, 13. Mf. יכ, 3. und 10.

יָכוֹל ה׳ מלא בלישן׳ Num. 13, 30. Mf. יכ, 8. (S. מ״ש Gen. 32, 26. **3)**

לֹא יָכוֹל ד׳. Gen. 32, 25. Jes. 16, 12. Mf. יכ, 6. **4)**

וְלֹא יָכְלוּ ג׳. Ex. 8, 14. 2 Reg.*3, 26. Jona*1, 13. Mf. יכ, 9.

לֹא אוּכַל ג׳ גבי משה׳ Deut. 31, 2.

וְלֹא אוּכַל ג׳ בקריא׳ Jud. 11, 35. Mf. יכ, 7.

וַתּוּכַל ג׳ קמצין׳ Gen. 32, 28. Jer. 3, 5. Mf. יכ, 11.

וְלֹא יוּכַל ד׳. (לֹא יָכוֹל Ex. 10, 5. Jes.*16, 12. Mf. יכ, 5. (S.

יוּכְלוּ י״א בקריא (ב׳ חסר)׳ Jos. 7, 12. Jer. 1, 19. 11, 11. 15, 20. Ps. 18, 39. Mf. יכ, 4. **5)**

---

1) S. die angeführten Stellen, die Mp. dazu und מ״ש l. c. — Der Sinn ist, dass dieser Stamm (יטב) im Hiphil, wo die erste Silbe Zere und die andere Chirik hat, immer nach dem Zere und Chirik ein Jod steht, mit Ausnahme von 9 St., in denen nach dem Chirik das Jod fehlt = def. ist. Die in Ez. l. c. angeführten Stellen bedürfen einiger Verbesserung. So ist das ומיטב נגן (Ez. 33, 32.) zweifelhaft, da nach Mf. טב, 3. u. auch nach מ״ש u. Mp. es doppelt def. ist; doch führt Heid. eine Mp. aus einem Mpte. an, wo es zu Ez. l. c. (im Texte geschriebenem) וּמֵטִב heisst: ב׳ לי׳ חסר וחד ומיטיב (Ps. 119, 58.), was ganz mit unserer St. übereinstimmt. — Auch וְהֵיטִבֹתִי (Ez. 36, 11.) s. מ״ש. — Das לב שמח ייטב גהה (Prov. 17, 22.) und die Mm. dazu muss in לב שמח ייטב פנים (Prov. 15, 13.) verändert werden; s. מ״ש zu diesen Stellen. Nur להטיב (Jer. 32, 41.) ist nach Mp. def. Jod nach dem Zere und plene Jod nach dem Chirik zu schreiben. —

2) Ueber das Schwierige dieser Angabe und deren Aufzählung s. die Anmerkung des ersten Herausgebers (B. Chajim). Heid. will statt: ויין ושכר אל תשת lesen: ויין ושמן ובקר וצאן (1 Chr. 12, 40.) und fügt Folgendes hinzu: וא״ת למה לא מנה בהדייהו השנים הנותרים והם ויין מיקבים (Jer. 48, 33.) ויין בתים (2 Chr. 2, 9.), ויש לומר כי כל י״ג אילין שמנה שוים הם כי כלם בטעם משרת משא״כ השנים הנותרים שהם בטעם מפסיק ונראה כי בשניהם היו״ד קמץ וכן מצאתי במקרא כ״י של נ״ד ויין מיקבים בקמץ ומסר עליו לי׳ כלומר שהוא זר שישתנה הפתח לקמץ בטעם פשטא משא״כ ויין בתים שדינו בקמץ כי הוא בטעם רביע שדינו כאס״ף בהרבה מקומות׳ — Mir scheint, dass die drei ויין ושכר als eins gezählt werden. S. Aehnliches oben S. 76. Anmerkung 2. —

3) Die angeführte St. 1 Reg. 5, 17. ist unrichtig; es muss dafür 2 Chr. 7, 7. gesetzt werden, wie das. auch die Mp. bemerkt. —

4) Diese Angabe bezieht sich nur auf die beiden Wörter לֹא יָכוֹל (das hinzugefügte לוֹ Gen. 32, 25. ist unrichtig) und will sagen, dass die Verneinung vor יָכוֹל immer mit Waw copulat. (וְלֹא) steht mit Ausnahme von 4 Stellen, wo לֹא (ohne Waw) vorhergeht, wie angegeben; ebenso bei יוּכַל steht umgekehrt immer לֹא vorher, nur an 4 Stellen geht vorher וְלֹא (mit Waw) s. unten וְלֹא יוּכַל. Heid. führt ein Mpt. an, wo es heisst: כל לֹא יוכל יוּכַל במ״ד לֹא יָכוֹל וסי׳ וכו׳ וכל ולא יכול יָכוֹל כתיב במ״ד וְלֹא יוּכַל וסי׳ וכו׳. ובישעי׳ סי׳ ו״ו (Jes. 16, 12.) מסר בלישנא אחרינא וז״ל: וְלֹא יוּכַל ד׳ וסי׳ וכו׳ וכל ולא יכול דכו׳ במ״ד לֹא יָכוֹל׳

5) Es muss hinzugefügt werden: „ב׳ חסר", wie auch aus Jer. 1, 19, hervorgeht, indem es am Schlusse heisst

ילד

ילד ו׳ חסר בלישן׳ Mf. יל, 3. (S. Mp. zu d. St.) 1)

ילד ב׳ חסר (וחסר, כצ״ל)׳ Prov. 17, 21.

וילדת ג׳ (וחסר)׳ Gen. 16, 11. Jud.*13, 5. Mf. יל, 15.

ללדת ד׳ וכו׳׳ Gen. 4, 2. *25, 24. Koh. 3, 2. Mf. יל. 6.

הנולדים ב׳ מלא (ומלא)׳ Gen. 48, 5.

ויולד ג׳ ור״פ׳ Gen. 4, 18. Num. 26, 60. Mf. יל, 12.

ויולדו ה׳ בקריא ואי׳ וילדו׳ 2 S. 3, 2. Job*1, 2. Mf. יל, 5. (S. Mf. חילופי קריאה, 5. או״א, 271). 2)

יולד ג׳ דגשים ומלא׳ Job 5, 7. Mf. יל, 13. (S. מ״ש ibid.)

ילדו ה׳ (וחסר)׳ Gen. 6, 1. *50, 23. Mf. יל, 4.

הוליד מלא וחסר׳ Num. 26, 58. Mf. יל, 8. (S. מ״ש Num. l. c. 3)

הולידו ב׳ א׳ חסר וא׳ מלא׳ Lev. 25, 45 Mf. יל, 3?

ויולד מל׳ כלהון וכלהון בטעם (מרכא) במ״א (בטפחא)׳ Gen. 5, 5.

הלדת ג׳ ב׳ חסרים וא׳ מלא׳ Gen. 40, 20. Mf. יל, 7, (S. מ״ש ibid.)

וילד ב׳׳ Gen. 4, 23. *44, 20.

והילדים ג׳׳ Mf. יל, 11.

ילדיו ג׳ ב׳ מלאים וא׳ חסר, אנ״ד׳ Gen. 32, 22. Mf. יל. 9. (S. Mf. י, 12. או״א, 128.)

הילוד ב׳ ומלא׳ Ex. 1, 22.

הילדים ב׳ חסר וא׳ מלא׳ Jos. 5, 5. Mf. יל, 14. (S. מ״ש Jer. 16, 3.)

ומלדתיך ב׳ א׳ חסר (חד״ח) וא׳ מלא (דמלא) וכו׳׳ Ez. 16, 3.

תולדות ב׳ מלא דמלא׳ Gen. 2, 4. Ruth*4, 18. Mf. יל, 1, (S. מ״ש ibid.) 4)

אלה תלדות ד׳ (ר״פ)׳ Gen. 2, 4. 37, 2. Est. 1, 1. Mf. יל, 1.

תלדתם כל אוריתא תולדתם כתיב במ״ב חסר דחסר וסי׳ וכו׳ וכל ד״ה תלדותם כתיב במ״א לתולדתם וסי׳׳ Ex. 6, 16. Mf. יל, 2.

ילך

כל ללכת שבמקרא בששה במ״א ללכת בקמץ׳ Ex. 8, 24. 5)

ללכת בכל דרכיו ד׳ דסמיכי בקריא (בלישן)׳ 1 Reg. 8, 58,

וללכת ד׳. Job 34, 8. Mf. הל, 20.

בלכתן ג׳׳ Ez. 1, 9. Mf. הל, 33,

ב׳ קדמאי חסר. Zwar passt dieser Zusatz zu der Anführung Jer. l. c. nicht, da hier die Stellen nicht richtig geordnet sind; er passt besser zu Jes. l. c., wo die beiden ersten Stellen def. (Waw) sind. Das Richtige hat ein Mpt., angeführt v. Heid. zur Concord. s. v., welches bemerkt: יוכלו י״א וסי׳ וכו׳ ב׳ מנהון חסר וסי׳ ולא יכלו דיהושע — (Jos. 7, 12.) ולא יכלו קום, דתלים (Ps. 18, 39.).

1) Es will sagen: 6 Mal kommt der Stamm ילד mit Chirik des Lamed und def. Jod vor, und zwar in den verschiedenen Conjugationen, wie angegeben. Ed. Bomb. hat ה׳ = 5. (Weil es auch die Conj. Kal betrifft, haben wir es zuerst gestellt).

2) Der Schluss zu der Angabe 2 S. und Job l. c. ist an beiden Stellen verschieden und beide sind unrichtig. Er muss lauten: וא׳ יולדו להם Deut. 23, 9., d. h. diese Form kommt 5 M. mit Waw (convers.) u. 1 M. ohne Waw vor. —

3) Nach der Aufzählung zu Num. 26, 58. muss es heissen: לית חסר יו״ד וי״ב חסר וי״ו, wie es auch Mp. hat; auch in Mpt. Erf. hat die Mp. י״ב חס׳ וי״ו. Im Uebrigen lauten die Angaben in den versch. Handschriften verschieden. —

4) Ueber das plene u. def. dieser Form (תולדות) s. die angeführten Stellen u. die Mp. zu den einzelnen St.; רמ״ה s. rad.; מ״ש zu den angef. St. ausführlich, verglichen mit Mf. יל, 1., welche hiernach zu berichtigen ist. — Das Resultat ist, dass diese Form 13 M. in der Bibel vorkommt und zwar: 2 M. doppelt plene (Gen. 2, 4. Ruth 4, 18.) 1 M. doppelt def. (Gen. 25, 12.) 3 M. def. nach dem Thaw und plene nach d. Daleth (Gen. 36, 1. 9. und 37, 2.) 7 M. plene nach dem Thaw und def. nach dem Daleth. —

5) Zu Jer. 40, 4. bemerkt die Mp. ג׳ בלישן (הליכה שמה), ohne dass die gedruckte Mm. irgendwo etwas darüber bemerkt? — Heid. Concord. s. rad. ילך führt ein Mpt. an, in welchem es heisst: הליכה שמה ג׳ וסי׳ הוליכו שמה אחד מהכהנים 2 Reg. 17, 27. ׳אל טוב ואל הישר בעיניך ללכת שמה Jer. 40, 4. ׳בשאול אשר אתה הולך שמה Koh. 9, 10. Heid. findet es auffallend, dass nicht auch Ez. 1, 20. ילכו שמה הרוח ללכת angeführt wird, wo es nach Deut. 12, 5. etc. שמה heissen muss? Allein das ist mit Grund ausgelassen, indem ילכו, das Sak. Katon hat, von שמה getrennt ist, und das folgende ללכת durch הרוח nicht unmittelbar mit demselben zusammenhängt.

וְלֵךְ י"א. Gen. 22, 2. 2 S.*14, 21. Mf. הל, 17. לך, 11.
(S. מ"ש Ez. 3, 11.)

וָלֵךְ ה'. Gen. 12, 19. 2 Reg.*4, 29. Mf. הל, 18.

לְכָה ו' מלא בענין. 1) (ל'). Num. 22, 6. 23, 30.? (S. Präf.

לֵךְ ג' חסר בלישן הליכה. Gen. 27, 37. Num. 23, 17.
Jud. 19, 13. 2 Chr.*25, 17. Mf. לך, 5.
(S. מ"ש Num. und Chr. l. c.)

וָלְכוּ ג'. Gen. 42, 33. 1 S.*29, 10. Mf. הל, 19.

לְכִי ג'. Ex. 2, 8. Mf. הל, 6.

הַאֵלֵךְ ג'. Ex. 2, 7. 1 S. 23, 2. Mf. הל, 36.

וְאֵלְכָה ב' וחד אֵלְכָה. Gen. 30, 26. Mf. הל, 26.
(S. Mf. ו', 7. או"א ו', 14.)

בְּכֹל אֲשֶׁר תֵּלֵךְ. ג'. Gen. 28, 15.

וְלֹא תֵלְכוּ ב'. 2) Lev. 20, 23. Micha*2, 3.

וַיֵּלֶךְ אִישׁ מִבֵּית. S. איש

וַיֵּלֶךְ בְּכָל דַּרְכּוֹ. S. דרך

וַיֵּלַךְ ז' ופתח. 3) Gen. 24, 61. Num. 12, 9. Mf. הל, 10.

וַיֵּלְכוּ דַרְכָּם. S. דרך

וַיֵּלְכוּ כָל הָעָם. ג'. Mf. הל, 9.

יֵלֵכוּן ג'. Joel 2, 7. Ps. 89, 31. Mf. הל, 30.

מוֹלִיךְ ג' ור"פ. Job 12, 17. Mf. הל, 21.

הֵילִיכִי ב' מל' בלישן. Ex. 2, 9.

וָאוֹלֵךְ ד' בקריאה (ומלא). Lev. 26, 13. Deut. 29, 5.
Jos.*24, 3. Mf. הל, 27.

וְיוֹלֵךְ ב' חד מלא וחד חסר. (S. מ"ש Jer. 32, 5.)

וַיּוֹלֶךְ ד' ג' מלא וחד חסר וחד וַיֹּלֶךְ. Ex. 14, 21.
2 Reg. 25, 20. Mf. הל, 16.

ימם

כְּלֶב יָם. S. לבב

וְעַד יָם ד' יחידאין. Ex. 23, 31. Deut. 3, 17. 4, 49.
Jos. 12, 3. Mf. ים, 3. (S. מ"ש Zach. 9, 10.) 4)

וְיָם ג' קמצין. Job 28, 14. Mf. ים, 9.

הַיָּם לית ר"פ וחד וְהַיָּם. Ps. 114, 3. (S. Mf. ו', 27.)

הַיָּם אֶחָד ב'. Jer. 52, 20.

אֶל הַיָּם, עַל הַיָּם. 5) Ez. 48, 28. Mf. ים, 8.

וְאֶת הַיָּם ה'. 1 Reg. 7, 39. Mf. ים, 4.

כַּיָּם ד'. Mf. ים, 1.

וְהַיָּם ו' בקריא (ז' כצ"ל). 1 Reg. 7, 25. Neh. 9. 11.
Mf. ים, 2. 6)

וָיָמָּה ג'. Gen. 13, 14. Jos. 15, 46. Mf. ים, 6.

הַיָּמָּה ו' ביהושע. Jos. 24, 6. Mf. ים, 7. (S. מ"ש Jos.
16, 3. 7.? 7)

בַּיַּמִּים ה' דגשים. Gen. 1, 22, Lev.*11, 9. Ez.*32, 2.
Mf. ים. 5.

---

1) (לכה). Wenn Num. 22, 6. angegeben ist: ו' מלאים בענין, so ist das unrichtig, da ibid. 22, 11. fehlt; es muss also ז' = 7 sein. Ebenso ibid. 23, 30. ד' מלאים בסידר' (Mp. בפרשה) muss ז' = 7 sein. Uebrigens kommt diese Form des Imperat. von ילך im Kal. immer so (plene) vor, mit Ausnahme dreier Stellen. S. folgenden Artikel.

2) S. bes: Micha l. c. — Wenn es daher am Schlusse heisst: ואינון מן וְלֹא דסמיכי לתי"ו ולית דכו' וכו' וסי' במסרה רבת' ערך לא, so bezieht sich das auf Mf. לא, 20. und Heid. hat Recht, wenn er das ט' in ed. Bomb. (statt bei Buxt. ל"ב) auf die Buchstaben bezieht, mit denen וְלֹא nur 2 M. vorkommt. Aber die Frage bleibt, warum daselbst das וְלֹא תֵלְכוּ fehlt? Jedenfalls ist der Art. mangelhaft (es fehlt z. B. unter י' das וְלֹא יאחר, s. מ"ש Hab. 2, 3.) und verworren, indem die Buchstabenreihe nicht aufeinander folgt und unterbrochen ist. —

3) Diese Angabe gehört zu Gen. 24, 61. (nicht 62), wo auch Mp. dasselbe bemerkt. Wenn es am Schlusse heisst: וחד וַיּוֹלֵךְ, so will Heid. lieber lesen: וחד וַיֵּלֵךְ (das Waw mit Schwa und im Kal, Job 27, 21.), was richtiger zu sein scheint, indem ja die Bemerkung zum Kal gehört; — obgleich auch וַיּוֹלֶךְ richtig ist, da auch dies nur 1 M. vorkommt. S. Ex. 14, 21.

4) Mp. zu Hab. 2, 14. bemerkt dazu: ד' עַל יָם = 4 M. ohne dass diese Angabe irgendwo in der gedruckten Mm. zu finden ist? — Heid. zählt sie durch Aufsuchen folgendermassen auf: Jos. 3, 16. Hab. 2, 14. Ps. 106, 7. u. 2 Chr. 2, 15.

5) In Ez. l. c. ist die Angabe irrthümlich dadurch entstanden, dass zwischen וסי', das zum Vorhergehenden gehört (S. משפטי הטעמי' 24 a) und dem Folgenden kein Trennungszeichen steht. —

6) Das ו' = 6 muss in ז' = 7 verändert werden, indem והים עליהם מלמעלה 2 M. vorkommt (1 Reg. 7, 25. und 2 Chr. 4, 4.). Es muss daher so lauten: וְהַיָּם עליהם מלמעלה, דמלכים וחברו, דד"ה, so dass es 7 sind. (S. Anmerkung 2, S. 80.) Mpt. Hamb. zu Neh. 9, 11. hat ז' = 7 u. liest nach והים הגדול וגבול die Worte: דיהושע וחברו דד"ה, was wahrscheinlich nach דמלכים stehen sollte und irrthümlich versetzt ist, wie das nicht selten vorkommt. —

7) Auch dieses ו' = 6 muss ז' = 7 gelesen werden; es fehlt Jos. 15, 12. wie es ein Mpt. bei Heid. und מ"ש zu Jos. 16, 3. hat. —

הַיָּמִם ב׳ חסר בלישן. Gen. 36, 23. S. יום und Abth. 2. Nom. pr.

ימן

מֵתֵּימָן ג׳ וכל לישניהון מלא במ״א. תי, 2. Mf.

ינח

וְהִנַּחְתִּי ג׳. נח, 3. Ez. 22, 20. *37, 14. Mf.

הַנִּיחוּ, וְהִנִּיחוּ ד׳. נח, 4. 1 S. 6, 18. Ps. 17, 14. Mf.

תַּנַּח ג׳ דגשים ואי׳ וַתַּנַּח. ת׳, 5. ו׳, 8. (S. Mf. Koh. 7, 19. אר״א, 15.)

וַיַּנַּח ד׳ דגשים. Num. 17, 22. 1 S. 10, 26. 1 Reg. 7, 47. Mf. נח, 12.

וַיַּנִּחֵהוּ, וַיַּנִּחֲהוּ ו׳ חסר בלישן (ד׳?). Gen. 2, 15. 19, 16. Lev.*24, 12. 1 Reg.*13, 29. Mf. נח, 15. (S. מ״ש Lev. l. c.) 1)

מֻנָּח, לְמֻנָּח, הַמֻּנָּח ליתּ. Ez. 41, 9.

ינק

הֵינִיקָה ה׳ מלא בלשון היניקה. ין, 1. Gen. 21, 7. Mf. (S. מ״ש Gen. 2, 9. —)

יסד

יִסְּדָה ד׳. ים, 4. Jes. 23, 13. Ps.*78, 69. Mf.

יְסַדְתָּם ב׳. Ps. 119, 152.

יִסַּד ד׳. ים, 3. (S. מ״ש Jes. 28, 16.) Mf.

יֻסַּד ד׳. ים, 1. (S. Mp. Hag. 2, 19.) Mf.

יָסַד ו׳ חסר בלישן. סוד S.

יְסוּדָתוֹ ליתּ. Ps. 87, 1.

יסף

וְלֹא יָסַף ו׳. Gen. 38, 26. Deut. 5, 22. 1 S. 15, 35.? Mf. ים, 22. 2)

וְלֹא יָסְפוּ ה׳ דסמיכי בקריא. 1 S. 7, 13. 2 S. 2, 28. 2 Reg. 6, 23. Mf. ים, 23. 3)

---

1) In den Angaben herrscht hier grosse Verwirrung in Angabe und Aufzählung. Abgesehen von den Bemerkungen der Mp. zu den versch. Stellen ist auch in der Mm. ein Widerspruch. Gen. 2, 15. hat ו׳ חסר בלישן, was sich doch auf das def. Jod beziehen muss, da die Bemerkung zu וַיַּנִּחֵהוּ (in welchem kein Waw vorkommt) gehört, während an den andern Stellen bemerkt wird: ז׳ חסר בלישנא = 7 u. wie sie auch Lev. und Reg. l. c. aufgezählt sind. — (Heid. führt sogar ein altes Mpt. an, wo es heisst ח׳ חסר בלישנא (= 8), aber nur 7 aufgezählt werden, indem st. ויניחהו במשמר (Lev. 24, 12.) angeführt wird: וינחם מחוץ למחנה (Jos. 6, 23.), aber mit jenem erst 8 herauskommen?) רמ״ה s. rad. u. מ״ש zu Lev. l. c. sind auch ziemlich unsicher. Die Hauptursache der Unsicherheit liegt aber darin, dass man wahrsch. das plene u. def. des Waw mit dem des Jod verwechselt hat und so auch die Angaben der Mp. missverstanden wurden. Es giebt nemlich bei diesem Stamme im Hiphil 4, die def. Waw (plur.) sind und 6, bei denen das Jod nach dem Nun fehlt. Das וַיַּנִּיחֻהוּ (Lev. 24, 12.) ist plene Jod zu schreiben, wie das schon מ״ש bemerkt und aus der handschriftlichen Mp. hervorgeht, welche dazu anführt ב׳ וד׳ ח״ו בלישנ׳, d. h. diese Form kommt 2 M. vor und bei 4 ist def. Waw, woraus zu ersehen, dass das Jod (in וַיַּנִּיחֻהוּ) nicht fehlt. Es muss also in der Aufzählung (Lev. u. 1 Reg. l. c.) der Stellen gestrichen werden, indem es plene Jod ist. — Auch das וַיַּנִּיחֻם (Jos. 6, 23.), welches im obigen Mpt. bei Heid. mitgezählt wird, ist plene Jod, wie aus der Mp. daselbst (ה׳ חסר בלישן — das: ב׳ חד ח״ו zu Jos. 4, 8. ist wohl ד׳ = 4. zu lesen) zu ersehen ist. Es bleiben also nur 6, die def. Jod nach dem Nun sind, so dass die Angabe zu Gen. 2, 15. (ו׳ חסר בלישן) die richtige ist. — Die 4, welche def. Waw nach dem Cheth stehen, sind nach Heid. folgende: וַיַּנִּחֻהוּ (Gen. 19, 16.), וַיַּנִּיחֻהוּ (Lev. 24, 12.), וַיַּנִּיחֻהוּ (Jes. 46, 7.) und וַיַּנִּיחֻם (Jos. 4, 8.) — S. d. versch. Angaben der Mp. —

2) Auf den Widerspruch dieser Angabe mit der in 1 Sam. l. c. hat schon der erste Herausgeber zu letzterer St. aufmerksam gemacht; merkwürdig ist, dass auch Mpt. Hamb. zu Deut. 5, 22. angiebt ה׳ דסמיכין und doch auch die sechste St. wie Gen. l. c. zählt? S. Heid. im Pent. מאור עינים zu Gen. l. c., wo er die verschiedenen Angaben dadurch berichtigt, dass יָסַף 6 M. vorkommt u. zwar 5 M. mit vorhergehendem וְלֹא und 1 M. ohne dasselbe; daher geben Einige an ה׳ דסמיכי ומלרע ד׳ פתחין וחד קמ׳, wo von der Verbindung mit וְלֹא die Rede ist; die aber ו׳ = 6 angeben, beziehen sich auf יָסַף ohne Verbindung und das kommt 6 M. vor. Im Mpt. Hamb. l. c. ist wohl zu lesen: ו׳ ה׳ דסמיכי; darum ist das 6ste mitgezählt. Was aber das 6ste = עוד מלך מצרים betrifft, so scheint das עוד irrthümlich aus der vorigen Reihe wiederholt zu sein und das מלך מצרים bezieht sich auf Jer. 45, 3. wo das יסף allein vorkommt und wo von מלך מצרים (ibid. 44, 30. 46, 2.) die Rede ist. —

3) In Mf. l. c. ed. Bomb. und 1 S. 7, 13. sind ה׳ = 5 angegeben, aber nur 4 St. angeführt. Das ויעמדו כל העם das. ist unrichtig abgetheilt; es gehört zu ויתקע יואב בשופר. — Buxt. in Mf. l. c. liest ד׳ = 4, was richtig ist. Vielleicht ist zu lesen: ה׳ ד׳ ולא יספו וחד ולא יָסָפוּ וכו׳ (Num. 11, 25.). — s. vor. Art.

והוספתי ד' ב' מלעיל וב' מלרע. 2 Reg. 20, 6. Ps.*71, 14. Mf. ים, 25. (S. מ"ש 2 Reg. u. Ps. l. c.) 1)

אסף ג' כ"כ בתורה. Gen. 8, 21. Ex.*10, 29 Mf. אם, 6.

אסף ג' ב' חסר וא' מלא. Deut. 18, 16. Ez. 5, 16. Hos.*9, 15. Mf. ים. 18. אם, 4. 2)

אסיף ו'. 3) 2 Chr. 10, 14. Mf. אם, 7.

ולא אוסיף ד'. Job 39, 35. Mf. ים, 20. אם, 3.

(אספך. 4) (S. Anmerkung

תוסיף ב' מלא דמלא. Ex. 11, 6. 1 Chr. 22, 14.

ולא תוסיף ד'. Jes. 24, 20. Ez.* 36, 12. Mf. ים, 24. (S. מ"ש Am. 5. 2.)

תסיף י"ג ומשניין באתיהון. Ex. 11, 6. Ez. 36, 12.? Am. 5, 2. 1 Chr. 22, 14. Mf. ים, 16. u. 26. (S. מ"ש Am. l. c. Jes. 24, 20. Prov. 23, 28.) 5)

תסף ג' חסר מלרע. 6) Gen. 4, 12, Mf. ים, 17. S. אסף

תוסף ב' מלא בלישן. 7) Deut. 3, 26. (S. מ"ש ibid.)

---

1) Die richtige Angabe ist Ps. 71, 14., nach welcher die zu 2 Reg. 20, 6. verbessert werden muss. S. מ"ש zu beiden Stellen. Die beiden מלעיל haben Waw conversiv., während das Waw der andern copulat. ist. S. Mf. ה', 20. und או"א, 63. Anmerkung.

2) Wenn es Ez. l. c. heisst ג' מלרע, so ist das מלרע auf das Zere des Samech zu beziehen, das in Bezug auf das Chirik, welches das Samech gewöhnlich hat, niedriger steht. S. Einleitung. —

3) Mf. אם, 7. findet sich nur in ed. Buxt. und ist das. auf 2 Chr. l. c. hingewiesen; in ed. Bomb. fehlt die Angabe. — Auffallend ist, dass an mehren Stellen die Mp. ז' = 7 angiebt. — Heid. in der Concord. s. v. führt ein Mpt. an, welches folgende Angabe hat: אוסיף דכתיב אסיף ו' וסי'. וידברו אליו, דמלכים (1 Reg. 12, 11)? 1 Reg. 12, 10. ולא אסיף להגיד 2 Reg. 21, 8. ועתה אבי יסר 2 Chr. 10, 11. וידבר אליהם לאמר 2 Chr. 10, 14. ולא אסיף להסיר 2 Chr. 33, 8. בלעדי אחזה אתה Job 34, 32. — לא אסף לקלל עוד Gen. 8, 21. ב' בו, ודכוותהון לא אסף עוד ראות פניך Ex. 10, 29. אסף כתיב, לצאת, למלחמה, Jud. 20, 28. האוסף כתיב, ושארי אוסיף כתיב — Vergleicht man beide Angaben und zählt Job 34, 32., welches in 2 Chr. l. c. fehlt und 1 Reg. 12, 14., welches in obigem Mpt. fehlt, mit, so sind es allerdings 7 Stellen. Doch scheint die Angabe ו' = 6 die allgemein überlieferte und richtige zu sein und 1 Reg. 12, 10. (11.) plene Waw geschrieben werden zu müssen. — Das sehr correcte Mpt. Erf. der Mp. hat zu allen 6 St. (Job l. c. mitgezählt), אסיף ו', aber zu 1 Reg. 12, 11. wird nichts bemerkt, wo also אוסיף plene Waw gelesen werden soll. Die beiden Angaben sind demnach auszugleichen und so zu verbessern:

A. Mpt. Heid.	B. Mm. zu 2 Chr. 10, 14.
אוסיף דכתיב אסיף ו' וסי' וידבר אליהם, דמלכים 1 Reg. 12, 14. u. s. w. (Da ohnedies וידברו אליו 1 Reg. 12, 10. unrichtig ist und das אוסיף gar nicht darin vorkommt.)	אסיף ו' וסי' ואני אסיף על עלכם, דמלכי' 1 Reg. 12, 14. וחברו, דד"ה 2 Chr. 10, 11. בלעדי אחזה אתה Job 34, 32. welches letztere ausgefallen oder wegen vermeintlicher Ver-

besserung eines späteren Correctors ausgelassen zu sein scheint. — Das Ergebniss ist: diese Form (1 pers. sing. futur. Hiphil v. יסף) ist in der Regel doppelt plene (Waw und Jod) mit Ausnahme v. 6, die def. Waw und plene Jod, 3, die doppelt def. sind u. 1 (האוסף), das plene Waw u. def. Jod ist. —

4) S. Mp. zu 1 S. 15, 6. 2 Reg. 22, 20. u. 2 Chr. 34, 38., wo zu אספך angegeben ist: ג' וחסר. — מ"ש zu 1 S. l. c. giebt Folgendes aus einem Mpt. an: אספך ג' חסר וסימן ויאמר שאול אל הקני 1 S. 15, 6. לכן הנני אספך על אבותיך 2 Reg. 22, 20. דיאשיהו במלכים וחברו, דד"ה 2 Chr. 34, 28. — Das ג' חסר muss nach Mp. l. c. in ג' וחסר verbessert werden, da es überhaupt nur 3 M. vorkommt. —

5) Ueber die Angabe zu Ex. 11, 6. s. ausführl. מ"ש Am. 5, 2. — Aus der Angabe zu Ex. l. c. geht hervor, dass diese Form (2 pers. m. u. 3 pers. f. s.) 13 M. vorkommt u. zwar: 1 M. doppelt def. (Waw und Jod, Ex. 11, 6.), 3 M. plene Waw u. def. Jod (Ez. 36, 12. Prov. 19, 19. 23, 28.) S. Ez. l. c., 2 M. doppelt plene (Am. 7, 13. u. 1 Chr. 22, 14.) u. 7 M. def. Waw und plene Jod (die übrigen das. angegebenen). Das והולכתי עליכם אדם (Ez. 36, 12.) ist fehlerhaft und gehört zu den 3 תוסף, welche Ez. 36, 12. und hier als die 3 letzten angeführt sind, wie das מ"ש bemerkt. — Das "תסיף כתיב" gehört nach "יראת ה'" am Schlusse der sieben und das הלין תוסף כתיב bezieht sich auf die 3 letzten; so scheint die Angabe berichtigt. —

6) Das מלרע bedeutet hier wieder s. v. a. „mit Zere versehen", das niedriger als das Chirik der gewöhnlichen Form ist; es bezieht sich nicht auf den Accent. S. oben Art. אסף. S. רמ"ה s. rad. יסף? u. מ"ש Deut. 3, 26.

7) Ueber das Unrichtige der Angabe zu Deut. 3, 26. s. מ"ש z. St. Es muss heissen, wie רמ"ה s. rad. יסף und Heid. aus einem Mpte anführen: תוסף ב' מלאים בלישנא וסי' אל תוסף דבר אלי Deut. 3, 26. אל תוסף על דבריו

תסף ב׳ בתורה מלעיל חד מלא וחד חסר· Ex. 10, 28.

יסיף י״ד כ״כ וכו׳· Deut. 25, 3. 2 S. 3, 35. Ps. 120, 3.
Prov. 16, 21. Mf. ים, 10. u. 13. (S. מ״ש Lev. 5, 16.)

יוסף ה׳ כ״כ חסר יו״ד· Jes. 29, 14. 38, 5. Prov. 10, 22.?
Mf. ים, 12. **1**)

ולא יוסיף ג׳ (ושארא לא)· Ps. 77, 8. Mf. ים, 19.

יסף י״א בלשון **אוספי** ג׳ מלאים וח׳ חסרים·
Gen. 30, 24. Lev. 5, 16. Ps. 115, 14. Mf. ים, 8. u. 9.
ה׳ חסר בלישן תוספתא וסי׳ וכו׳· Num. 22, 19.?
Mf. ים, 14. u. רמ״ה s. rad. (S. מ״ש Joel 2, 2.) **2**)

ויוסף ג׳ בלישן תוספתא וסי׳ וכו׳ א׳ מלרע וב׳ מלעיל·
2 S. 24, 3.

ויוסף י׳ ט׳ שום בר נש וחד לשון תוספת׳· Gen. 42, 6.

ויוסף ז׳ מלא וחד **ויאסף** כתיב ושארא ויסף·
Num. 22, 26. 1 Reg. 16, 33. Mf. ים, 6. **3**)

ותוסף ה׳ ר״פ ג׳ מלאים וב׳ חסרים· Gen. 38, 5.
1 S. 19, 8. Ez.*23, 14. Mf. ים, 15.

(תוסיפי ב׳ מלרע· Jes. 47, 1. S. Kimchi W. B. s. rad. מ״ש

תספו ב׳ חסר וב׳ מלא· Ex. 14, 13. Mf. ים,* 27.
(S. רמ״ה s. rad.)

.Prov. 30, 6. Das בלישנא bezieht sich auf die versch. Punktation des Samech, d. 1 M. Segol u. 1 M. Schwa hat. S. auch Ex. 10, 28. — Wenn aber hier nur 2 angegeben sind und das אל תוסף (Job 40, 32.) ausgelassen ist, so will die Mass. nur die rechnen, die penult. sind, während letzteres auf ult. den Accent hat. — Es giebt aber auch eine Leseart, welche ג׳ מלאים בליש׳ hat u. Job l. c. mitrechnet; diese bezieht sich nur auf die Form (plene Waw), ohne auf den Accent Rücksicht zu nehmen und deren giebt es 3: ·תוסף, תוסף, תוסף· S. Mp. zu den Stellen. —

1) S. die angeführten Stellen. — Im Allgem. ist zu bemerken, dass diese Form 35 M. ohne u. 1 M. mit Waw convers. also 36 M. vorkommt. Sie finden sich so nicht nur in der Concord. (34 unter fut. Hiph. und 2 part. Kal), sondern auch die Mp. in Mpt. Erf. bemerkt an versch. Stellen ל״ה = 35 d. h. ohne Waw. — Demnach ist die Angabe Mf. ים, 10., wo es heisst: יוסיף י״ד מלא (d. h. doppelt plene) unrichtig; denn da es 14 M. def. Waw u. 5 M. def. Jod vorkommt, so bleibt der Rest v. 36 = 17 und es müssen also 17 doppelt plene sein; ferner rechnet diese Angabe 1 S. 14, 44. und Prov. 16, 23. die gar nicht hierher gehören, da ersteres def. Jod und letzteres def. Waw ist nach obigen beiden Angaben? — Auch fehlen in dieser Angabe 5 Stellen, die doppelt plene sind, nemlich: 1 S. 3, 17. 2 S. 7, 20. Jes. 10, 20. ibid. 52, 1. und Thr. 4, 22? — Heid. will daher mit Recht statt: י״ד = 14 lesen: י״ז מלאים = 17, so dass die zwei fehlerhaften Stellen (1 S. 14, 44. Prov. 16, 23.) gestrichen und dafür die 5 ausgelassenen eingeschoben werden, und es richtig 17 doppelt plene wären, wie auch die handschriftliche Mp. an vielen Stellen י״ז = 17 bemerkt. Diejenigen, welche י״ו = 16 angeben, rechnen das ויוסיף (mit Waw) nicht mit. —

2) S. genau die angegebenen Stellen. Das Resultat der versch. Angaben ist: — 1) Diese Form als Nom. propr. ist immer plene Waw; — 2) in der Bedeutung „vermehren“ (לשון אוספי, fut. Hiph. v. יסף) kommt sie 11 M. vor und zwar 8 M. def. u. 3 M. plene Waw nach dem Jod, wie Gen. 30, 24 angeführt ist; *) — 3) a. im Pent. kommt diese Form (mit Zere des Samech) immer vor, mit Ausnahme zweier Stellen, wo das Samech ein Chirik hat, b. in den andern BB. der heil. Schrift hat es immer Chirik, mit Ausnahme von 4 Stellen, wo das Samech ein Zere hat, s. Mf. ים, 14. und unten den Art. ויוסף und ויוסף; — 4) ויוסף kommt als Nom. propr. 9 M. u. als futur. v. יסף nur 1 M. so vor, s. Gen. 42, 6. u. Mf. ין, 45; — 5) Von יסף (fut. Hiph.) kommt es mit Waw (copulat.) 3 M. vor und zwar 2 M. mit Segol des Samech u. 1 M. mit Zere und ult., s. 2 S. 24, 3. Wenn demnach Num. 22, 19. u. Mf. ים, 8. ed. Bomb. es heisst: ה׳ חסרים בליש׳ תוספת׳ so ist das ה׳ = 5 in ח׳ = 8 zu verwandeln nach obiger Angabe. Ebenso wenn d. Mp. zu der Form יוסף (mit Zere des Samech) bald ג׳ = 3, bald ד׳ = 4 angiebt, so zählt die erstere nur die ohne Waw copulat. u. die andere auch das mit Waw, wie das oft der Fall ist. —

3) Diese Form (plene Waw nach dem Jod) kommt 7 M. vor, und wenn ed. Bomb. und an manchen St. in der Mp. ו׳ = 6 angegeben ist, so ist das ein Fehler, und muss ז׳ = 7 gelesen werden. — Heid. führt auch ein Mpt. an, wo es deutlich ז׳ heisst. — Das Wort kommt im Ganzen 30 M. vor, wie auch Mp. an verschiedenen Stellen למ״ד angiebt; wenn aber die Mp. an einigen Stellen כ״ט = 29 bemerkt, so liegt die Verschiedenheit an 2 S. 6, 1. wo es nach Einigen von אסף „versammeln“ herkommt, s. Kimchi das. und W. B. unter אסף. — Wenn die Mp. im B. Sam. manchmal bemerkt ט׳ = 9, so meint sie בסיפרא, d. h. im B. Sam. (kommt es 9 M. vor.) Ebenso bemerkt sie zu 1 S. 20, 17. ב׳ מלא; das soll gleichfalls s. v. a. בסיפרא bedeuten, d. h. im B. Sam. kommt es 2 M. plene, im Ganzen aber 7 M. plene vor, wie oben angegeben worden. —

---

*) Diese St. ist in ed. Buxt. etwas corrupt und muss so lauten: יסף י״א בלשון אוספי וכו׳ וסי׳ יסף י״י לי בן אחר .Gen. 30, 24· פרעה התל׳ .Ex. 8. 25·· וחמישיתיו יסף עליו .Lev. 5, 24· ממעשרו .Lev. 27, 31· וחמישתו והתודו את .Num. 5, 7· ואדעה מה .Num. 22, 19; יסף י״י עליכם ככם אלף פעמים .Deut. 1, 11· עליכם ועל בניכם .Ps. 115, 14· ואת אשר חטא .Lev. 5, 16· ואחריו לא יוסף .Joel 2, 2· יוסף י״י על עמו, דד״ה, .1 Chr. 21, 3. ג׳ בתראי מלאים, וכל שום בר נש דכו׳ מלאים· Mpt. Hamb. zu Deut. 1, 11, hat die Stellen richtig (d. h. nach den Anfängen der Verse) angegeben, nur dass daselbst einige andere Fehler eingeschlichen sind. —

לֹא תֹאסִפוּן ג׳. Ex. 9, 28. } S. מ״ש Deut. 17, 16.
תוֹסִיפוּן ד׳. Mf. ים, 21. }

יוֹסִפוּ ד׳ כ״כ. Deut. 13, 11. 1 Reg.*20, 10. Prov. 3, 2. Mf. ים, 5. 1a)

וְיוֹסִיפוּ לית מלא דמלא וכו׳. Prov. 9, 11.

וַיּוֹסִפוּ י״א. Gen. 37, 5. Jud. 10, 6. Mf. ים, 11. (S. מ״ש 2 S. 5, 22.) 1b)

וְנוֹסַף ג׳ ב׳ פתחין וא׳ קמץ וא׳ נוֹסָף. Ex. 1, 10. Prov.*11, 24. Mf. ים, 7.

יסר

מוּסַר י״ב פתחין וכל דסמיך לאדכרה דכו׳. Jer. 30, 14. Prov.*7, 22. 13, 1.? Mf. ים, 28.

וּמוּסַר ה׳ (ג׳ קמץ וב׳ פתח. כצ״ל). Prov. 1, 7. Mf. ים, 29.

יעד

יְעָדָהּ ג׳. Ex. 21, 8. Jer.*47, 7. Mf. יע, 1.

וְנוֹעַדְתִּי ב׳ א׳ חסר וא׳ מלא. Ex. 25, 22.

וַיִּוָּעֲדוּ ג׳. 2) Jos. 11, 5. Mf. יע, 3.

וַתִּקָּהֵל הָעֵדָה ב׳. S. קהל

עֲדַת יִשְׂרָאֵל י״א בלישן. (ושארא עדת בני ישראל.) Ex. 12, 19. 47. Lev. 4, 13. Num. 32, 4. Mf. יש, 60.

וְכָל עֲדַת ג׳ (ושארא כָּל עֲדַת). Num. 8, 20. 1 Reg. 8, 5. Mf. עד, 21.

אֶל כָּל עֲדַת בְּנֵי יִשְׂרָאֵל ג׳. 3) Ex. 16, 9. Mf. יש, 61.

---

1 a) und b) יוֹסִפוּ, וַיּוֹסִפוּ, וְיוֹסִיפוּ — S. über diese Formen die angegebenen Stellen u. das bei Heid. angef. Mpt.*), woraus sich über das plene und def. dieser Formen Folgendes ergiebt: יוֹסִיפוּ (ohne Waw vor dem Jod) kommt 9 M. vor und zwar, a. 4 M. יוֹסִפוּ (plene Waw und def. Jod) s. 1 Reg. 20. 10. u. Mf. ים, 5. b. 3 M. יוֹסִיפוּ (doppelt plene) s. Prov. 3, 2. und 1 Reg., ibid. nur muss in letzterer Angabe לדאבה עוד (Jer. 31, 12.) hierhingezählt werden, wie im Prov. l. c. und im Mpt. Heid. c. 1 M. יֹסִיפוּ (def. Waw und plene Jod). d. 1 M. יֹסִפוּ (doppelt def.) Deut. 19, 20., wo auch die Mp. bemerkt: לית חסר דחסר. — ויוֹסִיפוּ (mit Waw vor dem Jod) kommt 11 M. vor, s. Jud. 10, 6. und zwar: a. 3 M. ויֹסִיפוּ (def. Waw und plene Jod), s. Gen. 37, 5. Mf. ים, 11. b. 2 M. ויוֹסִפוּ (plene Waw und def. Jod), ibid. c. 2 M. ויוֹסִיפוּ (doppelt plene) s. ibid. wovon das eine, Prov. 9, 11. ein Waw copulat. ist und daher Schwa hat. d. 5 M. ויֹּסִפוּ (= ושארא) d. h. doppelt def. Wenn hier 12 angeführt sind, obgleich zu וַיּוֹסִפוּ י״א = 11 angegeben wird, so ist der doppelt plene Form wegen וְיוֹסִיפוּ mitgezählt, während die 11 nur auf die mit Waw convers. sich beziehen; mit Waw copulat. kommt es nur 1 M. doppelt plene vor. s. Prov. 9, 11. (לי׳ מד״מ) und Mf. וי, 2. —

In obigen Massora-Angaben müssen aber folgende Verbesserungen vorgenommen werden: 1) in der Angabe zu 1 Reg. 20, 10. muss das לדאבה zum Folgenden gezählt werden und das „יסיפו כתי׳ חסר ו׳“ bezieht sich nur auf בני עולה דשמואל; ferner ist das ושארא nicht buchstäblich zu nehmen, da es nur 1 M. so vorkommt; es ist vielleicht nur ähnlich dem Schluss der Angabe zu וויֹסִיפוּ Gen. 37, 5. und ים, 11. s. auch Mpt. Heid. in der Anmerkung. — 2) In der Angabe Gen. 37, 5. ist, a. ויתנם איש ישראל ואהוד in 3 Absätze zu theilen, da es 3 Stellen (Jud. 13, 1. ibid. 20, 22. und ibid. 3, 12.) bezeichnet. — b. fehlt ויסיפו עוד פלשתים (1 Chr. 14, 13.), das nach פלשתים לעלות der Aehnlichkeit wegen ausgefallen zu sein scheint; denn in der Ueberschrift sind 11 angegeben und es sind nur 10 St. gezählt; man ersieht das auch daselbst und Mf. ים, 11. aus den Worten ויסיפו עוד פלשתי׳ דד״ה. Dass in beiden letztern Angaben auch וְיוֹסִיפוּ (Prov. 9, 11.) hinzugerechnet wird, ist, wie bemerkt, nur der doppelt plene-Form wegen, wie auch sonst oft die mit und ohne Waw praefix. zusammengezogen werden. — Daher erklärt es sich auch, dass die Mp. bald ג׳ = 3. u bald ד׳ = 4 angiebt, indem erstere וְיוֹסִיפוּ nicht mitzählt, die andere es mitrechnet der gleichen doppelt-plene-Form wegen. Ueber וְיוֹסִיפוּ s. Mm. u. Mp. zu Prov. 9, 11. u. Mf. וי, 2. — Es wird sogar in einem Mpt. zu ויוסיפו (doppelt plene) bemerkt: ב׳ כ״כ מלא דמל׳, so dass וַיּוֹסִיפוּ (mit Waw convers.) u. וְיוֹסִיפוּ (mit Waw copult.) zusammengezogen werden, während in den Ausgg. zu jedem bemerkt wird לית ומלא. —

2) Das ג׳ = 3 ist unrichtig und muss ב׳ = 2 sein, indem das לעבור אל בני עמון, welches Jos. l. c. angeführt ist, auf Jer. 41, 10. sich beziehen muss, wo וַיִּוָּעֲדוּ nicht vorkommt. —

3) Diese Angabe ist unrichtig; es sind vielmehr 5 Stellen, wo diese Verbindung vorkommt, wie Heid. aus einem Mpt.

---

*) In einer Beilage zur Concord. führt er an: וראיתי במקרא כ״י בפ׳ שפטים (גם באיכה) שמסר בלשון אחר היותר מיושר וז״ל וכל ישראל ישמעו, קדמא .Deut. 13, 11. וישלח אליו בן הדד .1 Reg. 20, 10. ועתה יוספו לחטוא .Hos. 13, 20. ולא יוספו לגור, .Thr. 4, 15. הלין יוספו כתי׳ ולא יסיפו בני עולה, דשמואל, יסיפו כתי׳ .2 S. 7, 10. ולא יוסיפו לדאבה .Jer. 31, 12. ולא יוסיפו בני עולה לכלותו, דד״ה .1 Chr. 17, 19. כי ארך ימים ושנות חיים ושלום יוסיפו לך .Prov. 3, 2. ויוסיפו לך שנות חיים, .Prov. 9, 11. יוסיפו כתי׳ ושארא יספו כתיבי. —

לִפְנֵי אֹהֶל מוֹעֵד· אהל S.

לְמוֹעֵד ו׳ רפין· יע, 2. Ex. 23, 15. 34. 18. Mf.

בְּמֹעֲדוֹ ד׳ חסר בלישן· (1 יע, 5. Num. 9, 7. Mf.

מֹעֲדָה לית וחד לְמֹעֲדָה· 14. מ׳ 7. ל׳ Thr. 4, 5. (S. Mf. אר״א, 10.)

וּלְמוֹעֲדִים ב׳ חד חסר וחד מלא וא׳ לְמוֹעֲדִים· Gen. 1, 14. Ex.*39. 3. (S. Mf. ל׳, 7. אר״א 14.)

וְלַמֹּעֲדִים ג׳ חסר בלישן בקריא· (2 יע, 4. 2 Chr. 31, 3. Mf.

בְּמוֹעֲדֵיכֶם ג׳ בלישן ב׳ מלא וא׳ חסר וכו׳. Num. 29, 39. (S. Mf. ר׳, 6. אר״א, 13. מ״ש Num. 10, 10. und 15, 3.

יעץ

וְהַיֹּעֲצִים ד׳ חסר בלישן וכו׳ וכל יֹעֲצֵי דכו׳. Ez. 11, 2. Nah. 1, 11. Mf. יע, 8.

אִיעָצְךָ ג׳. יע, 10. Ex. 18, 19. Num,*24, 14. Jer.*38, 15. Mf.

נוֹעָצִים ה׳ ומלא· יע, 9. 1 Reg. 12, 6. Prov. 13, 10. Mf.

עֵצוֹת ג׳. יע, 11. Mf.

יפה

יָפֶה ח׳. יפ, 1. Ez. 31, 9. Koh. 3. 11. *5, 17. Mf.

בְּיָפְיוֹ ב׳. Ez. 31, 8.

יפע

וְהוֹפִיעַ לית· (S. Mf. ר׳, 8. אר״א, 15.) Job 37, 15.

תּוֹפַע לית וחד וְתוֹפַע· 13. א׳, 2. תח, Job 3, 4. (S. Mf. (ת׳) אר״א, 1.

יִפְעָתֶךָ ב׳. Ez. 28, 17.

יפת

וְהַמּוֹפְתִים ב׳ מלא· s. rad. רמ״ה Deut. 34, 11. S.

וּמוֹפְתָיו ג׳ ב׳ חסר וחד מלא· יפ, 2. Ps. 78, 43. Mf.

יצא

לשון יציאה דכל חד וחד לית דכותי׳. Cant. 3, 11. Mf. יצ, 36.? 3)

יָצָא ג׳ סבירין יָצָאָה· Gen. 19, 23. Jer.*48, 45. Dan. 8*, 9. Mf. יצ, 1 u. 3· (S. מ״ש Gen. u. Jer. l. c.).

יָצָא, יֵצֵא· (4 יצ, 1. S. Gen. 15, 4. Mf.

---

anführt, welches zu Lev. 14, 9. bemerkt: ה׳ דסמיכי ב׳ בענין. — Es müssen hinzugefügt werden: Ex. 35, 4. u. Lev. 19, 2. Einmal kommt ואל כל עדת בני ישראל (mit Waw copulat. bei אֶל) vor. —

1) Das בלישן soll anzeigen, dass diese Form (d. h. mit Beth praefix.) 1 M. ohne Suffix. u. 3 M. mit Suffix (der 3 pers. masc. sing.) def. Waw nach dem Mem vork., im Ganzen also 4 M. Wenn daher in Mp. zu בְּמֹעֵד (Deut. 31, 10.) bemerkt wird ג׳ חסר בלישן, so ist das unrichtig; es muss entw. ד׳ = 4 sein, oder nach einem Mpt. לית חסר lauten, weil d i e s e F o r m nur 1 M. def. Waw vorkommt. —

2) Die 3 sind: die 2 וְלַמֹּעֲדִים und das וּלְמֹעֲדִים Zach. 8, 19. S. Gen. 1, 14. —

3) Die Angabe Mf. יצ, 36, wo ס״ד = 64 (in ed. Bomb. ist ס״ג = 63 angegeben, aber 64 aufgezählt) angegeben u. aufgezählt sind, ist a. u n v o l l s t ä n d i g, da 29 Hapaxlegomena fehlen. Es sind folgende: Job 2, 11. יָצָתִי. Jes. 28, 29. יָצָאָה. Jer. 10, 2. יְצָאֻנִי. Num. 11, 20. יָצָאנוּ. Deut. 28, 57. הַיּוֹצֵת. Jos. 9, 12 צֵאתֵנוּ. Cant. 1, 8. צְאִי. Am. 4, 3. תֵּצֶאנָה. הֹצֵאתָנִי. Job 10, 18. Deut. 9, 28. הוֹצֵאתָנוּ. Ez. 20, 14. הוֹצֵאתִים. Ex. 16, 3. הוֹצֵאתֶם. Deut. 22, 24. וְהוֹצֵאתֶם. Ps. 135, 7. מוֹצֵא. וּמוֹצִיאִי. 2 S. 22, 49. מוֹצִיאִי. Neh. 6, 19. מוֹצִיאִם. Jer. 38, 23. מוֹצָאִים. Num. 14, 37. מוֹצִאֵי. Ex. 14, 11: לְהוֹצִיאָנוּ. הוֹצִיאֵם. Gen. 19, 5. וְאוֹצִיאֵם. Ez. 20, 10. יוֹצִיאֵנִי. Micha 7, 9. נוֹצִיא. Num. 20, 10. וּכְמוֹצָא. Jes. 58, 11. וּמוֹצָאֵי. Ps. 107, 33. לְמוֹצָאוֹת. 2 Reg. 10, 27. וּמִיצִיאֵי. 2 Chr. 32, 21. תּוֹצָאוֹת. Ps. 68, 21. תּוֹצְאוֹתָם. 1 Chr. 5, 16. S. die Mm. u. Mp. zu den verschiedenen Stellen. — Zu הַיּוֹצֵת, s. diesen Art. unten. Wenn es zu הוֹצֵאתִים in der Mp. heisst: ב׳ (Andere haben לית), so bezieht es sich auf וְהוֹצֵאתִים. — Die beiden מוֹצִיאִים werden vielleicht zusammen genommen und darum ausgelassen. b. u n r i c h t i g, da sie auch einige vom Stamme מצא (als: כְּמוֹצֵא (Ps. 119, 162.), מוֹצֵאת (2 S. 18, 22.) כְּמוֹצֵאת (Cant. 8, 10.) כְּמוֹצַאֲכֶם (Gen. 32, 20.) dazu rechnet, und c. wenn sie schon צֵאתְךָ etc. dazu rechnet, warum fehlt: וּמִצֵּאתוֹ (Prov. 30, 12.)? und warum sind die von צֶאֱצָאִים nicht mit aufgezählt? — Die Angabe zu Cant. l. c. ist gewiss die richtigere, da ursprünglich gewiss keine bestimmte Anzahl angegeben worden. — *)

4) Mpt. Hamb. zu Gen. 10, 11. bemerkt: יָצָא י׳ בתורה וסי׳ מן הארץ ההיא יצא. Gen. 10, 11. השמש יצא על הארץ. Gen. 19, 23. מי״י יצא הדבר לא נוכל. Gen. 24, 50. ואחרי כן יצא אחיו. Gen. 25, 26. ויהי כאשר כלה יצחק. Gen. 27, 30. ויהי בלדתה ויתן יד ותקח. Gen. 38, 28. ויהי כמשיב ידו. Gen. 38, 29. ואחר יצא אחיו. Gen. 38, 30. קח את המחתה ותן עליה. Num. 10, 11. וישלח מלאכים אל בלעם בן בעור. Num. 22, 5. — wonach 8 in Genes. S. Mf. יצ, 1.

*) Die Mp. zu Job 3, 10. bemerkt zu יְצָאתִי ד׳ = 4, was falsch ist; das ד׳ ist vielmehr versetzt und gehört zu מַעְיָנַי im vorhergehenden Verse, wo auch Mp. im Mpt. Erf. ד׳ bemerkt. —

יָצְאוּ ח׳ קמצין בקרי׳ Jos. 2, 5. 1 S. 14, 41. 1 Reg. 20, 18. Mf. יצ, 7.

וַיֵּצְאוּ ו׳ רפין׳ Ex. 17, 6. 21, 22. Deut. 21, 2. Ez. 39, 9. Mf. יצ, 8.

יְצָאתֶם ב׳ וִיצָאתֶם ב׳. Ex. 13, 3. Mf. יצ, 34.

יוֹצֵא ט׳ מלא ג׳ באוריתא ושש בנביאים וכל כתובים דכו׳ מלא׳ Ex. 7, 16. 11, 4.? Num.*1, 34! Jos. 6, 1. Mf. וצ, 31. (S. Gen. 39, 24. Mf. ו׳, 60. מ״ש Gen. 2, 10. Ex. 39, 21. 2 S. 16, 5.).

כָּל יֹצֵא צָבָא בְּיִשְׂרָאֵל ג׳. Mf. יש, 76.

הַיּוֹצֵת לית כ״כ וה׳ מלא וי״ו בלישן׳ Deut. 28, 57. Am.*5, 3. Zach. 5, 6. Ps. 144, 14. Mf. יצ, 25. 1)

יוֹצְאִים ד׳ מלא בלישן׳ Ez. 14, 22. 47, 8. Mf. יצ, 24. (S. מ״ש Ez. ibid. 12. Zach. 6, 8.).

יֹצֵאת לית וחד״ח וב׳ מל׳ דמלא ושאר׳ יֹצְאוֹת׳ Gen. 24, 13. (S. Mp. Zach. 6, 5.).

יָצוֹא ז׳ ג׳ מלאים וד׳ חסרים׳ Gen. 8, 7. 27, 30. Num.*35, 26. Jer. 38, 17. Mf. יצ, 11.

כְּצֵאת ג׳. Ex. 21, 7. 33, 8. Mf. יצ, 14.

לָצֵאת ג׳. Ex. 19, 1. Num.*33, 38. Mf. יצ, 16.

בְּצֵאתִי לית מלעיל׳ Job 29, 7.

וְצֵא ב׳. Gen. 27, 3.

צְאוּ ג׳. Ez. 9, 7. Mf. יצ, 17. (S. 1 S. 20, 2. 2 S. 21, 12. Mf. ו׳, 8 u. 9. או״א, 124. 125.)

וְלֹא אֵצֵא ב׳. Ps. 88, 9.

וְלֹא תֵצֵא ו׳ דסמיכי׳ Ez. 24, 12. Ps.*44, 10. 60, 12. 108, 12. Mf. יצ, 32.

תֵּצְאִי ג׳ בקרי׳ Micha 4, 10. Ruth 2, 22. Mf. יצ, 27.

אַל יֵצֵא ג׳. Ex. 16, 29. 2 Reg.*9, 15. 10, 25. Mf. יצ, 2.

וְיֵצֵא ג׳. Ez. 12, 12. Hab.*3, 5. Prov. 22, 10. Mf. יצ, 19.

יֵצְאוּ י״ד וחד וְיֵצְאוּ׳ Gen. 15, 14. Num. 27, 21. Deut. 28, 7. Jud. 21, 21. Jer.*17, 19. Ez. 21, 19. 30, 9. Mf. יצ, 6.?

יֵצְאוּ ד׳ וחד וַיֵּצְאוּ׳ Gen. 17, 6. 35, 11. Ez. 46, 10. Mf. יצ, 30. (S. Mf. ו׳, 10. וי, 1. או״א, 17 u. 45.)

יציאה חסר יו״ד (בהפעיל)׳ Num. 14, 37. Ez. 28, 18. (S. מ״ש Job 8, 10.) 2)

---

vorkommen, wie hier angegeben. — Uebrigens muss, nach Heid., Mf. l. c. so verbess. werden; וכל נביאים בר מן יחזקאל ותריסר דכוותהון יָצָא במי״ט יֵצֵא וכו׳ וכל יחזקאל דכו׳ יֵצֵא וכל תריסר וכתובים בר מן קהלת דכו׳ יֵצֵא במי״א יָצָא וכו׳. S. auch Mm. Gen. 15, 4. u. d. Mp. zu den versch. Stellen. —

1) Die Anführung in den angegebenen Stellen ist unrichtig. Mpt. Hamb. liest zu Zach. 5, 5., ähnlich wie Heid. aus einem Mpt., also:

Mpt. Hamb.

יוֹצֵאת הַיּוֹצֵאת ה׳ מל׳ וסי׳
והיוצאת מאה תשאיר עשרה Am. 5, 3.
זאת האלה היוצאת Zach. 5, 3.
מה היוצאת הזאת Zach. 5, 5.
ואין פרץ ואין יוצאת Ps. 144, 14.
הבאה והיוצאת? 1 Chr. 27, 1.
סימן אחר
זאת האיפה היוצאת Zach. 5, 6.
וחד
היוצת מבין רגליה, חסר א׳ Deut. 28, 57.

Mpt. Heid.

יוֹצֵאת, הַיּוֹצֵאת ה׳ מל׳ בלישן
וסי׳
והיוצאת מאה תשאיר עשרה Am. 5, 3.
זאת האלה היוצאת, ושלאחריו Zach. 5, 3.
וראה מה היוצאת, ושלאחריו Zach. 5, 5.
זאת האיפה היוצאת Zach. 5, 6.
אין פרץ ואין יוצאת, וחד Ps. 144, 14.
ובשליתה היוצת Deut. 28, 57.
ושארא יצאת, היצאת
כתיבין

Das in Mpt. Hamb. angeführte 1 Chr. 27, 1. ist in den Ausgg. def. (Waw). Das סימן אחר, das mit dem Mpt. Heid. übereinstimmt, scheint das Richtigere zu enthalten. —

2) S. Num. 14, 37. Deut. 22, 14. Ez. 28, 18. Mf. יצ, 23 u. 35. auch die folgenden dahin bezüglichen Artikel. — Die Angaben sind theils unvollständig u. theils verstümmelt, denn, a. sind die Angaben verschieden u. einander widersprechend; so giebt Num. 14, 37. keine bestimmte Anzahl an; die Mp. an den verschiedenen Stellen giebt 10, Deut. 22, 14. giebt 6 und Ez. 28, 18. giebt 11 an? b. Unter מיחדין werden in der Regel solche Formen verstanden, die unter den übrigen ähnlichen ausnahmsweise 1 M. in der bezeichneten Form vorkommen, und dennoch werden hier auch solche angeführt, die überhaupt nur 1 Mal vorkommen z. B. מוֹצָאֵי etc. c. kommen in Wirklichkeit mehr als 10 oder 11 def. Jod vor.

ויוצא י״ב מלא. Gen. 15, 5. 43, 23. 48, 12. Ex. 19, 17. Jud.*6, 19. Jer. 10, 13. Ps.*136, 11. Mf. יצ, 5.

ויצא י״ג חסר וחד ויצא. Num. 17, 23. 2 S. 10, 16. 22, 20. 2 Reg. 23, 6. Ps. 136, 11. 2 Chr. 16, 2. Mf. יצ, 4. (S. מ״ש Jud. 19, 25.) 3)

ויוצא ד׳ וחסר יו״ד. Deut. 4, 20. 2 Reg. 11, 12. Ps.*105, 43. Mf. יצ, 12. (S. מ״ש Deut. u. 2 Reg. l. c.)

ויוצאך ב׳ חד כתי׳ חסר יו״ד וחד חד״ח. Deut. 4, 37. (S. מ״ש ibid.)

ויוצאנו ג׳ ומשניין בכתביהון. Num. 20, 16. Deut.*6, 21. Mf. יצ, 33. (S. מ״ש Num. l. c. Deut. l. c. und ibid. 26. 8.)

יוציאו ד׳. Job 8, 10. 2 Chr. 1, 17. Mf. יצ, 9.?

והוצא ו׳ חסר יו״ד בלישן. Deut. 22, 14. Mf. יצ, 23, u. 35.?

הוצאתיך ג׳ מלאים. Ex. 20, 2. Deut. 5, 6. Mf. יצ, 21. (S. מ״ש Ex. l. c.)

והוציאו ו׳ בקרי׳. Jos. 6, 22. Mf. יצ, 28.? 1)

בהוציאך ב׳ ומלא (S. מ״ש Deut. 7, 19.) Ex. 3, 12.

הוצא ה׳ וחד והוצא. Gen. 19, 12. Lev. 24, 14. 2 Reg. 10, 22 Mf. יצ, 29.

הוציאוה ג׳ ומלא, אנ״ך. Gen. 38, 24. Jes. 48, 20. Mf. יצ, 13.

ואציא ג׳ ב׳ מלא וא׳ חסר. Mf. יצ, 26.

ותוצא ג׳ ב׳ מלא וא׳ חסר. Gen. 1, 12. Mf. יצ, 18. 2)

---

d. werden auch solche aufgezählt, die 2 M. def. vorkommen, z. B. יוצאו (1 Reg. 10, 29. u. Job 8, 10.), e. so scheint besonders Deut. 22, 14. ganz corrupt zu sein, da nicht allein das והוצאך מבית עבדים, דשוחט ohne Sinn, sondern auch das התוצא (Job 38, 32.) in allen Ausgg. plene Jod ist? Die Angabe zu Ez. l. c. hat eins zu viel und ist sicher das ביום הוצאי אתכם (אתכם muss ohnedies אותם gelesen werden, da jenes nicht vorkommt) zu streichen; es ist eine irrthümliche Doppelanführung des Folgenden, wobei ausdrücklich bemerkt wird: דלקרוא דרור (Jer. 34, 13.). Diese Phrase kommt nemlich 3 M. vor (Jer. 7, 22. 11, 4. u. 34, 13.), von denen nur das letztere, bei welchem (im Zusammenhang) לקרוא דרור steht, def. Jod ist. Der Abschreiber hat sich geirrt und hieraufhin hat man, nach der falschen Anzahl der Absätze 11 gezählt und in die Angabe חד מן י״א = 11 hineingebracht, was nachweislich nicht selten vorkommt. Dieselbe Bewandtniss hat es auch mit dem unter e. erwähnten והוצאך מבית עבדים דשוחט, (in der Angabe Deut. 22, 14.). Dieses muss gelesen werden: הוצאי מבית עבדים, דושלחתו. (oder דתשלחו ?) Es soll gleichfalls auf Jer. 34, 13. hingewiesen werden, in welcher Stelle allein das מבית עבדים vorkommt, während es in den andern beiden nicht steht, so dass das מבית עבדים entspricht dem לקרוא דרור in der parallelen Angabe. Das ו׳ in שוחט ist durch unrichtiges Lesen aus dem ל׳ und das ט aus תו entstanden (wie das nicht selten vorkommt, z. B. סכלאה aus סנואה am Schlusse des Abschnitts בשלח, über die Anzahl der Verse; so ist auch aus ות irrthümlich ץ entstanden, wie קרובץ st. קרובות, s. Grätz Monatsschrift etc. April 1871. S. 185.); es soll bes. auf Jer. l. c. sich beziehen, wo ושלחתו (oder תשלחו) vorkommt, zum Unterschiede von den andern beiden Stellen. Was nun die Angabe selber betrifft, so scheint nur angegeben werden zu sollen, wo dieser Stamm (יצא im Hiphil) ausnahmsweise def. Jod vorkommt, ohne Angabe einer bestimmten Zahl u. erst später haben Abschreiber oder Sammler, nach der Zahl der angeführten, die Anzahl in die Ueberschrift aufgenommen, wie es Num. 14, 37. blos heisst אלין מיחדין, ohne eine bestimmte Anzahl anzugeben. — Um aber eine Uebersicht über die diesbezüglichen Formen mit def. Jod zu haben u. vermittelst ihrer die obigen Angaben zu berichtigen, mögen sie in folgender Abtheilung, als Resultat der versch. Bemerkungen der Mp. u. sonstiger Mpte., folgen. — 1) die überhaupt nur 1 M. def. Jod u. plene Waw vork., sind: מוצאי (Num. 14, 37.) und להוצאהו (Jer. 39, 14.); — 2) die 1 M. def. Jod u. plene Waw vorkommen, während die andern ähnlichen Formen in dieser Hinsicht variiren, sind: והוצא (Deut. 22, 14.), הוצאי (Jer. 34, 13.), ואוצא (Ez. 28, 18. S. Mf. יצ, 26.), ומוצא (Prov. 10, 18.), ויוצאך (Deut. 4, 37.), ויוצאנו (Deut. 26, 8.), ויוצאהו (2 Reg. 12, 12.); — 3) die mehrmals def. Jod u. plene Waw sich finden, sind: יוצאו, ויוצאה, ויוצא u. הוצאך. — S. diese Art. weiter unten. — 4) die doppelt def. ו׳ u. י׳ sind: יצא (Job 28, 11.), ויצאנו (Num. 20, 16.), ויצאך (Deut. 5, 15.) ויצאו (2 Reg. 10, 26.), u. ויצאהו (Gen. 19, 16. Ex. 4, 6.) — S. רמ״ה s. rad. יצא. מ״ש Job 8, 10. 2 Chr. 1, 17., so wie die versch. Angaben der Mp. zu den betreffenden Stellen. — מוצאים (Jer. 38, 23.) und התוציא (Job 38, 32.) sind zweifelhaft. —

1) Mf. יצ, 28. ist das Schlagwort in ed. Buxt. falsch angegeben, sowie auch das ז׳ = 7 in ו׳ = 6 umzuändern ist, wie sie Jos. l. c. aufgezählt sind, 2 Praeter. und 4 Imperat. — In Mp. zu 2 Chr. 29, 5. heisst es gleichfalls ו׳ מלא. —

2) Die Anführung in Gen. l. c. ist unrichtig, da Jer. 32, 21. def. Waw ist; dieser Vers muss nach dem Ruth 2, 18. stehen und dazu bemerkt werden: בתרא חסר. S. מבין חדות u. סיג לתורה z. St. — Die Ordnung ist wegen אנ״ך so gehalten. —

3) Mm. zu 2 S. 10, 16. hat י״ב, was aber unrichtig ist und י״ג sein muss. Vielleicht hat diese Angabe das Zaddi in Jud. 19, 25. mit Chirik gelesen, was aber in den Ausgg. unrichtig so geschrieben ist. S. מ״ש zu Jud. l. c. —

וַיּוֹצִיאוּ י״ב וכו׳. Lev. 24, 23. Num. 13, 32. 15,*36. Jos. 6, 23. 10, 23. 1 S. 12, 8. Mf. יצ, 10. (S. מ״ש Num. l. c. 2 Chr. 1, 17. ausführlich. Jos. 10, 23. 2 Reg. 10, 26.) 1)

וַיּוֹצִאֻהוּ ג׳ ב׳ חסר דחסר וא׳ מלא. Gen. 19, 16. Mf. יצ, 15. 2)

תּוֹצְאֹת ג׳ כ״כ וחד מד״מ. Num. 34, 8. Ez. 48, 30. Prov. 4, 23. Mf. יצ, 20. 3)

תּוֹצְאֹתָיו חסר ומלא Num. 34, 5. (S. מ״ש Jos. 16, 3. u. 18, 19.)

יצב

נִצָּבָה ב׳. Gen. 37, 7.

מֻצָּב ג׳. Gen. 28, 12. Mf. נצ, 1.

וַיִּתְיַצְּבוּ ה׳ וחד וְיִתְיַצְּבוּ. Ex. 19, 17. Deut. 31, 14. Jos. 24, 1. Mf. נצ, 4. (S. Mf. וי, 2. מ״ח מלין וכו׳.)

מַצֶּבֶת ב׳ פתחין. Mf. נצ, 2. (S. Mf. פת, 18. או״א, 24.

מַצְּבוֹת ג׳ (בלישן). Jer. 43, 13. Mf. נצ, 3. (S. Mp. Ez. 26, 11.)

יַצִּיבָא כלהון בא׳ בסוף. Dan. 3, 21.

יצג

וַיַּצֵּג ב׳. Gen. 30, 38.

יצק

בְּצֶקֶת לית. Job 38, 38.

יוּצַק ב׳ ומלא. Lev. 21, 10. Job *22, 16. (S. Mf. י, 3. או״א, 66.)

מֻצָּק ב׳ חסר. Job 11, 15.

לַמּוּצָק לית. Job 38, 38. (S. Mf. ל׳, 3 und 4. או״א, 26. Anmerkung.)

יצר

יֵצֶר ד׳ חסרים. 4) Mf. יצ, 40.

וְיֹצֶרְךָ ג׳. Jes. 43, 1. Mf. יצ, 39.

וְכָל יֵצֶר ב׳. Gen. 6, 5.

יצת

וְהִצַּתִּי אֵשׁ ו׳. Jer. 21, 14. 49, 27. Am. 1, 14. Mf. יצ, 41. (וכל שארא ושלחתי. S. נצת).

יקד

תּוּקַד ה׳. Lev. 6, 2. Jer. 15, 14. Mf. יק, 4.

יקף

תַּקִּפוּ ד׳ חסר בלישן. 5) Mf. נק, 9.

יקץ

וַיִּקַץ ג׳ חסר. Ps. 78, 65. Mf. יק, 1. (S. מ״ש Gen. 28, 16. Kimchi, Michlol 129b.)

יקר

אֲשֶׁר הַמֶּלֶךְ חָפֵץ בִּיקָרוֹ. S. מלך

וַיִּקְרָא ג׳ ב׳ כתיב א׳ וחד כתיב ה׳. Dan. 5, 20. Mf. יק, 5.

יקש

נוֹקַשְׁתָּ לית. Prov. 6, 2.

מֹקְשֵׁי ג׳ חסר וי״ו בלישן וכל מִמֹּקְשֵׁי דכו׳. 2 S. 22, 6. Ps.*140, 6. Mf. יק, 6. מק, 4.

---

1) Das ד׳ מנהון מלא in Lev. 24, 23. ist wohl unrichtig u. muss ג׳ = 3 plene sein, wie Num. 15, 36 am Schlusse angedeutet ist. — Es bezieht sich dann das ג׳ auf die BB. ausser den Hagiogr., s. unten. Am richtigsten ist es, es ganz auszulassen, wie es Num. l. c. und in den betreffenden Stellen das Mpt. Hamb. hat. — Der Schluss der Angabe Num. l. c. muss so lauten: המקלל Lev. 24, 23. את אבותיכם 1 S. 12, 8. אוריהו Jer. 26, 23. וכתיביא ויוציאו כתיב, מצבות 2 Reg. 10, 26. ויצאו כתיב ושארא ויציאו כתיב. — S. מ״ש zu Chr. 1, 17., wo er eine handschriftliche Massora anführt, die so lautet: ויוציאו ג׳ מלא וסי׳ ויוציאו את המקלל, ויוציאו את אבותיכם, ויוציאו את אוריה, וכל כתובים דכו׳ ויצאו את מצבות הבעל, ויצאו כתיב ושארי ויציאו כתיב. Dies ist das Richtige; auch Heid. führt ein Mpt. an, welches dasselbe besagt. —

2) Das ד׳ = 4 in Mf. יצ, 15. muss nach Gen. l. c. in ג׳ = 3 umgeändert werden. Die Angabe ist in Widerspruch mit den Ausgg.; s. Heid. im שום שכל zu Gen. l. c. und oben Anmerk. (3. S. 87.) zu יציאה חס׳ י״וד. —

3) Die dritte Stelle: וירד הגבול ist nicht zu finden, obgleich alle Angaben, selbst das Mpt. Erf. zu den beiden Stellen ג׳ = 3 haben? Heid. führt ein Mpt. an, welches ב׳ = 2 hat? —

4) Heid. bemerkt, dass das mitgezählte Jes. 45, 18. nicht hierher gehört, da es nach den מערבאי, denen die Mass. in der Regel folgt, plene Waw ist. —

5) Hierzu zählt die Mf. l. c. auch Jos. 6, 11. הַקַּף (mit Zere des Kuf), im Gegensatz zu Jos. 6, 3., wo es plene Jod (הַקִּיף) ist. Daraus geht auch hervor, dass in letzter Stelle es nicht וְהַקִּיף heisst, wie Buxt. in der Concord. s. v. es liest. —

ירא

יִרְאָה ב׳. Ps. 76, 9.

יִרְאֻתֶם ג׳ וא׳ יְרָאתֶם. Num. 12, 8. Deut.*5, 5. Ez. 11, 8.
Ez. 11, 8. Mf. יר, 2.

יְרָא ד׳. Prov. 3, 7. Mf. יר, 1.

יִרְאוּ ג׳. Jos. 24, 14. 1 S. 12, 24. Ps. 34, 10. Mf. יר, 9.
(S. מ״ש Jos. u. 1 S. l. c.)

וָאִירָא ג׳. Mf. יר, 10.

לֹא תִירָא ח׳. Deut. 7, 18. Ez,*3, 9. Prov. 31, 21.
Mf. יר, 11. 1)

וְלֹא תִירָא ב׳. Job 11, 15.

וַיִּירָא י״ב ו׳ בקריא וו׳ בשמואל. Gen. 32, 7. Ex. 2, 14.
1 S.*28, 5. Mf. יר, 7.

תִּירָאוּם ב׳ א׳ מלא (וי״ו) וא׳ חסר. Deut. 3, 22.

וְיִירְאוּ ה׳ רפין וכו׳ ד׳ מל׳ וא׳ חסר. Deut. 2, 4.
Micha 7, 17. Mf. יר, 8. (S. מ״ש Jes. 59, 19. Micha
l. c. 2)

וְיִרָאוּ ו׳ רפין וחד דגש. Deut. 17, 13. Jes. 41, 5. Mf. יר, 12.

וַיִּרְאוּ ד׳ חסרים וכל שמואל דכו׳ במ״א. Mf. יר, 5.
(S. מ״ש Gen. 43, 18. Jos. 4, 14. 2 S. 10, 19.
2 Reg. 10, 4. Neh. 6, 16.?) 3)

יִירָאוּךָ ד׳ ג׳ מלא וא׳ חסר. Jes. 25, 3. Mf. יר, 6.

וְנוֹרָא ז׳. Deut. 7, 21. Mf. יר, 4.? 4)

וּמוֹרַאֲכֶם ב׳ (ומלא). Gen. 9, 2. (S. Mf. ו׳, 7. או״א, 14.)

יראה אֶת הָאֱלֹהִים. S. אלה

ירד

כל לשון ירידה אֶל במי״ד עַל. Jos. 3, 16. Mf. יר, 20. 5)

ירידת מִצְרַיִם ד׳ בלישן ושארא מִצְרַיְמָה. Gen. 43, 15.
Deut.*26, 5. Jos.*24, 4. Mf. מצ, 23.

ירידה שָׁמָּה ג׳ בלישן. Gen. 42, 2. Mf. יר, 21.

וַיֵּרְדוּ ז׳ רפין. Ex. 11, 8. Num.*16, 30. Mf. יד 13.

יֹרְדֵי ג׳ חסר. Ps. 115, 17. 143, 7. Mf. יר, 22.

רְדָה ב׳. Gen. 45, 9.

וּרְדוּ S. רדה

וַיֵּרֶד ג׳ פתחין. 2 S. 21, 10. Ps.*18, 10. Prov.*30, 4.
Mf. יר, 19.

נֵרְדָה ג׳. Gen. 11, 7, 43, 4. 1 S.*14, 36. Mf. יר, 18.

יֵרְדוּ ה׳. Ps. 55, 16. Mf. יר, 16.

וְהוֹרִדוּ ב׳ כ״כ. Num. 4, 5.

הוֹרִדֻהוּ ב׳ כ״כ. Gen. 39, 1. (S, מ״ש Gen. 44, 21.)

הוֹרֵד ג׳ (ומלאים). Ex. 33, 5. Ps.*56, 8. Mf. יר, 17.

וַיּוֹרֶד ו׳ ה׳ מלא וא׳ חסר. Jud. 7, 5. Mf. יר, 15.

וַתֹּרֶד ג׳ ב׳ חסר וא׳ מלא. Gen. 24, 18. Mf. יר, 14.

---

1) D. h. dieses Wort kommt 8 M. mit vorhergeh. Verneinung vor und zwar 6 Mal mit לֹא und 2 M. mit וְלֹא. Daher bemerkt d. Mp. bisweilen ו׳ = 6 d. h. mit לֹא (ohne Waw cop.) — S. folg. Art. —

2) S. Mp. zu den Stellen und vorzüglich מ״ש zu Jes. 59, 19. Micha 7, 17. Nach diesem befindet sich das def. Jod in Micha l. c. — S. auch Heid. im מפורש zu Gen. 12, 12., der auch Micha l. c. für def. erklärt. Mpt. Hamb. giebt das zu Ps. 67, 8. als das def. an und ist auch im Text das def. Jod geschrieben. — Gegen Ab. Esra ist auch d. Mp., welche bemerkt: ה׳ בלשון דחילו. — S. auch רמ״ה s. rad. ירא. —

3) Mf. l. c. muss nach Heid. st. ויראו כל ישראל מאד gelesen werden: וישמעו כל ישראל (1 Reg. 3, 28.). Derselbe führt auch aus einem Mpte. an: כל אוריתא מלא וכל תריסר וכתובים דכו׳ במ״א (d. i. Neh. 6, 16.). Wenn daher einige Ausgg. Ps. 64, 10. das וייראו def. haben, so ist das gegen unsere Massoraangabe. —

4) Das ו׳ = 6. in Mf. יר, 4. ist ein Fehler, der aus einer falschen Abtheilung der angeführten Stellen entstanden ist. Zwischen איום und כי גדול יום י״י muss ein Trennungszeichen stehen, indem ersteres Hab. 1, 7. und das andere Joel 2, 11 ist, wie auch Mpt. Hamb. zu Joel l. c. ז׳ = 7 u. die 2 angegebenen Stellen getrennt angiebt. —

5) Diese Angabe ist schwankend zwischen י״ד = 14, wie hier; י״ו = 16. in einem v. Heid. angeführten Mpte. und י״ז = 17 in Mf. l. c. ed. Bomb. Die Zahl ist aber nicht genau, denn ירד kommt mit עַל viel öfter vor, so וירד ירד כמטר על גז (Ps. 72, 6.) ירד על אדום תרד (Jes. 34, 5.) וירד על הכרובים (1 Reg. 6, 32.). Ausser ובררת (Num. 11, 9.) noch daselbst וירד עליהם הברד (Ex. 9, 19.) וירדו על הערבה (Ez. 47, 8.) ירד עליך (Deut. 28, 24.) חמסו ירד (Ps. 7, 17.) רדי ושבי ירד המן עליו; ausser ירד (Ps. 133, 2.) noch das שיורד. Ferner ist וירד ודרך על במותי (Micha 1, 3.) u. ודרך על עפר (Jes. 47, 1.) eben so gut zu zählen, wie ותרד בת פרעה לרחוץ; denn sollte sich die Präposition על auf רדי und שבי allein beziehen, so wäre ja das על היאור gewiss auch auf לרחוץ und nicht auf ותרד zu beziehen und das Beispiel wäre dann gleichfalls nicht hierhin gehörig? — Wollte man aber die Angabe mit den 14 aufgezählten ausgleichen, so muss nach הטל (Num. 11, 9.) und nach כשמן (Ps. 133, 2.): ב׳ בו eingeschaltet werden (s. unten Art. ירו), so dass die aufgezählten wirklich 16 sind. — Im Allgemeinen ist aber die Angabe der Zahl unrichtig. —

יוֹרְדוּ ב׳ א׳ חסר וא׳ מלא· Num. 1, 51. (S. מ״ש Gen. 44, 11. Deut. 1, 25.)

הוּרַד ב׳· Gen. 39, 1.

וְהוּרַד ב׳· Zach. 10. 11. (S. Mf. ה׳, 20. או״א, 63. מ״ש Am. 3, 11.)

בְּמוֹרָד ג׳ (חד קמץ)· Mf. יר, 23.

ירה

וְהוֹרֵתִי ב׳ ומלא· Ex. 4, 15.

מֹרֶה ה׳ חסר· מרה Prov. 6, 13. S.

הַמּוֹרִים ד׳· מרה Num. 20, 10. 2 S. 11, 24. Mf. מר, 3. S.

וּלְהוֹרֹת ב׳ חסר (וחסר) וי״ו בתרא· Ex. 38, 34. Lev. 10, 11.

אוֹרֶה ב׳ בב׳ לישן· Job 27, 11. Mf. א׳, 22. או״א, 59.

וְיֹרֵנוּ ג׳· Micha 4, 2. Mf. יר, 28.

יֹרוּ ז׳ חסרים בלישן· 1) 2 S. 11, 20. Mf. יר, 27.

וְתוֹרָה ה׳· Mal. 2, 7. Prov. 6, 23. Mf. תו, 5.

לְתוֹרָה לית· Ps. 100, 1. (S. Mf. ד׳, 1. או״א, 7.)

בְּסֵפֶר תּוֹרַת מֹשֶׁה· ספר S.

וּבְתוֹרָתוֹ ג׳ ב׳ מלא וא׳ חסר· Jer. 44, 23. Mf. תו, 6.

תּוֹרָתֶךָ, מִתּוֹרָתֶךָ· ט׳ בא״ב· Ps. 119, 34. 53. 97. Mf. תו, 7.

וְתוֹרָתְךָ ה׳ בא״ב· Ps. 119, 174. Mf. תו, 8.

ותוֹרֹתָי ב׳ כ״כ· Gen. 26, 5.

תּוֹרוֹתָיו ג׳· Ex. 18, 16. Koh. 7, 19. Mf. תו, 9. (S. Mf. ו׳, 8. א״וא, 15.)

ירח

וְיָרֵחַ ט׳· Ez. 32, 7. Mf. יר, 29.

יֶרַח יָמִים ב׳· Deut. 21, 13.

בְּיֶרַח ד׳· 1 Reg. 6, 37. 8, 2. Mf. יר, 31.

יְרָחִים ד׳· Ex. 2, 2. Job 3, 6. 39, 2. Mf. יר, 30.

כְּיַרְחֵי קֶדֶם לית וכל קריא חלוף כִּימֵי קֶדֶם· Job 29, 2. (S. Mf. חילופי קריאה, 7. או״א, 273.)

ירע

יְרִיעֹת כל׳ חסר וי״ו בלישן במ״ה (חד מנהון שם אשה)· Ez. 36, 14. Hab. 3. 7. Mf. יר, 48.

ירק

יָרָק· רוק S.

ירש

וִירֵשׁוּהָ ד׳· Jes. 65, 9. Ps. 69, 36. Mf. יר, 51.

רֵשׁ ג׳ ב׳ חסר וא׳ מלא· Deut. 1. 21. Mf. יר, 52.

וַיִּרַשׁ ז׳ חסר יו״ד בלישן· Gen. 22, 18. Jos.*19, 47. 21,*41. Mf. יר, 49. (S. מ״ש Gen. 24, 6. Kimchi Michlol 130b.)

וַיִּרְשׁוּ ד׳ חסר· Jos. 12, 1. Jer. 32, 23. Mf. יר, 50. (S. מ״ש Jos. l. c. 2 Reg. 17. 24. Jer. l. c. Ob. 20.) 2)

פֶּן תִּוָּרֵשׁ ב׳· Gen. 45, 11.

וְהוֹרַשְׁתֶּם ב׳ ומלא· (בענינא ?בתורה) Num. 33. 52.

יְרֻשָּׁה כל׳ חסר ודגשים· Deut. 2, 5.

מוֹרָשָׁה ב׳ (בתורה)· Ex. 6, 8.

מוֹרָשֵׁי לית· Job 17, 11.

תִּירוֹשׁ ג׳ מלא (בלישן בתורה, כצ״ל)· 3) Num. 18, 12.

וְתִירֹשׁ ג׳ חסרים (בלישן)· Mf. תי, 4.

וְהַתִּירוֹשׁ ג׳ ומלא· Joel 2, 19. Mf. תי, 3. תר, 4.

תִּירֹשְׁךָ כל לישנא חסר וי״ו במ״א· Deut. 12. 15. Mf. תי, 4. תר, 3.

---

1) 2 S. 11, 20. sind nur 6 St. aufgezählt; es fehlt aber zu וירו הירים (2 Chr. 35, 23.) der Zusatz: ב׳ בו, weil das הַיֹּרִים dazu gehört. S. vorigen Artikel. —

2) Die Bemerkungen zu diesen beiden Artikeln wollen sagen, dass das futur. Kal. von ירש 7 M. def. Jod (radicale) ist, und zwar 4 M. וַיִּרְשׁוּ und 3 M. in anderer Form (וַיִּרַשׁ, יִרְשׁוּ u. וִירֵשׁוּהָ). Wenn Kimchi in Michlol 130 b (ed. Venet.) sagt: והם על פי המסרת ארבעה חסרים, so bezieht sich das auf die Form וַיִּרְשׁוּ; besser aber liest man שבעה statt ארבעה. —

3) In Num. l. c. muss hinzugefügt werden בלישן בתורה, indem diese Bemerkung nur auf den Pent. sich bezieht; sonst ist es immer plene Waw und Jod, mit Ausnahme dreier Stellen, wo es def. Waw ist, s. Mf. תי, 4.; das בלישן soll angeben, dass es 1 M. וְתִירוֹשׁ (mit Waw cop.) heisst. —

ישב

ישיבת בַּיִת ו׳. Gen, 38, 11. Jer. 36, 22. 2 Chr. 26, 21. Mf. ישׁ, 26.? 1)

ישיבה לָאָרֶץ. ארץ s.

יָשָׁב ט״ו פתחין וה׳ קמצין. Gen. 19, 29. Mf. ישׁ, 3. 2)

יָשָׁב ה׳ קמצין. Gen. 19, 29. Jer. *49, 1. Ps. *29, 10. Mf. ישׁ, 3. שב, 43.

יוֹשֵׁב י״ז מלא בתורה. Gen. 24, 62. *50, 11. Ex. 34, 12. Num. 13, 29. Jer. 29, 16. Mf. ישׁ, 16. 3)

א׳ מלא ביהושע. Mf. ישׁ, 16.

ד׳ מלא בשופטים. Jud. 1, 9.

ח׳ מלא בשמואל. 2 S. 19, 9.

ה׳ חסר בישעי׳. Jes. 6, 1.

ה׳ חסר בירמי׳. Jer. 2, 15.

ב׳ חסר בת״ע. Zach. 12, 7.

ב׳ מלא בתלים. Ps. 22, 4. *91, 1.

---

1) D. h. der Stamm ישׁב vor בַּיִת kommt immer mit dem Praef. ב׳ vor, mit Ausnahme von 6 Stellen, wo es unmittelbar mit בַּיִת verbunden ist. — Das ו׳ = 7 in Gen. 38, 11. ist wieder aus der unrichtigen Zählung der Stellen entstanden, indem das "דמלכים„ u. "וחברו„ unrichtig ist; die Angabe in Jer. l. c. ist richtig, wo es blos heisst דד״ה; denn in 2 Reg. 15, 5. wird בבית gelesen. —

2) In Mf. ישׁ, 3 ed. Buxt. ist das כ״ה מנהון ein Druckfehler und muss כ׳ ה׳ מנהון וכו׳ gelesen werden, wie in ed. Bomb. u. Mf. שב, 43. — Wenn Mp. zu 1 Chr. 5, 9. (יָשָׁב) bemerkt: ה׳ בכתובים ב׳ ונ׳, so muss dafür stehen נ׳ וב oder das ב׳ ונ׳ bezieht sich, nach Heid. auf מִדְבָּרָה, das dabei steht u. soll also heissen: מדברה ה׳ ב׳ ונ׳, was nach der M. richtig ist; s. diesen Art. — Wenn von יָשָׁב 5 angegeben und gezählt werden, so ist das Kam. unter dem Schin bei zweien nur Kam. Chatuf (2 S. 19, 38. u. Dan. 9, 16.). Die M. vereinigt demnach das lange Kam. und Kam. Chatuf zur Angabe einer Zahl. —

3) 1) Die Mass. zu Gen. 50, 11. muss in der Angabe י״ן = 17 haben, wie רמ״ה sie anführt; es fehlt daselbst תנייא והעמלקי והכנעני יושב בעמק (Num. 14, 25.). Ebenso muss nach: ומה הערים אשר הוא (Num. 13, 19.) folgen: דפסוק, indem ein יֹשֵׁב im V. vorhergeht, das def. Waw ist. Das ראה החלתי (Deut. 2, 31.) ist gleichfalls unrichtig, indem in diesem V. das יושב gar nicht vorkommt. Dieser V., der mit ויאמר י״י אלי anfängt, ist irrthümlich verwechselt mit ibid. 3, 2., der gleichfalls so anfängt, in welchem das יוֹשֵׁב sich findet. Die Ueberschrift zu Gen. 50, 11. muss lauten: יוֹשֵׁב, ליוֹשֵׁב י״ז וכו׳, wie es auch Mpt. Hal. hat, indem 15 ohne und 2 mit praef. Lamed im Pent. plene vorkommen. S. מ״ש l. c. und תקון ספרים zu Gen. l. c., wo er auch בלישנא hinzufügt. — 2) Die Angabe Mf. ישׁ, 16. ed. Buxt. hat: וא׳ מלא ביהושע וכו׳, was aber eine Verbesserung Buxtorf's zu sein scheint; Bomb. hat es nicht und giebt nur an: וא׳ חסר ביהושע וכו׳ (Jos. 17, 16.), wo es freilich הַיֹּשֵׁב und nicht ישׁב heisst, von welchem letztern hier die Rede ist: S. מ״ש ed. Wien Jos. 24, 18. Anmerkg. des Correctors, auch Mass. zu Jer. 29, 16. — Besser ist es (mit Mpt. Hamb.) zu lesen: וא׳ חסר ביהושע האמורי ישב הארץ, wie auch Heid. eine St. aus Mpt. v. 1294. anführt, welche bemerkt: כל יהושע מלא בר מן ב׳ חסרים וסי׳ ואת האמורי ישב הארץ (Jos. 24, 18.). ורכב ברזל בכל הכנעני (Jos. 17, 16.) so dass hier nur die Ausnahme der Form: ישׁב (ohne He) berücksichtigt wird, während das zweite defective (Jos. 17, 16.) zu הַיֹּשֵׁב (mit He) gehört, worüber unten ein bes. Art. folgt. — Wenn in unsern Ausgg. zu Jos. 9, 17., in Mp. bemerkt ist, לית מל׳ בסיפר׳, so bezieht sich dies gleichfalls auf die Form יֹשֵׁב, die, wie bemerkt, nur 1 M. plene u. 1 M. def. im B. Jos. vorkommt. Die Angaben widersprechen sich also nicht, indem יֹשֵׁב im B. Jos. 1 M. plene, 1 M. def. und mit He das immer plene ist, mit Ausnahme einer St. (17, 16.). — 3) Die Angabe zu 2 S. 19, 9. muss insoweit verbessert werden, als die beiden ersten Stellen heissen müssen: ושאול יושב בקצה הגבעה (1 S. 14, 2.). ושאול יושב בגבעה תחת האשל (ib. 22, 6.). — 4) Wenn zu Jes. 6, 1. angegeben ist: ה׳ חסרים und angeführt wird, ובתוך עם טמא שפתים (ibid. 6, 5.), so ist nach Heid. auffallend, dass doch יֹשֵׁב האי (das. 20, 6.) auch def. Jod ist nach allen Ausgg. u. den besten Mpten; es wären demnach 6 def.? — Darum will er das ובתוך עם וכו׳ auslassen und daf. das 20, 6. lesen; die Angabe ה׳ דסמיכי zu ibid. 6, 5. will er auf אָנֹכִי יוֹשֵׁב beziehen, welche Verbindung 5 M. vorkommt (s. unten diesen Art.); das Wort selber aber ist plene und gehört nicht zu den 5 defectiven. — Es ist demnach eine irrthümliche Verwechselung des ה׳ דסמיכי mit dem ה׳ חסרים. — Aus diesen Angaben resultirt in Beziehung auf die plene und def. Form dieses Wortes Folgendes: Im Pent. kommt diese Form 17 M. plene vor u. zwar 15 M. absolut u. 2 M. mit vorherg. Lamed; in Josua immer? plene mit Ausnahme von 2 St. und zwar 1 M. יֹשֵׁב u. 1 M. הַיֹּשֵׁב; in Judicum ist יֹשֵׁב immer def., ausser an 4 St., in welchen es plene ist; הַיּוֹשֵׁב ist immer plene; in Sam. ist es immer def. ausser 8 M., wo יוֹשֵׁב plene ist; in Jes. kommt diese Form immer (selbst mit Praefix.) plene vor, ausser dass יֹשֵׁב 5 M. u. הַיֹּשֵׁב immer def. steht; in Jer. ist es immer plene, mit Ausnahme dass יֹשֵׁב 5 M. def. und הַיֹּשֵׁב immer def., ausser 2 M. plene, ist; in Ez. ist es immer plene, ausser 1 M. (12, 2.); in 12 kl. Proph. immer plene, ausser 2 St., wo es def. ist; in Chronik immer plene, ausser 1 St.

ב׳ מלא במשלי. Prov. 20, 8.
(S. מ״ש Deut. 11, 30. Est. 2, 21. Jos. 24, 18. ed. Wien.
2 S. 11, 1. Jes. 5, 3.

אָנֹכִי יוֹשֵׁב ה׳ דסמיכי. Gen. 24, 3. 2 S.*7, 2. Jes. 6, 5.
1 Chr.*17, 1. Mf. אנ, 23.

וְיוֹשֵׁב ב׳ חד מלא וחד חסר. Ps. 55, 20. (S. Ex. 39, 3.)
Mf. א׳, 25. או״א, 70.

הַיּוֹשֵׁב מלא וחסר. 1) Jer. 29, 16. Mf.*יש, 17. (S. יוֹשֵׁב)

יֹשֶׁבֶת ט׳ חסר. Lev. 15, 23. Jer.* 48, 18. Zach. 7, 7.
Mf. יש, 15. (S. מ״ש Jes. 12. 6. Ez. 27, 3. Zach. 2, 11.) 2)

יוֹשְׁבִים י׳ מלא בלישן. 3) Mf. יש, 29.

וְהַיּוֹשְׁבִים ג׳ בקרי׳ חד חסר וב׳ מלא. Jer. 24, 8.
Mf. יש, 30. (S. מ״ש 1 Chr. 9, 2?)

יוֹשְׁבֵי ל״ד. 4) Jer. 21, 5. Mf.*יש, 20. שב, 42.

אֶת יוֹשְׁבֵי ב׳ בתורה. Num. 33, 55.

וְאֶת יוֹשְׁבֵי ט׳. 5) Jud. 1, 27.? Mf. יש, 19.

וְכָל יוֹשְׁבֵי ח׳ דסמי׳ בקרי׳. Jos. 7, 9. Hab. 2, 17.

עַל יוֹשְׁבֵי ח׳. 6) Mf. יש, 31. (S. מ״ש Jer. 11, 2.)

אֶת כָּל יוֹשְׁבֵי הָאָרֶץ. ארץ S.

לְיוֹשְׁבֵי הָאָרֶץ הַזֹּאת ג׳ דסמיכי בקרי׳. Jud. 2, 2.
Mf. יש, 4. 7)

---

1 Chr. 20, 1.); in d. Psalmen immer def., ausser 2 M.; in Prov. immer def. u. nur 2 M. plene; in Job, Esra u. Esther in allen Formen plene mit Ausnahme, je eins, in jedem derselben, das def. ist. —

1) Zu Mf. l. c. führt Heid. ein Mpt. an, welches bemerkt: היושב ג׳ מלא וסי׳ אל המלך היושב. Jer. 29, 16. ב׳ בו ibid. ולא הורישו את הכנעני היושב בגזר, Jos. 16, 10. וכל יהושע ושופטים דכו׳ מלא במ״א ורכב ברזל. Diese Angabe ist schwierig, da das 3te ja unter וכל יהושע וכו׳ begriffen ist? —

2) Wenn Lev. l. c. ט׳ = 9 angegeben ist, während es an den andern Stellen ח׳ חסר (= 8 M. def.) heisst, so ist das kein Widerspruch, indem hier הישבת mitgezählt, an den andern Stellen aber es besonders angegeben wird; so heisst es auch Mpt. Hamb. 2 Reg. 22, 14. u. a.a. St. ח׳ חסר וחד הישבת. — Die Angabe in Jer. l. c. ist fehlerhaft, indem erstlich das מנהון nach וחד gestrichen werden muss — und zweitens das ובחומה היא ישבת (Jos. 2, 15.) nicht richtig ist, sondern das ישבת (2 Reg. 4, 13.) es ist, welches nach Lev. l. c. u. ebenso Mpt. Hamb. l. c. u. a. Handschriften def. Waw geschrieben ist; vergl. auch Zach. 7, 7. — Mf. l. c. hat ז׳ = 7.? — Diese rechnet aber weder הישבת (mit He), noch יֹשָׁבֶת (mit Kam. des Schin) dazu, was inhaltlich auch richtig ist. —

3) Die in Mf. l. c. angeführten 10 Stellen sind, wie Heid. bemerkt, unrichtig; das וזקני ישראל יושבים findet sich nicht und das angeführte והנתינים וכו׳ (Neh. 11, 21.) ist in allen Ausgg. def. Waw. Er führt statt deren folgende zwei St. aus einem Mpte. an: ופקדתי על היושבים (Jer. 44, 13.) ובני ישראל ויהודה היושבים (2 Chr. 31, 6.), so dass es im Ganzen 10 sind; 6 M. יושבים, 2 M. היושבים und 2 M. והיושבים, womit auch Mp. zu Jud. 6, 10. übereinstimmt, da das ו׳ מלא das. auf die 6 יושבים sich bezieht. —

4) Sie sind in Mf. l. c. fehlerhaft u. unvollständig angeführt: 1) muss in der Angabe בלישנא hinzugefügt werden, indem ליושבי und מיושבי dazu gehört; s. auch Mf. שב, 42. — 2) ist das אמר אל איש יהודה (Jer. 18, 11.) dasselbe, welches vorher unter יוצר עליכם angeführt ist? — 3) sind nur 31 St. angeführt, da es ja nach der Angabe und nach versch. Stellen der Mp. (ל״ד מלא) 34 sein sollen? — 4) bemerkt die Mp. zu Jer. 18, 11. ז׳ מנהון בסיפרא, d. h. 7 sind plene im B. Jerem., während hier nur 6 aufgezählt sind? — Es fehlen aber nach der Angabe der Mp. zu den betreffenden Stellen folgende 3 St.: לכן כה אמר י״י, דירמי׳ Jer. 35, 17. ריב לי״י עם יושבי הארץ Hos. 4, 1. ויאמר לעם ליושבי ירושלם, 2 Chr. 31, 4. wodurch obige Angabe berichtigt ist. —

5) Die angegebenen 9 (ט׳) sind weder Mf. noch Jud. l. c. nachgewiesen; sie sind, nach Vergleichung mit der zu den betreffenden Stellen angegebenen Mp. folgende: Jos. 17, 11. Jud. 1, 27. (drei M. im Verse). 1, 30. 1, 31. 1, 33. 2 Chr. 21, 13. ibid. 32, 22. —

6) Sie sind Mf. l. c. nicht richtig angeführt; es werden nemlich 1) כה אמר י״י צבאות und כאשר נתת (muss נתך heissen) als 2 Stellen angeführt, da doch beide nur 1 St. (Jer. 42, 18.) bezeichnen? — 2) Zwei Stellen (Jer. 11, 2. 36, 31.) angeführt, in denen es וְעַל (mit Waw copulat.) heisst? — Da nun aber Mp. zu Zach. 11, 6., wie auch mehre Handschriften an versch. Stellen, bemerkt: ה׳ = 5 u. Jer. 11, 2. zu וְעַל יוֹשְׁבֵי bemerkt ג׳ = 3, so will Heid. richtig zu על יושב statt ח׳ = 8 lesen ה׳ (= 5 M. mit על ohne Waw). Soll aber die Angabe ח׳ = 8 beibehalten werden, so muss die Ueberschrift lauten: עַל יוֹשְׁבֵי, וְעַל יוֹשְׁבֵי ח׳, da beide zusammen 8 M. vorkommen. — Beiläufig sei bemerkt, dass das 3te ועל Jer. 18, 11. sich findet. —

7) Diese Angabe bezieht sich überall nur auf die Form יוֹשְׁבֵי (mit oder ohne Lamed praef.) mit darauf folgendem הארץ הזאת; denn mit ליושבי kommt es nur 1 M. so vor, s. Mf. ל׳, 1. u. או״א, 20., in der 2ten u. 3ten St. steht nur יושבי (ohne Lamed). — Auch in Jud. 2, 2. muss es statt הלא את אחינו heissen: הלא אתה אלהינו (2 Chr. 20, 7.).

וּלְיוֹשְׁבֵי ג׳. (1 Mf. יש, 14.

מִיּוֹשְׁבֵי ג׳ ב׳ מל׳ וא׳ חסר. Mf. יש, 28.

יְהוּדָה וְיוֹשְׁבֵי יְרוּשָׁלַיִם ח׳ וכו׳ (יהודה .S) Mf. יה, 8.

וְיוֹשְׁבֶיהָ ו׳. Jes. 40, 22. Micha*6, 12. Mf. יש, 21.?)

יֹשְׁבוֹת ד׳ בקריא וכו׳ תנינא יֹשֶׁבֶת כתיב ושארא יֹשבוֹת כתיב. 1 S. 27, 8. Cant. 5, 12. Mf. יש, 10.

יָשַׁב ה׳ וחסר בקריא. שוב S. Jud. 7, 3.

כְּשִׁבְתּוֹ ב׳. 1 Reg. 16, 11.

לָשֶׁבֶת ב׳ ואינון באוריתא. Gen. 16, 3. Num. 21, 15. (S. Mf. 30, 6.)

לְשִׁבְתְּךָ ג׳. Ex. 15, 17, 1 Reg.*8, 13. Mf. יש, 11. שב, 20.

שְׁבוּ ה׳ בתורה. Gen. 22, 5. 34, 10. Ex. 16, 29. Mf. יש, 8. (fehlt in ed. Bomb.)

וָאֵשֵׁב ה׳. Deut. 9, 10. 1 Reg. 8, 20. Mf. יש, 13. (S. Mf. כת, 16. או״א, 93.)

ולא תֵשֵׁב ד׳ דסמיכי. Jer. 17, 6. Ez. 29, 11.

וַתֵּשֶׁב י״ב ו׳ בבראשית וו׳ בשאר קריא. Gen. 31, 34. *38, 11. Jos. 6, 25. 2 S. 13, 20. Mf. יש, 12.

וַנֵּשֶׁב ג׳ בנביאים ובכתובים. (2 Jer. 35, 10. Mf. יש, 9.

יֵשְׁבוּ כ׳. Gen. 47, 4. Ex.*23, 33. Mf. יש, 5. שב, 44. (S. מ״ש Ez. 31, 6.)

וַיֵּשְׁבוּ ד׳. Gen. 34, 21. Ez.*33, 31. Mf. יש, 7.

יֵשְׁבוּ ג׳ וחד וַיֵּשְׁבוּ. 15. או״א 8. ו׳ Zeph. 1, 13. (S. Mf.

וְהוֹשַׁבְתִּים ב׳ א׳ מלא וא׳ חסר. Jer. 32, 37.

וַיּוֹשֵׁב ו׳ וכו׳. (3 Gen. 47, 11. Mf. יש, 18.?

וַיּוֹשִׁיבֵם ב׳. 272. או״א 6. חילופי קריאה 1 S. 30, 21. Mf. (1 S. l. c. מ״ש

מוֹשָׁבֶךָ ג׳. Gen. 27. 39. Num.*24, 21. 1 S*20, 18. Mf. יש, 27.

מוֹשְׁבֹתֵיכֶם חסר ומלא. Ex. 35, 3. Lev. 23, 3. 23, 14. Mf. יש, 22. (S. מ״ש Lev. 3, 17.) (4

כל קריא מוֹשְׁבֹתֵיכֶם קדים לְדֹרֹתֵיכֶם במ״א. Lev. 23, 14.

ישה (?)

תּוּשִׁיָּה ז׳ מלא בלישן. Jes. 28, 29. Prov.*8, 14. Mf. תו, 10. (S. מ״ש Job 5, 12.)

ישם

תֵּשָׁם ב׳ א׳ קמץ וא׳ פתח. Gen. 47, 19. (S. Mf. ו׳, 6, או״א, 13.)

יְשִׁמוֹת, הַיְשִׁימוֹת ג׳ חלוקים דאוריתא הַיְשִׁמֹת ד׳כ״כ יהושע הַיְשִׁמוֹת, יחזקאל הַיְשִׁימוֹת כתיב. Num. 33, 49. Ez. 25, 9. Mf. יש, 32. שם, 25. (S. מ״ש Num. l. c. Jos. 12, 3.) (5

(יְשִׁימֹן (S. מ״ש Deut. 32, 10.

ישן

וַיִּשָׁנוּ ג׳. Jer. 51, 57. Mf. יש, 34.

---

1) Die Mf. l. c. angeführte St. למען הרגיע (Jer. 50, 34.) ist falsch; das. heisst es לְיֹשְׁבֵי (ohne Waw copulat.); die Stelle findet sich vielmehr Jer. 35, 13. u. muss etwa gelesen werden: כה אמר י״י צבאות הלך וכו׳ — (wobei das הלוך להרגיעו (Jer. 31, 2.) den Herausg. vielleicht irre geleitet, wofür er למען הרגיע setzt?) — Nach Mp. zu Dan. 9, 7. muss die Angabe ג׳ וחסר lauten. —

2) Es sind aber 4, indem Jos. 7, 7. ונשב בעבר הירדן fehlt. — Sollte es vielleicht heissen: וַנֵּשֶׁב ג׳ בנביאים וחד בכתובים וכו׳? —

3) Die Angabe in Gen. 47, 11. ed. Buxt. ist falsch und ist entstanden durch die irrthümlich doppelte Aufzählung v. 2 Chr. 8, 2. — (Das והערים אשר נתן חירם שם את בני ישראל und ist dieselbe St. 2 Chr. l. c.) Es kommt nur 5 M. vor und zwar 4 M. penult. und Schin mit Segol und 1 M. ult. und das Schin mit Zere. Die versch. Angaben der Mp. stimmen überein, variiren aber in ihren Beziehungen. — Die entschieden richtige und vollständige Angabe führt Heid. aus einem Mpte. (ebenso im Mpt. Hal.) folgendermassen an: ויושב ה׳ ד׳ מלעיל וא׳ מלרע וסי׳ ויושב יוסף את אביו. Gen. 47, 11. ויושב אותם בחלח ובחבור. 2 Reg. 17, 6. וישב בערי שמרון. ibid. 17, 24. ויושב שם את בני ישראל. 2 Chr. 8, 2. ויושב שם רעבים. Ps. 107, 36. קדמא לית מלרע, ותנינא ותליתאה חסר. S. auch רמ״ה s. rad. und über ויושב besond. Mf. ו׳, 7. או״א, 14. u. Mm. Ex. 39, 3. —

4) Wenn es Ex. l. c. heisst וב׳ מלא דמלא, so muss בלישנא hinzugefügt werden, indem in der St. ממדבר דבלתה Ez. 6, 14. nicht מושבותיכם, sondern מושבותיהם steht, wie auch Mp. zu jeder dieser beiden Stellen bemerkt לית. —

5) Das ג׳ ומשניין in Mf. שם l. c. ist hier in demselben Sinne zu nehmen, wie ג׳ חילוקין, d. h. sie kommen unter 3 verschiedenen Schreibarten vor, befinden sich aber 4 M. in der Bibel, wie auch Ez. l. c. angegeben ist. Das ד׳ vor כ״כ in Num. l. c. ist zu streichen und vor ג׳ חלוקים וכו׳ zu setzen. S. ausführlich מ״ש Num. 33, 49. u. Jos. 12, 3. —

ישר

יָשַׁר ג׳ פתחין. Jer. 27, 5. Mf. יש, 46.

יִישַׁר ג׳ מלא בלישן. Num. 23, 30. 2 S. 17, 4. Mf. יש, 50. (S. מ״ש 1 S. 18, 20.)

יִיַשֵּׁר ב׳. Prov. 15, 21. (S. Mf. ר׳, 3. אר״א, 66.)

יַיְשִׁרוּ ד׳ חסר בלישן. Prov. 4, 25. 25, 20. (S. Mf. שר, 9. מ״ש Prov. l. c.) 6)

הַטּוֹב וְהַיָּשָׁר. טוב S.

לַיְשָׁרִים ג׳ וחד וְלִישָׁרִים. Ps. 33, 1. Mf. יש, 49.

וּמֵשָׁרִים ג׳. 7) Mf. יש, 47. (S. מ״ש Prov. 1, 3.)

הַמִּישֹׁר כל׳ חסר במ״י מלא. Deut. 3, 10. 4, 43.
1 Reg. *20, 25. Jes. 11, 4. 42, 16. Ps. 67, 5.
Mf. יש, 48. (S. מ״ש Zach. 4, 7.)

וִישֻׁרוּן ב׳ וכו׳. (S. מ״ש Deut. 32, 15.)

יתם

וְיָתוֹם ה׳. Ex. 22, 22. Job 29, 12. Mf. ית, 1.

יְתֹמִים ד׳ חסרים בלישן. Mf. ית, 2.

יתר

וְהוֹתֵר ג׳ בקריא. Ex. 36, 7. 2 Reg.*4, 43. Mf. ית, 8.

(וְהוֹתִירְךָ (S. מ״ש Deut. 28, 11.

יוֹתֵר ד׳ מלא בלישנא. Ex. 16, 19. 1 S.*15, 15. Koh.*2, 15.
6, 8. *7, 17. Mf. ית, 5. 8)

וַיִּישַׁן ג׳ ב׳ קמץ וא׳ פתח. Gen. 2, 21. *41, 5. Mf. יש, 33.
1) (S. Mf. קמ, 4. אר״א, 21. Lev. 1, 1. Umschrift)

שְׁנַת ה׳ בלשון שינה. Jer. 51, 39. Ps. 132, 4. Est.*6, 1.
Koh. 5, 11. Mf. יש, 35. (S. מ״ש Ps. l. c. ausführlich.)

ישע

יֶשַׁע ה׳ פתחין (בלישנא). Jes. 45, 8. Job 5, 4. 5, 11.
Mf. יש, 38.

הַיְשׁוּעָה ג׳ בקרי׳. 1 S. 14, 45. Jes. 13, 3. Mf. יש, 40.

יְשׁוּעַת ה׳ פתחין. Ex. 14, 13. Jes. 52, 10. Ps. *10, 7.
Mf. יש, 36. 2)

יְשֻׁעָתוֹ ו׳ חסר בלישן. Deut. 32, 15. 2 S. 19, 3. Ps. 35, 3.
53, 7. Job*30, 15. Mf. יש, 39. 3)

יְשׁוּעוֹת ז׳ מלא בקרי׳. 4) Ps. 42, 6. *116, 13. Mf. יש, 37.

וְהוֹשֵׁעַ ג׳. 5) Jer. 11, 12. Mf. יש, 44. (S. מ״ש 1 S. 25, 33.

וַיּוֹשַׁע כל׳ מלא במ״ג וחד וַיֹּשַׁע. (וכו׳) Ex. 14, 30. 2 S. 8, 6.
Job*5, 15. Mf. יש, 41. (S. מ״ש Ex. l. c.

וְיוֹשִׁעֵנוּ ג׳ ב׳ מלא וא׳ חסר. 1 S. 4, 3. Mf. יש, 45.
(S. מ״ש 1 S. l. c.)

וַיּוֹשִׁיעֵם ד׳ ג׳ מלא וא׳ חסר. 2 Reg. 14, 27. Ps. 106, 8.
Mf. יש, 43.

נוֹשַׁע ג׳ ב׳ פתחים וא׳ קמץ וחד וְנוֹשָׁע. Jes. 45, 17.
Mf. יש, 42. (S. Mf. פת, 18. אר״א, 24.)

ישפ

וְיָשְׁפֵה ג׳. Ex. 39, 13.

---

1) Wenn in אר״א, 21. es als nur 1 M. vorkommend angegeben ist, so soll das so viel heissen, als in Pause ausser Athnach u. Silluk. S. unsere Bemerkung zu diesem Artikel daselbst. —

2) S. Mm. Ps. 53, 7. nach welcher Angabe dieses Wort in Ps. 14, 7. def. Waw wäre, was aber unrichtig ist; denn alle 5 sind plene u. das Ain hat Pathach. (S. Art. יְשֻׁעָתוֹ) —

3) Aus den angegebenen Stellen geht hervor, dass diese und ähnliche Formen dieses Stammes immer plene Waw (nach dem Schin) sind mit Ausnahme von 6 Stellen, wie angegeben. Wenn es demnach in Mm. zu Ps. 53, 7. heisst: קדמא הוא חסר דחסר (Ps. 14, 7.) וחברו, wonach Ps. 14, 7. יְשֻׁעַת (def. Waw und Ain mit Cholam) gelesen werden müsste, so ist das unrichtig, da dieses יְשׁוּעַת, d. h. das Ain mit Pathach u. plene Waw gelesen wird; s. יְשׁוּעַת oben; es wären auch sonst 7 def. und nicht 6, wie angegeben. —

4) Das soll heissen, diese Form kommt 7 M. doppelt plene Waw vor, während die andern zum Theil (4 M def. Waw nach dem Ain und 1 M. def. Waw nach dem Schin) def. sind. S. auch vorigen Artikel. —

5) Nach Mp. zu Jer. l. c. ist eins def. (ג׳ וחד חסר); auch zu 1 Sam. 25, 33. wird zu וְהֹשֵׁעַ bemerkt לית חסר; es ist daher auch zu unserer Angabe wohl hinzuzufügen: חד חסר. S. מ״ש 1 S. 25, 33. —

6) Das will sagen, dass in der Form שֵׁר 4 Wörter vorkommen, in welchen das Jod nach dem Schin fehlt u. zwar 3 M. in dem Stamme שור und ein M. von ישר, wie Prov. l. c. angegeben. In beiden Angaben das. (4, 25 und 25, 20.) sind Fehler eingeschlichen; in erster ist והשבתי המון וכו׳ (Ez. 26, 13) statt: הסר מעלי המון שריך (Am. 5, 23.) angeführt; in letzter fehlt sogar ein Vers. —

7) S. מ״ש Prov. 1, 3. — Heid. führt folgende Handschrift zu Prov. 1, 3. an: ג׳ ב׳ חסר וא׳ מלא וסי׳ וכו׳ מציעא ומשרים כתיב, welches mit uns. Ausgg. u. der Mp. übereinstimmt. —

8) S. die Anmerkung des ersten Herausgebers (R. Jac. ben Chajim) zu Koh. 7, 17.; und wirklich hat er die andere

וַיּוֹתִרוּ ה' חסר בלישן. Ex. 16, 20. Deut. 28, 11. Mf. ית, 7. (S. Lev. 10, 16. u. מ"ש das.) 1)

וְלֹא נוֹתַר ה'. Ex. 10, 15. Num. *26, 65. 2S. 13, 30. Neh. 6, 1. Mf. ית, 9. 2)

וְהַנֹּתָר ג' חסר בלישן. מ"ש (S. Ex. 12, 10. Mf. ית, 6. Lev. 19, 6.)

הַנּוֹתֶרֶת ג' וכו' בתראה מלא דמלא ושארא הַנּוֹתֶרֶת ח"ו בתרא). Gen. 30, 36. Jer. 34, 7. Mf. ית, 10. (S. מ"ש Gen. l. c.)

וַיִּוָּתֵר ב'. 3) Gen. 44, 20.

אֶל יֶתֶר ב' וב' עַל יֶתֶר. Ex. 4, 18. Jer. 29, 1.

וְיֶתֶר דבחד טעמא בספר מלכים. טעם S.

וְיֶתֶר ה' בטעם במלכים. טעם S.

(יְתִירָה ג' מלעיל. Dan. 3, 21. מ"ש (S.

(מֵיתְרֵיהֶם. Ex. 35, 18. Num. 3, 26. מ"ש (S.

כ.

כאב

כְּמַכְאֹבִי ג' חסר בלישן. מ"ש (S. Thr. 1, 12. Mf. כא, 2. Thr. l. c.) 4)

לְמַכְאוֹבָהּ ב' מלא בלישן. Jer. 51, 8.

מַכְאוֹבִים ב' א' מלא וא' חסר. Mf. כא, 1.

כבד

כְּבוּדָה ג' מלא בלישן ודגשים. Jud. 18, 21. Mf. כב, 4. (S. מ"ש 1 S. 22, 14.)

נִכְבַּד ב' פתחין. Mf. כב, 5. (S. Mf. פת, 18. או"א, 24.

נִכְבָּדוֹת לית. Ps. 87, 3.

וְאִכָּבְדָה ב' א' מלא וא' חסר. 5) Mf. כב, 1.

תְּכַבֵּדְךָ לית. Prov. 4, 8. (S. מ"ש das.)

הַכָּבֹד ב' חסר בלישן. Gen. 31, 1. Neh. 2, 9. Mf כב, 2. (S. מ"ש Num. 14, 21.)

כְּבֹדֶךָ ב' חסר. Mf. כב, 6.

כְּבֹדוֹ ג' חסר בלישן. 6) Deut. 5, 24. Ez. 43, 2. Mf. כב, 3.

נִכְבַּדֵּי ג'. Jes. 23, 9. Mf. כב, 7.

כבה

לֹא תִכְבֶּה ו'. Lev. 6, 6. Jes. 34, 10. 66, 24. Ez. *20, 47. Mf. כב, 8.

Leseart zu Ex. 16, 19. angeführt, ohne das. über die Verschiedenheit etwas zu bemerken. Da aber das ויתר לרואי השמש (Koh. 7, 11.) in den Ausgg. und Handschr. def. ist, entscheidet sich Heid., nach einer Handschrift, für die Leseart ואל תתחכם יותר Koh. 7, 16. mit Ausschluss oder statt ibid. 7, 11. —

1) D. h. es giebt 5 Formen dieses Stammes, die def. Jod sind, von denen 2 וַיּוֹתִרוּ und die 3 übrigen je 1 M. vorkommen (= יחידאין). Ueber וַיּוֹתִרוּ bemerkt Mp. zu 2 Reg. 4, 44. ב' וח"י. — Wenn zu Ruth 2, 18. die Mp. bemerkt: ג' ח"י בלישנא, so bezieht sich das auf die 3 יחידאין, ausser den beiden וַיּוֹתִרוּ; es sind also zusammen 5 def. Jod. — Es ist merkwürdig, dass die Massora hierhin ziehet הַנּוֹתָרִם (Lev. 10, 16.), da hier das def. Jod nicht nach dem Taw des Stammes, sondern nach dem Resch und zwar als Jod des Plurals fehlt; es gehört also nicht hierher, wo von יתר im Hiphil die Rede ist. —

2) Das will sagen, dass נוֹתַר nur 5 M. mit vorhergehendem וְלֹא (mit Waw copulat.) vorkommt, sonst geht vorkommenden Falls immer לֹא (ohne Waw cop.) vorher. — Heid. bemerkt zu Mp. 2 S. 17, 12., wo Mp. angiebt: ה' ד' מלרע ולית דכותי' מלעיל, dass auch Neh. 6, 1. מלעיל ist in allen Ausgg. u. in vielen Handschriften. Er führt nur eine Ausgabe an (Rabb. Bib. ed. Venet. 1515), wo auch Neh. l. c. מלרע ist, welche Leseart er auch für die richtige hält. —

3) Das ב' = 2, so wie das ב' ובסיפרא, was in einigen Handschr. sich findet, ist unrichtig, da ja noch ein drittes (Jud. 9, 5.) vorkommt. Wahrscheinlich soll es heissen ב' בסיפרא, so dass nur auf die 2 in Genesis die Bemerkung sich bezieht. —

4) Wenn Thr. l. c. auch רבים מכאבים (Ps. 32, 10.) angeführt wird, so ist das gegen Ausgg. u. Handschr. u. auch gegen die versch. Angaben der Mp., welche man vergleiche. Ueberhaupt differiren die Angaben der Handschriften u. die Ausgg. über das plene u. def. dieser Formen. (S. z. B. Mf. כא, 1., wo es heisst: בתרא מלא, was gegen die Ausgg. ist, während die Mpte. קדמא מלא haben in Uebereinstimmung mit den Ausgg.) Das Richtige ist wohl zu lesen: ג' בלישן וחס', d. h. diese Form (מַכְאֹבִי sing. mit Suff. 1 pers.) kommt 3 M. u. zwar 2 M. מכאבי u. 1. כמכאבי (Jer. 45, 3. Thr. 1, 18. u. ibid. 1, 12.) vor u. sind alle 3 def. Waw. Alle andern Formen dieses Subst. sind übrigens gleichfalls def. mit Ausnahme von Ps. 32, 10. (מַכְאוֹבִים) u. Jer. 51, 8. (לְמַכְאוֹבָהּ). —

5) Mf. l. c. muss es wohl lauten: ג' ב' מל' וא' חסר indem es 2 M. plene He (Ex. 14, 4. 17.) vorkommt? — Ueber וְאִכָּבְדָה def. He, s. Mf. ה', 25. או"א, 111. —

6) Ez. l. c. wird hinzugefügt: וכל כְּבֹדִי דכו' במ"א ואולם חי אני, was aber unrichtig ist. Sollte dieser Zusatz

כבס

כּוֹבֵס ג׳ מלא. Mf. כב, 10. (S. מ״ש 2 Reg. 18, 17.)

כִּבֵּס ב׳. Gen. 49, 11. 2 S. 19, 25.

וְכִבֶּס ט׳. 1) Lev. 13, 34. 14, 8. Mf. כב, 9.?

וְכִבְּסוּ ב׳. 2) Lev. 13, 54.

וְכֻבַּס ב׳. Lev. 13, 58. *15, 17.

הֻכַּבֵּס ב׳ ובענין. Lev. 13, 55.

כבר

כִּבְרַת ג׳. Gen. 48, 7. 2 Reg. 5, 19. Mf. כב, 14.

כבש

וְנִכְבְּשָׁה הָאָרֶץ ג׳ וסי׳ וא׳ נִכְבְּשָׁה. Num. 32, 29. Mf. כב, 11. 3)

כבשׂ

וְאֵת הַכֶּבֶשׂ ד׳. Num. 28, 8. Mf. כב, 13.

אֶת הַכֶּבֶשׂ אֶחָד לית וחד אֶת הַכֶּבֶשׂ הָאֶחָד. Num. 28, 4. (S. Mf. ה׳. 11. או״א, 3.)

(כל קריא כִּבְשָׂה וכל שמואל כִּשְׂבָּה. (Mp. Lev. 14,10.

(כְּשָׂבִים, כְּבָשִׂים. Lev. 1, 10. (S. מ״ש

כִּבְשַׂת ג׳ בלישן וחסר. Mf. כב, 12.

כהה

כֵּהָה ח׳ וחד כֵּהָה. Lev. 13, 21. Mf. כה, 2.

כֵּהוֹת ב׳ ומלא. 4) Lev. 13, 39. Mf. כה, 1.?

כהן

לְכַהֲנוֹ לִי ג׳ דסמיכי ובענין. Mf. כה, 12. (S. Mp. Ex. 28, 3.)

הַכֹּהֵן הָרֹאשׁ ב׳ וכו׳. 5) Mf. כה, 11.

וְרָאָהוּ הַכֹּהֵן. ראה S.

עֶזְרָא הַכֹּהֵן ג׳. 6) Mf. עז, 13.

וְהַכֹּהֵן ג׳ ר״פ וא׳ הַכֹּהֵן. Lev. 21, 10.

וְהַכֹּהֵן הַגָּדוֹל ב׳ דסמיכי. Lev. 21, 10.

וּלְכֹהֵן ג׳. Ex. 2, 16. Mf. כה, 3.

כֹּהֲנִים דקדים לִנְבִיאִים ג׳. 7) Mf. כה, 14.?

הַלְוִיִּם דקדים לַכֹּהֲנִים. Jer. 33, 21. 2 Chr. *30, 21. Mf. לו, 9.

---

massoretisch sein, so muss er wohl lauten: וכל כְּבֹדִי דאוריתא דכו׳ במ״א והגדתם לאבי (Gen. 45, 13:) — S. רמ״ה s. rad. —

1) Die Angabe ט׳=9 ist richtig, wenn auch Lev. l. c. nur 8 Stellen aufgezählt sind; es fehlt: ואת כל שערו יגלח (Lev. 14, 9.). Wenn Mf. l. c. u. Mpt. Hamb. ח׳=8 angeben, so ist das wahrsch. eine durch die angeführten Stellen veranlasste Aenderung, die oft aber unberechtigt vorkommt. —

2) Es ist auffallend, dass sowohl Mm. als Mp., wie auch Handschr. nur ב׳=2 angeben, da es doch noch ein drittes giebt: וכבסו שמלותם (Ex. 19, 10.)? Auch Mpt. Erf. hat zu Lev. 13, 54. ב׳ והטהרו? — S. auch מבין חדות z. St. —

3) Diese Angabe bezieht sich auf וְנִכְבְּשָׁה allein, ohne Verbindung mit הארץ, wie es auch Mp. l. c. u. Mpt. Hamb. zu 1 Chr. 22, 18. so haben (ohne הארץ). Auffallend ist, dass es Mf. ו׳, 9. או״א, 16. nicht zu denen gezählt wird, die 3 M. mit u. ein M. ohne Waw vorkommen? —

4) Die Angaben Lev. u. Mf. l. c. widersprechen sich in Beziehung auf כהות Lev. 13, 39.; nach der einen ist es plene (Waw nach dem He) u. nach der andern def.? Heid. u. תקון ספרים bemerken beide, dass es plene ist ohne des Widerspruchs zu erwähnen. —

5) Mf. l. c. muss es heissen: וא׳ הכהן ראש. Die Angabe will sagen, dass gewöhnlich כהן הראש und nur 2 Mal הכהן הראש und nur 1 Mal הכהן ראש vorkommt. — Merkwürdig ist die Angabe in Mpt. Hal., wo es heisst: כל קריא הכהן הראש במ״א כהן הראש ויפן אליו שריה כהן הראש (2 Chr. 26, 20.?), da ja כהן הראש mehrfach und הכהן הראש nach obiger Massora 2 M. vorkommt? — Was ist ferner der Sinn der Mp., wenn sie Jer. 52, 24. zu כהן הראש bemerkt: לית דסמיך? —

6) Dies bezieht sich auf das Nom. propr., wenn es mit dem darauf folgenden הכהן verbunden ist u. ohne Präfix. Diese Verbindung kommt noch 3 M. vor, aber 2 M. mit Waw u. 1 M. mit Lamed praef. — Heid. meint, dass die 3 andern noch mit הסופר verbunden sind, wozu d. Mp. auch bemerkt ג׳=3, was auch richtig ist. —

7) Diese Angabe ist sehr unklar, denn 1) kommt diese Verbindung mehr als 1 M. vor; 2) sind die angegebenen Stellen nicht bestimmt genug. — Vielleicht soll es so heissen: כהנים דקדים לנביאים ג׳ בלישן וסי׳ ויעל המלך בית י״י דמלכים (2 Reg. 23, 2.). לאמר אל הכהנים (Zach. 7, 3.). האל הגדול (Neh. 9, 32.) וכל ירמי׳ דכו׳? —

הַכֹּהֲנִים ג׳ ר״פ. Jer. 2, 8. Mf. כה, 5.

הַכֹּהֲנִים הַלְוִיִּם י״ג. 1) Deut. 17. 9. 24, 8. Mf. כה, 7.

עַל הַכֹּהֲנִים ד׳. (S. מ״ש Lev. 16, 33. ausf.) Mf. כה, 9.

וְהַכֹּהֲנִים הַלְוִיִּם ג׳. Deut. 27, 9. Ez.*44, 15. Mf. כה, 8.

וְהַכֹּהֲנִים וְהַלְוִיִּם ח׳. Mf. כה, 4.

וְלַכֹּהֲנִים ה׳ בקריאה. 2 Reg. 12, 8. Jer. 33, 18. Mf. כה, 6.

מֵהַכֹּהֲנִים ד׳. Mf. כה, 10.

כֹּהֲנֵי הַבָּמוֹת ד׳. (S. במה). Mf. כה, 13.

כוח

בְּכֹחַ ד׳ דגשים. Ps. 29, 4. Mf. כח, 1.

כֹּחֶךָ ב׳ א׳ מלא וא׳ חסר. Ps. 5, 10. (S. Ps. 24, 10.)

כֹּחָהּ ב׳. Gen. 4, 12. Job*31, 39.

וְהַכֹּחַ לית. Lev. 11, 30.

כון

נְכוֹנוּ ב׳. Prov. 19, 29. (S. Mp. Ez. 17, 7.?)

נָכוֹן כ״ח. 2) Mf. הכ, 19.

הָכֵן ב׳ א׳ מלא וא׳ חסר, קדמא חסר. Ez. 38, 7. Am.*4, 12. (S. Mf. ה׳, 2. או״א, 64.).

וַתִּכּוֹן ד׳. 3) Mf. הכ, 23.

כּוֹנֵן ה׳ מלא בלישן. 4) Mf. הכ, 11.

יְכוֹנְנֶהָ ג׳ וא׳ וַיְכוֹנְנֶהָ. Mf. הכ, 21.

הֲכִינוּ ב׳ בלישן וכל ד״ה דכו׳ הֵכִינוּ וְהֵכִינוּ במ״ב הָכִינוּ, וְהָכִינוּ וסי׳. Mf. הכ, 15.

בַּהֲכִינוֹ לית וחד הֲכִינוֹ. (S. Mf. ב׳, 5. או״א, 6.) Prov. 8, 27.

הָכִינוּ ו׳ (בלישן?) Mf. הכ 16.

וְהוּכַן ג׳ וא׳ הוּכַן. (S. Mf. ו׳, 28. 9. או״א, 16.) Mf. הכ, 17. und Mp. zu d. Stellen.)

מִמְּכוֹן ג׳. Mf. הכ, 20.

וּבִמְכֹנָה ד׳ חסר וי״ו בלישן. 1. מכ, 22. Mf. הכ, Neh. 11, 28.

כחד

יַכְחִדֶנָּה לית. Job 20, 12.

כחש

וְכִחֵשׁ ג׳ ב׳ מלרע. (S. מ״ש Lev. l. c.). 5) Lev. 5, 21. Mf. כח, 2.

כיר

כִּיּוֹר ג׳ מלא בתורה וכל נביאים וכתובים דכו׳ מלא במ״ב חסר, תרויהון במלכים. Ex. 30, 18. 38, 8. Mf. כי, 9.

---

1) Die Aufzählung der Stellen fehlt. — Heid. führt sie zu Mf. folgendermassen aus einem Mpt. an: הכהנים הלוים י״ב וסי׳ ובאת אל הכהנים Deut. 17, 9. השמר בנגע הצרעת Deut. 24, 8. והיה כשבתו על כסא ממלכתו Deut. 17, 18. וכל ישראל וזקניו Jos. 8, 33. ויקם עזרא Esra 10, 5. העלו אתם 2 Chr. 5, 5. וישם יהוידע פקודות 2 Chr. 23, 18. וישמע בקולם 2 Chr. 30, 27. והגרלות הפלנו Neh. 10, 35. ושאר העם Neh. 10, 29. ושאר ישראל Neh. 11, 20. הם מזרע צדוק Ez. 43, 19. Als Ergänzung führt er noch aus einem andern Mpt. an, י״ג וכו׳, wo noch der Vers: והיושבים הראשונים (1 Chr. 9, 2.) hinzugefügt ist, so dass es 13 sind, wie oben angegeben. S. auch Heid. zum עין הקורא Deut. 18, 18. —

2) Diese Angabe ist ungenau; es sind 31 u. fehlen hier Jud. 16, 26. 29. u. 2 S. 7, 16. Die Zahl scheint überhaupt unsicher gewesen zu sein; so hat Mpt. Hamb. Deut. 13, 14. כ״ב בקריא = 22? —

3) Das ד׳ = 4 in Mf. l. c. muss wohl ה׳ = 5 sein; es fehlt 2 Chr. 29, 35. — Nach Mp. zu 1 Chr. 2, 12. u. 2 Chr. 8, 16. sind diese beiden def. Waw. —

4) Diese Angabe scheint corrupt u. unrichtig; es wird וכונן Hab. 2, 12. mitgezählt als Ausnahme, während die andern dieser Form (ohne Waw copulat.) ja auch plene Waw sind? — ferner ist Ez. 38. 7. aufgezählt, das gar nicht hierhin gehört und sind ausgelassen 2 S. 7, 24. u. Jes. 62, 7.? — Es scheint, dass durch Verwechselung mit einer andern Angabe (was beim Ablesen von einer Handschr. leicht möglich ist), falsche Verse angeführt sind, während unsere Angabe an sich richtig ist. Sie bezieht sich auf כּוֹנֵן, das 4 M. ohne und 1 M. mit Waw copulat. vorkommt und plene Waw ist; die Angabe müsste etwa so heissen: כונן ה׳ בלישן ומלא — Es kann aber auch sein, dass das futurum dieses Stammes angegeben werden soll, das wirklich nur 5 Mal so vorkommt; nur dass statt der zwei nicht hierher gehörigen Stellen (Hab. 2, 12. u. Ez. 38, 7.) stehen müssten 2 S. 7, 24. u. Jes. 62, 7., wie oben bemerkt. Letzteres scheint mir das Richtigere. —

5) So hat es auch Mpt. Hamb., welches sogar hinzufügt: בו מלעיל (Job 8, 18.). Das Richtigere ist aber wohl, wie es ein Mpt. zu Lev. l. c. angiebt: ג׳ ב׳ מלעיל וא׳ מלרע. S. עין הקורא u. מ״ש zu Lev. l. c. —

כָּלָה י׳ בלישן וכו׳. 2 Reg. 13, 17. Ps. 74, 11. Mf. כל, 50.

עַד כַּלֹּתוֹ ג׳ בקרי׳ אנ״ך; 1 Reg. 3, 1. Mf. כל, 49.

אֲכַלֶּה ג׳. Job 31, 16. Mf. כל, 56.

וָאֲכַל לית. Ez. 43, 8.

וַאֲכַלֵּם ב׳ חד פתח וחד קמץ. Ex. 32, 10. (S. Mf. וא, 1. או״א, 47.)

וַיְכַל ה׳ בתורה. 2) Ex. 34, 33. Mf. כל, 55.

וַתְּכַל ב׳ וחד וּתְכַל. Gen. 24, 19. (S. Mf. א׳, 22. או״א, 59.)

וַיְכַלּוּ ג׳. Jos. 19, 49. Mf. כל, 53.

תַּכְלִית ה׳. Ps. 139, 22. Job 7, 6. Jer. 20, 18. Neh.*3, 21. Mf. כל, 52.

תִּכְלָה. כלא S.

הַכְּלָיוֹת כל אוריתא חסר במ״ב. Lev. 3, 10. (S. מ״ש Lev. 7, 4. 9, 10.)

כְּלִי, וּכְלִי י״ח בלישן. Ex. 35, 22. Num. 31, 51. Jes. 66, 20. Ez. 9, 1. Job 28, 17. Mf. כל, 57. 3)

כְּלִי ז׳ דמטעין כְּלֵי. מ״ש 2 Reg. 12, 14. Mf.*כל, 60. (S. Num. 31. 50. 1 Reg. 19, 21. 2 Reg. 12, 14. Ex. 9, 1.)

כְּלִי זָהָב. זהב S.

כְּלִי הָעוֹר ב׳. Lev. 13, 52.

וְכָל כְּלִי ח׳. Lev. 11, 33. Mf. כל, 63.

אֶל כְּלִי ב׳. Num. 19, 17.

עַל הַכְּלִי ב׳. Lev. 15, 6.

וְאֶת הַכֵּלִים ג׳ בקריא. 1 Reg. 7, 51. Dan. 1, 1. Mf. כל, 59.

וְאֶת הַכִּיּוֹר ג׳. Ex. 30, 28. Lev. 8, 11. Mf. כי, 10. (S. Mf. את, 1.)?

ככב

וְכֹכָבִים ו׳. Joel 2, 10. 4, 15. Ps. 8, 4. Job 25, 5. Mf. כו, 1. 1)

ככר

לְמֵאת הַכִּכָּר. מאה S.

כלל

(לְכָל י״א דגשים. (Jer. 13, 7.

כָּלִיל ג׳ בתורה. Mf. כל, 4.

כלא

כָּלִיתִי ב׳ חד כתיב א׳. Ps. 39, 11. 119,*101.

תִּכְלָה ג׳. (ג׳ חד כתיב א׳) Ps. 119, 96. Mf. כל, 51.

מִמִּכְלְאֹתֶיךָ לית. Ps. 50, 9.

כלה

כלה ג׳ דסמיך אֶל בלישנ׳. 1 S. 25, 17. Est.*7, 7. Mf. כל, 48.

בִּכְלוֹת לית וחד כִּכְלוֹת. Prov. 5, 11. Mf. ב׳, 6. או״א, 36. S. א״ב, 20. או״א, 4.

יִכְלֶה ב׳. Gen. 23, 6.

וַיִּכְלוּ ג׳ אנ״ך. Gen. 21, 15. Jer.*20, 18. Job 7, 6. Mf. כל, 54.

וְכִלָּה ו׳. Gen. 41, 30. Lev.*16. 20. Num. 4, 15. Jos.*24, 20. Ez.*42, 15. Mf. כל, 47.

עַד אִם כִּלּוּ ב׳. Gen. 24, 19.

---

1) Die in Mf. l. c. angeführten Stellen sind unrichtig; das אם לא בריתי (Jer. 33, 25.) gehört nicht hierher, so dass es nur 5 Stellen wären. Aber es fehlt hinter וכוכבים אספו נגהם (Joel 2, 10.) das Wort: וחברו, d. i. Joel 4, 15., wo es ebenso vorkommt. —

2) Das ה׳ = 5 ist unrichtig, da es noch ein 6tes ויכל משה לדבר (Deut. 32, 45.) giebt. Wahrscheinlich ist dieses verwechselt mit ויכל משה מדבר, welches vorhergeht. — Merkwürdig ist, dass Mpt. Hamb. an mehren Stellen nur ד׳ = 4 angiebt und nur Ex. 34, 33. Deut. 32, 45. Gen. 49, 33. u. Gen. 2, 2. (in dieser Reihenfolge) zählt. —

3) Heid. bemerkt zu dieser Angabe: 1) dass die Worte: וכל תורת כהנים מן ויצאו וכו׳ sichtbar falsch sind, da ja ויצאו משה וכו׳ nicht in Lev., sondern in Num. (31, 13.) sich findet? Es muss also lauten: וכל תורת כהנים ומן ויצאו u. s. w., d. h. in Lev. und in Num. von ויצאו an kommt immer כְּלִי (das Lamed mit Chirik) vor. — 2) ist auffallend, warum nicht Jer. 18, 4. zwei gezählt werden, da das Wort daselbst 2 M. vorkommt? Ebenso warum nicht בַּכְּלִי (1 Reg. 17, 10.) gezählt wird, sodass es nicht 18, sondern 20 wären? — Er rechtfertigt aber die Angabe dadurch, dass die Massora nur die Stellen im Sinne hat, in welchen man das כְּלִי (mit Chirik des Lamed) leicht mit כְּלֵי (das Lamed mit Zere) als stat. constr. plur. verwechseln könnte; da aber in den beiden genannten Stellen das Wort den Artikel hat, so kann man es nicht als stat. constr. lesen und gehört also nicht zum Bereich unserer Angabe. — Jedenfalls muss aber bei der Angabe ונשחת הכלי (Jer. 18, 4.) hinzugefügt werden: תנינא דפסוק, da das erste im Verse, wie bemerkt, nicht dazu gehört. —

כָּל הַכֵּלִים הָאֵלֶּה ד׳ דסמיכי וסי׳ ושארא אֶת כָּל הַכֵּלִים הָאֵלֶּה׃ (1 2 Reg. 25, 16. Mf. כל, 65.

כְּלֵי הַנְּחֹשֶׁת ד׳ (בלישנא)׃ 32. נח, 61. כל Jer. 52, 18. Mf.

וְכָל כְּלֵי ו׳. 62. כל 1 Reg. 10, 21. Mf.

וְאֶת כֵּלָיו ג׳. 58. כל Ex. 31, 8. Mf.

את כָּל כֵּלָיו ב׳ ומטעין בהון׃ עין הקורא (S. Ez. 39, 36. und Heid. Ex. l. c.)

כלח

(כֶּלַח ג׳. (S. Mp. Job 30, 2. Gen. 10, 11. 12.

כלם

מַכְלִם ב׳ חד חסר וחד מלא. Job 11, 2.

כמר

נִכְמְרוּ ג׳. 5. כם Gen. 43, 30. Mf.

כנע

וַיִּכָּנַע ג׳. 9. כנ Mf.

הַכְנִיעֵהוּ לית׃ (S. Mf. ה׳, 34.) Job 40, 7.

לִכְנַעֲנִי ג׳. (S. Nom. propr.) 8. כנ Mf.

כְּנַעֲנִים ג׳ בלישנא׃ S. Nom. propr.

כסא

כִּסֵּה ג׳ כתיב ה׳ וכו׳. 2. כם 1 Reg. 10, 19. Job*26, 9. Mf.

לְכִסֵּא ו׳ רפין. Jes. 22, 23. Ps.*132, 11. Neh.*3, 7. Mf. כם, 1.

כסה

הַמְכַסֶּה ב׳ וכל הַכְּלָיוֹת דכו׳. Ps. 147, 8.

לְכַסֹּתוֹ ב׳ חסר בלישן. Ex. 26, 13.

כַּסּוּ ב׳. Ps. 80, 11. Prov.*24, 31.

כְּסוּת ג׳. (2 3. כם Gen. 20, 16. Mf.

מִכְסֶה ב׳ פתחין. Ex. 36, 19.

אֶת מִכְסֵה ב׳. Ex. 40, 19.

כסף

אֶלֶף כֶּסֶף ג׳ אנ״ד. 137. אל Gen. 20, 16. 2S. 18, 12. Mf.

וְאֶת הַכֶּסֶף ד׳. 6. כם Gen. 43, 12. Num. 31, 22. Mf.

בְּכֶסֶף ט״ו רפין וא׳ וּבְכֶסֶף׃ Gen. 23, 9. Jos.*22, 8. 1 Reg. 21, 6. Jes. 52, 3. Ez. 27, 12. Thr. 5, 4. 1 Chr. 21, 22. Mf. כם, 4. (3

וְכֶסֶף וְזָהָב׃ S. זהב

זָהָב וָכֶסֶף׃ S. זהב

כעס

וְכַעַס ב׳ חד קמץ וחד פתח׃ (S. מ״ש Ps. 112, 10. Koh. 5, 16. ausführlich.)

וַיִּכְעַס ב׳. 2 Chr. 16, 10.

תַּכְעִסֶנָה ב׳ חסר וכו׳ וכל ירמי׳ דכו׳ במ״א וכו׳ וכל מַכְעִיסִים דכו׳ מלא במ״א חסר׃ 1 S. 1, 7. Mf. כע, 2. (S. מ״ש 2 Reg. 21, 15. Jer. 7, 18. 19. 32, 29. 30. Mp. Jud. 2, 12.) (4

כַּעַסְךָ ב׳ חד כתיב שׂ׃ Ps. 85, 5. (S. מ״ש Job 10, 17.)

---

1) Richtiger ist die Angabe in d. Mp. zu 2 Reg. l. c., die ג׳ = 3 bemerkt; da das angeführte ככר זהב טהור יעשה אותה (Ex. 25, 39.) mit vorhergehendem אֶת verbunden ist. —

2) Es ist wohl eins vergessen; es fehlt Job 31, 19. — Durch unrichtige Aufzählung hat man ד׳ = 4 in ג׳ = 3 geändert. —

3) Wenn Jos. l. c. schliesst: וא׳ הנה צרפתיך ולא בְכֶסֶף, so heisst das s. v. a. „eins von ihnen etc.", denn auch dieses gehört zu den 15 (mit Schwa das Beth). Das folgende וא׳ heisst aber, wie gewöhnlich „und eins" nemlich ובכסף mit Waw copulat. —

4) Die Bemerkung bezieht sich überhaupt auf die Hiphel-Form dieses Stammes. — Vergleicht man nun die verschiedenen Angaben der Mp. u. מ״ש l. c., so ergiebt sich 1) dass das: וכל מכעיסים דכו׳ מל׳ במ״א heissen muss „דכו׳ חסר במ״א". — 2) Die Mp. zu Jud. 2, 12. muss lauten: לית חסר וב׳ חסר בלישנא. — Das Resultat der verschiedenen Angaben ist: a. dass diese (Hiphil-) Form immer plene Jod (nach dem Ain) ist, mit Ausnahme zweier Stellen (Jud. 2, 12. u. 1 S. 1, 7.). — b. Im B. Jerem. ist sie immer def. Jod, ausser einer St. (Jer. 25, 6.) — c. Die Form מַכְעִסִים Part. Hiph. pl. m.) ist immer def. Jod, ausser 1 M., wo es plene ist (1 Reg. 14, 15.). d) Kommt (nach Mp. zu den betreffenden St.) die Form הכעיסני (auch mit dem Praef. ל׳) in den BB. ausser Jerem. (S. Nr. 2.) 6 M. plene vor, und zwar: 1 Reg. 14, 9. ibid. 16, 2. 2 Reg. 22, 17. Ez. 8, 17. ibid. 16, 26. 2 Chr. 34, 25. — Die Ausgg. haben manchen Fehler in dieser Beziehung u. mit Recht sagt מ״ש (Jer. 32, 29.) — כעסוני הסופרים והמדפיסים בחילופיהם בלישנא דכעס וכו׳. — Zu Jer. 25, 7. bemerkt Heid. in d. Concord. s. v., dass das. statt הַכְעִסֵנִי (wie es die Ausgg. haben) הַכְעוּסֵנִי (das Waw vor dem Samech) stehen muss, wie es Mf. ר׳, 6 u. או״א, 81. angeführt ist unter א״ב כתיב וי״ו וקרי׳ יו״ד, so dass das Waw nach dem Ain statt Jod steht. —

כָּעַשׂ ד׳ כתיב שׂ בלישן. .1 ,כע .Job 5, 2. 6, 2. 10, 17. Mf
(S. מ״ש 1 S. 1, 16. Prov. 5, 2. ,או״א .191 ,מלין .שׁ)

כפת

הַכַּף ב׳ רפין. .2 ,כף .Mf

כַּפִּי, בְּכַפִּי ט׳. .1 ,כפ .Ez. 33, 22. Job*13, 14. Mf

כַּפְּכָה לית. .92 ,או״א .21 ,ה׳ .Ps. 139, 5. Mf

כַּפָּה ב׳. .Prov. 31, 20

וְכַפּוֹת ד׳. (1 .5 ,כפ .Mf

כפר

כפרה אֶת ו׳. (2 .9 ,כפ .Lev. 16, 33. Mf

לְכַפֵּר עָלָיו ה׳. (3 .8 ,כפ .Num. 15, 28.? Mf

וּלְכַפֵּר ג׳. .10 ,כפ .Num. 8, 19. Mf

וְכִפֶּר ד׳. .6 ,כפ .Lev. 9, 7. Num.*17, 11 Ps.*79, 9. Mf

יְכֻפַּר ד׳. .7 ,כפ .Num. 35, 33. Jos.*27, 9. Prov. 16, 6. Mf

כְּפֹר ב׳ חסר בלישן. (4 .3 ,כפ .Job 28, 29. Mf

כַּכְּפִיר ג׳ דגשים וחד וְכִכְפִיר. Prov. 19, 12. 20, 2.
.15 ,או״א .8 ,ר׳ .S. Mf .4 ,כפ .Mf

(כְּפִרִים ד׳ ח״י הדמא. S. Mp. Jer. 2, 15. 51, 38.
Ez. 19, 2. Neh. 2, 12.)

כרב

כְּרוּבִים כל אוריתא חסר ונ״ך מלא במי״ג חסר. .Ex. 25, 19
36, 35. 1 Reg. 6, 25. Ez. 10, 7. Mf. ,כר .1
(S. מ״ש Ez. l. c.) (5

כרת

וְנִכְרְתָה ה׳. .3 ,כר .Lev. 17, 4. Mf

וְלֹא יִכָּרֵת ד׳ דסמי׳. .4 ,כר .Gen. 9, 11. Mf

כְּרִיתֻת ג׳ ב׳ חסרים וי״ו וא׳ מלא דמלא. .Deut. 24, 1
Mf. ,כר .4 (S. מ״ש Deut. l. c.)

כשב

כֶּשֶׂב ד׳ וחד וְכֶשֶׂב. .1 ,כש .Lev. 3, 7. Num. 18, 17. Mf
(S. Mf. ר׳ .10 ,או״א .17 S. ,כבש.)

כשל

מִכְשׁוֹל ג׳ חסרים בלישן. .4 ,כש .Mf

כשף

וְלַמְכַשְּׁפִים ב׳. .Ex. 7, 11. Dan. 2, 2

כתת

וְכִתְּתוּ ג׳. Micha 4, 3. (S. מ״ש 2 Chr. 15, 6.)

יֻכַּתּוּ נ׳. .14 ,הך .Mf

כתב

כְּתֻבִים ה׳ חסר. .Ex. 31. 18. Mf. ,כת .3 (S. מ״ש Ex. l. c
Jer. 32, 12.) (6

---

1) Heid. verbessert diese Angabe nach einer Handschrift in נ׳ = 3, was richtig ist, da das angeführte Lev. 23, 40., ohne Waw copulat. steht u. zwar כַּפֹּת, def. Waw, wozu Mp. bemerkt: ב׳ חסר בלישן. —

2) Diese Angabe stimmt nicht mit der Wirklichkeit, da es 8 Mal mit אֶת vorkommt. Heid. führt ein Mpt. an, welches so angiebt: ח׳ בלישנא וסי׳ וכלה מכפר את הקדש .Lev. 16, 20 ג׳ בו. וכפר את. מקדש הקדש .Lev. 16, 33 ג׳ בו. כי ששת ימים (שבעת, כצ״ל) .Ez. 43, 26 וכפרתם את הבית .Ez. 45, 20. —

3) Es fehlt hier Lev. 15, 28. Das ה׳ = 5 soll wohl ו׳ = 6 sein? —

4) Mf. כפ, 3. giebt an ג׳ חסר בלי׳, d. h. es kommt 3 M. def. Waw in ähnlicher Form vor. Das widerspricht aber nicht der Angabe in Job l. c., indem diese nur auf die Bedeutung „Reif" sich bezieht, während jene auch den Begriff „Löffel" hinzuzieht. Die Mf. l. c. angef. Stelle Esr. 1, 10. ist aber nicht die richtige; es ist vielmehr Esr. 8, 27., wozu die Mp. bemerkt: לית חסר. —

5) Die Aufzählung zu Ex. l. c. ist fehlerhaft, indem sie Ez. 10, 7. 2 Mal zählt; es muss dafür Ez. 10, 5. (S. מ״ש daselbst?) eingeschoben werden, wie es auch Mpt. Hamb. anführt. Das letztere lässt 1 Reg. 8, 7. aus (was nach Mp. zu den betreffenden Stellen: ד׳ חסר בסיפרא def. Waw sein muss) und zählt dafür Ez. 10, 9. (והנה ארבעה אופנים), was unrichtig ist. — Es sind also, wie die Ueberschrift richtig angiebt י״ג = 13, nach der oben berichtigten Aufzählung. — Zu Ez. 10, 7. muss es heissen: תניא דפסוק, wie es Mpt. Hamb. zu Ex. 25, 19. bei der zweiten Anführung hat. — Wenn Einige in der Mp. lesen י״ד = 14, so würde das Ez. 10, 9. des Mpt. Hamb. mitzuzählen sein, was aber zweifelhaft ist. —

6) Ex. 31, 18. muss die Angabe wohl so lauten: ה׳ חסרי׳ (וי״ו) בלישן וכל אוריתא דכו׳ — S. מ״ש Jer. 32, 12., wo Einige statt הכתבים lesen wollen: הַכְּתֻבִים, wie auch Heid. eine Angabe aus einem Mpt. anführt, welche bemerkt: כְּתֻבִים ו׳ ח״ו. Das Richtige hat aber unsere obige Angabe nach einer andern, ähnlichen Anführung bei Heid., welche ausdrücklich sagt: הכתבים ג׳ חסר וי״ו וסי׳ ויעמד המלך על העמוד (2 Reg. 23, 3.). וגם את האובות (ibid. 23, 24.). הכתבים על בבל (Jer. 51, 60.). וכל לישנא באורית׳ דכו׳ חסר — רמ״ה .S. Die 2 andern sind כְּתֻבִים ohne He des Artikels. s. rad. ausführlich. —

כָּתוּב ה׳ מלא בלישן̇ בקרי׳. ? 2, כת Mf. Ez. 24. 2. Ps. 87, 6.
(S. מ״ש Ez. l. c.)

יִכָּתֵבוּ ד׳. 1, כת Mf. Jer. 17, 13. Ez. 13, 9. Ps.*69, 29. 139, 16.

בִּכְתָב ב׳ וחד וּבִכְתָב׳ (1 ? 5, כת Mf. 1 Chr. 28, 19.

מִכְתָּב ד׳. 7, כת Mf. Ex. 39, 30.

כְּתָב ג׳. (S. מ״ש Est. 4, 8.) 6, כת Mf. Dan. 7, 1.

כְּתָבָא כלהון כתיב א׳ בסוף במ״ב כתיב ה׳. Dan. 3, 21.
5, 7. *5, 15. Mf. 4, כת

כתן

כְּתָנְתּוֹ ב׳. Gen. 37, 23.

כתף

עַל כֶּתֶף ה׳. Num. 34, 11. 1 Reg. 7. 39. ?

כתר

יַכְתִּרוּ ב׳ וחסר. (S. מ״ש 14, 18.) Ps. 142, 8.

כתש

הַמַּכְתֵּשׁ ב׳ בקריאה. Jud. 15, 19.

ל׳.

לאה

נִלְאָה ב׳ וא׳ וְנִלְאָה׳ (S. Mf. ר׳ 6 או״א 13.) 30, לא Mf.

הַתְּלָאָה ג׳. (S. Mp. 31, לא Mf. Ex. 18, 8. Num. 20, 14.
Neh. 9, 32. ?)

לאט

לָאַט ב׳ בקריא׳ (S. או״א 59, 2 S. 19, 5. Job 15, 11.
Anmerkung.)

בַּלָּאט ד׳ ג׳ חסר א׳ וא׳ כתיב א׳. Jud. 4, 21. Ruth 3, 7.
Mf. לא, 32.

בְּלָטֵיהֶם. לוט .S

לאך

מַלְאַךְ הָאֱלֹהִים. אלה .S

וַיֹּאמֶר לָהּ מַלְאַךְ י״י ג׳. אמר .S

וּמַלְאָךְ ב׳ פתחין וכל דסמיך לאדכרא דכו׳ פתחין.
Jes. 63, 9. Mal. 3, 1. Mf. מל, 21.

מַלְאֲכֵי אֱלֹהִים. אלה .S

וְכָל מְלָאכָה ג׳. 19, מל Mf. Lev. 16. 29. 23, 31. ?

עֹשֵׂה מְלָאכָה (עֹשֵׂי מְלָאכָה) ד׳. 17, מל Mf.

וְהַמְּלָאכָה ג׳. Ex. 37, 7. Esr.*10, 13. 1 Chr. 29, 1.
Mf. מל, 16.

מְלֶאכֶת הָעֲבֹדָה ב׳. Ex. 35, 24.

בִּמְלֶאכֶת ג׳? (2 18, מל Mf.

לאם

לְאֹם ב׳ וא׳ וּלְאֹם. 13, או״א 6, ר׳ (S. Mf. Prov. 11, 26.
מ״ש Prov. l. c. und אם.

לבב

וּלְבַב ה׳. 1, לב Mf. Dan. 7, 4.

בִּלְבָבִי ג׳ בקריא׳. ? 6, לב Mf. 2 Reg. 10, 30. Ps.*13, 3.

בִּלְבָבוֹ ה׳ וחד וּבִלְבָבוֹ׳. 3, לב Mf. Deut. 29, 19. Jes.*10, 7.

לְבָבֵנוּ ד׳ וחסר׳. 12, לב Mf. Deut. 1, 28. 1 Reg.*8, 58.

נתינה אֶל לֵב. נתן .S

וְלֵב ד׳. 5, לב Mf.

בְּלֶב יָם ד׳. (3 13, לב Mf. Ex. 15, 8. Prov.*30, 19.

אמר בְּלֵב. אמר .S

בְּלֵב ה׳. ? 4, לב Mf. Jer. 48, 41. Ez. 28, 2.

וְלִבְּךָ ה׳. 9, לב Mf. Jud. 16, 15. Jer.*22, 17. Prov.*22, 17.

אֶל לִבּוֹ ב׳ בתורה וכל שאר אוריתא עַל לִבּוֹ וכל
נביאים וכתובים אֶל לִבּוֹ במ״ב עַל לִבּוֹ.
Gen. 6, 6. Dan.*1, 8. Mf. לב, 15.

---

1) Die Angabe Mf. l. c., welche ד׳ = 4 liest, ist im Ganzen richtig; wenn aber 1 Chr. l. c. ב׳ = 2 angegeben ist, so bezieht sich das auf die BB. der Chr. s. v. a. בסיפרא und scheint dann 2 Chr. 35, 4. בִּכְתַב (das Taw mit Pathach) gelesen werden zu sollen, wie auch einige Handschriften lesen. —

2) Das ג׳ ist wohl ein Schreibfehler, es sind 4 = ד׳, indem Esra 6, 22. fehlt. —

3) Das ד׳ = 4 ist falsch, wie das schon תקון סופרים zu Ex. 15, 8. bemerkt; es muss ג׳ = 3 heissen, da das angeführte Ez. 27, 25. בְּלֵב יַמִּים gelesen wird. —

לְבַבְכֶם ג׳. Gen. 18, 5. Ps.*48, 14. Mf. לב, 10.

בִּלְבַבְכֶם ט׳ בקריא. 1 S. 10, 27. Ez.*14, 5. Ps. 35, 25. Koh. 3, 11. Mf. לב, 2. (S. מ״ש Ps. l. c.)

לבא

לָבִיא. בוא S.

לְלָבִיא לית. Job 38, 39.

לבט

יִלָּבֵט ג׳. Prov. 10, 8. Mf. לב, 16.

לבן

לְבֵנִים ג׳. Gen. 11, 3. Mf. לב. 19.

הַלְּבֵנִים ג׳. Ex. 5, 7. Jes. 65, 3. Mf. לב, 20.

לִבְנַת ב׳ בב׳ לישן. Ex. 24, 10. (S. או״א, 59 Anmerkg.).

וְלָבָן ג׳ באוריתא. Ex. 31, 19. Deut. 1, 1. Mf. לב, 17. (S. Nom. propr.)

וּלְבֶן ג׳ בלישן ב׳ פתחין וא׳ קמץ. Gen. 49, 12. Job 35, 8. Mf. בן, 8. (S. או״א, 59 Anmerkg.).

לְבָנוֹת ד׳ ב׳ מלאים וב׳ חסרים. Gen. 30, 37. Lev. 13, 38. Ex. 16, 61. Mf. לב, 18.

(וְהַלְּבוֹנָה ב׳ א׳ חסר וא׳ מלא. 1) (S. מ״ש Neh. 13, 9.

לבש

לָבוּשׁ כל לישנא חסר בנביאים במ״ב וכו׳ וכל כתובים דכו׳ מלא במ״א חסר וסי׳. Ez. 9, 2. Prov.*31, 21. Mf. לב, 25. (S. מ״ש Ez. l. c.)

לִלְבֹּשׁ ב׳ וחסר. Gen. 28, 20. Lev.*21, 10.

וְהִלְבַּשְׁתָּם ב׳. Ex. 29, 8.

וְהִלְבִּשׁוּ ו׳ חסר בלישן. Est. 6, 9. Dan.*5, 29. Mf. לב, 27.!

מַלְבֻּשִׁים ד׳. 1 Reg. 20, 10. Mf. לב, 26.

(וַיַּלְבִּשֵׁם ב׳ וחסר. Lev. 8, 13. (S. Est. 6, 9. u. oben וְהִלְבִּשׁוּ)

לְבֻשׁוֹ ג׳ חסר. Gen. 49, 11. 2 S. 20, 8. Mf. לב, 24.

להב

וְלֶהָבָה ג׳. Jes. 43, 2. Joel 1, 19. Mf. לה, 3.

לְהָבִים ג׳. (S. Nom. propr.)

לוה

וְנִלְווּ ד׳. Num. 18, 4. Jer.*50, 5. Zach.*2, 11. Dan. 11, 34. Mf. לן, 4.

מַטֵּה לֵוִי. נטה S.

הַלְוִיִּם דקדים לכֹּהֲנִים. כהן S.

הַכֹּהֲנִים הַלְוִיִּם. כהן S.

וְאֶת הַלְוִיִּם ד׳. Jer. 33, 21. Mf. לן, 10.

וְלַלְוִיִּם ב׳ יחידאין. Mf. לן, 11.

לוח

לֻחֹת ב׳ כ״ב בתורה חסר וי״ו קדמא. לוּחֹת ה׳ כ״כ וכל נביאים וכתובים לֻחוֹת כתיב חסר וי״ו קדמא במ״א חסר דחסר. Deut. 4, 13. 9, 9. 9, 11. Mf.*לח, 2. 2)

וּשְׁנֵי לֻחֹת הָעֵדֻת ג׳ דסמיכי. 3) Ex. 32, 15. Mf. לח, 3.

נְבוּב לֻחֹת ב׳. Ex. 38, 7.

---

1) Zu dem Art. לבונה in d. Concord. bemerkt Heid., dass dieses Wort im Pent. immer def. Waw ist, wie das auch רמ״ה s. rad. angiebt; in den andern BB. der heil. Schr. sei es immer plene Waw mit Ausnahme dreier Stellen; denn so bemerkt nicht nur d. Mp. zu Jes. 66, 3: ג׳ חסר, sondern auch ein Mpt. führt an: — לבונה ג׳ חסר וסי׳ ונתת עליה שמן (Lev. 2, 15.), לבנה זכה (Lev. 24, 7.), מזכיר לבנה (Jes. 66, 3.). Sind nun auch die zuerst angeführten Stellen unrichtig, da die Angabe sich augenscheinlich auf die andern BB. ausser dem Pent. beziehen, so sieht man doch daraus, dass dieses Wort in den BB. ausser dem Pent. 3 M. def. vorkommt, wie Mp. l. c. bemerkt. — Welche 2 St. nun ausser Jes. l. c. gemeint seien, ist unsicher. H. meint, dass וְהַלְּבֹנָה (Neh. 13, 9.) nach Mp. das. u. 1 Chr. 9, 29., wie auch nach מ״ש das. das 2te sei. Für das 3te glaubt er לַלְּבֹנָה (Jud. 21, 19.) gefunden zu haben, da es im Mpt. v. 1294 def. Waw ist, obgleich die Ausgg. es plene haben. —

2) Das Resultat der versch. Angaben über das plene u. def. der verschiedenen Formen dieses Wortes ist: 1) im Pent. ist es immer doppelt def. Waw, mit Ausnahme von 5 Stellen, wo es plene nach dem Lamed u. def. nach dem Cheth u. 2 Stellen, wo es def. nach dem Lamed u. plene nach dem Cheth ist, w. angegeben. — 2) in den Proph. u. Hagiogr. ist es immer def. nach dem Lamed und plene nach dem Cheth, mit Ausnahme einer Stelle, die doppelt def. ist, wie angegeben. —

3) Es muss Ex. l. c. entweder hinzugefügt werden בלישנא, oder es bezieht sich nur auf לֻחֹת הָעֵדֻת (ohne שְׁנֵי), wie es Mf. l. c. hat; denn das angeführte Ex. 31, 18. hat nicht וּשְׁנֵי (mit Waw copulat.), sondern שְׁנֵי. —

לוט

בְּלָטֵיהֶם ג׳. לאט S. Ex. 7, 22.

לון

לָלוּן, לָלִין. (ו׳ וחד לָלִין). S. Gen. 24, 25. Jud. 19, 15.
Mf. לן, 2. 1)

תָּלֶן ב׳ (א׳ פתח וא׳ קמץ). Job 17, 2. Mf. *לן, 1..
(S. מ״ש Jud. 19, 20.) 2)

לוץ

לֵץ י״א. Mf. לצ, 1.

לָצוֹן ג׳ ומלא. Jes. 28, 14. Prov.*29, 8. Mf. לצ, 2.

לחח

לַח ג׳ ב׳ פתחין וא׳ קמץ. Gen. 30, 37. Mf. לח, 1.!

לחם

וְלֶחֶם ד׳ ר״פ. Gen. 47. 13. Ex. 29, 2. Lev. 23, 14.
Mf. לח, 5.

וְאֶת הַלֶּחֶם ב׳. (3 Ex. 29, 32.

עַל הַלֶּחֶם ב׳. Lev. 23, 18.

בַּלֶּחֶם ו׳ דגשים. Gen. 47, 17. Num.*21, 5. Deut. 23, 4.
Mf. לח, 6.? 4)

לַלֶּחֶם ד׳ דגשים וחד וְלַלֶּחֶם. Gen. 41, 55. Lev. 24, 7.
Job*15, 23. Mf. לח, 7. (S. Mf. ו׳, 10. או״א, 17.)

לְלַחְמְךָ לית. Ps. 50, 9.

בְּלַחְמוֹ ג׳. Lev. 22, 11. Mf לח, 8.

לַחְמֵנוּ ד׳. Num. 14, 9. Thr,*5, 9, Mf. לח, 9.

לַחְמָם ו׳ בקריא. Jes. 47, 14. Hos.*9, 4. Job*30, 4.
Mf. לח, 10. (S. חמם).

נִלְחַם י״ב פתחין בקריא. Jud. 9, 17. 11, 25. 1 Reg. 14, 19.
Jes. 30, 32. Mf. לח, 11. (S. מ״ש Jud. 9, 45. ausf.)

וְנִלְחַם ה׳ פתחין. Ex. 1, 10. 1 S. 8, 20. Mf. לח, 12.

הַנִּלְחָם ג׳. Deut. 3, 22. Mf. לח, 17.

וְנִלָּחֲמָה ד׳ בקריאה. Jud. 1, 3. 1 S. 17, 10. 1 Reg. 20, 25.
Mf. לח, 16.

וַיִּלָּחֶם עִם יִשְׂרָאֵל ב׳ ושארא וַיִּלָּחֶם בְּיִשְׂרָאֵל.
Ex. 17, 8.

וְהַמִּלְחָמָה ג׳ בקריא. Jud. 20, 34. Mf. לח, 14.

לְמִלְחָמָה ב׳ רפים. Jer. 28, 8. Mf. לח, 15.

וּבְמִלְחָמָה ג׳ בקריא וחד בְּמִלְחָמָה. Hos. 1, 7.
Job*5, 20. Mf. לח, 13. (S. Mf. חילופי קריאה,
3. או״א, 269, Mf. ו׳, 9. או״א, 16.)

ליל

לַיְלָה וָיוֹם ג׳. Est. 4, 16. Mf. לי, 9.

לַיְלָה וְיוֹמָם ג׳. Deut. 28, 66. Mf. לי, 2.

וְלַיְלָה ו׳. Ex. 13, 21. Ps.*139, 12. Mf. לי, 3.

כַּחֲצִי הַלַּיְלָה. חצה S.

בְּלַיְלָה ג׳. Gen. 40, 5. Mf. לי. 8.!

בַּלַּיְלָה הוּא ד׳. Gen. 19, 33. 32, 21. 1 S.*19, 11. Mf. לי, 6.

בליל כתיב וקרי בַּלַּיְלָה. Thr. 2, 19. (S. Mf. ה׳, 25.
או״א, 111.)

וּבַלַּיְלָה ה׳. Gen. 1, 18. Koh. 8, 16. Mf. לי, 4.

בַּלֵּילוֹת ד׳ ומלא. Ps. 92, 3. 134, 1. Cant.*3, 1. 3,*8.
Mf. לי, 5.

לכד

וַיִּלְכְּדָהּ ה׳ ג׳ מלא וב׳ חסר. Num. 32, 39. Jos.*8, 19. 10, 35.
2 Reg. 18, 10. Mf. לכ, 9.

נִלְכַּדְתָּ לית. Prov. 6, 2.

למד

לָמֹד ב׳ בב׳ לישן. Zach. 2, 2. (S. Mf. א׳, 22. או״א, 59.)

---

1) Wenn Gen. l. c. ז׳ = 7 angegeben ist, so bezieht sich das wohl mit auf לָלִין; das Richtige hat Jud. l. c. —

2) Mf. l. c. hat ב׳ א׳ פתח וא׳ קמץ, was aber nicht richtig zu sein scheint (S. auch מ״ש Jud. 19, 20.), sonst müsste das תָּלֶן zu Mf. פת, 16. (שטה חדא מן ג׳ פתחין וכו׳) und או״א, 22. gezählt werden. Auch Mpt. Hamb. hat, wie hier blos ב׳, ohne obigen Zusatz. —

3) Es giebt aber noch ein 3tes, nemlich Lev. 8, 31. Die richtigere Angabe hat aber Mp. zur St., welche bemerkt: כל קריא וְאֶת הַלֶּחֶם במ״א אֶת הַלֶּחֶם. —

4) D. h. 6 M. kommt dieses Wort mit Dagesch im Lamed (Artikel) vor, und zwar 5 M. mit Segol u. 1 M. mit Kam. des Lamed; ausserdem 1 M. mit Waw copulat. ובלחם. — Mf. l. c. steht irrthümlich ד׳ = 4 für ו׳ = 6, wie hier. —

וּלְלַמְּדָם לית׳ Dan. 1, 4. (S. Mf. ל׳, 12.?)

לְמוּדֵי ב׳ א׳ מלא וא׳ חסר׳ Jes. 54, 13.

לפד

כְּלַפִּידִים ג׳ מלא בלישן בקריאה׳ וכל העם ראים הַלַּפִּדִים כתיב ושארא לַפִּידִם כתיב Nah. 2, 5. Mf. לפ, 1. (S. מ״ש Ex. 20, 15. Neh. l. c.) 1)

לקח

לָקַח ב׳ זקף קמץ׳ Gen. 27, 36. (S. ibid. 31, 18. 38, 21. Num. 1, 1.)

וּלְקַחְתֶּם ו׳. Gen. 44, 29. Ex. 12, 22. Lev. 23, 40. Jos. 6, 18. Mf. לק, 11.

לְקַח ח׳ וחסר וא׳ וְלִקַח׳ Gen. 27, 46. Deut. 27, 25. Ez.*24, 16. 37, 19. Prov. 9, 7. Mf. לק, 2.

לִקְחִי ג׳. Mf. לק, 12.

לְקוֹחַ ד׳ ג׳ מלא וא׳ חסר׳ Jer. 32, 14. Ez. 24, 5. Zach. 6, 10. Mf. לק, 7.

לָקַחַת ד׳. 2) Gen. 28, 6. Mf. לק, 18.?

וְלָקַחַת ד׳. Gen. 30, 15. 43, 18. 2 Reg. 5, 26. Mal. 2, 13. Mf. לק, 6. 3)

בְּקַחְתּוֹ ב׳. Gen. 25, 20.

קַח י״ב ר״פ׳. Num. 3, 45. 8, 6. 20, 8. Jer.*36, 2. 43,*9. Job 22, 22. Mf. לק, 16.

וְקַח י״ג. Ex. 17, 5. Num.*17, 17. 2 S. 2, 21. Jer. 13, 6. Prov.*4, 10. Mf. לק, 4.

לִקְחִי ג׳ וחד וְלִקְחִי׳ Deut. 32, 2. 1 Reg.*17, 11. Job 11, 3. Mf. לק, 3. (S. Mf. ו׳. 8. או״א, 15.?) 4)

קְחוּ ה׳ ר״פ׳. Ex. 35, 5. Prov. 8, 10. Mf. לק, 15.

יִקַּח ג׳ קמצין וכל אס״ף דכו׳. 1 S. 8, 11. Mf. לק, 9.

וְלֹא יִקַּח ג׳. Mf. לק, 17.

תִּקַּח ב׳ זקפין קמצין (וכל אס״ף דכו׳)׳ Num. 3, 47. (S. Num. 1, 1.)

וְנִקְחָה ה׳׳ (ד׳ וחד נִקְחָה׳ כצ״ל) Mf. לק, 19.

יִקָּחוּ ו׳ בקריא וקמצין׳ Lev. 21, 7. Jes. 39, 7. Job*27, 13. Mf. לק, 10.

וַיִּקְחוּ ו׳ רפין׳ Ex. 12, 3. 25, 2. Lev. 24, 2. 2 Reg.*7, 13. Mf. לק, 5.

וַיִּקָּחוּם ב׳ ומלא׳ Job 1, 17. (S. Mp. ibid.)

לֻקַּח ה׳ ב׳ קמצין וג׳ פתחין וכו׳ וחד וְלֻקַּח׳ Gen. 3, 23. 2 Reg. 2, 10. Jes.*52, 5.? Mf. לק, 1. (S. Num. 1, 1.)

יֻקַּח ג׳ ב׳ קמץ וא׳ פתח׳ אנ״ך׳ Gen. 18, 4. Job 28, 2. Mf. לק, 8.

לִקְחִי S. oben diesen Art.

הַמַּלְקוֹחַ ד׳ ומלא וא׳ וּמַלְקוֹחַ׳ Num. 31, 11. Mf. לק, 14.?

לקט

לִלְקוֹט ב׳ וא׳ וְלִלְקוֹט׳ Mf. לק, 20. (S. Mf. ו׳, 6. או״א, 13.)

מְלַקְּטִים ב׳. Jer. 7, 18.

וַאֲלַקֳטָה לית וחד אֲלַקֳטָה׳ Ruth 2, 2. (S. Mf. א׳, 13. או״א, 1.)

לשך

בְּלִשְׁכַּת ג׳ חסר בלישן׳ Ex. 44, 19.? 45, 4. Mf. לש, 7. (S. Anmerkg. des ersten Herausg.)

לשן

לָשׁוֹן כ״א י״ו קמצין׳ 5) Prov. 18, 21. Mf.* לש, 1.?

---

1) Am Schlusse der Angabe zu Nah. l. c. muss es heissen: — וכל העם רואים הלפידם כתיב ושארא לפדים כתיב׳ Wenn Mp. zu Jud. 15, 5. bemerkt: ה׳ כ״כ ושארא לפדים, so sind das wahrscheinlich die 3 in Nah. l. c. angegebenen, ferner Ex. 20, 18. u. Dan. 10, 6.? und sie will nur angeben, dass bei diesen 5 ein Jod nach dem פ׳ kommt in der Form des Plurals. —

2) Was will die Angabe hervorheben? Es sind ja viel mehr, als 4 von dieser Form? —

3) Mpt. Hamb. setzt hinzu: וא׳ ולקחת דגש וסי׳ וְלָקַחְתָּ בידך, דירבעם (1 Reg. 14, 3.) — S. שום שכל (Gen. 30, 15.) es wäre wohl richtig nach dem ד׳ zu lesen: רפין? —

4) Heid. bemerkt, dass das in der angef. Stelle zu וְלִקְחִי angegebene ואטעם falsch ist, da es gar nicht vorkommt. — Er liest dafür mit Recht: וַאֲנִיעָם (1 Chr. 7, 19.), wo die 2 Nom. propr. וְלִקְחִי וַאֲנִיעָם vorkommen. נִי als טַ zu lesen ist ein leichter Irrthum u. kommt mehrfach vor.

5) Die richtige Angabe muss wohl so lauten: לָשׁוֹן י״ו קמצין וכ״א בלישנא. D. h. 21 M. kommt dieses Wort mit

וּלְשׁוֹן ה׳ בקריא. Jos. 7, 21. Prov. 10, 31. Mf. לש, 4.

וּלְשֹׁנִי ג׳ בקריא. Ps. 22, 16. 35, 28. Job*27, 4. Mf. לש, 6.

לְשׁוֹנוֹ ו׳ מלא בלישן וכל מגלת אסתר דכו׳ מלא במ״א חסר. Jud. 7. 5. Jes. 30, 27. Zach. 14, 12. Ps. 37, 30. Prov. 17, 20. Mf. לש, 2. 1)

וּלְשׁוֹנָם ד׳ מלא (ומלא, כצ״ל). Mf. לש, 5.

מ.

מאה

בְּמֵאָה ה׳ בקריא. Gen. 33, 19. Jos. 24, 32. 2 S. 3, 14. Mf. מא, 5.?

לְמְאַת הַכִּכָּר ב׳. Ex. 38, 27. (S. מ״ש 2 Chr. 25, 9.)

מֵאֹת ג׳ חסר וּמן השנה השביעית (2 Reg. 11, 4.) עד ויקח את שרי (2 Reg. 11, 10.) מֵאיוֹת כתיב ושארהון מֵאוֹת כתיב במ״א אמות כתיב וקרי מֵאוֹת וסי׳. Gen. 5, 4. 23, 15. Num.*1, 21. Mf. מא, 6. (S. מ״ש Gen. 5, 31. Num. 1, 23. Ex. 18, 25.). 2)

חֲמִשִּׁים וּמָאתָיִם. חמש S.

מאס

מָאֹס ג׳ בקריא וחד וּמָאוֹס. Jes. 7, 16. Thr. 5, 22.? Mf. מא, . (S. Mf. ר׳, 8. או״א, 15. מ״ש Jes. l. c.)

נִמְאָס ב׳ קמץ. Ps. 15, 4.

מגג

נָמֹגוּ ד׳ וחסר. Ex. 15, 15. Jos. 2, 24. Jer. 49, 23. Mf. מג, 1.

הִתְמֹגָגוּ ג׳ חסר בלישן. Neh. 1, 5. Ps.*65, 11. Job*30, 22. Mf. מג, 2.

מגד

וּמִגְדָּנוֹת ב׳ א׳ מלא וא׳ חסר. Gen. 24, 53.

מגל

מַגָּל ב׳. Joel 3, 13.

מדד

מִדּוֹ ב׳. Lev. 6, 3.

מָדַד ה׳ וחד ב׳ קמצין. Ez. 40, 20. 42, 16. Mf. מד, 4. (S. Mp. Jes. 40, 12.?)

וּמַדֹּתֶם ב׳ חסר בלישן. Num. 35, 5.

בַּמִּדָּה ג׳ דגשין, אנ״ך. Lev. 19, 35. 2 Chr.*3, 3. Mf. מד, 5.

מִדִּין דון S.

מהר

מִהֲרוּ ג׳. Ps. 106, 13. 2 Chr.*24, 5. Mf. מה, 10.

לְמַהֵר ג׳ אנ״ך. Ex. 12, 33. 1 Chr.*12, 8. Mf. מה, 12.

מַהֲרוּ ד׳. Gen. 45, 9. 2 S. 15, 14. Est. 5, 5. Mf. מה, 11.

מָהִיר ג׳. Esr. 7, 6. Mf. מה, 13.

מוט

מוֹטוֹת מלא וחסר. 3) Mf. מו, 1.

מול

מוֹל ב׳ בב׳ לישן חד חסר וחד מלא. Deut. 1, 1. (S. Mf. א׳, 22. או״א, 59.)

Kam. des Lamed vor u. zwar 17 M. absol. u. 4 M. mit Praef. Wenn Mp. zu Prov. 25, 15. bemerkt: ר׳ = 4, so soll das heissen s. v. a. ד׳ יחידאין, indem die 4 mit den betreffenden Praefix. je nur ein M. vorkommen. Wenn die Form הַלָּשׁוֹן nicht mitgezählt wird, so ist das wohl aus dem Grunde, dass diese Form einen eignen Art. bildete. — Mpt. Hamb. hat blos כ״א, was das Richtigere ist. —

1) Jud. l. c. ist nur ו׳ = 6 angegeb. u. sind nur 6 aufgezählt; auch Mf. l. c. ed. Bomb. hat ו׳; es sind aber ז׳ = 7 indem das ונהפך בלשונו (Prov. 17, 20.) ausgelassen ist. Mpt. Hamb. hat ז׳ u. zählt Prov. l. c. mit. Wenn die Mp. zu Jud. 7, 5. bemerkt ח׳ מלא, so glaubt Heid. dies auf Job 20, 12. beziehen zu müssen, das nach Ausgg. u. Handschr. plene ist. Das ז׳ dürfte aber das Richtige sein. —

2) Mp. zu Num. 31, 4. 52. bemerkt: המאות ד׳. Der schlichte Sinn ist, dass diese Form in diesem Abschnitt 4 Mal steht, während es sonst מאות, ohne Artikel heisst. — Heid. führt eine Massora an, welche lautet: וְשָׂרֵי הַמֵּאוֹת ד׳ וסי׳ ויקרבו אל משה הפקודים (Num. 31, 48.) ויקצוף משה (ibid. 14.), ויקהל דוד (1 Chr. 28, 1.), ויקבוץ אמציהו (2 Chr. 25, 5.). — In dieser letzten St. steht aber nicht וְשָׂרֵי, sondern וּלְשָׂרֵי und mit ל׳ praef. giebt es viele? Das Richtige scheint also ד׳, wie oben bemerkt. —

3) Zu Mf. l. c. bemerkt Heid. בכל ספרינו אין גם אחד דכתיב מלא דמלא u. zu der angeführten St. (Jer. 28, 13.) bemerkt er: — בכל הספרים וכ״י הדמא דפסוק מוטת כתיב ומסר עליו „לי׳ כ״כ“ ותנינא דפסוק מטות כתיב ולא מסר מידי וכולם מטות כתיב במ״א מוטת עץ שברת (Jer. l. c.) מ״ו וחסר וי״ו תני׳ וחד חסר דחסר וסי׳ מטת עלכם (Lev. 26, 13.), ושארא כלם מטות ומטות כתיבין עכ״ל. —

להמל ה' חסר בלישן. Mf. מל, 1. (S. מ"ש Gen. 34, 22. auch תקון ספרים das.) 1)

ימל בשר ערלתו ב' חסר את. Lev. 12, 3.

מוץ

כמץ ב' וחסר. Jes. 41, 15. (S. מ"ש Ps. 1, 4.).

מור

מור ד' מלא בלישן. Cant. 4, 6. 5, 5. Ex. 30, 23.? Mf. מו, 2) ז' חסרים בלישן. (S. מ"ש Cant. 5, 5. 2 u. 3.

ימיר ד' וכו' בתרא חסר. Lev. 27, 10. Ps.*15, 4. Mf. מר, 7.?

מוש

תמוש ג' קדמא תמוש כתיב תנינא תמש כתיב תליתאה תמיש כתיב. Mf. מש, 2.

ימשני ה' חסר. 3) Gen. 27, 12. Mf. מש, 4.?

ימושו ג'. Mf. מש, 3. (S. vorigen Art.)

מות

ומתו ח' בקמץ. Gen. 33, 13. Ex. 9, 19. Num. 4, 20. Deut. 17, 5. Mf. מת, 1.

ומתנו ה'. Deut. 5, 25. 1 Reg. 17, 12. Mf. מת, 5.?

אנכי מת ד'. Gen. 48, 21. Deut. 4, 22. Mf. מת, 4.

ואל מת לית. Ez. 44, 25.? (S. Mf. אל, 14. או"א, 85.?)

מתך ד' ג' חסר וא' מלא. 4) Gen. 23, 6. Mf. מת, 15.

מות ימות ג'. Mf. מת, 28.

מות יומתו ג' (בענין) וכו'. Lev. 20, 13. Mf. מת, 6.

אחרי מות ג' בטעם. S. טעם

ויהי אחרי מות ד'. Gen. 25, 11. Jos. 1, 1. Jud. 1, 1. Mf. הי, 28. מת, 7.

כמות ג' ומלא, (אנ"ד). Num. 16, 29. 2 Reg. 3, 5. Mf. מת, 22.

לפני מותו ד'. Gen. 27, 10. 50, 16. Deut. 33, 1. Mf. מת, 3.

במתו ג' חסר בלישן. Num. 33, 39. Deut. 34, 7. Mf. מת, 12.? 5)

במתם כל' חסר במ"ב. Lev. 11, 31. (S. מ"ש ibid.)

ממתנו ו' חסר בלישן. Ex. 14, 12. Mf. מת, 21.

וכי ימות ב' (ובאוריתא). Num. 6, 9.

תמת ג' וחסר וחד ותמת Num. 23, 14. Jud. 16, 30. Job 36, 14.! Koh. 7, 19. Mf. מת, 20. (S. Mf. ו', 8. או"א, 15.)

---

1) S. Mf. l. c. Mp. zu Gen. 34, 15. auch מ"ש l. c. מבין חדות ibid. 34, 15. ת"ם und שום שכל zu beiden Stellen. Das Richtige hat wohl, wie auch Heid. bemerkt, die Correctur des ת"ם, der statt ה' = 5 lesen will ח' = 8. Diese sind: בהמלו (Gen. 17, 24.), בהמלו (ibid. 25.), נמלו (ibid. 27.), להמל (ibid. 34, 15.), נמלים (ibid. 34, 22.), וימלו (ibid. 24.), מל (Jos. 5, 2.), המלו (Jer. 4, 4.) Das ז' = 7 der Mp. l. c. mag eine von den St. ausgelassen haben: — Das ואם לא (Gen. 34, 17.) der Mf. l. c. ist gewiss falsch, denn dies ist nach der Massora, s. auch רמ"ה s. rad., plene Waw. — Sollte aber das ה' = 5 richtig sein, so glaube ich, dass die Angabe den Stamm מול (ע"ו) und zwar nur im Niphal im Sinne hat, so dass נמלו, נמלים u. מל (Imperat. Kal Jos. 5, 2.) nicht hierbin gehören u. also in dieser Rücksicht es nur 5 def. Waw giebt. Die Mp. zu Gen. 34, 15. (ז' חסר בלישן) zählt allerdings den Niphal von נמל noch mit, schliesst aber מל als Kal (und das nur, als Gegensatz zu מול (Deut. 1, 1.), s. Art. מול oben! def. ist) aus, so dass es in dieser Rücksicht (nur) 7 def. giebt. —

2) Es ist auffallend, dass zu מורי (Cant. 5, 1.) die Mp. bemerkt: לית ומלא וד' מל' בלישן, da dieses ja Cant. 4, 6 nicht zu den 4 gerechnet wird, welche plene sind; es wären ja dann auch 5 plene? — Wenn die Bemerkung einer Handschrift zum ersten מר (Cant. 5, 6.): „חסר" richtig ist, so hat die Mp. l. c. dieses vorausgesetzt u. zählt dafür מורי als 4tes; unsere Angabe bezieht sich aber nur auf מור ohne Suffix u. darum zählt sie מורי nicht mit. Jedenfalls ist מר Cant. 5, 6. zweifelhaft, ob es plene oder def. zu schreiben ist? —

3) Wenn Gen. 27, 12. hinzufügt: בני מררי וכו', was der erste Herausg. (בן חיים) sich nicht erklären kann, da sie nur ה' = 5 angiebt u. mehr zählt, so scheint mir ein kleiner Fehler in die Angabe eingeschlichen zu sein und sie muss so heissen: ה' חסר וסי' וכו' וחד ומשי, בני מררי מחלי ומשי, דד"ה, wie auch d. Mp. das. bemerkt: לי' חסר. Das ומושי Ex. 6, 19. ist plene u. da heisst es ובני u. nicht בני, wie in Chr. l. c. — Dass die Mass. dieses nicht als sechstes rechnet, ist in seiner Bedeutung begründet, da es nom. propr. ist und nicht zum Verb. מוש gehört. —

4) Wie oben angegeben, muss auch Gen. l. c. gelesen werden; s. auch Mp. das. —

5) Da Num. l. c. nur 3 def. angegeben werden und das ובמתו (2 Chr. 24, 22.) nicht mitgezählt wird (da es doch nach Handschr. mit Beth u. def. geschrieben ist), so geht daraus hervor, dass die Mm. 2 Chr. l. c. וכמותו (mit Kaf) oder wenigstens plene gelesen hat, wie auch d. Mp. das. bemerkt: לית ומל' ובכ"ף. —

תְּמוּתוּ ז׳ מלא ג׳ בתורה וד׳ בשאר קריא. Gen. 42, 20. Lev. 8, 35. Num. 18, 32. Jer. 42, 22. Ez. 33, 11. Mf. מת, 17. (S. מ״ש 2 Reg. 18, 32. Jer. 42, 16. Ez. 18, 31.)

תְּמוּתוּן ד׳ ג׳ חסר (וי״ו קדמא) וא׳ מלא. Jes. 22, 14. Ps. 82, 7. Mf. מת, 27.

יָמֻתוּ ג׳ חסר וכל אוריתא וירמי׳ דכו׳ חסר במ״א. Job 34, 20. Mf. מת, 11.

יְמוּתוּן ב׳ א׳ חסר וא׳ מלא. Mf. מת, 18.

לְמוּתַת לית. Ps. 109, 16. (S. Mf. ל, 4. או״א, 27.)

מְמִיתִים ג׳ חד חסר וב׳ מלא. 2 Reg. 17, 26. Mf. מת, 16. 1)

הֲמִיתוֹ ג׳ אנ״ך. Ex. 4, 24. Jer.*26, 21. Mf. מת, 9. 26.?

לַהֲמִיתוֹ ג׳ מלא. Mf. מת, 29. 2)

תָּמִית ב׳ וכו׳. Gen. 42, 37.

יָמִית ח׳ (ומלא). Job 9, 23. Mf. מת, 8.

וַיָּמֶת ה׳. Gen. 38, 10. 1 S. 22, 18. 2 Sam. 14, 6. Jer. 41, 2. Mf. מת, 19.

וַיְמִתֵהוּ כל׳ חסר במ״ח. Gen. 38, 7. 1 Reg.*13, 24. 16, 10. 2 Reg. 15, 10. Mf. מת, 13.

יְמִתֵנוּ ה׳. (ה׳ ח״י בלישן) Num. 35, 19. 2 S. 14, 7. Jer.*52, 27. Mf. מת, 10. 3)

וַיְמִיתֵהוּ ז׳ דנביאים חד״ח דכתובים חסר וי״ו. 2 Reg. 14, 19. Mf. מת, 14. 4)

יוּמָת ד׳ קמץ וכל אס״ף דכו׳. Ex. 31, 14. Lev. 24, 16. Deut. 13, 5. Mf. מת, 30.

מוֹת יוּמָתוּ. S. מות

כְּמוֹת ג׳. Mf. מת, 23.

מזח

וּמְזִיחַ לית. Job 12, 21. (S. Mf. מ׳, 10. או״א, 18.)

מזר

מַמְזֵר ב׳. Deut. 23, 2.

מחה

וּמָחָה ד׳ וחד מָחָה. Num. 5, 23. 34, 11. Deut. 29, 20. Mf. מת, 1.

אֶמְחֶה ב׳. Ex. 17, 14.

תִּמָּחֶה ב׳. Prov. 6, 33.

מחר

בְּיוֹם מָחָר. S. יום

וּמָחָר ו׳. Ex. 19, 10. Jos.*22, 18. Prov.*3, 28. Est.*5, 8. Mf. מת, 6.

לְמָחָר ה׳. Ex. 8, 6. Jos. 7, 13. Est. 5, 12.! Mf. מת, 7.

וּמִמָּחֳרָת ג׳. Lev. 7, 16. 19,*6. 2 S.*11, 12. Mf. מת, 8.

---

1) Nach dieser Angabe wäre לַמְמִיתִים (Job 33, 22.) plene Jod, was gegen die Ausgg. u. mehre Mpte. ist, die es def. haben. —

2) Die Angabe Mf. l. c., besonders in Beziehung auf die angeführten Stellen, ist unverständlich: 1) da es doch mehr als 3 giebt, die plene sind, indem schon allein im Pent. 3 plene vorkommen, s. רמ״ה s. rad.? — 2) nach Mm. 2 S. 14, 7. Jer. 52, 27. ist nur לַהֲמִתוֹ (1 S. 19, 15.) def. Jod, woraus hervorgeht, dass diese Form in allen andern Stellen plene Jod ist, die aber 6 u. mit וְלַהֲמִיתוֹ 7 M. vorkommt? Heid. führt in d. Concord. ein Mpt. an, welches die Angabe so hat: להמיתו ג׳ וסי׳ ויתנכלו (Gen. 37, 18.), העלו אתו במטה (1 S. 19, 15.), וישמרו את הבית (Ps. 59, 1.), מציעא חסר. was zwar abweicht von obiger Angabe; auch 1 S. 19, 15. als def. gerechnet wird; was bedeutet aber das ג׳ = 3, da doch, wie bemerkt, diese Form mehrfach vorkommt? — Ohne Berücksichtigung der angeführten Stellen würde ich so lesen: לַהֲמִיתוֹ ג׳ מל׳ בתורה, wie auch Mp. zu Gen. 37, 18. bemerkt, und die entsprechenden Stellen sind: Gen. 37, 18. Deut. 13, 9. und 17, 7., wie dies auch רמ״ה s. rad. anführt. —

3) Diese Angabe, die sich doch auf die Form im Hiphil mit def. Jod nach dem Mem beziehen muss, ist unverständlich, denn 1) giebt es ja, wie schon Ben Chajim bemerkt, noch ein 6tes, da לַהֲמִתָם (Deut. 9, 28.) nach Mp. das. (s. auch רמ״ה) def. Jod ist? — 2) kommt ja וַיְמִתֵהוּ (s. diesen Art.) nur 8 M. plene, sonst aber immer def. Jod vor? — 3) ist auch מְמִתִים 1 M. def. (s. oben diesen Art.); — 4) auch zu הֱמִתֵהוּ (Jer. 26, 19.) bemerkt die Mp. לי׳ וחסר, was freilich auf das Waw nach dem Taw sich beziehen kann? — 5) Nach Mm. 2 Reg. 14, 19. kommt וַיְמִתֵהוּ 3 M. in den Proph. def. Jod vor? Jedenfalls giebt es mehr als 5 im Hiphil von מות, die def. Jod sind? —

4) Das ז׳ = 7 muss wohl als ו׳ = 6 gelesen werden, da diese Form (wenigstens nach Angabe d. Concord.) nur 6 M. vorkommt. Das נשמט des Herausgebers sagt etwas Anderes. —

בְּמְחִיר ח׳. 1 Reg. 10, 28. 2 Chr. 1, 16. Mf. מח, 5.

מטא

מְטָא ג׳ חד כתיב א׳. Dan. 4, 25. 7, 13. Mf. מט, 1.

מטר

כִּמָּטָר ג׳. 1) Mf. מט, 6.?

מְטַר ד׳ (וחד וּמְטַר, כ״י האמבורג). Deut. 11, 14. 28, 12. Mf. מט, 5. (S. או״א, 17. Anmerkung.)

מים

רחיצת מַיִם דקדים לִבְשָׂרוֹ. S. רחץ

מַיִם ג׳ פתחין, בא״ספ. מָיִם ב׳ וקפין קמצין. Deut. 8, 7. Ps.*66, 12. Prov.*30, 16. Mf. מי, 9. (S. י״ו זוגין מן ב׳ ב׳, זוגין קמצין.)

אֶל מַיִם ג׳. 2) Jer. 41, 12.?

עַל מַיִם ז׳. Lev. 14, 5. 14, 50. Jer. 41, 12. Ez.*17, 5. Mf. מי, 17.

עַל פְּנֵי מָיִם ה׳. Job 24, 18. Mf. מי, 15.

הַשְׁקִינִי נָא מְעַט מַיִם ב׳ דסמיכי. Gen. 24, 43.

עַל הַמַּיִם ד׳ וכל תהלות דכו׳ במ״א. Ex. 7, 17. 15, 27. Lev. 14, 6. Mf. מי, 18.

בְּמַיִם ז׳ רפין. Lev. 15, 13. Num. 24, 7. Mf. מי, 10.?

וּבְמַיִם ג׳ רפין בקריא. Jes. 23, 3. Ez.*16, 4. Mf. מי, 11.

כְּמַיִם ג׳ רפין. Jer. 51, 55. Mf. מי, 13. (S. מ״ש Job 11, 16.)

לַמַּיִם ה׳ דגשין וחד לָמָיִם. Ex. 17, 3. 2 Reg.*2, 21. Jes. 55, 1. Am.*8, 11. Mf. מי, 13. (S. עין הקורא Gen. 1, 6.)

הַמַּיְמָה ב׳. Ex. 7, 15. (S. Mp. ibid.)

אֶל מֵי ג׳ בקריא. Jos. 11, 5. Mf. מי, 19.

בְּמֵי ה׳. 3) Num. 19, 21. 31, 23. Mf. מי, 16.

מִמֵּי ב׳ וחד וּמִמֵּי. Gen. 9, 11. (S. או״א, 13. Anmerkg.)

מֵימֵי ו׳. 4) Ex. 7, 19. Mf. מי, 14.

מֵימֶיךָ ג׳ (ומלאים) וחד וּמֵימֶיךָ. Ex. 23, 25. Num. 20, 19. Deut.*29, 11. Mf. מי, 20. (S. Mf. ו׳, 8. או״א, 15.)

מין

לְמִינוֹ ד׳ באוריתא (ובאוריתא, כצ״ל). Gen. 1, 11. Lev.*11, 15. Mf. מי, 22.

לְמִינֵהוּ י״ד Gen. 1, 12. Lev.*11, 16. Mf. מי. 21.

מיץ

וּמִיץ ב׳ ובפסוק. Prov. 30, 33. (S. Mf. ב׳, 13. או״א, 58.)

מכר

לִמְכּוֹר ג׳ מלא בלישן. 5) Neh. 10, 31. Mf. מכ, 3.?

---

1) Das ג׳ = 3 in Mf. l. c. ist nicht richtig, da das dritte (Ps. 72, 6.) כְּמָטָר (das Kaf mit Schwa) gelesen wird. Die Mp. zu Job 29, 23. hat richtig ב׳ = 2. — Zu Deut. 32, 2. hat Mp. לית, was wahrsch. nur auf den Pentat. sich bezieht s. v. a. לי׳ בתורה. — Wenn das ג׳ beibehalten werden sollte, so muss hinzugefügt werden: ב׳ דגש וחד רפי. S. unten zu הַמְּלֵאָה. —

2) S. die Anmerkg. des Ben Chajim zu Jer. l. c. — Die unrichtige Massoraangabe findet in Mpt. Hal. (אכלה ואכלה) u. lautet: עַל מַיִם ח׳ וסי׳ וצוה (Lev. 14, 5.), ושחט (Lev. 14, 50.), והיה כעץ שתול על מים (Jer. 17, 8.), ויקח, וילכו, שוכנת (Jer. 51, 13.), צפצפה (Ez. 17, 5.), אמך כגפן בדמך על מים שתולה (Ez. 19, 10.). — Man sieht, dass der Abschreiber nicht richtig gelesen; er hatte entweder ח׳ in der Angabe; weil er aber nur 7 Stellen angeführt fand, so trennte er ויקח וילכו in zwei St.; oder er fand in der Angabe ז׳ = 7, aber in der Aufzählung fand er zwischen den beiden Wörtern irrthümlich ein Trennungszeichen und so veränderte er auch in der Angabe das ז׳ in ח׳ = 8, was häufig vorkommt. — Das ויקח וילכו ist aber nur eine Stelle, nemlich Jer. 41, 12., wo ויקחו וילכו u. עַל מַיִם (אֶל?) vorkommt; die Angabe muss also Jer. l. c. עַל gelesen haben; es fehlt aber jedenfalls Ps. 29, 3., so dass, wenn Jer. l. c. mitgezählt wird, es wirklich 8 sind, die עַל מים haben. Das Richtige ist aber, ז׳ = 7 zu lesen, denn, wie B. Chajim bemerkt, heisst es Jer. l. c. אֶל. — Die Mp. bemerkt zu אֶל מַיִם רַבִּים (Jer. 41, 12. Ez. 17, 8. u. ibid. 31, 7.) ג׳ = 3, woraus gleichfalls hervorgeht, dass Jer. l. c. אֶל u. nicht עַל (mit Ain) gelesen wird. —

3) Num. 31, 23. wird nur ד׳ = 4 angegeben; wahrscheinlich wird Job 9, 30. nicht mitgezählt, weil dieses בְּמוֹ mit Waw geschrieben ist (כתיב). S. folgende Bemerkung. —

4) Hier fehlt 2 Chr. 32, 3. — S. Mp. Jos. 4, 7. die richtig ז׳ = 7 hat. Wenn aber 2 Reg. 18, 27. u. Jes. 36, 12. ausgelassen ist, so hat die Angabe wohl das כתיב mehr im Auge, was freilich auffallend ist, da die Mass. gewöhnlich das קרי (die Leseform) berücksichtigt; s. d. vorige Bemerkung. — Heid. führt ein Mpt. an, welches ט׳ = 9 angiebt, was richtig ist. —

5) Das בלישנא soll heissen „in diesem Stamme“ (מכר), denn bei zweien bezieht sich das (מלא) plene auf das

מִכְרָם ג׳ אנ״ך .2 ,מכ Num. 20, 19. Am. 2, 6. Mf.

מִמְכָּר ב׳ קמץ. Lev. 25, 14.

מלל

מִלֵּל ב׳ בתרי לישני חד מלא וחד חסר. Gen. 21, 7.
(S. אנ״א, 59. Anmerkg.).

בְּמִלִּים י׳ בלישנא. Job 16, 4. Mf. מל, 20. (S. מ״ש
Job 15, 13. 32, 15.)

מִלְּתָה לית כתיב ה׳. Dan. 2, 5.

מלא

מָלֵאתִי ג׳ (ב׳ מלא וחד חסר). Jer. 6, 11. Mf. מל, 9.

מָלְאוּ. מִלְאוּ כל סיפרא (מלכים) בחירק וכל אוריתא דכו׳
במ״ג קמצין, וכל שאר קריא דכו׳ (קמצין)
במ״ב מִלְאוּ בחירק תחת המ״ם וסי׳
1 Reg. 20, 27. Ex. 10, 6. Mf. מל, 13.? 1)

הַמְלֵאָה ג׳ (ב׳ רפין וחד דגש). Mf. מל, 10.
(S. עין הקורא Deut. 22, 9. Mp. ibid. שום שכל
Gen. 18, 17.) 2)

כִּמְלֹאות? S. Mf. מל, 12.

וּבִמְלֹאות ב׳ חד חסר וחד מלא. 3) Lev. 12, 6.

יִמָּלֵא ח׳. Jer. 13, 12. Ps. 126, 2. Mf. מל, 8.

וַיִּמָּלֵא ו׳. Ez. 10, 4. Est.*3, 5. Mf. מל, 7.

(וְיִמָּלֵא ב׳. Ps. 72, 19. (S. מ״ש

יִמָּלְאוּ ב׳. 4) Zach. 8, 5. (S. מ״ש Prov. 24, 4.).

וּמִלֵּאתִי ד׳. 1 Reg. 1, 14. Ez.*32, 5. Mf. מל, 3.

(הַמְמַלְאִים ג׳ וכו׳ Job 3, 15. (S. מ״ש

לְמַלְּאות ו׳ ב׳ חסר וד׳ מלא. Ex. 31, 5. 35, 33. Dan.*9, 2.
2 Chr. 36, 21. Mf. מל, 4. (S. מ״ש 1 Chr. 29, 5.)

מִלֵּא ה׳ דגש וחד וּמַלֵּא. Gen. 29, 26. 44, 1.? 1 S. 16, 1.
Ps. 83, 17. Mf. מל, 2.

אֲמַלֵּא ג׳ וחד וַאֲמַלֵּא. Ex. 23, 26. Prov.*8, 21.
Job*23, 4. Mf. מל, 14. (S. Mf. ו׳, 8. אנ״א, 15.).

יְמַלֵּא ז׳ חד כתיב ימלה. Lev. 8, 33. 16, 32. 1 Reg. 13, 33.?
Ps.*20, 5. Mf. מל, 5. (S. מ״ש Job 8, 21.)

וַיְמַלֵּא ט׳ דגש וחד וימלא. Gen. 29, 27. Ex. 35, 31.
Lev. 9, 17. Num.*14, 24. Jud. 17, 5. Mf. מל, 6.

וַיְמַלְאוּם ב׳ (ומלאים). Gen. 26, 15. (S. מ״ש 1 S. 18, 27.)

מְלוֹא ב׳ מלא וא׳ מְלוֹ חסר א׳ ושארא מְלֹא כתיב.
Lev. 5, 12. Mf. מל, 15. (S. מ״ש Lev. l. c.).

וּמְלֹא ב׳. Lev. 16, 12.

וּמְלוֹאָהּ ג׳ מלאים. Jer. 8, 16. 47, 2. Mf. מל, 11.

בְּמִלּוּאֹתָם ב׳ חד חסר וחד מלא. Ex. 28, 20.

(וְלַמִּלּוּאִים Lev. 7, 37. (S. מ״ש

מלט

וָאִמָּלְטָה ד׳ בלישן. Job 1, 16. Mf. מל, 22. (S. Mp. das.)

יִמָּלֵט י״ג. 1 Reg. 18, 40. Jer. 46, 6. Am. 9, 1. Prov. 19, 5.
Koh. 7, 27. Mf. מל, 24.

יְמַלֵּט ח׳. Am. 2, 15. Job 20, 20. 22,*30. Koh. 8, 8.
Mf. מל, 23.

וּמַלְּטוּ ב׳ בסיפרא. Jer. 51, 6.

מלך

לְמֶלֶךְ ג׳ וחסר. 1 Reg. 2, 15. 6, 1. Koh. 4, 14. Mf. מל, 35.

Waw nach dem Mem und bei einem auf das nach dem Kaf. — Dieser Gebrauch des בלישנא ist selten. S. Mf. l. c. ed. Buxt., wo fehlerhaft למכור statt למכור angegeben ist. —

1) Das Resultat dieser Angabe ist: 1) in den BB. d. Reg. hat das Mem niemals Kam.; — 2) im Pent. hat es auch immer Chirik, mit Ausnahme von 3 Stellen, wo es Kam. hat; — 3) in den andern BB. der heil. Schrift hat es immer Kamez mit Ausnahme zweier Stellen, wo es Chirik hat. — S. Mp. zu Gen. 1, 22., welche zu וּמִלְאוּ bemerkt: ג׳ = 3 was entweder sich auf den Pent. bezieht, oder es muss ד׳ = 4 gelesen werden, da ja Ez. 43, 26. nach obiger Angabe auch וּמִלְאוּ (mit Chirik) hat. —

2) Die Mp. zu Deut. 22, 9. hat ב׳ = 2.? — Heid. will daher in unserer Angabe lesen: ג׳ ב׳ רפין וחד דגש; Koh. 11, 5. hat das Mem ein Dag. forte, wie gewöhnlich nach dem He des Artikels. Die Mp. l. c. will daher nur die רפין angeben u. deren giebt es 2. — S. auch עין הקורא zu Deut. l. c. —

3) Zu diesen Angaben führt Heid. ein Mpt. an, welches so lautet: כל אוריתא ונביאים מלאת חסר במ״א מלא.

4) Diese Angabe spricht gegen Kimchi (Michlol 73b ed. Venet. parv.) u. מ״ש zu Prov. 24, 4., welche auch dieses mit Schwa des Lamed lesen, so dass es 3 M. so vorkäme? —

מִמֶּלֶךְ ד׳ וחסר. Job 34, 20. Mf. מל, 41. (S. Mf. ב׳, 11. או״א, 154.)

הָיָה בְמָלְכוֹ ו׳. 2 Reg. 15, 33. Mf. מל, 40.

תִמְלוֹךְ ה׳ מלא בלישן. } 1 S. 24, 21. Prov. 30, 22.
יִמְלוֹךְ ג׳ מלא בלישן. } Mf. מל, 37.? 1)

וַיַּמְלֵךְ ה׳. 2 Reg. 23, 34. 1 Chr.*23, 1. 41. Mf. מל, 39.

וַיַּמְלִכוּ ה׳ חסר בלישן. 1 Reg. 16, 16. 2 Reg. 14, 21. Mf. מל, 42. 2)

מֶלֶךְ שָׂרִים ב׳ וחד מֶלֶךְ וְשָׂרִים. Hos. 13, 10.

וְאֶת מֶלֶךְ ד׳. Jos. 8, 29. Mf. מל, 31.

עַל מֶלֶךְ ט׳ בקריא. Ez. 28, 12. Dan.*11, 25. Mf. מל, 43. על, 18. (S. מ״ש 2 Reg. 24, 12. 25, 20.)

וָמֶלֶךְ ה׳ בקריא. 1 Reg. 21, 10. Mf. מל, 26.

כל נביאים הַמֶּלֶךְ דָּוִד במ״א דָּוִד הַמֶּלֶךְ וסי׳ וכל כתובים דכו׳ דָּוִד הַמֶּלֶךְ במ״ה הַמֶּלֶךְ דָּוִד. Mf. דו, 12.

בְּבֵית הַמֶּלֶךְ. S. בית

בִּדְבַר הַמֶּלֶךְ. S. דבר

וּבֵית הַמֶּלֶךְ. S. בית

עַל הַמֶּלֶךְ ח׳ בקריא וכל טוֹב אם על המלך טוב דכו׳ במ״ג אֶל הַמֶּלֶךְ וסי׳. 2 Chr. 23, 10. Mf. מל, 44. על, 19.

שְׁלֹמֹה הַמֶּלֶךְ ג׳ ושארא הַמֶּלֶךְ שְׁלֹמֹה. Mf. של, 49.

אֲשֶׁר הַמֶּלֶךְ חָפֵץ בִּיקָרוֹ ד׳ דסמיכי. Est. 6, 9.

וְהַמֶּלֶךְ דָּוִד ג׳ ר״פ בקריא. 1 Reg. 1, 1. Mf. מל, 30.?

לַמֶּלֶךְ כ״ט יתידאין בקריא וכל משיחה אשור מצרים ישראל דכו׳ ואפ״ס. Mf. מל, 25. (S. Mp. Jud. 9, 6. מ״ש 2 Reg. 24, 12.)

מִמֶּלֶךְ ג׳. Mf. מל, 29.

שֶׁמַּלְכֵּךְ ב׳ ובענין. Koh. 10, 17.

(מַלְכָּם ב׳ מטעין. 2 S. 12, 30. מ״ש. S.)

בְּמַלְכָּם ג׳. 2 S. 20, 2. Zeph.*1, 5. Mf. מל, 28.

מְלָכִין לית. Prov. 31, 3. (S. Mf. ב׳, 2. או״א, 75.)

מַלְכֵי אֶרֶץ. S. ארץ

וְכָל מַלְכֵי ו׳. Jos. 5, 1. 1 Reg.*10, 15. Mf. מל, 33.

אֶסְתֵּר הַמַּלְכָּה י״ד. Est. 7, 1. 9, 12. Mf. אס, 25.

מַלְכוּתוֹ ג׳ חסר. Num. 24, 7. 1 Reg. 2, 12. Jer. 52, 31. Mf. מל, 32.

מִזֶּרַע הַמְּלוּכָה ד׳ בלישן. 2 Reg. 25, 25. Ez.*17, 13. Dan.*1, 2. Mf. מל, 38.

מַמְלְכוֹת הָאֲרָצוֹת. S. ארץ

מַמְלְכוֹת ד׳ וכל יהושע דכו׳. Mf. מל, 27.

---

1) Das ה׳ מלא בלישן zu תמלוך in 1 Sam. 24, 21. u. Mf. l. c. ed. Bomb. ist falsch, indem die 2 Stellen 1 Reg. 1, 5. u. ibid. 1, 18. nicht hierhin gehören; ersteres ist in den Ausgg. und nach Mp. zu Ez. 20, 33. (לית מלא) def. Waw; in dem andern kommt das Wort gar nicht vor? — Das Richtige hat Mm. Prov. 30, 22. u. Mf. l. c. ed. Buxt., welche: ג׳ מלא בלישן angeben; es sind: 1 M. אמלוך, 1 M. תמלוך u. 1 M. ימלוך. —

2) 1 Reg. l. c. sind nur 4 Stellen aufgezählt; es fehlt 2 Reg. 8, 20., wo die Mp. bemerkt: ה׳ חסר. Diese Angabe ist auch insofern richtig, als das בלישנא fehlt; denn auch dieses ist in unserer Angabe unrichtig, weil sich die Bemerkung nur auf die Form וַיַּמְלִכוּ (3 pers. plur. m. fut. Hiphil mit Waw convers.) bezieht. ——— Anmerkung zum Stamme מלך. Heid. bemerkt, dass 1 Reg. 15, 10. statt wie in unseren Ausgg. מלך אסא על יהודה, das bekannte Mpt. v. 1294 liest: מלך אסא מלך יהודה. Die Richtigkeit dieser Leseart will er aus Jonathan, sowie auch aus d. LXX. u. Vulgata nachweisen. Scheinbar liesse sich für die Richtigkeit dieser Leseart (מלך יהודה) auch aus der Mass. ein Beweis führen; denn in dem genannten Mspt. bemerkt nicht nur die Mp. zur obigen St. ט׳ בסיפר׳ ס״פ, sondern auch die das. befindliche Mm. (die in der gedruckten Mass. sich nicht findet) hat: פלוני מלך יהודה ט׳ סופי פסוקים בסיפרא וסי׳ אסא, יהורם (2 Reg. 8, 16.), אחזיהו (ibid. 8, 25.), אמציה (ibid. 14, 1.), עזריה (ibid. 15, 1.), יותם (ibid. 15, 32.), אחז (ibid. 16, 1.), יחזקיהו (ibid. 18, 1.). Hier fehlt nun zwar 1 St., denn es sind nur 8 gezählt, während es 9 sein sollen; es muss noch vor אסא stehen: רחבעם (1 Reg. 12, 27.). Aber das angeführte אסא muss sich doch auf 1 Reg. 15, 10. beziehen, folglich kann das. nicht עַל, sondern (יהודה) מֶלֶךְ gelesen werden, wie obiges Mpt. wirklich liest. — Doch ist dieser Beweis nicht entscheidend; denn 1 Reg. 15, 17. schliesst der Vers: לאסא מלך יהודה und die Angabe der obigen Mass. kann sich auf diesen beziehen, wenn gleich hier לאסא (mit Lamed) steht. Das Wort אסא in der Mass. soll nur den Namen angeben, ohne Rücksicht darauf, ob er ohne oder mit Praef. steht; in diesem Falle wäre bewiesen, dass ibid. 15, 10. עַל und nicht מֶלֶךְ gelesen werden soll. Es lässt sich also aus der Mass. für die Leseart kein Beweis führen. —

מַלְכָּא מַלְכָּא לית דסמיך׳ Dan. 3, 9.

נְבוּכַדְנֶצַּר מַלְכָּא ג׳ ס״פ בענין׳ Dan. 3, 2.

לְמַלְכָּא נְבוּכַדְנֶצַּר ה׳ דסמיכי ושארא לִנְבוּכַדְנֶצַּר מַלְכָּא׳ Dan. 2, 28.

מַלְכַיָּא ג׳. Dan. 2, 37. Mf. מל, 36.

מלק

וּמָלַק ב׳. Lev. 5, 8.

מנה

לִמְנוֹת ה׳ (ומלא)׳ Gen. 13, 16. Ps. 90, 12. 1 Chr. 21, 17.
Mf. מנ, 10.

וַיְמַן ה׳ ד׳ מנהון בסיפרא וחד בדניאל׳ Jona 4, 6.
Mf. מנ, 11.

מנח

וְאֶת הַמִּנְחָה ח׳. Ex. 40, 29. Lev. 14, 20. Jud. 13, 19.
1 Reg. 8, 64. Mf. נח, 6.

לְמִנְחָה כל׳ רפים במ״ב דגשים׳ Num. 7, 19.

מִנְחָתֶיךָ ג׳ חסר בלישן׳ Mf. נח, 5.

מנע

מְנָעֲךָ ב׳. Num. 24, 11.

וַיִּמְנָעֶנָּה לית׳ Job 20, 13. Mf. נ׳, 5.

מסם

וְנָמֵס ב׳. Ez. 21, 7.

לְמַס עֹבֵד ג׳. Gen. 49, 15. (S. Mf. חילופי קריאה, 3.
או״א, 269.)

מעט

יִמְעַט ג׳ א׳ בתורה׳ Mf. מע, 3.

מְעַט ז׳ זקפין קמצין וכל אתנחתא וס״פ דכו׳ קמצין׳
Deut. 28, 62. 2 S. 12, 8. Hag. 1, 9. Mf. מע, 5.

הַשְׁקִינִי נָא מְעַט מַיִם׳ מים S.

לִמְעַט ג׳. Mf. מע, 4.

מצץ

מַצּוֹת ד׳ חסר׳ Ex. 12, 18. 13, 6. 29, 2. Mf. מצ, 15. (S. מ״ש
Ex. 12, 15. 18. 23, 15.? Lev. 7, 12.).

מַצּוֹת יֵאָכֵל ג׳. Ex. 13, 7.

וּמַצּוֹת ב׳. Gen. 19, 3.

מצא

מְצָאָה ג׳. 1) Lev. 25, 28.? Mf. מצ, 4.

מְצָאַתְנוּ ג׳ (ב׳ פתח וא׳ קמץ)׳ Jud. 6, 13. Mf. מצ, 3.
(S. Mp. Neh. 9, 32.) 2)

וּמָצָאתָ ג׳. Neh. 9, 8. Mf. מצ, 1.

וְאִם מָצָאתִי לית׳ Est. 8, 5. (S. Mp. Num. 11, 15.)

וְלֹא מָצָאתִי ה׳. Deut. 22, 14. 1 S. 29, 3. Ez.* 22, 30.
Koh. 7, 29. Mf. מצ, 12.

לֹא מָצְאוּ ד׳ (ושארא וְלֹא מָצְאוּ וחד לֹא מָצָאוּ תלים
ק״ו ד׳) Jer. 14, 3. Job*32, 3. Thr. 2, 9.
Mf. מצ, 8.

מֹצְאִי ב׳ חסר׳ Gen. 4, 14.

תִּמְצָא יָדְךָ׳ יד S.

וַיִּמְצָאֵהוּ ד׳ בקריא׳ 1 Reg. 13, 24. Mf. מצ, 2.?

וַיִּמְצָאֵם ג׳. Dan. 1, 21. Mf. מצ, 5.

תִּמְצָאֻהוּ ז׳ חסר בלישנא׳ 3) Ex. 16, 25. Mf. מצ, 11.?

---

1) Diese Angabe ist unrichtig, da diese Form mehr als 3 M. (= ג׳) vorkommt. Sie muss entw. lauten: לא מצאה ג׳ ב׳ לא וחד ולא und statt Ps. 84, 4. muss Thr. 1, 3. angeführt werden, oder die Angabe will sagen, dass diese Form (מְצָאָה) ohne vorhergehendes לא nur 3 Mal vorkommt; dann müssen aber statt Gen. 8, 9. und Lev. 25, 28. angeführt werden Jes. 10, 10. und Job 31, 25. —

2) Das ג׳ bedeutet, es kommt 3 Mal und zwar 2 M. mit Pathach u. 1 M. mit Kam. des Alef vor, s. v. a. ג׳ ב׳ פתח וא׳ קמץ S. Aehnliches Mp. zu ולא תמצא und Job 28, 13., wo ג׳ so viel bedeutet, als: ב׳ לא וחד ולא; s. auch Mp. zu Neh. 9, 32., wo das ג׳ ב׳ וא׳ zu מְצָאַתְנוּ und das folgende ג׳ zu הַתְּלָאָה gehört und nur versetzt ist. —

3) Ex. 16, 25. sind nur 6 aufgezählt; es fehlt nach וַיִּמְצָאֻהוּ המורים (1 S. 31, 3.) das Wort: וחברו = 1 Chr. 10, 3. S. auch 2 Reg. 9, 21. u. Mf. מצ, 10. — Einige geben ו׳ = 6 an; sollten diese wohl 1 Chr. l. c. plene gelesen haben u. dürfte darin der Grund liegen, dass 2 Reg. l. c. blos ג׳, während Mf. l. c. ג׳ וחסר angiebt, indem erstere 1 Chr. l. c. plene liest und also nur das dreimalige Vorkommen des Worts bemerkt ohne Rücksicht auf plene oder def. Form; Mf. aber auch das dritte def. liest und darum וחסר hinzufügt?

וַיִּמְצָאֵהוּ ג' וחסר. 2 Reg. 9, 21. Mf. מצ, 10.?

וְלֹא יִמָּצֵא ד'. Zeph. 3, 13. Zach. 10, 10. Dan. 11, 9. Mf. מצ, 7.

כִּי יִמָּצֵא ד' ר"פ במ"ת. Mf. מצ, 9.

וַיִּמָּצֵא ז'. Gen. 44, 12. Est. 6, 2.? Esr. 10, 18. Mf. מצ, 6. 1)

מצה

(יִמָּצֵה Lev. 5, 9. (S. מ"ש

מצח

מֵצַח ב' קמצין. Ex. 28, 38.

מרר

מָרָא לית כתיב א'. Ruth 1, 20. (S. Mf. א', 9. או"א, 95.)

מָרִים ג' בב' לישן. Ex. 15, 23. Dan. 5, 19. (S. או"א, 59. Anmerkg.)

תַּמְרוּרִים ד'. Hos. 12, 14. Mf. מר, 6.

מרא

תַּמְרִיא לית. Job 39, 18.

מרה

מָרָתָה ב' בב' לישן. Ex. 15, 23. (Mf. א', 22. או"א, 59.)

מָרִיתִי ג'. Thr. 1, 18. Mf. מר, 2.

מֹרֶה ה' חסר. Deut. 11, 30. 2 Reg.* 14, 26. Prov. 6, 13. Mf. מר, 4.

(מֹרַת לית וא' מֹרַת וא' מָרַת נפש. Mpt. Hamb. Gen. 26, 35.)

הַמֹּרִים ד'. S. ירה

מַמְרִים מ"ם קדמא קטנה וכו'. Deut. 9, 24.

מְרִי ד'. Num. 17, 25. 1 S.*15, 23. Ez.*2, 8. 44,*6. Mf. מר, 5.

מרט

וּמוֹרָט ב' ומלא. Jes. 18, 2.

משח

הַמָּשִׁיחַ ד' מלא בתורה (ומלא ובתורה, כצ"ל). Lev. 4, 3. 4, 16. Mf. מש, 9.? (S. רמ"ה s. rad.)

משך

בִּמְשֹׁךְ ב'. Ex. 19, 13.

וַיִּמְשְׁכוּ ב'. Gen. 37, 28.

תִּמָּשֵׁךְ ב'. Ez. 12, 25.

משל

מוֹשֵׁל י"ד מלא. Micha 5, 2. Koh.*9, 17. 2 Chr.*20, 6. Mf. מש, 10. (S. 2 Chr. 20, 6.!)

מִשְׁלֵי ד' בקריא. Ps. 1, 1. Prov. 10, 1. 25, 1. Job 13, 12. Mf. מש, 11.

לְמֶמְשֶׁלֶת ג'. Gen. 1, 16.

מתה

מְתִם כל לישן חסר במ"ד. Deut. 2, 35. Mf. מת, 24. (S. מ"ש Jud. 20, 48.).

מְתֵי מִסְפָּר ה'. Gen. 34, 30. Jer. 44, 28. Mf. מת, 25.

(מְמֻתִים ב' ובפסוקא. Mpt. Hamb. Deut. 28, 52. Ps. 17, 14.)

נ.

נאה

נָאוָה ד' קמצין וא' וְנָאוֶה וא' נַאֲוָה קֹדֶשׁ. Ps. 147, 1. Prov. 17, 7. Cant. 6, 3. Mf. נא, 1.? 2)

נאם

נְאֻם ג' בטעם זרקא בסיפרא. Ez. 5, 11. 17, 16. Mf. נא, 3.

נאף

נַאֲפוּת ג'. Mf. נא, 5. (S. מ"ש Ez. 23, 45.)

נבב

נְבוּב לֻחֹת ב'. Ex. 38, 7.

נבא

וְהִתְנַבִּיתָ ד' חסר א' בלישן נבואה. 1 S. 10, 6. Esr.*5, 1. Mf. נב, 1.

נִבָּא ג' חסר בלישן. Mf. נב, 8.

וְנָבִיא ז'. Dan. 9, 24. Mf. נב, 3. (S. בוא.)

הַנָּבִיא ב' ר"פ. Jer. 23, 28. ibid.*28, 9.

וְהַנָּבִיא ג' ר"פ. Deut. 13, 5. Ez.*14, 9. Mf. נב, 2.

---

1) Gen. l. c. fehlt 2 Chr. 15, 15., was auch Mpt. Hamb. (zu 1 Chr. 26, 31.) anführt und gleichfalls ז' angiebt. — Das ו'=6 zu Est. 6, 2. u. d. A. ist fehlerhafte Correctur nach der mangelhaften Aufzählung sich richtend. S. vor. Art. —

2) Mf. l. c. giebt ה'=5 an; sie rechnet wahrscheinlich נַאֲוָה (das Alef mit Chat. Pathach) mit. —

נביאים ג׳ מלא׃ Num. 11, 29. Mf. נב, 6. (S. מ״ש 2 Chr. 24, 19.) 1)

כהנים דקדים לנביאים׃ S. כהן

הנביאים ח׳ מלא בירמי׳ וכל שאר נביאים וכתובים חסר במ״א מלא׃ Jer. 26, 16. 28, 8. Mf. נב, 5. (S. מ״ש Jer. 23, 17. 30. 26, 7. 11. 2 Chr. 18, 5.) S. Anmerkg. 2)

וכל הנביאים ד׳׃ Mf. נב, 7.

בנביאים ה׳׃ 1 S. 10, 12. Hos. 6, 5. Mf. נב, 4.

הנביאה ה׳׃ Mf. נב, 9.

נבט

הביטו ב׳׃ Ps. 34, 6. Job*6, 19.

הביט כ״כ וקריא הביטה׃ Thr. 5, 1. (S. Abth. 2. כ״ט מלין חסר ה׳ בסוף תיבותא)

תביט ה׳ (ומלאים)׃ Gen. 19, 17. Ps. 91, 8. Mf. הב, 3.

ותבט ג׳ (חד לשון זכר)׃ Jes. 22, 4. Mf. הב, 2.

נגב

נגבה כ״ט בלישנא׃ 2 Chr. 4, 4. 2)

הנגבה ב׳ באוריתא׃ Gen. 12, 9. Mf. נג, 1. (S. Mf. ה׳, 2. אר״א, 64.)

נגד

הגיד לך ב׳ דסמיכי וחד והגיד לך׃ Gen. 3, 11.

ולא הגיד ג׳ (ושארא לא הגיד)׃ Mf. הג, 8.

הגד הגד ב׳׃ 3) Mf. הג, 7.

ואגד ב׳ חסרים׃ Mf. הג, 5.

ויגד ג׳ רפין (ד׳ ?)׃ 4) Jud. 14, 15. Job 12, 7. Mf. הג, 2.?

ותגיד ג׳ מלא בלישן, אנ״ך׃ Ex. 19, 3. Jer.*36, 16. Mf. הג, 6. (S. מ״ש Ex. l. c. 5)

ויגידו ד׳ רפין׃ 1 S. 25, 8. Jes.*19, 12. Mf. הג, 3.

---

1) Die verschiedenen Angaben der Mm. (bes. die zu Jer. 26, 16., wo der Schluss וכל שאר נביאים וכתובים חסר במ״א מלא den Handschr. u. Ausgg. völlig widerspricht) und Mp. sind scheinbar untereinander und im Vergleich mit den Handschr. und Ausgg. so widersprechend, dass schon מ״ש und besonders Heid. eine ausführliche Zusammenstellung und Ausgleichung versuchten, welche letztere aber noch nicht gelungen ist. Das Resultat ist nach Heid. folgendes: 1) נביאים ist in der ganzen Bibel def. Jod nach dem Beth, mit Ausnahme von 3 Stellen, wo es plene ist. (S. diesen Artikel.) — 2) הנביאים (auch ומהנביאים, ולנביאים, ובנביאים) ist: a. im B. Jerem. immer def. Jod nach dem Beth mit Ausnahme von 8 Stellen, die plene sind. (S. Jer. 26, 16.). b. im B. Sam. ist es immer def. Jod, mit Ausnahme von 3 Stellen (2 Mal הנביאים und 1 M. בנביאים 1 S. 19, 21. 10, 11. 28, 15.), die plene sind. c. in den 12 kl. Proph. ist es immer plene Jod, mit Ausnahme einer Stelle (והנבאים, Zach. 1, 5.), wo Mp. bemerkt לית כ״כ, d. h. def. Jod nach dem Beth und plene nach dem Alef; auch לי׳ חס׳ בסיפר׳. d. sonst aber ist es immer plene Jod. Was nun die Angabe Jer. 26, 16. betrifft, so will H. sie so verbessern und erklären: ח׳ מלאים בסיפרא וסי׳ וכו׳ וכל שאר נבאים חסר וכל כתובים מלא במ״א וכל הנבאים מתנבאים (2 Chr. 18, 9.). Das „וכל שאר נבאים" bezieht sich auf das Wort (und nicht auf die Abtheilung der heil. Schrift, welche נביאים genannt wird und worin der Irrthum des Abschreibers zu beruhen scheint) und zwar im B. Jerem., d. h. dieses Wort kommt, ausser den 8 angeführten Stellen, im B. Jerem. immer def. Jod nach dem Beth vor; in den Hagiogr. ist es immer plene Jod mit Ausnahme einer Stelle (2 Chr. 18, 9.), wo es def. ist. — Damit sind aber nicht alle Schwierigkeiten beseitigt; besonders ist die Annahme, dass in den Hagiogr. es immer plene Jod ist, gegen eine Bemerkung im Mpt. Erf., das zu Dan. 9, 6. bemerkt: הנבאים כל כתובים כ״כ במ״א וכל הנביאים מתנבאים. Auch die Angaben in d. Mp. bedürfen noch der Prüfung! —

2) Die Angaben der Mp. zu den versch. Stellen sind von einander abweichend und ungenau. Das Richtige hat Mm. 2 Chr. l. c. und die 29 sind: 19 נגבה, 4 ונגבה, 2 ונגבה, 2 הנגבה, 1 בנגבה und 1 לנגבה. Wenn Jos. 15, 1. in der Mp. angegeben ist: י״א בסיפרא so muss בלישנא hinzugefügt werden, denn es sind in Jos. nur 10 M. נגבה und 1 M. בנגבה (ibid. 15, 21.). —

3) Das Schlagwort ist Mf. l. c., sowohl ed. Bomb. als ed. Buxt. unrichtig angegeben; es muss vocalisirt werden: הגד הגד das He des ersten Wortes hat Kibbuz, wie das zweite. —

4) Das ג׳ רפין der Mf. l. c. ist unrichtig; es sind 4 (in denen das Waw als copulat. ein Schwa hat), wie Jud. l. c. angegeben ist. So auch Mpt. Hamb. Jud. l. c. u. Jer. 42, 3. —

5) S. zu diesem Art. auch Mf. ה׳, 5., wo הגיד (Jer. 36, 16.) zu den ח׳ מלין gezählt wird, welche Jod nach dem Zere haben und mit He anfangen. — Wenn aber nach ed. Bomb. יגיד u. nach Buxt.'s Verbesserung הכנפים (Koh. 10, 20.) dazu gerechnet werden, so ist das falsch, da beide nicht mit He anfangen. (Ueber הכנפים, s. Mf. ה׳, 23.) Das Richtige hat Heid., indem er, statt dessen העניק (Deut. 15, 14.) liest. —

וַיַּגִּדוּ ד׳ חסר וכל שפטים ושמואל דכו׳ במ״ב מלאים׳ Gen. 26, 32. 45, 26. 2 Reg. 18, 27.? Mf. הנ, 4. (S. מ״ש Gen. 42, 29.)

הַגֵּד הַגֵּד׳ (S. הגד oben.)

וַיֻּגַּד כ״ד׳ Gen. 22, 20. 31, 32. 38, 24. Ex. 14, 5. Jes. 7, 2. Mf.*הנ, 1.

נגן

נְגִינַת לית דכו׳ פתח׳ Ps. 61, 1.

בִּנְגִינוֹת ג׳ מלא בלישן׳ Ps. 4, 1. Mf. נג, 2. (S. מ״ש Ps. 54, 1.)

נגע

הַנֹּוגֵעַ ג׳ מלא בלישן, אנ״ד׳ Lev. 15, 27. Am. 9, 5. Dan. 8, 5. Mf. נג, 3.

וְהַנּוֹגֵעַ ג׳. Mf. נג, 5.

נֹגַעַת ג׳ חסר בקריא (בלישנא) Jud. 20, 36. Mf. נג, 4.

לִנְגֹּעַ ג׳ ב׳ חסר וא׳ מלא, אנ״ך׳ Gen. 20, 6. Jos. 9, 19. Mf. נג, 6.

וַיְנַגַּע ב׳. Gen. 12, 17.

נֶגַע הַצָּרַעַת ג׳ (בלישן)׳ Mf. נג, 7.

נגף

תִגּוֹף לית מלא ושארא חסר׳ 1) Prov. 3, 23.

נָגֹף ג׳ (ב׳ קמץ וא׳ פתח)׳ Mf. נג, 8.

וַתֵּעָצַר הַמַּגֵּפָה׳ עצר S.

נגר

נִגְּרָה ב׳. Ps. 77, 3.

נגש

גֹּשָׁה ג׳. Gen. 27, 21. Mf. גש, 1. נג, 9.

גֹּשׁוּ ג׳ וחסר׳ Jos. 3, 9. 1 S. 14, 38. Mf. נג, 17.

נִגַּשׁ ד׳ בש״ין ימנית׳ Mf. נג, 14. (S. Kimchi W. B. s. rad. — מ״ש 1 S. 14, 24. Jes. 29, 13. Am. 9, 13.)

(וְנִגַּשׁ ד׳ (S. מ״ש Am. 9, 13.

מַגִּישִׁים ג׳ ב׳ מלא וא׳ חסר, דשלמה חסר׳ 1 Reg. 4, 21. 2 Reg. 4, 51. Mf. נג, 10. (S. מ״ש 2 Reg. 4, 5.).

וַיִּגַּשׁ ה׳ וחד וַיַּגֵּשׁ Gen. 27, 25. 48, 10. Lev.*8, 14.? Mf. נג, 16. 2)

וַיַּגִּישׁוּ ג׳ ב׳ חסר וא׳ מלא וחד יַגִּישׁוּ׳ Ex. 32, 6. 1 S. 14, 34. Mf. נג, 11. u. 15.?

נגשׂ

נוֹגֵשׂ ב׳ מלא׳ Dan. 11, 20. Mf. נג, 12. (S. מ״ש Prov. 3, 18.)

נִגַּשׂ ד׳. מ״ש 15. או״א 8. ו׳, (S. Mf. 13. נג, Jes. 53, 7. Mf. Jes. 3, 5. 29, 13. ausführl. 53, 7. und Kimchi W. B. s. rad.) 3)

נדד

נוֹדֵד ב׳ מלא׳. Ps. 27, 8.

בְּנִדַּת ב׳. Esr. 9, 11.

---

1) Ueber תגוף sind zwei versch. Angaben; nach Prov. l. c. ist es nur an dieser Stelle plene Waw; aber zu Ps. 91, 12. haben Handschr. u. Ausgg. מ״ן d. h. plene Waw. Doch מ״ש ibid. führt an, dass correcte Handschr. das תגף in Ps. l. c. def. Waw schreiben. — Heid. entscheidet sich für die def. Leseart der letztern, so dass die Angabe zu אגוף (Ps. 89, 24.) לית ומלא oder ג׳ richtig ist, nur muss nach ג׳ das Wort בלישנא folgen. Es sind: אגוף (l. c.), תגוף (Prov. 3, 23.) und נגוף (Jud. 20, 39.), wozu auch Mpt. v. 1294 bemerkt: ג׳ בלישנא. — Die Angabe zu Prov. 3, 23. ist demnach die richtige. —

2) Die Leseart ה׳ = 5. wie Mf. l. c. u. Gen. 48, 10., sie hat, ist die richtige; denn das קמצין u. פתחין in Gen. 27, 25. u. Lev. 8, 14. ist falsch, weil diese Form im Ganzen nur 5 M. u. zwar 4 M. mit Zere des Gimel u. 1 M. mit Segol vorkommt, ausser dem וחד der Mass., wo das Gimel Pathach hat. —

3) Ueber נגש mit Schin oder Sin, s. die angeführten Angaben der Massora, Kimchi's u. des מ״ש. Es giebt demnach 4 נִגַּשׁ (mit Schin), 4 וְנִגַּשׁ (mit Schin); 3 נִגַּשׂ (mit Sin) u. 1 M. וְנִגַּשׂ (mit Sin). Jedoch ist das נגש (Jes. 29, 13.) zweifelhaft; nach Mp. z. St. u. Mf. נג, 14. hat es Schin; dann kann aber die Angabe Jes. 53, 7. nicht lauten: נגש ד׳, sondern נגש, ונגש ד׳, wie sie Kimchi WB. s. v. anführt, indem nicht blos נִגַּשׂ, deren es nur 3 giebt, sondern auch ונגשׂ dazu gezählt wird. Die aber ד׳ = 4 angeben, lesen Jes. 29, 13. mit Sin und dann wird das ונגשׂ (Jes. 3, 5.) nicht mit gezählt. Wenn Mp. zu ונגשׂ (Jer. 30, 21.) ה׳ = 5 angiebt, so will sie die Form mit Waw copulat. angeben, ohne Rücksicht auf Schin oder Sin und zählt wahrscheinlich Jes. 3, 5. dazu, obgleich es hier Sin hat; besser ist aber ד׳ = 4 zu lesen, wie es מ״ש Amos 9, 13. richtig anführt, da es mit Schin nur 4 M. vorkommt. Dass ונגש Amos 9, 13. mit Sin

נדח

הִדִּחָה שָׁמָּה ג' בלישן. Jes. 16, 15. Jer. 46, 28. Mf. שם, 31.

נדף

נִדָּף ה' קמצין. Lev. 26, 36. Jes. 41, 2. Job 13, 25.? Mf. נד, 1. 1)

נדר

וַיִּדַּר ג' פתחין. Gen. 28, 20. Num.*21, 2. Jud. 11, 30. Mf. נד, 2.

וּלְנֶדֶר ה' קמצין בלישן. Lev. 22, 23. Num. 30, 10. Jes. 19, 21. M. נד, 4.

וּנְדָרֶיךָ ג'. 2) Mf. נד, 3.?

נִדְרֵיכֶם ד'. Deut. 12, 11. Mf. נד, 5.

נהג

וַיִּנְהַג ה'. Gen. 31, 18. Ex.*3, 1. 1 S. 23, 5.? Mf. נה, 1.

נהל

וַיְנַהֲלֵם ב'. Gen. 47, 17.

נהר

וְנָהֲרוּ ג' וא' מלעיל וכו' וְנָהָרוּ. Jer. 31, 12. Micha 4, 1. Mf. נה, 2.

וְנָהָר ד'. Gen. 2, 10. Jes.*19, 5. Mf. נה, 5.

וּמִנָּהָר ב'. Zach. 9, 10.

אֶל נָהָר ג'. Mf. נה, 6.

מִנְּהַר ב'. Gen. 15, 18.

נַהֲרֹת ד' חסר בלישן. Ex. 7, 19. Mf. נה, 4.

נַהֲרוֹת ג' ומלא. 2 Reg. 5, 12. Ps. 137, 1. Mf. נה, 3.

ונהירא וּנְהוֹרָא קרי. Dan. 2, 22.

נוה

נָוֶה ד'. 3) Mf. נו, 1.

נוח

נָחָה ג' מלעיל. 2 Reg. 2, 15. Jes. 7, 2. Mf. נח, 10.

וְנַחְנוּ ג'. Ex. 16. 7. Mf. נח, 8. (S. Abth. 2. Partikel.)

כְּנוֹחַ ב'. Num. 11, 25.

וַיָּנַח ז' רפין. Ex. 10, 14. 20, 10. Jos.*21, 42. Mf. נח, 11.? 4)

וַהֲנִיחֹתִי חסר ומלא. 5) Mf. נח, 14.

וַיַּנַּח ז' דגשין. Num. 17, 22. 1 Reg. 7, 47. Mf. נח, 12.

---

gelesen werden soll, hat schon Ben Chajim und מ"ש zurückgewiesen. — S. Mf. ו', 8. u. או"א, 15., wo ausdrücklich nur 3 ננש u. 1 M. וננש gezählt, also Jes. 29, 13. mit Schin gelesen wird. Es ist auffallend, dass weder Kimchi noch מ"ש die letzte Stelle der Mf. anführt? — Die Mp. zu וננש (Ex. 24, 2.) hat schon מבין חדות in ב' בתורה verändert. —

1) Das ה'=5 in Lev. l. c. ist mit Job l. c. (ד' ג' קמץ וא' פתח) in Widerspruch u. beide Angaben sind unrichtig. Es muss heissen: ה' ד' קמץ וחד פתח, denn Jes. 19, 7. hat das Daleth ein Pathach, wie auch Parchon s. rad. anführt. Ein Mpt. bei Heid. liest ausdrücklich so. —

2) Das ג'=3 in der Mf. l. c. ist unrichtig; das angeführte Deut. 12, 17. hat נְדָרֶיךָ (ohne Waw copulat.); es muss also wohl ב'=2 heissen. —

3) Die Angabe Mf. l. c. ד'=4 ist unrichtig; ebenso wie der angeführte Vers: לבנות יענה (Jes. 34, 13.), wo es נְוֵה (das Nun mit Schwa und das Waw mit Zere) gelesen wird. Das Richtige ist ג'=3 und statt Jes. 34, 13. muss Jes. 33, 20. (שאנן) angegeben werden. —

4) D. h. diese Form (mit Kam. des Jod und darauffol. Nun ohne Dagesch) kommt 7 M. vor; sonst hat das Nun Dagesch (וַיַּנַּח). In den angeführten Stellen Ex. u. Jos. l. c. sind Fehler eingeschlichen u. daher ist das fehlerhafte ז'=7 statt ו'=6 entstanden. Das וחברו דמשנה תורה in Jos. ist falsch, da in Deut. diese Stelle nicht vorkommt; es bleiben daher nur 6 Stellen. Ebenso ist das וחברו דד"ה in Ex. l. c. unrichtig oder es muss daselbst das וישמחו כל יהודה (2 Chr. 15, 15.) gestrichen werden, da es dieselbe Stelle ist, als וחברו דד"ה, wo auch וינח י"י להם מסביב vorkommt wie in Jos. 21, 40. Jedenfalls sind es nur 6 Stellen. In ed. Buxt. ist auch fehlerhaft דגשין statt רפין gesetzt, was ed. Bomb. richtig hat. —

5) Zu der Angabe der Mf. l. c. bemerkt Heid. in der Concord. s. v., nachdem er das Unrichtige und Ungewöhnliche dieser Angabe nachgewiesen hat, Folgendes: ואחר העיון אחר כל חלופי המסרת וחלופי הספרים דדפוסא ודכ"י העליתי שהמסרה המאושרת היא השנויה בלשון זה: וַהֲנִחֹתִי ב' חסר דחסר וסי' פני ילכו Ex. 33, 14. (ועליו מסר בדפוס לי' בתורה וחסר, ובכ"י מסר עליו ב' חסר). והנחתי חמתי Ez. 21, 22. (וגם הוא חסר דחסר כתיב בכל ספרינו גם בכי"י). ותרין דכתיבין והנחותי ח"י ומ"ו וסי' והנחותי חמתי בם Ez. 5, 13. (ומסור עליו בכ"י ב' ח"י ובדפוס ב' ח"ו וצ"ל ב' ח"י וכן הוא כתי' במ"ג של רע"ח גם בכ"י). והנחותי חמתי בך Ez. 16, 42. (וגם עליו מסר בדפוס ב' ח"ו וצ"ל ב' ח"י) וחד מלא דמלא וסי' הוא יהיה איש מנוחה והניחותי לו 1 Chr. 22, 9. (והמסרה עליו, לית מלא) וחד מלא יו"ד וחסר וי"ו והוא והניחתי לך מכל אויביך 1 S. 7, 11. — וזה שמסר בכ"י, דשמואל והניחתי כתיב, עכ"ל רוו"ה.

נִיחוֹחַ ג׳ מלא בתורה וב׳ מלאים בלישן. Ex. 29, 18. Lev. 1, 9.? Mf. נח, 7.? 1)

רֵיחַ נִיחֹחַ. רוח S.

מְנוּחָה ד׳ חסר בלישן וכל הַמְּנֻחֹת דכו׳. Gen. 49, 15. 2 S. 14, 17. Jes.*11, 10. Zach.*9, 1. Mf. נח, 16.

לִמְנוּחָתֶךָ לית. Ps. 50, 9.

נום

נָמוּ ב׳ מלרע (ומלרע). Mf. נמ, 1.

נוס

נָס ה׳ חסרים בלישן. 2) Lev. 26, 36. Jes. 30, 17. Mf. נס, 5.

וְנַסְתֶּם ג׳ וא׳ נַסְתֶּם. Lev. 26, 17. Zach.*14, 5. Mf. נס, 8. (S. או״א, 16. Anmerkg. מ״ש Zach. l. c.)

הֶרָה נָסוּ לית דסמיך. Gen. 14, 10.

וְנָסוּ ד׳ בקריא. Jes. 35, 10. Cant. 2, 17. Mf. נס, 7.

הַנָּס ג׳ (בתראה l. מציעאה st. Mf. נס, 2.

יָנוּסוּ. (S. מ״ש Deut. 28, 7.)

וַיָּנוּסוּ ד׳ מלא בקריא. 3) 2 Reg. 7, 7. Mf. נס, 6.

וּמָנוֹס ג׳. Job 11, 20. Mf, נס, 4.

נוע

לָנוּעַ ד׳. Jud. 9, 13. Jer.*14, 10. Mf. נע, 2.

וַיָּנֻעוּ ב׳ וחסר. Ex. 20, 17. Mf. נע, 1.

וַיְנִעֵם ג׳ חסר בלישן. Num. 32, 13. Thr.*2, 15. Mf. נע, 3.

נופ

נֹפֶת נפת S.

נור

הַנֵּרוֹת ב׳ מלא בתורה וכל נביאים וכתובים דכו׳ מלא במ״א. Lev. 24, 4. Mf. נר, 1.

מְנֹרַת כל׳ מלא (חסר, כצ״ל) במ״ב. Ex. 25, 31.

הַמְּנוֹרָה ג׳ מלא (בתורה?) Ex. 25, 31. Num.*8, 3. Mf. מנ, 12.

וְאֶת הַמְּנוֹרָה ג׳. Ex. 31, 8. Mf. מנ, 13.

נזה

הזאה אֶל ד׳ בלישן. 4) 2 Reg. 9, 33. Mf. הז, 1. יז, 1.

וַיַּז ב׳ וחד וַיַּז וחד וְיַז. Lev. 8, 11.

נזל

נֹזְלִים ג׳ בקריא ב׳ מלא וא׳ חסר. Ps. 78, 16. Mf. נז, 1.

נזר

נְזִירֶיהָ ב׳ א׳ מלא (יו״ד קדמא) וא׳ חסר. Lev. 25, 11. Thr.*4, 7. (S. מ״ש Lev. l. c.)

נחה

נָחֵנִי ג׳. Mf. נח, 2.

אַנְחֶנָּה לית. (דמשמשין נָהּ, מלין S.) Job 31, 18.

יַנְחֵנִי ב׳. Ps. 23, 3.

יַנְחֶנּוּ ב׳. Deut. 32, 12. Prov. 18, 16.

וַיַּנְחֵם ז׳ בקריא. 1 S. 22, 4. Job 12, 23. Mf. נח, 13.

נחל

נָחֲלוּ ד׳ קמצין וחד וְנָחֲלוּ. Jos. 14, 1. 17, 6. Prov. 14, 18. Mf. נח, 19. (S. Mf. ו׳, 10. או״א, 17.)

תִּנְחַל ב׳ א׳ קמץ וא׳ פתח (בזקף, כצ״ל). Mf. נח, 24.

---

1) Diese Form kommt im Ganzen 5 M. plene Waw vor u. zwar 3 M. im Pent. u. 2 M. in d. andern Büchern. Wenn in Ex. 29, 18. ניחוחכם, דיהושע angeführt wird, so ist das unrichtig, da בריח ניחוחכם in Jos. nicht vorkommt; in Lev. 26, 31. ist es def. nach Mp. u. obiger Angabe, nach welcher nur 3 plene im Pent. sind, wozu dieses nicht gehört. — Es muss statt dessen: ריח ניחוחיהם (Ez. 20, 28.) angeführt werden, welches plene Waw ist. —

2) Hier sind solche gemeint, die in der betreffenden Form nur 1 M. def. Waw vorkommen; denn ausserdem giebt es noch viele, die def. Waw sind; so z. B. לָנֻס (Mp. נָסוּ ,(ב׳ חסר etc. — Auffallend ist aber, warum nicht auch יָנוּסוּ (Jer. 50, 16.) angeführt ist, da nach Mp. Jes. 13, 14. nur 2 dieser Form plene sind: (ב׳ מלא, בשבעה דרכים)? Heid. will darum die Mp. zu Jes. l. c. so lesen: ג׳ מל׳ דין וחברו ובשבעה דרכים, so dass ינוסו immer plene wäre. S. מ״ש zu Deut. 28, 7. —

3) Wenn Mp. u. Mpte bisweilen ה׳ = 5 angeben, so rechnen sie Jud. 7, 21. mit, das nach dem כתיב ein Jod hat. —

4) Mp. zu Num. 19, 4. bemerkt: ג׳ בַּלישן. Das widerspricht aber nicht unserer Angabe, weil Mp. 2 Reg. 9, 3. in eine Stelle zusammenzieht, weil da ein doppeltes אֶל steht und beide auf וַיַּז sich beziehen; auch hat das zweite וְאֶל, mit Waw copulat. —

יִנְחָלוּ ג׳ קמצין. Mf. נח, 22.

נַחַל ב׳ א׳ קמץ וא׳ פתח ובתרי לישני. Ez. 25, 3. (S. או״א, 59.).

ג׳ חסר בלשון נחילה׳ מלין 1 S. 2, 8. Mf. נח, 21. (S. Abth. 2. יחידאין חס׳ יו״ד und מ״ש Deut. 1, 38.). 1)

לְהַנְחִיל ב׳. Prov. 8, 21.

וְהִתְנַחַלְתֶּם ב׳. Num. 33, 54.

כל לשון נחלה עַל במ״ג אֶל. Deut. 12, 9. Ps.*5, 1.? Mf. נח, 25.

נַחְלָה ב׳ בטעם (לעיל). Ps. 124, 4. (S. מ״ש ibid.)

לְנַחֲלָה ט״ו. Num. 18, 21. Deut. 29, 8. Jos. 11, 23. Ez. 44, 28. Ps. 33, 12. Mf. נח, 20.

נַחֲלָתָן ד׳. Num. 36, 4. Mf. נח, 23.

עַל נַחַל ג׳ (ושארא עַד). Mf. נח, 18.

מִנַּחַל ד׳. Deut. 3, 8. 2 Reg.*24, 6. Ps. 110, 7. Mf. נח, 17.

נחם

נִחַם, וְנִחַם ו׳ פתחין וכל ישעי׳ דכו׳. Zach. 1, 17. Mf. נח, 26. (S. מ״ש Jud. 21, 12. Joel 2, 13. ausführl.)

יִנָּחֵם ד׳ וא׳ וְיִנָּחֵם. Ex. 13, 17. Jud. 2, 18. Ps. 110, 4. Mf. נח, 27. (S. Mf. ו׳, 10. או״א, 17.).

וַיִּנָּחֵם ב׳ בטעם לרע. Gen. 24, 67.

וַיִּנָּחֶם ה׳. 2) Mf. נח, 28.?

נחם אֶל ו׳ בלישן בקריא. 2 S. 10, 2. Jer. 26, 3. 42, 10. Mf. נח. 29. (S. מ״ש Jer. l. c.)

נֶחָמָתִי ב׳. Ps. 119, 50.

נחר

נַחְרוֹ לית. א״ב מן חד חֹד וי״ו, Job 39, 20. (S. Abth. 2. בסוף תיבותא und או״א 33.).

נחש

(נָחָשׁ כל חויא קמצא Mp. Num. 21, 9.)

כַּנָּחָשׁ ב׳. Jer. 46, 22.

נִחֵשׁ ג׳. Mf. נח, 30.

נְחֹשֶׁת ד׳ בצפוי. Mf. נח, 31.

כְּלֵי הַנְּחֹשֶׁת. כלה S.

נטה

נטיית יָד י״ו חסר אֶת. Ex. 10, 12. Ez.*25, 13. 35, 3. Prov. 1, 24. Mf. יד, 17. נט, 2. (S. מ״ש Ez. 16, 27.) 3)

נוֹטֶה, הַנּוֹטֶה ד׳ מלא. 4) Ps. 104, 2. Mf. נט, 1.?

וַתֵּט ג׳ ב׳ בתורה. Num. 22, 33. Mf. נט, 8.

הִטָּה ב׳. Ps. 116, 2.

הִטּוּ ג׳. Mf. הט, 1. (S. Mf. ו׳, 8. או״א, 15.)

(וַיֵּט ב׳ 2 S. 19, 15. מ״ש)

וַיַּטֵּהוּ ג׳. 2 S. 6, 10. Mf. יט, 3.

---

1) Der Sinn ist, dass dieser Stamm im Futur. Hiphil 3 M. def. Jod nach dem Cheth vorkommt. S. Lev. 14, 41. u. ibid. 20, 26., die sich wechselseitig ergänzen. Das ינח in erster Stelle muss ינחל heissen; das הקרב in der andern Stelle muss wohl in יקרב (Ez. 46, 4.) verändert werden. Wenn zu 1 S. 2, 8. die Mp. (nach Einigen) bemerkt: ב׳ חסר, so rechnet sie יַנְחִל nicht dazu, weil dies zu מלין מיחדין ח״י gezählt wird. S. unsere Bemerkung zu מלין Buchst. י׳. —

2) Diese Angabe Mf. l. c. ist doppelt schwierig: 1) sie zählt Gen. 24, 67. dazu, da dieses doch nach der Mass. das ult. ist u. das Cheth ein Zere hat. — 2) kommt ja diese Form 7 M. vor? — Wahrscheinlich wird das וינחם י״י אל (על) הרעה, das 3 M. vorkommt für eins gerechnet, so dass es ausser den beiden ult. mit Zere 5 giebt, die penult. sind und in denen das Cheth ein Segol hat. —

3) Ez. l. c. hat die richtige Angabe י״ו = 16, wie sie auch mit einigen Schreibfehlern [הטה für יטה (Jes. 31, 3.), ויך für ויט (Zeph. 2, 13.)] das. richtig angegeben sind. — Wenn עין הקורא Ex. 10, 12. י״ח = 18 angiebt und Mf. יד, 17. י״א = 11 hat, so sind beide ungenau. — Die Mp. die bisweilen י״ז = 17 angiebt, zählt vielleicht Ex. 14, 26. dazu, indem sie mit einigen Mpten. נטה ידך ohne את liest, was aber bei עה״ק l. c. nicht der Fall sein kann, da er ausdrücklich bemerkt: ג׳ בענין דם, ארבה, חשך, also 14, 26. ausschliesst u. es mit אֶת liest. — Sollten die Mpte., welche י״ח = 18 angeben Jos. 8, 26. mitzählen, so dass es mit Ex. 14, 26. wirklich 18 wären? — Mpt. Hamb. zu Ez. l. c. hat gleichfalls י״ו = 16 u. zählt wie dort angegeben. —

4) Die Angaben Ps. l. c. u. Mf. l. c. scheinen sich zu widersprechen. Das richtige ist wohl entweder: ה׳ מלא בלישנ׳ oder ד׳ מלא וחד הנוטה; denn nach Mp. zu Jes. 66, 12. ist es auch das plene Waw, so dass 4 M. נוטה u. 1 M. הנוטה vorkommt. Nach der Aufzählung Ps. l. c. u. in vielen Handschriften ist freilich Jes. 66, 12. def. Waw. —

יַטּוּ ה׳. Jes. 54, 2. Mf. נט, 7.

וַיַּטּוּ ד׳. 1 S. 8, 3. 2 S.*16, 22. 1 Reg. 11, 3. Mf. נט, 9. u. 10.? 1)

עַל הַמִּטָּה ב׳. Est. 7, 8. 2)

מִטּוֹת ב׳. Est. 1, 6.

מַטֵּה לֵוִי ג׳. Num. 1, 49. Mf. לו, 12. מט, 3. 3)

לְמַטֵּה, וּלְמַטֵּה׃ Num. 34, 19.

וּמַטְּךָ ב׳. Gen. 38, 18.

הַמַּטֹּת ג׳ חסר בתורה. Num. 7, 2. 17, 24. Mf. מט, 2.? (S. מ״ש Num. l. c. u. 17, 22.). 4)

מַטֹּתָם ב׳ בתורה חד מלא וחד חסר. Ex. 7, 12. Num. 17, 21.? 5)

מִלְמַטָּה ו׳. Ex. 26, 24. 36, 29.? Mf. מט, 4.

נטל

יוּטָל ג׳ ב׳ מלא וא׳ חסר. Ps. 37, 24. Prov. 16, 33. Job 40, 28. Mf. טל, 2.? נט, 6. 6)

נטע

וְלִנְטוֹעַ ג׳ מלא. Jer. 31, 28. Mf. נט, 4. (S. Mp. Jer. 1, 10. 31, 28.!)

וַיִּטַּע ג׳. Gen. 9, 20. 21, 33. Mf. נט, 5.

נטש

וַיִּטֹּשׁ ב׳ וחסר. Mf. נט, 12. (S. Mp. Deut. 32, 15.!)

וַיִּנָּטְשׁוּ ג׳. Mf. נט, 11.

ניר

נִיר ח׳ז׳ מלא וחד חסר. Jer. 4, 3. Prov. 13, 23. 2 Chr. 21, 7. Mf. ני, 1.? (S. מ״ש Prov. 21, 4.)

נכה

וְהִכַּנִי ב׳ חד פתח וחד קמץ. Gen. 32, 11. (S. Mf. פת, 17. או״א, 23.)

הִכִּיתָה ג׳ מלא ה׳ בלישן ב׳ מלרע וא׳ מלעיל. Jer. 5, 4.?

וְהִכִּיתָ, וְהִכִּיתָה ה׳ בטעם מלרע ג׳ חסר וב׳ מלא בה״א בתרא. Deut. 20, 13. Jud. 6, 16. 1 S.*15, 3. 2 Reg.* 9, 7. 13, 17. Mf. הך, 6 u. 9.? 7)

וְהִכֵּתִי מלא וחסר (S. מ״ש Ez. 3, 20.)

וְהִכִּיתִיו ג׳ ב׳ חסר וא׳ מלא. Mf. הך, 12. (S. מש 1 S. 17, 9. Anmerkg.)

הִכּוּנִי ב׳ וא׳ וְהִכּוּנִי. Prov. 23, 35. (S. Mf. ר׳, 6. או״א, 13.)

בְּהַכֹּתִי ב׳ חד חסר וחד מלא. Ex. 12, 13. Ez. 32, 15.

וְהַךְ ב׳. Ex. 8, 12. Mf. הך, *1.

מַכֶּה ה׳ פתחין וכל אי״תן דכו׳. Ex. 2, 11. 7, 17. 2 Reg. 6, 22.? Jes. 14, 6. Ez. 7, 9.? Mf. הך, 5. 8)

וּמַכֵּה ד׳ קמצין ג׳ ר״פ וחד מצעות פסוק. Ex. 21, 15. Lev. 24, 18. Mf. הך, 11. (S. Ez. 7, 9.)

וַיַּכֶּה יו״ד. 1 Reg. 22, 24. 2 Reg. 2, 8. Mf. הך, 3.

---

1) Die Angabe Mf. נט, 9. ist falsch, da zu וַיִּטּוּ (mit Chirik des Jod) die Mp. zu 1 S. 8, 3. bemerkt: לית. Die Mf., welche 2 Artikel daraus macht (נט, 9 u. 10) ist fälschlich aus 1 S. l. c. entstanden, indem sie die Angabe zu וַיַּטּוּ (mit Pathach) auf das vorhergehende וַיִּטּוּ (mit Chirik) bezog; beide Artikel fallen also zusammen — וַיִּטּוּ (mit Chirik) kommt nur 1 M. vor, wie bemerkt. —

2) Wenn Mp. zu 1 S. 19, 16. (zu אל המטה) ב׳ bemerkt, so ist das ein Irrthum u. eine Verwechselung mit על המטה das nur 2 M. in dieser Verbindung vorkommt. —

3) S. die angegebenen Stellen. Es sind aber, wie Heid. aus einem Mpte anführt, vier, indem Num. 3, 6. ausgelassen ist. —

4) Das ג׳ חסר בלישן ist ungenau, denn 1) bezieht sich ג׳ חסר nur auf המטת, das 3 M. def. Waw und also בלישנא unrichtig ist. — 2) kann es falsch verstanden werden, da zu מַטֹּתָם (Ex. 7, 12.) bemerkt wird ב׳ בתורה חד מלא וחד חסר (s. unten diesen Artikel) also kommen doch בלישן 4 def. vor. — Die richtige Angabe ist also ג׳ חסר בתורה. — S. Mp. zu Num. 34, 13. ?ג׳ מלא בשבטים —

5) Mm. zu Num. 17, 21. ist unrichtig, wenn sie bemerkt ב׳ מלא. Das Richtige ist zu Ex. 7, 12. angegeben. S. auch רמ״ה s. rad. —

6) Mf. טל, 2. heisst es ב׳ דגשים וא׳ רפי, was aber unrichtig ist, indem 1 דגש u. 2 רפי sind, wie auch das ב׳ מלא nachweist. —

7) Die richtige Angabe hat 2 Reg. 9, 7. Mf. הך, 9. muss danach verbessert und mit Mf. הך, 6. zusammengezogen werden. —

8) In 2 Reg. 6, 22. muss ה׳ = 5 statt ח׳ = 8 gelesen werden; Ez. 7, 9. muss es ה׳ פתחין heissen. —

יַכֶּכָּה ג׳. 10. הך, Mf. Jes. 10, 24. Jer. 40, 15. Ps.*121, 6.

וַיַּכֶּהָ ג׳ (ובענין). 13. הך, Mf. Jos. 10, 28.

וַיַּכּוּם י״א. 2. הך, Mf. Num. 14, 45. Jud. 1, 4.

הֻכָּה ג׳ ב׳ חסר וא׳ מלא. Num. 25, 14. Ps. 102, 5. Mf. הך, 7. (S. Mf. ו׳, 8. או״א, 15.)

הֻכְּתָה ב׳ וחסר. Ez. 40, 1.

מֻכֵּה ב׳ קמצין חד כתיב יו״ד. 8. הך, Jer. 18, 21. Mf. (S. מ״ש Jes. 53, 4.)

(תֻּכּוּ ב׳ וסי׳ [הדברים ל״ג ג׳. ישעי׳ א׳ ה׳.] Mpt. Hamb. (Deut. 33, 3.)

הַמֻּכָּה ב׳ קמצין ובטעם תביר ובענינא. Num. 25, 15. (S. עין הקורא ibid.).

מַכּוֹתֶיהָ ג׳ חסר ב׳ מלא. 4.? הך, Jer. 50, 13. Mf. (S. Mp. l. c.). 1)

נכח

נִכְחוֹ ב׳. 1.* נכ, Ex. 14, 2. Mf.

נכר

נִכַּר ב׳ א׳ מלעיל. (S. מ״ש Job l. c.) 2. נכ, Job 34, 19. Mf.

הִכִּירֻהוּ ב׳ א׳ מלא וא׳ חסר (יוד). מ״ש (S. Gen. 42, 8. Gen. 37, 33.)

הַכֶּר נָא ב׳ דסמיכי ובענין. Gen. 38, 25.

הַנָּשִׁים הַנָּכְרִיּוֹת. אנש S.

נמל

נמל. מול S.

נִמְלָה לית. (לָהּ, מלין .S) Prov. 6, 1.

יִמָּלוּ ב׳. Ps. 37, 2.

נסס

נִסִּי ב׳ בתרי לישני. 22. א׳, S. Mf.) 1. נס, Ex. 17, 15. Mf. או״א, 59.).

נסג

נסג כל נסיגה בסמ״ך במ״א כתיב שי״ן. Deut. 19, 14. Mf. סג, 2.? (S. מ״ש Ps. 44, 19.) 2)

נסה

נִסָּה ו׳ וכו׳. ד׳ כתיב שָׂה (שָׂא) וב׳ כתי׳ סָה. Gen. 22, 1. 1 Reg. 9, 11. Mf. נס, 9.

הֲנִסָּה ב׳ (ב׳ בב׳ לישני). Deut. 4, 34. Job*4, 2. (S או״א, 59. Anmerkg.).

נִסִּתֶם ד׳ חסר בלישן. Ex. 17, 7. 1 Reg.*10, 1. Mf. נס, 3.! 3)

---

1) Dieses Wort kommt 4 M. vor. (In d. Concord. ed. Buxt. fehlt Jer. 19, 8.) Die Angaben der Mm. u. Mp. an den betreffenden Stellen sind unklar u. sich widersprechend. Ich will daher die Bemerkung Heidenheim's in einer Beilage zu Mf. s. v. wörtlich hierhersetzen:

התיבה הזאת מצאנו ד׳ פעמים במקרא והם

ושמתי את העיר הזאת (Jer. 19, 8.) מַכֹּתֶהָ כתיב בספרינו חד״ח ומסר עליו בדפוס לי׳ חסר, ובכ״י לית, ורד״ק בפירושו כתב עליו שהוא חסר יו״ד הרבים מהמכתב וכ״כ עליו בעל מכלול יופי.

והיתה אדום לשמה (Jer. 49, 17.) נחלקו בו הספרים, י״ס מכותיה וי״ס מכתיה, וי״ס מכותה ומסר עליו בדפוס לי׳ כ״כ ובכ״י גם הוא כתיב מכותה ומסר עליו לית חסר יו״ד. ועליו לא כתב רד״ק מאומה ש״מ שבספרו הי׳ כתוב מכתיה מלא יו״ד.

כל עובר על בבל (Jer. 50, 13.) בכל ספרינו מכותיה כתיב מלא דמלא, ומסר עליו בגליונו ב׳ חד מל׳ וחד חסר. אבל במס״ג מסר עליו ב׳ מלא וסי׳ כי אנושה מכותיה (Mich. 1, 9.). כל עובר על בבל, עכ״ל, ובכ״י כתיב מכתיה ח״ו ומ״י ומסר בגליונו ב׳ מלא, אבל במס״ג מסר ב׳ א׳ מלא וא׳ חסר וסי׳ והיתה אדום, כל עובר על בבל וחד כי אנושה מכותיה, עכ״ל.

כי אנושה מכותיה (Micha 1, 9.) מלא דמלא כתיב בכל ספרינו וכ״י ומסר עליו בדפוס ב׳ מלא ובכ״י מסר ב׳.

והנה יש בהם מבוכה גדולה כנראה ממה שכתבתי, ותגדל המבוכה עוד במסרה המערכית בערך הך שמסרה שם: מכותיה ג׳ חסר וסי׳ והיתה אדום, כי אנושה מכותיה, כל עובר על בבל, עכ״ל. ולשון זה אי אפשר ליישב כלל. עכ״ל רוו״ה — Die Verwirrung entstand sichtbar aus dem Waw u. Jod, worauf sich das def. u. plene verschiedentlich bezieht; es ist wahrscheinlich zu lesen: מכותיה ג׳ וחד חסר (דחסר), so dass das וחד auf Jer. 19, 8. sich bezieht, das doppelt (Waw u. Jod) def. ist, während die 3 andern entweder plene Waw oder Jod, oder doppelt plene sind. — Mp. Mpt. Erf. hat zu Jer. 19, 8. מכתה (ג׳ו) לי׳ חסר. — Zu ibid. 49, 17.: מכתיה ל׳ חסר (eine spätere Hand verbessert: (מכותה ג׳ ולי׳ ח״ו). — Zu ibid. 50, 13.: מכותיה (ג׳) ב׳ מלא. — Zu Micha 1, 9. (מכותיה כ״כ מלא). — Das Eingeschlossene ist von späterer Hand. —

2) S. Deut. 19, 14., wo, wie auch schon מ״ש zu Ps. 44, 19. bemerkt, ein Fehler eingeschlichen ist; statt Ps. 44, 19. muss 2 S. 1, 22. stehen. S. auch unter נשג. —

3) Das ה׳ חסר בלישן in Mf. l. c. muss ד׳ וכו׳ sein. —

נסך

וּלְהַסֵּךְ ב׳ וחד פליג. 1) נם, 11. Mf.

וַיַּסֵּךְ ג׳ דגש. נם, 10. Gen. 35, 14. Mf.

מַסֵּכָה ב׳ יחידאין וכו׳. 2) נם, 12. Mf.

נסע

בְּנָסְעָם ב׳ (ובאוריתא). נם, 13. Gen. 11, 2. Mf.

וַנִּסְעָה לית וא׳ נִסְעָה. Esr. 8, 31. (S. Mf. 'נ, 1. או״א, 1, 'נ.).

וַיִּסָּעוּ (ב׳ חד ר״פ וחד ס״פ והוא) מן כ׳ זוגין וכו׳. Gen. 35, 5. Deut. 1, 1. (Umschrift.). או״א, 90. Anmerkg.

וַיַּסַּע ג׳. נם, 14. Ex. 15, 22. Job 19, 10. Mf.

מַסָּע ב׳ קמצין. נם, 15. Mf.

נעל

נַעֲלֶךָ, נְעָלֶיךָ משה ויחזקאל נְעָלֶיךָ יהושע וישעי׳ נַעַלְךָ. 3) Ex. 3, 5.

בַּנְּעָלִים ב׳. Cant. 7, 1.

נעם

(נְעִמִים, נְעִימוֹת חסר או מלא יו״ד. Ps. 16, 6. מ״ש S.)

נער

וְאֶת הַנְּעָרִים ג׳. (ושארא אֶת) נע, 5. Job 1, 17. Mf.

(נַעֲרָה, נער. Deut. 22, 19. מ״ש S.)

נַעֲרֵי דָוִד ב׳. דו, 13. Mf.

מִנֹּעַר ג׳ וחסר. נע, 8. Ps. 88, 16. Prov.*29, 21. Mf.

נְעָרַי ג׳ חסר בלישן. נע, 6. 1 Reg. 18, 12. Mf.

מִנְּעֻרָיו ג׳ ב׳ חסר וא׳ מלא. Gen. 8, 21. 1 S.*16, 33. Mf. נע, 7. (S. מ״ש Ez. 4, 14.).

מִנְּעוּרֵינוּ ג׳ ומלא. נע, 4. Gen. 46, 24. Jer.*3, 24. Mf.

נפל

כל לשון נפילה עַל במי״ז אֶל. 4) נפ, 8. Lev. 11, 33. Mf.

נפילה שָׁמָּה ב׳ באוריתא בלישן. Gen. 14, 10.

לִנְפֹּל ד׳ בקריא וחסר. Num. 14, 3. Jer.*51, 49. Est. 6, 13. Mf. נפ, 1.

---

1) D. h. die Madinchai lesen auch Jer. 44, 18. ולהסך, während die Maarbai והסך lesen. —

2) Diese Angabe ist schwierig. Erstens muss wohl das וכל עגל מסכה verbessert werden in: וכל עגל ואלהי מסכה דכו׳, denn auch mit אלהי kommt es mehrmals vor. Aber auch das ב׳ יחידאין (d. h. 2 M. ohne diese Verbindung) ist unrichtig, da es auch ausser solcher Verbindung mehr als 2 M. vorkommt, so 2 Reg. 17, 16. Jes. 30, 1. u. Hab. 2, 18.? — Das erste lässt sich rechtfertigen, weil שנים עגלים folgt; auch Jes. l. c. liesse sich vertheidigen, da hier מסכה in einem andern Sinne genommen werden kann u. zwar entweder als Libation, was das dabeistehende ולנסוך andeutet; oder, wie es der Zusammenhang giebt u. es mehre Commentare nehmen als Obrigkeit, Herrschaft v. נָסִיךְ, so dass es nicht „Götze" bedeutet, von welchem die Massora zu sprechen scheint. Aber die dritte Stelle (Hab. l. c.) bleibt noch immer unerklärt, wenn man das מסכה nicht auch hier v. נסיך nehmen will, wozu das dabeistehende ומורה שקר wohl passt. — Merkwürdig ist es, dass Heid. nirgends etwas darüber bemerkt. —

3) Hierzu bemerkt Heid., dass bei משה auch (Deut. 29, 4.) נעלך vorkommt? — Wahrscheinlich will die Massora nur auf die Verschiedenheit der Form bei verschiedenen Personen u. zu gleichem Zwecke (als Zeichen der Ehrfurcht) hinweisen; aber auf einen andern Umstand u. in Bezug auf Israel (wie in Deut. l. c.) nimmt sie hier keine Rücksicht. — Also nicht auf die Form des Wortes im Allgemeinen, sondern in bestimmten Beziehungen will die Massora aufmerksam machen! —

4) Heid. bemerkt hierzu wie folgt: Diese Angabe bietet viele Schwierigkeiten: 1) Die Ueberschrift giebt י״ז = 17 an u. zählt nur 16 Stellen auf? — 2) in Vers וינוסו הנותרים אפקה (1 Reg. 20, 30.) steht nicht nur nach allen Ausgg. עַל, sondern auch nach Mm. Gen. 8, 9. (או״א, 353) muss es עַל und nicht אֶל heissen? — 3) kann das וחברו nach וכמראה המראה (Ez. 43, 3). sich nur auf das folgende ויביאני (Ez. 44, 4.) beziehen; beide Stellen bilden demnach nur eine? [Es kann hier nicht gemeint sein Ez. 1, 28. da hier alle Ausgg. עַל haben u. alsdann müsste auch dieser Vers zuerst angegeben sein u. es müsste heissen: כמראה הקשת וחברו]; — 4) wenn zu den ersten והיה הנס (Jes. 24, 18.) bemerkt wird „ב׳ בו", so ist das unrichtig, da in Jes. es weder in demselben V. noch überhaupt 2 M. vorkommt? — 5) die Stelle את יתר העם הנשארים (die jedenfalls ואת mit Waw lauten muss) kommt in Jer. 2 M. vor, ibid. 39, 9. u. 52, 15. Die erstere kann nicht gemeint sein, da es das עליו heisst; es muss also die zweite (52, 15.) gemeint sein; es hätte aber dann der Anfang des Verses ומדלות העם, schon der Deutlichkeit wegen angegeben werden müssen? — 6) in dem V. וממנשה נפלו על דוד (1 Chr. 12, 19.) heisst es nach Mf. דו, 11. עַל u. nicht אֶל, wie auch die Ausgg. richtig haben? — Es kann

נְפְלוּ לית וחד וְנִפְלוּ· ג׳ 1, או״א S. Hos. 10, 8.

תִּפֹּל ח׳ מלא בקריא וכל קהלת ומשלי דכו׳ מלא במ״ג חסר· 5. נפ, Mf. 4, 39. 25, Ez.*23, 2, Num. 34

יִפֹּל ג׳ חסרים בסיפרא· 4. נפ, Mf. 17, 13, Prov.

יִפּוֹל ו׳ מלא· מ״ש (S. 3. נפ, Mf. 19, 12 1 Chr. Koh. 10, 8. Anmerkg.) 1)

תִּפֹּלְנָה ב׳· 25, Ez. 30

וְלַנְפִּל ו׳ חסרים בלישנא· Num. 5, 22. Jos. 13, 6.
Ps. 140, 11. Mf. נפ, 6. (S. מ״ש Num. l. c.)

וַיִּפֹּל ג׳· 2. נפ, Mf. 28, 78, Ps. 23, Num.*35, Gen. 2, 21.

וַתִּפֹּל לית וחד תַּפֵּל· (ת׳ 1. או״א S.) Dan. 8, 10.

הַנְּפִלִים ג׳ ב׳ חסר וא׳ מלא (יו״ד קדמא)· Gen. 6, 4.
Num.*13, 33. Mf. נפ, 7. (S. מ״ש Num. l. c.)

נפץ

נָפוֹץ ב׳· פוץ S.

נפק

נִפְקוּ כתיב נִפְקָה קרי· Dan. 5, 5.

נפש

נֶפֶשׁ ג׳ ר״פ ובטעם· 9. נפ, Mf. 15, Lev. 5

נֶפֶשׁ הַחַיָּה ד׳ דסמיכי· 10. נפ״מ, Gen. 9, 10. M.*

וְאֵת נֶפֶשׁ ד׳ וחד וְאֵת הַנֶּפֶשׁ· 13. נפ, Mf. 29, 25 1 S.

וְכָל נֶפֶשׁ ג׳· 15. נפ, Mf. 25, Jer.*31, 15, Lev. 17

וְנֶפֶשׁ ג׳ ר״פ· 2) ?11. נפ, Mf. 21, 7. Lev. 2, 1

וְנַפְשִׁי ה׳· 18. נפ, Mf. 14, Job 13, Ps. 35, 9

נַפְשׁוֹ ג׳ מטעין· Ps. 109, 31. מ״ש (S. 17. נפ, Mf. Hos. 4, 9
Job. 31, 30.)

וְנַפְשׁוֹ ח׳ Gen. 44, 30. Jes.*29, 8. Prov.*23, 14. Job 14, 22.
23,*14. Mf. נפ, 12. (S. מ״ש Job l. c.)

נַפְשֹׁת ב׳ חסר (בתורה)· Ex. 12, 4. Lev. 27, 2.

---

sich also nur auf die letzten Worte יפול אל אדניו שאול beziehen; das hätte aber bemerkt werden müssen, etwa durch „ב׳ בו״? Heid. will daher in der Angabe lesen: במי״ד אל und streicht nach Obigem: 1 Reg. 20, 30. u. zieht auch das וחברו zu dem Folgenden in eins zusammen. Die Angabe (u. die Anführung der Stellen) ist demnach so zu verbessern:

כל לשון נְפִילָה עַל במי״ד אֶל וסי׳

Lev. 11, 31. וכל כלי חרש אשר	Jer. 38, 19. ויאמר המלך צדקיהו אל ירמיהו
Jos. 5, 14. אני שר צבא	Jer. 52, 15. ואת יתר העם הנשארים
2 S. 14, 22. ויפל יואב אל פניו	Jer. 48, 44. הנס (כצ״ל)
2 Reg. 6, 5. מפיל הקורה	Jer. 46, 16. הרבה כושל גם נפל איש
2 Reg. 7, 4. אם אמרנו נבוא העיר	Ez. 43, 3. וכמראה המראה
Jes. 24, 18. והיה הנס	Ez. 44, 4. וחברו, ויביאני דרך שער הצפון
Jer. 37, 13. ויהי הוא בשער בנימין	1 Chr. 12, 19. וממנשה נפלו על דוד (ב׳ בו)·

1) Es ist eigenthümlich, dass während die Mm. zu 1 Chr. l. c. ו׳ = 6 angiebt, die Mp. an den versch. Stellen ח׳ = 8 bemerkt u. die Mf. l. c. ז׳ = 7 hat? — Das Richtige ist wohl, dass Mp. [wenn das ח׳ nicht ein Schreibfehler ist, aus der Angabe zu תִּפֹּל (s. diesen Art.) entstanden] die beiden יִפּוֹל (Koh. 10, 8. u. 11, 3.) mitzählt, wodann es statt וכל קהלת ומשלי heissen muss: וכל משלי דכו׳ במ״ג, so dass in der ganzen Bibel, ausser Prov., יִפֹּל immer def. Waw ist mit Ausnahme der 8 angeführten Stellen. Von שֶׁיִּפֹּל, das in Koh. nach einigen Handschr. 1 M. def. u. 1 M. plene Waw steht, oder sogar nach den Ausgg. beide plene sind, spricht diese Massora nicht. Die Mm. aber, welche ו׳ = 6 angiebt, spricht von allen Büchern der heil. Schrift ausser Prov. u. Koh. und dann sind es 6 die plene Waw vorkommen. Das ז׳ = 7 d. Mf. scheint einfach irrthümlich aus ו׳ der Mm. entstanden zu sein. — Das וכל קהלת ומשלי דכו׳ במ״ג, welches Ez. 23, 25. zu תִּפּוֹל angeführt ist, gehört eigentlich zu יִפּוֹל, da die Form תִּפּוֹל in Koh. u. Prov. nur 1 M. (כְּשֶׁתִּפּוֹל) Koh. 9, 12. vorkommt u. diese ist ja zu den 8 תִּפֹּל angeführt, also auch das וכל קהלת דכו׳ gar nicht passt? — Aus der Mass. geht demnach hervor, dass יִפּוֹל u. s. ähnlichen Formen (שֶׁיִּפּוֹל) in Koh. u. Prov., ausser 3 M. in letzterem Buche, immer plene Waw ist, was gegen viele Ausgg. streitet. S. die Anmerkg. in ed. Wien zu מ״ש Koh. 10. 8. —

2) In den angef. Angaben ist eine fehlerhafte Aufzählung; es sind mehr als 3? — Es muss heissen ג׳ ר״פ בסיפרא d. h. im B. Lev. befindet sich diese Form 3 M. am Anfang des Verses, nemlich 2, 1. 5, 1. u. 7, 21. Das angeführte Num. 31, 35. gehört nicht dazu. —

נַפְשׁוֹת לית מלא בתורה וכל נַפְשֹׁתָם מלא (כצ"ל) במ"ב חסר· Gen. 36, 6. (S. מ"ש Lev. 21, 11.)

נַפְשֹׁתֵיכֶם לית חסר דחסר· Jer. 44, 7.

בְּנַפְשׁוֹתֵיכֶם ב' מלא· Mf. נפ, 16. (S. מ"ש Jer. 42, 20.)

נַפְשֹׁתָם ב' חסרים (בלישנא)· und נפשות Mf. נפ, 14. (S. מ"ש Num. 17, 3.)

נפת

נֹפֶת תִּטֹּפְנָה ב'· Prov. 5, 3.

נצה

נִצִּים ג'· Ex. 2, 13. Mf. נצ, 5.

נצח

לַמְנַצֵּחַ מִזְמוֹר י' ר"פ· Ps. 31, 1. 64, 1. Mf. נצ, 7.

לַמְנַצֵּחַ לְעֶבֶד י"י לְדָוִד ב'· Ps. 18, 1. 36,*1.

נֵצַח ד' קמצין (בלישנא)· 1 S. 15, 29. Mf. נצ, 6.

נצל

וְהִצִּיל ג'· 2 S. 20, 6. Jes. 31, 5. Mf. הצ, 1.

הִצִּילַנִי ג' ב' קמץ וא' פתח· 1 S. 17, 37. Ps. 54, 9. Mf. הצ, 6.

וְהַצֵּל ב'· Ex. 5, 23. Mf. הצ, 3.

הִצִּיל ז' חסר בלישן· Gen. 37, 21. Ex. 18. 4. Ps.*22, 21.? Mf. הצ, 4. (S. מ"ש Ex. 18, 8.)

לְהַצִּילְךָ ג'· Prov. 2, 12. Mf. הצ, 2.

וְהַצִּילֵנוּ ב'· Ps. 79, 9.

וָאַצִּיל ג' ב' מלא (ב' חסר וא' מלא כצ"ל)· Mf. הצ, 5. (S. Mp. u. מ"ש Jos. 24, 10.) 1)

נקב

וַיִּקֹּב ב' בב' לישן· Lev. 24, 11. או"א, 59. Anmerkg.

יִקְּבֻהוּ ג' (וחסר)· Job 3, 8. Mf. נק, 6.

נקה

וְנִקָּה ג'· Ex. 21, 19. Num. 5, 31. Mf. נק, 2.

וְנָקִי ג'· Ex. 23, 7. Job*22, 19. Mf. נק, 3.

דַּם הַנָּקִי· דמה S.

נְקִיִּם ג' חסר יו"ד (ובענינא, כצ"ל)· מ"ש .S) .5 ,נק .Mf Gen. 44, 10. Job 9, 23.)

בְּנִקָּיוֹן ג' בלישן חד (קדמא) חסר· Ps. 73, 13. Mf. נק, 4.

נקם

וְנִקַּמְתִּי ג'· Jer. 51, 36. Mf. נק, 8. (S. מ"ש Jer. l. c.)

יֻקַּם ג' ב' פתח וא' קמץ· Gen. 4, 15. Ex. 21, 21. Mf. נק, 7. 2)

אוֹיֵב וּמִתְנַקֵּם· איב S.

נקף

תִּקֹּפוּ· יקף S.

נשא

נשׂיאת יָד ח' חסר אֶת בקריא בלישנא· Ez. 20, 5. Mf. יד, 19.

נשׂיאת קול ד' חסר אֶת בלישנא· Jud. 21, 2. Job 2, 12. Mf. קו, 10.

וְלֹא נָשָׂא ב'· Gen. 13, 6.

וְנָשָׂא י"ז· Lev. 5, 17.? 16, 22. 1 Reg. 8, 31. 2 Reg. 23, 4. Ez.*29, 19. Mf. נש, 3. 3)

נָשְׂאוּ ג' בקריא· 2 Reg. 2, 16. Mf. נש, 5.

---

1) Es muss wohl nach Mp. heissen: ג' ב' חסר וא' מלא. Jedenfalls ist auffallend, warum die Defectiven nicht zu den 7 def. Formen Gen. 37, 21. etc. gezählt werden. S. מ"ש Ex. 18, 8. —

2) Das Richtige hat Ex. 21, 21. — Gen. u. Mf. l. c. sind unrichtig. —

3) S. die angef. Stellen! — Es sind jedenfalls 17 nur, dass ונשא בו אלה (1 Reg. 8, 31. 2 Chr. 6, 22.) [Mp. bemerkt ב' ומלעיל] und ונשא נס (Jes. 5, 26. u. ibid. 11, 12.) jedes für eins gerechnet wird, weil sie ganz ähnlich sind. — In Lev. 16, 22. fehlen: איש איש כי יקלל (Lev. 24, 15.) u. ונשא בו אלה, so dass es richtig 17 sind, obgleich י"ן = 16 angegeben u. nur 15 gezählt werden. — Wenn Heid. ונשא נס für 2 u. ונשא בו אלה gar nicht zählen will, weil letzteres mit ש (שי"ן ימין) gelesen wird, so beruhet das zwar auf Kimchi (W. B. s. rad.), u. etwa auf der ältern Concord. (מאיר נתיב), die es unter נשה (mit Schin) anführt; doch haben alle Ausgg. es mit Sin u. ist jene Annahme überhaupt etwas gesucht. — Das ב' ומלעיל der Mp. bezieht sich nur auf den Accent, der ausnahmsweise wegen des darauf folgenden betonten בו penult. ist, das Wort selber aber ist wie die andern mit Sin geschrieben. —

נָשָׂאתִי י״ט. (1 Gen. 19, 21.

נָשְׂאוּ י׳ בקריא. Num. 31, 49. 2 S.*18, 28. Jes. 52, 8. Ps. 93, 3. Cant. 5, 7. Esr.*9, 2. Mf. נש, 4. (S. Mp. z. d. St.)

וּנְשָׂאתֶם ב׳. Amos 5, 26.

וְנֹשֵׂא ו׳ חסר בקריא. 1 S. 14, 13. Mf. נש, 8.

(וְהַנּוֹשֵׂא ג׳ ב׳ חסר וחד מלא. מ״ש S. Lev. 15, 10. aus einem Mpt. — Gen. 41, 8. (הלין מלין מל׳ וכו׳)

נְשֹׂאת ב׳ חד חסר וחד מלא. Gen. 45, 23.

וּנְשֻׂא ב׳ בקריא ג׳ מלא וא׳ נְשׂוּא. 2 Reg. 5, 1. Job*22, 8. Mf. נש, 9. (2

נָשָׂא כל׳ חסרים במ״א. Num. 4, 22. Mf. נש, 1.

לָשֵׂאת כ״ד בקריא. Ex. 25, 27. 37, 27. Num. 4, 15. 11, 14. 1 Chr.*15, 2. Mf. נש, 10. (3

וְלָשֵׂאת ב׳. Ez. 17, 8.

וּמַשְׂאֵתוֹ לית. Job 31, 22. (S. Mf. מ, 13. או״א, 18.)

וְשָׂא ג׳. Ps. 25, 18. Mf.*נש, 22. שא, 1.

שְׂאִי ח׳. 2 Reg. 4, 36. Jes.*49, 18.

שְׂאוּ י״ב ר״פ. (4 Num. 26, 2. Jer.*51, 27. Mf. נש, 23.

וָאֶשָּׂא עֵינַי וָאֵרֶאֶה ג׳ דסמיכי Zach. 5, 1. Dan.*8, 3. Mf. עי, 31. (5

וָאֶשָּׂא אֶת עֵינַי וָאֵרֶא ב׳, Dan. 10, 5. Mf. עי, 30.

וְלֹא תִשָּׂא ג׳ דסמיכי. Gen. 18, 24. Num. 11, 17. Mf. נש, 18.

וַתִּשָּׂא י״ד. Gen. 39, 7. 2 Reg.*4, 37. 19, 22. Est.*2, 9. Mf. נש, 16.

יִשָּׂא ד׳ ר״פ. Jes. 3, 7. Mf. נש, 19.?

וַיִּשָּׂא עֵינָיו ה׳ חסר אֵת. Gen. 18, 2. 43, 29. Jos. 5, 13. Mf. עי, 27. (6

נִשָּׂא נסה S.

יִשְׂאוּ כ׳. Ez. 39, 10. Mf. נש, 24.

וְלֹא יִשְׂאוּ ד׳. Ex. 28, 43. Ez.*34, 29. Mf. נש, 27.

יִשָּׂאוּ ו׳ קמצין. Lev. 20, 19. Ez.*36, 7. Mf. נש, 25.

וַיִּשָּׂאֻהוּ ד׳ (וחסר). Num. 13, 23. 2 S.*6, 3. Mf. נש, 6.

וַיִּשָּׂאֻם ב׳ חד חסר וחד מלא. Lev. 10, 5.

וַתִּשֶּׂאנָה ב׳ חד מלא וחד חסר וכו׳. Ruth 1, 14. Mf. נש, 17.

וְנִשָּׂא י״ב ו׳ בישעי׳ ו׳ בשאר קריא. Ex. 25, 28. Jes. 52, 13. 57, 7. Micha 4, 1. Mf. נש, 2.

---

1) Zu Gen. l. c. ist auf Mf. hingewiesen, wo aber weder Angabe noch Aufzählung sich findet. Sie sind (nach der Concord. unter den versch. Bedeutungen) folgende: Gen. 19, 21. Ex. 7, 8. Num. 14, 30. 16, 15. Jer. 31, 19. Ez. 12, 7. 20, 6. 20, 15. 20, 23. 20, 28. 20, 42. 36, 7. 44, 12. 47, 14. Ps. 69, 8. 88, 16. 123, 1. 143, 8. Job 34, 31. —

2) In den angeführten St. muss die Angabe lauten: ד׳ בקריא ג׳ מלא וחד חסר וא׳ נְשֻׂא. — Es kommt nemlich וּנְשׂוּא (mit Waw copulat. u. folgendem פָּנִים) 4 M. vor u. zwar 3 M. plene und 1 M. (2 Reg. 5, 1.) def. Waw nach dem Sin; ausserdem kommt נְשֻׂא 1 M. def. Waw (mit folg. עָוֹן) vor. Wenn Mp. zu נְשֻׂא bemerkt: ב׳, so soll das sagen, dass diese Form 2 M. def. (1 M. נְשֻׂא u. 1 M. וּנְשֻׂא) vorkommt. —

3) Sie sind aufgezählt 1 Chr. 15, 2. Ausser der Unordnung sind das. mehre Fehler eingeschlichen: 1) In Ex. 27, 8. (נבוב לחות תעשה) kommt das Wort nicht vor. — 2) muss zwischen עשה לו וכו׳ und ודבתריה ein Trennungszeichen stehen, da ersteres auf Ex. 37, 15. (nach 14.) u. עשה לו auf 37, 27. sich bezieht; — 3) ist das בהם vor דויקהל (Ex. 37, 5.) unrichtig, da das nicht dabei steht; — 4) fehlt לשאת (Num. 4, 15.). Wird aber das נבוב לחות gestrichen, das עשה לו ודבתרי׳ getrennt u. Num. 4, 15. hinzugefügt, so sind es richtig 24 = כ״ד.

4) Das י״ב = 12 ist unrichtig; es sind nur י״א = 11 am Anfang des Verses. Die unrichtige Abtheilung des הבאים מצפון, das zu dem oben angeführten שאו עיניכם (Jer. 13, 20.) gehört, hat den Irrthum veranlasst. — Mpt. Hamb. hat zu Jer. 51, 27. wirklich י״א u. lässt das הבאים מצפון aus. — Heid. will die Richtigkeit des י״א = 11 beweisen aus einer Mass., welche bemerkt כ׳ וט׳ מנהון במצע פסוק, folglich bleiben nur 11 für den Anfang des Verses — er giebt aber nicht an, wo diese Mass. sich findet? — Er hätte es aus der Aufzählung erhärten können. —

5) Zu אֶשָּׂא führt Heid. eine Angabe aus einem alten Mpte. an: אֶשָּׂא כ״ה וסי׳ u. zählt sie auf (wie sie auch (23) in der Concord. angegeben sind), wobei Heid. zum Schluss bemerkt: בפרטן לא מנה רק כ״ג, לכן ברור שחסר בסוף וצריך לסיים ותרין וָאֶשָּׂא והיינו תלים נ״ה י״ג וקי״ט מ״ח ועל שניהם מסר ב׳ ובסיפרא, וידענו כי כן מדרך המסרה בכמה מקומות לכלול יחד הכתובים בוי״ו שב״אית עם החסרים וי״ו בראש. עכ״ל הרו״וה.

6) Die Berichtigung dieser Angabe s. Heid. zu עין הקורא Gen. 33, 1. —

מַנְשָׂאִים ג׳. Jer. 22, 27. Mf. נש, 21.

וְהִשִּׂיאוּ ב׳. Lev. 22, 16.

נָשִׂיא ד׳ קמצין בסיפרא. Ez. 44, 3.

נְשִׂיא ו׳ רפין וכו׳. Gen. 23, 6. Num. 7, 18.? Mf. נש, 29.? 1)

נְשִׂיאִים מלא וחסר. Gen. 17, 20. Num. 7, 10. Mf. נש, 30. (S. מ״ש Ex. 35, 27. Jos. 17, 4. 22, 14. — מכתב מאליהו Ex. 35, 27.)

נְשִׂיאֵהֶם ב׳ ובענינא קדמא חסר יו״ד תניא, תנינא מלא דמלא. Num. 17, 17.

לְמַשָּׂא ג׳ בקריא וא׳ וּלְמַשָּׂא. 2 S. 15, 33. Job*7, 20. Mf. נש, 26. (S. אר״א, 15. Anmerkg.)

מַשָּׂאָם ד׳ בתורה. Num. 4, 27. Mf. נש, 28.

מַשְׂאַת ג׳ בקריא וא׳ וּמַשְׂאַת. Jer. 6, 1. Est. 2, 18. Mf. נש, 14. (S. אר״א, 15. Anmerkg.)

מַשְׂאֹת ו׳ פתחין וחד וּמַשְׂאֹת. Gen. 43, 34. Jud. 20, 38. Mf. נש, 12.

מַשְׂאֹת ד׳ ב׳ חסר וב׳ מלאים בלישן. Gen. 43, 34. Mf. נש, 11. (S. מ״ש Gen. l. c.)

נשא

(יַשִּׂיא ה׳ ב׳ מנהון חסר. 2 Reg. 18, 29. מ״ש)

נשג

בָּשַׂג ד׳ כתיב סמ״ך בלשון השגה. Deut. 19, 14. Mf. הש, 1. סג, 2. (S. מ״ש Ps. 44, 19.) 2)

וְהִשִּׂיגוּךָ ג׳ ב׳ מלאים וא׳ חסר. Deut. 28, 45. (S. מ״ש Deut. 28, 2.)

תַּשֵּׂג ב׳ וה׳ וְתַשֵּׂג. Mf. הש, 3. (S. Mf. ו׳, 6. אר״א, 13.)

וַיַּשִּׂגֵם ה׳ חסר בלישן. Gen. 44, 6. Jer.*39, 5. Mf. הש, 2.?

נשה

נְשִׁיתִי ב׳ בב׳ לישן וא׳ וְנָשִׁיתִי. Jer. 15, 10. Mf. נש, 33. (S. אר״א, 13 u. 59.)

נֹשֶׁה כול׳ חסרים במ״א וחד כתיב נֹשֵׁא ושאריהון נֹשֶׁה כתיב. 3) Mf. נש, 31. (S. מ״ש Jes. 24, 2.)

נֹשִׁים ג׳ וחסר ובענין. 4) Neh. 5, 7. Mf. נש, 7.

הִשָּׁה לית. Job 39, 17.

יַשֶּׁה ב׳. Deut. 15, 2.

נשך

יִשָּׁךְ ב׳ (ובב׳ לישן) Deut. 23, 19. Prov. 23, 32. Mf. נש, 32. (S. Mf. א׳, 22. אר״א, 59.)

נשל

וְנָשַׁל ג׳. Deut. 7, 1. 7, 22. Mf. נש, 34.

נשם

נִשְׁמַת ד׳. Gen. 7, 22. Mf. נש, 35.

וְהַתִּנְשָׁמֶת לית. 5) Lev. 11, 30.

נשק

יִשַּׁק ב׳ חד פתח וחד קמץ ובב׳ לישן. Gen. 41, 40. (S. Mf. א׳, 22. אר״א, 59.)

נָשֶׁק ג׳ קמצין בלישן. Job 20, 24. Mf. נש, 36. (S. Kimchi W. B. s. rad.)

נשר

כַּנֶּשֶׁר ד׳ רפין. Deut. 32, 11. Job 9, 26. Mf. נש, 37.

---

1) Die beiden letzten Artikel sind in den bezüglichen Angaben entstellt. Die erste muss lauten: ה׳ קמצין בסיפרא denn es kommt mit Kam. des Nun 5 M. im B. Ezech. vor, wie Gen. 23, 6. angeführt ist. Die 2te muss ו׳ רפין=6 heissen; der Fehler in Gen. l. c. entstand daraus, dass 1 Chr. 2, 10. für 2 Stellen gezählt wurde, wie solche Fehler oft vorkommen, s. Art. שָׂאוּ. — Hiernach ist Mf. u. Mp. zu verbessern. —

2) S. oben unter נסג. Dass Deut. 19, 14. ein unrichtiger Vers u. statt 2 S. 1, 22. angegeben wird Ps. 44, 19., ist schon oben unter נסג bemerkt. Wenn aber לא יסג כלמות unter d. 4 gerechnet wird, so ist das auffallend, da es weder Hiphil, noch zu לשון השגה (mit גבול?) gehört. — Sollte nicht dafür וְתַשֵּׂג (Micha 6, 14.) gesetzt werden? —

3) Dieses ist scheinbar in Widerspruch mit Mp. Jes. 24, 2., wo zwei mit Alef am Ende angegeben werden? — Da indessen das zu Jes. l. c. mit Zere des Schin geschrieben ist (s. Kimchi W. B. u. Michlol), so scheint unsere St. es nicht berücksichtigt zu haben. —

4) Das וחסר bezieht sich nur auf das Waw nach dem Nun. — Dass aber nach dem Schin ein M. ein Alef steht, giebt die Massora an unter: מ״ח מלין וכו׳. S. מלין in Abth. 2. —

5) Heid. bemerkt, dass diese Angabe nur richtig wäre, wenn Deut. 14, 16. ואת התנשמת gelesen würde; da aber, wie auch רמ״ה u. עה״ק angeben, in diesem Vers ein M. אֶת u. dann וְאֶת vork., es also וְהַתִּנְשָׁמֶת gelesen wird, so ist das לית unrichtig u. muss ב׳ heissen. —

נתח

לנתחיה ד׳. Mf. נת, 1.

נתך

נתך ג׳. Jer. 42, 18. Mf. נת, 2.

נתן

נתינה אל ה׳. 1) Ex. 25, 22. Deut.*13, 1. Mf. נת, 5.

ד׳ בלישן נתינה אל לב. Koh. 9, 1. Mf. לב, 14.

נתינת האלהים. אלה S.

נתינת יבולה ד׳ חסר את בלישן. Ez. 34, 27. Ps. 67, 7. Mf. יב, 1.

נתינת שם ז׳ (ושארא שמה). Ex. 40, 7. 1 Reg. 6, 19. Cant. 7, 12. Mf. נת, 39.

את תרומת י״י ה׳ בנתינה. רום S.

ולא נתן ד׳. Num. 21, 23. Mf. נת, 33.

נתנו ה׳ וחד ונתנו. Gen. 31, 7. Mf. נת, 24.

נתת כ״ט חסר ה׳. Ex. 25, 21. 40, 7.? Lev. 24, 7. Mf. נת, 30. (S. מ״ש Ex. 28, 24. Num. 27, 20. Neh. 9, 15. ausführl. רמ״ה s. rad.) 2)

נתתה ב׳ ר״פ. Ps. 60, 6.

ונתתם ו׳ בקריא וקמצין. 1 Reg. 8, 46. Jer. 32, 14. 1 Chr.*14, 10. Mf. נת, 14.

אנכי נתתי ג׳. Gen. 16, 5. Jer. 27, 6. Mf. אנ, 21.

ואני נתתי לך ב׳. Ez. 4, 5.

נתתי ג׳ קמץ חד מנהון ונתתי. Ez. 9, 10. Mf. נת, 29.

ונתתי פני. פנה S.

(ונתתיהו ב׳. Ez. 16, 19. מ״ש)

לך נתתים ג׳ בענין. Num. 18, 8. Mf. נת, 28.

נתנו ב׳ ר״פ (רפ״ו ג׳?). Mf. נת, 40.

נתנו, נתנו ד׳ דגשים. Gen. 34, 16. Ez. 27, 19. Thr. 5, 6. Mf. נת, 37. 3)

נותן ו׳ מלא (חד מהם ונותן). Ps. 145, 15. 147, 9. Prov.*26, 8. Mf. נת, 36.

נתן לך ג׳ דסמיכי (בסיפרא וכל אס״ף דכו׳) Deut. 7, 16. 17, 14. 26, 2. Mf. נת, 6. (S. עה״ק Deut. 17, 14. 28, 53. — Kimchi Michlol S. 268b. ed. Venet.).

אנכי נתן ז׳. Deut. 11, 26. 1 S. 24,*5. Mf. נת 41. אנ, 22.

הנותן ח׳ (ה׳?) מלא. ? Gen. 49, 21.? Ps. 18, 48.? Mf. נת, 35.? (S. מ״ש Gen. l. c.) 4)

נתון ג׳ (ומלאים). Est. 3, 11. Mf. נת, 20.

נתונם ב׳ חסר יו״ד וא׳ מלא דמלא וסי׳ ושארא נתנים כתיב. Num. 3, 9. Mf. נת, 21.

נתן ה׳ ג׳ מלא וב׳ חסר. Num. 27, 7. Deut. 15, 10. Jud. 11, 30.? Mf. נת, 15. 5)

---

1) Diese Angabe bezieht sich nur auf נתן mit אליך (verb. mit 2 pers. m. sing.) und wenn auch ואל הארון תתן, ונתת אל u.s.w. angeführt ist, so soll nur der Anfang des Verses angegeben werden, in welchem נתינה mit אליך vorkommt; mit אל kommt es mehr als 5 M. vor. Im Allgemeinen sollen die Ausnahmen von אליך gegeben werden, während sonst לך damit verbunden ist. —

2) S. die angef. Stellen und Schriften. Die Angabe Ex. 25, 21. leidet an mehren Fehlern: 1) Das ועשית לו וכו׳ muss heissen: ועשית על החשן (Ex. 28, 23.); — 2) das erste ואתה תשמע מן וכו׳ ist wohl ein Abschreibefehler u. Verwechselung mit dem Folgenden; es ist gemeint 1 Reg. 3, 9. ונתת לעבדך וכו׳; — 3) ist das ב׳ בו דמלכים nicht wie gewöhnlich „in diesem Verse“ sondern s. v. a. „in diesem Abschnitte“ u. bezieht sich auf 1 Reg. 8, 34. u. 39. die mit ואתה תשמע anfangen. — 4) ist über Neh. 9, 15 und 20. Ungewissheit, s. Ex. 40, 7; — 5) das ב׳ בו והם במלכותם, Neh. 9, 35. ist auffallend, da das zweite mit ה׳ (מלא) steht; es ist wahrsch. das in V. 36 ibid. — Im Ganzen sind es also 29 u. zwar 19 im Pent. (י״ט באוריתא), 4 in d. BB. d. Proph. (Mp. ד׳ בנביאים), 4 in Neh. (ד׳ חסר בסיפרא) 1 M. in Ps. u. 1 M. in Daniel. —

3) d. h. 3 M. als 1 pers. pl. praeter. u. zwar 2 M. ohne Waw u. 1 M. mit Waw. Ein M. ist es 3 pers. plur. in Pause mit Kam. des Taw (Ez. 27, 19.). S. Kimchi W. B. s. rad. u. Michlol. —

4) S. bes. die ausführliche Bemerkung des Ben Chajim zu Ps. 18, 48. u. מ״ש zu Gen. 49, 21. — Mpt. Hal. hat: ד׳ מלא und zählt Gen. 49, 21. nicht mit. — S. auch M. marg. zur letzten St. —

5) Die Angaben über diese Form lauten zwiefach: a. ה׳ ג׳ מל׳ וב׳ חסר (Num. 27, 7. Deut. 15, 10. Mf. נת, 15 ed. Bomb. u. Buxt. u. Mpt. Hamb. Jud. 8, 25.) b. ד׳ מלאי׳ וכל כתובים דכו׳ (Jud. 11, 30. u. Mf. נת, 19. ed. Bomb.

נָתֻן ו׳. Gen. 34, 21. Jud. 8, 6. Mf. נת, 10.

וְנִתְּנָה ג׳. Gen. 29, 26. Jer.*38. 18. Mf. נת, 17.

וְיִתְּנוּ ג׳ רפין. 1 Reg. 18, 23. Mf. נט, 16.

וַיִּתְּנֵהוּ ד׳ ג׳ חסר וחד מלא. Ez. 19, 9. 2 Chr.*24, 8. Mf. נת, 31.? **3**)

וַיִּתְּנֵם ג׳ ב׳ חסר וא׳ מלא. Ex. 39, 20. Mf. נת, 18. **4**)

נִתַּן, וְנִתַּן כ״א י״ז פתחין וד׳ קמצין. Lev. 19, 20. Num. 26, 62. 2 Chr. 34, 16. Mf. נת, 3. (S. Ex. 5, 16. מ״ש Jud. 16, 5.) **5**)

נִתְּנוּ ו׳ (דגש) בקריא. Ez. 35, 12. Mf. נת, 11.

נִתָּן ד׳ קמצין. Ez. 5, 16. Mf. נת, 13. (S. נִתַּן).

יֻתַּן ז׳ בקריא. Lev. 11, 38. Num.*26, 54. 32, 5. 2 S. 21, 6. 1 Reg. 2, 21. Job 28, 15.? Mf. נת, 9.?

מַתְּנֹת ב׳ חסר. Gen. 25, 6. Prov. 15, 29. Mf. נת, 25. **6**)

מַתְּנֹתֵיכֶם ד׳ בקרי׳. Lev. 23, 38. Num. 18, 29.! Ez. 20, 31. Mf. נת, 26. (S. מ״ש Lev. l. c.). **7**)

וְנָתוֹן ז׳ ג׳ חסר וד׳ מלא. Gen. 41, 43. Jer. 37, 21. Ez. 23, 46. Koh. 8, 9. Est. 6, 9. Mf. נת, 8.

בְּתִתָּם לית. Ez. 43, 8. **1**)

מִתִּתִי ג׳. Gen. 29, 18. 1 Reg. 21, 3. Mf. נת, 27.

וְלָתֵת (וְלָתֶת) ח׳. Gen. 42, 25. Ex.*32, 29. Jer.*19, 12. Mf. נת, 7.?

וְאֶתְּנָה, וְאֶתְּנָה כל שפטים ושמואל ויחזקאל וָאֶתְּנָה (מלעיל) בר מן חד מלרע (וְאֶתְּנָה) וכל שאר נביאים ואוריתא דכו׳ וְאֶתְּנָה (מלרע) בר מן חד מלעיל (וָאֶתְּנָה), וכל כתובים דכו׳ וָאֶתְּנָה (מלעיל) בר מן א׳ מלרע (וְאֶתְּנָה) וכו׳. Gen. 17, 1. Num. 8, 19. Mf.*נת, 23. **2**)

וְאַל תִּתֵּן ג׳ (ושארא אַל תִּתֵּן). Joel 2, 17. Mf. נת, 34.

וְלֹא יִתֵּן ג׳. Ex. 12, 23. Lev. 5, 11. Num. 5, 15. Mf. נת, 32.

יִתְּנֶנּוּ ב׳. Lev. 5, 24.

וַיִּתֵּן, וַיִּתֶּן י״ג ר״פ. Gen. 23, 9. 28, 4. 1 S. 28, 19. ? 1 Reg.*14, 16. Ps. 72, 15. 2 Chr. 18, 5. Mf. נת, 4.

Die 2te Angabe ist richtig, indem sie bemerken will, dass von dieser Form (Inf. mit oder ohne Waw copulat.) 4 plene Waw in den andern BB. der Bibel, in den Hagiogr. aber immer plene vorkommen; in den Hagiogr. befindet sie sich aber im Ganzen nur 3 M. (Est. 2, 10. 6, 9. und Koh. 8, 9.), so dass es richtig ist, wenn angegeben wird: 4 M. in d. andern BB. u. immer in d. Hagiogr. d. i. 3 M., zusammen 7 M. plene, 3 M. נתון u. 4 M. ונתון. S. Angabe zu Art. ונתון. Die übrigen sind def. Waw nach dem Thaw. Wenn es nun aber in der ersten Angabe heisst: Die Form נתון (d. h. ohne Waw copulat.) kommt 5 M. vor u. zwar 3 M. plene u. 2 M. def., so ist das unrichtig, denn sie kommt 6 M. vor, indem 2 S. 5, 18. fehlt. Sie muss also lauten: נתון ג׳ מלאים וג׳ חסרים, welche dann mit der 2ten Angabe übereinstimmen. Merkwürdig ist, dass ed. Bomb. beide anführt, während Buxt. Mf. l. c. die 2te Angabe zu נתון auslässt, da doch beide Angaben sich ergänzen; die eine von der Form נתון spricht, w. v. M. sie überhaupt u. w. v. M. plene u. def. vorkommt; die andern v. נתון u. ונתון, w. v. M. sie überhaupt plene vorkommen? —

1) Warum ist diese Form nicht angegeben in Mf. ם, 16.? — S. unsere Bemerkung das.? —

2) Die Angabe zu Gen. l. c. ist verstümmelt u. muss nach den beiden andern Angaben verbessert werden. Es muss vorangehen: כל שפטים וכו׳ und dann folgen: וכל אוריתא ונביאים וכו׳. Das ונביאים ist s. v. a. שאר נביאים, ausser Jud., Sam. u. Ezech. —

3) Die Angabe zu Ez. l. c. ist unrichtig u. muss nach 2 Chr. 24, 8. berichtigt werden, wie das B. Chajim an letzter Stelle selbst bemerkt hat. —

4) Ex. l. c. ist die Angabe insofern corrumpirt, als beim dritten Vers steht: דירמי׳, da dieser Vers nicht in Jerem. sondern 2 Chr. 35, 25. sich befindet, wie auch Mpt. Hamb. zu 2 Chr. l. c. als 3. Vers anführt ויקונן ירמיהו על יאשיהו das ist der Anf. des Verses, wie in der Regel so angeführt wird. — Auch heisst es nicht לחק בישראל sondern על ישראל — Der Irrthum "דירמיה" mag dadurch entstanden sein, dass bei ויקונן das Wort ירמיהו steht u. so ist die Beziehung דירמי׳ daraus geworden. —

5) Ausführlich befindet sich die Angabe 2 Chr. l. c. — In ed. Bomb. ist fehlerhaft angegeben וג׳ קמץ, es muss וד׳ = 4 sein. Es sind 14 נִתַּן (3 pers. sing. m. praeter. Niphal), 1 M. נִתֵּן (1 pers. pl. fut. Kal.), 2 M. וְנִתַּן (3 pers. sing. m. praet. Niphal) u. 4 M. נִתָּן (1 part. s. m. Niphal, s. d. Art. נִתָּן) = 17 mit Pathach u. 4 M. mit Kam.

6) Die Angabe zu Gen. 25, 6. ist die richtige; die zu Prov. u. Mf. l. c. ist falsch, da es mehr als ג׳ = 3 giebt; sie sind alle plene Waw, ausser den beiden angegebenen. Es muss heissen: כלהון מל׳ במ״ב חסר. —

7) Num. 18, 29. ist die Angabe fehlerhaft; sie muss in ד׳ ב׳ מל׳ וב׳ חסר verbessert werden. —

נתץ

נִתְּצוּ ג׳. 1) Jer. 4, 26. Mf. נת, 22. (S. Mf. ו׳, 6. אר״א, 13.)

וַיְנַתְּצוּ ג׳. Mf. נת, 43.

נתק

נִתְּקוּ ג׳. Mf. נת, 44.

יְנַתֵּק ג׳. Jud. 16, 9. Job 18, 14. Koh.*4, 12. Mf. נת, 45.

ס.

סבב

וְסָבַב ג׳ בקריא. 1 S. 7, 16. Mf. סב, 6.

סְבָבוּנִי כלהון מלא במ״א. Ps. 18, 6.

סֹבֵב ט׳ חסר בלישן וכו׳. 2) Koh. 1, 6. Mf. סב, 2.

סַב ו׳ חסר (וחסר, צ״ל) Deut. 2, 3. 2 S.*18, 30. 2 Reg. 9, 19. Cant. 2.*17. Mf. סב, 3.

נָסַבּוּ ב׳. Gen. 19, 4.

וַיִּסֹּב ב׳ וכל שמואל דכו׳ במ״א (וַיִּסֵּב). 3) Gen. 42, 24.

וַאֲסֹבְבָה ב׳ חד מלא וחד חסר דשיר מלא. Cant. 3, 2.

וַיַּסֵּבּוּ ג׳ דגשים בקריא. Jud. 18, 23. Mf. סב, 5.

מוּסַבֹּת ב׳ חסר וי״ו בתרא. 4) Ex. 39, 13. Num.*32, 38.

סָבִיב ג׳ ר״פ. Ez. 48, 35. Ps. 12, 9. Job 18, 11. Mf. סב, 1.

וְסָבִיב ב׳. 2 S. 24, 6.

סְבִיבוֹת ב׳ מלא בתורה ושארא סְבִיבֹת כתיב וכל נביאים וכתובים מלאים במ״א. Num. 11, 32.
5) (S. מ״ש Num. 11, 31.)

סְבִיבֹתַי ב׳ חסר. Deut. 17, 14.

סְבִיבוֹתָיו ד׳ מלא. Ez. 32, 25. Mf. סב, 4.

סְבִיבוֹתֵיהֶם ב׳ מלא. Jud. 2, 12. (S. מ״ש Gen. 35, 5.)

סבל

סִבְלֹת ב׳ בענין א׳ מלא וא׳ חסר. Ex. 6, 6. (S. Ex. 39, 24. Mf. ו׳, 60.).

סגר

סָגוּר ה׳ וכל זָהָב סָגוּר דכו׳. Ez. 44, 1. Job 41, 6. Mf. סג, 1.

זָהָב סָגוּר ח׳. S. זהב

וַיִּסְגֹּר ב׳ חסר ובאוריתא. Gen. 2, 21.

וְהִסְגִּירוֹ ד׳. Lev. 13, 5.

יַסְגִּרֶנּוּ ה׳ חסר בלישן. Lev. 13, 11. 1 S. 23, 11. Mf. סג, 3.? (S. מ״ש Lev. l. c.)

מִסְגְּרוֹת ה׳ מלא בלישן. Mf. סג, 4.

סוד

בְּסֹדָם ו׳ חסר בלישן. Gen. 49, 6. Mf. סו, 1.? ים, 2.

---

1) Nach Mf. ו׳, 6. u. אר״א, 13. sollte es heissen: ב׳ וחד ונתצו, so auch Mp. zu den Stellen. —

2) Die Anführungen der Schriftstellen in obigen Angaben ist fehlerhaft u. sind in Widerspruch mit den Ausgg. und den Bemerkungen der Mp. zu den Stellen. Heid. verbessert sie folgendermassen: סֹבֵב ט׳ חסר בלישן וסי׳
הוא הסבב את כל ארץ החוילה, קדמא Gen. 2, 11. [ומסור עליו ג׳ חסר בלישן, ור״ל בלישן דסובב, וא״ד ב׳ חסר, וגם זה נכון]. ויכה את אדום הסביב אליו 2 Reg. 8, 21. [ומסור עליו ג׳ חסר בלישן, הסביב כתיב. כן מסר בכי״י, ור״ל יתיר יו״ד, וכ״כ רד״ק במכלול דפוס פיורדא דף ע״ג ע״א עם דומים אחרים דכתי׳ ביו״ד המשך]. סובב סבב הולך הרוח, תניא דפסוק Koh. 1, 6. [ומסור עליו ג׳ חסר בלישן, ור״ל חד סבב ותרין הסבב]. ואסבבה את מזבחך Ps. 26, 6. [ב׳ חד מלא, ובכי״י ב׳ דין חסר ודשיר מלא]. יסבבנהו יבוננהו Deut. 32, 10. [ומסור עליו בכי״י לית וחסר]. ונהר יסבבני Jona 2, 4. [ט׳ חסר בלישן]. תהום יסבבני Jona 2, 6. ועדת לאמים תסבבך Ps. 7, 8. [גם זה ח״ו כתיב בכי״י ומסר לית]. יסבבוה על חומותיה Ps. 55, 11. [גם זה ח״ו קדמא ומ״ו בתרא בכי״י ומתחלה כתיב יסובבוה מלא תרין וי״ן ובא המגיה ומחק וי״ו קדמא וקיים השני ומסר עליו לי׳ וכ״כ]. וכל סבבים דכו׳ חסר במ״א מלא וסי׳ ודמות בקרים 2 Chr. 4, 3. [ומסר עליו לית מלא]. עכ״ל הרו״וה.

3) d. h. diese Form (mit Waw convers.) kommt ausser dem B. Sam. in den andern BB. nur 2 M. vor, wie angegeben. — Wenn andere Angaben in der Mp. ד׳ = 4 angeben, so ist יִסֹּב ohne Waw convers. mitgezählt, das in den andern BB. der heil. Schrift auch nur 2 M. sich findet, wie angegeben. —

4) Wenn es Mm. zu Ex. 39, 13. heisst: ב׳ כ״כ חסר וי״ו בתרא וב׳ מלא דמלא כתיב ושארא חד״ח, so ist das unrichtig; es giebt nur 1 doppelt plene (מד״מ) Ez. 41, 24. Das ושארא bezieht sich nur auf 2. (Ex. 28, 11. u. 39, 6.). Es sind also 4 im Pent., von denen 2 doppelt def. Waw und 2 def. des 2ten Waw sind. Das in Ez. l. c. ist doppelt plene. S. רמ״ה s. rad. —

5) Das ושארא bezieht sich nicht, wie gewöhnlich, auf alle andere dieser Form, sondern nur auf die im Pent. vorkommenden; denn die in den andern BB. sind ja, wie bemerkt wird, immer plene, mit Ausnahme einer Stelle. —

סום

עִקְּבֵי סוּס׃ עקב S.

סוּסִים אֶל ב׳ בלישן׃ Mf. סו, 4.

סוּסֶיךָ ג׳. Mf. סו, 2.

סוף

סוֹפָא ג׳ כתיב א׳׃ Dan. 6, 27. 7, 26. Mf. סו, 3.

סור

(סָר כל׳ קמץ במ״ב פתח וכו׳ וכל שַׂר דכו׳ פתח במ״ב קמץ וכו׳. Mp. 1 Reg. 20, 43. S. מ״ש ibid.)

וְלֹא סָר ד׳. 2 Reg. 22, 2. Mf. סר, 8.

וְסָרָה ג׳ (ולעיל) Mf. סר, 5.

וְלֹא סָרוּ ב׳. 2 Chr. 8, 15.

וְסַרְתֶּם ג׳. Mf. סר, 6.

וְסָר מֵרָע ה׳. Jes. 59, 15. Job 1, 1.? Mf. סר, 11.

סוּרָה ג׳ ב׳ מלרע וא׳ מלעיל וא׳ וְסוּרָה מלרע. Mf. סו, 3.

יָסֻר ח׳ חסרים בלישן סוּרָה׃ 2 Reg. 4, 8. Prov. 9, 16.? Mf. סר, 2. 4.? (S. מ״ש Deut. 5, 29.) 1)

יָסוּרוּ ב׳ מלא׃ Deut. 4, 9. (S. מ״ש ibid.)

וְאָסִירָה ג׳. Jud. 9, 29. 2 S. 16, 9. Mf. סר, 7.

וְיָסַר ג׳ רפין׃ Ex. 8, 4. 10, 17. Num. 21, 7. Mf. סר, 1.

יָסִירוּ ב׳ וא׳ וְיָסִירוּ׃ (S. Mf. ו׳, 6. או״א, 13.) Mf. סר, 12.

הוּסַר ב׳ (חד מלעיל וחד מלרע)׃ Dan. 12, 11.

סחר

סַחְרָה ד׳. Jes. 23, 18. Prov.*3, 14. Mf. סח, 1.

סטה

סֵטִים׃ שטה S.

סיג

סִיגִים ג׳ מלא וא׳ לְסִיגִים וכו׳. Prov. 25, 4. 26, 23. Mf. סג, 1. (S. מ״ש Jes. 1, 22. u. 25.? Ez. 22, 18.) 2)

סיר

כַּסִּיר לית׃ Job 41, 22.

הַסִּירוֹת חסר ומלא׃ 3) Ex. 38, 3. Mf. סי, 3.

סכך (שׂכך, שׂוך)

סַכֹּתָ ד׳ וכו׳. 4) Ez. 40, 3. Mf. סך, 6.?

הַסּוֹכֵךְ ג׳ ב׳ מלא׃ Mf. סך, 7.

וַיָּסֶךְ ד׳ רפין (הסמ״ך). Ex. 40, 21. 2 S. 12, 20. Job*3, 23. Mf. סך, 2.

סֻכּוֹ ג׳ בקריא וכו׳ (ומשניין) Jer. 25, 38. Thr. 2, 6.! Mf. סך, 5. (S. מ״ש Jer. l. c. Ps. 76, 3.).

שֻׂכּוֹת ו׳ כתיב שי״ן בלישנא׃ Mf. שך, 4. (S. Hos. 2, 6. und (מלין דחמין שי״ן)

הַסֻּכֹּת כל׳ חסר במ״ב Gen. 33, 17. Lev. 23, 34. Deut. 16, 13.? (S. מ״ש Ex. 13, 20. Lev. 23, 34.!) 5)

---

1) Das ח׳ חסרים בל׳ bezieht sich auf alle ähnliche Formen v. סור u. eine v. אסר; s. die Bemerkung des Ben Chajim zu Mf. סר, 4. ? Wenn aber Prov. 9, 16. u. Mf. סר, 2. ג׳ = 3 angegeben wird, so ist nur auf die Form יָסֻר Rücksicht genommen. —

2) Prov. 25, 4. ist noch כור סיגים (Ez. 22, 18.) zu den מלאים gezählt; das ist aber gegen die Ausgg. u. bessere Handschriften. Richtiger ist überhaupt: ג׳ מלא בלישן, so dass mit לסיגים es 3 sind. Die Mp. u. eine Handschr. bei Heid. führen nur ג׳ מלא an. S. Jes. ed. Baer u. Delitzsch additam. etc. S. 65. —

3) S. die beiden angef. Angaben, welche sich zu widersprechen scheinen. — Heid. will so lesen: כל לישנא דהסירות באוריתא מ״י וח״ו כתיב וכל דמלכים מלא דמלא ואת הסרות קדמא דירמי׳ כ״כ (ח״י ומ״ו) ושארא בלישן מלא דמלא. S. auch רמ״ה s. rad. —

4) Die Angabe Mf. l. c. ist die richtige; sie will nemlich angeben, dass diese Form (mit He am Ende) 3 M. vorkommt. Die Angabe Ex. 40, 3. leidet an Fehlern: 1) was soll das וא׳ וְסַכֹּתָה, da ja schon 1 M. diese Form mit Waw gezählt ist? — 2) existirt der angef. V. gar nicht? — Heid. führt eine handschriftliche Massora an, welche so lautet: סכותה ג׳ ב׳ מלא וא׳ חסר וסי׳ סכותה לראשי ביום נשק .Ps. 140, 8. סכות בענן לך (.Thr. 3, 44). סכותה באף ותרדפנו .Thr. 3, 43, וחד וסכת על הארון (.Ex. 40, 3). S. auch Mp. zu den einzelnen Stellen u. ת״ם zu Ex. l. c.

5) Ueber das plene u. def. dieser Form, s. d. angef. Stellen u. תקון ספרים u. מ״ש, א״ת, מ״ח l. c. Das Resultat ist, dass סֻכֹּת (auch mit praef. Mem u. Beth) im Pent. immer def. Waw ist, ausser 2 Stellen (Gen. 33, 17. סכות) und (Lev. 23, 43. בסכות), in den andern BB. d. heil. Schrift aber immer plene steht, ausser einer St., סֻכֹּת (Neh. 8, 15.). Die Form הסכות aber, ist selbst im Pentat. immer plene Waw, ausser Deut. 16, 13., wo הסכת def. ist. —

סכל

הִשְׂכַּלְתִּי· שׂכל S.

סכר

סכר (לשון סתימה) כל׳ בסמ״ך במ״א בשי״ן וכל לשון אגרא בשי״ן במ״א בסמ״ך· Gen. 8, 2. Mf. סך, 3.
(S. Mp. Jud. 8, 4. מ״ש Jes. 19, 10. Ps. 63, 12. Esr. 4, 5.).

סכת

הַסְכֵּת לית· Deut. 27, 9.

סלל

סְלוּלָה ב׳ א׳ מלא וא׳ חסר· Jer. 18, 15.

סִלָּא ב׳ בב׳ לישן חד כתיב א׳ חד ר״פ וחד ס״פ· Thr. 1, 15.
(S. Gen. 35, 5. Deut. 1, 1. Mf. א׳, 22. או״א, 59. 90. 95. Anmerkg.)

סַלְסְלֶהָ לית· Prov. 4, 8.

סלח

לִסְלוֹחַ ב׳ מלא· 1) Jes. 55, 7.

סלע

הַסָּלַע ג׳ קמצין· 2) Mf. סל, 2.

סלף

וִיסַלֵּף ג׳· 3) Mf. סל, 4.?

סלק

סִלְקָת לית קמץ וא׳ פתח· Dan. 7, 8.

סמם

קְטֹרֶת סַמִּים· קטר S.

סמך

וְסָמַךְ יָדוֹ ד׳ חסר אֶת· Lev. 1, 4. 3, 2. Mf. יד, 16.

(וְסָמַךְ אַהֲרֹן וּבָנָיו ב׳ Mp. Ex. 29, 10.)

סָמוּךְ ב׳· Ps. 112, 8.

סנור

בַּסַּנְוֵרִים ג׳· Gen. 19, 11.

סעד

יִסְעָדֶנּוּ לית· (שׂער S.) Ps. 41, 4.

סער

סער ג׳ כתיב שׂין· 4) (שׂער S.) Mf. סע, 1.

(יִשְׂעֲרוּ ב׳ חד שׂין וחד סמ״ך· Mp. Ez. 32, 10.)

ספף

כל סַף, הַסַּף, בַּסַּף פתח באתנח וס״פ במ״א קמץ באתנח מן הדם אשר בַּסָּף (Ex. 12, 22.) תנינא דפסוק·
(Handschr. Massora u. Kimchi Michlol. Form סַל Gen. 42, 25. Lev. 2, 13. עין הקורא Ex. l. c. u. Heid. das.) 5)

---

1) Die Angabe Jes. l. c. steht in Widerspruch mit der Angabe der Mp. zu 2 Reg. 24, 4., wo es heisst: ב׳ חד חסר וחד מל׳ כי ירבה לסלוח· — Heid. entscheidet sich für letztere Angabe, indem es sonst heissen müsste: ב׳ ומלא, da es überhaupt nur 2 M. vorkommt. — Jes. l. c. muss es also lauten: ב׳ חד מלא· —

2) Das ג׳ קמצין ist unrichtig; es sind 5 u. stehen alle in Pause. Ein Mpt. angeführt bei Heid. hat ה׳ קמץ, was richtig ist; es fehlen Jud. 15, 13. u. Jer. 13, 4. — Mp. zu 2 Chr. 25, 12., welche bemerkt בָ׳, d. h. 2 M. mit Kam. des Samech ist insofern richtig, dass 2 mit Athnach und Kam. vorkommen (2 Chr. l. c. und Num. 20, 10.); aber die Angabe Mf. l. c., welche die mit Silluk und Athnach untereinander wirft, ist jedenfalls unrichtig. —

3) In der Angabe Mf. l. c. muss entweder das ג׳ = 3 in ב׳ = 2 umgeändert werden, da diese Form nur 2 M. vork. und das 3te ויסלף gehört noch zur 2ten Stelle, wofür auch die Worte דברי צדיקים sprechen; oder es soll heissen: ב׳ וחד וַיְסַלֵּף (mit Pathach des Waw) und das צדיקים muss in בֹגֵד geändert werden, indem es sich dann auf Prov. 22, 12. bezieht. —

4) Die Angabe muss, nach den angeführten Stellen, so heissen: ג׳ כתיב שׂין וחד קמץ; vor der 3ten Stelle muss eingeschaltet werden: ומלכיהם שערו שער (Ez. 27, 35.), so dass 3 mit Pathach u. ein mit Kam. steht. —

5) Wenn Gen. 42, 25. מן הדם וכו׳ (Ex. 12, 22.) zu den 6 gezählt wird, welche Kam. bei dem Accent Segol haben, so ist das unrichtig, denn dies hat, wie auch oben angegeben, ein Athnach; es bezieht sich auf das erste in diesem Verse und muss heissen: בדם אשר בסף· — S. aber auch Lev. 2, 13., wo dies ausgelassen ist, (da es Pathach u. nicht Kam. hat), dafür aber Deut. 31, 7. u. 31, 23. gezählt werden; dort fehlt aber eins an den 22? Sollte da etwa das בַּסַּף Ex. 2, 12. ausgefallen sein u. das Samech wirklich mit Kam. gelesen werden, gegen die Ausgg. die es mit Pathach haben? S. ausführlich Heid. im שום שכל zu Gen. 42, 25., wo er die Mass. Lev. 2, 13. berichtigt, u. nach einer handschriftlichen, hinzufügt אל תשפכו דָּם (Gen. 37, 22.), so dass es wirklich 22 sind, die Pathach beim Accent Segol haben. Das בסף (Ex. 12, 22.) hat wirklich ein Pathach u. nicht Kam.; u. muss in der Angabe Gen. 42, 25. statt מן הדם אשר בסף stehen:

סְפִי, סִפָּם לית. Ez. 43, 6.

ספד

לִסְפּוֹד ג׳ מלא בלישן. Jer. 16, 5. Zach.*7, 5. Koh.*3, 4. Mf. ספ, 1.

מִסְפַּד ג׳. Zach. 12, 10. Mf. ספ, 2.

ספה

תִּסְפֶּה ג׳. Gen. 18, 23. Mf. ספ, 3.

נִסְפֶּה ב׳. Prov. 13, 23.

תִּסָּפוּ ב׳. Num. 16, 26.

ספק

יִשְׂפֹּק ג׳ ב׳ כתיב שׂ וחד כתיב סמ״ך. 1 Reg. 20, 10. Job 34, 37. Mf. שפ, 31. ספ, 4.? (S. Num. 24, 10.)

וַיִּסְפֹּק ד׳ חסר בלישן. מ״ש Num. 24, 10. Mf. ספ, 5. (S. Job 27, 23. 34, 37.!) 1)

ספר

סוֹפֵר, הַסּוֹפֵר כל נביאים חסר במ״ב מלאים וסי׳ וכל כתובים דכו׳ מלא ב״מ עזרא דהוא כול׳ חסר במ״ג מלא וסי׳. 2 S. 8, 17. Mf. ספ, 10. (S. מ״ש 2 Reg. 19, 2.)

סִפַּרְתִּי ב׳. Ps. 119, 26.

(סִפְרוּ ב׳ רפין. Ps. 48, 13. 1 Chr. 21, 2. מ״ש)

סַפֵּר ב׳. Jes. 43, 26.

סַפְּרוּ ג׳. Gen. 40, 8. Mf. ספ, 8.

וִיסַפְּרוּ ג׳. Ps. 107, 22. Job*12, 8. Mf. ספ, 7.

וַיְסַפְּרוּם ב׳. Jer. 23, 32.

הַיְסֻפַּר ב׳ וחסר. Job 37, 20.

וְאֵין מִסְפָּר ד׳. Joel 1, 6. Ps. 104, 26. 105,*34. Job 21, 33. Mf. ספ, 14.

מְתֵי מִסְפָּר מתה S.

וּמִסְפַּר ה׳ ד׳ פתחין וא׳ קמץ. Num. 23, 14. Jer. 11, 13. Job 15, 20. 38,*21.? Mf. ספ, 9.

אֶל סֵפֶר ג׳. Jer. 30, 2. Neh.*8, 3. Mf. ספ, 6.

בְּסֵפֶר מֹשֶׁה ג׳. Mf. מש, 8. ספ, 15.

בְּסֵפֶר תּוֹרַת מֹשֶׁה ג׳ דסמיכי בקריא. Jos. 8, 31. 23,*6. Mf. ספ, 16.

(בְּסֵפֶר הַתּוֹרָה הַזֶּה ב׳. Deut. 29, 20. מ״ש)

סקל

סָקוֹל יִסָּקֵל ב׳ (ומלא). Ex. 21, 28.

סרר

סֹרֵר ג׳ חסר בלישן. Mf. סר, 9.

סוֹרֶרֶת ג׳ חד מלא. Zach. 7, 11. Mf. סר, 10.

סתר

נִסְתָּרָה ג׳. Ps. 38, 12. Job 3, 23. Mf. סת, 5.

אֶסָּתֵר ב׳ וחד וְאֶסָּתֵר. Gen. 4, 14. Job*13, 20. (S. Mf. או״א, 6. ו׳, 13.)

וַיַּסְתֵּר ב׳. Ex. 3, 6. Job*1, 10.

מִסְתַּתֵּר ד׳. 1 S. 26, 1. Jes. 45, 15. Ps. 54,*2. Mf. סת, 3.

בַּסָּתֶר ד׳. Deut. 27, 24. 28, 57. 2 S. 12, 12. Mf. סת, 4. (S. Mf. חילופי קריאה, 5. או״א, 271.). 2)

בְּמִסְתָּרִים ג׳ רפין. Jer. 13, 17. Ps. 17, 12. Mf. סת, 1.

בַּמִּסְתָּרִים ג׳ דגשין וסי׳ ? Ps. 10, 8. 64,*5. Mf. סת, 2.?

אל תשפכו דם (eine Verwechselung des דָּם mit הַדָּם). — Wenn aber die Mass. zu Gen. l. c. sagt ו׳ תיבין = 6, obgleich es doch 8 sind, so muss das Wort תיבין urgirt werden, da es wirklich nur 6 Wörter sind, aber הָאֶחָת (Ex. 26, 5. u. 36, 12.) u. וֶאֱמָץ (Deut. 31, 7. u. 31, 23.) je 2 M. vorkommen, zusammen also 8, und im Ganzen 22, die Kam. mit dem Accent Segol haben, wie Lev. 2, 13. angegeben ist. —

1) Aus den verschiedenen Angaben geht hervor: 1) dass יִסְפֹּק (יִשְׂפֹּק) 3 M. vork., von denen 2 mit Sin u. eins mit Samech (und plene Waw) geschrieben ist. S. 1 Reg. 20, 10. Mf. ספ, 5 u. שפ, 31. — 2) 4 M. בלישנא, wenn man וַיִּסְפֹּק (mit Waw) dazu rechnet. S. Num. 24, 10. — 3) dieser Stamm kommt 4 M. mit Sin vor. S. Job 34, 37. Mf. ספ, 4. — 4) im B. Job kommt er immer mit Sin vor, mit Ausnahme zweier Stellen; wobei בינינו ישפק zweifelhaft bleibt, ob es mit Sin u. def. oder mit Samech u. plene Waw geschrieben ist. S. Ben Chajim zu Job 34, 37. Kimchi W. B. s. rad. u. מ״ש Job ibid. — 5) die Angabe zu Num. 24, 10. muss etwa so gelesen werden: וַיִּסְפֹּק ד׳ ג׳ חסר ובלישנא, da ein יִסְפּוֹק (entweder Job 27, 23. oder ibid. 34, 37.) plene und mit Samech steht. S. Mp. zu den Stellen u. Kimchi l. c. —

2) S. die Parallelstelle Mf. חילופי קריא׳, 5. u. או״א. 271. Die 4 Stellen sind nirgends angegeben. Heid. führt

ע.

עבד

וַעֲבָדְךָ ב׳. Jer. 34, 14.

וַעֲבַדְתֶּם ד׳ קמצין. Deut. 4, 19. 8, 19. 30, 17. Mf. עב, 13.

עוֹבֵד. S. Abth. 2. Nom. propr.

לְמַס עוֹבֵד. S. מסס

וּלְעָבְדוֹ ג׳. 1) Mf. עב, 7.

יַעַבְדוּנִי ג׳ (ב׳ חסר וא׳ מלא) דתהלות מלא. Mf. עב, 4.

עָבֶד ב׳ קמץ בזקף (ובענין). Gen. 44, 17.

עֶבֶד עוֹלָם ג׳ בלישן. Job 41, 23. Mf. עב, 11.

משֶׁה עֶבֶד הָאֱלֹהִים. S. אלה

לַמְנַצֵּחַ לְעֶבֶד י״י לְדָוִד. S. נצח

עַבְדִּי דָוִד ה׳ (בלישנא) וכל שמוא׳ דכו׳ במ״א דָוִד עַבְדִּי. 1 Reg. 11, 32. Mf. דן, 15. 2)

עַבְדְּךָ לית באתנח. Ps. 119, 65. (S. folg. Art.)

עַבְדֶּךָ, לְעַבְדֶּךָ ז׳ קמצין וכל אתנחתא וס״פ דכו׳ במ״א וסי׳. Num. 11, 11. 1 S. 20, 8. 1 Reg. 8, 53. Ps. 19, 14. Mf. עב, 12. 3)

וְלַעֲבָדֶיךָ ג׳. Ex. 8, 5. Num. 32, 4. Mf. עב, 8.

וְכָל עֲבָדָיו ד׳. Ex. 12, 30. 1 S. 22, 6. Jer. 36, 24.? Mf. עב, 9.

מִפַּרְעֹה מֵעֲבָדָיו וּמֵעַמּוֹ ב׳ דסמיכי. Ex. 8, 27.

מְלֶאכֶת הָעֲבֹדָה. S. מלאכ

עֲבֹדַת ה׳ חסר בד״ה ומן ודוד זקן (1 Chr. 23, 1.) עד דוד את כל שרי ישראל (ibid. 28, 1.) דכו׳. Mf. עב, 10. 4)

עֲבוֹדַת י״י. S. הויה

לַעֲבוֹדַת בֵּית הָאֱלֹהִים. S. אלה

וַעֲבֻדָּה רַבָּה ב׳. Job 1, 3.

עבה

בַּעֲבִי ב׳ בב׳ לישן. Job 15, 25. (S. Mf. א׳, 22. או״א, 59. Anmerkung.)

וְעָבְיוֹ ג׳. Jer. 52, 21. Mf. עב, 3.

עבר

עברה עַל ה׳. 5) Mf. עב, 26.

---

sie folgendermassen aus einem Mpte. an: בַּסָּתֶר ד׳ וסי׳ ושם בסתר Deut. 27, 15. מכה רעהו בסתר (Deut. 27, 24.). כי תאכלם בחסר כל. Deut. 28, 57. כי אתה עשית בסתר, דשמואל ב׳ (2 S. 12, 12.). וכל משנה תורה בסתר קמצין במ״א כי יסיתך אחיך (Deut. 13, 7.) וכל קריא בסֵתר במ״א כי אתה עשית בסָתר (2 S. 12, 12.). —

1) Das ג׳ = 3 ist ungenau, da in dem angeführten Zeph. 3, 9. לְעָבְדוֹ, ohne Waw copulat. steht; es sind also nur 2 mit Waw u. muss statt ג׳ gesetzt werden ב׳. — Merkwürdig ist, dass Mp. zu Zeph. l. c. bemerkt: לית, d. h. es kommt nur 1 M. so (ohne Waw copulat.) vor, was unrichtig ist, da es nochmals Jer. 27, 6. so vorkommt? — Sollte aber die Mp. hier etwa ולעבדו gelesen haben, so müsste diese Stelle statt Zeph. l. c. in Mf. עב, 7. eingeschaltet werden und so würde ג׳ die richtige Angabe sein. —

2) Aus dieser Angabe beweist Heid., dass 2 S. 7, 8. לעבדי דוד, und nicht, wie es die Ausgg. haben לעבדי לדוד, gelesen werden muss. Da nemlich die Mass. angiebt וכל שמואל דכו׳ במ״א u. es im ganzen B. Sam. ausser dieser Ausnahmsstelle nur noch 1 M. (nemlich 2 S. 7, 8.) vorkommt, so muss dieses דוד u. nicht לדוד heissen. Auch aus der Mp., welche zu 2 S. 7, 8. bemerkt לית ist zu ersehen, dass es das דוד u. nicht לדוד (mit Lamed) heissen muss; denn letzteres (לעבדי לדוד) kommt auch 1 Chr. 17, 6. vor, wo gleichfalls לית bemerkt ist, was also ein Widerspruch wäre? —

3) S. die angeführten Angaben. Es muss heissen: ז׳ חסר ופתחין oder ז׳ חסר בסגול. Es soll nemlich angegeben werden, dass das Daleth, wenn es ohne Athnach oder Silluk steht immer Schwa haben muss mit Ausnahme von 7 Stellen, wo es Pathach (d. h. P. Katon = Segol) ohne diese 2 Accente hat. Das חסר bezieht sich auf das fehlende Jod das nach dem Daleth mit Segol als Plur. zu stehen pflegt; hier aber von der Singularform die Rede ist. —

4) In ed. Bomb. ist עבודתי (2 Chr. 12, 8.) nicht mitgezählt, indem es, auch nach Mp. plene Waw ist. Es müsste dann aber ד׳ חסר בלישנ׳ בד״ה lauten? —

5) Die Angabe ה׳ = 5 ist unrichtig; indem hier die Rede ist von den Stellen, in welchen עבר mit der Präposition על verbunden ist. Es sind nur die 3 Stellen: Gen. 18, 5. 32, 21. u. Ex. 34, 6. [S. מבין חדות Gen. 32, 22. (21.)] — Aber Gen. 18, 3. folgt מֵעַל mit Mem; das 5te (ותעבר) existirt nicht; es ist also ג׳ = 3 zu lesen. H. führt eine Mass. an, in welcher es ausdrücklich heisst: עבירה עַל ג׳ דסמיכי באוריתא וסי׳ u. die 3 oben angegebenen angeführt werden. —

עֹובֵר כל סיפרא (יחזקאל) מלא במ״א וכו׳ וכל שאר קריא חסרים במ״ח מלאים׳ (1) Ez. 16, 15. Mf. עב, 20.

עֲבוֹר י׳ מלא בלישן וד׳ לַעֲבוֹר וג׳ אֶעֱבוֹר׳ Num. 22, 26. Jos.*3, 17. Am. 8, 2. Ps. 141, 10. Job 19, 8. Mf. עב, 17. 21 u. 23. (S. מ״ש Num. l. c. Jos. l. c. Am. 7, 8. Nah. 2, 1.) 2)

כַּעֲבֹר ב׳ א׳ מלא וא׳ חסר וא׳ בַּעֲבֹר׳ Mf. עב, 24.

לַעֲבוֹר׳ S. עֲבוֹר

בְּעָבְרְכֶם ג׳׳ Deut. 27, 12. Jos. 23, 16.! Mf. עב, 19.

אֶעֱבוֹר׳ S. עֲבוֹר

יַעֲבוֹר ז׳ מלא׳ Jes. 26, 20. 40, 27. Mf. עב, 14. (S. מ״ש Est. 1, 19.)

וְיַעֲבוֹר ג׳ בקריא רפין׳ 1 S. 9, 27. 26, 22. Job *13, 13. Mf. עב, 18.

וַיַּעַבְרוּ ב׳ וחסר וחד וַיַּעֲבְרוּ׳ Jos. 4, 10.

וְהֶעֱבִירֻנִי ג׳ מלא גבי נו״ן בל׳ העברה׳ Jos. 4, 8. Ez. 37, 2. Mf. עב, 22. (S. M. marg. Gen. 32, 23.)

אַעֲבִיר ג׳ ומלאים׳ Ex. 33, 19. Ez. 14, 15. Mf. עב, 16.

וַיַּעֲבֵר (וַיַּעֲבֶר) ט׳׳ Gen. 8, 1. 32, 23. 1 Reg. *15, 12. Jona 3, 6. Mf. עב, 25.

וַיַּעֲבִרֵם ח׳ חסר בלישן׳ Gen. 32, 23. Jos. 4, 8. 1 S. 16, 8. 3) (S. מ״ש 1 S. 2, 24.) Mf. עב, 27.?

וַיַּעֲבִירוּ ד׳ ג׳ מלא וחד חסר׳ Mf. עב, 28.

וַיִּתְעַבָּר ב׳׳ Ps. 78, 21.

(הָעִבְרִים כל סמייא פתח וכל יהודייא קמץ׳ Mp. 2 S. 5, 6.)

הָעִבְרִיּוֹת ד׳ ג׳ חסר וחד מלא׳ Ex. 1, 16. Mf. עב, 15.

עבה

עֲבוֹת ג׳ מלא בלישן׳ (4 Mf. עב, 1.

עֲבֹתִים ג׳ מלא׳ (S. מ״ש Ps. 118, 27.) Ez. 3, 25. Mf. עב, 2.

עגב

וְעֻגָּב ב׳ חד חסר וחד מלא׳ Ps. 150, 4.

עגל

עֶגְלַת ה׳׳ 1 S. 16, 2. Jer. 48, 34. Mf. עג, 1.

הָעֲגָלוֹת ב׳ מלא בתורה׳ Gen. 45, 27.

עֶגְלֹת ג׳ חסר בלישן׳ Num. 7, 3. (S. מ״ש Num. l. c. u. 7, 6.)

וּמֵעֲגָלֶיךָ לית׳ Ps. 50, 9.

עדד

עַד ב׳ דסמיכי׳ (5 Gen. 49, 27. Mf. עד, 10.

---

1) Ez. l. c. ist Jer. 9, 9., nach Heid. mit Recht ausgelassen u. dafür Ps. 144, 4. angeführt, indem ersteres nach Handschriften def. Waw ist. — Ganz wie die Angabe in Ez. l. c. hat es auch eine alte Handschrift, so dass Jer. l. c. def. ist. —

2) Diese Angabe (Num. 22, 26.) leidet an vielen Schwierigkeiten: 1) werden 10 angegeben u. nur 9 Stellen gezählt? es fehlt Est. 9, 27.; — 2) werden 2 M. יעבור gezählt, da diese ja zu dem besondern Art. יעבור ז׳ מלא (s. unten) gehören? — 3) ist Jes. 43, 2. gezählt, das nach den Ausgg. (auch die Mp. bemerkt nichts dazu) def. Waw ist? — 4) giebt Mf. עב, 21 u. die Mp. zu den meisten Stellen ז׳ מלא = 7 plene, an. Es scheint daher die Leseart: ז׳ מלאים (ebenso wie unten bei יעבור) die richtige zu sein, so dass ולא יעבור ausgelassen ist, ebenso, wie das כי תעבור (Jes. 43, 2.) indem dies, wie bemerkt def. Waw ist, so dass nur 7 bleiben, wie angegeben. — Ueber die 4 לעבור, s. מ״ש l. c. Mir scheint, dass mit 2 S. 15, 24. es 4 entschieden plene Waw sind u. das zu Nah. 2, 1. ein streitiges (ungewisses) ist, weswegen die Mp. zu Nah. l. c. bemerkt: ד׳ מל׳ ופלוגתא׳. — Freilich kann das ופלוגתא sich auch auf Jos. 4, 1. beziehen, indem die Mp. zu dieser St. nicht angiebt ד׳ מלא, was bei dem vorhergehenden (Jos. 3, 17.) wohl der Fall ist; doch scheint mir das erstere das richtige zu sein. —

3) Nach der Angabe Jos. 4, 8. ist Ps. 78, 13. plene Jod, indem es nicht zu den 8 defectiven gezählt wird; so scheint es auch Mp. zu beiden Stellen (Gen. 32, 23. u. Ps. 78, 13.) gelesen zu haben. Jedoch ist nicht zu verkennen, dass eine alte Handschr. (angef. v. Heid.) בקע ים (Ps. l. c.) mit zu den def. zählt, sie lautet: ב׳ (ויעברם) חסר וח׳ חסר בלישנא וסי׳ ויקחם׳ בקע ים׳ ויעברם עמם במלון׳ מעברים עם י״י׳ והוא ירה החצי להעברו׳ ויקרא ישי׳ ואבנר בן נר ויעברו את המלך׳ וכל שרי יהודה העברו את המלך, עכ״ל Die zwei ויעברם scheinen für eins gerechnet zu werden, wodurch es alsdann 9 = ט׳ def. wären. Ebenso haben einige handschriftl. Angaben der Mp. ב׳ וחסר, so dass beide ויעברם def. Jod wären? —

4) Es fehlt Ps. 77, 18. — Es sind also 4, u. zwar 2 von עבה u. 2 von עיב. S. Mp. zu den Stellen. —

5) Das ב׳ בסמיכה in Gen. 49, 27. soll so viel heissen, als באתנח, d. h. mit einer Stütze = in Pause. S. Mp. das. כל׳ פתחי׳ וב׳ באתנחת׳. — Es ist aber auffallend, dass nicht auch מני עד (Job 20, 4.) mitgezählt wird, da letzteres

לְעַד ב׳. .9 ,עד Mf.

ע ד ה

עֲדְיוֹ ג׳. ?.23 .22 ,עד Ex. 33, 4. Ez.*7, 20. Mf.

ע ד ן

מַעֲדַנִּים לית וחד לְמַעֲדַנִּים. Thr. 4, 5.

ע ד ף

הָעֹדְפִים ג׳ וחסר וי״ו. .29 ,עד Num. 3, 49. Mf.

ע ד ר

נֶעְדָּר ג׳ וכו׳. (S. מ״ש Zeph. 3, 5.). .20 ,עד Mf.

ע ו ג

עֻגֹת ב׳ בתורה א׳ מלא וא׳ חסר. **1**) .2 ,עו Mf.

מָעוֹג ב׳. (S. Mf. ׳א, 22. או״א, 59.) Ps. 35, 16.

ע ו ד

הָעֵדָה בָהֶם ד׳ בלישן. .20 ,עד 1 S. 8, 9. Mf.

הָעֵד ד׳ חסר בלישן. Gen. 43, 3.

הַעִדֹתִי ה׳ וחסר. מ״ש (S. .15 ,עד Deut. 8, 19. Mf. Deut. 4, 26.). **2**)

וְאָעִידָה ה׳. .14 ,עד Deut. 31, 28. Jer.*6, 10. Mf.

לְעֵדָה ג׳. .19 ,עד Gen. 21, 30. Jos. 24, 27. Mf.

עֵדְוֹתֶיךָ ט׳ מפקין וי״ו וסי׳ וכו׳ וח׳ אינון בענינא בא״ב
וסי׳ פר״ץ ב״ן דמ״ה ,במ״א צוית (צדק) עדותיך.
Ps. 119, 14. 31. 157.! Mf. עד, 18. **3**)

וְעֵדֹתָיו ה׳ בלישן ד׳ חסר וא׳ מלא. Deut. 6, 17. Ps. 25, 10. 99,*7, 119, 2. Mf. עד, 16.? (S. מ״ש Deut. l. c. 2 Reg. 23, 3. Mf. חילופי קריאה, 4.)

וְעֵדְוֹתָיו ה׳ מפקין וי״ו בלישן. 1 Reg. 2, 2. 2 Reg. 17, 16. Mf. עד, 11. (S. Mf. חילופי קריאה, 4. מ״ש 1 Reg. 2, 3. 2 Reg. 23, 3. Jer. 44, 23.). **4**)

הָעֵדֻת כל׳ חסר (מלא בתורה) במ״ח. Ex. 16, 34. 26, 33. 30, 26. 40, 3. Lev.*16, 13. Num. 1, 53. 17, 19. Mf. עד, 12.? (S. מ״ש Ex. 30, 26. 39, 35.)

אֲרוֹן הָעֵדוּת. ארן S.

וּשְׁנֵי לֻחֹת הָעֵדוּת. לוח S.

ע ו ה

הֶעֱוִינוּ הִרְשַׁעְנוּ לית דסמיך. Ps. 106, 6.

עָוֹן ד׳ מל׳ בלישן. 2 Reg. 7, 9. Ps.*51, 7. Prov. 5, 22. 1 Chr.*21, 8. Mf. עו, 8. (S. מ״ש 2 Reg. l. c. Prov. l. c. 1 Chr. l. c. u. Raschi-Commentar 1 Chr. l. c.)

וּמֵעֲוֹנִי לית. (S. Mf. ׳מ, 13. או״א, 18.) Job 10, 14.

עַל, אַל, וְאַל עֲוֹנָם. (S. לקוטים). Neh. 4, 5.

וַעֲוֹנוֹת ו׳ מלא בלישן (ושארא עֲוֹנֹת). .9 ,עו Neh. 9, 2. Mf. (S. מ״ש Lev. 26, 39.?)

עֲוֹנֹתֵיהֶם ב׳ מלא. (S. מ״ש Jer. 33, 8.!) .10 ,עו Mf. (Ueber עונותיכם S. מ״ש Ez. 36, 33. Job 22, 5.).

ע ו ל

עָלוֹת ה׳. .59 ,על Gen. 33, 13. 1 S. 6, 7.? Mf.

---

sowohl in den Ausgg., als auch nach Mf. (אלין פתחין בְּסִיפְרָא d. h. in Job) ein Pathach mit Athnach hat? — Darum will Heid. die Angabe so verbessern: כול׳ פתחין וב׳ באתנחת׳ וכל עדי עד דכו׳, so dass Jes. 26, 4. zu עדי עד gehört u. dafür Job l. c. hinzugezogen wird zu den ב׳ באתנח? —

1) S. רמ״ה s. rad. Die Angabe muss wohl so lauten: ג׳ ובתורה ב׳ מל׳ וא׳ חסר. — Das מלא bezieht sich auf das Waw nach dem Ain u. das חסר ist s. v. a. חסר דחסר. Also a l l e sind def. Waw des Plurals; 2 haben Waw nach dem Ain u. 1 ist doppelt defective. —

2) Das וחסר bezieht sich auf das Waw nach dem Daleth u. das fehlt bei allen 5; denn das Jod nach dem Ain steht bei zweien derselben, so dass nur 3 doppelt def. = חד״ח sind. S. רמ״ה s. rad. u. מ״ש l. c. Uebrigens ist die Aufzählung in Deut. l. c. corrumpirt; es fehlt entweder Deut. 30, 19. oder nach ידע תדען muss ein Trennungszeichen stehen; das כי העדתי בכם ist dann die Stelle Deut. 30, 19., welcher Fehler beim Abschreiben leicht entstehen konnte. —

3) Es muss heissen: י׳ מפקין וי״ו בלישנא. — Es sind nemlich 10, in denen das Waw hörbar wird durch das Cholam u. fehlt Neh. 9, 34. (וּלְעֵדְוֹתֶיךָ), wo gleichfalls das Waw gehört wird. S. מ״ש 1 Chr. 29, 19. —

4) Wenn Mf. l. c. es heisst: וְעֵדֹתָיו שמור תשמרון את (Deut. 6, 17). וכל תהלות דכו׳, so soll das sagen, in den Pss. ist das Waw dieses Wortes immer n i c h t hörbar, während es in den andern BB. immer hörbar ist, mit Ausnahme von Deut. 6, 17., was mit obiger Angabe übereinstimmt. —

עֲלֻוָה ג׳. עלה .S

עֲוֹלָתָה ג׳ וכו׳. Ps. 92, 16. Mf. עו, 11.

עון

מָעוֹן ד׳ ופל שום בר נש וקרתא דכו׳ במ״א. Ps. 71, 3. Mf. מע, 1. (S. מ״ש Ps. l. c.). 1)

מְעוֹנָה חד מפיק ה׳ וחד לא מפיק. Deut. 33, 27.

מְעֹנָה, מְעֹנֹת וכו׳ ג׳ חסר (וי״ו) בלישנא וב׳ כתיב חסר וי״ו בתרא וב׳ מלא דמלא ושארא מְעֹנוֹת כתיב חסר וי״ו קדמא. Ex. 21, 10. Job 38, 40. Mf. מע, 2. ענ, 1. 2)

עוף

וַיָּעֹף ג׳. 2 S. 22, 11. Mf. עו, 27.

יְעוֹפֵף ב׳. Gen. 1, 20.

וּמִן הָעוֹף י״ד זוגין וכו׳. Gen. 7, 8. (S. Mf. מן, 1. י״ד יחידאין משמשין וּמִן ולית זוגא).

וְהָעוֹף ג׳ באוריתא. Gen. 1, 22. 40, 17. Lev. 11, 46. Mf.*ער, 25.

מֵהָעוֹף חד מן כ״ב נסבין מה דכל חד וחד לית דכו׳. Mf. מ׳, 3. או״א, 195.

וּבְעוֹף ג׳ בקריא. Hos. 4, 3. Mf. עו, 26.

עור

(S. עבר .הַעִוְרִים)

עוּרִי עוּרִי ד׳ דסמיכי. ס׳ דברי קהלת Jes. 52, 1. Mf. ער, 15. (S. v. S. Geiger S. 69 u. 108.)

יְעוֹרוּ ג׳ ב׳ מנהון חסר, יהושפט מלא. Jer. 50, 41. Mf. ער, 16.

עֹרֵר ד׳ חסר בלישן. Prov. 10, 12. Mf. ער, 12.

הֵעִיר ה׳ בקריא. Jes. 41, 2. Mf. ער, 10.

הָעִירָה ט׳ וכו׳. עיר .S

יָעִיר ח׳ (חד מנהון שום בר נש) Deut. 32, 11. Jes.*50, 4. Job 8, 6. Dan. 11, 2. Mf. ער, 11.

וַיָּעַר ג׳. ערה .S Hag. 1, 14. Mf. ער, 8.

עָרִים ח׳ בלישן דבבו בקריא. 1 S. 28, 16. Mich.*5, 14. Ps. 139, 20. Mf. עי, 45. (S. מ״ש Ps. l. c.)

כְּלִי הָעוֹר. כלה .S

עוֹרוֹ ג׳ מלא. Job 18, 13. 40, 26. Mf. ער, 28.

כל עֹרֹת חסר דחסר במ״א. (S. מ״ש Ex. 39, 34.) Job 40, 26.

עזז

וְשֵׁשׁ וְעִזִּים. שש .S

עֻזָּא ג׳ כתיב א׳ בנביאים וכל כתובים דכו׳ במ״א. עֻזָּה וכו׳. 2 Reg. 21, 18. Mf. עז, 5. (S. Mf. שטה, או״א, 269. M. marg. Ps. 68, 29.).

יָעֹז ג׳ ב׳ חסר וא׳ מלא. Ps. 9, 20. Mf. עז, 3.

וַתָּעָז ב׳ ובסיפרא. Jud. 6, 2. (S. מ״ש ibid.).

עָז ב׳ זקפין קמצין. Gen. 49, 7.

עַז פָּנִים ב׳. Dan. 8, 23.

וּמִגְדַּל עֹז ג׳. גדל .S

עָזִּי וְזִמְרָת ג׳ דסמיכי. Ex. 15, 2. Jes.*13, 2.? Mf. זמ, 5.?

בְּעָזְּךָ ג׳ וחסר. מ״ש .S) Ex. 15, 13. Ps.*21, 2. Mf. עז, 1. Ps. l. c.).

עֻזּוֹ ד׳ בקריא וחד עֻזָּה כתיב. Hab. 3, 4, Mf. עז, 4. 3)

---

1) Daraus geht hervor, dass diese Form als Nom. propr. stets das Mem mit Kam. hat ausser Jer. 48, 23. — Wenn demnach Ausgg. u. Handschriften Jos. 13, 17. בעל מעון, das Mem mit Schwa lesen, so ist das nach dieser Massora unrichtig; es muss Kamez haben. —

2) Ueber def. u. plene Form dieses Stammes s. ausführlich Job l. c. Von den 3 ersten ist eins doppelt def. Waw. Wenn daselbst zu den zweien, die def. des 2ten Waw (nach dem Nun) stehen, gezählt wird: ואל מעונתם ישובון, so existirt dieser V. nicht, und muss, wie Heid. bemerkt, statt ישובון gelesen werden תשכון (Job 37, 8.), wo das ובמעונתיה def. Waw nach dem Nun (in den guten Handschriften) ist. Das ואל מעונתם ist nur eine irrthümliche Wiederholung der folgenden Stelle. — Wenn Job l. c. nur drei (ג׳ חסר וכו׳) angegeben werden, die def. Waw nach dem Ain sind, während Ex. 21, 10. vier angegeben werden (ד׳ חס׳ בלישנא, s. auch Mf. מע, 2. u. ענ, 1.?), so liegt das darin, dass erstere entweder nur die mit Mem anfangenden rechnet, wodurch וְעֻנָּתָהּ ausgeschlossen wird, oder dieses Wort in einem andern (traditionellen, talmudischen) Sinne (= coïtus) nimmt. —

3) Es giebt 8 dieser Form? Sollte das ד׳ = 4 in ח׳ = 8 umzuändern sein? — Warum sind aber die Stellen nicht angeführt? Die Anführung der Stellen war wahrscheinlich im Mpt. verstümmelt u. standen nur 4 St., wonach man die Angabe ד׳ bildete, wie das nicht selten ist. S. oben.

וְעֻזּוֹ ד׳. Mf. עז, 2. Ps. 68, 35.

עֻזְּכֶם ב׳. Ez. 24, 21.

עזב

אַל תַּעַזְבֶהָ לית. Prov. 4, 6.

וַיַּעַזְבֻנִי ג׳ חסר בלישנא. Mf. עז, 8. 1 S. 8, 8.

עִזְבוֹנַיִךְ ד׳ (ובענין). Mf. עז, 9. Ez. 27, 12.

עזר

עוֹזֵר ה׳ מלא (וי׳ חסר ע״פ כ״י ואינון בכלל ט״ה, רו״וה).
Jes. 31, 3. Ps. 22, 12. Thr.*1, 7. Mf. עז, 10.

וְאֵין עוֹזֵר ו׳ בקרי׳ וחד אֵין עוֹזֵר. 2 Reg. 14, 26.
Jes. 63, 5. Ps. 107, 12. Mf. עז, 11.

לַעֲזוֹר ג׳ מלא. Mf. עז, 12.

עֲזָרֵנוּ ב׳. Ps. 33, 20.

הָעֶזְרִי ג׳ בקריא ושארא עֶזְרִי. Jud. 6, 11. S. Nom. propr.

עטה

יַעֲטֶה ד׳. Lev. 13, 45. Jer.*43, 12. Ps. 84, 7. 109, 19.
Mf. עט, 2. (S. מ״ש Jer. l. c.)

עטף

הָעֲטֻפִים ב׳ בתרי לישני א׳ מלא וא׳ חסר. Gen. 30, 42.
(S. או״א, 59. Anmerkung.)

בְּהִתְעַטֵּף ב׳. Ps. 142, 4.

עיט

וַיַּעַט ג׳ (חד קמץ). Mf. עט, 1.

הָעַיִט ד׳ ב׳ קמץ וב׳ פתח. Mf. עט, 2. Gen. 15, 11.

עין

עַיִן בְּעַיִן ג׳. Num. 14, 14. Deut. 19, 21. Jes.*52, 8.
Mf. עי, 18.

עַל הָעַיִן ב׳. Mf. עי.*33. Gen. 16, 7. 24, 30.

הָעַיְנָה ב׳ (ובענין). Gen. 24, 16.

וְעַיִן ח׳ בקריא וסי׳ ה׳ קדמאי שום קרתא. Jos. 19, 21.
Zach. 11, 7. Job*24, 15.? Esr.*5, 5.? Mf. עי, 29.? 1)

כְּעֵין ט׳. Mf. עי, 9. Ez. 1, 22. Dan. 10, 6.

עֵינִי כ״ט. 2) Mf.*עי, 24. Gen. 44, 21.

עֵינוֹ ט׳ וחד וְעֵינוֹ. Ex. 21, 26. Lev. 13, 55. Deut. 34, 7.
Job 28, 10. Mf. עי, 13. S. מ״ש Zach. 2, 12.)

(וְעֵינְכֶם לי׳ וחד עֵינְכֶם (ולאלה אמר). כ״י האמבורג
Gen. 45, 20. S. Ez. 9, 5. Mf. עי, 12.)

עֵינָם ב׳ וחד וְהָעֵינָם. Mf. עי, 16.

עֵינַיִם כ״ח בקריא. Mf. עי, 3. Jes. 42, 7. Zach. 3, 9.

וְעֵינַיִם ג׳, אנ״ך. Mf. עי, 19. Deut. 29, 4. Jes.*43, 8.

לָעֵינַיִם ד׳ ב׳ פתח וב׳ קמץ (אחד כלו קמץ וא׳ חציו קמץ
וחציו פתח וב׳ פתחין) Gen. 3, 6. Prov.*10, 26.
Mf. עי, 32. (S. מ״ש Koh. 12, 7.).

וְעֵינֵי ו׳ ג׳ מנהון ר״פ וכו׳. Gen. 29, 16. 45, 12. Prov. 17, 24.
27,*20. Job 11. 20. Mf. עי, 14.

בְּעֵינֵי קל״ט. ?Est. 2, 4.

וּבְעֵינֵי י׳. Mf. עי, 20. Gen. 41, 37. Num.*11, 10.

וּלְעֵינֵי ד׳. Mf. עי, 21. Ex. 7, 20. Jer. 28, 5. 32, 12.

מֵעֵינֵי ד׳. Mf. עי, 25. Lev. 4, 13. Job*28, 21.

עֵינַי ד׳ פתח באתנח. Mf. עי, 17.

וָאֶשָּׂא עֵינַי וָאֵרֶא. נשא S.

וָאֶשָּׂא אֶת עֵינַי. נשא S.

מֵעֵינָי ד׳. Gen. 31, 40. Jes.*65, 60. Hos.*13, 14. Job 3, 10.
Mf. עי, 22.

עֵינֶךָ ו׳ חסר בלישן יו״ד בתרא. Deut. 15, 18. 25, 12.
Mf. עי, 8. 23.? (S. מ״ש Deut. 18, 21. Job 13, 31.)

וְעֵינֶיךָ ז׳. Deut. 28, 32. 2 S. 22, 28. Jer.*34, 3. 39,*12.
Mf. עי, 7.

לְעֵינֶיךָ ח׳. Mf. עי, 5.

עֵינַיִךְ י״א. Mf. עי, 28. Cant. 4, 1.

עֵינֵיכֶם י״ג. Mf. עי, 12.

וְעֵינֵיכֶם ב׳ א׳ חסר וא׳ מלא. Mal. 1, 5. (S. מ״ש
Gen. 45, 20.)

---

1) Das ט׳ = 9 in den versch. Angaben scheint ein Fehler zu sein; das ועין חדה ב׳ בו in Esr. 5, 5. ist richtig; es fehlt in Jos. l. c.; dagegen ist ועין גנים והנבשן fehlerhaft; es sind also nur 8 dieser Form. —

2) Die Anführung Mf. עי, 24. ist incorrect u. fehlerhaft. — Es fehlt: הן כל ראתה עיני (Job 13, 1.). —

לְעֵינֵיכֶם ח׳. Deut. 29, 2. Jer.*16, 9. Mf. עי, 6. (S. מ״ש Ez. 36, 23.). 1)

עֵינָו ח׳ חסר יו״ד בתרא. 1 S. 3, 2. Jer.*32, 4. Mf. עי, 4.

וַיִּשָּׂא עֵינָיו. S. נשא

וְעֵינָיו י״א בקהיא. Jes. 17, 7. Job*41, 9. Mf. עי, 15.

לְעֵינָיו ה׳. Num. 19, 5. 2 Reg.*25, 7. Jer. 52, 10. Mf. עי, 26.

בְּעֵינֵיהֶם י׳. Num. 36, 6. Mf. עי, 11.

לְעֵינֵיהֶם כ״ד. Num. 20, 8. Ez. 36, 23.? Mf. עי, 10.? (S. מ״ש Ez. l. c. ausführl. — M. marg. Ez. l. c.).

מַעְיַן ה׳ קמצין וכו׳ וד׳ פתחין. Lev. 11, 36. Jos.*15, 9. 18, 15. 2 Reg.*3, 25. Ps. 74, 8. Cant.*4, 12. Mf. מע, 6 u. 7.

(מעינות מלא וחסר. S. מ״ש Gen. 7, 11.)

עיף

עָיֵף, וְעָיֵף ח׳ בקריא. Gen. 25, 29. Ps. 63, 2. Mf. עי, 34.

וְעָיֵף ב׳. Ps. 63, 2.

עיר

עִיר מִקְלָט, עָרֵי הַמִּקְלָט ד׳ וכו׳. Num. 35, 6. Jos. 20, 1. Mf. עי, 38.

עַל עִיר ד׳ (ב׳ עַל וב׳ וְעַל). 2 S. 6, 10. Am.*4, 7. Mf. עי, 39.

וְאֶת הָעִיר ה׳. Jer. 23, 39. 26, 6. Mf. עי, 42.

עַל הָעִיר י״ז וכל וגנותי דכו׳ עַל הָעִיר במ״א אֶל הָעִיר. Gen. 34, 25. Deut. 20, 20. Jer. *32, 28.? Mf. עי, 36. על, 15. 2)

הָעִירָה ט׳ בלישן ח׳ לשון קריה וחד לשון עורה. Gen. 44, 13. Jos.*6, 20. 2 S. 17, 17. 1 Reg. 14, 12. 2 Reg. 20, 20. 1 Chr.*19, 15. Mf. עי, 40.? (S. Mp. Ps. 36, 23.).

מֵהָעִיר ג׳. Jer. 52, 7. Mf. עי, 41.

בְּעִיר דָּוִד ד׳ במלכים דסמיכי. 2 Reg. 15, 38. Mf. דו, 7.

לָעִיר ד׳ חטפים. Jer. 1, 18. 2 Chr. 32, 30. Mf. עי, 37.

עָרִים ח׳ בלשון דבבו. S. עור

כָּל עָרִים ג׳. Mf. עי, 43.

מִן, וּמִן הֶעָרִים ג׳. Mf. עי, 46.

מֵהֶעָרִים ד׳ בקריא. Jud. 20, 15. Ez. 25, 9. Mf. עי, 44.?

וְאֶת עָרֵי ז׳. 1 Reg. 9, 19. Jer. 25, 18. Zach. 1, 12. 2 Chr. 8, 6. Mf. עי, 48.

עַל עָרֵי ב׳. Jer. 4, 16. Mf. עי, 47.

עָרֵי הַמִּקְלָט. S. oben und קלט.

עֲיָרִים ג׳ בליש׳. 3) Mf. עי, 35.

עכבר

וְהָעַכְבָּר ב׳. Lev. 11, 29. Mf.*עב, 1.

עכביש

עַכָּבִישׁ ב׳. Mf. עכ, 2.

עלל

עֹלֵל ו׳ חסר בלישן. Thr. 2, 20. Mf. עו, 12.

תְּעוֹלֵל ב׳. Lev. 19, 10. Deut. 24, 21.

עֲלִילֹת ד׳ ב׳ מלא יו״ד וחסר וי״ו וב׳ חסר יו״ד ומלא וי״ו. Deut. 22, 14. Mf. על, 2. 75.?

עִלָּלִין חד מן ד׳ נסבין יתיר ל׳ וחד חלוף. Dan. 4, 4. ibid. 5, 8. Mf. ל׳, 2. 10. או״א, 152. (S. Abth. 2. ד׳ מלין)

עלה

עליית אֱלֹהִים. S. עלה

עלייה אֶל האלהים. S. עלה

עָלִית ג׳. Prov. 31, 29. Mr. על, 39.

עָלֵינוּ ב׳. Gen. 44, 24.

וְעָלֵינוּ ב׳. 1 S. 14, 10.

---

1) Wenn Mp. zu Jer. 29, 21. bemerkt כ״ו = 26, so fehlt dabei בלישנא; denn 18 M. kommt בעיניכם (mit Beth) u. 8 M. לעיניכם (mit Lamed) vor, zusammen 26 M. die ähnliche Form. —

2) In Jer. l. c. sind nur 16 aufgezählt; auch Mf. ed. Buxt. hat nur י״ו = 16 in der Angabe. Die aber 17 angeben, müssen Neh. 13, 18. mitzählen, wie das auch Mpt. Hamb. zu 2 Reg. 10, 5. Jer. 26, 20. u. Neh. l. c. hat. — Es scheint also das עַל zu letzterer Stelle ungewiss zu sein, wie auch einige Mpte. וְעַל (mit Waw) lesen. —

3) Es ist nicht klar, worauf die Angabe sich bezieht. — Soll es auf das plene Jod des Plurals sich beziehen, so gehört ja Jos. 30, 6. 24. auch dazu; bezieht es sich aber auf d. Chataf des Ain, so gehört Gen. 32, 15. nicht dazu, da in diesem das Ain nur Schwa hat. — (S. עין הקורא das.).

עוֹלֶה ה׳ מלא בלישן בקריא 1 S. 17, 23. Job *36, 33. Mf. על, 36.

הָעֹלֶה ג׳ בקריא וכו׳ מציעתא מלא וסי׳ מלכים מלאים. Jos. 11, 17. (Mp.?) 12, 7. Mf. על, 35.

עָלֹה ג׳ וכתיב ה׳. Gen. 46, 4. Num.*13, 30. 2 S. 15, 30. Mf. על, 57.

עֲלוֹת ו׳ ה׳ מלאים וא׳ חסר. Gen. 32, 24. Ex. 19, 12. Jud.*19, 30. Mf. על, 61. (S. Ex. 34, 24.).

בַּעֲלוֹת ה׳. 1 Reg. 11, 15. Mf. על, 53. (S. מ״ש Jud. 13, 20.)

לַעֲלֹת ד׳ חסר בתורה. Ex. 19, 23. Mf. על, 54.

י״ד מלא וכל אוריתא ויהושע דכו׳ במ״ג לְהַעֲלוֹת. Job 36, 20. Mf. על, 38. (S. מ״ש Ex. l. c. 1 S. 2, 28. Job l. c.)

בַּעֲלֹתְךָ ג׳ חסר בלישן. 1) Ex. 34, 24.

עֲלִי ו׳. Jer. 22, 20.

וְלֹא יַעֲלֶה ג׳ בקריא. Jes. 44, 17. Mf. על, 58.

וַיַּעֲלֶה ג׳ רפין. 2 Chr. 16, 3. Mf. על, 48.

וַיַּעֲלֶה ג׳ בטעם לעיל. ג׳ דגשים עמרי וכו׳) Mf. על, 51. Mp. 1 Reg. 16, 17.)

וַיַּעַל ז׳ רפין. Ex. 10, 12. 2 S.*24, 22. Esr. 1, 3. 2 Chr. 18, 19. Mf. על, 42.

קוּמוּ וְנַעֲלֶה. קום S.

וַיַּעֲלוּ ג׳ רפין. Jos. 4, 16. Mf. על, 49.

הֶעָלוֹת ב׳ (ומלא. Mp.). Num. 9, 17.

הֶעֱלִיתָ קדמא בצירי תנינא בחירק. Ex. 32, 7.

הֶעֱלִיתָ ג׳. Ex. 33, 1. Num. 14, 13. Ps.*30, 4. Mf. על, 44. (S. מ״ש Ex. u. Ps. l. c.)

וְהַעֲלִיתָ ג׳. Deut. 27, 6. Jud. 6, 26. Jer. 38, 10. Mf. על, 46.

הֶעֱלוּךָ ג׳ ומלא. Ex. 32, 4. Mf. על, 52. (S. מ״ש Neh. 9, 18.!)

וְהַעֲלִתֶם ג׳ חסר בלישן. Gen. 50, 25. Mf. על, 34.

מַעֲלֵה כול׳ קמצין במ״ח פתחין. Deut. 14, 7. 1 S. 7, 10. Jer.*50, 9. Nah. 3, 3. Mf. על, 41. (S. מ״ש Deut. l. c.)

מַעֲלֵי ג׳ כתי׳ יו״ד וכל שארא מעלה, המעלה, למעלה ה׳ כתיב. Lev. 11, 4. Deut.*14, 7. Mf. על, 47.

לְהַעֲלֹת י״א חסר בלישנא. Mf. על, 56.

הַעַל כול׳ מלעיל במ״ב. 2) Ex. 33, 12.

אַעֲלֶה ח׳ פשטין וסי׳. Ex. 3, 17.

(וָאַעֲלֶה. ג׳. Neh. 12, 31. מ״ש)

עוֹלָה מלא וחסר. Num. 7, 27. 28; 27. Ez. 20, 32. 43, 24. Mf. על, 66. (S. רמ״ה s. rad. מ״ש Num. 28, 27. Jer. 33, 18.)

(עֲצֵי עוֹלָה לית דסמיך וא׳ עֲצֵי הָעֹלָה. כ״י האמבורג. (Gen. 22, 3.

וְאֶת הָעוֹלָה ג׳. Lev. 9, 13. 14, 13. Mf. על, 65.

לְעוֹלָה ג׳ מלא ביהושע. (עֹלָה S.) Jos. 22, 26.

---

1) Diese Angabe Ex. l. c. an sich, wie in Vergleich mit Mf. על, 56. ist sehr schwierig; s. darüber מבין חדות und תקון ספרים zu Ex. l. c.; auch die verschiedenen Angaben der Mp. zu den betreffenden Stellen. Ohne weitläufig zu sein und das Weitere dem Sachkenner überlassend, glaube ich Folgendes zur Ausgleichung und Berichtigung bemerken zu müssen: — A. Die Angabe Ex. l. c. will die Def. im Kal angeben, die nur 1 M. def. vorkommen. Darum ist לַעֲלֹת nicht berücksichtigt, weil es mehrmals def. ist, s. Ex. 19, 23. — Das מידי עֲלֹתָהּ gehört nicht hierher, da nach Mp. (in d. Mpten.) dieses plene ist (ג׳ מלא בלישן, 2 M. ohne u. 1 M. mit Waw copulat.). Es muss dafür בַּעֲלֹתִי (Deut. 9, 9.) substituirt werden, zu welchem gleichfalls die Mp. bemerkt: ג׳ חסר, d. h. בלישנא, da das Wort selbst nur 1 M. vorkommt. Die 3 def. im Kal wären demnach: בַּעֲלֹתִי, עֲלֹת u. בַּעֲלֹתְךָ. — B. Die Angabe Mf. על, 56. will aber die Form עֲלֹת in allen, mit Praefix. u. Suffixen versehenen Formen angeben, darum rechnet sie 11 = י״א der verschiedenen Conjugationen, lässt aber das Wort עֲלֹת aus, weil das ohne Praefix. od. Suffix. steht. — Das וחברו (nach בהעלתך) ist versetzt und gehört zu לְהַעֲלֹת (Ex. 27, 20.), das nach Mm. u. Mp. doch 2 M. def. vorkommt, während בְּהַעֲלֹתְךָ, (nach welchem es angeführt ist) nur 1 M. vorkommt, also von ihm nicht gesagt werden kann: וחברו. —

2) Die beiden Ausnahmen sind Präpositionen und haben regelmässig auf עַל den Ton. — Jedoch bemerkt Heid., dass auch letztere penult. sind, wenn das folgende Wort den Accent auf der ersten Silbe hat, z. B. הַעַל אֵלֶּה (Jer. 9, 8.). —

לְעֹלָה ה׳ קמץ. Lev. 7, 37. Num. 7, 87. 2 S. 24, 22.
2 Chr.*29, 35. Mf. על, 63. 1)

עוֹלַת ג׳ מלא (בלישן). Ez. 46, 15. Mf. על, 64. (S. Mp.
Neh. 10, 33.)

עֹלַת תָּמִיד ד׳ Ex. 29, 42. Num.*28, 6. Ez. 46, 15.
Mf. על, 71.? 2)

אֶת עֹלַת אִישׁ ב׳. 3) Lev. 7, 7.

עֹלָתֶךָ ג׳ כ״כ. Lev. 9, 7. Mf. על, 67.

עֹלֹת, עֹלוֹת, עוֹלֹת · עוֹלוֹת. Gen. 41, 3. Ps. 64, 7.!
Mf. על, 68. (S. רמ״ה s. rad. מ״ש, u. שום שכל Gen. 8, 20.
ibid. 41, 18. Ex. 24, 5. Deut. 27, 6.) 4)

זְבָחִים וְעֹלוֹת· זבח S.

עֹלֹתֶיךָ ג׳ כ״כ אנ״ך וכל משנה תורה דכו׳. Ex. 20, 23.
(S. Jer. 6, 20.!) Mf. על, 70. 5)

עֹלוֹתֵיכֶם מלא וחסר. ?Deut. 12, 12. Jer.*6, 20. Mf. על, 69.
(S. מ״ש Deut. l. c.). 6)

הָעֲלִיָּה ו׳. Mf. על, 62.

וּלְמַעְלָה ב׳. 7) ?Mf. על, 53.

עֲלֵה ח׳ (ז׳) בטרפי ה׳ כתיב י׳ וג׳ כתיב ה׳. Lev. 26, 36.
Mf. על, 62.? (S. מ״ש Gen. 3, 7.). 8)

עָלֵהוּ ב׳. Ez. 47, 12.

---

1) Die Angabe Lev. 7, 37. ist falsch abgetheilt und fehlt Ez. 40, 42. Das Richtige hat Num. 7, 87 u. s. w. Wenn Mp. zu Ez. l. c. bemerkt: ה׳ ב׳ מנהון חסר, so ist das unrichtig, da nur das eine (Ez. 40, 42.) def. ist. S. Mf. על, 66 u. Ez. 43, 24. —

2) Das ה׳ בקריא u. die Aufzählung in Ez. 46, 15. ist falsch, indem es nur 4 giebt. Das ה׳ = 5 ist durch falsche Abtheilung der angeführten Stellen entstanden, indem vor ולחדשים ein Trennungszeichen steht; es gehört aber zu ואחרי כן עולת תמיד u. bezieht sich auf Esr. 3, 5., worauf das "דעזרא" hindeutet. —

3) Die Bemerkung ist unrichtig verzeichnet; sie bezieht sich nur auf אֶת עֹלַת, das 2 M. so vorkommt; mit אִישׁ verbunden kommt es nur 1 M. vor; das andere M. ist es mit הבקר (2 Reg. 16, 15.) verbunden. S. das. die Mp. —

4) Das Resultat dieser Angabe ist: Diese Form (sowohl als Particip pl. fem. im Kal, wie auch als Plur. des Substantivs) ist: a. im Pentat. immer doppelt def. Waw (עֹלֹת), mit Ausnahme von 3 Stellen (Gen. 41, 3. 5. 19.), wo es def. u. plene (עֹלוֹת) und einer St. (Deut. 27, 6.), wo es plene u. def. (עוֹלֹת) ist; b. in den BB. d. Proph. immer def. und plene (עֹלוֹת), mit Ausnahme zweier Stellen (Ez. 45, 17. u. Micha 6, 6.), in denen es doppelt plene ist (עוֹלוֹת); c. in den Hagiogr. ist es gleichfalls immer def. u. plene, ausgenommen 2 St. (Ps. 58, 3. u. 64, 7.), wo es plene und def. (עוֹלֹת), u. eine St. (Ps. 66, 13.), wo es doppelt plene ist (עוֹלוֹת). Es giebt demnach 3 Ausnahmen, in denen es plene u. def. (Deut. 27, 6. Ps. 58, 3. und 64, 7.) und 3 Ausnahmen, wo es doppelt plene (Ez. 45, 17. Micha 6, 6. und Ps. 66, 13.) ist. Im Allgemeinen ist im Pent. das doppelt def. u. in den andern BB. das def. = plene vorherrschend. — Im Mpt. Hal. heisst es: וכל נביאים וכתובים עלות כתיב במ״ה עולת כתיב וסי׳ ועל הנשיא יהיה (Ez. 45, 17.), האקדמנו בעולת (Micha 6, 6.), אָת בלב עולת (Ps. 58, 3.), יחפשו עולת, כתיב (Ps. 64, 7.), אבוא ביתך בעולות, כתיב (Ps. 66, 13.). was aber nach obiger Angabe unrichtig ist; es muss etwa so verbessert werden: במ״ה ב׳ עולת כתי׳ וג׳ עולות., worauf er sie dann nach Reihenfolge der Bücher angiebt u. fehlt nach den beiden ersten: "עולות כתיב", wie nach den beiden mittlern "עולת כתיב" u. nach dem letzten "בעולות כתיב" folgt. —

5) Dieses bezieht sich nur auf die Pluralform (mit Jod nach dem Taw), welche 3 M. (als Gegensatz zum Sing. עֹלָתֶךָ, welches gleichfalls 3 M. so vorkommt, s. oben diesen Art.) so, — ausser Deut. = וכל מ״ת דכו׳ — vorkommt, (Ex. 20, 24. Jes. 43, 23. u. Ps. 50, 8. = אנ״ך). Aber in Hinsicht auf plene und def. Waw sind die 3 nicht gleich, denn 2 sind doppelt def., während Ps. 50, 8. plene = def. ist (ועולתיך), s. Jer. 6, 20. Ein v. Heid. angeführtes Mpt. hat ausdrücklich: ג׳ ב׳ חסר וא׳ מלא. Das ג׳ = 3 bezieht sich auf die ausser Deut., wie das auch bei Mf. על, 70. sich so findet. —

6) Die Angabe Deut. 12, 12. ist nicht richtig und muss nach Jer. 6, 20. verbessert werden, wie das schon מ״ש bemerkt, etwa so: ושארא עלתיכם כתיב במ״א מלא דמלא. Im Ganzen ist sie verstümmelt, wie auch Mf. l. c. und ist nur vollständig in Jer. l. c. — Das Resultat ist: diese Form ist im Allgemeinen doppelt def.; 2 M. ist sie def. = plene (Jer. 6, 20. u. 7, 21. ,עלותיכם); 1 M. plene = def. (Deut. 12, 11. עולתיכם); [das 2te in Jer. angeführte bezieht sich auf עולתיהם (Jer. 56, 7.)] und 1 M. doppelt plene (עולותיכם, Ez. 43, 27.). —

7) Mf. l. c. hat Buxt. ב׳ = 2. wofür ed. Bomb. ג׳ = 3 hat, aber nur 2 Stellen anführt. Das (בדברי =) ודברי דוד 1 Chr. 23, 27. ist unrichtig, da hier das Mem Kamez hat. Es fehlt die Stelle 2 Chr. 31, 16. und muss heissen: ומהאריאל (Ez. 43, 15.); וממתניו (Ez. 8, 2.); מלבד התיחשם (2 Chr. 31, 16.). —

8) Die richtige Leseart ist: ז׳ בטרפי ב׳ כתיב ה׳ וה׳ כתיב י׳. Das heisst, diese Form, in welcher das Ain ein Chataf hat d. i. im stat. constr. sing. u. plur. kommt in der Bedeutung von „Blatt" 7 M. vor u. zwar 2 M. mit He d. h. sing. u. 5 M. mit Jod, d. h. plur. — Ed. Bomb. hat ו׳ בטרפי u. verweist auf Lev. l. c.; Buxt. hat in Lev. l. c. unrichtig ח׳ וכו׳ = 8, was aber überhaupt unrichtig ist, da Lev. l. c. gar nicht hierhin gehört, indem daselbst das Ain Kamez hat. —

וְעָלֵהוּ ב׳. Ez. 47, 12.

עַלְוָה ג׳. Gen. 36, 39. Hos. 10, 9. Mf. על, 73.

עלז

אֶעֱלוֹזָה ג׳ ב׳ חסר וא׳ מלא. Ps. 60, 8. Mf. על, 74. (S. מ״ש Ps. l. c.)

עלט

בָּעֲלָטָה ג׳ ובענין. Ez. 12, 6. Mf. על, 60.

עלם

נֶעְלָם ג׳ ב׳ קמצין וא׳ פתח. Mf. על, 78.

תִתְעַלַּם ב׳ חד קמץ וחד פתח. Ps. 55, 2.

הָעַלְמָה ג׳. Gen. 24, 43. Mf. על, 77.

עֲלָמוֹת ד׳. Mf. על, 76.

תַּעֲלֻמוֹת ב׳. Ps. 44, 22.

עַל מוּת ב׳. Ps. 9, 1. (S. מ״ש ibid.?)

עוֹלָם וָעֶד ו׳. Ps. 21, 5. 48, 15. 104,*5. Mf. עו, 16.

וְעַד עוֹלָם י״ב. Jes. 59, 21. Jer. 7, 7. 1 Chr. 29, 10. Mf. עו, 14. (S. מ״ש Ps. 90, 2.).

חֻקַּת עוֹלָם לְדוֹרֹתָם. S. חקק

עֶבֶד עוֹלָם. S. עבד

עַד עוֹלָם ג׳ ס״פ. 1) Mf. עו, 23.

הָעֹלָם ב׳ חסר. Koh. 3, 11. Mf.*עו, 24.

עַד הָעוֹלָם ד׳. Mf. עו, 17.

לְעֹלָם י״ח חסר. Gen. 3, 22. Ex. 3, 15. 15, 18. 32, 13. Ps. 75, 10. Mf. עו, 13.! (S. מ״ש Ex. 31, 17. Ps. 75, 10. ausführl. — מכתב מאליהו Ex. 3, 15.) 2)

לְעוֹלָם ב׳ מלא בתורה. Ex. 19, 9. Mf.*עו, 19.

לְעוֹלָם וָעֶד ט׳. Ex. 15, 18. Mf. עו, 15.

הַלְעוֹלָם ג׳ בקריא. 3) Ps. 85, 6. Mf. עו, 21.

וּמֵעוֹלָם ג׳ (ב׳ מלא וא׳ חסר). Jes. 57, 11. Mf. עו, 18. (S. מ״ש Jes. l. c.)

עֹלָמִים ג׳ חסר וי״ו בלישן. Ps. 145, 13. Mf. עו, 20.

עמם

עַם זוּ ג׳. Ex. 15, 13. Jes.*43, 21. Mf. עם, 4. u. 18.?

וְכָל עַם ז׳. Jos. 8, 3. 2 S. 19, 40. 2 Reg. 11, 14. Jer. 34, 19. Mf. עם, 3.

עַל עַם ה׳ בקריאה (ושארא אֶל עַם) וכל שמואל וישעי׳ ותהלות דכו׳ עַל עַם במ״ג אֶל עַם. 2 S. 6, 21. Prov.*28, 15. Mf. עם, 13.?

עָם י״ו קמצין וכל אתנח וס״פ דכו׳. 4) Mf. עם, 1.?

---

1) Diese Angabe ist unverständlich; es giebt ja viel mehr, als 3 am Schluss des Verses, wie das schon Ben Chajim bemerkt. —

2) In allen Angaben fehlt die Aufzählung der Stellen, wie schon מ״ש l. c. bemerkt. Wenn sie nun auch von demselben das. nachgetragen sind, so will ich, der Vollständigkeit u. der Vergleichung wegen, sie aus dem Mpt. Hamb. zu 1 Reg. 9, 5 u. Ps. 75, 10. hierhersetzen:

לְעָלָם י״ח חסר וסי׳

Gen. 3, 22.	ואכל וחי לעלם	Deut. 32, 40.	חי אנכי לעלם
Gen. 6, 3.	לא ידון רוחי באדם לעלם	1 Reg. 1, 31.	ותקד בת שבע
Ex. 3, 15.	זה שמי לעלם	1 Reg. 2, 33.	ושבו דמיהם בראש יואב
Ex. 15, 18.	י״י ימלך לעלם	1 Reg. 9, 5.	והקימתי את כסא ממלכתך
Ex. 21, 6.	ועבדו לעלם	1 Reg. 10, 9.	באהבת י״י את ישראל
Ex. 31, 17.	אות היא לעלם	Ps. 45, 18.	אזכירה שמך
Ex. 32, 13.	ונחלו לעלם	Ps. 75, 10.	ואני אגיד לעלם
Lev. 25, 46.	לעלם בהם תעבודו	Job 7, 16.	מאסתי
Deut. 5, 29.	מי יתן והיה לבבם	Ps. 92, 9.	ואתה מרום

S. Mp. die bemerkt: י׳ חסר בתורה וח׳ חסרים בנו״כ. —

3) Ps. l. c. auch in Mp. das. wird ג׳ = 3 angegeben u. Ps. 77, 8. mitgezählt, was aber unrichtig ist, da in letzter Stelle הַלְעֹלָמִים (plur.) steht? Die Mp. das. bemerkt dazu: לית? Es kommt auch in Wirklichkeit nur 2 M. vor, wie auch Mp. zu Ps. 85, 6. in Mpt. Erf. richtig ב׳ = 2 angiebt. —

4) In dieser Angabe ist statt ר״ן = 16 zu lesen: י״ז = 17 und nach וס״פ einzuschalten וזקף. Nicht nur Mp. hat zu den meisten Stellen ר״ן, sondern auch Mpt. Hamb. zu Jud. 9, 36. und 2 Reg. 13, 7. giebt ר״ן an und zählt als 17tes hinzu

וְעָם ג׳ קמצין׳ 1 S. 13, 5. Am. 3, 6. Mf. עם, 17. S. Kimchi Michlol 252 a. ed. Venet. parva).

הָעָם ו׳ בטעם׳ (1 Mf. עם, 19.

הָעָם יִשְׂרָאֵל ג׳ דסמיך בקריא׳ 1 Reg. 16, 21. Mf. יש, 77.

אַחַד הָעָם ב׳ דסמי׳ אחד Gen. 26, 10. S.

וְאֶת הָעָם י״ב (ושארא **אֶת הָעָם**)׳ Gen. 14, 16. 47, 21. Num.*13, 18. Deut. 2, 4. Jud. 9, 45. 2 S. 12, 31. Mf. עם, 7.

וְכָל הָעָם נ״א׳ (2 Ex. 11, 8.

עַל הָעָם ח׳ וכל עזרא דכו׳׳ Ex. 12, 33. Num. 17, 12. 1 Reg.*14, 2. Mf. עם, 12. (S. מ״ש Jer. 36, 7.)

Ez. 33, 31. (כמבוא עם), was Mf. l. c. fehlt; auch lautet das. der Schluss: וכל אסף וזקף דכו׳׳. — Wenn aber Kimchi im Michlol (S. 252 a. ed. Venet. p.) sagt: עָם שמנה עשר קמצין ידועים ע״פ המסרת, so ist nicht einzusehen, auf welche Massora er sich bezieht u. welche Stelle als 18te gilt? — Ueber וְעָם das. s. folgenden Art. —

1) Mf. l. c. werden nur 5 Stellen aufgezählt, worüber schon der erste Herausg. (Ben Chajim) bemerkt: ונשמט פסוק אחד׳. Heid. will als Ergänzung, nach כי מרבית העם, hinzufügen: ושאר העם Neh. 10, 29.), worauf sich dann das „דעזרא" bezieht, da כי מרבית העם nicht in Esra, sondern 2 Chr. 30, 18. sich findet. Diese Correctur scheint die richtige zu sein. — Uebrigens hat העם (2 Chr. 35, 7.) nicht das gewöhnliche Paser, sondern das קרני פרה=פזר גדול, worüber nachzusehen משפטי הטעמים v. Heid. S. 24 a. S. auch Ez. 48, 21., wo die 16 קרני פרה verbunden mit אופן ועגלה) ירח בן יומו der Mp. daselbst) angeführt sind und auch 2 Chr. 35, 7. als solches gezählt wird. —

2) Die verstümmelte u. unausgeführte Angabe dieses Artikels, die sich nirgends mit Nachweisung der betreffenden Stellen findet und selbst in der Mp. zu verschiedenen Stellen sehr variirt, hat Heid. mit Hülfe der Concord. hergestellt, wobei er versch. Angaben der Mp. benutzt. Sie lautet:

וְכָל הָעָם נ״א במצע פסוק וסי׳

Gen. 35, 6. וכל העם אשר עמו
Ex. 11, 8. צא אתה וכל העם
Ex. 18, 14. וכל העם נצב
Num. 13, 32. אשר ראינו בתוכה
Jos. 1, 2. אתה וכל העם הזה
Jos. 5, 5. וכל העם הילודים
Jos. 8, 5. ואני וכל הדם
Jud. 7, 1. וכל העם אשר אתו
Jud. 7, 7. ילכו איש למקומו
Jud. 9, 34. אשר עמו לילה
Jud. 9, 48. הוא וכל העם אשר אתו
Jud. 20, 26. ויעלו כל בני ישראל וכל העם
Ruth 4, 9. לזקנים וכל העם
1 S. 13, 7. חרדו אחריו
1 S. 14, 20. ויזעק שאול וכל העם
2 S. 6, 2. וילך דוד וכל העם
2 S. 12, 31. וישב דוד וכל העם
2 S. 15, 17. וכל העם ברגליו
2 S. 15, 23. וכל העם עברים
ibid. ב׳ בפסוק
2 S. 15, 30. וכל העם אשר אתו
2 S. 16, 6. וכל העם וכל הגבורים
2 S. 16, 14. וכל העם אשר אתו עיפים
2 S. 16, 15. ואבשלום וכל העם
2 S. 17, 22. וכל העם אשר אתו
2 S. 18, 4. וכל העם יצאו
2 S. 18, 5. וכל העם שמעו
2 S. 20, 15. וכל העם אשר את יואב
1 Reg. 12, 12. ויבא ירבעם וכל העם
1 Reg. 20, 8. כל הזקנים וכל העם
2 Reg. 23, 2. וכל העם למקטן
1 Chr. 20, 3. וישב דוד וכל העם
1 Chr. 28, 21. והשרים וכל העם
2 Chr. 7, 4. וכל העם זובחים
2 Chr. 7, 5. המלך וכל העם
2 Chr. 10, 12. ויבוא ירבעם
2 Chr. 23, 5. וכל העם בחצרות
2 Chr. 23, 6. וכל העם ישמרו
2 Chr. 24, 10. כל השרים וכל העם
2 Chr. 29, 36. וישמח יחזקיהו וכל העם
2 Chr. 34, 30. וכל העם מגדול
Esr. 3, 11. וכל העם הריעו
Jer. 26, 7. והנביאים וכל העם
Jer. 26, 8. וחברו בפסוק שלאחריו
Jer. 26, 16. ויאמרו השרים וכל העם
Jer. 28, 1. לעיני הכהנים וכל העם
Jer. 34, 10. כל השרים וכל העם
Jer. 36, 9. וכל העם הבאים
Jer. 42, 1. וכל העם מקטן
Jer. 43, 4. שרי החילים וכל העם
Jer. 44, 15. קהל גדול וכל העם

In der Concord. fügt — ׳(Ez. 45, 16.) הארץ ׳(2 Chr. 8, 7.) וחברו (1 Reg. 9, 20.) הנותר׳ — וכל ר״פ דכו׳ במ״ג כָּל הָעָם וסי׳ er hinzu: ולפי המסרה הגליונית של כל ספר מצאנו כי וְכָל הָעָם באמצע פסוק אינון ד׳ באוריתא, ג׳ בספר יהושע, ה׳ בספר שפטים, ט״ו בס׳ שמואל׳ ג׳ בס׳ מלכים, ט׳ בספר ירמי׳, י׳ בסד״ה, חד בס׳ רות, וחד בס׳ עזרא ואינון בכללן נ״א׳׳ עכ״ל רו״ה׳ — An einer andern Stelle bemerkt er, dass wenn die Mp. zu Chr. bald ט׳=9 u. bald י׳=10

וְאֵת כָּל הָעָם ג׳. Mf. עם, 9.

וַיֹּאמְרוּ כָּל הָעָם ד׳. 1 Reg. 1, 39. 1 Chr. 16, 36. Mf. עם, 49. (S. אמר).

וַיֵּלְכוּ כָּל הָעָם ג׳. S. ילך

לָעָם הַזֶּה ב׳ בענין. Jer. 4, 10.

עַמִּי ג׳ דסבירין עַמִּים. 2 S. 22, 44. Thr. 3, 14. Mf. עם, 16. (S. מ״ש 2 S. l. c. Ps. 144, 2.).

אֶל עַמִּי ד׳ וחד וְאֶל עַמִּי. Gen. 49, 29. Ez.*13, 19. Am. 7, 16. Mf. עם, 14.

אֶת עַמִּי אֶת יִשְׂרָאֵל ו׳. Mf. יש, 67.

וְאֶת עַמִּי ד׳. Mf. עם, 6.

וְעַמִּי י״א. Ex. 9, 27. Jer.*2, 11. Mf. עם, 2.

וַאֲנִי וְעַמִּי ג׳ בלישן. Ex. 9, 27. Mf. אן, 13. (S. Mf. ו׳, 31. או״א, 253.) 1)

וּבְעַמְּךָ ג׳. Ex. 8, 17. Mf. עם, 8.

עַמֵּךְ ה׳ וחד וְעַמֵּךְ. Num. 5, 21. Ps.*45, 11. Ruth 1, 15. Mf. עם, 15.

וְאֶת עַמּוֹ ז׳. Ex. 14, 6. 17, 13. Jos. 8, 1. 2 Chr.*31, 8. 35,*3. Mf. עם, 11.

מִקֶּרֶב עַמּוֹ ג׳. Lev. 17, 4. Mf. קר, 33.

הוּא וְכָל עַמּוֹ ד׳. 2) Jos. 8, 14. Mf. עם, 5.

מִפַּרְעֹה מֵעֲבָדָיו וּמֵעַמּוֹ ב׳ דס׳. Ex. 8, 27.

מִקֶּרֶב עַמָּהּ ג׳. Lev. 17, 10. Mf. קר, 36.

עַל כָּל הָעַמִּים ב׳ וכל מגלה דכו׳. Ps. 99, 2.

עַמֵּי הָאֲרָצוֹת. ארץ S.

בְּעַמֶּיךָ ה׳ מלא (בלישן). Lev. 19, 16. Num. 27, 13.? 31, 2. Mf. עם, 10?

עמד

עֲמִידָה אֶל י׳ בלישן בקריא. 3) 1 S. 17, 3. Mf. עם, 29.

לֹא עָמַד ג׳. 4) Jos. 23, 9. Mf. עם, 24.

וְלֹא עָמַד ג׳. Gen. 45, 1. Jos. 21, 42. Mf. עם, 36.

עָמַד ב׳ קמצין וחד וְעָמָד. Mf. עם, 28. (S. Num. 1, 9. Abth. 2. או״א ו״ו זוגין, 25. Mf. ו׳, 6. או״א, 13.).

עָמְדָה ד׳ וחד וְעָמְדָה. Gen. 30, 9. Koh. 2, 9. Mf. עם, 34. (S. Mf. ו׳, 10.? או״א, 17.).

עוֹמֵד ו׳ מלא. Ex. 3, 5. Cant. 2, 9. Mf. עם, 26.

---

angiebt, dieses kein Widerspruch sei, indem וכל העם (2 Chr. 7, 5.) am Schlusse des Verses steht; wer also nur 9 in Chr. rechnet, zählt diese Stelle nicht mit, da nur von מצע פסוק (der Mitte des Verses) die Rede ist; aber als Gegensatz zu ר״פ d. i. Anfang des Verses, kann es, wie das oft geschieht — mitgezählt werden und dann sind es י׳ = 10 in den BB. d. Chr. — Vielleicht kommt die Angabe נ׳ = 50, die in manchen Stellen der Mp. vorkommt daher, dass das am Ende des Verses stehende nicht mitgezählt wurde. Hieraus schreibt sich auch die Angabe כ׳ = 20, welche in einigen codices vorkommt, da irrthümlich כ׳ aus נ׳ entstanden ist. —

1) D. h. 2 M. אני ועמי u. 1 M. ואני ועמי (mit Waw vor אני.) S. Mf. ו׳ 31 und או״א, 253, wo die Wörterpaare angeführt sind, in welchen beide Wörter ein Waw copulat. haben und so nur 1 M. vorkommen. —

2) Mf. עם, 5. bezieht sich die Angabe auf וכל עמו ohne vorhergehendes הוא, was richtiger ist, da es nur im Gegensatz von כל עמו (ohne Waw copulat.) angegeben ist, ohne Rücksicht auf הוא, ähnlich wie oben zu וכל עם, וכל העם u.s.w. —

3) An der Mass. 1 S. 17, 3. ist auffallend, dass nur 10 (יו״ד) angegeben u. doch 11 Stellen angeführt werden? — Freilich hat die Mf. l. c. י״א = 11; das scheint aber Verbesserung zu sein, zumal die Mp. immer יו״ד angiebt. — Heid. will daher das וילך הנביא (1 Reg, 20, 38.) in der Aufzählung streichen, nach Anleitung des מ״ש daselbst, der sich für עַל an dieser Stelle entscheidet, so dass nur 10 Stellen mit אֶל bleiben. Dass diese Lesart mit עַל in 1 Reg. 20, 38. richtig sei, beweist er auch aus 2 versch. Angaben der Massora selbst u. zwar: 1) Mm. zu Jud. 5, 10. (s. oben Art. על דרך) heisst es: וכל על הדרך דכו׳ במ״ב (אֶל), wo das 1 Reg. 20, 38. nicht mitgezählt wird, folglich muss die Massora das עַל und nicht אֶל gelesen haben. — 2) Gen. 38, 16. heisst es: כל לשון דרך עַל במ״ז אֶל (s. Art. דרך), wo gleichfalls das 1 Reg. 20, 38. nicht angeführt ist; folglich muss auch nach dieser Angabe in letzter Stelle nicht אֶל, sondern עַל gelesen werden. —

4) Es müsste eigentlich ד׳ = 4 heissen, denn es fehlt ואיש לא עָמַד (Est. 9, 2.). — Heid. will die Angabe so verbessern: לֹא עָמַד ג׳ וחד לא עמד, קמץ, so dass Est. 9, 2. zu den 3 ersten gezählt u. eingeschoben werden muss. —

לַעֲמוֹד, וְלַעֲמוֹד ג׳ מלא׳ Est. 8, 11. Mf. עם, 27. (S. מ״ש Est. l. c.). 1)

וְלַעֲמֹד ג׳ וחסר׳ Num. 16, 9. Mf. עם, 25. 2)

עָמְדוֹ ד׳. Num. 35, 12. Jos.*20, 6. Mf. עם, 30. (S. Mp. Gen. 41, 46. u. מ״ח das.)

יַעֲמוֹד ג׳ מלא בקריא׳ Nah. 1, 6. Est.*4, 14. Mf. עם, 31. (S. מ״ש Num. 22, 26.).

וְלֹא יַעֲמֹד ד׳. Dan. 11, 6. Mf. עם, 35.

וּמִי יַעֲמֹד ב׳. Prov. 27, 4.

וְיַעֲמֹד ב׳ רפין׳ Dan. 11, 16.

וַיַּעֲמֹד כל שאר קריא וַיַּעֲמֹד במ״ד וַיַּעֲמֵד וכל ד״ה וַיַּעֲמֵד במ״ז וַיַּעֲמֵד׳ 3) (S. וַיַּעֲמֵד 1 Chr. 21, 1.

וַתַּעֲמֹדְנָה ה׳. Mf. עם, 32.

עמידה (בהפעיל) ג׳ חסר בלישן וכו׳ וכל וַיַּעֲמִדֵהוּ דכו׳. Mf. עם, 33.

מַעֲמָד ב׳. Ps. 69, 3.

וַיַּעֲמֵד ד׳ וכל ד״ה דכו׳ במ״ז וכו׳. 2 Reg. 8, 11. Ps. 107, 25. Job*34, 24. 1 Chr. 21, 1.? (S. וַיַּעֲמֵד).

וַיַּעֲמִדֵהוּ ב׳ וחסר׳ Gen. 47, 7. Mf. עם, 33.

הָעַמֻּדִים י״א חסר בלישן׳ Ex. 38, 12. 1 Reg. 7, 6. 2 Chr.*3, 15. Mf. עם, 39. (S. Mp. Gen. 38, 17. מ״ש 1 Reg. 7, 2.).

לְעַמֻּדִים ב׳ א׳ מלא וא׳ חסר׳ Ex. 38, 17. Mf. עם, 40.

עַמֻּדֵי ב׳ חסר׳ Ex. 38, 17. (S. מ״ש Ex. l. c. Lev. 3, 37.) 4)

עַמּוּדָיו ד׳ מלא׳ Ex. 36, 38. Num. 4, 31. Mf. עם, 38. (S. מ״ש Ex. 27, 11.)

עַמֻּדֶיהָ ד׳ ג׳ מלא וחד חסר׳ Ex. 39, 40. Ps.*78, 4. Job 9, 6.? Mf. עם, 37.? 5)

עַמּוּדֵיהֶם כל משכנא קדמאה חסר ובמשכנא תנינא ד׳ מלא Ex. 27, 12. 38, 10. (S. מ״ש Ex. 27, 12.) 6)

עמל

בַּעֲמַל ב׳ וחד בֶּעָמָל בסגול׳ Ps. 73, 5.

עמק

עִמְקֵי ג׳ וא׳ בְּעִמְקֵי׳ Ez. 3, 5. Mf. עם, 43.

בְּמַעֲמַקֵּי מָיִם ב׳. Ez. 27, 34.

ענן

עֲנַן ד׳ רפין בקריא וחד וַעֲנַן׳ Ex. 40, 38. Lev. 16, 13. Ez.*8, 11. Mf. ען, 12.

ענה

וְעָנְתָה ד׳. Gen. 30, 33. Hos. 2, 15. Mf. ען, 5.

וְאֵין עֹנֶה ה׳. Mf. ען, 3.

עֱנוּ ב׳. Ps. 147, 7.

וַיַּעַן וַיֹּאמְרוּ ד׳ פסוקים וכו׳. Gen. 24, 50. Ex. 24, 3. (S. Abth. 2. אמר, פסוקים).

---

1) Wie oben angegeben muss es auch Est. l. c. gelesen werden. Auch ist die Anführung der Stellen das. fehlerhaft und sie müssen in folgender Weise abgetheilt werden: וסי׳ ולא יכלו הכהנים לעמוד לשרת 2 Chr. 5, 14. י״י אלהי ישראל צדיק אתה Esr. 9, 15. אבל העם רב והעת ibid. 10, 13. — Weil aber der Abschreiber die beiden letzten Stellen zusammengezogen hatte und also eine dritte fehlte, zog man להקהל ולעמוד על נפשם (Est. 8, 11.) dazu, das ja nach Num. 16, 9. (S. folgenden Art. u. Mp. u. עה״ק zu Est. l. c.) def. Waw ist. — Der Sinn unserer Angabe ist also: לעמד (mit oder ohne Waw copulat.) ist immer def. Waw nach dem Mem., mit Ausnahme dreier Stellen, wo es plene ist, wie angegeben; aber וְלַעֲמֹד (mit Waw copulat.) kommt nur 3 M. und zwar immer def. vor. —

2) Das וחסר ist zwar richtig; doch kann es auch fehlen, wie Mf. l. c., wo aber ed. Buxt. ein Druckfehler ist, wenn ולעמך statt ולעמד als Schlagwort angegeben wird. —

3) 1 Chr. 21, 1. ist ed. Buxt. ein Druckfehler u. muss es lauten: כל סיפרא ויעמד במ״ז ויעמוד. S. die andern Angaben. —

4) Es muss בלישנא hinzugefügt werden, da das 2te וְעַמֻּדֵי (mit Waw copulat.) ist. Auch die angeführte Stelle כל עמדי ist unrichtig und muss, wie bemerkt, וְעַמֻּדֵי (Num. 3, 37.) gelesen werden; s. רמ״ה s. rad. u. מ״ש l. c. —

5) Die Angabe Ex. l. c. ist die richtige, nur muss nach dem ד׳ folgen בלישנא, da eins von den 4 ועמודיה (mit Waw copulat.) ist. — Mf. l. c. hat ג׳=3; dies bezieht sich entweder auf die 3 ohne Waw copulat. oder es muss ד׳ ג׳ מלא wie oben, lauten. — Die Angaben aber zu Ps. und Job l. c. sind falsch; erstere giebt zwar ד׳=4 richtig an, zählt aber דמשכנא קדמא zu viel; das. kommt עמודיה nicht vor; ebenso ist das וא׳ ועמודיה unrichtig, da eben mit diesem es ד׳=4 sind. In Job l. c. hat der erste Herausgeber, eben wegen der falschen Aufzählung — aus dem ד׳ ein ה׳ gemacht; was aber, wie bemerkt, falsch ist. Es giebt von dieser Form nur 4 u. zwar 3 M. ohne u. 1 M. mit Waw copulat. Das zu Ex. 39, 40, ist def., die andern 3 plene Waw nach dem Mem. S. auch Mp. zu den Stellen. —

6) Wenn Ex. 27, 12. es heisst: ובמשכנא תנינא ד׳ מלא וסי׳ וא׳ ועמדיהם, so soll das nur sagen, dass 1 Mal ועמדיהם (mit Waw copulat.) vorkommt, aber nicht, dass es plene Waw wäre, denn es ist def., s. רמ״ה u. A. —

יַעֲנֶה ב׳. Job 39, 32.

וַיַּעֲנוּ ט״ו ר״פ. (1 (S. מבין חדות ibid.) Gen. 23, 5.

עֲנֵה כלהון כתיב ה׳. Dan. 2, 26.

נַעֲנֵתִי ב׳. (ובב׳ לישן. (Mp. Ps. 119, 107. Ez. 14, 4. (S. Mf. א׳, 22. או״א, 59.)

עֲנוֹת ב׳ בב׳ לישן. (S. Mf. א׳, 22. או״א, 59.) Ex. 32, 18.

לְעַנּוֹת ב׳ בב׳ לישן. (S. Mf. א׳, 22. או״א, 59.) Ps. 88, 1.

עַנְוַתְךָ ג׳ חסר בלישן. Mf. ענ, 8.

לְעַנּוֹתוֹ ג׳ מלא (ומלא). Mf. ענ, 6. 2 S. 7, 10.

תַּעֲנֶה ב׳ קמץ. (S. מ״ש u. שום שכל ibid.) Gen. 31, 49.

וַיְעַנֶּהָ ב׳. Gen. 34, 2.

מַעֲנֵה ג׳ בצירי (בלישן) וכו׳. Micha 3, 7. Prov. 15, 24. Mf. ענ, 2. (S. מ״ש Micha l. c. דברי קהלת v. S. Geiger 187. Anmerkg. 16.)

עֲנִיִּים ג׳ וכל דסמיך לדלים ואביונים דכו׳ במ״ב. Jes. 3, 15. Mf. ענ, 10. (S. מ״ש Ps. 9, 13.)

עֲנָיִים ב׳ כתיב ענוים. Ps. 9, 13. Prov. 3, 34.
ד׳ חמיין ענוים וכו׳ Prov. 14, 21. Mf. ענ, 9. (S. Mf. ר׳, 19. או״א, 139.)

עֲנָוִים ה׳ דכתיב עניים. (2 S. vor. Art. או״א, 144. u. 145.

וַעֲנִיֶּיךָ ג׳ בלישנא. (S. מ״ש Mf. ענ, 11. Ps. 72, 2. 74, 19. Ps. 72. l. c.)

אֶת עֲנִיִּי ג׳. Mf. ענ, 7. Thr. 1, 9.

ענש

עָנוֹשׁ כל לישנ׳ מלא במ״ב. (S. מ״ש ibid.) Ex. 21, 22.

עפר

עָפָר וָאֵפֶר ב׳. Mf. עפ*, 1. Gen. 18, 27.

וְאֶל עָפָר ב׳ דסמיכי. Gen. 3, 19.

לֶעָפָר ג׳ וחד וְלֶעָפָר. Mf. עפ, 2. Deut. 9, 21. 2 Reg. 23, 6.

עֲפַר אֶרֶץ. s. ארץ

---

1) In Gen. l. c. wird auf Mf. hingewiesen, wo sich aber die Angabe nicht findet? — Mpt. Hamb. zu Ex. 19, 8. führt gleichfalls an: ט״ו ר״פ, zählt aber nur 13 St.*) auf, da wirklich nur 13 am Anfang des Verses sich finden, während 4 (Jud. 8, 8. Neh. 8, 6. Haggai 2, 12 u. 13.) in der Mitte des Verses stehen? S. מבין חדות zu Gen. 23, der st. ט״ו = 15 lesen will י״ג ר״פ. — Merkwürdig ist auch, dass selbst das correcte Mpt. Erf. der Mp. fast immer ט״ו ר״פ hat? — Es sind aber, wie bemerkt, im Ganzen nur 17, von welchen 13 am Anfang u. 4 in der Mitte des Verses vorkommen. — Sollte etwa die Massora Jud. 8, 8. u. Neh. 8, 6. mit ויענו einen neuen Vers anfangen, was dem Sinne nach wohl geht, während die beiden in Hag. l. c. eine Antwort auf die vorhergehende Frage enthalten und sich davon nicht trennen lassen? —

2) Das Resultat der angeführten Angaben zu עניים u. ענוים ist**): 1) mit דל oder אביון parallel ist es immer geschrieben und wird auch gelesen עֲנִיִּים, mit Ausnahme zweier Stellen, wo jene Parallele stattfindet und es עֲנָוִים geschrieben u. gelesen wird (Jes. 29, 19. Amos 2, 7.). — 2) 2 M. wird zwar in obiger Parallele mit דל u. אביון gelesen: עניים aber geschrieben: ענוים (עֲנִיִּים) (Jes. 32, 7. u. Ps. 9, 19. S. Mf. ר׳, 19. או״א, 139. — 3) 3 M. wird עֲנִיִּים gelesen u. geschrieben ohne die Parallele von דל u. אביון (Jes. 3, 15. 58, 7. Job 36, 6.).) — 4) עֲנָוִים wird 5 M. mit Doppel-Jod (עניים) geschrieben, obgleich es mit Waw (ענוים) gelesen wird, wie angegeben. Es sind 4 M. עֲנָוִים u. 1 M. וְלַעֲנָוִים (Prov. 3, 34.), die mit Doppel-Jod geschrieben sind. Wenn daher Prov. 14, 21. angegeben wird: ד׳ חמיין וכו׳ = 4, so bezieht sich dies auf עֲנָוִים ohne Praefix., zusammen sind es aber 5. —

---

*) Sie lautet: ויענו ט״ו ר״פ וסי׳ ויענו בני חת את אברהם. Gen. 23, 5. ויענו בני יעקב את שכם ואת חמור. Gen. 34, 13. ויענו כל העם יחדיו ויאמרו. Ex. 19, 8. ויענו בני גד ובני ראובן. Num. 32, 31. ויענו את יהושע לאמור. Jos. 1, 16. ויענו את יהושע ויאמרו כל. Jos. 9, 24. ויענו בני גד ובני ראובן וחצי? Jos. 22, 21. ויענו חמשת האנשים. Jud. 18, 14. ויענו אנשי המצבה. 1 S. 14, 12. ויענו את ירמיה כל. Jer. 44, 15. את מלאך י״י העומד בין. Zach. 1, 11. ויענו כל הקהל ויאמרו קול. Esr. 10, 12. ויענו בהלל ובהודות לי״י. Esr. 3, 11. עכ״ל. —

**) Zu עֲנִיֵּי (Job 24, 4.) ist in der Rabb. Bibel u. in den meisten Ausgg. bemerkt: ענוי כתי׳ עניי קרי was, wie Heid. bemerkt, falsch ist; nicht allein, weil im Mpt. v. 1294 (נ״ד) u. ed. Venet. v. 1518 (רע״ח) hier nichts von einem קרי וכתיב bemerkt ist, sondern auch und besonders, weil das Fehlerhafte aus der Mass. selber zu beweisen ist. Denn erstens wird Mf. ר׳, 6. u. או״א, 81. zu dem alphabetischen Verzeichniss der einmal vorkommenden Wörter, die in der Mitte ein Waw statt Jod haben ענוי (Am. 8, 4.) gezählt, während unsere St. (Job l. c.) fehlt u. fehlen muss, da es sonst 2 M. vorkäme. — Zweitens wird Mf. ר׳, 19. או״א, 139. wo die 2 M. vorkommenden Wörter, welche in der Mitte des Worts ein Waw statt Jod haben, aufgezählt werden, auch ענוים für עניים bemerkt, während ענוי f. עניי nicht gerechnet wird; folglich kann es auch nur 1 M. vorkommen, also nur Am. 8, 4. u. nicht Job 24, 4.; also gegen obige Bemerkung zur letzten St.! —

הָעֹפֶרֶת ד׳ חסר בלישן׳ Num. 31, 22. Zach. 5, 7. Job 19, 24. Mf. עפ, 4. 1)

עצה

אבנים דקדים לעצים ד׳. אבן S.

עֵץ פְּרִי ב׳. 1. עץ, Mf.

וְכָל עֵץ ה׳ דסמיכי בקריא׳ 2 Reg. 3, 19. Ez.*20, 28. Mf. עצ, 2.

בָּעֵץ ב׳. Ex. 10, 15.

כָּעֵץ ג׳. Job 19, 10. 24,*20. Mf. עצ, 5.

לָעֵץ ג׳. Jer. 2, 27. Hab.*2, 19. Mf. עצ, 4.

עצם

לְגוֹי עָצוּם׳ גוי S.

עֲצוּמִים כל אוריתא עֲצֻמִים חסר במ״א וכל נביאים וכתובים דכו׳ מלא במ״ג חסר׳ Deut. 7, 1. Am.*5, 13. Dan.*8, 24. Mf. עצ, 3.

עֶצֶם אֶל ב׳ בלישנא ושארא עַל׳ 7. עצ, Mf.

עַד עֶצֶם הַיּוֹם הַזֶּה ג׳. Lev. 23, 14. Jos.*10, 27. Mf. ין, 37.

וְאֶת עַצְמוֹת ז׳. 6. עצ, Jer. 8, 1. Mf.

עַצְמֹתַי ו׳ חסר בלישן׳ Gen. 50, 25. Thr. 1, 13. Mf. עצ, 8. 2)

עצר

יַעְצֹר ג׳ וחסר׳ (3 1 S. 9, 17. Mf. עצ, 10.?

וַתֵּעָצַר הַמַּגֵּפָה ד׳. 2 S. 24, 25. Mf. עצ, 11.?

עקב

עָקֵב ג׳ וחד בְּעָקֵב׳ 1. עק*, Gen. 49, 19. Mf.

עִקְּבֵי סוּס ב׳. Gen. 49, 17.

עקר

וַעֲקָרָה ב׳. Ex. 23, 26. Deut. 7, 14.

ערב

עָרַב ה׳ פתחין׳ Gen. 44, 32. Jer. 30, 21. Prov.*11. 15. Mf. ער, 1.

וְעָרְבָה ב׳. Prov. 3, 24.

לַעֲרוֹב ב׳ ומב׳ לישן חד מלא וחד חסר׳ Ez. 27, 9. (S. או״א, 59. Anmerkg.)

בְּעֶרֶב ב׳ רפין׳ Prov. 7, 9. (S. Mf. א׳, 22. או״א, 59. M. marg. Lev. 13, 49.).

לַחֹדֶשׁ בָּעֶרֶב ד׳. Ex. 12, 18.

וּבָעֶרֶב ד׳. 4. ער, Num. 9, 15. Ez. 12,*7.? Mf.

עֵרֶב ב׳ קמצין וכל שְׁתִי וָעֵרֶב דכו׳. Ex. 12, 38.

וּמִמַּעֲרָב ג׳ בקריא׳ 2. ער, Jes. 43, 5. Ps. 107, 3. Mf.

מַעֲרָבָה ג׳. (1 Chr. 26, 30. מ״ש Mf. ער, 3. (S.

עַרְבֹת כל אוריתא חסר במ״א וכל נביאים וכתובים דכו׳ מלא במ״א׳ Num. 33, 48. 36, 13. Mf. ער, 5.!

עֹרֵב ד׳ מלא׳ 29. ען, Jes. 10, 26. Mf.

ערג

תַּעֲרוֹג ג׳ ב׳ חסר וא׳ מלא (ב׳ בפסוק וחסר) Ps. 42, 2. Mf. ער, 6. (S. Mf. חילופי קריא׳, 5. או״א, 271.).

ערה

הֶעֱרָה ג׳. 9.* ער, Lev. 20, 18. Mf.

וַיָּעַר ג׳. עור S. 8. ער, Hag. 1, 14. Mf.

וְעֶרְוַת ג׳ וחד וְעַרְוַת׳ 17. ער, Gen. 9, 23. Lev.*18, 7. Mf.

ערך

עָרַכְתִּי ג׳. 18. ער, Num. 23, 8. Ps. 132, 17. Job 13, 18. Mf.

---

1) Die Angabe zu Num. u. Zach. l. c. ist unrichtig und muss st. Ex. 15, 10., das plene ist — indem auch Mp. nichts bemerkt — Zach. 5, 7. gezählt werden, wie auch die Angabe der Mp. zu dieser Stelle vermuthen lässt, obgleich letztere irrthümlich ausgelassen ist. Es wird auch so in den Mpten. angeführt. —

2) S. eine versch. Angabe Gen. 50, 25. Auch Heid. führt eine Handschrift an, die ה׳=5 angiebt u. zählt: Gen. 50, 25. Ex. 13, 19. 1 Reg. 13, 31. Thr. 1, 13. Jer. 20, 9. — Im Ganzen sind die Angaben unklar und sich widersprechend. —

3) Heid. führt ein Mpt. an, das nur ב׳ וחסר angiebt u. 2 Chr. 14, 10. auslässt, wie es auch in manchen Handschriften plene geschrieben ist. Doch entscheidet er sich, nach Mpt. v. 1294 (כ״י נ״ד) für unsere Angabe u. liest auch 2 Chr. l. c. defective. — Wenn Mf. l. c. ד׳=4 angiebt, so ist das eine Verwechselung mit dem folgenden Art., Mf. עצ, 11. (ed. Buxt.) zu ותעצר המגפה, wo Mf. bemerkt: ג׳ וחסר, was ja doppelt unrichtig wäre, da diese Form u. Verbindung 4 M. vorkommt, wie sie 2 S. 24, 25 angegeben und aufgezählt werden, und auch der Ausdruck חסר = def. ja hier nicht anwendbar ist, da keine mater lectionis hier fehlen kann. — Es ist aber ganz richtig, wenn wir das ג׳ וחסר zu יעצר u. ד׳=4 zu וַתֵּעָצַר ziehen, so dass durch diese Versetzung beide Stellen richtig sind. Ed. Bomb. hat d. Richtige. —

עָרוּךְ ד׳. Ez. 23, 41. Mf. עָר, 20.

יַעַרְכוּנִי לית. Job 6, 4.

עֶרְכּוֹ ג׳ אנ״ך. Ex. 40, 4. 2 Reg.*12, 5. Job*41, 3. Mf. ער 7 u. 19.

ערם

יַעְרִם ג׳ וחסר. Prov. 15, 5. 19,*25. Mf. עָר, 22. (S. מ״ש Prov. l. c.) 1)

עֲרוּמִים, עֲרֻמִּים ב׳ רפין וב׳ דגשין (ב׳ מלא ודגשין וב׳ רפין). Job 15, 5. 22, 6. Mf. עָר, 14. (S. מ״ש Job 22. l. c.)

בְּעָרְמָה ב׳. Ex. 21, 14.

עָרֹם ד׳ חסר. 1 S. 19, 25. Job*1, 21. Mf. עָר, 21. 2)

עֵירֹם (מ״י וח״ו) ב׳ כ״כ בתורה. Gen. 3, 10.

כִּי עֵירֻמִּם הֵם לית וכ״כ. Gen. 3, 7.

ערס

עֲרִסֹתֵיכֶם ג׳ (חסר ומלא). Num 15, 21. Mf. עָר, 13. (S. מ״ש Num. l. c.). 3)

ערף

יַעֲרֹף ב׳ בתרי לישני (וחסר). Hos. 10, 2. (S. או״א, 59. Anmerkg. und מ״ש Deut. 32, 2.).

וְעָרְפְּכֶם ג׳. Deut. 10, 16. Mf. עָר, 24. 4)

ערץ

תַּעֲרוֹץ כל לשון עריצה חסר במ״ג מלא. Deut. 7, 21. Job 13, 25. 31, 34. Mf. עָר, 25. (S. Mp. Jes. 47, 12.?)

---

1) S. מ״ש zu Prov. 15, 5., wo er die Angabe verbessern will in: ג׳ ב׳ חסרים, indem er ibid. 15, 5. יַעְרִים plene Jod liest. Auch Heid. führt ein Mpt. an, wo es heisst ב׳ חסר. Es scheint, dass die Verschiedenheit dieser Angabe auf einer schon alten Divergenz der Massora beruhet. Denn für plene Jod der obigen Stelle entscheidet eine von Heid. angeführte Stelle aus einer handschriftlichen Massora, welche lautet: ג׳ פסוקין מן ז׳ ז׳ מלין מן ד׳ ד׳ אתין וסי׳ מצרף לכסף וכור לזהב ובוחן לבות (Prov. 17, 3.), אויל ביום יודע כעסו (Prov. 12, 16.), ואני כמעט נטיו רגלי (Ps. 73, 2.). wo also Prov. 15, 15. nicht mitgezählt wird; wahrscheinlich weil יערים (vielleicht aber auch wegen תּוֹכַחַת, das plene wäre?) plene ist u. also 5 Buchstaben hat, wodurch es zu obiger Zusammenstellung v. 7 W. mit je 4 Buchst. nicht passt. — Dieselbe Angabe findet sich aber auch, ausser M. marg. zu Ps. 73, 2., welche Heid. übersehen zu haben scheint, im Commentar des Meïri zu פרקי אבות am Ende, wo aber 4 Verse angegeben werden u. Prov. 15, 5. allerdings dazu gezählt wird u. also יערם, wie תכחת def. gelesen werden müssen. Sie lautet: וכן ד׳ פסוקים כל אחד בן ז׳ תיבות וכל תיבה בת ד׳ אותיות: א׳ ואני כמעט נטיו רגלי כאין שפכו אשרי. Ps. 73, 2. ב׳ אויל ביום יודע כעסו וכסה קלון ערום. Prov. 12, 6. ג׳ אויל ינאץ מוסר אביו ושמר תכחת יערם. Prov. 15, 5. ד׳ מצרף לכסף וכור לזהב ובחן לבות י״י. Prov. 17, 3. ואמר בעל המסרה ד׳ אמרין מן ז׳ שרביטין דד׳ טרפין וסימן אנא בקליל וכו׳ עכ״ל. S. das die Bemerkungen des Herausgebers. — Diese Angabe scheint wegen des änigmatischen Ausdrucks u. ihrer Anführung in M. marg. zu Ps. 73, 2. die ältere u. richtigere zu sein und stimmt auch mit unserer Angabe. S. נתיבות עולם ed. Wilna v. Jahre ליש״רי ל״ב Seite 18 unten in einer Anmerkg. zu Ps. 73. 2., wo es heisst: ובכדי שלא ישאר הנייר וכו׳ ונשאלתי על ג׳ הנותרים והראתי וכו׳, wo auch über die plene oder def. Form v. יערם und תכחת ausführlich verhandelt wird. —

2) Nach Heid. leidet diese Angabe an einem Widerspruch mit der Mp., welche zu וְעָרֹם Job 1, 21. bemerkt ד׳ חסר, also mit diesem (das Waw copulat. hat) erst 4 def. sind, während jene 4 M. עָרֹם def. angiebt u. aufzählt, u. es also mit וערם 5 def. wären? — Ferner bemerkt die Mp. zu ערם 1 S. 23, 22 nichts, wo es doch gleichfalls heissen müsste ד׳ חסר? — Auch wird ערם יערם (1 S. l. c.) in einem alten Mpte. nicht zu den def. gezählt. — Darum will H. in unserer Stelle das ערם יערם (als plene geschrieben) auslassen und dafür nach ערם יצאתי (Job l. c.) hinzufügen ב׳ בן, so dass mit וְעָרֹם es erst 4 def. sind. Er glaubt, dass der Irrthum dadurch entstanden sei, dass zu יערם in der Mp. stand ב׳ חסר, welches der Abschreiber mit auf עָרֹם bezog, das aber nur zu יערם gehört, das 2 (3) Mal def. Jod. ist. — S. unsere Bemerkung zu יַעְרִם! —

3) Die Angabe zu Num. 15, 21. ist versetzt u. gehört eigentlich zu V. 20. daselbst. Sie muss so abgetheilt werden: ערסתכם ל׳ חסר דחסר (Num. 15, 20.) מראשית ערסתיכם, חסר ומלא (ibid. 15, 21.) וראשית עריסותיכם, דיחזקאל מלא דמלא (Ez. 44, 30.). S. auch Mf. l. c. u. מ״ש Num. l. c. Sie will sagen, das erste ist ganz def. sowohl am Jod, als am Waw; das zweite ist def. am ersten Jod, wie am Waw, hat aber das Jod plur. nach dem Thaw; das dritte ist vollständig plene. Doch ist das Waw nach dem Samech noch etwas zweifelhaft; das def. u. plene kann sich auf die beiden Jod beziehen. —

4) Wie die Bemerkung hier verzeichnet ist, ist sie falsch; denn 1) kommt diese Form nur 1 M. vor, wie Mp. bemerkt לית; — 2) ist ומלתם ja dieselbe Stelle Deut. 10, 16.? — 3) was heisst: וחברו, denn auch ומלתם kommt ja, nach Mp. nur 1 M. vor? — Sie scheint mir ein Irrthum des Schreibers zu sein u. sich auf תַּקְשׁוּ zu beziehen, s. Mf. קשׁ, 4. u. die Angabe müsste so heissen: תַּקְשׁוּ ג׳ וסי׳ וערפכם לא תקשו ומלתם את ערלת (Deut. 10, 16.), וחברו (אל תַּקְשׁוּ ערפכם) (2 Chr. 30, 8.), אל תקשו לבבכם כמריבה (Ps. 95, 8.). —

עשש

עָשׁ ה׳. Job 4, 19. Mf. עש, 1.

כְּעָשׁ ג׳. Job 27, 18. Mf. עש, 2.

עשב

עֵשֶׂב הָאָרֶץ ה׳ דסמי׳ בלישנא (ושארא עֵשֶׂב הַשָּׂדֶה) Ex. 10, 15. Job 5, 25. Mf. ער, 30. עש, 3.

עֲשָׂבָא כלהון כתיב א׳. Job 3, 21.

עשה

כל לשון עשייה בל׳ במ״ה קשורים בב׳. Est. 6, 6. Mf. עש, 28. 1)

כל לשון עשייה במתג במ״ד במונח. מ״ש Mf. עש, 14. S. Ex. 23, 24.) 2)

מלין מייחדין בלשון עשייה. Job 41, 24. Mf. עש, 17. u. 40*? [S. Mf. א׳, 20. (ע׳). או״א, 56 Anmerkung. מ״ש Mal. 3, 21.) 3)

עשייה אֶת הָרַע ו׳ בלישנא. Deut. 17, 2. Jud. 3, 7. Mf. רע, 9. עש, 32. 4)

עשיית הַדָּבָר. דבר S.

עָשָׂה ב׳ ר״פ Thr. 2, 17.

עָשָׂה אֱלֹהִים. אלה S.

אֲשֶׁר עָשָׂה (פלוני) ו׳. 2 Reg. 15, 36. Mf. עש, 7. 5)

וַאֲשֶׁר עָשָׂה ח׳. Deut. 11, 6. Jos. 24, 17.? 1 Reg.*2, 24. 16, 5. Mf. עש, 33.? 6)

וְלֹא עָשָׂה ה׳. 2 S. 19, 25. 2 Chr. 28, 1. Mf. עש, 51.

---

1) Es ist auffallend, warum die Mass. nur במ״ה angiebt d. i. 5 M. kommt dieses Zeitw. mit d. Präfix. ב׳ vor, da es doch 6 Stellen sind, indem Est. 1, 15. מה לעשות במלכה ושתי gleichfalls עשה mit ב׳ verbunden ist? —

2) Der Sinn ist, dass an diesen 4 Stellen das gewöhnliche Metheg vor dem Accent Sakef — in demselben Worte — in ein Munach übergeht, worüber ausführlich משפטי הטעמים von Heid. S. 13 a. — Hier will ich nur die Bemerkung Heidenheim's zu unserm Art. in Mf. עש, 14. zur weitern Untersuchung des Gegenstandes herstellen. — Zu במ״ד במונח bemerkt er: ובמ״ק נמסר על האי דישעי׳ ודיונה ה׳ בטעם, ונראה שהחמישי הוא ואנחנו לא נדע מה־נעשה דדה״ב כ׳ י״א (י״ב) שהוא ראוי למונח בעבור מלת המוקף ואולם גם בב׳ כ״י אשר לי הוא כתוב במתג ולא מסר עליו מידי, ומזה תבין כי טעות נפל בספרינו בשני מקומות בישעי׳ והיינו סי׳ כ״ט ט״ו שכתוב מַֽעֲשֵׂיהֶם במונח ועוד בסי׳ נ״ט ו׳ מַֽעֲשֵׂי און ושניהם צ״ל במתג וכן הם בכ״י ועיקר וכמו שכתבתי במשפטי הטעמים דף י״ג ע״א ע״ש תראה שהמתג ישתנה למונח דווקא כשהוא שלישי לניגון וכמוהו וישלח יצחק את יַֽעֲקב (בראשית כ״ח ה׳) במתג לא במונח, וכל זה דווקא במתג אצל הפתח בעבור הח״פ שאחריו הוא שיצטרך להיות שלישי לניגון כשישתנה למשרת אבל המתג אשר בתנועה משוכה ישתנה גם כשהוא שני לניגון כמו לְֽגֵרְשׁוֹן, וּפִֽינְחָס, אִיעֶֽזֶר, מִצֹּֽאנְךָ. עכ״ל. —

3) Weder die in Job noch Mf. l. c. angeführten sind die einzigen, welche nur 1 M. von dieser Wurzel vorkommen; es giebt vielmehr wenige Wurzeln, von denen so viele Hapaxlegomena sich finden, wie gerade von עשה, indem es 89—91 sind; weswegen die Mass. sich wohl veranlasst fühlte, die מלין מיחדין dieses Stammes zusammenzustellen, freilich nur zufällig oder nach bestimmten Gesichtspunkten gesammelt. — So sind auch Mf. א׳, 20. u. או״א, 56 unter ע׳ drei davon zusammengestellt, von denen 1 im Pent., 1 in den Propheten u. 1 in den Hagiogr. (א״נך) vorkommt u. nur aus diesem Gesichtspunkt. — Hierbei sei bemerkt, dass in unserer Anmerkung zu או״א, 56 die Annahme, dass "אנ״ך" daselbst nur späterer Zusatz sei, wohl nicht richtig ist, indem die 3 unter עשה das. angeführt sind, während die vielen andern einmal Vorkommenden dieser Wurzel nicht erwähnt werden, was doch nur gerechtfertigt ist, wenn אנ״ך dabei steht. — Der Vollständigkeit halber mögen die einmal Vorkommenden dieses Stammes hier folgen: עָשָׂנִי, עָשָׂנוּ, עָשְׂךָ, וְעָשָׂהוּ, עָשָׂם, וְעָשָׂת, עָשָׂתְנִי, עֲשִׂתָנִי, עֲשִׂיתָהּ, עֲשִׂיתֶם, וַעֲשִׂיתֶם, עֲשִׂיתַנִי, וַעֲשִׂיתִיו, וַעֲשִׂיתִיהוּ, וַעֲשִׂיתֶם, הֶעָשׂוּ, שֶׁעָשׂוּ, עָשׂוּנִי, עָשׂוּהוּ, וְעֹשֵׂה, הָעֹשֶׂה, לָעֲשֶׂה, לְעֹשֶׂה, עֹשֵׂנוּ, הָעֹשׂוּ, לְעֹשֵׂהוּ, מְעַשֵּׂהוּ, עֹשָׂה, וְעֹשָׂה, וְעֹשִׂים, עֹשַׂי, עֹשַׂיִךְ, בְּעֹשָׂיו, עֹשֶׂיהָ, הָעֹשׂת, וְעֹשׂוֹת, וְעָשׂוּי, הָעֲשׂוּיִם, עֲשׂוּיָה, וַעֲשׂוּיָה, עֲשִׂיּוֹת, עֲשׂוֹ, מֵעֲשֹׂתִי, בַּעֲשׂוֹתִי, בַּעֲשׂוֹתֵךְ, עֲשׂוֹתֵךְ, עֲשׂוֹתְכֶם, לַעֲשֹׂתְכֶם, עֲשֹׂהוּ, בַּעֲשֹׂתָהּ, אֶעֱשֶׂךָ, וְאֶעֶשְׂךָ, תַּעֲשֶׂנּוּ, תַּעֲשֶׂהָ, תַּעֲשִׂין, הֲיַעֲשֶׂה, וַיַּעַשׂ, יַעֲשֵׂהוּ, וְיַעֲשֵׂהוּ, וַיַּעֲשֵׂהוּ, וַיַּעֲשֵׂם, הֲנַעֲשֶׂה, וְנַעֲשֶׂה, וַנַּעֲשֶׂה, וַנַּעַשׂ, וַיַּעֲשׂוּנִי, יַעֲשׂוּהָ, וַתַּעֲשֶׂהָ, וְנַעֲשָׂה, וְתַעֲשֶׂינָה, נֶעֶשְׂתָה, שֶׁנַּעֲשׂוּ, נַעֲשֶׂה, נַעֲשִׂים, וְנַעֲשִׂים, הַנַּעֲשִׂים, הַנַּעֲשׂוֹת, הֶעָשׂוֹת, הֶעָשׂוֹתוּ, שֶׁיֵּעָשֶׂה, יֵעָשׂוּ, כְּמַעֲשֵׂה, מִמַּעֲשֵׂנוּ, מַעֲשֵׂךְ, לְמַעֲשֵׂךְ, מַעֲשֵׂהוּ, מַעֲשִׂים, לְמַעֲשַׂי, מַעֲשַׂי, מַעֲשַׂי, מַעֲשֵׂינוּ, בְּמַעֲשֵׂינוּ, בְּמַעֲשַׂיִךְ, כְּמַעֲשָׂיו, מִמַּעֲשָׂיו, מַעֲשָׂיו, מַעֲשֶׂיהָ, כְּמַעֲשֵׂיהֶם — [בַּעֲשׂוֹת (Ez. 23, 21.) עָשְׂתִי ? — nach der Massora —].

4) Nur angef. Mf. עש, 32., wo es aber heissen muss: ויעשו בני ישראל, קדמא ותניא דספר שופטים (Jud. 2, 11. 3, 7.). —

5) D. h. wo das Nom. propr. vorangeht; ausserdem kommt diese Verbindung öfter vor. — Auffallend ist, dass 2 Reg. 15, 36. bei יותם es heisst וכל אשר עשה? —

6) Das ח׳ = 8 ist ein Fehler, der daher rührt, dass 2 Reg. 20, 20. irrthümlich als 2 St. gerechnet wird, wie Mpt.

עָשָׂהוּ ג׳. (1. Job 31, 15. Mf. עש, 42.?

עָשְׂתָה ה׳ קמץ. Gen. 27, 17. 2 S. 13, 10. Est. 5, 12. Mf. עש, 41.

וְלֹא עָשׂוּ ה׳. Ex. 1, 17.

הֶעָשׂוּ לית. (S. מלין מיחדין, oben) Job 41, 24.

עָשִׂיתָה ח׳ מלא. Mf. עש, 39.

עָשִׂית ד׳ ומן הודע את ירושלם (Ez. 16, 1.) עד ונחלת בך דכו׳. (ibid. 22, 16.) Gen. 3, 13. Jer. 2,*23. Ruth 2, 11.? Mf. עש, 35.? **2**)

עֲשִׂיתֶן ב׳. Ez. 33, 26.

עָשִׂיתִי ג׳ ר״פ. Ps. 119, 121. Koh. 2, 5. Mf. עש, 30.

עֹשֶׂה כל עשה דאמ״ת דת״קע כלם קמצין במכ״ב פתחין וכל הָעֹשֶׂה דכו׳ פתחין במ״א וסי׳ וכו׳. Ex. 15, 11. Deut. 10, 18. 31, 21. 2 Reg.*7, 2. Am.*9, 12.? Zach. 10, 1. Ps. 146, 6. Mf. עש, 8. (S. מ״ש Joel 2, 11.? Mal. 2, 17.). **3**)

עוֹשֶׂה ב׳ מלא כתיב ה׳ (S. מ״ש Koh. 3, 9. Mf. עש, 43. Deut. 20, 20.) **4**)

עֹשֶׂה פְּרִי. S. פרה

אָנֹכִי עֹשֶׂה ד׳ בלישן. (**5** 1 S. 3, 11. Mf. עש, 50.

עֹשֵׂה ח׳ קמצין. Ex. 15, 11. Deut. 31, 21. Ps. 156, 6. Prov. 22, 2. Mf. עש, 8. **6**)

עֹשֵׂה מְלָאכָה ד׳. לאך. מלא S.

וְעֹשֶׂה חֶסֶד ד׳. Ex. 20, 6. Mf. חס, 10.

עֹשָׂה ו׳. Deut. 20, 20. Ps.*118, 16. Est.*2, 20. Mf. עש, 18.

הֵמָּה עֹשִׂים ה׳. Ex. 36, 4. 1 S. 8, 8. Jer.*7, 17. Ez.*8, 13. Mf. הם, 5. עש, 37.

עֹשֵׂי י״ו כתיב י״וד בקריא ומן ויהי בשנת עשרים ושלש שנים למלך יהואש (2 Reg. 12, 7.) עד סופא דסיפרא דכו׳ עֹשֵׂי כתיב Ex. 35, 35. 2 Reg. 22, 5. Ps. 103, 21. Mf. עש, 4. (S. מ״ש Neh. 11, 12. 2 Chr. 26, 13.) **7**)

עוֹשֵׂי ג׳ מלא כתיב יו״ד. Mf. עש, 44.

בְּעֹשֵׂי ג׳ וכתיב יו״ד. Ex. 36, 8. Ps.*34, 17. Mf. עש, 21, 44.

Hamb. zu 1 Reg. 16, 5. die 1 Reg. 2, 24. gezählten 7 aufführt u. als 8tes ואשר עשה את הברכה (2 Reg. 20, 20.) rechnet, was doch dasselbe ist, als ויתר דברי יחזקיהו. — Es sind demnach nur 7 Stellen, wie an den meisten Stellen angegeben ist. —

1) Hier fehlt Ps. 95, 5. u. Hos. 8, 6.? — Es müsste demnach ה׳ = 5 heissen. —

2) Das ה׳ = 5 in Ruth und Mf. l. c. ist unrichtig, da es nur 4 sind, wie Gen. u. Jer. l. c. angegeben ist. — Der Fehler entstand daher, dass אשר עשית את ונכלמת (Ez. 16, 54.) mitgezählt wird, da dieses ja zu dem Folgenden: ומן הודע את ירושלם (Ez. 16, 1.) gehört und nicht besonders angeführt werden darf. Auch Gen. und Jer. l. c. ist dieser Fehler eingeschlichen, weswegen daselbst, um 4 zu erhalten, ausgelassen ist הגד הגד לי כל אשר עשית (Ruth 2, 11.) Man sieht auch hier, wie ein Fehler wieder andere erzeugt, wenn man leichtfertig emendiren will. —

3) S. über diese Angabe unsere Ausgabe des דרכי הנקוד וכו׳ לר״מ הנקדן ed. Hannov. 1847 S. 16, oben u. das. Anmerkungen S. XXII u. ff. Der Sinn dieser Angabe ist, dass dieses Particip in d. BB. Pent., Reg., XII kl. Proph., Chr., Ps., Koh., u. Esr. u. Neh. vorherrschend Zere (des Sin), mit Ausnahme von 22 Stellen, in denen das Sin ein Segol hat. In den andern BB. d. heil. Schr. aber ist vorherrschend das Segol mit Ausnahme von 8 (eigentlich 5) St., wo es mit Zere gelesen wird. S. Art. עֹשֵׂה. —

4) Wenn Mf. l. c. bemerkt ב׳ מלא כתיב ה׳, so bezieht sich das מלא natürlich auf das Waw nach dem Ain; das כתיב ה׳ steht nur im Gegensatz zu ibid. 44., wo es heisst עוֹשֵׂי ג׳ מלא כתיב י׳. Der Sinn ist, mit He am Ende kommt es 2 M. u. mit Jod am Ende 3 M. plene Waw vor. —

5) Das בלישן will sagen, dass es 3 M. so, wie angegeben u. 1 M. mit dazwischentretendem ר״י (Jes. 44, 24.) vorkommt. — Darum haben auch wirklich einige Handschriften nur ג׳ = 3. —

6) Bei der Aufzählung in Ex. 15, 11. ist auffallend, dass 3 St. mit Jod am Ende (stat. constr. plur. — Ex. 35, 35. Jes. 19, 10. u. Prov. 12, 22.) aufgezählt werden, da hier, wie es scheint nur von denen mit He am Ende die Rede ist, indem erstere ja 16 M. vorkommen, s. unten Art. עֹשֵׂי! — Mpt. Hal. bemerkt zu dieser Angabe: (Ex. u. Jes. l. c.) אלה השנים נמנים בין עשי בי״וד שהן י״ו כתיב יו״ד בסוף תיבותא ובמסרת עשה ר׳ ... ; s. auch מ״ש Deut. 20, 20., wo er anführt קמצין, wo also diese beiden ausgelassen zu sein scheinen. Aber warum schweigen beide v. Prov. 12, 22., das doch auch עשי mit Jod hat, s. Ex. 35, 35.? — Heid. will wirklich alle 3 ausschliessen u. statt ח׳ = 8, ה׳ = 5 lesen, welche Verwechselung u. daraus entspringende falsche Aufzählung nicht selten vorkommt, s. z. B. oben Art. ואשר עשה, עָשִׂית etc. — Ueber לַעֲשֵׂה (2 S. 3, 39.) s. מ״ש das.; in den meisten Ausgg. hat es, wie in den übrigen als stat. const. sing. ein Zere, so dass Heid. in obiger Angabe unter עֹשֵׂה (S. oben Anmerkg. 3.) lesen will — וכל לַעֲשֵׂה וכל אמת דת״קע דכו׳ קמצין.

7) Wenn Ex. l. c. 2 M. וְעֹשֵׂי (mit Waw copulat.) zu den י״ן = 16 gezählt, während die 3 בְּעֹשֵׂי (mit Beth. S. diesen Art. unten) nicht dazu gerechnet werden u. einen besond. Art. bilden, so ist das auffallend. — Vielleicht dürften f.

עֲשֹׂה ד' ג' כתיב ה' וא' כתיב ו'. Gen. 31, 28. 50, 20. Ps.*101, 3. Prov. 21, 3. Mf. עש, 22.? 1)

עֲשׂוֹ ד' כתיב ו' בסוף. Jer. 22, 4.! Ez. 23, 30. Mf. עש, 23.? (S. מ"ש Jer. 4, 18. ibidem 22, 4. ausführlich Ez. 23, 30.) 2)

לַעֲשׂת י"ג חסר. Ex. 35, 1. 32. Lev. 8, 34. Num. 9, 4. Neh.*12, 27. Mf. עש, 36. (S. מ"ש Gen. 19, 22. Ex. 35, 32. ausführlich.) 3)

וְלַעֲשׂוֹת ט"ו. 2 S. 7, 23. 19, 19. Esr. 7, 10. Neh. 10, 29. Mf. עש, 9.

לַעֲשֹׂתוֹ ה' וחסר. Gen. 41, 32. Ex. 12, 48. Deut. 30, 14. Mf. עש, 45.?

לַעֲשֹׂתָם ד' ב' מלא וב' חסר. Deut. 5, 1. 7, 11. Mf. עש, 52. (S. מ"ש Deut. 7, 11.)

מֵעֲשׂת ה' חסר (ב' חסר וה' חסר בלישנא, כצ"ל). Gen. 18, 28. Lev. 9, 22. 18, 29. Mf. עש, 38. 4)

עֲשֵׂה לְךָ ז' (ב' ר"פ). Num. 10, 2. 1 S. 10, 7. Ez. 12, 3. Mf. עש, 29. 5)

וַעֲשֵׂה ג' ר"פ. Ex. 25, 19.

וְכֵן תַּעֲשֶׂה ה'. Ex. 36, 4. Ez.*45, 20. Mf. עש, 26.

וְלֹא תַעֲשֶׂה ג'. 1 S. 20, 14. 29, 7. Mf. עש, 47.

תַּעֲשֶׂה ד' קמוץ. Gen. 26, 29. Jer.*40, 16. Mf. עש, 19. (S. מ"ש Jos. 7, 9. 2 S. 13, 12.)

וְתַעֲשֶׂה ד'. 1 Reg. 17, 15. Mf. עש, 25

וְאַל תַּעַשׂ ב'. Gen. 22, 12.

כִּי כָל אֲשֶׁר יַעֲשֶׂה ג' דסמיכי. Lev. 18, 29. 6)

וַיַּעֲשֶׂה ד' בקריא. 1 Reg. 16, 25. 2 Reg. 13, 11. Ez.*18, 19. Mf. עש, 24.

וַיַּעַשׂ ב' רפין. Dan. 11, 16. 1 Chr. 21, 22.

וַיַּעַשׂ אֱלֹהִים. אלה S.

וַיַּעֲשֶׂהָ ב' וחסר. Lev. 9, 16.

וְכֵן תַּעֲשׂוּ ב'. Ex. 25, 9.

וְלֹא תַעֲשׂוּ ג'. Lev. 18, 26. Mf. עש, 48.

תַּעֲשׂוּן י"ד. Ex. 4, 15. 20, 22. Num.*32, 20. Deut. 12, 14. Jud.*7, 17. 15, 7. Mf. עש, 11. 7)

וְלֹא תַעֲשֶׂינָה ב'. Ez. 23, 48. Job 5, 12.

וַיַּעֲשׂוּ ג' רפין. Ex. 5, 9. 35, 10. Mf. עש, 20.

יַעֲשׂוּן ה'. Ex. 18, 20. 1 Reg. 19, 2. Mf. עש, 10.

---

die 2 ועשי zwei M. עֲשֵׂי gesetzt werden; so führt Heid. ein Mpt. an, das Neh. 11, 12. עֹשֵׂי mit Jod liest u. dazu bemerkt י"ן כתי' י"וד; ebenso 2 Chr. 24, 12. — Freilich wird auch Esr. 3, 9. u. Neh. 2, 16. in einigen Handschr. עשי mit Jod am Ende gelesen, so dass sich nicht bestimmen lässt, welche 2 zu obigen י"ן = 16 zu rechnen sind; jedenfalls müsste aber ועשי (mit Waw cop.) in obigem Art. gestrichen werden. —

1) Die Angabe zu Prov. u. Mf. l. c. ist ungenau und muss lauten: ד' ג' כ"כ. — S. unten Art. עֲשׂוֹ u. Jer. 22, 4. die Bemerkg. des Ben Chajim. —

2) D. h. in dieser Form, in welcher das Ain ein Kam. hat (Inf. absol.); aber die Form עֲשׂוֹ (das Ain mit Chataf) kommt nur 1 M. mit Waw am Ende vor; s. oben עֲשֹׂה u. ausführlich מ"ש Jer. 22, 4., wo die Bemerkg. des Ben Chajim zurückgewiesen wird. —

3) S. ausführl. מ"ש l. c. Mit dem das. angeführten Mpte. stimmt genau d. Mpt. Hamb. überein; das וחברו fehlt mit Recht das. — Diejenigen, welche י"ב = 12 angeben, zählen Esr. 7, 10. nicht mit, weil es Waw copulat. hat; die aber י"ג = 13 angeben, lesen es mit, u. muss es in der Angabe entweder בלישנא oder לַעֲשׂת, וְלַעֲשׂת heissen. Wenn aber מ"ש verweist auf 2 S. 7, 23., so liest er das. unrichtig ט"ו מלאים, da es ja im Ganzen nur ט"ן = 15 giebt. Die gedruckte Angabe lautet nur, u. mit Recht, וְלַעֲשׂוֹת ט"ו, d. h. diese Form kommt 15 M. vor, ohne Rücksicht auf die plene od. def. Form, so dass Esr. 7, 10. obgleich es def. ist, mit zu den ט"ן gezählt wird, weil es Waw copulat. hat. —

4) Die Angabe zu Gen. l. c. ist verstümmelt u. muss heissen: ב' וה' חסר בלישנא, s. Mp. zu den Stellen. Die drei andern sind: מֵעֲשֹׂתִי, לַעֲשֹׂתְכֶם, הָעֲשׂת. Auffallend ist, dass die Mass. gerade diese 3 als def. angiebt, da es doch noch andere in ähnlicher Form giebt, die def. sind, s. oben מלין מייחדין בלשון עשיה? —

5) Num. l. c. in ed. Buxt. fehlt die 7te Stelle = Jer. 27, 2. —

6) Das ג' = 3 in Lev. l. c. ist unrichtig, da diese Verbindung nur 2 M. vorkommt. Das עמם ist der Schluss des angeführten Verses Lev. 18, 29. —

7) Das י"ד = 14 (nicht ט"ן = 15) ist das Richtige; das ב'בו in Jud. 7, 17. soll nicht bedeuten „zwei M. in diesem Verse" wie gewöhnlich, sondern das zweite (= תנינא) im Verse. Das erste im V. ist תַּעֲשׂוּ ohne Nun am Ende. —

נַעֲשָׂה ה׳ קמצין וכל חמש מגלות דכו׳ במ״ב. Lev. 7, 8. Jud. 16, 11.? 2 Reg. 23, 22.? Mf. עש, 15. 1)

נֶעֶשְׂתָה ט׳. Deut. 13, 14. Mal.*2, 11. Dan. 9, 12. 11,*37. Mf. עש, 27. 2)

יֵעָשֶׂה ל״ו. Gen. 29, 25. Lev.*2, 8. Mf. עש, 6.

כָּכָה יֵעָשֶׂה ד׳. Deut. 25, 9. Est. 6,*9. Mf. עש, 46.

וְיֵעָשֶׂה ב׳. Ez. 12, 28.

תֵּעָשֶׂה ז׳ (חד מלא). Ex. 25, 31. 35, 2. Lev. 2, 7. 6, 14. 23, 3. Mf. עש, 16.

מַעֲשֶׂה י׳ פתחין. Num. 31, 51. Jes.*3, 23. 19, 15. 29, 16. Job*33, 17. 2 Chr.*31, 21. Mf. עש, 12. (S. Raschi Comment. Jes. 3, 23.)

וְכָל מַעֲשֶׂה ג׳. Num. 31, 20. Mf. עש, 34.

וּמַעֲשֶׂה י׳. 1 Reg. 7, 33. Ps. 90, 17. Mf. עש, 13.

וּמַעֲשֵׂהוּ ג׳ בקריא. Jud. 13, 12. 1 S.*25, 2. Ps. 64,*10. Mf. עש, 49.

לְמַעֲשֵׂה יָדֶיךָ ב׳. Job 14, 15.

בְּמַעֲשֵׂי י״א כתיב י׳ (בלישנא). Jer. 44, 8. Mf.*עש, 5. (S. מ״ש Koh. 5, 5. Jer. 1, 16. Ps. 107, 24.).

עשן

יֶעְשַׁן ב׳. Deut. 29, 20. Ps.*74, 1.

עשק

עָשׁוּק ד׳ ג׳ מלאים וא׳ חסר. Deut. 28, 29. Hos.*5, 11. Mf. עש, 54.? 3)

עשר

לְעָשִׁיר ב׳. Prov. 22, 16.

עשר

(עשרת הדברות שינויים בין שמות למ״ת. Ex. 20, 8.)

יַעְשִׁר ג׳ חסרים בלישן. (בְּעָשָׂר S. unten)

אַחַד עָשָׂר. אחד S.

בְּעַשְׁתֵּי עָשָׂר ג׳. Deut. 1, 3. Jer.*39, 2.? Mf. עש, 62. (S. מ״ש Ez. 26, 1.!) 4)

לִשְׁנֵי עָשָׂר. שנה S.

(עֲשֶׂרֶת. S. Mp. 1 S. 17, 16.)

וְעֶשְׂרִים בָּאַמָּה אמם S.

הָעֶשְׂרִים ג׳ אנ״ך. Gen. 18, 31. Ez. 42, 3. 1 Chr. 24, 16. Mf. עש, 64.

בְּעָשׂר ג׳ חסר בלישן. Mf. עש, 56.

הָעֲשִׂירִי כל׳ מלא במ״ד חסר. Num. 7, 66. Ez.*29, 1. 33, 21. Est. 2, 16. Mf. עש, 55. 5)

עֲשִׂירִת וכו׳. Ex. 16, 36. Ez.*45, 11. Mf. עש, 60. (S. M. marg. Num. 5, 15. מ״ש Jer. 32, 1.)

וְעִשָּׂרֹן ה׳ (כצ״ל) ב׳ חסר וג׳ מלא. Ex. 29, 40. Num. 28, 13. Lev.*14, 21. Mf. עש, 57. (S. מ״ש Lev. l. c.) 6)

וְעִשָּׂרֹן עִשָּׂרוֹן ב׳. Num. 28, 13.

וּשְׁנֵי עֶשְׂרֹנִים ג׳ (וזולתו שני עשרונים). Num. 28, 12. Mf. עש, 58.

---

1) Die Angabe ח׳ = 8 ist die richtige. Das ה׳ = 5 in Lev. l. c. ist irrthümlich durch falsche Abtheilung der Verse entstanden. Es muss das. so heissen: נעשה ח׳ קמצין וכו׳ וסי׳ וכל נעשה במרחשת (Lev. 6, 32.) ,אם אסור יאסרוני (Jud. 10, 11.), ושנים עשר אריים, דמלכים (1 Reg. 10, 20.), וחברו, דד״ה ושני עשר (2 Chr. 9, 19.), כי לא נעשה כפסח הזה (2 Reg. 23, 22.), כי אם בשמונה עשרה (2 Reg, 23, 23.), ולא נעשה פסח (2 Chr. 35, 18.), בשמנה עשרה, דד״ה (2 Chr. 35, 19.). 2 Reg. l. c. ist richtiger. —

2) Die richtige Angabe ist: ח׳ וחד נעשתה (בקמץ); denn das in Dan. 11, 37. wird נֶעֱשָׂתָה (Sin mit Kamez) gelesen. —

3) Mf. l. c. wo ב׳ מלאים וב׳ חסרי angegeben wird ist unrichtig, da diese Form nur 1 M. def. Waw vorkommt; s. Mf. ו׳, 28., wo עָשֻׁק (Prov. 28, 17.) zu den מ״ח מלין מיחדין ח״ו gezählt wird, d. h. es gehört zu den 48 W. die nur 1 M. def. Waw stehen. —

4) Das will sagen, das Wort בעשתי kommt 3 M. vor. Wenn Jer. 39, 2. schliesst: דיחזקאל פלונתא, so beruhet das, wie מ״ש Ez. 26, 1. bemerkt, auf einem Lesefehler. Es soll heissen: פלגיה (wie es ein Mpt. hat); denn Ez. 26, 1. ist gerade פלגא דסיפרא, d. h. die Hälfte des Buches, in welchem diese Form vorkommt. —

5) S. Num. l. c. Wenn diese Angabe schliesst: וכל ריבוי מנין מלאים במ״א חסר והמה כשלשים איש und dafür (1 S. 9, 22.) anführt, so gehört dieser Schluss nicht hierher, sondern zu ibid. V. 25., wo von שלשים die Rede ist. S. Mp. zu 1 S. l. c., auch Ez. 29, 1.! —

6) Die verschiedenen Angaben in l. c. sind ungenau; מ״ש zu Lev. 14, 21. liest richtig: ה׳ ג׳ מלא וב׳ חסר. Hierzu passt der Schluss in Ex. 29, 40. קדמא וראש חדש חסר., d. h. Ex. 29, 40. u. Num. 28, 13. sind def. Waw, die andern sind plene. —

מַעֲשֵׂר ג' רפין. Gen. 14, 20. Num.*18, 21. Mf. עש, 59. (S. מ"ש Gen. l. c. Neh. 10, 39. ausführl. Num. 18, 21. 2 Chr. 31, 5.)

מַעֲשַׂר ג' דגשים. 1) Mf. עש, 61.

עשתר

עַשְׁתָּרֹת, עַשְׁתְּרֹת כל אוריתא חסר במ"א וכל נביאים וכתובים מלא במ"א. Mf. עש, 65.

עתת

עֵת ג' פתחין. Lev. 15, 25. Hag.*1, 2. Mf. עת, 1.

וַיְהִי בָּעֵת הַהִיא ג'. Gen. 21, 22. 38, 1. 1 Reg. 11, 29. Mf. הי, 21. עת, 3.

וּבָעֵת הַהִיא ח'. 2) Mf. עת, 4.

וּמֵעֵת ב' (ור"פ). Dan. 12, 11.

עִיתָּהּ ג' מלא בלישן. 3) Mf. עת, 2.

עתד

עַתּוּדִים ב' מלא בתורה. Num. 7, 17. Mf. עת, 8. (S. מ"ש Num. l. c.) 4)

וְעַתּוּדִים ה' (ומלא). Mf. עת, 9. (S. Mp. Ez. 39, 18.)

עתק

וַיַּעְתֵּק ב'. Gen. 26, 22.

עָתָק ד' וא' עָתֵק בצירי. Ps. 75, 6. 94,*4. Mf. עת, 11.

עתר

עתירה לי"י. S. הויה

וַיֶּעְתַּר ד' ב' ר"פ וב' מצע פסוק. Gen. 25, 21. Ex.*8, 26. 10, 18. Jud.*13, 8. Mf. עת, 12.

וַיֵּעָתֵר ה'. Gen. 25, 21. 2 S. 21, 14. Mf. עת, 13. (S. מ"ש 2 Chr. 33, 13.!)

פ.

פאה

אֶת פְּאַת ב' (ושארא וְאֶת פְּאַת). Mf. פא, 2.

לִפְאַת צָפוֹנָה ג' בקריא. Jos. 15, 5. Mf. צפ, 7.

פאר

פַּאֲרֵי ב'. Ez. 44, 18. Mf. פא, 1.

פָּארוּר ב'. Neh. 2, 10. Mf. פר, 7. S. פרר. (S. Mf. א, 7. או"א, 103. מ"ש Joel 2, 16.)

פגע

וַיִּפְגְּעוּ ב'. Mf. פג, 1.

פגש

יְפַגְּשֶׁךָּ לית. Ps. 50, 9.

נִפְגָּשׁוּ ג' בקריא. Ps. 85, 11. Prov.*29, 13. Mf. פג, 2.

פדה

פָּדִיתָ ג' בטעם וכו'. 5) Ps. 71, 23. Mf. פד, 3.

פְּדֵה לית. Ps. 34, 22.

פְּדוּת ג' א' חסר וב' מלא. Ex. 8, 19. Ps.*111, 9. Mf. פד, 1.

פה

פֶּה אֶחָד ג'. 1 Reg. 22, 13. Mf. פה, 8.

פְּנֵי דסבירין פִּי. S. פנה

אֶל פִּי ה'. Jos. 17, 4. 21, 3. Mf. פה, 4. אל, 30.

---

1) Diese Angabe ist falsch, wie das מ"ש zu Neh. 10, 39. genügend nachweist; ebenso Heid. — Ersterer entscheidet sich für folgende Angabe: כל קריא מַעְשַׂר במ"א מַעֲשַׂר והיה הכהן בן אהרן (Neh. 10, 39.) וכל מַעֲשַׂר הַמַּעֲשֵׂר דכותי' בר מן חד בְּעַשֵּׂר הלוים דוהיה הכהן. (ibid.). — S. dort das Ausführliche.

2) In Mf. l. c. ist ein Fehler eingeschlichen; das ב' בו nach בא חנני הרואה (2 Chr. 16, 7.) ist unrichtig, da es in diesem V. nur 1 M. vorkommt; dagegen fehlt Jer. 50, 10., so dass es mit diesem richtig 8 Stellen sind. — S. Mp. Zeph. 3, 20. wo zu וּבָעֵת קַבְּצִי bemerkt wird: לית וכל בעת ההיא דכו'. Der Sinn ist, dass so oft auf בעת oder ובעת das Wort הַהִיא (oder הַזֹּאת) folgt, das Beth Kam. hat, während ohne dieses das Beth ein Schwa hat mit Ausnahme von ובעת קבצי (Zeph. l. c.) und ושריך בָּעֵת יאכלו (Koh. 10, 17.), bei denen das Beth ein Kam. hat, obgleich ההיא nicht folgt. —

3) Wie diese Angabe in Mf. l. c. lautet, hat sie keinen Sinn, denn in allen Ausgg. hat dieses Wort in den 3 angeführten Stellen, wie sonst, kein Jod nach dem Ain u. das Thaw hat Dag. forte; auch wird sonstwo nirgends etwas darüber bemerkt. Es muss demnach wohl statt מלא gelesen werden מפיק, indem 2 M. עִתָּהּ u. 1 M. בְּעִתָּהּ, wie angegeben, mit Mappik des He vorkommt. — Vielleicht soll gelesen werden, wie Heid. bemerkt, ג' ב' מפיק וא' רפה, denn ausser den 2 M. עִתָּהּ (mit Mappik) kommt es noch 1 M. ohne Mappik vor, nemlich Jos. 19, 13. als nom. propr., wozu Mp. bemerkt: לי' רפה. S. Mp. zu den versch. Stellen. —

4) Hier muss wohl ובלישנא hinzugefügt werden, da das 2te ועתודים (mit Waw copulat.) heisst. In Mf. l. c. fehlt das בתורה, wozu auch das folgende וכל קריא מלא passt. —

5) Diese Angabe ist schwierig, da zwar 2 ein Tipcha haben, das 3te aber (Ps. 71, 23.) hat ein Silluk (Heid.). —

כִּי פִּי י״י דִּבֵּר. הויה S.

עַל פִּי י״י וכו׳. הויה S.

עַל פִּי הַדְּבָרִים הָאֵלֶּה כ׳ בתורה. Ex. 34, 27.

וּמִפִּי ג׳. Jos. 59, 21. Mf. פה, 3.

אֶל פִּיו ג׳ בקריא. 1 S. 14, 26. Mf. פה, 6.

פִּיהוּ כ״ב בלישן. Ex. 4, 15. Job 40, 18. (22.!) Cant. 1, 2.
Thr. 1, 18. 3, 29. Dan.*1, 1. Mf. פה, 2. 1)

אֶל פִּיהוּ ב׳. Mf. פה, 5.

לְפִיהֶם לית וחד לְפִיהֶן. Job 29, 9. (S. Lev. 25, 51.
Mf. נ׳, 3. או״א, 12.).

פִּיפִיּוֹת ב׳ ומלא. Jes. 41, 15.

פוך

בַּפּוּךְ ג׳. Jes. 54, 11. Jer. 4, 30. Mf. פו, 2.

פוץ

נָפוּץ ב׳. Gen. 11, 4.

(נְפוּצוֹתֶם ג׳ ביחזקאל. Ez. 20, 34. S. מ״ש)

(וַהֲפִצוֹתִי. Ez. 30, 23. S. מ״ש)

מֵפִיץ ב׳. Prov. 25, 18.

הָפֵץ לית וכל קריא חָפֵץ. Job 40, 6. (S. Mf. א׳, 19.
או״א, 38.).

וַאֲפִיצֵם ב׳. Gen. 49, 7.

וַיָּפֶץ ג׳ וחד יָפֵץ. Gen. 11, 8. Ex. 5, 12. Mf. פצ, 1.

פור

הֵפַר ב׳ באוריתא פתח חד בס״פ וחד באתנחתא.
Gen. 17, 14.

הֵפֵרוּ ד׳. Jer. 31, 32. Mf. הפ, 4. (S. מ״ש Jer. l. c.)

פּוּרָה ג׳ מלא ב׳ כתיב פּוּרָה וחד כתוב פֻּארָה וסי׳
וכו׳ וב׳ חסר. Jes. 10, 33. 63, 3. Mf. פו, 3.

פזר

פִּזַּר ב׳. Mf. פז, 1.

פחד

וּפַחַד ב׳. 2) Gen. 31, 42. Ps. 31,*12.! Mf. פח, 2.?

וָפַחַד ב׳. Job 25, 2. Mf. פח, 1.

פַּחְדְּכֶם ג׳. Deut. 11, 25. Prov. 1,*26. Mf. פח, 3.

פחה

וְהַפַּחוֹת ג׳. Est. 8, 9. Mf. פח, 4.

פטש

פַּטִּישׁ ב׳. Mf. פט, 1.

פלל

וְיִתְפַּלֵּל ג׳ רפין. Gen. 20, 7. Jes. 44, 17. Ps.*72, 15.
Mf. פל, 5.

תְּפִלָּה לְדָוִד ב׳. Ps. 17, 1. 86, 1.

וּתְפִלָּתִי ג׳. Job 16, 17. Mf. פל, 15.

וּתְפִלָּתוֹ ג׳. Ps. 109, 7. 2 Chr. 33, 18. Mf. פל, 6.

בִּפְלִלִים ג׳ וכו׳. Ex. 21, 22. Mf. פל, 14.?

פלא

וְהִפְלָא ב׳ חד כתיב א׳ וחד כתיב ה׳ בסוף. Ex. 9, 4.
Mf. פל, 1. (S. זוגין. או״א, 95. מ״ש Ex. l. c.)

הַפְלֵא ב׳ חד כתיב ה׳. Mf. פל, 2. או״א, 95. Anmerkg.

פְּלִיאָה ד׳ חסרים בלישן (בהפעיל). Num. 6, 2. Jud. 13, 19.
Mf. פל, 4. (S. יַפְלִא).

---

1) Die Angabe Job 40, 18. (כ״ב) ist die richtige; das כ״א = 21 der Mf. ed. Bomb. rührt irrthümlich von der Aufzählung zu Cant. u. Dan. l. c. her, wo Job 2, 14. ausgelassen ist. Wenn nun aber letztere Stelle zu den in Cant. und Dan. l. c. angeführten hinzukommt, so sind es dennoch nur 22, wie angegeben, weil das. Ps. 105, 5. gestrichen werden muss, da hier פִּיו u. nicht פִּיהוּ vorkommt. Es muss daher Job 2, 14. eingeschaltet u. das וחברו דתלים ausgelassen werden. — Ex. 4, 15. darf also nicht stehen כל לישנא כ״ב, sondern כל לישנא כ״ב, wie die Mp. immer und die Mf. l. c. hat. —

2) Die Angabe zu Ps. 31, 12. (ב׳ בטעמא לעיל וחד מלרע ופחד ורחב לבבך) lässt in ihrem ersten Theile eine doppelte Deutung zu: 1) dass 2 dieser Form den Accent penult. haben, während וּפָחַד, als Zeitwort 2 M. den Accent auf ult. hat (Jes. 19, 16. u. ibid. 60, 5., s. Mp. das., welche ב׳ = 2 angiebt.). Es kann aber auch sagen wollen, dass bei zweien das Waw Schuruck hat, das in der Massorasprache מלעיל genannt wird in Vergleich zu dem Kamez des Waw (s. folgenden Artikel), das in Beziehung auf Schuruck מלרע heisst. Wäre nun auch die zweite Erklärung insofern richtiger, als in beiden Formen das Pe u. das Cheth ein Pathach haben, während nach der ersten Erklärung in dem einen das Pe ein Pathach u. das andere ein Kam. (וּפָחַד) hat, so muss doch diese vorgezogen werden, theils wegen des בטעמא (also in Bezug auf Accent) und theils wegen des angeführten: וּפָחַד ורחב לבבך. Jedenfalls ist aber das וחד מלרע unrichtig, da sowohl וּפַחַד als וָפַחַד je 2 M. vorkommen. Es muss daher וב׳ מלרע gelesen werden. —

יִפְלָא ב׳ חסרים. (S. vorigen Art.) Lev. 27, 2.

נִפְלְאֹתַי ז׳ חסר וי״ו בלישן. 3. פל. Mf. Ex. 3, 20.

פְּלֹנִי אַלְמֹנִי ג׳. 16. פל. Mf. 2 Reg. 6, 8. Ruth 4. 1.

פלג

פַּלְגֵי מַיִם ג׳ ר״פ. ? 8. פל. Mf. Ps. 119, 136. Thr.*3, 48.

פִּילֶגֶשׁ כל׳ מלא במ״ב. Gen. 35, 22.

וּפִילַגְשׁוֹ ב׳ ר״פ. ? 7. פל. Mf. Gen. 22, 24. Jud. 19, 10.!

הַפִּילַגְשִׁים ב׳ מלא דמלא. (S. מ״ש ibid.) Gen. 25, 6.

פלח

פֶּלַח ג׳. 9. פל. Mf.

כְּפֶלַח ג׳. 10. פל. Mf.

פלט

הַפָּלִיט ה׳. (1) 11. פל. Mf. Ez. 24, 26.

וַיָּבֹא הַפָּלִיט לית דסמיך. Gen. 14, 13.

פְּלֵטִים ד׳ (ומשניין?) 13. פל. Mf.

הַפְּלֵטָה ג׳ חסר בלישן. 12. פל. Mf. Ex. 10, 5.

פלץ

פַּלָּצוּת ד׳ בקריא. Jes. 21, 4. Ez. 7, 18. Ps. 55,*6. Job 21, 6. Mf. פל, 17.

פנה

[וּפָנִיתָ ד׳ וכ״כ (בלא ה״א בסוף). Mp. Deut. 16, 7.]

וּפָנִיתִי ד׳. 7. פנ. Mf. Koh. 2, 11.

פֹּנֶה ג׳ וחסר. 4. פנ. Mf. Deut. 29, 18. Jos.*15, 7. Ez.*43, 1.

הַפּוֹנֶה ד׳ מלא. 3. פנ. Mf. Ez. 47, 2.

לִפְנוֹת בֹּקֶר. בקר S.

אַל תֵּפֶן ג׳. 6. פנ. Mf. Num. 16, 15.

וַנֵּפֶן ג׳. 5. פנ. Mf. Deut. 3, 1.

פַּנּוּ ג׳. 2. פנ. Mf. Jes. 40, 3.

פָּנִים בְּפָנִים ב׳. (2) Deut. 5, 4.

פָּנִים אֶל פָּנִים ה׳. Gen. 32, 30. Ex. 33. 11. Deut. 34, 10. Jud. 6, 22. Ez.*20, 35. Mf. פנ, 10.

עַז פָּנִים. עזז S.

הַפָּנִים ט׳. (3) 27. פנ. Mf.

פני דסבירין פִּי. סבירין S.

פְּנֵי תְהוֹם. תהום S.

אֶל פְּנֵי ט׳ וכו׳ ומן בעשרים וחמש שנה לגלותנו (Ez. 40,1.) עד סופא דסיפרא דכו׳ אֶל פְּנֵי, וְאֶל פְּנֵי במ״ד

עַל פְּנֵי. Ex. 23, 17. Lev. 14, 53. 16, 1. Num. 20, 10. Ez.*16, 5. 40,*15. Mf. פנ, 22.

אֶל פְּנֵי הַשָּׂדֶה. שדה S.

מֵאֵת פְּנֵי ה׳. Gen. 27, 30. Ex. 10, 11. Lev.*10, 4. 2 Reg. 16, 14. Prov.*2, 7. Mf. פנ, 24.

עַל פְּנֵי מַיִם. מים S.

עַל פְּנֵי הָאָרֶץ. ארץ S.

עַל כָּל פְּנֵי, וְעַל כָּל פְּנֵי ד׳ בלישן (ושאר על פני כל וכו׳). Gen. 41, 56.

וּפְנֵי י״ו בקריא Ps. 82, 2. Job 38, 30.? Est. 7, 8. Mf. פנ, 28.? (4)

וְנָתַתִּי פָּנַי ד׳ וכו׳ (ד׳ חס׳ אֶת). Lev. 17, 10. Dan. 10, 15. Mf. נת, 12. פנ, 26. (5)

---

1) Wenn die Mp. zu einigen Stellen, wie es auch einige Mpte. haben, bemerkt ג׳ = 3, so bezieht sich das auf die Wurzel בוא unmittelbar vor diesem Wort, welche Verbindung 3 M. vorkommt und zwar: Gen. 14, 13. Ez. 24, 26. und ibid. 33, 23. —

2) Diese Angabe zu Deut. l. c. scheint corrupt zu sein, da diese Verbindung nur 1 M. vorkommt u. der das. angeführte Vers: נראת אתה nicht zu finden ist. —

3) In dieser Angabe ist nicht nur die Unordnung der Stellenaufführung auffällig, sondern auch die Zahl ט׳ = 9 ist unrichtig, da Num. 4, 7. ausgelassen ist; es müsste also יו״ד = 10 sein. Die gedruckte Mp. bemerkt nirgends etwas darüber. —

4) Die Mf. l. c. hat י״ז = 17. — Heid. sucht die beiden Angaben dadurch auszugleichen, dass diejenigen, welche 17 angeben, auch Prov. 15, 14. mitrechnen. Da aber dieses nur ופני geschrieben (כתיב), aber ופי gelesen (קרי) wird (s. ז׳ מלין und או״א, 159), so ist die Angabe richtig, welche ו״ן = 16 angiebt u. aufzählt, indem bekanntlich die Mass. bei ihren Angaben nur das קרי berücksichtigt. —

5) Lev. l. c. ist durch unrichtige Abtheilung eine unrichtige Angabe entstanden; letztere muss lauten: ד׳ ג׳ וְנָתַתִּי וחד נָתַתִּי. Die Massora will bemerken, dass נתן mit darauffolgendem פָּנִים ohne das Objectszeichen אֶת 4 M. (sonst

וּפְנֵי ג׳ (אנ״ך)․ .20 ,פנ .Ex. 33, 23. Dan.*10, 9. Mf

וּמִפְּנֵי ב׳․ Job 23, 17.

פָּנֶיךָ ז׳․ 1) .17 ,פנ ?Mf

אֶל פָּנָיו ו׳․ Deut. 7, 10. 2 S.* 14, 22. 2 Chr.* 19, 2.
.Mf. אל, 29. פנ, 23.?

וּפָנָיו ג׳․ 2) ?.21 ,פנ .Mf

פָּנֶיהָ י׳ (וחד וּפָנֶיהָ)․ .16 ,פנ .Mf

וּפְנֵיהֶם ט׳․ .14 ,פנ .Gen. 9, 23. Ex. 25, 20. Mf

פְּנִימָה ה׳ בקריא․ Lev. 10, 18. 1 Reg.*6, 18. 2 Reg. 7, 11.
.Mf. פנ, 9

פסג

פַּסְּגוּ לית․ Ps. 48, 14.

הַפִּסְגָּה ו׳ בתורה․ 3) .1 ,פס .Mf

פסל

הַפְּסִילִים ד׳ מלא בלישן בקריאה ושארא הַפְּסִלִים בי״וד בתרא (לבר)․ Jud. 3, 26. 2 Chr.*33, 22.
.Mf. פס, 2. (S. מ״ש Jer. 50, 38. 2 Chr. 34, 3.)

פעה

אֶפְעֶה ד׳․ .1 ,פע .Jes. 30, 6. Mf

פעל

מַה פָּעַל ב׳․ Num. 23, 23.

בְּפָעֳלָם לית․ (מלין דמשמשין לָם .S) Job 24, 5.

פעם

וַתִּפָּעֶם ב׳․ ?.Dan. 2, 3

וַתִּתְפָּעֶם (סימן)․ .Dan. 2, 3

כְּפַעַם בְּפַעַם ו׳․ .2 ,פע .Mf

פצר

וַיִּפְצַר ד׳ וכו׳ וכל וַיִּפְצְרוּ דכו׳ במ״א וַיִּפְרְצוּ․
Gen. 33, 11.

פקד

כל לשון פקידה עַל במ״ד אֶל․ .6 ,פק .Jer. 50, 18. Mf

כִּי פָקַד י״י. הויה .S

כָּל הַפְּקֻדִים ג׳ בטעמא․ טעם .S

פְּקֻודֵיהֶם ב׳ מלא וכל פְּקֻדֵי מלא במ״א․ .8 ,פק .Mf
.S מ״ש 2 Reg. 11, 15.) 4)

פקד יפקד פקד בפקד אפקד כלהון חסר במ״ה․
Ex. 3, 16. Ez. 23, 23. Zach. 10, 3. Mf. פק, 10.

פָּקֹד ה׳ וחסר․ Gen. 50, 24. Ex. 3, 16. 1 S.*20, 6.?
.Mf. פק, 7

פָּקְדֵנִי לית․ (נ׳ מלין .S) Ps. 106, 4.

וַיִּפְקְדֵם ד׳․ .4 ,פק .Num. 1, 19. Mf

יִפָּקֵד ג׳․ 5) .1 ,פק .Mf

---

immer mit את) vorkommt, wie es Dan. l. c. u. Mf. פנ, 26. richtig so haben: נתינה פנים ד׳ חסר אֶת. — Der erste Herausgeber (B. Chajim) hat den Sinn der Massora nicht richtig aufgefasst und darum in der Mf. l. c. zwei Artikel daraus gemacht. —

1) Mf. l. c. ed. Bomb. giebt ׳י = 10 an und bringt durch falsche Abtheilung von 1 Reg. 2, 17. u. Nah. 2, 2. nur 9 Stellen heraus. Buxt., der das wahrscheinlich bemerkt hat, fand demnach nur 7 Stellen u. veränderte das ׳י in ׳ז = 7. — Beides ist aber unrichtig, indem Ps. 45, 13 (das auch in der Concord. ed. Buxt. fehlt) ausgelassen ist, so dass es in Wirklichkeit 8 M. so vorkommt. — Mpt. Hamb. zu Ps. 45, 13. giebt richtig ׳ח = 8 an u. zählt die angeführten 7 und Ps. l. c. als achtes. Ebenso hat Mp. in Cod. Erf. zu Ps. l. c. ׳ח, was gewiss das Richtige ist. —

2) Zu dem ׳ג = 3 fehlt der Nachweis der Stellen. Sie sind: Jer. 1, 13. Dan. 10, 6. u. 2 Chr. 32, 2. —

3) Das ו׳ בתורה ist wahrscheinlich Buxtorf's Verbesserung. Ed. Bomb. hat ׳ה; weil aber die Aufzählung etwas verworren ist, hat Buxt. es in ׳ו = 6 verändert u. בתורה hinzugefügt. Das Richtige ist aber, dass das ׳ה fälschlich aus ׳ח = 8 entstanden ist. Es sind im Ganzen 8 Stellen, in welchen diese Form vorkommt, wie sie in der Concord. angeführt sind; 4 M. ראש הפסגה, 3 M. אשדות הפסגה u. 1 M. ואשדות הפסגה. —

4) Das ב׳ מלא ist unrichtig u. wahrsch. aus falscher Abtheilung der angeführten Verse entstanden. Das אלה (הם) בני לוי ist der Anfang des Verses, in welchem ראשי האבות לפקודיהם vorkommt, es giebt also nur eins dieser Form, das plene Waw (nach dem Kuf) steht (wie auch אלה בני לוי nur 1 M. vorkommt), und muss also die Angabe lauten: א׳ מלא oder לית מלא, wie Mp. zu Num. 3, 43. richtig bemerkt: לפקדיהם כל׳ חסר במ״א; s. auch המ״ה s. rad. Vielleicht hat die Angabe ursprünglich gelautet: כל׳ חסר במ״א; aber durch die falsche Abtheilung ist aus dem במ״א geworden ב׳ מלא und so sah man sich genöthigt das כל׳ חסר, als widersprechend, auszulassen? —

5) Wenn das ׳ג = 3 in Mf. l. c. sich nicht auf etwas Anderes bezieht, als auf die Form, so ist es unrichtig, da diese 5 M. vorkommt, indem es 2 Reg. 10, 19. 2 M. steht, dieser Vers aber hier fehlt. — Es soll wahrscheinlich ׳ה = 5 heissen u. fehlt am Schluss der Anführung: איש אל יפקד, ב׳ בו. Weil dies aber in dem vorliegenden Mpte. fehlte u. sich also nur 3 St. ergaben, so machte man aus dem ׳ה ein ׳ג? —

וַיִּפָּקְדוּ ג׳. 9 ,פק. Mf.

הַפְקֵד ב׳. Num. 1, 50.

הָתְפָּקְדוּ ד׳. 5 ,פק. Num. 1, 47. 2, 33. 1 Reg. 20, 17. Mf.

פְּקִדִים ד׳ ב׳ מלא וב׳ חסר יו״ד קדמא (אוריתא ונביאים חסר יו״ד קדמא וכתיביא מלא דמלא, כ״י). Gen. 41, 34. Jer. 29, 26. Est. 2,*3. Mf. 2 ,פק.

(פִּקֻּדֶיךָ ו׳ חסרים ו׳ וסי׳. Ps. 119, 4. 1) מ״ש)

וּפְקֻדַּת ג׳. 3 פק. Mf.

פרר

כל פרויי דבלק וכו׳. v. דרכי הנקוד (S. Prov. 14, 4. auch Mos. Punctator ed. Hannov. Anmerkgen. S. 17.)

פַּר בֶּן בָּקָר אֶחָד ד׳. 2) 2 ,פר. Mf.

בְּפַר בֶּן בָּקָר ב׳. Lev. 16, 3.

הַפָּר הָאֶחָד ג׳. 3 ,פר. Mf.

וְאֶת הַפָּר ג׳. 1 ,פר. Ex. 29, 3. Lev. 8. 17. Jud.*6,28. Mf.

פָּרוּר ג׳ בלישן וב׳ פָּארוּר. 7 ,פר. Mf.

פרא

פֶּרֶא ו׳ (חד כתיב ה׳). Gen. 16, 12. Job 6, 5. 11,*12. 39, 8. Mf. 4 ,פר. (S. ט׳ פסוקים דאית בהון תרתין מלין ופתרונן חד)

פרד

יִפָּרֵד ב׳. Gen. 2, 10.

פרה

פֹּרֶה לית. (7 ,או״א 1 ,ד׳ .Ps. 34, 23. (Mf

פּוֹרִיָּה ד׳. 6 ,פר. Mf.

וְהִפְרֵתִי ג׳ ב׳ מלא וא׳ חסר. Gen. 17, 20. Lev. 26, 9.! Mf. 5 ,פר. (S. מ״ש, Gen. 17, 6.)

פְּרִי הָאָרֶץ. S. ארץ

עֵץ פְּרִי. S. עץ

עֹשֶׂה פְּרִי ב׳. Gen. 1, 11.

אַפִּרְיוֹן לית. (35 ,או״א 3, א׳ .S. Mf) Cant. 3, 9.

פרז

הַפְּרָזִי ג׳. 3) 9 ,פר. Mf.

פְּרָזוֹת ג׳ בלישן. 8 ,פר. Zach. 2, 4. Est. 9, 19. Mf.

פרח

יִפְרַח ד׳ (ב׳ פתחין וב׳ קמצין) Num. 17, 20. Ps. 72, 7.! Mf. 10 ,פר.

פִּרְחָח לית וחד פִּרְחָה. ט״ו, זוגין (S. Job 30, 12. 213 ,או״א.)

פרע

פָּרֻעַ ב׳ חד חסר וחד מלא. Ex. 32, 25. Lev. 13, 45.

תִּפְרָעוּ ב׳. Lev. 10, 6.

פרעש

פַּרְעֹשׁ ב׳ וכל שום בר נש דכו׳. 14 ,פר. Mf.

פרץ

פָּרְצוּ ג׳. 13 ,פר. Jona 2, 13. Mf.

כְּפֶרֶץ ד׳. 15 ,פר. Jes. 30, 13. Job 30,*14. Mf.

(פָּרִיץ ב׳. Ps. 17, 4. מ״ש)

פְּרָצִים ה׳ וא׳ וּפְרָצִים. 16 ,פר. 2 S. 5, 20. Mf.

פרש

כל לישן כתיב שׂ במ״ב כתיב סמ״ך. מ״ש .Num. 4, 7. (S Jes. 58, 7.)

פֵּרַשְׂתִּי ג׳. 18 ,פר. Jes. 65, 2. Ps. 143,*6. Mf.

(וּמִמַּפְרְשֵׂי ב׳ וכו׳. Deut. 14, 7. מ״ש .S)

פרש

פָּרָשׁ ג׳ ב׳ קמץ וא׳ פתח. 17 ,פר.! Jer. 4, 29. Mf.

פשט

וַיַּפְשִׁיטוּ ב׳ ומלא. Gen. 37. 23.

פשר

פִּשְׁרָא ב׳ כתיב א׳. Dan. 4, 15.?

---

1) S. מ״ש l. c. Die Angabe der Stellen, in welchen diese Form def. Waw nach dem Kuf im Ps. 119. vorkommt, variirt gar sehr in den versch. Handschriften; doch darin stimmen sie überein, dass Ps. 119. 56. 87. u. 141. def. ist. —

2) Es muss בלישנא hinzugefügt werden, denn Lev. 23, 18. heisst es וּפַר, mit Waw copulativum, wie auch Mp. das. bemerkt ב׳, d. h. ופר בן בקר (ohne אֶחָד zu berücksichtigen) kommt 2 M. vor, hier u. Ez. 43, 25. —

3) Wo ist das Dritte? — Wo steht וכל הפרזי? Es muss vielmehr ב׳ = 2 stehen, weil es nach der Massora nur 2 M. vorkommt; s. Mp. Deut. 3, 5. (ב׳ ומשמש א״ב) u. Mf. ה׳, 2. או״א, 64. —

וּפִשְׁרָא י׳ קמצין (ב׳ מנהון בה׳)· 1. פש, Mf.

וּפִשְׁרָה ב׳ כתיב ה׳ בסיפרא· Dan. 2, 7.

פשת

צֶמֶר וּפִשְׁתִּים· צמר s.

(וְהַפִּשְׁתָּה ב׳ ובפסוקא, כ״י האמבורג· Ex. 9, 31. Deut. 21, 52.)

פתת

פִּתִּים ב׳· Lev. 2, 6.

פתג

פִּתְגָם ב׳ א׳ קמץ וכל ארמית דכו׳· 1) Mf. פת, 1.

פתה

יְפַתֶּה ד׳· Ex. 22, 16. 1 Reg. 22, 20. Mf. פת, 3.

יְפֻתֶּה ג׳· Prov. 25, 15. Mf. פת, 4.

פְתָיִים ב׳ כ״כ מלא וב׳ פְּתָיִם כתיב בחד יו״ד ושאר׳ פתאים כתיב· Ps. 119, 130. Prov.*1, 32. 22,*3. Mf. פת, 2.?

פתח

פָּתוּחַ ד׳· Num. 19, 15. Jer. 5, 16. Ps.*5, 10. Job 29, 19.

פְּתוּחָה ג׳· Ex. 21, 28. Neh.*6, 5. Mf. פת, 7.

פָּתֹחַ ג׳ ב׳ חסר וא׳ מלא· Deut. 15, 8. Mf. פת, 9.

פְּתַח ד׳· 2 Reg. 13, 17. Zach. 11, 1. Prov.*31, 8. Mf. פת, 11.

וְיִפְתַּח ב׳ קמץ וא׳ פתח חד שום קרתא חד שום גברא חד לישן פתיחה וסי׳ מאן דפתח פתח· Jos. 15, 43. Jud. 11, 1. Job *11, 5. Mf. פת, 5. יפ, 4. (S. Mf. א׳ 22. או״א 59.)

תִּפְתַּח אֶרֶץ ב׳· Ps. 106, 17.

נִפְתְּחוּ ב׳· Ez. 1, 1.

נִפְתָּחוּ ג׳· Jes. 24, 18. Neh.*2, 6. Mf. פת, 10.

יְפַתַּח ה׳· Mf. פת, 8.

פִּתַּח ג׳· Job 39, 5. Mf. פת, 13.

פִּתַּחְתָּ ב׳· Ps. 30, 12.

וּפִתַּחְתָּ ג׳· Ex. 28, 9. Mf. פת, 12.

וַיְפַתַּח ב׳ בתרי לישני· Gen. 24, 32. (S. Mf. א׳, 22. או״א, 59.)

וּפֶתַח ה׳· Gen. 6, 16. Ez. 41, 11. Mf. פת, 6.

צ.

צאן

בְּצֹאן ב׳· Ps. 74, 1.

כַּצֹּאן ז׳ (רפין)· Ez. 36, 38. Mf. צאן, 3.

וְצֹאן ד׳· Lev. 27, 32. Koh.*2, 7. Mf. צא, 2.

צֹאנִי ב׳ וכל (ירמי׳) ויחזקאל דכו׳ במ״א צֹאנוֹ· Mf. צא, 1.

צבב

וְהַצָּב לית· Lev. 11, 30.

צבא

הַצְּבָאִים ג׳ וחסר· Num. 31, 42. Jes. 29, 8. Mf. צב, 3.

לִצְבֹא ג׳ א׳ דגש· Mf. צב, 10. (S. M. marg. Num. 8, 24.)

כָּל יֹצֵא צָבָא בְּיִשְׂרָאֵל· יצא s.

שַׂר צְבָא· שרר s.

וְצָבָא ד׳· חילופי קריאה 4. Dan. 8, 12. Mf. צב, 7. (S. Mf. או״א, 270.)

בַּצָּבָא ד׳ דגשים· Num. 31, 36. Deut. 24, 5. Mf. צב, 1.

צְבָאָה ב׳· Jer. 51, 3.

צְבָאָם ז׳· Gen. 2, 1. Jes.*34, 2. 40, 26. 45, 12. Mf. צב, 5.

וְכָל צְבָאָם ד׳· Gen. 2, 1. Jes. 34, 4. 45, 12.? Mf. צב, 6. 2)

צבאת ד׳ חסר בליש׳ וכל לצבאתם דכו׳· Ex. 6, 26. Mf. צב, 11.? 3)

הָאָדוֹן י״י צְבָאוֹת· הויה s.

---

1) Nach Kimchi im Michlol u. W. B. s. rad. haben beide Kamez, wie sie auch viele Handschr. haben. — S. Heid. Anmerkg. zu עה״ק Est. 1, 20. —

2) Wenn Jes. 45, 12. ה׳ = 5 angegeben ist u. B. Chajim dazu bemerkt ובפרש׳ בראשית נשמט פסוק ונגלו, so ist das ein durch Leichtfertigkeit entstandener Fehler, indem derselbe ונגלו vom Vorhergehenden trennt u. ihm so 5 entstehen, während ונמקו u. ונגלו (Jes. 34, 4.) e i n e n V. ausmachen u. es also nur 4 sind. Das ist nicht nur Vergessenheit, sondern auch Leichtfertigkeit! —

3) Das ג׳ = 3 der Mf. l. c., wie auch das ד׳ = 4 Ex. 6, 26. ist ungenau, denn es sind 5, indem auch Ex. 12, 51. def. Waw ist, s. רמ״ה s. rad. — Sollte vielleicht f. הצבאת (Ex. 38, 8.), das nicht hierhin gehört, Ex. 12, 51. eingeschoben werden? —

הַצְּבָאוֹת ה׳. Am. 3, 13. Mf. צב, 2. ?

צְבָאוֹת ג׳ ומלא. Ex. 12, 41. Mf. צב, 9.

בְּצִבְאוֹתֵינוּ ג׳ (ב׳ מלא וחד חסר). Ps. 108, 12. Mf. צב, 4. (S. Ex. 6, 26.).

צבה

וּצְבִי ג׳. Deut. 14, 5. Mf. אב, 12.

הַצְּבָיִים ג׳. Mf. צב, 13.

צבר

וַיִּצְבֹּר ב׳. Gen. 41, 49.

צדק

תִּצְדָּק ד׳ ג׳ קמצין וא׳ פתח. Jes. 43, 26. Ps. 51, 6. Job*40, 3. Mf. צד, 15.

יִצְדַּק ד׳. 1) Mf. צד, 14. ?

צַדִּיק אַתָּה י״י. הויה S.

וְצַדִּיק י׳. Ex. 23, 7. Ez.*33, 12. Prov.*21, 26. Mf. צד, 2.

צַדִּיקִים כל אוריתא צדיקם כתיב חסר במ״א מלא וכל נביאים וכתובים מלא במ״ד חסר ג׳ חסר יו״ד קדמא וא׳ חסר יו״ד בתרא. Gen. 18, 24. Deut. 16, 19. Ps. 37, 39. Mf. צד, 11. (S. מ״ש Ex. 23, 8. Deut. 4, 8. 2 Reg. 10, 9.)

הַצַּדִּיקִם ו׳. Gen. 18, 24. Mf. צד, 9.

וְצַדִּקִים ד׳ ג׳ מלא וא׳ חסר יו״ד קדמא. Hos. 14, 10. Prov. 28, 1. Mf. צד, 10. 2)

וָצֶדֶק ד׳. Deut. 25, 15. Koh. 5, 7. Mf. צד, 12.

בְּצִדְקוֹ לית כתיב ב׳ וחד כתיב בְּצִדְקוֹ. Koh. 7, 10. (S. או״א, כ׳, א״ב, 4.)

צְדָקָה וּמִשְׁפָּט ג׳ דסמי׳ (ושארא מִשְׁפָּט וּצְדָקָה או צֶדֶק וּמִשְׁפָּט). Gen. 18, 19. Ps. 33, 5. Prov.*21, 3. Mf. צד, 6.

צִדְקַת ה׳ וחד וְצִדְקַת. Deut. 33, 21. Ez. 18, 20. Mf. צד, 5.

צִדְקָתְךָ ו׳ (צ״ל וְצִדְקָתְךָ). 3) Mf. צד, 8. ?

וְצִדְקָתוֹ ג׳. 4) Ps. 111, 3. Mf. צד, 3.

צְדָקוֹת ד׳. Ps. 103, 6. Mf. צד, 4.

צִדְקוֹת ד׳ ג׳ מלא וא׳ חסר. Jud. 5, 11. Mf. צד, 13.

צִדְקֹתֵינוּ ג׳ בקריא (וחסר). Jes. 64, 5. Jer.*51, 10. Mf. צד, 7.

צהר

הַצָּהֳרָיִם ד׳. Mf. צה, 2.

בַּצָּהֳרַיִם י״ב. 1 Reg. 18, 27. Am.*8, 9. Job 5, 14. Mf. צה, 1.

וּמִצָּהֳרַיִם לית. Job 11, 17. או״א, 18.

צוא

וּמִצֹּאָתוֹ לית. Prov. 30, 12. (S. או״א, 18.)

צוד

הֲתָצוּד לית. Job 38, 39. (S. או״א, ה׳, א״ב, 65. Anmerkg.)

צֵידָה. Gen. 27, 3. (S. Mf. ה׳, 25. או״א, 112. מ״ש Gen. l. c.)

---

1) Das ד׳ = 4 bezieht sich auf die Form, in welcher das Daleth ein Pathach hat; bei zweien hat das Daleth Kam. S. Concord. s. v. Die Mf. l. c. angeführten Verse sind verworren und unrichtig.

2) Das Resultat der Angaben über das plene u. def. des Plurals des Wortes צַדִּיק ist — (mit der Vorausbemerkung, dass מלא so viel heisst als „doppelt plene" und חסר bezeichnet das def. Jod entweder nach dem Daleth oder nach dem Kuf), dass 1) im Pentat. diese Form immer def. Jod nach dem Kuf steht, mit Ausnahme von Ex. 23, 8., wo sie doppelt plene Jod ist; — 2) in den BB. der Proph. u. Hagiogr. ist sie immer doppelt plene, mit Ausnahme von 4 Stellen (s. Ps. 37, 39.), in welchen sie def. Jod steht u. zwar 3 M. def. nach dem Daleth u. 1 M. nach dem Kuf. — Demnach kommt in diesen Büchern vor: צַדִּקִים 2 M. (1 Reg. 2, 32. u. 2 Reg. 10, 9.). צַדִּיקִם 1 M. (Ez. 23, 45.) und וְצַדִּקִים 1 M. (def. Jod nach dem Daleth, Hos. 14, 10.). 3) הַצַּדִּיקִים kommt 6 M. vor u. immer doppelt plene. 4) וְצַדִּיקִים kommt 4 M. vor u. zwar 3 M. doppelt plene u. 1 M. def. Jod nach dem Daleth (Hos. 14, 10.) — Wenn Mp. Deut. 16, 19. bemerkt: כלם כ״כ, so muss hinzugefügt werden "באוריתא„ indem hier nur vom Pentat. die Rede sein kann (s. Mm. Gen. 18. 24.). — Die Bemerkung der Mp. zu Ez. 23, 45. (ב׳ כ״כ) ist fehlerhaft; sie muss lauten: לי׳ כ״כ, d. h. in den BB. der Proph. u. Hagiogr. kommt diese Schreibform des Wortes (def. Jod nach dem Kuf) nur 1 M. vor. — Das ב׳ könnte sich freilich, nach obiger Angabe, auf die Form צַדִּקִים (def. Jod nach dem Daleth) beziehen, das nur 2 M. so geschrieben ist; doch passte diese Bemerkung nicht zu Ez. l. c., wo es def. Jod nach dem Kuf ist. —

3) Das Schlagwort in Mf. l. c. ist unrichtig צִדְקָתְךָ angegeben; die Angabe bezieht sich auf die Form וְצִדְקָתְךָ mit Waw copulat. —

4) Zu dem ג׳ = 3 muss hinzugefügt werden: בסיפרא, d. h. in den Pss. kommt diese Form 3 M. vor; im Ganzen sind 4 so geschrieben u. fehlt Jes. 59, 16. —

צֵדָה כל אוריתא חסר וכל קריא מָלֵא במ״ב צדה חסרי Gen. 48, 21. Ex.*12, 39. Jud. 7,*8.? Mf. צֵד, 1.? (S. מ״ש Jos. 1, 11. Ps. 78, 25.) 1)

לַמְצַד ב׳ חד קמץ וחד פתח. (S. מ״ש 1 Chr. 12, 16.)

מְצָדָה ד׳ חסר וי״ו בלישנא. 2 S. 5, 7. Mf. מְצ, 14.?

מְצָדוֹת ח׳ בליש׳. 1 S. 23, 14. Jes.*33, 16.? Jer. 51, 30.? Ez. 33. 27. (Mf. מְצ, 13. (S. מ״ש Ez. 19, 9.) 2)

צוה

צוואה אֶת כָּל אֲשֶׁר ג׳. Ex. 25, 22. Mf. צַן, 23. (S. מ״ש Ex. l. c. u. Anmerkg. das. in ed. Wien.) 3)

צווי כְּיַד מֹשֶׁה י׳ (ושארא צוה את משה במ״א אל משה). Lev. 8, 36. Jos. 21, 8. Mf. צַן, 17.

צִוָּהוּ י׳. Gen. 7, 8.? Ex. 19, 7. 1 Reg. 15,*5. 1 Chr. 14, 16. 24, 19. Mf. צַן, 4. 4)

צִוָּנוּ ה׳. Deut. 1, 41. 6, 25. Jer. 35, 10. Mf. צַן, 21.

צֻוָּם ג׳. Gen. 50, 12. Jes.*48, 5. Mf. צַן, 8.

צִוִּיתָה ד׳ מלא בלישן ואׄ צִוֵּיתָה. Num. 27, 19. Jer.*32, 23.? Ps.*119, 4.? Thr. 1, 10.? Mf. צַן, 9. 5)

וְצִוִּיתָה ב׳ א׳ מל׳ וא׳ חסר. Num. 27, 19. Ps.*119, 4.

צִוֵּיתִי ה׳. Lev. 8, 31. Deut. 3, 21. Jes. 13, 3. Mf. צַן, 5.

צִוִּיתִךָ ב׳ מלא בתורה ובענין וכל נביאים וכתובים דכו׳ במ״א חסר יו״ד בתראה. Gen. 3, 11. (S. מ״ש Ex. 23, 15. Deut. 12, 21.)

כְּכָל אֲשֶׁר צִוִּיתִךָ ד׳. Ex. 31, 11. Jer.*50, 21. Mf. צַן, 14.

מְצַוֶּה אֶתְכֶם י״א. Deut. 11, 22. 12, 32. 27, 4. Mf. צַן, 13. 6)

---

1) Gen. u. Ex. l. c. haben במ״ב u. lassen Jos. 1, 11. aus, während Jud. u. Mf. l. c. ג׳ חסך angeben u. letzteres mitzählen. Es scheint, dass Jos. l. c. streitig ist, woraus die Verschiedenheit der Angabe sich erklärt. S. מ״ש Jos. das., der die Verschiedenheit anführt. —

2) 1 S. l. c. giebt nur 8 an, in denen das Zadi ein Kamez u. nicht Cholam hat; Ez. 19, 9. ist nicht mitgezählt. Die andern Angaben haben מ׳ = 9 u. zählen Ez. l. c. mit, wie es auch in dem das. angegebenen Denkzeichen (וסימן) enthalten ist. — Ueber die verschiedene Leseart in Ez. l. c., s. מ״ש das. u. Kimchi WB. s. rad. u. im Commentar. —

3) S. מ״ש zu Ex. 25, 22. u. die Bemerkung dazu in ed. Wien, wo mehr als 3 angeführt sind (z. B. Ex. 7, 2. 34, 11. 1 Reg. 11, 38.). Auch Heid. bemerkt in d. Concord., dass er in alten Handschriften zu den betreffenden Stellen keine massoret. Bemerkung fand; er hält die ganze Angabe für corrupt, s. auch מכתב מאליהו u. ת״ם z. d. St. — Was מ״ש von Raschi, Ab. Esra etc. bemerkt, dass sie nemlich das. ואת (mit Waw copulat.) gelesen haben, spricht gleichfalls f. diese Ansicht. — Merkwürdig ist, dass Mpt. Hamb. z. St. bemerkt:

את כל אשר אצוה אותך כן הוא אֶת אך לפי רש״י וְאֶת וכן קבלתי. עכ״ל. —

4) Wenn an verschiedenen Stellen z. B. Gen. u. Ex. l. c. צִוָּהוּ י״י als Schlagwort angegeben ist, so ist das unrichtig und irrthümlich aus י׳ als Abbreviatur des Quadril. entstanden; das Wort kommt allein, ohne Verbindung mit י״י 10 M. vor. —

5) Die verschiedenen Angaben ג׳ oder ד׳ differiren nur darin, dass erstere nur auf צִוִּיתָה, die andere auch auf וְצִוִּיתָה (mit Waw copulat.) Rücksicht nimmt. Wenn Mp. zu Thr. 1, 10. ה׳ מלא angiebt, so zählt sie auch צִוִּיתָה dazu, oder es muss ד׳ = 4 heissen. —

6) Diese Angabe ist in den obigen Stellen nirgends ausgeführt; die Aufzählung ist immer auf eine andere Stelle verwiesen, wo sie sich aber nicht findet. Das Mpt. Hamb. zu Deut. 4, 2. hat Folgendes:

מְצַוֶּה אֶתְכֶם י״א דסמיכין וסי׳ לא תוסיפו על הדבר אשר אנכי (Deut. 4, 2.), ב׳ בפסוק (ibid.), והיה אם שמע תשמעון (תשמעו) (ibid. 11, 13.), כי אם שמר תשמרון (ibid. 11, 22.), את הברכה אשר תשמעון (תשמעו) (ibid. 11, 27.), והקללה אם לא תשמעו אל מצות (ibid. 11, 28.), והיה המקום אשר יבחר י״י אלהיכם (ibid. 12, 11.), את כל הדבר אשר אנכי מצוה (ibid. 13, 1.), ויצו משה וזקני ישראל (ibid. 27, 1.), והיה בעברכם את הירדן (ibid. 27, 4.), ולא תסור מכל הדברים אשר אנכי (ibid. 28, 14.). — Heid. führt in einer Beilage z. Concord. eine handschriftliche Massora an, welche lautet: מצוה אתכם ח׳ u. zählt folgende 8 Stellen auf: Deut. 4, 2. (als 2 Stellen, wie oben); 11, 13. 12, 11. 27, 1. 27, 4. 28, 14. u. 11, 22. Sehen wir auf die verschiedenen Angaben der Mp., so haben sie: י״א בסיפרא, ה׳ דמיחדין u. ח׳ דמיחדין auch blos ה׳. — Das Richtige aber ist, dass diese Verbindung 5 M. ohne u. 6 M. mit dem darauffolgenden הַיּוֹם vorkommt. Das מיחדין bedeutet s. v. a. sie kommen ausnahmsweise ohne היום vor. (S. z. B. unten: מצות ג׳ יחידאין). Die Angabe muss also heissen, entweder י״א בסיפרא d. h. in Deut. kommt diese Verbindung מצוה אתכם (mit oder ohne היום) 11 M. vor, wie in Mpt. Hamb. ausgeführt ist, oder ה׳ מיחדין, wie oben erklärt. Aus diesem ה׳ = 5 ist, wie schon oft bemerkt, ein ח׳ = 8 geworden u. daraus hat obige Heidenh. Handschr. ח׳ überhaupt angegeben u. zum Nachweis 8 Stellen willkürlich herausgegriffen, was natürlich fehlerhaft ist. Das Richtige hat also das Mpt. Hamb. —

מְצַוְּךָ ג׳ ב׳ דגשים וא׳ רפה׃ Deut. 12, 14. Mf. צו, *12 und 16. 1) —

וּלְצַוּוֹת כתיב תרין ו״ווין׃ (ר״ג כתי׳ תרין ו״ווין Est. 4, 8. (S. מלין,

צִוָּה ג׳ בקריאה׃ Jos. 4, 16. 1 Reg. 5, 6. Ps.*44, 5. Mf. צו, 7.

אֲצַוְּךָ ג׳ ב׳ דגשים וא׳ רפי׃ Mf. צו, 10. (S. מ״ש 1 Reg. 11, 38.).

וְאַתָּה תְּצַוֶּה ב׳ דס׳ (ר״פ, כצ״ל)׃ Ex. 27, 20. Jos. 3, 8.

וַיְצַו עָלָיו ב׳ באוריתא׃ Gen. 12, 20. 28, 6.

וַיְצַוֵּם ד׳׃ Ex. 6, 13. 34, 32. 2 Reg. 17, 35. Mf. צו, 22.

וַיְצַוּוּ ד׳ ג׳ מלא וא׳ חסר׃ Gen. 50, 16. Jud. 21, 20. Mf. צו, 18. (S. י״ח מלין ח״ו בסוף תיבותא)

צֻוֵּיתִי ה׳׃ Lev. 8, 35. Mf. צו, 6.

מִצְוַת י״י׃ Mf. אד, 49. S. הויה u. folg. Art.

מִצְוֹת ג׳ יחידין וכל דסמיך לאדכרא דכו׳ מִצְוֹת י״י במ״ג מִצְוַת י״י׃ Ps. 119, 115. Mf. צו, 11. (S. מ״ש Neh. 9, 14.).

מִצְוֹת י״י אֱלֹהֵיכֶם׃ S. הויה

אֵת כָּל מִצְוֹת י״י׃ S. הויה

מִצְוֹתַי חֻקֹּתַי ג׳ בקריאה׃ Gen. 26, 5. 1 Reg. 9, 6. 2 Reg. 17, 13. Mf. חק, 4.? צו, 20.

מִצְוֹתָיו דקדים לְחֻקָּיו ד׳׃ Ex. 15, 26. Mf. חק, 10. (S. או״א, 277.).

חֻקֹּתַי דקדים לְמִצְוֹתַי׃ S. חקק

מִצְוֹתָו ג׳ חסר יו״ד׃ Deut. 7, 9. (S. מ״ש Deut. 5, 10. u. 7, 9. ausführl.)

וְאֶת מִצְוֹתָיו ג׳׃ Mf. צו, 19.

צול

בִּמְצוּלֹת ג׳׃ Ex. 15, 5. Mf. מצ, 16. (S. מ״ש Ex. l. c. Ps. 88, 7. Neh. 9, 11.) 2)

צום

וַיָּצוּמוּ ג׳ (מלא)׃ Mf. צם, 1.

צוק

יָצוּק ד׳ וא׳ וְיָצוּק׃ 3) Mf. צק, 1.

צור

וַיֵּצֶר ג׳׃ Gen. 32, 7. Jud. 2, 15. 2 S. 13, 2. Mf. צר, 1.

צֹר ב׳ חסר בטינרא (ושארא צור שם עיר, מלא)׃ Ex. 4, 25.

בַּצּוּר ג׳ דגשים׃ Ex. 17, 6. Job*19, 24. Mf. צו, 27.

צוּרָם ג׳ ומלא וא׳ וְצוּרָם׃ Deut. 32, 30. Mf. צו, 28. (S. Mf. ר׳, 8. או״א, 15.).

בְּמָצוֹר לית וכל בְּמָצוֹר וּבְמָצוֹק דכו׳׃ 2 Chr. 32, 10. (S. Mf. חילופי קריאה, 3. או״א, 269.).

צַוָּר ב׳ חסרים בלישנא׃ Mf. צו, 2. (S. מ״ש Neh. 3, 5.)

עַד צַוָּאר ג׳׃ Hab. 3, 13. Mf. צו, 3.

צַוָּארוֹ ה׳׃ 4) Gen. 41, 42. Jer. 27, 8. Job 39, 19. Mf. צו, 1.

---

1) Die richtige Angabe hat Mf. צו, 12., wo das רפה auf Deut. 6, 2. hingewiesen ist; ebenso auch Mpt. Hamb. — Wenn nun aber die gedruckte Mp. zu Deut. 6, 2. bemerkt: ב׳ חד רפי וחד דגש, so ist das unrichtig und muss heissen: ג׳ ב׳ דגש וחד רפי; oder wie es die Mp. im Mpt. Erf. z. St. hat: מְצַוְּךָ לי׳ רפי וא׳ אֲצַוְּךָ רפי דירבעם (1 Reg. 11, 38.) וב׳ מְצַוְּךָ דגש. So auch die Randmassora zu 1 Reg. 11, 38.: ב׳ רפין בלישנא למען תירא את י״י אלהיך, דמ״ת ודין. Es giebt also v. Part. Piel mit Suff. 3 u. zwar 2 M. mit Dag. des ךְ׳ fin. u. 1 M. ohne Dag. — Aber die Form ךָ ohne Dag. kommt von diesem Stamme 2 M. vor u. zwar 1 M. מְצַוְּךָ u. 1 M. אֲצַוְּךָ, also ב׳ רפים, wie Mpt. Hamb. l. c. bemerkt u. etwa d. gedruckte Mp. zu Deut. 6, 2. lauten sollte? — Ueber אֲצַוְּךָ, s. Mf. צו, 10. u. מ״ש zu 1 Reg. 11, 38. —

2) Am Schlusse v. Gen. 15, 5. scheint ein Fehler eingeschlichen zu sein. S. מ״ש l. c. Es muss wohl heissen: — במחשכים במצלות כתיב דאוריתא ודעזרא במצולת כתיב?

3) Diese Angabe ist corrupt; denn 1) kommt יצוק 5 M. vor. — 2) ist die Aufzählung falsch, da ברחץ הליכי בחימה zur ersten Stelle: וצור יצוק עמדי gehört; es fehlt also eine St. — 3) sind 2 Stellen ausgelassen, nemlich Job 51, 15 u. 16.? (auch ist das נְחוּשָׁה Job 28, 2. mit ibid. 41, 18. verwechselt, daher das נרמין, das gar nicht hierher gehört). Es scheint mir daher gelesen werden zu müssen: יָצוּק ד׳ בסיפרא וחד וְיָצוּק, so dass die Mass. nur vom B. Job spricht, in welchem diese Form nur 4 M. ohne u. 1 M. mit Waw copulat. vorkommt; es sind Job 28, 2. 29, 6. 41, 15. u. 41, 16. u. ויצוק ibid. 41, 16. — Im Ganzen kommt aber יצוק (ohne Waw cop.) 5 M. vor, indem es auch Ps. 41, 9. (als fut. v. צוק) sich findet. — Aus diesem Grunde ist auch gerechtfertigt, warum Mf. ר׳, 10. und או״א, 17. unser Art. nicht gezählt wird zu denen, die 4 M. ohne u. 1 M. mit Waw copulat. vorkommen? weil hier nur vom B. Job die Bemerkung gilt; in der Bibel überhaupt aber, wovon Mf. u. או״א l. c. spricht, es wirklich, wie bemerkt, 5 M. ohne Waw vorkommt. —

4) Zu dem ה׳=5 muss בלישנא hinzugefügt werden, da auch בְּצַוָּארוֹ dazu gehört, oder, wie in Jer. l. c. muss in der Ueberschrift בצוארו hinzugefügt werden.

צחק

כל לישן שׂחוק כתיב שי״ן במ״ב כתי׳ צ׳ וכל אורית׳ דכו׳ צ׳. Jud. 16, 25. Mf. צח, 3.

מְצַחֵק ג׳. Mf. צח, 1.

לְצַחֶק ג׳ בתרא פתח ומלרע. Mf. צח, 2.

ציץ

כְּצִיץ ג׳. Jes. 40, 6. Mf. צץ, 1.

צִיצִת ד׳ בלישנא וכ״כ. Num. 15, 38. Ez.*8, 3. Mf. צץ, 2.

צִצִּים ד׳. 1 Reg. 6, 29. Mf. צי, 3.

צלל

צָלֲלוּ ג׳ (בג׳ לישני, אנ״ך). Ex. 15, 10. Hab. 3, 16. Neh.*13, 19. Mf. צל, 5. (S. או״א, 59. Anmerkg.).

בְּצֵל י״ב (רפין). Jes. 25, 5. Koh. 7, 13. Mf. צל, 4.

וּבְצֵל ג׳ בקרי׳. Jes. 51, 16. Mf. צל, 1.

כְּצֵל ד׳ רפין. Jes. 32, 2. Ps. 109, 23. Mf. צל, 2.?

כַּצֵּל ה׳ דגשין. Job 14, 2. Koh. 6, 12. Mf. צל, 3.

צלה

צְלִי אֵשׁ ב׳. Ex. 12, 9.

צלח

הַצְלִיחָה לית ומלרע וחד וְהַצְלִיחָה ומלעיל. Ps. 118, 25. (S. Mf. ה׳, 1. או״א, ה׳, 19. Anmerkg.).

צלם

בְּצֶלֶם ג׳. Gen. 1, 27. Ps.*39, 7. Mf. צל, 7.

צְלֵם ב׳ וא׳ וּצְלֵם. Dan. 3, 1. 3,*19. (S. Mf. ר׳, 6. או״א, 13.)

צלע

הַצֵּלָע ג׳ בקריא (וחסר). Micha 4, 6.

(הַצֵּלָע. 1) das. מ״ש u. Gen. 2, 22. S. M. marg.)

צמם

צַמִּים ב׳. Job 18, 9.

צמח

צִמְחָהּ ד׳. Jes. 61, 11. Ez. 17,*9. Mf. צמ, 2.

צמר

צֶמֶר וּפִשְׁתִּים ב׳. Deut. 22, 10.

צנח

וַתִּצְנַח ג׳. Jos. 15, 18. Jud.*1, 14. Mf. צנ, 1.

צעד

בְּצַעְדְּךָ ב׳. Ps. 68, 8.

צעק

צֹעֲקִים ב׳ וחסר (ובתורה). Gen. 4, 10. Ex.*5, 8.

יִצְעֲקוּ ג׳. Jes. 19, 20. Job 35, 12. Mf. צע, 2.

וַיִּצְעֲקוּ ד׳. Ex. 14, 10. Jud.*4, 3. Mf. צע, 3.

צְעָקָה ד׳ בנביאים וכל אוריתא דכו׳. Jer. 48, 3. Mf. צע, 1. (S. מ״ש Jer. l. c.).

צַעֲקָתָם ב׳. Ex. 3, 7. (S. עין הקורא ibid.)

צער

וְהַצָּעִיר ב׳. Gen. 43, 33.

כִּצְעִרָתוֹ ב׳ חסר בלישנא. Gen. 43, 33. Mf. צע, 5.

מִצְעָר ד׳. Gen. 19, 20. Job 8, 7. Mf. צע, 4.

צפה

צוֹפֶה ג׳ ב׳ מלא וא׳ חסר. Ps. 37, 32. Mf. צפ, 1.

צֹפִים ב׳ כ״כ ח״ו וא׳ מלא דמלא. Jer. 6, 17. Mf. צפ, 2.

צִפּוּי, וְצִפּוּי ה׳. Ex. 38, 17. Num. 17, 3. Mf. צפ, 3.

---

1) M. marg. l. c. lautet: הַצֵּלָע כן דינוקא קטן ופתח גדול צלע אדם בקמץ ושארא בפתח והטעם פי׳ הר״ר סיני לתורה שמשון כי די לו שעלה ממדרגת פתח קטן לקמץ קטן. — Das Fehlerhafte dieser Stelle sieht Jeder u. hat richtig verbessert u. später durch Mpte. u. ed. Venet. bestätigt gefunden, dass דינוקא aus דינו קמ׳ entstanden ist und vollständig heisst: כן דינו קמץ קטן ופתח גדול. Das, was er aber über das Folgende sagt, ist sehr gesucht. Mir scheint, wenn man die Stelle zu Ex. 26, 27. damit vergleicht, dass das אד״ם irrthümlich aus אי״ם entstanden ist u. heissen soll: אוריתא, יחזקאל, מלכים. — Die M. will bemerken, dass in diesen 3 Büchern צלע mit Zere des Zadi u. Kam. des Lamed vorkommt u. zwar unter אוריתא s. v. a. דבראשית (Gen. 2, 22.) in Ex. l. c. versteht; sonst aber hat das (Zadi ein Segol und das) Lamed ein Pathach. Darum bemerkt d. M. zu Ex. l. c. auch בצלע בקבר (2 S. 21, 14.) לי׳ קמץ וצלע האלף um darauf hinzuweisen, dass im B. Sam. das Lamed ein Pathach hat, wie auch die Mp. zu הקטן ופת׳ גדול (Jos. 18, 27.) bemerkt: לי׳ פתח; es habe also nur Gen. l. c., Reg. u. Ez. צֵלָע; die übrigen BB. צֶלַע u. auch צֵלַע, wie bemerkt. — Doch bleibt noch Einiges dunkel! was aus der Verwechselung des Kam. u. Zere (קמץ), wie des Pathach u. Segol (פתח) entstanden zu sein scheint. —

צְפּוּי נְחֹשֶׁת ד׳ בלישן׳ 1) Mf. צפ, 4.

הַמִּצְפָּתָה ו׳. 2) (S. מ״ש 2 Reg. 25, 23.)? Mf. מצ, 17.

צפן

צְפַנְתָּ ג׳ בקריא. Ps. 31, 20. Mf.*צפ, 11.

צָפַנְתִּי ג׳. Ps. 119, 11. Mf. צפ, 10.

תַּצְפִּנֵנִי לית. (נ׳. מלין .S) Job 14, 13.

דֶּרֶךְ הַצָּפוֹן׳ ·דרך S.

צָפוֹן לית מלא בתורה׳ Num. 33, 7. Mf. צפ, 9.?

צָפֹנָה ח׳ בתורה וחסרים (בלישנא)׳ Gen. 28, 14. Num. 2, 25. Deut. 2, 3. Mf. צפ, 6. (S. מ״ש Ez. 21, 9.)

צָפֹנָה ה׳ (חסר) בסיפרא (ירמי׳)׳ Jer. 3, 12. 23, 8. Mf. צפ, 8. (S. מ״ש Jer. 23, 8.).

לִפְאַת צָפֹנָה׳ פאה S.

וְצָפוֹנָה ה׳ ג׳ מלא וב׳ חסר׳ Deut. 3, 27. Jos. 15, 7.? Mf. צפ, 5. (S. מ״ש Deut. l. c.). 3)

הַצְּפוֹנִי ב׳ בתרי לישן, מלא׳ Num. 26, 15. (S. Mf. א׳, 22. או״א, 59.).

צפר

כל צִפֹּר לשון עוף חסר במ״ב וכו׳ גברי כלם מלא במ״ב
חסרים וכו׳ וכל נביאים וכתובים חסר בין גברי
בין עופי׳ Lev. 14, 5. Mf. צפ, 12.? 4)

וְאֶת הַצִּפּוֹר ג׳ דסמי׳ Gen. 15, 10. Lev. 14,*6. 14, 51. Mf. צפ, 14.

כַּצִּפּוֹר ג׳ דגשים׳ Prov. 26, 2. Job 40, 24. Mf. צפ, 13.

צרר

צַר לִי מְאֹד ג׳. Mf. צר, 5.

צֹרְרַי ג׳ חסר׳ Ps. 143, 12. Mf. צר, 4.

צְרֻרֹת ב׳ בב׳ לישן חד חסר וחד מלא׳ Ex. 12, 34. (S. Mp. 2S. 20, 3. Mp. א׳, 22. או״א, 59.).

וַהֲצֵרֹתִי ב׳ וחסר׳ Jer. 10, 18. (S. Kimchi W. B. u. חילופים der Madinchai u. Maarbai.).

וַיָּצַר ג׳ וכל וַיָּצַר עָלֶיהָ דכו׳. Ex. 32, 4. 2 Reg.*5, 23. Mf. צר, 2. 5)

הַצַּר ג׳ ב׳ קמצין וחד פתח, אנ״ך. Num. 10, 9. Est.*7, 4. Mf. צר, 3. (Mpt. Hamb. ב׳ א׳ פת׳ וא׳ קמ׳)?)

כְּצָר לית וחד כַּצָּר׳ (S. א״ב, כ׳ — או״א 11.) Thr. 2, 4.

צרה

וּצְרִי ב׳ זוגין בתרי לישני וב׳ תיבין קדמא וצ וחד
וָצֹרִי בחולם׳ Gen. 37, 25. (S. Mf. א׳, 22. או״א, 59. Michlol Form פֹּעִי).

צרע

מְצֹרָע כל לישן חסר במ״א׳ Lev. 14, 2.

הַמְּצֹרָע ב׳ דגש וסי׳ 6) Lev. 14, 2. (S. עין הקורא)

צָרַעַת הוּא ד׳ (ושאר׳ הִוא)׳ Lev. 13, 3. Mf. צר, 8.

---

1) D. h. der Stamm צפה im Piel kommt mit נְחֹשֶׁת verbunden nur 4 M. vor, und zwar 2 M. mit וְצִפִּיתָ u. 2 M. וַיְצַף (Ex. 38, 2. u. 6.). — Die zwei in Mf. l. c. zuletzt angeführten Stellen sind fehlerhaft. —

2) Das ו׳ = 6 hat nur ed. Buxt. — Die ed. Bomb. hat ח׳ = 8. wie es auch Mpt. Hamb. so angiebt. — Es fehlt in Buxt. Jer. 40, 8. u. 12. —

3) Wie oben angegeben, ist die richtige Leseart; die im Pent. sind def. u. die andern sind plene Waw; s. oben צָפֹנָה u. מ״ש Deut. 3, 27. — Die davon abweichenden Angaben, z. B. Deut. 3, 27., wo zu Jos. 15, 7. bemerkt ist: חסר u. dergl. sind unrichtig. — S. Mp. Jos. 15, 7.? auch Mp. Dan. 8, 4.? —

4) Die Angaben zu Lev. 14, 5. u. Mf. צפ, 12. sind scheinbar verschieden u. sich widersprechend. In Lev. l. c. muss der Schluss statt וכל נו״כ חסר lauten: וכל נו״כ מלא בין גברי בין עופי und das Resultat ist: 1) Die Form צִפּוֹר (mit u. ohne He am Anfang) kommt im Pent. 9 M. plene Waw vor u. zwar 6 M. in der Bedeutung „Vogel" und 3 M. als Nom. propr., wie Mf. l. c. angegeben (s. auch רמ״ה s. rad.); von jenen 6 sind 4 ohne u. 2 mit He (Artikel) am Anfang. — 2) kommt הַצִּפֹּר im Pent. immer def. Waw vor, mit Ausnahme zweier Stellen, wo es plene ist, wie dort angegeben. — 3) ist diese Form (mit oder ohne He am Anfang) in den andern Büchern der Bibel (ausser d. Pent.) immer plene Waw (s. Thr. 3, 52.? u. מ״ש das.) — 4) sind die Nom. propr. dieser Form 3 M. plene u. 2 M. def. im Pentat., im Ganzen 5 M., wie aus den beiden Angaben in Mf. l. c. hervorgeht. Die Verbesserung der obigen Angaben besteht darin, dass 1) es heissen muss: כל הצפור דאוריתא חסר במ״ב מלא, indem nur von dieser Form (mit He am Anfang), sowohl in Mf. als in Lev. l. c. die Rede sein kann, und 2) in Lev., wie schon oben bemerkt, am Schlusse zu lesen ist: וכל נביאים וכתובים מלא בין גברי בין עופי׳ — Diese Angabe folgt aber ungewöhnlich den מדינחאי; nach מערבאי ist Thr. 3, 52. def. Waw. —

5) Der Sinn ist, dass diese Form mit עַל u. dergl. immer so (mit Pathach des Zadi) vorkommt; ohne diese Präpos. aber nur 3 M. — Dies ist aber nicht richtig, da es noch 2 M. so, ohne עַל vorkommt: וַיָּצַר את רבה (1 Chr. 20, 1.) und וַיָּצַר לוֹ 2 Chr. 28, 20. —

6) Mpt. H. Lev. 14, 2. hat: הַמְּצֹרָע ב׳ דגש וסי׳ זאת תהיה תורת המצרע (Lev. 14, 2.), ואסף המצרע (2 Reg. 15, 11.)׳

נֶגַע הַצָּרַעַת׃ נגע S.

הַצִּרְעָה ג׳. Ex. 23, 28. Deut.*7, 20. Jos. 24, 12. Mf. צר, 7.

צרף

צֹרֵף ד׳ חסר בלישן. Jes. 41, 7. Mf. צר, 9.

ק

קבל

נְקַבֵּל ב׳ ובפסוק. Job 2, 10. (S. Mf. ב׳, 13. או״א, 58. Anmkg.)

מַקְבִּילֹת ב׳ וכ״כ. Ex. 26, 5.

קבץ

(קַבְּצוּ. Joel 2, 16. מ״ש S.)

וּבְהִקָּבֵץ ב׳ ותרויהון בסיפרא. Est. 2, 8. (S. Mf. ב׳, 8. או״א ו׳, 7. 14. 61. 62.

הִקָּבְצוּ ד׳. Jes. 44, 20. Jes. 48, 14.? Ez.* 39, 17. Mf. קב, 2.

וַיִּקָּבְצוּ ג׳ בסיפרא 1) 1 S. 25, 1. Mf. קב, 1.

קִבְּצָם ב׳. Ps. 107, 3.

קבר

קָבוֹר ד׳ מלא בלישן. 2) Mf. קב, 10.

וַיִּקְבֹּר אֹתוֹ ב׳. Deut. 34, 6. (S. Mp. ibid.)

וַתִּקָּבֵר ג׳. Num. 20, 1. Mf. קב, 9.!

מְקַבְּרִים ב׳. Num. 33, 4.

סימן קבורת מלכים דד״ה. Mf. קב, 7.

אֶל קֶבֶר ג׳. Mf. קב, 8.

בַּקָּבֶר ג׳ דגשים (קדמא קמץ). Num. 19, 18. Ps.*88, 12. Mf. קב, 5.

קִבְרוֹ ג׳. Gen. 23, 6. Mf. קב, 6.

קִבְרוֹתֶיהָ ג׳ בקריא ומשתנין באתיהון קדמא קברתיה כתיב תנינא קברתה כתיב חסר דחסר תליתאה קברותיה כתיב מלא דמלא. Ez. 32, 23.

קְבֻרַת ג׳ ב״ח וא״מ. Gen. 35, 20. 1 S. 10, 2. Mf. קב, 4.

קְבֻרָתָהּ ג׳ וחסר. Gen. 35, 20. Ex. 32, 23. Mf. קב, 3.?

קדד

קָדְקֳדוֹ ג׳. (S. מ״ש 2 S. 14, 25.) Mf. קד, 3.

קדם

קִדַּמְתִּי ב׳. Ps. 119, 147.

— Das Dagesch bezieht sich auf das Mem. — S. auch עין הקורא zu Lev. l. c. — Beide sind aber def. Waw gegen die Ausgg. S. oben unter מְצֹרָע. —

1) D. h. im B. Sam. kommt diese Form 3 M. vor; im Ganzen aber 9 M. u. zwar, noch 1 M. in Esr. 10, 9. u. 5 M. in den BB. der Chr. — Wenn nun d. Mp. in d. BB. d. Chr. an versch. Stellen ח׳ = 8 angiebt, so will Heid. das dadurch rechtfertigen, dass es im Mpt. v. 1294 zu 2 Chr. 32, 4. heisst: דין ויקבצהו כתיב, folglich blieben nur 8 der obigen Form. Dies genügt aber nicht, da e r s t e n s in allen Ausgaben auch hier וַיִּקָּבְצוּ (ohne irgend eine Bemerkung v. כתיב?) steht und z w e i t e n s folgt ja die Massora fast immer dem קרי? — Mir scheint das ח׳ aus ה׳ = 5 entstanden zu sein u. dieses = 5 bezieht sich auf diese Form in den BB. d. Chr., wo sie, wie oben bemerkt, 5 M. vorkommt u. bedeutet s. v. a. בסיפרא, wie oben das ג׳ בסיפרא. —

2) S. מ״ש u. שום שכל zu Gen. 23, 6., wo ausdrücklich, nach רמ״ה u. א״ת das קִבְרוֹ, def. Waw ist gegen obige Angabe? — Es ist merkwürdig, dass weder Norzi noch Heid. etwas von unserer Massora erwähnt, da sie doch ausdrücklich קבור l. c. plene liest. — Wenn man unsere Angabe mit Mp. zu Jer. 19, 11. (ב׳ מלא בלישנא) vergleicht, so scheint erstere allerdings unrichtig, zumal sie das Schlagwort קָבוֹר (mit Cholam des Beth) angiebt u. deren giebt es ja nur 2 oder 3; das 4te ist קוֹבֵר, das ja nicht dazu passt? — Indessen glaube ich, dass unsere Angabe dennoch richtig ist. Sie bezieht sich überhaupt auf den Stamm קבר in den verschiedensten Formen, unter welchen 4 ausnahmsweise plene vorkommen; sie sind: קְבָרֵינוּ (Gen. 23, 6.) worüber auch Heid. ש״ש l. c. bemerkt לי׳ ומלא; קָבוֹר לית ומלא (Deut. 21, 23.) לִקְבּוֹר (Jer. 19, 11.) ב׳ וד׳ מל׳ בליש׳ und קוֹבֵר ב׳ מל׳ בלישן (Ps. 79, 3.) — Also 1 M. plene Jod, 2 M. plene Waw nach dem Beth u. 1 M. plene Waw nach dem Kuf. Das Schlagwort muss demnach קבר u. nicht קבור geschrieben werden u. hiernach würde unsere Angabe mit רמ״ה übereinstimmen. — Ich will aber nicht verschweigen, dass ich dennoch an dieser Verbesserung u. Erklärung Zweifel hege, da auch Mp. in Mpt. Erf. mit unserer Angabe übereinstimmt. Sie bemerkt zu Gen. 23, 6. קברינו לי׳ ומל׳) קבור לי׳ מל׳ וד׳ מלא בלישן). Zu Deut. 21, 23. — קבור לי׳ וא׳ קבור וד׳ מלא בלישן. Zu Jer. 19, 11. לקבור לית מל׳ וד׳ מל׳ בלישן (urspr. stand: ב׳ מל׳ בלישן, was auch mit der gedruckten Mp. z. Stelle übereinstimmt.). — Zu Ps. 79, 3. קובר ב׳ א״מ וא״ח ודין (מל׳ וד׳ מל׳ בלישן). — Sollte auch dies auf einer unrichtigen Massora beruhen? —

קַדְמוּ ה׳. Deut. 23, 4. Ps. 119, 148. Neh. *13, 2. Mf. קד, 1.?

הַקַּדְמֹנִי ג׳ חסר. Gen. 15, 19. 1 S. 24, 14. Mf. קד, 5.

כְּקֶדֶם ב׳. Jer. 30, 20.

קָדִים, קָדִימָה (ו׳ בלישן). 1) Ex. 48, 1. 16. Mf. קד, 2.

בְּרוּחַ קָדִים. S. רוח

וְרוּחַ הַקָּדִים. S. רוח

וְקַדְמֹנִים לית. Job 18, 20.

קדש

וְקִדַּשְׁתּוֹ ב׳ א׳ ר״פ וא׳ ס״פ. Lev. 21, 8. (s. ·כ׳ פסוקים אר״א ·כ׳ זונין, 90.)

אֲנִי י״י מְקַדִּשְׁכֶם. S. הויה

אֲנִי י״י מְקַדְּשָׁם. S. הויה

הִקְדַּשְׁתִּי ו׳ וחד וְהִקְדַּשְׁתִּי. Num. 3, 13. 8, 17. 2 Chr. 7, 20. Mf. קד, 15.

וַיְקַדְּשׁוּ ג׳ חסר יו״ד בלישן וכל מַקְדְּשִׁים דכו׳ חסר 2) Jos. 20, 7. Mf. קד, 14. (S. מ״ש Lev. 27, 14.)

הִתְקַדָּשׁוּ ג׳ קמצין. א״ב מן חד. Jos. 3, 5. Mf. קד, 18. (S. אר״א · חד קמץ בזקפ׳, 21.)

קֹדֶשׁ י״ג חסר וכל קָדָשִׁים דכו׳ חסר במ״ג. Ex. 29, 31. Lev. 21, 7. Num. *6, 5. Ez. 42, 13. Mf. קד, 12. [S. מ״ש Lev. 7, 6. 9, 13. Num. l. c. רמ״ה (ו׳ מנהון באורי׳)]

הַקָּדוֹשׁ ד׳ מלא. 3) Num. 16, 5. 1 S. 6, 20. Mf. קד, 16.?

קְדֹשׁ ג׳ חסר. Ps. 65, 5. Mf. קד, 13.

קְדֹשׁ יִשְׂרָאֵל ל״א בלישנא. Mf. יש, 79.

וְלִקְדוֹשׁ ג׳ וא׳ לִקְדוֹשׁ. Mf. קד, 19. (S. Mf. ו׳, 9. אר״א, 16. Mf. ו׳, 11. אר״א, 30.)

קָדָשִׁים כל׳ חסר במ״נ. S. קֹדֶשׁ Ex. 29, 31.

כל קְדֹשׁ חסר במ״א. Ps. 65, 5.

קֹדֶשׁ הֵם ג׳. Mf. קד, 17.

קֹדֶשׁ קָדָשִׁים ז׳. (ה׳ בנביאי׳ וכתובי׳) Ex. 26, 33. Lev. 7, 1. Ez. 48, 12. Mf. קד, 9.

קֹדֶשׁ הַקֳּדָשִׁים ו׳ בתורה בלישן. Ex. 26, 33. Num. 4, 4.?

קֹדֶשׁ קָדָשִׁים הוּא ו׳. Ex. 30, 10. Lev. 14, 13. 27, 28. Mf. קד, 7. 4)

בְּהַרְרֵי קֹדֶשׁ. S. הרר

בְּקֹדֶשׁ ג׳ רפין. Num. 18, 10. Mf. קד, 11.? (S. מ״ש Num. 4, 16.).

מִקְדְּשֵׁי הַקֳּדָשִׁים ו׳ בלישן. Lev. 21, 22.? Mf. קד, 6.? 5)

---

1) Wenn es Ez. l. c. heisst: במ״ה קָדִים וסי׳ ועל גבול דן (Ez. 48, 2.), אפרים (ibid 6.), ראובן (ibid. 7.), יהודה (ibid. 8.), ואלה מדותיה (ibid. 16.), so findet es Heid. mit Recht auffallend, da ibid. 48, 1. ja auch קָדִים vork. u. es müsste heissen: מן ואלה שמות השבטים (48, 1.) וכו׳ במ״ו קדים? — Er führt ein Mpt. an, wo es blos heisst: דן אפרים וכו׳ קדים, ohne Angabe der Zahl (ה׳); dann wäre es insofern richtig als דן beide Verse (1 u. 2) bezeichnet, da דן in beiden steht. Unsere Angabe, die nur ועל גבול דן anfängt, ist jedenfalls schwierig? —

2) Hieraus folgt, dass מַקְדְּשִׁים immer def. Jod ist nach dem Daleth; die Mp. zu Lev. 22, 2. ist daher unrichtig, wenn es heisst: מקדשים ל׳ וחד וכו׳; es muss vielmehr heissen: ב׳ וחסר וחד da beide def. sind. Die Mp. in Mpt. Erf. hat richtig ב׳ u. s. w. —

3) Es muss heissen: ד׳ ומלא׳, weil diese Form im Ganzen nur 4 M. vorkommt. In Mf. l. c. ist ו׳ = 6 falsch und muss in ד׳ = 4 verändert werden. Zwei davon kommen im Pent. vor, s. רמ״ה s. rad. —

4) Vergleichen wir die Angaben über diese 3 förmige Verbindung, so ergiebt sich: 1) קדש קדשים kommt im Pent. in dieser Zusammenstellung immer so vor, mit Ausnahme von 6 Stellen, wo es קדש הקדשים (die zweite mit ה׳) heisst. In den übrigen BB. d. heil. Schr. steht immer קדש הקדשים, mit Ausnahme von 5 Stellen, in denen das He vor קדשים fehlt. — 2) קדש קדשים הוא kommt 7 M. so vor, u. zwar 6 M. im Pent. u. 1 M. 1 Chr. 23, 13.; sonst aber immer mit הוּא (Chirik des He.). — 3) קדש הקדשים kommt, wie bemerkt, im Pent. nur 6 M. so vor; dagegen in den andern BB. immer so mit Ausnahme von 5 St., wo es קדש קדשים (ohne He) lautet. Die einzelnen Massora-Angaben müssen berichtigt werden, wie folgt: Ex. 30, 10. ist falsch abgetheilt u. muss nach וזאת תורת האשם (Lev. 7, 1.) folgen כל זכר (Lev. 7, 6.); die beiden Stellen ושחט und אשר ישחט bilden nur eine (Lev. 14, 13.). S. Lev. 7, 1. — In letzter Stelle muss es heissen: קדש קדשים הוא ז׳ ו׳ באוריתא וחד בכתובים, wie es auch ein Mpt. richtig hat. — Num. 4, 4. muss gelesen werden: ו׳ בתורה בלישן. — Ex. 30, 10. Lev. 14, 13. u. 27, 28., wie auch Mf. קד, 7. muss gelesen werden: ו׳ באוריתא, u. in letzter Stelle muss, nach ed. Bomb., stehen סוף פרש׳ תצוה (= Ex. 30, 10.); das בפרשת אמור in ed. Buxt. ist unrichtig. —

5) Diese Angabe Lev. l. c. ist falsch u. muss, wie in Mf. l. c. angegeben ist, ד׳ = 4 lauten. Buxt. hat das ד׳ in ו׳ = 6 umgewandelt, weil er die angeführten Stellen falsch abtheilte und so aus den 4, 6 machte. — לשכות הדרום u. לשכות הצפון

למקדש ג׳ דגשים. Ez. 45, 3. Mf. קד, 10.

מקדש י״י ג׳ וב׳ במקדש. הויה S.

ממקדשך לית. Ps. 50, 9.

קהל

ותקהל העדה ב׳. Lev. 8, 4.

הקהל ג׳. (S. Mf. ן׳, 8. או״א, 15.) Lev. 8, 3. Mf. קה, 1.

ביום הקהל. יום S.

בקהל ד׳ דגשים בקריא. Jud. 21, 5. Prov. 26, 26. Job 30, 28.
Thr. 1, 10. Mf. קה, 3.

וכל קהל ג׳ בקריא. 1 Reg. 8, 14. Mf. קה, 2.

קהלך ב׳. Ez. 27, 34.

במקהלות ב׳ ובב׳ לישן. Num. 33, 25. (S. Mf. א׳, 22.
או״א, 59. מ״ש Ps. 68, 27.)

קוא

ולא תקיא ב׳ (ומלא). Lev. 20, 22.

בקיאו ב׳ (ומלא). Jer. 48, 26.

קוה

וקוה ג׳ כתיב ה׳ בסוף. 1 Reg. 7, 23. Mf. קו, 1.

(ומקוה ד׳ ב׳ כתיב ה׳ במקואות וב׳ כתיב א׳ וא׳
ולמקוה. 2 Chr. 1, 16. מ״ש 1 Reg. 10, 28. s. Mp.)

קול

נשיאת קול. נשא S.

שמיעה לקול. שמע S.

הקל ו׳ חסר בלישן ושארא מלאים. Gen. 27, 22. 45, 16.
Ex. 19, 16. Mf. קו, 7. (S. נשמע!) 1)

(והקל ב׳ א׳ חסר וא׳ מלא. Gen. 45, 16. מ״ש)

וקול שופר ג׳ בקריא. Ps. 98, 6.

כקול י׳. Ez. 1, 24. Dan. 10, 6. Mf. קו, 11.

בקלכם ב׳ חסרים (וחסרים, כצ״ל). Mf. קו, 6.

לקלם ג׳ חסר (וחסר, כצ״ל). Num. 16, 34. 1 S. 28, 23.
Mf. קו, 2.

קולנו, בקולנו ד׳ ג׳ חסרים וא׳ מלא (כצ״ל). Num. 20, 16.
Deut. 26, 7. 2 S. 12, 18. Mf. קו, 8. 2)

קלו כל אוריתא חסר במ״א מלא. Gen. 27, 38. Ex.*28, 35.
Ps. 95, 7.! Dan.*9, 14. Mf. קו, 5.?

קלת ד׳ חד״ח וחד קולת. Ex. 9, 23. 19, 16. 1 S. 12, 18.
Mf. קו, 4. 3)

קלות י׳ כ״כ חסר וי״ו קדמא. Ex. 9, 29. 1 S. 12, 17.
Ps. 93, 14. Mf. קו, 3. (S. מ״ש Ex. l. c. 20, 15.
Job 28, 26.)

קום

ולא קם ב׳. Deut. 34, 10.

קמה ח׳ מלעיל וא׳ וקמה. Mf. קם, 10.

קום ט׳ ר״פ. Gen. 13, 17, 28, 2. Jos. 7, 13. 1 Reg. 17, 9.
Jona 1, 2. 3,*2. Esr. 9, 4. Mf. קם, 6.

קם ב׳ חסרים. 4) Mf. קם, 5.

---

ist eine Stelle (Ez. 42, 13,); ebenso ולגשת und ואל קדשי (Ez. 44, 13.). Aber auch das ד׳ = 4 ist nicht richtig; es fehlt 2 Chr. 31, 14., so dass es 5 St. sind? — Heid. sucht die Angabe zu berichtigen, indem er Ez. 42, 13. das erste M. קדש הקדשים (Sing.) liest, wofür er in der Uebersetzung des Jonathan eine Stütze zu finden glaubt, indem das erste M. קדש קודשיא, das zweite M. aber קודשיא קודשיא übersetzt wird. Das ב׳ בו in der Angabe heisse nicht: 2 M. (kommt es in diesem V. vor), sondern: das 2te M. in diesem V., was das ב׳ בו auch oft bedeutet. — Es fehle also eins und das wäre eben das in 2 Chr. 31, 14. — Jedenfalls bedarf es noch der genauen Untersuchung, ob das erste in Ez. 42, 13. קדש (Sing.) gelesen wird? —

1) D. h. diese Form (Sing. u. ohne Suffix) steht immer plene Waw mit Ausnahme von 6 St., wo es def. ist, aber im Plur. und mit Suffix. findet ein anderes Verhältniss statt; s. unten die einzelnen Formen. רמ״ה s. rad. giebt nur ה׳ = 5 def. an, weil er bekanntlich nur auf den Pent. Rücksicht nimmt; es fällt daher d. St. in Jer. für ihn aus. —

2) ד׳ ג׳ חסרי׳ וא׳ מל׳ דשמואל מלא. So muss die Angabe lauten nach der Mp. an den versch. St. — Num. l. c. ist fehlerhaft. —

3) Die Angabe u. Aufzählung zu Ex. 9, 23. ist incorrect; קלת kommt 4 M. vor; es fehlt 1 S. 12, 18.; mit והקלת (Ex. 9, 24.) sind es 5, die doppelt def. Waw sind. Die Angabe muss daher lauten: קלת ד׳ חסר דחסר באוריתא בלישנא וחד קולת כתיב, wie es auch רמ״ה s. rad. hat; oder: קלת ד׳ חסר וחד והקלת, so dass Sam. l. c. eingeschaltet u. das והקלת bes. gerechnet wird. Die Angabe will dann von den doppelt def. überhaupt sprechen, von denen 4 קלת und 1 והקלת vorkommen; während nach der ersten Leseart nur von denen im Pent. die Rede sein soll. —

4) Wenn Jos. 7, 13. bemerkt ist: קם קדש חסר, so soll das nicht heissen, dass es nur 1 M. def. vorkommt, denn das wäre gegen unsere Angabe; es will vielmehr nur bemerken, dass unter den 9. am Anfang des Verses (ר״פ) eins def. ist; das 2te (Jos. 7, 10.) ist in der Mitte des Verses (מצע פסוק). —

קוּמָה ב׳ בטעם מלרע וכל תהלות דכו׳ במ״א מלעיל. Num. 10, 35. Mf.*קם, 16. (S. מ״ש Ps. 3, 8. 44, 27.)

קוּמוּ וְנַעֲלֶה ג׳ וא׳ קוּמוּ נַעֲלֶה. Jer. 6, 5. Mf. קם, 20. **1**)

עַתָּה אָקוּם ב׳. Ps. 12, 6.

אָקוּמָה ג׳ (ומלעיל). 2 S. 3, 21. Job 19, 18. Cant.*3. 2. Mf. קם, 14. ר׳, 8. או״א, 15. **2**)

וַיָּקָם אַבְרָהָם מלעיל ומלרע. **3**) Gen. 23, 3.

וְלֹא יָקוּם ד׳. Job 8, 15. 15, 29. Mf. קם, 11.

וְיָקוּם (וְיָקֻום ?) ל׳ מלרע וא׳ מלעיל. Koh. 12, 4. (S. Mf. א׳, 24. או״א, 5.) **4**)

תָקֻמוּ ב׳ וחסר. **5**) Jos. 8, 7. Jer. 25, 27. ?

יָקוּמוּ ג׳ מלא בתורה (וחד חסר באוריתא, רמ״ה). Ex. 33, 8.

וְלֹא יָקוּמוּ ב׳. Am. 8, 14.

יָקֻמוּ ז׳ חסר. Num. 30, 8. 2 S. 2, 14. Ps.*1, 5. Mf. קם, 12.

וַיָּקוּמוּ ט׳ מלא. Gen. 24, 54. Num.*16, 2. 22, 14. 1 S.*23, 24. 30, 11. Mf. קם, 31. (S. רמ״ה).

יְקוּמוּן ז׳ וחד יְקִימוּן. Deut. 33, 11. Dan.*7, 10. 17. Mf. קם, 7. (S. Mp. Deut. l. c.)

הֲקֵימְתָּ ב׳. Dan. 3, 12.

וַהֲקֵמֹתָ ב׳ וכ״כ (ב׳ חסרים). Ex. 26, 30. Mf. קם, 8. (S. מ״ש ibid.)

הֲקִמֹתִי ג׳ בטעם מ׳ (ובטעם במ״ם, כצ״ל). Gen. 9, 11. Ex. 6, 4. 1 S. 15, 13. Mf. קם, 2.?

וַהֲקִימֹתִי ו׳ חסר וי״ו ושארא הקמתי כתיב. Lev. 26, 9. Ez.*16, 60. ! Mf. קם, 19. ? (S. מ״ש Jer. 23, 4.) **6**)

וַהֲקִימוֹתִי ג׳ מלא בקריא. Ez. 16, 60. Mf. קם, 15.

אָקִים ו׳. 1 S. 3, 12. Jer. 30, 9. Am.*9, 11. Mf. קם, 17.

יָקֵם ג׳. Jer. 28, 6. Mf. קם, 18.

---

1) Nach unserer Angabe muss Jud. 18, 9. קוּמוּ נַעֲלֶה gelesen werden, gegen unsere Ausgg. die קוּמָה וְנַעֲלֶה haben. Zwar liest ein Mpt. (angeführt bei Heid.) וחד קומה ונעלה, das mit unsern Ausgg. übereinstimmt. — Doch ist zweifelhaft, welches die richtige Leseart ist? — Es ist merkwürdig, dass מ״ש nichts bemerkt? —

2) Im Mpt. Hamb. wird hinzugefügt: ואקומה וארדפה אחרי דוד (2 S. 17, 1.). Es gehört also zu den ג׳ א׳ וחד וא׳ דלוג Mf. ר׳, 8. או״א, 15. — Wenn Cant. l. c. hinzugefügt wird: ואינון חד מן ה׳ זוגין מן ג׳ ג׳ חד א׳ וחד וא׳. (S. Abth. 2. זוגין), so ist das fehlerhaft und soll heissen: מן ד׳ ד׳ ג׳ א׳ וחד וא׳. Die 5 angeführten sind: אֲכַלֶּה, אֲמַלֵּא, אָקוּמָה, אָבַל, und אֲמַנָּה, von denen Mf. ר׳, 8. אֲכַלֶּה fehlt u. או״א, 15. אָקוּמָה u. אֲכַלֶּה fehlen. — S. das. Anmerkg. — Warum ist nicht auch אֶרְפָּא dazu gezählt? — etwa weil Jer. 3, 22. אֶרְפָּה mit He am Ende steht? —

3) Der Sinn von מלעיל (= oben) ist, der Accent steht über dem Buchstaben, d. h. Paschta u. Katon; מלרע (= unten) heisst: Darga u. Tebir, die unter dem Buchstaben stehen. Nach וישתחו מלרע muss folgen: וסי׳ מֵעַל מלעיל וַיִּשְׁתַּחוּ מלרע. Das mnemonische Zeichen will sagen, wo מֵעַל dabei steht, da ist der Accent oben, nach der Bedeutung von מֵעַל und wo וַיִּשְׁתַּחוּ folgt, da ist der Accent unten, ähnlich dem וַיִּשְׁתַּחוּ, indem das Bücken nach unten sich bewegt. —

4) Diese Angabe beruhet auf einem Irrthum, da hier nicht von der Accentsilbe, sondern von der Länge u. Kürze des Vocals die Rede ist, s. Mf. א׳, 24. u. או״א, 5. Es muss daher umgekehrt werden u. heissen: לית מלעיל וא׳ מלרע, d. h. das erste (Koh. l. c.) hat Cholam (= מלעיל) u. das andere (Job 22, 28.) hat Kam. Chat. (= מלרע), und so muss es auch weiter heissen: ואינון מן א״ב מן ב׳ ב׳ חד מלעיל חד מלרע. — (S. מ״ש Koh. l. c.?) —

5) Die Angabe zu Jer. l. c. u. Mp. zu den Stellen haben ב׳ א׳ מלא וא׳ חסר, was richtig ist. Das ב׳ וחסר in Jos. l. c. muss nach Obigem verbessert werden. —

6) Die Aufzählung in Lev. 26, 9. ist fehlerhaft, indem das aufgezählte והקימתי (את כסא) מלכותך (2 Chr. 7, 18.) ja doppelt plene (Waw u. Jod) ist nach Ez. 16, 60.; es fehlt aber andererseits והקימתי לי כהן נאמן (1 S. 2, 35.)? — Es muss daher das letztere statt der St. 2 Chr. 7, 18. gesetzt werden, so dass die Angabe ר׳ = 6 richtig ist. — Auch in Ez. l. c. ist ein Fehler eingeschlichen, indem das והיה כי ימלאו ימיך durch falsche Abtheilung als 3 St. angeführt wird, da es doch nur der Anfang der 2ten Stelle (1 Chr. 17, 11. — ימלאו f. מלאו geschrieben?) ist? — Es fehlt also die 3te, והקימותי את כסא (2 Chr. 7, 18.). — Das Resultat ist demnach: וַהֲקִמֹתִי ist in der Regel doppelt def. (Jod u. Waw) mit Ausnahme v. 9 Stellen, in denen es 6 M. plene Jod u. def. Waw u. 3 M. doppelt plene vorkommt, weswegen d. Mp. bisweilen במ״ט (= 9 Ausnahmen) bemerkt. — Heid. führt aus einem Mpt. folgende Stelle an: הקימתי ו׳ כ״כ וסי׳ ופניתי אליכם והפריתי. Lev. 26, 9. והקימתי לי כהן נאמן. 1 S. 2, 35. ויבא שמואל אל שאול. 1 S. 15, 13. והקימתי את זרעך, דשמואל. 2 S. 7, 12. וחניתי כדור עליך והקימתי. Jes. 29, 3. והקימתי אני את בריתי, דיחזקאל, Ez. 16, 62. והקימתי כתיב. וזכרתי את בריתי. Ez. 16, 60. והיה כי ימלאו ימיך. 1 Chr. 17, 11. את כסא ממלכתך, 2 Chr. 7, 18. והקימותי כתיב ושארא והקמתי כתיב. — Dies stimmt ganz mit dem oben Bemerkten. —

ויקם כ׳ בקריא׳ 1 Reg. 11, 18. Ps.*40, 3. Mf. קם, 1. (S. מ״ש Ex. 40, 18.)

ויקימו ג׳. Mf. קם, 4.

יקימון לית. Job 4, 4.

הוקם ג׳ ב׳ מלא וא׳ חסר ומלעיל. Ex. 40, 17. Jer.*35, 14. Mf. קם, 3. (S. Mf. חילופי קריאה 1. או״א, 372. מ״ש 2 S. 23, 1.)

מתקוממה לית ומלא. Job 20, 27.

וקמה ב׳ א׳ חסר וא׳ מלא. 1) Ex. 27, 18. 38,*18.

קמתו כל אוריתא חסר וכל קריא מלא במ״א. Mf. קם, 28.

היקום ג׳ (ומלא). Gen. 7, 23. Mf. קם, 9.

מקום כל לישנא מלא במ״א (כצ״ל). Deut. 12, 14.

מקום טהור ד׳ (בלישן). Lev. 4, 12. Mf. קם, 32.

אל מקום ט׳. 2) S. Gen. 1, 9. Mf. קם, 26. אל,*10.

אל מקום אחד ג׳. Mf. קם, 27.

בכל מקום ד׳ (וחד ובכל מקום). Deut. 12, 13. Prov. 15, 3. Mf. קם, 29.

ומקום ב׳. Gen. 24, 31.

על מקום ג׳. Lev. 14, 28. Mf. קם, 33.

ומקום ג׳. Jes. 60, 13. Ps.*26, 8. Koh. 3, 15. Mf. קם, 23.

מקמו ו׳ חסרים בלישן וכל אוריתא ואיוב דכו׳ במ״ב. Esr. 1, 4. Mf. קן, 30. (S. מ״ש Job 7, 10. 14, 14.!) 3a)

על מקומו ב׳. Ps. 37, 10. Mf. קם,*24.

למקמו ג׳ חסרים 3b) Mf. קם, 25.?

המקמות חסר ומלא. 2 S. 17, 9. Mf. קם, 22. (S. מ״ש 2 S. l. c. Jer. 8, 3. Ez. 34, 12.). 4)

קונ

כל לשון קינה על במ״ג אל. Ez. 19, 1. Mf. קן, 11. (S. מ״ש Ez. 2, 10. קינים).

ויקונן ג׳ (ב׳ חסר וא׳ מלא) 2 S. 1, 17. Mf. קן, 10.

קוצ

הקיצותי ג׳ בקריא׳ Ps. 3, 6. Mf. יק, 2. (S. מ״ש Jer. 31, 25.).

הקיצה ג׳ וחד והקיצה׳ Ps. 44, 24. 59,*6. Mf. יק, 3. (S. Mf. ו׳, 8. או״א, 15.).

הקיצו ב׳. Joel 1, 5.

וקץ ג׳ חד שום אנש, אנ״ך. Gen. 3, 18. Ez.*28, 24. Mf. קו, 12.

---

1) Hier scheint ein Wort באוריתא oder בסיפרא zu fehlen; denn es kommt noch ein drittes vor, Ez. 40, 5., das gleichfalls plene Waw ist. —

2) An allen 3 Stellen heisst es ט׳ = 9., was aber falsch ist, indem diese Verbindung (mit אל) 11 M. vorkommt. Das ט׳ ist durch eine falsche Abtheilung der Verse entstanden, wie das deutlich aus Mf. 11, 10. hervorgeht. Das. sind nemlich 10 (statt 9) aufgezählt u. zwar eine St. לך נא ist aus 2 zusammengezogen, indem das לך נא Num. 23, 13. u. ibid. 27. vorkommt, so dass es zusammen 11 Stellen sind. — Es muss also statt ט׳ gelesen werden י״א. — S. שום שכל u. מבין חדות zu Gen. 1, 9. — Heid. in d. Concord. führt folgende Angabe aus einem Mpte. an: אל מקום אחד ג׳ דסמיכי (Gen. 1, 9. Koh. 3, 20. u. 6, 6.) · אל מקום אחר ג׳ דסמיכי (Num. 23, 13. 23, 27. Ez. 12, 3.) · אל מקום טהור ב׳ (Lev. 4, 12. 6, 4.) · אל מקום טמא ג׳ דסמיכי (Lev. 14, 40. 41. 45.) — Also deutlich 11 M. אל מקום, wonach die versch. Angaben auch der Mp. zu verbessern sind. —

3 a. u. b.) Diese Angaben sind schwierig, wie es auch Heid. bemerkt; denn 1) wenn es 3 למקמו def. giebt, warum werden sie nicht in Esr. l. c. zu den 6 def. gezählt, die doch auch nur בלישנא (d. h. auch mit Praefix.) sind, so dass es 9 def. בלישנא gäbe? — Noch schwieriger ist aber die Angabe 2) Mf. קם, 25. — Was soll da das ג׳ = 3, da nur 2S. 19, 40. speciell angeführt ist? — 3) was bedeutet die Mp. Gen. 31, 54. (למקמו ג׳ חסר), da doch nach Obigem כל אוריתא def. ist? — Heid. versucht zwar eine Ausgleichung zu finden, die aber dennoch Schwierigkeiten zurücklässt u. sehr gesucht ist. — Sehen wir aber auf die Mp. zu den Stellen Jud. 7, 7. 19, 28. u. besonders Gen. 31, 54., wo es heisst ג׳ חסר u. 2 Chr. 24, 11. (מקמו ז׳ חסר), und sehen wir andererseits, dass למקמו 3 M. im Pent. u. 3 M. in Jud. vorkommt, so glauben wir die Mf. קם, 25. so verbessern zu dürfen: „למקמו ג׳ באוריתא ובשופטים וחסרי׳ וחד וישק המלך לברזילי“ — d. h. 3 M. kommt diese Form im Pent. und 3 M. in Jud. vor u. zwar immer def. Waw und 1 M. in Sam. def., wie angegeben. Die Mass. zu Esr. l. c. zählt aber diese Gruppe nicht, weil sie zu einer andern Zusammenstellung, d. h. ג׳ ג׳ gehört. Wenn aber die Mp. zu 2 Chr. 24, 11. richtig ist und zu מקמו ז׳ = 7, während es in Esr. l. c. ו׳ = 6 heisst, bemerkt, so hat sie die eine St. (2S. 19, 40.) dazu gerechnet, weil diese einsam steht u. nicht zu den ג׳ ג׳ gehört, so dass es 7 sind. — Vielleicht hat Esr. l. c. urspr. ז׳ = 7 gestanden u. weil eins ausgefallen ist, hat man nachher ו׳ daraus gemacht. —

4) Nach 2S. l. c. wird diese Form (Plur.) in der Regel def. Waw nach dem Kuf und plene nach dem Mem geschrieben; nur 2 M. kommt es doppelt plene und 3 M. plene Waw nach dem Kuf u. def. nach dem Mem vor. Merkwürdig ist, dass מ״ש zu 2S. l. c. diese Angabe übersehen hat? —

קוֹצִים ד׳ ב׳ מלא וב׳ חסר וחד וְקוֹצִים׃ Ex. 22, 6. Jes.*33, 12. Mf. קו, 13. (S. או״א, 17.).

קור

מְמְקֹר ב׳ חד חסר וחד מלא׃ Lev. 20, 18.

קטן

קָטֹן, הַקָּטֹן ה׳ קמצין וכל אתנח וס״פ דכו׳ קמץ׃ Gen. 27, 42. 1 Chr.*12, 14. Mf. קט, 1.!

קטר

כל הקטרה הַמִּזְבֵּחָה במ״ג הַמִּזְבֵּחַ וכו׳׃ Lev. 9, 13. 14,*20. Mf. זב, 14. S. זבח.

וְהִקְטִירָם ב׳׃ Lev. 3, 16.

וּמַקְטִיר ג׳׃ 1 Reg. 3, 3. Jer. 33, 18. Mf. קם, 4.

וַיַּקְטֵר עָלָיו ד׳ דסמי׳׃ 1) Ex. 40, 27. Mf. קט, 2.

קִיטֹר ד׳ (ד׳ מיחדין)׃ Gen. 19, 28. Mf. קי, 1.

קְטֹרֶת סַמִּים ה׳ דסמיכי בקריא׃ Ex. 40, 27. Lev. 16, 12.? Mf. קט, 3. 2)

קור

עַל הַקִּיר ב׳׃ Mf. קי, 3.

קִירוֹתָיו ד׳ ב׳ מל׳ וב׳ חסר?׃ Ex. 30, 3. 37, 26. Mf. קי, 2.

קלל

קַלֹּתִי לי׳ חסר׃ Job 39, 34.

קַלּוּ ד׳׃ Gen. 8, 11. Job 7, 6. 9, 25. Mf. קל, 1. (S. מ״ש Gen. l. c.) 3)

וַיְקַלֵּל ד׳ וחד וַיְקַלֵּל׃ Lev. 24, 11. 1 S. 17, 43. Job 3, 1. Mf. קל, 3.

קִלְלַת ג׳׃ Deut. 21, 23. Jud.* 9, 57. Mf. קל, 4.

קלה

וְנִקְלָה ב׳׃ Deut. 25, 3.

נִקְלֶה ב׳ בקריא וא׳ וְנִקְלֶה׃ Ps. 38, 10. (S. Mf. ר׳, 6. או״א, 13.).

וְקָלִי ג׳ וא׳ וְקָלוּי׃ 2 S. 17, 28. Mf. קל, 2. (S. Mf. ק, 1. או״א, 1. (ק׳)).

קלט

עָרֵי הַמִּקְלָט ד׳ ושאר אוריתא עָרֵי מִקְלָט ושאר יהושע עִיר מִקְלָט׃ מ״ש Num. 35, 6. (S. עיר und 1 Chr. 6, 42.).

קמט

וַתִּקְמְטֵנִי לית׃ (נ׳ מלין Job 16, 8. (S. Mf. נ׳, 4.

קנן

קִנֶּךָ ג׳׃ Obadja 4. Mf. קנ, 2.

קִנּוֹ ג׳ בקריא, אנ״ך׃ Hab. 2, 9. Mf. קנ, 1.

קנא

קַנּוֹא ד׳ ב׳ מלא וב׳ חסר׃ Jos. 24, 19. Nah.*1, 2. Mf. קנ, 7. (S. Mp. Jos. l. c. כל נביאי׳ קַנּוֹא וכל אוריתא קַנָּא׃).

וַיְקַנְאוּ ב׳ בסיפרא׃ Gen. 37, 11.

(יַקְנִיאֻהוּ ב׳ וכו׳׃ Deut. 32, 16. מ״ש S.)

קנה

קנייה מִיַּד ה׳ (ושארא קנייה מְאֹת)׃ Mf. 14, 20.

קָנִיתִי ה׳׃ Gen. 4, 1. Koh. 2, 7. Mf. קנ, 3.

קוֹנֶה ד׳ מלא בקריא (בלישן)׃ Ex. 7, 12. Prov.*20, 14. Mf. קנ, 6.

(קוֹנֶה כל קונה לב בשתי נקדות מ״ש Prov. 15, 32. (S.

קָנֹה ג׳ (ב׳ כתיב ה׳ וחד כתיב ו׳) Lev. 25, 14. 2 S. 24,*24. Mf. קנ, 5.

וַיִּקֶן ד׳ ב׳ בספרא וב׳ בקריא׃ Gen. 33, 19. 47, 20. 2 S.*24, 24. Mf. קנ, 4.

---

1) S. מבין חדות zu Ex. l. c., der das Fehlerhafte dieser Angabe u. der Stellenanführung erkannt u. darum statt ד׳=4 lesen will ל׳, da es nur 1 M. so vorkommt. — Heid. bemerkt gar nichts darüber, obgleich er sie zur Concord. s. ויקטר עליו anführt. Mir scheint, es muss lauten: ד׳ דסמיכי בלישן, d. h. das Wort וַיַּקְטֵר kommt 4 M. mit darauf folgendem עַל vor, u. zwar Ex. 40, 27. Lev. 9, 13. 9, 14. u. 9, 17. — Die dort angeführten Verse sind jedenfalls falsch. Vielleicht ist das ד׳ דסמיכי versetzt, was nicht selten im Drucke vorkommt, u. gehört zu: קְטֹרֶת סַמִּים, das dicht dabei steht, v. welchem zu Lev. 16, 12. bemerkt wird: ד׳ דסמיכי? s. diesen Art. —

2) Wenn Lev. 16, 12. angegeben wird ד׳ דסמיכי so fehlt וחד וּקְטֹרֶת סמים. Es sind im Ganzen 5 (בלישנא?); 4 ohne u. 1 M. mit Waw copulat. —

3) D. h. 4 sind penult.; im Ganzen sind es 5 = ה׳ und eins mit Waw copulat. —

וּמִקְנֶה ו׳ ג׳ פתחין וג׳ קמצין׃ Gen. 4, 20. 47, 18. Num. 32, 1. Mf. מק, 3.

מִקְנָה כל בראשית מקנה במ״א בקמץ וכל ירמי׳ מקנה בקמץ במ״א וכל קריא דכו׳׃ Gen. 23, 18. (S. Mf. שטה, 5. או״א, 271.).

מִקְנֵהֶם ד׳ חסר׃ Gen. 34, 23. 47, 17. Num. 31, 9. Mf. מק, 1. (S. מ״ש Gen. 46, 6.). 1)

בְּקָנֶה ג׳ רפין׃ (S. Mp. l. c.) Mf. קנ, 9.

קְנֵי ד׳ כתיב י׳׃ Mf. קנ, 8.

קסם

וּמִקְסַם ב׳׃ Ez. 13, 7.

קצץ

קִצֵּץ לית וא׳ קִצַּץ פתח וב׳ וְקִצֵּץ׃ Ps. 129, 4. (S. Mf. ר׳, 7. או״א, 14.).

לַקֵּץ ב׳ (דגשים) Dan. 12, 13.

וּלְקֵץ ג׳׃ Dan. 11, 6. Mf. קצ, 1.

וַיְהִי מִקֵּץ יָמִים ב׳ וחד מִקֵּץ יָמִים רַבִּים׃ Gen. 4, 3. (S. Mp. ג׳?)

קצה

מִקָּצֶה ב׳ וס״פ׃ Jer. 51, 31. (S. Mf. מ׳, 1. או״א, 69.)

אֶל קְצֵה ו׳׃ Ex. 16, 35. Jos. 18, 16. Jes. 7, 3. Mf. קץ, 6.

וְעַד קְצֵה ה׳׃ 2) Deut. 4, 32. Mf. קצ, 3.

וַיְהִי מִקְצֵה ה׳׃ 1 Reg. 9, 10. 2 Reg.*8, 3. Mf. קצ, 5.

מִקְצֵה הָאָרֶץ וְעַד קְצֵה הָאָרֶץ ג׳׃ Deut. 13, 7. Jer.*25, 33. Mf. קצ, 9.

וְאֵין קֵצֶה ה׳ בקריא׃ Jes. 2, 7. Mf. קצ, 2.?

קַצְוֵי אֶרֶץ ג׳ Jes. 26, 15. Ps. 65, 6. Mf. קצ, 4.

קְצוֹוֹתָו (מן) י״ג כתבן תרין וו״ין׃ Ex. 37, 8. 39,*4. (S. מלין, ו׳.)

וּלְמִקְצָת ב׳ קמצין וא׳ וּמִקְצָת׃ 3) Mf. קצ, 7.?

קצע

בְּמִקְצַע ג׳ חסר בלישן׃ 4) Ez. 46, 21.

קצר

קוֹצֵר ב׳ מלא׃ 5) Mf. קצ, 10.

לַקּוֹצְרִים ד׳ מלא בלישן׃ Ruth 2, 4. Mf. קצ, 11.?

---

1) S. מ״ש l. c. Es muss eigentlich heissen: ד׳ חסר בלישנא באוריתא, denn es sind nur 3 mit הֶם; das vierte hat כֶם am Ende (Deut. 3, 19.); s. רמ״ה s. rad. u. Mp. Gen. 46, 6. — Auch Mp. im Mpt. Erf. hat ד׳ חסר. —

2) Dieses ה׳=5. bezieht sich blos auf die Verbindung dieser beiden Wörter (וְעַד קְצֵה), denn mit dem Zusatz הָאָרֶץ d. h. וְעַד קְצֵה הָאָרֶץ kommt sie nur 4 M. vor u. עַד קְצֵה (ohne Waw) kommt 9 M. vor. Mit vorhergehendem מִקְצֵה הָאָרֶץ kommt diese Verbindung 3 M. vor, s. weiter unten diesen Art. — Es ist auffallend, wenn die Mp. zu Jer. 25, 31. bemerkt ה׳=5 da עַד קְצֵה הָאָרֶץ nur 4 M. u. עַד קְצֵה allein 9 M. in der Bibel sich findet? — Wenn zu Jer. 25, 33. bemerkt ist: ג׳=3 u. ה׳=5, so bezieht sich das ג׳ auf die ganze Phrase: מקצה הארץ ועד קצה הארץ; das ה׳ aber auf ועד קצה. —

3) Die Angabe in Mf. l. c. ist falsch, da וּלְמִקְצָת nur 1 M. vorkommt. Die Mp. zu Dan. 1, 2. bemerkt zu וּמִקְצָת, ב׳, d. h. es kommt so 2 M. vor. Hiernach muss unsere Angabe so verbessert werden: וּמִקְצָת ב׳ קמצין וסי׳ ומקצת כלי בית (Dan. 1, 2.), ומקצת ימים עשרה (ibid. 1, 15.), וא׳ וּלְמִקְצָת הימים (ibid. 1. 18.). — Damit stimmt auch Kimchi (Michlol S. 16 b. ed. Venet. parv.) überein, indem das. die 3 genannten angeführt werden, als solche, die im stat. constr. Kamez vor dem Thaw haben. Daraus ginge nun hervor, dass in ומקצת (Neh. 7, 70.) das Zadi ein Pathach habe. Wenn aber Neh. l. c. die Mp. bemerkt: כלהון קמצין, so scheint das ein Widerspruch gegen obige Angabe, wenn wir nicht lesen wollen (בסיפר) ב׳ קמצין, (das leicht aus der Abbreviatur ב״ק, als כ״ק gelesen und daraus כלהון קמצין irrthümlich gemacht wurde?), so dass die Angabe nur v. Buche Daniel spräche, u. alsdann Kimchi l. c. die 3 angeführten nur als Beispiel dienten, ohne noch andere ausschliessen zu wollen. Doch scheint das erstere richtiger zu sein, indem zu מְנָת bemerkt wird וכן כל מְנָת, so hätte es denn auch zu מקצת heissen müssen: וכן כל מִקְצָת u. s. w. — S. דרכי הנקוד ed. Hannov. Anmerkgen. S. XV.

4) Wenn die Mp. zu Neh. 3, 20. bemerkt: הַמִּקְצֹעַ ג׳ חסר, so ist das verschoben u. gehört zu V. 19., wie Ez. 46, 21. angegeben ist. —

5) Das müsste wohl Mf. l. c. ב׳ מלא בלישנא heissen, indem eins auf קוֹצֵר u. eins auf הַקּוֹצֵר sich bezieht, aber dann ist auffallend, warum nicht auch בַּקּוֹצֵר (Amos 9, 13.) mitgezählt wird, da auch zu diesem die Mp. bemerkt: לית ומלא? —

יִקְצוֹר ג׳ מלא. Prov. 22, 8. Koh. 11, 4.? Mf. קץ, 13.? (S. Mf. ר׳, 30. מ״ש Prov. l. c.).

תִּקְצוֹר ג׳ מַלֵא בלישן. 1) Lev. 25, 5. Mf. קץ, 12.

וַתִּקְצַר ד׳. Num. 21, 4. Jud.*10, 16. Zach.*11, 8. Mf. קץ, 8.

יִקְצֹרוּ ג׳ בקרי׳ (וחסר). Hos. 8, 7. Ps. 126, 4. Mf. קץ, 14.

וְקָצִיר ב׳. Gen. 8, 22. Mf. א׳, 23. או״א, 61.

קְצִירוֹ ג׳. Mf. קץ, 15.

קרא

קָרְאָה שְׁמוֹ ג׳. Gen. 29, 34. Mf. קר, 10.

וְקָרָאת ד׳ ורפין. Gen. 16, 11. Jes.*7, 14. Mf. קר, 14.

וּקְרָאתֶם ג׳ ר״פ. Lev. 23, 21. 1 Reg. 18, 24. Jer. 29, 12. Mf. קר, 5.

קוֹרֵא, הַקּוֹרֵא י׳ מלא בלישן. Jud. 15, 19. Mf.*קר, 12.? (S. מ״ש Joel 3, 5.). 2)

קְרוֹא ד׳ בקריא. 1 S. 3, 6. Mf. קר, 16.

קָרְאֵנוּ ב׳. Deut. 4, 7. Ps. 20, 10.

וּקְרָא ד׳. Job 13, 22. Ruth*4, 11. Mf. קר, 15.

אֶקְרָאֶךָּ ב׳. Ps. 86, 7.

כל דסמיך לוַתַּהַר וַתֵּלֶד וַתִּקְרָא במ״ג וַיִּקְרָא. Mf. קר, 8. (S. מ״ש Gen. 38, 3.).

וַיִּקְרָא וַיֹּאמַר. S. אמר, פסוקים.

וַיִּקְרָא שְׁמָהּ ג׳. Jud. 1, 26. Mf. קר, 9.

וַיִּקְרָא שְׁמוֹ ו׳ פסוקים חסר אֶת. Gen. 25, 26. 35, 8. 38, 29. Ex. 17, 15. Mf. קר, 7. (S. את, פסוקי׳.).

וַיִּקְרָא אֶל מֹשֶׁה ב׳. Ex. 24, 16. Lev. 1, 1.

וַיִּקְרָא שֵׁם הַמָּקוֹם ה׳ חסר אֶת. Gen. 32, 3. (S. Mp. Gen. 33, 17.?)

וַיִּקְרָא אֶת שֵׁם הַמָּקוֹם הַהוּא ד׳ בלישן. Num. 11, 34. Mf. קר, 13. 3)

וַתִּקְרָא אֶת שְׁמוֹ י׳. 4) Gen. 4, 25. Mf. קר,*6.

וַתִּקְרֶאנָה ד׳ ג׳ כתיב ה׳. Lev. 10, 19. Num. 25, 2. Mf. קר, 2. (S. מ״ש Num. l. c.).

וְנִקְרְאָה ב׳. Zach. 8, 3.

נִקְרֵאתִי ב׳ א׳ חסר. Est. 4, 11.

יִקָּרֵא כ״א. Gen. 2, 23. 21, 12. Deut. 22, 6. Jer.*19, 6.? Mf. קר, 3.

וְלֹא יִקָּרֵא ב׳ דסמי׳. Gen. 17, 5.

וְיִקָּרֵא ב׳ (רפין). Gen. 48, 16.

וַיִּקָּרֵא ה׳. 2 S. 18, 9. Mf. קר, 1.

יִקָּרְאוּ ב׳. Gen. 48, 6.

קֹרָא ו׳ וקמץ בקריאה וכל לשון עץ דכו׳. Jes. 58, 12. Ez. 10, 13. Mf. קר, 11.

לִקְרָאתֶךָ ד׳. Ex. 4, 14. Num.*20, 18. Mf. קר, 4.

---

1) Die Angabe ist insofern unrichtig, als in ähnlicher Form = בלישנא mehr als 3 plene sich finden, s. יִקְצוֹר! — Ueber das הַקָּצוֹר, s. Mf. א׳, 24. — Das Richtige hat Mp. zu Lev. 25, 5. u. Micha 6, 15., wo sie blos ב׳ (= 2) ohne בלישנא angiebt, und demnach הַקָּצוֹר nicht dazu gehört; auch bemerkt die Mp. zu letzterem (Jes. 50, 20.) לי׳ ומלא. —

2) Auch Mf. קר, 12. muss בלישנא hinzugefügt werden. Uebrigens ist die Aufzählung Mf. l. c. nicht richtig. Denn 1) ist ואין קורא בשמך zu trennen von אלהי ישראל; es sind 2 Verse u. letzteres bezieht sich auf Jes. 45, 3. (הקורא בשמך אלהי ישראל). — 2) Das letzte (Hos. 7, 7.) gehört gar nicht hierher, da dieses in allen Ausgg. def. Waw ist? — Durch falsche Abtheilung sah sich der Herausg. genöthigt eine Stelle hinzuzufügen u. setzte hinzu Hos. l. c. — Mpt. Hamb. hat das Richtige; es zählt nach Jes. 40, 3. d. St. כי אני י״י הקורא בשמך (Jes. 45, 3.) u. dann אין קורא בשמך (Jes. 64, 6.), lässt aber Hos. 7, 7. aus. — Wenn d. Mp. zu Amos 9, 6. bemerkt: י׳ מַלא בלישן u. zu Hab. י׳ מלא בנביאים, so ist beides unrichtig, denn Am. 9, 6. ist def. Waw (s. מ״ש zu dieser Stelle u. Joel 3, 5.), und die 10 plene befinden sich nicht blos in d. Proph., da in diesen nur 7 plene vorkommen; die 3 andern finden sich, wie angeführt, 2 M. in d. BB. d. Chr. u. 1 M. in den Psalmen. —

3) Das הַהוּא in der Angabe ist überflüssig u. irreführend, da die Bemerkung sich nur auf die Phrase ohne הַהוּא bezieht, wie die angeführten Stellen beweisen. Ueberhaupt ist mehr das וַיִּקְרָא . . . . אֶת zu betonen; es soll nur angegeben werden, wie viel Mal ויקרא . . . שם המקום mit dem Accust. durch את bezeichnet vorkommt; s. d. Art. ויקרא שם המקום. —

4) Wenn d. Mp. meistens ט׳ = 9 angiebt, so hat sie wahrscheinlich 2 S. 12, 24. ausgelassen, weil dies im Chethib וַיִּקְרָא (כתיב) hat, s. darüber Jud. 1, 1. Koh. 12, 6. u. או״א, 162. — Die M. richtet sich aber in der Regel nach dem קרי, und als solche sind es 10, wie angegeben. —

קרב

קריבת יְמֵי לְמִיתָה ד׳. Gen. 27, 41. 47,*29.? Mf. מת, 2.?

הַקָּרֵב ז׳. Num. 1, 51. 3, 10. 17,*28. 1 Reg. 4, 27. Mf. קר, 18.?

קְרֵבִים ג׳ בלישן. Deut. 20, 3. Ez. 40,*46. Mf. קר, 27.

וּבְקָרְבָתָם לית וחד בְּקָרְבָתָם. Ex. 40, 32. (S. Mf. א׳, 7. או״א, 1. 2.)

וַיִּקְרַב ה׳ פתחין. Lev. 9, 8. 1 S. 17, 48. Jona*1, 6. Mf. קר, 20.

וַתִּקְרְבוּן ג׳. Mf. קר, 28.

וְהִקְרִיבוֹ ג׳ ומלא. Lev. 1, 15. Mf. קר, 31.

בְּהַקְרִיבָם ב׳ חד חסר וחד מלא וי׳ חסר בלישן. Num. 3, 4.

הַקְרֵב ד׳ וחד וְהַקְרֵב. Ex. 28, 1. Lev. 6, 7. Num. 3, 7. Mf. קר, 17. ו׳, 10. או״א, 17.

תַּקְרִב י׳ חסר בלישן. Lev. 2, 4. 9, 9. Num. 3, 4. 7, 19. Deut. 1, 17. Jos. 8, 23. Esr.*6, 17. Mf. קר, 21. (S. מ״ש Lev. Num. l. c.).

וַיַּקְרֵב י״א. 1) Num. 25, 6. Mf. קר, 26.

קָרֵב ד׳ קמצין. 2) Mf. קר, 29.

הַקָּרֵב ה׳ חסרים (בלישן). Mf. קר, 37. (S. מ״ש Deut. 22, 2. רמ״ה s. rad.).

קִרְבוֹ ג׳ וחסר. Ex. 32, 27. Mf. קר, 19.

קִרְבָה ג׳. 3) Mf. קר, 22.

(הַקְּרוֹבָה ב׳ וסי׳ ולאחותו. S. מ״ש Deut. 21, 3. Mpt. Hamb. הבתולה הקרובה, הקרובה אל החלל.)

קְרוֹבִים ה׳ מלא בלישן. Ez. 23, 5. 42, 13. Est.*9, 20. Mf. קר, 34.

קְרוֹבִים וּרְחוֹקִים. פסוקים S.

בִּקְרֹבַי ג׳ חסר בלישן. 4) Lev. 10, 3. Mf. קר, 23.

קָרְבָּן ה׳ קמצין. Lev. 1, 2. 7, 14. 17, 4. 27, 9. Mf. קר, 30.

מִקֶּרֶב עַמָּה ג׳. עמם S.

מִקֶּרֶב עַמּוֹ ג׳. עמם S.

וּבְקִרְבּוֹ ג׳. Jer. 9, 8. Prov.*26, 24. Mf. קר, 24.

קרדם

קַרְדֻּמּוֹת ג׳ בלישן. Jud. 9, 48. Ps. 74, 5. Mf. קר, 38.

קרה

כל קרויי דבלעם. ed. Hann. דרכי הנקוד S. Prov. 14, 4. u. S. 11 u. Anmerkg. S. XVII ff.)

קָרְךָ לית. Deut. 25, 18.

הַקֹּרֹת ב׳ ומב׳ לישן. Gen. 42, 29. (S. או״א, 59. Anmerkg.)

בְּקֶרִי ד׳ (ובענין). עין הקורא. Mf. קר, 40. (S. או״א, 291. Lev. 26, 23.).

קרן

קַרְנוֹת ד׳ מלא בתורה. Lev. 4, 7. 8, 15. 16, 18. Mf. קר, 41.

קרקע

בְּקַרְקַע ב׳. Num. 5, 17.

קשש

כַּקַּשׁ ב׳. Ex. 15, 7.

לְקַשׁ ב׳. Job 41, 19. Mf. א׳. 27.

קשב

וְהַקְשִׁיבוּ ד׳. Mf. קש, 1.

---

1) Es giebt mehr als י״א = 11 dieser Form?! —

2) Das ד׳ קמצין ist unrichtig; es fehlt Koh. 9, 18. — Heid. will zwar, nach Mp. zu Job 38, 23., s. auch Dan. l. c., wo es heisst: ג׳ וכל א״ס דכו׳, auch hier lesen ג׳ קמצין וכל א״ס דכו׳, so dass Zach., Ps. u. Koh. nicht hierhin gehört; aber dann blieben ja nur 2 u. d. Mass. giebt 3 ausser Athnach u. Silluk mit Kam. an? — Er will dazu rechnen וְקָרֵב (Ps. 55, 22.) das nach Einigen (s. מ״ש das.) mit Kam. gelesen wird. Aber dann müssten auch die Formen מִקָּרֵב, לְקָרֵב, בְּקָרֵב mitgezählt werden? — Vielleicht ist der Irrthum dadurch entstanden, dass קָרֵב (mit Pathach) nur 4 M. vorkommt u. diesem entgegengestellt bemerkt die Massora, dass es mit Kam. 5 Mal vorkommt, (das ד׳ statt ה׳ kommt nicht selten vor) Koh. l. c. wäre dann dazu zu zählen? — Aehnliche Gegensätze kommen oft vor, z. B. מִקֶּרֶב עַמָּה ג׳, מִקֶּרֶב עַמּוֹ ג׳ etc. —

3) Das Wort kommt 6 M. vor? Vielleicht will die Mass. die def. angeben u. deren sind ג׳ = 3 u. es müsste also ג׳ חסר lauten. Freilich giebt die Mp. nur 2 def. an, s. Gen. 19, 20. u. Prov. 10, 14. — Ps. 22, 11. ist in den Ausgg. plene Waw; doch das Mpt. von 1294 hat es, nach Heid., def., so dass dieses das dritte def. wäre. —

4) Heid. verbessert diese Angabe in: ג׳ בלישן ב׳ מלא וא׳ חסר, da nur Lev. 10, 3. def. ist, die andern aber nach Mp. plene Waw sind. Er führt auch ein Mpt. für diese Leseart an. —

קשה

תַּקְשׁוּ ג׳. Mf. קש, 4.

הַקָּשֶׁה ה׳ פתחין (בסגול) בלישן. Ex. 18, 26. Deut.*31, 27. 1 S. 25, 3. Jes. 19, 4. Mf. קש, 2.

קָשׁוֹת ב׳ מלא (ומלא). Gen. 42, 7.

קשט

קְשִׂיטָה ג׳ (אנ״ך). Gen. 33, 19. Jos. 24, 32. Job*42, 11. Mf. קש, 3.

קשר

קְשׁוּרָה ב׳ (ומלא). Gen. 44, 30. Prov. 22, 15.

הַתְקַשֵּׁר לית והוא מן מלין דמשמשין הת ברישא. Job 38, 31. (S. Gen. 42, 16. Mf. ה׳, 3. או״א, 65. Anmerkg. und Abth. 2. א״ב, ה׳).

קשת

וְקַשְׁתִּי לית וא׳ קַשְׁתִּי. Job 29, 20. (S. Mf. ק׳, 1. או״א, 1, ק׳.).

ר.

ראה

כל לשון ראייה אֶל במ״ו עַל. Lev. 16, 2. Mf. רא, 34.

ג׳ מלא יו״ד בלשון ראייה (וְהַרְאֵיתִי, וּמַרְאַיִךְ, מַרְאֵינוּ). Nah. 3, 5. Mf. רא, 35.

וְרָאָהוּ הַכֹּהֵן ה׳ (בענין ד׳ ר״פ). Lev. 13, 3. 13, 17. Mf. רא, 23.

כַּאֲשֶׁר רָאָם ב׳. Gen. 32, 2. Jer. 39, 4.

רָאִיתָ ה׳ בכתובים וכו׳. Ps. 31, 8. Prov.*26, 12.? Dan.*8, 20. Mf. רא, 15. (S. מ״ש Num. 27, 13.) 1)

לֹא רָאִיתִי ב׳ וחד וְלֹא רָאִיתִי. Gen. 41, 19.

וְרָאִיתִי י״ב. Ex. 12, 13. 1 S. 19, 3. Ez.*41, 8. Koh. 3, 22. Dan. 10, 7. 12,*5. Mf. רא, 10.? 2)

רְאִיתִיו ב׳ וחד וּרְאִיתִיו. Gen. 44, 28. Deut. 33, 9. (S. Mf. ו׳, 6. או״א, 13.).

וְלֹא רָאוּ ב׳. Ez. 12, 2.

רָאוּךָ ג׳ בקריא. Hab. 3, 10. Mf. רא, 22. u. 38.

הַרְאִיתֶם ג׳ ודגשים. 1 S. 10, 25. Mf. רא, 11.

רֹאִי ו׳ בחולם וא׳ רָאִי. Gen. 16, 13. Job 7, 8. Mf. רא, 30. (S. מ״ש l. c. עה״ק u. Heid. Gen. l. c.).

הָרְאוֹת ד׳ ב׳ מלא וב׳ חסר (ב׳ מ״ו בתרא וב׳ חד״ת, כצ״ל). Deut. 4, 3. Mf. רא, 16.

רָאָה ד׳ ב׳ כו׳ וב׳ בה׳. Gen. 26, 28. Ex. 3, 7. 1 S.*1, 11. Jes. 6, 9. Mf. רא, 3. u. 21.

בִּרְאוֹת ב׳ א׳ מל׳ וא׳ חסר. 1 Chr. 21, 28.

בִּרְאֹתִי ב׳ וחסרים. Dan. 8, 2.

בִּרְאֹתָם ג׳ ב׳ חסר וא׳ מלא, אנ״ך. Ex. 13, 17. Mf. רא, 31.

בִּרְאֹתוֹ ב׳ חד חסר וחד מלא. Gen. 44, 31.? (S. מ״ש ibid.) 3)

---

1) Die 3 Angaben in Ps., Prov. u. Dan. l. c. sind unter sich etwas verschieden u. verstümmelt. Das Richtige ist dass dieses Wort, im Pentat. u. den Proph. immer ohne He am Ende steht, mit Ausnahme von 2 Stellen, in denen es He am Ende hat (Num. 27, 13. 2 S. 18, 21.); in den Hagiogr. hat es immer He am Ende mit Ausnahme von 5 Stellen, die das He nicht haben (4 M. רָאִיתָ u. 1 M. הֲרָאִיתָ Ps. 31, 8. 50, 18. Prov. 26, 12. Dan. 8, 20. und Ps. 60, 5. Ein M. kommt es zwar plene He aber def. Jod nach dem Alef vor Ps. 10, 4.?). Hiernach sind obige Angaben zu berichtigen. — Heid. führt 2 Angaben aus Handschr. an, die ich zur Beleuchtung des Obigen hersetzen will:

A.

רָאִיתָ ה׳ חסר בכתובים וסי׳
אשר ראית את עניי .Ps. 31, 8.
אם ראית גנב .Ps. 50, 18.
ראית איש חכם בעיניו .Prov. 26, 12.
האיל אשר ראית .Dan. 8, 20.
הראית עמך קשה .Ps. 60, 5,
וחד ח״י ומל׳ ה׳ וסי׳
ראתה כי אתה עמל .Ps. 10, 14. —

B.

כל אוריתא ונביאים רָאִיתָ וְרָאִיתָ כתי׳ במ״ב מלא וסי׳
וראיתה אתה ונאספת אל עמך .Num. 27, 13.
לך הגד למלך אשר ראיתה .2 S. 18, 21.
וכל כתובים דכו׳ במ״ה וסי׳
אשר ראית את עניי .Ps. 31, 8.
אם ראית גנב .Ps. 50, 18.
ראית איש חכם בעיניו .Prov. 26, 12.
האיל אשר ראית .Dan. 8, 20, וחד
הראית עמך קשה! .Ps. 60, 5, וחד
ראתה כי אתה, חסר .Ps. 10, 14.

2) י״ב ist die richtige Angabe; Ex. 12, 13. u. Mf. l. c. ed. Bomb. haben unrichtig י״ב חסרים; es muss י״ב בקריא heissen, da es im Ganzen nur 12 M. vorkommt und immer plene Jod ist. —

3) Die Angabe Gen. l. c. ist unerklärlich, da es 4 M. vorkommt; es sollte wohl heissen: ד׳ ב׳ מל׳ וב׳ חסר? S. auch מ״ש das. —

לִרְאֹת ג׳ חסר (ובאוריתא ,כצ״ל)· Ex. 10, 5. Mf. רא, 13.
(S. מ״ש Gen. 11, 5. Ex. 19, 21. 33, 20.).

וְלִרְאוֹת ג׳ (ומלא)· Koh. 3, 18. 8, 16. Mf. רא, 7.

וּרְאֵה ג׳ ר״פ· Ex. 25, 40. Ps.*128, 6. Mf. רא, 20.

וְאֶרְאֶה ה׳· Gen. 18, 21. Ex.*3, 3. Deut. 3, 35.? 1 S. 20, 29. Mf. רא, 9.

וָאֶשָּׂא עֵינַי וָאֶרְאֶה· S. נשא

וָאֵרֶא ה׳ בסיפרא (ושארא וָאֶרְאֶה)· Ez. 1, 4. Mf. רא, 25.

עַתָּה תִרְאֶה ב׳ דסמיכי· Ex. 6, 1.

תִּרְאֵנִי ב׳· 1) Jer. 12, 3.

וְלֹא יִרְאֶה ו׳· Ps. 89, 49. Job*22, 14. Mf. רא, 28.

וַיִּרְאֶה ה׳· 2) 1 S. 17, 42. 2 Reg. 5, 21. Mf. רא, 18.

יֵרֶא ה׳ ד׳ מנהון מלעיל· Ex. 5, 21. Job 20, 17.? Mf. רא, 39.
(S. מ״ש Gen. 41, 33. Heid. zu עה״ק Gen. l. c.).

וְיֵרֶא ג׳ רפין· Thr. 3, 50. Mf. רא, 27.

וַיַּרְא אֱלֹהִים· S. אלה

וַיַּרְא י״י· S. הויה

וְאִם יִרְאֶנָּה הַכֹּהֵן ר׳ טעם· S. Abth. 2.

וְיִרְאוּ ג׳ (רפין)· 2 Reg. 6, 20. Ps. 86, 17. Mf. רא, 32.

נִרְאֶה ה׳· Jes. 5, 19. Jer.*42, 14. Ps. 36, 10. Cant. 7, 12. Mf. רא, 29.

נִרְאָה לִי ב׳· Jer. 31, 3.

הַנִּרְאָה ב׳ קמצין· Dan. 8, 1.

וְנִרְאָה ה׳ בקריא· Lev. 13, 7. 13, 19. 1*S. 1, 22. Jer. 13, 26. Prov.*27, 25. Mf. רא, 17.

הַנִּרְאֶה ב׳· Gen. 35, 1. (S. Mf. שטה, 6. או״א, 272.).

הֵרָאוֹת ד׳ מלא בלישן· Lev. 13, 14. 1 Reg. 18, 2. Ez.*21, 24. (להראות ג׳ ומלא וחד הראות)· Mf. רא, 5.

לֵרָאוֹת ג׳ ומלא· Ex. 34, 24. Mf. רא, 2.

אֵרָאֶה ב׳ וחד וְאֵרָאֶה· Lev. 16, 2. (S. Mf. ו׳, 6. או״א, 13.).

יֵרָאֶה י״ג· Gen. 22, 15. Ex.*13, 7. 23, 17. Deut. 16, 4. Zach. 9, 14. Ps.*84, 8. 90, 16. Mf. רא, 19.

וַיֵּרָא כ׳· Gen. 26, 24. 35, 9. Lev.*9, 23. Num. 17, 7. Deut. 31, 15. Ez.*19, 11. Mf. רא, 6.

תֵּרָאֶה ב׳ וחד וְתֵרָאֶה· Lev. 13, 57. (S. Mf. ו׳, 6. או״א, 13.)

יֵרָאוּ ה׳ וחד וְיֵרָאוּ· Ex. 33, 23. 1 Reg.*8, 8. Mf. רא, 26.

וַיֵּרָאוּ ד׳· 2 S. 22, 16. Ps.*18, 16. Mf.* רא, 14.

רֻאּוּ לית· (ד׳ אלפין דגשין ·S.) Job 33, 21.

הָרְאָה (חלוף הִגִּיד)· S. Gen. 41, 28.

לְהַרְאוֹת ג׳ ומלא· Deut. 3, 24. Est. 1, 11. Mf. רא, 12.
(S. מ״ש Est. l. c.).

הַרְאוֹתְכָה ב׳ חד מלא וחד חסר (ה״א בסוף)· Ez. 40, 4.

אַרְאֶךָּ ב׳ וחד וְאַרְאֶךָּ· Gen. 12, 1. (S. Mf. ו׳, 6. או״א, 13.).

אַרְאֶנּוּ ב׳ פתח· Ps. 50, 23.

כַּמַּרְאֶה ה׳ דגשים· Num. 8, 4. Ez.*8, 4. Mf. רא, 24. u. 36.

וּמַרְאֵה ז׳ קמץ וא׳ פתח (סגול)· Ex. 24, 17. Lev. 13, 3. 13, 32. Num. 9, 16. Ez.*10, 9. Dan.*1, 13. 8, 26. Mf. רא, 37.

לְמַרְאֵה ב׳ צירי וב׳ סגול· Ez. 23, 16. Mf. רא, 33.

וּמַרְאֵיהֶן ד׳· Gen. 41, 21. Lev. 14, 37. Ez. 1, 5. Mf. רא, 8.? 3)

---

1) Merkwürdiger Weise ist Jer. l. c. in der rabb. Bibel ed. Buxt. das Thaw mit Pathach gedruckt und die Mp. bemerkt dazu ב׳! was aber ganz unrichtig ist! Es muss ein Chirik haben und in d. Mp. muss es heissen: ב׳ ועין d. h. die andere Stelle ist: ועין לא תראני (Job 10, 18.); durch Irrthum ist aber das ועין zur folgenden Bemerkung in derselben Reihe gerückt und zu וּבְחַנְתָּ bemerkt Mp. richtig ב׳ ובסיפרא, setzt aber fälschlich hinzu ועין, das aber, wie bemerkt zu תִּרְאֵנִי gehört. — Heid. bemerkt nichts? Die Mp. in Mpt. Erf. hat blos ב׳ = 2, was das Richtige ist. —

2) Heid. bemerkt, dass 2 Reg. l. c. zu „דאיוב“ bemerkt wird: ויראה כתיב חסר ה׳, woraus zu schliessen ist, dass ויראה Ez. 18, 14. mit He geschrieben ist, gegen unsere Ausgg. — Mf. ה׳, 25. (wo die Wörter angegeben sind, in denen das He am Ende fehlt) stimmt mit obiger Angabe überein, indem das. nur Job l. c. angeführt ist, während v. Ez. l. c. nichts bemerkt wird. —

3) Mf. רא, 8. ed. Buxt. hat ד׳ כ״ב·. Besser ed. Bomb., welche liest: ד׳ כתיב נ״ון בקריא׳. Es bezieht sich auf מַרְאֵיהֶן sowohl mit, als ohne Waw copulat., alle 4 haben Nun am Ende und ein Jod nach dem Alef, wie Mp. bemerkt: ד׳ ומלא· —

הַמַּרְאָה ד׳. Dan. 10, 7. Mf. רא, 1.

כַּמַּרְאָה ב׳. Dan. 10, 16.

בְּמַרְאוֹת ב׳ חסר וב׳ מלא. Gen. 46, 2. Ex. 38, 8. Ez.*40, 2. Mf. רא, 4.

ראם

רְאֵמִים ג׳. Mf. רא, 45.

ראש

אֶל רֹאשׁ ב׳ וכל **רֹאשׁ הָהָר** דכו׳ (**אֶל**) במ״ה **עַל רֹאשׁ הָהָר**. Mf. רא, 77. S. הרר.

וְאֶת רֹאשׁ ב׳. Gen. 40, 20. Mf. רא, 78.

עַל רֹאשׁ הָהָר. הרר u. אֶל ראש S. oben

וְרֹאשׁ י״א. Jud. 7, 25. 1 S.*5, 4. Jes. 7, 9. Mf. רא, 50. (S. unten **וָרֹאשׁ**).

הָרֹאשׁ ל״ח וא׳ **הֵרֹאשׁ**. 1) Mf. רא, 46.?

הַכֹּהֵן הָרֹאשׁ. כהן S.

בְּרֹאשׁ ל״ה. Mf. ed. Bomb. (S. **לְרֹאשׁ** Mf. רא, 47. am Schluss).

בָּרֹאשׁ ג׳ קמצין וא׳ **כָּרֹאשׁ**. 2) Mf. רא, 47.

וָרֹאשׁ (S. unten)!

לְרֹאשׁ ה׳ בסיפרא. 3) (כ״ד) Jud. 11, 8. Mf. רא, 48.

---

1) ל״ח = 38 heisst es in Mf. l. c. — S. auch die Anmerkung des Ben Chajim das., aus welcher hervorgeht, dass die ל״ח nicht streng massoretisch (die Mass. giebt ל״ב = 32 an, wie das auch an vielen Stellen die Mp. anführt), sondern mehr zufällig zusammengestellt sind. Sie leidet aber daran, dass 1) sie ל״ח = 38 angiebt, es aber nur 37 sind — wie das auch aus der Concord. hervorgeht — indem der Herausgeber כי במקום אשר יפנה und הראש אשר יפנה als 2 Stellen zählt, da sie nur **eine** bilden, nemlich Ez. 10, 11. — 2) die Reihenfolge der Stellenangabe ganz verwirrt und uncorrect ist. — Wir wollen daher zur Aufklärung der obigen Angabe die bezügliche Stelle aus dem Mpt. Hamb. zu Lev. 1, 8. hier herstellen, die auch einige Eigenthümlichkeiten hat und daher von Interesse ist. Sie lautet:

הָרֹאשׁ ל״ב וסי

Lev. 1, 8.	וערכו	Jes. 9, 14.	זקן	2 Chr. 19, 11.	והנה אמריה
	וסמך אהרן את שתי ידיו	Ps. 133, 2.	כשמן	2 Chr. 24, 6.	ויקרא
Lev. 8, 20.	ואת האיל	Esr. 8, 17.	על אדו	2 Chr. 24, 11.	ויהי בעת
Lev. 9, 13.	ואת העולה	1 Chr. 5, 7.	יעיאל	2 Chr. 26, 20.	ויפן
1 S. 13, 17.	ויצא	1 Chr. 12, 3.	הראש אחיעזר	2 Chr. 31, 10.	ויאמר
2 S. 15, 32.	ויהי דוד	1 Chr. 12, 9.	עזר	1 Chr. 23, 18.	בני יצהר
2 Reg. 25, 18.	ויקח	1 Chr. 9, 17.	ואחיהם	1 Chr. 23, 19.	יריהו
Jer. 52, 24.	וחברו	1 Chr. 16, 8.	אסף	1 Chr. 24, 21.	רחביה
Ez. 10, 11.	כי במקום	1 Chr. 23, 16.	שבואל	1 Chr. 26, 31.	לחברוני
Jes. 7, 20.	הראש	1 Chr. 23, 17.	רחביה	1 Chr. 27, 3.	בני פרץ

Auch diese Angabe ist corrupt u. mangelhaft, denn 1) giebt sie ל״ב = 32 an u. zählt nur 30 Stellen? — 2) ist das וסמך (Lev. 16, 21.) falsch, da dort הָרֹאשׁ nicht vorkommt, sondern ראש?, so dass die Zahl der Aufgezählten nur 29 beträgt? Aber andererseits hat sie den Vorzug vor d. Angabe Mf. l. c. — 1) dass sie bis zu den 5 letzten Stellen ganz die Reihenfolge der Bibl. Bücher befolgt, (nur, dass sie Jes. auf Jer. u. Ez. folgen lässt, wie das oft in den alten Mpten z. B. Mp. im Mpt. Erf. der Fall ist). — 2) dass sie כי במקום (Ez. 10, 11.) nur 1 M. zählt. Fragen wir nun, warum gerade die 5 letzten aus 1 Chr. **nach** den Stellen aus 2 Chr. folgen, so ergiebt sich, dass vorher bis 2 Chr. 31, 10. 32 Stellen angegeben waren; man fand aber hinterher noch 5 in 1 Chr. u. reihete sie zuletzt an, so dass es wirklich 37 St. sind. Aehnliches findet sich im אכלה ואכלה, wo es am Schlusse vieler Artikel als Zusatz heisst: ולבר ממסורתא u. Zusätze nachgetragen werden. Es muss demnach in obigem Mpt. Hamb. das וסמך gestrichen und dann eingerückt werden: nach Lev. 9, 13. **Lev. 13, 30.**; nach Ps. 133, 2. **Esr. 7, 5.**; nach 1 Chr. 5, 7. **1 Chr. 5, 12.**; nach 1 Chr. 16, 8. **1 Chr. 23, 8.** u. **23, 11.**; nach 23, 17. **23, 20. 24, 30.** u. **26, 10.**, so dass diese 8 St. zu den 24. (bis בני יצהר, 1 Chr. 23, 18.) gerechnet, 32 Stellen geben = ל״ב. Mit den am Schlusse hinzugefügten 5 St. aus 1 Chr. sind es dann 37, wie bemerkt; ursprünglich aber waren es ל״ב, wie die Ueberschrift u. viele Stellen der Mp. lauten. — Ueber Zusätze unter dem Namen: ולבר ממסורתא, s. אכלה ואכלה Vorwort S. IV und „Zum Verständniss" § 8, 3. —

2) Es muss gelesen werden: ב׳ קמצין וא׳ כָּרֹאשׁ (בכ״ף) ושארא בְּרֹאשׁ בשו״א ואינון ל״ה. S. Mp. zu d. St. —

3) Die Angabe Mf. רא, 48., welche כ״ד = 24 anführt, ist verstümmelt u. mangelhaft: Die 8te St. muss heissen ולחסה, מן, die 9te St.: אנכי אהיה להם, die 17. St.: אותו, עליהם, die 19. St.: יהיה לראשׁ ולשר ויעל וכו׳, דד״ה, בני מררי וישימהו וכו׳, und die 20ste St. (2 Chr. 11, 22.) ist unrichtig, denn diese hat לָרֹאשׁ, das Lamed mit Kam. Es fehlen demnach folgende drei: Deut. 28, 44. Jer. 13, 20. und Prov. 11, 26. Dass 2 Chr. 11, 22. das Lamed Kam. hat s. Mp. zu d. St.; Mf. ל׳, 3. או״א, 26. 52. Cant. 1, 1. Dan. 1, 1. —

מֵראשׁ י״ד. Deut. 32, 42. Mf.*רא*, 49.

ראשִׁי כ״ד. (1 Jud. 16, 17. Mf.*רא*, 51.?

לְראשִׁי ד׳. Jona 2, 6. Mf. רא, 61.

רָאשֵׁי ד׳. Dan. 4, 7. Mf. רא, 56.

ראשְׁךָ ד׳. (2 Gen. 40, 19.

בְּראשֶׁךָ ג׳. 1 Reg. 2, 37. Mf. רא, 80.

אֶל ראשׁוֹ ב׳. Mf. רא, 79.

וראשׁוֹ ד׳. Gen. 11, 4. 28, 12. Lev. 13, 45. Job 20, 6. Mf. רא, 55.

בְּראשׁוֹ ט״ו. Lev. 5, 24. 1 Reg. 25, 39.? Ez.*17, 19. 33, 4. Koh. 2, 14. Mf. רא, 53. 3)

ראשָׁה ז׳. Gen. 28, 18. Deut.*21, 12. Mf. רא, 54.?

ראשָׁם י״ד. Num. 1, 50. Jes. 51, 11. Mf. רא, 52.

רָאשִׁים (4 Esr. 8, 16.

רָאשֵׁי הָאָבוֹת ב׳ באוריתא ובנביאים וכל כתובים דכותי׳ רָאשֵׁי הָאָבוֹת במ״ו רָאשֵׁי אָבוֹת. (5 Mf. רא, 65.

וְרָאשֵׁי ו׳. Mf. רא, 66.

בְּרָאשֵׁי ד׳ וא׳ וּבְרָאשֵׁי (6 Mf. רא, 76.?

וּבְרָאשֵׁי ב׳. Num. 28, 11.

לְרָאשֵׁי ג׳. Mf. רא, 59.

רָאשֵׁיכֶם ו׳. Lev. 10, 6. Deut. 29, 10. Jes. 29, 10. Ps.*24, 7. Mf. רא, 58.

רָאשֵׁיהֶם י״ג. Ex. 36, 38. Ez.*32, 27. Mf. רא, 60.

ראשׁוֹן כל׳ מלא בלישן במ״ב. Ex. 12, 15. Num. 7, 24.

ראשׁוֹן ח׳. Ex. 12, 2. 2 S.*19, 21. Jes. 44, 6. Mf. רא, 62.?

הָראשׁוֹן אינון ס״ג. (7 Mf. רא, 63.? das מ״ש S. Ex. 12, 15. u.

ראשֹׁנִים ה׳. Lev. 26, 45. Deut. 4, 32. Mf. רא, 72.

הָראשֹׁנִים כ״ו. (8 Mf. רא, 72.?

---

1) Mf. l. c. giebt כ״ה = 25 an, was unrichtig ist. — In der Aufzählung fehlt: כי עונותי עברו ראשי (Ps. 38, 5.) u. es sind demnach כ״ו = 26. — Wenn nun Mp. u. ebenso Mpt. Hamb. zu Gen. 40, 16. bemerken: כ״ד = 24, so ist das entw. כ״ו (= 26) zu lesen — wie Waw u. Daleth manchmal verwechselt werden — od. sie haben ראשׁי ראשׁי (2 Reg. 4, 19.) und ואפרים מעוז ראשי (Ps. 60, 9. u. 108, 9.) für je eins gerechnet. — Jedenfalls ist כ״ה eine irrthümliche Verbesserung, gemacht nach der vorgefundenen Zahl: 25, wo aber eins (Ps. 38, 5.) fehlte, wie bemerkt. — Der Schluss muss lauten: שמאלו תחת ראשי בתראה, קדמאה לראשי, d. h. nur die 2te St. (Cant. 8, 3.) ist hierhin zu zählen; in der ersten aber (Cant. 2, 6.) heisst es, תחת לראשי mit Lamed vor dem Resch. —

2) Es sind 5 = ה׳, wie Mp. zu Koh. 9, 8. richtig bemerkt; es fehlt על ראשך ועל זקנך (Ez. 5, 1.). —

3) Das ט״ו = 15 ist unrichtig; es sind nur 14, wie an den andern Stellen richtig י״ד angegeben ist. Der Irrthum ist dadurch entstanden, dass man Ez. 33, 4. zwei M. zählte, als: ותבא חרב ותקחהו, und: דמו בראשו יהיה. —

4) Esr. 8, 16. ist ב׳ = 2 angegeben u. auf Mf. verwiesen, wo es aber fehlt. Es muss כ׳ = 20 heissen, wie sie auch in der Concord. aufgezählt sind. —

5) Die Aufzählung in Mf. רא, 65. ed. Buxt. ist unrichtig, indem ואלה המשררים (1 Chr. 9, 33.) hierhin gehört, welches auch ed. Bomb. mitzählt. Es sind aber dennoch nur 6 in den Hagiogr., indem das erste (1 Chr. 7, 7.) nicht hierhin gehört, da das ראשי בית אבות (mit dazwischen tretendem בית) steht. Denjenigen aber, welche es dennoch — als Gegensatz zu ראשי האבות — mitzählen, müssen במ״ז = 7 Ausnahmen lesen, wie auch Heid. eine Leseart aus einem Mpt. anführt. —

6) Das וא׳ ובראשי ist auffallend, da es ja nach Num. 28, 11. (s. folg. Art.) 2 M. mit Waw copulat. vorkommt? — Auch aus Mf. ר׳, 10. (או״א, 17.) lässt sich schliessen, dass es 2 M. mit Waw vorkommt, weil es sonst zu jenem Art. (4 M. ohne u. 1 M. mit Waw copulat.) hätte gezählt werden müssen? — S. או״א, 17. Anmerkung. —

7) So Mf. l. c. (in ed. Bomb. klein gedruckt); es fehlt aber die Aufzählung. Im Mpt. Hamb. zu Num. 28, 16. sind sie aufgezählt; da sie aber in der Concord. ganz richtig angeführt sind, 62 M. plene Waw u. 1 M. def. (Ex. 12, 15.) so ist es überflüssig, sie nach obigem Mpt. hierher zu stellen. —

8) Das כ״ו = 26 in der Mf. l. c. ist falsch, indem diese Form 30 M. vorkommt. Mp. zu Num. 6, 12. giebt כ״ט = 29 an, was aber auch nicht genau ist. Man sieht daraus, dass eine Ungewissheit stattgefunden hat. Das Richtige hat Mp. in Mpt. Erf. Sie bemerkt zu Num. 6, 12. כ״י. Nun muss man wissen, dass die Mp. (besonders obiges Mpt.), wenn sie die Zahl 30 angeben will, nicht ל׳ setzt, weil dies auch s. v. a. לית bedeuten könnte, sondern כ״י = 30 (als Addition von 20 + 10), was also auch hier der Fall u. mithin richtig ist. — Aus diesem כ״י hat ein unaufmerksamer Abschreiber כ״ו gemacht u. daraus stammen die versch. Angaben. — Später fand ich, dass ed. Bomb. auch ואינון כ״י hat, was aber

כָּרִאשֹׁנִים ד׳. Ex. 34, 4. Deut.*10, 1. Mf. רא, 71.

רִאשֹׁנָה י׳. Gen. 33, 2. 38, 28. Num. 2, 9. 1 Reg.*18, 25. Jes. 65, 7. Jer. 16, 18. Est.*1, 14. Mf. רא, 68. (S. מ״ש Num. l. c.)

רִאשׁוֹנָה ג׳ מלא, אנ״ך. 1) Lev. 5, 8. 1 Reg. 18, 25.

הָרִאשֹׁנָה ח׳. Jer. 36, 28. Zach. 6, 2. Mf. רא, 67.

בָּרִאשֹׁנָה (כ״ב) י״ד חסר (וח׳ מלא). Gen. 13, 4. Jer.*7, 12. Mf. רא, 64 u. u. 68.

כָּרִאשֹׁנָה ב׳. Mf. רא, 70.

כְּבָרִאשֹׁנָה ה׳ בקריא. Jud. 20, 32. 1 Reg. 13, 6. Jes. 1, 26. Jer.*33, 11. Mf. רא, 69.

הָרִאשֹׁנוֹת ד׳. 2) Gen. 41, 20.

רֵאשִׁית כ״ח. 3) Mf. רא, 74.

וְרֵאשִׁית ו׳ וכו׳. Gen. 49, 3. Deut.*18, 4. Ez. 44, 30. Dan.*11, 41. Mf. רא, 74.

בְּרֵאשִׁית ה׳ ג׳ מנהון ר״פ. Gen. 1, 1. Jer. 26, 1. 28,*1. Mf. רא, 73.

מֵרֵאשִׁית ה׳ חד חסר אל״ף וד׳ מלא וחד וּמֵרֵאשִׁית. Num. 15, 21. Deut. 26, 2. Jes. 46, 10. Mf. רא, 75.? (S. Lev. 11, 43.!)

מְרַאֲשֹׁתָיו ח׳ ה׳ מלאים וג׳ חסרים (יו״ד). Gen. 28, 11. 1 S. 26, 7. Mf. רא, 57. 4)

וָרֹאשׁ ב׳ ומב׳ לישן. Mf. רא, 50. (S. Mf. א׳, 22. או״א, 59.)

רבב

רֻבּוֹ ג׳ קמצין. Mf. רב, 8.

רָב, וְרָב ל״ו קמצין. Gen. 36, 7. Ez. 38, 4.? Ps. 119, 165. ג׳ קמצין בסיפר׳. 2 Chr. 28, 8. Mf. רב, 1.? (S. מ״ש Prov. 14, 4.). 5)

Buxt. nicht verstand u. כ״ן daraus machte. — Sollte sich nicht daraus schliessen lassen, dass Mf. aus der Angabe der Mp. geflossen ist, da sie sonst ל׳ als Zahlenwerth 30 schreibt, weil nach ihrer Einrichtung u. Bemerkungsweise ein Irrthum zwischen Zahlenwerth u. לית nicht statt finden kann, besonders wenn, wie hier ואינון vorhergeht? —

1) Wenn Mp. zu Lev. 5, 8. bemerkt: י״ג מל׳ מנהון, so ist das ein Druckfehler u. soll heissen: י׳ ג׳ מלא מנהון, wie angegeben. S. מבין חדות das.? —

2) Die Angaben der Mp. zu den versch. Stellen sind sehr abweichend von einander; sie geben bald ה׳, bald ו׳, auch ד׳ u. י׳ an, was sehr auffallend ist? Es sind, wie die Concordanz sie verzeichnet 6 mit He am Anfang; 1 M. mit Waw copul. u. 2 M. רִאשֹׁנוֹת u. zwar immer def. Waw nach dem Schin u. plene nach dem Nun. Die Ausgleichung ist schwierig. —

3) In der Angabe Mf. l. c. fehlen die nachzuweisenden Schriftstellen. — Mpt. Hamb. zu Deut. 21, 17. hat sie folgendermassen:

Gen. 10, 10.	ותהי ראשית ממלכתו בבל	Deut. 21, 17.	כי את הבכור את בן השנואה יכיר לתת	Am. 6, 1.	השאננים בציון
Ex. 23, 19.	ראשית בכורי אדמתך תביא בית	Deut. 26, 10.	ועתה הנה הבאתי את ראשית כל פרי האדמה	Mich. 1, 13.	ראשית חטאת היא
Ex. 34, 26.	וחברו	Deut. 33, 21.	וירא ראשית לו כי שם	2 Chr. 31, 5.	הרבו בני ישראל ראשית
Lev. 2, 12.	קרבן ראשית תקריבו	1 S. 15, 21.	ויקח העם מהשלל	Ps. 78, 51.	ויך כל בכור
Lev. 23, 10.	וקצרתם את קצירה והבאתם	Jer. 49, 35.	קשת עילם ראשית (מדי) גבורתם	Ps. 105, 36.	וחברו
Num. 15, 20.	ראשית עריסתיכם חלה תרימו	Ez. 20, 40.	ואת ראשית (עריסתכם) משאותיכם	Job 40, 19.	הוא ראשית דרכי אל
Num. 24, 21.	ראשית גוים עמלק	Ez. 48, 14.	ולא ימכרו ממנו	Prov. 1, 7.	יראת י״י ראשית דעת
Deut. 18, 4.	ראשית דגנך תירשך ויצהרך	Jer. 2, 3.	קדש ישראל לי״י	Prov. 17, 14.	פוטר מים ראשית
				Ps. 111, 10. Prov. 4, 7.	ראשית חכמה
				Prov. 8, 22.	י״י קנני ראשית
				Neh. 10, 38.	ואת ראשית עריסתנו

Mit einigen hier verbesserten Fehlern sind es gerade 28 Stellen; nur dass ראשית חכמה als 2 St. gezählt werden muss, nemlich Ps. 111, 10. u. Prov. 4, 7. —

4) Wenn Gen. 28, 11. es am Schlusse heisst: וחברו, was ebenso Mpt. Hamb. hat, so ist das wohl ein Schreibfehler und muss heissen: וחד מְרַאֲשֹׁתַי (1 S. 26, 12.)? —

5) S. die versch. Angaben. Mf. רב, 1. ed. Bomb. hat ל״ז = 37, wie es auch einige Mpte. haben; dagegen hat Mpt. Hamb. zu Jud. 11, 25.: רָב, וְרָב ל״ו קמצין וכו׳ ג׳ בתרא ורב; ebenso Mass. zu 2 Chr. 28, 8: ל״ג קמצין וג׳ ורב. — Die Mp. hat bald ל״ג = 33 bald ל״ז = 37 u. an manchen Stellen כ״ז = 27. — S. auch Kimchi im Michlol S. 252b ed. Venet. parv. (Form פַּל), wo es heisst: רָב שבעה ועשרים קמוצים ועם החטופים שלשה ושלושים והם ידועים על פי המסרת וכל וְרָב קמוץ. — S. auch Raschi zu Prov. 13, 23. — Heid. führt die Angabe in 2 Chr. 28, 8. folgendermassen an: רָב, וְרָב ל״ז קמצין בקריאה וסי׳ וכו׳, wie es wahrscheinlich ed. Bomb. hat (die ich nicht besitze); denn ed. Buxt. hat

וְרַב חֶסֶד וֶאֱמֶת׃ חסר S.

הָרֹב׃ רוב S.

וָרָב ה׳ קמצין Deut. 9, 14. 26,*5. Mf. רַב, 5.

וְרַבִּים ו׳ בקריא׳ Mal. 2, 6. Est. 8, 17. Dan. 12, 2. Mf. רב, 3.

בָּרַבִּים ב׳ Jes. 53, 11. Dan.*9, 27. 11,*39. Mf. רב, 11.

לָרַבִּים ד׳ בקריא׳ Jes. 53, 11. Dan.*9, 27. Mf. רב, 11.

רַבָּה כלהון כתיב ה׳ בסוף (בלשון ארמית)׃ Dan. 3, 21.

רַבָּה מְאֹד ה׳ Num. 11, 33. Ez.*47, 9. Mf. רב, 10.

וְרַבָּה ד׳ Ex. 23, 29. Jes.*6, 12. Koh. 6, 1. Mf. רב, 4.

כְּרֹב ז׳ וחסר וכו׳ Neh. 13, 22. Ps.*106, 45. 150, 2. Mf. רב, 2. (S. מ״ש Deut. 1, 10.). 1)

לָרוֹב מְאֹד ד׳ דסמיכי׳ 2 Chr. 9, 9. Mf.*מא, 3. רב, 7.

רְבָבָה ד׳ וחד וּרְבָבָה׃ Gen. 24, 60. Lev. 26, 8. (S. או״א, 17.)

רִבּוֹא ד׳ חסרים א׳ 2) Mf. רב, 16.

רְבִיבִים ב׳ כ״כ 3) Mf. רב, 17. (S. מ״ש Jer. 14, 22.)

רבד

מַרְבַדִּים ב׳ Prov. 7, 16.

רבה

בִּרְבוֹת ג׳ ומלא׳ Prov. 29, 2. Koh.*5, 10.

יִרְבֶּה ה׳ וכל כִּי, וְכִי דכו׳ במ״א יַרְבֶּה׃ Gen. 1, 10. Prov.*29, 10. Mf. רב, 6.

יִרֶב ב׳ וחד וַיִּרֶב׃ Gen. 1, 22. (S. או״א, 13.)

וַתֵּרֶב ב׳ Gen. 43, 34.

וְהִרְבָּה ב׳ Job 9, 17.

מַרְבִּים ג׳ וחד וּמַרְבִּים׃ Ex. 36, 5. (S. Mf. ך׳, 8. או״א, 15.)

הַרְבּוֹת ג׳ Mf. רב, 15.

הַרְבּוּ ב׳ Gen. 34, 12.

וְהַרְבֵּה ב׳ Ez. 21, 15.

לְהַרְבֵּה ג׳ Neh. 5, 18. 2 Chr. 16, 8.

מַרְבִּית ג׳ וכו׳ וב׳ וּבְמַרְבִּית׃ 1 S. 2, 33.

רבע

רָבוּעַ ז׳ Mf. רב, 18.

---

das. רב ל״ג קמצין וג׳ ורב חטף קמץ בקריאה וסי׳ וכו׳, also 36. — Die Verschiedenheit der Anzahl bezieht sich auf Dan. 11, 13. והעמיד המון רב מן הראשון, das in ed. Bomb. mitgezählt, aber in ed. Buxt. ausgelassen wird. — Nun ist's aber auch richtig, dass diese Stelle רַב (mit Pathach) hat und wahrscheinlich zu ויתמרמר מלך, wo gleichfalls והעמיד המון רָב steht und das auch mitgezählt worden, zu ziehen ist, so dass es wirklich nur 36 M. vorkommt, indem ed. Bomb. irrthümlich durch falsche Abtheilung 2 Stellen daraus geworden sind. — Heid. will aber statt dessen in Dan. 11, 3. nach 2 Handschr. ממשל רָב lesen, das auch Sakef hat und mit Recht Kamez haben müsste, so dass es demnach wirklich ל״ז = 37 sind. — Was nun die Einzelangaben und ihre Verschiedenheit betrifft, so stimmen sie genau überein, je nach ihrem verschiedenen Gesichtspunkte, und zwar: 1) כ״ז = 27, die רָב haben mit langem Kam. 2) ל״ג = 33, die רָב und וָרָב (mit Kam. Chat.) mitzählen, da 3 M. רָב und 3 M. וָרָב = 6 vorkommen (S. Mp. z. d. Stellen und Kimchi im WB. s. rad.) — 3) ל״ז = 37, wenn die v. rad. ריב, in der Bedeutung von „streiten", „zanken" mitgezählt werden, deren es vier giebt (Jud. 11, 25. 1 S. 25, 39. Jes. 42, 9. und Jer. 51, 36. s. Mp. das.) Da, wo ל״ג angegeben ist, müsste hinzugefügt werden: וכל רָב לשון ריב דכו׳ קמצין. — Jedenfalls muss auch an den Stellen, wo ל״ז oder ל״ז angegeben wird, hinzugefügt werden (nach Mp. Num. 21, 7.) וכל א״סף דכו׳ קמצין, indem die mit Silluk oder Athnach gelesenen immer, ausser den 36 oder 37, Kamez haben. — Wenn nun aber die Mass. (angef. v. Kimchi, Michlol l. c.) sagt: וְרַב ז׳ פתחין וסי׳ so ist das sehr schwierig, wie Heid. bemerkt — 1) weil das dort angeführte עם גדול ורב, ja 2 Mal vorkommt (Deut. 2, 10. und 2, 21.) und 2) ausserdem וְרַב מעשקות (Prov. 28, 16.) und וְרַב נוצה (Ez. 17, 7.) vorkommt und es demnach 10 mit Pathach gäbe? Die Mass. kann das Resch nicht mit Kam. gelesen haben, da sie oben nur 37 mit Kam. angiebt; auch kann sie nicht וָרָב (beide mit Kam.) gelesen haben, da deren nur 5 sind (s. diesen Art.). — Auch der Schluss ist nicht ganz richtig und muss lauten: וכל ורב חסד ורב כח דכו׳. —

1) Ps. 106, 45. muss es am Schlusse heissen: וחד וּכְרֹב וחסר. —

2) Mf. l. c. muss die 2te Stelle lauten: ויתנו לעבודת (1 Chr. 29, 7.). —

3) Die Angabe bezieht sich auf das Jod nach dem ersten Beth (רְבִבִים ב׳ כ״כ), wie es ed. Bomb. richtig hat. In ed. Buxt. ist unrichtig רביבים (mit Jod nach dem ersten Beth) gedruckt! —

רְבִיעִי כל׳ מלא במ״ג. Num. 7, 24.

הָֽרְבִעִי ג׳ חסר בקריא. 1 Chr. 24, 8. Mf. רב, 19.
(S. Num. 7, 24.!)

וּבַיּוֹם הָֽרְבִיעִי ג׳ ר״פ. Esr. 8, 33. Mf. ין, 40.

רְבִיעִית ג׳ מלא דמלא וכל שאר אוריתא ומלכים ויחזקאל רביעת כתיב במ״א רבעית וכל שאר נביאים וכתובים רבעית כתיב. Mf. רב, 20. Ez. 48, 20.
(S. מ״ש Num. 15, 4. 28, 5. Zach. 6, 3.) 1)

לְאַרְבַּעְתָּן ד׳. Ez. 1, 16. Mf. רב, 22. (S. מ״ש Ez. l. c.)

וְאַרְבַּע ב׳ ר״פ. Dan. 7, 3. (S. ד׳ זוגין .אר״א, 172.

כְּאַרְבַּע ד׳ בקריא. 1 S. 22, 2. 25, 13. 1 Reg. 22, 6.
Mf. רב, 21. (S. מ״ש Zach. 2, 10.)

אַרְבָּעִים ב׳ ר״פ. Deut. 25, 3. Ps.*95, 10. (S. ו׳ זוגין
אר״א 171.)

הָאַרְבָּעִים ג׳. Gen. 18, 29. Num.*33, 38. Mf. רב, 23.

רבץ

רֹבֵץ ג׳ וחסרים. Mf. רב, 24.

רֹבֶצֶת ג׳ וחסרים ובתורה. Gen. 49, 25.

רבק

מַרְבֵּק ד׳ בקריא. 1 S. 28, 24. Mal.*4, 2. Mf. מר, 1. רב, 25.

רגב

וּרְגָבִים לית. Job 38, 38.

רגז

הִתְרַגֶּזְךָ ד׳. 2 Reg. 19, 27. Mf. רג, 2.

רָגְזוּ ג׳ וחסר. Job 3, 17. 14, 1. Mf. רג, 1.

רגל

רַגְלִי ו׳ וב׳ לְרַגְלִי (וכל מנין דכו׳). Ps. 26, 12. 38, 17.
Job* 31, 5. Mf. רג, 4. 2)

לְרַגְלִי ב׳. Ps. 119, 105. Job 31, 5. Mf. רג, 4.
(S. vorigen Art.)

רַגְלְךָ ה׳ חסר בלישן בקריא וכל כתובים דכו׳ חסרים במ״א מלא. Jos. 5, 15. Jes.*20, 2.? Mf. רג, 6. 3)

רַגְלָהּ ג׳ (בלישן). Mf. רג, 3.

רַגְלֵנוּ ג׳ חד חסר. Ps. 66, 9. Mf. רג, 7.
(וצ״ל ג׳ ב׳ מלא וחד חסר).

לְרַגְלֶיךָ ב׳ (א׳ חסר וא׳ מלא). Ps. 110, 1. Mf. רג, 8.?
(S. רַגְלְךָ).

לְרַגְלָיו ד׳. Ex. 4, 25. Lev. 11, 21. Job 18, 11. Mf. רג, 5.

רגם

רגימה אֶבֶן ה׳ בקריא (ושארא רגימה באבנים או רגימה לחוד). Lev. 24, 23. 2 Chr. 24, 21. Mf. אב, 26.

רגע

אַרְגִּיעָה ד׳ ב׳ מלא וא׳ חסר יו״ד וא׳ חסר ה״א. Jer. 49, 19.
Prov. 12, 19. Mf. רג, 11.? (S. d. Anmerkg. B. Chaj.
Prov. l. c.) 4)

רָגַע ג׳ מלעיל וחד מלרע. 5) Mf. רג, 9.

1) Heid. bemerkt: nach dieser Angabe würde im Pent. u. in den BB. Reg. und Ez. — mit Ausnahme von 2 Mal רְבִיעִית (Num. 15, 5. Ez. 48, 20.) und 1 Mal רְבִעִית (Num. 15, 4.) — immer רְבִיעִת, d. h. plene Jod nach dem Beth und def. Jod nach dem Ain zu lesen sein; in den andern BB. der Proph. u. in den Hagiogr. immer רְבִעִית, ausser einem M. הָֽרְבִיעִית (Jer. 46, 2.), das doppelt plene ist. Das wäre aber insofern unrichtig, als 1 Reg. 6, 1. nochmals הרביעית doppelt plene steht, wie auch Mp. das. bemerkt: ב׳ מלא? Darum will er nach einem Mpt. lesen: ד׳ מלא דמלא, so dass es 2 M. רביעית und 2 M. הרביעית doppelt plene giebt, womit die verschiedenen Angaben der Mp. übereinstimmen. Nur bleibt noch schwierig in obiger Mass. zu Ez., nach welcher in Reg. es immer רביעת heisst, die Stelle 1 Reg. 6, 33., welche nach allen Ausgg. רבעית (def. Jod nach dem Beth und plene nach dem Ain) gelesen wird. —

2) Die Angabe Mf. l. c. fehlt in ed. Bomb. — Mpt. Hamb. setzt hinzu: וכל לשון מנין דכו׳ כמו אלף אִישׁ רגלי. — S. auch Mp. z. d. Stellen! —

3) Hier muss nach רמ״ה hinzugefügt werden: וכל משנה תורה וכתובים דכו׳ חסרים במ״א מלא, so dass in den vier ersten Büchern des Pentat. es immer plene Jod (nach dem Lamed) steht. — Wenn Mp. Jes. 58, 13. ד׳ חסר angegeben wird, so bezieht sich das nur auf רַגְלְךָ, ohne Lamed praef., mit לְרַגְלְךָ aber sind es 5 def. Jod, wie bemerkt. S. unten לרגליך! —

4) S. die Anmerkg. des B. Chajim zu Prov. 12, 19. — Das Richtige ist, dass die 1 pers. fut. sing. von dieser Wurzel im Hiph. nur 4 M. vorkommt und zwar: 1 M. ohne He parag. (Jes. 51. 4.); 2 M. plene Jod nach dem Gimel u. plene He am Ende, und 1 M. def. Jod u. plene He. — Diejenigen, die ג׳ = 3 angeben, berücksichtigen nur die paragogische Form (ארגיעה u. ארגעה), welche ein M. def. Jod vorkommt (Jer. 50, 44.), wie bemerkt. —

5) Diese Angabe und Aufzählung ist unrichtig und muss so lauten: רגע ג׳ מלעיל וסי׳ ישובו יבשו רגע (Ps. 6, 11.) ההפוכה כמו רגע (Thr. 4, 6.), ושמחת חנף עדי רגע (Job 20, 5.), וחד מלרע עורי רגע וימאס (Job 7, 5.). Warum ist nicht angeführt: בכחו רגע הים (Job 26, 12.)? —

כִּרְגַע ג׳. 10. Mf. רג,

לִרְגָעִים ד׳. Jes. 27, 3. Ez. 32,*10. Job*7, 18.

רדה

וּרְדוּ ב׳ בב׳ לישן. Gen. 1, 28. (S. Mf. א׳, 22. או״א, 59.).

וְיֵרְדְּ ב׳. Ps. 72, 8.

וַיִּרְדּוּ ב׳ וא׳ רפי וְיִרְדּוּ. Ps. 49, 15.

רדם

נִרְדָּם ה׳. 1) Mf. רד, 1.

רדף

וְרָדַף ג׳ וחסר. Lev. 26, 27. Jos.*1, 23. Hos.*12, 1. Mf. רד, 2.

אֶרְדֹּף ג׳ ב׳ חסר וא׳ מלא. Ex. 15, 9. 1 S.*30, 8. Mf. רד, 3.

(מִרְדֹּף 1 S. 23, 28. S. מ״ש)

(נִרְדֹּף ב׳ חד קמץ וחד פתח וכו׳. Job 35, 6. S. מ״ש)

רהב

רהב י״ב בחד לישן דכתיב ה׳. (S. Jes. 30, 7.) Ps. 87, 4. 89,*11. Job*9, 13.! Mf. רה, 1. או״א, 205. (S. מ״ש Jes. 60, 5.). 2)

רהט

בָּרְהָטִים ג׳. Mf. רה, 2.

רוב

רִיבוֹת לית ומלא וכל לישנא מלא במ״ו חסרים. Job 33, 13 (S. unten רב).

הָרֹב ג׳ ב׳ חסר וא׳ מלא. Jud. 11, 25. Job*1, 1. 39,*32. Mf. רב, 9.

לָרִיב ה׳ בקריאה וחד וְלָרִיב ב׳ מנהון חסר (חד לרוב כתיב). Am. 7, 4. Prov. 25, 8. Job 9, 3.

וַיָּרֶב ד׳. Mf. רב, 12.

תְּרִיבוּן ג׳ ומלא, אנ״ך. Ex. 17, 2. Jud.*6, 31. Job 13, 8.

רִב ו׳ חסר בלישן. Ex. 23, 2. Am. 7, 4.? Ps. 119,*154. Prov. 25, 8. Job 29, 16. 31, 13. 33, 13.! (S. לָרִיב und מ״ש Ex. u. Prov. l. c.) 3)

וְרִיב ד׳ בקריא ג׳ מלא וא׳ חסר. Jes. 1, 23. Ps. 55, 10. Mf. רב, 13.

בְּרִיבוֹ ד׳ (ומלא). Ex. 23, 3. Mf. רב, 14.

יְרִיבַי ב׳ חד פתח וחד קמץ. Ps. 35, 1.

רוח

רוּחַ, וְרוּחַ אֱלֹהִים. S. אלה

וְאֵת רוּחַ ד׳. Hag. 1, 14. Mf. רו, 7.

וְרוּחַ הַקָּדִים ב׳. Ex. 10, 13.

וְרוּחַ י״י. S. הויה

בְּרוּחַ קָדִים ב׳ דסמי׳. Ex. 14, 21. Ps.*48, 8. (S. מ״ש Jer. 18, 17. Ez. 16, 36. Hos. 7, 12. 4)

בָּרוּחַ ג׳ קמצין. 1 Reg. 19, 11. Koh.*8, 8. Mf. רו, 4.

לָרוּחַ ג׳ קמצין. Ez. 5, 2. Job*28, 25. Koh. 5, 15.

רוּחָא ב׳ בב׳ לישן חד מלעיל וכתיב ה׳ וחד מלרע וכתיב א׳. Jer. 52, 23. Dan. 2, 35. (S. או״א, 51. 59. u. 95 Anmerkg.)

וְרוּחוֹ ג׳. Mf. רו, 3.

רוּחָם ג׳. Jud. 8, 3. Mf. רו, 8.

הָרוּחֹת ב׳ כ״כ חסר וי״ו בתרא. Num. 16, 22. Mf. רו,* 6. (S. מ״ש Zach. 6, 5.)

רום

רָמָה ג׳ בטעמא מלעיל. Deut. 32, 27. Jes.*26, 11. Mf. רמ, 1. (S. מ״ש Jes. l. c.)

בְּיָד רָמָה. S. ידה

רָאמוֹת, רָמוֹת ג׳ כ״כ (רָאמֹת Ez. 27, 16.) Deut. 4, 43. Prov.*6, 17. 24, 7. Job 28, 18! 2 Chr. 22, 5! Mf. רא, 41. 42. u. 43. 5)

---

1) Dies ה׳ = 5 bezieht sich wohl auf die Form im Allgemeinen ohne Rücksicht auf das Daleth, ob es Pathach oder Kam. hat; denn nach Kimchi hat es Jud. 4, 21. ein Pathach als praetert. und müsste demnach hier ד׳ = 4 angegeben werden. —

2) S. מ״ש Jes. 60, 5. — Auch Mpt. Hamb. lässt das ונ״ל פחד ורחב aus, was richtig ist; denn es ist, wie auch מ״ש bemerkt, nur Zusatz des B. Chajim, des ersten Herausgebers. —

3) Die zu den Stellen angegebenen Bemerkungen scheinen sich zu widersprechen; sind auch gegen die Ausgg.? — Heid. will nach einem Mpt. ה׳ חסר lesen, so dass Jes. 3, 13. ausfällt, das in den Ausgg. plene Jod ist. —

4) S. מ״ש l. c. Für das das Ausgeführte spricht ausdrücklich eine v. Heid. angeführte Massora, welche so lautet: בָּרוּחַ ג׳ וסי׳ וכו׳ ושתים בְּרוּח וסי׳ וחד בְּרוּח קדים אפיצם (Jer. 18, 17.). —

5) ראמות, ראמת, רמות, רמת. Ueber die verschiedene Schreibart dieser Form, s. die angegebenen Stellen, die manches Widersprechende und Unrichtige enthalten. — Das Richtige führt Heid. aus einem Mpte. an, das so lautet:

לָרוּם ב׳. Ez. 10, 16.

רוֹמֵה (צ״ל רוֹמֵם) ד׳ חסרים בלישן וב׳ מל׳ דמלא וכו׳.
Mf. רם, 1.

וְרוֹמַמְתִּי ב׳ ומב׳ לישן. או״א, 59. רם, 5. Mf.

אֲרוֹמִמְךָ ג׳ בקריא. Ps. 145, 1. Mf. רם, 12.!

תְּרֹמֵם ב׳ וא׳ וּתְרוֹמֵם. או״א, 13. ו, 6. Job 17, 4. (S. Mf.
auch Mf. רם, 11.)

וּתְרוֹמְמֶךָּ לית. Prov. 4, 8.

הֲרִימוֹתָ ג׳ וכו׳ בתרא חסר ה״א.
Ps. 89, 43.
Mf. רם, 4. 1)

הֲרִימוֹתִי ג׳ בקריא ומשניין באתיהון וכו׳.
Ps. 89, 20.
Mf. רם, 3. (S. Gen. 39, 15.?)

מֵרִים ג׳ וחד וּמֵרִים. Ex. 35, 24. Prov.*3, 35. Mf. רם, 7.
(S. Mf. ו׳, 8. או״א, 15.)

הָרֵם ג׳ ב׳ מלרע וא׳ מלעיל.
Ex. 14, 16. Mf. רם, 6.
(S. Mf. חילופי קריאה, 1. או״א, 272.)

וַיָּרֶם ב׳. Num. 17, 2. (S. Mf. א׳, 22. או״א, 59.

וַיָּרֶם ה׳. Ex. 7, 20. Num.*20, 11. 1 S. 9, 24.? 2 Reg.*2, 13.
Ps. 148. 14. 2 Chr.*35. 6. Mf. רם, 9.

הוּרָם ב׳ א׳ קמץ וא׳ פתח. Ex. 29, 27.

בַּמְּרוֹמִים ג׳ ומלא בלישן.
Ps. 148, 1. Job 16, 19.?
Mf. רם, 13.? (S. מ״ש Prov. 8, 2. Job 16, 19.) 2)

מְרוֹמֵי ג׳ ב׳ חסר וחד מלא.
Prov. 9, 3. Mf. רם, 2.
(S. Mf. 5, 18.)

אֶת תְּרוּמַת י״י ב׳ בנתינה (פי׳ עם אֶת).
Ex. 30, 15.
Mf. רם, 10.

תְּרוּמֹת ג׳ ב׳ מלא וא׳ חסר וחד לאצרות לתרומת.
Num. 18, 19. 2 S.*1, 21. Prov.*29, 4. Mf. רם, 8. 3)

רוע

הֵרַע ד׳ וא׳ וְהֵרַע. Ex. 5, 23. 2 Reg. 21, 11. Ruth 1, 21.
Mf. רע, 15. (S. או״א, 17.)

הֲרֵעֹתָ ג׳ ומשניין באתיהון.
Mf. רע, 14. (S. מ״ש
Ex. 5, 22. Mp. z. d. St.)

הָרֵעַ ה׳ ג׳ בישין וב׳ טבין וחד וְהָרֵעַ.
1 S. 12, 25.
Prov.*17, 17. Mf. רע, 6.

לְהָרַע ו׳. Gen. 31, 7. Lev. 5, 4. Jer. 25, 29. Zach. 8, 14.
Mf. רע, 5. u. 13.?

תָּרֵעוּ ה׳. Gen. 19, 7. 1 S. 12, 25. Mf. רע, 4.

רַע, רָע י״א פתחין.
Gen. 24, 50. 41, 21. Lev. 27, 10.
Mf.*רע, 1. (S. מ״ש Prov. 20, 14. 4)

ראמות ד׳ כ״כ מלא א״לף ומ״ו וסי׳ ראמות וגביש לא יזכר, ראמות לאויל חכמות, וישׂשכר וגד דד״ה, וג׳ כתיבין ראמת מלא אלף וחסר וי״ו וסי׳ את בצר במדבר בארץ המישור (Deut. 4, 43.), וחברו דיהושע (Jos. 20, 8.), ארם סחרתך (Ez. 27, 16.) וששה כתיבין רָמוֹת ושארא רמת כתיבין. — Wenn demnach Prov. u. bes. Job l. c. ג׳ מלא בא׳ ו׳ angegeben ist, so beruhet das auf einem Fehler in der Zählung, indem וישׂשכר וגד דד״ה als eine Stelle angesehen wurde, es aber wirklich zwei Stellen bezeichnen soll, nemlich 1 Chr. 6, 58. (ישׂשכר) und ibid. 65 (וממטה גד), so dass 4 M. ראמות vorkommt, wie obiges Mpt. angiebt. — Ebenso muss Ez. 27, 16. verbessert werden רָאמֹת ג׳ כ״כ und nicht, wie Buxt. es hat ראמות (plene Waw nach dem Mem). Es folgt hieraus, dass ראמות 4 M., ראמת 3 M., רמות 6 M. vorkommt; sonst aber wird diese Form רָמֹת (doppelt def.) geschrieben. — Ueber das Vorkommen von רָמוֹת 6 oder 7 M., s. Anmerkung des B. Chajim zu Prov. 6, 17. —

1) Die Angabe Ps. l. c. steht in Widerspruch mit Mp. zu Jes. l. c.? —

2) Wenn Ps. l. c. ג׳ = 3 angiebt, so ist das jedenfalls fehlerhaft; denn entweder es bezieht sich nur auf בַּמְּרוֹמִים, dann ist aber מרומים ישכון falsch und muss dafür ושהדי במרומים (Job 16, 19.) stehen, wie auch das בלישנא gestrichen werden muss; es müsste lauten: במרומים ג׳ ומלא; — oder für ג׳ muss ד׳ = 4 gelesen werden, wie auch Mf. רם, 13 hat; dann fehlt aber ושהדי? S. מ״ש l. c. — Ueber ממרומים Job 31, 2., s. מ״ש das. gegen die Ausgg., welche es plene haben? —

3) Die Angabe zu Num. l. c. (ג׳ ב׳ מל׳ וחד חסר) ist die richtige; dagegen ist das ב׳ חס׳ וא׳ מל׳ in 2 S. und Prov. l. c. unrichtig. Heid. beweist es aus Mpten. u. Mp. zu Ez. 44, 30. u. Neh. 12, 44. Es giebt nemlich nach der M. 4. doppelt plene = ד׳ בלישנא, nemlich 2 M. תְּרוּמוֹת, 1 M. לַתְּרוּמוֹת (Neh. 12, 44.) und 1 M. תְּרוּמוֹתֵיכֶם Ez. l. c. — Folglich muss es heissen: תְּרוּמֹת ג׳ ב׳ מלא וא׳ חסר. —

4) Die ausführliche Angabe über diese Form ist Mf. רע, 1., welche aber wieder an Unbestimmtheit und Fehlerhaftigkeit leidet: 1) zählt sie הרע mit, es müsste aber alsdann י״א בלישנא lauten? — 2) zählt sie אויבי יאמרו רע לי (Ps. 41, 6.); das gehört aber nicht hierher, da es zu den Ausnahmen וכל דסמוך לאמירה וכו׳ — s. weiter unten — gehört? — Die Angaben der Mp. z. d. Stellen variiren daher; so z. B. Gen. 41, 21., die also הָרַע auslässt u. 9 רַע zählt;

עשיה אֶת הָרָע׃ S. עשה

הָרָע ב׳ קמץ בסיפרא דסמיך לעשייה׃ Koh. 4, 3. Mf.*רע, 1. 1)

בְּרָע ג׳ וקמץ׃ (פי׳ בלא אס״ף)׃ Ex. 32, 22. Mf. רע, 3. (S. מ״ש Jes. 33, 15. Hab. 1, 13.) 2)

בָּרָע ג׳ קמץ׃ Gen. 44, 34. Mf. רע, 1.?

לָרַע ז׳ ג׳ קמצין וד׳ פתחין׃ Lev. 27, 33, Jes. 5, 20.? Prov. 1, 16. 21, 12. Mf. רע, 1. 2. 3)

וְסָר מֵרָע׃ S. סור

כל לְמֵרָע פתחין במ״ב׃ מ״ש Lev. 27, 33. Mf.*רע, 1. S. 2 S. 13, 22. 4)

וְרָעִים ג׳׃ Jer. 6, 29. Mf. רע, 10.

וְרָעָה ט׳ ו׳ בישין וג׳ טבין׃ Deut. 15, 9. Ps.*28, 3. Mf. רע, 11. (S. מ״ש Micha 5, 3!) 5)

הָרָעָה הַגְּדֹלָה הַזֹּאת ו׳׃ Gen. 39, 9. Jer. 16, 10. 32,*42. Mf. רע, 12.

רָעַת ד׳ חסר בלישן׃ Ex. 23, 2. Jer.*44, 9. Ps.*88, 4. Mf. רע, 7. 6)

וְרָעוֹת ג׳׃ Gen. 41, 19. Mf. רע, 8.

וְהָרָעוֹת ג׳ ב׳ מלאים וא׳ חסר׃ Gen. 41, 20. (S. מ״ש ibid. 27.)

רוץ

אָרוּץ ד׳ בקריא (חד מנהון חסר)׃ 2 S. 18, 23. Ps. 119, 32. Mf. רץ, 1.

תָּרוּץ לית׃ Job 41, 13. Prov. 4, 12. (S. א״ב, 4.) (או״א, 7.)

רוש

רָאשׁ ג׳ כ״כ בקריא (בלישנא)׃ 2 S. 12, 1. Prov. 10, 4. Mf. רש, 1.

רזה

רָזָא, רָזָה ח׳ ג׳ כתיב הַ׳ ושארא א׳ (בסוף והם ארמית)׃ Dan. 2, 30. 2, 47. Mf. רז, 1.

---

ebenso Num. 11, 1. ו׳ פתחין (=10), diese zählt wahrscheinlich הָרָע mit, lässt aber Ps. 41, 6. aus, wie in Nr. 2 bemerkt, weil es mit אמר zusammenhängt. — Heid. will (in einer Beilage z. Concord. s. rad.) mit einem Mpt. lesen רַע ח׳, so dass es nur 8 mit Pathach sind und weder הָרָע noch Ps. 41, 6. mitgerechnet werden. — Im zweiten Theil dieser Angabe ist schwierig: 1) das וכל דסמיך וכו׳ ולשון וכו׳, da nur נצר לְשׁוֹנְךָ מֵרָע vorkommt und dieses Kam. hat wegen des Athnach; — 2) heisst es במ״ט קמצין und doch werden 10 Stellen aufgezählt? (s. Bemerkung des B. Chajim ibid. zur 10ten Stelle (Neh. 9, 28.); — 3) kommen ja noch viele mit עשה verbunden und Kam. vor, z. B. Gen. 31, 29. Ps. 34, 17. Prov. 2, 14. etc.? — Es kann aber nicht gemeint sein, dass neun Kam. haben, ohne Silluk und Athnach, da die angeführten Stellen Num. 11, 10. und Koh. 8, 11., ja Silluk haben? — Heid. will daher statt dieser beiden Stellen lesen: רע רע יאמר הקונה Prov. 20, 14. (die nach alter Handschr. Kamez haben) u. Neh. 9, 28. (das nach Mpt. v. 1294 Kam. hat), so dass es 9 mit Kam. sind, ohne Athnach u. Silluk; er fügt daher zum Schluss hinzu: וכל א״סף דכו׳ קמויץ׃ S. unten zu הָרָע! — 4) bei folgendem Satz: וכל לָרַע וכו׳, ist schwierig: a. das וכל, da es doch nur 3 sind, die Kam. haben, (s. den Art. לָרַע unten)? b. wird Jes. 5, 20. mitgezählt, das ja aber mit אמר verbunden ist und nach obiger Bemerkung regelmässig Pathach hat? — 5) wenn es weiter heisst: וכל לְמֵרָע פתחין במ״ב קמצין, da diese Form überhaupt nur 2 M. vorkommt (2 S. 13, 22. Dan. 11, 27. — S. Lev. 27, 33. u. מ״ש zu 2 S. 13, 22.). Ebenso — 6) das folgende וכל לרע קמצין, da ja oben gesagt ist, במ״ד פתחין? Heid. will dafür lesen וכל מֵרָע u. s. w., das nach Mpten. immer Kam. hat. — Die Corruptheit dieser Angabe ist also ersichtlich und bedarf der Verbesserung etwa durch Vergleichung mit Handschriften. —

1) D. h. רָע u. הָרָע wie angegeben. Hier ist aber nur von denen ohne Silluk und Athnach die Rede. Uebrigens hat Koh. 8, 12. in den Ausgg. ein Pathach? S. oben unter רע u. vorige Anmerkung. —

2) D. h. 3 Mal mit Kam. des Resch ohne Athnach u. Silluk; mit diesen hat es öfter Kam., s. oben רע, 1. und Anmerkung. —

3) Wenn Jos. 5, 20. es heisst ד׳ קמצין, so muss entweder das ד׳ = 4 in ג׳ = 3 verändert werden, oder es soll heissen: ד׳ קמצין ופתחין d. h. diese Form, das Lamed mit Kam. u. das Resch mit Pathach kommt 4 M. vor, wie auch Mp. Prov. 1, 17. zu לָרַע bemerkt דַ׳. —

4) Der Ausdruck כל ist auffallend, da diese Form überhaupt nur 2 M. vorkommt? Die Mp. bemerkt richtig zu 2 S. 13, 22. ב׳ = 2 (überhaupt), während sie zu Dan. 11, 27. angiebt בָ׳, was, wie bemerkt, unrichtig ist. —

5) D. h. diese Form kommt 9 M. vor und zwar 6 M. von רוע = „bös", „schlecht" u. 3 M. von רעה = „weiden", „geniessen", also (im Gegensatz zu den vorigen) im guten Sinne. —

6) Der Schluss der Angabe zu Jer. 44, 9.: ב׳ בתראין דפסוק בתרא חסר ist schwierig, da doch alle 4 ausnahmsweise def. Waw sind, wie Ps. l. c. etc. angegeben; s. auch Mp. —

רזם

יְרַזְּמוּן לית. Job 15, 12. Mf. 'ג, 2. אר"א, 75. (S. Mf. 'ר, 29. אר"א, 67.)

רחב

רְחוֹב ג' מלאים בקרתא וכל שום גברא דכו' מלא במ"ב חסר ותרויהון בשמואל. Jud. 18, 28.

בִּרְחוֹב ד' ומלא בקריא. Gen. 19. 2. Jud.*19, 20. Jes.*59, 14. Job*29, 7. Mf. רח, 6. (S. מ"ש Jud. 19, 15.?)

רחם

אֲרַחֵם ג'. 1) Mf. רח, 10.

יְרֻחָם ב' וחסר חד פתח וחד קמץ. Prov. 28, 13. (S. Mf. 'א, 19. אר"א, 38. Anmerkg.)

רַחוּם וְחַנּוּן ג'. (ושארא חַנּוּן וְרַחוּם) Ex. 34, 6.

חַנּוּן וְרַחוּם ח'. Joel 2, 13. Ps.*111, 4. Mf. חנ, 7.

רָחַם ה' ג' קמצין וב' פתחין וחד וְרָחַם. Jes. 46, 3. Mf. רח, 8. 2)

רַחְמָה ד' וא' וְרַחְמָה. Mf. רח, 9. (S. מ"ש Jer. 20, 17.)

רחץ

רחיצת מים דקדים לִבְשָׂרוֹ ב'. Lev. 15, 16.

רחיצת בְּשָׂרוֹ בלא אֶת ד'. Lev. 15, 13. 22, 6. Num. 19, 8. Mf. רח, 12. (S. מ"ש Lev. 15, 13.)

לְרָחְצָה ה'. 3) Ex. 30, 18. 40, 30. Mf. רח, 13.

וְרַחֲצוּ ג' ב' פתח וחד קמץ. Gen. 18, 4. Jes.*1, 16. (S. Mf. 'ו, 7. אר"א, 14.) 4)

יִרְחַץ ה' ד' פתחין וחד קמץ. Lev. 1, 9. 17, 16. Deut.*23, 11. Mf. רח, 11.

רחק

יְרַחֲקוּ לית. Ez. 43, 9.

מֵרָחֹק ד' חסר בקריא וכל אוריתא דכו' חסר. 1 S. 26, 13.? Jes. 57, 9. Prov. 31, 10. Mf. רח, 15. 5)

לְמֵרָחוֹק ח' בקריא. 2 Reg. 19, 25. Job 36, 2. 39, 29. Mf. רח, 16.

רְחוֹקִים ו' מלא. Jos. 9, 22. Ps. 56, 1. Mf. רח, 14.

קְרוֹבִים וּרְחוֹקִים. ק' פסוקים S.

ריח

וְלֹא אָרִיחַ ב' דסמיכי. Lev. 26, 31.

וַיָּרַח ב' (וחד יָרַח). Gen. 27, 27. (S. Mf. 'ו, 7. אר"א, 14.)

רֵיחַ נִיחוֹחַ ח' יחידאין בתורה וכל אִשֵּׁה רֵיחַ דכו'. Lev. 6, 8. 23, 13.? Num. 15, 7. Mf. רח, 3.? 6)

---

1) Diese Angabe ist besonders in Rücksicht auf die angeführten Schriftstellen unverständlich, da diese Form ja 5 M. vorkommt, s. Concord.? Wenn wir aber nach בן בלעם (S. Heid. zu עה"ק Ex. 33, 19. und Mf. פת) in Ex. 33, 19. אֲרַחֵם (das Cheth mit Segol, מן פתחין דסיפרא) lesen und ebenso nach Mp. Hos. 2, 6., so bleiben allerdings nur 3 mit Zere des Cheth, aber nicht die von der Massora angegebenen, sondern Jer. 13, 14. 30, 18. und Hos. 1, 7.; es muss also in unsern Ausgg. der Mf. statt Ex. 33, 19. gelesen werden: Jer. 30, 18. u. Hos. 1, 7. statt 2, 6. —

2) Jes. l. c. sind nur vier aufgezählt; es fehlt aber 1 Chr. 2, 44., wo רָחַם als Nom. propr. vorkommt (Heid.). —

3) So in allen angef. Angaben. Das 'ה = 5 ist aber unrichtig und muss 'ד = 4 gelesen werden. (S. d. Mp. dazu! Ebenso hat Mpt. Hamb. 'ד). Der Fehler ist durch eine falsche Abtheilung entstanden, indem das והיה לכהנים לרחצה (sic והיה לרחצה לכהנים) zur vorhergehenden Stelle (2 Chr. 4, 6.) gehört, so dass es nur 4 Stellen sind. — בו דר"ה

4) Diese Angabe scheint im Widerspruch mit Mf. 'ו, 7. und אר"א, 14., wo diese Form zu denen gezählt wird, die 2 Mal mit Waw (copulat.) u. 1 Mal ohne Waw vorkommen, folglich muss das dritte (Jes. 1, 16.) auch Resch mit Pathach gelesen werden, gegen obige Angabe? — S. M. marg. zu Jes. l. c., wo es heisst: ג' וא' רַחֲצוּ; es scheint demnach, dass es allerdings 3 M. mit Pathach des Resch u. Cheth (letzteres mit Chataf, Pathach) vorkommt, also auch Jes. 1, 16.; die M. bemerkt aber hinzufügend: ein M. kommt es mit Kam. beider vor (רָחָצוּ), nemlich 1 Reg. 22, 38. — Obige Angabe muss also so emendirt werden: ג' פתח וחד קמץ. —

5) Die Angaben in den angeführten Stellen variiren und haben bald 'ד = 4 und bald 'ה = 5. Es handelt sich um Jes. 57, 9., wo diejenigen, welche 'ה angeben def. (Waw nach dem Cheth) lesen. S. Anmerkung des B. Chajim. — Wenn Mp. Gen. 22, 4. bemerkt: ז' חסר, so soll das heissen באוריתא, da diese Form im Pent. 7 M. vorkommt und alle def. Waw sind, wie unsere Angabe hinzufügt: (וכל אוריתא דכו' חסר). — S. Mp. zu וְרָחֹק (Prov. 31, 10.), wo es heisst: ד' חסר בלישן, was scheinbar obiger Angabe widerspricht? — Heid. führt aber ein Mpt. an, das ד' חסר בלישן בכתובים liest auch Mpt. Erf. hat (ד' חסר בכתובים), was richtig ist und die vier Stellen sind: וְרָחֹק (l. c.) בְּרָחֹק (Ps. 10, 1.), s. Mp. das. u. Mpt. Erf., welches es def. hat — מֵרָחֹק (Ps. 38, 12.) u. לְמֵרָחֹק (Job 39, 29.), das gleichfalls nach einem alten Mpt. def. Waw ist. — Nach den Ausgaben, die בְּרָחוֹק und לְמֵרָחוֹק plene lesen, bezieht sie sich wohl auf die zwei רְחֹקִים (Ps. 56, 1. u. 65, 6.), die in den Hagiogr. def. Waw sind? — S. den Art. רחוקים unten. —

6) Der Sinn ist, diese Verbindung ohne vorhergehendes אִשֵּׁה (= מיחדין, יחידאין) kommt 8 M. im Pent. vor. — Lev. 23, 13., wo 'ט = 9 u. Mf. l. c., wo 'ד = 4 angegeben wird, müssen in 'ח = 8 verändert werden. —

וְרֵיחַ ה׳. Cant. 7, 8. Dan. 3,*27. Mf. רח, 2.

בְּרֵיחַ ב׳. Lev. 26, 31.

כְּרֵיחַ ב׳. Gen. 27, 27.

לְרֵיחַ י״ו. Lev. 3, 16. 8, 21.? 17, 6. Num. 18, 17. 28, 6. Ez. 16, 19. Cant. 1, 3. Mf. רח, 1. 1)

לְרֵיחַ נִיחוֹחַ ה׳ בתורה. 2) Mf. רח, 4.?

ריק

וַהֲרִיקֹתִי ב׳ וכ״כ (מלא יו״ד וחסר וי״ו). Lev. 26, 33.

אָרִיק ד׳. Ex. 15, 9. Ez. 5, 2. 12, 14. Mf. רק, 2.

רֵק ב׳ באוריתא (ובאוריתא כצ״ל). Gen. 37, 24. Deut.*32, 47. (S. Mf. ו׳, 6. או״א, 13.)

לָרִיק ג׳ וב׳ לְרִיק. Mf. רק, 3. (S. Mf. ed. Bomb. u. Mp. Jes. 65, 23.)

רֵקִים ג׳ חסר בלִישן. 2 Reg. 4, 3. Mf. רק, 5. (S. מ״ש Jud. 7, 16.)

רַקּוֹת ג׳ בלישן וא׳ הָרֵקוֹת בצירי. Mf. רק, 4.

רכך

יֵרַךְ ג׳. Deut. 20, 3. Mf. רך, 1.

רכב

רכיבה ב׳ חסרים בלישן. 3) Mf. רך, 3.

מַרְכְּבוֹת ד׳ ג׳ מלאים וא׳ חסר. Ex. 15, 4. 2 Reg. 23, 11. Jes. 22, 18. Cant. 6, 11. Mf. רך, 2.

מַרְכְּבֹתֶיךָ ב׳ וחסר. Micha 5, 10. (S. מ״ש Hab. 3, 8.)

(כל לשון מרכבה בלשון יחיד בג׳ נקדות וכו׳ חוץ מא׳ במרכבת המשנה פרשת מקץ בחירק וכל לשון רבים בפתח וכו׳. (S. מ״ש Nah. 3, 2.

רכל

וְהָרֹכְלִים ג׳ וחסר. 4) Neh. 3, 32. Mf. רך, 4.?

רכס

וַיִּרְכְּסוּ לית בשו״א תחת הוי״ו וכו׳. Ex. 28, 28. (S. Mf. וי, 1. או״א, 45.)

רכש

(רְכוּשׁ מלא וחסר Gen. 14, 11. (S. מ״ש

רמם

וַיֵּרֹמּוּ ב׳ א׳ מלא וא׳ חסר. Ez. 10, 19.

רמה

בְּמִרְמָה ב׳ באוריתא. Gen. 27, 35. 34, 13.

וּמִרְמָה ה׳. Ps. 36, 4. 55, 12. Mf. רמ, 15.

רְמוֹ לית וחד וּרְמוֹ. Dan. 6, 25.

רמח

וָרֹמַח ד׳. Mf. רמ, 14.

רמן

רִמּוֹן, רִמֹּנֵי, רִמֹּנִים ט׳ חסר בלישנא וכל הָרִמֹּנִים דאוריתא ומלכים דכו׳ חסר במ״א וכל שאר קרי׳ דכו׳ מלא במ״ב וכו׳. Ex. 28, 33. 39, 25. u. 26. Num. 33, 19. 2 Reg. 5, 18. Cant. 7, 12. Mf. רמ, 16.

רנן

רָנּוּ ג׳. Jer. 31, 7. Mf. רנ, 1.

הַרְנִינוּ ב׳ (וחד וְהַרְנִינוּ). Ps. 81, 2. S. Mf. ו׳, 6. או״א, 13.

רסן

וָרֶסֶן ב׳ וא׳ וְרֶסֶן. Mf. רם, 1.

---

1) Die Angabe Lev. 3, 16. ist falsch und muss, wie an den andern angeführten Stellen — י״ן = 16 heissen; das aufgezählte Ex. 29, 18. gehört nicht hierher, indem es das. רֵיחַ und nicht לְרֵיחַ heisst. — Das Mpt. Hamb. giebt gleichfalls י״ן = 16 an, zählt aber 17 auf, indem es auf ולקחת אתם מידם getrennt folgen lässt das Wort והקטרת, das aber noch zum vorhergehenden Beispiel (Ex. 29, 25.) gehört; ein Abschreiber hat es als eine zweite Stelle genommen und ergänzte dazu את כל האיל, so dass Ex. 29, 18. daraus ward, was aber, wie bemerkt, falsch ist. — Das Mpt. Hal. giebt ausdrücklich י״ן an, zählt ולקחת אתם מידם והקטרת als eine Stelle und lässt Ex. 29, 18. aus. —

2) Diese Angabe ist so falsch, s. vor. Art. Es muss heissen לריח ניחוח לי״י; denn diese Verbindung kommt ohne vorherg. אִשֶּׁה 5 M. im Pent. vor, wie angegeben. —

3) Der Sinn ist, dass dieser Stamm im Hiphil 2 M. def. Jod nach dem Chaf vorkommt, wie angegeben. Es ist aber schwierig, da es mehr als 2 M., wenigstens in den Ausgg., def. steht? — Heid. meint, dass die Angabe lauten müsste: ב׳ יחידאין חסרים בלישנא, d. h. 2 Formen, von denen jede nur 1 M. vorkommt sind def. Jod, wie in den angeführten Stellen. — Darum spricht er sich auch gegen מ״ש Est. 6, 9. aus, der das. וְהִרְכִּבֻהוּ def. Jod lesen will, was gegen unsere Angabe wäre, da וְהִרְכִּיבֻהוּ auch ein יחידאה ist, d. h. nur 1 M. vorkommt und von unserer M. nicht zu den def. gezählt wird. —

4) Diese Angabe ist uncorrect, indem es mit Waw copulat. nur 2 M. und ohne Waw auch 2 M. und zwar immer def. vorkommt? Es müsste demnach entweder ב׳, oder ד׳ בלישנא heissen? Heid. will lesen: ג׳ וחסר בליש׳ בסיפר׳, so dass nur von denen die Rede ist, die in Neh. vorkommen; das vierte (nicht gezählte) befindet sich in 1 Reg. 10, 15. —

רעב

בְּרָעָב ד׳ רפין. Deut. 28, 48. Mf. רע, 17.

רעה

וְרָעָה ט׳ וכו׳. רוע S.

רוֹעֶה ג׳ מלא בלישן. (S. Mp. Num. 14, 33.) Mf. רע, 18.

רֹעֵה ד׳ קמץ כתיב ה׳. Gen. 46, 34. Ps.*80, 2. Mf. רע, 23. (S. מ״ש Gen. 47, 3. Jes. 63, 11. Ps. l. c.)

רֹעָה ג׳ בתלת לישן ב׳ מלרע וא׳ מלעיל. Gen. 29, 9. Jes.*24, 19. Prov.*25, 19. Mf. רע, 20.

רֹעִי ה׳ וחסר וי״ו. Zach. 11, 17. 13, 7. Mf. רע, 19.

יֵרַע לית ומלעיל. Job 20, 26. (S. Kimchi W. B. und Michlol). 1)

יִרְעֵם ג׳ וא׳ וַיִּרְעֵם. Hos. 4, 16. Mf. רע, 22. S. Mf. ר׳, 8. או״א, 15. Mf. חילופי קריא׳, 4. או״א, 270. (S. מ״ש Ps. 78. 72.)

תִּרְעֶינָה ג׳. Mf. רע, 21. (S. מ״ש Gen. 41, 2.)

רֵעֶה ג׳. 2 S. 15, 37. 1 Reg. 4, 5. Mf. רע, 26. (S. מ״ש 2 S. 16, 16.)

רֵעֲךָ כל אוריתא חסר ונביאים חסר במ״ב מלאים וסי׳ וכל כתובים דכו׳ מלאים ב״מ משלי דכלהון חסר במ״א מלא וסי׳. Ex. 2, 13. Prov.*6, 3. Mf. רע, 25.

עַל רֵעֵהוּ ה׳. Ex. 21, 14. Jes. 34, 14. Mf. רע, 27.

רֵעִים ה׳. Jer. 3, 1. Prov.*18, 24. Job*17, 5. Cant. 5, 1. Mf. רע, 28.

רְעוּתָהּ ה׳ ומלא יא׳ לִרְעוּתָהּ. Ex. 11, 2. Jes. 34, 16. Jer. 9, 19. Mf. רע, 24.

רעף

יִרְעֲפוּ ג׳. Prov. 3, 20. Mf. רע, 30.

רפא

לִרְפּוֹא ב׳ מלא. 2) Mf. רפ, 3.

יִרְפָּא ג׳. 2 Reg. 20, 8. Jes. 30, 26. Mf. רפ, 4.

וַיִּרְפָּא ב׳. Gen. 20, 17.

רְפָאוֹת ג׳ בקריא וחסר. Ez. 30, 21. Mf. רפ, 1.

וּמַרְפֵּא ג׳. Prov. 16, 24. Mf. רפ, 2.

רפד

רִפַּדְתִּי לית. Job 17, 13.

רפה

הֶרֶף ו׳. Deut. 9, 14. 1 S.*15, 16. Mf. רפ, 5.

אַל תֶּרֶף ג׳. Ps. 138, 8. Prov. 4, 13. Mf. רפ, 6.?

רפש

רָפֶשׂ ג׳ כתי׳ ש״ין בלישנא. Ez. 34, 18. Prov.*25, 26. Mf. רפ, 8. (S. Kimchi W. B. מ״ש Ez. 32, 2.)

רצה

רוֹצֶה ב׳ ומלא. Ps. 147, 11.

(וְתִרֶץ לית וא׳ וַתִּרֶץ. (Mpt. Hamb. Lev. 26, 43.

יִרְצוּ ד׳. Lev. 26, 41. Ps. 62,*5. Mf. רצ, 2.

רָצוֹן ג׳ וחד וּרְצוֹן. Prov. 14, 35. 16, 13. Mf. רצ, 4. (S. Mf. ר׳ 8. או״א, 15.)

לִרְצֹנוֹ ה׳ חסר בלישן. Gen. 49, 6. Lev. 1, 3. Dan. 8, 4. 11, 36. Mf. רצ, 3. 3)

לִרְצֹנְכֶם ד׳ וחסר. Gen. 49, 6. Lev. 19, 5. 22, 19. Dan. 8, 4. Mf. רצ, 5.

רצח

רוֹצֵחַ ד׳ מל׳ (בלישן). Deut. 4, 42. Jos.*20, 2. Mf. רצ, 6.

בְּרֶצַח ב׳. Ps. 42, 11.

רקק

יָרֹק ב׳ חסר וא׳ מלא. Lev. 15, 8. Num. 12, 14. Job 39, 8. Mf. יר, 33.

רֵק, רַקּוֹת. ריק S.

רקב

וּכְרָקָב לית. Prov. 12, 4.

רקח

רוֹקֵחַ ב׳ מלא. Ex. 30, 35. Mf. רק, 1. (S. מ״ש Ex. 30, 25.?)

---

1) Sollte wohl ב׳ מלעיל lauten; denn auch 2 S. 20, 6. ירע לנו שבע בן בכרי ist penult. S. Kimchi W. B. s. rad. רעה u. ירע. —

2) Das ב׳ מלא ist unrichtig und muss, nach Mp. zu den beiden Stellen heissen: ב׳ חד מלא וחד חסר —

3) Lev. l. c. ist auf Gen. 49, 6. hingewiesen, wo richtig ד׳ = 4 angegeben ist; das ה׳ = 5 ist demnach in ד׳ zu verändern. — Diese Form kommt 4 M. def. (Waw nach dem Zadi) vor; auch לִרְצֹנְכֶם kommt 4 M. und zwar immer def. vor, s. diesen Art. — Vielleicht ist das ה׳ aus ח׳ = 8 entstanden (S. Mp. Gen. 49, 6.), so dass die 4 לִרְצֹנְכֶם dazu gerechnet sind und die Angabe bezieht sich auf die Defectiven dieser Form im Ganzen (לִרְצֹנוֹ und לִרְצֹנְכֶם), deren es, wie bemerkt, 8 giebt. — S. die irrthümliche Bemerkung zu Dan. 8, 4.! —

והרקח. במרקחת. ירקח פתחין מרקחה. מרקחים קמצין וכו׳. Ez. 24, 10.

כמרקחה לית. Job 41, 22.

רשע

רשעתי ג׳. Mf. רש, 7.

העוינו הרשענו· עוה S.

ירשיע ד׳ א׳ מנהון חסר. 1 S. 14, 47. Prov. 12, 2. Job*34, 12.! Mf. רש, 5. (S. מ״ש Prov. l. c.).

ירשיעני ב׳. Job 9, 20.

ורשע ה׳. Prov. 13, 5. Mf. רש, 6.

לרשע ה׳ בקרי׳. Jes. 3, 11. Mal. 3, 18. Prov. 9, 7.

ולרשע ב׳. Ps. 50, 16.

ורשעים ז׳. Prov. 2, 22. 10, 30. 24, 16. Mf. רש, 4.

רשע י״ז פתחין. Micha 6, 10. Ps. 45, 8. Prov. 4, 17. 8. 7. 16, 12. Mf. רש, 3.

רשף

רשף ג׳. Deut. 32, 24. Mf. רש, 8.

(רשפי S. מ״ש Cant. 8, 6.)

רשת

הרשת ג׳. Mf. רש, 9.

רתח

ירתיח לית. Job 41, 22.

רתק

ירתק. כתיב ירחק· ת׳ י״א מלין. Koh. 12, 7. (S. או״א, 162.)

ש.

שש

ושש ג׳ ר״פ. Ex. 23, 10. Jud. 18, 16. Mf. שש, 4.

ושש ועזים ג׳. Mf. שש, 5.

ששי כלם חסר ודגש. Num. 7, 24.

הששית ב׳ בתורה. Lev. 25, 26.

שושן ב׳ פתחין וכו׳ וכל שושן הבירה דכו׳. Ps. 60, 1. (S. מ״ש ibid.).

ששנים ב׳. Ps. 45, 1.

שאג

שאג ג׳ וכו׳ וכל אתנח וס״פ דכו׳. Mf. שא׳, 3. (S. Kimchi Michlol 21a ed. Venet. p.)

שאה

ומשאת לית. Prov. 3, 25. (S. Mf. מ, 13. או״א, 18.)

תשואות ד׳. Jes. 22, 2. Job*36, 29. Mf. נש, 13. שא, 2. (S. Mp. Zach. 4, 7.?)

שאט. שוט. S.

שאל

שאלה באלהים ו׳. אלה S.

שאל ג׳ קמצין. Jes. 19, 50. Mf. שא, 4.

שאלו ג׳ קמצין. Jos. 9, 14. Jes. 30,*2. 65,*1. Mf. שא, 6.

שאלתם ב׳ וחד ושאלתם. Job 21,29. (Mf. ו׳, 6. או״א, 13.)

שאל ב׳ בקריא וחד ושאול. Gen. 43, 7. Mf. שא, 5. (S. Mf. ו׳, 6. או״א, 13. מ״ש, Gen. l. c.).

לשאל ו׳ חסר בקריא. Jud. 1, 14. Jer. 15, 5. Mf. שא, 10.?

וישאלהו ג׳. Jud. 8, 14. Mf. שא, 8.

כשאול ג׳ ומלא. Prov. 1, 12. Cant. 8, 6. Mf. שא, 11.

שאלה ט׳ ח׳ חסרים וא׳ מלא וא׳ לשאולה. Gen. 37, 35. 44, 29. Num. 16, 33. Ez.*31, 16. Mf. שא, 9. (S. מ״ש Ez. l. c.)

שאן

ושאנן ד׳ פתחין בלישן. Jer. 30, 10. Mf. שא, 13. (S. מ״ש Jer. 46, 27. Prov. 1, 33.)

השאננים ג׳. Am. 6, 1. Ps. 123, 4. Mf. שא, 14.

שאננות ג׳. Jes. 32, 18. Mf. שא, 15.

שאר

ולא נשאר ד׳ דסמי׳ בקריא. Jos. 8, 17. Dan.*10, 8. Mf. שא, 16.

וכל שארית ג׳. Hag. 1, 12. Mf. שא, 17.

שבב

שביבא כלהון א׳ בסוף. Dan. 3, 21.

שבה

שבו ד׳ בטעם מלרע בלישן. Gen. 34, 29. 1 Reg.*8, 48.? Mf. שב, 5. (S. מ״ש Gen. u. 1 Reg. l. c. 2 Chr. 25, 12.)

שוביהם ג׳ ומלא (מלא כצ״ל). Mf. שב, 27.

וישבו ט׳. Num. 31, 9. Mf. שב, 43.

נִשְׁבָּה ג׳. Gen. 14, 14. Ex. 22, 10. Jer. 13, 17. Mf. שב, 45.

נִשְׁבּוּ ה׳ בקריא? 1 S. 30, 3. 1 Reg. 8, 47. Ez. 6, 9. Mf. שב, 42.?

שְׁבוּת דכתיב שבית ו׳ בקריא וחד חלוף. Jer. 49, 39. Ps. 85, 2. Mf. שב, 41. (S. או״א, 142 u. 143.)

שבט

שֵׁבֶט הַמְנַשֶּׁה ב׳ וכו׳ וכל יהושע דכו׳ במ״ג Deut. 3, 13. 1)

וְשֵׁבֶט ה׳ בקריא. Jer. 51, 19. Prov.*26, 3. Mf. שב, 50.

בְּשֵׁבֶט ו׳ רפין בקריא. Jes. 11, 4. Ps. 2, 9. 89, *33. Thr.*3, 1. Mf. שב, 48.

לַשָּׁבֶט ג׳ דגשין וקמצין. Deut. 1, 23. Mf. שב, 47. (S. מ״ש Jos. 3, 12.)

שִׁבְטֵי בְּנֵי יִשְׂרָאֵל ג׳ דסמי׳ בקריא. Jes. 4, 5. Mf. יש, 78. שב, 49.

שבע

שֶׁבַע ג׳ סבירין וּשְׁבַע. Mf. שב, 52.

שִׁבְעָה תְמִימִים. תמם S.

שִׁבְעַת הַיָּמִים. יום S.

וַיְהִי לְשִׁבְעַת הַיָּמִים. יום S.

שִׁבְעָתַיִם ו׳ (ד׳ פתחין וב׳ קמצין, כ״י האמבורג). Gen. 4, 15. Jes. 30, 26. Prov. 6, 31. Mf. שב, 53.

הַשְּׁבִיעִי ח׳ חסר. Ex. 12, 15. 16, 29. Lev. 25, 9. Num. 7, 24. Mf. שב, 54. (S. מ״ש Ex. 16, 30.). 2)

כַּיּוֹם הַשְּׁבִיעִי ב׳ ר״פ. Est. 1, 10.

(שְׁבִעִית ב׳ חסר יו״ד קדמאה. 3) 2 Chr. 23, 1. S. מ״ש)

שָׁבֻעֹת ב׳ חסר. כלהון כ״כ במ״ג שָׁבֻעוֹת (בלישן) כלהון בחד ענינא. Ex. 34, 22. Deut. 16, 9. Mf. שב, 55. 4)

שְׁבֻעוֹת ד׳ ג׳ מלא וחד חסר. Jer. 5, 24. Ez. 21, 23. Mf. שב, 61.

שבועה באלהים. אלה S.

---

1) Die Anführung zu Deut. 3, 13. ist unklar; die zweite Stelle muss heissen: ולחצי שבט המנשי (Deut. 29, 7.) Die Angabe bezieht sich nur auf diesen Namen mit He des Artikels, welcher 2 M. im Pent. vorkommt, wie angegeben. — Wenn es Deut. 29, 7. heisst: הַמְנַשִּׁי ד׳ בלישן, so bezieht sich das auf die Endung mit Jod, deren es 4 giebt. — Das ב׳ in obiger Angabe bezieht sich auf den Pent. u. soll wohl s. v. a. ב׳ בתורה bedeuten? — S. auch die versch. Angaben der Mp. zu den Stellen. Als die richtigste Angabe führt Heid. folgende aus einem Mpte. an: סימן, ויתר הגלעד וכל הבשן, לחצי שבט המנשה (Deut. 3, 13.), וכל יהושע דכו׳ שבט המנשה במ״ג שבט מנשה וסי׳ ויתן משה לחצי (Jos. 13, 29.), וישלחו בני ישראל (ibid. 22, 13.), ויבאו אל בני ראובן (ibid. 22, 15.), וכל קריא דכו׳ שבט מנשה במ״א לחצי שבט המנשה גלעדה (1 Chr. 27, 21.). — Bei uns steht in letzter Stelle לחצי המנשה ohne שֵׁבֶט? — Das Resultat ist, dass 1) im Pent. in den betreffenden Stellen immer mit שֵׁבֶט verbunden ist מְנַשֶּׁה ohne Artikel, mit Ausnahme einer Stelle, wo es den Art. = ה׳ hat: (Deut. 3, 13.); wenn מְנַשִּׁי dazu gezählt wird, sind es 2 Ausnahmen, nemlich auch Deut. 29, 7. — 2) im B. Jos. folgt immer המנשה (mit He am Anfang), mit Ausnahme von 3 Stellen, in denen es ohne He steht, wie angegeben; — 3) in der übrigen Heil. Schr. ist es immer ohne He nach שֵׁבֶט, mit Ausnahme einer Stelle (1 Chr. 27, 21.), wo es He hat; ob da aber שֵׁבֶט davor steht, ist fraglich? —

2) Nach Andern heisst es: ז׳ חסרים וחד פליגי ביה, was dasselbe ist, denn das ויקהלו דפלגא דסיפרא (2 Chr. 5, 3.) Ex. 12, 15. ist ein Druckfehler, es soll vielmehr heissen: ויקהלו דין פליגי ביה סיפרי. — In ס׳ המסרת (ed. Venet.) wird das דפליגי auf 1 Chr. 25, 14. bezogen. —

3) S. M. marg. zu Lev. 25, 4., wo es heisst: הַשְּׁבִיעִת כל׳ חסר יו״ד בתרא. במ״א מלא דמלא וסי׳ ובשביעית יצא. Diese Angabe ist, wie Heid. bemerkt, doppelt falsch, denn — 1) ist וּבַשְּׁבִעִת (Ex. 21, 2.) nach Mp. das doppelt def. Jod (לית וחסר דחסר)? S. auch רמ״ה s. rad. — 2) ist das כל׳ חסר, das ja auch die andern BB. der Heil. Schrift einschliesst, unrichtig, indem es in diesen immer doppelt plene ist. — Das Richtige führt Heid. aus einem Mpte. an, wo bemerkt wird: כל אוריתא כ״כ חסר יו״ד תניין במ״א בלישן חס׳ דחסר וסי׳ ובשבעת יצא. Hiernach muss auch obige Angabe der M. marg. verbessert werden. — Hier ist nur vom Pent. die Rede; in den übrigen BB. ist es immer doppelt plene Jod geschrieben, ausser 2 Stellen (1 Reg. 18, 44. u. 2 Chr. 23, 1.), in denen es def. Jod ist nach dem Beth u. plene nach dem Ain, s. מ״ש zu 2 Chr. 23, 1. —

4) Der Sinn der Angaben zu Ex. 34, 22. u. Deut. 16, 9. ist, dass שָׁבֻעֹת (das Schin mit Kamez) 2 M. doppelt def. Waw vorkommt (Ex. 34, 22. Deut. 16, 9.) u. 3 M. (הַשָּׁבֻעוֹת mitgerechnet = בלישנא) def. Waw nach dem Beth u. plene nach dem Ain und zwar in einem und demselben Abschnitte (בחד ענינא), Deut. 16, 9. 10. u. 16. — Ohne He des Artikels kommt es aber nur 4 Mal vor, 2 M. doppelt def. u. 2 M. plene des zweiten Waw. — שְׁבֻעוֹת (das Schin mit Schwa) kommt gleichfalls 4 M. vor, 3 M. plene des 2ten Waw u. 1 M. doppelt def. — S. diesen Artikel. —

הַנִּשְׁבָּע ב׳ קמץ (1. Ps. 63, 12.

הִשְׁבַּעְתָּנוּ ג׳. Cant. 5, 9.

וַיַּשְׁבַּע ד׳. Gen. 50, 25. Jos. 6, 26. Mf. שב, 62.

הַשְּׁבֻעָה ג׳ חסר. Gen. 26, 3. (S. מ״ש ibid. Mp. 1 S. 14, 24.
שום שכל Gen. l. c.)

שְׁבֻעַת ה׳ ד׳ חסר וא׳ מלא וא׳ וּשְׁבֻעָת׃ Ex. 22, 11.
Num.*30, 14. 1 Reg. 2, 43. Mf. שב, 60.

שבע

וְשָׂבַע ב׳. Deut. 31, 20.

וּשְׂבַע ב׳. Gen. 25, 8. (S. מ״ש 19, 23.)

וּשְׂבַע ג׳. Gen. 35, 29. Job*14, 1. Mf. שב, 58.

שָׂבָע ב׳ קמץ ומלרע. Gen. 41, 29. Prov.*3, 10.

לָשֹׂבַע ד׳ וחסר. Ex. 16, 3. Lev. 25, 19. 26, 5. Mf. שב, 56.

לְשָׂבְעָה ד׳. Ez. 39, 19. Mf. שב, 57.

שבץ

מִשְׁבְּצוֹת ג׳ מלא. Ex. 28, 11. Ps. 45, 14. Mf. שב, 63.

שבר

לִשְׁבֹּר כול׳ חסר במ״ד. Gen. 41, 57. Jes.*42, 3.?
Mf. שב, 65. (S. מ״ש Gen. l. c.) 2)

וַיִּשְׁבְּרֵהוּ ב׳. Jer. 28, 10.

שִׁבַּרְתָּ כל לישן פתח (פי׳ אפי׳ באס״ף). Deut. 10, 2.
S. Kimchi, Michlol.)

שֵׁבֶר ג׳ קמצין בלישן. Jes. 65. 14. Am. 6, 6. Mf. שב, 64.

שׂבר

יְשַׂבֵּרוּן לית. Ps. 104, 28.

(שֹׂבֵר ב׳ וחסר. (S. מ״ש Neh. 2, 13.

שבת

וַיִּשְׁבֹּת ב׳ חסר (וחסר). Gen. 2, 2. (S. Mf. ו׳, 6. או״א, 13.)

וַיִּשְׁבְּתוּ ב׳. Ex. 15, 30.

וְהִשְׁבַּתִּי י״ג. Lev. 26, 6. Ez.*7, 24. 23, 27. 30, 10.
Mf. שב, 69.

אֶת הַשַּׁבָּת ד׳ (ושארא אֶת יוֹם הַשַּׁבָּת). Ex. 31, 14.
Mf. שב, 68.

שַׁבַּת ד׳ פתחין וכל שַׁבַּת שַׁבָּתוֹן דכו׳. Lev. 25, 6.
Num. 28, 10. Mf. שב, 66. (S. מ״ש 1 Chr. 9, 32.?) 3)

שַׁבַּת בְּשַׁבַּתּוֹ ב׳. Num. 28, 10.

אֶת שַׁבְּתֹתַי ב׳. 4) Ez. 20, 21.

שַׁבְּתֹתֶיהָ ד׳ ג׳ חסר וא׳ מלא. Lev. 26, 34. Mf. שב, 67.
(S. M. marg. ibid.).

---

1) Das ב׳ קמץ ist unverständlich, da diese Form in den Ausgg. immer ב׳ mit Kam. hat; im Mpt. v. 1294 hat es immer Pathach? — Heid. will blos ב׳ = 2 lesen, wie auch Mpt. v. 1294 es hat; er bezieht es aber auf die Verbindung mit vorherg. כָּל und וְכָל. S. Mf. כל, 13., wo es zu den זוגין חד כָּל וחד וְכָל gezählt wird. — Doch ist diese Verbesserung gewagt. —

2) Wenn Einige angeben, ג׳ מלא, so rechnen sie יִשְׁבְּרוּהוּ (Dan. 11, 26.) nicht mit, weil dies Schurek u. zwar Zeichen des Plur. ist, das nach der Regel plene (Waw plur.) sein muss; hier aber nur von dem Cholam def. Waw die Rede sein soll. Was der Zusatz בל׳ שבירה in Jes. l. c. sagen will, ist nicht klar, da es doch auch von שבר in der andern Bedeutung (ל׳ תבואה) gilt, indem sie alle, ausser den genannten 4 def. Waw sind? S. רמ״ה s. rad. —

3) S. מ״ש 1 Chr. 9, 32., wo ein Mpt. angeführt wird, das ה׳ = 5 angiebt. Die Verschiedenheit ist leicht zu erklären. Die, welche ד׳ angeben, rechnen שַׁבָּתוֹן שַׁבַּת (Ex. 16, 23.) zu der Regel: וכל שַׁבַּת שַׁבָּתוֹן דכו׳ ohne Rücksicht darauf, ob שַׁבָּתוֹן vorhergeht oder nachfolgt, aber das שַׁבַּת בְּשַׁבַּתּוֹ, das 2 M. vorkommt (Num. 28, 10. und Jes. 66, 23.) zählen sie als eine Stelle. — Darum ist es auch Lev. 25, 6. nicht aufgezählt; ebenso in Mpt. Hamb. zu 1 Chr. 9, 32. — Die aber ה׳ = 5 angeben, rechnen entweder die letzten beiden für eins und zählen שַׁבָּתוֹן שַׁבַּת zu den (5) Ausnahmen, weil שַׁבָּתוֹן vor שַׁבַּת steht u. also nicht zu der Regel וכל שבת שבתון gehört — oder sie zählen שַׁבָּתוֹן שַׁבַּת auch zur Regel, rechnen aber שַׁבַּת בְּשַׁבַּתּוֹ als 2 Stellen, weil letzteres, wie bemerkt, 2 M. vorkommt. —

4) Das ב׳ soll so viel heissen, als ב׳ בסיפרא (s. S. 186 Anm. 1.); es bezieht sich auf die Verbindung mit אֶת (und nicht mit וְאֶת); diese kommt nur 2 M. im B. Ez. vor (Ez. 20, 12. u. 20, 21.), während es das. sonst immer mit וְאֶת verbunden ist. — In den andern BB. kommt es aber mit אֶת vor, ausser Lev. 19, 3., wo es וְאֶת vor sich hat. — Was aber das plene u. def. Waw in שַׁבְּתֹתַי betrifft, so ist d. M. marg. zu Lev. 19, 3. massgebend, wo es heisst: שַׁבְּתוֹתַי לית בספרא וכל יחזקאל דכו׳ במ״ב וגם את שבתתי (Ez. 20, 12.), וימרו בי הבנים (ibid. 20, 13.). — Diesem nach wäre Lev. 19, 3. plene Waw, was aber in Widerspruch steht mit Mp. zu Ez. 20, 13., wo es heisst: ב׳ חסר בסיפרא וכל אורית׳ דכו׳, so dass es im Pent. immer def. Waw wäre? — Ferner bemerkt Mp. zu Ez. 20, 12. nichts, aber zu Ez. 22, 8. bemerkt sie ב׳ חסר. S. רמ״ה s. rad. Das Richtige scheint die Mp. l. c. zu haben, dass nemlich im Pent. diese Form

שׂגב

נִשְׂגָּב ג׳ קמצין בקריא. Jes. 12, 4. Mf. שׂג, 1. (S. Mf. ו׳, 8. או״א, 15.)

שׂגה

מַשְׁגֶּה ב׳ וא׳ מִשְׁגֶּה. Deut. 27, 18.

שׂגה

יִשְׂגֶּה ג׳. Job 8, 7. Mf. שׂג, 2. (S. מ״ש Ps. 92, 13. Job 8, 11.)

שׂגל

ד׳ כתיבין לשון שׂגל וקרינן לשון שׁכיבה. Jes. 13, 16. Mf. שׂג, 3.? או״א, 169.

שׂגע

מְשֻׁגָּע ג׳ וחד הַמְשֻׁגָּע. Deut. 28, 34. Mf. שׂג, 4.

שׂגר

שְׁגַר אֲלָפֶיךָ ד׳. Mf. שׂג, 5.

שׂדד

שׁוֹדֵד ז׳ מלא בקריא בלישנא. Jes. 21, 2. Mf. שׂד, 1.

שׂדד

יְשַׂדֶּד ג׳ בקריא בלישן. Hos. 10, 11. Job 39, 10.? (S. Mf. ו׳, 6. או״א, 13. מ״ש Hos. l. c.)

הַשִּׂדִּים ג׳. Gen. 14, 8.

שׂדה

אֶל פְּנֵי הַשָּׂדֶה ב׳. Lev. 14, 53.

בְּשָׂדֶה ה׳ רפין. Num. 20, 17. Jes.*5, 8. Ruth 2, 22. Mf. שׂד, 3.

שְׂדֵה כל סיפרא (רות) כתיב י׳ במ״ב כתיב ה׳. Ruth 4, 3. Neh.*12, 44. Mf. שׂד, 2.

אֶת שְׂדֵה ב׳ דסמי׳. Lev. 27, 22. Ob.*19.

וְאֶת שְׂדֵה ב׳. 1 Chr. 6, 56.

אֶת כָּל שְׂדֵה ב׳. Gen. 14, 7.

וּשְׂדֵה ב׳ חד כתיב ה׳ וחד כתיב י׳. Lev. 25, 34. (S. או״א, 94. Anmerkg.).

שְׂדֵי ו׳ כתיב י׳. Jes. 32, 12. Prov.*23, 10. Ruth*4, 3. Neh. 12, 44. Mf. שׂד, 2. (S. מ״ש Ruth 1, 22.)

שׂדר

וְאֶשְׁתַּדּוּר ב׳. Esr. 4, 15.

שׂה

וָשֶׂה ה׳ קמץ. Deut. 17, 1. 1 S. 22, 19. Mf. שׂה; 2.

שֵׂה, וְשֵׂה ד׳ קמצין. Deut. 14, 4. Mf. שׂה, 1. S. Mf. ו׳, 8. או״א, 15.

שׂהם

וְשֹׁהַם ב׳ ומב׳ לישן. Ex. 28, 20. (S. Mf. א׳, 22. או״א, 59.)

שׂהר

הַשַּׂהֲרֹנִים ג׳ (בלישן). Mf. שׂה, 3.

שׁוב

שׁוּבָה לִירוּשָׁלַםִ ה׳. Mf. יר, 40.

וְלֹא שָׁב ה׳. 2 Reg. 9, 18. Ez.*33, 9. Mf. שׁב, 37.

שָׁבָה ג׳ מלרע (בלישן). Est. 2, 14. Mf. שׁב, 22. (S. מ״ש Jes. 23, 17. או״א, 59. Anmerkg.) 1)

וְשַׁבְתִּי ב׳ וכל שבות דכו׳. Gen. 28, 21. 2)

וְלֹא שָׁבוּ ג׳. Mf. שׁב, 38.

וָשָׁב ג׳ קמץ. Ez. 35, 7. Mf. שׁב, 19.

(שׁוֹב S. מ״ש Gen. 18, 10.)

וָשׁוֹב ג׳. Gen. 8, 3. Ez.*1, 14. Mf. שׁב, 17.

---

immer def., während sie in Ez. immer plene ist, mit Ausnahme von 2 Stellen, nemlich 20, 13. u. 22, 8. — Die M. marg. scheint beide Angaben vermischt zu haben und so entstand das Fehlerhafte. — Jes. 56, 4. bemerkt d. Mp. zu אֶת שַׁבְּתֹתַי: ט״ו (= 15), was keinen Sinn hat. — Mir scheint, es soll מלא ו׳ = מ״ו sein, das aber ein Abschreiber irrthümlich ט״ו las; es bezieht sich auf שַׁבְּתוֹתַי, das plene Waw sein soll, wie das aus obigen Angaben hervorgeht, indem es nur im Pent. u. 2 M. in Ez. def. steht, sonst aber plene ist. Viele Handschr. haben es auch wirklich plene. —

1) Es muss hinzugefügt werden: בלישנא, da וְשָׁבָה dazu gehört. Es bezieht sich aber nur auf die Wurzel שׁוב; denn von שׁבה kommt es 1 M. ult. vor Jer. 41, 14. aber regelmässig, als 3 pers. m. sing. —

2) Hier muss hinzugefügt werden מלרע, als Gegensatz zu Koh. 4, 1. 7. — Das וכל שבות דכו׳ soll heissen, wo שְׁבוּת damit in Verbindung steht. Einige geben an: וכל ירמי׳ ויחזקאל ות״ע דכו׳, was dasselbe bedeutet, da in diesen Büchern immer שְׁבוּת folgt. Es bleibt also nur Koh. l. c. ausgenommen, in welchem es 2 M. (ohne שְׁבוּת) penult. vorkommt. —

וכשוב ד׳ וחד וכשוב· Ez. 3, 20. 18, *27. 33, *19.?
Mf. שב, 36.

ולשוב ג׳· Jos. 22, 29. Jer.*44, 14. Mf. שב, 16.

שובי ג׳ מלרע· Jer. 31, 19. Ps.*116, 7. Mf. שב, 23.
(S. מ״ש Ps. l. c.)

שב ב׳ חסר· Ex. 4, 19.

שובה ה׳ בטעם מלרע· Num. 10, 36. Jes. 44, 22. Ps.*6, 5.
126, 4. Mf. שב, 11. (S. מ״ש 2 S. 15, 27. Ps. 6, 5.)

שובו ג׳ מלא בתורה וכו׳ וכל נביאים וכתובים דכותהון
מלאים במ״ה חסרים· Deut. 5, 30. 2 Reg. 17, 13.
Jes.*21, 12. Jer.*35, 15. Job 6, 29. Mf. שב, 35.
(S. מ״ש Gen. 43, 2. Jer. 25, 5.) 1)

שבה ב׳ וחסר (בלישנא)· Jer. 40, 5. Mf. שב, 8.

ולא אשוב ד׳· 2 S. 22, 38. Ps. 18, 38. Mf. שב, 14.

ואשובה ז׳· Gen. 50, 5. Mal. 3, 7.? Mf. שב, 34. 2)

ולא ישוב ו׳· Deut. 28, 31. Jer. 8, 4. Prov. 30, 30.
Mf. שב, 9.

ישוב ה׳ ד׳ חסר וחד מלא· Ps. 74, 21. (S. Jud. 7, 3.
Mf. שב, 4. u. 10. או״א, 140. auch ישב u.
(ב׳ זוגין מן ג׳ ג׳ וכו׳). 3)

וישב ט״ו רפין· Num. 25, 4. Deut. 20, 5. 2 Chr. 30, 8.
Mf. יש, 4. ed. Bomb.

וישב ב׳ ס״פ· 1 Reg. 2, 41.

ונשובה ז׳· Gen. 22, 5. Num. 14, 4. Jes.*46, 16. Hos.*6, 1.
Mf. שב, 7. 4)

תשובו כל אוריתא ונביאים חסר במ״א מלא וכל
כתובים דכו׳ מלא במ״א חסר· Mf. שב, 28.

תשובן ג׳ בג׳ כתבן· Num. 32, 15. Mf. שב, 29.

ישובו לית מלא בתורה וכל נביאים וכתובים דכו׳ במ״ז
חסר· Gen. 15, 16. Jud. 2, 19. Hos. 3, 5. Ps. 6, 11.
Mf. שב, 31.? 5)

וישבו ח׳ רפין (וחסר)· Ex. 14, 2. 26. Jona 3, 8.
Mf. שב, 6. (ר״פ?)

וישובו ו׳ מלאים בנביאים וכל כתובים דכו׳ מלאים במ״ה
חסר וכל אורית׳ חסר· 1 Reg. 22, 33. Mf. שב, 30.

ישובון י׳ בקריא· 1 Reg. 8, 35. Prov. 2, 19.!
Mf. שב, 32. 6)

(והשיבותי ב׳ מלעיל· (S. מ״ש Am. 1, 8.

והשיבותיך ג׳ ב׳ מלאים וא׳ חסר דאוריתא חסר·
Gen. 28, 15. 2 Reg.*19, 28. Jes. 37, 29.
Mf. שב, 15.

והשב ד׳· Gen. 50, 15. 2 S. 15, 20. Ps. 79, 12. Mf. שב, 13.

להשיבה ג׳· 1 Reg. 13, 4. Prov. 26, 15. Mf. שב, 25.

להשיבם ג׳ בקריא· 2 Chr. 24, 19. Mf. שב, 26.

---

1) Heid. bemerkt, dass das erste in Job 6, 29. auch def. Waw ist in allen Ausgg., gegen unsere Massora; nur in einem alten Mpt. hat er es plene gefunden, was richtig ist. — S. Mp. zu Ex. 43, 2., wo ג׳ חסר בתורה angegeben ist; es muss aber entweder ג׳ מלא בתורה oder כל׳ חסר במ״ג heissen, wie ibid. 44, 25. —

2) Das ז׳ in Gen. 50, 5. ist unrichtig, denn das in Hos. 5, 15. heisst אשובה (ohne Waw copulat.). Mal. u. Mf. l. c. haben richtig ו׳ = 6. — Auch Mpt. Hamb. hat ו׳ und zählt Hos. l. c. nicht mit. Dasselbe Mpt. hat zu Hos. 2, 7. die Angabe ו׳ u. zählt als dritte Stelle אלכה ואשובה אל מקומי אל אישי הראשון, woraus man die Entstehung des Fehlers ersieht, indem man das אל מקומי gedankenlos dazwischen schob wegen der Aehnlichkeit, ohne zu bedenken, dass vor אל מקומי (Hos. 5, 15.) אלך אשובה (ohne Waw copulat.) steht; es muss also auch da das אל מקומי gestrichen werden. —

3) Die Angabe Ps. l. c. steht nicht im Widerspruch mit Jud. 7, 3., wo es heisst: ה׳ וחסר, indem alle 5 def. Waw sind; das וא׳ מלא bezieht sich auf das Jod nach dem Schin, das aber als Chetib (כתיב) für die Hiphilform steht; als Kal (im קרי) ist es def. Waw, wie angegeben. S. או״א, 140 u. unten אשיב. —

4) Mpt. Hamb. zu Jer. l. c. bemerkt: דין לי׳ חסר וי״ו u. zu Thr. 5, 21. לית חסר ה׳, was richtig ist; unsere Angaben beziehen sich nur auf die Form im Allgemeinen, ohne auf def.- oder plene-Form zu sehen. —

5) Ueber das וכל נביאים וכו׳ במ״ז s. Mp. die bald ו׳ = 6 u. bald ז׳ = 7 angiebt? Das erste bezieht sich auf נביאים deren sind 6; aber mit כתובים sind es 7. —

6) Prov. 2, 19. heisst es: י׳ ג׳ מנהון מלא. — Im Ganzen sind es 10, aber die def.- oder plene-Form ist unsicher, s. d. Mp. zu den versch. Stellen u. vergl. d. Ausgg. — Heid. versucht sie zu berichtigen, was ihm aber nicht gelingt; zuletzt führt er aber eine handschriftliche Massora an, welche so lautet: ישובון י׳ וכו׳ ופדויי קדמא דישעי׳ (38, 10.), ופליטי חרב (Jer. 44, 28.), גבול שמת בל יעבורון ישבון כתיב ושארא ישובון כתיב· — Es gehet daraus hervor, dass sieben doppelt plene Waw und 3 def. Waw nach dem Schin sind. Obige Angabe ist also zu berichtigen in י׳ ג׳ מנהון חסרים? —

(הָשֵׁב ב׳ אחד סוף פסוק וא׳ ריש פסוק וכו׳. S. מ״ש Jes. 42, 22. או״א, 90.).

הֲשִׁיבָה ג׳ בקריא. Ps. 35, 17. Mf. שב, 18.

וַהֲשִׁבֵנִי ג׳ חסר בלישנא. 1) Gen. 37, 14.

אָשִׁיב ג׳ דכתיב אשוב. Jer. 49, 39. Job*39, 12. Mf. שב, 39. (S. ישיב. Mf. ר׳, 21. או״א, 141.).

וְאָשִׁיבָה ד׳ בקריא. 2 S. 17, 3. Jes. 1, 25. Prov.*27, 11. Mf. שב, 33.

תָּשִׁיב י׳ (ומלא). Thr. 3, 64. Mf. שב, 21.

תָּשֵׁב ד׳ קמץ ומלרע וא׳ פתח ומלעיל. Gen. 24, 8. 1 Reg. 2, 20. Ps. 90,*3. 132, 10. Mf. שב, 12. 2)

יָשִׁב ג׳ כתיב ישוב וקרינן ישיב. Ps. 54, 7. Job*39, 12. Prov. 12, 14.? Mf. שב, 3.? (S. Mf. ר׳, 21. או״א, 141.)

יָשִׁיב כ״ד. Gen. 50, 15. Mf.*שב, 1.

וַיָּשֶׁב ג׳ בסיפרא וא׳ וַיָּשֶׁב: Gen. 14, 16. Mf. שב, 46.

וַיָּשֶׁב כ״ה. 3) Gen. 40, 21. Mf. רש,*1.!

וְיָשִׁיבוּ ג׳ רפיז חד חסר וב׳ מלא. Deut. 1, 22. Jes. 41, 28. Thr. 1, 19. Mf. שב, 2.

וַיָּשִׁיבוּ ז׳ חסר וג׳ מלא. Num. 13, 26. Deut. 1, 25.! 2.Chr.*34, 28. Mf. שב, 24. 4)

הַמּוּשָׁב ב׳ חד קמץ וחד פתח. Num. 5, 8. (S. Mf. ה׳, 2. או״א. 64.

שׁוב

בְּשֵׂיבָה טוֹבָה ד׳ דסמיכי. Jud. 8, 32. Mf. שב, 40.

שׁוה

שֹׁוֶה ג׳ (ובסיפרא). Est. 5, 13. Mf. שו, 1.

שׁוט

בַּשּׁוֹטִים ד׳. 1 Reg. 12, 11. Mf. שט, 1.

הַשָּׁטִים ב׳ חסר א׳. Ez. 27, 26.

שׁוך

שׂוֹכוֹ ה׳ וכו׳. 5) (S. Abth. 2. Nom. propr.) Mf. שו, 2.

שׁום

שָׁמַיִם. S. שמה

שׁום

וְשָׂם ח׳ (וא׳ ר״פ). Gen. 30, 41. (S. das. 41, 12.) Jer. 17, 5. Mf. שם, 23. (S. מ״ש Ps. 50, 33.)

שָׂמוֹ ד׳ וחד וְשָׂמוֹ (S. או״א, 17. Anmerkg.) Mf. שמ, 33.

שָׂמָהּ ג׳. Jes. 23, 13. Mf. שמ, 28.

שָׂמָתְהוּ ב׳. Ez. 24, 7.

וְשַׂמְתֶּם ב׳ (ובאוריתא). Gen. 47, 6. Deut. 10, 2.

וְשָׂמוּ ג׳ מלרע וא׳ שָׂמוּ. 6) Mf. שמ, 37.

הַשָּׂם ד׳. Ps. 147, 14. Mf. שמ, 26.

---

1) Das will sagen: diese und ähnliche Formen im Hiphil kommen 3 M. def. Jod nach dem Schin vor und zwar: וַהֲשִׁבֵנִי l. c., וֶהֱשִׁבַנִי (2 S. 15, 25.) u. תְּשִׁבֵנִי (Jer. 37, 20.). — Die an den Stellen befindliche Mp. bezieht sich auf etwas anderes, z. B. Job 13, 22. bezieht sich das ב׳ auf die Form mit Waw copulat. —

2) Heid. bemerkt zu אַל־תָּשֵׁב פְּנֵי (Ps. 132, 10.), dass es auffallend ist, dass nach אַל mit Makkef das Wort ult. ist, während es in der Regel penult. sein muss, wie אַל־תָּלֶן, אַל־תּוֹסֵף etc.? — Er giebt aber richtig die Ursache davon an und zwar, um nicht das Beth am Schlusse des Worts mit dem Pe am Anfang des folgenden Wortes überzulesen d. h. aus euphonischem Grunde. Er führt dafür Kimchi im Commentar zu Jes. 11, 14. an, wo es heisst: ומלת בְּכָתֵף סמוך וכו׳ וכתב בן אשר כי בא כן בהיותו מלרע לתקן קריאת הפ״א מפני פ״א פלשתים. —

3) Diese Angabe ist in ed. Buxt. fehlerhaft unter Mf. רש, 1. angeführt, gehört aber, wie ed. Bomb. sie richtig hat, zu יש, 8. oder שב, 1. — Wenn aber nur 24 Stellen angeführt sind — wie auch an manchen Stellen die Mp. כ״ד = 24 angiebt — u. Buxt. daher bemerkt: נשמט אחד ע״פ המסרה, so ist die Angabe fehlerhaft. — Mpt. Hamb. hat das Richtige. Hinter 2 Reg. 20, 11. fehlt das דמלכים, aber hinter שפן וכו׳ (1 Reg. 22, 9.) steht דמלכים וחברו דד״ה, so dass das ויבא שפן (2 Chr. 34, 16.) irrthümlich ausgelassen und כ״ה ganz richtig ist. —

4) ז׳ חסר וג׳ מלא ist die richtige Angabe. Mp. zu Num. 13, 26. ist durch Versetzung fehlerhaft; ebenso ist Deut. 1, 25. auf לך לך verwiesen, was שלח לך heissen muss. —

5) Es sind nur ה׳ = 5 angegeben. Es sind aber, wie Heid. bemerkt, 8 = ח׳; es fehlen nemlich Jos. 15, 35., ibid. 48. und das 2te in 1 S. 17, 1. — Es soll wohl heissen: ח׳ ה׳ בה״א וג׳ בוי״ו ומלא. Uebrigens bezieht sich die Angabe nur auf die Nom. propr.; denn Jud. 9, 49. kommt es nochmals als Appellat. vor. —

6) Diese Angabe ist unklar, da in den Ausgg. und vielen Handschr. alle ultima sind; ferner ist das ושמו בדיו ungewiss, da es 2 M. vork.? — Sollte vielleicht so zu lesen sein: וְשָׂמוּ ד׳ ומלרע, ג׳ ושמו את שמי על בני Num. 6, 27. ושמו אותם Num. 4, 19. ושמו להם ראש אחד, Hos. 2, 2. ושארא ושמו בדיו (את בדיו) (Num. 4, 6. 8, 11. 14.) וא׳ שמו אותי בבר. Gen. 40, 15. — Dass ז׳ u. ג׳ oft verwechselt werden haben wir schon oft bemerkt. —

לָשׂוּם אֶת שְׁמוֹ ג׳ וב׳ לָשׂוּם שְׁמוֹ (ושארא לְשַׁכֵּן שְׁמוֹ) 1 Reg. 14, 21. Mf. שם, 39.? 40.

כְּשׂוּמִי ב׳. Ez. 15, 7.

שׂוּמָה י׳ חסרים בלישן. (1 1 S. 30, 25. Mf. שם, 30.

וְשִׂים ט׳. Gen. 44, 1. Ex.*17, 14. Num. 17, 11. 1 Reg. 20, 24. Ez. 4, 2. 40, 4. Job 22, 22. Mf. שם, 29.

שִׂימוּ כול׳ מלא במ״א. Gen. 43, 31.

וָאָשִׂם ה׳ חסר. Gen. 24, 47. Deut.*10, 5. 1 Reg.*8, 21. Mf. שם, 36.

אֲשִׂימְךָ ג׳. Mf. שם, 32.

וְיָשֵׂם ו׳ רפים. Num. 6, 26. Ps. 85, 14. Dan.*11, 18.? Mf. שם, 35.

יְשִׂמְךָ ב׳ וחסר. Gen. 48, 20. (S. מ״ש ibid. Jer. 29, 22.?

תְשִׂימוּן ג׳. Ex. 22, 25. Jer. 42,*15. Job*18, 2. Mf. שם, 27.

וְיָשִׂימוּ ג׳ רפין. 1 Reg. 18, 23. Jes.*41, 20. Mf. שם, 38.

וַיָּשִׂימוּ כל׳ מלא במ״ד. Gen. 43, 32. Num. 16, 18. Jos. 10, 27. 1 S. 6, 11. 2 Reg.*11, 16. Mf. שם, 34.

וּמִנִּי שִׂים טְעֵם. טעם S.

שׂוף

יְשׁוּפֵנִי ב׳. Ps. 139, 11.

שׁוק

תְּשׁוּקָתוֹ ב׳. (S. שקק). Gen. 3, 7. Mf. שק, 9.

שׁור

שָׂרִים ח׳ בלישן. 2 S. 19, 36. 1 Reg. 10, 12. Ez. 40, 44. Koh. 2, 8. Mf. שר, 10. 2)

אָשִׁירָה ג׳ וכל כתובים דכו׳. (3 Ex. 15, 1. Mf. שר, 11.

אָז יָשִׁיר ב׳. Ex. 15, 1.

שַׁר ד׳ חסר בלישן. יְיַשְׁרוּ (S. Prov. 4, 25.? 25, 20. Mf. שר, 9. u. Meiri zu פרקי אבות am Ende!) 4)

שִׁיר חָדָשׁ ז׳. Ps. 96, 1. Mf. שר, 8.

שִׁיר מִזְמוֹר. זמר S.

שִׁיר הַמַּעֲלוֹת לְדָוִד ד׳ ובטעם. Ps. 131, 1. Mf. שר, 6.

בַּשִּׁיר ג׳ דגשים. Jes. 24, 9. Mf. שר, 5.

וּבְשִׁירִים ב׳ חד חסר וחד מלא קדמא חסר. Gen. 31, 27.

שירת הים וכתיבתה. S. Ex. 15, 1.

וְשׁוֹר ה׳ ג׳ מנהון ר״פ. Lev. 9, 4. 22, 23. ... Mf. שו, 5.?

שׁוּרוֹתָם ליח. מלין דמשמשי׳ תָם (S. Job 24, 11. (בסוף תיבותא

וְשׁוּרַיָּא ג׳ בג׳ כתיבין (ב׳ כתיב א׳ וחד כתיב ה׳) Esr. 4, 12.? Mf. שו, 4. (S. ב׳ מלין תנינא נסב׳ מקדמית׳ unter מלין, Abth. 2. או״א, 102.).

---

1) Abgesehen davon, dass einzelne Ungenauigkeiten in den angeführten Stellen sich finden, so dass z. B. in der vorletzten Stelle nach אִם eingeschaltet werden muss אַתֶּם; dass im letzten Vers וַיְשִׂמֵם statt וישמה stehen muss; abgesehen davon, dass die Angaben in der Mp. (auch im Mpt. Erf.) bald ו׳ = 6, bald ז׳ = 7. u. auch wohl ח׳ = 8 haben und dass die Ausgg. mit unserer Angabe nicht übereinstimmen — scheint die obige Angabe mit andern Angaben der Massora in Widerspruch zu sein. So bemerkt die M. zu וָאָשִׂם (s. diesen Art.) ה׳ חסר; zu יְשִׂמְךָ (s. diesen Art.) ב׳ וחסר; zu וַיָּשִׂימוּ: ד׳ חסר כלם מל׳ במ״ד oder ד׳ חסר (s. d. Art.). Es wären also 11 def. ausser den oben Erwähnten? — Es scheint, die Angabe will nur solche Formen bezeichnen, die nur 1 Mal so d. h. def. vorkommen, während die andern, die mehrmals def. sind, unter einer andern betreffenden Zusammenstellung erwähnt werden, wie oben bei וָאָשִׂם, יְשִׂמְךָ u. וַיָּשִׂימוּ. — Vielleicht sollte unsere Angabe genauer heissen: י׳ מיחדין חסרי׳ בלישן שׂוּמָה. —

2) Hier ist wieder ein Beispiel von unrichtiger Aufzählung und einer daraus entsprungenen falschen Zahl in der Angabe. Die Aufzählung hat einen Vers (2 Chr. 35, 25.) als 2 Stellen angeführt, nemlich ויקונן ירמיהו על יאשיהו und ויאמרו (כל) השרים והשרות, und so sind irrthümlich 8 (= ח׳ in der Angabe) daraus entstanden, während es ja nur 7 = ז׳ sind. —

3) Das soll wohl heissen: diese Form kommt im Pent. u. Proph. (also in den nicht poetischen BB.) 3 M. vor; die übrigen befinden sich in den Hagiogr. (כתובים) d. h. besonders in den Pss. (poetischen BB.), als sei sie für diese letztere geeignet?; —

4) S. unsere Bemerkung zu יְיַשְׁרוּ (unter ישר). — Die richtige Angabe hat Heid. in der Concord., welche so lautet: שָׁרִים ד׳ חסר יו״ד קדמא בלישן וסי׳ ושר בשרים (Prov. 25, 20.), בשמחה ובשרים (Gen. 31, 27.), הסר מעלי המון שריך (Am. 5, 23.) — ועפעפיך יישרו נגדך (Prov. 4, 25.). Wenn es Mp. zu Am. 5, 23. heisst: לי׳ וחס׳ וה׳ חסר בלישנא so ist das ein Fehler und muss וד׳ חסר בלישנא lauten. — Mp. in Cod. Erf. hat richtig: ד׳ חסר בלישנא. —

שוש

שָׂשׂ ה׳ וכו׳. Deut. 28, 63. 30, 9. Ps. 119, 162.! Mf. שש, 1.! 1)

וְשַׂשְׂתִּי ב׳ וא׳ שָׂשְׂתִּי (?Jer. 32, 41. (S. Mf. 'ו, 7. או"א, 14.

יָשִׂישׂ ד׳ (ומלא) וחד וְיָשִׂישׂ. Deut. 28, 63. Jes. 62, 5.? Zeph. 3, 17. Ps. 19, 6.? Mf. שש, 2. (S. או"א, 17. u. Anmerkg. das.).

מָשׂוֹשׂ ד׳. Jes. 66, 10. Mf. שש, 3.

שות

שת ג׳ מתחלפין (שֵׁת, שָׁת, שַׁת). Dan. 3, 1. (S. Mf. כת, 16. או"א, 93.).

שָׁת ד׳ קמצין. Gen. 4, 25. Ex.*7, 23. Hos.*6, 11. Mf. שת, 1.

שָׁתָה ב׳ מלעיל 2) Ps. 84, 5.

(שַׁתָּה ב׳ חד מלעיל וחד מלרע. Ps. 90, 8. (S. מ"ש

שָׁתוּ ד׳ מלעיל. Ex. 33, 4. Jes. 22, 7. Mf. שת, 7.

שִׁתִי ג׳ ב׳ חסר וא׳ מלא וכו׳ וקדמא טעמו מלרע וכו׳. Ex. 10, 1. Jer.*31, 21. Mf. שת, 8. (S. Heid. zu עה"ק Ex. l. c.)

תְּשִׁיתֵמוֹ ג׳ ובסיפרא. Ps. 45, 17. Mf. שת, 3.

יָשִׁית ז׳. Gen. 46, 4. Mf. שת, 2.?

וַיָּשֶׁת ז׳. Gen. 30, 40. 48, 14. Num. 24, 1. 1 S.*2, 8. 2 S. 22, 12.? Mf. שת, 6. 3)

שזף

שְׁזָפַתּוּ ב׳ (ובספרא). Job 28, 7.

שחח

שַׁחוּ ב׳ וא׳ שָׁחוּ. Mf. שח, 1. (S. מ"ש Ez. 47, 5. Prov. 14, 19.).

שחה

(הִשְׁתַּחֲוִיה עַל אַפָּיו ב׳. (S. Mp. 2 S. 14, 33. 1 Reg. 1, 23.

וְהִשְׁתַּחֲווּ ז׳. Ex. 11, 8. 33, 10. Jes. 60, 14.? Ez. 46, 3. Ps. 99, 5. Mf. שח, 4.

וְלֹא תִשְׁתַּחֲוֶה ב׳. Micha 5, 13.

יִשְׁתַּחֲוֶה ג׳ בקריא וחד וַיִּשְׁתַּחֲוֶה. 2 S. 15, 32. Est.*3, 2. 2 Chr. 25, 14. Mf. שח, 2. (S. Mf. 'ו, 8. או"א, 15.)

וַיִּשְׁתַּחוּ ג׳. 4) Gen. 48, 12.? (S. מ"ש Gen. 27, 29.)

וְיִשְׁתַּחֲווּ ז׳ רפין. Zeph. 2, 11. Mf. שח, 3 (S. או"א, 119.) י"ח מלין ח"ו בסוף תיבות׳.

וַתִּשְׁתַּחֲוֶין ב׳. Gen. 37, 7.

שחה

שָׁחוּ. שַׁחוּ. S.

שחט

שחיטה ד׳ חסר אֶת. 5) Mf. שח, 6.

זָהָב שָׁחוּט. זהב S.

הַשְּׁחוּטָה ב׳ א׳ חסר וא׳ מלא קדמא חסר וכו׳. Lev. 14, 6. 51.

לִשְׁחֹט ב׳ א׳ מלא וא׳ חסר וכו׳. Gen. 22, 10.

וְשַׁחֲטוּ ב׳ פתחין. Ex. 12, 21.

וַיִּשְׁחָט ג׳ קמצין ובענין ומשתנין בטעמא קדמא רביע תניא אתנחתא תליתאה שלשלת וסי׳ ישן יושב עומד והוא חד, מן י"א זוגין וכו׳. Lev. 8, 15. S. טעם או"א, 227.

---

1) Die versch. Angaben die bald 'ד, bald 'ה u. s. w. haben, widersprechen sich nicht; diejenigen, welche 'ד = 4 angeben, zählen die 4 שָׂשׂ und rechnen סָם (mit Samech) u. וְשָׂשׂ besonders; die Andern zählen וְשָׂשׂ dazu, so dass es 5 mit Sin u. 1 mit Samech sind. Nur das 'ח = 8 in d. Mf. ist ein Druckfehler, aus 'ה entstanden. —

2) Die Angabe ב׳ מלעיל bezieht sich nur auf diese Form von der Wurzel שות, und deren (3 pers. sing. fem. praet. Kal) giebt es zwei, die nach der Regel penult. sein müssen; wenn aber manche Mpte. ד׳ מלעיל angeben, so rechnen sie dazu 2 von שתה, die penult. sind, wegen des darauffolgenden מַיִם (1 S. 30, 12. Jes. 44, 12.) als נסוג אחור. —

3) In Gen. 30, 40. ist 'ז = 7 angegeben und sind auch 7 aufgezählt, was aber unrichtig ist, weil das dort aufgeführte ועתּה השמרי (Jud. 13, 4.) hier nicht hingehört, da das וַיָּשֶׁת nicht vorkommt. Sam. u. Mf. l. c., wie auch Mpt Hamb. geben richtig nur 'ו = 6 an und lassen Jud. 13, 4. aus. —

4) S. auch Mp. u. dazu ת"ם מבין חדות u. 'ג, welche die Mp. zu berichtigen suchen, indem sie dieselbe auf וַיּוֹצֵא beziehen u. 'י"ג = 13 statt 'ג = 3 lesen; dies ist aber schon deswegen nicht richtig, weil das vorhergehende וַיּוֹצֵא zu den plene gehört und konnte d a z u also die Mp. nicht bemerken י"ג חסר. — Ferner ist ja dadurch die Mm. nicht erklärt? — Richtiger ist es, wenn man die Angabe auf die Verbindung וַיִּשְׁתַּחוּ לְאַפָּיו bezieht, denn dies kommt 3 M. vor, bei יוסף, בלעם u. אחימעץ, wie angegeben; 2 M. kommt es mit עַל אַפָּיו (s. Mp. 1 Reg. 1, 23.) vor; das soll wohl auch der undeutliche Schluss unserer Angabe bezeichnen und 'ותרי השׁ s. v. a. ותרי עַל. — Das Correcte in der Mp. Cod. Erf. ist auch wieder sichtbar, indem sie zu ויוצא bemerkt: י"ב מלא (gegen מ"ח u. ת"ם, s. oben) u. zu וַיִּשְׁתַּחוּ לְאַפָּיו giebt sie an 'ג, was das allein Richtige ist. —

5) Was ist der Sinn dieser Angabe? Es kommt ja ö f t e r so vor? —

וַיִּשְׁחָטֵם ג׳. Jer. 41, 7. Mf. שח, 5.

וַיִּשְׁחָטוּם ב׳. 2 Reg. 10, 14.

שחן

בִּשְׁחִין ג׳. Mf. שח, 7.

שחק

וְאֶשְׁחָקֵם ב׳. Ps. 18, 43.

שחק

שחק· צחק S.

שְׂחֹק ד׳ חסרים בכתובים· Job 12, 3. Thr. 3, 14.! Koh. 7, 7.
Mf. שח, 8.

בִּשְׂחוֹק ב׳ חד מל׳ וחד חסר· Prov. 14, 13.

לִשְׂחוֹק ו׳ מלא וא׳ חסר· ל״א: ב׳ מלא בלישן בנביאים
וכל כתובי׳ דכו׳ מלא במ״ד חסר· Jer. 20, 7.
Prov.*14, 13. Mf. שח, 9. (S. B. Chajim Jer. l. c.).

שחר

שָׁחַר ח׳ קמצין מלעיל בקריאה וחד עורי שַׁחַר· Jes. 8, 20.
Ps. 57, 9. 108,*3. Job 3, 9. Mf. שח, 11.

בַּשַּׁחַר לית וחד כַּשַּׁחַר· Hos. 10, 15.

כְּשַׁחַר ב׳ רפין· Joel 2, 2.

שָׁחֹר כל לישן חסר במ״ב· Lev. 13, 31.

שחת

מַשְׁחִתִים ח׳. Gen. 19, 13. Jud. 20, 42. Mf. שח, 14.
(S. מ״ש Jer. 6, 28. ausführl.) 1)

לְהַשְׁחִיתָהּ ד׳. Jer. 51, 11. Mf. שח, 13.

תַּשְׁחִתוּן ז׳ חסר בלישן השחתה· Deut. 4, 16. 2 S.*11, 1.
Ez. 16, 47. Prov. 10, 9. Mf. שח, 12.
S. (מַשְׁחִתִים).

שטה

תִשְׂטֶה ב׳. Num. 5, 12.

(שֵׂטִים ב׳ חד סמ״ך וחד שי״ן· (S. מ״ש Hos. 8, 2.
Ps. 101, 3.

שטן

שִׂטְנָה ב׳ בב׳ לישן· (S. Mf. א׳ 22. או״א, 59.) Gen. 26, 21.

שיח

שִׂיחוֹ ב׳. Ps. 102, 1.

שִׂיחִים לית וחד הַשִּׂיחִים· Job 30, 7. Mf. ש׳, 2.

שכב

לִשְׁכַּב ב׳ קמץ· (2 Prov. 6, 11.

יִשְׁכָּבוּ ג׳. Gen. 19. 4. Job 21, 26. Mf. שכ, 1.

מִשְׁכְּבֵי ב׳. (3 Lev. 18, 22. 20, 13.

מִשְׁכְּבוֹתָם ד׳. Micha 2, 1. Ps.*149, 5. Mf. שכ, 2.

שכח

אֶשְׁכָּחֵךְ ב׳. Jes. 49, 15. Ps. 137, 5.

הֲתִשְׁכַּח ב׳ רפין· Jes. 49, 15.

---

1) Vergleicht man die versch. Angaben der Mp. u. der handschriftl. Bemerkungen, so erkennt man die Unsicherheit der Angabe in Betreff des plene u. def. dieser Form. — Auch ist sie in einem scheinbaren Widerspruche mit der Angabe 2 S. 11, 1., wo es heisst: ז׳ חסר בל׳ השחתה (s. Art. תַּשְׁחִתוּן u. רמ״ה s. rad.) Dieser ist zwar leicht zu heben, indem die erste Angabe sich blos auf das Part. pl. m. bezieht, das 8 M. aber verschieden in Bezug auf plene u. def. Form vorkommt; die Angabe aber zu 2 S. l. c. bezieht sich auf die andern Hiphil-Formen. die 7 M. def. Jod im Ganzen sich finden (וַיַּשְׁחִתוּ. 2 M. יַשְׁחִת. הִשְׁחִתוּ, הִשְׁחַתִּי, וַתַּשְׁחִתוּ u. 2 M. וַתַּשְׁחִתוּן). — Was aber die Correctheit der Angabe zu מַשְׁחִיתִים betrifft, so hat Heid. das Richtige aus einer handschriftl. Massora beigebracht, welche so lautet: מַשְׁחִיתִים ח׳ ד׳ מלא דמלא וסי׳ משחיתים אותו בתוכה, ועוד העם משחיתים, בנים משחיתים, כלם משחיתים המה· הלין כתיבין מלא דמלא, ותרין כתיבין משחתים ח״י קדמאה ומ״י בתר׳ וסי׳ כי משחתים אנחנו, וקדשתי עליך משחתים· ותרין כתיבין מ״י קדמא וח״י בתרא חד׳ משחיתם וסי׳ משחיתם להפיל החומה, וחד המשחיתם ועשיתם צלמי טחוריכם המשחיתם את הארץ. עכ״ל. Mit dieser Angabe stimmen die meisten Stellen der Mp. —.

2) Prov. 6, 11. ist fälschlich Gen. 34, 7. angeführt; dieses hat aber Pathach. Es muss dafür Prov. 24, 33. angeführt werden. —

3) Lev. 20, 13. hat ג׳ = 3. — Wenn aber Lev. 18, 22. ב׳ = 2 angegeben ist, so bezieht sich das auf die Verbindung mit אִשָּׁה; denn מִשְׁכְּבֵי אִשָּׁה kommt nur 2 M. (Lev. 18, 22. 20, 13.) vor, wonach der in Lev. 18, 22. angeführte Vers Gen. 49, 4. in 20, 13. zu verändern ist. Aehnliches findet sich bei שַׁכּוּל, zu welchem die Mp. bemerkt ג׳ = 3, während zu Hos. 13, 8. bemerkt ist ב׳ = 2? — Letzteres bezieht sich aber auf die Verbindung כְּדֹב שַׁכּוּל, die nur 2 Mal vorkommt. —

שכל

תְּשַׁכֵּל ג׳. שכ, 5. Mf. Mal. 3, 11. Job 21, 10.

שַׁכּוּל ג׳. שכ, 4. Mf. 2 S. 17, 8.

אֶשְׁכֹּל ה׳ חסר. Gen. 14, 13. Num.*13, 23. Deut. 1, 24. Cant.*1, 13. Mf. אש, 19. (S. מ״ש Num. ibid.)

מַשְׁכִּיל ב׳. (בש׳ ימנית (S. מ״ש ibid. Hos. 9, 14.

שׂכל

הִשְׂכַּלְתִּי ב׳ חד כתיב ס׳. Ps. 119, 99. (כל לשון טפשותא בסמ״ך ב״מ דין דכתיב בשי״ן (S. מ״ש Koh. 1, 17.

שֶׂכֶל כלהון קמצין במ״ה פתחין. 2 S. 25, 3. Koh. 10, 6. Neh.*8, 8. Mf. שכ, 3. (S. מ״ש Koh. l. c. 1 Chr. 22, 11.)

שִׂכְלוֹ ב׳. Prov. 12, 8.

שכם

וְהִשְׁכַּמְתֶּם ג׳. שכ, 9. Gen. 19, 2. Jud. 19, 9. 1 S. 29, 10. Mf.

מַשְׁכִּימֵי מְאַחֲרֵי ב׳ בפסוק. Ps. 127, 2.

הַשְׁכֵּים ג׳ מלא בלישן. Jer. 25, 3. 44, 4. Prov. 27, 14. Mf. שכ, 8.

וַיַּשְׁכִּמוּ ג׳ חסרים. Num. 14, 40. Mf. שכ׳, 7. und 10. (S. מ״ש Num. l. c. 1 S. 1, 19.) 1)

מִשְׁכְּמָה לית. י״ח מלין לא מפקין ה׳. (S. Abth. 2. אר״א, 43.)

שכן

שֹׁכְנִי ד׳. שכ, 14. Mf. Deut. 33, 16. Jer. 49, 16.

לִשְׁכֹּן ג׳ חסר.? 2) שך 12. Mf. Ps. 85, 10.

תִּשְׁכּוֹן ג׳ מלא. Job 18, 15.

יִשְׁכּוֹן כל לישנא חסרים במ״י מלא. שכ, 13. Mf. (S. מ״ש Num. 23, 9. Jud. 5, 17.)

וַיִּשְׁכּוֹן ה׳ ד׳ חסרים וא׳ מלא. Ex. 24, 16. Job 15, 28. Mf. שכ, 11.

תִּשְׁכְּנָה לית. Prov. 4, 8.

אֶל הַמִּשְׁכָּן ג׳ בלישן ושארא עַל׳. שכ, 17. Mf.

מִשְׁכָּנִי ג׳. שכ, 15. Mf. Lev. 15, 31. Ez. 37,*27.

מִשְׁכְּנֹת ג׳ חסר בלישן. 3) Num. 24, 5.

מִשְׁכְּנֹתֶיךָ ג׳. שכ, 16. Mf. Num. 24, 5.

(וּמִשְׁכְּנוֹתָיו ב׳ חד חסר וחד מלא. Jer. 30, 18. מ״ש (S.

שכר

וְיַיִן וְשֵׁכָר. יין S.

שִׁכּוֹר ד׳. 4) שכ, 18. S. Mf.

שׂכר. סכר S.

כְּשָׂכִיר ב׳. Lev. 25, 40. Job*14, 6.

וְשָׂכָר ב׳ בב׳ לישן. (אר״א, 59. א׳, 22. S. Mf.) Ex. 29, 18.

---

1) Diese Angabe, besonders die angef. Stellen sind unrichtig. S. מ״ש l. c., aus welchem hervorgeht, dass, wie auch Heid. angiebt, die obige Angabe lauten muss: ב׳ חסרים וכל שמואל דכו׳. Die 2 Stellen sind: Num. 14, 40. und Jos. 6, 15. —

2) S. Ps. l. c. u. Mf. שכ, 13., sowie die verschiedenen Angaben der Mp., aus welchen hervorgeht, dass die Angabe so lauten muss: לִשְׁכּוֹן ו׳ ה׳ חסר וא׳ מלא, und wenn die Angabe zu Ps. l. c. schliesst וד׳ בכתובים so soll das heissen, „von diesen sind 4 in den Hagiogr." (welche Bedeutung selten ist). Das eine, welches plene ist, befindet sich 2 Chr. 6, 1., wie das auch aus Mf. שכ, 13. hervorgeht. — Aus letzter Stelle ergiebt sich auch, dass die Silbe כֹּן dieses Stammes immer def. ist, mit Ausnahme von 10 Stellen, die dort angeführt sind, wozu auch das einmalige לִשְׁכּוֹן (2 Chr. 6, 1.) gehört. (Sie sind: יִשְׁכּוֹן 3 M., d. h. 2 M. ohne und 1 M. mit Waw convers.; תִּשְׁכּוֹן 3 M.; אֶשְׁכּוֹן 2 M. d. h. 1 M. ohne u. 1 M. mit Waw conv.; לִשְׁכּוֹן 1 M. u. יִשְׁכּוֹנוּ 1 M.). — Hiermit stimmen auch die versch. Angaben d. Mp. zu den verschiedenen Stellen. Letztere geben manchmal die mit und ohne Waw präfix. zusammen, bald aber auch nur die ohne Waw, z. B. zu יִשְׁכּוֹן Jud. 5, 17. ג׳ מ״ן, das sich auch auf וישכון bezieht; aber zu Ps. 104, 12. heisst es ב׳ מלאים, was sich nur auf יִשְׁכּוֹן ohne Waw bezieht, und so auch bei den andern. —

3) Diese Angabe ist schwierig, da eigentlich 5 def. sind; denn zu לְמִשְׁכְּנֹתָיו Ps. 78, 28. bemerkt d. Mp. ב׳ דין חסר (s. auch מ״ש zu Jer. 30, 18.); aber auch zu מִשְׁכְּנֹתֶיהָ (Jer. 51, 30.) bemerkt die Mp. ג׳ חסר בלישן, also ist auch dieses def.? Ueberhaupt sind die Angaben in der Mp. besonders der handschriftlichen sehr variirend, die noch der Ausgleichung harren. —

4) Das ד׳ = 4 ist nicht richtig; es fehlt Prov. 26, 9., wie auch das def. שִׁכֹּר (1 S. 25, 36.); es sind also 6, von denen 5 plene u. 1 def. Waw ist. — Richtiger ist die Angabe Mp. 1 Reg. 20, 16. כלהון מלא במ״א, so dass diese Form immer plene ist, mit Ausnahme des dort angeführten 1 S. 25, 36. —

שֶׁכֶר ב׳. Prov. 11, 18.

שלל

שׁוֹלָל ג׳ קדמא כתיב ו׳. Job 12, 17. Mf. של, 29.

שלה

שָׁלוּ ו׳. 1) Dan. 6, 5. Esr. 4, 22. Mf. של, 1.

שלח

שליחות אֶת יַד ג׳. Ex. 3, 20. 9, 15. Mf. יד, 18.

ל״א בלשון שליחות וכל חד וחד לית דכו׳. Mf. של, 13. (S. Ex. 8, 17.) 2)

שְׁלָחוֹ ג׳. 3) Deut. 34, 11.

שָׁלַחְתִּי, שִׁלַּחְתִּי כל אוריתא (? נביאים) וכתיביא ואשלמתא קדמיתא שִׁלַּחְתִּי, וְשָׁלַחְתִּי במ״א וְשִׁלַּחְתִּי וסי׳ וכו׳ וכל אשלמתא תנינא דכו׳ במ״ב וסי׳. Mf. של, 12.

שָׁלוּחַ ד׳ בקרי׳. 1 Reg. 14, 6. Jer. 49, 14. Mf. של, 9.

שְׁלוּחָה ג׳ ב׳ חסר וא׳ מלא וכו׳ ויש ספרים וכו׳. Gen. 32, 18. 49, 21. Mf. של, 20. (S. מ״ש Gen. 32, 19. 49, 21.)

שָׁלוּחַ ג׳ מלא בלישן שלוח (מְשֻׁלּוֹחַ. וְשָׁלוּחַ. וְנִשְׁלוֹחַ). Jes. 11, 14. Est. 3, *13. Mf. של, 15.

שִׁלְחָה ו׳ (רפין). Gen. 43, 8. 1 S. *16, 11. Ez. 17, 7. 31, 4. Mf. של, 17. (S. מ״ש Ez. 31, 4.)

וַיִּשְׁלָחֵם ד׳. Jos. 8, 9. 1 Reg. *15, 18. Mf. של, 8.

שִׁלַּחְתִּי. שָׁלַחְתִּי S.

שִׁלַּחְתִּיהָ ב׳. Jer. 3, 8.

שִׁלְחוּ ד׳ דגשים בקרי׳ וכל דסמיך לְאִישׁ דכו׳ דגשים במ״א רפי. 4) Jer. 34, 11. (S. מ״ש Ps. 74, 7.

שִׁלְחוּ ג׳ בקרי׳. Jud. 1, 25. Mf. של 11.

מְשַׁלַּח ג׳. Jes. 27, 10. Mf. של, 18.

לְשַׁלְּחָם ג׳ (ובתורה). Gen. 18, 16. Ex. 10, 27. 12, *33. Mf. של, 6.

שַׁלְּחֵנִי ג׳. 5) Mf. של, 19.

שַׁלְּחֻנִי ב׳ א׳ מלא וא׳ חסר. Gen. 24, 54.

אֲשַׁלַּח ט׳ וא׳ וַאֲשַׁלַּח. Gen. 38, 17. Ex. 8, 24. 10, 10. Deut. 32, 24. Ez. 5, 16. 14, 19. Mf. של, 14.

וַאֲשַׁלְּחָה ב׳. Ex. 9, 28. (S. Mf. שטה, 6. או״א, 272.)

תְּשַׁלַּח ה׳ וחד וּתְשַׁלַּח. Ex. 15, 7. Deut. *22, 7. Ps. 80, 12. 104, 30. Mf. של, 7.?

וַתְּשַׁלְּחֵהוּ לית. מלין דמשמשי׳ הו׳ בסוף תיבותא. Job 14, 20. (S. Abth. 2.

יְשַׁלַּח י״ב. Ex. 3, 20. Ps. 78, 45. Mf. של, 3.

וַיְשַׁלַּח כ״ב. Gen. 8, 7. 19, 29. Ex. 18, 27. Num. 21, 6. 23, 3. Jos. 24, 28. 2 Reg. 42, 2. Mf. של, 2.

וַיְשַׁלְּחֵהוּ ד׳. Gen. 3, 23. Mf. של, 16.

וַיְשַׁלְּחֶהָ ב׳ וחסר (יו״ד אחר הסגול). Gen. 21, 14.

וַיְשַׁלְּחֵם ח׳. Gen. 25, 9. Jos. *22, 6. Jer. 38, 11.? Mf. של, 5. 6)

וַיְשַׁלְּחוּ כל אוריתא וַיְשַׁלְּחוּ במ״א (וַיְשַׁלְּחוּ) וכל נביאים וכתובים דכו׳ במ״ד. Gen. 12, 20. 1 S. 5, 10. Jer. *38, 6. Mf. של, 4.

שֻׁלַּח ג׳ (ב׳ פתחין וא׳ קמץ, כן הוא בכ״י האמבורג). Mf. של 10.

וְהִשְׁלַחְתִּי ג׳. Lev. 26, 22. Ez. 14, 13. Mf. של, 21.

וְעַל שֻׁלְחַן ב׳ (א׳ פתח וא׳ קמץ). Num. 4, 7. Mf.* של, 24

---

1) Einige Mpte. haben ה׳ = 5, was auch richtig ist, indem dann das שְׁלָה (Dan. 3, 29.) nicht mitgezählt wird.

2) Das ל״א = 31 ist unvollständig; es giebt noch viele Hapaxlegomena dieser Wurzel! —

3) Der Sinn dieser Angabe ist unklar, da es ja nach der Concordanz 11 M. vorkommt? s. auch מבין חדות, der sie nicht erklärt! —

4) Die Angabe ist ungenau, da von den vier angeführten Stellen zwei (Jud. 1, 8. 20, 48.) in Verbindung mit אִשׁ stehen, folglich nicht zu den Ausnahmen gehören. —

5) Hier scheint 1 Reg. 11, 21. vergessen zu sein, mit welchem es vier sind. — Heid. vermuthet, die Mass. habe etwa 1 Reg. l. c. שַׁלְּחֵנִי (Kal.) gelesen? —

6) Jer. u. Mf. l. c. haben ט׳ = 9, was richtig ist, indem Jer. 38, 11. in Jos. l. c. fehlt. — Merkwürdig ist, dass Mpt. Hamb. zu Jer. l. c. zwar auch ח׳ = 8 angiebt, aber 9 zählt. S. Mp. zu Gen. 25, 6. — Wenn in einigen handschriftlichen Angaben ד׳ = 4 vorkommt, so ist das eine Verwechselung mit וַיִּשְׁלָחֵם (Kal), s. diesen Art. —

וְאֶת הַשֻּׁלְחָן ג׳. Ex. 30, 27. 1 Reg.*7, 48. Mf. של, 22. und 23.? 1)

שלך

י״ב, (י״ג) חסר בלישן (השלכה, בהפעיל)· Gen. 37, 20. Ex. 4, 3. 22, 31.? 2 Reg. 9, 26. Mf. של, 26. (S. מ״ש Gen. 37, 24. Ex. l. c. Deut. 9, 17. Ps. 102, 11.) 2)

מַשְׁלֶכֶת ד׳. Mf. של, 28.

הַשְׁלִיכֵהוּ ד׳ ב׳ חסר וב׳ מלא. Ex. 4, 3.

וַתַּשְׁלֵךְ ג׳. Gen. 21, 15. Jud.*9, 53. Ps.*50. 17. Mf. של, 25.

וַתַּשְׁלִיכֵנִי ב׳ חד ר״פ וחד ס״פ. Ps. 102, 11. S. או״א, 90. מ״ש; כ׳ זונין חד ר״פ ibid. Abth. 2.

וַיַּשְׁלִיכֵהוּ ג׳ ב׳ חסר וא׳ מלא. Ex. 4, 3. Dan.*8, 7. Mf. של, 27.

וַנַּשְׁלִיכֵהוּ. י״ב חסר בליש׳ S. oben

וַיַּשְׁלִיכוּ ד׳ מלא וא׳ חסר בכתובי׳. Ex. 7, 12. Mf. של, 26.

שלם

וְשִׁלַּם ג׳ אנ״ך. Lev. 5. 24. Job 8, 6. Mf. של, 38.

וּמְשַׁלֵּם ג׳ אנ״ך. Deut. 7, 10. Jer. 32, 18. Ps.*31, 24. Mf. של, 36.

וַאֲשַׁלֵּם ג׳. Jes. 57, 18. Job 41, 3. Mf. של, 31.

יְשַׁלְּמֶנָּה ג׳. Lev. 24, 18. Job 34, 33. Mf. של. 34.

יְשַׁלֵּם ב׳ קמץ וא׳ פתח. ומסרה כ״י מסיים: וחד הסכן נא עמו וּשְׁלָם (Job 22, 21.)
וחד מי הקשה אליו וַיִּשְׁלָם (Job 9, 4.)
וחד מי עור כִּמְשֻׁלָּם (Jes. 42, 19.)

השלים (הפעיל) ג׳ חסרים יו״ד בלישן. 2 S. 10, 19. Mf, של, 32.

יַשְׁלִים ד׳ ב׳ מל׳ וב׳ חסר. Jes. 44, 26. Mf. של, 35.

שָׁלֵם ה׳ חסר בלישן. Gen. 37, 4. 1 Reg. 2, 6. 5, 12. Ez.*13, 16. Ps. 85, 9.? Mf. של, 40. (S. מ״ש Gen. l. c.)

שָׁלוֹם שָׁלוֹם ה׳. Jer. 6, 14. Mf. של, 45.

שָׁלוֹם לְךָ ג׳ דסמיכי. Jud. 6, 23. Mf. של, 44.

וְאֵין שָׁלוֹם ה׳. Jer. 8, 11. Mf. של, 47.

וְשָׁלוֹם ה׳ בקריא. 1 Reg. 4, 24. Mf. של, 42.

הַשָּׁלוֹם ד׳ דגשים. 2 Reg. 9, 22. Mf. של 23.

וְהַשָּׁלוֹם ב׳. Mal. 2, 5.

בַּשָּׁלוֹם ב׳ דגשים. Ps. 29, 11. Job*15, 21.

וּלְשָׁלוֹם ג׳. 2 Reg. 9, 18. Mf. של, 44.

שָׁלוֹם י׳ רפים. Gen. 37, 14. Jer. 14, 13.? 29, 7. Mf. של, 41. 3)

לְשָׁלוֹם ב׳. 2 Reg. 10, 13.

---

1) Wenn Mf. של, 22. es heisst: אֶת הַשֻּׁלְחָן ג׳, so ist das eine unrichtige Angabe von dem סימן zu Ex. 30, 27. das sich mehr auf die Reihenfolge der 3 M. vorkommenden Verbindung הַשֻּׁלְחָן mit vorhergehendem אֶת oder וְאֶת in dem Abschnitt v. Ex. 30. 27. bis ibid. 39, 36. bezieht. —

2) Diese Angabe leidet an mehren Schwierigkeiten: a. haben die Angaben der Mp. zu vielen Stellen י״ב=12., wie auch Gen. 37, 20. Ex. 4, 3. b. hat רמ״ה s. rad. ח׳ חסר בתורה=8 def. im Pent., während es nach der Angabe in Mf. l. c. nur 7 sind u. das וַיַּשְׁלִכוּ des רמ״ה (Gen. 37, 34.) nicht mitgezählt wird? — S. מ״ש l. c. u. Heid. im שום שכל Gen. 37, 20. u. 24., wo letzterer in Beziehung auf a. bemerkt, dass diejenigen, welche י״ב haben, das וַתַּשְׁלִכֵנִי (Ps. 102, 11.) nicht mitzählen, weil dessen def. plene-Form unsicher ist (s. מ״ש das.); in Beziehung auf b. meint er, dass der רמ״ה, der seine Bemerkungen nur zum Pent. im Allgemeinen macht, das וַיַּשְׁלִכוּ mit Recht mit hineinzieht in die Zahl der Defectiven dieser Wurzel (שלך) im Pentat., während in der Massora das וַיַּשְׁלִכוּ einen besondern Art. bildet: וכל וישלכו דכו׳ במ״ד מלא (s. auch Ex. 7, 12.), so dass es zu den י״ב (oder י״ג) nicht gezählt werden kann. — Gegen letzteres ist aber zu bemerken, dass וַיַּשְׁלִכֵהוּ als 2 Stellen zu den 12 oder 13 gezählt sind, obgleich die Mass. einen besondern Art. (ג׳ ב׳ חסר וא׳ מלא) daraus macht? — Das Allgemeine über das plene oder def. Jod im fut. Hiphil dieser Wurzel ist: 1) die obigen 12 (oder 13) sind def. Jod. — 2) וַיַּשְׁלִיכוּ ist im Pent. u. den Proph. immer def., mit Ausnahme v. 4 St., wo es plene Jod ist; — 3) ist וַיַּשְׁלִכוּ in den Hagiogr. immer plene mit Ausnahme von e i n e r Stelle, wie angegeben. —

3) Was soll das heissen, wenn Jer. 14, 13. in der Mm. bemerkt ist ב׳? Man könnte das etwa für einen Schreibfehler, aus י׳ entstanden, erklären, wenn nicht Heid. die St. deutlicher anführte (wahrscheinlich aus ed. Bomb. die ich nicht besitze) wo es heisst: ב׳ וסי׳ שלום אמת. שלום אסתר.? Das kann ja kein Schreibfehler sein. —

ולשלום ג׳. 1) 2 S. 11, 7.

שלומך ג׳ ב׳ חסר וא׳ מלא. Jes. 48, 18. Jer. 38, 22.
Ob. 7. Mf. של 48. (S. Mp. Jer. l. c.)

ושלמת ג׳ חסר בלישן (שלמי, השלם, ושלמת).
Ps. 91, 8. Mf. של, 53.

זבח שלמים. S. זבח

שלם

שלמה ד׳ בלישן בתורה וכל קריא דכו׳ שלמה במ״ו שמלה וישעי׳. Ex. 22, 9. Mf. של, 33. Deut. 10, 18.
24. 13. (S. מ״ש Deut. 29, 4.) 2)

שלמות ב׳ חסרים בלישן. Mf. של, 39. (S. שמל u. מ״ש
Neh. 9. 21.?) 3)

ושלמות ד׳ מלא בלישן. Jos. 9, 5. (S. Deut. 10, 18.)

שלף

שלפה ג׳ וכו׳. 4) Num. 22, 31. Mf. של, 55.

שלש

(כ״י האמבורג: ושלשת ב׳ וסי׳ ושלשת את גבול ארצך
אשר, ושלשת תרד מאד).

שלוש ה׳ מלא בתורה. Num. 22, 32. Deut. 19, 2.
Ez. 41, 6. Mf. של, 57. (S. מ״ש Job 1, 2, 33, 29.) 5)

שלושה ד׳ מלא בנביאים וכל אסתר דכו׳. Jos. 15, 14.
כל סיפרא מלא וכל Mf. של, 57. (S. Est. 9, 1.
שאר קריא חסרים במי״ו מלא וסי׳ נמסר במס׳
רבתא וכו׳.) 6)

בשלושה ב׳ א׳ מלא וא׳ חסר. Mf. של, 61. (S. מ״ש
1 Chr. 11, 20.)

שלושת ימים. S. יום

שלשים כלם חסר וי״ו במ״ד (ב׳ שלושים וב׳ השלושים). Num. 7, 25. 7, 66. 31,*40. Est.*4, 11.
Mf. של, 64. 7)

שלשים באמה ד׳. S. אמה

כשלשים איש. S. איש

שלישי, השלישי כל׳ מלא במ״ג חסר וכל ד״ה דכו׳ במ״ז (מלא). Ex. 19, 11. Num. 7, 24. 1 S. 17, 13.
1 Chr. 23, 20. Mf. של, 59. ?

---

1) Das ג׳=3 ist falsch u. es muss ב׳=2 sein, wie es auch Mp. 2 Reg. 10, 13. richtig angiebt. S. Abth. 2. א״ב מן ב׳ ב׳ und או״א, 58, wo es zu den ב׳ ובפסוק ובחד פסוק gezählt wird. — Aber auch der als dritte Stelle angeführte Vers (ולשלום הגבירה) findet sich nicht. Der Irrthum ist wahrscheinlich entstanden aus 2 Reg. l, c., wo es לשלום בני המלך ובני הגבירה heisst. — Vielleicht ist es eine Verwechselung mit ולשלום, das 3 M. vorkommt, s. diesen Art. —

2) S. Mf. l. c., wo das ה׳=5 unrichtig ist; es muss ד׳=4 sein. — S. unten Bemerkung zu שמלה.

3) Das ב׳ חסרים בליש׳ steht im Widerspruch mit Ex. 3, 22., wo es ausdrücklich heisst: וכל למ״ד דקדים למ״ם מלא במ״ג, also 3 def? Ebenso Deut. 10, 18, wo die def. angeführt sind. Es fehlt Neh. 9, 21. S. auch מ״ש daselbst.

4) Die Angabe ist uncorrect und muss lauten: ג׳ מלאים וסי׳ וכו׳ וחד חסר; die drei aufgezählten sind plene Waw; das def. ist Num, 22, 31. — So hat auch Mpt. Hamb. ג׳ מלאים וסי׳ וכו׳ und zählt die drei angeführten auf. — Im Ganzen sind es vier.

5) In der Angabe muss entweder das בתורה gestrichen, oder es muss ובנביאים hinzugefügt werden; denn von den 5 Stellen sind 3 im Pent. (s. רמ״ה s. rad.) und 2 in den BB. der Proph. — In den Hagiogr. ist es immer plene, wie die Mass. schliesst; וכל כתובים דכו׳ מלאים. —

6) Fassen wir die angeführten Angaben zusammen, so ist, besonders nach Esth. 9, 1. diese Form im B. Esth. immer plene Waw; in den anderen BB. aber immer def. mit Ausnahme von 16 Stellen, in denen es plene ist. Von diesen 16 sind 4 in den Proph., wie oben angegeben; es bleiben demnach 12 für die Hagiogr. (ausser Esth.), oder besser für die BB. d. Chr., nach Mp. zu den verschiedenen Stellen in Chr., wo manchmal י״ך (=12 und 4 —) und manchmal י״ב מל׳ בסיפרא angegeben wird. Diese 12 sind aber nirgends aufgezählt; Heid. hat sie, nach Angabe der Mp. zu den betreffenden Stellen zusammengestellt, ausser einer St. (1 Chr. 23, 23.), bei welcher die Mp. nichts bemerkt, die aber nach den ältesten Ausgaben plene ist. — Sie mögen hier folgen: שלושה, 5 M. (1 Chr. 2, 3. 11, 15. 12, 39. 23, 23. u. 2 Chr. 20, 25.) השלושה, 4 M. (1 Chr. 11, 20. 11, 21. [2 M.] u. 11, 25. בשלושה, 2 M. (1 Chr. 11, 12. u. 11, 24.) בשלושה, 1 M. (1 Chr. 11, 20.) S. Mf. של, 61. 2 Chr. 4, 4.!

7) D. h. 4 M. kommt diese Plur.-Form plene Waw nach dem Lamed vor, und zwar 2 M. שלושים und 2 M. השלושים. — Was aber die plene-Form des Jod. plur. nach dem zweiten Schin betrifft, so ist diese immer plene mit Ausnahme einer St. 1 S. 9, 22. — S. Num. 7, 66. wo, nach der Bemerkung zu העשירי hinzugefügt ist: וכל רבוי מנין מלאים במ״א חסר וסי׳ והמה כשלשם איש (1 S. 9, 22.), was gar nicht zu der betreffenden Bemerkung gehört? — Es scheint mir, als gehöre dieser Zusatz zu V. 25., wo von שלושים die Rede in Beziehung auf das Waw ist und nun hinzugefügt wird: וכל רבוי מנין וכו׳ d. h. in Beziehung auf das Jod des Plur. — S. Mp. zu 1 S. 9, 22., wo zu כשלשם bemerkt wird: לי׳ חסר, das sich auf das Jod beziehen muss, da es in Betreff des Waw ja stets def. ist, wie oben bemerkt.

וּשְׁלֹשִׁים ב׳ באוריתא· Gen. 6, 16. Num.*2, 24.

שְׁלִשִׁיָּה ג׳ (ב׳ חסר וחד מלא)· Jes. 15, 5. Jer. 48, 34. Mf. של, 64. (S. מ״ש Jer. l. c.)

שְׁלִישִׁתָה ג׳ כ״כ בלישנא· (S. מ״ש ibid.) E5. 21, 19.

שְׁלִישִׁית מלא וחסר ומלא דמלא· Num. 15, 7. *28, 14. Deut.*26, 12. 2 S. 18, 1. 1 Reg. 6, 6. Jes. 37, 30. Mf. של, 58 und 60. (S. מ״ש Num. l. c. 1 S. 3, 8. 2S. 18, 2. 2Reg. 11, 5 u. 6. Zach. 6, 3. 13, 8. 1)

שְׁלִשִׁים ה׳· Mf. של, 62.

שִׁלְשׁוֹם ב׳ מלאים בתורה וכל נביאים וכתובים דכו׳ במ״ד חסר· Gen. 31, 2. Deut. 19, 6. 1 S. 21, 6. 2 S. 3, 17. Mf. של, 56. (S. ausf. 2 Reg. 13, 5. מ״ש Gen. l. c. Jos. 3, 4. 4, 18. 2)

תְּמוֹל שִׁלְשֹׁם· תְּמוֹל S.

כִּתְמוֹל שִׁלְשֹׁם· תְּמוֹל S.

וְשָׁלִשֵׁם לית חד״ח· (S. מ״ש ibid.) Ez. 14, 7.

שמה

קְרָא שֵׁם· קרא S.

וְאֵת שֵׁם ד׳· Num. 17, 18. Ez.*20, 39. Mf. שם, 2.

שֵׁם שֵׁם ב׳ דסמיכי· Gen. 11. 10.

שֵׁם ו׳ פתחין· Gen. 16, 15. 21, 3. 1 Reg. 16, 24.! Ez. 39, 16. Prov.*30, 4. Mf. שם, 11.

וְשֵׁם י״ג ר״פ· Gen. 2, 13. Num. 25, 14. 26, 46.? Jos. 14, 15. 1 Chr.*2, 29. Mf, שם, 6.

ז׳ פסוקים וְשֵׁם · · · וְשֵׁם· פסוקים S. Abth. 2.

וְשֵׁם אֵשֶׁת ג׳ ר״פ· (3 1 Chr. 2, 29.

וְשֵׁם הָאֶחָד ג׳· Ex. 18, 4. 1 S.*14, 4. Mf. שם, 13.

וּבְשֵׁם י״י· הויה S.

כְּשֵׁם ד׳· Gen. 4, 17. Jos. 19, 47. 1 S. 7, 9. Mf. שם, 3.

וּלְשֵׁם ד׳· Gen. 10, 21. Zeph.*3, 19. Mf. שם, 1.

כְּשֵׁם לית כתיב כ׳ וחד בְּשֵׁם· Dan. 4, 5.

י״י שְׁמוֹ ו׳· הויה S. Abth. 2.

וַיִּקְרָא שְׁמוֹ· קרא S.

וַתִּקְרָא אֶת שְׁמוֹ י׳· קרא S.

לָשׂוּם אֶת שְׁמוֹ· שום S.

וּבִשְׁמוֹ ג׳· Mf. שם, 9.

שְׁמוֹת ט׳ מלא וכו׳· Gen. 2, 20. 26, 18. Num. 1, 5.? Mf. שם 5.? (S. מ״ש Num. 1, 17. ausführlich und 26.) 4)

שְׁמֹת ג׳ חסר· Ex. 28, 11. 39, 14. Mf. שם, 5.

אֵלֶּה שְׁמוֹת ה׳ ר״פ· Num. 34, 17. (S. Ex. 1, 1. Umschrift.) 5)

---

1) Wenn wir die Angaben der verschiedenen angeführten Stellen zusammenfassen, so ergiebt sich folgendes Resultat: 1) in der Regel ist diese Form def. des ersten Jod's und plene des zweiten. 2) an 9 Stellen ist sie doppelt plene Jod, wie sie zu Num 15, 17. angeführt sind: (1 Reg. 6, 6. ibid. 18, 1. 22, 2. 2 Reg. 19, 29. Jes, 37. 30. Ez. 5, 12. 46, 14. Job 42, 14. Neh. 10, 33.). 3) 4 M. ist sie plene des ersten Jod's und def. des zweiten (Num. 28, 14. Deut 26, 12. 1S. 3, 8. Ez. 21, 19). 4) 2 M. doppelt def. Jod (2 S. 18, 2. Ez. 5. 12.) Wenn Num. 15, 7. bemerkt ist: בר מן ב׳ דכתיב שלישת, so fehlt das. „בתורה" denn im Ganzen sind es 4. s. Nr, 3. — Ebenso ist das וג׳ כתיבין שלישת das. und Ex. 21, 19. und Mf. l. c. unrichtig und muss וד׳=4 lauten, wie oben angegeben, s. Num. 28, 14. — Uebrigens ist das ד׳ כתי׳ שלישת, nur als בלישנא zu verstehen, da sie nur in ähnlicher Form (= בלישנא) so geschrieben sind. —

2) Die richtige Angabe ist Gen. l. c. ב׳ מלאים בתורה וכו׳ וכל נביאים וכתובים דכו׳ במ״ד חסר; die anderen Angaben und verschiedene Ausgg. z. B. Jos. 3, 4. und 4, 18. müssen danach berichtigt werden. —

3) ג׳ ר״פ ist die richtige Leseart. Aber ג׳ דסמיכי ist unrichtig, da auch Gen. 11, 29. ושם אשת נחור vorkommt. —

4) Wenn Gen. 2, 20. hinzugefügt wird: וכל אנ״ך דכו׳ מלא במ״ג, so ist das unrichtig, denn 1) ist ja von אוריתא d. h. dem Pent. (was das א׳ bezeichnen soll) schon gesprochen. — 2) נ׳ = נביאים = Proph., aber in den BB. der Proph. kommt das Wort gar nicht vor? — St. וכל אנ״ך muss es heissen: וכל שְׁמוֹת (d. h. das Schin mit Schwa) ist gleichfalls immer plene ausser drei Stellen, in denen es def. Waw ist, wie angeführt. — S. auch Art. שְׁמוֹת· —

5) D. h. diese Verbindung (ohne Waw vor אֵלֶּה) kommt nur 5 M. in der Bibel vor und zwar am Anfang des Verses (ר״פ), 4 M. im Pent. und 1 M. in den Proph. (2 S. 23, 8.). S. Ex. 1, 1. Umschrift. — Wenn es hier heisst: וכל ואלה שמות דכו׳ במ״ד, so muss dafür במ״ה gesetzt werden, s. Num. 34. 17. — Allerdings kommt es im Pent. nur 4 M. vor; da aber 2S. 23, 8. mitgezählt wird, so muss sich die Angabe auf die ganze Bibel beziehen und alsdann sind es 5 = ה׳·

וְאֵלֶּה שְׁמוֹת י׳ בתורה׳ (1. 4, שמ? .117 ,אל Num. 1, 5. Mf.

שְׁמוֹתָם ב׳ מלא בתורה׳ Gen. 25, 13. מ״ש Ex. 28, 12. (S. u. Ex. l. c.)

שָׁמַיִם

ז׳ זוגין דשָׁמַיִם וחדא מלה חד לא נסיב ה׳ וחד נסיב ה׳ Deut. 11, 21. Mf.* 46. ,שמ? (S. Mf. 11. ,ה׳ 3.) ,א״וא 2)

וְשָׁמַיִם ד׳ Gen. 2, 4. Jes.*40, 12. Mf. 50. ,שם

אֶרֶץ וְשָׁמָיִם ב׳ Gen. 2, 4.

הַשָּׁמָיִם לית פתח באתנח׳ Ps. 148, 1.

הַשָּׁמַיִם וּשְׁמֵי הַשָּׁמַיִם ג׳ Deut. 10, 14. Mf. 51. ,שם

אֱלֹהֵי הַשָּׁמַיִם׳ אלה S.

אֶת הַשָּׁמַיִם וְאֶת הָאָרֶץ י״ג׳ Ex. 20, 10. Deut. 30, 19. 4. 26. Hag.*2, 22. 2 Chr.*2, 12.

וְהַשָּׁמַיִם ב׳ Zach. 8, 12.

הַשָּׁמַיְמָה י״א׳ Gen. 45. 5, Ex. 9. 8. Deut. 4, 19. 30, 12. Jos. 8, 20. Jud. 20, 40. 2 Chr. 6, 13. Mf. 48. ,שמ

שָׁמֶיךָ ג׳ (ומלא)׳ Ps. 8, 4. Mf. 49. ,שם

שמם

שְׁמֵמָה ג׳ ב׳ חסרים׳ (S. Jes. 54. 1. מ״ש) Mf. 68. ,שם

תֵּשָׁם ב׳ וכו׳ ישם Gen. 47, 19. S.

וַהֲשִׁמֹּתִי ג׳? (3 Lev. 26, 31. Mf. 67. ,שם

הֲשַׁמָּה ג׳ Mf. 69. ,שם

וָאֶשְׁתּוֹמֵם לית מלעיל וחד מלרע׳ Dan. 8, 27. (S. Mf. 1. ,וא׳ 47.) ,או״א

לְחָרְבָּה לְשַׁמָּה׳ חרב S.

לְחָרְבָּה לִשְׁמָמָה׳ חרב S.

וּשְׁמָמָה ד׳ (4 Mf. 66. ,שם

שַׁמּוֹת ג׳ בקריא׳ Ez. 36, 3. Ps. 46, 9. Mf. 91. ,שם

שמד

הִשְׁמִדְךָ ה׳ חסר בלשון השמדה׳ Deut. 7, 24. Jos. 11, 14. Mf. 53. ,שם

וּלְהַשְׁמִיד ד׳ Jos. 9, 24. Deut. 28, 63. Mf. 52, ,שם

שמח

שָׂמֵחַ ג׳ Ps. 16, 9. 105, 38. 1 Chr. 29, 9.

שְׂמֵחִים ד׳ 1 Reg. 8, 66. Mf. 63. ,שם

הַשְּׂמֵחִים ג׳ בקריא׳ Am. 6. 13. Prov.*2, 14.

וְלִשְׂמוֹחַ ב׳ א׳ מלא וא׳ חסר׳ (5 Koh. 5, 18.

S. weiter unten וכל נביאים ר״פ ואלה וכו׳, wo 2 S. 23, 8. wieder gezählt wird zu den 7, die אֵלֶּה am Anfang des Verses haben in den BB. d. Proph. —

1) D. h. diese Verbindung kommt 10 M. im Pent. vor und zwar am Anfang des Verses; in den anderen BB. ebenfalls am Anfang des Verses. Ueber אֵלֶּה שְׁמוֹת (ohne Waw vor אֵלֶּה) s. vor. Anmerkung. S. Mf. אל. 118., wo das שְׁמוֹת fehlerhaft ist; die Angabe bezieht sich nur auf das Wort וְאֵלֶּה. —

2) Deut. l. c. und Mf. l. c. ed. Bomb. haben: ז׳ זוגין = 7 Paare etc., was aber nicht richtig ist, indem das daselbst aufgeführte ויגידו שמים (Ps. 50, 6.) und ויגידו השמים (Ps. 97, 6.) nicht hierhin gehört, da es Ps. 97, 6. nicht ויגידו, sondern הגידו heisst, s. Mp. ה׳, 12. י״ד זוגין וכו׳. — Aber auch das אל שמים (Deut. 32, 40.) ואל השמים (Jer, 4, 23) gehört nicht hierher, indem das zweite nicht אֶל, sondern וְאֶל (mit Waw) hat, also nicht מלה חדא nach der Angabe? — Mf. ה׳, 11. und או״א, 3. geben nur 5 = ה׳ von שמים und השמים an und lassen das mit אֶל aus. — Streng genommen sind es nur ה׳ זוגין; jedenfalls ist aber das ז׳ = 7 mit Buxt. in ו׳ = 6 zu verändern. — אֶל הַשָּׁמַיִם kommt 4 M. vor, wesswegen auch diese Verbindung gar nicht zu unserer Angabe passt, da letztere nur von solchen spricht, die 1 M. ohne und 1 M. mit He vorkommen. Heid. führt aus einer Handschrift Folgendes an: אֶל הַשָּׁמַיִם ד׳ וסי׳ ושמעת אל תחנת דמלכים (1 Reg. 8, 30.)׳ כי נגע אל השמים (Jer. 51, 9.)׳ יקרא אל השמים (Ps. 50, 4.)׳ וירם ימינו ושמאלו אל השמים (Dan. 12, 7.). — In Ps. 50 (Deut. 32, 40.) וחד כי אשא אל שמים ידי (Jer. 4, 23.)׳ וחד ואל השמים, ראיתי את הארץ wird daselbst angegeben אֶל הַשָּׁמַיִם ו׳ וסי׳ u. s. w., wozu Heid. bemerkt: ושתי המסורות נכונות ומאן דמסר ד׳ לא אשתבש ומאן דמסר ה׳ מנה עמהם חד וְאֶל ומאן דמסר ו׳ מנה עמהם עוד חד אֶל שָׁמַיִם בלא ה״א, וכן דרך בעל המסרה לכלול ולפרוט׳ — עכ״ל רו״וה׳

3) Richtiger ist ב׳ מלא, wie es Mp. zu Ez. 32, 10. hat; das zu Lev. 26, 32. ist def. Waw.

4) Warum ist nicht Zeph. 2, 9. mitgezählt? Es sind 5 = ה׳?

5) Wenn Mp. zu Koh. 8, 15. bemerkt ג׳ חד חסר, so bezieht sich das auf das Buch Koh., in welchem der Inf. 3 M. vorkommt, 2 M. mit und 1 M. ohne Waw copulat.; aber die Form mit Waw copulat. von welcher unsere Angabe spricht, kommt nur 2 M. vor, 1 M. plene und 1 M. def. Waw nach dem Mem. —

שְׂמַח ב׳ וכו׳ וחד וּשְׂמַח· Deut. 33, 18. Prov. 5, 18.
Koh.*11, 9. S. Mf. ר׳, 6. אר״א, 13.

וְיִשְׂמְחוּ ה׳ רפין· Mf. שם. 58.

וַיִּשְׂמָחוּ ג׳ קמץ· 1 S. 11, 9. Mf. שם, 60.

וְנִשְׂמְחָה ד׳ בקריא· Jes. 25, 9. Mf. שם, 59.

שְׂמֵחָם ג׳· Mf. שם, 62.

יְשַׂמַּח ד׳· Ps. 104, 15. Prov. 10, 1. 15, 20. 27, 9. Koh. 10, 19.
Mf. שם, 57. (S. מ״ש Ps. l. c.)

הַשִּׂמְחָה ג׳· Koh. 8, 15. Mf. שם, 56.

וּלְשִׂמְחָה ג׳ בקריאה· Jud. 16, 23. Zach.*8, 19. Koh.*2, 2.
Mf. שם 55.

שמל

שִׂמְלָה· 1) S. שַׂלְמָה

שְׂמָלֹת כל מ״ם קדים ללמ״ד חסר וכל למ״ד קדים למ״ם מלא במ״ג· Ex. 3, 22. Deut.*10, 18. 24, 13.
Jos. 7, 6. Mf. שם, 64. (S. Ex. 22, 9.)

וּמִשְּׂמֹאלָם ג׳ (ב׳ חסר וא׳ מלא [וי״ו])· Ex. 14, 22.
Mf.*שם, 10 und 42. (S. מ״ש Num. 20, 17. 2)

שמן

וְאֵת שֶׁמֶן ד׳· Ex. 31, 11. 35, 14. 39. 37. 2 Reg. 20, 13.
Mf. שם, 74.

וְשֶׁמֶן ו׳· Ez. 16, 13. Prov. 21, 20. Mf. שם. 72.

בְּשֶׁמֶן ו׳ רפין· Ex. 29, 40. Num. 7, 43. 35, 25. Est.*2, 12.
Mf. שם, 73.

כַּשֶּׁמֶן ב׳· Ez. 32, 14.

(מִשַּׁמְנָהּ לית כותי׳. כ״י המבורג. Lev. 2, 16.)

וּמִשַּׁמְנָהּ ג׳ וא׳ שַׁמְנָהּ· Lev. 2, 2. Mf. שם, 71! (S. Mf. ר׳,
9. אר״א, 16.)

שָׁמֵן ד׳· Mf. שם, 70.

הַשְּׁמֵנָה ב׳ בב׳ לישן וא׳ וְהַשְּׁמֵנָה· Num. 13, 20.
Ez. 34, 16. (S. Mf. ר׳, 6. אר״א, 13 u. 59.

(מִשְׁמַנֵּי לית וא׳ וּמִשְׁמַנֵּי· S. Gen. 27, 28.!

שְׁמוֹנֶה ג׳ מלא בנביאים וכל ד״ה דכו׳ מלא· Jud. 3, 14.
Jer. 52, 29. Ez. 40, 31. Mf. שם, 42. (S. מ״ש
1 Chr. 12, 24.) 3)

שְׁמוֹנָה ג׳ מלא וכל ד״ה דכו׳ מלאים וכו׳· 2 S. 8, 13.
Koh.*11, 2. Mf. שם, 43.

שְׁמֹנַת כל שְׁמֹנַת, וּשְׁמֹנַת חסר במ״א· 2 S. 8, 13.
Koh. 11, 2.

שְׁמוֹנִים ו׳ מלא (בלישן)· Gen. 5, 25. Jos. 14, 10.
Jud.*3, 30. 1 Reg.*6, 1. 2 Reg.*19, 35. Ps. 90, 10.
Mf. שם, 45. (S. מ״ש Gen. l. c. Jos. l. c. und
Anmerkung. 2 Chr. 2, 1.) 4)

שְׁמִינִי כל׳ מלא· Num. 7, 24.

בַּיּוֹם הַשְּׁמִינִי ג׳ ר״פ וכל אמצעותא פסוק דכו׳ בַּיּוֹם הַשְּׁמִינִי במ״ב וביום השמיני· Num. 7, 54.
1 Reg. 8, 66. Mf. ין, 18.

שמע

שמע כל לישן אֶל במי״ב עַל· 2 Reg. 20, 13. Jer. 26, 5.
Ez.*27, 30. Am.*3, 9. Mf. שם, 82, (S. מ״ש
2 Reg. l. c.) 5)

כ״ה בלשון שמיעה דכל חד לית דכו׳· 6) Mf. שם, 108.

שמע לְקוֹל י״ז· Gen. 16. 2. Ps.*58, 6. 81, 14.? Mf. קן, 9.
Anmerkung.

---

1) Die Angabe Deut. 10, 18. ist durch falsche Abtheilung und Schreibfehler uncorrect. Aus einer von Heid. angeführten Handschrift ist sie leicht zu verbessern; sie lautet: וכל שאר קריא דכו׳ במ״ו וסי׳ ויקרע יהושע (Jos. 7, 6.)· ויפרשו את השמלה (Jud. 8, 25.)· לוטה בשמלה (1 S. 21, 10.)· וירחץ ויסך (2 S. 12, 20.)· מי עלה שמים (Prov. 30, 4.)· ורחצת וסכת (Ruth 3, 3.), וישעיה· — Das וישעיה ist s. v. a. und im ganzen B. Jes. kommt es immer gleichfalls שמלה (d. h. Mem vor dem Lamed) vor. —

2) S. M. marg. Deut. 2, 27. und 17. 11. Die erste Stelle lautet: שמאול, ושמאול כל קריאה (חוץ מאוריתא) מלא במ״ד חסר וכל בראשית דכו׳ חסר· — Da nun die 4 def. in den übrigen BB. der heil. Schrift nirgends angegeben sind, so hat Heid. sie durch Aufsuchen folgendermassen angegeben: אל כבול משמאל (Jos. 19, 27.)· ועל השמאל (2 S. 2, 19.)· וחמש משמאל (1 Reg. 7, 49.)· והם על שמאל (Jes. 9, 19.) — Im Pent. ausser Genesis — wo es immer def. ist — ist es an 5 Stellen plene Waw, s. רמ״ה s. rad. auch מ״ש Num. 20, 17. — Uebrigens erscheint obige Angabe der M. marg. sich nur auf שמאול und ושמאול zu beziehen, aber nicht auf die anderen Formen dieses Wortes. —

3) Wenn Jer. 52, 29. angegeben ist: בשנת וכו׳ תנינא דפסוק, so ist das unrichtig und muss vielmehr lauten קדמא דפסוק, wie es auch Mp. das. richtig angiebt; s. auch Jud. l. c. Auch die besseren Ausgg. haben es richtig. —

4) Gen. l. c. ist irrthümlich Gen. 5, 25. angeführt; es ist vielmehr ibid. 26., wie es Jud. 3, 30. ausdrücklich heisst: מציעת׳ דמשותלח· S. מ״ש u. ש״ש daselbst. —

5) Wenn Mp. oft י״א = 11 angiebt, so zählt sie wahrscheinlich Jer. 6, 7. nicht mit, weil noch בָּהּ vor עַל פָּנַי steht? — oder sie liest 2 Reg. 20, 13. וישמח s. מ״ש das.

6) Das כ״ה = 25. ist nach ed. Buxt. angeführt; ed. Bomb. aber hat כ״ו = 26, während nur 25 gezählt werden, was auch wahrscheinlich Buxt. veranlasst hat, statt כ״ו zu setzen כ״ה. — Es sind aber richtig 26 und fehlt בְּשֵׁמַע

לֹא שָׁמַע ה׳ דסמיכי בקריא (ושארא וְלֹא שָׁמַע)·
1 S. 14, 27. 1 Reg. 12, 16. Prov.*13, 1. Mf. שם, 80.

שָׁמַעַתְּ ד׳· 1 Reg. 1, 11. Mf. שם, 83.

שָׁמְעוּ ג׳ ר״פ· Ex. 15, 14. Jer. 46, 12. Mf, שם, 103.

לֹא שְׁמַעְתֶּם ג׳ דסמיכי· Jer. 34, 17. Mf. שם, 86.

שָׁמֵעַ ד׳· Jer. 36, 13. Ps.*22, 5. Mf, שם, 99.

וְשֹׁמֵעַ ד׳ וחסר· 1) Prov. 12, 15. Mf. שם, 89.

הַשֹּׁמֵעַ ד׳ Gen. 21, 6.

שֹׁמַעַת ו׳ ה׳ פתחין וחד קמיץ· Gen. 18, 10. 27, 5.
Prov.*15, 32. 20, 12. Mf. שם, 100.

שָׁמֹעַ ה׳ חסר וכו׳· Ex. 22, 23. Deut. 1, 16.? 1 S. 23, 10.
Mf. שם, 91.? (S. מ״ש Ex. 19, 5. Deut. l. c.) 2)

שָׁמוֹעַ י״א ד׳ מנהון מלא· Num. 30, 19. Jer.*19, 15.
Dan.*9, 11. Mf. שם, 94. (S. Deut. 17. 12. מ״ש ibid.)

לִשְׁמֹעַ כל׳ חס׳ במ״ד· Lev. 26, 21. 2 S. 22, 45. Jer. 11, 10.
Mf. שם, 93. 3)

מִשְּׁמֹעַ ד׳ חסר· Koh. 1, 8. Mf. שם, 92.

כְּשָׁמְעֲכֶם ג׳· Deut. 4, 23. Mf. שם, 104.? (S. י״א מלין
או״א כתי׳ ב׳ וכו׳, 149.)

שָׁמְעוּ ט׳ ה׳ בפ׳ נדרים וד׳ וסי׳· Jos. 6, 27. 9, 9.
Mf. שם, 1[illegible]1.

בְּשָׁמְעוֹ ג׳· Ex. 16, 7. Mf. שם, 78.

שְׁמַע אֱלֹהֵינוּ· אלה S.

וּשְׁמַע ה׳ קמצין (וג׳ שְׁמַע, כ״י האמבורג)· Num. 23, 22.
2 Reg. 19, 16. Dan.*9, 18. Mf. שם, 102. (S. מ״ש
Num. l. c.) 4)

וְשִׁמְעוּ ו׳ בקרי׳· 5) Jer. 26, 13. Mf. שם, 90.

שְׁמָעוּנִי ג׳· 6) Gen. 23, 8. Mf. שם, 106.

וְלֹא תִשְׁמַע ד׳ דסמיכי· Deut. 13, 8. Jer.*5, 15. Hab. 1, 2.
Mf. שם, 85.

יִשְׁמָע ב׳ קמצין (וכל אס״ף דכו׳)· Ez. 3, 27. (S. Num.
1, 1. — י״ו זוגין או״א, 25.)

וְלֹא יִשְׁמַע ד׳· Ex. 7. 4. Jos. 1, 18. Jes. 42, 20. Mf. שם, 81.

וַיִּשְׁמַע ב׳ בטעם ב׳ גרשים· טעם S.

וְיִשְׁמַע ג׳ רפין· Jud. 9, 7. Mf. שם, 79.

וְנִשְׁמַע ג׳ ב׳ פתחין וא׳ קמיץ· Ex. 24, 7. 28, 35.
Est.*1, 20. Mf. שם, 95.

וְנִשְׁמָע ג׳· Mf. שם, 96.

תִשְׁמְעוּן ו׳· Deut. 7, 12. 8, 20. Dan.*3, 5. 3, 15. Mf. שם, 97.

תִשְׁמָעוּן ב׳ קמצין· Mf. שם, 98.

וְלֹא יִשְׁמְעוּ ד׳· Ex. 4, 8. 1 S. 2, 25. Jer. 7, 27. Mf. שם, 87.

(Ex. 16, 8.) s. Mp. daselbst. — Uebrigens ist diese Angabe unvollständig, indem es mehr als diese 26 giebt. — Einige sind als לית angeführt, d. h. mit Sakef, z. B. אֶשְׁמַע etc.

1) Muss wohl, wie Heid. bemerkt, ד׳ ג׳ חסר וא׳ מלא heissen, denn Prov. 15, 32 ist plene Waw nach Mp. zu Prov. 21. 28.

2) Das ובמ״א נמסר ההוא דתריסר will sagen, dass statt והיה אם שמע תשמעון, דירמי׳ die andere Leseart דזכרי׳ angiebt (Zach. 6, 15.); auch muss 1 S. l. c. es heissen: וג׳ אחרים ואל תבינו וכו׳. — Wegen der Unklarheit der Angaben zu שָׁמֹעַ und שָׁמוֹעַ möge hier eine St. aus einem Mpt., welches Heid. anführt, folgen: שָׁמוֹעַ ה׳ חסרים וסי׳ אשמע צעקתו Ex. 22, 23. שמע בין אחיכם Deut. 1, 16. והיה אם שמע Deut. 11, 13. שמע שמע עבדך 1 S. 23, 10. והיה אם שמע תשמעון אלי Jer. 17, 24. וכל שָׁמֹעַ דכו׳ חסר במ״ד מלא וסי׳ ולא אבוא שמוע Jes. 28, 12. כי עם מרי הוא Jes. 30, 9. פשחור Jes. 19, 15. וסור לבלתי שמוע בקולך Dan. 9. 11.

3) Ein Mpt. bei Heid. lautet so: לִשְׁמֹעַ כלם חסר במ״ד וסי׳ לשמוע אזן 2 S. 22, 45. לשמוע אל התפלה 2 Chr. 6, 20. אשר מאנו לשמוע Jer. 11, 10. העם הזה הרע ibid. 13, 10.

4) Wenn es 2 Reg. 19, 16 und Mf. l. c. heisst: ה׳ זקפין קמצין, so ist das nicht richtig, denn das dazu gehörige Dan. 9, 18. hat Segol und gehört zu כ״ב קמצין בסגולת Lev. 2, 13. — Mpt. Hamb. Jes. 37, 17. fügt hinzu: וג׳ שְׁמַע קמיץ וסי׳ קח בלבבך (Ez. 3, 10.), וידבר אלי (זה השלחן) האיש בן אדם, כצ״ל (Ez. 40, 4.), ויאמר י״י אלי בן אדם שים לבך וראה בעיניך (Ez. 44, 5.)·

5) Heid. bemerkt, dass es eigentlich ז׳ = 7 sind, indem Ez. 33, 30. in den Ausgg. und Handschriften וְשִׁמְעוּ gelesen wird. Jedenfalls ist aber auffallend, wenn es וְשָׁמְעוּ (Mem mit Kam.) hiesse, warum es nicht gezählt ist zu תרין וא׳ וחד א׳? Freilich bleibt dieselbe Schwierigkeit, wenn es וְשִׁמְעוּ gelesen wird, warum nicht וְשָׁמְעוּ zu חד א׳ וחד וא׳ gezählt wird?

6) Diese Angabe ist unverständlich, da diese Form mehr als 3 M. vorkommt und zwar immer plene Waw? — Die Mp. ist richtiger, wenn sie bemerkt: לי׳ (בתורה) וכל ד״ה דכו׳, denn es kommt nur 1 M. im Pent. vor, die übrigen Stellen befinden sich in den BB. der Chr.

26

יִשְׁמְעוּן ה׳. Deut. 2, 26. *3, 6. 1 Reg. 8, 42. Mf. שם, 76.

וְהַקּוֹל נִשְׁמַע ב׳. (S. קול) Gen. 45, 16.

נִשְׁמַע ד׳ קמצין (בלא אס״ף). Jer. 3, 21. 31, 15.

וְנִשְׁמַע. S. oben, Kal.

יִשָּׁמַע י׳ וא׳ וַיִּשָּׁמַע. Ex. 23, 13. Jes.*60, 18. Jer. 6, 7. Job*37, 4. Mf. שם, 75.

שֵׁמַע ה׳. Gen. 29, 13. Ex. 23, 1. Mf. שם, 105. (S. מ״ש 2 Chr. 9, 1.)

שְׁמֻעָה ה׳ חסר בלישן שמועה. 2 S. 13. 30. Mf. שם, 87.

שְׁמוּעַת ג׳ חסר בלישן. 2 S. 4, 4. Dan. 11, 44. Mf. שם, 88. 1)

שמץ

שֵׁמֶץ ב׳. 2) Job 26, 14.

שמר

שָׁמְרָה ב׳ גרשים בסיפרא. S. ש, טעם

שָׁמְרוּ ה׳ קמצין וחד וְשָׁמְרוּ. Num. 9, 23. Jer.*16, 11. Am. 2, 4. Mf. שם, 109,

שׁוֹמֵר י׳ מלא. 1 S. 17, 22. Ps. 145, 20. Prov. 10, 17. 22, 5. Koh. 8, 5. Mf. שם, 110.

שָׁמוֹר ג׳ מלא בתורה וב׳ חסר. Deut. 5, 12. 16, 1. 3a)

שְׁמוֹר ג׳ מלא בלישן יחידאין. 2 S. 11. 16.? Mf. שם, 112. (S. מ״ש Job 14, 12.) 3b)

לִשְׁמוֹר ח׳ מלא. 2 S. 16, 21. 1 Reg. 11, 38. Koh. 3, 6. Mf. שם, 111. (S. מ״ש 2 S. 20, 3.) 3c)

תִּשְׁמוֹר ד׳ מלא בלישן. Job 22, 15. (S. שָׁמוֹר u. מ״ש Job 14, 12.) 3d)

תִּשְׁמְרוּן ה׳. 4) Mf. שם, 116.

וַיִּשְׁמְרוּ ב׳ דגשים. Ps. 59. 1.

וְנִשְׁמַרְתֶּם ה׳. Deut. 4, 15. Jos. 23, 11. Mal.*2, 15. Mf. שם, 113.

בְּמִשְׁמַר ג׳ פתחין. Gen. 40, 3.

וְאֶת מִשְׁמֶרֶת ג׳ (צ״ל ד׳). 5) Num. 3, 7.

מִשְׁמַרְתּוֹ ג׳. Mf. שם, 114.

שמש

מִזְרְחָה הַשֶּׁמֶשׁ. S. זרח

כַּשֶּׁמֶשׁ לית וחד בַשֶּׁמֶשׁ. Ps. 89, 37. (S. Mf. א״ב, 20. או״א, 4.)

שנן

שִׁנַּיִם ב׳. Am. 4, 6.

שְׁנוּנִים ג׳. Ps. 45, 6. *120, 4. Mf. שן, 15.

וְלִשְׁנִינָה ד׳. Deut. 28. 37. Mf. שן, 16.

שנא

שָׂנֵא ה׳ (ב׳ מנהון בנביאים). Deut. 16, 22. Mf. שן, 1. und 3.

וּשְׂנֵאָה ב׳ א׳ ר״פ וא׳ ס״פ. Deut. 22, 13. (S. כ׳ זוגין או״א, 90.)

שָׂנֵא ד׳ חסר בקריא וכל אוריתא דכו׳ חסר. Deut. 19, 6. Jes. 60, 7. Mf. שנ, 2. (S. מ״ש Prov. 11, 15.)

שֹׂנַאֲךָ ב׳. Ex. 23, 8.

וַיִּשְׂנָאֶהָ ב׳ חד ר״פ וחד ס״פ. 2 S. 13, 15. (S. כ׳ זוגין או״א, 90.)

---

1) Der Sinn dieser Angaben ist, dass שְׁמֻעָה mit He am Ende 5 M. und שְׁמֻעַת mit Thaw 3 M. vorkommt, insgesammt 8 M. def. Waw, weswegen Einige ח׳ = 8 angeben.

2) Wenn Mp. ג׳ = 3 angiebt, so rechnet sie לְשִׁמְצָה (Ex. 32, 25.) dazu und der Sinn ist ג׳ בלישן, wenn das ג׳ nicht Schreibfehler ist?

3) a. b. c. d. Wenn wir die verschiedenen Angaben über diese Formen zusammenfassen, so ergiebt sich: 1) שָׁמוֹר kommt 5 M. im Pent. u. zwar 3 M. plene und 2 M. def. Waw vor. 2) בִּשְׁמוֹר 1 M. plene (s. 2 S. 11, 16. und unten Mpt. Hamb.) 3) לִשְׁמוֹר und וְלִשְׁמוֹר (dieses 3 M. s. Mp.) 8 M. plene. 4) תִּשְׁמוֹר 4 M. plene (s. מ״ש Job 14, 12.) 5) אֶשְׁמוֹר 1 M. plene. 6) וְתִשְׁמוֹר 1 M. plene. Also 3 (בִּשְׁמוֹר, אֶשְׁמוֹר und וְתִשְׁמוֹר) je 1 M. plene. S. 2 S. 11, 16. (יחידאין) — Mpt. Hamb. zu Deut. 6, 17. bemerkt: שָׁמוֹר ד׳ מלא בלי׳ וסי׳ שמור את חדש האביב שמור את יום השבת לקדשו, כי אם שמור תשמרון, ויהי בשמור, עכ״ל.

4) Mf. l. c. ist fehlerhaft את הברכה אשר תשמרון (Deut. 11, 27.) angeführt; daselbst heisst es תִּשְׁמְעוּ? — Es muss dafür stehen: ואת החקים ואת המשפטים (2 Reg. 17, 37.), das wahrscheinlich irrthümlich mit dem vorhergehenden אלה החקים והמשפטים (Deut. 12, 1.) vermischt worden ist. — S. Heid. zu עה״ק Deut. 12, 1. —

5) Es muss, wie in Mp. ד׳ = 4 sein. Das וחברו bezieht sich wahrscheinlich auf Num. 18, 5. (und nicht auf Chr. l. c.) —

שנה

וְשָׁנָה ב׳ חד כתיב א׳ וחד כתיב ה׳. Jer. 52, 33.
מַלין — .95 ,או״א. י״ב [י״ו] זונין .S. Abth. 2)
דמשמשין א׳ בסוף תיבותא. Auch Mf. 'א, 9.

יְשְׁנָא ג׳ כתיב א׳ בלישן. Mf. שן, 14.

יְשֻׁנָּא לית וכתיב א׳. Koh. 8, 1.

שׁנא, מהשׁנא, ישׁתנא, תשׁנא כלהון כתיב א׳ בסוף תיבותא. Dan. 2, 9. 7, 23.

שְׁנַיִם שְׁנַיִם ג׳. Mf. שן, 7.

שְׁנֵי הָאֲנָשִׁים ד׳. Deut. 19, 17.

אֶל שְׁנֵי ג׳. Mf. שן, 8.

וְאֵת שְׁנֵי ג׳. Ex. 18, 3. 29, 3. Mf. שן, 9.

וּשְׁנֵי עֶשְׂרֹנִים. עשׂר S.

וּשְׁנֵי לֻחֹת הָעֵדֻת. לוח S.

לִשְׁנֵי עָשָׂר ו׳ (בלישן). Ex. 28, 21. Ez. 32, 1. 47, 13. Mf. עש, 63.

שְׁנֵינוּ ג׳ בקריאה (ומלא). 1 S. 20, 42. Job*9, 33. Mf. שן, 10.

שְׁתַּיִם ב׳ ר״פ. Prov. 30, 7.

וּבִשְׁתַּיִם ג׳. Job 33, 14. Mf. שת, 11.

וְאֵת שְׁתֵּי ו׳ וכל וְאֵת שְׁתֵּי הַכְּלָיוֹת דכו׳. Ex. 39, 18. Ex.*35, 10. Mf. שת, 12.

שְׁתֵּיהֶם ב׳ לשון נקבה ובספרא. Ruth 1, 19.

כל שֵׁנִי חסר. Num. 7, 24.

שֵׁנִי ב׳ סבירין שֵׁנִית. מ״ש .Est. 2, 14. Mf. שן, 11. (S
Est. 1. c. Neh. 3, 30.)

וּשְׁנַיִם לית וחד שְׁנַיִם. Num. 2, 16. (S. Mf. 'ש, 1.
.(ש׳ 1. ,או״א

וּבִשְׁנַת ט׳ ר״פ וחד מציעא פסוקא. 1 Reg. 14, 32.
2 Reg. 8, 16. Dan. 2, 1. 7, 1. Mf. שן, 4.

יְמֵי שְׁנֵי. יום S.

שָׁנָיו ג׳. Koh, 6, 3. Mf. שן, 6.

שְׁנוֹת ג׳ בשתא וחד וּשְׁנוֹת. (1 Mf. שן, 5.

תּוֹלַעַת שָׁנִי ב׳. Num. 4. 8.

תּוֹלַעַת הַשָּׁנִי ו׳ (בלישנא) (ושארא תּוֹלַעַת שָׁנִי). Ex. 39, 3.

שעה

שעייה (שעה, שען?) עַל ג׳ בליש׳. (2 Mf. שע, 1.

יִשְׁעוּ ב׳ בתרי לישני. (59. ,או״א 22. ,'א .Ex. 5. 9. (S. Mf

הָשַׁע ב׳ פתחין. Ps. 39, 14.

שַׁעֲשֻׁעַי ה׳ וחס׳ בא״ב וא׳ בשאר קריאה. Ps. 119, 77. 143. Mf. שע, 8. 3)

שער

כל יחזקאל שַׁעַר במ״א וְשָׁעַר. Ez. 48, 32.

שַׁעַר אֹיְבָיו, שַׁעַר שֹׂנְאָיו. S. Gen. 22, 18.

עַל שַׁעַר ב׳. א״ב. ל״ב זונין .Cant. 7, 4. 1Chr.*26, 10. (S
(.87 ,או״א

הַשָּׁעְרָה ג׳. מ״ש .Deut. 22, 15. 25, 7. Mf. שע, 6. (S
Deut. 22, 15.)

וְהַשּׁוֹעֲרִים י׳ מלא. מ״ש .Neh. 7, 23. Mf. שע, 7. (S
1 Chr. 9, 17.)

שער

יְשָׁעֲרֵנוּ לית. סער Ps. 41, 4. S.

בִּשְׂעָרָה ב׳ כתיב שׂ. Job 9, 17.

שְׂעַר ד׳. Num. 6, 18. Mf. שע, 4.

שְׂעָרוֹ ג׳. Mf. שע, 5.

שְׂעָרֹת ד׳ חסר בלישן. מ״ש .Gen. 27, 23. Mf. שע, 2.? (S
Gen. 27, 11. ausführlich.)

הַשְּׂעִירִם כל לישן כ״ב במ״ב מלאים. Lev. 16, 7.

שְׂעֹרִים כל׳ חסר במ״ב. Lev. 27, 16.

שפה

שְׁפָיִים ב׳ מלא. Jes. 49, 9. Mf, שפ, 27.

---

1) Was will das sagen? —

2) Diese Angabe ist schwierig: a) weil eine St. von שען (und nicht שעייה) ist, also von שעה nur 2 mit עַל? — b) kommt שען mehrmals mit עַל vor? — Vielleicht ist ב׳ = 2 zu lesen und ישען zu streichen? — (Uebrigens kommt שען immer mit עַל vor und nur 1 M. mit אֶל Prov. 3, 5. ואל ובינתך אל תשען. —)

3) Wenn in Mf. שע, 8. ו׳ חסרים angegeben ist, so bezieht sich das auf die ganze Bibel; im Ps. 119, kommt es 5 M. vor = בא״ב. Es muss auch ו׳ וחסרי׳ heissen, da diese Form im Ganzen nur 6 M. vorkommt.

שפה

שָׂפָה אֶל ג׳ בלישן (ושארא עַל׳) .1 ,שפ Mf.

שפח

וּשְׁפָחוֹת ג׳ חסר׳ (S. מ״ש, Gen. l. c.) .2 ,שפ Gen. 12, 16. Mf.

מִשְׁפְּחוֹת לית מלא בתורה וכל נביאים וכתובים מלא במ״ד׳ Gen. 10, 18. Jos. 21, 4. Ps.*96, 7. Mf. שפ, 4.

מִשְׁפְּחֹת, מִשְׁפַּחַת י״א בלישן וכו׳. Num. 3, 23. 4, 24. 27, 1. Ps.*96, 7. Mf. שפ, 3.

מִשְׁפְּחוֹת הָאֲדָמָה ג׳. Am. 3, 2. Mf. שפ, 9.

וּמִשְׁפְּחוֹת ד׳. (S. מ״ש 1 Chr. 2, 53. 4, 21.) Mf. שפ, 5.

לְמִשְׁפְּחוֹתָיו ד׳. Num. 2, 34. 11, 10. Mf. שפ, 7.

לְמִשְׁפְּחֹתָם כל אוריתא חסר במ״ח וכל כתובים דכו׳ מלא׳ Num. 1, 2. 4, 38. Mf. שפ, 10. (S. מ״ש Num. 4. 38. ausführl.) Jos. 13, 23. — (ח׳ מלא בספר יהושע וכל כתובים דכו׳) Jos. 19, 8., Mf. שפ, 6. (S. מ״ש Jos. 13, 24. 29.) 1)

לְמִשְׁפְּחוֹתָם וּלְבֵית אֲבוֹתָם ג׳ ושארא לְבֵית אֲבֹתָם׳ Num. 4, 38. Mf. בי, 21. (S. Mp. Num. 3, 15. 4, 22.).

שפט

שׁוֹפֵט ו׳ מלא בקריא׳. Am. 2, 3. Ps. 7, 12. Prov. 29, 14. 2 Chr.*26, 21. Mf. שפ, 11. (S. מ״ש Ps. u. 2 Chr. l. c. ausführlich. —

הַשּׁוֹפֵט ב׳ מלא׳. (S. מ״ש Jud. 2, 18. Mf. שפ, 12.

שֹׁפְטִים דקדים לְשֹׁטְרִים ג׳. Mf. שפ, 13.

הַשֹּׁפְטִים ד׳ (וא׳ וְהַשֹּׁפְטִים כ״י האמבורג)׳ Deut. 19, 18. 2 Chr.*19, 6. Mf. שפ, 15. (S. Mf. ו׳, 10. או״א, 17.)

שְׁפֹט ג׳ ב׳ חסר וא׳ מלא וכו׳ בתרא חסר נקוד בחטף קמץ׳ Ruth 1, 1.

יִשְׁפּוֹט ד׳ מלא בלישן׳. Mf. שפ, 14.

נִשְׁפָּט ה׳ קמצין׳ Jes. 59, 4. 66, 17. Jer. 25, 31. Prov. 29, 9. Mf. שפ, 25.

חוֹק וּמִשְׁפָּט׳ חק S.

צְדָקָה וּמִשְׁפָּט׳ צדק S.

בְּמִשְׁפָּט׳ S. Job 14, 3. מ״ש ibid. 13, 31.

בַּמִּשְׁפָּט ח׳ דגשין׳ Lev. 19, 35. Deut. 1, 17. Prov.*18, 5. Mf. שפ, 22.

לַמִּשְׁפָּט ט״ו דגשין׳ Num. 35, 12. Deut. 17, 8. Jud. 4, 5. 2 S.*15, 6. Jes. 54, 17. Jer. 46, 28. Mal. 3, 5. Ps. 9, 8. 76, 10. Mf. שפ, 21.

כְּמִשְׁפַּט ז׳ רפין ה׳ פתחין וב׳ קמצין׳ Ex. 21, 9. 2 Reg. 17, 33. Mf. שפ, 24. (S. מ״ש Esr. 3, 4.!)

מִשְׁפָּטִי י״ו (בלישן)׳ Ez. 39, 21. Micha 7, 9. Ps.*17. 2. Job 27, 2. 29, 14. 40, 3. Thr. 3, 59. Mf. שפ, 19.

מִשְׁפָּטוֹ ו׳ בקרי׳. 1 S. 27, 11. Prov. 16, 33. Mf. שפ, 23.

כְּמִשְׁפָּטָם ח׳ וא׳ כַּמִּשְׁפָּטִים׳. 1 Chr. 6, 32. Mf. שפ, 16.

מִשְׁפָּטַי דקדים לְחֻקֹּתַי ט׳. Ez. 5, 6. Mf. שפ, 18. (S. או״א, 278. u. Anmerkung).

אֶת מִשְׁפָּטַי ג׳. Lev. 18, 4. Ez.*5, 6. Mf. שפ, 20.

מִשְׁפָּטֶךָ ח׳ חסר (וחסר, כצ״ל) בלישנא׳ 1 Reg. 20, 40. Ps.*37, 6. 119, 149. Mf. שפ, 17.

שפך

שָׁפָךְ ב׳ זקפין קמצין׳ (S. או״א, 25. י״ו זונין) Lev. 17, 4.

שפל

מַשְׁפִּיל ג׳ ב׳ מלא וא׳ חסר׳ Mf. שפ, 28. (S. מ״ש Dan. 5, 19.)

שפק

יַשְׂפִּק׳ ספק S.

שפר

שִׁפְרָה ב׳ וּמב׳ לישן׳ Ex. 1, 15. (S. Gen. 44, 2. Mf. א׳, 22. או״א, 59.)

שֶׁפֶר ג׳ באוריתא׳. Gen. 49, 21 Mf. שפ, 29.

שֹׁפָר כל אוריתא חסר במ״ב תקון ספרים Ex. 19, 19. Lev. 25, 9. Hos. 8, 1. Job 39, 24. Mf. שפ, 30. (S. Ex. l. c.) 2)

---

1) Das soll heissen: במ״ח (באוריתא ונביאים) d. h. diese Form kommt 8 M. und zwar 1 M. im Pent. und 7 M. in d. Proph. plene Waw vor, sonst immer def.; in den Hagiogr. ist es immer plene Waw. So muss auch Jos. 19, 8. erklärt werden. S. auch רמ״ה s. rad. — Mf. שפ, 6 und 10. sind irrthümlich als 2 Artikel gefasst. —

2) S. תקון סופרים Ex. 19, 19. — Heid. führt ein Mpt. an, welches so lautet: שֹׁפָר ב׳ חסר בנביאים וכתובים וסי׳ אַל חִכְּךָ שֹׁפָר Hos. 8, 1. בְּדֵי שֹׁפָר Job 39, 25. ומן וישלח אבשלום מרגלים (2 S. 15, 10.) עד סוף סיפרא וכל אוריתא דכו׳ חסרים במ״ב מלא וסי׳, והעברת שופר תרועה Lev. 25, 9. ב׳ בו׳ — Wenn nun Mp. zu den Stellen bemerkt ט׳ חסר בלישנא, so ist das richtig, indem 3 im Pent. (Ex. 19, 16. 19. und 20, 18.) 4 in 2 S. (von 15, 10. bis Ende des Buches), 1 in Hos. 8, 1. und 1 in den Hagiogr. (Job 39, 25.) vorkommen. S. מבין חדות und was ת״ם l. c. darüber bemerken. —

וְקוֹל שׁוֹפָר· קול S.

שפת

שְׁפֹת ג׳ בקריא (וחסר)· Ez. 24, 3. Mf. שפ, 32.

שקק

שׁוֹקֵקָה ג׳· (1 Mf. שק, 8.

שקק

שַׂק ד׳ קמצין וכל הַשָּׂק, בַּשָּׂק ואס״ף דכו׳· Lev. 11, 32. Jer. 6, 26. Mf. שק, 1.

וְשַׂק ג׳ ופתח· Jes. 50, 3. Mf. שק, 2.

שקה

וְהִשְׁקָה ג׳ רפין וחד מפיק· Gen. 2, 6. Num. 5, 24. Mf. שק, 4. (S. מ״ש Num. l. c.)

וְהִשְׁקִיתָ ד׳ ג׳ מנהון מלרע· Mf. שק, 5. (S. מ״ש Deut. 11, 10.)

מַשְׁקֶה כל׳ פתחין במ״ד (קמץ) וחד וּמַשְׁקֵה· Gen. 40, 1. Lev. 11, 34. 1 Reg. 10, 21. Hab.*2, 15. 2 Chr. 9, 20. Mf. שק, 6. (S. Prov. 11, ג׳ זוגין)

הַשְׁקִינִי נָא· מים S.

אַשְׁקְנָה לית· (2 Prov. 4, 8. (S. Mf. נ׳, 5.)

יַשְׁקוּ ג׳ בקרי׳, אנ״ך· Gen. 29, 2. Jer.*16, 7. Ps.*104, 11. Mf. שק, 3.

שקט

אַשְׁקוֹט ג׳ מלא (בלי׳)· Jes. 62, 1. Job 3,*13. Mf. שק, 7.?

שקל

וָאֶשְׁקוֹלָה ל׳ מלא· Esr. 8, 25. (S. Mp. Jer. 32, 9. מ״ש Jer. ibid. Esr. l. c.)

תִשְׁקוֹל ו׳ מלא וי״ו בלישן משקל· 1 Reg. 20, 39.? Ez. 4, 10.? Est. 3, 9. Esr.*8, 25. Mf. שק, 10.) (3

בַּמִּשְׁקָל ד׳ דגשים· Lev. 19, 35. 26, 26. 1 Chr. 28, 14. Mf. שק, 11.

שקף

נִשְׁקְפָה ד׳ בקריא וא׳ וְנִשְׁקָפָה· 2 S. 6. 16. 1 Chr.* 15, 29. Mf. שק, 13.

וַיַּשְׁקֵף ד׳· Gen. 19, 28. 26, 8. Ex. 14, 24. Mf. שק, 12.

הַמַּשְׁקוֹף ג׳· Ex. 12, 22. Mf. מש, 12. שק, 14.

שקץ

שֶׁקֶץ הֵם ג׳ (ושארא שֶׁקֶץ הוּא)· Lev. 11, 13. Mf. שק, 15.

שִׁקּוּץ ב׳ מלא· (שִׁקֻּצִים .S) Dan. 12, 11. Nah. 3, 6.

שִׁקֻּצִים ג׳ חסר וי״ו בלישנא וכל שִׁקֵּץ, הַשִּׁקֵּץ דכו׳ חסר במ״ב מלא· Nah. 3, 6. Zach.*9, 7. Mf. שק, 16. (S. שִׁקּוּץ)

שרר

וַיָּשַׂר ג׳ כתיב סי״ן וכל דכתיב סמ״ך דכו׳· Jud. 9. 22. 1 Chr. 20, 3. Mf. שר, 12.

שָׂרַי· סרר S.

שַׂר, שָׂר ב׳· סַר S.

שַׂר צָבָא ג׳ דסמיכי (ושארא צָבָא)· 2 S. 2, 8. Mf. צב, 8. (S. מ״ש Jer. 52, 25.)

וְעַל שַׂר ב׳· (4 Gen. 40, 2. Mf. שר, 2.?

הַשַּׂר ד׳ פתחין· Micha 7, 3. Dan.*12, 1. Mf. שר, 1.

מֶלֶךְ וְשָׂרִים· מלך S.

שָׂרֵי פְלִשְׁתִּים ו׳ (ושארא סַרְנֵי פְלִשְׁתִּים)· 1 S. 18, 30. 29, 9. Mf. פל, 19.

וְאֶת שָׂרֵי ג׳· Jer. 24, 1. Mf. שר, 4.

וְכָל שָׂרֵי ז׳ דסמי׳· Jer. 41, 11. 43, 4. Est*9, 3. Mf. שר, 3.

וְשָׂרַי ב׳ ומב׳ לישן (כ״י האמבורג)· Gen. 16, 1. (S. M. marg. Jud. 5, 15.)

---

1) Das נ׳ der Mf. l. c. ist unrichtig; es muss nach Mp. z. St. heissen: ב׳ חד מל׳ וחד חסר. Auch ist der daselbst angeführte Vers כי הרויתני וכו׳ nicht zu finden. Vielleicht soll es heissen ג׳ בלישנא und der dritte Vers ist פקדת ארץ וַתְּשֹׁקְקֶהָ (Ps. 65, 10.), wozu die Mp. bemerkt: לית —

2) Wenn Mp. zu Jes. 27, 3. bemerkt ג׳=3, so bezieht sich das auf die, welche mit נָה endigen und mit א anfangen und das sind אַשְׁקֶנָּה (Jes. 27, 3.). אֲצִיתֶנָּה (Jes. 27, 4.) und אֲחִישֶׁנָּה (Jes. 60, 22.), welche 3 im B. Jes. vorkommen; das vierte mit Alef am Anfang, אֲחַטֶּנָּה befindet sich Gen. 31, 39. — S. unsere Bemerkung zu Gen. 6, 16.

3) Viele haben ד׳ מלא בלישן, was aber irrthümlich ist und entweder ו׳=6 sein muss, oder das ד׳ schliesst die zwei zuletzt angeführten Verse aus (s. die Bemerkung des B. Chajim), dann hätten sie aber nicht angeführt werden sollen.

4) Das ד׳=4 in Mf. l. c. ist fehlerhaft; es muss entweder ב׳=2, wie Gen. 40, 2. oder ג׳ בלישן sein, da Gen. 40, 2. 1 M. עַל שַׂר (ohne Waw copulat.) vorkommt.

שרע

שְׂרוּעַ ב׳ ומלא. Lev. 21, 18.

שרף

שְׂרוּפוֹת ב׳ א׳ חסר. Neh. 4, 2.

תִּשְׂרֹף בָּאֵשׁ ג׳ וחסר. 13. שר. Ex. 29, 14. Jos.*11, 6. Mf.

שרץ

הַשֶּׁרֶץ הַשֹּׁרֵץ סימן. Lev. 11, 41.

שרש

שָׁרְשָׁם ג׳. 14. שר. Mf.

שרת

וְשֵׁרֵת ב׳. Num. 8, 26.

שתה

וְשֹׁתִים ו׳ בקריא ה׳ חסר וא׳ מלא. 1 S. 30, 16. 1 Reg. 1, 25. 4, 20. Job 1, 13. Mf. שת, 9. 1)

שָׁתֹה ג׳ כתיב ה׳. Jer. 49, 12. Mf. שת, 4. (S. מ״ש Ex. 32, 6.

לִשְׁתֹּת ד׳ חסר. 10. שת. Gen. 24, 19. Ex. 7, 24. 15, 23. Mf. (S. מ״ש Gen. 24, 22. Ex. 7, 18.)

מִשְׁתֶּה גָדוֹל ב׳. Gen. 21, 8.

מִשְׁתֵּיהֶם ג׳. 5. שת. Dan. 1, 16. Mf.

בַּשְּׁתִי לית. Koh. 10, 17. (S. Mp, ibid. — Mp. Mpt. Erf. bemerkt: לית וכל תורת כהנים דכו׳ במ״א [או בשתי׳או בערב]).

שִׁת לית וחסר. Dan. 3. 1.

ת׳

תאב

מְתָאֵב. S. תעב

תאם

תְּאֹמִים. 201. או״א. ד׳ זוגין ·רמ״ה. u. Ex. 36, 29. מ״ש S.

תאן

וּתְאֵנָה ב׳. 1. תא. Mf.

וְהַתְּאֵנָה ב׳. 2. תא. Mf.

תבן

לִתְבֵּן ב׳ (דגשין). Ex. 5, 12.

תהה

תֹהוּ וָבֹהוּ ב׳ דסמיכי. 1, תה. Gen. 1, 2. Mf.

כַּתֹּהוּ ב׳ דגשין. 2. תה. Job 6, 18. Mf.

תהם

אֶת תְּהוֹם ג׳. 4. תה. Mf.

פְּנֵי תְהוֹם ב׳ וא׳ וּפְנֵי תְהוֹם· שום שכל (S. Gen. 1, 2. v. Heid. ibid.)

תְּהֹמֹת ג׳ חסר דחסר וד׳ מלאים דמלאים וכו׳? Ex. 15, 5. Ps. 33, 7. Prov. 3, 20. Mf. תה, 3. 2)

תוך

בְּתוֹךְ ה׳. Gen, 15, 10. Num. 35, 5. Jos. 8, 22.

תור

הַתָּרִים ג׳ בקריא. 1. תר. 1 Reg. 10, 15. Mf.

הַתּוֹר ג׳ מלא בלישן. 4. תו. Cant. 2, 12. Mf.

תחת

וְאִם תַּחְתֶּיהָ ב׳ ובענין. Lev. 13, 23.

תַּחְתִּיּוֹת ז׳ בקריא (ומלא). Jos. 15. 19. Ez.*26, 20. 32, 24. Ps. 88, 7. Thr.*3, 55. Mf. תח, 3.

תכל

וּתְכֵלֶת וְאַרְגָּמָן ה׳ דסמי׳. 3) 1. תכ. Ex. 36,8. 39,29? Mf.

תכן

תֹּכֵן ג׳ בקריא. Jes. 40, 12.

וְתֹכֶן ב׳ ומב׳ לישן. Ex. 5, 18. (S. או״א, 59. u. Anmerkg. daselbst.)

תלה

תָּלוּי ג׳. 1. תל. Deut. 21, 23. 2 S. 18, 10. Mf.

לִתְלוֹת ב׳ (ומלא). Est. 6, 4.

תלם

תְּלָמֶיהָ ב׳. Ps. 65, 11. Job*31. 38.

---

1) Nach dieser Angabe wäre 1 Chr. 12, 39. plene Waw. In vielen Mpten. ist aber auch dieses def. und dann wäre die Angabe in Mpt. Hamb. zu Job 1, 13. richtiger, welche blos ו׳ = 6 hat. —

2) S. die verschiedenen Angaben in den angeführten Stellen und die betreffende Mp. dazu. — Das Richtige ist: ג׳ חסר דחסר (oder was dasselbe ist: כל אוריתא חסר דחסר, da der Plur. im Pent. nur 3 M. und immer doppelt def. Waw vorkommt.) וג׳ מלאים דמלאים (die vierte St. Prov. 8, 24. ist nach Mp. תְּהוֹמוֹת, plene Waw nach dem Mem —) ושארא תְּהֹמֹת. —

3) Wenn Ex. 39, 29. ו׳ דסמיכי angegeben ist, so ist das ein Irrthum, der aus dem irrthüml. ואת וחברו nach האבנט entstanden ist; es sind nur 5 St., wo diese Verbindung so vorkommt. —

תלע

תּוֹלָע ב׳ בב׳ לישן, Gen. 46, 13. Mf. תו, 3.? (S. או״א, 59.) 1)

תּלַעַת ב׳ חסרים. Mf. תו, 2. (S. מ״ש Ex. 25, 4. 26, 1.) 2)

תּוֹלַעַת הַשָּׁנִי. שָׁנִי S.

תלת

תְּלָתָה כלהון כתיב ה׳ במ״א. Dan. 2, 5. Esr. 6, 4.

תמם

תַּמְנוּ ג׳. (S. מ״ש Ps. 64, 7.?) Mf. תם, 11. 3)

תֹּם ה׳ וחסר וחד וְתֹם וכל משלי דכו׳ במ״א (תָּם). Lev. 25, 29. Num. 14, 33.? Deut. 2, 15. Prov. 2, 7.? Mf. תם, 1. 4)

בְּתָמִּי ג׳. Mf. תם. 4.

תָּמָּם ג׳. (5 Mf. תם, 10.

אֵיתָם מלא. Num. 33, 6.

וַיִּתֹּם ב׳. Gen. 47, 18.

תְּמִימִים מלא וחסר. (S. Ps. 37, 18. Prov.*1, 12. Mf. תם, 12.) 6)

תְּמִימִים יִהְיוּ לָכֶם ג׳. Mf. תם, 2.

שִׁבְעָה תְּמִימִים ג׳. Mf. תם, 3.

תְּמִימֵי דֶרֶךְ ב׳. Prov. 11, 20.

מְתֹם ד׳ בקריא וחסר. Jud. 20, 48. Ps.*38, 10. Mf. תם, 7. (S. מ״ש Jud. l. c.)

תמד

עֹלַת תָּמִיד ד׳. עלה S.

תמה

וְיִתְמְהוּ לית רפה וחד וְיִתְמָהוּ. כ״ג זוגין (S. Job 26, 11. או״א, 45.)

תמל

תְּמוֹל שִׁלְשׁוֹם ד׳ בלישן. (7 Ex. 5, 7.

גַּם תְּמוֹל גַּם הַיּוֹם. ב׳. Ex. 5, 14.

כִּתְמוֹל ז׳ חסר. Gen. 31, 2. Ex. 5, 7. Deut. 19, 6. 1 S. 21, 6. 2 Reg. 13, 5.? Mf. תם, 8.? (S. מ״ש Gen. 31, 2.? Ex. l. c. u. 21, 29. 36.) 8)

---

1) S. Mf. l. c., die ג׳ = 3 angiebt, nemlich Ex. 46, 13. 1 Chr. 7, 1. und Thr. 4, 5.? — Heid. bemerkt mit Recht, dass diese Form 6 M. als Nom. Propr. vorkommt, nemlich die 3 angeführten und Num. 26, 23. Jud. 10, 1. 1 Chr. 7, 2. — Was aber den Widerspruch dieser Angabe mit Ex. 46, 13. betrifft, so scheint in der letzten St. die Massora die Eigennamen zusammengefasst zu haben und sie sagt: diese Form kommt 1 M. in der Bedeutung eines Appellativs (Wurm) vor, sonst aber als nom. propr.. —

2) S. רמ״ה und מ״ש l. c. — Wenn Mf. תו, 2. תלעת השני (Ex, 28, 5.) angeführt wird als def., so ist das unrichtig und muss dafür וְתֹלַעַת שָׁנִי (Ex. 26. 1.) gelesen werden. —

3) In Mf. l. c. ist jedenfalls ein Fehler in den angeführten Versen; es sind eigentlich 4 in dieser Form und die Mass. hat entweder Ps. 64, 7. טָמְנוּ (mit Teth s. מ״ש l. c.) und muss dafür Jer 44, 18. gesetzt werden, oder sie rechnet Thr. 3, 22. nicht dazu, da das Thaw Kam. hat und muss für dieses Jer. l. c. angegeben werden. —

4) S. die angeführten Angaben, welche schwierig sind: 1) kommt ja תֹּם viel mehr als 5 M. vor. 2) kommt ja ausser dem angeführten תָּם Prov. 29, 10. noch תָּם דֶּרֶךְ vor (Prov. 13, 6.)? 3) was soll in der Angabe zu Prov. 2, 7. bedeuten וכלהון ח׳ בספרא וה׳ חסר בשאר קריא? — Die Schwierigkeit von Nr. 2 lässt sich dadurch heben, dass die M. nur angeben will, dass in der angegebenen Bedeutung (ל׳ תמימות) diese Form in d. Prov. immer Cholem ausser einem, das Kam. (langes K.) hat, nemlich Prov. 29, 10. Von denen die K. Chat. haben, wie Prov. 13, 6. oder Jes. 18, 5. spricht sie nicht, weil dieses ja der regelmässige kurze Vocal des Cholam ist. — Ebenso lässt sich Nr. 3 erklären, wenn man liest: וכלהון חסר בסיפרא (בקרי׳ ?) וה׳ חסר בשאר קריא — Aber gerade dieses ה׳ = 5 hat seine Schwierigkeit, da es als עַד תֹּם 11 M. und zwar 4 M. im Pent. und 7 M. in den Proph. vorkommt? Sollte ausser den angeführten 5 Stellen es etwa plene Waw sein? was aber gegen Handschr. und Ausgg. ist und dann müsste es auch ה׳ חסר und nicht ה׳ וחסר gelesen werden. — Zu bemerken ist ferner, dass Lev. 25, 29. unter den 5 St. עַד תֹּם כָּל הַדּוֹר ein M. angeführt ist, obgleich es sich im Pent. 2 M. (Num. 32, 13. und Deut. 2, 14.) findet. — Oder sollte wirklich Num. l. c. (wo die M. nichts bemerkt) plene Waw geschrieben sein? —

5) Diese Angabe ist incorrect; sie muss lauten: ג׳ באוריתא, denn ausser dem Pent. kommt diese Form noch 3 M. vor, s. Concord. — Auch die angef. Verse sind nicht richtig; sie sind: Deut. 2, 15. 31, 24. und 31, 30. —

6) S. die angeführten Angaben und מ״ש Num. 28, 19. Das Resultat ist, dass diese Form, vom Thiere (דבהמה) gebraucht, immer def. des zweiten Jod ist mit Ausnahme von einer St. (Ez. 43, 25.), wo es doppelt plene Jod steht. Dagegen vom Menschen (דגברי) gebraucht, ist es immer doppelt plene Jod, mit Ausnahme einer St. Ps. 37, 18. wo es def. des zweiten Jod (דבעקבא) ist. —

7) D. h. 4 M. kommt תְּמוֹל vor שִׁלְשֹׁם vor und zwar 2 M. תמול שלשם unmittelbar verbunden und 2 M. mit גַּם vor und nach תְּמוֹל. — Darum bemerkt Mp. ב׳ = 2, weil dies sich auf die unmittelbare Verbindung bezieht. —

8) S. die angef. Angaben. Das Richtige ist wohl, wie Heid. anführt (s. auch אור תורה zu Gen. 31.): ז׳ בקריאה

כִּתְמוֹל שִׁלְשׁוֹם ג' בנביאים. 1 S. 21, 6.

אֶתְמוֹל ג' בקריא. 1 S. 4, 7. Mf. תמ, 9.

תמר

כְּתִימֲרוֹת ג' מלא דמלא. Cant. 3, 6. Mf. תמ, 18. (S. מ"ש Joel 3, 3.)

תנן

תַּנִּין ח' לישן ן' בסוף תיבותא. Ex. 7, 9. Ps. *91, 13. Job 7, 12. Mf. תנ, 5. (S. או"א, 206.)

תַּנִּינִם ג' חסר יו"ד בתרא בלישנא וב' מלא דמלא. Gen. 1, 21. Ex. 7, 12. Ps.*148, 7. Mf. תנ, 3 u. 6.?

כַּתַּנִּים ג'. Jer. 14, 6. Ez. 32, 2. Mf. תנ, 4.

אֶתְנַן ה' פתחין בלישן. Deut. 23. 18. Ez.*16, 34. Mf. את, 80.?

תנה

לְתַנּוֹת ב' בב' לישן. Mal. 1, 3. S. Mf. א', 22. או"א, 59.

תנך

תְּנוּךְ ה' בתורה. Lev. 14, 17. Mf. תנ, 1.

תנר

כְּתַנּוּר ג' דגשים. Hos. 7, 7. Mf. תנ, 2.

תעב

נִתְעָב ג' ב' פתח (ב' קמץ וא' פתח, כצ"ל ?) Job 15, 16. Mf. תע, 1. (S. Kimchi W. B. und Michlol.)

תָּעֵב כל לישן פתח במ"ה קמצין וכו' וא' מְתָאֵב. Deut. 7, 26. Jes 49, 7? Ps. 106, 40. Mf. תע, 2. (S. מ"ש Jes. l. c.) 1)

תּוֹעֵבוֹת מלא וחסר. Lev. 18, 29. 2 Reg.*16, 3. Mf. תע, 3. (S. מ"ש Jer. 7, 10. 44, 22.) 2)

תּוֹעֲבֹתַיִךְ ה' כ"כ חסר וי"ו בתרא ושארא תּוֹעֲבוֹתַיִךְ. Ez. 5, 9. Mf. תע, 5.? (S. מ"ש Ez. 7, 3.!)

תּוֹעֲבוֹתֶיהָ ג' ב' מלא וא' חסר. Mf. תע, 4.? (S. מ"ש Ez. 16, 2.)

תּוֹעֲבֹתֵיכֶם, תּוֹעֲבֹתֵיהֶם ג' כ"כ. S. Est. 9, 11.

תּוֹעֲבוֹתֵיהֶם ג' מלא. Ez. 12, 16. Mf. תע, 6, 7.? (S. מ"ש Jer. 16. 18.) 3)

תעה

תֹּעֶה ג' ב' חסר וא' מלא. Gen. 37, 15. Ex. 23, 4. Prov. 21, 16. Mf. תע, 8.

תער

מִתַּעְרָה ד' בקריא. Ez. 21, 3. Mf. תע, 9. (S. מ"ש Ez. 21, 9.)

תפף

בְּתֻפִּים וּבִמְחֹלוֹת ב'. Ex. 15, 20.

תפח

וְתַפּוּחַ ג' וכו'. 4) Jos. 17, 8. Joel*1, 12. Mf. תפ, 2.

תפל

תִּפְלָה ג'. Jer. 23, 13. Job 1, 22. Mf. תפ, 1.

תפש

תִּפְשׂוּם ג'. 1 Reg. 20, 18. Mf. תפ, 3.

תקף

תַּקִּיפָא ג' ב' כתיב א' וחד כתיב ה'. Dan. 2, 40.! 7,*7. Mf. תק, 1. (S. מ"ש Dan. 2, 40. 5)

תרע

בִּתְרַע לית. Dan. 2, 49.

תשע

תְּשִׁיעִי כל' מלא במ"ג. Num. 7. 24. Mf. תש, 1.

ת' ו' ש' ל' ב' ע'

ו' מלא וא' חסר וסי' וירא יעקב (Gen. 31, 2.), ראה אנכי (ibid. 31, 5.) דין חסר, לא תאסיפון (Ex. 5, 7.), ויכו שטרי (ibid. 5, 14.), על כל גדותיו (Jos. 4, 18.), כי אם אשה (1 S. 21, 6.), וישבו בני ישראל (2 Reg. 13, 5.). —

1) Die Verschiedenheit der Angaben במ"ך oder במ"ה liegt in der Verschiedenheit der Leseart von תתעב, Ps. 107, 18., das Einige mit Kam. und Andere mit Pathach lesen. S. Jes. l. c. —

2) Das Resultat der Angaben ist, dass dieser Plur. in der Regel plene des ersten und def. des zweiten Waw ist; doch 9 M. ist es umgekehrt, d. h. def. des ersten Waw's und plene des zweiten und 2 M. kommt es doppelt plene Waw vor, wie Lev. u. 2 Reg. l. c. angeführt wird. Die Handschr. u. Ausgg. sind an manchen Stellen hiernach zu berichtigen.

3) תּוֹעֲבוֹתֵיהֶם kommt 2 M. doppelt plene Waw vor, nach Ez. 12, 16. — Dagegen 2 M. plene des ersten und def. des zweiten Waw's, wie auch 1 M. תּוֹעֲבֹתֵיכֶם so vorkommt, s. Esr. 9, 11. — Hiernach ist auch Mf. תע, 6 und 7 zu berichtigen. —

4) Heid. verbessert diese Angabe so: וְתַפּוּחַ ג' ב' מלאים וא' חסר וסי' למנשה היתה ארץ תפוח ותפוח Jos. 17, 8. רמן גם תמר ותפוח Joel 1, 12., קרח ותפח 1 Chr. 2, 43., בתרא חסר. חד שום גברא חד שום פרי וחד שום קרתא. S. או"א, 59. Anmerkung, wo ein kleiner Fehler eingeschlichen ist. —

5) In מ"ש l. c. und 2 von Heid. angeführten Mpten. lautet die Angabe umgekehrt ב' כתיב ה' וחד כתיב א'; das mit א am Ende ist: וְתַקִּיפָא (Dan. 7, 7.), wie es auch, nach Heid. im Mpt. von 1294. lautet: כל תַּקִּיפָה כתיב ה' במ"א דחילא ואימתני ותקיפא וכו' Dies scheint das Richtige zu sein.

Zweiter Abschnitt:

1. Partikel.
2. Eigennamen.
3. Allgemeine Lehrsätze. (כללים)

I. מלות — Partikel.

א׳

אֲדַיִן ר״פ ט׳ בטעם׳ (1 Dan. 6, 6. Esr.*6, 13. Mf. אד, 1.

אֲדַיִן כל ר״פ דדניאל בֵּאדַיִן במי״ג אֱדַיִן וסי׳ וכו׳ ומן ביה בליליא קטיל בלשאצר (ibid. 5, 30.) עד בעה ומתחנן קדם אלהיה (ibid. 6, 12.), דכו׳ ר״פ אֱדַיִן וכל עזרא ר״פ דכו׳ אֱדַיִן במ״ג בֵּאדַיִן׳ Dan. 2, 48 6, 14. Mf. אד, 2.

בֵּאדַיִן ה׳ בטעמא בסיפרא׳ Dan. 3, 21. Mf. אד, 3.

אוֹדֹת

אוֹדֹת ד׳ כ״כ׳ Gen. 21, 11, Ex. 18, 8.? Mf. אד, 128. (2 (S. מ״ש Gen. l. c. Num. 12, 1.)

אוּלַי

אוּלַי כלם מלאים במ״א חסר׳ Gen. 24, 5. 24, 39. Mf. ו׳, 28. (S. מ״ש Gen. 24, 39.)

אוּלָם

אוּלָם ג׳ ר״פ בסיפרא׳ Job 5, 8.

וְאוּלָם ה׳ ר״פ וכל איוב דכו׳ במ״ג אוּלָם׳ Ex. 9, 16. Num. 14, 21. 1 S. 25, 34. Job 1, 11. Mf. או, 8

אָז

(אָז כלהון קמצין׳ (1 Reg. 8, 1.?

וְאָז ד׳ קמץ׳ (3 Ex. 12, 48. Jos. 1, 8. Jer, 32, 2.! Mf. אז, 1.

וּמֵאָז לית (וחד וּמִן אָז)׳ Ex. 5, 23. Mf. מ׳, 15. א״א, 197. (S. זוגין ,מ׳׳)

אחר

אל, על אחרי׳ S. עַל

וְאַחַר כֵּן ב׳׳ Lev. 14, 36.

אַחֲרֵי כֵן ג׳ במצע׳ פסוק׳ (4 Gen. 6, 4. Mf. אח, 29. ?

מאחרי ג׳׳ (5 2 S. 15, 1. Mf. אח, 27. (S. Mf. מ׳, 1.)

---

1) S. Abth. 1. s. v. אֲדַיִן

2) Die Angabe ד׳=4 in Gen. 21, 11. ist falsch, denn das dort angeführte Gen. 26, 32. gehört nicht dahin, da dies regelmässig אדות geschrieben wird. Ex. 18, 8. und Mf. אד, 128. haben richtig ג׳=3. Auch Mpt. Hamb. hat ג, lässt Gen. 26. 32. aus und fügt hinzu ושארא אדות כתיב׳. — S. Heid. שׂוּם שֵׂכֶל Gen. 21, 11. Derselbe scheint das Mm. zu Ex. 18, 8. und Mf. l. c. übersehen zu haben. S. auch מ״ש Ex. 18, 8 und Num. 12, 1. — S. auch Abth. 1 s. v.

3) Das קמץ in Ex. l. c. ist wohl aus בק׳=בקריא entstanden, wie Jer. 32, 2. und Mpt. Hamb. zu Lev. 26, 41 es haben (s. Seite 218, Anmkg. 1.). — Freilich ist zu berücksichtigen die Angabe der Mp. zu 1 Reg. 8, 1. כלהון קמצין — was will das sagen ? —

4) Das ג׳ (במצ׳ פסוק)=3 ist insofern unrichtig, als diese Verbindung viel öfter, als 3 M. vorkommt. — Richtiger hat es Mf. l. c., wo nur ב׳ מצעות פסוק angegeben ist und בתורה oder באוריתא hinzugedacht werden muss. d. h. im Pent. kommt es nur 2 M. in der Mitte des Verses vor; sonst aber (unbestimmt) mehr. —

5) Diese Angabe zu 2 S. 15, 1. ist incorrect, indem die zwei dort angeführten Stellen Jes. 5, 11. und Ps. 127. 2. ja nicht zu מֵאַחֲרֵי (das mit כֵן verbunden ist), sondern zu מְאַחֲרֵי (das Mem mit Schwa als Part. Piel) gehören ?

מְאַחֲרֵי כֵן ג׳. (2 S. 15, 1.?) Mf. אח, 30.

(סימן: כל הדין ענינא אַחֲרָיו הוא ר״פ במ״ב וְאַחֲרָיו. Neh. 3, 16.) 1)

אַחֲרָיו דכתיב אחרי ב׳ בענינא וחד כתיב אחרו וקרי אחריו ושארא אחריו כתיב וקרי. Neh. 3, 30.
(S. Mf. ,ר׳ 18. או״א, 119.) 2)

לְפָנָיו וְאַחֲרָיו. לפני S.

(כל בראשית אַחֲרֵיהֶן בנ״ון במ״א וכו׳. und רמ״ה S, מ״ש Gen. 41, 23.)

אֵי

אֵי ה׳ (וכל אֵי זֶה, מֵאֵי זֶה, אֵי מִזֶּה דכו׳, כצ״ל ע״פ מס״ק וכ״י). Gen. 4. 9. Deut. 32, 37. Mf. ,אי 1.
(S. מ״ש Prov. 31, 4.) 3)

וְאֵי זֶה ד׳. Job 28, 12. Mf. ,אי 3. (S. מ״ש Job l. c.)

וְאַיֵּה ג׳ ר״פ. Jer. 37, 19. Job*17, 15. Mf. ,אי 2. (S. Mf. ,ר׳ 22. או״א, 173. Mf. ,ר׳ 15. או״א, 115. und מ״ש Jer. l. c.)

אִיוֹ, וְאַיּוֹ ה׳. Ex. 2, 20. 2 Reg. 19, 13. Job 14, 10. 20, 7. Mf. ,אי 4. (S. מ״ש Jer. 37, 19.)

איך

וְאֵיךְ ג׳ ר״פ. 4) Mf. ,אי 17.

אֵיכָה י״ז וחד איכה הוא (2 Reg. 6. 13.). Deut. 12, 30. 32, 30. Jud. 20, 3. Jer. 48, 17. Cant. 1, 7.? Thr. 1, 1. Mf. ,אי 18. (S. מ״ש 2 Reg. 6, 13. und die Anmerkg. in ed. Wien.) 5)

אֵיכָכָה, וְאֵיכָכָה ד׳ ב׳ מלעיל (ובפסוק) וב׳ מלרע. Cant. 5. 3. Mf. ,אי 19. (S. Kimchi WB. rad. איך)

אין

אִם אַיִן ד׳. Ex. 17, 7. Num. 13, 20. 2 S. 17, 7. Job*33, 33. Mf. ,אם 16.

וּמֵאַיִן ה׳ בקריאה. Jos. 8, 9. 2 Reg. 20, 14. Mf. ,אי 40.?

אַיִן ה׳ יחידאין. 6) Mf. ,אי 28.

וְאִם אַיִן ג׳ בקריאה. 7) 1 S. 11, 3. Mf. ,אם 17.

Ferner kommt מֵאַחֲרֵי ja vielmals vor; aber mit כֵן verbunden kommt es nur 3 M. vor s. Mf. ,אח 30. wozu aber Jes. und Ps. l. c. nicht gehören? — Es scheint, dass die Angabe zu 2 S. 15, 1. durch Verwechselung der Mf. ,אח 30. mit ibid. ,אח 27 entstanden ist; sie bezieht sich auf מֵאַחֲרֵי כֵן und statt Ps. 127. 2. und Jes. 5, 11. muss 2 S. 3, 28. und 2 Chr. 32, 23. wie Mf. ,אח 30. angegeben werden. — Die Angabe Mf. ,אח 27. ist insofern unrichtig, als sie zu מְאַחֲרֵי (das Mem mit Schwa) ג׳=3 angiebt, das aber ב׳=2 sein muss; die Hinweisung auf 2 S. 15, 1 ist irrthümlich. Es muss heissen: מְאַחֲרֵי ב׳ וסי׳ וכו׳ S. Mf. ,מ׳ 1. und או״א, 69. wo beide angeführt sind. —

1) Die Wörter הוא ר״פ in der Angabe sind Einschiebsel und unrichtig, da die Bemerkung sich sowohl auf den A n f a n g als auf die M i t t e des Verses bezieht. —

2) Zu Neh. l. c. muss es wohl heissen: ובענינא, da אחרי für אחריו überhaupt nur 2 M. sich findet. — S. Mf. ,ר׳ 18. wo vor חנניה und מלכיה das Schlagwort אחרי stehen muss, wie es auch או״א, 119. und Mpt. Hamb. haben. —

3) S. מ״ש Prov. 31, 4., der unsere Angabe nicht gekannt zu haben scheint, da selbige ja deutlich Prov. l. c. zu diesen 5 zählt, in denen das He Zere hat. — Wenn übrigens in der letzten St. ein Waw (statt Jod) nach dem Alef steht und es am Rande als קרי וכתיב bezeichnet wird, so beruht das auf Mf. ,ר׳ 20. und או״א, 136. S. מ״א מלין דכתיב :מלין ר׳ בס״ת וקרי׳ י׳ —

4) In Mf. l. c. wird auf Job 21, 34 hingewiesen, wo aber auch die Stellen fehlen. Mpt. Hamb. zu Jes. 36. 9. giebt sie so an: Jes. 36 9. ואיך תשיב את פני פחת אחד, דמלכים .2 Reg. 18, 24, וחברו, ואיך תשיב את פני פחת, דישעי׳ ואיך הבל תנחמוני .Job 21, 34.

5) Thr. 1, 1. sind sie richtig aufgezählt und das י״ו=16 in Cant. 1, 7. ist Druckfehler. Wenn es am Schluss der Angabe heisst וחד איכה הוא, so bezieht sich das auf 2 Reg. 6, 13., wo es אֵיכֹה (das Chaf mit Cholam) gelesen wird. Der Herausgeber des מ״ש ed. Wien zu 2 Reg. l. c. scheint unsere Angabe nicht gekannt zu haben, sonst hätte er die Fehler der Ausgg., welche ein קרי וכתיב daraus machen, oder wohl אֵיפֹה (mit Phe) lesen, durch unsere M. zurückweisen k önnen. —

6) Der Sinn ist: 5 Wörter kommen (mit Verneinung) nur 1 M. mit אַיִן vor, sonst immer mit וְאַיִן. — Heid. bemerkt dazu: da nach Mf. ,אי 31. 13 Paare von je 1 M. אַיִן und 1 M. וְאַיִן vorkommen, die hier nicht berücksichtigt werden, muss h i e r von denen die Rede sein, die mit וְאַיִן m e h r m a l s vorkommen. Warum zählt aber d. Mass. hier אַיִן רֹאֶה, da רֹאֶה mit וְאַיִן nur 1 M. vorkommt und also nicht zu unserm Art. passt? — S. unsere Bemerkung zu Mf. ,אי 31. — Es wären demnach nur ד׳ יחידאין ? —

7) Diese Angabe ist schwierig, weil a) es mehr als 3 M. so vorkommt, so dass es z. B. Num. 27, 9. 10. 11. 3 M. וְאִם אַיִן heisst. b) die dritte Stelle (Prov. 22, 27.) in allen Ausgg. אִם אַיִן (ohne Waw) steht? (Heid.)

אֵין אֱלֹהִים ג׳. אלה S. ? 57. אל, Mf.

י״ג זוגין חד אֵין וחד וְאֵין׳. 31. אי, Mf.

וְאֵין ח׳ יחידאין. (auch 30 und 31.) 29. אי, Mf.

וְאֵין י״ו דלית דכותהון אֵין׳. 1) 38. אי, Mf.

(ב׳ פסוקים אֵין אֵין ר״פ. 327. אר״א)

ג׳ פסוקים וְאֵין וְאֵין וְאֵין. 332. אר״א, 37. אי, 1S.26,12. Mf.

ד׳ פסוקים מיחדין דכל חד וחד לית זוגא (אֵין וְאֵין).
Jes. 21, 26? Mf. אי, 30. אר״א, 329. 330, 331. 2)

ו׳ פסוקים וְאֵין אֵין במצע פסוק. 36. אי, Jud. 18, 28. Mf.
אר״א, 333.

י׳ פסוקים אֵין וְאֵין מצעות פסוק. Ex. 32, 18. Ez. 13, 15.
(19?) Mf. אי, 35.? אר״א, 325. 3)

י״ג פסוקים וְאֵין וְאֵין. Deut. 32, 39. Ez. 34, 6. Mf.* אי, 34.
אר״א, 328. (S. מ״ש Jes. 57, 1.)

י״ו פסוקים אית בהון אֵין אֵין מצע פסוק. Ex. 12, 30.
Jes.*40, 16. Jer. 8, 19. Ps. 14, 1. 53, 2. Prov. 28, 28.
Mf. אי, 32. אר״א, 326.

וְאֵין אִישׁ. איש s.

וְאֵין בָּהֶם ב׳. Jer. 44, 2.

וְאֵין לוֹ ב׳. Dan. 9, 26.

וְאֵין לָהֶם ג׳. 33. אי, Jer. 46, 23. Mf.

וְאֵין עוֹד. עוד S.

לְאֵין ח׳. 39. אי, Mf.

וְאֵינֶנִּי ג׳. Job 7, 21.

וְהִנֵּה אֵינֶנּוּ ג׳ אנ״ך. Gen. 31, 2. Jud. 3, 25. Ps. 37, 36.
Mf. אי, 42.

וְאֵינֶנּוּ י״ב. Gen. 5, 24. Jes. 19, 7. Job*27, 19. Mf. אי, 41.
(S. מ״ש Koh. 6, 2.)

אֵיפֹה

אֵיפֹה י׳ כ״כ וד׳ כתיבין אֵפוֹ (ושארא אֵפוֹא). Gen.
37, 16. 1 S. 19, 23. 2 S. 9, 4. Jer. 36, 19. Job*4, 7.
17, 15. *38, 4. Mf. אי, 43. (S. מ״ש Job 9, 24.) 4)

---

1) Der Sinn dieser Angabe ist, dass vor den angeführten Wörtern immer nur וְאֵין (mit Waw. copulat.) u. niemals אֵין steht, was bei den angeführten W. auch der Fall ist, ausser bei קוֹל, das auch mit אֵין vorkommt. S. oben: אֵין ח׳ יחידאין (Mf. אי, 28.); es würde demnach dies zu streichen sein. Wenn aber an den י״ו = 17 ausser קוֹל noch eins fehlt, wie der Herausgeber (B. Chajim) bemerkt, so scheint es, dass die Angabe der Zahl י״ו späterer Zusatz ist und richtiger zu lesen wäre, wie Heid. aus einem Mpt. mittheilt: הלין וְאֵין ולית דכוותהון אֵין וסי׳, so dass gar keine Zahl angegeben wird. Das genannte Mpt. führt auch nur 15 Stellen an, ohne וְאין קול. —

2) D. h. es giebt 4 Verse, die in Beziehung auf אֵין und וְאֵין je nur 1 M. vorkommen, und zwar 1, in welchem אין אין ואין (1 S. 2, 2.), 2, ואין ואין אין (Jes. 50. 2.), 3, אין אין אין (Jes. 41, 26.), und 4, ואין אין ואין (Koh. 4, 8.) aufeinander folgt. — Ed. Bomb. hat in der Ueberschrift ג׳ פסוקים ? — Ueber ואין אין ואין s. ח׳ פסוקי׳ Jud. 19, 19. u. Mf. ו׳, 50. — Heid. führt obige Angabe als Zusatz zu ג׳ פסוקים ואין ואין ואין (Mf. אי, 37.) aus einer handschriftl. Mass. an (S. אר״א, 329, 330, und 331), und fügt dann hinzu: אך מספר הפסוקים דאית בהון אין וְאין וְאין לא מצאתי נמסר בשום מקום אף כי מצאנו כאלה במקרא כמו אֵין אמת וְאֵין חסד וְאֵין דעת אלהים (Hos. 4, 1.), ועוד מצאנו חד אֵין וד׳ וְאֵין (Hos. 3, 4.), ועוד מצאנו פסוק אחד בירמי׳ (33, 10.), דכתיב ביה מֵאֵין וּמֵאֵין מֵאֵין וּמֵאֵין וּמֵאֵין — Warum hat aber אר״א nur 3 und lässt ואין אין ואין (Koh. l. c.) aus? Sollte das mit Mf. אי, 30. ed. Bomb. zusammenhängen, die nur ג׳ = 3 angiebt? — Man sollte glauben, dass in der Ueberschrift zu lesen wäre; פסוקים מיחדין דכל וכו׳, so dass keine bestimmte Anzahl angegeben ist, wie das oft vorkommt? S. unsere Bemerkung zu Mf. אי, 38. —

3) Der Sinn ist, es giebt 10 Verse, in welchen erst אֵין und dann וְאֵין vorkommt, die aber beide in der Mitte des Verses sich befinden. S. unsere Bemerkung zu אר״א, 325. — Wenn dort am Schlusse auf Mp. Job 34, 22. hingewiesen ist, so bezieht sich diese auch auf solche Verse, in welchen אֵין den Vers anfängt. Merkwürdig ist aber, dass die Angaben über אֵין וְאֵין, wo das אֵין am Anfang des V. steht, in der Mp. variiren, in der Mm. aber sich nichts darüber findet? Heid. führt ein altes Mpt. an, in welchem es heisst: י״ג פסוקים אֵין וְאֵין und dann erst obige 10 aufgezählt werden (wie in אר״א), dann aber noch die 3 (Jes. 5, 27. ibid. 51. 18. und Ps. 19, 4.) hinzugefügt sind, in denen der Vers mit אֵין anfängt. Er will daher lesen: י״ג אין ואין ג׳ מנהון ר״פ. — Dass es aber mehr als 3 Verse giebt, in denen das אֵין den V. anfängt und וְאֵין folgt, sieht man aus Mp. Job 34, 22., welcher Vers zu obigen dreien hinzugefügt werden muss. — Mpt. Erf. bemerkt zu Jes. 5, 27. י״ג פסוקי׳ אין ואין, zu ibid. 51, 18. י״ו פסוקי׳ אין ואין, zu Ps. 19, 4. י״ד פסוקי׳ אין ואין, und zu Job l. c. bemerkt sie nichts? — Es sind demnach wenigstens 14 (= י״ד), und zwar 10 mit אֵין in der Mitte und 4 mit אֵין am Anfang des Verses, wie angegeben. — Vielleicht ist das י״ו oder י״ג im Mpt. Erf. aus י״ד entstanden? —

4) Obige Angabe ist die richtige, wie sie sich zu Gen. 37, 16. (ausser dem "ושארא אֵפוֹא") befindet; so hat sie auch

אַךְ

אַךְ ח׳ ר״פ בקריא· 1) Mf. אך, 1? Lev. 23, 27.

וְאַךְ ג׳ ב׳ ר״פ· Gen. 9, 5. Num. 22, 20. Mf. אך, 2. (S. Mf. ו׳, 4. או״א, 172. Mp. Jos. 22, 19.)

אָכֵן

אָכֵן י״ט· 2) Ex. 2, 14. Job 32, 8. Mf.* אךְ, 27.

אַל

ה׳ יחידאין אַל· 3) Prov. 24, 1. 19? Mf. אל, 20.

ה׳ פסוקים אַל אַל אַל· Mf. אל, 18. או״א, 319. (S. מ״ש Jer. 22, 3!) 4)

כ״ה פסוקים רישא ומצעותא אַל אַל· 2 S. 1, 20. Ps. 38, 22. 51, 13. Prov, 24, 19! Mf. אל, 17. או״א, 320. (S. מ״ש Micha 7, 5. Ps. 35, 25. Prov. 7, 25. Koh. 8, 3.

וְאַל ה׳ ר״פ· 5) Mf. אל, 22.

ז׳ זוגין וְאַל ומלה אחרי· 6) Mf. אל, 21.

כ״ב יחידאין וְאַל· (S. מ״ש Koh. 7, 18. (26?) Mf. אל, 19? Jer. 9, 22, Prov. 7, 25?) 7)

אֶל

אל ג׳ כתיב עַל· Mf. אל, 8. או״א, 167.

Kimchi im WB. s. rad. איךְ. S. auch מ״ש Job 9. 24. ausführlich. Wenn zu Job 38, 4. es heisst; וג׳ כתיבין אֵפוֹ וסי׳ und die vierte St. אם לא אפו (Job 24, 25.) ausgelassen ist, so mag das daher kommen, dass aus Zweifel über das אם לא (ob es Job 9, 24. oder ibid. 24, 25. ist, s. מ״ש l. c.) beide ausgelassen sind und statt ד׳ angegeben wurde ג׳=3. Die Mp. in der rabb. Bibel zu Job 9, 24. ist unrichtig u. gehört zu ibid. 24, 25. — Merkwürdig ist, dass Mm. Gen. 37, 16. (wie Kimchi l. c.) in Job 24, 25. אם לא liest, während die Ausgg. und auch Mpt. Hamb. ואם לא (mit Waw) lesen? — Ebenso ist אֵלֶה und וְאֵלֶה (Jes. 49, 21) streitig, s. מ״ש daselbst; da Mpt. Hamb. in den verschiedenen Angaben bald אֵלֶה u. bald וְאֵלֶה hat? — Das obige "ושארא אֵפוֹא„ ist nach רמ״ה s. rad. wenn auch die Ausgg. in Kimchi l. c. und Mpt. Hamb. ושארא איפוא (mit Jod nach dem Alef) haben. Sie wollten nur constatiren, dass ausser den angeführten Ausnahmen das Wort in der Regel auf Waw und Alef ausgeht, ohne das Jod nach dem ersten Alef zu berücksichtigen, wie auch Kimchi schliesst: ושאר איפוא כתובין בו׳ אלף, während רמ״ה l. c. ausdrücklich sagt: „ושארא אֵפוֹא בו״ו וחסר יו״ד ואלה בסוף כתי׳“. —

1) Was will die M. bemerken, da es doch noch viele Verse in der Bibel giebt, die mit אַךְ anfangen, selbst im Pent. z. B. Lev. 11, 4. 11. 21. Num. 14, 9. 31. 22. etc. ?— Das ה׳ = 5 in Mf. l. c. scheint ח׳ = 8 sein zu müssen. —

2) Heid. behauptet, dass es nach einem Mpt. י״ח = 18 lauten muss, wie es auch d. Mm. Job l. c. und die meisten Bemerkungen der Mp. zu den Stellen haben. Auch Mpt. Hamb. hat י״ח und lässt das תצורי לעם? aus. —

3) D. h. 5 Wörter kommen nur 1 M. mit אַל vorher vor (sonst aber gar nicht mit אַל oder nur mit וְאַל). S. Prov. l. c., wo nur 4 angeführt sind; das fünfte ist אַל תֵּתַע (Prov. 7, 25.); s. Bemerkung zu או״א, 320. auch מ״ש zu Prov. 7, 25. —

4) D. h. in 5 Versen kommt אַל 3 M. vor und zwar 2 M. fängt der Vers mit אַל an (Jer. 14, 21. und Ps. 62, 11. wo Mp. bemerkt: ב׳ ר״פ) und 3 M. stehen alle 3 in der Mitte des Verses, s. או״א, 319. und Anmerkung, besonders auch מ״ש Jer. 22, 3. Nach או״א l. c. scheinen wirklich nur d. 2 V. angegeben zu sein, in denen das erste אַל den V. anfängt, die anderen sind unbestimmt, 3—4 M., wie aus מ״ש l. c. hervorgeht. —

5) Der Sinn ist, 5 Wörter kommen mit vorhergehendem וְאַל am Anfang des Verses (in welchem sonst weder אַל noch וְאַל weiter vorkommt) nur 1 M. vor; sonst aber nur in der Mitte des Verses oder mit אַל (auch am Anfang des Verses). Darum wird z. B. וְאַל תַּעֲמֹד Ob. 1, 14. ואל תֵּרֶא ibid. 12. nicht mitgerechnet, weil in demselben V. nochmals וְאַל oder אַל vorkommt; ebenso wird וְאַל תִּדְרְשׁוּ (Am. 5, 5.) nicht gezählt, weil תִּדְרְשׁוּ sonst gar nicht, weder mit אַל noch וְאַל sich findet. Ebenso wird וְאַל יַבְטַח (Jes. 36, 15.) nicht mitgezählt, weil es nochmals am Anfang des Verses (2 Reg. 18, 30.) vorkommt. — Die Bemerkung der Mp. Jes. l. c. (ג׳ ר״פ), obgleich וְאַל יַבְטַח nur 2 M. (am Anf. d. V.) vorkommt, wie die Mp. daselbst ב׳ bemerkt — bezieht sich auf das Wort וְאַל, das im B. Jes. nur 3 M. am Anfang des Verses steht, während sonst אַל (ohne Waw copulat.) den Vers anfängt. Unsere Angabe bezieht sich aber auf וְאַל in Verbindung mit einem anderen Worte. —

6) D. h. mit 7 Wörtern kommt וְאַל nur je 2 M. vor, wie angegeben. —

7) Der Sinn ist, dass 22 Wörter nur 1 M. mit vorhergehendem וְאַל vorkommen, sonst aber mit אַל; von denen, die überhaupt nur mit dieser Verneinung 1 M. vorkommen, ist hier keine Rede. Die Anführungen in ed. Bomb. sind die richtigen; wenn aber Buxt. (wie es scheint willkürlich) ganz andere anführt u. dafür viele, die in ed. Bomb. angeführt sind, auslässt, so ist das doppelt tadelnswerth und beruht auf Missverständniss unserer Angabe. — Wenn er aus Obad. 1, 12. וְאַל תַּגְדֵּל und also 3 statt 2 St. zählt, so ist das falsch, da letzteres überhaupt nur 1 M. vorkommt (s. Mf, תחת, 2. או״א,

א״ב מן חד חד אֶל דלוג׳. 2 Reg. 17, 4. Mf. *אל, 23.
אר״א, 77. **1**)

מלין דבכל קריאה אֶל ולית חד מנהון וְאֶל׳. Mf. אל, 13. **2**)

א״ב מן חד וחד חד אֶל וחד עַל׳. Lev. 4, 12. Ez. 88, 2.
Am. 3, 5. Prov. 24, 13. Job 38, 20. Est, 3, 9.
Mf. אל, 24, (S. מ״ש 1 Reg. 1, 33.!) **3**)

וְאֶל מ״ד מן חד וחד וְאֶל׳. Ex. 24, 14.? Ez. 44, 25.
Mf. אל 14.! אר״א, 85.

ג׳ פסוקים אֶל אֶל וְאֶל אֶל׳. Mf. אל, 6.

ג׳ פסוקים אֶל וְאֶל וְאֶל וְאֶל אֶל׳. Jer. 27, 3.
Mf, אל, 3. אר״א, 355. **4**)

ד׳ פסוקים אֶל אֶל אֶל עַל׳. Ez. 10, 2. Neh. 4, 13.!
Mf. אל. 7. אר״א, 354. **5**)

ה׳ פסוקים קדמא אֶל ושארא עַל׳. S. עַל

ו׳ זוגין מן ג׳ ג׳ חד אֶל וחד עַל וחד וְעַל׳. Ex. 12, 22.
Deut. 25, 1.? Jer. 27, 13. Mf. על, 9. אר״א, 89. **6**)

ז׳ פסוקים דאית בהון אֶל עַל אֶל׳. Gen. 8, 9. Jos. 18, 16.
Mf. אל, 4. אר״א, 353.

ז׳ פסוקים עַל אֶל עַל׳. אר״א, 352. S. עַל.

ט׳ זוגין חד וְאֶל וחד וְעַל׳. Num. 4, 49. Job 32, 21.
Mf. על, 6. אר״א, 86.

י״ד פסוקים עַל אֶל אֶל׳. Ex. 19, 20. 25, 20. 37, 9.
Jos. 17. 7.? Mf. אל, 2. על, 12. אר״א, 350

י״ח פסוקים אית בהון אֶל עַל עַל׳. Ex. 40, 20. Deut. 11,
29. 1 Reg. 15, 20. Mf. אל, 1. *על, 11. אר״א, 351.

---

1. ת׳. Gen. 19, 19.) und also nicht hierher gehört; ebenso וְאַל אֶטְבָּעָה (Mp. לית); וְאַל תַּעֲמֹד (Mp. ב׳) und וְאַל תֵּעָצֵבוּ (Neh. 8, 10 und 11.) kommen 2 M. vor, wie Buxt. selbst bemerkt וחברו? — Aus diesem Grunde werden von den 5 in Mf. אל, 22. (s. oben S. 212, Anmkg. 5.) nur 3 hier mitgezählt, während וְאַל יָבֹא und וְאַל תֵּלְכוּ ausgelassen werden — weil diese beiden mehrmals vorkommen, s. Mp. zu denselben, ב׳. —

1) Der Sinn ist, dass die angegebenen W. nur 1 M. mit אֶל, sonst aber mit וְאֶל oder עַל oder mit gar keiner von diesen Präpositionen vorkommen. — Auffallend ist, dass manche von denen gezählt werden, die 1 M. mit אֶל und 1 M. mit עַל (s. Mf. אל, 24) stehen? — Sie gehören entweder alle hierhin oder — da sie eine besondere Gruppe bilden — keine von ihnen. Warum sind nicht mitgezählt אֶל הָעֹמְדִים (Zach. 3, 4.), אֶל בְּאֵר (Gen. 24, 11.), אֶל טוב (Jer. 40, 4.)? — Heid. bemerkt, dass auch אֶל מְזוּזַת (Ez. 45, 19.) hierhin gehört, nach einer handschriftlichen Massora (abgedruckt אר״א, 2. in der Anmerkung.), da diese Form nur 1 M. mit אֶל vorkommt. —

2) Diese Angabe ist, besonders in den Anführungen incorrect, und zwar, wie Heid. bemerkt: אל אביך — kommt nie mit אֶל vor; er will dafür אָבִין lesen, das immer nur mit אֶל vorkommt. אל אהליאב — kommt nie mit אֶל vor, vielmehr 1 M. mit וְאֶל (Ex. 36, 2.)? אֶל אנשיו — kommt 2 M. mit וְאֶל und 1 M. mit אל vor. אל בצלאל — nur 1 M. so? אל בתינו, אל ביתם beide nur 1 M. so? אל בניך, kommt nicht vor? — Heid. will dafür lesen אל בנים (Jer. 47, 3.) s. Mp. לית. — אל המשכב, kommt nicht vor. Heid. schlägt vor אל המשכן zu lesen. — אל מקומו kommt nicht vor; nur 1 M. steht es mit וְאֶל (s. Mf. אל, 14.) und 2 M. mit עַל? — אל תחת, kommt noch 2 M. vor? s. Jer. 3, 6. Zach. 3, 10. —

3) S. אר״א, 2. in d. Anmerkung ausf. — Wenn dort über das Einzelne auf „w. u.“ verwiesen, aber nicht ausgeführt ist, so mögen hier die Bemerkungen darüber folgen; Zu אדו על muss hinzugefügt werden: (קדמא) הראש בכספיא על אסף, kommt nicht vor. — אל אחינו, dies müsste, nach der angeführten zweiten St., אָחִינוּ (Sing.) punctirt werden; solche St. giebt es aber nicht? — Es kommt wohl nach Mp. zu Gen. 42, 21. und 1 Chr. 13, 2. 1 M. על אָחִינוּ und 1 M. על אַחֵינוּ vor, was aber zu unserm Art. nicht passt? — H. S. Baer will in seiner Recension des אר״א, (Monatsschrift von Dr. Frankel, Jahrgang 1865, S. 273.) dafür אֶל אַחַד und עַל אַחַד lesen, was richtig ist. — Ueber על המזוזה s. אר״א l. c. — Ebenso über אל מלאכת. — על יושב, hat in den Ausgg. (Zach. 12. 10.) וְעַל (mit Waw) — על המשכן, ed. Buxt. muss על, המשכן heissen — אל המעשה hat in d. Ausgg. ואל מעשה — Zu על מעשה lautet d. St. מן אל קולך hat in d. Ausgg. וְעַל. — Ueber על עני ist das וכל קרי׳ ואל zu streichen. — Zu על עשה ומתניה על st. ומתתיה s. אר״א l. c. — Zu על תורת muss es heissen זאת תורת הנזיר. Andere wenig bedeutende Correcturen in den angeführten Versen wird der Leser leicht finden. — Dass אֶל und וְאֶל im Gegensatz zu עַל und וְעַל gleich sind s. unsere Bemerkung zu אר״א, 354. —

4) Diese beiden Angaben sind, so wie sie hier angegeben, falsch, s. ausführlich אר״א, 355. Sie sind durch Missverständniss des V. Jer. l. c. aus einer richtigen Angabe zu 2 falschen geworden. Es muss lauten: ג׳ פסוקים אֶל וְאֶל וְאֶל וְאֶל וְאֶל — Das ועליתם muss in ושלחתם verändert werden; ebenso Jer. l. c. —

5) Das Richtige hierüber hat אר״א, 354. s. daselbst unsere Bemerkung und vor. Anmerkung. —

6) S. אר״א, l. c. Daselbst ist nicht bemerkt, dass Deut. 25, 1. fälschlich ט״ן = 15 statt ו׳ = 6 angiebt. —

כ׳ זוגין תרין אֶל ותרין עַל׳ Gen. 14, 24.? Ex. 22, 9. Zach. 9, 9.? Dan. 4, 25. Mf.*עַל, 8. או״א, 88.

אֶל, עַל בלשון אבל׳ אבל S.

אֲשֶׁר אֶל ח׳. Ex. 28, 26. 39, 19. Ez.*41, 14. Mf. אל, 11. אש, 29.

אֶל הָאֲדָמָה׳ אדם S.

אֶל אֲשֶׁר ה׳. Ex. 32, 34. Num. 33, 54. Ez. 1, 12. Ruth 1, 16. Mf. אל, 9. אש, 29. 1)

אֶל בָּבֶל׳ בבל S. אֶל דֶּרֶךְ׳ דרך S.

אֶל הַר׳ הרר S. אֶל הֶהָרִים׳ הרר S.

אֶל הָרֵי׳ הרר S. אֶל הַמִּזְבֵּחַ׳ זבח S.

אֶל יַד׳ ידה S. אֶל יְהוּדָה׳ יהודה S.

אֶל יְרוּשָׁלַםִ׳ ירושלים S. אֶל יִשְׂרָאֵל׳ ישראל S.

אֶל יֶתֶר ב׳ וב׳ עַל יֶתֶר׳ יתר S.

אֶל כָּל, עַל כָּל׳ Prov. 17, 8. Est. 2, 22. Mf. אל, 15. (S. das. ausf.) 2)

אֶל מִי ג׳. Ez. 31, 2. 31,*18. Mf.*אל, 12. מי, 8.

אֶל מִצְרַיִם׳ מצרים S.

(אֶל, עַל עם לשון מְשַׁחֲתֶיךָ לַמֶּלֶךְ׳. 2Reg. 9.6. מ״ש S.)

אֶל, עַל עם לשון נפילה׳ נפל S.

אֶל סֵפֶר׳ ספר S.

אֶל הָעַיִן ב׳ וב׳ עַל׳ עין S.

אֶל פִּי׳ פה S. אֶל פָּנָיו׳ פנה S.

אֶל פְּנֵי׳ פנה S. אֶל מָקוֹם׳ קום S.

אֶל, עַל עם לשון ראיה׳ ראה S.

כל לשון שמיעה אֶל במ״ב עַל׳ שמע S.

מלין יחידאין וְאֶל׳ Ex. 24, 14. Ez. 44, 25. Mf. אל, 14. או״א, 85. 3)

וְאֶל בֵּיתוֹ ג׳. בית S.

וְאֶל הַמִּזְבֵּחַ׳ זבח S.

וְאֶל מִי ד׳. 1 S. 6, 20. Job*5, 1. Mf.*אל, 12. מי, 7.

אֱלֵי ד׳ (בסיפרא). 4) Mf. אל, 121.

וְאֵלַי ג׳. Hos. 7, 15. Job*4, 12. Mf. אל, 124. (S. Mp. Esr. 9, 4. ג׳ ב׳ ר״פ)

אֵלָיו נקוד על איו׳ צורת האותיות S.

אֵלָו ג׳ חסר יו״ד בקריא וכל צורת הבית (דיחזקאל) דכו׳. 1 S. 22, 13. Ez.*40, 49. Mf. אל, 129. S. איל.

אֲלֵכֶם ו׳ חסר בתורה׳. Gen. 42, 14. Ex. 7, 4. Deut. 1, 20. Mf. אל, 128. (S. ר״מה s. rad. מ״ש Ex 11, 9.)

אֲלֵיהֶם י״ז מלא בתורה׳. Gen. 34, 14. 37, 6. Lev. 17, 2. Mf.*אל, 125. (S. ר״מה)

אֲלֵהֶם (החסרים)׳. (ו׳ בשפטים Jud. 18, 2. Mf. אל 126. ו׳ חסר ביחזקאל) (י״ג במלכים 1 Reg. 12, 16. Ez. 16, 37.) (S. מ״ש Gen. 19, 6. Jos. 17, 15. Ez. 34, 2.) 5)

(עַד אֲלֵיהֶם ה׳. S. Mp. 2 Reg. 9, 20.)

---

1) Das Ex. 32, 34. zu ואל עבר פניו beigefügte „קדמאה“ bezieht sich auf Ez. 1, 12. wo אֶל אשר steht, während das. 1, 20. עַל אֲשֶׁר steht. —

2) Ausführlich Mf. l. c., wo die Ueberschrift heissen muss אֶל כָּל, וְאֶל כָּל. S. die verschiedenen Angaben Ex. 12, 3. 1 S.*25, 17. 1 Reg*.18, 21. Ez.*32, 31. Prov.*17, 8. Est.*1, 22. Mf. עַל. 22. *אֵל, 15.) Wenn ed. Bomb. zu וכל שפטים bemerkt: במ״ן, so soll das richtiger במ״ב sein, wie die zwei angef. St. beweisen, und Buxt. richtig verbessert hat. — Von den 13 אֶל כָּל in den kl. Proph. und Hagiogr. kommen in ersteren 2, in letzteren 11 vor, wie auch stets die Mp. bemerkt. —

3) S. או״א, l. c. und unsere Bemerkung daselbst. Warum ist aber weder Mf., noch או״א l. c. mitgerechnet וְאֶל מֵת Ez. 44, 25.? —

4) Mf. l. c. ist auf Job 5, 25. verwiesen, wo sie aber fehlen? — Mpt. Hamb. Job 29, 19. hat sie; es heisst das. ד׳ וסי׳השמחים אלי גיל (Job 3, 21.), תבא בכלה אלי קבר (ibid. 5, 26.), וצפוי הוא אלי חרב (ibid. 15, 22.), שרשי פתוח אלי מים (ibid. 29, 19.).

5) S. ausführlich Mf. אל 126. Das Resultat ist: 1) Im Pent. ist es immer def. Jod mit Ausnahme von 17 St., die plene sind. S. Mf. אל, 125. 2) Im B. Jos. 2 M. def. s. Mf. 126. — Wenn hier als zweite Stelle angeführt ist ויאמר אלהם יהושע (Jos. 17, 15.), so will Heid. das יהושע streichen und dafür ויאמר אלהם (Jos. 23, 2.) lesen, weil nach Mp. daselbst und Mpt. von 1294, ebenso Mpt. Erf. zu Jos. 23, 2. gerade dieses def. und 17. 15. plene ist; s. מ״ש zu letzter St. welcher darüber unsicher ist. 3) im B. der Richter sind 6 def. s. Jud. 8, 22. u. 18, 2, 4) in den BB. Sam. ist keins def. 5) in den BB. Reg. sind 13 def. s. 1 Reg. 13, 12. — 6) in Jes. und Jer. ist es immer plene; s. Mp. Jes. 37, 6. (כל סיפרא)

וַיֹּאמֶר מֹשֶׁה אֱלֹהִים ג׳. אמר .S

אֲלֵיהֶן ה׳ ד׳ מלא וא׳ חסר. Ex. 1, 17. Deut. 1, 22. Mf. אל, 127.

וְאֵלֶיךָ ג׳.) Mp. 2 Reg. 18, 27. sie sind aber nicht angeführt; es sind: 2 Reg. 18, 27. Jes. 36, 12. und Gen. 4, 7.

וֵאלֹהֵם ב׳ חד חסר וחד מלא וסי׳ ואלהם תאמר, חסר (Lev. 17, 8.) ואליהם לא בא, מלא (2 S. 20, 3.) S. M. marg. Lev. 17, 8.)

אֵלֶּה

אֵל ב׳ לשון חול.) (Mp. 1 Chr. 20, 8.

אֵלֶּה ד׳ בטעם טפחא בענין. (S. ע״הק ibid.) Num. 26, 7.

אֵלֶּה ו׳ ר״פ בטעם תביר בענין וכו׳. Num. 26, 22. (S. ע״הק ibid.)

אֵלֶּה הַדְּבָרִים ה׳. דבר .S

אֵלֶּה שְׁמוֹת ה׳ ר״פ. שמה .S

אֵלֶּה תּוֹלְדוֹת. ילד .S

וְכָל אֵלֶּה לית. Ex. 17, 18. (S. Mf. כל, 1.)

מָה אֵלֶּה. מה .S

הָאֵל ח׳ סבירין הָאֵלֶּה. Gen. 19, 25. 26,*3. Lev. 18, 29. Deut. 19; 11. Mf. אל, 40. (S. מ״ש ·רמ״ה Gen. 19, 8. Esr. 5, 15. 1 Chr, 20. 8.)

י״ג חסר הָאֵלֶּה (אֶת כָּל הַדְּבָרִים). דבר .S

בָּאֵלֶּה ב׳ ובסיפרא. 1 S. 17, 39. (S. מ״ש ibid. 16, 10.)

אֵלֶּה, וְאֵלֶּה ר״פ בקריא. S. Ex. 1, 1. Umschrift 1)

וְאֵלֶּה י״ז ר״פ בתורה. Gen. 25, 7, 36, 13.! Ex. *1, 1. 28, 4. Mf. אל, 118.

מלא); Jer. 11, 3. (י״ז מלא?) — 7) im B. Ez. sind 7 def. s. Ez. 16, 37. 8) in den 12 kl. Proph. Die Mp. zu Zach. 1, 3. bemerkt: לית חסר בסיפר׳, was sich wohl auf die kl. Proph. im Ganzen und nicht blos auf Zach. bezieht? 9) in den Hagiogr. sind 16 def. s. Mf, אל 126. Was nun Nr. 9 betrifft, so bemerkt Heid., dass diese Angabe viele Schwierigkeiten bietet, wegen der scheinbar widersprechenden Angaben der Mp. in den Ausgg., wie in den Handschriften. (Mpt. Erf. hat immer י״ז חסר בכתובים, ausser zu 2 Chr. 18, 5., wo sie י״ו = 16 angiebt; auch zu 2 Chr. 10, 7. hat sie י״ז בכתובים Es sind demnach 2 im 1 Chr. s. 19, 17. wo sie bemerkt ב׳ בסיפ׳ und 7 in 2 Chr. zusammen 9 in den BB. d. Chr. Zu Zach. bemerkt Mpt. Erf. nichts?). Am Schlusse nimmt er an: 1) dass nach Mpt. v. 1294. und nach Mp. zu 2 Chr. 10, 7. ט׳) חסר בסיפרא) auch 2 Chr. 10, 7. def. ist. — 2) dass die beiden letzten Stellen (Esr. 6, 21. und Neh. 13, 21.) nach Mp. zu Esr. und Neh. (ג׳ חסר בסיפרא) — also nur 3 und nicht 5, wie hier aufgezählt ist — wenigstens zweifelhaft oder streitig sind, so dass er am Schlusse der Angabe hinzufügen will ותרין פלינא סיפרא. Demnach gleicht er die Angaben so aus: a) die zu Chr. bemerken ט׳ חסר בסיפרא, rechnen 2 Chr. 10, 7. mit zu den 8 angeführten. b) die 13 angeben, zählen 9 in Chr. 3 im B. Esr. und 1 in Job. c) die ט״ו = 15 angeben, zählen 2 im B. Koh. mit. d) diejenigen, welche 16 oder 17 zählen, sind über Esr. 6, 21. und Neh. 13, 21. verschiedener Ansicht, wie das auch aus der Anführung in unserer St. (Mf. אל, 126.) dadurch angedeutet scheint, dass gerade diese 2 Stellen nicht nach der Reihenfolge aufgeführt sind. — Hiernach wäre unsere Angabe zu berichtigen und vielleicht י״ז = 17, statt י״ו zu lesen und 2 Chr. 10, 7. einzuschieben. —

1) S. ausführlich Ex. 1, 1. Umschrift. Das Resultat dieser Angabe ist: 1) dass das Fürwort אֵלֶּה (plur.) am Anfang des Verses im Pent. immer ohne Waw copulat. steht, mit Ausnahme von 17 Versen, die mit וְאֵלֶּה anfangen. 2) mit תֹּלְדוֹת verbunden heisst es immer וְאֵלֶּה, ausgenommen 4 St., die (am Anf. d. V. vor תֹּלְדוֹת) אֵלֶּה haben. — 3) ebenso mit שְׁמוֹת verbunden heisst es וְאֵלֶּה, mit Ausnahme von 5 St. (4 im Pent. und 1 in d. Proph. Gen. 36, 10. Num. 3, 3. 13, 16. 34, 17. und 2 S. 23, 8.), wo אֵלֶּה vor שְׁמוֹת steht. 4) in den BB. der Proph. hat diese Partikel am Anf. d. Verses immer Waw copulat., mit Ausnahme von 7 Versen, die אֵלֶּה (ohne Waw) am Anfang haben (Jos 13, 32. 19, 51. 20, 9. 2 S. 23, 8. 23, 22. 1 Reg. 9, 23. und Zach. 8, 16.). 5) in den Hagiogr. hat sie immer am Anfang des Verses kein Waw (אֵלֶּה), mit Ausnahmen nach folgender Bestimmung: a) in den BB. d. Chr. von Anfang des Buches bis 1 Chr. 23, 1. nur 10 M. אֵלֶּה, sonst aber immer am Anfang des Verses וְאֵלֶּה (mit Waw); von 1 Chr. 23, 4. an bis zu Ende d. BB. nur 4 M. mit Waw am Anfang 2 Chr. 3, 3. 8, 10. 17, 14. und 24, 26.) b) im B. Esr. (und Neh.) nur 4 M. אֵלֶּה am Anfang des Verses, sonst immer וְאֵלֶּה, (Esr. 2, 62. Neh. 7, 6. 7, 64. 12, 26.). c) im Job nur 1 M. וְאֵלֶּה am Anf. (10, 13.). d) in Ruth ebenfalls nur 1 M. וְאֵלֶּה (4, 18.) Die Angaben 1, 2 und 3 beziehen sich auf den Pent., so dass 2 und 3. nur Ergänzung zu 1 sind und die 17 וְאֵלֶּה noch ausser der Verbindung mit תֹּלְדוֹת und שְׁמוֹת am Anfang des Verses sich finden. Wenn es zu 3 im Text heisst במ״ד und doch 5 St. angeführt werden, so ist dieser Fehler nur aus Zusammenziehung zweier Angaben entstanden; im Pent., von welchem hier die Rede ist, kommt אֵלֶּה שְׁמוֹת nur 4 M. vor; da aber diese Verbindung mit אלה (ohne Waw) im Ganzen nur 5 M. vorkommt (s. Num. 34, 17. und Mf. אל, 117.), so hat die Ausführung gleich die fünfte St. (2 S. 23, 8.) mitgezählt, die aber auch weiter unten unter Nr. 4 zu den 7 אֵלֶּה in d. BB. der Proph. wiederholt ist. — S. d. Mp. zu den Stellen, besonders Gen. 36, 10. und Num. 13, 16. —

וְאֵלֶּה ו׳ דמשמשין וְאֵלֶּה ולית דכוותהון. Ex. 28, 4. 1) אר״א, 260.

אֵלֶּה אֵלֶּה וְאֵלֶּה. (Jes. 49, 11.) 2) Mf. ר׳, 48.

אֵלֶּה וְאֵלֶּה אֵלֶּה. (Jes. 49, 21.) S. Gen. 9, 5. 3) Mf. ר׳, 51,

וְאֵלֶּה אֵלֶּה אֵלֶּה. (Gen. 36, 17.) S. M. Gen. ibid. Ez. 41, 23. Mf. ר׳, 47.

וְאֵלֶּה אֵלֶּה וְאֵלֶּה. (Jud. 19, 19.) S. M. Jud. ibid. Mf. ר׳, 50.

(וְאֵלֶּה אֲשֶׁר ב׳. [Jos. 14, 1. 1Chr. 6, 16.] S. Mp. z. d. St.)

וְאֵלֶּה בְּנֵי י״ג. S. בנה und Anmerkung das.

וְאֵלֶּה דִּבְרֵי ב׳. Jer. 29, 1.

(וְאֵלֶּה הָיוּ ב׳. [Gen. 36, 14. 1 Chr. 3, 1.] S. Mp. ibid.)

וְאֵלֶּה שְׁמוֹת י׳ בתורה. Ex. 1, 1. Num. 1, 5. Mf. אל, 117. S. שמה.

כְּאֵלֶּה ג׳. Jer. 51, 19. Job*16, 2. Mf. אל, 112.

לָאֵלֶּה ה׳. Gen. 31, 43. Num.*26, 53. 1 Reg. 22, 17. 2 Chr.*18, 16. Mf. אל, 115.

וְלָאֵלֶּה ג׳ ר״פ בקריא. Lev. 11, 24. Ez. 9, 5. Mf. אל, 114. (S. מ״ש Lev. l. c.)

(מֵאֵלֶּה ב׳ ר״פ. Gen. 10, 5. 1 Chr. 23, 4. Mp.)

וּמֵאֵלֶּה ג׳. Gen. 9, 19. Mf. אל, 113. ?

אִלֵּין ה׳ ג׳ מלאים וב׳ חסרים. Dan. 6, 3. 6, 25. Mf. אל, 131.

אִלּוּ

(וְאִלּוּ ב׳, חיה. Mp. Koh. 6, 6. Est. 7, 4. (S. Aben Esra ibid. מ״ש Koh. und Est. l. c.)

אִם

אִם ד׳ כתיבי ולא קרין. אר״א, 98. אם, 11. Ruth 3, 12. Mf. (ח׳ מלין כתב׳ ולא קרין, מלין S.)

אִם, וְאִם ר״פ בקרי׳. 4) Gen. 34, 17. Mf. אם, 1. u. 3.

---

1). Diese Angabe zu Ex. l. c. ist incorrect, 1) weil 7 Stellen angeführt sind (statt ו׳=6 in der Angabe.) 2) kommt nach dieser Angabe ja משפחות 2 M. mit ואלה vor, es aber in der Angabe heisst: ולית דכותהון, also je nur 1 M. vorkommend? 3) kommt ואלה משפחות בני מררי gar nicht vor? — Der Fehler ist aber entstanden durch falsche Abtheilung. Das Richtige hat אר״א, 260., wo es heisst: ז׳ יחידאין וְאֵלֶּה ולית דסמיך וסי׳ u. s. w. Es hat dem Abschreiber das daselbst angeführte ואלה פקודי gefehlt, darum machte er ו׳=6 aus ז׳=7. Das ואלה משפחות הלוי ist insofern unrichtig, als es nicht der Anf. d. V. ist, der mit בני מררי anfängt, Zwischen ואלה משפחות u. בני מררי muss ein Trennungszeichen stehen, so dass es den Anfang des Verses bezeichnet; fällt aber mit ואלה משפחות הלוי zusammen und ist 1 Chr. 6, 4. — S. Mf. אל 118. ed. Buxt. wo es heisst: ואלה ז׳ יחידאין וכתובין בפ׳ תצוה, wo aber obige fehlerhafte Angabe sich findet. — Ed. Bomb. hat diesen Zusatz nicht. —

2) Das Mf. l. c. ed. Buxt. zu הנה אלה hinzugefügte דיחזקאל ist ein Druckfehler und muss דישעי׳ (Jes. 49, 11.) heissen. —

3) Das in Gen. 9, 5. angeführte מי ילך muss מי ילך heissen. —

4) Das Resultat dieser Angaben ist: 1) in Genes. und Ex, Cap. 21 und 22. (=נזיקין) steht diese Partikel am Anfang des Verses immer ohne Waw copulat. ausser 10 Versen die mit וְאִם (mit Waw copulat.) anfangen, und zwar 3 M. im Genes. (24, 8. 34, 17. u. 43, 5.) und 7 M. in Ex. l. c. (21, 5. 9. 11. 23. 27. und 29. und 22, 11. s. Mp. zu d. Stellen). 2) in den übrigen Stellen des Pent. hat sie am Anfang des Verses immer Waw, (וְאִם) mit Ausnahme von 18 Versen, die mit אִם anfangen und zwar in Ex., ausser Cap. 21 und 22. (s. Mf. אם, 8.) 1 M. (18, 23.); Lev. 7 M. (s. Lev. 3, 7. und Mf. אם, 8.) 1, 3. 3, 7. 4, 3. 7, 12. 26, 3. 25, 51. 27, 17; Num. 6 M. 14, 8. 14, 23. 14, 30. 16, 29. 24, 13 und 32, 11. und 4 M. in Deut. 1, 35. 28, 58. 30, 4. 32, 41. s. Mp. zu den Stellen und unsere Bemerkung zu Mf. אם, 8. 3) im B. Jos. u. Jud. hat sie am Anf. d. V. immer Waw=וְאִם. 4) in den BB. Sam. immer וְאִם am Anfang des Verses, ausser 6 Versen, die mit אִם anfangen; 1 S. 2, 25. 12, 14. 14, 9. 17, 9. 20, 6. und 7. — S. auch 1 S. 12, 14. 5) in d. BB. Reg. u. Jes. immer אִם am Anfang des Verses, mit Ausnahme von je einem Verse, der mit וְאִם anfängt: 1 Reg. 3, 14. Jes. 1, 20. 6) in Jerem. immer וְאִם am Anfang des Verses mit Ausnahme von 8 Stellen, die mit אִם anfangen: 4, 1. 14, 7. 14, 17. 23, 24. 31, 36. 42, 6. 42, 10. 49, 9. (S. Jer. 42, 6. auch 23, 22. in Mp., nach welcher וְאִם (mit Waw) am Anfang des V. im B. Jerem. 9 M. vorkommt, also im Ganzen steht diese Part. im B. Jerem. 17 M. am Anfang d. V. und zwar 8 M. אִם und 9 M. וְאִם) 7) in Ez. nur 1 M. mit וְאִם am Anfang des Verses (43, 11.) sonst immer אִם. — 8) in d. kl. Proph. nur 3 M. וְאִם am Anfang des Verses: Am. 9, 3 und 4. Zach 14, 18., sonst immer אִם — 9) in den Psalmen nur 1 M. וְאִם

אם י"ז ר"פ בספר ואלה שמות. (1 Mf. אם, 8.

אם ז' ר"פ בסיפרא (ויקרא). Lev. 3, 7. Mf. אם, 8.

אם ה' ר"פ בסיפרא (במדבר). (2 Num. 14, 8. 32, 11?

אם ד' ר"פ בסיפרא (הדברים). Deut. 1, 35. Mf. אם, 1.

אם ו' ר"פ (בשמואל). 1 S. 12, 14. Mf. אם, 1.

אם ח' ר"פ בסיפרא (ירמי'). Jér. 42, 6. Mf. אם, 1.

ה' פסוקים לית בהון אם ומטעין. Gen. 24, 4. Mf. אם, 9.
(S. מ"ש, 1 S. 18, 25. 2 S. 19, 8. Jer. 22, 12.
2 Chr. 6, 9.) 3)

י"ב זוגין חד אם וחד ואם. (4 Mf. אם, 14.

אם אין. s. אין

אם לא. s. לא

כל כי אם הטעם תחת כי ואם במקף במ"ג אשר המקף
בכי והטעם באם. Num. 35, 33. Mf. טעם, 7. אם, 13.

ואם ב' בטעם זרקא ובענין. Lev. 13, 53.

ואם י"ז יחידאין. Est. 8, 5. Mf. אם, 12?

ואם ז' ר"פ בסדרא. Ex. 21, 9.

ואם ו' ר"פ בסיפרא. Job 36, 12. (S. מ"ש Job 21, 6.)

כל אם, ואם דענינא (משפטים) במקף במ"א וכו'.
Ex. 21, 36. (S. עה"ק Ex. 21, 19.)

ב' ר"פ אם אם אם. Ob. 5. Job 37, 13.

ג' פסוקים ואם אם. (5 Mf. אם, 6. או"א, 343.

ז' פסוקים באיריתא דאית בהון אם ואם מצעא פסוקא.
Gen. 24, 49. (S. Mm. ibid. und unten 'י' פסוקי)

ח' פסוקים דאית בהון ואם ואם רישא ומצעא. Lev.
27, 20. Jos.*22, 23. Jer. 27, 18. Mf, אם, 4. או"א, 344 6)

י' פסוקים באוריתא וירמי' דאית בהון אם ואם במצע
פסוק. Gen. 13, 9. 31, 51. Mf. אם, 3. או"א, 346.
(S. oben ז' פסוקים)

---

am Anfang (Ps. 41, 7.) — 10) in d. Prov. immer אם am Anfang des Verses. — 11) in Job immer אם am Anfang, mit Ausnahme von 6 Versen, die mit ואם anfangen: 21, 6. 24, 25. 34, 16. 36, 8. 36, 12. 40, 9. — 12) in Koh. nur 1 M. ואם am Anfang (4, 12.); sonst immer אם. — 13) in d. BB. d. Chr. nur 2 M. mit ואם am Anfang (2 Chr. 6, 24. 7, 19.), sonst aber, wie überhaupt in allen nicht erwähnten BB. der heil. Schr. kommt sie am Anfang des Verses immer ohne Waw copulat. (אם) vor. S. die verschiedenen Angaben der Mp. zu den Stellen. —

1) In dieser Angabe ist auffallend, warum nicht Ex. 21, 4. (אם אדניו) mitgezählt wird, wodurch es 18 wären am Anfang des Verses in Ex. — Die Mass. kann hier nicht ואם (mit Waw) gelesen haben, da es alsdann in Mf. אם, 1. zu den Ausnahmen in נזיקין hätte gerechnet werden müssen, deren es 8 wären, die mit ואם anfangen? — Auch kann die Massora diesen Vers nicht mit dem vorhergehenden Vers als einen gelesen haben, da alsdann der vorhergehende nicht zu den 12 Versen gehören könnte, die am Anfang und in der Mitte אם haben? s. unten י"ב פסוקים u. s. w. — Auch ist auffallend, dass die Mp. nirgends eine Bemerkung anführt, dass es י"ז = 17 sind? — Es müsste wohl י"ח = 18 gelesen werden? —

2) D. h. in Num. giebt es 5 Verse, die mit אם (ohne Waw copulat.) anfangen. Aber weder diese Angabe, noch die zu Num. 32, 11., wo es ז' ר"פ בסיפרא heisst und 7 Verse angeführt sind, ist richtig. — In Num. 14, 8. fehlt אם יראו (Num. 32, 11.) und ibid. 32, 11. ist zu viel אם יראה (Deut. 1, 35.), indem hier ja nur von Num. die Rede ist und das אם יראה zu den 4 in Deut. gehört s. Deut. 1, 35. — Das Richtige ist ו' ר"פ בסיפרא, wie sie auch Mf. אם, 1. (unter Nr. 2. s. oben unsere Bemerkung) aufgezählt sind. In der ersten Stelle hat man beide, יראו und יראה zu Deut. geschlagen und in der zweiten hat man beide zu Num. gerechnet. — Auch d. ו' בסידרא in Num. 32, 11. und Mp. Num. 14, 8. muss in בסיפרא umgesetzt werden. —

3) Das Richtige hat Gen. l. c. und der Sinn ist, in 5 Stellen steht כי in der Bedeutung von כי אם, s. v. a. sondern „nur“, so dass man אם nach כי vermuthet, obgleich es nicht steht = ומטעין. — Das 'ח = 8 in Mf. l. c. muss 'ה = 5 sein.

4) D. h. 12 Wörter kommen 1 M. mit אם und 1 M. mit ואם vor. Die Angabe ist richtig, die Anführung der Verse aber, welche 13 zählt, ist falsch und zwar muss das אם יש und ואם יש gestrichen werden, weil ואם יש 3 M. vorkommt, s. 2 S. 14, 32. und Mf. אם, 15. —

5) So muss es Mf. אם, 6. lauten, s. או"א, l. c. — Das zweite ואם ist Druckfehler für אם (ohne Waw.) —

6) So Lev. l. c., was aber unrichtig ist, denn Jos. 22, 23. Mal. 1, 6. steht das erste ואם nicht am Anfang des Verses. — Das רישא ומצעא muss gestrichen werden und es ist hier überhaupt nur die Rede von Versen, in welchen das ואם 2 M. vorkommt, deren es 8 giebt. — S. ausführlich או"א, 344 und unsere Anmerkung daselbst, wo auch nachgewiesen ist, dass das ואם תדרשנו (1 Chr. 28, 9.) heissen muss: ואם תדרשהו (2 Chr. 15, 2.) —

י״ב פסוקים רישיהון ומצע׳ אִם אִם׃ Ex. 22, 23.
Ps. 27, 3. Job*6, 12. 27, 4. Mf. אם, 7.

י״ח פסוקים (בשאר קריא לבד מאורית׳ וירמי׳) אִם אִם במצע׳ פסוקא׃ Mf. אם, 3. (S. oben (ר׳ פסוקים
(S. M. marg. Jes. 1, 18. י״א פסוקי׳ was wohl י״ח
heissen muss; Mp. Jud. 6, 31.!)

וְאִם אִם וְאִם (Jos. 24, 15.)׃ S. Jud. 19, 9. Mf. ר׳, 50.

וְאִם אִישׁ׃ איש S.

וְאִם אֵין׃ אין S.

וְאִם יֵשׁ ג׳׃ 2S. 14, 32. Mf. אם, 15.

וְאִם לֹא ב׳ בספרא׃ (לא S.) Job 24, 25. Mf. אם, 12.

הַאִם ב׳׃ Num. 17, 28. (S. Mf. ה׳, 2. או״א, 64.)

אָמְנָם

הַאֻמְנָם ד׳ וחסר וחד אָמְנָם׃ Num. 22, 37. Ps.*58. 2.
Mf. אם, 27. (S. שטה und או״א, 269.)

אָן

אָן ב׳ בב׳ לישן׃ Job 8, 2. או״א, 59. und Anmerkg. das.

אָנָּא

אָנָּא בב׳ טעמי׃ (ה׳ מלין בב׳ טע׳ ,מלין S.)

אָנָה

אָנָה ב׳ מלרע׃ Deut. 1, 28. Ps.*139, 7. (S. מ״ש Deut. l. c.
Ps. 116, 4.!)

אָנָּה ו׳ כתיב ה׳ (בלשון בקשה)׃ Jes. 38, 3. Jona*4, 2.
Ps. 116, 4. Mf. אן, 1. (S. מ״ש 2 Reg. 20, 3. Ps. l. c.

וַאֲנִי אָנָה ב׳ דסמיכי׃ Gen. 37, 30.

אָנֶה וָאָנָה ג׳? (S. מ״ש 2 Reg. 5, 25.) 1 Reg. 2, 36. Mf. אנ, 2.

אֲנַחְנוּ

אַחִים אֲנַחְנוּ ב׳ קמץ׃ 1) Gen. 42, 13.

אנו דקרי׳ אֲנַחְנוּ׃ ו׳ מלין חסרי׳ נ׳ S. או״א, 158.

אֲנִי

(אֲנִי אֲנִי׃ S. Jes. 48, 15., wo ein Mpt. bemerkt ג׳, so
auch Deut. 32, 39. Hos. 5, 14.) 2)

אָנִי ו׳ זקפין קמצין בספרא (קהלת)׃ Koh. 2, 24.
Mf. אן, 6. (S. M. marg. Koh. l. c.) 3)

(אָנִי ד׳ בסיפרא׃ 4) (Mp. Ps. 89, 28. 119. 63. 125?

(אָנִי י״ג (באוריתא)׃ מבין חדות Mp. Gen. 27, 24. s.
ibid. 5)

(אָנִי לית ס״פ׃ (Mp. Handschr. Ex. 22, 26.

(אָנִי ב׳׃ (Mp. 2 Reg, 16, 7.

כל אָנִי דענין קמץ בזקף ושארא אֲנִי׃ 6) Lev. 26, 28.

אֲנִי הוֹלֵךְ ד׳׃ 7) Mf. אן, 7.

אֲנִי וָאָתָּה ג׳׃ 8) 1 S. 20, 23. Mf. אן, 12.

---

1) S. Gen. l. c., wo es heisst ב׳ קמץ, was aber ein Fehler ist, da אנחנו mehrfach mit Kam. vorkommt. Es bezieht sich nur auf die Verbinduug dieser beiden Wörter, die nur 2 M. vorkommt; wahrscheinlich hat ב׳ בקריא d. h. ב׳ בק׳ gestanden und die Abschreiber haben בקמץ daraus gemacht. S. oben S. 1. Anmerkung 3.

2) Es sind die Verse Deut. 32, 39. Jes. 48, 15. und Hos. 5, 14.

3) Das ד׳ in Mf. אן, 6., muss ein ו׳ = 6 sein.

4) Mp. zu Ps. 89, 28. und 119, 63. und 125. bemerkt: ד׳ בסיפרא, während sie zu Ps. 6, 3. 45, 2 und 86, 2. nichts bemerkt; es sind demnach 6 M. אָנִי (mit Kam. des א׳ in den Pss.). — Sollte nicht auch hier für ד׳ = 4 stehen müssen ו׳ בסיפרא, wie in voriger Bemerkung zu Mf. אן, 6? —

5) Es muss nach einem Mpt. heissen י״ג בתורה. S. מ״ח Gen. 27, 24., der sie aufzählt. —

6) S. עין הקורא z. St., der es deutlicher so angiebt: כל אָנִי דענין דזקוף אָנִי קמוץ ושארא אֲנִי d. h. wenn dieses Wort im dortigen Zusammenhang (תוכחה) den Accent Sakef (Katon) hat, so hat das Alef ein Kam.; die aber kein Sakef haben, lauten אֲנִי, das Alef mit Chat. Pathach. —

7) Hier ist אֲנִי und וַאֲנִי promiscue gebraucht, s. 2 S. 15, 20.

8) S. Mp. 1 S. 20, 23. S. auch Mp. Gen. 31, 44., wo zu אֲנִי bemerkt wird ג׳, was sich aber nicht auf אני allein bezieht, sondern auf die Verbindung mit וָאָתָּה, wozu dann besonders in der Mm. bemerkt wird ג׳ ב׳ קמצין וא׳ פתח, das sich gleichfalls auf die Verbindung bezieht. S. auch besonders Mp. zu 2 Reg. 9, 25., wo, wie leicht zu ersehen, so zu lesen ist: ג׳ ב׳ קמץ וא׳ פתח נכרתה, והדבר, ודין d. h. Gen. 31. 44. 1 S. 22, 23. und 2 Reg. 9, 25. Das letztere ist das mit Pathach (des Alef), wie Mm. zu Gen. l. c. ausdrücklich bemerkt: בתראה פתח׃ S. מבין חדות Gen. l. c., der die Angabe der Mp. daselbst nicht verstanden hat und sie fälschlich corrigirt. — Mpt. Erf. bemerkt zu Gen. l. c. ausdrücklich אני ואתה ג׳׃ —

אֲנִי י״י. הויה S.

גַּם אֲנִי ו׳ ר״פ דסמיכי וכו׳ וכל מצעורת פסוק דכו׳ גַּם אֲנִי במ״ה וְגַם אֲנִי. Jud. 2, 21. Jes. 66, 4. Job 7, 11. Mf. אן, 11. 1)

הֲלֹא אֲנִי נ׳. Jes. 45, 21. Mf. אן, 10.

הֵן אֲנִי ד׳. Ex. 6, 30. Jes. 56, *3. Mf. אן, 9.

הִנֵּה אֲנִי ז׳ דסמיכי. Jer. 32, 26. Ez. *37, 5. 2 Chr. 2. *3. Mf. אן, 8. 2)

(לְךָ אֲנִי ב׳. 3) Mp. 1 Reg. 20, 4. Ps. 119, 94.)

וַאֲנִי מ״ג ר״פ. 4) Mf. אן, 5.

וַאֲנִי אֲנִי ז׳ פסוקים וַאֲנִי אֲנִי. Gen. 37, 30. Jer. 23, 24. Mf. אן, 3. 5)

(וַאֲנִי וַאֲנִי ז׳ פסוקים וַאֲנִי וַאֲנִי. 6) Mp. Jes. 65, 24.)

וַאֲנִי אֶתֵּן ב׳. Lev. 20. 3.

וַאֲנִי וְעַמִּי ג׳ בלישן. 7) Ex. 9, 27. Mf. אן, 13.

(וַאֲנִי אֶהְיֶה לָהֶם לֵאלֹהִים לית בסיפרא (ירמי׳) וכל יחזקאל דכו׳ במ״א. Mp. Jer. 32, 38.)

(הַאֲנִי לית. Mp. Jes. 66. 9.)

(שֶׁאֲנִי ב׳. Mp. Koh. 2, 18.)

אָנֹכִי

אָנֹכִי ח׳ בטעם מלעיל וכל איוב דכו׳ וס״פ וזקף דכו׳ במ״א מלרע (באתנח). Gen. 3, 10. Ex. 4, 10. Mf. אן, 16. (S. מ״ש 2 S. 3, 8. Job 33, 9. שום שכל von Heid. Gen. 3, 10.) 8)

אָנֹכִי אָנֹכִי ג׳. Jes, 43, 11. 51, 12. Mf. אן, 20.

אָנֹכִי י״י י״ב. הויה S.

אָנֹכִי יָדַעְתִּי ג׳. ידע S.

(אָנֹכִי לַי״י לית. Mp. Jud. 5, 2.)

אָנֹכִי יוֹשֵׁב ה׳ דסמיכי. Gen. 24, 3. 2 S. *7, 2. Jes. 6, 5. 1 Chr. 17, 1. Mf. אן, 23.

אָנֹכִי מֵת ד׳. Gen. 48, 21. Deut. 4, 22. Mf. מת. 4.

אָנֹכִי נֹתֵן. נתן S.

אָנֹכִי נָתַתִּי. נתן S.

אָנֹכִי עֹשֶׂה. עשה S.

וְגַם אָנֹכִי ה׳. Gen. 21, 26. 2 S. 2, 6. Am. 4, 7. Mf. אן, 19.

---

1) So (ו׳ ... ר״פ) in den angeführten Stellen, auch in Mf. אן, 11. ed. Bomb.; aber ed. Buxt. hat ז׳ ר״פ = 7, was darum auffallend ist, weil auch Mpt. Hamb. zu Ez. 5, 11. bemerkt: גם אני במ״ז וגם אני וכל ר״פ דכו׳, aber doch nur die 6 in Jud. l. c. angeführten Stellen angiebt? Es muss wohl ו׳ ר״פ heissen. — S. auch über וגם אני Mf. גם, 3. Wenn Mp. zu Job 7, 11. bemerkt ג׳ ר״פ, so bezieht sich das auf d. Hagiogr. (כתובים), oder es muss, wie Mpt. Erf. liest, ו׳ ר״פ statt ג׳ ר״פ lauten. —

2) S. Mf. אן, l. c., wo ed. Buxt. הנה אנכי hat, was unrichtig ist. — Heid. zu Mf. l. c. setzt hinzu: וחד הִנְנִי אֲנִי (Ez. 6, 3.) ומסר עליו לית, ותרין הִנְנִי אָנִי (Ez. 34, 11. 20.). Zu letzter St. bemerkt die Mp.: ב׳ ובענין. —

3) Zu 1 Reg. 20, 4. bemerkt die Mp. ב׳ הושיעני; also 2 M. kommt diese Verbindung vor, und zwar 1 Reg. 20, 4. und Ps. 119, 94. —

4) Heid. bemerkt, dass diese Angabe unrichtig sei, da es מ״ו = 46 sind, indem Gen, 9, 9. Jer. 1, 18. und Ps. 70, 6. fehlen. — Mit Gen. 9, 9. sind es im Pent. 12 am Anfang des Verses, wie ein Mpt. der Mp. richtig bemerkt: י״ב ר״פ בתורה. Wenn Mp. zu Jer. 1, 18. bemerkt: ה׳ ר״פ und Heid. das nicht zu erklären weiss, so scheint es mir s. v. a. ה׳ ר״פ בנביאים heissen zu sollen, indem die 4 aufgezählten und Jer. l. c. 5 M. וַאֲנִי am Anf. d. V. haben. (Hos. 7, 15. Micha 7, 7. Hab, 3, 18. Zach 2. 9. und Jer. 1, 18.).

5) Von diesen sind 6 in der Mitte und 1 am Anfang des Verses. — S. י״ב פסוקים וכו׳ Num. 4, 16., wo Ez. 34, 25. zu denen gezählt wird, die ein Wort am Anfang und dasselbe in der Mitte des Verses haben und das erste mit und das andere ohne Waw copulat. steht, also וַאֲנִי am Anf. d. V., woraus zugleich folgt, dass die andern 6 V. mit וַאֲנִי ... אֲנִי beide in der Mitte haben. —

6) So angegeben Mp. l. c. — Heid. führt ein Mpt. an, welches zu 1 S. 12, 2. bemerkt: ואני ואני ח׳ פסוקים? —

7) Das בלישן will sagen, dass diese Verbindung 3 M. vorkommt und zwar 2 M. mit אני und 1 M. mit ואני — Dass aber וַאֲנִי וְעַמִּי nur 1 M. vorkommt, s. Mf. ו׳, 31. und או״א, 253. —

8) Das וכל איוב דכו׳ am Schlusse ist falsch; es muss heissen: וכל אתנח וס״פ וזקף דכו׳, wie es auch Mpt. Hamb. Jud. 17, 9. hat. Auch f. עבד (מצרי אנכי) hat letzteres נער וכו׳ (1 S. 30, 13.), was das Richtige ist. S. auch ausf. Heid. im שום שכל zu Gen. 3, 10.

וְהִנֵּה אָנֹכִי ה׳. Gen. 28, 15. Jos. 23, 14. 1 S. 10, 8. Mf. הן, 26. 1)

מִי אָנֹכִי ג׳. Ex. 3, 11. 2 S. 7, 18. Mf. אן, 17.

הֶאָנֹכִי ב׳. Num. 11, 12.

וְאָנֹכִי ט׳ ר״פ וכל תריסר ר״פ דכו׳ וְאָנֹכִי. Deut. 10, 10. Jes.*51, 15. Ps.*22, 7. Mf. אן, 15. (S. Mp.)

אַנְתְּ

וְאַנְתְּה ב׳ ר״פ נסבין וי״ו ברישא. Dan, 5, 24. Mf. ו׳, 4. או״א, 172. (S. Mp. Jud. 11, 27.)

אַף

(כל לשון אַף פתח בר מן חד קמץ וחרון אָף (2 Chr. 28, 13.) וכל אתנח וס״פ דכו׳. בן אשר בכלליו.)

הַאַף ג׳ פתחין. Gen. 18, 23. Mf. אף, 1.

וְאַף ט׳ ר״פ. Job 19, 4. 36,*16. Esr. 5, 10. Mf. אף, 4. (S. אנף und Anmerkung das.)

אֲשֶׁר

אֲשֶׁר, ה׳ סבירין כַּאֲשֶׁר וקריין אֲשֶׁר. Lev. 7, 38. Mf. אש, 28.? 2)

(אֲשֶׁר חסר ומטעין ביה. (Mp. Gen. 23, 19. s. מ״ש ibid.

ב׳ סבירין (לִפְנֵי י״י) אֲשֶׁר. Lev. 4, 4. (S. מ״ש das. und 2 Chr. 1, 6.)

אֶל אֲשֶׁר. אֶל S.

אֲשֶׁר אֶל. אֶל S.

(כל אֲשֶׁר לֹא לא יתחברו במקף, וכל אֲשֶׁר לוֹ יתחברו במקף). Deut. 6, 11. עין הקורא S.

(וַאֲשֶׁר בָּאָרֶץ ב׳ [Ex. 20, 4. Deut. 5, 8.] ושארא אֲשֶׁר בָּאָרֶץ). (Alte Handschrift bei Heid.)

אֲשֶׁר עִמּוֹ. עִם S.

בְּכָל אֲשֶׁר תֵּלֵךְ. ילך S.

וּבְכָל אֲשֶׁר ה׳ דסמי׳. Ex. 23, 13. Deut.*14, 26. Mf. אש, 31. כל, 33. 3)

וּלְכָל אֲשֶׁר ד׳. 4) Mf. אש, 32.

וְעַל אֲשֶׁר ד׳. 2 S. 12, 6. 1 Reg. 16, 7. Hag. 1, 11. Mf. אש, 30.

כְּכֹל אֲשֶׁר י״ט בתורה. 5) Ex. 25, 9. Mf. אש, 34.

(כְּכֹל אֲשֶׁר (Ez. 9, 11.) כתיב כַּאֲשֶׁר וקרי׳ כְּכֹל אֲשֶׁר S. Mp. Ez. l. c.)

כַּאֲשֶׁר ט״ו. Gen. 21, 17. 39, 9. Jud.*5, 27. Mf. אש, 21.

(כַּאֲשֶׁר ב׳ ר״פ. או״א, 171. ו׳, 21. (Mf.

וַאֲשֶׁר י״ב ר״פ. Ex. 9, 21. Lev.*25, 33. Deut. 19, 6. Micha 3, 3. Mf. אש, 25.

וַאֲשֶׁר ל״ו יחידאין. או״א, 254. אש, 33. Mf.

וַאֲשֶׁר דִּבֶּר ב׳. Jer. 9, 11.

וַאֲשֶׁר לֹא ח׳. Ex. 9, 21. 21, 13. Jes. 52, 15. Micha 4, 5. Mf. אש, 23.

---

1) Das daselbst angeführte והנה הולך בדרך muss והנה אנכי הולך היום gelesen werden, wie es auch Mpt. Hamb. Zach. 11, 6. hat und hinzufügt „דיהושע" d. h. Jos. 23, 14. —

2) Mf. אש, 28. hat nur ד׳=4. Auch עה״ק Ex. 14, 13. hat ד׳, s. Heid. ibid. Es ist daselbst Deut. 4, 23. ausgelassen. In letzter St. ist das סבירין nicht so deutlich, da es auch als אֲשֶׁר (ohne Kaf) einen richtigen Sinn giebt. —

3) S. Ex. l. c. Wenn daselbst die Mp. angiebt: ה׳ דמטעין דסבירין וכל, so bezieht sich das nicht auf die Verbindung mit אשר, wovon die Mm. hier und Deut. 13, 26. spricht, sondern auf וּבְכָל, das 5 M. וְכָל (ohne Beth) vermuthen lässt und beruhet auf der Angabe der Mm. zu Ez. 27, 27. — Uebrigens muss Ez. l. c. und Mf. כל, 28. gelesen werden דסבירין וכל (und nicht בכל), wie es auch Mp. und עה״ק zu Ex. l. c. angiebt. — Jedenfalls ist aber auch im עה״ק ein bedeutender Fehler eingeschlichen, wenn er sagt: וּבכל אשר ד׳ דסבירין וכל אשר. — Denn mag es sich wie die Mm. auf die Verbindung oder wie Mp. und Mm. zu Ez. l. c. auf וּבְכָל allein beziehen, so sind es doch in beiden Fällen 5 St. und nicht ד׳=4 — Wahrscheinlich soll es so heissen: ובכל ד׳ דסבירין וכל וחד וכָל אשר und will dasselbe sagen, was die Mp. angiebt, nur zieht er unsere St. mit hinein wegen des וכל אשר? — Merkwürdig ist, dass Heid. zu עה״ק gar nichts bemerkt. —

4) S. Mp. zu 2 Reg. 12, 13., wo ג׳=3 angegebn ist; ebenso in einem Mpt. zu Ez. 44, 14., was aber auch das Richtige zu sein scheint, denn der zuerst angeführte Vers אשר יעשה בהם ist nicht zu finden und ist wahrscheinlich mit dem letzten אשר יעשה בו verwechselt. —

5) Mf. l. c. hat י״ב=12 statt י״ט in Ex. l. c. Aber auch die in Ex. l. c. angeführten Stellen sind unvollständig; so fehlt z. B. Deut. 4, 34? — Auch ist auffallend, dass die Mp. meistens י״ח=18 angiebt? Heid. (in d. Concord. s. rad. צוה) meint, die Angabe bezöge sich auf ככל אשר צוה, das in der Bibel 18 M. vorkommt, wodurch auch das י״ח=18 der Mp. gerechtfertigt ist. —

(וַאֲשֶׁר עַל ב' [2 Reg. 10, 5. Ez. 33, 27.] ושארא אֲשֶׁר עַל׃ (Mp. Ez. l. c.

וַאֲשֶׁר עָשָׂה ח'׃ (1 Deut. 11, 6. Mf. אש, 24?

(וַאֲשֶׁר עָשׂוּ לית׃ (Mp. Jes. 17, 8.

וּבַאֲשֶׁר ד'׃ Jud. 5, 27. Jes. 66, 4. Job 39, 30. Mf. אש, 22.

כַּאֲשֶׁר י' סבירין אֲשֶׁר׃ Jona 1, 14. Mf. אש, 27. (S. מ"ש Jos. 2, 7. Jes. 51, 13. Jer. 23, 27. Hos. 7, 12. Hag. 1, 12.) 2)

כַּאֲשֶׁר רָאָם׃ S. ראה

(וּבַאֲשֶׁר ב' ר"פ׃ (M. marg. Ex. 1, 12. Mp. Ez. 37, 18. S. Mf. ר', 4. או"א, 172.)

(לַאֲשֶׁר אֲנִי ב' [Gen. 27, 8. Jer. 38, 20.] ׃ (Mp. Jer. l. c.

(לַאֲשֶׁר בְּאָהֳלוֹ לית׃ (S. Mf. ל', 1. או"א, 20.

לַאֲשֶׁר הֵבִיא לית׃ Job 12, 6. (S. Mp. ibid. Mf. ל', 1. או"א, 20.)

(לַאֲשֶׁר הוּא לית׃ (S. Mf. ל', 1. או"א, 20.

(לַאֲשֶׁר עָשׂוּ לית׃ (Jes. 2, 8.) Mp. ibid. S. Mf. ל', 1. או"א, 20.)

(וּמֵאֲשֶׁר ב'׃ (3 Mp. Ex. 29, 27.

אֲשֶׁר וַאֲשֶׁר אֲשֶׁר׃ S. Mf. ו', 11. Gen. 9, 5. Jes. 49, 21.

וַאֲשֶׁר אֲשֶׁר אֲשֶׁר (לית)׃ Gen. 36, 17. Ez. 41. 23. Mf. ו', 47.

אֲשֶׁר אֲשֶׁר כַּאֲשֶׁר אֲשֶׁר׃ Gen. 41, 26. או"א, 296!

אֲשֶׁר וַאֲשֶׁר וַאֲשֶׁר וַאֲשֶׁר אֲשֶׁר׃ Num. 27, 17. (S. עה"ק ibid.)

אֶת

אֶת ג' פתחין בטעם וסי' וכו' וכל את הבא במקף דכו' פתחין במ"א קמץ וסי'׃ Ps. 60, 2. 47, 5. Prov.*3, 12. דרכי הנקוד Mf. את, 33. (S מ"ש Prov. l. c. Job 41, 26. von Mos. Punctator ed. Hannover S. 19.) 4)

אֶת ג' ר"פ׃ Gen. 14, 9.

אֶת מ"ד דלית זוגא׃ (5 Prov. 2, 17. Mf. את, 2.

וְאֶת כתיב בויו וקריא אֶת׃ י"א מלין דכתי' וי"ו בר"ת S. ולא קרין׃ Dan. 9, 5. Mf. ו', 17. או"א, 118. (מ"ש 1 Reg. 7. 36. Jer. 8, 1.)

וְאֶת דלית זוגין׃ Prov. 2, 14. Mf. את, 1.

וְאֶת ז' בטעם (טפחא?)׃ Num. 32, 28. Mf. את, 34. (S. Mp. Jes. 36, 22.) 6)

---

1) Statt des ח' in Deut. l. c. hat Mf. l. c. und ebenso Mpt. Hamb. auch grösstentheils d. Mp. nur ז' = 7? — Auch sind in Mf. l. c. nur 7 Stellen angeführt; es scheint das ח' ein Fehler zu sein? —

2) Das יו"ד סבירין hat auch מ"ש l. c. — Mp. zu Deut. 24, 8. und Jos. 2, 7. giebt י"א = 11 an? — Mp. in Mpt. Erf. hat zu Jos. 2, 7. gleichfalls י"א, aber zu Jona 1, 14. י"ד מטעין — Das י"ד kann aus יוד entstanden sein. — Auch ist die zu Jona 1, 14. angeführte Stelle aus Jer. 23, 27. (אשר יספרו) auffallend, da doch das אֲשֶׁר daselbst richtig ist.

3) Wenn es Gen. 31, 1. in der Mp. heisst לית, so ist das fehlerhaft. מבין חדות zu Gen. l. c. bemerkt nichts dazu? S. Mf. מ', 6. und או"א, 18., wo es nicht gezählt ist zu denen, die nur 1 M. mit ומא' am Anfang vorkommen? —

4) S. ausführlich unser „Fragment aus d. Punct. etc." ed. Hannover S. XIX. ff., wo nachgewiesen ist, dass ein Norzi die betreffende Stelle des בן אשר, von der er so ergriffen ist, dass er trotz seiner kritischen Kälte in folgenden Reim verfällt: והחפץ לדעת מוצאת שלאלה הכללים, ידרוש במכלול ריש שער דקדוק המלים, ובמסורת סי' ג' מספר המשלים או במזמור מ"ז מספר תילים nicht verstanden hat, obgleich die ursprüngliche Stelle des בן אשר durch ihn wieder beleuchtet wird. —

5) Bei der Aufzählung der Stellen sind einige Fehler eingeschlichen; bei וישחטו את החלבים muss statt וישימו stehen; bei את שש : ואת הערים; bei לכן אתן : את נשיהם; bei ויצא מלך ישראל : את הסוס. Für את בניך (das zu Mf. את, 3. gehört) muss את בָּנַי (Ez. 16, 21.) stehen; bei והבאתי רעי : את בתיהם und bei ויולד : את יובב. —

6) Diese Angabe, die sowohl auf אֶת als auf וְאֶת sich bezieht, ist schwierig ihrem Inhalte nach, wie in Aufführung der Stellen. — Heid. bemerkt in Hinsicht auf letztere: 1) in ויהפכו (1 S. 25, 12.) kommt weder אֶת noch וְאֶת vor? 2) in פצה (Ez. 2, 8.) hat את in allen Ausgg. ein Mercha (und nicht Tipcha); in einer Handschr. hat es Thebir. — Dass letztere Stelle fehlerhaft ist, geht aus Mp. zu Jes. 36, 22. hervor; sie lautet: אֶת ז' בטעם מטעין וסי' פקח (2 Reg. 15, 37.) רבשקה (Jes. 36, 22.), יהושע (Num. 32, 28.), המגלה (Ez. 3, 2.), ויהפכו (1 S. 25, 12.), תחזקנה (Zach. 8, 9.), זעקתם (Neh. 5, 6.) — Hier wird also פצה ausgelassen und dafür פקח l. c. gesetzt, (vielleicht ist aus פקח in Num. l. c. פצה geworden); auch in einer von Heid. angeführten Handschrift wird statt פצה angeführt בימים ההם, d. i. 2 Reg. 15, 37. wie in Mp. l. c. — Jedenfalls führen alle das ויהפכו נערי דוד an, worin aber, wie bemerkt, weder את noch ואת vork. — In Beziehuug auf den Inhalt ist auffallend, dass את und ואת sehr oft mit Tipcha vorkommt, worin besteht also die Ausnahme dieser 7 und was soll heissen ומטעין in der Mp, l. c.? — Heid. meint, man sollte Makkaf (u. keinen Accent) erwarten, wie z. B. את הדברים האלה (Gen. 44, 6.) das את Makkaf hat? — Die Angabe in Mf. l. c. spricht insofern

א״ב מן את ולית מנהון ואת· .79 ,או״א .8 ,את .Mf
(S. מ״ש Num. 21, 14.) 1)

ב׳ (פסוקים) ואת את· .231 או״א .7 ,את .Mf .18 ,35 .Ex

(ב׳ פסוקים את ואת ואת ואת· .29 ,ר׳ .S. Mf)

ב׳ זוגין מן ג׳ תליתאה חסר את וחד חלוף תרין קדמין חסר את· .232 und 233 ,או״א

(ב׳ ר״פ ואת את ואת ואת את· Mp. Jer. 41, 3.? 2)

ג׳ זוגין מן ב׳ ב׳ בענין קדמא חסר את תנינא נסיב את· Gen. 23, 4. 3)

ג׳ פסוקים אית בהון את את את ואת ואת ואת· .16 ,את .Ex. 29, 5. Mf

ד׳ פסוקים מיחדין אית בהון ה׳ את· .12 ,את .Ex. 40, 18. Mf

ד׳ פסוקים את את ואת את ואת· .14 ,את .Mf
(S. 1 Reg. 15, 20.) 4)

ו׳ פסוקים חסר את (וַיִּקְרָא שְׁמוֹ)· קרא .S

ו׳ פסוקים אֶת וְאֶת אֶת אֶת· .22 ,את .Mf

ו׳ פסוקים דאית בהון את ואת ואת ואת ואת ואת· .23 ,את .Gen. 25, 2. Mf

ז׳ פסוקים ואת את ואת· .28 ,את .Lev. 3, 9. Jona*1, 9. Mf

ז׳ פסוקים בספר שפטים את ואת את· .21 ,את .Mf

ז׳ פסוקים את את את ואת· .Lev. 16, 24. Jud. 3, 7
.15 ,את .Mf (S, מ״ש Ex. 23, 28.)

ז׳ פסוקים אית בהון את ואת ואת ואת ואת ואת ואת· .Gen. 36, 6. Lev. 8, 2. 8,*25
.17.? 5) ,את .Mf

ח׳ פסוקים ביהושע את את את· .31 ,את .Mf

ט׳ פסוקים בואלה שמות את את ואת· (6 .29 ,את .Mf

י״א זוגין מן ב׳ ב׳ בחד פסוק חד את וחד ואת· .4 ,את .Ex. 35, 18. Num. 32, 33. Deut. 9, 25. Mf
und 7. או״א, 230. 7)

---

dafür, als sie nur ז׳ בטעם angiebt und das טפחא, wie Num. l. c. auslässt; es sollte also heissen, diese 7 haben ausnahmsweise einen Accent, da man Makkaf erwarten sollte? —

1) S. או״א l. c. und unsere Anmerkung dazu; es muss noch hinzugefügt werden: את טבעותיו ist unrichtig und muss dafür stehen את טבעתו, wie Mf. ed. Bomb. — את יָדַי muss daselbst, wie in Mf. in את יָדוֹ umgeändert werden, indem יָדַי auch mit וְאֶת Ez. 39, 21. vorkommt, wozu die Mp. bemerkt לית. Ersteres kommt nie mit וְאֶת vor. — S. Heid. zu עין הקורא Deut. 11, 2. — Zu את הרקיע ist zu bemerken, dass es überhaupt nur 1 M. vorkommt und also nicht eigentlich zu unserm Art. passt. —

2) Das ב׳ ist wohl, nach Heid. in ג׳=3 zu verbessern, nach einem von ihm angeführten Mpte., es sind Ex. 40, 29. Lev. 7, 3. und Jer. l. c.

3) Gen. 23, 4. ist das כ״ב in ב׳ ב׳ zu verändern. —

4) So hat es Mf. l. c. ed. Bomb. und Mpt. Hamb. zu Ex. 6, 23. — Buxt. hat aber sowohl in der Mf. l. c. als zu 1 Reg. 15, (20, oder 22.) auch die vierte mit Waw (וְאֶת); was aber falsch ist, indem 2 M. אֶת und dann 3 M. וְאֶת in einem V. 14 M. vorkommt, s. Ex. 37, 16.? — Auch die Mp. zu 1 Reg. l. c. hat er corrumpirt, es muss daselbst lauten: י״ד פסוקים את את ואת ואת ואת ואת und gehört zu 1 Reg. 15, 20., während die Angabe ד׳ פסוקים וכו׳ in der Mm. zu ibid. 15, 22. gehört. —

5) Mf. l. c. giebt ו׳ פסוקים u. s. w. an; es muss aber ז׳=7 sein, wie es Gen. 36, 6. und Lev. 8, 25. angeführt ist.

6) ט׳ פסוקים u. s. w. ist Mf. l. c. wie auch in עה״ק zu Ex. 39, 36. angegeben. — Heid. daselbst führt 10 Stellen an? — Uebrigens sind die in Mf. l. c. angeführten St. unrichtig und wieder andere ausgelassen. So gehört את קלעי החצר Ex. 35, 11. nicht dahin, indem dieser אֶת und וְאֶת hat, ebenso ibid. 39, 40. und את המשכן ibid. 35, 11. — Das Richtige hat לקוטי הר״מה und nach ihm Heid. Sie sind: Ex. 6, 20. 7, 3. 9, 20. 10, 15. 21, 5. 23, 25. 35, 19. 39, 33. 39, 36. und 39, 41? —

7) In Mf. l. c. folgt noch: ותרין מנהון חלוף וְאֶת אֶת וסי׳. S. auch Deut. 9, 25. Dies scheint die richtige Angabe zu sein; sie will sagen, dass es 11 Wörter giebt, von denen je eins in einem Verse 2 M. vorkommt, und zwar 1 M. mit vorhergehendem אֶת und 1 M. mit vorhergehendem וְאֶת, sowie dass bei 9 zuerst אֶת und dann וְאֶת und bei 2 erst וְאֶת und dann אֶת damit verbunden ist. Das geht daraus hervor, dass nur 9 Stellen zu der ersten Art angeführt sind. So hat auch Mpt. Hamb.: י״א זוגין בחד פסוק חד את וחד ואת וכל חד וחד לית דכו׳. Wenn aber Ex. 35, 18. angegeben ist, י״א זוגין בחד פסוק קדמא את תני׳ ואת und hinzugefügt wird וחילופיהון וכו׳ und bei der Aufzählung noch als zehntes Jud. 11, 15. hinzugefügt wird, so ist das unrichtig 1) weil es dann nur 10 und nicht 11 sind? 2) warum ist nicht auch Jud. 11, 18. Num. 32, 1. und Micha 5, 5. mitgezählt, wo doch auch את ארץ und ואת ארץ in einem Verse vorkommt? — Es geht aber daraus hervor, dass die M. nur solche angeben will, die nur 1 M. so vorkommen, während אֶרֶץ mehrmals in dieser Verbindung sich findet. — Das Richtige ist also, wie oben bemerkt, dass diese Verbindung im Ganzen nur 11 M. vorkommt und zwar 9 M. in der einen und 2 M. in der anderen Form. Es bleibt aber immer noch את שלש als zehntes? — (15/10 72.) S. או״א, 230 und Anmerkung dazu, die hiernach zu berichtigen ist. —

י״ב פסוקים אית בהון אֶת אֶת וְאֶת ומלה חדא ביניהון·
Ex. 21, 5. Deut. 28, 20. Mf. את, 20. (S. מ״ש Jer. 24, 10. 29, 17.) 1)

י״ב פסוקים אית בהון את את ואת את· Gen. 11, 27. 33, 5. 2 S.* 3, 25. 1 Reg. 22, 31. Mf. את, 13. (S. מ״ש 2 Chr. 18, 30.) 2)

י״ד פסוקים בסיפרא (בראשית) אית בהון אֶת וְאֶת וְאֶת· Gen. 36, 5. Mf. את, 11. 3)

י״ד פסוקים אית בהון את את ואת ואת ואת· Ex. 37, 16. 4)

ט״ו פסוקים בספר שמואל את את את· Mf. את, 32. 5)

י״ו פסוקים דאית בהון את את את את· Lev. 20, 18. Mf. את, 19. (S. מ״ש 2 Chr. 18, 30.) 6)

י״ח פסוקים את ואת ואת את· 1 Reg. 7, 14. Mf. את, 18. (S. מ״ש Jer. 25, 18.) 7)

י״ח פסוקים דאית בהון את ואת ואת ואת ואת· Gen. 33, 2. Num. 4, 9. Mf.* את, 35. (S. Mf. חילופי קריא׳, 10? או״א, 274.) 8)

י״ט פסוקים בספר מלכים את את את· Mf. את, 30. (S. מ״ש 1 Reg. 8, 1. 2 Reg. 18, 4.)

(י״ט פסוקים דמיין דאית בהון את את ואת ואת· S. M. marg. Lev. 8, 30. und unsere Anmerkung dazu)

---

1) Der Sinn ist, dass in jedem dieser 12 Verse את nur 3 M. und zwar, die 2 ersten ohne und das dritte mit Waw copulat. vorkommt und zwar zwischen dem einen u. dem andern immer nur 1 Wort steht. — Ohne diese Bedingung kommt diese Verbindung oft vor. S. oben ט׳ פסוקים; auch י״ב פסוקים etc. — In den angeführten Versen sind einige Fehler eingeschlichen, die leicht herauszufinden sind. —

2) In der Angabe Gen. l. c. fehlt der Vers 1 Reg. 22, 31., der aber in 2 S. 3, 25. richtig angeführt ist. Aus dieser Angabe ist zugleich zu ersehen, dass in der Parallelstelle (von 1 Reg. l. c.) 2 Chr. 18, 30. auch das dritte (אֶת הגדול) ohne Waw gelesen werden muss, indem hier nur 1 Reg. l. c. (דמלכים) angeführt ist. Ebenso ist diese richtige Leseart aus Mf. את, 19. zu ersehen, wie das schon מ״ש z. St. beweist (S. auch Mp. zu 2 Chr. l. c.). In Mf. את, 13. ist ein Fehler eingeschlichen und muss das vierte את (ohne Waw) lauten. —

3) S. auch Mf. l. c. Es sind aber daselbst Fehler eingeschlichen, die nach רמ״ה (in den לקוטים) und Mpt. Hamb. zu Gen. 47, 12. so verbessert werden müssen: vor ויהפך muss eingeschaltet werden: את הקיני (Gen. 15, 19.); dagegen ist ויקם בלילה (ibid 32, 23.) zu streichen, da in diesem V. אֶת וְאֶת וְאֶת אֶת vorkommt. — S. Mp. zu Gen. 22, 21. (— י׳ ר״פ את ואת ואת — ז׳ ר״פ בסיפר׳)?

4) Heid. bemerkt zu dieser Angabe, dass sie incorrect ist, 1) weil sie 14 Verse angiebt und doch 15 aufzählt? — 2) führt sie auch Num. 4, 14. an, welcher Vers aber nach der Mass. 3 M. את und dann 2 M. ואת hat und also nicht zu dieser Gruppe gehört, denn dass Num. l. c. אֶת הַמִּזְלָגֹת und nicht וְאֶת (mit Waw) gelesen werden muss, geht aus der Mass. zu 2 Chr. 4, 16. hervor, wo es ausdrücklich heisst: כל קריא את המזלגות במ״א ואת המזלגות וכו׳ דד״ה S. auch עין הקורא zu Ex. 38, 3. Num. 4, 14. und Heid. daselbst; auch Mp. zu den verschiedenen Stellen. Auch רמ״ה (in den לקוטים) — der nur die Stellen im Pent. anführt — rechnet nur die 3 zuerst angeführten Stellen, während er nicht nur Num. 4, 14. auslässt, sondern vielmehr letztere Stelle als nur 1 M. vorkommend mit 3 M. אֶת und dann 2 M. mit וְאֶת anführt. Es ist daraus zu schliessen, dass die Angabe י״ד = 14 die richtige ist und Num. 4, 14. ausgelassen werden muss. Was nun aber die vierzehnte Stelle (2 Chr. 29, 18) betrifft, so haben die Ausgg. an dieser Stelle unrichtig וְאֶת מִזְבַּח (mit Waw); es muss vielmehr nach unserer Angabe אֶת (ohne Waw) stehen, wie es nicht nur die rabb. Bibel ed. Bomb. v. 1517 und 2 von Heid. angeführte Handschriften haben, sondern auch aus der M. zu Ex. 38, 30. (s. uns. W. B. rad. זבח) hervorgeht, wo וְאֶת מִזְבַּח als 9 M. vorkommend angegeben ist und 2 Chr. 29, 18. nicht mitgezählt wird, also daselbst אֶת מִזְבַּח (ohne Waw) gelesen wird. —

5) Mf. l. c. sind nur 14 St. angeführt; es fehlt daselbst nach einem Mpte., 2 S. 14, 21. indem dort, nach לבעבור סבב את hinzugefügt ist: ושלאחריו ויאמר המלך אל יואב, in welchem gleichfalls 3 M. אֶת in einem V. vorkommt —

6) Die 16te Stelle in Mf. l. c. ist ungenau, da dieselbe (nach dem Anfang des angeführten Verses) 2 M. (1 Reg. 22, 31. und 2 Chr. 18, 30.) vorkommt. Es muss aber "דד״ה„ hinzugefügt werden, da nur letztere gemeint sein kann, s. מ״ש zu 2 Chr. l. c. — Es geht aber daraus auch hervor, dass 2 Chr. l. c. אֶת הגדול stehen muss und nicht וְאֶת (mit Waw) wie es die Ausgg. haben. — In Reg. l. c. heisst es וְאֶת גָּדוֹל (mit Waw), indem dieser V. zu denen gehört, in welchen die Gruppe אֶת אֶת וְאֶת אֶת sich befindet. S. oben Anmerkg. 2. —

7) Unter den 1 Reg. 7. 14. angeführten Stellen findet sich auch 2 Chr. 34, 8. woraus, wie Heid. bemerkt, deutlich hervorgeht, dass es daselbst nicht לטהר את הארץ, wie das die meisten Ausgg. haben, sondern לטהר הארץ (ohne אֶת) heissen muss, weil es sonst nicht zu unserer Gruppe passte.

8) Mf. ed. Buxt. l. c. fehlt 1 Vers indem nur 17 Stellen angeführt sind. — Ed. Bomb. zählt mehr: את ירחמאל

נ״ב זוגין מן ב׳ ב׳ וְאֶת׳ Mf. את, 6.

ע״ב זוגין חד את וחד ואת׳ Ez. 30, 22. Mf. את, 3. (S. מ״ש Lev. 18, 22.)

(אֶת ה׳ ר״פ בספר בראשית׳ (1 לקוטי הר״מה .S)

(אֶת י״ור״פ בספר שמות׳ (2 [לקוטי הר״מה .S] .Mf. את, 5)

(אֶת י״א ר״פ בספר ויקרא׳ לקוטי הר״מה .S)

(אֶת ה׳ ר״פ בספר במדבר׳ לקוטי הר״מה .S)

(אֶת י׳ ר״פ במשנה תורה׳ Mf. את, 9.

סימן פרשת כי תשא כלהון ואת במ״א׳ (3 Mf. את, 25.

סימן של ואת דפרשת ויקהל׳ (4 Ex. 38, 20. Mf. את, 27.

סימן דפסוק את מזבח הנחשת דאלה פקודי׳ Mf. את, 26. S. Mp. Ex. 39, 36.

סימן של ואת את דסוף ואלה פקודי׳ Ex. 40, 38. Mf. את, 24. 5)

כל ספר יהושע מן ויתנו בני ישראל ללוים (Jos. 21, 3. od. 8.) עד ויתן י״י לישראל (ibid. 21, 41.), בין ריש פסוק בין באמצע פסוק ואת במכ״ח את וסי׳ Jos. 21, 8. Mf. את, 9. 6)

אֶת ד׳ ר״פ בירמי׳ Jer. 25, 21. Mf. את, 10. (S. מ״ש Jer. 25, 23.)

וְאֶת מִי ד׳ בקריא׳ 1 S. 12. 3. Jes.*28, 9. Job*12, 2. Mf. מִי, 5.

מֵאֵת פְּנֵי׳ פנים .S

(וּמֵאֵת ב׳. (7 Mp. Lev. 15, 5. Ruth 4, 5.)

(Jer. 36, 26.), was aber unrichtig ist, da in diesem V. eine ganz andere Gruppe von אֶת vorkommt, s. Mf. חילופי קריאה 10. und unsere Bemerkung dazu, sowie או״א, 274., woraus hervorgeht, dass וגם את האבות ואת הידענים (2 Reg. 23, 24.) der fehlende Vers ist, so dass es richtig 18 Verse sind, in welchen obige Gruppe vorkommt. — Ueber das כ׳ = 20 der חילופי קריאה l. c. und das Fehlerhafte in der Anführung der Stellen s. unsere ausführliche Bemerknug dazu. —

1) In לקוטי הר״מה l. c. heisst es: אֶת ה׳ ר״פ בספר בראשית וסי׳ את קשתי נתתי בענן Gen. 9, 13, את כדרלעמר מלך עילם ibid. 14, 9., את הקיני ואת הקניזי ibid. 15, 19., את עוץ בכרו ואת בוז ibid. 22, 21., את צאנם ואת בקרם ibid. 34, 28. S. übrigens Mp. zu Gen. 22, 21., welche bemerkt: ז׳ ר״פ בסיפרא? —

2) Sowohl die Angabe zu Mf. l. c., als auch die Ausführung sind unrichtig. Das בראשית muss in שמות = Ex. geändert werden, indem die Angabe sich auf Ex. bezieht; auch sind es nicht י״ן = 16, sondern vielmehr י״ח = 13, wie sie in לקוטי המסרה angegeben und angeführt sind. Es fehlen die 2 Verse Ex. 23, 15. und 23—27.

3) S. Mf. l. c. Der Sinn ist, dass im Absch. כי תשא (Ex. 21, 11. bis ibid. Ende Cap. 34.) am Anfang d. V. אֶת immer mit Waw (וְאֶת) steht mit Ausnahme e i n e s Verses, der mit אֶת (ohne Waw) anfängt. Letzteres ist insofern unrichtig, als es, wie auch schon רמ״ה das Richtige hat, 2 Ausnahmen giebt; auch Ex. 34, 18. fängt mit אֶת (ohne Waw) an. Die Angabe muss eigentlich so lauten: סימן פרשת כי תשא דריש פסוק כלהון ואת במ״ב וסי׳ וכו׳ S. M. marg. zu Ex. 31, 7. wo es so lautet: את, ואת בפרש׳ כי תשא מן את אהל מועד קדמ׳א (Ex. 30, 26.) עד הפסקא כלהון ואת כמו כן כלהון ואת ibid. 31, 7. ומן את אהל מועד תנינא Ebenso עין הקורא ibid. — Diese Angabe bezieht sich nur auf den kleinen, angeführten Abschnitt und ohne Rücksicht auf Anfang oder Mitte des Verses, währeud obige Angabe der Mf. את, 25. auf den ganzen Abschnitt כי תשא und nur auf אֶת oder וְאֶת am A n f a n g d. V. sich bezieht. —

4) Die Angabe bezieht sich nur auf die Stelle von Ex. 35, 11. bis 35, 19. incl. und giebt die Wörter an, vor welchen וְאֶת (mit Waw) steht, während sonst אֶת in dem bezeichneten Absch. vorkommt. —

5) In Ex. l. c. soll angegeben werden, bei welchen Wörtern וְאֶת (mit Waw) steht in dem Absch. v. Ex. 39, 33. bis 39, 41. incl.; bei den nicht angeführten dieses kurzen Abschnitts steht אֶת (ohne Waw). Es sind einige Fehler in der Angabe eingeschlichen; 1) gehört das ויביאו את המשכן nicht zur Aufzählung, sondern dient nur als Bezeichnung des Abschnitts. 2) muss ואת מכסה 2 M. stehen, da es ibid. 39, 34. 2 M. mit וְאֶת vorkommt. 3) zu 39, 38. muss es ואת שֶׁמֶן (nicht הַשֶּׁמֶן) heissen. 4) 39, 39. muss für ואת מכסה stehen: וְאֶת מִכְבַּר. — Mf. l. c. muss es heissen: סימן של וְאֶת וכו׳, da über אֶת (ohne Waw) nichts angegeben ist. —

6) Diese Angabe ist in Jos. l. c. richtiger angegeben als in Mf. l. c., indem 1) daselbst angegeben ist: מן . . . ואת פלוני במ״כח וכו׳, so dass nur von אֶת oder וְאֶת die Rede ist, auf welche sein Nom. pr. (=פלוני) folgt; sonst kommt ja auch innerhalb der angeführten Stellen (21, 8. 21, 10, etc.) אֶת (ohne Waw) vor; 2) wird dort die Grenze מן ויתנו בני ישראל ללוים מנחלתם, also ibid. 21, 3. und nicht 21, 8. angegeben, was richtiger ist. — Uebrigens ist das „וכל ספר יהושע“ ziemlich lose mit dem Anfang des Artikels verbunden, der ja nur von ר״פ d. h. vom A n f a n g des Verses spricht? —

7) Hier sollen wahrscheinlich nur die 2 Stellen angegeben werden, in welchen וּמֵאֵת allein (ohne weiteres את u. dgl.)

אִתְּךָ י״ז בתורה. Gen. 40, 14. Ex. 12, 48. Lev. 10, 15.? Num. 18, 19.? Mf. את, 54. (S. מ״ש Num. 18, 7.) 1)

אִתָּךְ ג׳ דגשין בענין. Ez. 39, 4. 2)

מֵאִתָּךְ ה׳ בקריא. 1 Reg. 2, 20. Prov. 30, 7. Mf. את, 61. (S. מ״ש Jes. 54, 10.)

וְאִתְּכֶם ג׳. Num. 1, 4. Mf. את, 75.

מֵאִתְּכֶם ג׳. Mf. את, 76.

אֹתָם ל״ז. 3) Mf. את, 74.

אוֹתִי ה׳ מלא בספר ישעי׳. 4) Jes. 57, 11. Mf. את, 58.?

אוֹתִי י״ג מלא בסיפרא (ירמי׳). 5) Jer. 9, 24.

אוֹתִי כ״ו מלאים וכל יהושע ושופטים דכו׳ מלא במ״ב חסר. 6) Mf. את, 53. (S. מ״ש Gen. 30, 20.

הַאוֹתִי ב׳ א׳ מלא. Jer. 7, 19. Mf. הא, 2. או׳א, 64.

---

vorkommt; sonst kommt וּמֵאֵת noch mehrmals vor, z. B. Zach 6, 10. Num. 25, 8. u. m. aber in Verbindung mit מֵאֵת und dgl. —

Zusätze von Heid. 1) Zu Jud. 1, 19. und 3, 1. bemerkt ein Mpt.: ט׳ פסוקים אית בהון את את את? 2) 1 Reg. 8, 4. bemerkt Mp.: ט׳ פסוקים בסיפרא את ואת ואת? 3) 1 Reg. 7, 51. bemerkt Mp.: י״ח פסוקים את ואת ואת? 4) 1 Reg. 8, 16. bemerkt Mp.: י״ח פסוקים את את ומלה חדא ביניהון? 5) 2 Reg. 23, 4. bemerkt die Mp. in einem Mpt.: י״ח פסוקים את ואת ואת את את? 6) 1 Reg. 7, 45. bemerkt ein Mpt.: כ׳ פסוקים ואת ואת ואת ואת? 7) 1 Chr. 6, 68.: ו׳ פסוקים ואת ואת ואת ואת? 8) 2 Chr. 4. כ״ז פסוקים ואת ואת ואת ואת? —

1) Lev. 10, 15. hat י״ז בתורה, was wohl das Richtige ist, wonach andere Angaben verbessert werden müssen. — Mpt. Hamb. zu Num. 18, 7. giebt zwar י״ז = 17 an, zählt aber nur die hier angeführten 16 auf. — Mpt. Hal. hat י״ד = 14 und lässt Lev. 10, 15. und Num. 11, 17. aus? — Merkwürdig ist, dass in unserer Angabe beide Stellen ausser der Reihenfolge angeführt sind. S. עה״ק zu Lev. 10, 15. und Heid. daselbst. —

2) S. Mp. Ez. 38, 6., wo es heisst: ז׳ בענין = 7, was aber wohl ein ג׳ = 3 sein soll? —

3) S. Mf. l. c. und die Bemerkung des Ben Chajim daselbst. — Es sind allerdings 37 und fehlt daselbst Lev. 26, 39. S. Mp. zu 1 S. 26, 15., wo zu אֹתָם bemerkt ist ל״א = 31.; nimmt man nun die 6 Stellen dazu, in welchen אֹתָם mit דבר im Piel vorkommt (s. Gen. 42, 7. und Mf, דב, 3.), so sind es richtig 37 = ל״ז. — S. aber auch Mp. zu Lev. 16, 16., wo כ״ט = 29 angegeben ist? —

4) So muss es Mf. l. c. ed. Buxt. lauten. S. Jes. 57, 11., wo es heissen muss ה׳ מלא בלישן בסיפרא, da ja auch מֵאוֹתִי dazu gehört. —

5) Zu den Jer. l. c. angeführten Stellen bemerkt die Mp. fast immer י״ג מלא בסיפר׳ = 13, bisweilen aber auch י״ב = 12. — In den Handschr. finden Verschiedenheiten statt; so giebt eine י״ב an und lässt 37. 18. aus; auch führen sie 33, 22. statt 20, 11. an; andere wieder führen für 25, 6. an 32, 30. Da aber die Mp. zu diesen St. nichts bemerkt, so behauptet Heid. mit Recht, besonders auch in Rücksicht auf die Ausgg., dass die in Jer. 9, 24. angeführten, die richtigen und alle anderen im B. Jer. def. Waw zu schreiben sind. (S. folgende Bemerkung.)

6) So (כ״ו = 26) hat es Mf. l. c. ed. Buxt. In der ed. Bomb. ibid. heisst es כ״ז = 27, es werden daselbst aber 28 St. aufgezählt, also 2 mehr (Jer. 5, 19. und Jes. 37, 6.) als in ed. Buxt. Mp. zu Deut. 32, 51. hat ל״א מלא und ein von Heid. angeführtes Mpt. hat als Angabe ל״ב מלאים, in der Anführung der Stellen aber nur 29. — Vergleichen wir nun die Angaben der Mp. zu den Stellen, so bemerkt sie zu Jes. ה׳ מלא בסיפ׳; zu Jer. bald י״ב und bald י״ג מלא בסיפר׳; zu Ez. ה׳ מל׳ בסיפרא und zu den Hagiogr. ה׳ מלא בכתובים. (S. vorige Anmerkung). Zählen wir diese Angaben der Mp. zusammen, so sind 28 (event. 27) und mit Deut. 32, 51. = 29 plene. wie sie im Mpt. Heid. angeführt sind. — Mf. l. c. ed. Bomb. hat 28, weil daselbst für Jer. nur 12 St. (י״ב) und für Hagiogr. nur 4 (gegen Mp.), aber st. Neh. 5, 14. des Mpts. die St. Zeph. 3, 7. angeführt ist. — Die ed. Buxt. hat willkürlich 2 Stellen (Jer. 5, 19. und Jes. 37, 6.) ausgelassen und daher nur 26 = כ״ו angegeben. — Verhehlen wir uns aber nicht, dass zwischen dem Mpt. Heid. und Mf. ed. Bomb. (die ed. Buxt. kommt nicht in Betracht, weil sie nur ein fehlerhafter Abdruck der ed. Bomb. ist) noch folgende Verschiedenheit obwaltet: a) für Jer. werden im Mpt. Heid. 13 gezählt, wozu gehören: 32, 30. 32, 39. und 33, 20. — Diese lässt Mf. ed. Bomb. aus und zählt dafür 2 St. in Jer. 25, 6. und 37, 18., so dass nur 12 = י״ב in Jer. plene sind. (S. vorige Anmerkung.) — b) Mpt. Heid. hat für Hagiogr. 5 und zählt Neh. 5, 14. mit; letzteres fehlt in ed. Bomb. — c) Mf. ed. Bomb, hat Zeph. 3, 7., was in Mpt. Heid. fehlt?. Rechnet man nun die 29 des Mpts.; die 2 St. in Jer. (welche ed. Bomb. statt der ausgelassenen 3 Stellen im Mpt. Heid. anführt) und Zeph. 3, 7. zusammen, so sind es allerdings 32 St. die plene sind, wie die Angabe des Heid. Mpts. lautet = ל״ב, die aber auf Irrthum im Zählen beruhet, da für Jer. nur 13 oder 12 und nicht 15 plene zu rechnen sind. — Dass die Angaben oft nach unrichtiger Zählung gebildet wurden (und wovon eben unser Art. in ed. Buxt. ein Beweis ist —) haben wir schon mehrmals bemerkt. — Ungewiss bleibt also in unseren Angaben, 1) ob in Jer. 13 oder 12. plene sind, worin auch die Mp. schwankt. — 2) ob Jer. 32, 30. 32, 39. u. 33, 22. oder 25, 6. und 37. 18. zu den plene in diesem Buche gehören? — 3) ob Neh. 5, 14. plene ist und ebenso 4) Zeph. 3, 7? — Das ל״א der Mp. zu Deut 32, 51. mag ähnlich wie das ל״ב des Heid. Mpts. seine Lösung finden.

אוֹתָךְ י״ז מלא בלשון זכר׃ Gen. 17, 2. 40, 19. Ex. 25, 9.
Ez. 29, 5. Mf. את, 55. (S. Mf. את, 57. 1)

אוֹתָךְ ד׳ לזכר וכל יחזקאל דכו׳ אוֹתָךְ במ״ו וכו׳ וכל
לשון נקבה דכו׳. Mf. את, 57. (S. מ״ש Jer. 49, 16.) 2)

אוֹתָךְ י״ו מלאים בלשון נקבה׃ Gen. 39, 9. Mf. את, 56.
(S. מ״ש Num. 5, 21. Ez. 27, 26.) 3)

אוֹתוֹ כ״ד מלא וכל יהושע ושפטים דכו׳ מלא במ״ב חסר׃
ב׳ מלא בסיפרא׃ Mf. את, 52. Jer. 18, 10. (S. מ״ש
Num. 21, 34. Jud. 8, 8. 27. Ps. 101, 5. 4)

וְאוֹתָהּ י״ב מלא בלישן וכל יהושע ושפטים ויחזקאל
דכו׳ במ״ג חסר׃ Num. 22, 33. Mf. את, 50. u. 51.
(S. מ״ש Jos. 1, 15. 18, 4. Ez. 4, 1. 20, 28. 21, 16.
23, 10. ausführlich). 5)

---

1) Wegen der Aehnlichkeit der Wörter sind einige Fehler in den Handschriften und Ausgg. entstanden. — Heid. führt ein Mpt. an, welches die ersten 9 Stellen aus dem Pent. anführt (s. רמ״ה: ט׳ מלאי׳ באורית׳); dann folgen: כי קנה אקנה 2 S. 24, 24., אשר אני שולח אותך (אנכי) Jer. 25, 15., שולח אני אותך אל בני ישראל Ez. 2, 3., אני שולח אותך Ez. 2, 4., ובדברי אותך Ez. 3, 27., ונטשתיך Ez. 29, 5., והוצאתי אותך Ez. 38. 4., אותך קויתי Ps. 25, 5. — Demnach ist Ez. 38, 17. ausgelassen, das auch nach unseren Ausgg. def. ist. Es bleibt aber schwierig, dass dann in Ez. nur 5 plene sind, da doch nach Mf. את, 57. und Mp. zu Ez. 29, 5. und 38, 4. in Ez. 6 plene sein sollen. — Wäre vielleicht Jer. 25, 15. auszulassen? — Mpt. v. 1294 bemerkt zu dieser St. nichts und hat sie also wahrscheinlich def. gelesen. —

2) Diese Angabe ist schwierig: 1) da es doch noch mehrmals so gen. masc. vorkommt, z. B. 1 Reg. 22, 24. Jer. 19, 10. etc. und 2) ist auf Jer. 12. hingewiesen, wo aber die Ausführung fehlt? — Die richtige Angabe ist, wie sie מ״ש Jer. 49, 16. aus einem Mpte. anführt und zwar: אוֹתָךְ ד׳ קמץ לזכר וסי׳ נעצרה נא אותך (Jud. 13, 18.), תפלצתך השיא אתך (Jer. 49, 16.), צדיק אתה י״י כי אריב אליך (Jer. 12, 1.), בהתהלכך תנחה אותך (Prov. 6, 22.), וכל אס״ף ולשון נקבה וספר יחזקאל דכו׳ במ״ו וסי׳ וכו׳. Diese M. will demnach nur angeben, dass diese Form f. gen. masc. ausser dem B. Ez. und den mit Athnach und Silluk nur 4 M. vorkommt; folglich kann 1 Reg. 22, 24. und Jer. 19, 10. etc. hier nicht angeführt werden, weil diese Silluk haben; 1 Reg. 20, 25. (in einem Mpt. bei Heid. mitgezählt) heisst es מֵאוֹתָךְ und gehört gleichfalls nicht hierher. — Die verschiedenen Angaben der Mp. müssen hiernach ausgeglichen werden. S. Kimchi im Michlol unter את, der nichts von dieser Massora-Angabe erwähnt. —

3) S. מ״ש zu Ez. 27, 26., wo es heisst: השטים אותך וכו׳ וכן במ״ג נמנה׳עם המלאים בלשון נקבה, was in unserer Angabe nicht der Fall ist. Er scheint diese St. mit השאטות אותך (Ez. 16, 57.) verwechselt zu haben. — Jedoch will Heid. behaupten, dass auch das von מ״ש angeführte (Ez. 27, 26.) plene Waw ist, weil die Mp. zu den Stellen fast immer י״ז = 17 angiebt. —

4) Angabe wie Ausführung leiden an Fehlerhaftigkeit und zwar muss es in der Angabe heissen כ״ד מלאים בלישנא, da auch מֵאוֹתוֹ dazu gerechnet wird, oder, wie in einem Mpt. אותו, מֵאותו כ״ד etc.; ebenso muss der Schluss lauten: וכל שפטים דכו׳ מלא; das Wort יהושע ist zu streichen, da die 4, welche in Jos. plene vorkommen mit aufgezählt und die übrigen in Jos. def. sind. — Besonders aber müssen auch in einigen der angaführten Stellen Verbesserungen vorgenommen werden. — 1) muss gleich die erste Stelle statt ועבדתם gelesen werden ועכרתם (Jos. 6, 18.) — 2) bei ויעלהו ist „אל המרכבה“ zu streichen, weil 1 Reg. 20, 33. (ויעלהו על המרכבה) gar nicht אותו hat; es ist vielmehr Jer. 39, 5. gemeint, wo es heisst ויקחו אותו וַיַּעֲלֻהוּ. — 3) Bei גם אותו הכוהו ist das הכוהו in החטיאו zu verwandeln und bezicht sich auf Neh. 13, 26. — Das Resultat ist, wie Heid. es zusammenfasst: Die 24 plene-Formen von denen 2 מֵאוֹתוֹ gelesen werden, sind zu vertheilen: a) im Pent. ist diese Form immer def. (Waw nach dem Alef). S. רמ״ה und מ״ש Num. 21, 34. b) in den BB. d. Proph. (ausser dem B. Jud.) ist sie in der Regel def. und nur 19 M. plene und zwar, 4 M. in Jos. (S. Mp. Jos. 16, 10. 24, 22.); 6 M. in Reg. (S. Mp. zu den St. das.); 3 M. in Jer. (S. Mp. aber auch Mm. Jer. 18, 10.?); 2 M. in Ez. und 4 M. in den Proph. minor. c) in den Hagiogr. 5 M. und zwar 4 M. in d. Pss. und 1 M. in Nehemia. — Im B. Jud. aber ist diese Form immer plene, mit Ausnahme zweier Stellen, die def. sind, wie angegeben. —

5) Die zweite Angabe (ד׳ בקריא וכו׳) ist falsch, s. ausf. מ״ש zu Ez. 23, 10. — Die daselbst angeführte Stelle Num. 22, 33. ist entschieden plene, wie sie in der ersten Angabe zu den 12 plene angeführt ist (s. auch רמ״ה); ferner müssen ja die beiden aus Ez. (12, 13. und 23, 10.) angeführten plene sein, nach Mm. Num. l. c., da nur Ez. 21, 16. def. ist? — Heid. will daher so lesen: ואותה ד׳ ג׳ מלא וחד חסר וסי׳ וכו׳ קַדמא חסר, wodurch beide Massora-Angaben ausgeglichen und berichtigt sind. — Wenn Mf. l. c. hat ואותה ה׳ מלא, so muss diese gleichfalls nach Obigem verbessert werden. S. die versch. Angaben der Mp. zu den Stellen. — Die Angabe zu Num. l. c. dürfte lauten: אוֹתָהּ י״ב מלאי׳ oder אוֹתָהּ וְאוֹתָהּ י״ב מלאים בלישנא. —

וְאֹתָהּ ד׳ בקריא ג׳ חסר וא׳ מלא. Lev. 10, 17. Ez. 23. 10.
Mf. את, 51. (S. vor. Art.)

אוֹתָנוּ, וְאוֹתָנוּ ג׳ מלא. Deut. 6, 23. Mf. את, 78.
(S. Mp. Deut. l. c. מ״ש l. c.)

אוֹתָם ט״ל מלא בתורה. Gen. 41, 8. Lev. 15, 29. Mf.
את, *62. (S. מ״ש Gen. 15, 13. Ex. 29, 3. Ez. 20, 21.
auch מכתב מאליהו Gen. 41, 8.) 1)

אֹתָם ו׳ חסר ביהושע. Jos. 5, 7. Mf. את. 62. (S. מ״ש
Jos. 7, 11.)

אוֹתָם ד׳ מלא בשמואל (ה׳?). Mf. את, 68. 2)

אוֹתָם ט׳ מלא במלכים. 2 Reg. 3, 10. Mf. את, 64, 3)

(אוֹתָם ג׳ מלא בישעי׳. S. Mp. Jes. 59, 26.

אֹתָם י״ז (י״ו) חסר בירמי׳. Jer. 23, 3. 29, 21. 34, 16.
Mf. את. 67. (S. מ״ש Jer. 7, 22.) 4)

אֹתָם כ״ח חסרים ביחזקאל. Mf. את, 68. (S. מ״ש Ez.
20, 21. 34, 14.? 5)

אוֹתָם ב׳ מלא בתריסר. Mf. את, 69. (S. מ״ש Zach. 10, 3.)

אוֹתָם ד׳ מלא בכתובים וכל עזרא דכו׳ מלא במ״א.
Ps. 9, 13. Mf. את, 70.

וְאוֹתָם ג׳ ב׳ מלאים וא׳ חסר. Lev. 14, 11. Ez.*10, 22.
Mf. את, 65.

(אוֹתָנָה ב׳ חד מלא וחד חסר. S. Mp. Ex. 35, 26.
Ez. 34, 21.

---

1) Mf. l. c. muss, nach מ״ש und Heid. folgendermassen verbessert werden: וצו אותם muss ויצו אותם sein (wie ed. Bomb.); das תנינא דפסוק zu על כל אחד (Ex. 29, 3.) muss קדמאה דפסוק sein. — וישלח אותם lies וישלחו אותם (Num. 5, 4.); der Zusatz אותם מעל כפיהם zu ויקח משה (Num. 7, 6.) ist zu streichen; ונקח את ארצם muss in ואקח את ראשי (Deut. 1, 15.) verändert werden; zu חשק י״י ist das בכם ויבחר zu streichen und zu ושרת אותם (Deut. 27, 4.) muss statt תנינא דפסוק gelesen werden תנינא דפרשה, es soll nemlich ausschliessen ibid. 27, 2, wo אֹתָם def. Waw ist. —

2) Mf. l. c. ed. Bomb. hat ה׳ מלא וכו׳=5, zählt aber nur 4 Stellen auf. — Heid. möchte, nach Mp. zu Jud. 18, 27. (wo es heisst ד׳?) lesen: אותם ה׳ מלא בשפטים ושמואל, so dass mit Jud. l. c. es 5 plene giebt in diesen BB. — Ob es aber richtig ist? — wenigstens stimmen die Ausgg. nicht damit überein, da sie an noch mehren Stellen in Jud. plene lesen. — S. auch Mp. zu 2 S. 8. 2. —

3) S. 2 Reg. l. c., wo fehlerhaft 2 Stellen zusammengezogen sind; vor אל כי קרא י״י (2 Reg. 3, 13.) muss ein Trennungszeichen stehen, als bes. Vers. —

4) Jer. 23, 3. werden nur 16=י״ו aufgezählt; auch die Mp. hat grösstentheils י״ו=16, wahrscheinlich ist auch in der Angabe י״ו zu lesen. —

5) Diese Angabe sowohl, als die Ausführung ist fehlerhaft: 1) giebt sie 28 (=כ״ח) def. Waw an und zählt nur 26 (25?) auf? 2) werden die Stellen Ez. 5, 4. und 34, 23. jede als 2 gerechnet, während jede nur eine bildet? 3) ist die St. יאכל אתם באש in Ez. nicht vorhanden? Heid. will dafür lesen ואכל אתם באפי (Ez. 43, 8.), das nach Mp. in einer Handschr. zu den כ״ה חסר בסיפרא gehört? 4) steht sie auch in Widerspruch mit den Ausgg. und vielen Handschriften, die viele der hier als defective Angeführten plene Waw lesen. 5) das "תנינא" zu Ez. 20, 13. (Nr. 5.) scheint sagen zu wollen, wie es auch Heid. erklärt, dass Ez. 20, 13. אֹתָם def. ist und damit ausschliesst das vorhergehende (ibid. 20, 11.) und das nachfolgende (ibid. 20, 21.), wo אוֹתָם, in der Redensart אשר יעשה אותם plene ist. — Das ist aber in Widerspruch mit einer alten Massora, angeführt in מ״ש Ex. 29, 3., nach welcher Ez. 20, 21. das zweite אֹתָם def. ist? — Oder sollte das "תנינא" auf das zweite im Verse sich beziehen und also ibid. 20, 21. gemeint sein? — Dann müsste aber der Anfang des Verses וימרו וכו׳ angegeben sein, wie es auch in מ״ש l. c. lautet? — Bedenken wir aber, dass die Mp. zu den meisten Stellen bemerkt: כ״ה חסר בסיפרא, so ist klar, dass das כ״ח irrthümlich aus כ״ה entstanden ist und weil ein Abschreiber irrthümlich die beiden Stellen Ez. 5, 4. und 34, 23. in je zwei abgetheilt hatte, so wurde die Ueberschrift (mit dem יאכל אתם באש Nr. 16.) in כ״ח=28 umgewandelt, wie wir das oft nachgewiesen haben, dass aus falscher Stellenzählung die Angabe in der Ueberschrift verändert wurde. Von den 26 Gezählten muss nun entweder das יאכל אתם באש (Nr. 16.) abgezogen werden, oder das ב׳ בפסוק zu Ez. 12, 15. (Nr. 3.) soll heissen, s. v. a. תנינא בפסוק, so dass diese nur 1 M. אֹתָם def. hat, was freilich gegen מ״ש l. c. wäre. — Dass übrigens über manche angeführte Stelle Unsicherheit herrscht, sieht man sowohl an den Ausgg. und Handschriften, die mehre plene haben, welche hier als def. angeführt sind, wie auch im Vergleiche mit einem alten, von Heid. angeführten Mpte., das 6 zählt,*) die unsere Angabe nicht hat, dagegen wieder 8—9 der unserigen auslässt? — Die Mp. bemerkt nur zu 11—13 St. כ״ה etc., so dass auch durch diese die def. nicht mit Bestimmtheit festzustellen sind. —

*) Die daselbst angeführten sind: Ez. 7, 27. 11, 20. 16, 37. 34, 14. 37, 22. 39, 28. Die fehlenden sind: Ez. 12, 15. 34, 10. 37, 19. 16, 21. 20, 15. 20, 19. 20, 22. und יאכל אתם באש. — 5, 4. und 34, 23. werden daselbst als je eine Stelle gezählt, wie das ja richtig ist. —

אֶתְהֶם ה׳. Gen. 31, 54. Ex. 18, 20. Num. 21, 3. Ez.*34, 12.
1 Chr.*6, 65, Mf. את, 73.

אֶתְהֶם, אֶתְהֶן. S. Jos. 21, 9.

אַתָּה

אַתָּה ד׳ ר״פ בתורה. Deut. 2, 19. Mf. את, 38.

אַתָּה, וְאַתָּה ה׳ כתיב את וקרי׳ אַתָּה. Koh. 7, 23.
(S. אנ״א ·כ״ט מלין חסרי׳ ה״א, 111.

אַתָּה י״א יחידאין משמשין אַתָּה. אנ״א, 261. את, 45. Mf.

אַתָּה י״ד בטעם לעיל. Gen. 22, 12. 29, 14. 49, 3.?
(S. Mf. את, 44! מ״ש Jud. 11, 25. Hab. 2, 16.
Koh. 7, 22. תקון ספרים Gen. 3, 19. ש״ש v.
Heid. Gen. 22, 12.) 1)

אַתָּה כ״ח ר״פ 2) Mf. את, 38.
י״א ר״פ בתורה ובנביאים. 1 Reg. 5, 3.
ז׳ ר״פ בנביאים Jer.*15, 15. Ez. 43, 10.
י״ו ר״פ בתלים וא׳ באיכה אתה י״י וכו׳. Ps. 102, 14.

(אַתָּה פתח באתנח. Ps. 25, 7. מ״ב פתחין וכו׳ S.)

אַתָּה עַתָּה ג׳. 3) Gen. 26. 29. 1 Reg. 21, 7. Mf. את, 39.

---

1) Ueber die Schwierigkeit dieser Massora-Angabe und deren Widerspruch mit vielen anderen verschiedenen Angaben, die bald 14, bald 8 und bald 26 u. dgl. angeben, haben sich die betreffenden Erklärer vielfach ausgesprochen, s. besonders תקון ספרים zu Gen. 3, 19. — Es ist ihnen aber nicht gelungen, die Schwierigkeit zu heben, ohne manche unbegründete und gezwungene Correcturen vorzunehmen. — Das Richtige hat Heid. im שום שכל zu Gen. 22, 12., aus dessen Erklärung das Erforderliche auszüglich hier folgen soll. Die Regel ist: 1) wenn das Alef des Wortes אָתָּה ein Kam. hat, was nur bei Athnach oder Silluk der Fall ist, so ist es ohne Ausnahme penultima, 2) hat aber das Alef Pathach, so ist der Accent auf ultima mit Ausnahme von 26 (27?) Stellen, in welchen es אַתָּה (mit Pathach) heisst und doch den Accent auf der vorletzten Silbe hat, und zwar 4 mit Athnach, 14 M. mit Sakef und 8 M. mit anderen trennenden Accenten zusammen also 26 (und nach Einigen 27, wovon weiter unten). Die 14 mit Sakef sind: Gen. 3, 19. 22, 12, 29, 15. 49, 3. Ex. 33, 3. 1 S. 17, 33. 20, 8. 30, 3. 2 S. 15, 2. Jes. 41, 9. 44. 21. Hos. 2, 5. Esr. 9, 15. 2 Chr. 14, 10. Die 4 mit Athnach (und Pathach des Alef) sind: Ps. 2, 7. 26, 7. 40, 18. und 70, 6. (Sie gehören zu den פתחין דסיפרא und sind auch von Kimchi im Michlol unter אַתָּה (ed. Venet. p. S. 262a) als solche angeführt. Die 8 mit anderen trennenden Accenten; sind: Gen, 32, 18. Jud. 12, 5. 1 Reg. 1, 42. Jer. 2, 27. 17, 7. Ps. 76, 8. (das zweite im V.) Koh. 7, 22. 2 Reg. 9, 25. (וְאַתָּה). Diejenigen also, die י״ד = 14 angeben, beziehen sich auf die mit Sakef; die, welche ח׳ = 8 angeben, haben nur die 8 mit anderen, trennenden Accenten im Sinne. Die י״ב angeben, zählen zu diesen 8 noch die 4 mit Athnach hinzu; die aber כ״ו = 26 angeben, fassen alle genannten 26 zusammen. — Was das 27ste betrifft — da Einige כ״ז = 27 angeben — so ist das nach Heid. Jud. 11, 25. (הטוב טוב אַתָּה), über welches verschiedene Ansichten herrschen, ob es auch ult. oder penult. den Accent hat, s. Kimchi im Michlol l. c. — Wenn aber Mf. את, 44. nur 20 angeführt werden, so ist diese St. verstümmelt durch Abschreiber, weswegen auch die Ueberschrift keine bestimmte Zahl angiebt, sondern blos bemerkt: אַתָּה דבטעם לעיל; es müssen also 6 von den oben angeführten (oder 7) hinzugefügt werden. — Uebrigens muss in Mf. l. c. das ותקם את דברך zu צדיק אתה gestrichen werden, indem es nicht Neh. 9, 8. sein kann, da dies regelmässig penult. ist, wegen des Silluk; sondern es ist das צדיק אתה Esr. 9, 15., das zu den obigen Ausnahmen gehört. — In מ״ש Jud. 11, 25. steht fälschlich Jer. 9; es muss עזרא ט׳ lauten. — Das Weitere s. ש״ש l. c. — Ich will aber (in Betreff des von Heid. angeführten 27sten) hier zu bemerken nicht unterlassen, dass zu Deut. 7, 6. das Mpt. Hamb. in der M. m. angiebt: אַתָּה כ״ו בטעם לעיל ופלוגתא על כי עם קדוש; in der Mp. das. heisst es כ״ו בטעם לעיל אך ספר׳ חלוק׳ עליו. Sollte dies das 27ste sein? So auch עין הקורא Deut. l. c. und Heid. dazu. —

2) Diese 28 sind nicht im Zusammenhang, sondern theilweise aufgezählt und zwar: 11 im Pent. und den Proph. s. 1 Reg. 5, 3. — davon 7 in d. Proph. und 4 im Pent. s. die angeführten Angaben und über die 4 im Pent. רמ״ה; 16 in den Pss. und 1 im B. Thr. s. Ps. 102, 14. Dass das כ״ה in Mf. l. c. כ״ח = 28 sein muss, geht aus obiger Zusammenstellung deutlich hervor. Ebenso hat Mpt. Hamb. zu Ps. 69, 20. כ״ח ר״פ und sind auch die obigen 28 hintereinander aufgezählt, nur mit dem Unterschiede, dass während es in der gedruckten Mass. zu Ps. 102, 14. heisst: וחד באיכה אתה י״י וכו׳, im Mpt. Hamb. als 28stes אתה י״י לעולם תשב angegeben ist; aber dass letzteres auf Thr. l. c. sich bezieht, ist klar, da das ähnliche in Ps. 102, 13. ואתה (mit Waw) lautet; s. מ״ש Thr. 5, 18. und Ps. 102, 13. — Jedenfalls ist aber das כ״ח sowohl der Mf. l. c. als des Mpt. Hamb. merkwürdig, da beide die St. Ps. 139, 2. (אתה ידעת שבתי וקומי) nicht anführen, mit welcher es 29 = כ״ט sind. —

3) Wenn es in einer handschriftl. Massora heisst: ב׳ וחד וְאַתָּה, so ist das gleichfalls richtig, da die St. 1 Reg. 12, 4. וְאַתָּה (mit Waw) hat. —

אַתָּה י״י ג׳ ר״פ. Ps. 12, 8. Thr. 5, 19. Mf. אד, 54.

וְגַם אַתָּה ג׳. Gen. 21, 26. Zach.*3, 7. Mf. את, 42.

כִּי אַתָּה, כִּי עַתָּה כל אוריתא ואיוב כִּי עַתָּה במ״ט כִּי אַתָּה וכל שאר קריא דכו׳ כִּי אַתָּה במי״ב כִּי עַתָּה וסי׳ וכל קריא כִּי אַתָּה ולית וְכִי אַתָּה. 1) Gen. 30, 26. Deut. 31, 7. Mf.*את, 43.

וְאַתָּה ד׳ בטעם פזר ואחד אַתָּה. 2) Ez. 28, 1. Mf. את, 48.

וְאַתָּה ה׳ בטעם תביר. 3) Mf. את, 49.

וְאַתָּה ח׳ יחידאין משמשין וְאַתָּה. Mf. את, 46. או״א, 262.

וְאַתָּה, וְעַתָּה י״ח בטעם תברא. Gen. 15, 15. Num.*11, 6. 22, 34. 2 Reg. 5, 15. Jos. 5, 3. Mal. 1, 9. Esr. 9, 10. Mf. את, 47. עת, 6. 4)

וְאַתָּה ג׳ בטעם בסיפרא. 5) (S. Mp. 1 Reg. 9, 4.)

וְאַתָּה אַתָּה ו׳ פסוקים. Gen. 17, 9. Mf. את, 41. או״א, 297.

וְאַתָּה הוּא ב׳. (S. Mp. Ps. 102, 28.?)

וְאַתָּה וְאַהֲרֹן. S. Mf. ו׳, 31. או״א, 253.

אַתָּה וַעֲבָדֶיךָ, וְאַתָּה וַעֲבָדֶיךָ. S. Mf. ו׳. 33.

וְאַתָּה תְּצַוֶּה ב׳. Ex. 27, 20. Jos. 3, 8. S. צוה

---

1) S. Mp. zu Num. 22, 34., wo es statt ר׳ = 10 heissen muss ז׳ בתורה; es kommen nemlich von den 9 כִּי אַתָּה 7 im Pent. und 2 in Job vor; über diese 2 s. Mp. zu Job 11, 16. und Mm. ibid. 34. 33., wo es heisst ב׳ בסיפרא. — Von den 12 כִּי עַתָּה (mit Ain) in der übrigen heil. Schrift kommen 11 in d. Proph. und 1 in den Hagiogr. (Dan. 10. 11.) vor; s. Mp. Jes. 49, 19. (י״א בנביאים).

2) Hier ist zu bemerken, dass die Mp. (besonders Mpt. Erf.) zu וְעַתָּה (mit Accent Paser) an 4 St. bemerkt: י״ח בטעם = 18; an 8 St. י״ד בטעם = 14? Diese Differenz klärt sich dadurch auf, dass das י״ח = 18 sich auf beide ועתה und ואתה (mit Alef und Ain) bezieht, so dass 4 M. וְאַתָּה (wie oben angegeben) und 14 M. וְעַתָּה mit Paser vorkommen, auf welches letztere das י״ד der Mp. sich bezieht; s. unten „ואתה, ועתה י״ח בטעם תברא". Die 14 וְעַתָּה mit Paser sind in der gedruckten Mass. nicht angeführt, doch hat sie Heid. aufgesucht, und fand ich sie an 12 St. der Mp. (im Mpt. Erf.) bestätigt. Es sind folgende: Ex. 33, 13. Jos. 22, 4. (das zweite im V.) Jud. 20, 13. 2 S. 13, 33. 17, 16. 1 Reg. 5, 20. Jer. 18, 11. Job 42, 8. Esr. 9, 8. 2 Chr. 10, 4. 20, 10. 32, 15. — und noch 3, zu welchen die Mp. nichts bemerkt: Gen. 48, 5. Jer. 44, 7. und 2 Chr. 2, 6. — (Es sind also 15 statt der angegebenen י״ד = 14?) —

3) S. Mf. l. c. Wenn an dieser St. ואתה אדני המלך (1 Reg. 1, 18.) angeführt wird, so ist das unrichtig, da dasselbe mit Ain, und nicht mit Alef, wovon unsere Angabe spricht, geschrieben ist, wie das nicht nur aus der Mp. daselbst (V. 20.), sondern auch aus Mf. את, 46. und או״א, 262 hervorgeht, indem das ואתה אדני (V. 20.) zu den יחידאין gehört, folglich muss der erste ועתה אדני mit Ain geschrieben sein. S. auch מ״ש daselbst, — Heid. schaltet dafür ein וְאַתָּה תעלה (2 Chr. 2, 15.), das auch Num. 11, 6. zu den 18 mit Accent Thewir gezählt wird. — Er bemerkt ferner zu unserer Angabe, dass 2 וְאַתָּה mit Thewir fehlen, nemlich ואתה תהיה (2 S. 5, 2.) und ואתה הסבות (1 Reg. 18, 37.); zu letzterm bemerkt Mp. in Cod. Erf. כ״ז בטעם? S. folgende Anmerkung. —

4) Diese Angabe ist corrumpirt; denn 1) zählt sie nur 5 ואתה (mit Alef), während es 7 sind, indem 2 S. 5, 2. und 1 Reg. 18, 37. dazu gehört, s. vorige Anmerkung. 2) zählt sie עַתָּה (ohne Waw) dazu (Hos. 5, 7.), da ja hier von diesem Worte mit Waw die Rede ist und wenn עַתָּה (ohne Waw) mitgezählt werden soll, so giebt es ja viel mehr als 18 mit Thebir? Vergleichen wir unsere Angabe mit den Bemerkungen der Mp. zu den Stellen (und besonders Mp. in Cod. Erf.) so differiren und variiren diese zwischen: ח׳ (1 S. 24, 12.), ט׳ (2 Chr. 21, 15.), י״א (2 Chr. 2, 15.), י״ד (Esr. 9, 10. 10, 2.), י״ח (an den meisten Stellen), כ״ב (Num. 22, 34.), כ״ר (2 Reg. 5, 15.) und כ״ז (1 Reg. 18, 37.) — Mpt. Hamb. hat das י״ח בטעם nicht. — Heid. zählt ausser dem obigen עַתָּה mit Thebir (Hos. 5, 7.) noch 7 Stellen auf, in welchen, nach fleissigem Suchen wie er bemerkt, עַתָּה (ohne Waw) mit Thebir vorkommt, und zwar: Num. 22, 33. 1 S. 14, 31. ibid. 27, 1. 1 Reg. 12, 26. ibid. 21, 7. Ez. 23, 43. und Micha 7, 10. — Kommt demnach mit dem Accent Thebir וְאַתָּה 7 M. וְעַתָּה 12 M. und עַתָּה 8 M. vor, so ist die obige Angabe in Mpt. Erf. zu 1 Reg. 18, 37. die richtige und die verschiedenen anderen Angaben befolgen entweder einen gewissen (nicht hervortretenden) Eintheilungsgrund, oder es sind durch Fehler der Schreiber beim Aufzählen verschiedene Angaben entstanden. — Am richtigsten wäre es, wenn man das י״ח (oder überhaupt eine bestimmte Zahl) wegliesse, wie in Mpt. Hamb., und der Art. lautete: ואתה, ועתה בטעם תברא וכו׳. —

5) Der Sinn dieser Bemerkung der Mp. ist, dass in den BB. der ersten Proph. (נביאים ראשונים = בסיפרא) dieses Wort mit dem Accent Gerschaim 3 M. vorkommt (Jud. 11, 27. 1 S 15, 6. 1 Reg. 9, 4.). — Heid. hat es 16 M. mit Gerschaim in der Bibel gefunden. — Es sind: Ex. 14, 16. 27, 20. 31, 13. Jud. 11, 27. 1 S. 15, 6. 1 Reg. 9, 4. Jes. 14, 13. 14, 19. 38, 17. Jer. 7, 16. 32, 25. Ez. 3, 21. Micha 5, 1. Neh. 9, 27. 2 Chr. 6, 33. 7, 17. —

וְאַתָּה ג' ב' קמצין וא' פתח׳ Gen. 31, 44. Mf. אן, 12.
(S. oben אֲנִי)

הַאַתָּה זֶה ד' דסמיכי וחד אַתָּה זֶה׳ Gen. 27, 21.
2 S. 2,*20. 1 Reg.*18, 7. Mf. את, 40.

אַתְּ ג' בלשון זכר׳ Num. 11, 15. Deut.*5, 27. Ez.*28, 14.
Mf. את, 36.

אַתְּ ה' כתיב אתי ואחד ואתי (וב' ואתי אלית)׳
2 Reg. 4, 23. 8, 1. Mf. את, 37. (S. מ״ש Jud. 17, 2.) 1)

אַתֶּם ד' ר״פ׳ Ex. 5, 11. 19, 4. Deut. 29. 10. Mf. את, 71.

וְאַתֶּם ד' ר״פ בקריא בטעם שני גרישין Jos. 18, 6.
Ez. 36, 8. Mf. את, 72.

וְאַתֵּנָה ג' וחד אַתֵּנָה׳ Gen. 31, 6. Ez.*13, 11. 34, 17.
Mf. את, 77. (S. Mf. ו', 9. או״א, 16. מ״ש Ez. 13, 11.
und 20.)

וַאֲנַחְנוּ׳ S. oben אנ

בי

בִּי אֲדֹנִי ז'׳ Gen. 44, 18. Mf. אד, 24.? S. oben S. 5. 2)

בִּי אֲדֹנָי ה'׳ Ex. 4, 10. Jud. 13, 8. Mf. בי, 2. (S. Mf. אד, 77.
und 25, und oben S. 5.) 3)

בְּכָה ג' כתיב ה' וכו'׳ 2 S. 22, 30. Mf. בך, 1. (S. Mf. ה', 21.
או״א, 92. מ״ש 2 S. l. c.)

בֹּו דסביר בָּהּ ו'׳ Ex. 4, 17. Mf. בה, 3. (S. מ״ש Deut.
17, 19. 24, 7. Jes. 30, 21. Ez. 2, 9.) 4)

בָּהּ ג' מפקין רפין׳ 5) Ps. 68, 18. Mf. בה, 2.

בָּהּ ב' סבירין בָּם׳ 2 Reg. 3, 24. Mf. בה, 3. (S. מ״ש
Hos. 9, 2.)

בה ג' קריא לשון אחרי׳ Mf. בה, 4. (S. Mf. כת, 16.
6) (Ez. 14, 4. מ״ש, 43. או״א 15. ה' Mf. 93. או״א

וּבָהּ ג' אנ״ך׳ Gen. 24, 14. Jes.*14, 32. Mf. בה, 1.

בָּם ד' סבירין בָּהּ׳ Mf. בה, 3. (S. מ״ש Jud. 2, 22. Jes.
6, 13. 30, 32. 63, 19!) 7)

ו' פסוקים בָּם בָּם׳ Jud. 2, 22. Mf. בם, 1. או״א, 334.
(S. מ״ש Ez. 28, 25.)

בְּמוֹ ט', קדמא במי כתיב במו קרי׳ Jes. 25, 10. Job*
37, 8. Mf. בם, 2.

בֵּין

בֵּין בֵּין וּבֵין׳ S. Mf. ו', 48.

ג' פסוקים דאית בהון בֵּינִי וּבֵינֶךָ וּבֵין וּבֵין׳ Gen. 13, 8.
1 Chr. 16, 3. Mf. בי, 4.? 8)

מִבֵּין וּמִבֵּין וּמִבֵּין וּמִבֵּין׳ S. Mf. ו', 29.

(וּבֵינֶךָ ד'׳ מבין חדות daselbst. (S. Mp. Gen. 23, 15. und

וּבֵינֶיךָ נקוד על יו״ד בתרא׳ (S. צורת האותיות Gen. 16, 5.

(וּבֵינָו ב' כ״כ. Mp. Jos. 3, 4.)

(בֵּינָו׳ 9) (S. Mf. ו', 12. או״א, 128. Mp. Jos. 8, 11.

(בֵּינֵכֶם ב' חסר׳ ? Mp. Jes. 59, 2.)

---

1) Merkwürdig ist, dass, wie schon B. Chajim bemerkt, ein וְאַתִּי vergessen ist. (Jud 17, 2.) —

2) Dasselbe fehlt Mf. l. c. in ed. Bomb. —

3) Warum hat. Mf. diesen Art. 2 M. 25 und 77.? —

4) Mf. l. c. hat ד'=4, was wohl Schreibfehler sein dürfte; obgleich bei mehren der Angeführten nicht einzusehen ist, warum man das fem. erwarten sollte? —

5) Mf. l. c. ed. Bomb. hat es wie Mp. zu Ps. 68. 18. — Buxt. hat es corrigirt, doch in nicht massoretischem Ausdrucke. — Der Sinn ist: 3 M. (תהו, בָּם, בָּהּ) kommt (ב' und ת') בג״ד כפ״ת nach einer geschlossenen Silbe (=מפיק) ohne Dag. lene (=רפין) vor. S. Ps. 68, 18. — Das ג'=3 bezieht sich nicht allein auf בָּהּ, sondern auf מלין, das wohl nach ג' zu ergänzen ist. —

6) Ed. Bomb liest: ג' סבירין לשון אחרי, was dasselbe sagen will, dass nemlich die Form בה 3 M. anders gelesen wird, als sie geschrieben ist und zwar 1 M. בָּם, 1 M. בּוֹ und 1 M. בָּא. S. die angegebenen Stellen und besonders auch מ״ש zu Ez. 14, 4. ed. Wien. —

7) S. מ״ש Jes. 63, 19. wo er ein Mpt. anführt, das nur ג' סבירין וכו' (=3) hat, indem Jes. l. c. allerdings das סבירין nicht gut zu erklären ist, da man wirklich בָּם daselbst erwartet. —

8) S. Mf. בי. 4., wo das zweite וּבֵין fehlt; es muss wie angegeben lauten. —

9) Wenn Mp. zu Jos. 3, 4. bemerkt: וּבֵינָו ב' כ״כ und zu Jos. 8, 11. בֵּינָו, בֵּינָיו קרי וג' חס' בלישנ', so ist das kein Widerspruch insofern, als 2 M. וּבֵינָו und 1 M. בֵּינָו def. des zweiten Jod vorkommen. S. unsere Bemerkung zu או״א, l. c., wo mit Recht nur בֵּינָו und nicht וּבֵינָו gezählt ist, weil letzteres 2 M. vorkommt. —

ג׳.

גוֹא כלהון בלשון ארמית א׳ בסוף. Dan. 3, 21.

גַּם

גַּם ה׳ ר״פ באוריתא ויהושע ושפטים. (s. unten zu גַּם und וְגַם am Anfang des Verses. 4) Mf. גם, 2.

(גַּם לית ר״פ בסיפרא [2 Reg. 17, 19.]. Mf. גם, 3.)

גַּם ג׳ ר״פ בסיפרא (יחזקאל). Ez. 16, 52. 20, 23. Mf. גם, 3.

גַּם כ׳ בתר אתנח וכל ישעי׳ וירמי׳ ותרי עשר וקהלת ועזרא דכו׳ גַּם בתר אתנח במי״ו וְגַם. Mf. גם, 10. או״א, 361. (S. Mp. Num. 23, 29. מ״ש Gen. 44, 9.).

גַּם אֲנִי. S. אֲנִי

גַּם הֵם. S. הֵם

וְגַם י״ג ר״פ בתורה. Lev. 25, 45. Mf, גם, 1.

וגַם כל ר״פ דאוריתא ויהושע ושפטים וְגַם במ״ה גַּם. Ex. 6, 4. Deut. 1,*37. Mf. גם, 2.

וְגַם ד׳ ר״פ בשמואל וסי׳ וכו׳ וכל מלכים דכו׳ ר״פ וְגַם במ״א גַּם וכל ישעי׳ דכו׳ ר״פ גַּם במ״ג וְגַם. Jos. 28, 7. Mf. גם, 3.

וְגַם ו׳ ר״פ בירמי׳ וסי׳ וכל יחזקאל דכו׳ ר״פ וְגַם במ״ג גַּם. Ez. 16, 52. 20, 23. Mf. גם, 3.

וְגַם ה׳ ר״פ בתריסר וסי׳ וכל אֲנִי וְאָנֹכִי דסיפרא דכו׳ וְגַם אֲנִי, וְגַם אָנֹכִי. Mf. גם, 3.

בֵּינוֹתֵינוּ ג׳ ב׳ מלא וא׳ חסר. Gen. 26, 28. Jud.*11, 10. Mf. בי, 3.?

(בֵּינֹתָם ג׳ וחסר. [S. Gen. 42, 23. Jer. 25, 16.] Mp. 2 S. 11, 7.)

בְּלִי

עַל בְּלִי לית. 1) Mp. Gen. 31, 20.

(מִבְּלִי ג׳. 2) Mpt. bei Heid.)

הֲמִבְּלִי ד׳. מ״ש (S. Ex. l. c.) Ex. 14, 11, 2 Reg. 1, 16. Mf. בל, 2.

בִּלְעֲדֵי

הֲמִבַּלְעֲדֵי ג׳. Mf. בל, 6.

בִּלְתִּי

וּלְבִלְתִּי ד׳ דלית להון זוגא וכו׳. Ez. 13, 3. Mf. בל, 9. (S. מ״ש Ez. l. c.) 3)

(מִבִּלְתִּי ב׳. Num. 14, 16. Ez. 16, 28. Handschr. Mass.)

בן

בֵּן ז׳ חסר בלישנא. בין und בֵּן S.

בַּעֲבוּר

וּבַעֲבוּר ב׳. Ex. 20, 19.

לְבַעֲבוּר ג׳. Ex. 20, 19. Mf. עב, 29.

בְּעַד

(הַבְעַד לית. Mp. Job 22, 13.)

---

1) Heid. führt eine Mass. an, welche sagt: ב׳ וסי׳ על בלי הגיד (Gen. 31, 20.) תולה ארץ (Job 26, 7.). Die Mp. scheint בלימה als ein Wort zu lesen, während das Mpt. es als 2 Wörter בְּלִי מָה liest? —

2) So Heid. aus einem Mpt. zu Job und zwar: Job 4, 20. 6, 6. und 18, 15. — Doch bezieht sich diese Angabe nur auf das B. Job; sonst kommt es mehrfach vor (z. B. Deut. 9, 21.)? —

3) S. ausf. Ez. l. c. und מ״ש daselbst. Der Sinn ist, in 4 Versen kommt je 1 M. וּלְבִלְתִּי (mit Waw copulat.) vor, ohne vorhergehendes לְבִלְתִּי (=דלית ליה זוגא); sonst aber, wenn es 1 M. im V. vorkommt heisst es לְבִלְתִּי, und wenn es 2 M. im V. sich findet, so steht das erste ohne und das zweite mit Waw copulat., mit Ausnahme einer St., wo es 2 M. in einem Verse ohne Waw vorkommt (Jer. 17, 24.). — Die 4 obigen Stellen sind: Jer. 17, 27. 33, 20. 35, 9. Ez. 13, 3. —

4) Das Resultat der verschiedenen Angaben über גַּם und וְגַם am Anfang des Verses nach den Büchern der heil. Schrift ist: 1) im Pent. Jos. und Jud. steht immer וְגַם am Anfang des Verses, mit Ausnahme von 5 Versen, die mit גַּם (ohne Waw) anfangen und zwar 4 im Pent. und 1 in Jud. S. Ex. 6, 4. und Deut. 1, 37. 2) in d. BB. Sam. nur 4 M. וְגַם, sonst immer גַּם am Anfang des Verses. 3) in d. BB. Reg. immer וְגַם und nur 1 M. steht גַּם am Anfang. 4) in Jes. immer גַּם, mit Ausnahme dreier Verse, die mit וְגַם anfangen. 5) in Jer. nur 6 M. וְגַם, sonst immer גַּם am Anfang. 6) in Ez. immer וְגַם und nur 3 M. fängt der Vers mit גַּם an. 7) in d. Proph. minor. nur 5 M. וְגַם, sonst גַּם. 8) in den Hagiogr. 20 M. וְגַם (sonst גַּם am Anfang) und zwar, nach Mp. zu den Stellen 9 M. in d. BB. d. Chr. 3 M. in Koh. und 8 M. in den anderen BB. S. die angef. Stellen. —

וְגַם כ׳ ר״פ בכתובים. Ruth 2, 16. Koh. 3, 13. 1 Chr.* 12, 40. Mf. גם. 3.

(חד פסוק [1 Reg. 3, 13.] ר״פ וגם גם גם. S. Ez. 41, 23. Mf. ן׳, 47.)

(וְגַם ג׳ ס״פ (ומלה חדא) וְגַם. 1) S. Mp. Ez. 21, 9.

(וְגַם ג׳ פסוקים מלה תנינא וְגַם. 2) Handschr. Mass. bei Heid.

(ד׳ פסוקים וְגַם גַם. S. Mp. Ez. 24, 5. Ex. 34, 3. 2 Reg. 23, 15. או״א, 359. מ״ש Ez. l. c.)

ט׳ פסוקים גַם וְגַם. 3) Gen. 24, 44. Mf. גם, 8. או״א, 358.

(ט׳ (ט״ו) פסוקים וְגַם וְגַם. 4) S. Mp. Jer. 50, 24.? Zach. 3, 7.)

(י׳ פסוקים בתורה גַם גַם ומלה ביניהון. 5) S. Mp. Gen. 50, 9. auch 24, 25?) Kelly 64 MM list 356 pg 166

י״ב פסוקים אית בהון גַם גַם גַם. Gen. 24, 25.? 32. 19. Ex. 4, 10. 12, 32. Jud.*8, 22. Jes. 48, 8. Jer.*12, 6. Koh.*9, 6. Mf. גם, 11. או״א, 356.

י״ד פסוקים אית בסופיהון וְגַם ותרין מלין בסופא. Ex. 21, 29. Ez.*16, 28. Ps. 8, 8. Mf. גם, 4. או״א, 357. (S. מ״ש Koh. 7, 6.)

וְגַם אֲנַחְנוּ לית (S. Mp. Gen. 44, 9.

וְגַם אָנֹכִי אנכי S.

(וְגַם אֶת ט׳ דסמיכי. 6) S. Mp. Gen. 21, 12. Ex. 5, 2. Mpt. Hamb. Gen. 14, 7.)

וְגַם אַתָּה אַתָּה S.

וְגַם הוּא הוּא S.

וְגַם כָּל ה׳ וכל ד״ה דכו׳ וְגַם כָּל במ״א גַם כָּל. Mf. גם, 6.

(וְגַם לֹא ג׳ בפסוק. 7) (S. Mp. Koh. 9, 11.

(הֲגַם ח׳. 8) (S. Mp. Ps. 78, 20. Est. 7, 8.?

(שֶׁגַּם ג׳. 9) (Handschriftl. Mass.

ד.

כִּדְנָה כלהון כתיב ה׳ בסוף. Dan. 3, 21.

ה.

ג׳ הה״ין בתורה נראין תמוהין ואינן תמוהין. 10) Gen. 18,25.

הָא ג׳ אנ״ך. Gen. 47, 23. Ez. 16, 43. Dan.*2, 43, Mf. ה׳, 1.

---

1) S. Mp. Ez. l. c., wo es wohl lauten muss: ג׳ ס״פ וְגַם ומלה חדא, da nach וְגַם ein Wort als Schluss des Verses folgen muss. S. unten י״ד פסוקים וכו׳ Ez. 16, 28. und או״א, 357. —

2) Die Angabe bei Heid. lautet: ג׳ פסוקים מלה תנינא וְגַם וסי׳ בחורים וגם בתולות (Ps. 148, 12.), בושו וגם נכלמו (Jes. 45, 16.), נכספה וגם כלתה (Ps. 84, 3.). — S. או״א, 360., wo sie gleichfalls angeführt sind. —

3) S. Mp. 1 S. 15, 19. wo es heissen muss: ה׳ פסוקים גַם וְגַם בסיפרא, indem 5 (von den 9) in den BB. Sam. sich finden. —

4) Mp. zu Jer. l. c. hat ט״ו = 15 während Zach. l. c. ט׳ liest; wo sind sie aufgeführt? —

5) Die betreffenden Stellen sind nirgends aufgeführt. Der Verfasser des מבין חדות hat sie aufgesucht, hat aber 11 Stelleu gefunden und will auch (ohne Weiteres) י״א = 11 lesen. S. auch Gen. 24, 25. — Sollte es daselbst vielleicht heissen י״ג פסוקים וכו׳, so dass es 13 Verse wären, in denen 2 M. גם mit e i n e m Worte dazwischen vorkommt? S. או״א, 356. und Anmerkung dazu. —

6) Diese Angabe ist in der gedruckten Mass. nirgends ausgeführt; aber Mpt. Hamb. zu Gen. 14, 7. hat sie und zwar: Gen. 14, 7. 21, 13. 14, 16. (2 M. im Verse) 15, 14. Ex. 5, 2. Num. 18, 2. Deut. 7, 20. und Ex. 21, 35.

7) S. Mp. l. c., wo die dort befindlichen 3 וְגַם לֹא angeführt sind; wo sind die 2 anderen, da daselbst ה׳ = 5 angegeben ist? —

8) In der gedruckten Mass. fehlen sie? Das Mpt. Hamb. zu 1 S. 19, 24. und 1 Reg. 17, 20. hat Angabe und Ausführung folgendermassen: הֲגַם ח׳ וסי׳ הגם הלם ראיתי Gen. 16, 13., מה זה היה לבן קיש 1 S. 19, 11. על כן היתה למשל ibid. 12., על כן יאמרו ibid. 19, 24., הגם על האלמנה אשר אני מתגורר 1 Reg. 17, 20., הגם אל מראיו יטל Job 41, 1., הגם לכבוש את המלכה Est. 7, 8., הגם לכם יוכל תת Ps. 78, 20.

9) Die Stellen sind nach d. Handschr. Koh. 1, 17. 2, 15. und 8, 14. — also alle 3 im B. Koh. —

10) Der Sinn ist, dass in diesen 3 Stellen die Betonung der Frage nicht auf d e m Worte ruhet, das mit dem He am Anfang bezeichnet ist. Das wird ganz besonders bewiesen durch die zweite und dritte Stelle, wo das He ein Kam. hat, was bei einem Frage-He nicht stattfindet, indem dieses immer Chataf oder wirkliches Pathach hat, wie das angeführte

הוא, היא

הוא ה׳ דמטעין דסבירין היא. Ex. 29, 28. Mf. הו, 7.
(S. מ״ש Ex. l. c. Lev. 18, 23. 25, 34. Num. 5, 15. 1)

סימן: כל תרומה היא במ״א (הוא)·
כל שבת היא במ״א הוא·
כל קדש הוא במ״א היא·
כל דסמיך לברית היא במ״א (הוא)·
וכל דסמיך לאחוזה היא במ״א (הוא)·
וכל דסמיך למנחה היא במ״א (הוא)·
וכל בעת, בפעם, בשנה, הבאר כלהון ההיא
ולית חד מנהון ההוא·
וכל ביום, בלילה, השער, המדבר, הרעב
ההוא ולית בקריאה חד מנהון ההיא·

Ex. 29, 28. Mf. הי, 5. und 7.

סימן: הוא, הוא דתורת כהנים· (2 Lev. 2, 15. Mf. הי, 6.

ה׳ כתיבין היא וקרין הוא, ג׳ כתיבין הוא וקרין היא·
Ps. 73, 16. Job 31, 11. Koh. 5, 8. Mf. הי, 3. u. 4. 3)

הוא ד׳ דסבירין ההוא· Gen. 30, 16. מ״ש ·בלילה S.
1 S. 19, 10.

וגם הוא ז׳· Gen. 48, 19. Num.*24, 24. 1 Reg. 1, 6. 1 Chr. 20, 6.
Mf. גם, 7.

והנה הוא ד׳· (4 Gen. 42, 27. Mf. הן, 21.?

מי הוא זה. מי S.

קדש קדשים הוא ו׳· (5 Ex. 30, 10.

ב׳ פסוקים דאית בהון הוא הוא וסבירין היא היא·
S. או״א, 342. und Anmerkung das.

ה׳ פסוקים הוא הוא· Mf. הו, 3.

והוא ל״נ ר״פ· Gen. 16, 12. Lev. 21, 13. Job 34, 29.
Mf. הו, 1.

ג׳ פסוקים מן ז׳ מלין ג׳ מכא וג׳ מכא והוא במצע, א״נך·
Gen. 49, 20. Jes. 32, 8. Mf. הן, 4.

ז׳ פסוקים והוא והוא· Jud. 17, 7. 1 Reg. 19, 19. Hos.*7, 9.
Zach. 6, 13. Mf. הו, 2. או״א, 340.

ח׳ פסוקים והוא הוא· 2 Chr. 22, 9. Mf. הו, 6. או״א, 341.

(והוא לוי והוא· (S. Mf. ו׳, 44.

י״א והוא ולית להון זוגא וכל קרי׳ הוא· Mf. הו, 5.
או״א, 264.

(והוא ב׳ קמץ· (S. Mp. Gen. 41, 11. 1 Reg. 17, 15.

האלהים (2 Reg. 5, 7.) beweist. Ueber letzteres s. Mf. ה׳, 3. und או״א, 65; auch Mf. אל, 100. או״א, 190. S. d. Erklärer und besonders Raschi zu den Stellen; auch Heid. in שום שכל und מפורש zu d. St. in Genes. —

1) Das soll heissen, an 5 Stellen im Pent. sollte man erwarten היא (als fem.), es folgt aber dennoch הוא (d. masc.), wobei aber nur von der Leseart (קרי) die Rede ist; aber geschrieben wird es, selbst als weibliche Form mit Waw (nicht mit Jod); denn nur 11 M. kommt im Pent. die weibliche Form mit Jod vor (s. unten כל אוריתא וכו׳), zu welchen die 5 angeführten nicht gehören. S. מ״ש l. c. besonders Num. 5, 15. und עה״ק Lev. 18, 23. —

2) Es ist auffallend, dass hierhin auch Lev. 11, 39. gezählt wird, da dieses ja zu den 11 Stellen im Pent. gehört (s. unten und vor. Bemerkung. —), wo היא (fem.) ein Jod hat, das sonst aber immer im Pent. mit Waw geschrieben ist? Buxt. zu Mf. הי, 6. bemerkt es schon. — Es scheint aber, dass hier nur auf das genus, ob masc. oder fem. folgt, hingewiesen werden soll, ohne die Schreibart (ob mit Waw oder Jod) zu berücksichtigen. Darum fehlt auch ed. Bomb. zu Mf. הי, 6. die Bemerkung בתרא כתיב יו״ד ע״פ המסרה, welche Buxt. hinzufügt. — Uebrigens sind wegen falscher Abtheilung einige Fehler eingeschlichen; so fehlt ed. Bomb. nach פתות אתה פתים der Vers: ונתת עליה שמן (Lev. 2, 15.) Unter den 15 am Ende des Artikels (Mf. l. c.) muss zwischen גלתה und נדה ein Trennungszeichen stehen; ebenso zwischen אחותם und נקבה, weil es verschiedene Stellen sind. — Das ד׳ בעניינא וכו׳ bezieht sich auf Lev. 17, 11. und 14; in dem ersten steht erst הוא und dann הוא und im andern erst הוא und dann הוא, wozu das Zeichen ·נקבה תסובב גבר. —

3) Das ג׳ כתיבין הוא וקרין היא bezieht sich nur auf die Schriften ausser dem Pent., denn in diesem hat das fem. immer הוא (mit Waw), ausser an 11 Stellen, s. unten!

4) Mf. l. c. hat ה׳=5, was richtig ist. Das ד׳=4 in Gen. l. c. ist fehlerhaft entstanden aus Zusammenziehung der dritten und vierten Stelle in eine. Das וארד בית החצר (Jer. 18, 3.) hat zum קרי: והנה הוא, ist aber והנהו, als ein Wort geschrieben (כתיב), s. ט״ו מלין und או״א, 99. — Die Angabe Gen. l. c. muss also lauten: ד׳ וחד והנהו· Mpt. Hamb. zu Jud. 9, 33. hat, wie Mf. ה׳ und bemerkt zu „וארד בית היוצר· והנהו כתיב“. —

5) Ex. l. c. sind die Stellen falsch abgetheilt und darum die Anführung fehlerhaft, zwischen וזאת תורת האשם (Lev. 7, 1.) und כל זכר בכהנים (Lev. 7, 6.) muss ein Trennnngszeichen stehen, während das getrennte אשר ישחט zu ושחט וכו׳ (Lev. 14, 13.) gehört, wie es auch Mpt. Hamb. richtig abtheilt. —

(וְהוּא יִהְיֶה ו׳ דסמי׳. 1) Mp. Deut. 29, 13.)

כל אוריתא כתבן הִוא במי״א כתבן הִיא וכו׳ וכל קריא דכו׳ כתבן הִיא במ״ג כתיבין הִוא וקרין הִיא וסי׳. Gen. 14, 2. 20, 2. 38,*25. Lev. 11, 39. 13, 23. Num. 5, 13. Mf. הִי, 30. (S. Tr. Sopherim Cap. 6, 4., רמ״ה und מ״ש zu obiger St. 2)

הִוא ג׳ ר״פ. Gen. 38, 25. Ez. 10, 20.

הִוא, וְהִוא ז׳ בטעם זקף גדול. Gen. 38, 14.

הֲלֹא הִוא. S. לֹא

מַה הִיא. S. מַה

הִנֵּה הִיא, וְהִנֵּה הִיא. S. הִנֵּה

הִיא מוּצֵאת וְהִיא י״ב ר״פ דמיין מן ב׳ מלין דמיין מסורתא מכא ומכא ומלה ביניהון קדמא לא נסיב ו׳ תניא נסיב ו׳ וסי׳ וכו׳. Gen. 38, 25. Deut. 10. 21. Mf.*ו׳ 42.

וְהִיא ב׳. 3) Mf. הִי, 2. או״א, 59. (S. Mf. א׳, 22.)

הֵם, הֵמָּה

כל סופי פסוקים הֵמָּה במי״ב הֵם. Gen. 40, 12. Ex.*18, 26. Num. 1, 16. 1 Reg. 20, 3. Mf. הם, 2.

גַּם הֵם ד׳ בנביאים. 4) Mf. גם, 9.

(הֵם הֵם. 5) Mf. ב׳, 14. או״א, 72)

הֵם פְּרוּצִים (Neh. 2, 13.). S. ט״ו מלין או״א, 99.

הֲלֹא הֵם כְּתוּבִים. 6) S. Anmerkung.

וְהֵם ט׳ ר״פ. Ex. 28, 5. Num. 1, 16. Deut. 9, 29. Prov.*1, 18. 2 Chr.*9, 24. Mf. הם, 1. 7)

(וְהֵם וּבְנֵיהֶם (1 Chr. 9, 23.). S. Mf. ו׳, 31. או״א, 253.)

(וָהֵם לית. S. Mf. ו׳, 5. או״א, 71.)

(כָּהֵם לית. 2 Reg. 17, 15. Mf. כ׳, 2. או״א, 19. (S. Kimchi m Michlol 264[b].)

(לָהֶם לָהֶם (Jud. 10, 4.). S. Mf. ב׳, 14. או״א, 72.)

לָהֶם ה׳ דסבירין לָכֶם ומטעין בהם ספרי. Num. 11,21. Mf. הם. 10. 8)

וְלָהֶם ח׳. Gen, 6, 21. Neh. 7, 66. Mf. הם, 8.

וּמֵהֶם ו׳ ד׳ מנהון ר״פ. Jer. 44, 28. Mf. הם, 7.

הֵמָּה י״ט ר״פ. 9) Num. 20, 13. Job 24, 13. Mf. הם, 3.

---

1) Die 6 Stellen sind in der gedruckten Mm. nicht angeführt. מבין חדות zur St. führt 5 an, das sechste konnte er nicht finden; es ist Ez. 34, 23. — Die 6 Stellen sind: Gen. 16, 12. Deut. 29, 12. 2 S. 7, 14. Ez. 34, 23. 1 Chr. 17, 13. 22, 10.

2) Der Sinn ist, dass dieses Wort (3 p. fem. sing.) im Pent. stets mit Waw geschrieben ist, und nur 11 M. mit Jod vorkommt; in den anderen BB. der heil. Schrift wird es immer mit Jod geschrieben und nur 3 M. hat es daselbst ein Waw. S. oben S. 233. Anmkg. 2 u. 3 u. Ps. 73, 16., auch Tr. Sopherim l. c. — Mpt. Hamb. fügt hinzu: וכל קריא דכו׳ כתיב הִיא במ״ג כתיב הוא וסי׳ כדבר אליהו, מאתמול תפתה, הוא ומה.

3) Mf. הִי, 2. wäre richtiger zu lesen: ב׳ ובב׳ לישנא, wie es auch Mf. א׳, 22. und או״א, 59. haben. Wenn an unserer St. ותאכל הוא וָהִיא (1 Reg. 17, 15.) angeführt ist, so ist das unrichtig, indem das והיא nur nach dem כתיב (mit Jod) so steht; es wird aber וָהוּא (als masc.) gelesen, s. oben וָהוּא — Heid. setzt dafür תזנותיה (Ez. 23, 43.), wie es auch Mf. א׳, 22. und או״א. l. c. angeführt ist, und auch Mass. in der Regel dem קרי und nur selten dem כתיב folgt. —

4) S. Mp. Jud. 1, 22. Ez. 10, 17., wo ג׳ בנביאים = 3 angegeben ist, was richtiger zu sein scheint, da das hier angeführte ויעשו גם הם בערמה (Jos. 9, 4.) in den Ausgg. הֵמָּה hat. Diejenigen aber, welche ד׳ = 4 angeben, lesen Jos. l. c. wahrscheinlich גַּם הֵם. S. auch מ״ש zu Jos. 1, 15. —

5) Mf. l. c. ed. Buxt. muss das falsche הב הב in הֵם הֵם geändert werden. —

6) Heid. führt über diese Wortverbindung folgende St. aus einem Mpte. an: ג׳ בכתובים וסי׳ שלמה (2 Chr. 9, 29.) רחבעם (ibid. 12, 15.), מרדכי (Est. 10, 2.), ואו׳ הֲלֹא הִנָּם כְּתוּבִים דאמציהו (2 Chr. 25, 26.), וכל נביאים הֲלֹא הֵם כְּתוּבִים במ״ה הִנָּם כְּתוּבִים וסי׳ קרמאה ירבעם בן נבט (1 Reg. 14, 19.), שלום (2 Reg. 15, 15.), פקח (ibid. 15, 31.), פקחיהו (ibid. 15, 26.), זכריה (ibid. 15, 11.) עכ״ל.

7) S. Mp. Gen. 42, 23., wo das "בתורה" gestrichen werden muss, indem, wie auch רמ״ה angiebt, es im Pent. nur 3 M. am Anfang des Verses vorkommt; es bezieht sich vielmehr auf die ganze Bibel. —

8) Das ד׳ = 4 in Mf. l. c. ist ein Fehler und muss ה׳ = 5 heissen. —

9) Heid. hat den Zusatz: וכל ס״פ דכו׳ במי״ב; woher hat er diesen? — Bei der Aufzählung der Stellen sind 2 Fehler eingeschlichen; für את ערלים ישכבו (Ez. 32, 29., wo הֵמָּה in der Mitte des Verses steht) muss עלים במעלה העיר (1 S. 9, 11.) und für ירדים במעלה ההר muss ירדים בקצה העיר (1 S. 9, 27.) gelesen werden. So hat es Mpt. Hamb. Jud. 18, 22. etc. und Heid. aus einem Mpt. — Das היו צרים muss zusammengezogen werden in היוצרים (1 Chr. 7, 23.) —

הֵמָּה עֹשִׂים ה׳. 5. הם, Ex. 36, 4. Mf.

(וַיְהִי הֵמָּה ב׳ [2 S. 13, 30. 2 Reg. 2, 11.] (Mass. Mpt. bei Heid.

הָהֵמָּה י״ב. Num. 9, 7. Jer. 3, 16. *14, 15. Joel 2, 29. 3, 2. Zach. 14, 15. Neh. *13, 15.

בַּיָּמִים הָהֵמָּה ח׳. יום S.

כָּהֵמָּה ג׳. 9. הם, 5. בה, Ex. 30, 4. 36, 1. Mf.

כָּהֵמָּה לית. 1) 19. או״א, 2. כ׳, Mf.

(לָהֵמָּה לית. Mp. Jer. 14, 10.)

(מֵהֵמָּה ב׳. Jer. 10, 2. Koh. 12, 12.)

וְהֵמָּה כתיב והם. 111. או״א, 25. ה׳, Mf.

וְהֵמָּה י׳ ר״פ. Jes. 63, 10. Jer. 42, 5. Micha *4, 12. Ps. 63, 10. Mf. הם, 4. 2)

הָמוֹן ג׳. 18. הם, Dan. 2, 34. Mf.

הֵן, הֵנָּה

בָּהֵן י״ח ט״ו קמץ וג׳ פתחין. Gen. 19, 29. 30, 26. Ex. 25, 29. 37, 16. Num. 16, 7. 3)

(כָּהֵן לית [Ez. 18, 14.]. 4) S. Anmkg. 19. או״א, 2. כ׳, S. Mf.)

לָהֵן י״ד. Num. 27, 7. Ez. *23, 36. Mf. הן, 4. (S. unten unter ל׳.) 5)

(הֲלָהֵן מ״ב ב׳ בחד פסוק. א״ב. 58. או״א, 13. ב׳, S. Mf.)

(מֵהֵן ב׳. 6) Ez. 16, 47. ibid. 52.)

מָה הֵנָּה לית. מה S.

וְעַד הֵנָּה ד׳. עד S.

כָּהֵנָּה ג׳. 7. הן, Lev. 5, 22. Num. *13, 19. Jer. *5, 17. Mf.

(כָּהֵנָּה ב׳. S. M. marg. Gen. 41, 19.)

לָהֵנָּה ד׳ וא׳ וְלָהֵנָּה (קי״ח מלין) 12. ל׳, 1. ול, 8. הן, S. Mf.

מֵהֵנָּה ו׳. Lev. 4, 2. Jes. 34, 16. Jer. *5, 7. Ez. *42, 5. Ps. 34, 21. Mf. הן, 6.

וְהֵנָּה ג׳. (S. מ״ש 2 S. l. c.) 5. הן, 2 S. 4, 6. Ez. 30, 17. Mf.

(וְהֵנָּה. 71. או״א, 5. ו׳, S. Mf.)

הַלְאָה

הַלְאָה ב׳. 1. הל, Gen. 19, 9. Mf.

מֵהַלְאָה ב׳. 2. הל, Mf.

הֲלֹם

הֲלֹם י״ב חסר. Gen. 16, 13. Ex. *3, 5. Jud. 20, 7. 1 S. 14, 38. Mf. הל, 45. 7)

הֵן

הֶן ה׳ פתחין וכן כל אֵלֶּה, אֶל דכו׳. Num. 23, 13. 28. Job *8, 19. *31, 35. 33, 12. Mf. הן, 1. (S. מ״ש Job 8, 20. 31, 35.) 8)

וְהֶן ח׳ ב׳ מנהון ר״פ. 2. הן, Ex. 4, 1. Dan. 3, 18. Mf.

---

1) Es gehört zu den Mf. כ׳, 2. und או״א, 19. aufgezälten, einmal Vorkommenden. Wenn aber Mp. zu Jer. 36, 32. bemerkt לי׳, woraus hervorginge, dass die anderen mit כ׳ etwa Schwa hätten — so ist das unrichtig, indem הֵמָּה mit vorgesetztem כ׳ sonst nicht wieder vorkommt; das Kam. unter dem לי׳ muss gestrichen werden und es muss bloss לי׳ heissen, d. h. es kommt mit כ׳ nicht wieder vor. —

2) Die Angaben der Mp. über diese Form sind verschieden; so bemerkt sie bald ט׳ ר״פ = 9, bald י״א ר״פ = 11, s. Hos. 6, 3. Das Richtige ist י׳ = 10. — Wenn Mp. zu Num. 11, 26. bemerkt: ב׳ בכים, so ist das s. v. a. בתורה, d. h. im Pent. kommt diese Form nur 2 M. vor und zwar in der Mitte des Verses (Num. 11, 26. und 25, 6. ibid.). —

3) Der Sinn ist, diese Form (pron. 3 p. pl. fem. mit vorgesetztem Beth) kommt 18 M. vor und zwar 15 M. hat das He ein Zere und 3 M. Segol. In allen angegebenen Stellen ist aber auf Mf. (הן, 3.) hingewiesen; daselbst sind aber nur 13 mit Zere des He angeführt. Mpt. Hamb. zu Jer. 48, 9. führt sie richtig an, indem es noch hinzuzählt: לנתר בהן על הארץ (Lev. 11, 21.) und וחלצו את האבנים Lev. 14, 40.); daselbst heisst es zum Schlusse וחד ולא יעשה כָּהֵן, über letzteres s. folg. Anmkg. und שום שכל Gen. 19, 29., auch Kimchi, Michlol S. 264b. ed. Venet. parv.

4) S. die angeführte St. Ob das He ein Zere oder Segol hat, lässt sich aus jener Angabe nicht ermitteln, da nur vom einmaligen Vorkommen mit Kaf die Rede ist. — S. Mpt. Hamb. Jer. 48, 9. und vorige Anmerkung. —

5) Das soll heissen s. v. a. י״ד בסגול. — S. Mp. Jes. 34, 17. (י״ד). S. auch Kimchi Michlol 264b, wo es heisst: וכל לָהֶן הוא בסגול בלשון הקדש ובלשון ארמי הוא בצרי. — S. auch ש״ש Gen. 19, 8. —

6) In den Ausgg. hat das He in beiden ein Zere; in den Handschriften kommen sie mit Segol des He vor. —

7) Es muss entweder (wie Mp, Gen. 16, 13.) בלישן hinzugefügt werden, oder wie Mpt. Hamb. angiebt: הֲלֹם וַהֲלֹם, da nur 11 M. הֲלֹם und 1 M. וַהֲלֹם (mit Waw copulat.) vorkommt. Darum hat 1 S. 14, 38. י״א בקריא = 11, weil daselbst das וַהֲלֹם nicht mitgezählt wird. —

8) Der Sinn ist, dass diese Form 5 M. mit Segol des He vorkommt und ebenso immer, wenn אֵלֶּה oder אֶל dabei

הֵן אֲנִי· אֲנִי .S

הִנֵּה

כל ר״פ דסיפרא (בראשית) וְהִנֵּה במ״ז הִנֵּה וכל שאר
אוריתא דכו׳ ר״פ הִנֵּה במ״ג וְהִנֵּה· כל יהושע
ושפטים ר״פ הִנֵּה במ״ג וְהִנֵּה· הִנֵּה ד׳ ר״פ
בשמואל וכל מלכים ר״פ דכו׳ הִנֵּה במ״ה וְהִנֵּה·
וכל ישעי׳ וירמי׳ הִנֵּה במ״ג וְהִנֵּה· הִנֵּה י׳ ר״פ
ביחזקאל, וכל תריסר ר״פ הִנֵּה במ״ב וְהִנֵּה· וכל
ד״ה ר״פ דכו׳ וְהִנֵּה במ״ג הִנֵּה, וכל שאר כתובים
ר״פ הִנֵּה במ״ו וְהִנֵּה· Gen. 19, 19. 24, 13. *37, 7. 41, 29. 1 Reg. 1, 22. 2, 8. 13, 25. 20, 13. Ez. 28, 3. Prov. 24, 31. 1 Chr. 22, 9. Mf. הן, 10; 11. 12. **1**)

הִנֵּה ד׳ דסבירין וְהִנֵּה· Ex. 32, 34. Num. 32, 28. Deut. 3, 11. Mf. הן, 14. (S. Mp. Num. 22, 5.). **2**)

הִנֵּה ז׳ יחידאין. Gen. 41, 29. Jud.*7, 13. Mf. הן, 16.

הֵן קרי׳ הִנֵּה· (S. מלין כ״ט· או״א, 111.) Jos. 54, 16.

הִנֵּה אֲנִי· אֲנִי .S

(הִנֵּה הִנָּם לית· Jer. 41, 26.)

הִנֵּה לֹא ג׳· **3**) Ps. 121, 4. Mf. הן, 23.

(הִנֵּה שָׁם ב׳· 2 S. 15, 36. 1 Reg. 14, 2.)

(הֲלֹא הִנֵּה לית· Mp. Hab. 2, 13.)

י״א זוגין חד הִנֵּה וחד וְהִנֵּה· **4**) Mf. הן, 17.

וְהִנֵּה י״ג יחידאין· **5**) Gen. 18, 10. Mf. הן, 15.

ה׳ פסוקים הִנֵּה וְהִנֵּה· Gen. 31, 50. 37, 9. Jes. 49, 12. Mf. הן, 13. או״א, 339.

---

steht. — Was Job 31, 35. betrifft, so sind darüber verschiedene Angaben, wie schon מ״ש daselbst bemerkt; auch Mpt. Hamb. hat statt dessen הן אני כפיך לאל Job 33, 6. angeführt. —

1) Das Resultat der Angaben über die Anfänge der Verse, ob mit הִנֵּה oder וְהִנֵּה ist, nach der Reihenfolge der BB. der heil. Schrift folgendes: 1) Pentat. a) in Gen. immer וְהִנֵּה, mit Ausnahme von 7 Versen. die mit הנה anfangen. b) in den übrigen BB. des Pent. immer am Anfang הִנֵּה, mit Ausnahme von 3 Versen, die mit וְהִנֵּה anfangen. 2) Jos. und Jud. haben immer am Anfang des Verses הִנֵּה, ausser 3 Versen, die mit וְהִנֵּה anfangen. 3) in Sam. nur 4 M. am Anfang הִנֵּה, sonst וְהִנֵּה. 4) in Reg. immer הִנֵּה, mit Ausnahme von 5 Versen, die mit וְהִנֵּה anfangen. 5) in den BB. Jes. und Jer. immer הִנֵּה, ausser 3 Versen, die וְהִנֵּה haben am Anfang. 6) in Ez. kommt הִנֵּה 10 M. am Anfang des Verses vor. 7) in den Proph. minor. nur 2 M. וְהִנֵּה am Anfang des Verses, sonst הִנֵּה. 8) in den Hagiogr. (ausser den BB. d. Chr.) immer הִנֵּה am Anfang, mit Ausnahme von 6 Versen, die mit וְהִנֵּה anfangen. 9) in den BB. d. Chr. immer וְהִנֵּה, mit Ausnahme von 3 Versen, die mit הִנֵּה anfangen. Wenn Mp. Jud. 19, 16. bemerkt: ב׳ ר״פ, so bezieht sich das auf das B. Jud., indem mit Jos. 3 M. וְהִנֵּה am Anfang des Verses stehen, also 2 M. in Jud. und 1 M. in Jos. — Zu הִנֵּה am Anfang im B. Jes. bemerkt Mp. Jes. 62, 11. י״ב ר״פ = 12 d. h. in Jes. kommt הִנֵּה 12 M. am Anfang des Verses vor. — Zu Jes. 21. 9. hat Mp. ב׳ ר״פ בסיפרא, d. h. von den 3 M. וְהִנֵּה am Anfang des Verses (s. oben Nr. 5) kommen 2 im B. Jes. und 1 in Jer. vor, wie angegeben. Es kommen also in Jes. 12 M. הִנֵּה und 2 M. וְהִנֵּה am Anfang des Verses vor. — Mp. Zach 5, 7. bemerkt zu וְהִנֵּה: ד׳ ר״פ בסיפרא, was nach Nr. 7 oben falsch ist und ב׳ = 2 heissen muss. Mp. in Cod. Erf. hat richtig ב׳. —

2) S. Mp. Num. 22, 5.. wo das ה׳ דמטעין בתורה wohl ein Druckfehler ist; es muss ד׳ = 4 sein. —

3) In einem von Heid. angeführten Mpte. wird hinzugefügt: קדמא לו כתיב, was richtig ist, indem 1 S. 20, 2. הנה לו im כתיב hat; es wird aber לֹא (mit Alef) gelesen und unsere Mass. folgt, wie in der Regel, dem קרי d. h. der Leseform. —

4) S. folgende Anmerkung. —

5) Der Sinn ist, dass וְהִנֵּה mit den angeführten Wörtern nur 1 M. vorkommt, sonst aber steht vor diesen Wörtern הִנֵּה (ohne Waw). Darum steht Mf. הן, 17. (s. vor. Art.) mit unserer Angabe nicht im Widerspruch, weil das. nur die Rede ist von Wörtern, vor welchen allerdings וְהִנֵּה nur 1 M. vorkommt, aber auch mit הִנֵּה (ohne Waw) kommen sie nur 1 M. vor. S. Mp. Gen. 15, 3., wo das ב׳ zu וְהִנֵּה בֶן auf וְהִנֵּה mit בן verbunden, ohne Rücksicht darauf ob das Beth von בן ein Segol oder Zere hat, sich bezieht, während die Mf. wohl unterscheidet, indem Mf. הן, 15. והנה בֵן (das Beth mit Zere) zu den יחידאין (einmal Vorkommenden) zählt und ibid. 17. והנה בֶן (das Beth mit Segol) zu den חד הִנֵּה וחד וְהִנֵּה rechnet. — Das angeführte והנה נתנו (Ez. 3, 25.) ist gegen unsere Ausgg., die הִנֵּה (ohne Waw) lesen? — Vielleicht ist וְהִנֵּה נָתַתִּי (Ez. 4, 8.) gemeint? —

הִנְנִי הִנֵּנִי. 72. או״א, 14. ב׳, Mf. S.

הִנֵּנִי ב׳ דגושים. מ״ש .S) 27. הן, Gen. 27, 18. Mf. Gen. 22, 7.

(הִנְנִי עָלַיִךְ. ג׳. 1) (Mp. Ez. 5, 8.

(הִנְּךָ, וְהִנְּךָ. ו׳, 27. (S. Mf.

(הִנְּכָה. 92. או״א, S.)

הִנּוֹ ב׳ וחד וְהִנּוֹ. 6. ו׳, S. Mf.) 24. הן, Num. 23, 21. Mf. או״א, 13.)

הִנְנוּ ד׳. 2) (S. Anmerkung.

הִנֶּנּוּ ג׳ דגושים בתורה. Gen. 44, 16. 50, 18. Num. 14, 40. Mf. הן, 28. (S. מ״ש Gen. 44, 16. Jos. 9, 25. Esr. 9, 15.)

וְהִנְנִי ג׳. 25. הן, Gen. 6, 13. 1 Reg. 5, 5. Mf.

וְהִנְכֶם ב׳. 63. או״א, 20. ה׳, S. Mf.

(וְהִנֵּה וְהִנֵּה וְהִנֵּה בחד פסוק. 52. ו׳, S. Mf.)

וְהִנֵּה אֵינֶנּוּ ג׳. Gen. 31, 2. Jud. * 3, 25. Ps. 37, 36. Mf. הן, 19.

וְהִנֵּה אֲנַחְנוּ ג׳ דס׳. 3) 18. הן, Gen. 37, 7. Neh.*5, 5. Mf.

וְהִנֵּה אָנֹכִי אָנֹכִי. S.

וְהִנֵּה י״י ד׳. 63. אך, Gen. 28, 13. 1 Reg.*19, 11. Mf. הן, 20. 4)

וְהִנֵּה הוּא הוּא. S.

וְהִנֵּה כל ה׳. 22. הן, 2 Reg. 7, 15. Ez. 8, 10. Zach. 1, 11. Mf.

וְהִנֵּה שְׁלֹשָׁה ב׳ דסמיכי. Gen. 40, 16.

ו.

וָעֶד

עוֹלָם וָעֶד ו׳. 16. עו, Ps. 21, 5. 48, 15. *104, 5. Mf.

לְעוֹלָם וָעֶד ט׳. (עוֹלָם .S) 15. עו, Ex. 15, 18. Mf.

ז.

זֶה

זֶה בטעם פור לית. הַזֶּה S.

זֶה ג׳ ר״פ בטעם מונח לפני לגרמיה. Ex. 30, 13. Jos.* 9, 12. Mf. זה. 8. 5)

זֶה ה׳ מלין בתרי טעמי, פי׳ בתלשה גדולה וגירש וכו׳. שום שכל .S) 5. זה, Gen. 5, 29. Lev.* 10, 4, Mf. Gen. l. c.) 6)

זֶה אֶל זֶה ב׳ דסמיכי. Ex. 14, 20.

הַאַתָּה זֶה ד׳ דסמיכי וחד אַתָּה זֶה. אַתָּה S.

וְלָמָּה זֶּה ד׳ דסמיכי. 7) 4. לם, Gen. 25, 32. Job*27, 12. Mf.

---

1) So bemerkt Mp. Ez. l. c. Die 2 anderen sind nicht angegeben. Heid. führt sie aus einem Mpt. an; sie sind: Ez. 5, 8. 26, 3. und 28, 22. —

2) Heid. führt ein Mpt. an, wo es heisst: הִנְנוּ ד׳ וסי׳ הננו בידיך (Jos. 9, 25.), הננו אתאנו לך (Jer. 3, 22.), עצמך ובשרך (2 S. 5, 1.), הננו לפניך באשמתנו (Esr. 9, 15.) — S. auch Mp. zu den Stellen. —

3) S. M. marg. zu Gen. 37, 7., wo es heisst ג׳ ר״פ, was aber falsch ist, da nicht alle 3 am Anfang d. V. stehen (s. Num. 20, 16.). — Vielleicht ist das ר״פ aus דס׳ entstanden und soll heissen: ג׳ דסמיכי. — Uebrigens ist das והוא חד מן י״א an dieser St. gleichfalls fehlerhaft, denn es sind nur 10, s. Ez. 3, 13. Ob. 1, 12. Mf. ו׳, 52; auch מבין חדות zu Gen. l. c. —

4) Die St. Amos 7, 7. gehört eigentlich nicht dazu, indem es daselbst אדני heisst und es zu den קל״ד וודאין gehört s. Mf. אך, 23. auch 63. — Der Hauptgedanke ist auf וְהִנֵּה gerichtet, S. הויה.

5) Heid. führt aus einem Mpt. als Zusatz an: וחד וְזֶה פַּתְשֶׁגֶן הַנִּשְׁתְּוָן (Esr. 7, 11.). Also ein M. וְזֶה (mit Waw copulat.) am Anfang des Verses mit Munach-Legarme, wie angegeben. S. משפטי הטעמים S. 23b., wo Heid. das ר״פ auslässt. — Wenn Mp. Ex. l. c. hinzufügt בתורה, so ist das falsch, da die 3 Stellen in der ganzen Bibel zerstreuet sind, wie das in der Mm. hinzugefügte אנ״ך beweist. —

6) Das heisst: זֶה (Gen. 5, 29,) gehört zu den 5 Wörtern, die einen doppelten Accent, Telischa und Geresch (oder Gerschaim) haben. S. שום שכל zu Gen. l. c. — Der Beisatz daselbst וסימן כי תכלה לעשר bezieht sich auf die Bemerkung, dass der Leser (Vorleser) zuerst das Geresch und dann das Telischa moduliren soll, wie sich das in den Wörtern תכלה לעשר (Deut. 26, 12.) findet, von denen das erste Geresch und das zweite Telischa hat. —

7) Diese Angabe Gen. l. c. ist falsch, 1) passt das אנ״ך am Schlusse nicht, wenn es 4 Stellen wären, da dieses nur bei 3 Stellen angewandt wird? 2) ist ומדוע הקילתני (2 S. 19, 44.) ein besonderer Vers, in welchem ולמה זה gar nicht vorkommt und ist nur die Fortsetzung des vorher angeführten Verses 2 S. 19, 43. — Es muss daher, wie Job und Mf. l. c. ג׳ = 3 heissen; die falsche Abtheilung hat auch hier wieder eine falsche Angabe veranlasst. —

מִי הוּא זֶה׳ מִי S. ו

(וְאֶל זֶה לית׳ (Mp. Jes. 66, 2.

(וְכָל זֶה לית׳ (Est. 5, 13.

(יִהְיֶה זֶה ב׳. (Mp, Ex. 10, 7. 30, 31.

זֶה וְזֶה וָזֶה חד פסוק׳ Jes. 44, 5. (S. Mf. ו׳, 49.)

הֲזֶה ד׳ רפים׳ Gen. 43, 29. Koh.*11, 6. Mf. זה, 3.

הֲזֶה ג׳ בטעם פזרין וא׳ זֶה׳ Mf. זה, 6.

(הֲיֵשׁ כָּזֶה לית׳ (Mp. 1 S. 9, 11.

(וּבָזֶה לית׳ (Mp. Est. 2, 13.

כָּזֶה ה׳ (וחד הֲכָזֶה׳ Gen. 41, 38. Jer.*5, 29. (Jes. 58, 5. Mf. זה, 7.)

כָּזֹה וְכָזֶה ג׳ דסמיכי׳ Jud. 18, 4. 2 S. 11, 25. Mf. זה, 2.

לָזֶה ג׳ בקריא׳ 1 S. 21, 12. Koh.*6, 5. Mf. זה, 4.

הַלָּזֶה ב׳ (וחד הֲלָזֶה׳ Gen. 24, 65. (S. Mf. (Jes. 58, 5. ה׳, 2. או״א, 64.)

וְזֶה כ״ג ר״פ׳ Lev. 11, 29. Deut. 14, 12. Ez.*47, 15. Job 21, 25. Esr. 7, 11. Mf. זה, 1.

וְזֶה דְבַר ג׳ ר״פ׳ 1 Reg. 9, 15. Mf. דב, 11.

וְזֶה הַדָּבָר ד׳ ר״פ׳ Ex. 29, 1. Jos.*5. 4. Mf. דב, 14.

זֹה י׳ ח׳ כתיב ה׳ וקרינן ו׳ וב׳ כתיב ו׳ וקרינן ה׳ 2 Reg. 6, 19.

בְּזֹאת ב׳ ר״פ׳ Gen. 42, 15.

בְּזֹאת ד׳ בתורה׳ 1) Mf. זא, 4.

בְּזֹאת ג׳ וחד וּבְזֹאת׳ Mal. 3, 10. Mf. זא, 2. (S. Mf. ו׳, 8. או״א, 15.)

הֲזֹאת ה׳ (רפין)׳ Job 20, 4. Mf. זא, 5.

(הַזֹּאתָה קרי הַזֹּאת׳ Jer. 26, 6. [S. Mf. ה׳, 25. או״א, 112.

(כָּזֹאת לית [Gen. 45, 23.]׳ (S. Mf. כ׳, 2. או״א, 19.

(כָּזֹאת וְכָזֹאת ב׳. 2) (Mp. 2 S. 17, 15.

לְזֹאת ב׳ רפין׳ Gen. 2, 23. (S. Mf. ל׳, 6. או״א, 29.)

לָזֹאת ג׳ קמצין׳ Ex. 7, 23. Jes. 30, 7. Mf. זא, 3.

וְזֹאת י״ז ר״פ׳ Ex. 25, 3. Lev. 7, 1. 15, 3. Num. 4, 19. 6, 13. Deut. 33, 1. Ruth 4, 7. Mf. זא, 1. (S. מ״ש Jer. 44, 29.) 3)

עַם זוּ ג׳. Ex. 15, 13.

---

1) Das בתורה in dieser Angabe ist ungenau, da diese Form im Pent. wenigstens 8 M. vorkommt. (Gen. 34, 15. 22. 42, 15. 33. Ex. 7, 17. Lev. 16, 3. 26, 27. Num. 16, 28.) — Wahrscheinlich soll es heissen בס׳ ד׳ בסיפרא d. h. בראשית=Gen.; in diesem kommt es 4 M. vor, wie angegeben. Statt בזאת יבא אהרן muss stehen בזאת ארע כי כנים (Gen. 42, 33.); ersteres scheint hineingekommen zu sein, weil es mit Gen. 42, 15. (womit die Aufzähluug nicht nach der Reihenfolge der Stellen beginnt) das gemeinschaftlich hat, dass beide am Anfang des Verses stehen; s. Gen. 42, 15.: בזאת ב׳ ר״פ. —

2) So 2 S. l. c. Daraus ginge hervor, dass Jos. 7, 20. כָּזֹאת וְכָזֹאת (das erste ohne Waw copulat.) gelesen werden soll, was aber gegen unsere Ausgg. ist, die daselbst beide וְכָזֹאת (mit Waw) lesen? — Vielleicht bezieht sich das ב׳ der Mp. auf das zweite in 2 S. 17, 15. wo es וכזאת וכזאת heisst, so dass daraus ersichtlich wäre, dass Jos. 7, 20. wirklich beide וכזאת וכזאת (mit Waw) gelesen werden? S. Mf. ו׳, 29. —

3) י״ז ist in allen gedruckten Ausgg. angegeben, was aber unrichtig ist, da das angeführte וזאת התרומה אשר תרימו (Ez. 45, 13.) in allen Ausgg. זאת (ohne Waw) hat; es ist nur eine Verwechselung mit dem ersten וזאת התרומה (Ex. 25, 3.) und es giebt nur 16 Verse, die mit וזאת anfangen, so dass die Angabe י״ו ר״פ heissen muss. — Heid. führt auch ein Mpt. an, welches so hat: כל ראש דקריא זאת במי״ו וזאת und lässt bei der Aufzählung וזאת התרומה אשר תרימו (Ez. l. c.) aus. Merkwürdig ist, dass Mpt. Hamb. immer י״ז=17 angiebt und doch Ez. l. c. auslässt und nur zu Deut. 6, 1. zählt וזאת התרומה אשר תרימו aber dafür וזאת התרומה אשר תקחו (Ex. 25, 3.) auslässt; man sieht, dass die Aehnlichkeit der Versanfänge zu dem Irrthum Veranlassung gegeben hat. — Wenn M. marg. zu Deut. 33, 1. bemerkt י״ז ר״פ בתורה (Cod. Erf. hat blos י״ז ר״פ), so ist das בתורה wohl für בקריא zu nehmen, da es im Pent. nur 12 M. vorkommt, wie hier aufgezählt wird, und was ein von Heid. angeführtes Mpt. ausdrücklich bestätigt, indem es bemerkt: י״ב ר״פ בתורה; so auch von רמ״ה angegeben. — Wenn M. marg. l. c. weiter bemerkt: וחד מצעות פסוק, so ist damit gemeint כל אלה שבטי (Gen. 49, 28.), das in Mpt. Hamb. ausdrücklich dafür angeführt wird. — S. Mp. zu 1 Reg. 3, 22., wo zu וְזֹאת bemerkt wird, כ״ה=25, woraus hervorzugehen scheint, dass וזאת überhaupt nur 25 M. oder 25 M. in der Mitte des Verses vorkommt? — Auch מ״ש zu Jer. 44, 29. ist nicht zu übersehen, indem er aus unserer Angabe beweist, dass daselbst nicht וְזֶה wie es einige Mpte. haben, sondern וְזֹאת zu lesen ist. —

זולת

(זוּלָתְךָ ב׳. 1) Mp. Jes. 64, 4. Ruth 4, 4.)

(זוּלָתָהּ לית. 1 S. 21, 10.)

ח׳

חָלִילָה

חָלִלָה ג׳ חסרים. 6 ,חל. Gen. 18, 25. Job 34, 10. Mf.

ט׳

טֶרֶם

(בְּטֶרֶם ג׳ ר״פ. 2) Mp. Jer. 1, 5.)

(בְּטֶרוֹם יתיר וי״ו. Mp. Ruth 3, 14.)

וּבְטֶרֶם ג׳. 1 ,טר Gen. 37, 18. Jer. 1, 5. Mf.

(הֲטֶרֶם לית. Ex. 10, 7.)

(מִטֶּרֶם לית. Haggai 2, 15.)

י׳

יַחְדָּיו

יַחְדָּיו ג׳ מלא בקריא. 2 ,יח Jer. 46, 12. Mf.

וְיַחְדָּו ג׳. 3) 1 ,יח Ex. 26, 4. 36,*29. Mf.

יַעַן

יַעַן ג׳ בטעם זקף. 7 ,יע Deut. 1, 36. Mf.

(יַעַן בְּיַעַן לית. Mp. Ez. 36, 3. (S. Mf. ר׳, 32. או״א, 252.)

יַעַן וּבְיַעַן ב׳. Lev. 26, 43. Ez. 13, 10.

יש

וְאִם יֵשׁ אִם S.

(יֵשׁ ר״ר לית. Mp. Gen. 28, 16.)

(הֲיֵשׁ ר״ר לית Mp. Ex. 17, 7.)

וְיֵשׁ ו׳ ר״פ. 1 ,יש Num. 9, 20. Jer. 31, 17. Neh.*5, 2. Mf.

(וְיֵשׁ ר״ר לית Mp. 6, 13.)

יֶשְׁנוֹ ד׳. 2 ,יש Deut. 29, 15. 1 S. 14, 39. Est.*3, 8. Mf.

כ׳

כְּבָר

כְּבָר כל כברויי דקהלת וכו׳. דרכי הנקוד S. Prov. 4, 14. u. von R. M. Punctator ed. Hannover S. 11 u. Anmkg.

כֹּה

כֹּה דכתיב כֹּי. 116 ,או״א 7 .ר׳ S. Mf.

כֹּה תֹאמְרוּ ו׳. 50 ,אם 2 Reg. 22, 18. Mf.

וְכֹה ב׳ ר״פ. Num. 8, 7.

כִּי

כל ענינא (משפטים) עד את חג המצות כל כִּי שהניגון הסמוך לו פשטא או טפחא כִּי אינו במקף, וכל כִּי שהוא שלוש לטפחא ולפשטא אינו במקף וכל שאר במקף במ״ב וסי׳ וכו׳ וכל וְכִי דענין במקף. 4) Ex. 21, 36.

כִּי ד׳ בטעם (ר״פ כצ״ל). 6 ,כי Ps. 143, 3. Mf.

---

1) Heid. bemerkt, dass Jes. l. c. das Wort ein Sakef hat; das Thaw müsste demnach ein Segol haben, wie 2 S. 7, 22. wo es mit Sakef ein Segol hat. Er führt aus dem bekannten Mpt. von 1294 an, dass dasselbe in Jes. l. c. זוּלָתֶךָ liest und dazu bemerkt ב׳, während es zu Ruth l. c. nichts bemerkt. Es bleibt demnach zweifelhaft, ob Jes. l. c. das Thaw ein Schwa oder ein Segol hat, je nachdem das ב׳ der Mp. Ruth dazu rechnet oder nicht. Cod. Erf. hat es wie unsere gedruckte Mp. —

2) Diese Angabe der Mp. zu Jer. l. c. ist, wie Heid. bemerkt, unrichtig, da er es 6 M. am Anf. des V. gefunden hat (als: Jer. l. c. Ez. 16, 57. Ps. 58, 10. 90, 2. Prov. 8, 23. Job 10, 21.). Mp. in Cod. Erf. bemerkt nichts dazu! —

3) Der Sinn dieser beiden Angabeu ist: diese Form ist immer def. Jod nach dem Daleth, mit Ausnahme dreier Stellen, wo sie plene Jod ist, wie Jer. l. c. angegeben ist. — Mit Waw copulat. (וְיַחְדָּו) kommt sie 3 M. vor, ist aber, wie in der Regel, def. Jod. —

4) Der Sinn ist, dass in dem Abschnitt von Ex. 21, 1. bis 23, 15. das Wörtchen כִּי, wenn der darauffolgende Accent ein Paschta oder Tipcha ist, oder wenn das כִּי den dritten verbindenden Accent (משרת) zum Paschta oder Tipcha hat, ohne Makkaf steht, sonst aber hat es immer Makkaf, mit Ausnahme von 2 Stellen, wie angegeben. — Aber וְכִי (mit Waw copulat.) in dem erwähnten Abschnitt hat immer Makkaf. — Hieraus ist zu ersehen, dass die Massora das Telischa gedola

(כִּי במונח ר״פ במשנה תורה. 1) (S. Mp. Deut. 4, 39. 17, 8.

כִּי ה׳ ר״פ בטעם מונח לפני גירש ושאריהון במקף. 2) Ex. 23, 4. 30, 12. Num, 34, 14. Mf. כִּי, 8.

כִּי י״א בטעמא. 3a) Job 5, 6.?

כִּי כ״ג בטעם פזר. Mf. כִּי, 7.

כִּי נ״ה בספר תהלות. 3b) Mf. כִּי, 5.

כִּי דכתיב וכִּי. 118, או״א. 17, ו׳. Mf. Dan. 9, 5.

---

auf כִּי Ex. 21, 36., wie immer als trennenden Accent betrachtet, weil sonst das כִּי ohne Makkaf keine Ausnahme wäre; auch das שׁוֹר alsdann ein Asla haben müsste wegen des vorhergehenden Telischa; s. Heid. zu עין הקורא hier und bes. Gen. 41, 30., wo er das Asla zu שֶׁבַע rechtfertigen will, dadurch, dass das Telischa über וְקָמוּ, wie ein verbindendes Telischa (Ketana) betrachtet wird und sich dabei auf משפטי הטעמים 22a (Zeile 4 von oben) bezieht, was aber gegen unsere Massora ist. —

1) Die verschiedenen Angaben sind nicht nachgewiesen; auch sind sie verschieden an Zahl. S. מבין חדות zu den Stellen und Heid. zu עה״ק Deut. 24, 19. —

2) Wenn Ex. 23, 4. nur 4 St. anführt, so ist Num. 34, 14. irrthümlich ausgelassen, wozu ja die M. dieselbe Bemerkung macht. S. Heid. zu עה״ק Deut. 26, 12., wo er die Mass. zu Num. l. c. nicht gelesen zu haben scheint. Was nun aber die Verschiedenheit der Angaben der Mass. Ex. 23, 4., die nur 5 angiebt, von der Angabe Deut. 26, 12., wo es heisst ז׳ (=7) etc. und worüber Heid. l. c. keine Aufklärung zu geben weiss, so scheint der Grund in Folgendem zu liegen. Ausser den angeführten 5 Stellen, in welchen כִּי mit Munach vor Geresch am Anfang des Verses vorkommt, giebt es noch 2, nemlich Deut. 12, 14. und 31, 20. (כִּי אֲבִיאֶנּוּ); auf diese 7 Stellen bezieht sich die Angabe Deut. 26. 12., die freilich auf Mf. hinweist, wo aber nichts davon erwähnt wird. — Diese 2 letzten Stellen aber sind ungewiss oder streitig; nach einigen Handschriften (angeführt von Heid. im עה״ק zu Dent. 26, 12.) haben כי אם Deut. 12, 14. beide ein Makkaf (über כי אם S. Num. 35, 33. Mf. אם, 13. und טע, 7.), wofür sich auch Heid. entscheidet. Auch כי אביאנו (Deut. 31, 20. s. Heid. das im עה״ק) hat כִּי nach den meisten Handschr. ein Makkaf, s. ausf. משפטי הטעמים S. 20b. Aus diesem Grunde nun scheint die Angabe Ex. 23, 4. diese 2 ausgelassen zu haben, entweder weil sie wirklich beide mit Makkaf gelesen werden, oder weil sie wenigstens streitig sind. —

3) a u. b In Job l. c. ist auf Mf. (כִּי, 5.?) hingewiesen; dort aber hat der erste Herausgeber (B. Chajim) aus den das. angeführten Gründen die Aufzählung ausgelassen; auch hat er daselbst: י״א בטעם בתהלות angeführt, was nach Job l. c. unrichtig ist, indem es sich ja nicht blos auf d. Pss. beschränkt und das י״א בטעם gerade zu Job angegeben ist. — Hier hat wieder der tiefe und ausdauernde Forscher Heid. trefflich ausgeholfen und will ich dessen Bemerkung auszüglich hierhersetzen: 1) führt er ein Mpt. an, in welchem es in Betreff der 11 M. כִּי mit Mahpach so heisst: כִּי י״א בטעמא וסי׳ כי לא אל חפץ Ps. 5, 5., כי לא תעזוב נפשי ibid. 16, 10., כי יומם ולילה ibid. 32, 4., כי לא יטוש י״י עמו ibid. 94, 14., כי כל אלהי העמים אלילים ibid. 96, 5., כי לא תחפוץ זבח ibid. 51, 18., כי לוית חן הם לראשך Prov. 1, 9., כי כמו שער בנפשו ibid. 23, 7., כי לא תהיה ibid. 24, 20., כי לא יצא מעפר און Job 5, 6., כי לא ידע שלו בבטנו ibid. 20, 20. Hieraus sieht man, bemerkt Heid., dass hier nur die Rede ist von כִּי mit Mahpach und Psack danach und zwar in den poetischen Büchern (ספרי אמ״ת) und nicht blos in den Pss., wie B. Chajim citirt (בתהלות) — Was nun aber 2) die andere Angabe betrifft, die zu כִּי bemerkt: נ״ה בטעם בספ׳ תהלות (=55, s. Mf. כִּי. 5. und d. Mp. zu den verschiedenen Stellen), so ist damit gemeint, dass כִּי mit Mahpach (ohne Psack danach) in den Pss. 55 M. am Anfang des Verses vorkommt, während es sonst am Anfang des Verses Makkaf hat, wo man gleichfalls Mahpach erwarten sollte. Heid. hat sie mit den besten Handschriften und Ausgg. verglichen und folgendermassen aufgezählt. Das כִּי mit Mahpach kommt in den Pss. am Anfang des Verses im Ganzen 61 M. vor und zwar:

Ps. 1, 2.	Ps. 18, 32.	Ps. 31, 14.	Ps. 37, 28.	Ps. 48, 15.	Ps. 56, 14.	Ps. 78, 22.	Ps. 90, 4.	Ps. 95, 3.	Ps. 122, 5.
„ 5, 5.	„ 22, 25.	„ 32, 4.	„ 40, 13.	„ 49, 11.	„ 59, 4.	„ 81, 5.	„ 91, 3.	„ 96, 5.	„ 125, 3.
„ 5, 10.	„ 27, 5.	„ 33, 9.	„ 44, 4.	„ 49, 18.	„ 69, 36.	„ 83, 4.	„ 91, 14.	„ 103, 11.	„ 135, 5.
„ 6, 6.	„ 28, 5.	„ 35, 20.	„ 44, 7.	„ 51, 18.	„ 73, 4.	„ 84, 11.	„ 92, 5.	„ 103, 16.	„ 137, 3.
„ 9, 19.	„ 30, 4.	„ 37, 17.	„ 44, 26.	„ 54, 5.	„ 75, 7.	„ 84, 12.	„ 92, 10.	„ 109, 2.	„ 139, 4.
„ 11, 2.	„ 31, 11.	„ 37, 20.	„ 47, 8.	„ 55, 13.	„ 75, 9.	„ 89, 7.	„ 94, 14.	„ 116, 8.	„ 141, 8.
„ 16, 9.									

=61 Stellen. — Zieht man die 6 (unter 1 aus den Pss. angeführten) mit Psack nach dem Mahpach ab, so bleiben 55 in den Pss. mit Mahpach am Anfang des Verses ohne Psack. Die Mass. bemerkt für d. Pss. das כִּי mit Mahpach am Anfang des Verses, weil dies die geringere (Ausnahme-)Zahl ist, da die meisten Makkaf haben; während in den Prov. und Job die meisten der Regel gemäss ein Mahpach haben und nur wenige mit Makkaf versehen sind. Man sieht aber auch hieraus, dass nach dem כִּי Job 5, 6. ein Psack stehen muss, was in der rabb. Bibelausgabe fehlt u. wahrscheinlich zum Missverständniss Veranlassung gegeben hat. —

כִּי דכתיב וקריא כְּ.(Jud. 16, 25.) S. Mf. כת, 11.

(— ח׳ מלין כתבין תרין וקרי׳ חד (S. אר״א, 100.

כִּי אִם כל קריאה הטעם תחת כִּי ואִם במקף במ״ג אשר המקף בכִּי והטעם באִם. Num. 35, 33. Mf. אם, 13. טע, 7. S. Mp.Est. 2, 15.

כִּי אַתָּה ב׳ בסיפרא. אַתָּה Job 34, 33. S.

כִּי הָאֱלֹהִים ו׳ דסמיכי. אלהים S.

(כִּי כֵן ב׳. (Mp. Ps. 128, 4.

(כִּי אִם־אַתָּה לית. (Mpt. 1 Reg. 18, 18.

(כִּי אֶת כָּל ג׳ ר״פ. (Gen. 13, 15. Koh. 9, 1. 12, 14. Mpt.

כִּי כָּל אֲשֶׁר ג׳. Lev. 18, 29.

כִּי דכתיב וקרי׳ כֹּה. כֹּה S.

הֲכִי ה׳. Gen. 27, 36. 29, 14. Mf. כי. 4.

וְכִי ד׳ ר״פ במשנה תורה. (1 Mf. כי, 2.

וְכִי י״ד ר״פ בנביאים. Jer. 23, 33. 44,*19. 51, 53. Mf. כי, 3.

וְכִי ל׳ (זוגין) יחידאין. Gen. 29, 12. Ruth 2, 13. Mf. כי, 1. (S. 1 Reg. 11, 21.)

חד פסוק ר״פ וְכִי כִּי כִּי. Gen. 36, 17. Mf. ך׳, 47.

חד פסוק דאית ביה כִּי כִּי וְכִי וְכִי. Hos. 11, 9. Mf. ך׳, 53.

(ל״א פסוקים כִּי וְכִי. (Mp. 2 Reg. 4, 29.

(ב׳ פסוקים כִּי וְכִי כִּי. 1 S. 22, 17. (S. Gen. 31, 53. Jer. 14, 12.) 2)

ל״ו פסוקים (ל״ט, מ׳ ?) כִּי כִּי כִּי. Gen. 29, 32. (S. מבין חדות ibid.)

(וְכִי הִיא לית. (Mp. Jos. 10, 2.

(וְכִי תֹאמַר ב׳ ר״פ. (Deut. 18, 21. Jes. 36, 7.

וְכִי יִהְיֶה ד׳ ר״פ. Deut. 15, 21. Mf. כי, 2.

כָּכָה

כָּכָה יֵעָשֶׂה ד׳. Deut. 25, 9. Est. 6, 9.

וְכָכָה ב׳. Ex. 12, 11. (S. מ״ש das.)

שֶׁכָּכָה ב׳. Ps. 144, 15. Cant.*5, 9.

כָּכֶם

(כָּכֶם ה׳. (Mp. Job 16, 4. S. Anmerkung.

כֹּל

(כל לישנא דכל חסר וי״ו במ״א. S. Mp. Jer. 33, 8. Heid. Mpt.)

(כל דכתיב וכל. (S. Mf. ך׳, 17. אר״א, 118.

כָּל ב׳ קמצין בטעמא וכל מקף דכו׳ במ״א וכל בשליש עפר הארץ. Ps. 35, 10. Mf. כל, 41. (S. מ״ש Deut. 15, 19. Ps. 22, 15.) 3)

כָּל ד׳ סבירין וְכָל. Ex. 8, 13. Mf. כל, 30. (S. מ״ש Ex. 34, 20. Deut. 5, 8. Jes. 21, 2.)

(כָּל ה׳ ר״פ בד״ה. (Mpt. Heid.

כָּל ח׳ ר״פ במשנה תורה. Mf. כל, 37.

כָּל ט׳ ר״פ בסיפרא (יהושע). Jos. 1, 18. 21,*33. Mf. כל, 40.

---

1) Diese Angabe ist unrichtig, da nach Mp. (Deut. 18. 21. etc.) 8 M. וְכִי am Anfang des Verses in Deut. vorkommt. Ebenso hat רמ״ה: כל ספר דברים ר״פ כִּי במ״ח ר״פ וְכִי וסי׳; s. auch מ״ש Deut. 23, 26. — Vergleicht man aber damit Deut. 15, 21., wo es heisst וְכִי יִהְיֶה ד׳ ר״פ, so lässt sich unsere St. leicht verbessern, indem entweder das ד׳ in ח׳=8 verändert wird, oder man liest: וכי יהיה ד׳ ר״פ und lässt das "במשנה תורה" aus. — S. Mp. zu Deut. 19. 11., wo es entweder heissen muss: ח׳ ר״פ בסיפ׳ (wie zu ibid. 18, 21.), oder das בסיפר׳ muss gestrichen werden und die Anmerkung bezieht sich auf וכי יהיה. — Sollte sich etwa das "בסיפרא" auf den ganzen Pent. beziehen? —

2) Heid. führt die 2 Verse: 1 S. 22, 17. Jer. 14, 12. richtig an, indem unsere Angabe nur bemerken will, dass כִּי וְכִי כִּי in einem Verse nur 2 M. vorkommt. Wenn aber Gen. 31, 53. nur Jer. 14, 12., nicht aber 1 S. 22, 17. anführt, so liegt das daran, dass dort nur von 3 Wörtern etc. die Rede ist, von denen das erste den Vers anfängt, was bei dem כִּי וְכִי כִּי in 1 S. 22, 17. nicht der Fall ist. S. auch Gen. 9, 5. und Heid. zu עה״ק Lev. 6, 20. —

3) Das Ps. 35, 10. angeführte במ״א כי הגדלת על כל שמך (Ps. 138, 2.) ist gegen unsere Ausgg., in denen das כָּל daselbst Makkaf und Kam. (Chatuf) hat; diese Angabe scheint כֹּל (mit Cholam) gelesen zu haben, wie auch diese Leseart מ״ש zu Ps. 138, 2. aus einer alten Grammatik anführt. — Heid. führt ein Mpt. an, welches zu על כל שמך bemerkt: לית מקף וחולם; also wie in unserer Angabe. — Wenn unsere St. noch hinzufügt: וחד וכל בשליש עפר בארץ (Jes. 40, 12.), so ist das nur hier angereihet der äusseren Form wegen, da dieses ja nicht zu כלל, sondern zum Stamm כול gehört und ein Zeitwort ist. — S. ausführlich דרכי הנקוד ed. Hannover S. 21 und unsere Bemerkung dazu S. XXXI und XXXII. —

כָּל י״ט ר״פ בסיפרא (ויקרא)· 1) Lev. 6, 20. Mf. כל, 35.

כָּל ה׳ יחידאין לא נסבין ה׳ וכל קריא נסבין ה׳· 2) Mf. כל, 7.

כָּל י״א מיחדין· 3) Mf. כל, 2.

אֶל כָּל, וְאֶל כָּל, עַל כָּל, וְעַל כָּל· Ex. 12, 3. Num. 1, 50. 8, 7. 1 S.*25, 17. 1 Reg.*18, 21. Ez.*32, 31. 4) Mf. על, 4.

י״ג בכתובים ותריסר (אֶל כָּל, וְאֶל כָּל· אֶל· Prov.*17, 8. Est. 1, 22. Mf. אל 15. על, 22. S.

(Mp. und Mpt. Hamb. י״א בכתובים)

וְאֵת כל כ״א יחידאין· 5) Mf. כל, 14.

וְהִנֵּה כל ה׳ דסמיכי· הִנֵּה S.

וְעַד כל ב׳· Mf. עד, 6.

כִּי כָּל אֲשֶׁר· כִּי S.

עַל, וְעַל כָּל פְּנֵי· פְּנֵי S.

(עַל כָּל שִׁמְךָ [Ps. 138, 2.] לית מקף וחולם· Mpt. Heid. S. מ״ש das.)

(כִּי עַל כָּל אֵלֶּה ב׳ וסי׳ במחתרת [Jer. 2, 34.] יביאך [Koh. 11, 9.] Mpt.)

(מִן כָּל, מִכָּל כל לשון ארמית וכו׳· S. Anm. zu Mf. מן, 1.)

מ״ה זונין חד כָּל וחד וְכָל· 6) Mf. כל, 13.

(וְכָל חד ר״פ בתלים· Mp. Mpt. Ps. 75, 11.)

וְכָל ה׳ ר״פ בספר בראשית וסי׳ וכו׳· 7) Gen. 2, 5. Mf. כל, 33.

(וכל ד׳ ר״פ בסיפרא (עזרא)· Mp. Esr. 1, 4.)

וְכָל ח׳ ר״פ בסיפרא (שמות)· Gen. 2, 5. Ex.*12, 44. 8) Mf. כל, 33. 34.

וְכָל ט׳ ר״פ במדבר· 9) Mf. כל, 36.

וכל ס״ח מיחדין· 10) Mf. כל, 1.

---

1) Die richtige Angabe ist Lev. l. c. — Buxt. hat Versetzungen gegen ed. Bomb. Mf. l. c., wo auch das וחברו (Lev. 7, 6.) mit Unrecht fehlt. —

2) Mf. l. c. ed. Buxt. hat als erste Stelle כל צבא, was falsch ist; es muss, wie ed. Bomb. heissen: כָּל בָּא (Num. 4, 3.) und dann folgt כָּל צָבָא (1 Chr. 19, 8.). Der Sinn ist, dass 5 Wörter mit vorhergehendem כָּל nur 1 M. ohne He, sonst immer mit He am Anfang stehen, wenn כָּל vorhergeht. —

3) Auffallend ist, dass die Angabe י״א = 11 lautet und 15 St. aufgezählt sind? — Wenn כל עריהם (1 Chr. 6, 45.) gezählt und Num. 31, 10. (als zweites?) nicht mitgezählt wird, so mag wohl der Grund darin liegen, das letzteres וְאֵת vor sich hat und mehr zu der Gruppe וְאֵת כל gehört, s. Mf. כל, 4. —

4) Ueber die Verschiedenheit in der Bibel, wo nemlich כָּל bald mit vorhergehendem אֶל (und וְאֶל) und bald mit vorhergehendem עַל (und וְעַל) vorkommt, s. ausführlich Mf. אל, 15. — Zu וכל שפטים דכו׳ במ״ן in ed. Bomb. muss es statt במ״ן heissen במ״ב, wie auch nur 2 Stellen mit אֶל כל in Jud. angeführt sind. — Buxt. hat richtig במ״ב· — Mf. על, 22. muss es heissen: כל בראשית על כל במ״ב וסי׳ ומן ריש ואלה שמות וכו׳· —

5) Warum ist nicht auch ואת כל איש (Jud. 7, 8.) mitgezählt? Mp. bemerkt zu demselben לית? — S. oben ואת כל הארץ unter ארץ· —

6) Es ist auffallend, dass כָּל לֵב und וְכָל לֵב mitgezählt wird, da das dafür angegebene Jes. 13, 7. in den Aussg. nicht לֵב, sondern לֵבָב hat? Das Mpt. Hamb. führt es zwar auch an, giebt aber zu וְכָל לֵב keine Schriftstelle an? —

7) Die Angabe Gen. 2, 5. ist fehlerhaft und muss heissen: ה׳ ר״פ בס׳ בראשית וסי׳ וכל ס׳ שמות כָּל במ״ח וְכָל S. Ex. 12, 44. und Mf. כל, 33. und 34. und folg. Anmerkung. —

8) S. Heid. zu עה״ק Ex. 27, 7., wo nachgewiesen wird, dass die Angabe Gen. 2, 5. und Mf. כל, 33., wo es heisst: כל עמן די חצר וכל ספר ואלה שמות דכו׳ וְכָל במ״ח unrichtig ist, da nachweislich, ausser den 8 angeführten כָּל (das כל עמודי החצר in Mf. l. c. ed. Buxt. und ähnlich in ed. Bomb. muss in כל עמודי החצר verbessert werden) es noch 3 V. in Ex. giebt: (12, 20. 12, 47. und 27, 17.), die mit כָּל anfangen? — Das Richtige hat Ex. 12, 44., wo 8 Verse in Ex. angegeben werden, die mit וְכָל anfangen, sonst aber in Ex. die betreffenden Verse immer כָּל (ohne Waw) am Anfang haben. — Mf. כל, 33. muss es daher heissen: וכל ספר ואלה שמות ר״פ כל במ״ח וכל· — S. vorige Anmerkung. —

9) In Mf. ed. Bomb. sind einige Fehler eingeschlichen: Das וכל הנוגע ist falsch; das וכל כלי עור muss in בגד וכל כלי עור verändert werden, wie es auch Buxt. schon hat. —

10) Diese Angabe ist incorrect. Ed. Bomb. hat zwar in der Ueberschrift ס״ח = 68, zählt aber 70 St. auf, indem sie mehr als ed. Buxt. zählt: וְכָל הַדּוֹר (Ex. 1, 6.) und וְכָל שְׁבוּעַת (Num. 30, 14.), welche Buxt. des ס״ח = 68 wegen, wahrscheinlich ausgelassen hat. — Ausser den einzelnen Fehlern in der Orthographie der angeführten Verse, hat ed. Buxt.

וְכָל אֵלֶּה לית [ושארא כָּל אֵלֶּה]. Mp. Ez. 17, 18.

וְכָל בֵּית י״ב. בית S.

וְכָל דָּם ד׳. דָּם S.

וְכָל הַר ב׳. הר S.

(וְכָל זֶה לית. (Mp. Est. 5, 13.

וְכָל זִקְנֵי ג׳. זקן S.

וְכָל עֵץ ה׳. עֵץ S.

(הַכֹּל לית. (Mp. Jes. 28, 24.

אֶת הַכֹּל י׳. (Mpt. Mp. 2 Chr. 12, 9.

(וְהַכֹּל לית. (Mp. Koh. 3. 20.

בַּכֹּל ז׳ דגשים. (S. מ״ש Gen. 16, 12. 24, 1. Mf. כל*32. Gen. l. c.) 1)

וּבְכֹל ה׳ דמטעין בהון דסבירין בכל. Ez. 27, 22. Mf. כל, 28. (S. מ״ש Ex. 8, 20. 23, 13. Ez. 27, 22.) 2)

וּבְכֹל י״ג יחידאין וסי׳ וכל קריא חלוף בְּכֹל. Gen. 1, 26. Mf.* כל, 18. או״א, 255.

וּבְכָל אֲשֶׁר. אֲשֶׁר S.

כְּכֹל ח׳ סבירין בְּכֹל וקרין כְּכֹל. 3) Ex. 21, 30. Mf. כל, 27.

כְּכֹל אֲשֶׁר. (S. auch Ez. 9, 11.) אֲשֶׁר S.

וּכְכָל ה׳. Num. 9, 3. 2 S. 7, 17. Jer. 42, 20. Mf. כל, 28. (S. Mp. 1 Chr. 29, 2.)

לְכָל ה׳ סבירין כָּל וקרין לכל. Ex. 27, 19. Mf. כל, 21. (S. מ״ש Deut. 24, 5. 1 S. 18, 14. 1 Reg. 9, 11.)

לַכֹּל י״א דגשין. Jer. 13, 7. Mf. כל, 39.

לְכָל, בְּכָל בָּאֵי. בוא S.

לְכָל הַנִּמְצָא, לכל הָעֹבֵר, לכל כֵּלָיו, לכל אֹיְבֶיךָ, לכל הַבָּא, לכל בֶּן נֵכָר, לכל לְרֹאשׁ לית דכוותי׳. או״א, 20. ל׳, 1. Mf.

וּלְכֹל ד׳ ר״פ. 4) Gen. 1, 30. Deut.*34, 12. Mf. כל, 15.

וּלְכֹל ט׳ יחידאין. Mf. כל, 5.

וּלְכֹל אֲשֶׁר ד׳. 5) Mf. כל, 25. אש, 21.

כְּלָא לית (א׳ בסוף תיבותא). Ez. 36, 5. Mf. א׳, 9. (S. Mf. א׳, 10. או״א, 95.)

כֹּלָא ג׳. Dan. 4, 25. Mf. כל, 43. S. Kimchi (Michlol 110a.

חד פסוק וְכָל כָּל וְכָל.
וחד פסוק כָּל וכל וכל כל.
וחד פסוק וכל כל וכל וכל כל.
חד פסוק כל וכל וכל וכל.
חד פסוק וכל כל וכל וכל כל כל.
ב׳ פסוקים וכל וכל כל.

Mf. כל, 17. או״א, 313, 307. 308. Jud. 19, 9. Mf. ו׳, 50. 6)

---

noch das Unrichtige, dass sie וְכָל חִילוֹ ,דירמי׳ (34, 1.) anführt, da dieses ja nach der Mp. Jer. 52, 4. 3 M. (in Wirklichkeit mehrmals) vorkommt? — Richtiger hat es ed. Bomb., welche angiebt: וכל העמים ב׳ בפסוק, so dass dieses und folgende וכל ממלכות (Jer. 34. 1.) zusammengehören; das וכל חילו aber in diesem V. gar nicht dazu gehört. — Zu וכל האנשים (Jer. 43, 2.) bemerkt Mp. ג׳=3, was schwierig ist, da es ja nach unserer Angabe nur 1 M. vorkommt? — Warum ist nicht auch וְכָל תְּבוּאַת (2 Chr. 31, 5.) gezählt, wozu Mp. daselbst bemerkt: לית? —

1) Der Sinn ist, dass diese Form (mit Pathach des Beth und darauffolgendem Dagesch = דגשין) 7 M. vorkommt. — Dass das דגשין sich auf das Kaf und nicht auf das Beth als Dag. Kal bezieht, ist leicht einzusehen. S. מ״ש Gen. 16, 12. Am Schlusse dieser Angabe fügt Heid. hinzu: וחד בַּכֹּל יקפצון (Job 24, 24.). S. Mf. א׳, 19. או״א, 38. — auch Mf. כ׳, 2. או״א, 19. —

2) S. unsere Anmerkung zu ובכל אשר oben unter אֲשֶׁר, wonach unsere Angabe lauten muss: ובכל ה׳ דמטעין בהון דסבירין וְכָל

3) So hat es ed. Bomb. — In ed. Buxt. ist das Schlagwort בכל (mit Beth am Anfang) geschrieben, was ein Druckfehler ist. — In der Anführung zu Ex. 21, 30. ist als achte St. angegeben ויכעם עליו, was unrichtig ist, indem es heissen muss ויכעס את י״י (1 Reg. 22, 54.); freilich hat auch Mpt. Hamb. ויכעס עליו, was auffällig ist? — S. עין הקורא zu unserer St. wo es heisst ה׳ דמטעין = 5; das aber in ח׳ = 8. zu verändern ist, oder es bezieht sich auf כְּכֹל אֲשֶׁר, welche Verbindung (mit כְּכֹל, das man als בכל nehmen dürfte) nur 5 M. vorkommt, während unsere Angabe sich auf כְּכֹל allein bezieht. —

4) So muss es Mf. l. c. in den beiden Ed. heissen; das י״ד = 14 ist Druckfehler. —

5) Statt ד׳ ist wohl ג׳ = 3 zu lesen, wie es Mp. zu 2 Reg. 12, 13. hat; das angeführte אשר יעשה בהם existirt nicht und ist wohl irrthümliche Wiederholung von אשר יעשה בו, das zuletzt angeführt ist. —

6) S. Mf. l. c., wo der Fehler eingeschlichen ist, dass nach dem letzten כל noch 1 M. כל fehlt, wie es in dem angeführten V. sich findet und wie או״א, 308. es richtig hat. Es findet sich aber an dieser St. der Mf. noch ein anderer Fehler, so dass ג׳ אדין וכו׳ (Dan. 6, 5.) zu כל וכל כל und וכל כל וכל ויביאו אליו (Job 42, 11.) zu כל וכל וכל כל gehört; s. או״א, l. c.

ב׳ ר״פ כל כל וכל· 310. ,או״א 9. ,כל Mf.

ב׳ פסוקים כל כל כל וכל· 303. ,או״א 8. ,כל Mf.

ב׳ פסוקים וכל כל כל וכל· 1) 300. ,או״א S. 16. ,כל Mf.

ב׳ פסוקים וכל וכל וכל וכל· 305. ,או״א 20. ,כל Mf.

ב׳ פסוקים וכל וכל וכל כל· 306. ,או״א

ב׳ פסוקים ומכל ומכל· 301. ,או״א

ג׳ פסוקים אית בהון וכל כל כל ב׳ במצע פסוק וא׳ ר״פ· Jos. 11, 14. Mf. ,כל 6. ,או״א 300.

ג׳ פסוקים מן כ׳ מלין רישיהון וכל? 316. או״א 23. ,כל Mf.

ג׳ פסוקים ובכל בכל· 298. ,או״א 10. ,כל Mf.

ד׳ פסוקים כל כל וכל כל· Gen. 8, 19. 2 Reg.*10, 19. Dan.*3, 7. Mf. ,כל 14. ,או״א 311.

ה׳ פסוקים כל כל וכל· 310. ,או״א

ה׳ פסוקים כל וכל כל· 309 ,או״א S. Mp. Ez. 22, 47.

ה׳ פסוקים וכל וכל וכל ג׳ במצע פסוק וב׳ ר״פ· 2 S. 15, 23. Ez.*38, 20. Mf. ,כל 12. ,או״א 304 2)

ה׳ פסוקים ובכל ובכל· 299. ,או״א 9. ,כל Est. 8, 17. Mf.

ו׳ פסוקים דאית בהון ב׳ לכל· Koh. 4, 16. Mf. ,כל 26. ,או״א 302.

ט׳ פסוקים אית בהון כל וכל וכל· Nnm. 5, 2. Deut. 3, 10. Mf. ,כל 11. ,או״א 312.

י׳ פסוקים כל כל ומלה חדא ביניהון· Ex. 15, 26. Jud. 20, 2. Neh.*10, 35. ? 2 Chr. 6, 29. Mf. ,כל 31. ,או״א 314.

י׳ פסוקים וכל וכל· Deut. 20, 14. ?

י״א פסוקים רישא וכל ומצעא וכל· Lev. 7, 8. 15, 20. Jos. 13, 21. Mf. ,כל 22. ,או״א 315.

חד ר״פ כל וכל וכל· ,ו׳ 49. Mf.

חד פסוק, ר״פ וכל וכל וכל· S. Ez. 3. 13. Ob. 12. Mf. ,ו׳ 52. (S. oben ה׳ פסוקים und Anmerkg. 2.—)

חד ר״פ לכל ולכל ולכל· ,ו׳ 49. Mf.

חד ר״פ ולכל ולכל ולכל· S. Ez. 3, 13. Ob. 12. Mf. ,ו׳ 52.

ומכל מכל מכל חד מן ה׳ ר״פ וכו׳· S. Ez. 41, 23. (Gen. 36, 17. uns. Anmerkg.) 3)

חד פסוק הכל הכל והכל· S. Mf. ,ו׳ 48. (u. Koh. 3, 20.)

ג׳ פסוקים וכל וכל וכל כל כל· Mpt. Gen. 7, 14.

כֻּלָּךְ ג׳· Jes. 22, 1. Mf. ,כֹּל 46. (S. מ״ש Jes. l. c.)

(כֻּלָּךְ ב׳· Mp. Jes. 14, 29, 31.

כֻּלֹּה ג׳ כתיב ה׳ בסוף וכל ירמי׳ ויחזקאל ותרי עשר דכו׳ כתיב ה׳ במ״ג· 2 S. 2, 9. Mf. ,כל 44. (S. מ״ש Ex. 14, 7. Jer. 2, 21. Mal. 3, 9.) 4)

וְכֻלּוֹ ב׳· Num. 23, 17.

(כֻּלָּה ד׳· Mp. Jes. 48, 6. [S. מ״ש Ez. 29, 2.] 5)

כֻּלָּנוּ ב׳ ר״פ· Gen. 42, 11.

לְכֻלָּנוּ ב׳· Prov. 1, 14.

(מִכֻּלָּנוּ לית· Mp. 2 Reg. 9, 5.

---

1) Diese Angabe ist fehlerhaft; denn 1) kommt in den angeführten Versen (Jos. 11, 14. Am. 8, 10.) das letzte וְכָל nicht vor und 2) gehören diese Stellen zu Mf. ,כל 6., wo angegeben ist: ג׳ פסוקים כל כל כל (ohne das letzte וכל)? Es scheint ein Corruptel zu sein und muss denselben Art. bilden, der ,או״א 300. angeführt ist. —

2) Die Angabe (ב׳ ר״פ) scheint im Widerspruch zu stehen mit Mm. Ez. 3, 13. und Ob. 12., wo וְכָל zu denen gezählt wird, die nur 1 M. so in einem Verse vorkommen, dass sie den V. anfangen und ausserdem noch 2 M. in demselben V. stehen, und zwar ist daselbst angeführt 2 S. 15, 23., während Micha 1, 7. fehlt, der hier richtig gezählt wird? — Vielleicht werden die beiden Verse, in denen (ר״פ) וכל וכל וכל vorkommt, für **eins** gerechnet, da die Mass. nicht angiebt מיחדין, wie das z. B. Ez. 41, 23. vorkommt? —

3) Es muss ח׳ ר״פ u. s. w. heissen, wie Ez. 41, 23. angegeben ist. Gen. 36, 17., wo ה׳ = 5 angegeben wird, ist fehlerhaft; es fehlen die 3 וּמִכָּל ,וְגַם ,וְלִבְנֵי. —

4) Der Sinn ist: in den BB. d. heil. Schrift, ausser den BB. Jer. Ez. und 12 Proph. minor. hat diese Form immer ein Waw am Ende mit Ausnahme von 3 Stellen, die ה׳ haben; dagegen in den 3 genannten BB. hat es immer ה׳ am Ende ausser 3 Stellen, die mit Waw gelesen werden. S. מ״ש Ex. 14, 7. Jer. 2, 21. und Mal. 3, 9. — Die Angabe zu 2 S. 2, 9. ist in ed. Buxt. richtig. — S. M. marg. Ez. 29, 2. und מ״ש daselbst. —

5) Heid. führt folgende Angaben an: כֻּלָּה ד׳ וסי׳ חזה כלה (Jes. 48, 6), תבל כלה (Job 34, 13.), ידעת כלה (Job 38, 18.), ועל מצרים כלה (Ez. 29, 2.) — Hieraus geht hervor, dass Ez. 29, 2. mit He (und Mappik) gelesen wird. S. M. marg. Ez. daselbst und מ״ש das., die obige Angabe nicht gekannt zu haben scheinen. —

כֻּלָּם כל לישנא חסר במ״א׳ מ״ש (S. Gen. 45, 22. Jer. 31, 33. 1)

(וְאֶת כֻּלָּם לית [ושארא אֶת כֻּלָּם]׳ (Mp. Jes. 57, 13.

וְכֻלָּם ג׳. Ps. 102, 27. Mf. כל, 42.

(כֻּלָּהֶם לית׳ (Mp. 2 S. 23, 6.

(שֶׁכֻּלָּם ב׳. (Mp. Cant. 4, 2.

(וּמִכֻּלָּם לית׳ (S. Mf. ל׳, 17. Mp. Ps. 34, 20.

כֻּלָּנָה ב׳. Gen. 42, 36.

כַּמֶּה

כַּמֶּה ג׳. מה,*6. 1 Reg. 22, 16. Mf. כמ, 1.

כְּמוֹ

(וּכְמוֹ ב׳, השחר עלה׳ (Mp. Jes. 41, 25. 2)

(כָּמֹנִי כל אוריתא חסר ו״ו׳ מ״ש (S. Mp. Gen. 44, 15. Gen. ibid.) 3)

(כָּמֹכָה ב׳ בפסוק וכ״כ ה׳ בסוף׳ או״א ,92. כ׳ מלין S.

(כָּמֹהוּ ב׳ סבירין כָּמֹהָ בענין׳ Ex. 11, 6. מ״ש (S.

כָּמֹהָ ד׳ (ומלאים)׳ Ex. 30, 37. 1 S.*21, 10. Zach.*5, 3. Mf. כמ, 2.

כָּמֹנוּ ד׳ ג׳ חסר וא׳ מלא׳ Gen. 34, 15. 2 S.*18, 3. Mf. כם, 4. 4)

כְּמוֹהֶם ג׳ (ומלאים)׳ Mf. כמ, 3.

כֵּן

(וַיְהִי כֵן׳ היה S.

(כִּי כֵן׳ כִּי (S.

לא״כֵן י״ט וחד (מנהון) וְלֹא כֵן׳ Gen. 48, 18. Jer.*23, 10. Ps. 1, 4. Prov. 15, 7. Mf. כן, 1.

(עַד כֵּן׳ לית׳ (Mp. Neh. 2, 16.

עַל כֵּן ב׳ בטעם תלישא גדולה׳ Ex. 16, 29.

עַל כֵּן ט׳ בטעם פזר גדול׳ Gen. 32, 32. Jud. 18, 12. Koh.*8, 11. Mf. כן, 3. (ח׳ ?) 5)

וְכֵן תַּעֲשֶׂה׳ עשה S.

(וְכֵן וְכֵן וְכֵן לי׳ר״פ י׳ ר״פ מן ג׳ג׳ פסוקים (S.

(לָכֵן לית בטעם (זרקא) בסיפרא (ירמי׳)׳ (S. Mp. Jer. 34, 17.

(לָכֵן ב׳ בטעם זקף בסיפרא (ירמי׳)׳ (S. Mp. Jer. 25, 8. 32, 28.)

(לָכֵן ב׳ בטעם (פזר) בסיפרא (יחזקאל)׳ (S. Mp. Ez. 25, 4.

לָכֵן ב׳ בטעמא (תלישא גדולה) בסיפרא (תרי עשר)׳ Am. 5, 11.

לָכֵן ג׳ בטעם רביע׳ (6 1 S. 27, 6. Mf. כן, 4.

---

1) S. מ״ש Jer. 31, 33., der diese Massora übersehen hat. —

2) Wenn Mp. zu Gen. 19, 15. bemerkt לית, so bezieht sich das auf den Pent. oder es muss ב׳ heissen. —

3) Nach einer Angabe des Mpt. von 1294 zu Thr. 1, 21. sind 4 def. (Waw nach dem Mem). Da nun nach Mp. l. c. dieses Wort im Pent. immer (und zwar 3 M. Gen. 44, 15. Ex. 9, 14. und Deut. 18, 15.) def. ist und mit Thr. l. c. 4 M., so schliesst Heid. daraus, dass es an allen anderen Stellen plene (Waw) sein muss. Die Handschriften und Ausgg. variiren darin. —

4) Die Angabe zu Gen. l. c., nach welcher 2 S. 18, 3. plene ist, ist unrichtig; das Richtige hat 2 S. l. c. und zwar, dass Jes. 14, 10. das plene ist, während 2 S. l. c. zu den 3 defectiven gehört, wie auch Heid. ein Mpt. anführt, in welchem die 4 Stellen angeführt sind und zu der letzten (Jes. 14, 10.) bemerkt wird: בתרא מלא; ebenso bemerkt eine handschriftl. Mp. zu Jes. l. c.: ד׳ ולית מלא׳ —

5) Mpt. Halense und Mf. l. c. geben ח׳ = 8 an und lassen Jer. 38, 4. aus; wahrscheinlich weil das כִּי dazu gehört und der Sinn des עַל כֵּן nicht der gewöhnliche ist („weil" und nicht „darum"). S. Mp. Jes. 5, 25., wo angegeben ist: ה׳ ר״פ בטעם; es sind Gen. 32, 32. 1 S. 5, 5. Jes. 5, 25, Jes. 16, 9. Est. 9, 26. —

6) Die Angabe Mf. l. c., wo zu בטעם רביע hingewiesen ist auf 1 S. 27, 6. ist ungenau, da es daselbst nur heisst: ג׳ בטעם. — Heid. will daselbst רביע lesen und giebt die 3 St. an, als 1 S. 2, 30. 27, 6. und 28, 2. (das zweite im V.), so dass die 3 im B. Sam. vorkommen s. w. a. בסיפרא׳ Das ist aber mehrfach unrichtig; denn 1) hat 27, 6. ein Gerschaim und nicht Rabia? — 2) führt die M. daselbst 3 ganz andere Stellen an (1 aus Jer. 5, 2. und 1 aus Ez. 21, 17., so dass das לָכֵן in 3 St. 3 verschiedene Accente hat, Gerschaim, Mercha und Tipcha.) Es scheint mir daher, dass das ג׳ בטעם zu 1 S. l. c. heissen soll, dass לָכֵן mit 3 verschiedenen Accenten und in 3 verschiedenen Bedeutungen (עַל כֵּן׳ אָכֵן, לְמַעַן) vorkommt, wie es durch die angeführten Stellen nachgewiesen ist und worauf das סבירין daselbst sich bezieht. — Das ג׳ בטעם bedeutet: mit 3 verschiedenen Accenten, wenn nicht vielmehr das בטעם heissen soll s. v. a. „im Sinne" oder „in Bedeutung" so dass von dem Accent gar nicht die Rede ist; vielleicht ist בטעם ein Schreibfehler und ist aus מטעין entstanden? — Jedenfalls ist das בטעם רביע in d. Mf. unrichtig, zumal wenn auf 1 S. l. c. hingewiesen wird. —

לָכֵן ג׳ בטעם (מנח) ביחזקאל.1) Mf. לך, 14.

לָכֵן ה׳ בטעם (רביע) בישעי׳.2) Mf. לך, 19.

לָכַן ה׳ בטעם (ו״ג) ביחזקאל.3) (Mp. Ez. 36, 6. (ibid. 28,6.)

לָכֵן ח׳ בטעם (תליש׳ גדולה) בירמי׳ וישעי׳ ויחזקאל. 4) Mf. לך, 18.

לָכֵן י״א בטעמא (גרשים) ביחזקאל.5) Mf. לך, 15?

לָכֵן י״ד בטעמא (גרשים) בסיפרא (ירמי׳). 6) Jer. 7, 32. 14, 15. 15, 19. 23, 15. Mf. כן, 2, לך, 17.

לָכֵן ט״ו בטעם (רביע) בירמי׳.7) Mf. לך, 16.

לָכֵן כ״ב (כ״ג) בטעם (רביע) ביחזקאל. 8) Mf. כן, 5. לך, 13.

לָכֵן כֹּה אָמַר ג׳ בטעם בירמי׳. Mf. לך, 20. S. Anmerkung 7.

לָכֵן סביר עַל־כֵּן, אָכֵן, לְמַעַן. 1 S. 27, 6. (S. מ״ש 1 S. l. c. Ez. 21, 17.)

וְלָכֵן ה׳ בקריא? 2 Reg. 1, 4. Mf. לך, 12.

וּבְכֵן ב׳ בטעמא.9) אר״א, 62. ב׳, 8. Mf. S. Est. 4, 16.

כען

וּכְעַן ב׳ ר״פ. Dan. 5, 15.

לִי.

mit Suffixen.

(לי דקרי׳ לָנוּ. אר״א, 158. ו׳ מלין חסרי׳ נ׳ S.)

---

1) Der Sinn dieser Angabe ist unklar, da dieses Wort ja noch mehrmals mit Munach vorkommt, z. B. Ez. 11, 16 17. 14, 4. —

2) Das ה׳ muss ח׳ = 8 gelesen und danach richtig abgetheilt werden; nach der zweiteu Stelle muss es heissen: ייליל (Jes. 16, 7.), יכפר (27, 9.), יקרת (28, 16.), יוסיף (29, 14.), מאסכם (30, 12.), כפרץ (30, 13.). — Uebrigens giebt die Mp. an den meisten Stellen י״א = 11 an, was Heid. für das Richtige hält, da Jes. 10, 24. 29, 22. 37, 33. auch לָכֵן mit Rabia vorkommt. S. Mp. Jes. 10, 24., wo bemerkt wird: י״ד בטעם בסיפרא, was gegen die obigen Angaben ist? —

3) Das ה׳ = 5 in d. Mp. Ez. 36, 6. ist wohl Schreib- oder Druckfehler und muss ב׳ = 2 heissen, wie es so in der Mp. zu ibid. 28, 6. angegeben ist. —

4) Die in der Mf. l. c. angeführten Stellen sind nicht richtig abgetheilt; n a c h der ersten St. (Jes. 7, 14.) bezeichnet jedes Wort einen besonderen Vers und das אשלח muss ישלח (= Jes. 10, 16.) gelesen werden. Die 8 St. sind demnach: יתן (Jes. 7, 14.), ישלח (10, 16.), הרועים (Jer. 23, 2.), מביא (35, 17.), תצא (Ez. 21, 9.), ומקבץ (16, 37.), יען (21, 4.), החרבות (33, 25.). — Merkwürdig ist, dass החרבות als Schlagwort angegeben wird, da dies ja im vorhergehenden V. (Ez. 33, 24.) sich findet? oder sollte etwa die M. beide Verse als e i n e n gelesen haben? — S. die Mp. zu den angeführten St. —

5) Auch hier ist durch falsche Abtheilung der Stellen der Fehler entstanden, dass statt י״א = 11 nur 10 Stellen angegeben sind; das סנה ist kein Vers, sondern gehört als Theil zu dem vorhergehenden כסתות, das כְּסְתוֹתֵיכֶנָה gelesen werden muss. Die 11te Stelle ergänzt Heid. durch למענכם (ibid. 36, 22.). Das חשבתי muss הִשְׁבַּתִּי heissen (Ez. 12, 23.). S. übrigens die Mp. zu den Stellen. die manchmal י״ב = 12 bemerkt; sollte das aus dem falschen סנה und לְמַעַנְכֶם entstanden sein? —

6) Die 14 Stellen sind in Beziehung auf Wortverbindung so zu vertheilen: 1 M. לָכֵ֞ן כֹּה־אָמַ֣ר ׀ אֲדֹנָ֣י אֱלֹהִ֗ים Jer. 7, 20. 5 M. לָכֵ֞ן כֹּה־אָמַ֣ר י״י Jer. 14, 15. 15, 14. 22, 18. 29, 32. 36, 30. 1 M. לָכֵ֞ן כֹּה־אָמַ֣ר י״י צבאות Jer. 23, 15. 7 M mit einzelnen anderen Wörtern. —

7) Die 15 Stellen sind in Beziehung auf Wortverbindung so zu vertheilen: 5 M. לָכֵן כֹּה אָמַ֣ר י״י Jer. 6, 21. 11. 11. 18, 13. 28; 16. 51, 36. 2 M. לָכֵן כֹּה־אָמַ֣ר י״י Jer. 5, 14. 11. 21. 3 M. לָכֵן כֹּה אָמַ֞ר Jer. 9, 14. 44, 11. 50, 18. 2 M. לָכֵן כֹּה אָמַר י״י צְבָאוֹת Jer. 9, 6. 11, 22. 1 M. לָכֵן כֹּה אָמַר Jer. 35, 19. 2 M. ohne Verbindung mit einer solchen Phrase. S. die verschiedenen Angaben der Mp. zu den Stellen, welche variiren nach verschiedenen Beziehungen und Verbindungen. — Uebrigens müssen einige Wörter (der Stellenangaben) so verbessert werden: statt אריה lies אריב; statt צורתם lies צורפם, statt משלתך lies משלחך und statt אים lies איים. — S. Mf. לך, 20. —

8) Die Angabe כ״ב = 22 ist unrichtig und muss כ״ג = 23 lauten, wie sie Mf. כן, 5. aufgezählt sind; vergl. auch Mf. לך, 13. wo einige Fehler eingeschlichen sind und צמרתו (Ez. 31, 10.) fehlt. Das את ידי in Mf. כן. 5. muss את שבות (39, 25.) lauten. —

9) Das בטעמא in Est l. c. ist unrichtig, denn Est l. c. hat es Gerschaim und Koh. 8, 10. hat es Paser. Der Sinn ist, dass diese Form überhaupt nur 2 M. vorkommt. —

לִי אֱלֹהִים· אלה s.

וַיֹּאמֶר לִי· אמר s.

וְלִי ח׳ בקריא· Jud. 14, 16. 1 Reg. 1, 26. Hag. 2, 9. Mf. לי, 1.

לְךָ י׳ זקפין בקריא (בנ״ך?) וכל שמואל וכל נתינה דמלכים דכו׳ במ״ה לָךְ· 1 S. 14, 7. Ruth* 4, 12. Dan.*10, 21. Mf. לך, 4. 1)

לְךָ י״ד זקפין באוריתא וכל שְׁמָר הִשָּׁמֶר בין בזקפא בין מצעות פסוק דכו׳· Gen. 3, 11. Ex. 34, 11. Num. 18. 8. Ruth 4, 12. Dan. 10, 21.? Mf. לך, 3 und 4. (S. מ״ש Ez. 38, 7.) 2)

לְכָה ד׳ כתיב ה׳ בסוף תיבותא· Gen. 27, 37· Ps. 80, 3. 2 Chr.*25, 17.? Mf. לך, 8. (S. ילך). 3)

לְךָ אֲנִי· אֲנִי S.

(לְךָ ר״י, וּלְךָ ר״י· הויה ·מ׳ מלין יחידאין וכו׳ S. (Mp. Ps. 62, 13. או״א, 187.

לָךְ ג׳ וסי׳ וכל אתנח וס״פ דכו׳ וסי׳ בלשון ארמי וכו׳· Mf. לך, 1.? 4)

(וְלָךְ ד׳ (ה׳)· (S. Mp. 1 Reg. 17, 13. und folg. Anmerkg.

וְלָךְ ד׳· 5) Jud. 11, 12. 1 Reg. 17, 18. Mf. לך, 7.

י״ד פסוקים לְךָ לָךְ· Gen. 18, 25. 33, 9. (ר״ג ?) Ex. 13, 11. 2 S.*24, 12. Ps.*66, 4. Mf. לך, 6. 6)

(וְלָךְ לָךְ ר״פ· ה׳ ר״פ דמיין וכו׳· ג׳ מילין· S. פסוקים·

לוֹ דכתיב לא ט״ו ותרין פלוגתא וכו׳· Lev. 11, 21. 2 S. 16, 18. Jes. 9, 3. Ps. 100, 3. Mf. לא, 23. או״א, 105. (S. מ״ש Ex. 21. 3. Lev. 11, 21. 25, 30. Num. 23, 23. Jos. 5, 14. Jes. 49, 5. ausführlich. Jes. 63, 9. Ps. 100, 3. Job 6, 21. 41, 4!! 1 Chr. 5, 1. 11, 20.

לוֹ ב׳ דגושים וכו׳· Gen. 19, 2. (S. Dan. 5, 11. Heid. zu Gen. 18, 2. עין הקורא

לוֹ לֹא ז׳· 7) Deut. 32, 5. Mf. לו, 3.

לֹא לוֹ ה׳· Gen. 38, 9. Hab. 2, 6. Prov.*26, 17. Mf. לא, 29.

וְלוֹ ד׳ ר״פ· 1 S. 1, 2. Ps.*7, 14. 2 Chr. 21, 2. Mf. לו, 2.

לָהּ ג׳ דלא מפקא ה׳· Num. 32, 42. Zach.*5, 11. Ruth 2, 14. Mf. לה, 1. (S. מ״ש zu den angeführten Stellen).

---

1) Das בקריא muss בנביאי׳ וכתובי׳=בנ״ך heissen, s. folgenden Art. S. auch Mp. zu 1 Reg. 3, 13., wo es heissen muss: ה׳ קמוץ, ויו״ד בנביאי׳ וכתובי׳ וכו׳ — Der Sinn dieser Angabe ist, dass diese Form (Lamed mit Suffix der zweiten Person masc. sing.) mit Sakef in d. BB. d. Proph. und Hagiogr. לָךְ (des Lamed mit Kam.) gelesen wird, mit Ausnahme von 10 St. wo es לְךָ heisst; ebenso heisst es im B. Sam. und in d. BB. Reg. (in letztern wenn נתן damit in Verbindung steht) immer mit Sakef לְךָ (das Lamed mit Schwa), mit Ausnahme von 5 St., in denen es לָךְ heisst (Lamed mit Kam.) mit Sakef; 4 M. in Sam. und 1 M. in Reg. S. Mp. l. c. — Heid. bemerkt zu dieser Angabe, dass 1 Chr. 22, 9. in unseren Ausgg. es heisst נוֹלָד לָךְ, was aber — wie es eine Handschr. hat — לְךָ lauten muss, indem wenn es לָךְ hiesse, das Wort נוֹלָד penult. sein müsste. — Die Bemerkung ist richtig, doch gehört sie nicht hierher, da hier nur von Sakef die Rede ist. —

2) Der Sinn ist, dass diese Form (s. vor. Art.) mit Sakef im Pent. immer לָךְ (Lamed mit Kam.) lautet, mit Ausnahme von 14 Stellen, die in diesem Falle לְךָ (Lamed mit Schwa) haben; wenn שְׁמָר oder הִשָּׁמֶר vorhergeht heisst es immer לְךָ mit oder ohne Sakef. —

3) S. 2 Chr. l. c., wo ה׳=5 angegeben ist. Das ist aber unrichtig, denn die daselbst angeführte St. Gen. 37, 13. gehört nicht hierher, da das לְכָה das. Imperat. von ילך ist. —

4) Der Sinn ist, dass das לך in der Phrase אשר י״י אלהיך נתן לָךְ 3 M. in Pause (ausser Athnach und Silluk —) das Lamed Kam. und Kaf Schwa hat (und zwar im Deut,); sonst heisst es לְךָ, das Lamed mit Schwa und Kaf mit Kamez. Der angeführte Vers: שום תשים עליך מלך (Deut. 17, 15.) ist unrichtig und muss heissen: אשימה עלי מלך (ibid. 17, 14.) S. darüber Michlol 268a ed. Venet. parv. ausf. —

5) Mf. l. c. hat ה׳=5, was unrichtig ist, da es nur 4 giebt, in denen das Waw Kam. hat, wie Jud. l. c. angegeben. Sollte etwa das לִי וְלָךְ (1 Reg. 17, 13.) dazu gerechnet werden und das ה׳ der Mf. sich auf diese Verbindung von לי ולך ohne Rücksicht auf das Kam. des Waw sich beziehen? S. Mp. zu 1 Reg. 17, 13., wo ד׳=4., und wie Heid. anführt, ה׳=5, bemerkt wird. — Mpt. Erf. bemerkt zu 1 Reg. 17, 13. nichts; bei den anderen aber bald ד׳=4, bald ה׳=5? —

6) 2 S. und Ps. l. c. ist irrthümlich מה אעשה לך אפרים (Hos. 6, 4.) aufgezählt, da in diesem V. 2 M. לְךָ vorkommt; es muss vielmehr heissen: כה אעשה לך (Am. 4, 12.). Vielleicht ist das י״ג=13 in Gen. 33, 8. dadurch entstanden, indem das מה אעשה ausfiel, als nicht zutreffend, das Richtige aber (in Amos) nicht hinzugefügt wurde. —

7) Heid. bemerkt, es hätte auch Jud. 11, 2. mitgezählt werden müssen. —

וְלָהּ ד׳ ג׳ קמצין וחד פתח· Gen. 16, 1. Dan. *7, 6.? Mf. לה, 2.?

וְלָנוּ ג׳ רפין וא׳ וָלָנוּ· Mf. לן, 3.

(לְכֵנָּה לית· (Mp. Ez. 12, 18.

לָהֶם ה׳ דסבירין לָכֶם ומטעין בהו ספרי· Num. 11, 21. Mf. הם, 10.? (S. oben unter הֵם)

וְלָהֶם ח׳· Gen. 6, 21. 43, 32. Deut. 1, 39. Esr. 6, 20. Neh.*7, 67. Mf. הם, 8.

לָהֵן י״ד· Gen. 19, 10. 26, 18. Ex. 1, 18. Num.*27, 7. Ez.* 23, 36. Job 30, 24. Ruth 1, 9. Mf. הן, 4. (S. מ״ש Ez. 23, 37. 2 Chr. 18, 16. auch oben unter הֵן —

לְהוֹם כלהון חסר במ״א מלא· Esr. 5, 3.?

לא

לֹא ב׳ דגושים· Gen. 19, 2. (S. oben לֹן)

לֹא ב׳ כתיבין לוֹ וקרי׳ לֹא· Jes. 9, 3. (S. או״א, 106. u. מ״ש Jes. 49, 5.)

לֹא ג׳ סבירין וְלֹא ואינון לֹא· Ex. 22, 25. Deut.*16, 19. Mf. לא, 14. (S, מ״ש das. und Ex. 23, 13. Deut. l. c. und 17, 11.!)

לוֹא ל״ה מלא בקריא· Lev. 5, 1. 1 Reg. 20, 8. Jer. 5, 9. 15, 7. Mf. לא, 24. (S. מ״ש Lev. 5. 1. 25, 30. Jer. 5, 12. 29, 23. 50, 45.) 1)

(לֹא י״ו וחד וְלֹא י״ו· הו״ה· י״א זוגין (S. Mf. לא, 17.

לֹא כֵן· כֵּן S.

לֹא לוֹ· לוֹ S. oben

אִם לֹא, כל ר״פ וְאִם לֹא במ״ח אִם לֹא וכל ר״פ דאיוב דכו׳ במ״ב· Gen. 24, 38. Ex. 22, 8.

2) וְאִם לֹא· Mal.*2, 2. Cant.*1, 8. Mf. אם, 2. s. unten ז׳ ס״פ וחד מצעות פסוק· Num. 14, 28. Mf. אם, 5. (S. Gen.*24, 21. Ex. 16, 4. Num. 11, 23.)

וְאִם לֹא י״ו במצע פסוק· (Mpt. Hamb. י״ז - 3) Mf. אם, 10.

הִנֵּה לֹא· הִנֵּה S.

(עַד לֹא ב׳· (Heid. Mp. Prov. 8, 26.?

(עַל לֹא ג׳· (S. Mp. Job 16, 17.

וַאֲשֶׁר לֹא· אֲשֶׁר S.

ד׳ זוגין מן ב׳ ב׳ בחד ענינא קדמא נסיב לֹא תניא לֹא נסיב לֹא· Gen. 23, 11. Mf. לא, *12. או״א, 250.

---

1) Die Angabe Lev. l. c. ist corrupt indem sie 1) Jer. 5, 12. für 3 plene zählt (indem sie ורעב לא נראה als dritte St. abtheilt, da dieses ja zu וקדמא ובתרא דכחשו בה gehört —) da es daselbst nur 2 plene (Waw) giebt. 2) ist das שוט שוטף (Jes. 28, 15.) unrichtig, es ist in allen Ausgg. def. (Waw) und die Mp. bemerkt nichts dazu, während sie sonst bemerkt: ל״ה=35; auch schon wegen der Reihenfolge der angeführten Schriftstellen scheint dieser Vers eingeschoben, da er zwischen denen aus Jer. steht, während er ja nach מעט מוער (Jes. 16, 14.) folgen müsste. 3) ist das angeführte וינאפו zu ungewiss und kann auf Jer. 5, 7. und ibid. 29, 23. sich beziehen. Nach Vergleichung der Mp., מ״ש und Heid. Bemerkung ist Folgendes das Richtige: Jer. 5, 12. sind nur 2 plene (Waw) das erste und das letzte; das שוט שוטף (Jes. l. c.) ist zu streichen und dafür unter denen zu Jer. hinzuzufügen ולא שמעו אלי (Jer. 7, 26.), das nach Mp. daselbst und den Ausgg. plene ist; das לא לזרות ולוא להבר (Jer. 4, 11.) ist für zwei zu rechnen, indem nach den Ausgg. und von Heid. angeführten Handschriften auch das zweite plene ist. Das וינאפו bezieht sich entschieden auf Jer. 29, 23., indem ibid. 5, 7. בְּלֹא steht, das, nach Jes. 55, 1. und Koh. 10, 11., wo diese Form nur 6 M. plene angegeben ist und Jer. 5, 7. nicht mitgezählt wird — def. sein muss. Das לוֹא und וְלוֹא (wie es auch in der Angabe heissen muss) kommt demnach 35 M. plene (Waw) vor, wie Lev. l. c. angegeben ist, nur, dass Jer. 4, 11. als 2; Jer. 5, 12. nur als 2 gerechnet; Jes. 28, 15. gestrichen und Jer. 7, 26. hinzugefügt werden muss. Wenn zu Jer. 49, 20. die Mp. bemerkt ל״ד=34, so ist das entweder ein Druckfehler, oder entstanden aus der falschen Abth. zu Lev. 5, 1. — Zu dem Schluss: וחד נדרשתי ללוא שאלו (כצ״ל) bemerkt Heid. es müsste hinzugefügt werden: וחד והיו כלא היו (Ob 1, 16.), wozu Mp. bemerkt לי׳ ומלא. S. auch Mf. א׳, 18. או״א, 37. —

2) S. Cant. l. c. wo ein Vers (Gen. 24, 38.) fehlt. Wenn Num. 14, 28. angegeben ist: ח׳ בתורה ז׳ מנהון ס״פ וכו׳ so ist das בתורה wohl s. v. als בקריא, indem Jud. 2, 22. dazu gehört; im Pent. sind nur 6 am Anfang des Verses und 1 M. in der Mitte des Verses s. Gen. 24, 21. (wo die Ueberschrift verstümmelt ist —). Die Mp. giebt bald ו׳=6 und bald ז׳=7, an; ersteres in Bezug auf den Anfang des Verses, letzteres auch auf die Mitte (wo es nur 1 M. vorkommt) sich beziehend, aber immer nur in Bezug auf den Pent. Mit Jud. 2, 22. kommt es 8 M. vor, und zwar 7 M. am Anf. und 1 M. in der Mitte des Verses. —

3) Die Angabe Mf. l. c. ist unrichtig, indem es nicht י״ו=16, sondern י״ז=17 sind, wie es Mpt. Hamb. zu 1 S. 6, 9. und Mp. an manchen Stellen haben. Ebenso ist das angeführte ויאמר נבל בלבו unrichtig, da dieser Vers gar nicht vorkommt. — Es sind also nach Mf. l. c. nur 15; die zwei fehlenden sind nach Mpt. Hamb. Jud. 4, 8. und 1 S. 2, 16. —

לא מ״ה יחידאין. 1) Mf. לא, 16.
מ״ט קרין לא ולית מנהון ולא. 2) Mf. לא, 18.
ולא דסמיך לה״א. S. Job 2, 12. (auch Micha 2, 3.?)
ולא יהיו. היה S.

ל״ב זוגין מן ב׳ ב׳ ולא ולית דכו׳ בקריא. Mf. לא. 20. u. Anmerkung. 3)
ולא קרין יחידאין. 4) Mf. לא, 15.
כ״ב ולא ולית מנהון לא. 5) Mf. לא, 19.

---

1) Der Sinn ist, dass die angeführten Wörter nur 1 M. mit vorhergehendem לא (ohne Waw copulat.), sonst aber mit וְלֹא vorher vorkommen. Wenn die ed. Bomb. nur מ׳ = 40 angiebt und doch 45 aufzählt, so ist wahrscheinlich das He ausgefallen, wie ed. Buxt. richtig מ״ה liest. Heid. bemerkt mit Recht, dass die Zahl nicht correct ist; es fehlt z. B. לֹא אֶחָד (Job 14, 4.) wo die Mp. bemerkt: לית ומן ו׳ יחידאין. S. darüber Ez. 37, 22. Mf. אח, 12., während ausserdem 2 M. וְלֹא אֶחָד (mit Waw) vorkommt, s. Mp. Mal. 2, 15. und Ps. 139, 16. Ueber sonstige kleinere Fehler s. die Ausgabe des Textes. —

2) Der Sinn ist, die angeführten Wörter (49?) kommen nur mit vorhergehendem לא (ohne Waw copulat.) und nie mit וְלֹא vor. Das מ״ט=49 in Mf. l. c. ed. Buxt. ist Zusatz von Buxt.; weder ed. Bomb. noch Mpt. Hamb. zu Deut. 15, 2. hat es; beide haben הלין קרין לא וכו׳ ohne Angabe der Zahl; Mpt. Hamb. zählt sogar 50 auf, indem daselbst לא תשבעו? mehr gezählt wird. — Uebrigens sind die angegebenen Wörter nicht immer zu erkennen und richtig. Was soll z. B. אחיה heissen, da weder אֶחְיֶה noch אֲחַיֶּה mit לא vorkommt? Vielleicht soll תְּחִיֶה gelesen werden, das nur mit לא und nicht mit וְלֹא vorkommt. Das לא יעשה in Buxt. ist fehlerhaft, da יֵעָשֶׂה und יַעֲשֶׂה mit וְלֹא vorkommt, s. Mp. Num. 23, 23. und Jer. 3, 16. — Mf. ed. Bomb. und Mpt. Hamb. l. c. haben יעשן, was richtig ist. Was soll לא ענו sein? Sollte es vielleicht עָז sein, das nur ein M. (Job 26, 2.) vorkommt? S. unten לא, 19. — לא שמת kommt gar nicht mit לא vor; sollte es etwa לֹא שַׂמְתִּי sein, das nur 1 M. mit לא vorkommt? — Bei תָּלִין muss nur an die 3 pers. fut. s. fem. gedacht werden; denn als 2 pers. masc. kommt es Lev. 19, 13. mit וְלֹא vor. (Die Mass. scheint also nicht das das. befindliche פְּעֻלַּתו als Subj. zu nehmen, was fraglich ist). Was soll תכבה (oder תִּכְבֶּה) heissen; beide kommen ja mit וְלֹא vor? — לא תעשינה kommt nach Mass. Job 5, 12. und unten Mf. לא, 20. 2 M. mit וְלֹא vor; es muss wohl תַּעֲשׂוּן gelesen werden? Warum ist aber יַאֲמִינוּ nicht mitgezählt, das immer (auch in Job 29, 24. weil es sonst Mf. לא, 15. gezählt werden müsste, gegen Buxt. der daselbst in d. Concord. s. v. וְלֹא zu lesen scheint —) לא (und nicht וְלֹא) hat? Auch לא יְאַחֵר gehört hierher, s. מ״ש Hab. 2, 3. —

3) Der Sinn ist, dass bei den angeführten Wörtern 2 M. וְלֹא vorkommt, sonst immer לא (ohne Waw copulat.) Das ל״ב ist nur in ed. Buxt. In d. ed. Bomb. heisst es: ט׳ זוגין מן ב׳ ב׳ וכו׳, was schwierig ist. Heid. meint, dass diese Angabe alphabetisch geordnet war, so dass hier nur 9 (= ט׳) Buchstaben (ת׳, ש׳, ר׳, ק׳, ס׳, נ׳, י׳, ד׳, א׳) repräsentirt sind. Diese Ansicht findet eine Unterstützung in der M. zu Micha 2. 3., wo es zu וְלֹא תֵלְכוּ heisst: ואינון מן ולא דסמיכין לת״ו; s. auch Job 2, 12. (ולא דסמיך לה״א); in beiden St. ist auf Mf. verwiesen, wo solche Angabe, dass וְלֹא nach den folgenden Buchstaben geordnet ist, sich nicht findet. — Warum ist aber in unserm Art. וְלֹא תֵלְכוּ nicht mitgezählt? —

4) Der Sinn ist, dass die angeführten Wörter uur 1 M. mit וְלֹא vorkommen, sonst aber לא (ohne Waw copulat.) vor sich haben. Auch hier (S. oben Anmerkung 1.) bemerkt Heid., dass die Angabe unvollständig ist; es fehlt z. B. וְלֹא אֹתִי (Jes. 43, 22.), wozu die Mp. bemerkt לית. Auch hier ist der Text bei den Anführungen der Stellen uncorrect und wird in der neuen Ausg. angemerkt werden. S. מ״ש Joel 2, 8. Amos 9, 1. Hab. 2, 3.? —

5) Sieht man die angeführten Wörter genau an, so ist der Sinn, dass 22 Wörter nur mit וְלֹא (bald ein, bald mehre Mal) u. nie mit לא vorkommen. — Doch ist die Angabe sehr schwierig 1) heisst es כ״ב = 22 u. doch sind uur 21 angeführt, wie das auch Buxt. am Schlusse bemerkt. 2) sind die angeführten Wörter oft unrichtig und unklar (weil sie nicht vocalisirt sind). Wir wollen sie der Reihe nach durchgehen: עָז kommt mit וְלֹא gar nicht und nur 1 M. mit vorhergehendem לא (ohne Waw copulat.) vor, s. oben Anmerkung 2. — Was soll ולא אמת sein; als אֱמֶת kommt es mit beiden nicht vor; als אָמַת kommt es mit beiden vor? — Das יטמאו kann יְטַמְּאוּ (Piel) auch יִטַּמְּאוּ (Hithpael) gelesen werden; beide kommen nur 2 M. und mit vorhergehendem וְלֹא vor, s. Mf. ו׳, 3. und או״א, 66. — נטמאו kommt weder mit לא noch mit וְלֹא vor? Vielleicht soll es תְּטַמֵּא heissen, das 2 M. und nur mit וְלֹא vorkommt? — Das וְלֹא טוב ist ganz unrichtig, da es nach Mf. לא, 18. ja nur mit לא vorkommt. — תטמאו kann תְּטַמְּאוּ und auch תִּטַּמְּאוּ (Hithp.) gelesen werden, da beide nur mit וְלֹא stehen. Wenn man demnach für נטמאו liest תטמא, תטמאו und יטמאו je als zwei nimmt (wie oben bemerkt) und וְלֹא טוב, das nach der Mass. entschieden falsch ist, streicht, so sind es 22 = כ״ב. Jedoch bleibt immer das ולא עז und ולא אמת schwierig. —

לא, ולא ר״פ. S. Mf. לא, 1. ausführlich; ausserdem die, welche noch an bestimmten Stellen der Mm. angegeben sind und hier folgen: 1)

כל ר״פ דבראשית ולא במ״ב לא. Gen. 49, 10.

ולא ז׳ ר״פ בסיפרא (שמות). Ex. 9, 11. *40, 35.

לא ז׳ ר״פ בסיפרא (במדבר). Num. 32, 18. Mf. לא, 8.

לא כל משנה תורה ר״פ לא במי״ז ולא. Deut. 2, 31. 13, 17.

לא ז׳ ר״פ ביהושע. Jos. 21, 44.

לא ט׳ ר״פ בסיפרא (ירמי׳). Jer. 10, 16. 31, 32.

ולא ג׳ ר״פ בסיפרא (משלי). Prov. 9, 18.

ולא ד׳ ר״פ בסיפרא (איוב). Job 31, 30.

ע״ח זוגין חד לא וחד ולא. 2) Prov. 29, 24. Mf.*לא. 17.

חד פסוק לא לא ולא ולא, וחד פסוק חלוף ולא ולא לא לא. Hos. 11, 9. Mf. ו׳, 53.

(ב׳ פסוקים בסיפרא ולא לא. מ״ש S. Mp. Jes. 36, 21. Job 25, 5!)

ג׳ ר״פ לא ולא לא. Lev. 27, 33. Mf. לא, 7.

ג׳ פסוקים דמיין אית בהון לא ולא ולא ולא ולא. Num. 11, 19. Mf. לא, 11. או״א, 362.

ג׳ פסוקין מן ט׳ מלין דאית בהון ולא ולא ותרין מלין ביניהון וס״פ. 3) Mf. לא, 22.

ו׳ ר״פ לא לא ולא. Lev. 19, 15. 26, 1. Mf. לא, 6.

ו׳ פסוקים ולא לא ולא. Num. 18, 32. 1 S. 12, 21. Job 14, 12. Mf. לא, 13. או״א, 364.

(ו׳ פסוקים ולא לא לא. Mp. Ez. 20, 8.?)

ח׳ פסוקים דאית בהון לא לא לא לא. Ex. 20, 12. Lev. 19, 20. Ez.*18, 6. Zeph. 3, 2.? Mf. לא, 10. או״א, 365.

ט׳ ר״פ לא ולא ולא. Job 15, 29. Mf. לא, 5. (S. מ״ש Jer. 21, 7.)

ט׳ פסוקים ולא ולא ולא. Jer. 7. 24. 11, 8. Mf. לא, 4.

ט׳ פסוקים לא ולא ולא ולא. Deut. 5, 17, Jes. 5, 27. 37, 33. Mf. לא, 9.? 4)

---

1) Das Resultat dieser und der folgenden Angaben ist, dass am Anfang des Verses im Pentat. immer וְלֹא und nur 2 M. לא steht; in Exod. nur 7 M. וְלֹא; in Lev, nur 8 M. וְלֹא; in Num. nur 7 M. לֹא; in Deut. 17 M. וְלֹא; in Jos. 7 M. לֹא; in Jud. immer וְלֹא; in Sam. nur 2 M. לֹא; in Reg. immer וְלֹא; in Jes. nur 6 M. וְלֹא; in Jer. 7 M. לֹא; in Ezech. 5 M. לֹא; in d. kl. Proph. nur 3 M. וְלֹא; in den Pss. nur 5 M. וְלֹא; in den Prov. nur 3 M. וְלֹא; in Job nur 4 M. וְלֹא; in den 5 Megilloth immer לֹא; in Dan. nur 2 M. וְלֹא; in Esr. u. Neh. immer לא und in den BB. d. Chr. nur 2 M. לֹא steht. Die angeführten bilden die Ausnahmen; in der Regel steht immer die andere, nicht angeführte Form (von לא oder וְלֹא) am Anfang des Verses. S. auch die verschiedenen Angaben der Mp. zu den Stellen. —

2) Der Sinn ist, dass 78 Wörter je nur 1 M. mit לֹא und 1 M. mit וְלֹא vorkommen. Das ע״ח=78 ist Zusatz von Buxt. — Prov. l. c. hat blos זוגין; ed. Bomb. hat הלין זוגין u. s. w. Bei der Aufzählung sind folgende Stellen zu verbessern: לֹא חָשַׂךְ ist Ps. 78, 50. und וְלֹא חָשַׂךְ ist Gen. 39, 9.; es muss also zuerst stehen לא חשך, ממות und dann ולא חשך, איננו גדול, was auch aus der Reihenfolge der angeführten Stellen ersichtlich ist, indem die Angaben zu לֹא zuerst und nach der Reihenfolge der bibl. Bücher aufgezählt sind. — Das לָא בחכמה (Dan. 2, 30.) wird hierhin gezählt, obgleich es Kam. hat, S. Mp. zu Job 4, 21. Heid. will daselbst verbessern וחד לא מחכמה, weil לא בחכמה nicht vorkommt; er scheint aber an unsere Stelle nicht gedacht zu haben, indem das לָא בחכמה Dan. l. c. darunter gemeint ist. Bei לֹא חֵקֶר ist wieder eine Versetzung, indem zu לא חקר gehört ירע כבירים (Job 34, 24.) und zu ולא חקר stehen muss הן אל שגיא (ibid. 36, 26.) —

3) Der Sinn ist, dass 3 Verse von je 9 Wörtern vorkommen, in denen וְלֹא 2 M. enthalten ist und zwar so, dass zwischen dem ersten וְלֹא und dem zweiten, wie zwischen diesem und dem Schluss des Verses nur 2 Wörter stehen, d. h. zuerst stehen 3 Wörter, dann folgt וְלֹא 2 M. mit je 2 Wörtern nach sich. —

4) Die Angabe der Stellen fehlt, wie schon Buxt. bemerkt, in der gedruckten Mass. — Mpt. Hamb. besonders zu 2 Reg. 17, 35. und Heid. aus einem Mpt. giebt sie folgendermassen an: ועבדתם, שם אלהים מעשה Deut. 4, 24, לא תרצח, ולא תנאף, דמ״ת Deut. 5, 17, לבלתי, בוא בגוים האלה Jos. 23, 7, ויכרת, י״י ברית וישם 2 Reg. 17, 35. לכן כה אמר י״י אל מלך 2 Reg. 19, 32, וחברו דישעי׳ Jes. 37, 33. אין, עיף ואין כושל בו Jes. 5, 27, ומתו גדולים וקטנים Jer. 16, 6, החמס, קם למטה רשע Ez. 7, 11. S. Mf. ו׳, 29.

Gen. 4, 7. 37, 13. 40, 8.? Num.* 14, 3. הֲלוֹא מלא וחסר׃ 22, 30. 1 Reg. 22, 39. 2 Reg. 6, 11. 13, 8. 20, 20. Jes. 10, 11. Ez. 12, 9. 18, 29. Neh. 13, 26. Prov.* 14, 22. Job 1, 10. Ruth 2, 8. Mf. אל, 26. (S. מ״ש Gen. 4, 7. 20, 5. Deut. 32, 34. 2 S. 13, 28. Jes. 8, 19. 36, 7. 37, 26. Jer. 22, 16. Ez. 13, 7. 26, 15. Joel 1, 16. 7)

הֲלֹא לית ס״פ׃ (Heid. Mp. Jud. 14, 15.)

הֲלֹא אֲנִי׃ אָנִי S.

הֲלֹא הוּא ג׳. Deut. 3, 11. Mf. הל, 5. (S. מ״ש Deut. l. c. Jer. 22, 16.)

הֲלֹא הִנֵּה׃ הִנֵּה S.

הֲלֹא הֵם כְּתוּבִים׃ S. oben S. 234. Anmerkung 6.

י״ד פסוקים וְלֹא וְלֹא׃ 1) Deut. 16, 4. (S. Mf. לא, 2.)

י״ד פסוקים בסיפרא אית בהון וְלֹא וְלֹא׃ Hos. 4, 10.? S. Mf. לא, 2. 2)

י״ו פסוקים לא ולא לא בְּמִצְעוּת׃ 3) Mf. לא, 21.

ל״ג פסוקים אית בהון לא ולא ולא מטעין בהון (דמיחדין קדמא קרחי ותרין אחרנין נסבין וי״ו). Lsv. 19, 11. Ez. 31, 14. ל״ד? Mf. לא, 5. 4)

מ״ז פסוקים אית בהון מן ג׳ ג׳ מלין לא לא לא׃ Lev. 19, 19. Mf.* לא, 3. (S. מ״ש Jes. 16, 10.) 5)

קכ״ג פסוקים דאית בהון וְלֹא וְלֹא׃ Ex. 13, 7. Mf. לא, 2. (S. י״ד פסוקים) 6)

בְּלוֹא ו׳ מלא׃ Jes. 55, 1. Koh.* 10, 11. Mf. לא, 25.

---

1) Das י״ך = 14 bezieht sich wohl auf den Pent. und muss Deut. l. c. hinzugefügt werden בתורה oder באוריתא denn dass ולא 2 M. in einem Verse vorkommt, ist in 123 Versen der Fall, s. Mf. לא, 2. und weiter unten Anmerkung 6. Aber sowohl Mf. l. c. als auch רמ״ה (von Heid. angeführt) zählen nur 13 = י״ג im Pent.; sollte das י״ד = 14 irrthümlich mit dem folgenden Art. י״ד פסוקים בסיפרא וכו׳ verwechselt sein und müsste wohl hier statt י״ד = 14 zu lesen sein י״ג = 13? — S. מבין חדות zu Deut. l. c. —

2) Das בסיפרא bezieht sich, wie gewöhnlich auf das Buch der 12 kl. Proph.; sie sind aufgezählt Mf. לא, 2. — Es sind daselbst 15 angeführt, aber das (ושפט) ישפטו בין עמים רבים gehört wohl nicht dazu, indem daselbst das erste לא (ohne Waw copulat.) lautet? S. die Mp. zu den verschiedenen Stellen. —

3) Das י״ו = 16 in der Angabe ist nur von Buxt. verbessert; in ed. Bomb. heisst es י״ט = 19. Aber auch dies ist nicht richtig; es muss, wie Heid. aus einem Mpt. anführt, י״ז = 17 heissen und fehlt der Vers ויאפו את הבצק (Ex. 12, 39.) Ueber noch 3 Verse, in welchen לא ולא לא vorkommt, wo aber das erste לא den Vers anfängt, s. oben ג׳ ר״פ. —

4) An den meisten Stellen bemerkt die Mp. ל״ד = 34 d. h. 9 M. mit לא am Anfang und 25 M. alle 3 in der Mitte des Verses. S. auch Mp. zu Jer. 14, 14. (כ״ה). — Auch Mpt. Hamb. zu Deut. 1, 42. (so wie auch ein Mpt. bei Heid.) hat ל״ד und zählt noch לא גבה לבי (Ps. 131, 1.) dazu, was richtig ist und muss in Lev. und Mf. l. c. statt ל״ג gelesen werden ל״ד, wie auch Ez. l. c. es richtig hat. — Ueber die 9 am Anfang des Verses s. oben ט׳ ר״פ לא ולא ולא. —

5) Von diesen 47 Versen sind 11 im Pent. S. רמ״ה; 2 in d. kl. Proph. und 9 in den Hagiogr. S. Mp. Hos. 1, 9. Neh. 9, 21. und 2 Chr. 30, 3. wo בסיפרא s. v. ist als בכתובים. Bei 4 fängt der Vers mit לא an, s. Mp. Ps. 15, 3. Sie sind nach einem bei Heid. angeführten Mpte.: (Ps. 15, 3.) לא רגל, (ibid. 26, 1.) לא תעשו לכם, (Lev. 21, 5.) לא יקרחו (Ez. 3, 6.) לא אל עמים רבים. — Unter den angeführten Versen (wo auch manche kleine Fehler zu verbessern sind) muss das ונאספה (Jer. 48, 33.) in ונאסף (Jes. 16, 10.) verändert werden, da im ersteren nur 2 M. לא vorkommt. —

6) S. Mp. zu den St., wo die Zahl für einzelne Bücher zu finden ist. 13 im Pent. s. auch רמ״ה. 14 in Jes. 23 in Jer. 14 in d. kl. Proph. (s. oben Anmerkung 2.) 4 in d. BB. d. Chr. (zu den 3 angeführten gehört auch das oben nach ושמתי (2 S. 7, 10.) angegebene וחברו (1 Chr. 17, 9.). — Das פה להם ולא ידברו ist Ps. 115, 5. und 135, 16. (es müsste wohl וחברו heissen), weswegen Mp. zu beiden Stellen bemerkt: ז׳ פסוקים בסיפרא, also 7 M. in den Pss. u. s. w.

7) Statt י״ג בתורה hat Mpt. Hamb. und רמ״ה wie auch Heid. im מאור עינים — Pent. י״ב = 12, wahrscheinlich ohne ושמואל כל׳ מל׳ — וחד פלוגתא s. Mp. 2 S. 15, 35. — Zu מלכים hat ed. Bomb. וי״ד מל׳ במלכים, was aber nach Mm. 1 Reg. 22, 39. י״ז = 17 heissen muss, wie es auch Buxt. richtig hat. Zu Jes. liest Heid. במ״ז = 7 statt במ״ו = 6 nach der Mp. zu Jes. 44, 8. und fügt daher in Jes. 10, 8. הלא מאז השמעתיך hinzu. Zu תרי עשר muss es lauten: כלהון מלאים במ״א חסר. Das Resultat ist demnach mit Zugrundelegung von Mf. לא, 26.: im Pent. ist es immer def. (Waw) mit Ausnahme von 12 (13?) Stellen; in Jos. immer plene mit Ausnahme einer St. In Jud. immer def.; in Sam. immer plene; in Reg. nur 17 M. plene (s. 1 Reg. 22, 39.); in Jes. immer plene mit Ausnahme von 7 Stellen?, wo es def. ist, s. Jes. 10, 8. In Jer. immer plene mit Ausnahme von 3 Stellen; in Ez. immer plene mit Ausnahme von 8 Stellen, s. Ez. 12, 9.; in d. kl. Proph. immer plene ausser einer Stelle und in d. Hagiogr. nur 9 M. plene, s. Prov. 14, 22, Neh. 13, 26. und Ruth 2, 8. —

(הֲלֹא כִּי לית. (Mp. 2 S. 13, 28.

כְּלוֹא לית. .37 ,אוֹ״א, 18. א׳, Mp. Ob. 1, 16. Mf.

לְלֹא י״א. (1 .27 ,לא Job 26, 2. 39, 16. Mf.

וּלְלֹא ב׳ ובחד פסוק. א״ב מן ב׳ ב׳ (S. Mp. 2Chr. 15, 3.
ובחד פסוק .אוֹ״א, 58.)

שֶׁלֹּא ד׳ בקריא. .28 ,לא Ps. 124, 6. Koh.*7, 15. Mf.

לְבַד

לְבַד כל הדין סיפרא ותריסר קמץ וכל שאר קריא פתח
במ״א. (2 Ex. 26, 9.?

לְבַדֶּךָ ג׳ זקף, אנ״ך וכל אס״ף דכו׳. Ex. 18, 14.
1 S.*21, 2. Neh.*9, 6. Mf. בד, 5.

לוֹ

לוֹ כ״ב, י״ט לוֹ וג׳ וְלוֹ. Gen. 17, 18. 30, 34. Num.*14, 2.
Job 16, 4. Mf. לן, 1. 3)

לוּא ג׳ מלאים. 1 S. 14, 30. (S. vorigen Art.)

לוּלֵא ד׳ כתיב א׳. Gen. 43, 10. Jud. 14, 18. 2 S.*2, 27.
Mf. לן, 13. (S. מ״ש Geu. l. c. 1 S. 25, 34.)

לוּלֵי ז׳ ר״פ. (4 .14 ,לן Gen. 31, 42. Ps. 94, 17. Mf.

לָמָּה

לָמָּה רפץ ודגש ומלעיל ומלרע. S. Ps. 43, 2.! *49, 6.
Mf. לם, 2. (S. מ״ש 2 S. 2, 22. 14, 31. Jer. 15, 18.
Ps. 42, 10.; auch דרכי הנקוד וכו׳ ed. Hannover,
S. 5. und Anmerkung.)

וְלָמָּה ח׳ ר״פ ג׳ רפין וה׳ דגשין. Num. 14, 3. 20, 4.
32,*7. Job 10, 18. Mf. לם, 1. u. 5. (S. מ״ש Ps. 10, 1.)

וְלָמָּה זֶּה. זֶה S.

(לָמָּה וְלָמָּה וְלָמָּה. א״ב מן ב׳ ב׳ וא׳ וכו׳ S. Mf.
אוֹ״א, 14.

(לָמָּה לִּי לית. (Mp, Gen. 27, 46.

(וְלָמָּה תִהְיוּ לית. (Mp. 2 S. 19, 13. (S. das. V. 12.)

מִלְמַטָּה

מִלְמַטָּה ו׳ חד מנהון קמץ וכו׳ ושארא פתחין (המ״ם).
Ex. 26, 24,

לְמַעַן

ו׳ פסוקים לְמַעַן לְמַעַן. Gen. 18, 19. Jos.*4, 24. 11, 20.
Mf. לם, 7.

וּלְמַעַן ב׳ ר״פ. Ex. 10, 2. Deut.*11, 9.

וּלְמַעַן ט׳ יחידאין. Ex. 9, 16. Deut. 4, 40. Jes.*37, 35.?
Mf. לם, 6. 5)

לִפְנֵי

לִפְנֵי ב׳ סבירין לִבְנֵי. מ״ש (S. .15 ,פנ Prov. 4, 3. Mf.
Jos. 18, 10.? Prov. l. c.)

לִפְנֵי י״י ב׳ סבירין אֲשֶׁר. אֲשֶׁר S.

לִפְנֵי אֹהֶל מוֹעֵד. אֹהֶל S.

וְלִפְנֵי י״ו יחידאין וסי׳ וכו׳ וכל לפני ולפני דכו׳? Num.
27, 19. Job 8, 12. *15, 7. Mf. פנ, 19. 6)

---

1) Jes. 65, 1. ist das erste ללוא plene (Waw) nach einer handschriftl. Mp. zu 2 Chr. 15, 3., wo es heisst; י״א חד מלא.

2) Das כל הדין סיפרא in Ex. l. c. muss כל משכנא כל הדין עניגא oder heissen; es bezieht sich nur auf den betreffenden Abschnitt (von Ex. 26, 1. an und ff), nicht aber auf das ganze B. Exod. S. Heid. im Pent. מאור עינים zu Ex. 12, 37. ausführlich; auch M. marg. zu Jud. 7, 5. Das ומספ׳ das. ist Druckfehler und soll וא״ספ heissen. —

3) Der Sinn ist, dass diese Partikel 22 M. vorkommt und zwar 19 M. ohne und 3 M. mit Waw copulat. wie angegeben. Drei davon sind plene (Alef) s. folg. Art. — Zwei werden לֹא (und וְלֹא) geschrieben, nemlich 2 S. 19, 7. und 18, 12. — In Mf. l. c. muss (nach Mpt. Hal.) statt נגרע gelesen werden בגוע und statt הואלנו .היא לנו Was das mnemonische Zeichen betrifft s. unsere Abhandlung über die mass. Zeichen. —

4) In Gen. l. c. steht לולי י״י עורתה zwei M. angeführt; statt des zweiten muss es heissen: לולי י״י שהיה לנו Ps. 124, 2., mit welchem es 7 sind am Anfang des Verses. —

5) Das יחידאין soll bezeichnen, dass in d. 9 angeführten St. וּלְמַעַן (mit Waw copulat.) allein vorkommt, ohne vorhergehendes לְמַעַן, was sonst der Fall ist. —

6) Auch hier ist der Sinn, dass וְלִפְנֵי (mit Waw copulat.) 16 M. allein vorkommt ohne vorhergehendes לִפְנֵי, wie gewöhnlich, s. Schluss! — Wenn לפני אלעזר הכהן ולפני = Num. 27, 19. angeführt ist, so ist das unrichtig; denn in diesem Vers geht לִפְנֵי vorher; es muss heissen: וְלִפְנֵי אלעזר הכהן (ibid. 21.), wo ולפני den Vers anfängt. Ueberhaupt ist die Massora-Angabe versetzt und gehört vielmehr zu V. 21. — S. Mp. das. und מס׳ המס׳ ed. Ginsburg S. 217. —

(מִלְּפְנֵי י״ט בכתובים· (S Mp. 1 Chr. 19, 18. S. Anmerkung 1)

מִלְּפָנַי י״ב· Gen. 23, 4. Lev.*22, 3. Ez. 30, 9. Mf. פנ, 12.

מִלְּפָנֶיךָ י׳· Ex. 23, 28. Deut. 9, 4. 28, 31. Jer. *18, 23. Neh. 4, 5. Mf. פנ, 13.

לְפָנָיו וְאַחֲרָיו׳ ד׳ פסוקים אית בהון פנים ואחור· Ex. 10, 14. Jos. 10, 14. Joel 2, 3. Mf. פנ, 25.

מִלְּפָנָיו ח׳· 2 Reg. 6, 32. Est.*1, 19. Dan.*11, 22. Mf. פנ, 11.

מִלִּפְנֵיכֶם ג׳· Deut. 11, 23. Mf. פנ, 18. (S. מ״ש Jos. 23, 3.!) 2)

לִקְרָאת

לִקְרָאתֶךָ ד׳· Ex. 4, 14. 1 Reg. 5, 26.

מ׃

מְאֹד

מאֹד מאֹד ו׳· Gen. 7, 19. 1 Reg.*7, 47. Mf. מא, 2.

בִּמְאֹד מְאֹד ו׳· Gen. 17, 20. Ex. 1, 7. Ez. 9, 9. Mf. מא, 3.

לָרֹוב מְאֹד ה׳ דסמיכי· 2 Chr. 9, 9. Mf. מא, *3. רב, 7.

רַבָּה מְאֹד ה׳· Num. 11, 33. Ez.*47, 9. Mf. רב, 10.

מַדּוּעַ

וּמַדּוּעַ י׳ ושארא מַדּוּעַ וא׳ חסר מַדֻּעַ· Num. 16, 3. Jud. 9, 28, 11, 26. 2 S. 18, 11. 1 Reg. 2, 43. Mf. יד, 49.

מָה

מָה ה׳ קמץ דסמיך לח״ע· ⎫ Gen. 31, 32. Job 21, 21.
ב׳ פתחין דסמי׳ לח׳ ⎭ Dan.*4, 32. Mf. מה, 2. u. 3.

מֶה, וּמֶה כ״ד ופתחין· Ex. 32, 1. 32, 23. 1 S. 4, 6. 1 Reg. 14, 14. 2 Reg. 4, 13. Hag. 1, 9. Ps. 4, 3. Prov. 31, 2. Dan. 4, 32. Mf. מה, 1. | (S. Mp. 1 S. 4, 6. מ״ש Deut. 29, 23. u. 1 S. 4, 6.) 3)

ה׳ פסוקים אית בהון מָה מָה וכו׳· מ׳ פסוקים S.

(מָה אֵלֶּה ב׳· (Heid. — Ez. 24, 19. 37, 18.

מָה אָמַר ב׳· Ex. 3, 13.

מָה הִיא ד׳· Gen. 23, 15. Num. 13, 18. Mf. מה, 8.

מָה הֵנָּה ב׳ דסמיכי· Gen. 21, 29.

מָה פָּעַל ב׳· Num. 23, 27.

עַד מָה ד׳· Num. 24, 22. Ps.*89, 47. Mf. עד, 26.

בַּמָּה ח׳ קמץ וא׳ וּבַמֶּה· Gen. 15, 8. 1 Reg. * 22, 21. Micha*6, 6.? Mal.*1, 2. Mf. מה, 5. 4)

---

1) Diese in d. Mp. 1 Chr. l. c. befindliche Angabe findet sich in der gedruckten Mm. nirgends angeführt; Heid. führt sie aus einem Mpt. folgendermassen an: מִלִּפְנֵי י״ט בכתובים וסי׳. אז ירננו עצי היער 1 Chr. 16, 33. וינס ארם מלפני ישראל ibid. 19, 18. ויבא שלמה לבמה 2 Chr. 1, 13. ובזאת עליך קצף ibid. 19, 2. הלא אתה אלהים ibid. 20, 7. ויאמר הקשיבו ibid. 20, 15. ולא נכנע מלפני ibid. 33, 23. ויעש הישר (הרע׳ כצ״ל) בעיני י״י ibid. 36, 12. ויכנע מאד ibid. 33, 12. יען רך לבבך ibid. 34, 27. הרים כדונג נמסו (ב׳ בו) Ps. 97, 5. כשגגה שיוצא Koh. 10, 5. וטוב לא יהי׳ לרשע ibid. 8, 13. והמן נבעת Est. 7, 6. ומרדכי יצא מלפני המלך ibid. 8, 15. ויקם עזרא Esr. 10, 6. — Es sind nur 17 aufgezählt; es fehlt aber Ps. 114, 7. in welchem es 2 M. vorkommt. —

2) Das Deut. l. c. als dritte Stelle angeführte ידע תדעו כי לא יוסיף י״י מפניכם mit dem Zusatze תנינא דפסוק ist fehlerhaft, da hier nicht מפניכם sondern אלהיכם zuerst steht und passt also das תנינא דפסוק nicht? — oder sollte die M. statt אלהיכם gelesen haben מפניכם? Das Richtige hat מ״ש Jos. 23, 3., der das מפניכם, תנינא דפסוק zur zweiten St. (Jos. 23, 5.) zieht und liest: וי״י אלהיכם הוא יהדפם, תנינא דפסוק (Jos. 23, 5.), ידע תדע כי לא יוסיף (ibid. 23, 13).

3) Ueber מָה, מַה und מֶה S. ausführlich unsere Ausgg. des דרכי הנקוד S. 9. und die Anmerkung dazu S. XII. Die Angabe Ex. 32, 1. leidet an mehren Fehlern; 1) giebt sie in der Ueberschrift כ״ד = 24 an und führt nur 23 Stellen an; 2) zählt sie מה עברתנו (כצ״ל). Jos. 7, 25. dazu, da dieses doch vor einem ע׳ regelmässig Segol hat, wie es am Schlusse heisst: וכל דסמיך לח״ע דכו׳ ? — 3) zählt sie den Vers לעשות עוד לכרמי (Jes. 5, 4.) dazu, daselbst kommt ja מֶה (mit Segol) gar nicht vor? — Heid. führt aber ein Mpt. an, wo das עברתנו (Jos. l. c.) fehlt und dafür ויאמר האיש אל עלי 1 S. 4, 16.) und noch ferner hinzugefügt ist: ויאמר אליו דוד מה היה (2 S. 1, 4.), so dass es richtig 24 Stellen sind. Statt לעשות עוד לכרמי muss gelesen werden: ומה לעשות לה (2 Reg. 4, 14.).

4) Wenn Mf. l. c. und an den anderen Stellen ח׳ = 8 angegeben ist, so ist וּבַמֶּה nicht mitgezählt und muss hinzugefügt werden: וא׳ וּבַמֶּה; in Gen. l. c. heisst es ט׳ קמץ = 9, weil ובמה mitgerechnet ist, darin liegt auch die Differenz zwischen der Mm. und Mp. daselbst. —

(וּבַמֶּה ב׳ מיחדין וכל במה ובמה דכו׳. S. Mp. Ex. 33, 16. 1 S. 29, 4.) 1)

וּמַה ט׳ יחידאין קמצין וט׳ פשטין. 256. ,או״א Mf. מה, 4.

מָה דארמית ודניאל ועזרא קמוצים. Dan. 4, 32.

לְמָה ג׳ ב׳ כתיב ה׳ וא׳ כתיב א׳. Esr. 4, 22. *7, 23, Mf. לם, 3.

(וּמָה י״י. לית. Mp. Micha 6, 8.)

(מַזֶּה, מַלָּכֶם, מָהֶם. 99. ,או״א .ט״ו מלין S.

מִי

מִי אָנֹכִי. אנכי S.

מִי לְךָ ג׳. Gen. 33, 8.

מִי הוּא זֶה ג׳ דסמי׳. 2. ,Jer. 30, 21. Ps.*24, 10. Mf. מי

מִי י״י. הו״יה S.

אֶל מִי. אל S.

וְאֶל מִי. אל S.

אֶת מִי. את S.

וְעַל מִי. על S.

וּמִי ד׳ יחידאין. 2) Mf. מי, 1.

וּמִי יוֹדֵעַ. ידע S.

(וּמִי בָחוּר ב׳. S. Mp. Jer. 49, 19. 50, 44.

(וּמִי זֶה ב׳. ibid.

(וָמִי לית. Mp. Ex. 10, 8.

וּלְמִי ג׳. 4. ,Gen. 32, 17. 1 S.*9, 20. Mf. מי

מִן

מִן אֲרַם ג׳. 3) Mf. אר, 9.

(מִן הַסְּעָרָה. 99. או״א .ט״ו מלין כתבן מלה חדא וקרין תרין) S.

מִן בַּת צִיּוֹן, מִן הַמְּעָרָה. ח׳ מלין כתיבין תרין וקרין חד. ,או״א 100.) S.

ט״ו מן חד חד מִן ולית דכו׳. Ex. 18, 13. Mf. מן, 2. ,אָו״א 196.

ז׳ זוגין מן ב׳ ב׳ חלוף מיחדין חד מ׳ וחד מִן. Ex. 5, 23. Mf. מ׳, 15. ,או״א 197. (S. מ״ש 2 S. 22, 4. Jer. 31, 15.)

ט״ו וחידאין משמשין וּמִן ולית זוגא. Gen. 7, 8. Mf. מן, 1. 4)

מִן, וּמִן ר״פ. S. Gen. 7, 8, Ez.*45, 2. Dan.*6,27. 1 Chr.*26,27. Mf.*מן, 5. 5)

---

1) S. מבין חדות zu Ex. l. c. Der Sinn ist, an den angeführten 2 Stellen kommt וּבַמֶּה (mit Waw copulat.) ohne vorhergehendes בַּמֶּה vor, s. oben S. 252, Anmerkung. 5 und 6. Das וכל במה ובמה דכו׳ soll heissen: s. v. a. sonst geht immer בַּמֶּה vorher. S. auch vorigen Art. und Anmerkg. daselbst. —

2) Das יחידאין soll heissen s. v. a. mit den bezeichneten 4 Wörtern kommt וּמִי (mit Waw copulat.) nur 1 M. vor sonst steht immer מִי (ohne Waw copulat.) davor. Warum ist aber nicht וּמִי לְךָ (Jes. 22, 16.) mitgezählt, da die Mp. das bemerkt לית? — מִי לְךָ (ohne Waw copulat.) kommt ja 3 M. vor, s. diesen Art. oben. —

3) Das ג׳ = 3 soll heissen s. v. a. 2 M. mit מִן und 1 M. mit וּמִן, im Ganzen 3 M. s. Mp. 1 Chr. 19, 6. —

4) Mf. l. c. ed. Buxt. hat aus Missverständniss das י״ד = 14 in ט״ו = 15 verändert; er hat das וּמִן לשון nach מִן כָּל als besondere Stelle genommen und so 15 herausgebracht. Heid. erklärt diese Stelle aus einem Mpt. zu וּמִן כָּל (Dan. 1, 15.) welches bemerkt: ב׳ בלישנא וכל לשון ארמי׳ דכו׳, woraus hervorgeht, dass in der ganzen Bibel an den betreffenden Stellen immer מִכָּל steht mit Ausnahme von 2 Stellen, in denen 1 M. מִן כָּל und 1 M. וּמִן כָּל vorkommt und darauf bezieht sich das וכל לשון ארמית דכו׳ d. h. im Chaldäischen der Bibel kommt immer מִן oder וּמִן vor כָּל und nie מִכָּל vor. Das ומן לשון ארמית וכו׳ muss heissen, וכל לשון ארמית דכו׳ und bezieht sich auf das unmittelbar vorhergehende ומן כל d. h. im Chaldäischen kommt ebenso immer וּמִן (oder מִן) vorher und niemals zusammengezogen in מִכָּל, wie in der übrigen Bibel; es sind also richtig nur 14 Ausnahmen, wie ed. Bomb. und Gen. 7, 8. es haben. Was aber noch schwierig bleibt, ist, warum wird וּמִן אָז (Jer. 44, 18.) mitgezählt und וּמִן אוֹיְבַי (Ps. 18, 4.) nicht, da doch beide Ex. 5, 23. zu den ז׳ זוגין מן ב׳ ב׳ חלוף וכו׳ gerechnet werden. —

5) Dass Resultat ist, dass am Anfang des Verses a) im Pent. immer וּמִן steht mit Ausnahme von 3 Versen, die mit מִן anfangen. b) in den BB. Esr. (u. Neh.) Dan. und Chr. immer וּמִן steht, ausser 10 Versen, die mit מִן anfangen. c) in den übrigen BB. d. h. Schrift immer מִן steht, ausser 5 V., die am Anfang וּמִן haben. — Die Angabe in Ez. l. c. ist lückenhaft; das „Esr. 6." in Mf. l. c. muss in Dan. 6, (27.) verändert werden, wo das בס״א auf das Buch Dan. sich bezieht, was auch aus dem כל סיפרא hervorgeht. —

מִן מִן וּמִן. Num. 31, 47.

מִן וּמִן וּמִן וּמִן. Num. 31, 47.

מִן מִן מִן מִן וּמִן. (1 Num. 31, 47.

(ב׳ פסוקים מִן מִן מִן מִן. Heid. aus einer Handschr. או״א, 317.)

ד׳ פסוקים אית בהון מִן מִן מִן וּמִן. Ex. 8, 9. Lev. 1, 2. Num. 31, 47. Mf. מן, 3. או״א, 318.

(וּמִן ר״י. ב׳. S. Mp. 1 Chr. 13, 2. Mf. אד, 45. או״א, 185.)

הֲמִן ג׳. Gen. 3, 11. Num.*20, 10. 2 Reg.*6, 27. Mf. מן, 4.

לְמִן הַיּוֹם ז׳. יום S.

(מִנִּי ב׳ ר״פ. Mp. Jud. 5, 13. Esr. 7, 12.)

(וְלֹא מִנִּי לי׳ דסמי׳. Mp. Jes. 30, 1.)

וּמִנִּי שִׂים טְעֵם ד׳ ר״פ וא׳ מִנִּי. Esr. 6, 11.

(מִנִּי ב׳ ובפסוק. א״ב מן ב׳ ב׳ בחד פסוק וכו׳. S. Mp. Jes. 30, 11. או״א, 58.

מִמֶּנִּי י׳ בתורה. (2 Num. 22, 6. Mf. מן, 8.

(הֲמִמֶּנִּי לית. Mp. Jer. 32, 26.)

כל סיפרא מִמֶּנִּי במי״א מִמֶּנּוּ. Ps. 103, 12. Mf. מן, 9.

מִמֶּנּוּ ט׳ דמטעין. Ex. 25, 15. Mf. מן, 6. (S. מ״ש Ex. 25, 15. Lev. 7, 18. Jes. 5, 23. Heid. zu עין הקורא Lev. 7, 18.) 3)

מִמֶּנּוּ ו׳ סבירין מִמֶּנָּה. Lev. 6, 8. 27, 9. Jos. 1, 7. Jud. 11, 34.? Mf. מן, 7. (S. מ״ש Ex. 25, 15. Lev. 6, 8. 7, 18. 27, 9. Jos. u. Jud. l. c. u. vor. Anmerkg.)

(וּמִמֶּנּוּ ב׳. Dan. 8, 11. Koh. 3, 14.)

(הֲמִמֶּנּוּ לית. Mp. Reg. 20, 33.)

(וּמִמֶּנָּה לית. Mp. Jer. 30, 7.)

מִפְּנֵי

מִפְּנֵי י״י אֱלֹהִים ב׳ באוריתא. הו״ה S.

נ.

נָא

הַכֶּר נָא ב׳ דסמיכי בענין. (4 Gen. 38, 25.

נֶגֶד

לְנֶגְדֶּךָ ב׳. Gen. 33, 12.

נַחְנוּ

נַחְנוּ ג׳ ב׳ פתח וא׳ קמץ. Gen. 42, 11. Num.* 32, 32. Thr.*3, 42. Mf. נח, 1.?

וְנַחְנוּ ג׳? (5 Ex. 16, 7. Mf. נח, 8.

נֹכַח

נִכְחוֹ ב׳. Ex. 14, 2. Mf.* נכ, 1.

---

1) Diese 3 Angaben über מִן und וּמִן in einem V. beziehen sich nur auf den Abschnitt Num. 31, 28. ff., sonst aber kommen sie noch mehrmals so vor; so kommt z. B. מִן מִן וּמִן 4 M. in einem Verse vor, s. unten ד׳ פסוקים —

2) Nach dieser und der folgenden Angabe kommt מִמֶּנִּי im Pent. 10 M. und in d. Pss. immer, mit Ausnahme von 11 St. vor. — Wie viel M. es aber überhaupt und in jedem der BB. der heil. Schrift. vorkommt, darüber vergl. man die verschiedenen Angaben der Mp. zu dem betreffenden Wort. — Nach einem von Heid. angeführten Mpt. kommt es, ausser den Pss. 51 M. in der Bibel vor. In d. Mp. wird am häufigsten נ״ז = 57 M. angegeben.

3) Nach מ״ש fehlt in Ex. 25, 15., wo ט׳ = 9 angegeben und nur 8 gezählt sind, ויצא אחד אל השדה (2 Reg. 4, 39. das Lev. 6, 8. mitgezählt wird.); dagegen liest עין הקורא (Lev. 7, 18.) ח׳ = 8? S. Heid. daselbst. — Ueber die Ausgleichung beider Angaben (Ex. 25, 15. und Lev. 6, 8.) scheint מ״ש l. c. das Richtige zu haben und zwar Lev. 6, 8. etc. das ו׳ = 6 angiebt, bezieht sich nur auf die Stelle, wo man statt מִמֶּנּוּ erwartete מִמֶּנָּה; aber Ex. 25, 15. wo ט׳ = 9 angegeben sind, rechnet zu diesen 6 noch 3 (Ex. 25, 15. Lev. 7, 18. und Jes. 5, 23.), in denen man מֵהֶם statt מִמֶּנּוּ lesen möchte; darum heisst es in der Ueberschrift ט׳ דמטעין = „bei 9 könnte man sich irren und anders lesen" während Lev. 6, 8. ausdrücklich sagt: ו׳ סבירין מִמֶּנָּה, also nur man würde für ממנו ממנה lesen. — Hier sei nur noch bemerkt, dass Mpt. Hal. liest: ה׳ דחמין ממנה וקרין ממנו, er lässt Jos. 1, 7. aus und auch in den mnemonischen Zeichen hat er ואינו מן ח׳ דחמין אפרש בעירא דיפתח ולקט בארחא und das bei uns befindliche יהושע fehlt. — Sollte vielleicht das ח׳ דחמין im עין הקורא Lev. 7, 18. gleichfalls ה׳ דחמין gelesen werden müssen? —

4) Das ובענין in Mp. ist richtiger als בענין der Mm., da diese Verbindung überhaupt nur 2 M. vorkommt. —

5) Zwei sind pronom. und 1 ist 1 p. pl. prät. Kal von נוח in 2 S. 17, 12. Das letztere fehlt in der Buxt. Concord. s. rad. נוח. —

ס.

סָבִיב

סָבִיב· סבב Alle Formen dieser Partikel. S. oben unter

ע.

עַד

עַד, וַעַד י״א בטעם מאריך ס״פ. Gen. 38, 17. Cant. 3, 5. 8, 4. Mf. עד, 25. 1)

עַד י״ו יחידאין ומלה אחרי. 2) Job 22, 23. או״א, 265.

ה׳ זוגין מן ב׳ ב׳ מיחדין חד עַל וחד עַד· Gen. 49, 27. Ez.*41, 19. Mf. עד, 4. או״א, 218.

עַד י״ד ה׳. Hos.*14, 2. Deut. 4, 30. Mf. אד, 78.

(עַד אֲלֵיהֶם· אֲלֵיהֶם .S)

עַד הַיּוֹם· יום .S

עַד הָעוֹלָם ד׳. Mf. עו, 17.

(עַד כֵּן לית וכל קרי עַל כֵּן. Mpt. Heid. Mp. Neh. 2, 16. S. כֵּן

(עַד לֹא· לֹא .S)

עַד מָה· מה S. oben

עַד עוֹלָם ג׳ ס״פ. 3) Mf. עו, 23.

עַד עֶצֶם הַיּוֹם הַזֶּה· עֶצֶם .S

עַד עַתָּה ד׳ וכל שאר קריא ועד עתה· Gen. 32, 4. Deut.*12, 9. 2 S.*19, 8. 2 Reg. 13, 23. Mf. עת, 7.

מֵאָדָם עַד בְּהֵמָה כל בראשית וידבר ותלים עַד וכל אלה שמות וירמי׳ וְעַד· Gen. 6, 7. Num. 3, 13. Mf. אד, 12. (S. מ״ש ·מֵאָדָם l. c.) 4)

י״ב זוגין חד עַד וחד וְעַד· Mf. עד, 5.

(ב׳ פסוקים דאית בהון עַד עַד וְעַד· Mp. Gen. 6, 7. 7, 23.)

ג׳ פסוקים דאית בהון וְעַד עַד· Gen. 13, 3. Ex. 23, 31. Mf.* עד 2. או״א, 321. (S. מ״ש Zach. 9, 10.)

ג׳ פסוקים אית בהון וְעַד וְעַד וְעַד· או״א, 324. Mf. עד, 8.

ג׳ פסוקים דאית כהון עַד וְעַד וְעַד וְעַד· Mf. עד, 7.

י״ד פסוקים אית בהון וְעַד וְעַד· Deut. 3, 16. Mf. עד, 1. או״א, 322.

י״ז פסוקים מן עַד וְעַד· Deut. 28, 20. 1 Reg.*18, 45. Jer. 30, 24. Dan. 7, 18. Mf. עד, 3. או״א, 323.

(י״ח פסוקים דמיין עַד וְעַד וְעַד· Heid. Mpt. zu Esr. 7, 22.

(וְעַד אָנָה לית. Mp. Num. 14, 11.)

(וְעַד הֵנָּה ד׳. 5)

וְעַד כָּל ב׳. Mf. עד, 6.

(וְעַד מָתַי לית. Mp. 2 S. 2, 26.)

וְעַד עוֹלָם י״ב. Jes. 59, 21. Jer. 7, 7. 2 Chr.*29, 10. Mf. עו, 14. (S. מ״ש Ps. 90, 2.)

עָדֶיךָ ג׳ וא׳ וְעָדֶיךָ· Mf. עד, 24.

עוֹד

עֹד י״ד חסר. Gen. 8, 22? 19, 12. Ps. 146, 2. Mf. עו, 4. (S. מ״ש Gen. 40, 19.) 6)

---

1) Der Sinn ist, dass עַד mit dem folgenden Worte am Ende des Verses immer durch Makkaf verbunden ist, ausser 11 St., in denen עַד oder וְעַד ein Mercha vor dem Schlusswort hat. Die zweite St. muss עד אבדך (Deut. 28, 22.) statt עד עברך heissen. S. שום שכל von Heid. zu Gen. 38, 16. —

2) Das י״ו ist unrichtig; es sind י״ז = 17. Die Aufzählung befindet sich nicht in der gedruckten Massora, sie findet sich aber in או״א, 265., wo י״ז angeführt sind. —

3) Diese Angabe ist nicht klar, da diese Verbindung ja mehr als 3 M. am Ende des Verses vorkommt, wie schon B. Chajim bemerkt. —

4) Diese Verbindnng mit עַד kommt nur 4 M. vor und zwar Gen. 6, 7. 7, 23. Num 3, 13. und Ps. 135, 8., worauf sich das ד׳ = 4 in Num. 3, 13. und Mf. עד, 12. bezieht; in Ex. 9, 25. und Jer. 50, 3. heisst es וְעַד (mit Waw copulat.). Ausserdem kommt diese Verbindung nicht vor; das כל als Allgemeinheit ausgesprochen, ist daher in der Mass. nicht zu urgiren. —

5) Heid. führt sie zu Mf. Art. הֵנָּה so an: וְעַד הֵנָּה ד׳ וסי׳ סלח נא לעון Num. 14, 19., ועד הנה בשער המלך 1 Chr. 9, 18., ועד הנה מרביתם 1 Chr. 12, 30., ועד הנה אגיד נפלאתיך Ps. 71, 17. —

6) Wenn die Angaben bald י״ד = 14 und bald י״ב = 12 haben, so hat das seinen Grund darin, dass erstere die 2 בְּעֹד (def. Waw) mitzählen und die anderen es nicht mitzählen. Das וב׳ בְּעֹד in Gen. 8, 22. heisst s. v. a. וב׳ בתראין d. h. die 2 zuletztgenannten haben בְּעֹד (def.) —

דָוִד עוֹד ד׳ דקדים דָוִד לְעוֹד· (1 Mf. דו, 17.

וְאֵין עוֹד ב׳ וכל ישעי׳ דכו׳· Mf. עו, 5.

וַתַּהַר עוֹד ז׳· Gen. 29, 32.

בְּעֹד ג׳ חסר· (2 (ז׳?) Jer. 15, 9. (S. Mp. Jer. 28, 3.

וְעוֹד כ״ג· (3 Jer. 36, 32. Ez. 8, 6. Dan. 9, 20. Mf. עו, 3.

(עֹדְךָ לית וחסר· (Mp. Job 2, 9.

עוֹדֶנּוּ ד׳ מלא· (4 Mf. עו, 6.

(וְעֹדֶנּוּ ב׳ חד מלא· (Mp. Job 2, 3. Jer. 40, 5.

(הָעוֹדֶנּוּ ב׳· (5 (S. Anmerkung.

עוֹדֶינָה כתיב וקרי עוֹדֶינּוּ· Thr. 4, 17.

על

על ח׳ בטעם מאריכין בסיפרא· Lev. 1, 11. 14, 7: Mf. על, 25. (6

י״א סבירין עַד וקרין עַל· Gen. 49, 13. Mf. על, 1.

וב׳ עַל דסבירין (S. Mass. Hamass. v. Levita Absch. 8.

עִם וכו׳ — S. auch ausführlich מ״ש Gen. 30, 40., wo diese Angabe verbessert wird; ibid 49, 13. Jos. 2, 7. (ט׳?); Jud. 7. 22. 1 S. 20, 8. Jer. 31, 38. Dan. 9, 27. Neh. 12, 39. ausf. 12, 22. (7

עַל בלשון אבל· אבל S.

עַל עם לשון בטיחה· שטה S. בטח, auch unten Art.

עַל עם לשון נפילה· נפל S.

(כל לשון עלייה עַל במ״ז אֶל· S. M. marg. Ex. 19, 3. Mf. אל, 12.

עַל ר׳־י׳· הו״יה S. Abth. 2.

כל לשון אַחֲרֵי אֶל במ״ב עַל· Ez. 41, 17.

עַל אַהֲרֹן ה׳· Ex. 28, 35. Mf. אה, 22.

(עַל אֲשֶׁר לֹא לית· (Mp. Jes. 29, 12.

עַל בַּיִת, וְעַל בֵּית י״ג וכל מלכים וישעי׳ וירמי׳ ותרי עשר דכו׳ עַל בֵּית, וְעַל בֵּית במי״א אֶל בֵּית, וְאֶל בֵּית וסי׳· Num. 2, 34. 1 Reg. 14, 10.

---

1) In der Angabe ist eigenthümlich, dass sie 2 in einem Verse (1 Chr. 14, 3.) für eins rechnet; indem es mit diesen beiden 5 M. vorkommt, während sie nur ד׳=4 angiebt? Aber auch das angeführte מה יוסיף דוד (1 Chr. 17, 18.) ist unrichtig, indem daselbst עוֹד vor דָוִד steht? — Heid. will dafür ויאסף שאול (1 S. 18, 29.) lesen, wo מפני דוד עוד vorkommt. —

2) Das ג׳=3 in Jer. l. c. ist ein Fehler und muss in ב׳=2 geändert werden, wie auch das angeführte בעוד שלשת ימים (Gen. 40, 13.) plene Waw ist. S. Art. עַד י״ד חסר S. 256. u. Anmkg. 6 dazu. — Auch Mp. zu Jer. l. c. hat ב׳. —

3) Nach Mp. zu Jes. 6, 13. Koh. 3, 16. Ps. 37, 10. und 2 Chr. 28, 17. sind 8 von diesen 23 וְעוֹד am Anfang des Verses (ח׳ ר״פ). —

4) Die Angabe Mf. l. c. leidet an mehren Schwierigkeiten; 1) warum ist עוֹדֶנּוּ (Gen. 18, 22.) nicht mitgezählt, das doch entschieden plene Waw ist, s. רמ״ה s. rad.? 2) steht in dem V. ויחלטו וכו׳ (1 Reg. 20, 33.) das Schlagwort nicht, sondern in dem vorhergehenden; (sollten die 2 Verse zusammengezogen sein?) wenn aber auch solche Verwechselung, die manchmal in der M. vorkommt, zu übersehen ist, so bleibt immer noch die Frage, 3) da in diesem Verse nicht עוֹדֶנּוּ sondern הָעוֹדֶנּוּ vorkommt, folglich hier auch von den ähnlichen Formen des עודנו die Rede ist (בלישנא), warum ist nicht auch z. B. הָעוֹדֶנּוּ (Gen. 43. 27.) u. A. mitgezählt, die entschieden plene sind? — Heid. will daher statt ויחלטו lesen: ואברהם עודנו עומד (Gen. 18, 22.), so dass die Angabe nur auf die Form עוֹדֶנּוּ und zwar im Pent. sich bezieht und lauten muss: ד׳ מלא בתורה; ausser dem Pent. kommt diese Form noch mehrfach plene vor, wovon aber unsere Angabe nicht spricht. Er führt auch ein altes Mpt. an, welches zu Gen. 29, 9, bemerkt: ה׳ מלא בלישנא, was eben dadurch seine Erklärnng findet, dass עוֹדֶנּוּ in ähnlicher Form = בלישנא 5 M. im Pent. plene vorkommt, nemlich die obigen 4 עוֹדֶנּוּ und das הָעוֹדֶנּוּ (Gen. 43, 27.) —

5) In Mpt. 1294 bemerkt die Mp. ב׳ מלא (ומלא?); ein anderes altes Mpt. hat: ב׳ אחד מל׳ וא׳ חסר. אחי הוא חסר דאוריתא מלא (Gen. 43, 27. und 1 Reg. 20, 32.). In den Ausgg. sind beide plene, was auch aus vor. Anmerkung hervorgeht. —

6) Der Sinn ist, dass im B. Lev. die Partikel עַל 8 M. einen (etwas anhaltenden) Accent hat, während in allen anderen Stellen dieses Buches es nur Makkaf hat. Das בטעם מאריכין ist nicht buchstäblich für den Accent Mercha zu nehmen, sondern nur als Gegensatz zum Makkaf. S. Heid. im Pent. מאור עינים Lev. 1, 11. auch מבין חדות z. St. —

7) S. מ״ש zu den angeführten Stellen, besonders Neh. l. c. Er will mit M. marg. statt י״א = 11 nur ט׳ = 9 lesen, da auch die M. nur 9 Stellen aufzählt — Was soll das י״א in d. M. marg. bedeuten? S. auch Gen. 49, 26. und או״א, 218. —

עַל בֵּיתוֹ ח׳. 17, עַל .Gen. 43, 16. Mf

(עַל בֵּן ב׳. Mp. Num. 15, 9. Ps. 80, 18.)

עַל בְּנֵי יִשְׂרָאֵל ז׳. 20, עַל .Num. 6, 27. Neh. 1, 6. Mf

עַל גַּן· גנן .S — עַל הַמֶּלֶךְ· מלך .S

עַל דִּבְרֵי· דבר .S — עַל הָעַיִן· עין .S

עַל הָהָר· הר .S — עַל הָעִיר· עיר .S

עַל הָעָם· עם .S

עַל יִרְמְיָהוּ ד׳. Jer. 18, 18.

עַל כֹּל· אֶל כָּל .S

עַל כֵּן· כֵּן .S

(עַל לֹא ג׳. 1) S. Anmerkung.)

עַל מֶלֶךְ ט׳ בקריאה· מלך .S

עַל עַם· עָם .S

עַל רֹאשׁ הָהָר· הר .S

הַעַל כלם מלעיל במ״ב· 2) S. Ex. 33, 12.

(כְּעַל ה׳. 3) S. Anmerkung.)

(שֶׁעַל ב׳. Mp. Jud. 7, 12. 8, 26.)

וְעַל אֲשֶׁר· אֲשֶׁר .S

וְעַל מִי ד׳. 6, מי .1 S. 17, 28. Job*25, 3. Mf

וְעַל שֻׁלְחַן ב׳. שלח .S

(עַל עַל וְעַל עַל· 296, או״א .Gen. 41, 26 ח׳ פסוקי׳ .S)

א״ב מן חד חד נסיב עַל· 76, או״א 3, עַל .Mf

א״ב קרי׳ עַל ולית בקריא חד מנהון אֶל דלוג· 78, או״א

א״ב מן חד וחד חד אֶל וחד עַל· אֶל .S

א״ב מן ל״ב זוגין מן ב׳ ב׳ עַל דלוג· Cant. 7, 5. Est. 4, 5. Mf. עַל, *7. או״א, 87.

(פסוק אחד אית ביה ששה עַל· S. Ex. 22, 9. ליקוטי רמ״ה)

ג׳ זוגין עַל דסמיך לש׳· Job 22, 26. Mf. עַל, 24. S. vor. Art. und besonders או״א, 87.

ג׳ כתבן עַל וקרין אֶל· אֶל .S

ד׳ פסוקים אֶל אֶל אֶל עַל· אֶל .S

(ה׳ פסוקים קדמא אֶל ושארא עַל· S. Mp. Jer. 7, 20. S. auch Mp. 2 Chr. 16, 7. Das ה׳ = 5 muss wohl ח׳ = 8 sein.

ה׳ זוגין מן ב׳ ב׳ מיחדין חד עַל וחד עַד· עַד .S

ו׳ פסוקים וְעַל וְעַל ומלה חדא ביניהון· Lev. 16, 33. Ez.*38, 22. או״א, 347.

ו׳ זוגין מן ג׳ ג׳ חד אֶל וחד עַל וחד וְעַל· אֶל .S

ז׳ פסוקים דאית בהון אֶל עַל אֶל· אֶל .S

ז׳ פסוקים עַל אֶל עַל· Jer. 29, 31. *48, 36. Mf. עַל, 5. עַל, 14. או״א, 352.

ט׳ זוגין חד וְאֶל וחד וְעַל· אֶל .S

י״ד פסוקים עַל אֶל אֶל· אֶל .S

י״ח פסוקים דאית בהון עַל עַל ומלה במצע· 2 Reg. 15, 20. Ps. 115, 1. Mf. עַל, 10. או״א, 348. (S. מ״ש Jes. 19, 7.)

י״ח פסוקים אית בהון אֶל עַל עַל· אֶל .S

כ׳ זוגין תרין אֶל ותרין עַל· אֶל .S

כ״ד פסוקים דאית בהון עַל וְעַל עַל· 249, או״א

---

1) Heid. zu Mf. führt Folgendes an: עַל לֹא ג׳ וסי׳ עַל לֹא חמס בכפי ,Job 16, 17. עַל לֹא חמס עשה ,Jes. 53, 9. עַל לֹא שמרו .Ps. 119, 136. —

2) Der Sinn ist, dass diese Form (als imperat. Hiph. m. s. v. עָלָה) immer penult. ist mit Ausnahme zweier Stellen wo das He interrogativ. vor der Präposition עַל steht, die ult. sind, indem das Pathach des He nur ein schwacher Vocal aus Chataf entstanden ist und darum tonlos sein muss. S. ausführlich Heid. משפטי הטעמים S. 48b. שום שכל Gen. 18, 13. ff. Jedoch ist auch letztere Form, wie Heid. bemerkt, penult., (das He mit Metheg) wenn das הַעַל durch Makkaf verbunden ist mit dem folgenden Wort, das den Accent auf der ersten Silbe hat, z. B. הַעַל־אֵלֶּה Jer. 9, 9. —

3) Heid. führt 2 Mpte. an, in welchen zu Ps. 119, 14. (כְּעַל כָּל הוֹן) die Mp. in dem einen bemerkt ה׳ = 5 und in dem anderen ב׳ = 2. — Das ה׳ bezieht sich auf die Form im Ganzen; das ב׳ aber hat die Verbindung mit כָּל im Sinne und diese kommt nur 2 M. (Ps. 63, 7. ibid, 119, 14.) vor. Die 5 M. כְּעַל hat Heid. zusammengestellt, sie sind: Jes. 59, 18. (2 M. in demselben Verse) Ps. 63, 7. 119, 14. und 2 Chr. 32, 19. —

שטה חדא דכל לישן עַל בר מן אינון וכו׳. בטח .S
Ps. 4, 6. Mf. בט, 2, (S. Mp. Prov. 3, 5.)

עֲלֵ חסר יו״ד. Job 7, 1. Mf. ר׳, 25. או״א, 126. (S. מ״ש Job 15, 22.)

מֵעָל ג׳ קמצין. Gen. 27, 39. Mf. על, 26.

(מֵעֲלֵ חסר יו״ד. Mp. l. c. 1 Reg. 20. 41. S. Mf. ר׳, 25. או״א, 126.

(עָלָי לית זקף קמץ. א״ב מן חד חד .S Mp. Joel 3, 4. קמץ בזקף. או״א, 21.)

עָלַי פתח באתנח. Ps. 31, 14. S. Mf. am Ende פתחין דספרא באתנח ?)

וְעָלַי ה׳. 2 S. 18, 11. 1 Reg. 2, 15. Esr.*7, 28. Mf. על, 31.

עָלֶיךָ ג׳ מטעין. Ez. 25, 7. Mf. על, 44.

מֵעָלָיךְ ד׳. 1) Jer. 11, 15. Ez.*16, 9. Nah.*1, 13. Mf. על, 28.

(עָלָו חסר יו״ד במצע תיבותא. ג״ו מלין .S 1 S. 2, 10. או״א, 128. חסרי׳ יו״ד.

וְעָלָיו ו׳. Num. 2, 20. Ps.*52, 8. Mf. על, 27.

וְעָלֶיהָ ג׳. 2 S. 13, 18. Ps.*7, 8. Job*31, 10. Mf. על, 32.

(עֲלֵכֶם לי׳ חסר. Mp. Ex. 12, 13.)

עֲלֵהֶם י״ג חסר בתורה. Gen. 45, 15, 47, 20. Ex. 5, 14. Lev. 4, 20. Num. 4, 27. 11, 26. Mf. על, 29. (S. מ״ש Ex. 32, 34. Num. 4, 27.)

עֲלֵהֶן ג׳ חסר בתורה (בסיפרא, בסידרא ?). Lev. 3, 4. Mf. על, 33.

עֲלֵיהֶן ז׳ בקריאה וכו׳ וכל ואת שתי הכליות וכל תכלית דכו׳. 2) Jos. 8, 31. Zach. 11, 5. Mf. על, 30.

עִם

מֵעִם י״ו. הויה .S

עִמְּךָ י״ב. Gen. 21, 25. 26, 29. Mf. עם, 21. (S. מ״ש Jos. 2, 14. Jud. 1, 24. 3)

(עִמָּכָה לית. Mp. 1 S. 1, 26. S. Mf. ה׳, 21. או״א, 92.)

(כִּי עִמְּךָ אָנִי לית. S. Mp. Jes. 51, 10.)

(אָנֹכִי עִמָּךְ ג׳. 4) S. Anmerkung.)

עִמּוֹ ד׳ ר״פ. Job 12, 16. Mf, עם, 22.

אֱלֹהָיו עִמּוֹ ה׳. אלה .S Num. 23, 25. Mf. אל, 84.

אֲשֶׁר עִמּוֹ י״א וסי׳ וכל ד״ה דכו׳. Gen. 35, 6. 1 S. 9, 5. 2 S. 2, 3. Mf. איש, 26.

בָּנָיו עִמּוֹ ד׳. 5) Gen. 48, 1. Mf.* בן 5.

וְעִמּוֹ ח׳ בטעם זקף גדול. Gen. 33, 1. Esr.*8, 9. Mf. טע, 8. עם, 20. 6)

עַתָּה

עַתָּה כ״ה ר״פ בקריא וג׳ מנהון באוריתא. Ex. 18, 11. Deut. 2, 14. (ג׳ ר״פ במלכים 2 Reg.*4, 26.) Jes. 33, 10. 2 Chr.*6, 40. Mf. עת, 5.?

כִּי עַתָּה. אַתָּה .S

אַתָּה עַתָּה. אַתָּה .S

עַד עַתָּה ד׳ וכל שאר קריא וְעַד עַתָּה. Deut. 12, 9. 2 S. 19, 8. Mf. עת, 7. (das ה׳ in ed. Buxt. ist falsch.)

וְאַתָּה וְעַתָּה י״ח בטעם תברא. אַתָּה .S

עַתָּ, וְעַתָּ חסר ה׳ בסוף. או״א 111. כ״ט מלין .S

---

1) Mf. l. c. ed. Bomb. hat als Schlagwort מֵעָלָיו, was aber מֵעָלָיךְ heissen muss, wie es Buxt. richtig hat. —

2) Das וכל תכלית Jos. l. c. ist ein Druckfehler und muss וכל הכליות heissen, wie es Zach. 11, 5. richtig hat. —

3) Diese Angabe ist in der gedruckten Mass. nirgends ausgeführt; Mpt. Hamb. zu Deut. 22, 2. hat sie folgendermassen: עִמְּךָ י״ב בתורה וסי׳ ופיכל שר צבאו אלי Gen. 21, 21, כחסד אשר עשיתי עמך תעשה ibid. 21, 22, גור בארץ הזאת ואהיה ibid. 26. 3, אם תעשה עמנו רעה כאשר ibid. 26, 29, אציגה נא עמך מן העם ibid. 33, 15, אנכי ארד עמך מצרימה ואנכי ibid. 46, 4, וירדתי ודברתי עמך שם Num. 11, 17, ואם לא תשלים, תנינא דפסוק Deut. 20, 12, ואם לא קרוב אחיך אליך ibid. 22, 2, עמך ישב בקרבך במקום אשר ibid. 23, 17, לעברך בברית ibid. 29, 11, רק עץ אשר תדע ibid. 20, 20. — S. auch Heid. zu עה״ק Deut. 20, 12. und Mp. ibid., wo die Bemerkung versetzt ist und zu עִמְּךָ, dem zweiten im Verse gehört. — Sonst heisst es im Pent. עִמָּךְ. —

4) Heid. führt eine Angabe an, welche so lantet: אָנֹכִי עִמָּךְ ג׳ וסי׳ והנה אנכי עמך Gen. 28, 15, זה עשרים שנה אנכי עמך Gen. 31, 38, כי גר אנכי עמך Ps. 39, 13. ושארא אָנֹכִי עִמָּךְ. —

5) Von diesen 4 haben 2 בָּנָיו und 2 וּבָנָיו, sonst steht aber immer אִתּוֹ danach. —

6) Die Angabe zu Esr. l. c. ist die richtige; die zu Gen. l. c. ist corrupt; daselbst muss יוחנן in יהוחנן (2 Chr. 17, 15.), יחיאל in יחזיאל (Esr. 8, 5.) und עובד in עזגד (Esr. 8, 12.) umgeändert werden. —

פה

ופה ב׳ חד כתיב א׳. Job 38, 11. (S. מ״ש daselbst).

מפה י״א כתיב ה׳ בצורת הבית. Ez. 40, 41. Mf. פו, 1. (S. מ״ש Ez. 40, 10.)

פן

פן תורש ב׳. Gen. 45, 11.

ופן ה׳. Deut. 4, 9. 12, 30. Jer.*51, 36. Prov. 30, 9. Mf. פן, 1.

פני

פני. Ueber die versch. Verbindungen dieses Wortes als Präpos. S. פנים.

פעם

כפעם בפעם ו׳. Jud. 20, 30. Mf.* פע, 2.

בקרב

בקרבי י״א בקריאה. Jos. 9, 7. Jes.*26, 9. Ps. 55, 5. Mf. קר, 25.

ובקרבו ג׳ בקריאה. Jos. 9, 16. Jer.*9, 8. Prov.*26, 24. Mf. קר, 24.

שם, שמה

ביאת שם. בוא S.

גר שם ד׳ בקרי׳. גור S.

נתינה שם. נתן S.

כל סופי פסוקים דקרא שם במי״ח שמה. Num. 35, 26. (Ez. 36, 21. ד׳ סוף פסוק בסיפרא) Mf.*שם, 16.? 1)

ושם ה׳ ר״פ וא׳ בלשון שימה ר״פ בתורה. Gen. 41, 12. Num. 13, 33. Mf. שם, 14.

ומשם ט׳. Gen. 2, 10. Num.*21, 16. Jos. 19, 13. 2 Reg. 2, 25. Mf. שם, 18.? 2)

שמה ה׳ ר״פ. Gen. 49, 31. Ps. 76, 4. Mf. שם, 15.

שמה ו׳ בסיפרא (יהושע). Jos. 2, 16. Mf. שם, 17.

הליכה שמה. ילך S.

ירידה שמה. ירד S.

הדחה שמה. נדח S.

שמה י״ח ס״פ וכו׳. S. oben unter שם u. Mf. שם, 16.

ד׳ פסוקים אית בהון שמה שמה. Gen. 19, 20. 2 Reg.* 4, 11.? Mf. שם, 22. S. או״א, 335.

ה׳ פסוקים אית בהון שמה שם. 2 Reg. 9, 2. Mf. שם, 21. או״א, 337.

ו׳ פסוקים שם שמה. Deut. 12, 5. 2 Reg. 9, 2. Ez. 1, 20. Mf. שם, 20. או״א, 336.

י׳ ר״פ מלה חדא ומלה תנינא שמה. Gen. 29, 3. Deut. 12, 6. Ps.*122, 5. Mf. שם, 24. או״א, 338.

ושמה ח׳. Jes. 55, 10. Mf. שם, 19.

תוך

בתוכה ב׳ כ״כ. Ez. 48, 15. (S. מ״ש Ez. 48, 8.)

בתוככם כל׳ מלא במ״ב. Lev. 20, 14. (S. Mp. das.)

תחת

התחת ג׳ בקרי׳. Gen. 30, 2. 50, 19. 2 S.*19, 22. Mf. תח, 1.

ועל הארץ מתחת ג׳. ארץ S.

ומתחת ג׳ בקריא. 1 Reg. 7, 29. Mf. תח, 2.

(תחתו ד׳ חסר וסי׳. S. Mpt. in מ״ש 2 S. 2, 23. auch Job 9, 13.) 3)

ואם תחתיה ב׳ ובענין. Lev. 13, 23.

---

1) S. Heid. Einleitung zu Num. im Pent. מאור עינים, wo er unsere Mass. gegen רמ״ה rechtfertigt. — Mpt. Hamb. hat es, wie in unserer Mf. שם, 16., nur, dass es statt אועד (so muss es ed. Buxt. heissen, nicht או עד) anführt: והנחתם באהל מועד, was den Anfang des Verses Num. 17, 19. bildet, in welchem אִוָּעֵד vorkommt. — Dasselbe Mpt. lässt aber zu Ez. 48, 35. אועד aus (wie רמ״ה, s. oben) und fügt dafür hinzu: הרחקתים בגוים וכי הפיצותי (Ez. 11, 16.) In Mf. l. c. muss nach וכל ס׳ שמות ותורת כהנים hinzugefügt werden ומשנה תורה, wie es Mpt. Hamb. hat; auch רמ״ה liest והדברים nach ות״כ. — S. auch Mf. בא, 57. —

2) Das ט׳ = 9 ist unrichtig; es muss ח׳ = 8 heissen. Das ומשם עבר את בני עמון ist wahrscheinlich eine Verwechselung mit dem folgenden ומשם עבר. Auch Mpt. Hamb. 2 Reg. 2, 25. lässt es aus und giebt nur ח׳ an.

3) Die 4 def. Jod nach dem zweiten Taw sind daselbst so angeführt: תחתו ד׳ חסר וסי׳ עשהאל 2 S. 2, 23. וישלח אבנר מלאכים ibid. 3, 12. אשר מלכת תחתו ibid. 16, 8. תחתו שחחו (עזרי רהב). Job 9, 13. —

II. שמות עצם פרטי — Nom. propria.

א׳

אָבוֹת לית שום אנשי׳ Mp. 1 Chr. 24, 31.

אֲבִי לית שום אנתתא׳ Mp. 2 Reg. 18, 2. (S. 2 Chr. 29, 1. wo sie אֲבִיָּה genannt wird.)

וַאֲבִיאָסָף לית מפיק אל״ף׳ Ex. 6, 24. Mf. א׳, 4. או״א, 198. Sonst אֶבְיָסָף׳ (S. 1 Chr. 6, 8. 23. und 9, 19.)

אֲבִיגְדוֹר ב׳ חסר (וחסר)׳ Mp. 1 Chr. 4, 4. 18. (S. unten גְּדוֹר)׳

אֲבִיגַל, אֲבִיגַיִל׳ S. 2 S. 3, 3. und מ״ש 1 S. 25, 3.

אֲבִיגַל לית׳ (2 S. 7, 25.)
לַאֲבִיגַל לית׳ (1 S. 25, 32.) } Mf. ל׳, 7. או״א, 10.

אֲבִיגַיִל, כתיב אבוגיל (1 S. 25, 18.)׳ או״א, 81. Mf. ר׳, 6.

וַאֲבִיגַיִל (2 S. 2, 2.) לית בטעם זקף גדול׳ Mp. ibid.

לַאֲבִיגַל (1 S. 25, 32.) פתח באתנח׳ S. Mf. am Ende u. מ״ש daselbst.

וְלַאֲבִיגַיִל לית (1 S. 25, 14.)׳ 1) Mf. ל׳, 12.

אֲבִיָּה ב׳ שום אתתא׳ Mp. 1 Chr. 2, 24. 2 Chr. 29, 1. S. oben אֲבִי׳

אֲבִיָּה ב׳ בנביאים׳ (u. 1 S. 8, 2.) Mp. 1 Reg. 14, 1.

אֲבִיָּהוּ ב׳׳ Mp. 2 Chr. 13, 20. 21.

אֲבִיהַיִל ב׳׳ (S. מ״ש 1 Chr. 2, 29.) Mf. אב, 18.

אֲבִיחַיִל ד׳׳ Mf. אב, 18.

אֲבִיטָל לית׳ לַאֲבִיטָל לית׳ Mp. 2 S. 3, 4. 1 Chr. 3, 3. (S. Mf. ל׳, 7. או״א, 10.?)

אֲבִימָאֵל לית ומלא׳ 2) Mp. Gen. 10, 28.

אֲבִינֵר (לית)׳ (ושארא אַבְנֵר)׳ Mf. א׳, 3. und 18. או״א, 35. und 37.

אֲבִי עַד (Jes. 9, 5.) כתיב תרין וקרין חד׳ 2 Chr. 34, 6. או״א, 100.

---

1) Heid. führt zu diesem Art. folgende handschr. Mass. an: (1 S. 25, 3.) ושם האיש נבל ושם אשתו אֲבִגַיִל כתיב ומשנהו כלאב לַאֲבִיגַל כתיב (2 S. 3, 3.), אֲבִיגַל בת נחש (2 S. 17, 25.) אֲבִיגַל כתיב וקרי, ויאמר דוד לַאֲבִיגַל (1 S. 25, 32.) כתיב וקרי, ושארי אביגיל כתיבין׳ — S. מ״ש zu den Stellen. Das Resultat ist, dass dieser Name immer אֲבִיגַיִל geschrieben und gelesen wird, mit folgenden Ausnahmen: 1 S. 25, 3. ist es אֲבִגַיִל (def. Jod nach dem Beth) geschrieben; ob das Gimmel Kam. oder Pathach hat, ist ungewiss; wenn aber letzteres der Fall ist, warum ist es nicht zu den Pathach mit Athnach am Ende der Mf. gerechnet? S. לַאֲבִיגַל 1 S. 25, 32, — 1 S. 25, 18. ist es geschrieben אבוגיל (mit Waw nach dem Beth) wird aber אֲבִיגַיִל gelesen. 1 S. 25, 32. wird לַאֲבִיגַל gelesen und geschrieben; das Gimmel hat Pathach. — 2 S. 3, 3. ist geschrieben לאביגל, wird aber לַאֲבִיגַיִל gelesen und 2 S. 17, 25. wird es geschrieben und gelesen אֲבִיגַל ohne Jod nach dem Gimmel. —

2) Diese Angabe ist schwierig, da es ja 1 Chr. 1, 22. ebenso und zwar gleichfalls plene (Jod) vorkommt? Sollte

אֲבִי עַלְבוֹן לית. Mp. 2 S. 23, 31.

בַּאֲבִירָם. בְּאַבְרָם S.

אֲבִישַׁי, אַבְשַׁי. 2 S. 10, 10. מ״ש S. Mp. 1 Chr. 18, 12.
Heid. führt aus einem Mpt. an: כל שמואל
אֲבִישַׁי כתיב במ״א אַבְשַׁי (2 S. 10, 10.)
וכל ד״ה דכו׳ אבשי. (1

וְאֶל אֲבִישַׁי לית (1 S. 26, 6.). 85, או״א 14. אל Mf.

אֲבִישָׁלוֹם ב׳ וסי׳ אבים אסא. Mp. 1 Reg. 15, 2. 10.
S. 2 Chr. 12., wo statt מַעֲכָה בַּת אֲבִישָׁלוֹם genannt wird: — מִיכָיָהוּ בַּת אוּרִיאֵל

אֲבִישׁוּר לית. וַאֲבִישׁוּר לית. Mp. 1 Chr. 2, 28. 29.
Mf. 'א, 13. או״א, 1.

וְאֶל אַבְנֵר (1 S. 26, 14.) לית. 85, או״א 14. אל Mf.

וָאָבֶץ לית. Mp. Jos. 19, 20.

אַבְרָהָם אַבְרָהָם ב׳. Gen. 25, 19.

אַבְרָהָם ׀ אַבְרָהָם (Gen. 22, 11.) פסק ביניהון באתנחתא. 242, או״א

אַבְרָהָם וְשָׂרָה לית וחד וְאַבְרָהָם וְשָׂרָה. Gen. 18, 11.

אַבְרָהָם יִצְחָק וְיִשְׂרָאֵל ד׳ דסמיכי. Ex. 32, 13.
1 Reg. 18, 36. Mf. אב, 28.

וְאֶת אַבְרָהָם לית. 79, או״א 8. את Mf.

לְזֶרַע אַבְרָהָם לית. 20, או״א 1. 'ל Mf.

עַל אַבְרָהָם לית. 76, או״א 3. על Mf.

וַיְהִי אַחֲרֵי מוֹת אַבְרָהָם לית. 28, הי Gen. 25, 11. Mf.

וְאַבְרָהָם ה׳ ר״פ. 27, אב Gen. 18, 18. Mf.

לְאַבְרָהָם וּלְיִצְחָק לית. Mp. Gen. 35, 12.

חֶסֶד לְאַבְרָהָם לית. 30, או״א 11. 'ו Mf.

אַבְרָם ב׳ ר״פ (וכל קריא נסבי וי״ו). 171, או״א 21. 'ו Mf.

עַל אַבְרָם לית. 76, או״א 3. על Mf.

בְּאַבְרָם לית ואחד בַּאֲבִירָם. Mp. Neh. 9, 8.

וּלְאַבְרָם (Gen. 12, 16) לית. 12, 'ל Mf.

אַבְשַׁי. אבישי S.

וְאַבְשַׁי ב׳ בסיפרא (ד״ה). Mp. 1 Chr. 18, 12. u. 11, 20.
S. Anmerkung 1.

אַבְשָׁלֹם י״ד חסר. (2 29, אב 2 S. 17. 18. Mf.

אַבְשָׁלוֹם אַבְשָׁלוֹם לית מותאמים. 72, או״א 14. 'ב Mf.

וְאֶת אַבְשָׁלוֹם (2 S. 15, 11.) לית. 1, את Mf.

עַל אַבְשָׁלוֹם ב׳. 87, או״א 7. על Mf.

וּכְאַבְשָׁלוֹם לית. Mp. 2 S. 14, 25.

וּלְאַבְשָׁלוֹם לית. Mp. 2 S. 13, 1. (S. Jer. 52, 16. Mf. 'ל, 12. ול 'ל, 1.))

אֹבֹת ו׳ חסר בלישן. Num. 33, 43.

מֵאֲגַג לית. (3 Mp. Num. 24, 7.

אָגוּר ב׳ בתרי לישני. (גור .S) .59, או״א, או״א 22, אב Mf.

אֲדַד לית מפיק א׳ (1 Reg. 11, 17.). 35, או״א 3. 'א Mf. u. 198. (D. h. dieser Name kommt an den anderen St. ibid. unter הֲדַד (mit He) vor.)

אֵדוֹ ב׳ ובפסוק. 58, או״א 13. 'ב S. Mf.

אֶל אִדּוֹ, עַל אִדּוֹ. 2, או״א 24. אל S. Mf.

אָדָם. אדם S. Abth. 1.

אָדָם אל״ף גדולה (1 Chr. 1, 1.). 83, או״א

---

etwa בתורה d. h. im Pent. hinzugedacht werden? — Heid. glaubt, dass das לית ומלא sich auf das vorhergehende עֹבָל bezieht — wie es auch eine Handschrift hat (in Chr. 1, 22. heisst es עֵיבָל mit Jod nach dem Ain) — und nur durch Verschiebung zu diesem Worte bemerkt ist, wie das manchmal in der Mp. vorkommt. —

1) Wenn Mp. 1 Chr. 18, 12. zu וְאַבְשַׁי bemerkt: ב׳ בסיפרא. so bezieht sich das auf diese Form mit Waw copulat., sonst kommt aber in Chr. immer אבשי und nicht אבישי vor. —

2) S. Mp. 2 S. 15, 37., wo gleichfalls י״ד חסר bemerkt wird, was aber wohl ein Irrthum ist; in guten Handschriften ist es plene Waw. Auch Cod. Erfurt hat zu dieser St. ואבשלום יבא, לית, wo es also plene geschrieben ist und nur לית zu dieser Verbindung bemerkt wird. — S. auch M. marg. zu 2 S. 17, 14., welche Stelle in Beziehung auf das plene oder def. in Zweifel gezogen wird, da Einige ט״ו = 15 statt י״ד lesen wollen. —

3) Ueber das ג׳ in אגג, ob es nemlich Kam. oder Pathach hat, führt Heid. einen massoretischen Satz an, welcher bemerkt: כל דסמיך למ״ם פתח, d. h. wenn das folgende Wort mit Mem anfängt, wie etwa מעדנות, מלך, dann hat das ג׳ ein Pathach, sonst aber Kam., was in unseren Ausgg. auch beobachtet ist. —

אָדָם דל״ת קטנה (Prov. 28, 17.)· 84. ,או״א

מֵאָדָם, כתיב באדם (Jos. 3, 16.)· 154. ,או״א 11. ,ב Mf.′

כל אֱדוֹם דעֹבֵד אֱדֹם ·חסר במ״א מלא· Mp. 2 S. 6, 11. **1**)

אֶל אֱדוֹם לית· 77. ,או״א 23. ,אל Mf. Mp. Jer. 49, 20.

וְכָל אֱדוֹם לית· 1. ,כל Mf.

עַד אֱדוֹם ב׳· Mp. Ps. 60, 11. 108, 11.

וּבֶאֱדוֹם ב׳· 62. ,או״א 8. ,ב׳ Mf.′

אֲדֹמִים ב׳ בקריא· S. מ״ש 2 Chr. 25, 14.

אֲדֹמִיֹּת לית וחסר· Mp. 1 Reg. 11, 1.

אַדְמָה וּצְבֹיִים לית וחד וְאַדְמָה וּצְבִיִּים· 33. ,ו׳ Mf.

וַאֲדָמָה לית שום קרתא· Mp. Jos. 19, 36.

וַאֲדָמִי לית· Mp. Jos. 19, 33.

מַעֲלֵה אֲדֻמִּים לית וחד לְמַעֲלֵה אֲדֻמִּים· Mp. 18, 17. S. Mf. ,ל׳ 15. ,או״א 244.

אַדָּן לית וא׳ אַדּוֹן· 24. ,א׳ Mp. Esr. 2, 59. Neh. 7, 61. Mf. ,או״א 5.

אֲדֹנִיָּה ח׳ בקריא (חד מלא) ושארא אֲדֹנִיָּהוּ· 1 Reg. 1, 5. Mf. ,אד 127. (S. oben S. 5. Anmerkung 5.)

עַל אֲדֹנִיָּהוּ לית· 76. ,או״א 3. ,על Mf.

וַאֲדֹנִירָם ב׳, על המס· Mp. 1 Reg. 4, 6. (und 5, 28.)

אַדָּר לית שום בר נש· Mp. 1 Chr. 8, 3.

אֲדוֹרַיִם לית ומלא· Mp. 2 Chr. 11, 9.

אֲדֹרָם לית וחסר· Mp. 1 Reg. 12, 18. (Ist wohl dasselbe als אֲדֹנִירָם 1 Reg. 4, 6.)

וְאֶדְרֶעִי ג׳· Mp. Jos. 13, 31.

וְעַשְׁתָּרוֹת וְאֶדְרֶעִי (Jos. 13, 31.) לית· 31. ,ו׳ Mf. ,או״א 253.

אֲהֲוָא ג׳ (כל סיפרא כן)· 211. ,או״א 7. ,אה Mf. Esr. 8, 21. (S. מ״ש Esr. 8, 15.) D. h. im B. Esr. kommt nur אַהֲוָא und zwar 3 M. (8, 15. 21. und 31.) vor; sonst heisst es אַחְוָה· S. diesen Art.

וְאֹהֶל לית· 18. ,ה׳* 14. ,א׳ Mf. Mp. 1 Chr. 3, 20. Mm. ibid. ,וא׳ *2. ,או״א 9.

אֶל אָהֳלִיאָב (לית עם וְאֶל)· 13. ,אל Mf.

וְאֵלֶּה בְּנֵי אָהֳלִיבָמָה לית (Gen. 36, 18.)· 10. ,בן Mf.

וְאָהֳלִיבָמָה ג׳ כ״כ· (**2**) Mp. Gen. 36, 2. (S. auch Mm. daselbst.)

אַהֲרוֹן לית מלא· (**3**) Mp. Ex. 29, 15.

אַהֲרֹן וְחוּר ב׳· Mp. Ex. 17, 10. (S. ibid. 24, 14.) S. מ״ש Ex. ibid. 17, 10.

אַהֲרֹן וּמֹשֶׁה ד׳ דקדים אַהֲרֹן לְמֹשֶׁה· Ex. 6, 26. Mf. ,אה 20.

מֹשֶׁה אַהֲרֹן לית· Mp. Micha 6, 4. (angeführt v. Heid.) Mf. ,ו׳ 32. ,או״א 252. (S. מֹשֶׁה)·

עַל אַהֲרֹן ה׳· 22. ,אה Mf. Ex. 28, 35.

בְּנֵי אַהֲרֹן הַכֹּהֵן ג׳ בלישן (ושארא בְּנֵי אַהֲרֹן הַכֹּהֲנִים)· 19. ,אה Mf.

וְסָמַךְ אַהֲרֹן וּבָנָיו ב׳ ולקחת את האיל השני ודין· Mp. Ex. 29, 10. und 19. (S. M. marg. ibid. 29, 15. und Heid. zum עה״ק daselbst.) מבין חדות

וְאֵלֶּה בְּנֵי אַהֲרֹן (1 Chr. 6, 35.) לית· 10. ,בן Mf.

וַיֹּאמֶר י״י אֶל אַהֲרֹן ג׳· Ex. 4, 27.

וַיְדַבֵּר י״י אֶל מֹשֶׁה וְאֶל אַהֲרֹן י״ב· הו״יה S.

כל קריא בְּנֵי אַהֲרֹן בר מתהלים בֵּית אַהֲרֹן· Mf. ,חילופי קריאה 272. ,או״א 6.

---

1) Nach unserer Angabe in ed. Buxt. zu 2 S. 6, 10. und nach מ״ש ibid. 6, 11. (Cod. Erf. lässt es zweifelhaft) ist אֱדוֹם in einer dieser beiden Stellen plene Waw, was aber מ״ש als Irrthum erklärt. Heid. stimmt dem מ״ש bei, will aber das במ״א der Mp. auf 2 Chr. 25, 24. beziehen, wo die Mp. zu עֹבֵד אֱדוֹם bemerkt: לית מלא, was richtig ist. — Ueber אֱדוֹם ausser dieser Verbindnng führt Heid. eine handschr. Massora an, welche bemerkt: ·כל אֱדוֹם מלא — So bemerkt auch רמ״ה s. rad. — וכל שום אומה דכותיה מלא

2) S. מבין חדות der richtig bemerkt, dass das „ג׳ כ״כ" nur verschoben ist und sich auf das folgende יְעִישׁ bezieht, das 3 M. so geschrieben ist, aber יְעוּשׁ (mit Waw) gelesen wird. — S. unten — יְעוּשׁ

3) S. אור תורה und מ״ש z. St., welche diese Angabe als uurichtig erklären, wie auch רמ״ה s. rad. bemerkt, dass אַהֲרֹן im ganzen Pent. def. Waw ist. —

ג׳ פסוקים דקדים הכהנים (הכהן) לבני (לבן) אהרן. או״א, 282.

ואהרן נקוד עליו. (Num. 3, 39.) או״א, 96. Num. ibid.

ואהרן ובניו ג׳ דסמיכי. אה, 21. Ex. 40, 31. Mf.

ואהרן וחור לית. (S. עה״ק daselbst.) Mp. Ex. 17, 12.
Mf. ר׳, 31. או״א, 253.

ואתה ואהרן לית. Mp. Num. 16, 17. Mf. ר׳, 31. או״א, 253.
Mf. את, 46. או״א, 262.

משה ואהרן ב׳. 1) Ex. 8, 8. Ps. 99, 6.

הוא משה ואהרן ב׳. Mp. Ex. 6, 27.?

ואואל לית. Mp. Esr. 10, 24.

אוביל לית. Mp. 1 Chr. 27, 30. (angeführt von Heid.)

אוזי לית. Mp. Neh. 3, 25.

אומר ג׳ קמצין. Mp. Gen. 36, 11. Mf. או, 10.

ואומר ב׳. 2) Mf. אמ, 52.

און כלם חסר במ״ג (ב׳ שמות פרטי.) Gen. 41, 50. Num. 16, 1.
Gen. 41, 50.

ואנו ב׳ חסר בלישן. 3) Mp. Neh. 7, 37. Mm. ibid.?

אופר לית חסר יו״ד. Mp. Gen. 10, 29.

מאפיר לית חסר וי״ו (תנינא דפסוק.) Mp. 1 Reg. 10. 11.

אופירה ג׳. 4) Mf. און, 11. 1 Reg. 22, 49. 2 Chr. *8, 18.

ארי לית חסר וי״ו. (S. Mf. ר׳, 28. u. 62.) Mp. 1 Reg. 4, 19.

אוריהו ג׳ (בירמי׳ וכל קריא אוריה). Mf. און, 16.
S. auch Mf. שטה, 6. או״א, 272.

אזבי לית. Mp. 1 Chr. 11, 37.

אזן לית. Mp. 1 Chr. 7, 24.

לאזני לית. האזני לית. Mp. Num. 26, 16.

אזנות לית. Jos. l. c. מ״ש. Mp. Jos. 19, 34. (S. Mf. א׳, 3.

אזניה לית. Mp. Neh. 10, 9.

האזרחי ב׳. 5) Ps. 89, 1. (S. Mp. das., welche ג׳=3 hat.
[1 Reg, 5, 11. Ps. 88, 1. ibid. 89, 1.])?

וכאחב לית. Mp. Jer. 29, 22.

אחוד לית ושארא קריא אהוד. Mp. 1 Chr. 8, 6. S. Mf.
ח׳, 2. או״א, 212.

האחוה (Zach. 11, 14.) לית כתיב ח׳. Mf. ח׳,2. או״א,212.
S. אהוה.

ואחוח לית. Mp. 1 Chr. 8, 4.

אחומי לית. Mp. 1 Chr. 4, 2.

אחז כל שום גבר קמץ ומלרע. 1 Reg. 1, 51. Job *23, 9.
Mf. את, 21.

אל אחז, על אחז. 2. או״א, 24. S. Mf. אל

---

1) Dass משה ואהרן mehr als 2 M. vorkommt, s. z. B. Ex. 12, 50., wo Ex. 12, 28. 12, 43. dafür angeführt sind; s. auch עין הקורא und Heid. zu Ex. 12, 43. auch Mp. Ex. 6, 27. und folgenden Art. — Der Sinn unserer Angabe ist, dass ohne vorhergehende Partikel הוא, את, אל, u. dgl. diese Verbindung (משה ואהרן) nur 2 M. vorkommt, wie angegeben. —

2) S. Mp. Gen. 36, 11. Wenn Mf. און, 10. angegeben ist ג׳ קמצין, so ist vom Mem die Rede, das in dieser Form 3 M. Kam. hat (2 M. אומר [Gen. 36, 11. und 16.] und 1 M. ואומר [1 Chr. 1, 36.]) Aber die Angabe Mf. אמ, 52. ist schwierig. 1) ist die daselbst angeführte Stelle תימן ואומר (Gen. 36, 11.) falsch, da es hier אומר ohne Waw copulat. gelesen werden muss, nach obigen Angaben der Mp. und Mf.; aber 2) kommt ואומר (mit Waw) nur 1 M. (1 Chr. 1, 36.) vor, s. Mf. און, 10.? Darum ist gewiss das Richtige, mit Heid. zu lesen: ואומר ב׳ חד קמץ וחד פתח, so dass nur 1 Chr. 1, 36. (ואומר) und Ez. 13, 15. (ואומר) einander gegenüber gestellt werden soll, in denen 1 M. das Mem mit Kam. und 1 M. mit Pathach steht. —

3) Das ב׳ חסר=2 in d. Mp. ist unrichtig und muss wohl nach der M. daselbst ג׳ חסר בלישן lauten und zwar 2 M. ohne Waw copulat. (Deut. 21, 17. und Job 19, 12.) und 1 M. mit Waw (Neh. 7, 37.). —

4) Aus diesen 3 Angaben geht hervor, dass אופיר in seinen verschiedenen Formen immer doppelt plene (Waw und Jod) ist, mit Ausnahme von Gen. 10, 29., das def. Jod, und 1 Reg. 10, 11., das def. Waw ist. Indessen führt Heid. aus dem Mpt. von 1294 die Angabe der Mass. zu אופירה an, welche bemerkt: ג׳ ב׳ מלא וא׳ חסר, was gegen d. Ausgg. und scheinbar gegen unsere M. ist? Nur in ed. Livorno mit מ״ש ist אפירה (1 Reg. 22, 49.) def. Waw, was aber in den anderen Ausgg. nicht der Fall ist. —

5) Das ב׳=2 der Mm. bezieht sich auf d. Pss., in welchen es 2 M. vorkommt und bedeutet s. v. a. ב׳ בסיפרא. Die Mp. bezieht sich auf die Form im Ganzen, die 3 M. (auch 1 Reg. 5, 11.) vorkommt. —

וַיֶּאֱסֹף אָחָז (2 Chr. 28, 24.) לית. Mf. אס, 13.

אֲחַזְיָה, וַאֲחַזְיָה ז׳ (ושארא אֲחַזְיָהוּ). 2 Reg. 9, 27.? Mf.*אח, 22.

אֲחֻזָּם לית וחסר. 1) Mp. 1 Chr. 4, 6.

וַאֲחֻזַּת לית שום בר אינש. Mp. Gen. 26, 26.

אֲחִי ב׳ שום אנש. Mp. 1 Chr. 5, 15. 7, 34.

אֵחִי לית. Mp. Gen. 46, 21.

אֲחִיהוּד לית וחד אֲחִיחֻד. Mp. 1 Chr. 8, 7. S. Mf. ה׳, 26. או״א, 213.

אֲחִיָּהוּ ה׳. 1 Reg. 14, 5. 2 Chr.*10, 15. Mf. אח, 7. u. 23.

אֲחִטוּב ג׳ כ״כ. Mf. אח, 24. (S. Mp. 1 S. 14, 3. ד׳ וחסר?) 2)

אֲחִיָן לית. Mp. 1 Chr. 7, 19.

אֲחִיקָם. S. גדליה

לַאֲחִירָם לית ומלא. הָאֲחִירָמִי לית ומלא. Mp. Num. 26, 38.

וַאֲחִישָׁחַר לית ומלה חדא. Mp. 1 Chr. 7, 10.

אַחְלָב לית. Mp. Jud. 1, 31.

אַחְלַי ב׳ קמץ. Mp. 1 Chr. 2, 31. 11, 41.? (S. Ps. 119, 5.) 3)

אֲחַשְׁוֵרשׁ ד׳ חסר וא׳ חסר דחסר. Est. 2, 21. 8, 10. Mf. אח, 34. ו׳, 62. 4)

אַיָּה וַעֲנָה לית וחד וְאַיָּה וַעֲנָה. Mp. Gen. 36, 24. S. Mf. ו׳, 33.

אִיּוֹב לית עם וְאֵת. או״א, 79. Mf. את, 8.

בְּאִיּוֹב לית וחד כְּאִיּוֹב. או״א, 4. Job 32, 2. 34,*7.

וְאִיּוֹב ד׳. Job 35, 16. *42, 8. Mf. אי, 16.

וְאֵת אִיזֶבֶל (2 Reg. 9, 10.) לית. Mf. את, 1.

אֵילִמָה ב׳ כ״כ ביו״ד בתר א׳. Mp. Num. 33, 9. (S. איל) 5)

אֵילוֹן מלא וחסר. 6) S. Mf. אי, 22. u. uns. Bemerkg.)

אַיָּלוֹן י׳. 7) Mf. אי, 23, ?

---

1) Das וחסר in d. Mp. findet Heid. auffallend, da das Sain ein Dag. forte hat, und in diesem Falle (beim kurzen Kibbuz) die M. das def. nicht bemerkt? Er will daher nach Mpt. von 1294 u. A. das וחסר streichen und blos לית lesen. Ob aber das Sain wirklich Dag. forte hat, ist noch zweifelhaft. S. unten וְאֻכַּל. —

2) Wenn die Mp. zu 1 S. 14, 3. nicht im Widerspruch mit Mf. l. c. sein soll, so muss entweder gelesen werden: ד׳ בענינא וב׳ חסר und die Angabe bezieht sich auf 1 S. 22., in welchem Cap. dieser Name 4 M. vorkommt (V. 9, 11, 12, 20.), von denen 2 def. Jod sind (V. 9. und 20.), oder: ג׳ חסר, d. h. 3 M. insgesammt, wie Mm. es hat. —

3) Das ב׳ קמץ soll ein drittes ausschliessen, (Ps. 119, 5.), in welchem das Lamed ein Pathach hat, wie auch die Mp. daselbst bemerkt לי׳ פתח; denn wenn die Mp. nur auf die Nom. propr. sich bezöge, so müsste es heissen ב׳ וקמץ, da es als Nom. propr. nur 2 M. vorkommt. —

4) Das חסר bezieht sich auf das zweite Waw (nach dem Resch); das חסר דחסר auf beide Waw, so dass der Name אחשרש geschrieben aber אֲחַשְׁוֵרוֹשׁ gelesen wird, was durch die Vocale אֲחַשְׁ֗רֵשׁ angezeigt wird. Dieses Wort wird also in der Regel אחשורוש, 4 M. אחשורש und 1 M. אחשרש geschrieben, aber immer אֲחַשְׁוֵרוֹשׁ gelesen. —

5) S. oben S. 11. Anmerkung 3. Wenn מ״ש und unsere Ausgg. Jes. 15, 8. וּבְאֵר אֵלִים def. des Jod nach dem Alef lesen, so ist das gegen die Angaben der Mass. — Heid. will daher, wie die ס״א bei מ״ש in letzter St. אילים doppelt plene Jod lesen, wis es auch das Mpt. von 1294 so liest und dazu bemerkt ב׳ מלא. —

6) Die Angabe, wie sie Mf. l. c. uns vorliegt, ist uncorrect und stimmt mit den Ausgg. und Handschriften nicht überein. 1) ist das את אילון ואת (Jos. 21, 24. und 1 Chr. 6, 54.) nicht hierhingehörig, da dieses אַיָּלוֹן (das Jod mit Kam.) gelesen wird, wie es auch der folgende Art. (Mf, אי, 23.) dazu rechnet. 2) ist Jos. 19, 43. (וְאֵילוֹן) Jud. 12, 11. und 12. (אֵילוֹן) 1 Reg. 4, 9. (וְאֵילוֹן) auch doppelt plene (nach d. Ausgg.). 3) ist das ושאר אורית׳ ונביאי׳ אלן כתיב auch darin unrichtig, dass ja Gen. 46, 14. Num. 26, 26. אלון plene Waw steht? Die abweichenden Handschriften und Ausgg. scheinen verschiedene Angaben der M. vor sich gehabt zu haben, (wie auch die Mp. zu אֵלֹון bald ד׳, bald ה׳ angiebt) worüber heute nicht mehr zu entscheiden ist. Jedenfalls scheint מ״ש zu Jos. 19, 33. an unsere Angabe nicht gedacht zu haben, wenn er das Unrichtige der Leseart מֵאֵלוֹן nicht durch dieselbe zurückweist, da sie gewiss מֵאֵלוֹן (das Alef mit Zere) gelesen hat. —

7) Mf. l. c. ed. Bomb. wie auch Mpt. Hamb. zu 1 Chr. 6, 54. lesen ט׳ = 9, was richtig ist. Das letzte, ואת בלעם ואת (1 Chr. 6, 55.) ist unrichtiger Zusatz, da אַיָּלוֹן darin nicht vorkommt; es ist wahrscheinlich eine irrthümliche Anfügung zu ibid. 6, 54. das vorher angeführt ist. —

אֶת אֵילוֹן (Jos. 21, 24.) לית· Mf. את, 2.

אֵילַת ד׳ בלישנא· Mf. אי, 25.

אֵילוֹת לית עם וְאֵת· Mf. את, 8. או״א, 79.

אֵימִים ב׳ מלאים בלישנא· Gen. 14, 5. Deut. 2, 11.? (S. מ״ש Gen. l. c.)

הָאִיעֶזְרִי לית ומלא· Mp. Num. 26, 30.

וְאִישַׁי לית ומלא ומן י״ג מפקין א׳· Mp. 1 Chr. 2, 13. (S. Mp. Ruth 4, 22. Mf. א׳, 4. או״א, 198.)

אִיתַי לית· S. אִתַּי unten.

אִיתִיאֵל ג׳ (בלישנא)· Mf. אי, 67.

לְאִיתִיאֵל ב׳ ובפסוק· Mf. ב׳, 13. או״א, 58.

אִיתָמָר חד וְאֶל וחד וְעַל· Num. *4, 49. Mf. על, 6. או״א, 86.

אֵיתָן· S. Num. 24. 21. und oben S. 13. Anmerkg. 2.

אַכְזִיבָה לית· Mp. Jos. 19, 29.

וְאֻכָל לית וחסר· Mp. Prov. 30, 1. Mf. ו׳, 28.

אַכְשָׁף ג׳· Mp. Jos. 11, 1. 12, 20.

וְאַכְשָׁף לית· Mp. Jos. 19, 25.

אֶלָּא לית כתיב א׳· Mp. 1 Reg. 4, 18. Mf. א׳, 9.

וְאֶלְדָּעָה ב׳· Mp. Gen. 25, 4. 1 Chr. 1, 33.

לֶאֱלוּל לית· Mp. Neh. 6, 15.

וּבְנֵי אֱלִיאָב (Num. 26, 9.) לית· Mf. בן, 9. או״א, 366.

לֶאֱלִיאָתָה לית· Mp. 1 Chr. 25, 27. (S. ibid. 25, 4.)

אֵלִיָּה ה׳ וחד וְאֵלִיָּה וכל עזרא דכו׳· 2 Reg. 1, 12. Mf. אל, 119.

אֵלִיָּהוּ ב׳ בטעם (מנח וז״ק)· Mp. 2 Reg. 2, 11.

אֶל אֵלִיָּהוּ לית· Mf. אל, 13.

וְהִנֵּה אֵלִיָּהוּ (1 Reg. 18, 7.) לית· Mf. הן, 15.

אֱלִיהוּא ד׳ חסר א׳ (בתרא)· Job 32, 4.

אֶלְיְהוֹעֵינַי ב׳· Mp. Esr. 8, 4. 1 Chr. 26, 3.

אֶלְיוֹעֵינַי ה׳ וחד וְאֶלְיוֹעֵינַי וחד וְאֶלְיְעֵינַי· Mf. אל, 129. (S. Mf. ר׳, 23. או״א, 214. מ״ש Esr. 10, 22. Neh. 12, 41.) 1)

אֱלִיפָל לית· Mp. 1 Chr. 11, 36.

מִבְּנֵי אֱלִיעֶזֶר (1 Chr. 24, 5.) לית בסיפרא· Mf. בן, 17.

אֱלִישָׁה ג׳· Gen. 10, 4. Ez. *27, 7. Mf. אל, 130.

אֶת אֱלִישָׁע (1 Reg. 19. 19.) לית· וְאֶת אֱלִישָׁע (1 Reg. 19, 16.) לית· Mf. את, 3.

עַל אֱלִישָׁע (2 Reg. 2, 15.) לית· Mf. על, 3. או״א, 76.

וֶאֱלִישׁוּעַ ב׳ ומלא· Mp. 2 S. 5, 15.

אֶלְיָשִׁיב ב׳ בענין· Mp. Neh. 3, 21. (וצ״ל ג׳ בענין ב׳ בפסוק)

וְאַלַּמֶּלֶךְ לית ומלה חדא· Mp. Jos. 19, 26. S. Mf. ו׳, 46.

אֶלְנָתָן (וסדרו עם וי״ו או בלא וי״ו)· S. Gen. 41, 26. או״א, 296.

וְגַם אֶלְנָתָן (Jer. 36, 25.) לית ר״פ בירמי׳· Mf. גם, 3.

וְאֶלְעַד לית· Mp. 1 Chr. 7, 21.

וְאֶלְעָדָה לית· Mp. 1 Chr. 7, 20.

וְאֶת אֶלְעָזָר ב׳, קח את אהרן· Mp. 1 S. 7, 1. Num. 20, 25. Mf. את, 6.

עַל אֶלְעָזָר לית· Mf. על, 3. או״א 76.

וּלְאֶלְעָזָר לית· Mp. Lev. 10, 6.

אֶלְעָלֵא (Num. 32, 37.) לית· Mf. א׳, 9.

וְחֶשְׁבּוֹן וְאֶלְעָלֵה· S. חשבון

וְאֶלְפָּלֶט לית· Mp. 1 Chr. 14, 5.

אֶלְפַּעַל ג׳· Mf. אל, 133.

אֶת אֶלְקָנָה (1 S. 2, 20.) לית וחד וְאֶת אֶלְקָנָה 2 Chr. 28, 7.). Mf. את, 3.

הָאֶלְקֹשִׁי לית· Mp. Nah. 1, 1.

אֶלְתְּקֵא לית כתיב א׳ וחד כתיב ה׳· Mp. Jos. 21. 23. S. ibid. 19, 44.

1) Mf. l. c. ed. Bomb. ist fehlerhaft; Buxt. hat sie richtig verbessert. Schwierig ist, dass es heisst וא׳ וְאֶלְיוֹעֵינַי, da diese Form (mit Waw copulat.) ja 1 Chr. 4. 36. nochmals vorkommt? — Es scheinen über diese Form verschiedene Angaben zu existiren, die noch der Untersuchung bedürfen. —

ואלתולד לית. 1) Mp. Jos. 19, 4. (S. ibid. 15, 30.)

אמון שום אנש. או"א, 269.

אמן לית חסר. ר', 62. כת, 16. Mp. 1 Reg. 22, 26. (S. Mf.
או"א, 93.

אמי לית. Mp. Esr. 2, 57.

אמם לית. Mp. Jos. 15, 26.

אמנה ג' וחד ואמנה. או"א, 15. ר', 7. 2 Reg. 5, 12. Mf.
(S. Mf. ב', 11. או"א, 154.)

אמנן לית חסר. Mp. 1 Chr. 3, 1. (S. Mf. ר', 62.)

ולאמנון (2 S. 13, 3.) לית. Mf. ל', 12.

אמצי ב'. Mp. 1 Chr. 6, 31. Neh. 11, 12.

אמציה ט' (ושארא אמציהו). 2 Reg. 14, 8. Am.*7, 12.
Mf. אמ, 30. (S. מ"ש 2 Reg. 13, 12. 14, 15.)

אמר (Esr. 2, 59.) ואמר (Neh. 7, 61.) קדמא לא נסיב
וי"ו ותנינא נסיב וי"ו בענינא. או"א, 247. Gen. 14, 1.

למלך אמרי לית. Num. 21, 29. Mf. מל, 25.

ואת האמרי ד'. Gen. 15, 21. Jos. 24, 18. Mf. אמ, 45.
(Vergl. Gen. l. c. mit Jos. l. c.)

לאמרי לית קמץ. או"א, 26. ל', 3. Mf.

אמרפל, ואמרפל (Gen. 14, 1. 9.) קדמא לא נסיב וי"ו
ותנינא נסיב בענינא. או"א, 247. Gen. 14, 1.

אנוש כל' מלא. Mp. Gen. 4, 26.

ואנחרת לית. פתח בס"פ Mp. Jos. 19, 19. (S. Mf. Ende
diesen Art.?)

ואניעם לית. Mp. 1 Chr. 7, 19.

אסנפר לית. Mp. Esr. 4, 10.

אסף והימן (1 Chr. 25, 1.) לית וחד ואסף והימן
(2 Chr. 35, 15.). Mf. ך', 33.

אספתא מלעיל. Est. 9, 7.

אסיר כל' מלא במ"א אסר שאלתיאל (1 Chr. 3, 17.)
וכלם דגש במ"ב (אסיר מן אסר). M. marg.
Ex. 6, 24.

אסר חדן לית בטעם (מהפך פשטא). 2) Mp. Esr. 4, 2.

אסתר המלכה י"ד. אם, 25. Est. 7, 1. 9, 12. Mf.

אפד לית שום גבר. Mp. Num. 34, 23.

אפיח לית. Mp. 1 S. 9, 1.

אפלל לית וחד ואפלל. Mp. 1 Chr. 2, 37. Mf. א', 13.

אפים ב' שום אנש. Mp. 1 Chr. 2, 30. und 31.

אפיק לית. Mp. Jud. 1, 31.

באפק ב'. Mp. 2 Reg. 13, 17. (1 S. 4, 1.). פתח בס"פ
S. Mf. Ende diesen Art. 3)

אפקה ה'. 4) (Mpt. Hamb. ד'?) Mf. אפ, 9.

אפרים ד' קמצין וכל אס"ף דכו'. Num. 13, 8. Hos.*4, 17.
Mf. אפ, 10.

ואת אפרים ב' דסמיכי. Gen. 48, 1. Mf. את, 6

ובני אפרים (1 Chr. 7, 20.) לית. או"א, 366. בן, 9. Mf.

על אפרים ד'. Mp. Jes. 7, 2.

ואפרים ה' וכל מנשה ואפרים דכו'. Num. 26, 28.
Jud. 1, 29. Jer.*31, 9. Mf. אפ, 11.

אפרסיא לית. Mp. Esr. 4, 9.

אפרסתכיא לית. Mp. Esr. 4, 9.

---

1) Jos. 19, 4. bemerkt die Mp. לית, was auffallend ist, da es ja Jos. 15, 30. nochmals vorkommt? Heid. will daher die Leseart der Randbemerkung zu Jos. 19, 4., nach welcher ואל תולד als 2 Wörter gelesen werden, annehmen, so dass das לית entweder auf diese getrennte Form sich bezieht, oder zu Jos. 15, 30. hingehört, wo nach einer handschr. Bemerkg. der Mp. gleichfalls לית steht. —

2) Die anderen (2 Reg. 19, 37. Jes. 37, 38.) sind durch Makkaf verbunden; dieses aber ist getrennt und אסר hat den Accent Mahpach vor Paschta. —

3) Das פתח בס"פ l. c. ist unverständlich, wenn nicht etwa die Mass. באפק (das Phe mit Segol, was in der Mass. durch פתח (קטן) bezeichnet wird) gelesen hat? —

4) Mpt. Hamb. giebt ד' = 4 an, was insofern richtiger ist, als Jos. 15, 53. den Accent ult. hat, während die übrigen 4 den Accent penult. haben, indem diese 4 von אפק abstammen und das He nur ein He locale ist; in Jos. l. c. aber ist der ursprüngliche Name אפקה mit He am Ende. Im Mpt. von 1294 hat, wie Heid. bemerkt, das Phe ein Segol und ist penult., was ebenso d. Unterschied zwischen diesem und den 4 anderen begründet. —

אֶפְרָת ב׳ זקף קמץ ומב׳ לישן׃ Gen. 48, 7. Mf. 'א, 22. או״א, 59.

אֶפְרָתָה ח׳. 1) Gen. 48, 7. Mf. את, 13. ?

אֶצְבֹּן לית ואחד שׁוּנִי וְאֶצְבֹּן׃ Mp. 1 Chr. 7, 7. S. Mf. 'א, 13. או״א, 1.

וְאֶצְבֹּן לית וחסר ואחד אֶצְבֹּן׃ ? Mp. Gen. 46, 16.

אָצַל ג׳ ופתחין׃ Mp. 1 Chr. 9, 44. Mf. אצ, 2.

אָצַל פתח בס״פ׃ (1 Chr. 8, 38. und 9, 44.) S. Mf. Ende diesen Art. 2)

וּלְאָצַל ב׳ ובסיפרא׃ Mp. 1 Chr. 8, 38. (und 9, 44.)

אֲצַלְיָהוּ ב׳. Mp. 2 Chr. 34, 8. (2 Reg. 22, 3.)

אֹצֶם לית וחד וָאֹצֶם׃ 1 Chr. 2, 15. 25. (S. Mf. 'א, 13. או״א, 1.)

וַאֲרָא לית׃ Mp. 1 Chr. 7, 38.

הָאַרְאֵלִי לית׃ לְאַרְאֵלִי לית׃ Mp. Num. 26, 17.

אַרְבֵּאל לית ומלא׃ Mp. Hos. 10, 14. (S. Mf. 'א, 7. או״א, 103.)

בָּאֲרֻבּוֹת ב׳, וחשכו׃ Mp. 1 Reg. 4, 10. (s. Koh. 12, 3.) S. או״א, 59. Anmerkg.

אַרְגֹּב כל לישנא חסר׃ Mp. Deut. 3, 4.

אַרְדְּ לית׃ Mp. Num. 26, 40.

וָאַרְדְּ לית׃ Mp. Gen. 46, 21.

לַאֲרוֹד לית׃ הָאֲרוֹדִי לית׃ Mp. Num. 26, 17.

בָּארוּמָה לית׃ Mp. Jud. 9, 41. (S. Mf. 'א, 7. או״א, 103.)

אֲרַוְנָה כתיב ארינה׃ (2 S. 24, 18.) S. Mf. 'ר, 5. או״א, 80. ?

הָאֲרַוְנָה כתיב האורנה׃ (2 S. 24, 16.) S. Mf. 'ו, 14. או״א, 91.

וְהַהַרְאֵל לית׃ Mp. Ez. 43, 15.

אֲרִיאֵל ד׳ (ה׳?) קדמא חסר יו״ד׃ 3) Mf. אר, 4.

אֲרִיאֵל אֲרִיאֵל לית מותאמים׃ Mf. 'ב, 14. אן״א, 72.

לַאֲרִיאֵל לית שום בר נש׃ Mp. Esr. 8, 16.

וּמֵהָאֲרִאֵיל (Ez. 43, 15.) לית וכתיב מוקדם מאוחר׃ Mf. 'ו, 14. 'מ, 9. או״א, 18. und 91.

וְהָאֲרִאֵיל (Ez. 43, 16.) כתיב מוקדם מאוחר׃ Mf. 'ו, 14. או״א, 91. (S. Mp. Ez. l. c. ?)

אֲרִידָתָא מלעיל׃ Est. 9, 7.

(אַרְיוֹךְ, וְאַרְיוֹךְ׃ Gen. 14, 1. S. מ״ש)

הָאַרְכִּי לית׃ 4) ? Mp. Jos. 16, 2.

אַרְכְּוָי לית׃ Mp. Esr. 4, 9.

אֶל אֲרָם לית׃ Mf. אל, 23. או״א, 77.

מִן אֲרָם נ׳. 5) Mf. אר, 9. (S. Mp. Num. 23, 7. ?)

(וּמִן אֲרָם לית׃ 1 Chr. 19, 6. S. vor. Art.)

פַּדֶּנָה אֲרָם׃ פדן S.

---

1) Die Angabe 'ח = 8 in Gen. 48, 7. ist uurichtig; die letzten beiden Stellen gehören zusammen und bilden nur eine (1 Chr. 4, 4.); es sind also nur 7 אֶפְרָתָה, von denen 3 in Gen. sich finden, wie auch die Mp. bemerkt 'ג. Ausserdem kommen 2 mit Beth präfix. (Ps. 132, 6. Ruth 4, 11.) vor, so dass es im Ganzen 9 sind, wie auch Heid. eine Angabe anführt, welche lautet: ט׳ בלישנא. Es muss also oben 'ז statt 'ח = 8 stehen, welches letztere aus der falschen Abtheilung der Verse entstanden ist. —

2) Der Sinn dieser beiden Angaben ist, dass אָצַל (das Zaddi mit Pathach) 3 M. vorkommt und zwar 2 M. mit Silluk (1 Chr. 8, 38. und 9, 44,) und 1 M. in der Mitte des Verses und in einem anderen Sinne (Zach. 14, 5.), wie auch Mp. zu 1 Chr. 8, 38. bemerkt 'ג. Ausserdem kommt אָצֵל (das Zaddi mit Zere) mehrmals vor (s. 1 Chr. 8, 37. und ibid. 9, 43.) wie auch וּלְאָצֵל 2 M. vorkommt, s. diesen Art. Wenn 1 Chr. 9, 44. (s. das Mp.) in ed. Buxt. und anderen Ausgg. das Zaddi ein Zere hat, so ist das ein Druckfehler. — Auch muss es wohl richtiger ג׳ פתחין und nicht ופתחין heissen, da es auch mit Zere vorkommt. —

3) Das 'ד = 4 in Mf. l. c. ist in 'ה = 5 umzuändern; es fehlt daselbst 1 Chr. 11, 22. —

4) Das לית der Mp. l. c. bezieht sich wohl auf die Verbindung mit גְּבוּל oder auf dessen Bedeutung — denn die Form kommt mehrfaeh vor (חוּשַׁי הָאַרְכִּי). —

5) Wenn Mf. 'ג = 3 angiebt, so rechnet sie וּמִן mit, indem sie nur die Verbindung des אֲרָם mit מִן (mit oder ohne Waw copulat.) berücksichtigt; denn 1 Chr. 19, 6. (das unrichtig angeführt ist und מִן ארם נהרים ומן ארם מעכה lauten muss) kommt nur 1 M. מִן und 1 M. וּמִן vor, worauf sich das ב׳ בו bezieht. Richtiger ist die Angabe der Mp. Num. 23, 7. (11.), die 'ב = 2 angiebt und besonders Mp. zu 1 Chr. 19, 6. —

אֲרָם· (2 Chr. 24, 23. und 28, 5.) (S. Lev. 2, 13.

הָאֲרַמִּיָּה לית· Mp. 1 Chr. 7, 13.

אַרְמֹנִי לית וחסר· Mp. 2 S. 21, 8.

וְאֹרֶן לית וחד נטע אֹרֶן (Jes. 44, 14.)· Mp. 1 Chr. 2, 25.

אֲרָנָן לית קמץ· 16. פת, (S. Mf. Mp. 1 Chr. 3, 21.
או"א, 22. 1)

אַרְנוֹן ג' מלאים ובעניניא· Num. 21, 13. Mf. אר, 16.
לית חסר בנביאים וכתובים (Mp. 2 Reg. 10, 33.
S. מ"ש Num. l. c. Deut. 3, 12.) 2)

כְּאַרְפַּד לית· 22. או"א, 16. פת, Mp. Jes. 10, 9. Mf.

אַרְפַּכְשַׁד לית קמץ· קמץ Gen. 11, 11. (S. Lev. 1, 1. Mf.
4. או"א, 21.)

אַרְצָא לית מלרע וכתיב א' בסוף· Mp. 1 Reg. 16, 9.
Mf. חילופי קריאה, 2. (S. Mf. א', 3. 9. או"א, 35.
und 373.)

אֲרָרָט ד' ג' קמץ וא' פתח· Gen. 8, 4. 2 Reg. 19, 37.
Jes. 37, 38. Mf. אר, 54.? (S. Mp. Jer. 51, 27.
Mf. פת, 16. או"א 22.)

אַרְתַּחְשַׁשְׂתָּא· מ"ש (S. Esr.*4, 7. S. Mf. אר, 55.
Esr. l. c.) 3)

וְאֶשְׁבָּן ב'· Mp. Gen. 36, 25. (1 Chr. 1, 41.)

אַשְׁדּוֹדָה ב' מלא· Mp. 1 S. 5, 1. Jes. 20, 1.

אַשְׁדּוֹדִית לית· Mp. Neh. 13, 24.

אַשְׁדֳּודִיּוֹת יתיר וי"ו· (S. Mf. ר', 30.) Mp. Neh. 13, 23.

וּלְאַשְׁחוּר לית· Mp. 1 Chr. 4, 5.

אֲשִׁימָא לית· Mp. 2 Reg. 17, 30.

אֶשְׁכֹּל כל לישן מלאים במ"ה חסר· Gen. 14, 13.
Num.*13, 23. Cant.*1, 13. Mf. אש, 19.

אֶשְׁעָן לית· Mp. Jos. 15, 52.

לְאַשְׁפְּנַז לית· Mp. Dan. 1, 3.

הָאֶשְׁקְלוֹנִי לית· Mp. Jos. 13, 3.

וּבְנֵי אָשֵׁר (Gen. 46, 17.) לית· 366. או"א, 9. בן, Mf.

וּלְאָשֵׁר לית· Mp. Deut. 33, 24.

וּמֵאָשֵׁר לית· 18. או"א, 6. מ', (S Mf. Mp. 1 Chr. 12, 36.

הָאָשֵׁרִי לית· 4) Mp. Jud. 1, 32.

אַשֻּׁר לית חסר· 28. und 62. ו', (S. Mf. Mp. 1 Chr. 5, 6.
כת, 16. או"א, 93.)

וּמֵאַשּׁוּר לית· 18. או"א, 6. מ', Mp. Zach. 10, 10. Mf.

אַשּׁוּרָה ו' בקמץ· Gen. 25, 18. 2 Reg.*15, 29. Mf. אש, 38.

הָאֲשׁוּרִי לית ומלא· Mp. 2 S. 2, 9.

אַשֻּׁרִים לית וחסר· (ג' בג' לישן וכל חד לית דכו')·
Gen. 25, 3. Mf. אש, 37. (S. Mp. Ez. 27, 6. Mf.
א', 20. או"א, 56. שום שכל Gen. l. c.) 5)

וַאֲשַׂרְאֵלָה לית· S. Mf. ל', 18.

הָאַשְׂרִיאֵלִי לית וכ"כ· Mp. Num. 26, 31.

אֶשְׁתָּאוֹל ג' מלא· 6) Jos. 15, 32. Mf. אש, 39.

וְהָאֶשְׁתָּאֻלִי לית· Mp. 1 Chr. 2, 53.

בְּאֶשְׁתְּמֹעַ לית וחסר· Mp. 1 S. 30, 28.

אֶשְׁתּוֹן לית וחד וְאֶשְׁתּוֹן· Mp. 1 Chr. 4, 12. 13. (S. Mf.
א', 13. או"א, 1.)

---

1) Die Angabe der Mp. l. c. muss wohl לית פתח = ל' lauten, wie auch Mf. und או"א, l. c. die Ausnahme auf das Pathach beziehen; der Sinn ist, dass sonst das Alef Kamez (Chatuf) hat = אָרְנָן und nur 1 M. mit Pathach (אַרְנָן) vorkommt. — S. או"א, 22., wo ich das פתח auf das Nun bezog, was unrichtig ist, da dieses in allen Ausgg. Kam. hat. —

2) Das Resultat ist, dass dieses Wort im Pent. immer def. (Waw nach dem Nun) ist, mit Ausnahme dreier Stellen, die es plene haben, wie angegeben; in den Proph. und Hagiogr. ist es immer plene mit Ausnahme von 2 Reg. 10, 33., wo es def. ist. —

3) Nach Mf. l. c. wird dieses Wort in Esr. bis 7, 1. mit Sin (nach dem Schin) und von da bis zu Ende des Buches mit Samech geschrieben; das zweite Thaw hat aber immer nur Schwa, mit Ausnahme von ibid. 4, 7., wo es mit Kam. gelesen wird. S. מ"ש Esr. l. c., wo in ed. Wien בשמא statt בש"א gedruckt ist. —

4) S. Mp. Jud. l. c. in ed. Buxt. wo die Angaben um eine Reihe verschoben sind; die 3 M. ל' gehören zur Reihe אַכְזִיב etc. und das eine ל' gehört zu הָאָשֵׁרִי. —

5) Das לית וחסר bezieht sich auf das def. Waw nach dem Schin in Ez. 27, 6. Mp. Das andere in Gen. 25, 3. ist plene Waw und def. Jod. S. מ"ש und ש"ש zu Gen. l. c. —

6) Die 3 Stellen in Jos. l. c. sind nicht richtig; statt Jud. 13, 25., das def. Waw ist, muss, wie Heid. bemerkt, Jos. 19, 41. gezählt werden, wie auch die Mp. zu dieser St. bemerkt: ג' מלא. —

אֶתְבַּעַל לית· Mp. 1 Reg. 16, 31.

אִיתַי לית (ושארא אִתַּי)· Mp. 1 Chr. 11, 31. (S. Mf. שטה, 6. או"א, 272.)

אֵתָם כל לישנא חסר במ"א· Num. 33, 6.

אֶתְנִי לית· Mp. 1 Chr. 26, 41.

ב·

בְּאֵר רָמַת לית כתיב א׳· 1) Mp. Jos. 19, 8.

וּבְאֵר· 2) S. Mf. ב׳, 8. או"א, 62. Anmerkg. Mf. בא, 81.

מִבְּאֵר שָׁבַע לית· 3) Mp. 1 Chr. 21, 2. ב׳· Mp. Neh. 11, 30.

מִבְּאֵר שָׁבַע מן י"ב פתחין באתנח בספר בראשית· (Gen. 28, 10.) S. Ende der Mf. diesen Art.; auch Heid. zu עה"ק Gen. l. c.

בְּאֵרִי ב׳ ומב׳ לישן· Mp. Gen. 26, 24. Mm. Hos. 1, 1. (או"א, 59. Anmerkg.)

בְּאֵרָה ד׳. ג׳ מלעיל וא׳ מלרע. בתרא (1 Chr. 5, 6.) שום, בר נש ומלרע וחד (1 Chr. 7, 37.) לחוד כתיב א׳· 4) Gen. 46, 1. Num, 21, 16. Jud. 9, 21. Mf. בא, 80.

הַבְּאֵרֹתִי לית· S. Gen. 42, 38. 1 Chr.*7, 1. או"א, 200. auch הַבֵּרוֹתִי·

בֵּבָי ב׳ קמץ· 5) Mp. Esr. 2, 11. 8, 11.

בָּבֶל לית בטעם פזר (Jer. 24, 2.)· Mf. ב׳, 4.

אֶל בָּבֶל ו׳ (ושארא עַל בָּבֶל?)· Mf. אל, 34. בב, 1.

לְמֶלֶךְ בָּבֶל לית (Jer. 51, 31.)· Mf. מל, 25.

עַד בָּבֶל לית· Mp. Micha 4, 10. או"א, 265.

בְּבָבֶל ח׳. Jer. 29, 22. *52, 32. Mf. בב, 2.

וּבָבֶל ד׳. Mf. בב, 3.

בָּבֶלָה כ"ט. Jer. 29, 4. Mf. בב, 1. (S. מ"ש 2 Reg. 25, 7.)

מִבָּבֶלָה לית· Mp. Jer. 27, 16.

בֵּגְוַי ב׳ זקף קמץ (ושארא בִּגְוַי)· Neh. 7, 19.

בִּגְתָן לית· Mp. Est. 2, 21.

בְּדָן ד׳. 6) 1 S. 12, 11. Mf. בד, 7.

בַּוַּי לית· Mp. Neh. 3, 18.

וּבוּנָה לית· Mp. 1 Chr. 2, 25.

---

1) In ed. Buxt. bemerkt die Mp. zu רָמַת (Jos. 19, 8.) לית כתיב א׳, was aber Heid. auf בְּאֵר רָמַת bezieht und daher bemerkt: ולא ידעתי לכוונו d. h. er verstände den Sinn nicht. Sieht man aber die Mp. im Mpt. Erfurt, so ist die Bemerkung ganz richtig; daselbst ist die Leseart רָאמַת und dazu bemerkt die Mp. לית כתיב א׳. S. auch מ"ש Jos. l. c. den Heid. auch übersehen hat. —

2) Wenn Mf. ב׳, 8. וּבְאֵר zu den 2 M. vorkommenden Wörtern, die mit וב׳ anfangen, gezählt wird, während Mf. בא, 81. 4 M. ובאר angegeben ist, so ist das kein Widerspruch, indem Mf. ב׳, 8. nur וּבְאֵר allein berücksichtigt, aber וּבְאֵר שָׁבַע (Jos. 15, 18. und Am. 5, 5.) als nicht hierhingehörig auslässt, wonach unsere Bemerkung zu או"א, 62. zu berichtigen ist. —

3) In dieser Angabe ist schwierig, 1) das ב׳=2, da es doch mehr als 2 M. vorkommt (s. Gen. 28, 10. 2 Chr. 30, 5. etc.). 2) ist sie im Widerspruch mit Mp. zu Neh. 11, 30. wo (ed. Buxt.) לית bemerkt wird. Heid. will daher, mit Recht, das ב׳=2 beziehen auf die Verbindung der 4 Wörter מִבְּאֵר שֶׁבַע וְעַד דָּן, welche nur 2 M. vorkommt (1 Chr. 21, 2. und 2 Chr. 30, 5.), während diese Verbindung sonst מִדָּן וְעַד בְּאֵר שָׁבַע gebildet wird. Was für diese Auffassung spricht, ist nun eben das לית in d. Mp. zu Neh. l. c.; dies bezieht sich wieder auf die Verbindung מִבְּאֵר שֶׁבַע עַד גֵּי הִנֹּם, die nur 1 M. vorkommt, so dass der obige Widerspruch zwischen der Mp. 1 Chr. 21. 2. und Neh. 11, 30. wegfällt, indem sie verschiedene Verbindungen im Auge haben und sich nicht allein auf מִבְּאֵר שֶׁבַע beziehen. —

4) Heid. führt eine handschr. Mass. an, welche angiebt: ב׳ מלרע und als zweites וּבְאֵרָא (1 Chr. 7, 37.) anführt. — Unsere Angabe spricht aber nur von dieser Form ohne Waw copulat. und führt nur 1 Chr. 7, 37. an in Beziehung auf das Alef am Ende, während die anderen 4 ein He am Ende haben. —

5) Hieraus geht hervor, dass Neh. 7, 16. בֵּבָי (das zweite Beth mit Pathach) gelesen werden muss, obgleich es Sakef hat, wie auch (nach Heid.) das Mpt. von 1294 es liest, gegen מ"ש (und Ausgg.), der es mit Kam. liest. Denn dass das ב׳ קמץ auf diese Form mit Sakef sich bezieht, ist daraus zu ersehen, dass das Beth mit Kam. noch mehrmals vorkommt, aber mit Athnach und Silluk, z. B. Esr. 10, 28. Neh. 10, 16. —

6) D. h. 4 M. kommt diese Form vor und zwar 2 M. als Eigenname und 2 M. als Beth präfix. zu דָּן. S. 1 S. l. c.

בְּנִי ד׳. Mf. בן, 1. (S. Mf, ר׳, 61. Mp. Neh. 11, 15.)

בּוּנִי (Neh. 11, 15.) לית מלא׳ 1) Mf. ר׳, 61.

בּוֹצֵץ לית ומלא. Mp. 1 S. 14, 4. (S. Gen. 41, 8. Mf. ו׳, 26,)

בִּזְיוֹתְיָה לית ולא מפיק. Mp. Jos. 15, 28. (S. Ex. 17, 16.)

בִּזְּתָא לית ודגש. Mp. Est. 1, 10.

בַּחֻרִים ד׳ חסר בלישן. und בחר, S. 5, בח, Mf. 2 S. 3. 16. oben S. 33. Anmerkg. 1. 2)

בְּבַחֻרִים לית. Mp. 2 S. 17, 18.

הַבַּחֲרוּמִי לית. Mp. 1 Chr. 11, 34.

וּמִבֶּטַח לית. Mp. 2 S. 8, 8. Mf. מ׳, 7.

וָבֶטֶן לית. Jos. 19, 25.

וּבְטֹנִים לית. Mp. Jos. 13, 26.

בֵּית אֵל ג׳ בטעם שופר מנח (ושארא בגעיא). Gen. 35, 16. 1 Reg. 12, 32. Mf. בי, 38. (ג׳ בטעם זקף). 3)

בְּבֵית אֵל ד׳ בקריא ומן ויבן ירבעם את שכם (1 Reg. 12, 25.) עד אחר הדבר הזה לא שב ירבעם (1 Reg. 13, 33.) דכו׳ בְּבֵית אֵל במ״א בֵּית אֵל. 2 Reg. 23, 15. Mf. בי, 39.

בֵּית הָאֱלִי לית. Mp. 1 Reg. 16, 34.

וּבֵית לְבָאוֹת לית. Mp. Jos. 19, 6.

בֵּית לָחֶם ב׳ קמץ (בזקף). Mp. 1 Chr. 2, 51. Esr. 2, 21.

בְּבֵית לָחֶם ג׳. Mp. Ruth 4, 11. Jud. 12, 10. 1 Chr. 11, 16.

וּבֵית הַמַּרְכָּבוֹת לית חסר. ? Mp. Jos. 19, 5. (S. 1 Chr. 4, 32.)

בֵּית שַׁן בשמואל וכל קריא בֵּית שְׁאָן. חילופי Mf. קריא, 6. או״א, 272. Ueber שָׁן und שַׁן s. Mp. 1 S. 31, 10. und 12. 2 S. 21, 12.

בְּבֵית שְׁאָן לית (Jos, 17, 10.). Mf. בי, 28.

בִּכְרוּ ב׳ וחסר. Mp. 1 Chr. 8, 38. 9, 44.

בְּכוֹרַת לית ומלא. Mp. 1 S. 9, 1,

בֵּל ג׳. Jes. 46, 1. Jer.*50, 2. Mf. בל, 1.

לְבִלְגָּה ב׳. Mp. 1 Chr. 24, 14. Neh. 12, 18.

וּבְנֵי בִלְהָה לית (Gen. 35, 25.). Mf. בן, 9. או״א, 366.

בִּלְהָן ב׳ (ד׳ כצ״ל). 4) Mp. Gen. 36, 26.

בֵּלְטְשַׁאצַּר, בֵּלְשַׁאצַּר, בֵּלְשַׁצַּר וכו׳. Dan. 1, 7. ibid.*5, 30. Mf. בל, 8. פתח באתנח (Dan. 2, 36.) כלהון פתחין S. Mf. Ende diesen Art.

לְבֶלַע לית שום גבר. מבין חדות (S. Mp. Num. 26, 38. ibid.)

וְאֶת בִּלְעָם ג׳ אנ״ך. Num. 31, 8. Jos.*13, 22. 1 Chr.*6, 70. Mf. בל, 7. ?

וַיַּעַן בִּלְעָם (Num. 22, 18. und 23, 26.) קדמא רביע תניא זקף. או״א, 227.

וּבָלָק, בָּלָק (Num. 22, 4. 27, 10.) קדמא נסיב וי״ו ותנינא לא נסיב בחד ענינא. או״א, 246. Mf. ו׳, 24.

בִּלְשָׁן ב׳. Neh. 7, 7. (S. Mp. Esr. 2, 2.)

וּבִמְהָל לית. Mp. 1 Chr. 7. 33.

בֵּן לית שום בר נש Mp. (angef. v. Heid.) 1 Chr. 15, 18. (S. Mf. ב׳, 4. בטעם פזר)

בִּנּוּי ו׳. 5) Mf. בן, 43.

---

1) Die Angabe Mf. בן, 1. ist fehlerhaft und verworren; das ד׳ = 4 ist durch falsche Abtheilung, wie sonst nicht selten, entstanden und muss ג׳ = 3 lauten. Sie ist so zu verbessern: בְּנִי ג׳ וסי׳ שרביה (Neh. 9, 4.), עוגד (ibid. 10, 16.), ומן הלוים שמעיה (ibid. 11, 15.). דשמעיה בוני כתיב. שרביה עוגד בני כתיב. — Auch das Mpt. v. 1294 hat, wie Heid. anführt ג׳ = 3. —

2) Von diesen 4 def. Waw sind 2 Eigennamen, (2 S. 3, 16. u. 1 Reg. 2, 8.); das בלישן bezieht sich auf מִבַּחֻרִים (1 Reg. l. c.) und auf וּבַחֻרֵיהֶם (2 Reg. 8, 12.); jedenfalls müssen auch die, welche ג׳ חסר lesen (S. Mp. zu d. St.) und das 2 Reg. 8, 12. nicht mitzählen, בלישן hinzufügen. S. oben S. 33. Anmerkung 1. —

3) Mf. בי, 38. muss es, wie Heid. bemerkt, ג׳ בטעם מנח וזקף heissen und will dasselbe sagen, was Gen. 35, 19. und 1 Reg. 12, 32. angegeben ist, (S. unten טעם) nemlich dass gewöhnlich die Silbe בֵּית in dem Worte בֵּיתאֵל ein Metheg (Gaja) hat mit Ausnahme dieser 3 Stellen, wo es Munach vor Sakef Katon erhält. S. משפטי הטעמים v. Heid. S. 13[a] und 62[a]; עין הקורא Gen. 12, 8. ibid. 35, 16. und Heid. das. —

4) Das ב׳ = 2 in Mp. Gen. l. c. ist wohl Schreibfehler statt ד׳ = 4. Es kommt vor: Gen. 36, 37. 1 Chr. 1, 42. 7, 10. 2 M. in demselben Verse, wie Heid. bemerkt. —

5) Die Angabe ו׳ = 6 ist wohl in ז׳ = 7 umzuändern, denn in ed. Bomb. fehlt: ובני ובנוי שמעי (Esr. 10, 38.)

וּבְנוּי ב׳. 1) S. Mf. ב׳, 8. או״א, 62.

וּבְנָי לית. Mp. 1 Chr. 24, 23.

מִבְּנֵי בָּנִי לית ר״פ בסיפרא (Esr. 10, 34.). Mf. בן, 15.
S. unten בני מן.

יֵשׁוּעַ וּבָנִי. S. יֵשׁוּעַ.

בְּנָיָה ד׳ וכל עזרא דכו׳ (ושארא בְּנָיָהוּ). 2 S. 20, 23.
Mf. בן, 42.

בְּנִינוּ לית. Mp. Neh. 10, 13.

בִּנְיָמִין י״ז מלא. Gen. 35, 18. Jos.*21, 17. 2 S. 3, 19.
Neh.*11, 36. Mf. בן, 39 (S. מ״ש Deut. 33, 12.)

בנימן (1 Chr. 9, 4.) מלה חדא וקרין תרין. Mm. 1 Chr. 27, 12.
Mf. כת. 9. או״א, 99.

אֶל בִּנְיָמִן לית וחד עַל. או״א, 2. Mf. אל, 24.

בִּנְיָמִן חד אֶל וחד עַל וחד וְעַל. או״א, 89. Mf. על, 9.

וְאֶת בִּנְיָמִן ד׳. Gen. 42, 36. Mf.*בן, 41.

מִבְּנֵי בִּנְיָמִן (1 Chr. 8, 40.) לית בסיפרא. Mf. בן, 17.

עִם בִּנְיָמִן לית בענינא וג׳ עִם בְּנֵי בִנְיָמִן (Jud. 20.).
או״א, 219.

וְאֵלֶּה בְּנֵי בִנְיָמִן (Neh. 11, 7.) לית. Mf. בן, 10.

וּבִנְיָמִן ט׳ יחידאין. 2) Mf. בן, 40.

וּבְבִנְיָמִן ב׳ חד חסר וחד מלא, וארת צרעה חסר.
Mp. Jud. 10, 9. 2 Chr. 11, 10.

וּלְבִנְיָמִן (Gen. 45, 22.) לית. Mf. ל׳, 12.

מִבֶּן יָמִין תרין וקרין חד (1 S. 9, 1.). או״א, 100. Mf. כת, 11.

לבנימיני, לַבֶּן יְמִינִי קרי. 1 Chr. 27, 12. או״א 99.
Mf. ל׳, 5. או״א, 28. (S. מ״ש 1 Chr. 9, 3.)

בְּנֵי בְרַק (בְּרַק ג׳ בב׳ לישן). Mp. Deut. 32, 41.
(Mf. בר, 26. S. או״א, 59. Anmerkg.)

(בִּנְעָה ב׳. 1 Chr. 8, 37. מ״ש S.)

בְּסוֹדְיָה לית. Mp. Neh. 3, 6. (S. Ex. 17, 16.?)

וּבְעֹן לית וחסר. Num. 32, 3.

3) S. מ״ש Num. 22, 5.
בְּעוֹר ב׳ בתורה שום גבר מלא. Mp. Gen. 36, 31.
ה׳ חסר. Mp. Num. 22, 5.
בְּנוֹ בְעֹר ב׳ חסר. Mp. Num. 24, 3.

עַד בָּעַל לית. Mp. 1 Chr. 4, 33.

Buxt., der den Fehler einsah, fügt diese St. hinzu, ändert aber, um nur 6 = ו׳ zu haben, den Schluss, der in ed. Bomb. richtig lautet: וחברו ,והלוים וישוע (Neh. 10, 10. und 12. 8.) um, und liest: וחברו והלוים וישוע, so dass letzteres nur eine Stelle bildet, was aber keinen Sinn hat. Das Richtige ist wohl ו׳ = 7 zu lesen und obige Stelle einzuschalten; dass übrigens וּבְנוּי 2 M. vorkommt, s. folgenden Art., wo es zu den 2 M. vorkommenden Wörtern gezählt wird, die mit וב׳ anfangen. Dass auch an dieser St. ein Fehler eingeschlichen ist, s. unsere Bemerkung dazu. — Heid. will die Angabe ו׳ (nicht Anfzählung) dadurch rechtfertigen, dass nach einer handschriftl. Angabe über die verschiedenen Lesearten der מדינחאי und מערבאי, jene in Neh. 7, 15. statt בִּנּוּי lesen: בָּנִי (ähnlich der Parallelstelle Esr. 2, 10.), so dass diejenigen, welche ו׳ = 6 angeben, diese Stelle nicht mitzählen, obgleich die Mass. in der Regel den מערבאי folgt? —

1) Mf. l. c. ist als zweite Stelle fehlerhaft angeführt: ובנוי ומנשה; dieses gehört noch zur ersten St. ומבני פחת מואב (Esr. 10, 30.). Die zweite Stelle muss lauten: ובני ובנוי שמעי (ibid. 10, 38.), wie es או״א, l. c. richtig hat. —

2) Diese Angabe in Mf. l. c. weist auf Jud. 20. hin, wo aber nichts angeführt ist; Mpt. Hamb. zu Obad. 1, 19. führt sie so an: ובנימין ט׳ יחידאין וסי׳ ויפל אל צוארי בנימן, תנינא דפסוק Gen. 45, 14., יששכר זבולן ובנימן Ex. 1, 3., ובנימן החל להכות חללים באיש ישראל Jud. 20, 39., וירשו הנגב את הר עשו Ob. 1, 19., ובני ידיעאל בלהן ובני בלהן 1 Chr. 7, 10., ובנימן הוליד את בלע בכורו 1 Chr. 8, 1., ולוי ובנימן לא פקד בתוכם 1 Chr. 21, 6., ויעמד את כל הנמצא 2 Chr. 34, 32., לפני אפרים ובנימן ומנשה Ps. 80, 3., וכל יהודה ויוסף דכו׳. — Der Sinn ist, dass vor וּבִנְיָמִן (mit Waw copulat.) immer יהודה oder יוסף (als Stamm- oder Bruderparallele) steht, mit Ausnahme von 9 Stellen, in denen ובנימן allein (=יחידאין), ohne diese Vorsetzung vorkommt. S. auch Mp. —

3) Die Schwierigkeit und das Widersprechende dieser Angabe haben schon ausführlich besprochen אור תורה (Num. 22, 5.), מ״ש l. c. שום שכל Gen. 36, 32., so dass sogar der scharfsichtige und treue Heid. in einen Widerspruch verfallen ist, indem er in dem Pent. bemerkt: בעור ג׳ מ״ן, so dass dieses Wort nur 3 M. plene Waw wäre und doch zu 4 Stellen angiebt בעור מ״ן? — Die Hauptschwierigkeit liegt aber in der Angabe Mp. Gen. 36, 31., da das ב׳ בתורה וכו׳ keinen Sinn hat. — Mir scheint daher, dass die Angabe das Wort בְּעוֹר in seinen verschiedenen Bedeutungen zusammengefasst und so findet es sich 12 M. und zwar plene Waw im Pentat.; 8 M. von עוֹר (Haut) mit Beth präfix. und 4 M. als Nom. propr. — Liest man also in Mp. (Gen. 36, 31.) י״ב statt ב׳ und zwar so י״ב בתורה (ד׳) שום גבר מלא, so ist die Angabe ganz richtig; sie will sagen, 12 M. kommt diese Form und zwar plene im Pent. vor, von denen 4 ein Männername (Nom.

בגור בעל לית וכל אס״ף דכו׳. ? Mp. 2 Chr. 26, 7.

בעלתה (מן בעלה) לית. Mp. 1 Chr. 13, 6.

ובעלות ב׳. (S. Mf. ב׳, 8. או״א, 62.) Mf. בע, 3.

בעלים לית. Mp. Jer. 40, 14.

בענא ג׳ כתיב א׳. 1 Reg. 4, 16. Neh. 7, 7. Mf. בע, 5.

בערא לית. Mp. 1 Chr. 8, 8.

בעשה ו׳ בס״ין. 1) Mp. 1 Reg. 15, 28.

על בעשא לית, למערבאי אל בעשא. Mp. 1 Reg. 16, 1. 2)

בעשיה לית. Mp. 1 Chr. 6, 40.

בעשתרה לית. Mp. Jos. 21, 27.

בצי ב׳ קמץ. Mp. Esr. 2, 17. Neh. 7, 23. S. ibid. 10, 18.

אל בצלאל לית. Mf. אל, 13.

ובצלאל לית ר״פ. Mp. Ex. 38, 22.

בצלות לית. Mp. Esr. 2, 52.

בצלית לית. 3) ? Neh. 7, 54.

מבצקת לית. Mp. 2 Reg. 22, 1.

מבצרה ג׳. Gen. 36, 32. Jos.*63, 1. Mf. בצ, 3.

ובקבקיה ב׳. 4) Mp. Neh. 11, 17. ibid. 12, 9.?

ובקבקר לית. Mp. 1 Chr. 9, 15.

בקיהו ב׳. (S. Mf. ב׳, 4.) Mp. 1 Chr. 25, 4. 13.

בראדך לית ויתיר א׳. Mp. 2 Reg, 20, 12. (S. Mf. א׳, 7. או״א, 103.)

בראי לית וחד בראי. Mp. 1 Chr. 4, 32. (S. או״א, 4.).

ובראיה לית. Mp. 1 Chr. 8, 20.

ברד לית. Mp. Gen. 16, 14.

ברזות, קרי ברזית (1 Chr, 7, 31.). Mf. ר׳, 6. או״א, 81.

הברחמי לית וחסר. Mp. 2 S. 23, 31.

וברי לית. Mp. 1 Chr. 7, 35.

ברוך בן נריהו ג׳ ושארא ברוך בן נריה. Jer. 36, 14. Mf. נר, 2.

ואת ברוך ב׳. 5) Mp. Jer. 36, 17.? S. Jer. 43, 6.

וברכה ב׳ בתרי לישני. Mp. 1 Chr. 12, 3. (S. Mf. א׳, 22. או״א, 59. Mf. ב׳ 8. או״א, 62.

וברכיה. S. Mf. ו׳, 46.

ברכיהו ד׳. Zach. 1, 6. Mf. בר, 25.

וברעה לית וחסר (ושארא כל׳ מלא יו״ד). Mp. 1 Chr. 8, 13.

וברק ג׳. Jud. 4, 16. Job*20, 25. Mf. בר, 27.

ברק. S. בני ברק

ברקום לית. 6) Mp. Neh. 7, 55. ב׳? Esr. 2, 53.

---

propr.) sind; d. h. die anderen 8 sind Appellativa von עור mit ב׳ präfix. — Das ה׳ חסר in Mp. zu Num. 22, 5. ist jedenfalls ein Schreibfehler und muss wohl lauten: ו׳ ד׳ מלא וב׳ חסר? — Mpt. Erf. bemerkt zu בעור nirgend etwas und zu Num. 24, 3. bemerkt sie ב׳. — Das Resultat ist also, dass בעור als Nom. propr. 6 M. im Pent. vorkommt und zwar 4 M. plene (Gen. 36, 32. Num. 22, 5. 31, 8. und Deut. 23, 5.) und 2 M. def. (Num 24, 3. und 15.) S. auch רמ״ה s. rad. —

1) Heid. führt eine alte Handschrift und besonders das Mpt. von 1294 an, in welchem dieser Name immer mit שׂ (Sin) geschrieben ist; wenn aber die Mp. nur ו׳ בסי״ן = 6 mit Sin anführt, so ist nicht klar, welche sie meint. —

2) Mp. in Mpt. Erf. 1 Reg. l. c. hat zwar blos: על בעשא, לית. Die gedruckte Mp. scheint es aber richtiger nur als Leseart der מדינחאי zu nehmen, während die מערבאי auch dieses mit אל lesen. Mf. על, 3. או״א, 76., wo die Wörter, die nur 1 M. mit על, sonst aber mit אל vorkommen, aufgezählt werden, ist unser Art. nicht erwähnt und zwar deswegen, weil die Mass. in der Regel den מערבאי folgt, die es immer mit אל ohne Ausnahme lesen. Nach Mpt. Erf. ist auffallend, warum es nicht Mf. und או״א, l. c. mitgezählt wird. —

3) Heid. führt ein Mpt. an, in welchem dieses (Neh. 7, 54.) בצלות mit Waw geschrieben (כתיב) aber mit Chirik gelesen (בצלית קרי) wird, wogegen aber spricht Mf. ר׳, 6. und או״א. 81., wo dieses Wort nicht angeführt ist. S. auch Mpt. Erf., das zu Esr. 2, 52. bemerkt לית, zu Neh. 7, 54. aber angiebt: בצלות לית ק׳? —

4) Wenn d. Mp. l. c. ב׳ = 2 angiebt, so ist das scheinbar unrichtig, indem es noch 1 M. Neh. 12, 25. vorkommt; es wären also 3? Heid. berichtigt die Angabe dadurch, dass er ein altes Mpt. anführt, in welchem das erste (Neh. 11, 17.) ein Alef am Ende hat (ובקבקיא), so dass es mit He am Ende nur 2 M. vorkommt. — Mpt. Erf., wie auch Mpt. v. 1294 bemerken zu allen 3 Stellen nichts, so dass die Angabe etwas unsicher ist. —

5) Die Mp. l. c., welche לית angiebt, ist wohl Schreibfehler; es muss ב׳ = 2 heissen, wie es Mp. ibid. 43, 6. und Mpt. Erf. zu beiden Stellen richtig haben. —

6) Auch hier widerspricht das ל׳ in Esr. l. c. der Angabe ב׳ = 2 zu Neh. l. c. wenn man nicht annehmen will, dass das ל׳ auf בסיפרא, d. h. im B. Esra sich bezieht. — Mpt. Erf. entscheidet nichts. —

הַבְּרוֹתִי לית. (Mp. 1 Chr. 11, 39. (S. Mf. 'א, 6. או"א, 200.
S. oben הַבְּאֵרֹתִי.

בֵּרוֹתָה לית ומלא (ומלעיל). Mp. Ez. 47, 16. Mf. 'ה, 32.
או"א, 32.

בִּשְׁלָם לית (שום בר נש). Mp. Esr. 4, 7.

אֶת בָּשְׂמַת לית (ושארא וְאֶת בָּשְׂמַת. (1 Reg. 4, 15.)
Mf. את, 2.

עוֹג בַּבָּשָׁן ד'. S. עוג

בַּגִּלְעָד בַּבָּשָׁן לית. Mf. 1 Chr. 5, 16. (S. Mf. 'ו, 11.
או"א. 30.)

וּבַבָּשָׁן לית. Mp. Jer. 22, 20.

הַבְּשׂוֹר ג'. Mp. 1 S. 30, 9. 10, 21.

וּבִבְתוּאֵל לית (שם עיר). Mp. 1 Chr. 4, 30.

וּבְתוּל לית. Mp. Jos. 19, 4.

בִּתְיָה לית. (Mp. 1 Chr. 4, 18. (S. Ex. 17, 16. Mf. 'ב, 6, או"א, 36.

וְאֵלֶּה בְּנֵי בִתְיָה (1 Chr. 4, 18.) לית. Mf. בן, 10.

הַבִּתְרוֹן לית. Mp. 2 S. 2, 29.

ג.

גְּאוּאֵל לית. Mp. Num. 13, 15.

גְּבָל ב' א' קמץ וא' פתח. Ps. 83, 8. (S. Mf. פת, 17.
או"א. 23. und hebr. Vorrede zu letzterem.

הַגִּבְלִי לית. Mp. 1 Reg. 5, 32. וְהַגִּבְלִים לית. Mp. Jos. 13, 5.

וְגָבַע ב' קמץ (בזקף). Mp. Esr. 2, 26. Neh. 7, 30.
(ושארא גֶּבַע בלא אס"ף.

גִּבְעָא לית כתיב א'. Mp. 1 Chr. 2, 49. (S. Mf. 'א, 9.)

מִן גִּבְעָה לית. Mp. 2 Chr. 13, 2. Mf. מן, 2. או"א, 192.

עַל הַגִּבְעָה נ'. 1) Mf. נב, 15.?

גִּבְעוֹן לית עם וְאֶת. Mf. את, 8. או"א, 79.

בְּגִבְעוֹן לית ר"פ. או"א, 175.

גִּבְעוֹנָה ב' חד חסר וחד מלא, דין מלא. Mp. 2 S. 2, 12.
S. Mp. 1 Reg. 2, 4.

הַגִּבְעוֹנִי לית ומלא. 2) Mp. 1 Chr. 12, 4. (S. Neh. 3, 7.)

וְהַגִּבְעֹנִים לית. Mp. 2 S. 21, 2.

גֶּבֶר. S. עֶצְיוֹן

גֶּבֶר לית. Mp. Esr. 2, 20.

עַל גִּבְּתוֹן נ'. 3) Mp. 1 Reg. 16, 15.

וְגִבְּתוֹן לית. Mp. Jos. 19, 44.

מִבְּנֵי גָד לית בסיפרא. (1 Chr. 12, 14.) Mf. בן, 17.

וְגָד וּרְאוּבֵן (Jos. 18, 7.) לית. Mf. 'ו, 31. או"א, 253.

וּלְגָד לית. Mp. Deut. 33, 20. Mf. 'ל, 12. ול, 1.

הַנַּחַל הַגָּד לית. Mp. 2 S. 24, 5.

וְלָרְאוּבֵנִי וְלַגָּדִי. S. ראובן (ב'. Mf. רא, 40.)

לַגַּד לית (ופתח). Mf. גד, 1. Jes. 65, 11.

הַגֻּדְגֹּדָה ב' ובפסוק. Mp. Deut. 10, 7. S. Mf. 'ב, 13.
או"א, 58.

גְּדֹר ב' חסר. Mp. 1 Chr. 4, 39. (S. Jos. 15, 58.)

הַגְּדוֹלִים ו' מלאים. S. גדל Mp. Neh. 11, 14.

גַּדִּי לית. Mp. Num. 13, 11.

גַּדִּיאֵל לית. Mp. Num. 13, 11.

גְּדַלְיָה ה' וא' וּגְדַלְיָהוּ. Jer. 40, 7. Zeph. 1, 1. Mf. גד, 18.

---

1) Das 'ג = 3 in der Mf. l. c. ist unrichtig und muss 'ב = 2 lauten, wie es auch Mp. l. c. (Jud. 20, 19. und Jes. 30, 17. (ב' וכנם hat. Die in Mf. angeführte Stelle aus Chr. findet sich nicht, so dass es nur in 2 Stellen so vorkommt. Merkwürdig ist, dass Mpt. Erf. an beiden obenbezeichneten Stellen bemerkt: 'ג = 3?

2) Nicht nur die gedruckte Mp., sondern auch Mpt. Erf. zu 1 Chr. l. c. wie auch Heid. aus verschiedenen Handschriften anführt, haben לית ומלא, was aber unrichtig ist, da es ja auch Neh. 3, 7. vorkommt, und nach den Ausgg. daselbst def. Waw ist; es muss also entweder heissen לית מלא, (d. h. 1 M. ist es plene) oder ב' חד חסר וחד מלא. —

3) Das 'ג = 3 in der Mp. l. c., wenn es sich auf die Verbindung von גִּבְּתוֹן mit עַל beziehen soll, ist unrichtig, denn diese kommt nur 2 M. vor (1 Reg. 15, 27. und ibid. 16, 15.); richtiger ist die Angabe in Mpt. Erf., welche das 'ג auf גִּבְּתוֹן ohne Verbindung bezieht und deren giebt es nur 3 (Jos. 11, 23. 1 Reg. 15. 27. und 16, 15.) —

גְּדַלְיָהוּ בֶּן אֲחִיקָם בֶּן שָׁפָן ו׳. 1) Jer. 40, 9. Mf. נד, 19.

גִּדַּלְתִּי ג׳ (רוז שום בר נש). גדל Mp. 1 Chr. 25, 4. S.

לְגִדַּלְתִּי לית. Mp. 1 Chr. 25, 29.

גִּדְעֹם לית. (S. Mf. א׳, 21. או״א, 57.) Mp. Jud. 20, 45.

וּלְגִדְעוֹן ג׳ וא׳ לְגִדְעוֹן. (S. Mf. ו׳, 9. או״א, 16.) Mf. נד, 20.

גִּדְעוֹנִי (Num. 10, 24.) לית מלא. Mf. ו׳, 61.

הַגְּדֵרִי לית. Mp. 1 Chr. 27, 28.

וְהַגְּדֵרָה, וּגְדֵרֹתָיִם. S. Mf. ו׳, 46.

וּגְדֵרוֹת ב׳. 2) Mf. Num. 32, 24. Mp. Jos. 15, 41.

בְּגוֹב לית. 3) (ibid. 18. בְּגֹב?) Mp. 2 S. 21, 19.

אֶל גּוֹג, עַל גּוֹג. או״א, 2. אל, 24. S. Mf.

גּוֹלָן (Jos. 20, 8. 21, 27.) כתיב מוקדם מאוחר. ו׳, 14. Mf. או״א, 91.

גּוּנִי לית. ? Mp. 1 Chr. 5, 15.

הַגּוּנִי לית. Mp. Num. 26, 48.

גֹּעָתָה לית וחסר? Mp. Jer. 31, 39.

גּוּר בָּעַל. בָּעַל. S.

גָּזֵז ב׳ ובפסוק (1 Chr. 2, 46.). או״א, 58. ב׳, 13. S. Mf. Mp. 1 Chr. l. c. לית?

קדמא וְאֶת גָּזֵז תנינא אֶת גָּזֵז. או״א, 231. את, 7. Mf.

הַגִּזוֹנִי לית. 4) Mp. 1 Chr. 11, 34.

גֶּזֶר לית. Mp. 2 S. 5, 25. גָּזֶר (S, 1 Reg. 9, 17. או״א, 21.) 5) Mm. Lev. 1, 1.

גָּזְרָה לית. Mp. 1 Chr. 14, 16.

והגרזי קרי וְהַגִּזְרִי מוקד׳ מאוחר (1 S. 27, 8.). ו׳, 14. Mf. או״א, 91.

גַּחַר ב׳. Mp. Esr. 2, 47. Neh. 7, 49.

גֵּיא חֲרָשִׁים לית. גֵּי הַחֲרָשִׁים לית. ה׳, 11. Mf. או״א, 3.

גֵּיהִנֹּם ג׳. (ושארא גי בן הנם). ני, 4. Mf.

גִּיחַ לית. Mp. 2 S. 2, 24.

גִּיחוֹן ו׳ ג׳ חסרים וג׳ מלאים. Gen. 2, 13. 1 Reg. * 1, 33. Mf. נח, 2. 6)

אֶל גִּיחֹן, עַל גִּיחֹן. מ״ש (S. 1 Reg. 1, 33.) או״א, 2. אל, 24. S. Mf.

גֵּיחֲזִי ד׳ חסר יו״ד. נח, 1. Mf. 2 Reg. 3, 4. 4, 31.

מְגִלֹּה לית וכתיב ה׳. Mp. 2 S. 15, 12.

הַגִּילֹנִי ב׳, בת אליעם (צ״ל אליעם). Mp. 2 S. 15, 12. (23, 24.)

גִּינַת ב׳ פתח ובענין. Mp. 1 Reg. 16, 21. 22.

---

1) Die Angabe Jer. l. c. ist schwierig 1) weil, wie schon B. Chajim bemerkt, sie anführt וַיֵּשֶׁב ישמעאל (Jer. 41, 10.) in welchem ja בן שפן gar nicht steht; 2) giebt sie ו׳=6 an und zählt 7? — Sie leidet auch an Unordnung und Verstümmelung. Ich glaube so lesen zu müssen: גדליהו בן אחיקם בן שפן ו׳ וסי׳ והעם הנשאר וכו׳ (2 Reg. 25, 22.), וישלחו (כצ״ל) ויקחו וכו׳ (Jer. 39, 14.), וישבע להם וכו׳ דסיפר׳ (ibid. 40, 9.), וגם כל היהודים וכו׳ (ibid. 40, 11.) ויקם ישמעאל וכו׳ (ibid. 41, 2.), את הגברים וכו׳ (ibid. 43, 6.), וחד גדליה בן אחיקם בן שפן וסי׳ ועודנו לא ישוב (ibid 40, 5.). — Es sind also in dieser Verbindung 6(ו׳=) mit גדליהו und eins mit גדליה.

2) Heid. führt ein Mpt. an, wo es zu Jos. 15, 41. heisst: וגדרת ב׳ בתרי לישני א׳ חסר וא׳ מלא, was in der gedruckten Mass. Num. 32, 24. fehlt. Auch als בב׳ לישני fehlt es sowohl Mf. א׳, 22. als או״א, 59. und Anmerkung, wo es zu ergänzen wäre. — In den Ausgg. ist Jos. l. c. plene, Num. l. c. def. —

3) Wenn das ל׳ der Mp. nicht ב׳ sein sollte, wie diese Verwechselung in der gedruckten Mp. bisweilen vorkommt, so muss es sich auf die plene-Form beziehen, die nur 1 M. l. c. vorkommt; das בְּגֹב ibid. V. 18 ist def. S. מ״ש zu letzter Stelle, wo er das ל׳ der Mp. nicht gehabt zu haben scheint, sonst hätte er sich für die Leseart der מקצת ספרים entscheiden müssen. —

4) Heid. führt ein Mpt. an, welches bemerkt: לית וחסר d. h. def. Jod nach dem Gimmel; auch in den Ausgg. hat das Sain kein Dagesch; es scheint demnach von גִּיזוֹן und nicht von גָּזֵז abgeleitet werden zu müssen. —

5) Das לית bezieht sich auf das Silluk und muss wohl heissen לית באתנח; denn dass es auch 1 Reg. 9, 17. mit Kam. vorkommt, ist aus Lev. und או״א, l. c. erwiesen, da hat es aber Sakef katon. —

6) Die Gen. l. c. angeführten Stellen sind wenigstens unklar; die in 1 Reg. l. c. sind richtig. Das plene und def. bezieht sich auf das Jod nach dem Gimmel; plene Waw sind alle 6. Wenn nun Mp. zu Gen. l. c. bemerkt: ג׳ מלא ו׳, so ist das wohl ein Schreib- oder Druckfehler und muss es heissen: ג׳ מלא י׳. —

גִּינַת פתח באתנח .(1 Reg. 16, 22.) S. Mf. Ende diesen Art. 1)

וְהַגִּלְגָּל ב׳. Mp. Am. 5, 5. (1 S. 7, 16.) S. Mf. ה׳, 20. או״א, 63.

הַגִּלְגָּלָה ו׳. 2) Jos. 10, 15. (ד׳?) 2 S. 19, 40. Mf. גל, 3.

הַגָּלִיל לית. Mp. 1 Reg. 9, 11.

הַגָּלִילָה לית. Mp. 2 Reg. 15, 29. Mf. ל׳, 18.

הַגְּלִילָה לית. Mp. Ez. 47, 8.

גָּלָל ב׳. Mp. 1 Chr. 9, 16. (Neh. 11, 17.)

וְגָלָל לית. Mp. 1 Chr. 9, 15. (S. Mf. ו׳, 6. או״א, 13.)

גִּלֲלַי לית. Mp. Neh. 12, 36.

מֵהַר גִּלְעָד, מֵהַר הַגִּלְעָד. Mp. Cant. 4, 1. (S. Mf. ה׳, 11. או״א, 3.)

גִּלְעָדָה ג׳. 2 S. 24, 6. Mf. גל, 12.

אֶרֶץ הַגִּלְעָד ב׳. 3) Mp. 2 Reg. 10, 33.

בְּאֶרֶץ הַגִּלְעָד ב׳. Mp. Jud. 10, 4. 1 Chr. 2, 22.

וְאֶת הַגִּלְעָד לית. Mp. 2 Reg. 15, 29. Mf. את, 1.

מִן הַגִּלְעָד ב׳. 4) Mf. גל, 13.

וְהַגִּלְעָד וּגְבוּל. S. Mf. ו׳, 31. או״א, 253.

גִּלְעָדִים לית. Mp. 2 Reg. 15, 25.

גִּלְעָד ב׳ ובענין. Mp. Gen. 31, 47. 48.

גָּמוּל ב׳ בתרי לישני, ידו הדה. Mp. Jer. 48, 23. (S. Mf. א׳, 22. או״א, 59.)

לְגָמוּל לית. Mp. 1 Chr. 24, 17.

גְּמַלִּי לית. Mp. Num. 13, 13.

גְּנֻבַת ב׳ וחסר ובפסוק. Mp. 1 Reg. 11, 20. (S. Mf. ב׳, 13. או״א, 58.)

גִּנְּתוֹי לית ומלא. Mp. Neh. 12, 4. (S. מ״ש ibid.)

גִּנְּתוֹן לית. Mp. Neh. 10, 6. (S. מ״ש ibid. 12, 4.)

גָּעַשׁ לית קמץ (בזקף). Mp. 1 Chr. 11, 32. (S. Lev. 1, 1. או״א, 21.) 5)

גֵּרָא דגברא כתיב א׳ דבעירא ומתקלא כתיב ה׳. M. marg. Gen. 46, 21. 6)

גָּרֵב ג׳. Mp. 1 Chr. 11, 40. (S. 2 S. 23, 38. Jer. 31, 39.)

לִגְרָר לית. Mp. 2 Chr. 14, 12.

גְּרָרָה ב׳. Mp. Gen. 26, 1. (S. ibid. 10, 19.)

---

1) Heid. führt ein Mpt. an, in welchem 1 Reg. 16, 22. gegen die gedruckte Mass. das Nun ein Kam. hat und zu 1 Reg. 16, 21. bemerkt wird: ב׳ ביתן, wo also als zweites Est. 1, 5. (גִּנַּת בִּיתַן) angeführt ist, was aber schon deswegen diese Angabe als corrupt verdächtigt, als גִּנַּת 3 M. vorkommt, oder sollte diese Angabe Est. l. c. גִּינַת gelesen haben? Ueberhaupt sind die פתח באתנח unserer Mass. ziemlich correct, nach welchen גִּינַת (1 Reg. 16, 22.) ein Pathach hat? —

2) Das ד׳ = 4 in Jos. 10, 15. muss ו׳ = 6 lauten, wie die Anführung der Stellen daselbst nachweist. Ebenso ist das ז׳ = 7 in 2 S. l. c. (s. auch Mp. daselbst) ein Fehler, der aus falscher Abtheilung der Stellen entstanden ist; וישב המלך ויבא עד הירדן bildet nur eine Stelle (2 S. 19, 15.), wie es in Jos. l. c. richtig verbunden ist. Es muss auch hier ו׳ = 6 heissen. —

3) Das ב׳ = 2 der Mp. oder was richtiger ist לית, wie es Heid. anführt, bezieht sich auf die Wortverbindung את כל ארץ הגלעד 2 Reg. l. c.; denn das ארץ הגלעד, worauf sich die gedruckte Mp. bezieht — kommt mehr als 2 M. vor; s. Jos. 22, 9. 13. 15. 2 S. 17, 26. etc., wie Heid. richtig bemerkt. Wenn letzterer aber zu בארץ הגלעד (s. folg. Art.) bemerkt, dass die Angabe der Mp. ב׳ = 2 unrichtig sei, indem sich noch ein drittes finde in Chr. 5, 9., so hat er sich von der unrichtigen Anführung der Buxt. Concord. verleiten lassen, die in letzter St. auch הגלעד (mit He) liest, was aber unrichtig ist, indem alle vergl. Ausgg. hier בארץ גלעד (ohne He) haben, so dass es richtig nur 2 sind. —

4) Das Mf. l. c. zur zweiten St. hinzugefügte קדמא muss in תניא geändert werden; jenes bezöge sich auf Cant. 4, 1.; daselbst kommt aber nicht מִן vor; es bezieht sich aber auf ibid. 6, 4. — Das ל׳ (= לית) in d. Mp. zur letzten St. muss ב׳ = 2 sein. —

5) Das לית קמץ ist gemeint „mit Sakef"; ausser diesem kommt diese Form wie Heid. bemerkt, noch 3 M. (Jos. 24, 30. Jud. 2, 9. und 2 S. 23, 30.) mit Kam. vor, diese haben aber Silluk. —

6) D. h. diese Form als Nom. propr. hat am Schlusse ein Alef; aber als Bezeichnung von „Wiederkäuen" (beim Vieh, דבעירא) und „Geldgewicht" „kleine Münze" (דמתקלא) schliesst es mit He. —

גֵּרְשֹׁם ד׳ חסר וסי׳ וכל ד״ה דכו׳ גרשם במ״ם במ״ב גֵּרְשׁוֹן וסי׳ וכו׳· Ex. 2, 22. 18, 3. Esr.*8, 2. Mf. נר, 15. (S. מ״ש 1 Chr. 6, 47. auch Mp. 1 Chr. 6, 1. 17. 43. und 23, 6.) 1)

וְלִבְנֵי גֵרְשֹׁם ג׳ בטעם (קדמא ואזלא?)· Mp. 1 Chr. 6, 62. 2)

וְגַשְׁמוּ לית· Mp. Esr. 6, 6.

אַרְצָה גֹּשֶׁן לית· Mp. Gen. 46, 28.

אֶרֶץ הַגֹּשֶׁן לית· Mp. Jos. 11, 16.

גֹּשְׁנָה ב׳ וחסר· Gen. 46, 28.

וְגִשְׁפָּא לית· Mp. Neh. 11, 21.

גַּת (Micha 1, 14.) פתח באתנח· S. Mf. Ende diesen Art.

בְּגַת (2 S. 21, 20.) פתח באתנח· S. Mf. Ende diesen Art.

בְּגַת (Jes. 63, 2.) פתח בס״פ· S. Mf. Ende diesen Art.

מִגַּת כל לישנא פתחין· Mp. 1 Reg. 2, 40.

מִגַּת (1 S. 17, 4.) פתח באתנח· S. Mf. Ende diesen Art.

גִּתָּה לית (ומלעיל)· Mp. 1 Reg. 2, 40. (S. Mf. ה׳, 32. או״א, 32.)

גִּתָּה (חֵפֶר) לית· Mp. Jos. 19, 13. (S. 2 Reg. 14, 25.)

גִּתִּים לית· Mp. Neh. 11, 33.

גִּתַּיְמָה לית (ומלעיל)· Mp. 2 S. 4, 3. (S. Mf. ה׳, 32. או״א, 32.)

ד.

דֹּאר ד׳ כתיב א׳· Jos. 17, 11. 1 Reg. 4, 11. Ps.*83, 11. Mf. דא, 1. (S. מ״ש Jos. l. c.)

דְּבֹרָה ג׳ חסר· Gen. 35, 8. Jud.*4, 14. Mf. דב, 46.

וּדְבוֹרָה לית ומלא· Mp. Jud. 4, 4.

דְּבִיר לית מלא בסיפרא· Mp. Jos. 10, 3.

אֶת דְּבִיר לית וחד וְאֶת דְּבִיר· Mp. 1 Chr. 6, 58. Mf. את, 3.

דְּבִרָה ג׳ וחסר· Jos. 10, 38. Mf. דב, 48.

לִדְבִיר ב׳ א׳ מלא וא׳ חסר· Mf. א׳, 22. או״א, 59. Mf. דב, 47. (S. מ״ש 1 Reg. 6, 16.)

דִּבְלָיִם לית· Mp. Hos. 1, 3.

דִּבְלָתָה לית (ושארא רבלתה ברי״ש)· Mp, Ez. 6, 14. s. Kimchi Ez. l. c.

אֶת דָּבְרַת לית· Mp. 1 Chr. 6, 73.

דָּגָן לית וחסר (חסר, כצ״ל)? Mp. Jos. 19, 27.

דְּדָן ב׳· 3) Mf. דד, 1. S. Mp. Ez. 27, 15.?

וּדְדָנֶה לית וטעם לעיל· Mp. Ez. 25, 13.

דֶּהוּא לית וקרי דֶּהָיֵא· Mp. Esr. 4, 9. (S. Mf. ר׳, 6. או״א, 81.)

וְדוֹדָנִים ג׳· Mp. Gen. 10, 4. (S. Mp. 1 Chr. 1, 6. Mf. ד׳, 1. או״א, 7.) 4)

וְדוֹדָנִים, וְרוֹדָנִים· S. Mf. ד׳, 1. או״א, 7.

דּוֹאֵג ג׳ (ושאריהון דּוֹיֵג)· Mf. דו, 1. (S. מ״ש 1 S. 22, 18.)

דָּוִיד ה׳ מלא וכל תריסר ועזרא וד״ה דכו׳ מלאים· 1 Reg. 11, 4. 11, 36. Ez. 34, 23. Cant. 4, 4. Mf. דו, 5. (S. מ״ש Zach. 12, 7. 1 Chr. 11, 13.) 5)

דָּוִיד אִישׁ הָאֱלֹהִים ג׳· Neh. 12, 24. 2 Chr. 8, 14. Mf. דו, 10.

---

1) Vergleicht man die verschiedenen Angaben der Mm. und Mp., so ist das Resultat: 1) גֵּרְשֹׁם (mit Mem am Ende) ist immer plene (Waw), mit Ausnahme von 6 Stellen, wo es def. ist und zwar: a) 2 M. in d. BB. d. Chr. (1 Chr. 6, 16. und ibid. 43. s. Mp. daselbst); b) 4 M. in den übrigen BB. der heil. Schrift (Ex. 2, 22. 18, 3. Jud. 18, 30. und Esr. 8, 2. s. Ez. und Esr. l. c.) 2) In den BB. d. Chr. hat dieses Nom. propr. immer ein Mem am Ende, mit Ausnahme von 2 St. (1 Chr. 6, 1. und ibid. 23, 6.) wo es auf Nun (גֵּרְשׁוֹן) ausgeht. — Das ד׳ וחסר in der Mp. Esr. 8, 2. muss ד׳ חסר lauten.

2) Dass ג׳ בטעמא in Mp. l. c. muss wohl heissen ג׳ ר״פ (wie die Mp. ähnlich bemerkt ibid. 6, 71. und 77. zu לבני מררי und לבני גרשום :(ג׳ ר״פ כענין) d. h. diese Verbindung kommt 3 M. am Anfang des Verses vor, und zwar: Jos. 21, 6. 27. und Chr. l. c. — Im Accent sind sie verschieden und darum ist das בטעמ׳ unrichtig. —

3) Diese Bemerkung (ב׳ = 2) ist schwierig, da es ja viel mehr als 2 M. vorkommt. S. Heid. im שום שכל zu Gen. 25, 3., der die Eigenthümlichkeit der 2 angeführten Stellen (Gen. l. c. und Ez. 27, 15.) darin findet, dass beide das erste Daleth Raphe haben, gegen die Regel zweier ähnlicher Buchstaben am Anfang des Wortes? —

4) Das ג׳ = 3 ist unrichtig und muss wohl לית heissen, wie es מבין חדות Gen. l. c. verbessert. S. Mf. und או״א, l. c. —

5) Nach ה׳ מלא muss בלישנא stehen, indem eins von den aufgezählten לְדָוִיד (mit Lamed) lautet (1 Reg. 11, 36.). Ueber כְּדָוִיד etc. s. Amos 6, 5., die befinden sich aber theils in den kl. Propheten oder in den BB. d. Chr., in denen nach unserer Angabe dieses nomen immer plene ist. — Das ח׳ = 8 in Mf. muss ה׳ = 5 gelesen werden. —

דָוִד הַמֶּלֶךְ, הַמֶּלֶךְ דָוִד׃ 1) S. Mf. דן, 12.

דָוִד עוֹד ד׳ דקדים דָוִד לְעוֹד׃ 2) Mf. דן, 17. ?

אֶל דָוִד לית׃ 3) ? Mp. 2 S. 15, 13.

אַנְשֵׁי דָוִד ד׳. 1 S. 23, 3. Mf.* דן, 14. אנ, 27.

בְּעִיר דָוִד ד׳ בסיפרא׃ 2 Reg. 15, 38. Mf. דן, 7.

וְאֶת דָוִד ב׳. Mf. את, 6. דן, 16.

וּבֵית דָוִד ב׳. Mf. דן, 8.

וְהַמֶּלֶךְ דָוִד ג׳ ר״פ בקריא׃ 1 Reg. 1, 1. Mf. מל, 30.

וְהִנֵּה דָוִד לית׃ Mf. הנ, 15.

וַיֹּאמֶר דָוִד לית ר״פ (ובטעם זרקא) (1 S. 17, 37.). Mf. אמ, 44.

וַיֶּאֱסֹף דָוִד ב׳ (2 S. 12, 29. 1 Chr. 15, 4.). Mf. אם, 13.

וַיַּךְ דָוִד ב׳ בענינא חד זקיף לרומא וחד נחית לתהומא׃ (2 S. 8, 3. 1 Chr. 18, 3.) Ex. 6, 9. 1 Chr. 18, 1. או״א, 228. — Kommt 2 M. in einem ähnlichen Zusammenhange vor, das eine Mal mit höchst trennendem und das andere Mal mit verbindendem Accente.

נַעֲרֵי דָוִד ב׳. Mf. דן, 13.

עַבְדִּי דָוִד ה׳ (ושארא דָוִד עַבְדִּי)׃ 1 Reg. 11, 32. Mf. דן, 15.

עַד דָוִד (1 S. 20, 41.) לית׃ או״א, 265.

עַל דָוִד ה׳. 4) ? Mf. דן, 11.

שְׁלֹמֹה בֶּן דָוִד מֶלֶךְ יִשְׂרָאֵל׃ שלמה S.

כְּדָוִד ג׳ קדמא חסר וכל (ד״ה) דכו׳ כְּדָוִיד׃ Am. 6, 5. Zach. 12, 8. Mf. דן, 6.

לְדָוִד ז׳ בטעם (אזלא לגרמיה) בתלים׃ Ps. 26, 1. 37, 1. *103, 1. 138, 1. 144, 1. Mf. דן, 9. 5)

לְדָוִד ב׳ בטעם פזר בסיפרא׃ Ps. 25, 1. (S. תורת אמת, 31.)

לְדָוִד מִזְמוֹר ז׳. Ps. 24, 1. 101, 1. 109, 1. Mf. זמ, 2.

מִזְמוֹר לְדָוִד ח׳ ר״פ׃ Ps. 3, 1. 23, 1. 63, 1. Mf. זמ, 3.

(לַמְנַצֵּחַ לְדָוִד ג׳ מיחדין׃ 6) (S. Mp. Ps. 11, 1.

שִׁיר הַמַּעֲלוֹת לְדָוִד ד׳. 7) שור S.

תְּפִלָּה לְדָוִד ב׳. פלל S.

וּלְדָוִד (לית)׃ S. Jer. 52, 16. Mf. ול, 1. ל׳, *12.

וּלְדָוִד וּלְזַרְעוֹ (1 Reg. 2, 33.) לית׃ Mf. או״א, 253. ? ר׳ 31

דודו-ה׳ מלא׃ דוד S.

---

1) Mf. דן, 12. ed. Bomb. liest: וכל כתובים דכו׳ דוד המלך במ״ו המלך דוד וסי׳ וכו׳; auch Mp. zu 1 Chr. 18, 11. bemerkt ו׳ בסיפר׳ = 6 M. so in den BB. d. Chr. — Mf. l. c. werden aber nur 5 Stellen aufgezählt, weswegen Buxt. בם״ה = 5 liest; ob es aber nicht noch ein sechstes giebt, ist mir bis heute zweifelhaft, zumal die angeführten Verse uncorrect sind; so muss der erste lauten: ויהי ארון ברית י״י בא עד עיר דוד (1 Chr. 15, 29.) während das angeführte 2 S. 6, 16. ist, der nicht hierhergehört, da von d. Hagiogr. die Rede ist. —

2) S. Mf. l. c. und die Anmerkung des B. Chajim daselbst. — Das Richtige ist, wie Heid. bemerkt das ומה (מה), יוסיף דוד, דד״ה (1 Chr. 17, 18.) zu streichen, da hier עוד vor דָוִד steht, wie auch B. Chajim anführt, und dafür zu setzen: ויאסף שאול לרא מפני דוד עוד (1 S. 18, 29.), so dass es richtig 4 Stellen sind. Wenn aber Heid. auffallend ist, dass nur ד׳ = 4 angegeben wird, obgleich diese Verbindung in dem angeführten Verse 1 Chr. 14, 3. 2 M. vorkommt, so dass es 5 wären, so hat das seinen Grund darin, dass die Mass. solche doppelte in einem Verse bisweilen nur als eins rechnet, s. z. B. Anmerkung zu רָאשֵׁי. —

3) Heid. bemerkt, dass das לית der Mp. sich nur auf d. BB. der Proph. beziehen kann = לית בנביאים; in den Hagiogr. kommt es 7 M. vor nach einem von demselben angeführten Mpte., welches zu 1 Chr. 17, 15. bemerkt: אֶל דָוִיד ז׳ בכתובים —

4) Mpt. Hamb. 1 Reg. 9, 5. setzt hinzu: (1 Chr. 15, 27.) וחד וְעַל דָוִד וסי׳ ועל דוד אפוד בד׃ —

5) D. h. 7 M. kommt dieses Wort in den Pss. mit dem Asla vor Legarme vor; in anderen Fällen steht Mahpach vor Legarme. S. ausführlich תורת אמת von S. Baer S. 32, 2. und S. 34, 8. —

6) S. תורת אמת S. 25, wo statt ג׳ = 3 gelesen wird ב׳ = 2 und zwar Ps. 11, 1. und 14, 1. — Der Sinn ist, dass diese Wortverbindung mit dem Accent Rebia Katon und Ole wejored nur 2 M., wie angegeben vorkommt. —

7) Es muss wohl ובטעם eingeschaltet werden; diese Verbindung kommt nemlich 4 M. (Ps. 122, 1. 124, 1. 131, 1. 133, 1.) in d. Pss. vor, und zwar immer mit dem Accent Mercha, Rebia katon und Ole wejored. Ueber den Werth dieser Accente s. ת״א S. 23—25. Diese Accent-Verbindung kommt auch Ps. 127, 1. vor, aber da ist es mit לִשְׁלֹמֹה verbunden.

דדי, קרי דֹּדוֹ. Mp. 2 S. 23, 9. S. Mf. 'י, 17.? או"א, 137.

דּוֹדַי ב' א' חסר וא' מלא (ובתרי לישני). Mp. 1 Chr. 27, 4. S. Mf. 'א, 22. או"א, 59.

דּוֹדָוָהוּ לית. Mp. 2 Chr. 20, 37.

דּוּמֶּשֶׂק לית. Mf. 'א, 19. או"א, 38. S. 2 Reg. 16, 10.

דֹּר ב' חסר. Mp. Jos. 17, 11. S. oben דֹּאר

דּותָן. S. דֹּתָן

דִּיבוֹן ג' מלא (ושארא דיבן). Mf. די, 3.

דִּימוֹן ב' ובפסוק. Mp. Jes. 15, 9. (S. Mf. 'ב, 13. או"א, 58., wo dies fehlt?)

וְדִימוֹנָה לית. Mp. Jos. 15, 22.

וְאֵת דִּינָה לית. Mp. Gen. 46, 15. Mf. את, 1.

דִּינָיֵא לית. Mp. Esr. 4, 9.

וְדִיפַת לית דאוריתא וְרִיפַת. Mp. 1 Chr. 1, 7. S. Mf. 'ד, 1. או"א, 7.

דִּשֹׁן, דִּישָׁן, דִּישׁוֹן. S. Gen. 36, 20. Deut. 14, 5. Mf. דו, 4. (S. מ"ש Gen. 36, 30. Deut. l. c.)

וּבְנֵי דִישׁוֹן (1 Chr. 1, 41.) לית בטעם (מנח וזקף) בענינא. Mf. בן, 18. (S. Mf. בן, 9. או"א, 366.)

וְאֵלֶּה בְּנֵי דִישָׁן (Gen. 36. 26.) לית. Mf. בן, 10.

דְּלָיָהוּ ג' בלישן. Jer. 36, 12. (36, 25. und 1 Chr. 24, 18.) Mf. דל, 3.

לִדְלָיָהוּ לית. Mp. 1 Chr. 24, 18.

דַּמִּים ב' דגשים. Mp. 1 Chr. 11, 13. 1 S. 17, 1.

כְּדַמֶּשֶׂק לית. Mp. Jes. 10, 9. (S. Mf. 'כ, 2. או"א, 19.)

לְדַמֶּשֶׂק ג'. 1) Mp. Jer. 49, 23. (S. Am. 5, 27.)

וּבִדְמֶשֶׁק לית. Mp. Am. 3, 12.

דָּן. S. בְּדָן

וּבְנֵי דָן לית (Gen. 46, 23.). Mf. בן, 9. או"א, 366.

וְעַד דָּן ב'. Mp. 1 Chr. 21, 2. 2 Chr. 13. 5.

וְדָן ב' בב' לישן. Ez. 27, 19. (S. Mf. 'א, 22. או"א, 59.)

וּלְדָן לית. Mp. Gen. 33, 22.

לְמִדָּן לית (Jud. 20, 1.). Mf. 'ל, 14. או"א, 367.

דִּנְהָבָה ב'. Mp. 1 Chr. 1, 43. Gen. 36, 32.

דָּנִאֵל ג' חסר יו"ד. Ez. 14, 14. Mf. דן, 5. (S. מ"ש Ez. l. c. und ibid. 28, 3.)

דָּנִיֵּאל לית ר"פ. או"א, 175.

דָּנִיֵּאל לית עם וְאֵת. או"א, 79. Mf. את, 8.

וַאֲנִי דָנִיֵּאל (Dan. 8, 27.) לית ר"פ. Mf. אנ, 5.

כְּדָנִיֵּאל לית. Mp. Dan. 1, 19. (S. Mf. 'כ, 2. או"א, 19.)

בְּדָפְקָה לית. Mp. Num. 33, 12. } S. Job 29, 10.
מִדָּפְקָה לית. Mp. Num. 33, 13. } Mf. 'ק, *2.

דֶּקֶר לית. Mp. 1 Reg. 4, 9.

דָּרְיָוֶשׁ. (S. מ"ש Haggai 1, 1. Zach. 7, 1. Dan. 6, 1.)

דַּרְמֶשֶׂק, דַּמֶּשֶׂק. או"א, 272. S. Mf. שטה, 6.

לְמֶלֶךְ דַּרְמָשֶׂק (1 Chr. 24, 23.) לית. Mf. מל, 25.

וָדָרַע לית. Mp. 1 Chr. 2, 6.

דַּרְקוֹן לית. 2) Mp. Esr. 2, 57. (S. Neh. 7, 58.?)

בְּדֹתָן ב'. Mp. Gen. 37, 17. 2 Reg. 6, 13.

דֹּתַיְנָה לית ומלעיל. Mp. Gen. 37, 17. (S. Mf. 'ה, 32. 'א, 26. או"א, 32.)

וְדָתָן וַאֲבִירָם ג'. Num. 16, 1. Mf. דת, 1.

ה'.

וְהֶבֶל ג' בלישנא (וחד שום בר נש). S. הבל

הַהַגְרִי לית. Mp. 1 Chr. 27, 31.

---

1) Die 3 Stellen sind: Gen. 14, 15. Jer. 49, 23. und Am. 5, 27. Wenn zu letzter Stelle die Mp. hemerkt לית, so soll sich das wohl auf das Kam. des Mem beziehen, was aber nicht richtig ist, da auch Gen. 14, 15. das Mem Kam. hat. Vielleicht ist auch hier, wie wir das schon oft bemerkt haben, das 'ל aus 'ב = 2 entstanden. — So führt auch Heid. ein Mpt. an, welches zu Gen. l. c. bemerkt: ב' קמצין. —

2) Das 'ל der Mp. ist, wie Heid. bemerkt, unrichtig, da es ebenso Neh. 7, 58. vorkommt; sollte auch hier das 'ל aus 'ב entstanden sein, wie schon oft bemerkt? s. vor. Anmerkung. —

הַהַגְרִיאִים ג' ב' מלא וא' חסר. (קדמא חסר. כ"כ רו"ה. ע"פ כ"י). Mf. הג, 11.

וְהַגְרִים לית. Mp. Ps. 83, 7.

(בֶּן הַגְּדוֹלִים ב' מב' לישני. S. Neh. 11, 14. Jud. 5, 16. (Heid.)

הֲדַד, הֲדַר. S. Gen. 36, 38. Mf. ד', 1. (מ"ש 2 S. 8, 3. ibid. 10, 16. 1 Chr. 1, 51.)

הֲדַי לית. Mp. 2 S. 23, 30.

הֲדַסָּה לית. Mp. Est. 2, 7.

הֲדוֹרָם ד' ג' מלא וא' חסר. Mf. הד, 2. (S. Mp. 2 Chr. 10, 18.)

וְהוֹד לית שום אנש. Mp. 1 Chr. 7, 37.

הוֹדַוְיָה לית. 1) Mp. Esr. 2, 40.

וְהוֹדַוְיָה לית. Mp. 1 Chr. 5, 24.

הוֹדַוְיָהוּ כתיב מוקדם מאוחר הודיוהו. Mp. 1 Chr. 3, 24. Mf. ו', 14. או"א, 91.

הוֹהָם לית. Mp. Jos. 10, 3.

וְהוֹמָם לית מלא. Mp. 1 Chr. 1, 39.

הֹר הָהָר ו'. 2) Mf. הר, 11.

הֹרָם לית וחסר. Mp. Jos. 10, 33.

הוֹשֵׁעַ כל' מלאים במ"א. Mp. Num. 13, 8.

הוֹשֵׁעַ בִּן נוּן ג' בלישן. Mp. Num. 13, 16. (S. Mp. Deut. 32, 44.) 3)

בְּהוֹשֵׁעַ ב'. Mp. 2 Reg. 17, 4. Hos. 1, 2.

הוֹשַׁעְיָה ג'. Mf. הו, 14. (S. מ"ש Jer. 42, 1.)

וְהֵימָם לית. (S. הומם) Mp. Gen. 36, 21.

אָסָף וְהֵימָן, וְאָסָף וְהֵימָן (S. אָסָף)

הַלּוֹחֵשׁ ב'. Mp. Neh. 3, 12. 10, 25.

הֶלֶל. (שום אנש. או"א, 269.) S. Mp. Ps. 10, 3.

הֵלֶם (1 Chr. 7, 35.). S. 1 Chr. 8, 7. Mf. ה', 26. או"א, 213. und unten וּלְחֵלֶם.

בְּהָם לית. Mp. Gen. 14, 5. Mf. א', 21. או"א, 57. (S. Mf. ה', 7. או"א, 211.)

בְּבֵית הָמָן (Est. 7, 9.) לית. Mf. בי, 28.

וַיֹּאמֶר הָמָן (Est. 5, 12.) לית ר"פ. Mf. אמ, 44.

וְהַמֶּלֶךְ וְהָמָן (Est. 3, 15.) לית. Mf. ו', 31. או"א, 253.

הֵנַע וְעִוָּה ב' ובסיפרא (בסיפרא, כצ"ל). Mp. 2 Reg. 18, 34. 19, 13. S. Jes. 37, 13.? 4)

לְהַפִּצֵּץ לית. Mp. 1 Chr. 24, 15.

וְהַפָּרָה (Jos. 18, 23.). S. Mf. ה', 18. וא' 2. ר', 3. או"א, 9.

הַצֹּבֵבָה לית. Mp. 1 Chr. 4, 8.

הַצְלֶלְפּוֹנִי לית. Mp. 1 Chr. 4, 3.

לְהַקּוֹץ לית ומלא. Mp. 1 Chr. 24, 10.

וְהָרָא לית כתיב א'. Mp. 1 Chr. 5, 27. S. Ps. 10, 12. או"א, 95. Mf. א', 22. או"א, 59. Mf. ה', 20. או"א, 63. Ez. 21, 15.? und מ"ש Ps. 4, 7.

עִיר הַהֶרֶס לית וכל קריא הַחֶרֶס. Mp. Jes. 19, 18. S. Mf. ה', 7. או"א, 211.

---

1) Das לית ist schwierig, da es (ausser mit Waw copulat. s. והודויה) noch 1 Chr. 9, 7. vorkommt? Heid. will לית בסיפרא (d. h. im B. Esr.) lesen; was aber in solchem Falle ungewöhnlich ist. Mir scheint hier wieder das ל' aus ב' entstanden zu sein. — Warum ist es aber nicht Mf. ו', 6. או"א, 13. zu denen gezählt, die nur 2 M. ohne und 1 M. mit Waw copulat. vorkommen? —

2) Es sind nur 5, da das angeführte מהר ההר (Num. 34, 8.) ein Mem präfix. hat und hier von הר ההר ohne präfix. die Rede ist; denn mit solchem giebt es noch viele. — Mpt. Hamb. liest: ו' בלישנא, was aber, wie bemerkt, unrichtig ist, da בלישנא mehr als 6 M. vorkommt. Heid. liest ה' = 5. —

3) Die 3 Stellen sind: Num. 13, 8. 13, 16. und Deut. 32, 44. Es muss wohl nach בלישן eingeschaltet werden: בתורה d. h. im Pent. nur 3 M.; wie das auch aus Mp. Deut. l. c. hervorgeht; denn in den anderen BB. kommt es mehrmals vor. —

4) Wenn Mp. zu Jes. 37, 13. bemerkt ב' = 2, so muss das ג' = 3 heissen, indem es 3 M. vorkommt, 2 M. in d. BB. Reg. (2 Reg. 18, 34. und 19, 13.) und 1 M. Jes. l. c. Das ב' in 2 Reg. 18, 34. ist s. v. a. בסיפרא, d. h. im B. (der Reg.) kommt es 2 M. vor; aber in Jes. bezieht es sich auf diese Verbindung im Ganzen und als solche sind es 3. —

הַהֲרָרִי ג׳. Mp. 2 S. 23, 33. 1 Chr, 11, 34. 35. (S. M. marg. 2 S. l. c. Mf. ב׳, 13.? 1)

הַהֲרוֹרִי לית ומלא. Mp. 1 Chr. 11, 27.

וְהַהַרְאֵל לית. (S. Mp. Ez. 43, 15.) Ex. 6, 25.

הָרָם (לית). 1 Chr. 4, 8. (S. Mf. ה׳, 26. או״א, 213.)

הַהַרְמוֹנָה לית ומלא. Mp. Am. 4, 3. (S. Mf. ה׳, 7. או״א, 211. מ״ש Jes. 19, 18.)

הָרָן ב׳ וכל שום בר נש דכו׳ הרן במ״ב חָרָן. Mf. הר, 19. (S. Mp. Num. 32, 36.) 2)

הָשֵׁם לית. Mp. 1 Chr. 11, 34.

הַשְּׁמָעָה לית. Mp. 1 Chr. 12, 3.

ו.

אֶת וָהֵב (לית עם וְאֶת). Mf. את, 8. או״א, 79.

וַיְזָתָא ו׳ קטנה. (Est. 9, 9.) או״א, 84.

ז.

זַבְדִּי, וְזַבְדִּי ג׳. 3) Mf. זב, 1.?

זְבַדְיָה, וּזְבַדְיָה ט׳ בקריא. 4) 1 Chr. 27, 7. Mf. זב, 2.

וּזְבַדְיָהוּ ב׳ וחד זְבַדְיָהוּ. Mp. 2 Chr. 19, 11. Mf. זב, 3. (S. Ex. 39, 3. Mf. ו׳, 7. או״א, 14.)

וְזָבוּד לית. Mp. 1 Reg. 4, 5.

וְזַבּוּד, קרי וְזַכּוּר (Esr. 8, 14.). (S. Mf. ב׳, 10. או״א, 149. Mf. ד׳, 3. או״א, 123.)

זבידה, קרי זְבוּדָה Mp. 2 Reg. 23, 36. (S. Mf. ו׳, 5. או״א, 80.)

זְבֻלוּן ט׳ כ״כ. Gen. 30, 20. *46, 14. Mf. זב, 19. (S. M. marg. Gen. 35, 23.) 5)

זְבוּלֻן ט׳ כ״כ. Jes. 9, 1. (S. מ״ש Num. 1, 9. Jos. 19, 27.

---

1) Die 3 Stellen sind: das erste in 2 S. 23, 33. und 1 Chr. 11, 34, und 35. — Das zweite in 2 S. l. c. wird mit Alef nach dem He gelesen s. M. marg. daselbst. Wenn aber Mf. ב׳, 13. הַהֲרָרִי (2 S. 23, 33.) zu denen gezählt wird, die 2 M. in einem Verse vorkommen, so ist das unrichtig, da, wie bemerkt, das zweite mit Alef geschrieben ist. Besser hat daher או״א, 58. הַחֲרֹדִי (2 S. 23, 25.), das in Mf. l. c. fehlt. S. unsere Anmerkung zu או״א, l. c. —

2) Nach dem ב׳=2 der Mf. l. c. muss eingeschaltet werden: שום קרתא. D. h. diese Form (mit He) kommt 2 M. als Name einer Stadt vor: (Num. 32, 36. Jos. 13, 27.); als Name eines Mannes wird es immer so geschrieben, mit Ausnahme zweier Stellen (1 Chr. 2, 46.), wo auch der Männername mit Cheth am Anfang geschrieben wird. Im Mpt. Hal. Th. 2. Nr. 145. heisst es: חד מן ב׳ בחד פסוקא, ועיפה, פלגש כלב את חרן, ואת מוצא ואת חרן, וכל שום קרתא דכו׳ במ״ב הרן: נמרה, ואת בית נמרה ואת. ובעמק, בית הרן ובית (יהושע). — Aus beiden geht hervor, dass Jos. 13, 27. הָרָן (mit Nun am Schlusse) gelesen werden soll, was aber gegen unsere Ausgg. ist, die Jos. l. c. בֵּית הָרָם (mit Mem am Ende) haben. Die Mp. Num. 32, 36. bemerkt: הָרָן לית שום קרתא וכל שום וכו׳, die also in Jos. l. c. nicht הָרָן, sondern הָרָם wie die Ausgg. es haben, zu lesen scheint. Vielleicht wollte die Mass. nur den Unterschied zwischen Cheth und He dieses Namens betonen, ohne das Nun oder Mem am Schlusse zu berücksichtigen. — Richtiger ist, das ל׳ als ב׳ zu lesen, wie das oft vorkommt. —

3) Wie die Mf. l. c. uns vorliegt, ist sie unrichtig, weil dieses Wort mehr als 3 M. vorkommt; (s. Jos. 7, 1. 17, 18. auch ist das dritte (וחברו) unklar. Heid. führt folgende Stelle aus einem Mpt. an: זַבְדִּי ג׳ בכתובים וסי׳ ויקים וזכרי וזבדי (1 Chr. 8, 19.) תנינא דפסוק. ועל שבכרמים (1 Chr. 27, 27.), ומתניה בן מיכא (Neh. 11, 17.). — Daraus geht hervor, dass die Mass. nur angeben will, wie viel M. diese Form in den Hagiogr. vorkommt und besonders als Gegensatz von זִכְרִי, wie Heid. meint. Unsere Mf. l. c. muss also lauten ג׳ בכתובים; das וחברו muss nach obiger Angabe berichtigt werden. —

4) Statt בקריא ist wohl besser zu lesen (oder einzuschieben) בלישנא, indem 6 זְבַדְיָה (oder mit Waw copulat.) und 3 זְבַדְיָהוּ (mit Waw am Ende) lauten, s. folgenden Art., wo Mf. זב, 3. וחד זבדיהו hinzugefügt werden muss, nach Mp. 2 Chr. 19, 11. und den anderen Citaten. —

5) Die Angaben über das plene und def. dieser Form sind von einander abweichend, auch stimmen die Ausgg. nicht überein; Heid. (auch מ״ש) entscheiden sich für die Angabe zu Gen. 46, 14. Nach dieser (vergl. mit M. marg. Gen. 35, 23.) würde diese Form im Pent. und Proph. immer זְבוּלֻן (plene des ersten und def. des zweiten Waw) geschrieben werden mit Ausnahme von 9 daselbst angegebenen Stellen, in denen das erste def. und das zweite plene (זְבֻלוּן) ist; in den Hagiogr. hingegen, würde immer זְבֻלוּן gelesen mit Ausnahme einer St. (1 Chr. 27, 19.), wo das erste plene und das zweite def. ist. — Die Sache bedarf übrigens noch der Untersuchung. S. die betreffenden Angaben in der Mp. —

אַרְצָה זְבוּלֻן (Jes. 8, 23.) לית. 263. או״א,

וּבְנֵי זְבוּלֻן (Gen. 46, 14.) לית. 366. או״א, 9. בן, Mf.

וְיִשָּׂשכָר וּזְבוּלֻן לית וחד יִשָּׂשכָר זְבוּלֻן. Mp. Gen. 35, 23. Ex. 1, 3. (S. Mf. ׳ו, 34. או״א, 251. ׳ו, 31. או״א, 253. ׳ו, 32. או״א, 252.)

לִזְבֻלֻן לית כ״כ. Mp. 1 Chr. 27, 19.

וְלִזְבוּלֻן לית. Mf. ׳ל, 12. Mp. Deut. 33, 18.

וּמִזְּבוּלֻן ב׳. Mp. Jud. 5, 14. (S. 2 Chr. 30, 11.)

הַזְּבוּלֹנִי ג׳. Mf. זב, 20. (נ׳ וכ״כ Mp. Jud. 12, 11.)

וְזֶבַח וְצַלְמֻנָּע לית. Mp. Jud. 8, 7. (S. Mf. ׳ו, 31. או״א, 253.)

זבי קרי זַבַּי. Mp. Neh. 3, 20. (S. Mf. ׳ב, 10. או״א, 149.)

זָהַם לית. Mp. 2 Chr. 11, 19.

זִו ב׳. Mp. 1 Reg. 6, 1. 37.

הַזּוּזִים לית ומלא. Mp. Gen. 14, 5.

זוֹחֵת ב׳ ובפסוק. Mp. 1Chr. 4, 20. (S. Mf. ׳ב, 13. או״א, 58.

וְזִיזָא ב׳ חד כתיב וי״ו. Mp. 1 Chr. 4, 37. (2 Chr. 11, 20.) S. Ps. 10, 12. או״א, 95.
וְזִיזָה לית. Mp. 1 Chr. 23, 11.
מן ב׳ ב׳ ותרויהון בסיפרא. S. Mf. ׳א, 23. או״א, 61.

יַחַת זִינָא לית. 9. בן, 45. ׳ו Mf. 30. או״א, 11. ׳ו S. Mf. תו״א, 366.

וָזִיף לית. Mp. Jos. 15, 55. (S. Mf. ׳ו, 45.)

(זִיפִים, הַזִּיפִים. 12. ׳ה, S. Mf.)

זִיפָה לית. Mp. 1 S. 23, 24.

וְזִיפָה לית. 1) Mp. 1 Chr. 4, 16.

זַכַּי ב׳ זקף קמץ. Neh. 7, 14. (S. מ״ש Esr. 2, 9. und oben זבי)

זְכַרְיָה כל קריא כן במ״ב זְכַרְיָהוּ וכל ד״ה דכו׳ במ״ז. 2 Reg. 14, 29. 1 Chr. 16, 5. Mf. זכ, 11. S. Mp. —

וּבְנֵי זִלְפָּה (Gen. 35, 26.) לית. 366. או״א, 9. בן, Mf.

וְאֶת בְּנֵי זִלְפָּה (Gen. 37, 2.) לית. Mm. Gen. l. c.

זְמִירָה לית. Mp. 1 Chr. 7, 8.

זַמְזֻמִּים לית וכ״כ. s. rad. רמ״ה Mp. Deut. 2, 21. S.

זָנֹחַ לית חסר. Mp. Neh. 11, 30.

זָנֹחַ (Neh. 11, 30.) לית ר״פ.
וְזָנוֹחַ (Jos. 15, 34.) לית ר״פ.
Mf. ׳ו, 27.

וְזַעֲוָן ב׳. Mp. Gen. 36, 27. (1 Chr. 1, 42.)

הַזַּרְחִי ב׳. Mp. Num. 26, 20.

לַזַּרְחִי ב׳. Mp. 1 Chr. 27, 11. 13.

ח.

יחבה, קרי וְחֻבָּה. 1 Chr. 7, 34. (S. Mf. ׳י, 15. או״א, 134.)

חֲבַיָּה ב׳ ובסיפרא. 2) Mp. Esr. 2, 61. Neh. 7, 63!

חֲבַצִּנְיָה לית. Mp. Jer. 35, 3.

חֲבַקּוּק לית וחד לַחֲבַקּוּק. Hab. 3, 1.

וְאֶת חֶבְרוֹן (2 Chr. 11, 10.) לית. Mf. את, 1.

חֶבְרוֹנָה ט׳ ח׳ מלא וא׳ חסר. 1 S. 5, 1. Jos. 10, 36. Mf. חב, 4. (S. מ״ש 1 Chr. 12, 38. Mp. 2 S. 2, 1.)

חֲגָבָא לית כתיב א׳ וחד כתיב ה׳. Neh. 7, 48. (S. Esr. 2, 45.)

חַגִּיָּה לית. Mp. 1 Chr. 6, 15.

חֲדַד ב׳. Mp. 1 Chr. 1, 30. (Gen. 25, 15. S. מ״ש Gen. 25, 15. 36, 39.)

---

1) S. או״א, 1. ׳ז und Prov. 23, 21., wo vom Buchstaben ׳ז nur 4 Paare (ד׳ זוגין) angeführt sind; es dürfte auffallend scheinen, warum nicht auch, nach Mp. l. c. זִיפָה und וְזִיפָה mitgerechnet werden? — Die Mass. scheint aber beide getrennt zu haben, indem sie verschiedenen Formen angehören; זִיפָה (1 S. 23, 24.) ist aus זִיף entstanden und mit He locale verbunden; darum ist auch der Accent penult.; וְזִיפָה (1 Chr. 4, 16.) ist aber eine ursprüngliche Form mit He am Ende, weswegen der Accent ult. ist. —

2) Das Chataf des Cheth ist, wie Heid. bemerkt, ungewiss; nach Einigen haben beide Chat. Kam.; so das Mpt. von 1294. Nach Anderen hat Esr. Chat. Pathach und Neh. Chat. Kam. Ed. Buxt. hat in der Mp. zu Neh. l. c. ׳בָ, während Heid. citirt ׳לָ. —

חדה ה׳ וכו׳ קדמא שום קרתא. חדד Jos. 19, 21. (S. oben S. 60.)

חדקל לית, חדקל לית. Mp. Gen. 2, 14. (S. Mf. פת, 17. או״א, 23.)

חדרך לית. Mp. Zach. 9, 1.

חדש לית שום אתתא. Mp. 1 Chr. 8, 9.

חדשי לית. Mp. 2 S. 24, 6.

חדתה לית. Mp. Jos. 15, 24. (S. Deut. 8, 15. Mf. טע, 4. Heid. zu עין הקורא Ex. 30, 34.)

חובה לית ומלא. Mp. Gen. 14, 15. (S. Mf. ב׳, 12.)

החוי והיבוסי ז׳ ושארא והחוי והיבוסי. Ex. 33, 2. Jos. 12, 8. Mf. חו, 1. 1)

את החוי (Ex. 23, 28.) לית. Mf. את, 2.

וחלן לית וחסר. Mp. Jos. 15, 51. 2)

את חור (1 Chr. 2, 19.) לית. Mf. את, 2.

אהרן וחור, ואהרן וחור. אהרן S.

חורי לית. Mp. 1 Chr. 5, 14. (חורי לית) Mf. ו׳, 13. או״א, 55.

החרי ב׳ חסר. Mp. Deut. 2, 23.

ואת החרי לית. Mp. Gen. 14, 6. את החורי לית. (Deut. 7, 22.) Mf. את, 3.

חרון ג׳ כ״כ וכל ד״ה חורן כתיב במ״א חרן כתיב. Mf. חו, 12. (S. Mp. zu den St. und מ״ש Jos. 16, 5.)

חרנים לית חסר. Mp. Jer. 48, 34. 3)

חורב לית מלא בתורה. Mp. Ex. 33, 6. (S. Mf. ו׳, 59. או״א, 248.

ובחרב לית. Mp. Deut. 9, 8. (S. Mf. ו׳, 1. u. 55. או״א, 39. auch Mf. ו׳, 59. או״א, 248.)

חרבה לית וחסר ומלעיל. Mp. Ex. 3, 1. (S. Mf. א׳, 26. או״א, 32. ה׳, 32.)

חורם ג׳ כתיב חירם. Gen. 36, 5. Mf. חו, 11. ו׳, 20. חילופי קריא׳, 6. 2 Chr. 9, 10. Mf. (S. מ״ש, 140. או״א, 272.)

חושה לית שום אנש. Mp. 1 Chr. 4, 4.

חושי לית קמץ. Mp. 1 Reg. 4, 16. (S. Lev. 1, 1. או״א, 21.)

וחושי לית. Mp. 1 Chr. 27, 33.

חושם ד׳ ב׳ מלא וב׳ חסר. (1 Chr. 1, 46. מ״ש .S) חו, 13. Mf.

חשים ב׳ בתרי לישני. (Gen. 46, 23. (S. Mf. א׳, 22. או״א, 59.)

חשם לית חסר דחסר. Mp. 1 Chr. 7, 12.

חזהאל ה׳ מלא בה׳ במצעות תיבותא (ושארא חזאל). 2 Reg. 8, 8. Mf. חז, 5.?

אל חזהאל, על חזאל. S. Mf. אל 24. או״א, 2.

חזיר לית. Mp. Neh. 10, 20. לחזיר לית. Mp. 1 Chr. 24, 15.

חזקיה ג׳ וסי׳ וכו׳ ומן ויהי בשנת שלש להושע בן אלה (2 Reg. 18, 1.), עד וישלח מלך אשור את תרתן (ibid. 17.), דכו׳ חזקיה במ״א חזקיהו וסי׳ ויהי בשנה הרביעית (ibid. 9.). Zeph. 1. 1. Prov.* 25, 1. Neh.* 7, 21. Mf. ו׳, 20. חז, 20. 4)

---

1) Jos. l. c. ist nur ו׳ = 6 angegeben, was aber fehlerhaft ist. Die erste Stelle (Ex. 23, 23.) ist daselbst ausgefallen und so setzte man in der Angabe ו׳ = 6 statt ז׳ = 7, was aber unrichtig ist. Das Richtige hat Ex. 33, 2. —

2) Statt לית וחסר muss es wohl heissen לית וב׳ חסר, denn auch Jos. 21, 15. ist doppelt def. Waw, wie Heid. aus einem Mpt. nachweist. —

3) Dieses Wort kommt, nach Heid. 3 M. vor: Jes. 15, 5. Jer. 48, 5. und 34. Nach unserer Angabe wäre nur die letzte St. doppelt def.; über die beiden anderen ist grosse Verschiedenheit in den Handschr. und Ausgg. Nach Heid. hat Mpt. von 1294. alle 3 doppelt def. etc. —

4) Die massoret. Angaben über die Schreibung dieses Namens, sowie die Ausgg. sind untereinander widersprechend 1) ist nach den angeführten Angaben 2 Reg. 18, 1—17, mit Ausnahme von Vers 9, immer חִזְקִיָּה (ohne Waw am Ende) zu lesen, während die Ausgg. ibid. Vers 13 חִזְקִיָּהוּ haben? 2) bemerkt Heid. dass nach Mp. 2 Reg. 18, 1. die Form חִזְקִיָּה (ohne Waw am Ende) 12 M. (י״ב) vorkäme; es sind die 3 angeführten (Zeph. 1, 1. Prov. 25, 1. und Neh. 10, 18.), ferner 1 Chr. 3, 23. (וְחִזְקִיָּה s. Mp. das. und Mf. חז, 23.) Neh. 7, 21. (לְחִזְקִיָּה s. diesen Art. unten); es bleiben also f. 2 Reg. 18. nur noch 7 u. diese sind: ibid. Vers 1. 10. 14. (2 M. in demselben Verse), 15. 16. (2 M. in demselben Verse)=7. Daraus ginge nun hervor, dass die Ausgg. Vers 13 mit Recht חִזְקִיָּהוּ (mit Waw am Ende) lesen. — Sehen wir aber 3) auf eine andere Schwierigkeit, so wird sich ergeben, dass 2 verschiedene Massoraangaben nebeneinanderlaufen, wodurch der Widerspruch entstanden ist. — Während nemlich Mp. 2 Reg. 18, 10. und Neh. 7, 21. zu לְחִזְקִיָּה bemerkt ב׳ = 2, giebt Mf. חז, 23. (ד׳ מיחדין) und Mp. Jes. 38, 9. an, dass לְחִזְקִיָּה nur 1 M. vorkommt? — Die Angabe demnach, welche לחזקיה (ohne

עַל חִזְקִיָּה לית. 76. ,או"א 3. ,על Mf.

לְחִזְקִיָּה ב׳. 23. ,חז S. Mf. 2 Reg. 18, 10. Neh. 7, 21. Mp. Mp. Jes. 38, 9.? (S. vorige Anmerkung.).

חִזְקִיָּהוּ ה׳ בסיפרא (בד"ה) וכל קריא דכו׳. Jes. 1, 1. 2 Chr. 29, 27. 1)

חִזְקִיָּה, חִזְקִיָּהוּ, יְחִזְקִיָּהוּ ד׳ מיחדין. 2) Mf. חז, 23.

חֲטִיפָא לית. 3) Mp. Esr. 2, 54. ?ב׳ Neh. 7, 56.

חִיאֵל לית. Mp. 1 Reg. 16, 34.

חִילֵן לית. Mp. 1 Chr. 6, 43.

חִירָה (Gen. 38, 1.) כן בסיפרא וכל קריא חִירָם. S. Mf. שטה, 6. או"א, 272.

וַיֹּאמֶר חִירָם לית ר"פ (2 Chr. 2, 11.). 44. ,אמ Mf.

חִירוֹם ג׳ מלא. 28. ,חי Mf. 1 Reg. 5, 10.

הַחֲבִילָה ג׳. 3. ,חכ Mf.

בֶּן חֲכַלְיָה ב׳. Mp. Neh. 1, 1. (ibid. 10, 2.)

חֶלְבָּה לית. Mp. Jud. 1, 31. (S. Mf. ה׳ 15. ,או"א 43.)

חֶלְבּוֹן לית. Mp. Ez. 27, 18. (S. Raschi und Kimchi das.)

מֵחֶלְדַּי לית. Mp. Zach. 6, 10,

חַלְחוּל לית. Mp. Jos. 15, 58.

וַחֲלִי כ׳ בב׳ לישן. 59. ,או"א 22. ,א׳ Prov. 25, 12. (S. Mf. Mp. Jos. 19, 25.)

וּלְחֵלֶם לית. Mp. Zach. 6, 14. (S. 1 Chr. 7, 35. (8, 7.) Mf. ה׳, 26. ,או"א 213. auch oben הֵלֶם).

חֶלְאָמָה (2 S. 10, 17.) לא נקרא הא"לף. Mf. א׳, 7. ,או"א 103.

חָלֵץ לית קמץ. 21. ,או"א Lev. 1, 1.

חֶלְקָת לית קמץ. Mp. Jos. 21, 31.

חִלְקִיָּה י"א. 33. ,חל Mf. 2 Chr. 35, 8. (und Mp. daselbst). (S. מ"ש 2 Reg. 22, 8. ibid. 12.) 4)

חִלְקִיָּהוּ הַכֹּהֵן ה׳. 5) 34. ,חל Mf.

כל שום בר נש חָם קמץ. 1. ,חם Mf.

Waw am Ende) nur 1 M. liest, muss also um 12 zu erhalten, in 2 Reg. 18, 13. חִזְקִיָּה lesen; während diejenigen, welche 2 M. לְחִזְקִיָּה lesen und also Neh. 7, 21. mitrechnen, müssen, (oder vielmehr können), wie unsere Ausgg. im V. 13 חִזְקִיָּהוּ lesen. —

1) Der Sinn ist: in der Regel ist die Form dieses Namens in der heil. Schrift (Proph.) חִזְקִיָּהוּ mit Ausnahme von 3 Stellen, die יְחִזְקִיָּהוּ (mit Jod vor dem Cheth, s. Jes. 1, 1.) und 12 Stellen, die חִזְקִיָּה (ohne Jod und ohne Waw, s. vorige Anmerkung) haben; in den BB. d. Chr. aber kommt nur 5 M. חִזְקִיָּהוּ vor, sonst יְחִזְקִיָּהוּ (mit Jod und Waw). Ueber 1 Chr. 3, 23. (וְחִזְקִיָּה) s. gleichfalls vorige Anmerkung. Am Schluss von Jes. 1, 1. muss es heissen: וכל שאר קריא חזקיהו — d. h. wenn es Waw am Ende hat, so fehlt immer das Jod am Anfang, mit Ausnahme der 3 das. genannten, die Jod am Anfang haben und Waw am Schlusse. —

2) Der Sinn ist: unter den mannigfachen Formen dieses Namens kommen 4 Hapaxlegomena vor und zwar: וְחִזְקִיָּה (1 Chr. 3, 23.), לְחִזְקִיָּה (Neh. 7, 21.), לְחִזְקִיָּהוּ (Jes. 38, 9.) und וִיחִזְקִיָּהוּ (2 Chr. 28, 12.) Ueber das Schwierige dieser Angabe s. oben S. 283 Anm. 4. Sehen wir aber auf Mp. zu Esr. 2, 16., wo sie zu לִיחִזְקִיָּה bemerkt: ד׳ זוגין מיחדין בחד לישן vergl. mit Mp. zu Neh. 7, 21., wo zu לחזקיה bemerkt wird: ב׳ וסי׳ בני אטר תנינא, (im Gegensatz zu בני אטר קדמא Esr. 2, 16.) und ist 2 Reg. 18, 10. gewiss לְחִזְקִיָּה zu lesen, wie alle Ausgg. es haben, so geht daraus wohl hervor, dass Mf. חז, 23. ein Fehler eingeschlichen ist und es heissen muss: לִיחִזְקִיָּה, בני אטר, das sich auf Esr. 2, 16. bezieht und fehlt etwa nach בני אטר das Wort "קדמא". Danach müsste auch Jes. 38, 9. gelesen werden: וחד ליחזקיה? Es käme danach לְחִזְקִיָּה 2 M. und לִיחִזְקִיָּה 1 M. vor. Mpt. Erf. bemerkt zu beiden ב׳ = 2, was gewiss ein Irrthum ist. —

3) Das ל׳ in Esr. l. c. scheint wieder aus ב׳ = 2 entstanden zu sein, wie schon oft bemerkt; es kommt nemlich 2 M. vor, Esr. und Neh. l. c. —

4) Wenn man in der Aufzählung 2 Chr. 35, 8. einige Wörter ändert oder streicht, z. B. statt שריה liest וגמריה; das בן הודויה nach בן משלם streicht, so sind die 11 Stellen ganz richtig und zwar: 2 Reg. 18, 37. ibid. 22 8. (das zweite im Verse s. מ"ש) 22, 10. 22, 12. Jer. 29, 3. Neh. 12, 7. 1 Chr. 5, 39. (2 in demselben Verse) ibid. 6, 30. 9, 11. 2 Chr. 35, 8. Es sind demnach 4 im B. Reg. und 7 in der übrigen heil. Schrift. S. Mp. zu den Stellen. Wenn diese anführt: י׳ וכל עזרא דכו׳, so zählt sie Neh. 12, 7. nicht mit, weil dies zu "וכל עזרא" gehört. —

5) Das ה׳ = 5 bezieht sich, wie Heid. richtig bemerkt, auf das B. Reg., denn in dem B. Chr. (2 Chr. 34.) kommt es noch vielfach vor. — Wenn aber als drittes ויצו המלך את (im Gegensatz zum letzten תנינא דסיפרא) dazu gerechnet und also auf 2 Reg. 22, 12. hingewiesen wird, so ist das unrichtig, indem hier חִלְקִיָּה (ohne Waw am Ende) zu lesen ist,

וּבְנֵי חָם לית (Gen. 10, 6.)· Mf. בן, 9. או"א, 366.

מִן חָם לית· Mp. 1 Chr. 4, 40.

שֵׁם חָם לית (Gen. 10, 1.)· או"א, 252.

סימן שֵׁם וְחָם וָיָפֶת וסדרם· או"א, 286.

שֵׁם וְחָם לית וחד וְשֵׁם וְחָם· שֵׁם S,

חֶמְדָּן לית· Mp. Gen. 36, 25.

חֲמוּטַל (ב' כתובין חמיטל)· Mf. י', 18. או"א, 138.

אֶל חֲמוֹר ב' ובענין (ותרין עַל חֲמוֹר)· Gen. 34, 6. S. Mf. על, 8. או"א, 88.

וְחֻמְטָה לית· Mp. Jos. 15, 54.

חַמְרָן לית· Mp. 1 Chr. 1, 41.

חֲמַת לית דכו' פתח Am. 6, 2. (האי חמת לית דכו' פתח וכל לשון רוגזא פתחין)· 1)

וְגַם חֲמָת (Zach. 9, 2.) לית ר"פ בתריסר· ? Mf. גם, 3.

וּמֵחֲמַת לית· Mp. Jer. 12, 11.

וּלְחֵן לית שום גברי· Mp. Zach. 6, 14.

חָנָן לית· Mp. Neh. 10, 26.

חֲנָנִי לית· 2) Mp. Neh. 12, 36.

חֲנַנְיָהוּ ג' (ושאר חֲנַנְיָה)· Mf. חן, 11.

חַנִּיאֵל לית וחד וְחַנִּיאֵל· Ex. 6, 25. (S. Mf. ח', 4. ח' 1. או"א)·

חֲנֹךְ ג' חסרים בלישן· Gen. 25, 4. Mf. חן, 9. (S. מ"ש Num. 26, 5. u. oben S. 68 Anmerkg. 3.)

וַחֲנוֹךְ ב' א' חסר· Mp. 1 Chr. 1, 33. S. Gen. 25, 4.

חִנָּם לית· Mp. Jes. 30, 4. (S. Mf. א', 19. או"א, 38.)

חַנָּתֹן לית· Mp. Jos. 19, 14.

וְחַסַדְיָה לית· Mp. 1 Chr. 3, 20. (S. Mf. ו', 46.)

לְחֻפָּה לית· Mp. 1 Chr. 24, 13.

וְחֻפִּים לית· Mp. Gen. 46, 21. וְחֻפִּם לית וחסר· Mp. 1 Chr. 7, 12. 3)

חֶפְצִי בָהּ ב'· Mp. 2 Reg. 21, 2. (S. Jes 62, 4.)

הַחֵפֶר לית· Mp. 2 Reg. 14, 25. S. Mf. Ende den Art. פתח בס"פ

וַחֲפָרַיִם לית· Mp. Jos. 19, 19.

חָפְרַע לית· Mp. Jer. 44, 30.

בְּחַצְצוֹן ב' א' מלא וא' חסר· Gen. 14, 7. (S. Mp. ibid.) Mf. חץ*6.

חֲצַר עֵינוֹן לית ומלא· Mp. Ez. 47, 17.

חָצוֹר כל' מלא בְמ"א חסר (1 Reg. 9, 15.)· Mp. 1 S. 12, 9. 2 S.*13, 23.

חֲצֵרֹת ד' חסר בלישנא· Num. 33, 17. Deut. 1, 1.

חֶצְרוֹ לית· Mp. 1 Chr. 11, 37.

חֶצְרַי כתיב חצרו· Mp. 1 S. 23, 35. (S. Jer. 1, 1. 1 S. 1, 1. Mf. ו', 20. או"א, 136.)

חֶצְרֹן כל אוריתא חסר במ"א· Gen. 46, 9. (S. מ"ש Num. 26, 6. ibid. 26, 21.)

וְחֶצְרֹן וְכַרְמִי לית (Gen. 46, 9.)· Mf. ו', 31. או"א, 253.

חֲקוּפָא ב' וכתיב א'· Neh. 7, 53.

חַרְבוֹנָא ב' חד כתיב א'· Est. 7, 9. (S. Mf. א', 10. או"א, 95. מ"ש Est. 1, 10.)

חֲרֹד לית· Mp. Jud. 7, 1.

הַחֲרֹדִי ב' וחסר ובפסוק· Mp. 2 S. 23, 25. (S. Mf. ב', 13. או"א, 58.)

חַרְחוּר ב' (Esr. 2, 51.)· Mp. Neh. 7, 53.

---

s. vor. Anmerkung zu חלקיה. — Auch die Bemerkung des מ"ש (2 Reg. 22, 12.), dass dieses ויצו וכו' auf 2 Chr. 34, 20. sich beziehe, ist falsch, 1) weil dort nicht הַכֹּהֵן darauf folgt und 2) kann ja hier nur das B. Reg. gemeint sein, wie oben bemerkt? — Heid. verbessert es richtig, indem er das ויצו המלך את streicht und dafür am Schlusse hinzufügt: וגם את האבות (oder אשר מצא חלקיהו הכהן) 2 Reg. 23, 24., so dass alle 5 in Reg. sich finden, von den BB. d. Chr. aber nicht die Rede ist. —

1) Nach dieser Angabe kommt diese Form (mit Pathach) als Name einer Stadt (im Gegensatz zum stat. constr. von חֵמָה) nur 1 M. vor, wogegen Heid. bemerkt, dass auch חֲמַת צוֹבָה (2 Chr. 8, 3.) vorkommt? —

2) Was soll das לית bedeuten, es kommt doch noch oft vor? S. 1 Reg. 16, 1. 7. 1 Chr. 25, 4. 24. und 25. 2 Chr. 19, 2. 20, 34. auch Esr. 10, 20. Neh. 1, 2. 7, 2. und 12, 36. Ueber den Accent s. מ"ש zu unserer St. —

3) Wenn die Mp. zu beiden bemerkt: לית, so bezieht sich das eine auf die plene- und das andere auf die def.-Form Es muss aber dann in 1 Chr. l. c. לית חסר (nicht וחסר) heissen. Gewöhnlich würde die Bemerkung lauten: ב' א' מלא וא' חסר· —

חַרְהֲיָה לית. Mp. Neh. 3, 8.

חַרְחַס לית. Mp. 2 Reg. 22, 14. (S. Mf. 'א, 19. או"א, 38.)

חֲרוּמַף לית. Mp. Neh. 3, 10.

חָרִף חסר. Mp. Neh. 7, 24. (S. ibid. 10, 19.)

הַחֲרוּפִי כתיב החריפי. Mp. 1 Chr. 12, 5. (S. Mf. 'ר, 5. או"א, 80.)

חָרִם חסר. Esr. 2, 32. 39.? (כלהון חסר)

וּבְנֵי חָרִם לית. (Esr. 10, 31.) Mf. בן, 9. או"א, 366.

לְחָרִם לית. Mp. 1 Chr. 24, 8. (S. Neh. 12, 15.?)

וְחֶרְמוֹנִים לית. Mp. Ps. 42, 7.

חָרוֹן׃ חוֹרֹן S.

חָרָן׃ הָרָן S. אֶת חָרָן לית (1 Chr. 2, 46.). Mf. את, 2.

וְאֶת חָרָן ד'. 1) Mp. Jes. 37, 12.?

חָרָנָה ב'. Mp. Gen. 27, 43. 28, 10.

וְחַרְנֶפֶר לית. Mp. 1 Chr. 7, 36.

חֶרֶשׁ ב' בתרי לישני. Mp. 1 Chr. 9, 15. (S. Mf. 'א, 22. או"א, 59. Mf. 'א, 25. או"א, 70. Mf. חר, 19.)

חֶרֶת לית. Mp. 1 S. 22, 5.

חַשְׁבַּדָּנָה לית. Mp. Neh. 8, 4.

וַחֲשֻׁבָה לית. Mp. 1 Chr. 3, 20. (S. Mf. 'ר, 46.)

חֶשְׁבּוֹן לית ר"פ. Mp. Jos. 13, 17.

וְחֶשְׁבּוֹן וְאֶלְעָלֵה לית. (Num. 32, 3.) Mf. 'ר, 31. או"א, 253.

וּמֵחֶשְׁבּוֹן לית. Mp. Jos. 13, 26. Mf. 'מ, 11.

חֲשַׁבְיָהוּ ב'. (וא' וַחֲשַׁבְיָהוּ) 1 Chr. 26, 30. (25, 3.) 2 Chr. 35, 9.

חֲשַׁבְנָה לית. Mp. Neh. 10, 25.

חֲשַׁבְנְיָה ב'. Mp. Neh. 3, 10. 9, 5.

חָשֻׁם כל' חסר וי"ו. Mp. 10, 33.

חֲשׂוּפָא לית כתיב א'. חֲשֻׂפָא ג' ולית חסר. Mp. Esr. 2, 43. Neh. 7, 46. 2)

בְּחַשְׁמֹנָה לית. מֵחַשְׁמֹנָה לית. Mp. Num. 33, 29. 30.

הַדֶּרֶךְ חֶתְלֹן לית. Mp. Ez. 47, 15.

חֲתַת ב' (ובתרי לישני). Mp. 1 Chr. 4, 13. (S. Mf. 'א, 22. או"א, 59. u. Mf. Ende den Art. פתח באתנח).

הַחִתִּים ה'. Jud. 1, 26. 2 Reg. 7, 6. 2 Chr. 1, 17. Mf. חת, 3.

ט.

טָבְאֵל לית צרי. Mp. Esr. 4, 7.

טָבְאַל לית וחד טָבְאֵל. Mp. Jes. 7, 6. (S. Mf. Ende den Art. פתח בס"פ).

טֶבַח לית שום בר נש. Mp. Gen. 22, 24.

וּמִטִּבְחַת לית. Mp. 1 Chr. 18, 8.

טַבְרִמֹּן לית וחסר. Mp. 1 Reg. 15, 18.

טֵבֵת לית. Mp. Est. 2, 16.

עַל טַבָּת לית. Mp. Jud. 7, 22. Mf. על, 3. או"א, 76.

וְטוֹב׃ טוב S.

וְטֹבִיָּה (Neh. 2, 19.) לית חסר. 3) Mf. 'ו, 62.?

וְטֶלֶם ב'. (S. Mf. 'א, 22. או"א, 59.) Mf. טל, 3.

טַלְמוֹן ב' מלאים. Mp. Neh. 11, 19. 12, 25. (S. Esr. 2, 42.)

טַרְפְּלָיֵא לית. Mp. Esr. 4, 9.

---

1) Das 'ד = 4 ist schwierig, da es nur 2 Reg. 19, 12. und Jes. 37, 12., also 2 M. mit וְאֶת vorzukommen scheint? Freilich ist andererseits auffallend, warum es nicht, wenn es nur 2 M. so vorkommt, in Mf. את, 6. zu den נ"ב זונין וכו' gezählt wird? —

2) Das Wort kommt 3 M. vor, wie die Mp. angiebt und zwar 2 M. mit Alef (als Nom. propr.), von denen wieder eins plene und eins def. Waw ist, und 1 M. mit He am Ende (als part. sing. fem. Kal) nemlich Esr. 2, 43. Neh. 7, 46. und Ez. 4, 3. — Wenn aber die Mp. zu Esr. l. c. bemerkt לית כתיב א', so muss das entweder lauten: לית מלא וכתיב א' oder ב' כתיב א' (wie schon oft bemerkt, dass 'ל aus 'ב entstanden ist). — Heid. will das לית כתיב א' auf das vorhergehende צִיחָא beziehen, s. diesen Art. s. v. —

3) Das עבדיה in Mf. 'ו, 62. verbessert Heid. nach einem Mpt. in וְטֹבִיָּה (העבד העמוני), was richtig und durch Mp. l. c. begründet ist. —

י.

יַאֲזַנְיָה ב׳ וא׳ וְיַזַנְיָה· 1. יא Mf.

וְיַאֲזַנְיָהוּ ב׳ וא׳ וִיזַנְיָהוּ· 2. יא Mf.

יָאִיר לית ר״פ· Mp. Deut. 3, 14.

הַיָּאִרִי לית וחסר· ?Mp. 2 S. 20, 26.

יֹאשִׁיָּה לית· Mp. Zach. 6, 10.

יֹאושִׁיָּהוּ לית מלא· (S. Mf. ו׳, 61.) Mp. Jer. 27, 1.

יְאָתְרַי לית· Mp. 1 Chr. 6, 6.

הַיְבֻסִי ה׳ חסר בלישנא· 4. יב Mf. 2 S. 5, 6.

וְאֶת הַיְבוּסִי ד׳· (1 5. יב Mf.

הַחִוִּי וְהַיְבֻסִי· חִוִּי S. ·כִּיבוּסִי לית· Mp. Zach. 9, 7.

עַל יָבִין לית· 76. או״א, 3. על Mf.

יָבָל לית· Mp. Gen. 4, 20.

וְיַבְנְאֵל לית· Mp. Jos. 19, 33.

יִבְנְיָה לית (וחד וְיִבְנִיָּה)· (S. 1Reg. 22, 48.) Mp. 1Chr. 9, 8.
Mf. סף, 12.

מֵאַרְנוֹן עַד יַבֹּק לית· Mp. Num. 21, 24.

יָבֵשׁ ו׳ חסרים בלישן בקריאה· 11. יב Mf. Jud. 21, 9.
(S. מ״ש Jud. 21, 8. 1 S. 31, 11.) (2

יַבָּשָׁה, בְּיַבָּשָׁה ג׳ בקריא· (3 10. יב Mf. 1 S. 30, 12.

וְיִבְשָׂם לית· Mp. 1 Chr. 7, 2.

יִגְאָל· S. Mp. Ruth 3, 13.

וְיָגְבְּהָה ב׳· Mp. Jud. 8, 11. (Num. 32, 35.)

יְגַדַלְיָהוּ לית· Mp. Jer. 35, 4.

וְיָגוּר לית· Mp. Jos. 15, 21.

וְיִדְאֲלָה לית· (ס״א ויראלה)· Mp. Jos. 19, 15.

וְיִדְבָּשׁ לית· Mp. 1 Chr. 4, 3.

וְיָדוּעַ לית· Mp. 1 Chr. 12, 22.

וְיָדוֹן לית· Mp. Neh. 3, 7. (S. Mf. י׳, 1. או״א, 1. י׳.)

יְדוּתֻן דכתיבין ידיתן ג׳ וכו׳· 25. יד Mf. Ps. 77, 1.
או״א, 148.

וּבְנֵי יְדוּתֻן (1 Chr. 16, 42.) לית· 366. או״א, 9. בן Mf.

לִידֻתוּן ד׳ חסר· (4 Mp. 2 Chr. 35, 15. 2 Chr. 5, 12.?

(ידיתון [לית]· 214. או״א, 23. י׳ S. Mf.)

יְדִי כתיב ידו· 136. או״א 20. ו׳ Mf.

יְדִידָה לית· Mp. 2 Reg. 22, 1.

יְדִידְיָה לית· Mp. 2 S. 12, 25.

יִדְלָף ב׳ חד מלרע וחד מלעיל· א׳, Gen. 22, 22. S. Mf.
24. או״א, 5.

---

1) Die Angabe der Mf. ד׳ = 4 ist unrichtig, da es noch 1 M. vorkommt, Gen. 15, 21. Der Fehler ist wahrscheinlich entstanden aus der Bemerkung zu וְאֶת הָאֱמֹרִי (Gen. 15, 21.), das 4 M. in der Bibel sich findet, s. daselbst Mm., wo ein Fehler eingeschlichen ist im Vergleich zu Jos. 24, 18. S. מבין חדות. — Merkwürdig ist, dass die Mass. anführt וכנען ילד וכו׳, da dieses der vorhergehende Vers (15) ist, wahrscheinlich weil der Vers 16 mit dem Schlagworte anfängt und darum nicht leicht zu finden wäre. — Oder sollte die Mass. den Vers וכנען mit dem folgenden als einen Vers gelesen haben? S. Jud. 21, 9. und folgende Anmerkung, wo eine Stelle angeführt ist, die den Vers anfängt, und dabei steht ר״פ (יבש, בן שלום ר״פ, 2 Reg. 15, 13.) —

2) Die Angaben über die def.-Form dieses Wortes variiren zwischen ו׳ = 6, ז׳ = 7 und ח׳ = 8, s. die Mp. zu den verschiedenen Stellen. Die Ausgleichung liegt darin, dass diejenigen, welche nur ו׳ = 6 angeben, das בְּיָבֵשׁ (1 Chr. 10, 12.) nicht mitzählen; dann muss aber das בלישנא gestrichen werden, indem sich die Angabe nur auf יָבֵשׁ (ohne präfix.) bezieht; oder das בלישנא bezeichnet die doppelte Bedeutung dieses Wortes (als Stadt- und Männername), was auch sonst wohl vorkommt. Die aber ח׳ = 8 angeben, lesen wahrscheinlich, wie Heid. will, 2 S. 21, 12. (וילך דוד) zu den def., wie es auch Ausgg. und manche Handschriften haben. Wenn aber Heid. 8 als Stadtnamen def. lesen will und zwar: Jud. 21, 8. 9. 10. 12. und 14. 1 Chr. 10, 11. und 12. und das obige 2 S. 21, 12., so beruht das nicht auf massoretischem Grunde und ist auch gegen מ״ש l. c. —

3) Wenn die Mp. 1 Chr. 10, 12. angiebt ג׳, so ist das s. v. a. בלישנא, da eins von den dreien ein Präfix. hat. Ueber die plene- und def.-Form sind die Angaben verschieden. Nach den Ausgg. ist nur 1 Chr. l. c. plene; nach einer von Heid. angeführten Handschr. sind sie alle 3 plene Jod. —

4) Das ד׳ = 4 in Mp. 2 Chr. 5, 12. ist wohl ein Druckfehler und muss, wie 2 Chr. 35, 15. heissen ב׳ (חסר וי״ו קדמא) = 2, indem dieses Wort def. Waw (oder Jod) nach dem Daleth nur 2 M. (2 Chr. l. c.) vorkommt. —

ויהד לית חסר (ושארא בדניאל ועזרא יהוד מלא)· Mp. Jos. 19, 45.

יהדי לית· Mp. 1 Chr. 2, 47. (S. Mf. ה', 26. או"א, 213.) (S. יחדי)

יהואחז· יואחז S.

יהואש סימן· יואש S. Mf. יה, 1. und

אל יהוא לית· Mf. אל, 13.

ואת יהוא (1 Reg. 19, 16.) לית· 1) Mf. את, 1. ?

יהודה ד׳ ר"פ· ? Mp. 1 Reg. 4, 20.

יהודה ובירושלם ג׳ דסמיכי· Jer. 27, 18. (2 Reg. 23,24. Neh. 13, 16.) Mf. יה, 11. (S. מ"ש Neh. l. c.)

יהודה וישבי ירושלם ח׳ ושארא איש יהודה וישבי ירושלים· 2) Mf. יה, 8. יר, 42.

אל יהודה ו׳ וחד ואל· Gen. 38, 22. Jer.*35, 17. (S. Mf. אל, 14. 35. יה, 5. או"א, 85. 3)

בני יהודה ובני ישראל· ישראל S.

גם יהודה (2 Reg. 17, 19.) לית ר"פ במלכים· Mf. גם, 3.

ואיש יהודה ו׳ דסמיכי· Jer. 32, 32. Ps.*105, 9. Mf. יה, 7.

ואת יהודה ג׳· Gen. 46, 18. Ez.*21, 20. Mf. יה, 10.

וגם יהודה (Zach. 14, 14.) לית ר"פ בתריסר· Mf. גם, 3.

וכל יהודה ד׳ וכל ר"פ דכו׳· Mf. יה, 4.

חורי יהודה ד׳· Mf. יה, 6.

עד יהודה (Micha 1, 9.) לית· או"א, 265.

מלך ביהודה (Neh. 6, 7.) לית· 257. או"א

וביהודה ה׳ וחד בירושלים ויהודה· 2 Reg. 17, 13. 24, 20. Zach. 14, 21. Mf. יה, 3. 4)

ליהודה וישראל לית· Mp. 2 Chr. 16, 11. Mf. ל׳, 1. או"א, 20.

ליהודה ולירושלם ד׳. Mf. יה, 9. יר, 41.

ומיהודה ב׳ בסיפרא· Mp. Jes. 3, 1. 65, 9. (S. מ"ש Jes. 65, 9.)

היהדיה לית וחסר· Mp. 1 Chr. 4, 18.

יהודית ז׳· Gen. 26, 34. 2 Reg.* 18, 28. Jes. 36, 11. Mf. יה, 15.

היהודיים ו׳ יתיר י׳· Est. 8, 13. 9, 1. Mf. יה, 14.

אל כל היהודים ג׳. Mf. יה, 13.

והיהודים ג׳· Mf. יה, 12.

יהוזבד ד׳ (ושארא יוזבד)· 5) Mf. יה, 16.

יהוחנן ד׳ בקריא (בסיפרא) וכל עזרא דכו׳ במ"ג יוחנן·
Esr. 10, 28. Neh. 12, 23. 1 Chr.*26, 3. Mf.*יה, 17.

יהוידע כל קריאה יהוידע וכל עזרא חלוף יוידע·
Mf. חילופי קריאה, 6. או"א, 272.

יהויכן לית חסר (קדמא)· Mp. Jer. 52, 31.

כל קריא יהויכין בר מיחזקאל׳ (Ez. 1,2.). Mf. חילופי קריאה, 6. או"א, 272.

יהויקים כל קריא יהויקים וכל עזרא יויקים·
Mf. חילופי קריאה, 6. או"א, 272.

---

1) S. Mf. את, 1., wo das ב׳ בו sich wohl auf ואת אלישע beziehen soll, wie das vorhergehende ג׳ בו, was aber noch fraglich ist, da ואת אלישע nicht aufgezählt wird, wie das vorhergehende ואת האבנים und ואת המים· —

2) Wenn das ח׳ = 8 richtig ist, wie es auch Mpt. Hamb. 2 Chr. 32, 33. ebenso hat, so ist das שמעו דבר י"י Jer. 17, 20. nicht ganz zutreffend, indem es daselbst heisst יהודה וכל ישבי ירושלם? Indessen will die Angabe nur den Gegensatz zwischen יהודה und איש יהודה u. s. w. hervorheben und insofern kann Jer. l. c. hinzugezählt werden. —

3) Das ו׳ = 6 muss entweder in ה׳ = 5 umgeändert werden, oder das וחד ואל soll bedeuten „eins von ihnen“, denn erst mit ואל sind es 6, wie angegeben. —

4) Das דירמי׳ nach עד השליכו אתם מעל פניו muss דמלכים heissen, wie es auch Mpt. Hamb. 2 Reg. 17, 13. so hat; denn 2 Reg. 24, 20. heisst es וביהודה, während Jer. 52, 3. ויהודה steht, wie auch der Schluss der Angabe: וחד וכו׳ ויהודה׳ darauf hinweist. —

5) Die Aufzählung in Mf. l. c. ist corrupt; das vierte ושכר הרביעי ist das schon genannte ולעבד אדום בנים (1 Chr. 26, 4.). Heid. führt sie richtig so an: יהוזבד ד׳ וסי׳ יהוזבד בן שומר, דמלכים (2 Reg. 12, 22.), ולעובד אדום בנים (1 Chr. 26, 4.), ועל ידו יהוזבד (2 Chr. 17, 18.), ואלה המתקשרים (2 Chr. 24, 26.) — In letzter St. steht ויהוזבד mit Waw copulat. —

יְהוֹיָקִם ב׳ חסר יו״ד׳ 1) Mp. Jer. 26, 21. 27, 1.

אֶל יְהוֹיָקִים. עַל יְהוֹיָקִים. S. Mf. אל, 24. או״א, 2.

יְהוֹיָקִים חד אֶל וחד עַל וְעַל. Mf. על, 9. או״א, 89.

יְהוֹיָרִיב כל קריא יְהוֹיָרִיב וכל עורא יוֹיָרִיב. Mf. חילופי קריאה, 6. או״א, 272.

לִיהוֹיָרִיב לית. Mp. 1 Chr. 24, 7.

יְהוֹכַל לית. Mp. Jer. 37, 3.

יְהוֹנָדָב כל סיפרא יוֹנָדָב (שמואל) במ״א יְהוֹנָדָב וכל קריא דכו׳. (יְהוֹנָדָב) במ״ג יוֹנָדָב. Mp. 2 S. 13, 5. Jer.*35, 6. Mf. יו, 42. (S. מ״ש Jer. l. c.)

יְהוֹנָתָן, יוֹנָתָן. S. Jer. 40, 8. 1 Chr.*10, 2. Mf. יו, 44. (S. מ״ש 1 S. 18, 1.)

וְלִיהוֹנָתָן לית. Mp. 2 S. 4, 3. (S. Jer. 52, 16. Mf. ול׳, 1. ל׳, 12.)

יְהוֹצָדָק כל קריא יְהוֹצָדָק וכל עורא יוֹצָדָק. Mf. חילופי קריאה, 6. או״א, 272.

יְהוֹרָם. יוֹרָם S.

עַל יְהוֹרָם לית. Mf. על, 3. או״א, 76.

לִיהוֹרָם ב׳ ומלא. Mp. 2 Reg. 1, 18. 2 Chr. 21, 3.

יְהוֹשַׁבְעַת ב׳ (ובפסוק). Mp. 2 Chr. 22, 11. (S. או״א, 58. Anm.)

יְהוֹשׁוּעַ ב׳ מלא. Deut. 3, 21. Jud.*2, 7. (S. M. marg. Jud. l. c. und Deut. מ״ש l. c.)

יְהוֹשֻׁעַ כל קריא יְהוֹשֻׁעַ וכל עורא יֵשׁוּעַ. Mf. חילופי קריאה, 6. או״א, 272. (S. M. marg. Jud. 2, 7. Neh. 8, 17.)

אֶל יְהוֹשֻׁעַ לית. Mf. אל, 13.

וְאֶת יְהוֹשֻׁעַ ב׳. Mp. Num. 32, 28. Deut. 3, 21. Mf. את, 6.

וַיֵּאָסֵף יְהוֹשֻׁעַ (Jos. 24, 1) לית. Mf. אם, 13.

וַיְהִי אַחֲרֵי מוֹת יְהוֹשֻׁעַ (Jud. 1, 1.) לית. Gen. 25, 1. Mf. הי, 28.

וִיהוֹשֻׁעַ בִּן נוּן (Num. 14, 6. und 38.) קדמא רביע תניא זקף. או״א, 227.

יְהוֹשָׁפָט ג׳ ר״פ. Mp. 1 Reg. 22, 42.

עַל יְהוֹשָׁפָט ב׳. Mp. 2 Chr. 20, 37. Mf. על, 7. או״א, 87.

יוֹאָב לית ר״פ. Mp. 1 Chr. 27, 24. או״א, 175.

יֵשׁוּעַ יוֹאָב לית וחד יֵשׁוּעַ וְיוֹאָב. Mp. Esr. 2, 6. Neh. 7, 11. (S. Mf. ו׳, 25. או״א, 247.)

מִבְּנֵי יוֹאָב (Esr. 8, 9.) לית ר״פ בסיפרא. Mf. בן, 15.

עַל יוֹאָב לית. עַד יוֹאָב לית. Mp. 1 Reg. 2, 28. 1 Chr. 21, 4. Mf. על, 3. או״א, 76. (S. Mf. עד, 4. או״א, 218.)

וּלְיוֹאָב ב׳ א׳ מלא וא׳ חסר. Mp. 1 Reg. 1, 19. Mf. ו׳, 1. יו, 62.

יוֹאָחָז ד׳. (2 Chr. 34, 8. מ״ש S.) Mf. יו, 2.

יוֹאָשׁ י״ו בסיפרא (מלכים) וכל תריסר ושפטים וד״ה דכו׳ ושארא יְהוֹאָשׁ. 2 Reg. 13, 25. Mf.* יה, 1. (S. מ״ש 2 Reg. 14, 15.) יו,*3. 2)

יֹאָשׁ לית חסר. Mp. 2 Chr. 24, 1. (S. Mf. ו׳, 62.)

וְאֶת יוֹאָשׁ (2 Chr. 24, 24.) לית. Mf. את, 1.

אֶת יוֹכֶבֶד (1 Chr. 8, 8.) לית. Mf. את, 2.

וְיוֹחָא ב׳ א׳ מלא וא׳ חסר. 1 Chr. 8, 16. 11, 45.

יוֹחָנָן. יְהוֹחָנָן S.

וְיוּטָּה לית. (S. unten יֻטָּה) Jos. 15, 55.

יוֹיָדָע. יְהוֹיָדָע S.

יוֹיָקִים. יְהוֹיָקִים S.

עַל יוֹנָה לית. Mp. Jona 1, 7. (S. Mf. על, 3. או״א, 76.)

יוֹנָדָב. יְהוֹנָדָב S. יוֹנָתָן. יְהוֹנָתָן S.

הַיְּוָנִים לית. Mp. Joel 4, 6.

וְאֶת יוֹנָתָן (1 S. 13, 22.) לית. Mf. את, 1.

שָׁאוּל וְיוֹנָתָן לית. וְשָׁאוּל וְיוֹנָתָן לית. S. Mf. ו׳, 33.

---

1) Das ב׳ = 2 ist unklar, da in der gedruckten Mp. nicht nur Jer. 26, 21. und 27, 1., sondern auch ibid. 52, 2. angegeben ist: ב׳ חסר? — Das Mpt. Erf. hat zu 26, 21. keine Bemerkung; zu 27, 1. bemerkt eine spätere Hand ב׳ חסר; zu ibid. 52, 2. heisst es ursprünglich: ל׳, aber eine spätere Hand fügt hinzu: ב׳ בראשית ממלכת; dasselbe führt Heid. aus einem anderen Mpte. an, so dass 26, 21. plene ist, wie gewöhlich. —

2) Das י״ו = 16 (s. Mp. 2 Reg. 12, 20. י״ז = 17?) ist zu vergleichen mit Mf. יה, 1., wo noch einige (3) in Reg. angeführt werden, die יואש (ohne He) haben. —

וְאֶת יוֹסֵף לית. Mp. Gen. 33, 2. (S. Mf. את, 1.?)

וּבֵית יוֹסֵף ב׳. Ob. 1, 18.

וּבְנֵי יוֹסֵף (Gen. 46, 27.) לית. Mf. בן, 9. או״א, 366.

וְיוֹסֵף י׳ ט׳ שוּם בר נש וא׳ לשון אוסופי. Gen. 42, 6. 1 Chr.*25, 2. Mf.*יו, 45.

וְיוֹסֵף ג׳ ר״פ. Gen. 39, 1. 41. 46. (S. Mf. ו׳, 22. או״א, 173.)

וְיוֹסֵף וּבִנְיָמִין (Deut. 27, 12.) לית. (S. Mf. ו׳, 31. או״א, 253.)

לְיוֹסֵף ח׳. Gen. 40, 9. Ez.*37, 16. Mf. יו, 46.

וּלְיוֹסֵף ב׳ ר״פ Gen. 41, 50.

יוֹעָשׁ לית. Mp. 1 Chr. 27, 28. וְיוֹעָשׁ לית. Mp. 1 Chr. 7, 8. (S. Mf. ו׳, 1. או״א, 1. י׳. Warum nicht gezählt in Mf. ו׳, 24. או״א, 246.?)

יוֹצָדָק: S. יְהוֹצָדָק

וְיוֹקִים לית ומלא. Mp. 1 Chr. 4, 22.

יוֹרָה לית. Mp. Esr. 2, 18.

וְיוֹרַי לית. Mp. 1 Chr. 5, 13.

יוֹרָם י״א חד חסר וכו׳. 2 Reg. 8, 21. 9, 14. Mf. יו, 47. S. Mf. ו׳, 62. 1)

וְיֹרָם לית חסר. Mp. 1 Chr. 26, 25.

יוֹשַׁב חֶסֶד לית. Mp. 1 Chr. 3, 20. (S. Mf. י׳, 1.)

יוֹשִׁבְיָה לית. Mp. 1 Chr. 4, 35.

וְיוֹשָׁה לית. Mp. 1 Chr, 4, 34.

וְיוֹשַׁוְיָה לית. Mp. 1 Chr. 11, 46.

וְיִזִיאֵל. כתיב ויזואל. Mp. 1 Chr. 12, 3. (S. Mf. ו׳, 6. או״א, 81.)

יָזִיז לית. Mp. 1 Chr. 27, 31.

וְיִזִּיָּה לית. (Heid.) Esr. 10, 25.

וְיִזְלִיאָה לית. Mp. 1 Chr. 8, 18.

וְיַזַנְיָה לית. Mp. Jer. 42, 1.

וִיזַנְיָהוּ לית. Mp. Jer. 40, 8.

הַיִּזְרָח לית. Mp. 1 Chr. 27, 8.

יִזְרְעֶאלָה ח׳. 2) Mf. יז, 2.

יִזְרְעֵאלִית ח׳. 3) Mf. יז, 3.

יַחְדּוֹ לית. Mp. 1 Chr. 5, 14. Mm. 1 Chr. 8, 7. Mf. ה׳, 26. או״א, 213. S. יֶהְדַּי.

וְיַחְדִּיאֵל לית. Mp. 1 Chr. 5, 24.

יַחְזְיָה לית. Mp. Esr. 10, 15.

יְחֶזְקֵאל ב׳ בקריאה וא׳ לִיחֶזְקֵאל. Ez. 1, 3. 24, 24.

אֶל יְחֶזְקֵאל לית. Mf. אל, 13.

יְחִזְקִיָּה ב׳. Mf. חז, 22.

לִיחִזְקִיָּה. S. Mp. Esr. 2, 16. und oben S. 283 Anmerkg. 4. und S. 284 Anmerkg. 2.

תריסר יְחִזְקִיָּה וכל קריא יְחִזְקִיָּהוּ. חילופי קריאה Mf. 6. או״א, 272.

---

1) Die Aufzählung der 11 Stellen in 2 Reg. 8, 21. ist mangelhaft, indem die Theilung zwischen וירם בנו (1 Chr. 26, 25.) und ואחיו unrichtig ist, da letzteres den Versanfang von וירם בנו bildet und beide also nur eine St. ausmachen. Heid. will מלך יהורם (2 Reg. 8, 16.) dafür einschalten, indem er unter den Verschiedenheiten der מערבאי und מדנחאי gefunden hat, dass letztere מלך יורם lesen, obgleich in der Regel unsere Mass. dem מערבאי folgt. — Hierdurch dürfte auch ein anderer Widerspruch der Mp. seine Lösung finden. Letztere bemerkt nemlich zu יְהוֹרָם (2 Reg. 8, 16.) ט״ו: בסיפרא = 15, aber zu ibid. 9, 15. ff. י״ו בנביאים = 16? — Wenn also das בסיפרא = d. BB. Reg. und בנביאים = d. BB. d. Proph. den Wiederspruch nicht heben sollten, so hat wahrscheinlich die Angabe, welche ט״ו = 15 hat, 2 Reg. 8, 16. mit den מדנחאי gelesen: יורם (ohne He), so dass dieses an den 16 fehlt. —

2) Hier ist wieder ein Beispiel von falscher Angabe, die durch unrichtige Abtheilung entstanden ist. Es sind nur ז׳=7; da aber ויהי גבולם u. s. w. in 2 Theile getrennt ist, indem והכסלת ושונם als eine besondere Stelle angegeben wird, so machte man ח׳=8 daraus, was unrichtig ist. Beide bilden die St. Jos. 19, 18. und so liest Heid., wie die meisten Angaben der Mp. z. d. St. es haben, ז׳ = 7. —

3) Heid. bemerkt hierzu, dass das ח׳ = 8 auf einem Missverständnisse beruhet; der Abschreiber glaubte wahrscheinlich, die 3 letzten Reihen wären besondere Stellen, so dass es 8 M. vorkäme, was aber unrichtig ist; sie beziehen sich nur auf die Schreibart der 5 angeführten Stellen. Es ist also statt ח׳ = 8 zu lesen ה׳ = 5. Mpt. Hamb. zu 1 S. 27, 3. und zu 1 Chr. 3, 1. bemerkt ausdrücklich: יזרעאלית, היזרעאלית ה׳ וסי׳ וכו׳, zählt die 5 Stellen auf und fügt dann hinzu: וישב, ויולדו היזרעאלת כתיב, ויעל, ושתי היזרעלית כתיב. ואלה, היזרעאלית כתיב: d. h. die beiden ersten

יְחִזְקִיָּהוּ לית ר״פ. Mp. 2 Chr. 29, 1.

יְחִזְקִיָּהוּ נ׳ בנביאים וסי׳ וכל ד״ה דכו׳ יְחִזְקִיָּהוּ במ״ה חִזְקִיָּהוּ וכל שאר קרין יְחִזְקִיָּהוּ. 3 Reg. 20, 10. Jes. 1, 1. Jer 15, 4. Mf. חז, 21. 1)

יְחִזְקִיָּהוּ חד אֶל וחד עַל וחד וְעַל. Mf. על 9. או״א, 89.

אֶל יְחִזְקִיָּהוּ לית וחד עַל יְחִזְקִיָּהוּ. Mp. 2 Chr. 32, 9. (S. Mf. אל, 24. או״א, 2.)

והוּא יְחִזְקִיָּהוּ (2 Chr. 32, 30.) לית ר״פ. Mf. הו, 1.

וִיחִזְקִיָּהוּ (2 Chr. 28, 12.) לית. S. Mf. חז, 23. (וִיחִזְקִיָּהוּ לית. וְחִזְקִיָּה לית. לְחִזְקִיָּהוּ לית. לְחִזְקִיָּה לית). S. Mp. zu den Stellen und besonders zu Esr. 2. 16. u. oben S. 284 Anm. 2.

לִיחִזְקִיָּהוּ ב׳ ובענין. Mp. 2 Chr. 32, 23. 27. S. auch Mp. Neh. 7, 21.

יַחְזֵרָה לית ומלעיל. Mp. 1 Chr. 9, 12.

וִיחִיָּה לית. Mp. 1 Chr. 15, 24.

יְחִיאֵל, כתיב יחואל. (S. Mf. י׳, 6. או״א, 81.) 2 Chr. 29, 14.

יְחִיאֵלִי ב׳. 2 Chr. 26, 21. 22.

וְיַחְמַי לית. Mp. 1 Chr. 7, 2.

לְיַחְצְאֵל לית. הַיַּחְצְאֵלִי לית. Mp. Num. 26, 48.

יַחְצִיאֵל לית. Mp. 1 Chr. 7, 13.

יַחַת. זִינָה. S.

יָטְבָה לית. Mp. 2 Reg. 21, 19.

יְטוּר ב׳ וחד וִיטוּר. S. Mf. ר׳, 6. או״א, 13.

יֻטָּה לית) וְיוּטָּה לית. Mp. Jos. 15, 55. (S. Mf. י׳, 1. או״א, י׳. 1.)

הַיָּכִינִי לית. Mp. Num. 26, 12. (S. רמ״ה s. rad.)

וִיוּכַל לית. Mp. Jer. 38, 1. (S. Mf. יו, 3. או״א, 46.)

יְכָלְיָהוּ לית. Mp. 2 Reg. 15, 2. (S. 2 Chr. 26, 3.)

יְכוֹנְיָה לית ומלא. Mp. Jer. 27, 20. (S. Mf. ר׳, 61.)

וְאֶת יְכָנְיָה לית. Mp. Jer. 28, 4. (S. Mf. את, 1.)

יְמוּאֵל ב׳ ומלא. Mp. Gen. 46, 10. Ex. 6, 15.

יִמְלָא ב׳ כתיב א׳ ובסיפרא, מלכים כתיב ה׳. Mp. 2 Chr. 18, 7. 8.

וְיַמְלֵךְ לית. Mp. 1 Chr. 4, 34.

וְיִמְרָה לית. 1 Chr. 7, 35.

מִיָּנוּחָה לית ומלעיל. Mf. ה׳, 32. או״א, 32.

וְיָנוּם, כתיב ויָנים (Jos. 15, 53.). Mf. י׳, 5, או״א, 80.

יִסְכָּה לית. Mp. Gen. 11, 29.

וְיִסְמַכְיָהוּ לית. Mp. 2 Chr. 31, 13.

יֶעְדּוֹ, כתיב יעדי. (2 Chr. 9, 29. (S. Mf. י׳, 17. או״א, 137.)

יְעוּאֵל לית. Mp. 1 Chr. 9, 6.

יְעוּשׁ ג׳ כתיבין יעיש. Gen. 36, 5. Mf. יע, 14. ר׳, 20. או״א, 140. (S. מ״ש S. 2 Chr. 9, 10.)

לְיַעֲזִיָּהוּ ב׳. 2) Mp. 1 Chr. 24, 26. 27.

Stellen (1 S. 27, 3. 2 S. 3, 2.) sind plene Alef aber def. Jod; die beiden folgenden (2 S. 2, 2. 1 S. 30, 5.) sind def. Alef und plene Jod (wie es auch ed. Bomb. hat; Buxt. liest fälschlich היזרעאלית, doppelt plene); das letzte (1 Chr. 3, 1) ist doppelt plene. Eine in italienischem ductus geschriebene Beifügung bemerkt: באחרונים כ״ע מודים אך על הראשון פליגי בקדמון וכתיב מלא ומסור על דוילדו ל׳ חסר יו״ד d. h. über die erste Stelle (1 S. 27, 3.) findet sich eine Verschiedenheit, indem in einer a l t e n Handschrift bemerkt ist וכתיב מלא d. h. es ist doppelt plene (Alef und Jod) gegen obige Angabe. — S. Mp. zu den Stellen und die Ausgg., welche letztere diese Mass. nicht genau beobachtet haben. —

1) Der Schluss in Jes. l. c. muss lauten: וכל שאר קריא חזקיהו, s. oben S. 284 Anmerkung 1 zu חִזְקִיָּהוּ. —

2) Das ב׳=2 der Mp. bezieht sich auf das Wort, welches 1 M. ohne und 1 M. mit Lamed vorkommt. Heid. nimmt an, dass יַעֲזִיָּהוּ בְּנוֹ ein Name ist (und בְּנוֹ nicht von בֵּן mit Suffix herkommt); er sucht es aus der chaldäischen Uebersetzung zu beweisen, welche בְּנוֹ unübersetzt lässt, während sie sonst בְּנוֹ mit בְּרֵיהּ wiedergiebt. Ich glaube dafür eine Stütze in der Mass. zu finden. In Mf. ל׳, 16. und או״א, 245. werden nemlich 6 Wörterpaare angeführt, die in einem Zusammenhange 2 M. vorkommen und zwar das erste M. o h n e und das zweite M. m i t Lamed präfix. — Wenn nun בְּנוֹ ein Apellativ wäre, so gehörte ja auch, nach unserer Mp. יַעֲזִיָּהוּ dazu, das mit בְּנוֹ verbunden in einem Zusammenhange 2 M. u. s. w. vorkommt? Ist nun aber, wie Heid. meint, יעזיה בנו ein zusammengesetztes nom. propr., so gehört es nicht zu den Art. Mf. ל׳, 16. או״א, 245., weil es nicht aus einem W ö r t e r p a a r e besteht, wie die anderen. Auffallend ist in letzterm Art. das erste Beispiel, da Jud. 1, 36. עקרבים und ibid. 8, 13. החרס folgt? —

יַעֲזִיר ב׳ מלאים. 1 Chr. 6, 66. 26, 31. (S. מ״ש ibid. 6, 66.)

וְאֶל יַעְזֵר לית. Mp. 2 S. 24, 5. (S. Mf. אל, 14. או״א, 85.)

וְאֶת יַעְזֵר ג׳. 1) Mp. Num. 32, 35.

יְעִיאֵל ד׳ כתיבין יעואל. 1 Chr. 9, 35. Mf. יע, 6. או״א, 146. S. יעואל.

יָעִיר, כתיב יעור. 1 Chr. 20, 5. Mf. י׳, 6. או״א, 81. (S. עור).

וְיַעְכָּן לית. Mp. 1 Chr. 5, 13.

יַעְלָא לית כתיב א׳, קדמא כתיב ה׳. (Neh. 7, 58.) S. Esr. 2, 56. und besonders או״א, 85. Anmerkung.

יַעֲקוֹב ה׳ מלא. Lev. 26, 42. Jer. 30, 18. 33, 26. 46, 27. Mf. יע, 12.

יַעֲקֹב ׀ יַעֲקֹב׃ עין הקורא (S. M. marg. Gen. 46, 2. Heid. zu Ex. 3, 4. Mf. ב׳, 14. או״א, 72. und besonders 242. מ״ש Ex. 3, 4.)

יַעֲקֹב וּבָנָיו לית (Gen. 46, 8.) וחד וְיַעֲקֹב וּבָנָיו (Jos. 24, 6.). Mf. ו׳, 33.

אֶת יַעֲקֹב לית, וחד וְאֶת יַעֲקֹב. Mp. Ex. 1, 1. 2, 24. (S. Mf. את, 1. und 3.)

וְאֶל יַעֲקֹב לית. Mf. אל, 14. או״א 85.

וּבְנֵי יַעֲקֹב לית (Gen. 34, 7.). Mf. בן, 9. או״א, 366.

וַיֹּאמֶר יַעֲקֹב (Gen. 32, 19.) לית ר״פ. Mf. אמ, 44.

עַל יַעֲקֹב לית. Mp. Hos. 12, 2. (S. Mf. על, 3. או״מ, 76.)

וְיַעֲקֹבָה לית. Mp. 1 Chr. 4, 36.

יַעֲקָן לית (שום אנש) וכל שום קרתא דכו׳. Mp. 1 Chr. 1, 42.

יַעְרָה לית. וְיַעְרָה לית. 1 Chr. 9, 42. Mp. 1 Chr. 9, 43. (S. Mf. י׳, 1. או״א, 1. ר׳.)

יַעֲרֶשְׁיָה לית. S. Ex. 17, 16. Mp. 1 Chr. 8, 27.

יַעֲשָׂי, כתיב יעשו. Esr. 10, 37. (S. Mf. ו׳, 20. או״א, 136.)

יַעֲשִׂיאֵל לית. וְיַעֲשִׂיאֵל לית. Mp. 1 Chr. 11, 47. 27, 21.

יָפוֹא לית כתיב א׳. (S. Esr. 3, 7. Num. 13, 9. Mf. א׳, 8. או״א, 104.)

וְאֶת יִפְתָּח לית (1 S. 12, 11.). Mf. את, 1.

עַל יִפְתָּח לית. Mf. על, 3. או״א, 76.

וְיִפְתָּח ב׳ קמץ (חד שום גברא וחד שום קרתא) וא׳ פתח וכו׳. Jos. 15, 43. Jud. 11, 1. Job*11, 5. Mf.* יפ, 4. פת, 5. (S. M. marg. Jos. 15, 43.)

יִפְתַּח אֵל ב׳ ובענין ומלא חדא. Mp. Jos. 19, 27.

וּבְנֵי יִצְהָר לית. (Ex. 6, 21.) Mf. בן, 9. או״א, 366.

בְּנֵי יִצְחָק (1 Chr. 1, 34.) לית בטעם (מנח וז״ק) בענינא. Mf. בן, 18.

וְאֵת יִצְחָק לית. Gen. 22, 3. (S. Mf. את, 1.)

וְיִצְחָק ה׳. Gen. 24, 62. Mf. יצ, 37. (S. מ״ש Gen. 17, 17.)

וּלְיִצְחָק לית. (Gen. 35, 12.) Mf. ל׳, 12. (S. Mp. Gen. 35, 12. Mf. ול, 1.)

לְיִצְרִי לית. Mp. 1 Chr. 25, 11.

וּבִיקַבְצְאֵל לית. Mp. Neh. 11, 27.

יָקֶה לית. Mp. Prov. 30, 1.

יְקוּתִיאֵל לית. Mp. 1 Chr. 4, 18

וְיָקִם לית (1 Chr. 8, 19.). לְיָקִים לית. Mp. 1 Chr. 24, 12.

יְקַמְיָה ב׳. Mp. 1 Chr. 3, 18. 2, 41.

יִרְאִיָּיה ב׳ ומלא ובענין. Jer. 37, 13.) (S. מ״ש Gen. 30, 18.)

וְיִרְאוֹן לית. Mp. Jos. 19, 38.

יָרֵב לית, וכתיב ו׳ וקריא י׳. Mf. ו׳, 6. או״א, 13. ר׳, 3, 66. או״א, 15. ר׳, 135. או״א

לְמֶלֶךְ יָרֵב (Hos. 10, 6.) לית. 2) Mf. מל, 25.

בְּבֵית יָרָבְעָם לית (1 Reg. 14, 13.). Mf. בי, 28.

עַל יָרָבְעָם לית. Mf. על, 3. או״א, 76.

---

1) Mpt. Erf. hat ebenso ג׳=3 gegen מבין חדות der ב׳=2 lesen will; es wäre auch auffallend, warum es dann nicht zu Mf. את, 6., wo 52 Wörter, die 2 M. mit וְאֶת vorkommen, zusammengestellt sind, gezählt wird. Welches ist aber das dritte? Sollte die M. überhaupt auf die Verbindung dieses Namens mit אֶת oder וְאֶת sich beziehen und dann wäre das dritte Num. 21, 32. — Das ist aber ungewöhnlich, besonders bei Partikeln, bei denen die Mass. die Formen mit und ohne Waw copulat. genau auseinander hält. —

2) Heid. nimmt an, dass יָרֵב hier und Hso. 5, 13. der Name einer Stadt in Assyrien ist und nicht der des Königs, weil sonst das Lamed präfix. v. לְמֶלֶךְ ein Pathach und das Mem ein Dag. forte haben müsste, wie etwa: לַמֶּלֶךְ דָּוִד, indem in solchem Falle (als Apposition) das vorhergehende Wort nicht im stat. constr. stehen kann. —

יִרְכֶּשֶׁת לית. S. Mf. 'ש, 6. Mp. 2 S. 11, 21.

אֶת הַיַּרְדֵּן הַזֶּה ו'. Deut. 31, 2. Mf. יר, 26.

וְאֶת הַיַּרְדֵּן ב'. Mf. את, 6. (Jud. 7, 24.)

הַיַּרְדֵּנָה ד'. Num. 34, 12. 2 Reg.*2, 6. Mf. יר, 25.

וְהַיַּרְדֵּן ג'. Mf. יר, 24.

וְהַיַּרְדֵּן וּגְבֻל (Deut. 3, 17.) לית. Mf. 'ו, 31. או"א, 253.

יְרוּאֵל לית. Mp. 2 Chr. 20, 16.

יָרוֹחַ לית. Mp. 1 Chr. 5, 14.

יְרוּשָׁה ב' חד כתיב ה' וחד כתיב א'. Mp. 2 Chr. 27, 1.
Mf. 'י, 3. או"א, 66. 2 Reg. 15, 33. (S. Ps. 10, 12.
או"א, 95.)

יְרוּשָׁלַיִם ה' מלא? Jer. 26, 18. Est. 2, 6. 2 Chr. *25, 1.
Mf. יר, 34. (S. מ"ש Koh. 1, 1. Est. l. c. auch
Jos. 10, 3.) **1**)

יְרוּשָׁלָם ח' קמצין וכל אס"ף דכו' במ"א. Ps. 79, 3.
פתח באתנח (Ps. 137, 6.) Mf. יר, 38.
S. Mf. Ende diesen Art.

אֶל יְרוּשָׁלַםִ י"ג וכל עורא דכו' (במ"א). Zach. 14, 17.
Mf. אל, 25. יר, 39. **2**)

כל סיפרא (עורא) אֶל במ"א עַל יְרוּשָׁלָםִ. Mp. Esr. 7, 7.

וְאֶת יְרוּשָׁלִַם (2 Chr. 34, 5.) לית. Mf. את, 1.

לְבַת יְרוּשָׁלִָם לית. Mf. 'ל, 1, או"א, 20.

לְשַׁעַר יְרוּשָׁלִָם לית. Mf. 'ל 1. או"א, 20.

יְרוּשָׁלְַמָה ה' ד' מנהון חסר בקריא. Jes. 36, 2. Mf. יר, 35.
(S. מ"ש 1 Reg. 10, 2. Jes. l. c.)

מֶלֶךְ בִּירוּשָׁלִָם (Koh. 1, 1.) לית. או"א, 257.

וּבִירוּשָׁלִַם כ"א. 2 Reg. 23, 24. Mf.* יר, 36.

יְהוּדָה וּבִירוּשָׁלִָם. יהודה S.

בִּירוּשָׁלִַם לית. Mf. 'כ, 2. או"א, 19.

שִׁיבְהּ לִירוּשָׁלִָם ה'. Mf. יר, 40.

וְלִירוּשָׁלִַם ח'. Jes. 36, 7. Jer.*4, 11. Mf. יר, 37.

וְלִירוּשְׁלֶם (Esr. 7, 14.) לית. Mf. 'ל, 12.

יְרֵחוֹ לית בסיפרא (מלכים) וכל יהושע ומלכים יְרִיחוֹ
ב"מ דין וכל אוריתא דכו' ירחו וכל שאר קריא
יריחו (וסימן ושכן חֲרֵרִים חומש רֵי מקרא רִי)
וכלהון כתיבין ו' בסוף תיבותא במ"א יריחה
כתיב וסימן וכו' וכל יהושע חסר יו"ד במ"א.
2 Reg. 25, 5. Mf. יר, 32.? (S. מ"ש Num. 31, 12.
2 Reg. l. c. Jer. 39, 5. **3**)

וְאֶת יְרִיחוֹ לית. Mp. Jos. 2, 1. (S. Mf. את, 1.)

וִירִיחוֹ לית ור"פ. Mf. 'ו, 1. או"א, 39.

הַיְרַחְמְאֵלִי ג'. (S. 1 S. 27, 10.) Mp. 1 S. 30, 29.

יֶרַחְע לית. Mp. 1 Chr. 2, 34. לְיַרְחָע לית. Mp. ibid. 2, 35.

וִירִיבַי (1 Chr. 11, 46.) לית. רִיבַי S.

יְרִיָּהוּ לית ובדי"ש. 1 Chr. 24, 23. (S. ibid. 23, 19) **4**)

יְרִימוֹת ו' (ז') מלא. Mf. יר, 44. (S. מ"ש 1 Chr. 7, 7.) **5**)

---

1) Das Resultat ist, dass יְרוּשָׁלִַם immer def. (des Jod nach dem Lamed, Chirik furtivum) ist mit Ausnahme von 5 Stellen, wo das Jod steht, und zwar: 1 M. ירושלים (Jer. 26, 18.), 1 M. ירושלימה (2 Chr. 32, 9.), 2 M. מירושלים (Est. 2. 6. und 2 Chr. 25, 1.) und 1 M. בירושלים (1 Chr. 3, 5.) also nur 1 M. in d. Proph. und 4 M. in d. Hagiogr. —

2) B. Chajim bemerkt zu Zach. l. c., dass 1 Vers fehlt, indem nur 12 St. aufgezählt sind; der fehlende Vers ist 1 Chr. 15, 3. ויקהל דוד את כל, wie Mpt. Hamb. nach והיה אשר לא יעלה liest; ויקהל דוד את כל ישראל, תנינא דסיפרא. Dasselbe fügt zum Schluss an: (Neh. 7, 2.) וכל עורא דכו' במ"א וסי' ואצוה את חנני, wie Mp. zu Esr. 7, 7. bemerkt; diese Bemerkung gehört aber eigentlich zu Neh. 7, 2., wo die Mp. 'לית בסיפ angiebt; denn Esr. 7, 7. hat אֶל

3) S. Mf. יר, 32. wo es heisst כל יהושע חסר יו"ד und das במ"א fehlt; diese Angabe scheint also auch Jos. 18, 21. plene Jod nach dem Resch gelesen zu haben, wie es auch die Ausgg. plene haben, was auffallend ist, s. מ"ש l. c. —

4) Das ובר"יש will Heid. streichen, weil dieses Wort nie mit Daleth vorkommt. Er führt auch ein Mpt. an, wo blos 'ב = 2 angegeben ist. Auch Mpt. Erf. hat zu ibid. 23, 19. blos 'ב. —

5) Die Angabe, wie die Aufzählung in Mf. l. c. ist corrupt; sie muss nach מ"ש so lauten: יְרִימוֹת ז' מלא וסי' וירימות (ועירי) (1 Chr. 7, 7.), וירימות ובעליה (1 Chr. 12, 6.), ובני מושי וכו' וירימות, האחרון (1 Chr. 24, 30.), להימן (1 Chr. 25, 4.), לנפתלי (1 Chr. 27, 19.), מחלת (2 Chr. 11, 18.), ויוזבד (2 Chr. 31, 13.). — Das האחרון in der dritten St. bezieht sich auf ובני מושי, das ähnlich 1 Chr. 23, 23. (mit וִירֵמוֹת) vorkommt und, weil es vorhergeht, הראשון genannt wird s. Mf. יר, 43. —

יְרִיעוֹת (שם אשה) מלא׳ ירע 1 Chr. 2, 18. Mf. יר, 48. S.

יְרֵמוֹת ד׳ וכל עזרא דכו׳. Mf. יר, 43. (S. מ״ש 1 Chr. 7, 8.) 1)

יְרֵמוֹת ב׳. 2) Mp. Jos. 21, 29.

(יִרְמְיָה, יִרְמְיָהוּ. מ״ש Jer. 28, 12. (S.

יִרְמְיָה ב׳ וכל עזרא דכו׳ ומן בראשית ממלכות (Jer. 27, 1.) עד כה אמר י״י ונו׳ (Jer. 29, 21.) דכו׳ יִרְמְיָה. Mf. יר, 47. 3)

וְיִרְמְיָה ב׳. 1 Chr. 12, 4. (S. daselbst 5, 24.)

וְאֶל יִרְמְיָהוּ לית. Mp. Jer. 39, 16. Mf. אל, 14. או״א, 85.

וְאֶת יִרְמְיָהוּ ב׳. Jer. 43, 6. Mf. את, 6.

עַל יִרְמְיָהוּ ד׳. Jer. 18, 18. Mf. יר, 46.

וְיִרְמְיָהוּ ג׳ (ב׳) ר״פ. 4) Jer. 36, 32. Mf. יר, 45.

וְיִרְפְּאֵל לית. Mp. Jos. 18, 27.

וּמֵי הַיַּרְקוֹן לית דסמיכי. Mp. Jos. 19, 46.

לְיֶשֶׁבְאָב לית. Mp. 1 Chr. 24, 13.

וְיִשְׁבִּי, כתיב וישבו. 2 S. 21, 16. (S. Mf. ו׳, 20. Jer. 1, 1. שוב, auch Mf. י׳, 18, או״א, 136. S. או״א, 138.

יָשׁוּב, כתיב ישיב (1 Chr. 7, 1.). S. Mf. י׳, 18. או״א, 138. S. Mp. 1 Chr. 7, 1.

הַיֹּשְׁבִי לית וחסר. Mp. Num. 26, 24.

וְיֹשְׁבֵי לָחֶם ב׳ חסר בלישן. Mp. 1 Chr. 4, 22.

לְיָשְׁבְּקָשָׁה לית. Mp. 1 Chr. 25, 24.

יִשְׁבַּח לית. Mp. 1 Chr. 4, 17.

וִישׁוֹחָיָה לית. Mp. 1 Chr. 4, 36.

יֵשׁוּעַ עזרא יֵשׁוּעַ וכל קריא יהושע. חילופי S. Mf. קריאה, שטה, 6. או״א, 272. 5)

יֵשׁוּעַ וּבָנִי (Neh. 9, 4.) לית וחד וְיֵשׁוּעַ וּבָנִי (Neh. 8, 7.) Mf. ו׳, 33.

יֵשׁוּעַ יוֹאָב לית וחד יֵשׁוּעַ וְיוֹאָב. S. Mp. Esr. 2, 6. Neh. 7, 11.

יִשְׂחָק ד׳ כינוי ליצחק. Jer. 32, 26. Am. 7, 9. Mf. יצ, 38. שח, 10. (S. מ״ש Ps. 105, 9.)

יִשַׁי ב׳ וקפין קמצין. Mp. 1 Chr. 29, 26. Ruth 4, 22.

יִשָׁי לית בסיפרא (Ps. 72, 20.) וכל קריא דכו׳ במ״א וכו׳. Mf. חילופי קריא׳, 5. או״א, 271. S. תורת אמת S. 23.

וְיִשַׁי לית וחד וְאִישַׁי בד״ה. Ruth 4, 22.

וִישִׂימִיאֵל לית. Mp. 1 Chr. 4, 36.

וְיִשְׁמָא לית. Mp. 1 Chr. 4, 3.

אֶל יִשְׁמָעֵאל לית בסיפרא (ירמי׳). 6) Mp. Jer. 40, 16.

וּלְיִשְׁמָעֵאל ב׳. Mp. Gen. 17, 20. 2 Chr. 23, 1.

---

1) Auch hier ist die Aufzählung unrichtig; es muss statt בני ידותן גדליהו (1 Chr. 25, 3.), wo das Schlagwort nicht vorkommt, ואחיו ששק וירמות (1 Chr. 8, 14.) gelesen werden, wie es Mpt. Hamb. 1 Chr. 7, 8. und ibid. מ״ש haben. Ueber das הראשון zu בני מושי s. vor. Anmerkung. Das וכל עזרא דכו׳ bezieht sich, nach Heid., auf Esr. 10, 26. u. 27. Wenn zu beiden die Mp. bemerkt ד׳ מלא, so glaubt Heid., dass dies irrthümlich aus Verwechselung mit ירימות (s. diesen Art.) entstanden ist. S. auch Mp. zu Esr. 10, 29., wo zu ורמות bemerkt wird ו׳ מלא. S. Mm. 2 Chr. 22, 5. —

2) Das ב׳ = 2. wie es auch Mpt. Erf. hat, ist schwierig, da dies Wort mehr als 2 M. vorkommt. Es kann sich aber nicht auf את ירמות beziehen, da diese Verbindung nicht weiter zu finden ist, obgleich es ebenso auffallend ist, dass את ירמות nicht zu Mf. את, 2. gezählt wird, wo die nur 1 M. mit אֶת vorkommenden angeführt sind. —

3) Heid. führt aus einem Mpte. statt ב׳ = 2 ד׳ = 4 an und wird daselbst hinzugefügt 1 Chr. 5, 24. und 12, 5. Auch muss nach ומן בראשית ממלכות das Wort: תנינא d. h. das zweite = 27, 1. hinzugefügt werden, indem das קדמא d. h. das erste = 26, 1. hier nicht gemeint ist. So will Heid. verbessern. Richtiger ist aber, dass statt מַמְלְכוּת gelesen wird מַמְלֶכֶת d. i. 27, 1. während jenes 26, 1. anfängt. —

4) Das ג׳ = 3 ist unrichtig; es sind nur 2; das dritte Jer. 32, 3. gehört nicht hierher, da es nicht am Anfang des Verses steht; auch die Mp. an beiden ersten Stellen giebt ב׳ = 2 an. —

5) Der Sinn ist wohl, dass der Name יְהוֹשֻׁעַ in der übrigen Bibel, im B. Esra in יֵשׁוּעַ umgewandelt wird; denn sonst kommt ja יֵשׁוּעַ auch in den anderen BB. vor, z. B. 1 Chr. 24, 11. 2 Chr. 31, 15. —

6) Heid. bemerkt, dass es nochmals ibid. 41, 8. vorkommt? Ich glaube, dass auch hier das ל׳ aus ב׳ entstanden ist, wie das schon oft bemerkt worden und es muss ב׳ = 2 lauten. —

הישמעאלי ב׳ חסר אל״ף. Mp. 1 Chr. 27, 30. (S. ibid. 2, 17.) 1)

לישמעאלים ב׳ ובענין. Mp. Gen. 37, 27, 28.

וישמרי לית. 1 Chr. 8, 18.

ישנה לית. 2 Chr. 13, 19.

וישעיה לית וכל עזרא דכו׳. (Heid.) Mp. 1 Chr. 3, 21.

אל ישעיהו הנביא בן אמוץ וכל קריא ישעיהו בן אמוץ הנביא. חילופי Mp. 2Reg. 19, 2. Mf. קריאה, 7. או״א, 273.

ויאמר ישעיהו (2 Reg. 20, 9. und Jes. 38, 21.) קדמא רביע תניא זקף. או״א, 227.

ישרון ב׳ כ״כ. Deut. 32, 15. ibid. 33, 26. (S. Mp. ibid.)

בישרון לית. Deut. 23, 5.

וישרון לית. Mp. Jes. 44, 2.

י״ח פסוקים (זוגין) משמשין ישראל ולית להון זוגא. Mf. יש, 63. (S. פסוקים).

ישראל, כתיב בישראל. (S. Mp. 2 S. 10, 9. Prov. 28, 8. und M. marg. 2 S. l. c.) או״א, 107.

ישראל במצרים לית. Mp. Ex. 12, 27.

אל ישראל ז׳ וכל משחתיך למלך דכו׳ אל ישראל במ״א על ישראל. Gen. 43, 8. *49, 2. Num. 32, 14. 1 S. 7, 7. Jer.*30, 4. Mf. אל, 38. יש, 73.

אלהי ישראל כ״ח מיחדין. אלה und יחידאין S.

אל כל ישראל ד׳, 2) Mf. יש, 71.

אל כל עדת בני ישראל ג׳. יעד S.

אמירה לבית ישראל ג׳. Mf. יש, 64.

אמירה לבני ישראל ה׳. Ex. 3, 14. 14, 3. Mf. יש, 65:

ארון אלהי ישראל. אלה S.

ארץ ישראל ג׳ בספר יחזקאל Mf, יש, 59.

את עמי את ישראל ו׳. Mf. יש, 67.

בית ישראל כ׳ וסי׳ וכל ירמי׳ ויחזקאל דכו׳ במ״י ובני ישראל וסי׳ שם (במי״ז בני ישראל). Num. 20, 29. Ez.*44, 9. Mf. יש,*52. 3)

בית ישראל ויהודה לית. Mp. Ez. 9, 9.

בבית ישראל (Hos. 6, 16.) לית. Mf. בי, 28.

בן ישראל לית. Mp. Esr. 8, 18.

בני יהודה ובני ישראל (Hos. 2, 2.) לית וכל קריא בני ישראל ובני יהודה. Mf. חילופי קריאה, 7. או״א, 273.

בעד בית ישראל לית. Mp. Ez. 45, 17.

בתוך בית ישראל לית. Mp. Ez. 12, 24.

דבר אל בני ישראל ו׳ חסרים לאמור. אמר S.

דבר אל בני ישראל ואמרת אליהם י״ג בתורה. 4) דבר S.

---

1) Es muss wohl heissen: ב׳ דין חסר אלף, denn 1 Chr. 2, 17. hat es א׳ nach dem Mem. Mpt. Erf. bemerkt zu 2, 17. blos ב׳ = 2 und zur anderen St. nichts. Aus einem Mpt. führt Heid. an, dass הישמעלי zu den Wörtern gehört, in denen ein Alef fehlt (אלין מלין חסרי׳ א׳), es ist aber nicht angegeben, welches von beiden gemeint ist. —

2) Das ד׳ = 4 in Mf. l. c. ist ein Fehler, es muss ה׳ = 5 sein, wie die angeführten Stellen in ed. Bomb. nachweisen. Buxt. hat, wahrscheinlich wegen des ד׳ = 4, אתם ראיתם (Deut. 29, 1.) ausgelassen, was aber unrichtig ist. Mp. variirt. S. unten S. 296 Anmerkung 1. —

3) Beide Angaben sind unrichtig; es muss heissen במי״ח d. h. in den BB. Jerem. und Ez. kommt in der Regel die Verbindung בית ישראל vor, mit Ausnahme von 18 Stellen, wo es בני ישראל heisst und zwar 9 M. in jedem Buche, wie auch die Mp. zu jedem Buche bemerkt: ט׳ בסיפרא. In Ez. 44, 9. wo die Stellen aufgezählt sind, fehlt die Stelle Jer. 23, 7.; weil der Vers aber auch mit לכן הנה ימים באים anfängt und der folgende Vers mit כי אם חי, so hat man sie nach der zweiten Stelle (Jer. 16, 14.) irrthümlich ausgelassen, indem man sie für einen Schreibfehler hielt. Man sieht hier wieder, wie eine falsche Aufzählung auch eine unrichtige Angabe veranlasste. —

4) In der ed. Buxt. Lev. l. c. ist das Zeichen nur auf דבר אל בני ישראל angegeben, was ungenau ist; das ואמרת אליהם gehört mit zur Phrase, die 13 M. vorkommt. Das קח צנצנת אחת (Ex. 16, 33.) in der Aufzählung, das wahrscheinlich aus ציצית entstanden, ist falsch und überflüssig; es sind ohne dasselbe 13 Stellen. Das דעלם ist s. v. a. „welches dem והורשתם vorangeht“ (Num. 33, 51. und 52.); das דעלם muss aber auch zur folgenden Stelle והקריתם u. s. w. gezogen werden, oder es ist daselbst ausgefallen, indem Num. 35, 10. und 11. die betreffende Phrase dem והקריתם vorangeht. Auch im Mpt. Hamb. ist צנצנת angeführt, aber an einer anderen Stelle beide צנצנת und ציצת ausgelassen. Durch das fehlende דעלם daselbst ist כי אתם עברים und והורשתם als 2 Stellen gezählt, also gleichfalls fehlerhaft. —

דבור אֶל כָּל בְּנֵי יִשְׂרָאֵל ה׳ בתורה. Mf. ישׁ, 69 S. דבר 1)

הַגֵּד אֶת בֵּית יִשְׂרָאֵל לית. Mp. Ez. 43, 10.

הָעָם יִשְׂרָאֵל ג׳ דסמיכי. 1 Reg. 16, 21. Mf. ישׁ 77.

וְאֶל בְּנֵי יִשְׂרָאֵל תְּדַבֵּר לֵאמֹר ד׳. S. דבר

וְאֶת יִשְׂרָאֵל לית. Mf. ישׁ, 63. את, 1.

וְאֶת בְּנֵי יִשְׂרָאֵל (Jos. 10, 4.) לית. Mm. Gen. 37, 2.

וְאֶת כָּל יִשְׂרָאֵל (2 S. 11, 1.) לית. Mf. כל, 4.

וּבֵית יִשְׂרָאֵל ב׳. Zach. 8, 13,

וּבְנֵי יִשְׂרָאֵל ט״ו מצע פסוק וכל ר״פ דכו׳. Num. 26, 4. Deut. 4, 46. Jos. 12, 6. Hos. *1, 11. (2, 2.) Mf. ישׁ, 55, 2)

וְכָל יִשְׂרָאֵל ו׳ מצעות פסוק בסיפרא וכו׳. 1 Reg. 15, 27.
ל״ה מצעות פסוק וכל ר״פ דכו׳. 3) Mf. ישׁ,*57.

(וְכָל בְּנֵי יִשְׂרָאֵל ה׳. S. Ex. 34, 30.)

וְעַל יִשְׂרָאֵל ב׳. Mp. 1 Chr. 29. 30.

וְעַם יִשְׂרָאֵל לית. Mp. Micha 6, 2.

לֵאלֹהֵי יִשְׂרָאֵל ד׳. S. אלה. Mf. אל, 110.

לֹא מִבְּנֵי יִשְׂרָאֵל הֵמָּה ג׳. Mf. ישׁ, 70.

לְבֵית יִשְׂרָאֵל ד׳. S. בית

לִגְבוּל יִשְׂרָאֵל לית. Mf. ל׳, 1. או״א, 20.

לְמַלְכֵי יִשְׂרָאֵל לית. Mf. ל׳, 1. או״א, 20.

לְעֵינֵי, בְּעֵינֵי יִשְׂרָאֵל.
לְעֵינֵי, בְּעֵינֵי בְּנֵי יִשְׂרָאֵל. } S. Mf. ישׁ, 62. ed. Buxt.

מִבֵּית יִשְׂרָאֵל ו׳. S. בית

עֲדַת יִשְׂרָאֵל י״א בלישנא. S. יעד

עַל בְּנֵי יִשְׂרָאֵל ז׳. S. בנה

עַל כָּל יִשְׂרָאֵל כ׳ דסמיכי בקריא. 1 Reg. 12, 20. 15, 33. Mf. ישׁ, 58.

קְדוֹשׁ יִשְׂרָאֵל ל״א בלישן. Mf. ישׁ, 79.

שִׁבְטֵי בְּנֵי יִשְׂרָאֵל ג׳. Jos. 4, 5. Mf. ישׁ, 78.

כָּל יֹצֵא צָבָא בְּיִשְׂרָאֵל ג׳. Mf. ישׁ, 76.

וּבְיִשְׂרָאֵל ג׳ (דסמיכי)? Jer. 32, 20. Mf. ישׁ, 56.

כְּיִשְׂרָאֵל לית. Mp. 2 S. 7, 23. (S. Mf. כ׳, 2. או״א, 19.)

אֱלֹהִים לְיִשְׂרָאֵל ג׳ דסמיכי. S. אלה

וּמֶלֶךְ לְיִשְׂרָאֵל (Esr. 5, 11.) לית. Mf. ישׁ, 63. או״א, 257

וּלְיִשְׂרָאֵל ז׳ (ו׳). Ex. 18, 1. 32, 13. Num. 23, 27. Mf. ישׁ, 66. 4)

מִיִּשְׂרָאֵל הֵם ג׳. S. Neh. 7, 59. Mp. Esr. 2, 59.

וּמִיִּשְׂרָאֵל ב׳. Mp. Esr. 10, 25. (Num. 32, 22.)

וְיִשְׂרָאֵל ל״ג. מ״ש Gen. 37, 3. Mf.*ישׁ, 51. (S. ausführl. מ״ש Jes, 44, 21.) 5)

---

1) Diese Angabe Mf. l. c. ist unverständlich, da in den angeführten Stellen meistens אל כל ישראל ohne בְּנֵי steht? S. auch Mf. ibid. 71., wo mehre der aufgeführten Stellen gleichfalls für אל כל ישראל gezählt sind. Die beiden Artt. (Mf. 69. u. 71.) scheinen durcheinander geworfen zu sein. S. oben S. 295. Anmerkung 2. und Part. אֶל כָּל. —

2) In Num. 26, 4. muss nach der letzten Stelle וחברו (= Neh. 7, 73.) stehen, wie es Hos. l. c. richtig hat; denn nur mit diesem sind es 15. —

3) Das ל״ה = 35 in der Mf. l. c. ist das Richtige. 6 von ihnen finden sich im B. Reg., 4 in Esra (und Neh.), 9 in Chr. u. 16 in den übrigen BB. S. Mp. zu den verschiedenen Stellen besonders 1 Chr. 11, 4. 2 Chr. 10, 3. die in ל״ה geändert werden müssen. —

4) Heid. liest mit Recht ו׳ = 6 statt ז׳ = 7 indem 2 Chr. 16, 11. nicht ולישראל sondern וישראל (ohne Lamed) gelesen wird. Dass diese letztere Leseart massoretisch ist, beweist er 1) aus der Mp., die dazu bemerkt ל״ג = 33, was nur zu וישראל passt, s. unten diesen Art. 2) bemerkt die Mp. zu ליהודה וישראל (2 Chr. 16, 11. s. unten diesen Art.) לית, folglich liest die M. das. וישראל. Aber auch 3) bemerkt die Mp. zu den meisten Stellen ו׳ = 6. —

5) Ueber diese Mass. s. מ״ש l. c. — Sie leidet an vielen Fehlern: 1) giebt sie ל״ג = 33 an und zählt nur 30 (ausserdem, dass ed. Bomb. Jos. 22, 22. durch falsche Abtheilung 2 Stellen bildet); 2) wird auch das zweite im Verse Jes. 44, 21. dazugezählt, was nach den meisten Handschr. ohne Waw copulat. (ישראל) gelesen wird; es fehlen also, nicht wie Buxt. bemerkt, 2 Stellen, sondern vielmehr 3 an den 33? — מ״ש führt aber eine richtigere Angabe der Mass. aus einer Handschrift an, nach welcher folgende 3 Stellen hierhingehören: 2 S. 11, 11. Jes. 48, 12. und 2 Chr. 16. 11., so dass diese mit den angegebenen 30 das Richtige der Angabe ל״ג nachweisen. Wenn es demnach aber in d. BB. Sam. 4 M. (1 S. 17, 3. 29, 1. 2 S. 11. 11, und 19, 9.) vorkommt, so bemerkt Heid. mit Recht, dass die Mp. zu 1 S. 17, 3. (ל״ג ג׳ בסיפר׳ ול׳ בשאר קריא) nicht richtig sein kann. —

וְיִשְׂרָאֵל וִיהוּדָה לית. Mp. 2 S. 11, 11. (S. Mf. ו׳, 31. או״א, 253.)

לִיהוּדָה וְיִשְׂרָאֵל לית. Mp. 2 Chr. 16, 11. (S. Mf. ל׳, 1. או״א, 20.)

אַבְרָהָם יִצְחָק וְיִשְׂרָאֵל. S. אברהם

הַיִּשְׂרְאֵלִי ב׳. Mp. 2 S. 17, 25. Lev. 24, 10.

יִשָּׂשכָר זְבֻלוּן לית וחד וְיִשָּׂשכָר וּזְבֻלוּן. Mp. Ex. 1, 3. Gen. 35, 23. S. Mf. י׳, 34. או״א, 251. 252. 253. S. זבלון.

וּבְנֵי יִשָּׂשכָר (Gen. 46, 13.) לית. Mf. בן, 9. או״א, 366.

וּמִבְּנֵי יִשָּׂשכָר (1 Chr. 12, 32.) לית בסיפרא. Mf. בן, 17.

עַד יִשָּׂשכָר לית. Mp. 1 Chr. 12, 40.

וְיִתְלָה לית. Mp. Jos. 19, 43.

וְיִתְמָה לית. Mp. 1 Chr. 11, 46.

יַתְנִיאֵל לית. Mp. 1 Chr. 26, 2.

אֶל יֶתֶר ב׳. Ex. 4, 18. עַל יֶתֶר ב׳. Mf. על, 8, או״א 88.

יִתְרָא ב׳ חד כתיב ה׳ וחד כתיב א׳. 2 S. 17, 25. Jes. 15, 7.

וַיֹּאמֶר יִתְרוֹ (Ex. 18, 10.) לית ר״פ. Mf. אמ, 44.

הַיִּתְרִי לית. 1) Mp. 1 Chr. 2, 43.

וְיִתְרָן ב׳. 2) Gen. 36, 25. 1 Chr. 1, 41. 7, 37.

יַתִּר ב׳ חסר. Jos. 21, 14.

כ.

כָּבוּל לית. 3) Mp. Jos. 19, 27.

אֶרֶץ כָּבוּל לית. Mp. 1 Reg. 9, 13.

נְהַר כְּבָר כן ביחזקאל וכל קריא נְהַר פְּרָת. S. Mf. חילופי קריאה, 6. או״א, 272.

כְּדָרְלָעֹמֶר. (S. מ״ש Gen. 14, 1.)

וְכוּב לית. Mp. Ez. 30, 5.

וּמִכּוּן לית. Mp. 1 Chr. 18, 8.

כֹּרֶשׁ ב׳ חסר. Mp. Esr. 1, 1. 2. (S. Mf. כר*, 6. מ״ש Esr. l. c.)

וְעַד כּוּשׁ ג׳. Est. 8, 9.

וּמִכּוּשׁ לית. Mp. Jes. 11, 11. (S. Mf. מ׳, 12.)

וְכֻשִׁים ב׳ א׳ חסר. Mp. Dan. 11, 43. 2 Chr. 12, 3.

כֻּשִׁית, הַכֻּשִׁית. S. Mf. ה׳, 31. או״א, 8.

כֻּשִׁיִּים (לית). S. Mf. כ׳, 2. או״א, 19.

כּוּשַׁן רִשְׁעָתַיִם ד׳. Mp. Jud. 3, 8. 10.

כּוּת לית. Mp. 1 Reg. 17, 30.

בִּכְזִיב לית ומלא. Gen. 38, 5.

כִּידֹן ב׳ חסר. 1 Chr. 13, 9. (Jer. 50, 42.)

כִּיּוּן לית. Am. 5, 26.

וּכְלָל לית. Mp. Esr. 10, 30.

כִּלְאָב לית. Mp. 2 S. 3, 3.

כָּלֵב בֶּן יְפֻנֶּה ג׳. Mp. Num. 32, 11.

כָּלִבִּי, כתיב כלבו. 1 S. 25, 3. S. 1 S. 1, 1. Jer. 1, 1.)
או״א, 136. Mf. כ׳, 2. או״א, 19.)

וּלְכָלֵב לית. Mp. Jos. 15, 13. (S. Mf. ל׳, 1. 12.)

כְּלוּב לית שום אנש. 4) Mp. 1 Chr. 27, 26. (S. ibid. 4, 11.)

כְּלוּבָי לית. Mp. 1 Chr. 2, 9.

כְּלוּהוּ, כתיב כלוהי. Mp. Esr. 10, 35. (S. Mf. י׳, 17. או״א, 137.)

כָּלַח ג׳ קמץ. Mp. Job 30, 2. (S. Gen. 10, 11. u. 12.)

כָּל חֹזֶה ב׳. Mp. Nah. 3, 15. 11, 5.

---

1) Das לית d. h. „es kommt nur 1 M. so vor" ist auffallend, da es doch noch 4 M. so sich findet, 2 M. in 2 S. 23, 37. und 2 M. in 1 Chr. 11, 40. Heid. —

2) Das ב׳=2 ist wohl in ג׳=3 umzuändern, da es 3 M. vorkommt, wie angegeben. — Mpt. Erf. bemerkt zu allen 3 Stellen nichts. —

3) Das לית bezieht sich entweder auf die Verbindung mit אֶל und אֶרֶץ, die je 1 M. vorkommt, oder was mir das Richtigere scheint, das ל׳ der Mp. ist aus ב׳=2 entstanden, wie das schon oft bemerkt. —

4) Das לית שום אנש will sagen, dass diese Form nur 1 M. als Nom. propr. eines Menschen vorkommt, sonst aber ist es Appellativ. Mit Waw copulat. kommt es auch 1 Chr. 4, 11. vor. —

לכליון ומחלון לית וכל קריא מחלון וכליון· Mp. Ruth 4, 9. Mf. חילופי קריאה, 7. או"א, 273.

וכלכל ב׳· Mp. 1 Reg. 4, 31. 1 Chr. 2, 6.

כלמד לית· Ez. 27, 23.

כלנה לית· כלנו לית· Mp. Am. 6, 2. Jes. 10, 9. (S. Mf. כ׳, 2. או"א, 19.)

וכלנה (Gen. 10, 10.) מן י"ב פתחין דספר בראשית· (S. Mf. Ende und Heid. zu Gen. l. c.)

וכמהן לית· Mp. 2 S. 19, 41. (S. Mf. נ׳, 2. או"א, 75.)

כמוש, כתיב כמיש· Mp. Jer. 48, 7. (S. Mf. י׳, 5. או"א, 80.)

כניהו ג׳· Jer. 22, 24. Mf. כנ, 6.

כנני לית· Mp. Neh. 9, 4.

וכנה לית· Mp. Ez. 27, 23.

ארץ כנען לית קמץ· Mp. 1 Chr. 16, 18. (S. Lev. 1, 1. Mf. קמץ, 4. או"א, 21.)

ארצה כנען ח׳ דסמיכי· S. ארץ

הכנעני לית ר"פ· (Jos. 11, 3.)

הכנעני והחתי וכו׳· S. חילופי קריאה, 8. und 9. או"א, 274.

ואת הכנעני ב׳· 1 Reg. 9, 16. (S. Gen. 15, 21.) Mf. את, 6.

והעמלקי והכנעני לית· S. עמלק

לכנעני ג׳· Mf. כנ, 8.

כנענים, הכנענים ג׳ בקרי׳· Ob. 20. Job 40, 25. Mf. כנ, 7.

וכנרת לית· Mp. Jos. 19, 35.

כנרות ג׳· 1 Reg. 15, 20. (S. מ"ש)

כסדיא (Esr. 5, 12.), כשדיא (Dan. 5, 30.) סימן· 1)

כסלו ב׳ וחסר· Mp. Neh. 1, 1. Zach. 7, 1.

בכסלו לית· Mp. Zach. 7, 1.

והכסלות לית· Mp. Jos. 19, 18.

כסלת תבור לית חסר· Mp. Jos. 19, 12.

כסלחים ב׳ וחסר· Gen. 10, 14. 1 Chr. 1, 12.

כבספיא ב׳ ובפסוק· Mp. Esr. 8, 17. (S. Mf. ב׳, 13. או"א, 58.)

וכענת ג׳· Esr. 4, 10. 11. 7, 12.

הכפתור ב׳ מלא· Mp. Am. 9, 1. (und 7?)

בנחל כרית ב׳· Mp. 1 Reg. 17, 3. 5.

בכרכמש לית חסר· Mp. Jer. 46, 2.

ככרכמיש לית· Mp. Jes. 10, 9. (S. Mf. כ׳, 2. או"א, 19.)

וכרכס לית· Mp. Est. 1, 10.

(כרמלה) הכרמלה ג׳ בקריא· 1 S. 15, 12. Mf. כר, 2.

והכרמל, כתיב וכרמל (Jes. 32, 15.)· Mf. ה׳, 24. או"א, 109.)

וכברמל לית· Mp. Jer. 56, 18.

הכרמלית ב׳· Mp. 1 Chr. 3, 1. (1 S, 27, 3.)

וכרן ב׳· Mp. Gen. 36, 25. (1 Chr. 1, 41.)

כרש· (S. כורש)

כרתים ב׳· Mp. Ex. 25, 16. Zeph. 2, 5.

מפני כשדים לית· Mp. 2 Reg. 25, 26.

על כשדים לית· Mp. Jer. 50, 35. (S. Mf. על, 3. או"א, 76.)

כשדיים יתיר יו"ד· 2 Chr. 36, 17.

ואת הכשדים ג׳· 2 Reg. 25, 25. Jer. *21, 3. 41, 3. Mf. כש, 3.

על הכשדים ב׳· Mp. Jer. 21, 9. Mf. על, 7. או"א, 87.

כשדימה ג׳· Mf. כש, 2.

כתים, כתיב כתיים· (ב׳ מלא) (S. Mp. Jer. 2, 10. Jes. 23, 12.

כתים, כתיים קרי׳· Mp. Ez. 27, 6.

וכתליש לית· Mp. Jos. 15, 40.

ל׳

לא דבר (לו דבר) ג׳ קמץ, בלו מלו מלא· 2 S. 9, 4. 5. 17, 27. 2)

---

1) Das סימן bezieht sich auf die Eigenthümlichkeit, dass diese Form 1 M. mit Samech und 1 M. mit Sin vorkommt.

2) D. h. diese Form (דבר) kommt 3 M. mit Kam. des Beth vor, während es sonst (als stat. constr. von דבר

וְאֶת לֵאָה לית. (את ,1. Mp. Gen. 33, 2. (S. Mf.

עַל לֵאָה לית. 76. אר"א 3. על ,Mf. (Gen. 33, 1.)

וּלְלֵאָה (Gen. 31, 4.) לית. ל׳ ,12. Mf.

לָאֵל לית שום בר נש. Mp. Num. 3, 24.

לְבָאוֹת לית. וּלְבָאוֹת Mp. Jos. 19, 6. Mp. Jos. 15, 32.

וַיֶּאֱסֹף לָבָן (Gen. 29, 22.) לית. 13. אם ,Mf.

וְלָבָן ג׳ באוריתא. 17. לב ,Gen. 31, 19. Mf.

וּלְלָבָן (Gen. 29, 16.) לית. ל׳ ,12. Mf.

לִלְבוֹנָה (Jud. 21, 19.) לית. ל׳ ,11. Mf.

מִן לְבָנוֹן (Cant. 4, 15.) לית. 196. אר"א 2. מן ,Mf.

וְהַלְּבָנוֹן ה׳ מלא וחד מנהון חסר. Deut. 1, 7. 3, 25. Jos.*1. 4.? Mf. לב ,21.

כַּלְּבָנוֹן ד׳. 22. לב ,Hos. 14, 7. Cant.*5, 15. Mf.

וּבַלְּבָנוֹן ב׳. 8. ב׳ ,Mp. 1 Reg. 9, 18. 2 Chr. 8, 6. Mf. אר"א ,62.

מֵהַלְּבָנוֹן (2 Chr. 2, 7.) לית. 195. אר"א 3, מ׳ ,Mf.

לִבְנַת (Jos. 19, 26) לית. S. Gen. 24, 10.

לְהָבִים ג׳ אנ"ך. 4. לה ,Gen. 10, 13. Mf.

לְהוֹדְיָה, כתיב להודוה, לית. Mp. Neh. 7, 43.

וְלֻבִים ב׳ חסר? (1 Mp. Dan. 11, 43.

לוּבִים לית. Mp. 2 Chr. 12, 3.

וְאֶת לֹד לית וחסר. Mp. 1 Chr. 8, 12.

לוּז ג׳ זוגין מתחלפין קדמא שי"ן תנינא ז׳. 2 Reg. 11, 14. Mf. ו׳ ,3. ש׳ ,5. אר"א ,203. (S. מ"ש Ps. 42, 10.)

לוּזָה ד׳. 5. לו ,Gen. 35, 6. Jos. 16, 2. 18, 13. Mf.

וְאֶת לוֹט ב׳. 6. את ,Gen. 11, 31. Mf.

וְלוֹט ד׳. 6. לו ,Mf.

לְלוֹט לית. 11. ל׳ ,Mp. Gen. 13, 5. Mf.

וּבְנֵי לֵוִי (Gen. 46, 11.) לית. 366. אר"א 9. בן ,Mf.

מַטֵּה לֵוִי ג׳ (ד׳?) (2 3. מט ,12. לו ,Num. 1, 49. Mf.

לְלֵוִי ג׳ וחד וּלְלֵוִי. (S. Mf. ו׳ ,8. 7. לו ,Num. 26, 59. Mf. אר"א ,15. ו׳ ,1. אר"א ,39.) Mf. ל׳ ,12.

הָאִישׁ הַלֵּוִי (Jud. 20, 4.) לית. 371. אר"א 4. ה׳ ,Mf.

וּבְנֵי הַלֵּוִי (Neh. 10, 40.) לית. 366. אר"א 9. בן ,Mf.

הַלְוִיִּם ג׳ ר"פ. 8. לו ,Neh. 7, 43. Mf.

הַלְוִיִּם וְהַכֹּהֲנִים ד׳ דקדים לכהנים. Jer. 33, 21. 2 Chr. 30, 21. Mf. לו ,9. אר"א ,280. (3

הַלְוִיִּם וְהַנְּתִינִים לית וחד וְהַלְוִיִּם וְהַנְּתִינִים Mf. ו׳ ,33.

אֶל הַלְוִיִּם ב׳ ובענין. Mp. Num. 7, 6.

הַכֹּהֲנִים הַלְוִיִּם י"ג. (4 7. כה ,Deut. 17, 9. Mf.

וְאֶל הַלְוִיִּם לית. (S. Mf. אל ,14.) Mp. Num. 18, 26.

וְאֶת הַלְוִיִּם ד׳. 10. לו ,Jer. 33, 21. Mf.

וְהַכֹּהֲנִים הַלְוִיִּם ג׳. 8. כה ,Deut. 27, 9. Ez. 44, 15. Mf.

וְכָל הַלְוִיִּם ב׳. (2 S. 15, 24.) Mp. 1 Chr. 15, 27.

וְהַכֹּהֲנִים וְהַלְוִיִּם ח׳. 4. כה ,Mf.

---

immer Pathach hat; es ist d. nom. propr. לוֹ דְבָר, das 1 M. mit Beth (2 S. 9, 4.), 1 M. mit Mem am Anfang und Waw am Ende (ibid. 5) und 1 M. mit Mem am Anfang und Alef am Ende (ibid. 17, 27.) vorkommt. —

1) Vor חסר muss דין eingeschaltet werden. Der Sinn ist: diese Form kommt (mit Waw copulat.) 2 M. vor und zwar hier (= דין) Dan. l. c. def. Waw nach dem Lamed und 1 M. plene (Nah. 3, 9.). —

2) Das ג׳ = 3 ist unrichtig; es muss ד׳ = 4 lauten, wie es auch Heid. so in einem Mpt. gefunden hat; es fehlt Num. 3, 6. —

3) Der Sinn ist, dass in der Regel הכהנים (und Aehnliches) vor לְוִיִּם steht (s. unten), mit Ausnahme von 4 St., in denen לויים vorangeht, wie angeführt in Jer. und 2 Chr. l. c. —

4) Sowohl in Deut., als in Mf. l. c. fehlt die Anführung der Stellen Heid. zu עין הקורא Deut. 17, 18. führt sie aus einem Mpt. so an: הַכֹּהֲנִים הַלְוִיִּם י"ג וסי׳ ובאת אל הכהנים (Deut. 17, 9.), והיה כשבתו (ibid. 17, 18.), השמר בנגע הצרעת (ibid. 24, 8.), וכל ישראל וזקניו (Jos. 8, 33.), ויקם עזרא (Esr. 10, 5.), והיושבים הראשונים (1 Chr. 9, 2.), העלו אותם (2 Chr. 5, 5.), וישם יהוידע פקודות (ibid. 23, 18.), וישמע בקולם (ibid. 30, 27.), והגורלות הפלנו (Neh. 10, 35.), ושאר העם (ibid. 10, 29.), ושאר ישראל (ibid. 11, 20.), הם מזרע צדוק (Ez. 43, 19.). —

בַלְוִיִּם לית. Mp. 2 Chr. 31, 19.

וּמֵהַלְוִיִּם לית. 2 Chr. 34, 13. או"א, 195.

וְלַלְוִיִּם ב' יתידאין וכל לַכֹּהֲנִים וְלַלְוִיִּם דכו' במ"א לַכֹּהֲנִים לַלְוִיִּם. Mf. לו, 11.

לְוִיֵּנוּ לית. Mp. Neh. 10, 1. (S. Mf. ל'. 4. או"א, 27.)

לַחְמָם לית. Mp. Jos. 15, 40.

וּלְטוּשִׁים לית. Mp. Gen. 25, 3.

לַיִשׁ. לוז S.

לַיִשׁ, כתיב לוש (2 S. 3, 15.). Mf. ר', 8. או"א, 81.

לַיְשָׁה, לָיְשָׁה חד פתח וחד קמץ. Mf. פת, 17. או"א, 23.

מִן לָכִישׁ לית. Mp. 2 Reg. 18, 17. Mf. מן, 2. או"א, 196.

עַל לָכִישׁ לית וחד אֶל לָכִישׁ. Mp. 2 Chr. 32. 9. (S. Mf. אל, 24. או"א 2.)

לָכִישָׁה ז'. 1) 2 Reg. 18, 14. Mf. לכ, 10. ?

לְלָכִישׁ (Jos. 10, 35.) לית. Mf. ל', 11.

לֵכָה לית. Mp. 1 Chr. 4, 21.

לְמוּאֵל לית וחד לְמוֹאֵל בחולם. Prov. 31, 1, ibid. 4. (S. Mf. ר', 13. או"א, 55.)

וְלֶמֶךְ (Gen. 4, 24.) לית. Mf. ל', 12.

וְלַעְדָּה לית. Mp. 1 Chr. 4, 21.

לְלַעְדָּן ג'. 1 Chr. 23, 9. (S. 1 Chr. 16, 21.)

לַקּוּם לית דגש (ושארא לָקוּם). Mp. Jos. 19, 33.

וְלִקְחִי לית. Mp. 1 Chr. 7, 19. (S. לקח)

לְלֶשֶׁם לית. Mp. Jos. 19, 47. Mf. ל', 11.

מ.

מְבֻנַּי לית וחסר. Mp. 2 S. 23, 27.

מִגְבִּישׁ ב'. 2) Mp. Esr. 2, 30.

הַמָּגוֹג לית. Mp. Ez. 38, 2.

מְגִדּוֹן לית. Mp. Zach. 12, 11. Mf. נ', 2. או"א, 75.

וּמִגְדַּל־אֵל לית. Mp. Jos. 19, 38.

מַגְפִּיעָשׁ לית. Mp. Neh. 10, 20.

בְּמִגְרוֹן לית. 3) (ב' Jes. 10, 28.) Mp. 1 S. 14, 3.

מָדַי. פרס S.

מִדִּין ג' חד לשון קרתא וחד לשון ארח וחד לשון דין. Jes. 10, 2. Mf. מד, 6.

וְאֵת מְדָן (Gen. 25, 2.) לית. Mf. את, 1.

וּמִדְיָן וַעֲמָלֵק (Jud. 7, 12.) לית. Mf. ו', 31. או"א, 253.

מִדְיָנִים דכתיבין מדונים. דון S.

מְדָן לית. Mp. Gen. 25, 2.

מִדְנִים ג' בלישן. דון S.

מַדְמֵנָה ב'. 4) Jes. 10, 31. (S. ibid. 25, 10.)

מַדְמַנָּה לית. Mp. 1 Chr. 2, 49. (S. Jos. 15, 31.)

לִמְהוּמָן לית. Mp. Est. 1, 10.

מְהֵיטַבְאֵל ג'. Gen. 36, 38. Mf. מה, 9.*

מֹאָב ה' חסרים בלישן. Deut. 2, 12. Ruth 1, 4. Mf. מא, 1. 5)

---

1) Das ז'=7 in 2 Reg. l. c. ist falsch; es muss wie in Mf. l. c. ו'=6 sein; der Fehler kommt daher, dass in 2 Reg. l. c. nach ויעבר יהושע steht ב' בפסוק d. h. es kommt 2 M. im Verse vor, was Jos. 10, 31. nicht der Fall ist; weil es demnach 7 wären, hat man aus ו'=6 ז'=7 gemacht; ו' ist aber das Richtige, wie auch Mpt. Hamb. 2 Reg. 14, 19. ו'=6 hat und das ב' בפסוק, nach ויעבר יהושע mit Recht fehlt. —

2) Statt ב'=2 führt Heid. aus einem Mpt. לית an, was wohl das Richtige sein dürfte, indem das zweite nicht zu finden ist. Auch hier scheint, wie so oft, das ב'=2 unrichtig aus ל' entstanden zu sein. Auch Mpt. Erf. liest ל'. —

3) Diese Form kommt 2 M. vor (1 S. 14, 3. Jes. 10, 28.), wie auch Mp. zur letzten Stelle bemerkt: ב'=2. Wenn aber 1 S. l. c. bemerkt wird לית, so ist das wieder aus ב' entstanden, wenn nicht das ל' heissen soll s. v. a. לית בסיפרא, was aber bei einer so kleinen Zahl nicht gebräuchlich ist. —

4) Warum ist diese Form weder Mf. א', 22. noch או"א, 59. gezählt, da sie doch 2 M. und zwar in verschiedener Bedeutung vorkommt? —

5) Wenn die Mp. Deut. l. c. bemerkt לית חסר וא' מלא, so bezieht sich das auf die Form וְהַמֹּאָבִים, die 2 M. (Deut. 2, 12. und ibid. 30. s. unten diesen Art.) und zwar an erster Stelle def. Waw und an der zweiten plene; s. Mp. zu dieser Stelle; im Ganzen ist aber dieses Wort in verschiedenen Formen (בלישנא) nur 5 M. def., wie angegeben, sonst aber immer plene Waw. —

אל בנות מואב לית. (Num. 25, 1.) Mf. בן, 26.

ואת מואב לית. (1. Mp. Jer. 25, 21. (S. Mf. את

וכל מואב לית. Mp. 2 Reg. 3, 21. Mf. כל, 1.

מלך למואב, מלך מואב (Num. 22, 4. und 10.)
ב׳ בענינא קדמא נסיב ל׳ ותנינא לא נסיב.
Mf. ל׳, 15. או״א, 244.

מערבות מואב לית. (Deut. 34, 1.) Mf. מ׳, 2. או״א, 259.

על מואב לית. Mf. על, 3. או״א, 76.

וכמואב לית. Mp. Ez. 25, 11.

ולמואב לית. Mp. Jer. 48, 31. Mf. ל׳, 12.

והמאבים ב׳ (א׳ חסר וא׳ מלא). Mf. ה׳, 20. או״א, 63.
(S. Mp. zu d. St.)

ובמלדה לית וחסר. Mp. Neh. 11, 27.

המוריה ב׳ חד חסר וחד מלא. Gen. 22, 2. (S. 2 Chr. 3, 1.)
Mf. ה׳, 2. או״א, 64.

מרה. s. מרה

ומשי לית חסר. 1 Chr. 6, 4. (S. מוש u. unsere Bemerkg. das., auch Gen. 27, 12. Mf. ך׳, 28. 62. Mp. Num. 3, 33.)

המחוים לית. Mp. 1 Chr. 11, 46.

מחויאל לית. Mp. Gen. 4, 18. (S. M. marg. ibid. Num.*8, 16. Mf. ך׳, 39. או״א, 237.)

מחזיאת ב׳ א׳ חסר וא׳ מלא. Mp. 1 Chr. 25, 4. (ibid. 25, 30.)

מחלה נעה וכו׳. 275. או״א, 11. Num. 26, 33. 36, 11.

המחלתי ב׳ וחסר. Mp. 1 S. 18, 19. 2 S. 21, 8.

לכליון ומחלון. s. כליון

מחלת ד׳. 2. Gen. 28, 9. Ps.*53, 1. 88, 1. Mf. מח, 2.
S. חלה und עין הקורא zu Gen. l. c.

ממחנים ב׳. Mp. 2 S. 2, 12. (Jos. 13, 30.)

וממחנים ב׳, ויבן לו. 1) Mp. Jos. 13, 26. Mf. מ׳, 13b.

מחנימה ג׳. 3. 2 S. 17, 24. 1 Reg. 4, 14. Mf. מח, 3.

מחסיה ב׳. Jer. 32, 12. (Jer. 51, 59.)

המטרי לית. Mp. 1 S. 10, 21.

על מידבא לית (וחד עד מידבא). Mp. Jos. 13, 16.
Gen. 49, 27. Ez. 41, 19. (S. Mf. עד, 4. או״א, 218.)

מידד לית, ומידד לית וא׳ מידד. Mp. Num. 11, 26.
und 27.

ומי הירקון לית דסמיכי. Mp. Jos. 15, 46.

למי מריבה לית. Mf. ל׳, 1. או״א, 20.

מיכא ג׳ כתיבין א׳. Mp. 1 Chr. 9, 15. (S. Mp. Neh. 11, 22.
2 S. 9, 12. (ב׳ כתיב א׳ וכל עזר׳ דכו׳ במ״א?
Mf. מי, 27.? 2)

מיכיה ג׳ וא׳ מיכיהו וא׳ ולמיכיהו. 2 Reg. 22, 12.
Neh. 12, 41. Mf. מי, 23—27.

---

1) Die Angabe der Mp. Jos. l. c. ist falsch, da ja וממחנים nur 1 M. vorkommt (Mf. מ׳, 13b.) und was soll ferner das ויבן לו? — Der Fehler liegt aber in der unrichtigen Anzeichnung zu וממחנים; die Bemerkung gehört vielmehr zu לדבר, das 2 M. vorkommt, (s. oben unter דביר) hier und 1 Reg. 6, 16., auf welche letztere Stelle das ויבן לו sich bezieht. Zu וממחנים hat wahrscheinlich ל׳ gestanden, was nach Mf. l. c. richtig ist. Mpt. Erf. hat deutlich ל׳ und (mit einer späteren Handschrift) die Bemerkung ב׳ u. s. w. zu לדבר. —

2) Der Widerspruch zwischen der Angabe in Mp. 1 Chr. und Mf. l. c., die ג׳ = 3 haben und der Mp. zu 2 S. 9, 12. die ב׳ כתיב א׳ וכו׳ = 2 angiebt, scheint dadurch gehoben werden zu können, dass das ב׳ = 2 sich auf die BB. der heil. Schrift ausser Esr. (und Neh.) bezieht, in welchen es 2 M. mit Alef am Ende vorkommt, nemlich 2 S. 9, 12. und 1 Chr. 9, 15., wie auch ein Mpt. bei Heid. hat: ב׳ כתיב א׳ וסי׳ ולמפיבשת בן קטן (2 S. 9, 12.). ובקבקר (1 Chr. 9, 15.). וכו׳; die aber ג׳ = 3 angeben, rechnen das in Esr. dazu, so dass es in der ganzen heil. Schrift 3 M. mit Alef sich findet. — Was nun aber die Schreibart im B. Esr. betrifft, so finden sich in den Handschriften 3 verschiedene Angaben, a) Mpt. Erfurt und das obige Mpt. von Heid. hat וכל עזרא דכו׳, so dass in Esr. (und Neh.), wo das Wort 3 M. vorkommt (Neh. 10, 11. 11, 17. und 22.) es immer Alef am Ende hat, dem auch unsere Ausgg. folgen. b) die Mp. zu 2 S. l. c. liest במ״א so dass in Esr. es 1 M. mit He und 2 M. mit Alef steht. Aber c) nach einer anderen Handschrift heisst es zu Esra: קדמא ותנינא מיכה ותליתאה מיכא, wie auch zum dritten (Esr. 11, 22.) bemerkt wird: מיכא כ״כ. Mit dieser letzten Angabe stimmen nun die überein, welche, wie bemerkt, ג׳ = 3 angeben und zu Esr. nur eins mit Alef rechnen. Das ב׳ scheint aber das Richtige zu sein, weil das sonst genaue Mpt. Erf. zu 2 S. und 1 Chr. l. c. bemerkt ב׳, zu allen 3 Stellen in Esr. aber nichts bemerkt, nur dass es sagt: וכל עזרא דכו׳. —

מִכָיָה ה׳ ? (1 Mf. מי, 25.

מִיכָיְהוּ ד׳ וסי׳ וכו׳ וכל מלכים ומן אלה היו את המלך עד סוף פיסקא דכו׳ במ״ב מִיכָה וסי׳ וכו׳. (2 Mf. מי, 23.

מִכָיְהוּ ב׳ כ״כ וא׳ חסר י״וד תנינא וסי׳ וכו׳ וא׳ מיכיה כתיב וקרי מִיכָה. (3 Mf. מי, 26.

מִיכַל שום איתתא. S. Prov. 1, 1. Esr. 1, 1. או״א, 269.

מִיכַל (1 S. 14, 49.) פתח בס״פ. S. Mf. Ende diesen Art.

וּמִיָמִן ג׳ חסר בלישנא. (4 Mp. Esr. 10, 25. Neh. 10, 6.

לְמִיָמִן לית וחסר. Mp. 1 Chr. 24, 9.

מֵיפַעַת ב׳ ומלא. Mp. 1 Chr. 6, 79. (64) (S. die Zusätze Jos. 21, 37.?) 5)

וּמֵפָעַת לית. Mp. Jos. 13, 18.

מֵיפָעַת, כתיב מופעת. Jer. 48, 21. (S. Mf. ר׳, 6. או״א, 81.)

מֵישַׁךְ׃ S. Dan. 3, 12.

וּמֵישַׁע לית וחד מֵישָׁע. Mp. 3 Reg. 3, 4. (S. Mf. מ׳, 5. או״א, 1. מ׳. Mf. פת, 17. או״א, 23.)

מַכְבֵּנָה לית. Mp. 1 Chr. 2, 49.

מַכְבַּנַּי לית. Mp. 1 Chr. 12, 13.

מָכִי לית׃ Mp. Num. 13, 16.

וּלְמָכִיר לית ר״פ. Mp. Deut. 3, 15.

הַמָּכִירִי לית ומלא. Mp. Num. 26, 29.

(מִכְמָשׂ. 1 S. 13, 2. 23. S. מ״ש)

מִכְמָס ב׳ כתיב סמ״ך. Mp. Esr. 2, 27. Neh. 7, 31.

הַמִּכְמְתָת ב׳ ובסיפרא. Mp. Jes. 16, 6. 17, 7.

מַכְנַדְבַי לית. Mp. Esr. 10, 40. (S. מ״ש daselbst)

וּבִמְכֹנָה לית וחסר וד׳ חסר בלישנא. Neh. 11, 28. Mf. הך, 22.

מִכְרִי ב׳ בתרי לישני, את השמן. Mp. 1 Chr. 9, 8. (S. או״א, 59. Anmerkung)

מִלֹּא ב׳ חסר. Mp. 2 Reg. 12, 21. (S. 2 S. 17, 27.? או״א, 59. Anmerkung.)

לְמַלּוֹתִי לית. Mp. 1 Chr. 25, 26.

לִמְלִיכוּ, כתיב למלוכי. Mp. Neh. 12, 14.

וָמֶלֶךְ ה׳. מלך S. (S. 1 Chr. 8, 35. 9, 41.)

מַלְכִּיָּהוּ לית. Mp. Jer. 38, 6.

(מַלְכִּי צֶדֶק. Gen. 14, 18. Ex. 1, 11. S. מ״ש)

וּמַלְכִּירָם לית. Mp. 1 Chr. 3, 18.

מִלְלַי לית. Mp. Neh. 12, 36.

מְמוּכָן, כתיב מומכן. Mp. Est. 1, 16. (S. Mf. ר׳, 14. או״א, 91. כתיב מוקדם מאוחר)

וּמַמְרֵא לית. Mp. Gen. 14, 24. Mf. מ׳, 13b.)

---

1) Das ה׳ = 5 soll nach Heid. heissen s. v. a. בלישנא, indem dieser Name 3 M. ohne und 2 M. mit Waw am Ende vorkommt s. vor. Art. —

2) Diese Angabe leidet an mehren Fehlern; a) sie führt als vierte Stelle 1 Reg. 22, 9. an, obgleich sie unmittelbar darauf sagt: וכל מלכים דכו׳, folglich müssen die 4 Stellen ausser dem B. Reg. sich finden; b) ist das ומן אלה und die Beispiele für מִיכָה unrichtig. Darum will Heid. für מהרה מיכיהו (1 Reg. 22, 9.) lesen: ויהי בבית (Jud. 17, 4.), das ja auch sonst fehlte; das Folgende liest er nach einer Handschrift: וכל מלכים ומן אלה המשרתים את המלך (2 Chr. 17, 19.) עד סוף פיסקא דכו׳ במ״ב מִיכָה וסי׳ ויבא אל המלך ויאמר (2 Chr. 18, 14.). ויצו המלך את חלקיהו (2 Chr. 34. 20.) תרויהון דד״ה.

3) Diese Angabe betrifft die Schreibform dieses Wortes, so dass letzteres 2 M. def. Jod nach dem Mem (Jer. 36, 11. und 13.), 1 M. (2 Chr. 18, 8.) def. Jod nach dem Kaf (aber plene nach dem Mem) und 1 M. (Jer. 26, 18.) מיכיה im Chetib, das aber מִיכָה gelesen wird (קרי). Ueber 2 Chr. 18, 8. herrscht nach Heid. eine Verschiedenheit der Angabe; d. Ausgg., wie auch das Mpt. von 1294, haben wie unsere Massoraangaben; nach einem alten Mpte. ist obige Stelle doppelt plene, dafür ist aber 2 Chr. 18, 7. als def. Jod nach dem Kaf angeführt; s. auch מ״ש z. St. und die Angaben der Mp. zu den betreffenden Stellen. —

4) Die 3 def. Jod (nach dem zweiten Mem) sind: Esr. 10, 25., Neh. 10, 6. und 1 Chr. 24, 9.; s. die betreffenden Mp.

5) Das ב׳ ומלא (= 2 und die sind plene) ist etwas schwierig; es kann ausser der angegebenen Stelle (1 Chr. 6, 24.) auf Jer. 48, 21. sich beziehen, das im קרי mit Jod nach dem Mem zu lesen ist und die Mass. folgt, wie gewöhnlich dem קרי. Es kann aber auch der Zusatz Jos. 21, 37. gemeint sein, woraus dann erwiesen wäre, dass die Mass. diesen Zusatz anerkannte, was nicht wahrscheinlich ist. —

הַמְּנֻחוֹת ב׳. (1 ?Mp. 1 Chr. 2, 52.

מְנָחַת לית. Mp. 1 Chr. 8, 6.

הַמָּנַחְתִּי לית. Mp. 1 Chr. 2, 54.

מִנְיָמִין ג׳ (בלישנא) ב׳ מלא וא׳ חסר. Neh. 12, 17.
2 Chr. 31, 15. Mf. מן, 14. (S. Mp. Neh. 12, 17.)

מִנִּית ב׳ בתרי לישני, בחטי מנית. Mp. Jud. 11, 33.
Ez. 27, 17. (S. Mf. א׳, 22. או״א, 59. Mf. מ׳, 1. או״א, 69.)

מְנַשֶּׁה נו״ן תלויה. (Jud. 18, 30.) Jud. l. c. Job 38, 13.
או״א, 160.

אֶת מְנַשֶּׁה ב׳. Gen. 46, 20.

וְאֶת מְנַשֶּׁה ב׳. Gen. 48, 13. Mf. את, 6.

שֵׁבֶט הַמְנַשֶּׁה ב׳ וסי׳ וכל יהושע דכו׳ במ״ג. Deut. 3, 13.
(S. Jos. 13, 29. Mf. מן, 16.) (2

מִמְּנַשֶּׁה לית. וּמִמְּנַשֶּׁה לית. Mp. 1 Chr. 12, 20. 19.
S. Mf. מ׳, 5. או״א, 1. מ׳.

הַמְּנַשִּׁי ד׳ בלישן. Deut. 29, 8. Mf. מן, 15.

מַסָּה ב׳ שום קרתא ומשתנין חד כתיב סמ״ך וחד כתיב שי״ן. (3 Ex. 17, 7. (S. מ״ש Deut. 9, 22.)

וּבְמַסָּה לית. Mp. Deut. 9, 22.

מִסְפַּר לית שום בר נש. Mp. Esr. 2, 2.

מִסְפֶּרֶת לית. Mp. Neh. 7, 7.

מַעֲדַי לית. Mp. Esr. 10, 34.

מָעוֹךְ לית מלפו״ם וחד וּמָעוֹךְ וכתות. Mp. 1 S. 27, 2.
(S. מ״ש 1 S. l. c.)

מָעוֹן ד׳ וכל שום קרתא דכו׳. Ps. 71, 3. (S. מ״ש Ps. l. c.
und עון S. 136.

מְעוֹן לית שום קרתא. (4 Mp. Jer. 48, 23. (S. מ״ש Ps. 71, 3.)

וּמְעוֹנֹתַי (1 Chr. 4, 14.) לית. S. או״א, 18.

לְמַעַזְיָהוּ לית. Mp. 1 Chr. 24, 18.

מָעַי לית. Mp. Neh. 12, 36.

מַעֲכָה, הַמַּעֲכָה. S. Mf. ה׳, 12.

וְאֶת מַעֲכָה לית. (S. Mf. את, 1.) Mp. Gen. 22, 24.

וּמַעֲרַת לית. Mp. Jos. 15, 59.

וּמַעֲשַׂי לית. Mp. 1 Chr. 9, 12. Mf מ׳, 13e. או״א, 18.

אֶת מַעֲשֵׂיָהוּ (2 Chr. 28, 7.) לית. Mf. את, 2.

מֹף לית וחסר. Mp. Hos. 9, 6.

וּמְפִבֹשֶׁת ב׳ חסר, ואת חמשת. Mp. 2 S. 19, 25. 21, 8.

וְלִמְפִיבֹשֶׁת (2 S. 9, 12.) לית. Mf. ל׳, 12.

מֻפִּים לית. Mp. Gen. 46, 21.

מִצְרַיִם ג׳ ר״פ. Thr. 5, 6. Mf. מצ, 19.

---

1) Das ב׳=2 ist schwierig, da diese Form nur 1 M. (1 Chr. l. c.) vorkommt; es kann auch nicht בלישנא gemeint sein, da es in ähnlicher Form (plur.) noch 2 M. (Jes. 32, 18. und Ps. 23, 2.) sich findet (S. M. zu מנוחה oben S. 118: „וכל המנחות דכו׳“). Es scheint auch hier ב׳ irrthümlich statt ל׳ zu stehen, wie das schon oft bemerkt worden. —

2) Die beiden Angaben Deut. l. c. und Jos. 13, 29. sind sehr verschieden und leiden an Ungenauigkeit. Denn 1) ist das ב׳=2 unsicher, da die angeführte zweite Stelle nicht bestimmt angegeben ist; 2) muss in Jos. l. c. das ג׳ דסמיכי heissen בסיפרא, da es sich nur auf Jos. bezieht? 3) ist das וב׳ באוריתא וכו׳ unrichtig, da שבט המנשה im בקריא Pent. nur 1 M. vorkommt; 4) ist das לראובני, שבט המנשה גלעדה unverständlich? Nach einer Angabe, welche Heid. aus einem alten Mpte. so anführt: סימן: ויתר הגלעד וכל הבשן לחצי שבט המנשה וכל יהושע דכו׳ שבט המנשה במ״ג שבט מנשה וסי׳ וכו׳ וכל קריא דכו׳ שבט מנשה במ״א לחצי שבט המנשה גלעדה דד״ה׳ lassen sich obige Angaben so verbessern: In Deut. l. c. muss die zweite Stelle lauten: לחצי שבט המנשה גלעדה (1 Chr. 27, 21.). In Jos. l. c. muss es heissen: מנשה ג׳ דסמיכי בסיפרא וסימן וכו׳ וחד וכו׳ וב׳ בקריא שבט המנשה וסי׳ ממלכת עוג נתתי, לחצי שבט המנשה גלעדה. — Der Sinn der Angaben wäre demnach, dass im Pent. immer שבט מנשה und nur 1 M. שבט המנשה steht; im B. Jos. immer שבט המנשה mit Ausnahme von 3 Stellen, wo מנשה (ohne He des Art.) steht; in den übrigen Büchern der heil. Schrift ist die Regel, שבט nach מנשה und nur 1 M. folgt המנשה (1 Chr. 27, 21.); 1 M. kommt im Pent. השבט המנשה (Deut. 13, 7.) vor. Auffallend ist aber nach obiger Handschrift, dass 1 Chr. 27, 21. לחצי שבט המנשה gelesen wird, während alle Ausgg. nur לחצי המנשה (ohne שבט) haben. —

3) Diese Angabe ist corrupt, wie das schon מ״ש Deut. 9, 22. nachgewiesen, da auch die Bemerkung an sich unrichtig ist, indem diese Form mehrmals als Stadtname vorkommt. —

4) Gegen diese Angabe bemerkt Heid., dass es noch 2 M. so (das Mem mit Schwa) vorkommt, nemlich Num. 32, 38. Jos. 13, 17. —

מִצְרַיִם ו׳ סבירין מִצְרַיְמָה׃ 1) Ex. 4, 19. Mf. מצ, 20.

אֶל מִצְרַיִם ב׳. Jer. 26, 22. Gen. 37, 36.

וּמִן מִצְרַיִם לית. Mp. Jes. 20, 5. Mf. מן, 1.

ירידת מִצְרַיִם ד׳ בלישן. Gen. 43, 15. Deut. 26, 5. Mf. מצ, 23. (S. מ״ש Gen. 46, 3.)

כָּל מִצְרַיִם ד׳. Mp. Gen. 47, 15.

לְאֶרֶץ מִצְרַיִם לית. Mf. ל׳, 1. או״א, 20.

עַל כָּל אֶרֶץ מִצְרַיִם ד׳. 2) Gen. 41, 41.

מִצְרַיְמָה כ״ח. Ex. 1, 1. 2 Chr. *36, 4. Mf. מצ, 18. (S. Mp. 2 Chr. l. c.)

וּמִצְרַיִם ה׳ ר״פ. Mp. Num. 33, 4.

וּלְמִצְרַיִם (Ex. 18, 8.) לית. Mf. ל׳, 12.

מִמִּצְרַיִם ב׳ סבירין מֵאֶרֶץ מִצְרַיִם. סבירין S. Mf. מצ, 21. (S. Num. 14, 19.)

מִמִּצְרַיִם ב׳. (Ex. 18, 1.) Mp. Ex. 6, 27.

וּמִמִּצְרַיִם ב׳. Hos. 11, 1.

הָאִישׁ הַמִּצְרִי (1 Chr. 11, 23.) לית. 371. או״א, 4. ה׳. Mf.

הַמִּצְרִים ה׳. Gen. 12, 12. Jos.*24, 7. Mf. מצ, 22.

וְלַמִּצְרִים לית. Mp. Gen. 43, 32.

הַמִּצְרִיֹּת לית וחסר. Mp. Ex. 1, 18.

וְהַמֹּצָה לית חסר. Mp. Jos. 18, 26.

הַמְּצֹבָיָה לית. Mp. 1 Chr. 11, 47.

הַמִּצְפָּה לית בסיפרא (יהושע) וכל קריא דכו׳ במ״ב אריה (Jes. 21, 8.) ויהודה (2 Chr. 20, 24.). Mp. Jos. 11, 3. 3)

הַמִּצְפָּתָה׃ צפה S.

וּמִמִּצְפֵּה לית. Mp. Jud. 11, 29.

וְאֶת מַקֵּדָה לית, (S. Mf. את, 1. fehlt das. ?) Mp. Jos. 10, 28.

לְמֶלֶךְ מַקֵּדָה (Jos. 10, 28.) לית. Mf. מל, 25.

בְּמַקְהֵלוֹת ב׳ ובב׳ לישן. (S. Mf. א׳, 22. או״א, 59.) Mp. Num. 33, 25.

וּמִקְלוֹת ד׳. (S. Mp. 1 Chr. 8, 32.) 1 Chr. 27, 4. Mf. מק, 2.

בְּמָקֶץ לית. Mp. 1 Chr. 4, 9.

מָרָא (Ruth 1, 20.) לית. Mf, א׳, 9.

מְרֹאוֹן לית לא קריא אל״ה. (S. Mf. א׳, 7. או״א, 103.) Mp. Jos. 12, 20.

וּמָרֵאשָׁה (Jos. 15, 44.) לית. Mf. מ׳, 13i. או״א, 18. S. רו״ה

מֶרֶד לית. Mp. 1 Chr. 4, 18.

מְרֹדָךְ לית קמץ (בזקף). Mp. Jer. 50, 2,
מְרֹאדַךְ S. Mf. א׳, 7. או״א, 103.
S. Lev. 1, 1. או״א, 21.

מָרְדֳּכַי בִּלְשָׁן לית. (ב׳ ?) Esr. 2, 2. (S. Neh. 7, 7.)

אֶת מָרְדֳּכַי לית עם וְאֶת. Mf. את, 8. או״א, 79.

עַל מָרְדֳּכַי ב׳. (S. Mf. על, 7. או״א, 87.) Est. 4, 5.

וּמָרְדֳּכַי ב׳ ר״פ ובסיפרא. (S. Mp. ibid. 8, 15.) Mp. Est. 4, 1.

לְמָרְדֳּכָי לית זקף קמץ. (S. Lev. 1, 1. או״א, 21.) Mp. Est. 4, 12.

וּלְמָרְדֳּכַי (Est. 8, 7.) לית. Mf. ל׳, 12.

מֹרָה ה׳ חסר. מרה und ירה S.

---

1) Die Mf. und Mp. l. c., welche ה׳=5 angeben, haben das Richtige (nur muss das Schlagwort in Mf. מצרים und nicht ממצרים lauten); denn wenn Ex. l. c. והמדנים מכרו (Gen. 37, 36.) mitzählt und darum ו׳=6 angiebt, so ist das falsch, weil daselbst אֶל vorangeht, es gehört also nicht zu denen, wo man מִצְרַיְמָה (mit He locale) erwartet. S. auch מ״ח z. St. Auffallend ist aber, da Gen. 43, 15. und Jos. 24, 4. mitgezählt wird, warum sind nicht auch die 2 anderen (Jes. 30, 2. und ibid. 31, 1.) von ירד hinzugefügt, so dass 4 M. ירד 2 M. שוב und 1 M. בוא mit מִצְרַיִם statt מִצְרַיְמָה sich findet und es eigentlich ז׳=7 heissen müsste? S. Gen. 43, 15. und oben Art. מִצְרַיִם.

2) Die Gen. l. c. angeführten Stellen sind unrichtig abgetheilt; denn die vierte Stelle והיה על וכו׳ ist nur Fortsetzung der vorhergehenden; es fehlt als vierte Stelle ויעל הארבה (Ex. 10, 14.). —

3) Der Sinn ist: im B. Jos. kommt dieses Wort, das Pe mit Kamez nur 1 M. vor; in der übrigen heil. Schrift hat das Pe immer Kam. mit Ausnahme der beiden angegebenen Stellen, in denen das Pe ein Segol hat. Heid. führt folgende Stelle aus einem Mpte. an: כל יהושע מִצְפָּה, המצפֶה במ״א בארץ המצפָה (Jos. l. c.) וכל קריא דכו׳ במ״ב מצפֶה וסי׳ וכו׳, wie hier angegeben. In diesem Mpte. ist nur das כל יהושע auffallend, da weder מִצְפָּה noch מִצְפֶּה weiter in Jos. vorkommt. Das לית der Mp. ist richtiger. —

מָרָתָה ב׳ בב׳ לישן׳. (59. ,אר״א 22. ,א׳ Ex. 15, 23. (S. Mf.

הַמּוֹרִיָּה ב׳. 64. ,או״א 2. ,ה׳ Mf.

מֶרָיִם לית שום אנש (גברא). Mp. 1 Chr. 4, 17.

אֶת מִרְיָם (1 Chr. 4, 17.) לית. וְאֵת מִרְיָם לית (Num. 26, 59.). Mf. ,אֹת 3.

וּמִרְיָם ג׳ אנ״ך. 8. ,מר Micha 6, 4. Mf.

לְמִרְיָם לית. Mp. Deut. 24, 9.

וּמְרִיבָה לית. 13i. ,מ׳ Mp. Ex. 17. 7. Mf.

וּמְרִי בַעַל לית בענינא (1 Chr. 8, 40.). 220. ,או״א

וּבֵית הַמַּרְכָּבוֹת לית חסר. Mp. Jos. 19, 5. (S. 1 Chr. 4, 31. auch רכב).

(מְרֵמוֹת לית חסר. Mpt. Hamb. Neh. 12, 2. Auch Mp. daselbst).

וּמַרְעֲלָה (Jos. 19, 11.) לית. 18. ,ל׳ Mf.

הַמְּרָרִי לית. Mp. Num. 26, 57.

וּקְהָת וּמְרָרִי. קְהָת S.

הַמֹּרַשְׁתִּי ב׳ חד חסר. (S. Mp. Micha 1, 1.) Mp. Jer. 26, 18.

מְרָתַיִם לית. Mp. Jer. 50, 21.

וָמַשׁ לית פתח וחד קמץ, וּמָשׁ חצי ההר. Mp. Gen. 10, 23. (S. Zach. 14, 4. Mf. ,ר׳ 3. ,מ׳ 13k. ,או״א 46. und Anmerkung.)

וָמָשׁ מן יו״ד פתחין בס״פ בספר בראשית (Gen. 10, 23.). S. Mf. Ende diesen Art.

מִשְׁאָל (Jos. 21, 30.) לית. Gen. 42, 38, ,או״א 200. (S. מָשָׁל).

וּמְשׁוֹבָב לית. Mp. 1 Chr. 4, 34.

מֹשֶׁה ג׳ ר״פ. 5. ,מש Jos. 1, 2. 12, 6. Ps. 99, 6. Mf.

מֹשֶׁה ׀ מֹשֶׁה לית. 72. ,או״א 14. ,ב׳ S. Mf.

מֹשֶׁה אַהֲרֹן (Micha 6, 4.) לית. 252. ,או״א 32. ,ר׳ Mf.

מֹשֶׁה וְאַהֲרֹן ב׳. [1] (S. ibid. 12, 50.) Ex. 8, 8.

מֹשֶׁה אִישׁ הָאֱלֹהִים ז׳. איש S.

מֹשֶׁה עֶבֶד הָאֱלֹהִים ד׳. 94. ,אל Mf.

אֶת מֹשֶׁה וְאֶת אַהֲרֹן דבענינא (ד׳ בענינא, צ״ל) מטעין. S. Ex. 12, 50. Mp. ibid. לית.

בְּסֵפֶר מֹשֶׁה ג׳. 8. מש 15. ,ספ Mf.

בְּסֵפֶר תּוֹרַת מֹשֶׁה ג׳. 16. ,ספ Jos. 8, 31. 23, 6. Mf.

דִּבֶּר י״י בְּיַד מֹשֶׁה ד׳. Ex. 9, 35.

הוּא מֹשֶׁה וְאַהֲרֹן ב׳. Mp. Ex. 6, 27. S. vor. Anmerkg.

וְאֶל מֹשֶׁה לית (ושארא אֶל מֹשֶׁה). Mp. Gen. 24, 1. Ex. 44, 25. (S. Mf. ,אל 14. ,או״א 85.)

וְאֶת מֹשֶׁה ב׳. 6. ,את Mp. Ex. 6, 20. Mf.

וַיֹּאמֶר מֹשֶׁה אֲלֵיהֶם ג׳. אמר Ex. 12, 15. S.

וַיֹּאמֶר מֹשֶׁה ב׳ ר״פ. (Num. 11, 21. 16, 28.) Mf. ,אמ 44.

וַיֹּאמֶר מֹשֶׁה אֶל י״י. אמר S.

וַיֹּאמֶר י״י אֶל מֹשֶׁה לֵאמֹר. אמר S.

וַיֹּאמֶר י״י אֶל מֹשֶׁה וְאֶל אַהֲרֹן ו׳. Ex. 7, 8. Num. 20, 23. Mf. ,אד 43.

וַיְדַבֵּר מֹשֶׁה (Ex. 6, 12. ibid. 9.) חד זקיף לרומא וחד נחית לתהומא בחד ענינא. Ex. 6, 9. 1 Chr. 18, 1. ,או״א 228.

וַיְדַבֵּר י״י אֶל מֹשֶׁה וְאֶל אַהֲרֹן. י״ב׳. הו״יה S.

וַיְהִי אַחֲרֵי מוֹת מֹשֶׁה, וַיְהִי אַחֲרֵי מוֹת יְהוֹשֻׁעַ חד זקיף לרומא וחד נחית לתהומא. (Jos. 1, 1. Jud. 1, 1.) Ex. 6, 9. 1 Chr. 18, 1. ,או״א 228.

וַיְהִי אַחֲרֵי מוֹת מֹשֶׁה (Jos. 1, 1.) לית. Gen. 25, 11. Mf. ,הי 28.

לִימִין מֹשֶׁה לית. 20. ,או״א 1, ,ל׳ Mf.

צִוּוי בְּיַד מֹשֶׁה. צוה S.

וּמֹשֶׁה ז׳ ר״פ. Ex. 3, 1. 7, 7. 11, 10? 19, 3. Deut. 34, 7. Mf. ,מש 6.?

וּמֹשֶׁה וְאַהֲרֹן ב׳ בתורה אס״ף ואר״פ. Mp. Num. 16, 18. (S. Ex. 11, 10. Num. 16, 13., auch Ex. 3, 1.)

אַהֲרֹן וּמֹשֶׁה ד׳ וכו׳. אהרן S.

וּבְמֹשֶׁה ב׳ ובתורה. 8. ,ב׳ Mpt. Hamb. Ex. 14, 31. (S. Mf. ,או״א 62.)

---

1) Warum ב׳ = 2, es kömmt doch auch Ex. 12, 50. auch ibid. 6, 27. vor, s. unten הוּא מֹשֶׁה וְאַהֲרֹן? Würde hier nicht Ps. 99, 6. angeführt sein, so dürfte das ב׳ s. v. a. בתורה bedeuten d. h. im Pent. kommt es 2 M. vor; die Stelle Ex. 6, 7. würde sich auf die Verbindung mit הוּא beziehen und bildet eine Gruppe für sich; wobei aber die zweite Stelle fehlt. Jedenfalls sind die beiden Stellen schwierig. —

בְּמֹשֶׁה לית. Mp. Deut. 34, 10. (S. Mf. 'כ, 2. או"א, 19.)

וָמֶשֶׁךְ ב'. Mp. Ez. 27, 13. 1 Chr. 1, 17. (S. מ"ש 1 Chr. l. c.) פתח בס"פ S. Mf. Ende diesen Art. (1 Chr. 1, 17.)

מָשָׁל לית שום קרתא. Mp. 1 Chr. 6, 74. (S. Gen.*42, 38. Mf. 'א, 6., או"א, 200.)

מְשִׁלֵּמִית לית. Mp. 1 Chr. 9, 12. (S. Mf. 'ר, 23. או"א, 214.)

מִשְׁמַנָּה לית. Mp. 1 Chr. 12, 11.

מִשְׁמָע וְדוּמָה לית (1 Chr. 1, 30.) וחד וּמִשְׁמָע וְדוּמָה. Mp. Gen. 25, 14. Mf. 'ו, 33. 'מ, 13k.

וְהַמִּשְׁרָעִי לית. Mp. 1 Chr. 2, 53.

מִמַּשְׂרֵקָה ב'. Mp. 1 Chr. 1, 47. (S. Gen. 36, 36.)

הַמִּתְנִי לית. Mp. 1 Chr. 11, 43.

וּמִמַּתָּנָה לית. Mp. Num. 21, 19.

מַתַּנְיָהוּ ב'. Mp. 1 Chr. 25, 4. 16. (S. 2 Chr. 29, 13.)

בְּמִתְקָה לית. מִמִּתְקָה לית. (2 ,'ק S. Mf.) Num. 33, 28.

מִתְרְדָת ב'. Esr. 1, 8. ibid. 4, 7.

מְתוּשָׁאֵל לית. (Gen. 4, 18.) Joel 1, 1.

מַתִּתְיָהוּ (וּמַתִּתְיָהוּ) ד'. 1 Chr. 25, 21. Mf. מת, 31.

מַתִּתְיָה לית. Esr. 10, 33.

נ.

אֶל נְבוֹ לית וחד עַל נְבוֹ. Mp. Jer. 48, 1. Mf. אל 24. או"א, 2.

מִבְּנֵי נְבוֹ לית ר"פ בסיפרא. (Esr. 10, 43.) Mf. בן, 15. (Mpt. Hamb. Dan. 3, 3.)

נֹבֶה ב', ראיתי את בן, (וכל קריא נֹבַח) Mp, 1 S. 21, 2. Mf. חילופי קריאה, 6. או"א, 272.

נֹבַח לית וחד וְנֹבַח. (S. Mf. 'נ, 1. או"א, 1. 'נ) Num. 32, 42.

נִבְחַז לית ז' רבתא. (1 2 Reg. 17, 31.

נְבֻכַדְנֶאצַּר, נְבֻכַדְרֶאצַּר י' חסר וי"ו וכו'. Jer. 28, 14. Dan. 1, 18. Mf. נב, 10. und 11. (S. מ"ש Jer. 34, 1. 49, 28. Esr. 2, 1.)

נְבוּכַדְנֶצַּר לית בענינא (Dan. 3, 3.) ושארא נְבוּכַדְנֶצַּר מַלְכָּא. או"א, 219.

אֶל נְבוּכַדְנֶצַּר ב' וב' עַל נְבוּכַדְנֶצַּר. Dan. 4, 25. Mf. על, 7. u. 8. או"א, 87. u. 88.

וְאֶל נְבוּכַדְרֶאצַּר לית. Mp. Jer. 25, 9. (S. Mf. אל, 14. או"א, 85.

וּנְבוּשַׁזְבָּן ז' זעירא. מ"ש S.) 178. ,או"א Jes. 44, 14. ibid. und Prov. 16, 28.)

נְבָיֹת (Gen. 25, 13.) לית חסר. Mp. ibid. (כל אוריתא מלא במ"א חסר (Mp. Gen. 36, 3. Mf. 'ו, 62.

עַל נָבָל לית. Mf. על, 3. או"א, 76.

וְהַנִּבְשָׁן לית. Mp. Jos. 15, 62.

נִגּוֹא לית כתיב א'. Mp. Dan. 3, 29. (S. Mass. Num. 13, 9. Mf. 'א, 8. או"א, 104.)

וּבַעַל וְנָדָב לית דסמיך. Mp. 1 Chr. 8, 30.

וּנְדַבְיָה לית. Mp. 1 Chr. 3, 18.

נַהֲלָל לית. Mp. Jud. 1, 30.

וְנַהֲלָל לית. Mp. Jos. 19, 15. (S. ibid. 21, 35.)

וְנוֹדָב לית. Mp. 1 Chr. 5, 19.

נֹחַ נֹחַ לית (מותאמים). Mf. 'ב, 14. או"א, 72.

וְנֹחַ ג' ר"פ. Gen. 6, 8. Ez.*14, 20. Mf. נח, 9.

נוֹחָה לית. Mp. 1 Chr. 8, 2.

נוֹן לית ומלא. (צ"ל לית ומלעיל) Mp. 1 Chr. 7, 27. Mf. 'נ, 2. או"א, 75. 2)

לְנוֹעַדְיָה לית. Mp. Neh. 6, 14. (S. Esr. 8, 33.)

---

1) Die richtige Angabe hat ein Mpt. bei Heid. welches bemerkt: לית וכתיב זי"ן, d. h. dieses Wort kommt nur 1 M. vor u. wird mit einem Sain (nicht Nun fin.) geschrieben. So liest auch Kimchi 2 Reg. l. c. u. sagt ausdrücklich: ויש ספרים כתיב בנו"ן ואינו כ"א בז"ין וטעות הוא בספרים ופירוש נבחז וכו'. Heid. führt auch den Beweis für das Sain aus der Mass. zu Jes. 44, 14. Jer. 39, 14. Prov. 16, 28. (או"א, 178.), wo es heisst ג' נונ"ין אריכין זעירין und das Wort נִבְחַז nicht mitgezählt wird, also ein Sain und nicht ein (kleines) Nun fin. hat. —

2) Das ומלא ist wohl ein Fehler, da dieser Name immer plene Waw ist. Heid. will lieber lesen לית ומלעיל d. h. es kommt nur 1 M. mit Cholam vor, welches im Vergleich zu dem Schurek der übrigen (נון), in der Mass. durch מלעיל bezeichnet wird, und gegen welches das Schurek מלרע (als kleinere Länge) heisst. —

נַחְבִּי לית וחסר אל״ף והוא חד מן ג׳ דחסר אל״ף בלישנא. M. marg. Num, 13, 14. (S. Mf. חב, 1.?) 1) S. חבה

נַחוּם לית. Mp. Neh. 7, 7.

נַחוּם לית פתח. Mp. Nah. 1, 1.

נַחֲלִיאֵל לית. וּמִנַּחֲלִיאֵל לית. Mp. Num. 21, 19.

נַחֲמָנִי לית. Mp. Neh. 7, 7.

נְחֻשְׁתָּן לית. Mp. 2 Reg. 18, 4.

נְטֹפָתִי לית חסר. Mp. Neh. 12, 29. (S. 1 Chr. 9, 16.)

הַנְּטוֹפָתִי ג׳ מלאים. 2) (S. מ״ש 1 Chr. 11, 30.)

נֵיבָי, כתיב נובי. Mp. Neh. 10, 20. (S. Mf. ו׳, 6. או״א, 81.) 3)

נָיוֹת, נוית מוקדם מאוחר. S. Mf. ו׳, 14. או״א, 91.

בְּנָיוֹת מוקדם מאוחר. 4) Mf. ו׳, 14. או״א, 91.

מנוית קרי מְנָוֹות (1 S. 30, 1.). Mf. ו׳, 8. או״א, 81.

עַל נִינְוֵה לית. או״א, 76. Mf. על, 3.

נִיסָן ב׳ וקמץ, הוא חדש. Neh. 2, 1. Est. 3, 7.

נְכוֹ ב׳ כתיב ו׳ ובענין. 5) Mp. 2 Chr. 35, 20.

נָכוֹן. כון und S. Mf. הך, 19.

הַנְּמוּאֵלִי לית וכ״כ. Mp. Num. 26, 12.

נִמְרוֹד לית ומלא (מלא, כצ״ל). Mf. ו׳, 61. 1 Chr. 1, 10.

נִסְרֹךְ ב׳ וחסר. Mp. Jes. 37, 38. (2 Reg. 19, 37.)

וּנְעִיאֵל לית. Mp. Jos. 19, 27.

וָנָעַם לית. Mp. 1 Chr. 4, 15.

הַנַּעֲמִי לית שום גבר. Mp. Num. 26, 40.

וּלְנָעֳמִי (Ruth 2, 1.) לית. Mf. ל׳, 12.

וַיֹּאמֶר נַעֲמָן (2 Reg. 5, 17.) לית. Mf. אם, 44.

וְנַעֲרָתָה לית. Mp. Jos. 16, 7.

נַעֲרַי לית. Mp. 1 Chr. 11, 37.

---

1) Unsere Angabe ist die richtige; wenn es daher Mf. חב, 1. heisst ד׳ חסרים בלישנא = 4 und als viertes וְנֶחְבָּה (Jer. 49, 10., wo die Mp. bemerkt: לית כתיב ה״א) angeführt wird, so ist das unrichtig, denn es gehört nicht zu den חסרים אלף d. h. def. Alef; daselbst steht nur ein He statt des Alef. —

2) Die Angabe bezieht sich auf das Patronymium mit He, das sonst def. Waw vorkommt, s. מ״ש l. c., denn נטופתי kommt auch plene vor 1 Chr. 9, 16. s. vor. Art. —

3) Heid. will beweisen, dass dieses Wort (gegen die Ausgg.) נִיבָי (mit Chirik des Jod) gelesen werden muss, weil es zu den Wörtern gezählt wird, in welchen in der Mitte des Wortes ein Jod statt Waw steht (s. Mf. und או״א, l. c.), dem grösstentheils ein Chirik vorhergeht; was aber, (wie H. S. Baer bemerkt) nicht zutreffend ist, da ja einige auch Zere vorher haben, wie אֱוִלִי, בְּעֵונִי, חֵוקֶךָ, מֵופַּעַת. Was Baer zu הַכְעִסֻונִי sagt, ist nicht richtig, da die Ausgg. das Waw nach dem Samech setzen, was aber nach dem Ain (mit Chirik) stehen muss, s. oben S. 101, Anmerkung 4. —

4) S. מ״ש 1 S. 19, 18. und 20, 1. Nach der Mf. und או״א, l. c. gehören nur 4 zu denen, die im Chetib das Waw vor dem Jod haben (מוקדם מאוחר) und zwar nach der Mf. 1 S. 19, 18. 19. 22. und das erste im Verse 23, aber nach או״א, l. c.: 1 S. 19, 18. 22. u. die beiden im Verse 23. Es bleibt also ein Zweifel über 19, 19. u. das zweite im Verse 23. — Ebenso verhält es sich bei מְנָיוֹת (1 S. 20, 1.), das nach Mass. Ex. 39, 4. und Est. 4, 8. mit doppelt Waw geschrieben wird, während או״א, 184. es nicht dazu zählt, sondern zu ibid. 81, wo es zu denen gezählt wird, die in der Mitte des Wortes Waw statt Jod haben (freilich so auch Mf. ו׳, 6.?). — Wahrscheinlich wurde es מְנָוֹות geschrieben und soll מְנָיוֹת gelesen werden, so dass es zu beiden Artikeln gehört; es wird nemlich mit doppelt Waw geschrieben, wie die anderen in Ex. 39, 4. ff. gezählten; das erste Waw steht aber für ein Jod, weil es מְנָיוֹת gelesen wird, so dass es auch zu den Art. או״א, 81. und Mf. ו׳, 6. gehört. — Es wird daher weder in Mf. ו׳, 14. noch או״א, 91. zu den מוקדם מאוחר (s. oben) gerechnet, weil das zweite ein Waw und nicht ein Jod ist, also gegen מ״ש und Ausgg. —

5) Das ובענין s. v. a. „in diesem Abschnitt“ ist ein unrichtiger Zusatz; denn die zweite Stelle ist wohl Jer. 36, 2. und nicht das folgende im Verse 22; auch Mpt. Erf. bemerkt nur ב׳ = 2 sowohl zu Jer. l. c., als zu 2 Chr, 35, 20. aber zu ibid. Vers 22 und 36, 4. bemerkt sie nichts. — Heid. führt ein Mpt. an, in welchem zu Jer. l. c. bemerkt wird: ב׳ כתיב ו׳ עלה d. h. 1 M. hier in Jer. und 1 M. in Chr. 35, 20., wo עָלָה vorhergeht. Die Ausgg. sind daher ungenau, wenn sie auch 2 Chr. 35, 22. und 36, 4. das נְכוֹ mit Waw am Ende schreiben; es muss daselbst נְכֹה mit He am Ende geschrieben sein. —

נְעַרְיָה לית. 1 Chr. 3, 23. (S. Vers 22.)

וָנֶפֶג לית. Mp. Ex. 6, 21. Mf. ו׳, 5. או״א, 71.

נָפִישׁ ב׳. Mp. 1 Chr. 1, 31. (S. Gen. 25, 15.)

וְנָפִישׁ לית. Mp. 1 Chr. 5, 19.

נְפוּסִים, כתיב נפיסים. Mp. Esr. 2, 50. (S. Mf. ו׳, 5. או״א, 80.)

נְפִישְׁסִים, כתיב נפושסים. Mp. Neh. 7, 52. (S. Mf. ו׳, 6. או״א, 81)

נַפְתֻּחִים ב׳. 1) Gen. 10, 13. 1 Chr. 1, 11.

וְאַרְצָה נַפְתָּלִי (Jes. 8, 23.) לית. או״א, 263.

וּבְנֵי נַפְתָּלִי (Gen. 46, 24.) לית. או״א, 366. Mf. בן, 9.

כָּל נַפְתָּלִי לית. Mp. Deut. 34, 2.

וּלְנַפְתָּלִי לית. Mp. Deut. 33, 23. Mf. ל׳, 12.

וּמִנַּפְתָּלִי לית. Mp. 1 Chr. 12, 34.

נְצִיחַ לית. 2) Mp. Esr. 2, 54. (S. Neh. 7, 59.)

הַנֶּקֶב לית. Mp. Jos. 19, 33.

נֵרְגַל (2 Reg. 17, 30.) פתח באתנח. S. Mf. Ende diesen Art.

נֵרִיָּהוּ ג׳. בָּרוּךְ. S. 2. נ׳, Jer. 36, 14. Mf.

נָתָן וּשְׁלֹמֹה לית. 1 Chr. 14, 4. (S. 2 S. 5, 14. 1 Chr. 3, 5.)

וְאֶת נָתָן ב׳. Mp. 1 Reg. 1, 10. Mf. את, 6.

וַיֹּאמֶר נָתָן (1 Reg. 1, 24.) לית. Mf. אם, 44.

וּלְנָתָן לית בטעם? Mp. Esr. 8, 16. (S. Gen. 41, 26. או״א, 296.)

נְתַנְיָהוּ ה׳. Mp. 1 Chr. 25, 12. Mm. Jer. 41, 9. 1 Chr.*25, 12. Mf. נת, 42. (S. 2 Chr. 17, 8. Jer. 36, 14. 40, 8. 41, 15.)

הַלְוִיִּם וְהַנְּתִינִים. S. הַלְוִיִּם

נְתַן (מֶלֶךְ) לית פתח וחד לבלתי נְתָן זרע לאחיו. Mp. 2 Reg. 23, 11. (S. Mf. פת, 17. או״א, 23.)

ס.

סֹבָאִים קרי. Ez. 23, 42. מ״ש ו׳, 30. S. Mf.

וּסְבָאִים לית. Mp. Jes. 45, 14.

סִבְרַיִם לית. Mp. Ez. 47, 16.

וְסַבְתָּה ב׳ חד כתיב א׳. Mp. Gen. 10, 7. 1 Chr. 1, 8.

וְסַבְתְּכָה ב׳ חד א׳ וחד ה׳. Mp. Gen. 10, 7. 1 Chr. 1, 8.

סְדֹם (לית עם וְאֶת). או״א, 79. את, 8. Mf.

כִּסְדֹם ד׳ בקריא. סד, 2. Jes. 1, 9. Zeph.*2, 9. Mf.

סְדֹמָה ג׳. סד, 1. Gen. 19, 1. Mf.

סוֹא למדנחאי סיא כתיב. Mp. 2 Reg. 17, 4. (Mf. י׳, 5. או״א, 80.) 3)

אֶל סוֹא לית. 2 Reg. 17, 4. (S. Mf. אל, 23. u. או״א, 77., die es beide nicht haben.)

סוּחַ לית. Mp. 1 Chr. 7, 36.

סוֹטַי ב׳ א׳ חסר וא׳ מלא (עזרא חסר). Mp. Neh. 7, 57.

סוּסִי לית. Mp. Num. 13. 11.

בְּסוּפָה ב׳, ובסערה דרכו. Mp. Num. 21, 14.

סֹפֶרֶת לית. Neh. 7, 57. הַסֹּפֶרֶת לית. Mp. Esr. 2, 55. S. Mf. ה׳, 11. או״א, 3. Anmerkg.

בְּשַׁעַר סוּר לית. Mp. 2 Reg. 11, 6.

סִיוָן לית. Mp. Est 8, 9.

סִיחוֹן ד׳ מלא בתורה. סי, 2. Num. 21, 27. Deut.*2, 27. Mf. (S. מ״ש Num. 21, 23. und 27.)

וַיֶּאֱסֹף סִיחֹן ב׳. (Num. 21, 24. Jud. 11, 20.) Mf. אם, 13.

---

1) Die Angabe in Gen. l. c. ist etwas unklar. Mpt. Erf. hat zu Gen. l. c.: מ׳ בס״א ח׳ d. h. es ist plene Waw nach dem Taw, nach anderen Handschriften ist es def.; aber zu 1 Chr. l. c. bemerkt dasselbe Mpt. ב׳ וחסר, also beide def. Waw. —

2) Das ל׳ in Esr. l. c. ist, wie oft, aus ב׳ = 2 entstanden, denn es kommt auch Neh. 7, 59. vor. —

3) S. או״א, 77. Anmerkung. Auch Anmerkung zu ibid. 80, wo zu סוא hinzuzufügen ist, dass auch dieses nur, nach Mp. zu 2 Reg. 17, 4., nach מדינחאי ein Jod statt Waw hat; es bleibt also auffallend, warum או״א, l. c. סוא zählt, und שומה auslässt, da beide nach Maarbai mit Waw stehen. —

לְסִיחֹן לית חסר וכל אוריתא דכו׳. ¹) M. marg. Jos. 2, 10.

כל סִין מלא וכל צִן חסר. Mp. Ex. 17, 1. Num. 27, 14. 33, 36.

הַסִּינִי ב׳ מלאים. Mp. 1 Chr. 1, 15. Gen. 10, 17.

סִינִים לית. Mp. Jes. 49, 12.

סִינָי פתח באתנח. (פתח באס״ף (S. Mf. Ende

וְהַר סִינַי (Ex. 19, 18.) לית. או״א 31. ו׳ 11. Mf.

מֵהַר סִינַי (Ex. 34, 29.) לית. או״א 259. מ׳ 2. Mf.

מִמִּדְבַּר סִינַי (Num. 10, 12.) לית. או״א 259, מ׳ 2. Mf.

סִיסְמָי לית. וְסִיסְמָי לית. קדמא קמץ ותנינא פתח. Mp. 1 Chr. 2, 40. (S. Mf. ס׳ 1. או״א 1. ס׳. Mf. פת 17. או״א 23.

כְּסִיסְרָא לית. Mp. Ps. 83, 10.

סִיעָא לית. Mp. Neh. 7, 47. (S. Esr. 2, 44.)

סֻכּוֹת ב׳ מלא בתורה וכל נביאים וכתובים דכו׳ מלאים במ״א חסר וסי׳ וכו׳ וכל הסכות דאוריתא מלא במ״א וסי׳ וכו׳. Gen. 33, 17. (S. Mf. סכ 1. u. סכך oben S. 130., Anmerkg. 5.

סֻכֹּתָה ב׳ (וחסר). Gen. 33, 17. Ex.*12, 37.

סִכּוּת לית. Mp. Am. 5, 26.

סֻכִּיִּים ב׳ חד חסר וחד מלא. ²) Mp. 2 Chr. 12, 3.

סַלָּא ב׳ בתרי לישני. סלה כל אבירי וכתיב ה׳ ודידן כתיב א׳. M. marg. 2 Reg. 12, 21. Thr. 1, 15. (S. סלל)

סַלּוּא ג׳ דגשים וסי׳ חד סלוא מלא דמלא וחד חסר וי״ו וחד חסר א׳ דאוריתא רפי (סָלוּא (Num. 25, 14.). Neh. 11, 7. Mf. סל 1.

סַלָּי לית. Mp. Neh. 11, 8.

לְסַלָּי לית וא׳ סַלָּי. Mp. Neh. 12, 20.

סַלְכָה ג׳. סל 3. Deut. 3, 10. Mf.

וּלְסַנְבַלַּט (Neh. 6, 14.) לית. ל׳ 12. Mf.

הַסְּנוּאָה ב׳ א׳ מלא וא׳ חסר וסי׳ וכו׳ קדמא מלא ודין חסר. Neh. 11, 9. (S. 1 Chr. 9, 7.)

סַנָּה לית. Mp. Jos. 15, 49.

וְסַנְסַנָּה לית. Mp. Jos. 15, 31.

סַנְחֵרִב לית חסר. Mp. 2 Reg. 19, 20.

אֶת סִפַּי לית. Mp. 1 Chr. 20, 4.

סְפָרָה לית ומלעיל. 32. או״א 32. ה׳ Mp. Gen. 10, 91. Mf.

כִּסְפָרַד (Ob. 1, 20.) לית. פתח באתנח S. Mf. Ende diesen Art.

סְפַרְוָיִם, כתיב ספרים. Mp. 2 Reg. 17, 31.

וְהַסְּפַרְוִים לית. Mp. 2 Reg. 17, 31.

סַרְגוֹן לית ומלא. Mp. Jes. 20, 1.

סְתוּר לית. Mp. Num. 13, 13.

וְסִתְרִי לית וחד סִתְרִי ומנני. Mp. Ex. 6, 22. (S. Mf. ס׳ 1. או״א 1. ס׳).

ע.

עֶבֶד נְגוֹא. נגוא S.

עַבְדָּא ב׳ כתיב א׳. בן שמוע. Mp. 1 Reg. 4, 6. (S. Neh. 11, 17.)

עַבְדְּאֵל לית. Ex. 6, 25. (S. Mp. Jer. 36, 26.)

עַבְדִּיאֵל לית. Mp. 1 Chr. 5, 15.

---

1) Heid. führt ein Mpt. an, in welchem es heisst: ,(Jos. 2, 10.) כל נביאים וכתובים מלא במ״א חסר כי שמענו, וכל אוריתא דכו׳ חסר במ״ד מלא וסי׳ וכו׳ woraus sich denn das Resultat ergiebt, dass 1) im Pent. es immer def. Waw ist, mit Ausnahme der angegebenen 4 Stellen und 2) es in den übrigen BB. der heil. Schrift immer plene Waw ist, mit Ausnahme von Jos. 2, 10. —

2) Diese Bemerkung ist unrichtig; es muss vielmehr לית heissen, da diese Form nur 1 M. vorkommt. So hat auch Mpt. Erf. ל׳. Zu dem dabeistehenden וְכוּשִׁים bemerkt Mpt. Erf. ב׳ ומשל במכמני, d. h. diese Form kommt 2 M. vor, 1 M. hier (2 Chr. 12, 3.) und 1 M. (Dan. 11, 43.). Der Irrthum ist daher wahrscheinlich, wie auch schon Heid. bemerkt, entstanden, dass das ב׳ חד חסר וחד מלא zu וְכוּשִׁים gehört, zu welchem auch Mp. Dan. 11, 43. bemerkt ב׳ א׳ חסר und ist nur durch Verschiebung (im Drucke?) zu סֻכִּיִּים gezogen worden, wozu לית stehen müsste. —

עַבְדּוֹן ג׳. 1) Mf. עב, 6.

אֶת עַבְדּוֹן לית. (Jos. 21, 30.) Mf. את, 2.

עֲבַדְיָה לית דכו׳ בנביאים וכל שאר נביאים עֹבַדְיָהוּ וכל כתובים עֹבַדְיָה במ״ב עֹבַדְיָהוּ וסי׳. Ob. 1, 1. S. Mp. 2 Chr. 34, 12.?

וּלְעֹבַדְיָה לית. Mp. 2 Chr. 17, 7.

וּלְעֵבֶר ב׳ מבין חדות (S. Mp. Gen. 10, 25. 1 Chr. 1, 19. Gen. l. c.)

אֱלֹהֵי הָעִבְרִים ה׳. אלה S.

וְעֶבְרֹן לית. Jos. 19, 28.

בְּעַבְרֹנָה לית וחסר. מֵעַבְרֹנָה לית וחסר. Mp. Num. 33, 34 und 35.

עֶגְלֹנָה לית וחסר. Mp. Jos. 10, 34.

עֹדֵד ג׳ ב׳ חסר וא׳ מלא. Mp. 2 Chr. 15, 8. 15, 1. 28, 9. S. Mf. ו׳, 61.

עִדּוֹא ג׳ מלא וכו׳ ושאריהון עדו כתבן. Mf. ו׳, 62. עד, 27. (S. מ״ש Zach. 1, 1.) 2)

לְעִדּוֹא, כתיב לעדיא (Neh. 12, 16.) Mf. ו׳, 5. או״א, 80.

עֲדִינָה ב׳ חד כתיב א׳, ב׳ בתרי לישני. Mp. Jes. 47, 9. ibid. 47, 8. (S. Mf. א׳, 22. או״א, 59.)

וַעֲדִיתָיִם לית. Mp. Jos. 15, 36.

עֵדֶן ג׳ פתחין וא׳ וָעֶדֶן. 2 Reg. 19, 12. Ez. 27, 23. Am.*1, 5. Mf. עד, 28. (S. Mf. ו׳, 8. או״א, 15. und Kimchi Michlol Form פֶּעֶל).

עֶדֶן פתח באתנח. (Am. 1, 5.) S. Mf. Ende diesen Art.

עַדְנָא ג׳ אחד כתיב ה׳. Mp. 2Chr. 17, 14. (S. Esr. 10, 30. Neh. 12, 15.) 3)

עַדְנָח לית. 4) Mp. 1 Chr. 12, 21.

וְעַדְעָדָה לית. Mp. Jos. 15, 22.

וּמֵעַוָּא לית כתיב א׳. 5) Mp. 2 Reg. 17, 24.

עוֹבֵד ב׳ מלא וסי׳ וכו׳ וכל ד״ה דכו׳ מלא במ״א חסר וסי׳. 6) (S. מ״ש Ruth 4, 22.) Mf. עב, 5.

מִבְּנֵי עֹבֵד אֱדוֹם (1 Chr. 26, 8.) לית בסיפרא.

עוֹבָל לית. Mf. א׳, 21. או״א, 57.

וְעֹג (לית חסר). 1 Reg. 4, 19. Mf. ו׳, 62.

עוֹג בַּבָּשָׁן ד׳. Deut. 3, 4. Jos. 13, 31. Mf. עו, 1.

אֶת עוֹג, וְאֶת עוֹג לית. S. Mf. את, 3.

הֵנַע וְעִוָּה ב׳ ובסיפרא, איה אלהי חמת. Mp. 2 Reg. 18, 34. 19, 13. (S. Mp. Jes. 37, 13. u. עוה) 7)

---

1) Das ג׳ = 3 ist schwierig, da dieses nomen 8 M. vorkommt und zwar 2 M. als Städte- und 6 M. als Personenname; für jene 2 führt Heid. ein Mpt. an, welches bemerkt: עַבְדּוֹן ב׳ שום קרתא וסי׳ את עבדון ואת מגרשיה (Jos. 21, 30.) וחברו (1 Chr. 6, 59.), doch weiss er die Schwierigkeit nicht zu heben. Mir scheint, dass es ג׳ בנביאים heissen muss; es sind die in Mf. l. c. angeführten 3 Stellen: Jud. 12, 13. 12, 15. und Jos. 21, 30., die 5 anderen Stellen sind: 1 Chr. 6, 59. 8, 23. 8, 30. 9, 36. und 2 Chr. 34, 20. —

2) Wie aus der Aufzählung hervorgeht, muss die Angabe lauten: ג׳ ב׳ מלא d. h. diese Form kommt 3 M. mit Alef am Schluss vor, und zwar 2 M. plene Waw (nach dem Daleth) und 1 M. def. Waw; sonst aber schliesst sie mit Waw. Heid. bemerkt mit Recht, dass Esr. 6, 14. und Neh. 12, 4. die Ausgg. und einige Handschriften עִדּוֹא, (plene Waw und mit Alef am Schlusse) haben, was gegen unsere Mass. ist. —

3) Die Angaben sind verschieden, so dass sogar Mpt. Erf. 2 verschiedene Angaben hat; zu Esr. 10, 30. bemerkt es ג׳ א׳ כתי׳ ה׳ וב׳ כתיב א׳, während es zu 2 Chr. 17, 14. heisst: עדנה ג׳ ב׳ כתיב ה׳ ואחד כתיב א׳, wie unsere Mass. hat. Heid. entscheidet sich für die erste Leseart auf Grund einiger Mpte. und liest Neh. 12, 15. mit Alef. —

4) Die Angabe l. c. ist richtig und hier wird עַדְנָח (am Schluss ein Cheth) gelesen. S. Fürst's W. B. der auch hier (1 Chr. 12, 21. und nicht 20, 20.) mit He am Schlusse liest und den Art. עַדְנָח gar nicht anführt, was gegen die Mass. und Ausgg. ist. —

5) Dies ist nur nach d. Madinchai, was eigenthümlich ist, da die Mass. gewöhnlich den Maarbai folgt. —

6) Die Angabe Mf. l. c. ist fehlerhaft; sie muss nach einem Mpt. bei Heid. so lauten: עובד ב׳ מלא בסיפרא. וסי׳ ותקראנה שמו עובד (Ruth 4, 17.), ובעז הוליד את עובד (ibid. 4, 22.), וכל ד״ה דכו׳ מלא בר מן עבד אדם שכלם חסרים. S. oben zu אֱדוֹם Anmerkung 6. —

7) Das ובסיפרא ist unrichtig; es muss בסיפרא (ohne Waw) lauten, da diese Verbindung noch 1 M. vorkommt Jes. 37, 13. Sie kommt also 3 M. vor, aber in Reg. nur 2 M. = ב׳ בסיפרא. Wenn aber Mp. Jes. l. c. zu der Verbindung als solcher nichts, aber zu הֵנַע bemerkt ב׳ = 2 und zu וְעִוָּה ד׳ = 4, so ist ersteres falsch, denn הֵנַע (wie auch die Verbindung) kommt 3 M. vor; bei וְעִוָּה aber ist richtig ד׳ bemerkt, indem es 3 M. als Nom. propr. in obiger Verbindung und 1 M. als Zeitwort (3 pers. m. prät. Piel mit Waw copulat.) von עוה (Jes. 24, 1.) sich findet. —

וְהָעַוִּים ד׳ ב׳ ר״פ וב׳ מצע׳ 7. עו, Mf. 2 Reg. 17, 31.

עֲוִית ב׳. (S. 1 Chr. 1, 46.) Mp. Gen. 36, 34.

עיות כתיב מוקדם מאוחר (עֲוִית) (1 Chr. 1, 46.). Mf. ר׳, 14. או״א, 91.

עוּץ ג׳ בתורה. (S. Gen. 10, 23. 22, 21.) Mp. Gen. 36, 27.

עוֹרֵב ד׳ מלא. 29. עו, Mf. Jes. 10, 26.

עוּתַי לית. 1) (S. Esr. 8, 14.) Mp. 1 Chr. 9, 4.

עֻזָּא ג׳ כתיב א׳ בנביאים וסי׳ וכו׳ וכל כתובין דכו׳ במ״א. S. Mp. 269. או״א, 5. עז, Mf. 2 Reg. 21, 18. 2 S. 6, 3. 2)

עַזְבּוּק לית. Mp. Neh. 3, 16.

אֶל עַזָּה לית. (S. Mf. אל, 23. או״א, 77.) Mp. Jer. 47, 5.

וְאֵת עַזָּה לית. (S. Mf. את, 1.) Mp. Jer. 25, 20.

וְעַד עַזָּה ב׳. (S. 1 Reg. 4, 24.) Mp. Jos. 10, 41.

עַזָּתָה ב׳. (S. Mf. עז, 6.) Mp. Jud. 16, 1. 21.

לַעַזָּתִים לית. Mp. Jud. 16, 2.

וַעֲזֵקָה (Jos. 15, 35.) פתח באס״ת. S. Mf. Ende diesen Art.

(עזוור) עֲזֻר לית חסר. 62. ו׳, Mf. Mp. Ex. 11, 1.

עֻזִּיאֵל 288. או״א, S. Ex. 6, 18.

וּבְנֵי עֻזִּיאֵל (Ex. 6, 22.) לית. 366. או״א, 9. בן, Mf.

הָעָזִּיאֵלִי ב׳. (S. 1 Chr. 26, 23.) Mp. Num. 3, 27.

עֻזִּיָּה ה׳ וכו׳ וכלהון כתיב ה׳ במ״א כתיב א׳ וסי׳ וכו׳ וכל תריסר דכו׳ עזיה. 3) עז, 5. Mf.

וַעֲזַזְיָהוּ ג׳. Mp. 1 Chr. 15, 21. 27, 20. 2 Chr. 31. 13.

וְעֵזֶר לית. Mp. 1 Chr. 4, 4.

עָזֶר (1 Chr. 25, 31.) לית קמץ. 21. או״א, Lev. 1, 1.

וָעָזֶר לית. Mp. Neh. 12, 42.

עֶזְרָא הַכֹּהֵן ג׳. 4) עז, 13. Mf.

אֶל עֶזְרָא לית. אל, 13. Mf.

עֶזְרָה לית כתיב ה׳. Mp. 1 Chr. 4, 17.

הָעֶזְרִי ג׳ וסי׳ וכו׳ ושארא עֶזְרִי. עז, 14. Jud. 6, 11. Mf.

עֲזַרְאֵל ג׳. עז, 15. Mf.

עֲזַרְיָהוּ ד׳ בנביאים וכו׳ ומן ועזריהו בן עודד (2 Chr. 15, 1.) עד סוף סיפרא דכו׳ במ״א ולו אחים קדמא דפסוק (2 Chr. 21, 2.). עז. 16. 2 Reg. 15, 8. Mf. (S. מ״ש 2 Chr. 31, 10.) 5)

עֲטָרָה לית שום איתתא. Mp. 1 Chr. 2, 26.

---

1) Hier steht wieder, wie das schon oft bemerkt worden in Chr. l. c. ל׳, was aus ב׳ = 2 entstanden ist, denn es kommt nochmals Esr. l. c. vor. —

2) Die Angabe in Mf. ist uncorrect und muss nach 2 Reg. l. c. verbessert werden. Unsere Ausgg. haben 1 Chr. 6, 14. עֻזָּה mit He am Ende, was gegen unsere Mass. wäre; sogar führt Heid. ein altes Mpt. an, das zu 1 Chr. l. c. bemerkt ב׳ כתיב ה׳ בכתובי׳; dennoch scheint unsere Mass. das Richtige zu haben, indem das Mpt. von 1294 es gleichfalls mit Alef am Ende liest. Aber um den Widerspruch zu verstärken, findet sich, dass dasselbe Mpt. von 1294 zu Reg. l. c. anführt: עזה ג׳ כתיב א׳ בנביאים וסי׳ וכו׳ וכל כתובים דכו׳ במ״ב כתיב ה׳ וסי׳ עוזה אלהים (Ps. 68, 29.) שמעי בנו עזה בנו (1 Chr. 6, 14.). Woraus ersichtlich, dass über עזה (1 Chr. 6, 14.) selbst im Mpt. von 1294 eine doppelte Tradition vorhanden war. Wenn Mp. zu Ps. 68, 29. und או״א, 269. zu עֻזָּה bemerken: וכל שום בר נש דכו׳, so bezieht sich das weder auf das Waw (nach dem Ain), noch auf das He am Schlusse, sondern auf die Form, die nur 1 M. als Zeitwort, sonst immer als Nom. propr. vorkommt. —

3) Es herrschen über diese Form verschiedene Angaben; doch scheint unsere, welche ה׳ = 5 angiebt und aufzählt, die richtige zu sein, doch ist, wie Heid. bemerkt, auffallend, dass Esr. 10, 21. (וְעֻזִּיָּה) nicht mitgezählt wird; es wären demnach 6.? — Heid. glaubt daher 2 Reg. 15, 13. לַעֲזַרְיָה statt לְעֻזִּיָּה (s. מ״ש daselbst) lesen zu müssen, so dass die Zahl ה׳ = 5 richtig ist. —

4) Dies bezieht sich nur auf die Verbindung dieser 2 Wörter; aber עזרא הכהן הסופר kommt gleichfalls 3 M. vor, was auch die Mp. bemerkt. —

5) Nach dieser Angabe muss das erste in 2 Chr. 23, 1. לַעֲזַרְיָהוּ (mit Waw am Ende) lauten, was gegen unsere Ausgg. ist, die לַעֲזַרְיָה (ohne Waw) lesen? —

עֲטָרוֹת לית מלא בתורה. (1 Num. 32, 3.
ג׳ חסר בלישן. Num. 32, 34. Mf. עט, 4.
(S. מ״ש Num. l. c.)

עַי לית. Mp. Jer. 49, 3.

עַי ב׳ כתיב עיר. Mf. עי, 1. (S. מ״ש Jos. 8, 12. 21.)

וְהָעַי ב׳ קמץ בזקף. Mp. Esr. 2, 28. Neh. 7, 32.

עַיָּה לית. 1 Chr. 7, 28. וְעַיָּה לית. Mp. Neh. 11, 31.
(S. Mf. עי, 1. או״א 1. (עי׳ (2

עִיּוֹן לית (בסיפרא, כצ״ל). ג׳ (1 Reg. (Mp. 2 Chr. 16, 4.)
15, 20. 2 Reg. 15, 29.)

עִילַי לית. Mp. 1 Chr. 11, 29.

עֵילָם ב׳ כתיבין עולם, ויען שכניה בן יחיאל ודין.
M. marg. Jer. 49, 36. (S. Esr. 10, 2. — Mf. י׳, 19.
או״א, 139.)

עֵילְמָיֵא לית. Mp. Esr. 4, 9.

בְּעֵין דּוֹר ב׳. 1 S. 28, 7.

וְעַיִן ח׳ בקריא וסי׳ וכו׳ ה׳ קדמאי שום קרתא. Jos. 19, 21.
Job*24, 15. Esr. 5, 5. 3)

עַיִן רִמּוֹן לית וחד וְעַיִן וְרִמּוֹן. (Jos. 19, 7. und 15, 32.)
Mf. ר׳, 34. או״א, 251, 252 und 253.

עֵינָן. S. חצר

וְהָעֵינָם לית. (Jos. 15, 25.) Mf. עי, 16.

עֵיפַי, כתיב עופי. Mp. Jer. 40, 8. Mf. ר׳, 8. או״א, 81.

עִיר לית שום אנש. 1 Chr. 7, 12.

וְעִיר הַמֶּלַח לית. Mp. Jos. 15, 62.

עִירָם לית וחסר. Mp. Gen 36, 43.
לית שום בר נש ומלא וכל שום קרתא דכו׳.
M. marg. ibid. S. 1 Ch. 1, 54. 4)

עִירוּ לית. Mp. 1 Chr. 4, 15.

עַכְבּוֹר דאוריתא כלהון מלא דד״ה חסר. Mp. Gen. 36, 38.

עָכָר ב׳. Mp. 1 Chr. 2, 7. (1 S. 14, 30. S. Mf. פת, 17.
או״א, 23. Mf. א׳, 22. או״א, 59,

עַלְוָה ג׳ אנ״ך. Gen. 36, 39. Hos. 10, 9. (S. 1 Chr. 1, 51.
und Mf. ו׳, 5. או״א, 80.)

עַלְוָה, כתיב עליה (1 Chr. 1, 51.). Mf. ו׳, 3. או״א, 80.

וּבְנֵי עֵלִי (1 S. 2, 12.) לית. Mf. בן, 9. או״א, 366.

עַלְיָן לית. Mp. 1 Chr. 1, 40. (S. Gen. 36, 33.)

בְּעַלְמֹן לית. מֵעַלְמֹן לית. Mp. Num. 33, 46. und 47.

וְאֶת עַלֶּמֶת (1 Chr. 6, 45.) לית. Mf. את, 1.

וְעֻמָּה לית. Mp. Jos. 19, 30.

עַמּוֹן וַעֲמָלֵק (Jud. 3, 13.) לית וחד וְעַמּוֹן וַעֲמָלֵק.
(Ps. 83, 8.) Mf. ו׳, 33.

וְאֵת בְּנֵי עַמּוֹן (Jer. 25, 21.) ב׳. Mm. Gen. 37, 2.
(S. Ez. 25, 5.)

וּמִבְּנֵי עַמּוֹן (1 Chr. 8, 11.) לית בסיפרא. Mf. בן, 17.

עַמּוֹנִי ה׳ מלא בלישן. Deut. 23, 3.
ו׳ מלא בלישן. 1 S.*11, 1. Neh.*2, 19. 1 Chr.*11, 39.
Mf. עם, 41. (S. מ״ש Neh. 13, 1.) 5)

הָעַמּוֹנִית לית ומלא. 2 Chr. 24, 26. (S. folgenden Art.)

---

1) Das Resultat ist, dass diese Form im Pent. immer def. Waw ist mit Ausnahme von Num. 32, 3.; sonst aber ist sie immer plene (z. B. Jos. 16, 2. ibid. 7.) mit Ausnahme von 3 Stellen, wie Num. 32, 34. angegeben. —

2) Hier folgt die Mass. wieder, wie gewöhnlich den Maarbai, die das Wort עיה getrennt lesen vom vorhergehenden. Nach den Madinchai ist es mit עד verbunden und bildet ein Wort עַדְעַיָּה.

3) Das ח׳=8 in Jos. l. c. ist richtig, woraus aber Job und Esr. l. c. ט׳=9 geworden ist, weil man falsch abgetheilt hat; das dazwischen stehende והנבשן וקדש ואדרעי ist zu streichen und es muss heissen ועין גנים ועין חדה (Jos. 19, 21.) also ב׳ בן wie es Esr. und Job l. c. lautet. Die Form וְעַיִן (mit Waw copulat.) kommt demnach 5 M. als Städtename vor (Jos. 15, 34. 15, 62. 19, 21. [2 M.] und Esr. 5, 5.) und 3 M. als Appellativ von עַיִן, Auge. —

4) Das לית וחסר der Mp. ist ein Fehler und muss wohl, wie in M. marg. לית ומלא heissen. Aber das לית שום בר נש der M. marg. ist schwierig, da es noch 1 M. 1 Chr. 1, 54. vorkommt? Wahrscheinlich ist auch hier ל׳ aus ב׳ irrthümlich entstanden und es soll heissen: ב׳ שום בר נש = 2 M. als Nom. propr. Gen. 36, 43. und 1 Chr. 1, 54. —

5) Das ו׳=6 in 1 S. 11, 1. ist durch eine fehlerhafte Abtheilung entstanden, indem das ויאמר von ושלאחריו אלהם נחש getrennt ist; es gehört dazu und heisst s. v. a. „das darauffolgende.“ Es sind also nur ה׳=5, wie es Deut. 23, 3. angegeben ist. Man sieht hier wieder, wie falsche Abtheilung auf die Zahlangabe Einfluss hatte. —

הָעַמּוֹנִים ג' מלא בלישן׃ Mf. עם, 42. (S. Mp. Deut. 2, 21. **1)**

הָעַמּוֹנָה, כתיב הַעמוני Mp. Jos. 18, 24. (S. Mf. י, 7. או"א, 116.)

עָמוֹק ב' מלא׃ Mp. Neh. 12, 7. 20.

עֲמִיהוּד (2 S. 13, 37.) כתיב עמיחור (בחי"ת) S. Cant. 1, 16. Mf. ח', 1.? או"א, 121. — Wegen des ד' s. Jer. 31, 40. או"א, 122. (S. M. marg. 2 S. 13, 37.)

וְאֶת עֲמָלֵק (1 S. 15, 20.) לית׃ Mf. את, 1.

וּמִדְיָן וַעֲמָלֵק׃ מִדְיָן S.

בַּעֲמָלֵק (1 S. 28, 18.) פתח באתנח? S. Mf. Ende Art. פתח באתנח.

וְהָעֲמָלֵקִי וְהַכְּנַעֲנִי לית׃ Mp. Num. 14, 25. S. Mf. ו, 31. או"א, 253.

(עִמָּנוּאֵל Jes. 7, 14. 8, 8. (S. מ"ש.)

וְעַמְעָד לית׃ Mp. Jos. 19, 26.

וְאֶת עֲמָשָׂא ב' (2 S. 17, 25. 1 Reg. 2, 32.) Mf. את, 6.

(וַעֲמָשָׂא ה') Ein Mpt. bei Heid. 2 Chr. 28, 12. die Stellen sind: 2 S. 20, 8. 10. 12. 17, 25. und 2 Chr. l. c.)

וְלַעֲמָשָׂא ב'׃ 1 Reg. 2, 5. 2 S. 19, 14.

וַעֲמַשְׂסַי לית׃ Mp. Neh. 11, 13.

עָנוּב לית׃ 1 Chr. 4, 8. (בכי"י של נ"ד עגוב בגימל, רו"וה)

וְאֵלֶּה בְּנֵי עֲנָה (Gen. 36, 25.) לית׃ Mf. בן, 10.

וְעָנִי, כתיב ועני Mp. Neh. 12, 9. (S. 1 S. 1, 1. Jer. 1, 1. Mf. ו, 20. או"א, 136.)

וַעֲנַמֶּלֶךְ לית׃ Mp. 2 Reg. 17, 31.

עֲנָנְיָה ב' בתרי לישני, נוב ענניה׃ Mp. Neh. 3, 23. 11, 32.

עָנֵר לית שום קרתא׃ (1 Chr. 6, 55. רו"וה)

עֲנָתֹת לית חסר׃ Mp. 1 Reg. 2, 26.

וְאֶת עֲנָתוֹת (1 Chr. 6, 45.) לית׃ Mf. את, 1.

בַּעֲנָתוֹת קמץ׃ Mp. Jer. 32, 7.

הָעֲנְתֹתִי ב' מלא׃ Mp. 1 Chr. 27, 12. (S. ibid. 11, 28. 12, 3. 2 S. 23, 27.)

וַעֲנְתֹתִיָּה לית׃ Mp. Mpt. Erf. 1 Chr. 8, 24. (ed. Buxt. ו' ?)

עֶפְרוֹן ד' חסר (בלישנא)׃ Gen. 23, 16. 49, 30. Mf. עפ, 3. (S. מ"ש Gen. l. c.)

עֶפְרִין (2 Chr. 13, 19.), כתיב עפרון׃ Mf. י, 8. או"א, 81. (S. Mf. י, 23. או"א, 214.)

בְּעֶצְיוֹן גֶּבֶר (Num. 33, 35.) לית׃ Mf. גב, 17.

מֵעֶצְיוֹן גֶּבֶר (Num. 33, 36.) לית׃ וּמֵעֶצְיוֹן גֶּבֶר לית׃ (Deut. 2, 8.) Mf. גב, 17.

וָעֶצֶם ב' ועיים׃ Jos. 19, 3. S. Jos. 15, 29. auch 1 Chr. 4, 29.

עַצְמוֹנָה ב' א' מלא וא' חסר, דיהושע חסר׃ Mf. עצ, 9.

הָעָצְנִי, כתיב העצנו Mp. 2 S. 23, 8. (S. Mf. ו, 20. או"א, 136. Jer. 1, 1. 1 S. 1, 1.)

עָקוּב לית׃ Mp. Neh. 12, 25. **2)**

וְעֵקֶר לית׃ Mp. 1 Chr. 2, 27.

וְהָעֶקְרֹנִי לית׃ Mp. Jos. 13, 3.

כַּעֲרָב לית׃ Mf. י, 1. או"א, 11. כ'׃

בָּעֶרֶב לית (פתח)׃ Jes. 21, 13. **3)**

בָּעֲרָבִים לית׃ Mp. 2 Chr. 22, 1.

---

1) Die dritte Stelle in Mf. l. c. scheint, wie Heid. bemerkt, corrupt zu sein; denn das angeführte נַעֲמָה הָעַמֹּנִית kommt 3 M. vor. (1 Reg. 14, 21. 31. und 2 Chr. 12, 13.) und zwar in den Ausgg. immer def. Waw; auch kommt nach Mp. 2 Chr. 24, 26. diese Form nur 1 M. plene (daselbst) vor? Man muss daher statt נַעֲמָה lesen: שִׁמְעָת und es ist die Stelle 2 Chr. 24, 26. — Das בלישנא fasst die 3 zusammen, indem 2 ein Mem fin. und eins ein Thaw am Ende hat, sonst sich ähnlich sind. Ein Mpt. hat richtiger: הָעַמֹּנִים ב' מלא und rechnet das העמונית nicht dazu. —

2) Das לית ist schwierig, da dieses Wort ja mehrmals vorkommt; wahrscheinlich bezieht es sich auf die Verbindung mit טַלְמוֹן; es will sagen, dass עַקּוּב auf טַלְמוֹן folgt, kommt nur 1 M. vor; denn ibid. 11, 19. steht erst עקוב und dann טלמון und 1 Chr. 9, 17. heisst es: וְעַקּוּב וְטַלְמוֹן. Besser wäre es, wenn man liest: לית דסמיך. —

3) Von dieser Angabe will Heid. beweisen, dass in ערב (Ez. 27, 21.) das Resch ein Kamez habe (wie es auch Mpte. so haben) gegen unsere Ausgg., die es mit Pathach (עֶרֶב) lesen. Ausserdem hätte es auch alsdann gezählt werden müssen zu Mf. פת, 17. או"א, 23., wo die Formen angegeben sind, welche 1 M. mit Pathach und 1 M. mit Kamez vorkommen, da ערב 2 Chr. 9, 14. entschieden das Resch ein Kam. hat. — Doch ist der Beweis aus unserer Stelle nicht ganz zutreffend, da es hier auf die Form mit Beth (בָּעֲרָב) sich beziehen kann. —

הָעַרְבִיאִים לית מפיק א׳ ומלא׃ Mp. 2 Chr. 17, 11.
S. Mf. א׳, 4. או״א, 198.

בְּנֶגֶב עֲרָד לית׃ Mp. Jud. 1, 16.

לְעֵרִי לית׃ הָעֵרִי לית׃ Mp. Num. 26, 16.

עֲרֹעֵר ה׳ חסר בלישן וסי׳ וכו׳ וכל אוריתא דכו׳ חסרים׃
1 S. 30, 28. 2 Reg. 10, 33. Jes. 17, 2. Mf. ער, 23.
(S. מ״ש Jud. 11, 33. (Anmerkg.) u. Jer. 48, 19. 1)

הָעַרְקִי ב׳ פתח׃ 1 Chr. 1, 15. (S. Gen. 10, 17.)

וַעֲשָׂהאֵל וַעֲשָׂהאֵל לית׃ Mp. 2 S. 2, 18. (S. Mf. ב׳, 14.
או״א, 72.)

עֵשָׂו לית ר״פ׃ Mp. Gen. 36, 2.

וְאֶת עֵשָׂו ב׳׃ Mf. את, 6. (Mal. 1, 3. Jos. 24, 4.)

וּבְנֵי עֵשָׂו לית׃ Mf. בן, 9. או״א, 366. (Deut. 2, 12.)

הִנֵּה עֵשָׂו לית׃ וְהִנֵּה עֵשָׂו לית׃ (Gen. 27, 42. 33; 1.)
Mf. הן, 17.

וְעֵשָׂו ב׳ ובסיפרא (Gen. 27, 30.) ibid. 28, 5. Mf. אב, 23.
או״א, 61.

וְעַשְׁוָת לית׃ Mp. 1 Chr. 7, 33.

עֲשִׂיאֵל לית׃ Mp. 1 Chr. 4, 35. (S. Ex. 6, 25, ?)

עָשָׁן ה׳ שום קרתא׃ Jos. 19, 7. 1 Chr.*6, 59. Mf. עש, 53.

עֵשֶׂק לית וחד ובני עֵשֶׁק אחיו׃ Mp. Gen. 26, 20.
1 Chr. 8, 39. (S. Mf. ס׳, 3. או״א, 52. Cant. 1, 1,
Dan. 1, 1.)

עַשְׁתָּרוֹת, עַשְׁתְּרוֹת כל אוריתא חסר במ״א וסי׳ וכל
נביאים וכתובים מלא במ״א וסי׳׃ Mf. עש, 65.
(S. M. marg. 1 S. 7, 4.? מ״ש Jos. 9, 10.)

וְעַשְׁתָּרוֹת לית׃ Mp. Jos. 13, 31.
וְלַעַשְׁתָּרוֹת לית ומלא׃ Mp. Jud. 2, 13, } S. אֶדְרֶעִי

עִתָּה לית רפי׃ Mp. Jos. 19, 13. (S. Mf. ה׳, 15. או״א, 43.)

אֶת עַתַּי לית׃ (1 Chr. 2, 35.) וְאֶת עַתַּי לית׃ (2 Chr. 11, 20.)
Mf. את, 3.

בְּעַתָּךְ לית׃ Mp. 1 S. 30, 30.

עֲתַלְיָה ז׳ ושאר עֲתַלְיָהוּ׃ 2 Reg. 11, 1. Mf. עת, 10.

עָתְנִי לית׃ 1 Chr. 26, 7.

וָעֶתֶר ב׳ קמצין ובסיפרא׃ Jos. 19, 7.

עַתְרֵי לית׃ Mp. Zeph. 3, 10.

פ׃

(פְּרָאֵל) פְּדַהְאֵל לית (Num. 34, 28.)׃ Ex. 6, 25.
(S. מ״ש und Heid. zu עין הקורא Num. l. c.)

מִפַּדָּן לית קמץ׃ Mp. Gen. 48, 7.

פַּדֶּנָה אֲרָם ד׳׃ Gen. 28, 2. Mf. פד, 2.

וּפוּאָה ד׳ זוגין מתחלפין ולית דכו׳׃ M. marg. 1 Chr. 7, 1.
(S. Gen. 25, 24. 1 Chr. l. c. Mf. א׳, 6. או״א, 201.)

וּפֻוָּה לית׃ Gen. 46, 13. S. vor. Art. und מ״ש Gen. l. c.

וּפוּט וּכְנָעַן (Gen. 10, 6.)׃ פּוּט וּכְנָעַן (1 Chr. 1, 7.)
S. Mf. ך׳, 33.

פּוּטִיאֵל לית׃ Ex. 6, 25.

פּוֹטִי פֶרַע ג׳ ותרין מלין׃ Gen. 41, 45. S. ibid. 46, 20.
(S. מ״ש Gen. 41, 45. und Heid. zu עה״ק ibid.)
Die 3 Stellen sind: Gen. 41, 45. 50. u. 46, 20.

לְפוּל לית׃ Mp. 2 Reg. 15, 19.

פּוּצַי לית׃ Mp. Zeph. 3, 10.

פּוֹרָתָא לית (ומלעיל)׃ Mp. Est. 9, 8. S. Mf. ה׳, 32.
או״א, 32.

וּפֻרָה ב׳ וחסר׃ Mp. Jud. 7, 10. 11. (S. Mm. Jes. 10, 33.)

וְהַפּוּתִי לית׃ Mp. 1 Chr. 2, 53.

וּפִי בֶסֶת לית׃ Mp. Ez. 30, 17.

וּפִיכֹל ד׳ דכ״כ׃ 2) Mf. פי, 1. (? ג׳ רפ״ו)

פִּינְחָס לית ר״פ וכל׳ מלאים במ״א חסר חפני ופנחס
כהנים (1 S. 1, 3.) ונוסף לו יו״ד בקנאו לאלהיו׃
M. marg. Num. 25, 11. או״א, 175. (S. Mp. 1 S. 1, 3.)

---

1) Nach dieser Angabe gehört 2 S. 24, 5. (ויחנו בַעֲרֹעֵר) auch zu den def. Waw, was gegen die Ausgg., auch gegen das Mpt. Erf., das dazu bemerkt: לית ומלא ist. —

2) Mf. l. c. ed. Bomb. hat ג׳ = 3, was richtig ist; das ד׳ = 4 in ed. Buxt. ist unrichtig; er führt auch nur 3 Stellen an. —

פִּינְחָס פִּינְחָס (1 Chr. 5, 30.)· S. Mf. ב׳, 14. או״א, 72. מ״ש 1 Chr. l. c.

וְאֶת פִּינְחָס (Num. 31, 6.) לית· Mf. את, 1.

מִבְּנֵי פִּינְחָס (Esr. 8, 2.) לית ר״פ בסיפרא· Mf. בן, 15.

פִּיתוֹן ה׳ (1 Chr. 8, 35.)· 1) S. M. marg. 1 Chr. 9, 41.

פִּתֹם לית וחסר (דחסר)· Mp. Ex. 1, 11.

פִּלְדָּשׁ לית· Mp. Gen. 22, 22.

פִּלְחָא לית· Mp. Neh. 10, 25. (S. Mf. ח׳, 3.)

פִּלְטָי לית· Mp. Neh. 12, 17.

פְּלַטְיָהוּ (Ez. 11, 1.) לית· וּפְלַטְיָהוּ לית· Mp. ibid. 11, 3. (S. Mf. פ׳, 1. או״א, 1. פ׳.).

פָּלָל לית· Mp. Neh. 3, 25.

פְּלַלְיָה לית· Mp. Neh. 11, 12. (Mpt. Hamb. ebenso).

פִּלְנֶסֶר· S. Mp. 1 Chr. 5, 26. Mm. 2 Reg. 16, 7. או״א, 199. Anmerkung.

הַפְּלֹנִי לית חסר· Mp. 1 Chr. 11, 36.

הַפְּלוֹנִי מלא· Mp. 1 Chr. 27, 10. (S. ibid. 11, 27.)

פִּלְאֶסֶר (לית בלא א׳)· Mm. 2 Reg. 16, 7. Mf. א׳, 5. או״א, 199.

אֶל פְּלִשְׁתִּים לית· Mp. 2 S. 2, 18.

וּמִן פְּלִשְׁתִּים ב׳· Mp. Jud. 10, 11. (S. auch 2 Chr. 17, 11.)

שָׁם הַפְּלִשְׁתִּים (2 S. 21, 12.) תנינא נסבי מקדמיתא· Esr. 4, 12. או״א, 102.

שָׂרֵי פְלִשְׁתִּים ו׳ (ושארא סרני פלשתים)· 1 S. 18, 30. Mf. כל, 19.

הַפְּלִשְׁתִּים ח׳ בקריא וחד וְהַפְּלִשְׁתִּים· 1 S. 17, 51. 2 S. 5, 19. 2 Chr. 21, 16. Mf. פל, 18.

כַּפְּלִשְׁתִּים לית (Jes. 2, 6.)· Mf. כ׳, 2. או״א, 19.

וּבַפְּלִשְׁתִּים ב׳, ויבנה ערים· Mp. 2 Chr. 26, 6. 1 S. 14, 47. Mf. ב׳, 8. או״א, 62.

פֶּלֶת ב׳· Mf. פל, 20.

פְּנוּאֵל ח׳· 2) Gen. 32, 31. Jud. 8, 8. Mf.* פנ, 8.?

פְּנִיאֵל לית· Ex. 6, 25. Joel 1, 1. Mf. א׳, 20. או״א, 56. Mf. ו׳, 23. או״א, 214.

וּפְנוּאֵל, כתיב וּפניאל (1 Chr. 8, 25.)· Mf. ו׳, 5. או״א, 80.

בְּפַס דַּמִּים לית· ב׳ דגשים, באפס· Mp. 1 Chr. 11, 13. (S. Mf. א׳, 11. או״א, 6. ב׳, 6. או״א, 36.) 3)

פָּסַךְ לית· Mp. 1 Chr. 7, 33.

וּפִסְפָּה לית· Mp. 1 Chr. 7, 38.

פָּעִי לית· Mp. 1 Chr. 1, 50.

פַּעֲרַי לית· Mp. 2 S. 23, 36.

וּבֵית פַּצֵּץ לית· Mp. Jos. 19, 21.

דִּבְרֵי פֶקַח לית· Mp. 2 Reg. 15, 31.

וְאֶת פֶּקַח ו׳ בטעם מטעין· לית· Mp. 2 Reg. 15, 37. Mf. את, 1.

עַל פֶּקַח לית· Mp. 2 Reg. 15, 30.

וּלְפֶקַח לית· Mf. ל׳, 12.

פְּקוֹד ב׳ מלא· Mp. Jer. 50, 21. Ez. 23, 23. S. פקד

לַפַּרְבָּר ב׳ ובפסוק· Mp. 1 Chr. 26, 18. Mf. ב׳, 13. או״א, 58.

פְּרוּדָא לית· Mp. Esr. 2, 59. S. Neh. 7, 57.

וְהַפָּרָה (Jos. 18, 23.) לית· S. Mf. ה׳, 18. וא׳, 2. 1 Chr. 3, 20. Mf. ר׳, 3. או״א, 9.

פָּרוּחַ לית· Mp. 1 Geg. 4, 17.

פַּרְמַשְׁתָּא לית מלעיל· (או״א, 84. Mf. ה׳, 32. או״א, 32.) ר״יש ות״יו קטנה S. מ״ש Est. 9, 9.)

1) Das ה׳=5 zu 1 Chr. 8, 35. muss wohl in ב׳=2 umgeändert werden, wie es ibid. 9, 41. die Mp. hat. Letzteres ist def. Waw, wie es M. marg. anführt. Heid. führt eine Angabe an, die ausdrücklich zu 1 Chr. 8, 35. bemerkt: ב׳ דין מלא וחד חסר· —

2) Das ט׳=9 der Mf. l. c. ist in ח׳=8 umzuwandeln, theils weil auch nur 8 Stellen angeführt sind, theils weil Mp. zu den verschiedenen Stellen wie auch Mpt. Hamb. zu Jud. 8, 8. richtig ח׳ angeben. Das achte (ויבן את פנואל 1 Reg. 12, 25.) ist unrichtig, weil es schon einmal als sechstes (ויצא משם) gezählt wird. Mpt. Hamb. hat es nicht, rechnet aber als achtes ופנואל בני ששק ויפדיה (1 Chr. 8, 25.), was richtig ist, da die Mass. dem קרי folgt und letzteres ופנואל (mit Waw) gelesen wird (s. unten diesen Art.). Mpt. Hamb. schliesst den Art mit: וחד פְּנִיאֵל s. den folgenden Art. —

3) Das ב׳ דגשים bezieht sich auf דַּמִּים d. h. diese Form mit Dagesch im Mem kommt 2 M. vor und zwar 1 M. hier mit בפס davor und 1 M. mit בְּאֶפֶס davor (1 S. 17, 1.). Sonst heisst es דָּמִים. —

מָדַי וּפָרַס לית (ושארי באסתר פָּרַס וּמָדָי)׃ Mp. Est. 10, 3.

הַפַּרְסִי לית וא׳ משפחת הַפַּרְצִי. Mp. Neh. 12, 22.

פַּרְעֹה ב׳ ר״פ. Mp. Gen. 41, 10. 1 Reg. 9, 16.

וְאֶל פַּרְעֹה לית׳ .85 ,או״א 14 ,אל Mf.

וְחֵיל פַּרְעֹה לית. .31 ,או״א 2. ,ו׳ Mf.

וַיֹּאמֶר פַּרְעֹה ג׳ בטעם (מנח קטן). טעם S.

וַיֹּאמֶר לוֹ פַרְעֹה ב׳ דסמיכי. 1 Reg. 11, 22.

מֵאֵת פַּרְעֹה ב׳. Mp. Ex. 5, 20. Gen. 47, 22.

כְּפַרְעֹה לית. (S. Mf. ,כ׳ 2 ,או״א 19.) Mp. Gen. 44, 18.

לְפַרְעֹה נְכֹה לית (דסמיכי). 20 ,או״א 1 ,ל׳ Mf.

מִפַּרְעֹה מֵעֲבָדָיו וּמֵעַמּוֹ ב׳ דסמיכי. Ex. 8, 27.

וּפַרְעֹה ג׳. .11 ,פר Gen. 41, 1. 1 S. 6, 6. Mf.

פַּרְעָתֹנִי ב׳ חסר. (S. מ״ש 1 Chr. 11, 31.) Mp. 2 S. 23, 30.

וּפַרְפַּר לית. Mp. 2 Reg. 5, 12.

פָּרֶץ לית זקף קמץ. (S. Lev. 1, 1. 21 ,או״א.) Ruth 4, 18.

פָּרֶץ פָּרֶץ לית (מותאמים). 72 ,או״א 14 ,ב׳ Mf.

כְּפֶרֶץ ד׳. .15 ,פר Mp. 2 S. 5, 20. Jes. 30, 13. Job 30, 14. Mf. S. פרץ

וָפֶרֶץ לית. 71 ,או״א 5 ,ו׳ Mf.

הַפַּרְצִי לית. (S. הַפַּרְסִי) Mp. Num. 26, 20.

בַּעַל פְּרָצִים ה׳. פרץ S. Mp. 2 S. 5, 20.

פֶּרֶשׁ ג׳ (חד שום גברא). S. Mal. 2, 3. Mp. 1 Chr. 7, 16.

פַּרְשַׁנְדָּתָא לית ומלעיל. שי״ן קטנה. Mp. Est. 9, 7. 84 ,או״א

פְּרָת קרי ולא כתיב (2 S. 8, 3.). 97 ,או״א Deut. 1, 1.

כל קריא נְהַר פְּרָת בר מיחזקאל נְהַר כְּבָר. Mf. 272 ,או״א 6 ,חילופי קריאה

בִּפְרָת לית. Mp. Jer. 13, 15.

פְּרָתָה ג׳. .19 ,פר Mf.

פְּתוּאֵל לית. Joel 1, 1.

פְּתוֹרָה לית ומלא. Mp. Num. 22, 5.

לִפְתַחְיָה לית. Mp. 1 Chr. 24, 16.

פַּתְרֻסִים ב׳ והסר. Mp. 1 Chr. 1, 12. (S. Gen. 10, 13.)

וּמִפַּתְרוֹס לית. (S. או״א, 18.) Mp. Jes. 11, 11.

צ׳

צְבִיָּה ג׳ ב׳ כתיב ה׳ וחד כתיב א׳. 2 Chr. 24, 1. Mf. צב, 14.

(צְבִים. S. מ״ש zu Gen. 10, 19.)

כִּצְבָאִים לית. Mp. Hos. 11, 8.

הַצְּבָיִם ג׳. .13 ,צב Mf. (S. Mp. Esr. 2, 57.)

הַצְּבָיִים לית. Mp. Neh. 7, 59.

צְבֹעִים לית. Neh. 11, 34. הַצְּבֹעִים לית. Mp. 1 S. 13, 18. S. Mf. ,ה׳ 31 ,או״א 8.

וְאֵלֶּה בְנֵי צִבְעוֹן (Gen. 36, 24.) לית. .10 ,בן Mf.

הַצִּדִּים לית. Mp. Jos. 19, 35.

וּלְצָדוֹק ב׳ א׳ חסר וא׳ מלא. Mp. 1 Chr. 29, 22. 1 Reg. 1, 26. S. Mf. ,ו׳ 62.

צִדְקִיָּה ו׳ וא׳ וְצִדְקִיָּה. (1) 16 ,צד Jer. 27, 12. 49, *34. Mf.

וְאֶל צִדְקִיָּה לית. (Jer. 27, 12.). 85 ,או״א 14 ,אל Mf.

וְאֶת צִדְקִיָּהוּ לית. 1 ,את Mp. Jer. 34, 21. Mf.

וְאֶת בְּנֵי צִדְקִיָּהוּ (2 Reg. 25, 7.) לית. Gen. 37, 2.

כְּצִדְקִיָּהוּ לית. Mp. Jer. 29, 22.

וְצִדְקִיָּהוּ ב׳. Mp. Jer. 36, 13. Jer. 32, 4.

צוֹבָא ב׳ כתיב א׳ ובענין. Mp. 2 S. 10, 8. ibid. 10, 6.

מִצִּבָּה לית חסר. Mp. 2 S. 23, 36.

הַצֹּבֵבָה לית. Mp. 1 Chr. 4, 8.

וְצֹחַר, כתיב יצחר (1 Chr. 4, 7.). 134 ,או״א 15 ,ו׳ S. Mf.

צוֹעַר ג׳ מלא. 24 ,צו Mf.

צֹעֲרָה לית. Mp. Gen. 19, 23.

---

1) Heid. führt diese Angabe auch aus einem Mpt. an, das aber noch folgenden Zusatz hat: וא׳ פליגי ביה הלוך ואמרת אל צדקיה, רונבוכדנאצר מלך בבל (Jer. 34, 2.) למרנחאי אל צדקיהו —

וְצוֹפַר לית ומלא. Mp. Job 2, 11.

צוֹר י׳ מלא בלישן בקריא. Ez. 26, 4. (gehört zu 26, 15.) Mf. צו, 25. (S. מ״ש 1 Reg. 5, 15. Ez. 27, 2. Ps. 87, 4. Aruch Art. צר· החלוץ Th. 2. S. 101 unten.)

עַל צוֹר ב׳. Mf. צו, 26. על, 7. או״א, 87.

וְצִיבָא ב׳ ובסיפרא, תחלקו. Mp. 2 S. 19, 18. ibid. 19, 30. Mf. אב, 23. או״א, 61.

לְצִבָא לית חסר. 2 S. 16, 4.

צִידוֹן ד׳ מלא. Mp. 1 Chr. 1, 13.

עַד צִידֹן לית וחד וירכתו עַל צִידֹן. Mp. Jos. 11, 8. (S. Gen.*49, 27. או״א, 218.)

לְצִידֹן לית. Mp. 1 Reg. 17, 9. (S. Mf. ל׳, 4. או״א, 27.)

צִדֹנִי לית וחסר. Mp. Ez. 32, 30.

וְהַצִּידֹנִי לית וג׳ כ״כ בלישן. Mp. Jud. 3, 3.

צִידֹנִים ה׳ חסר וי״ו בקריא וסי׳ וכו׳. Jud. 18, 7. 1 Reg. 5, 6. Mf. צי, 1. (S. מ״ש Jud. l. c. 1 Reg. 16, 31. 2 Reg. 23, 13. Esr. 3, 7.) 1)

צִידוֹנִים (Deut. 3, 9.) לית ר״פ. (וְצִידוֹנִים לית ר״פ. Mf. ו׳, 27.)

צִדֹנִין לית. Mf. נ׳, 2. או״א, 75.

צִדְנִיֹּת לית וחסר. Mp. 1 Reg. 11, 1.

אֶל צִיּוֹן, עַל צִיּוֹן לית. Mf. אל, 24. או״א, 2.

צִיּוֹן (לית עם וְאֶת). Mf. את, 8. או״א, 79.

וּבְנֵי צִיּוֹן (Joel 2, 23.) לית. Mf. בן, 9. או״א, 366.

וּלְצִיּוֹן ב׳, יאמר. Mp. Zach. 1, 14. s. Ps. 87, 5.

וּמִצִּיּוֹן לית. Ps. 20, 3. או״א, 18.

צִיּוֹנָה לית ומלעיל. Mf. ה׳, 32. או״א, 32.

צִיחָא ג׳ כתיב א׳ ב׳ מלא וא׳ חסר. Neh. 7, 46. *11, 21, Mf. צי, 2. (S. Mp. z. d. St. und Esr. 2, 43.)

כל צִן חסר. סין s. Mp. Num. 27, 14. 33, 36.,

וְאֶת צִקְלַג (1 S. 30, 14.) לית. את, 1. Mf.

בְּצִקְלָג לית קמץ. Mp. 2 S. 1, 1. (S. Mm. Lev. 1, 1. או״א, 21.)

וּבְצִקְלָג לית. Mp. 1 Chr. 4, 30.

לְצִקְלָג לית. Mp. 1 Chr. 12, 1.

וְאֶל צִקְלַג לית (1 S. 30, 1.). Mf. אל, 14. או״א, 85.

צַלְמוֹן ג׳. בְּצַלְמוֹן לית. Mp. Jud. 9, 48. 2 S. 23, 28. Ps. 68, 15.

בְּצַלְמֹנָה לית וחסר. מִצַּלְמֹנָה לית וחסר. Mp. Num. 33, 41. 42.

וְזֶבַח וְצַלְמֻנָּע (Jud. 8, 10.) לית. S. Mf. ו׳, 31. או״א, 253.

וּבְצַלְמֻנָּע לית. Mp. Ps. 83, 12.

בְּצֵלָע לית קמץ. ?Mp. 2 S. 21, 14.

וְצֶלַע לית פתח. ?Mp. Jos. 18, 27.

בֵּן צֶלֶף לית. ?Mp. Neh. 3, 30.

וְלִצְלָפְחָד לית. Mp. Jos. 17, 3.

בְּצֶלְצַח לית. Mp. 1 S. 10, 2. — (פתח באתנח S. Mf. Ende diesen Art.)

וְצִלְּתַי לית קמץ. Mf. פת, 17. 1Chr. 12, 20. (S. ibid. 8, 19.) או״א, 23.?

צְמָרַיִם לית. Mp. 2 Chr. 13, 4. וּצְמָרַיִם לית. Mp. Jos. 18, 23. (S. Mf. צ׳, 1. או״א, 1. צ׳.)

צְנָן לית. Mp. Jos. 15, 37.

צַאֲנָן לית. Mp. Micha 1, 11.

בְּצַעֲנַנִּים ב׳. Mp. Jos. 19, 33. (S. Jud. 4, 11.?) Mf. נ׳, 6. או״א, 58.

הַצְּפוֹנִי ב׳ בתרי לישני מלאים. Num. 26, 15. (S. Mf. א׳, 22. או״א, 59.)

צִפּוֹר. S. צפר

(צִפֹּרָה ג׳ וחסרין. Ex. 2, 21. מ״ש S.)

צְפִי לית. Mp. 1 Chr. 1, 36.

---

1) Ueber die Angabe Jud. 18, 7. s. ausführlich מ״ש daselbst. — Statt ה׳ חסר ו׳ muss es wohl heissen ה׳ חסר oder ה׳ חסר יו״ד. Der Sinn ist: 5 M. kommt diese Pluralform def. Jod (nach dem Zaddi) vor, 1 M. doppelt plene (Jod und Waw); sonst aber immer plene Jod und def. Waw. — Die 5 def. Jod sind: Jud. 18, 7. 1 Reg. 5, 20. 1 Reg. 11, 5. 33. u. Esr. 3, 7. — Das Doppelplene ist: Jud. 10, 12. Hiermit stimmen die Ausgg. überein mit Ausnahme von Jud. 18, 7. wo sie צִידֹנִים (plene Jod) haben, was nach unserer Mass. def. Jod sein muss. Mf. l. c. hat zwar, ד׳ חסרים ו׳, so dass, wenn das Waw in Jod verändert wird, das ד׳=4 richtig u. Jud. 18, 7. plene Jod wäre; doch das Richtige scheint ה׳=5.

צְפִיּוֹן לית ומלא. Gen. 46, 16.

צְפַנְיָהוּ ב׳, כהן. Mp. 2 Reg. 25, 18. Jer. 37, 3.

צְפַת לית, ופתח באתנח. Mp. Jud. 1, 17. (S. Mf. Ende פתח באתנח).

צְפָתָה לית ומלעיל. Mp. 2 Chr. 14, 10. Mf. ה׳, 32. או״א, 32.

צֵר לית וחד צֵד חַיָּה. Jos. 19, 35. (S. Mf. ד׳, 1. או״א, 7.)

צְרֵדָתָה לית וחד צְרֵרָתָה בשתי רש״ין. 2 Chr. 4, 17. (S. Mf. ד׳, 1. או״א, 7.)

צְרֻיָה ג׳ חסר. 2 S. 14, 1. Mf. צר, 6. (S. מ״ש 2 S. 16, 10.)

וּבְנֵי צְרוּיָה (1 Chr. 2, 16.) לית. Mf. בן, 9. או״א, 366.

צְרוּעָה לית. Mp. 1 Reg. 11, 26.

וּצְרִי ב׳ בתרי לישני. Mp. 1 Chr. 25, 3. (S. Mm. Gen. 37, 25. Mf. א׳, 22. או״א, 59.)

הַצָּרְעָתִי לית שום אנש. 1) 1 Chr. 4, 2. (S. 1 Chr. 2, 53.)

צָרְפַתָה ב׳. Mp. 1 Reg. 17, 9. 10. Mf. צר, 10. (S. מ״ש ibid.)

הַצֹּרְפִי לית. Mp. Neh. 3, 31.

צְרֵרָתָה לית. (S. צְרֵדָתָה) Jud. 7, 22.

צֶרֶת (1 Chr. 4, 7.) לית. וְצֶרֶת (Jos. 13, 19.) לית. (S. Mf. צ׳, 1. או״א, 1. צ׳.)

(צָרְתַן ב׳. Jos. 3, 16. מ״ש S.)

ק.

קִבְרוֹת הַתַּאֲוָה מלא. מִקִּבְרוֹת הַתַּאֲוָה מלא. Mp. Num. 11, 34. 35.

מִקַּבְצְאֵל לית. 2 S. 23, 20.

מִן קַבְצְאֵל (1 Chr. 11, 22.) לית. או״א, 197. Ex. 5, 23.

וּבִיקַבְצְאֵל לית. Mp. Neh. 11, 26.

קְדֵמוֹת כל׳ מלא במ״א חסר. Mp. Deut. 2, 27.

וּקְדֵמֹת לית חסר. Mp. Jos. 13, 18. (S. 1 Chr. 6, 64.)

הַקַּדְמֹנִי ג׳ חסר. (S. קדם) Gen. 15, 19. Mf. קד, 5.

וְקֵדָר ג׳. Gen. 25, 13. Mf. קד, 4.

וְאֶת קֶדֶשׁ לית. Mp. 2 Reg. 15, 29. Mf. את, 1.

קֶדְשָׁה ב׳. Mp. Jud. 4, 9. 10.

קָדֵשָׁה ב׳. 2) Mp. Num. 13, 26. (S. Jud. 11, 16. ד׳?)

בִּקְהֵלָתָה לית. Mp. Num. 33, 22.

הַקּוֹהֶלֶת לית ומלא. Mp. Koh. 12, 9. (S. Mf. ו׳ 61.)

קְהָת. S. Gen. 46, 11. und מ״ש ibid.

וּקְהָת וּמְרָרִי ב׳. S. Mp. Ex. 6, 17. Num. 3, 17. Mf. קה, 5.

וּבְנֵי קְהָת עַמְרָם וכו׳ (וסדרם). או״א, 288.

וְלִקְהָת לית. קדמא נסיב וי״ו ובתרא קרחי. Mp. Num. 3, 27. (s. Num. 26, 57.)

מִבְּנֵי הַקְּהָתִי (1 Chr. 6, 18.) לית בסיפרא. Mf. בן, 17.

הַקְּהָתִים ג׳. 2 Chr. 20, 19. Mf. קה, 4. (S. מ״ש ibid.)

וְקוֹעַ לית ומלא. Mp. Ez. 23, 23.

וְקוֹץ ג׳ חד שום אנש. Gen. 3, 18. Ez.*28, 24. Mf. קן, 12. (S. Abth. 1. קוץ. Mp. 1 Chr. 4, 8. ר״ג?) 3)

קוֹרֵא י׳ ומלא. Mp. 1 Chr. 9, 19. (S. 2 Chr. 31, 14.? u. קרא)

קֹרֵא לית חסר שום אנש. Mp. 1 Chr. 26, 1. Mf. ו׳, 62.

---

1) Diese Angabe der Mp. ist erstens in Widerspruch mit Mp. 1 Chr. 2, 53. wo dieselbe bemerkt: לית; zweitens ist sie unrichtig, da dieses Wort 2 M. vorkommt? — Mp. im Mpt. Erf. bemerkt richtig zu beiden ב׳. Man könnte freilich für ל׳ in 1 Chr. 2, 53. ב׳=2 lesen, wie diese Verwechselung oft vorkommt, was aber zu unserer Bemerkung nicht angeht? Auch könnte man לית שום אנש versetzen zu יְזְרְעֶאל ibid. 4, 3., wozu Mpt. Erf. bemerkt ל׳ שום אנש (wie auch das von Heid. angeführte Mpt. von 1294 es hat); aber auch das ist schwierig, da יזרעאל als Männername mehrmals vorkommt, s. z. B. Hos. 1, 4. —

2) Das ב׳=2 ist richtig, wie es auch Mpt. Erf. zu Jud. l. c. hat. Das ד׳ in der gedruckten Mp. zu Jud. l. c. ist falsch — oder es beruhet auf einer unrichtigen Zusammenziehung mit קֶדְשָׁה, s. diesen Art. —

3) Das ר״ג=13 in Mp. 1 Chr. 4, 8. ist Druckfehler und muss ג׳=3 sein, wie es auch daselbst Mpt. Erf. hat. —

קוֹלָיָה לית׃ (1 Mp. Jer. 29, 21. (S. Neh. 11, 7.?)

קוּשָׁיָהוּ לית׃ Mp. 1 Chr. 15, 16.

וּבְנֵי קְטוּרָה (1 Chr. 1, 32.) לית׃ Mf. בן, 9. או״א, 366.

וְקַטָּת לית׃ Mp. Jos. 19, 15.

וְאֶל קַיִן לית׃ Mm. Ez. 44, 25. (Gen. 4, 5. S. Mf. אל, 14. או״א, 85.)

וּבְנֵי קֵינִי (Jud. 1, 16.) לית׃ Mf. בן, 9. או״א, 366.

הַקֵּינִים לית וחד קִינִים׃ Mp. 1 Chr. 2, 55. (S. Mf. ה׳, 31. או״א, 8.

קֵרֹס ב׳ א׳ חסר וא׳ מלא׃ Mp. Esr. 2. 44. (S. Neh. 7, 48.)

לְבֶן קִישׁ לית׃ Mf. ל׳, 1. או״א, 20.

קִישִׁי לית׃ Mp. 1 Chr. 6, 29.

קַלַּי לית׃ Mp. Neh. 12, 20.

וְקֵלָיָה לית׃ Mp. Esr. 10, 23.

קְלִיטָא ג׳׃ Esr. 10, 23. Neh. 8, 7. ibid. 10, 10.
(ג׳ ובסיפרא וכתיב א׳)׃

קְמוּאֵל ג׳׃ Gen. 22, 21. Mf. קם, 21.

בְּקָמוֹן לית׃ Mp. Jud. 10, 5.

קְנַז כל לישן פתח׃ Mp. Gen. 36, 15.

קְנַז (Jud. 3, 11.) פתח בס״פ׃ S. Mf. Ende diesen Art.

וּקְנַז לית פתח (ובס״פ)׃ Mp. Gen. 36, 11. (S. Mp. 1 Chr. 4, 15.? und Mf. Ende diesen Art. 2)

קְעִלָה ד׳ חסר בלישן׃ מ״ש (S. 1 S. 23, 5. Mf. קע, 1. 1 S. 23, 13.)

לְמִשְׁכַּן קֹרַח, מִשְׁכַּן קֹרַח (Num. 16, 24. 27.) ב׳ בענין קדמא נסיב ל׳ ותנינא לא נסיב׃ Mf. ל׳, 15. או״א, 244.

בְּקֹרַח לית׃ Mp. Num. 17, 5.

הַקָּרְחִים ג׳׃ 2 Chr. 20, 19. Mf. קר, 39.

לַקָּרְחִים לית׃ Mp. 1 Chr. 26, 1.

קִרְיַת הָאַרְבַּע ב׳׃ Mp. Gen. 35, 27. s. unten בְּקִרְיַת

קִרְיַת עָרִים ב׳׃ (כל קריא קִרְיַת יְעָרִים במ״ב וכו׳)׃ Mm. Neh. 7, 29. s. Esr. 2, 25.

וְאֶת קִרְיַת לית׃ Mp. Jos. 20, 7. את, 1. או״א

בְּקִרְיַת הָאַרְבַּע לית׃ Mp. Neh. 11, 26.

וְקִרְיַת סַנָּה לית׃ Mp. Jos. 15, 49.

וּקְרִיּוֹת לית׃ Mp. Jos. 15, 25.

בַּקַּרְקֹר לית׃ Mp. Jud. 8, 10.

הַקַּרְקָעָה לית׃ Mp. Jos. 15, 3.

קֶרֶן הַפּוּךְ לית׃ Mp. Job 42, 14.

קַרְתָּה לית׃ Mp. Jos. 21, 44.

וְקִשְׁיוֹן (Jos. 19, 20.) לית׃ קִשְׁיוֹן לית׃ Mp. ibid. 21, 28. S. או״א, 59. Anmerkung.

ר׳

רְאוּבֵן שִׁמְעוֹן לית׃ Mp. Ex. 1, 2.

וְגָד וּרְאוּבֵן (Jos. 18, 7.) לית׃ Mf. ו׳, 31. או״א, 253.

וְלָרְאוּבֵנִי וְלַגָּדִי ב׳׃ Mf. רא, 40. (S. Jos. 1, 12.)

רָאמֹת ג׳ כ״כ׃ Deut. 4, 43. Mf. רא, 41.

רָאמוֹת ג׳׃ Job 28, 18. Mf. רא, 43. (S. oben S. 179. Anmerkung 5.)

וְאֶת רָאמֹת ג׳׃ Deut. 4, 43. Jos. 20, 8. Mf. רא, 44.

וְרֹאשׁ ב׳ ומב׳ לישן׃ Mp. Gen. 46, 21. (S. Mf. א׳, 22. או״א, 59. Mf. ו׳, 5. רא, 50. או״א, 71.?

אֶל רַבַּת (Jer. 49, 2.) לית׃ Mf. אל, 23. או״א, 77.

וְהָרַבִּית לית׃ Mp. Jos. 19, 20.

בְּרִבְלָתָה לית׃ Mp. Jer. 52, 10.

---

1) Das ל׳ zu Jer. l. c. ist wohl wieder irrthümlich aus ב׳ = 2 entstanden, da es 2 M. (hier und Neh. 11, 7.) vorkommt. Merkwürdig ist, dass Mpt. Erf. zu Neh. l. c. ל׳ hat und zu Jer. l. c. nichts bemerkt, was auffallend ist. —

2) Das לית ist schwierig, da es doch auch 1 Chr. 4, 15. so vorkommt. Wahrscheinlich bezieht sich das לית auf den Namen קְנַז mit Waw copulat., denn diese Form in Chr. l. c. ist ganz Eigenname, das Waw gehört zur Form des Namens und ist nicht copulat., s. Raschi und Kimchi daselbst. S. שום שכל Gen. l. c., der statt לית lesen will כל לישנא פתח? Ebenso hat es Mpt. Erf. כ״ל פתח׃ —

אֶל רִבְקָה לית· עַל רִבְקָה לית· Mp. Gen. 27, 11.
Mp. Gen. 26, 7. S. Mf. אל, 24. או"א, 2.

וְאֶת רִבְקָה לית· (Gen. 49, 31.) Mf. את, 1.

וְרִבְקָה ב׳ ר"פ· Mp. Gen. 27, 6. (ibid. 5.)

וּלְרִבְקָה ב׳ א׳ ר"פ וא׳ ס"פ· Mp. Gen. 24, 29. ibid. 26, 35. (S. Gen. 35, 5.) Deut. 1, 1. או"א, 90. Mf. אב, 23. או"א, 61.

אֶת רַבְשָׁקֵה (Jes. 36, 2.) לית· וְאֶת רַבְשָׁקֵה (2 Reg. 18, 17.) לית· Mf. את, 3.

מֵרֹגְלִים לית· (1 Mp. 2 S. 17, 27. (S. das. 19, 32.?)

רַדַּי לית· Mp. 1 Chr. 2, 14.

רַהַב· S. או"א, 205.

וְרוּהֲגָה לית ומלא· Mp. 1 Chr. 7, 34. (S. Mf. ו׳, 30.)

וְרוֹדָנִים לית ומלא דאוריתא וְדוֹדָנִים· Mp. 1 Chr. 1, 7. (S. Mf. ד׳, 1. או"א, 7.)

וְרוֹמַמְתִּי ב׳ ומב׳ לישן· Mf. רם, 5. (S. Mf. א׳, 22. או"א, 59.)

רְזוֹן לית· Mp. 1 Reg. 11, 23.

אֶת רָחָב (Jos. 6, 23.) לית· וְאֶת רָחָב (ibid. 25.) לית· Mf. את, 3.

רְחוֹב ג׳ מלא בקרתא וכל שום גברא דכו׳ במ"ב חסר· Jud. 18, 28. 2 S.*8, 3. 2 S. 10, 6. Mf. רח, 5.

רְחֹבֹת לית חסר (דחסר)· Mp. Gen. 10, 11.

עַל רְחַבְעָם לית· או"א, 76. Mf. על, 3.

רְחֻם ח׳ו׳· Neh. 12, 3. S. Mf. ו׳, 28. (s. ו׳, 62.?)

וְאֶת רָחֵל לית· Mp. Gen. 33, 2. Mf. את, 1.

וְרָחֵל ה׳· Gen. 29, 9. Mf. רח, 7.

רַחַם· רחם S.

רִיבַי ב׳ וחד וִירִיבַי· Mp. 1 Chr. 11, 31. 2 S. 23, 29.

וְרִיפַת לית· Mp. Gen. 10, 3.

רֵכָב וּבַעֲנָה לית וחד וְרֵכָב וּבַעֲנָה· S. Mf. ו׳, 33.

בְּרָכָל לית· Mp. 1 S. 30, 29.

אֶת רָם (Ruth 4, 19.) לית וחד וְאֶת רָם (1 Chr. 2, 9.). Mf. את, 3.

בָּארוּמָה לית ולא קריא הא"לף· Mp. Jud. 9, 41. (S. Mf. א׳, 7. או"א, 103.

רָמַת לית כתיב א׳· Mp. Jos. 19, 8. (S. oben S. 270. Anmerkg. 1.)

הָרָמָתָה ח׳· 1 S. 19, 18. Mf. רם, 18.

עַל רָמוֹת לית· או"א, 76. Mf. על, 3.

בְּרָמוֹת ו׳ כ"כ בקריא· Mf. רא, 42. 2 Chr. 22, 5. S. oben רָאמוֹת.

וְרָמוֹת, כתיב ירמות (Esr. 10, 29.). או"א, 134. Mf. ו׳, 15.

רִמּוֹן ט׳ חסר בלישן· Ex. 28, 33. Num. 33, 19. Mf. רם, 16. S. רמן

וְרֶסֶן ב׳ וא׳ וָרֶסֶן· Mf. רם, 1.

וְאֵלֶּה בְּנֵי רְעוּאֵל ב׳· (Gen. 36, 13. 17.). Mf. בן, 10.

רְעֵלָיָה לית· Mp. Esr. 2, 2.

וְרַעְמָה ג׳ כתיבין ה׳ וב׳ כתיבין א׳· Gen. 10, 7. Mf. רע, 29. 2)

רַעְמְסֵס, רַעְמְסֵס· (S. מ"ש Gen. 47, 11. 1 Chr. 1, 9. Mp. Ex. 1, 12. und עה"ק zu den Stellen und Gen. l. c. 3)

וְרָפָא לית· Mp. 1 Chr. 8, 2.

---

1) Auch hier ist das ל׳ irrthümlich aus ב׳ = 2 entstanden, denn es kommt 2 M. vor, hier und ibid. 19, 32. —

2) Gen. l. c. ist fehlerhaft Job 39, 19. zu den 3 mit He am Ende gezählt, da hier von nom. propr. die Rede zu sein scheint und wirklich Ez. 27, 22. fehlt. Auch ist das וב׳ כתיב׳ א׳, wozu 1 Chr. 1, 9. angeführt wird und zwar ב׳ בפסוק d. h. beide in demselben Verse gegen die Angabe der Mp. daselbst, welche zum ersten bemerkt: לית כתיב א׳, woraus man ersieht, dass das zweite im Verse mit He gelesen werden soll, wie es auch die Ausgg. haben? S. מ"ש daselbst, der beide mit Alef am Ende lesen will, wie unsere Angabe es liest. Wahrscheinlich bezieht sich das לית כתיב א׳ auf וְרַעְמָא (mit Waw copulat.) das nur 1 M. mit Alef am Ende vorkommt, während die 2 anderen וְרַעְמָה Gen. 10, 7. und Ez. l. c. ein He haben, ohne aber das zweite (רַעְמָא ohne Waw) ausschliessen zu wollen, was die Ausgg. missverstanden und daher das zweite mit He druckten. — Was den ersten Fehler betrifft, so will Heid. so lesen ג׳ שום גבר וכתיבי׳ ה׳ וסי׳ וכו׳ וחד בלי׳ אחרינא וסי׳ התלביש צוארו׳ —

3) Heid. stellt fest, dass diese Form als Name einer Stadt (Ez. 1, 12.) mit Pathach des Ain (רַעַמְסֵס), aber als Provinz mit doppeltem Schwa (des Ain und Resch), רַעְמְסֵס geschrieben wird. —

רָפָא ב׳ כתיב ה׳. Mp. 1 Chr. 8, 37. Jud. 19, 9.

לְהָרָפָא ד׳ ב׳ כתיב א׳ ב׳ כתיב ה׳ ב׳ כתיב א׳ ובענין, חברו דשמואל כתיב ה׳. Mp. 1 Chr. 20, 6. u. 7. (S. Mp. 2 S. 21, 20. u. 21.) 1)

רְפָאִים לית ר״פ. Mm. Deut. 2, 12.

רָפוּא. S. Prov. 1, 1. etc. Mf. א׳, 8. או״א, 104.

בִּרְפִידִים ב׳ מלא. Mf. רפ, 7. (S. Ex. 17 1. מ״ש Ex. 19, 2. Num. 33, 15.)

וְרִצְיָא לית. Mp. 1 Chr. 7, 39.

אֶת רְצִין (Jes. 8, 6.) לית וחד וְאֶת רְצִין (2 Reg. 16, 9.). Mf. את, 3.

רִצְפָּה שום אתתא. Prov. 1. 1. Esr. 1, 1. או״א, 261.

וְהָרַקּוֹן לית. Mp. Jos. 19, 46.

רַקַּת לית. Mp. Jos. 19, 35.

רִשְׁעָתַיִם ד׳. ibid. 3, 10. (ב׳ בו) Mp. Jud. 3, 8.

ש

שָׁאוּל וְיוֹנָתָן לית וחד וְשָׁאוּל וְיוֹנָתָן. S. Mf. ו׳, 33.

בְּבֵית שָׁאוּל (2 S. 3, 6.) לית. Mf. בי, 28.

וְגַם שָׁאוּל (1 S. 10, 26.) לית ר״פ בשמואל. Mf. גם, 3.

וַיְהִי אַחֲרֵי מוֹת שָׁאוּל (2 S. 1, 1.) לית. Gen. 25, 11. Mf. הי, 28.

עַל שָׁאוּל ה׳ דסמיכי. Mf. שא, 7. 1 Chr. 12, 19.

שְׁאַלְתִּיאֵל כל כתיביא מפקין א׳ וכל נביאיא לא מפקין א׳ במ״ב. Mm. Hag. 1, 1. Mf. שא, 12.

שַׁלְתִּיאֵל ג׳ ובסיפרא ובענין. Hag. 1, 12.

שֶׁאֱרָה ד׳. (ב׳?) Mp. 1 Chr. 7, 24. (S. Ex. 12, 42. Mf. ב׳, 13. או״א, 58.) 2)

אֶת שְׁבָא (Gen. 25, 3.) לית. Mf. את, 2.

לִשְׁבָאִים לית. Mp. Joel 4, 8. (S. Mf. א׳, 24. או״א, 5.)

שְׁבָט לית. Mp. Zach. 1, 7.

(שָׁבְיָה. 1 Chr. 8, 10. מ״ש (S. ?

וּשְׁבֻאֵל לית חסר. 3) 1 Chr. 26, 24. (S. Mf. ו׳, 28.)

שֶׁבְנָה ב׳ כתיב ה׳. 2 Reg. 18, 26.) מ״ש Mf. שב, 51. (S.

(בְּאֵר) שֶׁבַע וְשֶׁבַע לית דסמיכי. Mp. Jos. 19, 2.

שִׁבְעָה לית שום באר. (לית שום קרתא Mp. Gen. 26, 33. Mpt. Hamb.)

שֶׁבֶר לית שום אנש. Mp. 1 Chr. 2, 48.

הַשְּׁבָרִים לית. Mp. Jos. 7, 5.

שָׁגֵא ג׳. 4) Mp. 1 Chr. 11, 34.

וּבִשְׂגוּב (1 Reg. 16, 34.) כתיב ובשגיב. Mf. י׳, 5. או״א, 80.

הַשִּׂדִּים ג׳. Mp. Gen. 14, 3. 8, 9.

שַׁדְרַךְ. S. Dan. 3, 12.

וְשֹׁהַם ב׳ ומב׳ לישן. Ex. 28, 20. (S. Mf. א׳, 22. או״א, 59.)

וּשְׁוָא, כתיב ושיא (2 S. 20, 25.). Mf. י׳, 5. או״א, 80.

שׁוּבָאֵל ג׳. 1 Chr. 24, 20. (ב׳ בו). ibid. 25, 20.

---

1) Das Resultat der Angaben ist, dass רָפָה 2 M. vorkommt (Jud. 19, 9. und 1 Chr. 8, 37. das erste ist Zeitwort); ebenso kommt הָרָפָה 2 M. vor (2 S. 21, 16. und 18.). — לְהָרָפָה kommt 4 M. vor und zwar 2 M. mit Alef am Ende (1 Chr. 20, 6. und 8.) und 2 M. mit He (2 S. 21, 20. und 22.). —

2) Wenn Mp. 1 Chr. l. c. ד׳ = 4 angiebt, so bezieht sich das auf die Consonanten dieses Wortes, indem 2 M. שֶׁאֱרָה (1 Chr. l. c.) 1 M. שְׁאֵרָהּ (Ex. 21, 10.) und 1 M. שַׁאֲרָה (Lev. 18, 17.) vorkommt; שֶׁאֱרָה aber, wozu obige Mp. bemerkt ist, kommt, wie bemerkt, nur 2 M. (ב׳) vor. —

3) Heid. will nach einigen Handschriften besonders nach Mpt. von 1294 וּשְׁבוֹאֵל (das Beth mit Cholam) lesen; unsere Mp.-Angabe spricht aber für die Ausgg., die das Beth mit Schurek haben; denn würde es mit Cholam gelesen, so müsste es לית וחסר heissen, indem es dann nur 1 M. vorkommt und zugleich def. ist; während חסר bedeutet, dass es sonst plene ist, folglich muss es, wie die anderen (1 Chr. 23, 16. 25, 4.) mit Beth-Schurek stehen. — (Doch kann es sich auf die Form mit Waw beziehen?) —

4) Das ג׳ = 3 ist falsch, da diese Form nur 1 M. vorkommt; das ג׳ bezieht sich vielmehr, wie Heid. richtig bemerkt, auf das dabeistehende Wort הַהֲרָרִי, das 3 M. vorkommt; s. oben diesen Art. —

וְשֹׁבִי לית• — Mp. 2 S. 17, 27.

שֹׁבִי ב׳ חסר וא׳ מלא• — Esr. 2, 42. Neh. 7, 45. 1)

בְּנֵי שׁוֹבָל (1 Chr. 1, 40.) לית בטעם (מנח וז״ק) בעניגא• — Mf. בֶן, 18.

וְאֵלֶּה בְּנֵי שׁוֹבָל (Gen. 36, 23.) לית• — Mf. בֶן, 10.

שׁוֹבֵק לית• — Mp. Neh. 10, 24.

שׁוּחַ לית• — ?Mp. Gen. 25, 2.

הַשֻּׁחִי ב׳ וחסר (חסר, כצ״ל)• — Mp. Job 25, 1. (ibid. 18, 1.)

שׁוּחָה לית שום אנש• — Mp. 1 Chr. 4, 11.

שׁוֹכוֹ, שֹׂכֹה ה׳• (1 S. 17, 1.) (S. מ״ש — Mf. שׂו, 2.

שֹׁמֵר י׳ מלא• Prov. 10, 17. S. Mp. 1 Chr. 7, 32.? (S. שָׁמֵר)

הַשּׁוּנִי לית ומלא• — Mp. Num. 26, 15.

הַשּׁוּנַמִּית ג׳ חסר וי״ו• — 1 Reg. 2, 21. 2 Reg. *4, 36. Mf. שׂו, 3. שֻׁן, 12. 3)

וְשֹׁוֵעַ ב׳• — Ez. 23, 23. (S. Jes. 22, 5.)

שׁוּעָא לית• — Mp. 1 Chr. 7. 32.

וְשֹׁוְשָׁה לית• — Mp. 1 Chr. 18, 16.

שׁוּשַׁן ב׳ פתחין וכל שׁוּשַׁן הַבִּירָה דכו׳• — Mp. Ps. 60, 1. (S. מ״ש 1 Reg. 7, 19.)

שׁוּשַׁנְכָיֵא לית• — Mp. Esr. 4, 9.

וְאֵלֶּה בְּנֵי שׁוּתָלַח (Num. 26, 36.) לית• — Mf. בֶן, 10.

לְשׁוּתָלַח לית• — Num. 26, 35.

הַשְׁתַּלְחִי לית (וחסר)• — Mp. und Mm. 26, 35.

וְשַׁחֲצִימָה, כתיב וְשַׁחְצוֹמָה (Jos. 19, 22.)• — Mf. י, 6. או״א 81.

וְצֶרֶת הַשַּׁחַר לית• — Mp. Jos. 13, 19.

וּשְׁחַרְיָה לית• — Mp. 1 Chr. 8, 26.

וְשַׁחֲרַיִם לית• — Mp. 1 Chr. 8, 8.

מִן הַשִּׁטִּים ב׳, עד הגלגל• — Mp. Micha 6, 5. Jos. 2, 1.

בַּשִּׁטִּים לית• — Mp. Num. 25, 1.

מֵהַשִּׁטִּים לית• — Mp. Jos. 3, 1. Mf. מ׳ 3. או״א, 195.

שִׂטְנָה ב׳ בתרי לישני — Gen. 26, 21. (S. Mf. א׳, 22. או״א, 59.)

שִׁטְרַי (1 Chr. 27, 29.) כתיב מוקדם מאוחר• — Mf. י, 14. או״א 91.

שִׂיאָן לית חסר וי״ו — Mp. Deut. 4, 48. (S. Cant. 1, 1. Dan. 1, 1. או״א, 52.)

וְשִׂיאוֹן ?לית• — S. Cant. 1, 1. Dan. 1, 1. או״א, 52. (S. מ״ש Jos. 19, 19.)

שָׁחוֹר לית כ״ב חסר• — Mp. Jer. 2, 18.

שָׁחֹר לית חסר (דחסר)• — Mp. Jes. 23, 3.

שִׁילֹה לית כ״ב וח׳ כתיב שִׁלוֹ ושארא שֵׁלָה — Gen. 49, 10. Jer. 7, 12. Ps. 78, 60.? Mf. שִׁי, 1.? (S. מ״ש Gen. l. c. ausführlich. Jud. 21, 19. Jer. 7, 12. ibid. 26, 6. 4)

בְּשִׁלֹה לית• — או״א, 19. (S. Mp. Jer. 20, 6.)

הַשִּׁילֹנִי מלא וחסר• — 1 Chr. 9, 5. S. Mf. שִׁי, 2. (מ״ש ausführlich.)

הַשְׁלֵחַ לית וחסר• — ?Mp. Jes. 8, 6.

---

1) Die Angabe Esr. l. c. ist ungenau; sie muss entweder, wie in Neh. l. c., lauten ב׳ = 2 oder ב׳ וחסר, indem diese Form nur 2 M. vorkommt. Mp. Erf. hat zu beiden Stellen ב׳ חסר = ח״ב, was aber wohl ב׳ וחסר, sein soll, wie auch Heid. aus dem Mpt. von 1294 zu Esr. l. c. anführt. —

2) Heid. bemerkt, dass ausser den 5 angeführten Stellen diese Form noch 3 M. vorkommt und zwar Jos. 15, 35 und 48. und in dem oben angeführten 1 S. 17, 1. steht es 2 M., das erste שֹׂכֹה und das zweite שׂוֹכֹה (S. מ״ש daselbst); es giebt also: 2 M. שֹׂכֹה (def. Waw und He am Ende), 3 M. שׂוֹכֹה (plene Waw und He am Ende) und 3 M. שׂוֹכוֹ (plene Waw und Waw am Ende)? Er will daher die obige Angabe so verbessern: שׂוֹכֹה ה׳ כתיבי שֹׂכֹה בה״א ב׳ מנהון ח״ו Vielleicht lässt sie sich so ändern: ח׳ ה׳ כתיבין שׂוֹכֹה, ב׳ מנהון שֹׂכֹה וסי׳ ויאספו שֹׂכֹה (קדמא דפסוק) וכו׳ ונ׳ מ״ו ונ׳ כתיבין שׂוֹכוֹ S. Abth. 1. S. 190, Anmerkung 5. —

3) Die Angabe 2 Reg. 4, 36. ist die richtige; in 1 Reg. 2, 21. fehlt erstlich nach dem Worte חסר der betreffende Buchstabe ו׳, weil man das חסר-def. auch auf das Jod (nach dem Mem) beziehen könnte; aber auch der daselbst angeführte Vers וַיִּמָּצְאוּ אֶת וכו׳ (1 Reg. 1, 3.) ist unrichtig, denn dieses ist plene Waw; es muss dafür, wie 2 Reg. l. c. וַיִּקְרָא אֵל וכו׳ (2 Reg. 4, 36.) stehen, s. Mp. daselbst. —

4) Ueber diese Angabe s. מ״ש Gen. l. c. Das Resultat ist: die Grundform dieses Wortes ist שֵׁלָה (def. Jod und Waw mit He am Ende); 8 M. kommt vor שִׁלֹו (def. Jod mit Waw am Ende); 3 M. (Jud. 21, 21. [2 M.] und Jer. 7, 12.)

שִׁישָׁא לית ומלא. Mp. 1 Reg. 4, 3.

שִׁישַׁק, כתיב שׁוּשַׁק. (1 Reg. 14, 25.) S. Mf. ר', 6. או"א, 81.

בְּשֻׂכּוֹ לית וכתיב ש"ין. Mp. 1 S. 19, 22.

וְאֶל שְׁכֶם ב'. Mp. Gen. 34, 24.

וְאֶת שְׁכֶם ב'. S. Mf. את, 6.

שְׁכֶמָה ו'. Gen. 37, 14. Jud. 9, 1. ibid. 9, 31. 2 Chr. 10, 1. Mf. שכ, 6.

מִבְּנֵי שְׁכַנְיָה (Esr. 8, 3. 5.) ב' ר"פ בסיפרא. Mf. בן, 15.

שִׁכְּרוֹנָה לית (ומלא). Jos. 15, 11.

הַשֵּׁלָנִי לית. Mp. Num. 26, 20.

שִׁלְחִי ג'. ? 1 Reg. 22, 42. 2 Chr. 20, 31.

שַׁלּוּם ג' מלא בנביאים וכל כתובים דכו' במ"ו חסר. 2 Reg. 15, 14. Mf. של, 51. ? (S. Mp. zu den Stellen und מ"ש 2 Chr. 34, 22.)

שְׁלֹמֹה הַמֶּלֶךְ ג' וכו' (ושארא הַמֶּלֶךְ שְׁלֹמֹה). Mf. של, 50.

שְׁלֹמֹה בֶן דָּוִד מֶלֶךְ יִשְׂרָאֵל ג'. Prov. 1, 1. 2 Chr. 30, 26. ibid. 35, 3.

וְאֶת שְׁלֹמֹה (1 Reg. 1, 10.) לית. את, 1. Mf.

כל קריא דִּבְרֵי שְׁלֹמֹה בר ממשלי מִשְׁלֵי שְׁלֹמֹה. Mf. חילופי קריא, 6. או"א, 272.

וּבְנִי שְׁלֹמֹה (1 Reg. 1, 21.) לית וכל קריא שְׁלֹמֹה בְּנִי. Mf. חילופי קריא', 7. או"א, 273.

וַיֶּאֱסֹף שְׁלֹמֹה ב' (1 Reg. 10, 26. 2 Chr. 1, 14.). Mf. אס, 13.

דָּוִד וּשְׁלֹמֹה ה'? Mp. 2 Chr. 11, 17.

נָתָן וּשְׁלֹמֹה לית. (ושארי וְנָתָן וּשְׁלֹמֹה. Mp. 1 Chr. 14, 4. S. 2 S. 5, 14. 1 Chr. 3, 5.

וְלִשְׁלֹמֹה ה'. Mf. של, 50.

שְׁלֹמוֹת ג'. של, 48. Mf.

שְׁלֹמִי ב' חסר בתרי לישני. Mp. Jer. 20, 10. S. Num. 34, 27. Mf. א', 22. או"א, 59.

שְׁלֹמִית ב' כתיב שְׁלֹמוֹת. S. Mf. ר', 19. או"א, 139.

שְׁלוֹמִית לית מלא. Mp. Esr. 8, 10.

שַׂלְמָה לית שום אנש (כתיב ה"א). Mp. Ruth 4, 20.

וְשַׂלְמוֹן לית ומלא. Mp. Ruth 4, 21.

שֶׁלֶמְיָהוּ ג' וסי' וכו' וא' וְשֶׁלֶמְיָהוּ. Jer. 36, 26. Mf. ר', 8. או"א, 15. Mf. של, 53. (S. Anmerkg. des Ben Chajim und מ"ש zu Jer. l. c.

שִׁלֹּן לית. Mp. Neh. 3, 15.

שָׁלִשָׁה ב' חסר (וחסר). Mp. 2 Reg. 4, 42. 1 S. 9, 4. Mf. של, 66.

שַׁלְתִּיאֵל. שְׁאַלְתִּיאֵל S.

שֵׁם שֵׁם ב' דסמיכי. Gen. 11, 10. Mf. ב', 14. או"א, 72. (S. Heid. zu עין הקורא Ex. 3, 4.)

שֵׁם וְחָם (Gen. 9, 18.) לית וחד וְשֵׁם וְחָם (ibid. 7, 13.). Mf. ר', 33.

שֵׁם חָם לית (Gen. 10, 1.). או"א, 252.

שֵׁם וְחָם וָיָפֶת. חָם S.

בְּנֵי שֵׁם לית בטעם (מנח וז"ק) בענינא. Mf. בן, 18.

וְאֶת שֵׁם. שם S. 2. שם, Mf.

וְשֵׁם י"ג ר"פ. (S. שמה) שם, 6. Gen. 2, 13. Mf.

וּלְשֵׁם ה'. Gen. 10, 21. Deut. 26, 19. Zeph. *3, 19. Mf. שם, 1.

וְשַׁמָּא לית כתיב א'. (1 Mp. 1 Chr. 7, 37.

שִׁמְאָה לית. Mp. 1 Chr. 8, 30. (S. מ"ש 1 Chr. 9, 38.)

שְׁמוּאֵל לית בתורה. Mp. Num. 34, 20.

שְׁמוּאֵל שְׁמוּאֵל לית (מותאמים). Mf. ב', 14. או"א, 72.

שִׁלוֹ (plene Jod mit Waw am Ende) und 1 M. שִׁילֹה (plene Jod mit He am Ende). — Ueber Jud. 21, 19. sind verschiedene Lesearten; einige lesen es mit He am Ende, lesen aber dafür 1 S. 1, 9. בְשִׁלוֹ, mit Waw am Ende s. מ"ש. — In 1 S. 14, 3, haben die Ausgg. בְּשִׁלֹה (mit He am Ende), was aber nach unserer Mass. unrichtig ist und בְּשִׁלוֹ (mit Waw) heissen muss. Dass Mp. zu Gen. 49, 10. statt וחד lauten muss 'וח=8 u. s. w. hat schon מ"ש berichtigt. —

1) Heid. glaubt, dass das וְשַׁמָּה 1 Chr. l. c. mit He am Ende zu schreiben sei nach einem alten Mpt., das es mit He liest, und zu welchem die Mass. nichts bemerkt; er bezieht aber das „לית כתיב א"‟ auf das folgende וּבְאֵרָא, wie es jenes Mpt. auch hat. S. oben בְּאֵרָה; er unterstützt diese Ansicht dadurch, dass die Mass. nirgends bemerkt: כל שַׁמָּה כתיב ה' במ"א, woraus zu schliessen, dass dieses Wort immer ein He am Ende hat. —

שְׁמוּאֵל ׀ שְׁמוּאֵל (1 S. 3, 10.) ב׳ זונין כפולין ופסק ביניהון באתנחתא. 242. או״א

אֶל שְׁמוּאֵל לית. 31. אל, Mf.

וְאֶת שְׁמוּאֵל ב׳. 6. את, Mf.

וְהַנַּעַר שְׁמוּאֵל (1 S. 2, 16. ibid. 3, 1.) ב׳ בענינא חד זקיף לרומא וחד נחית לתהומא. Ex. 6, 9. 1 Chr. 18, 1. או״א, 228.

וַיֹּאמֶר שְׁמוּאֵל ו׳ בטעם (מנח וז״ק) בסיפרא (שמואל). Mf. אמ, 83.

שַׁמּוֹת ג׳ ומלא. שמם Mp. und Mm. 1 Chr. 11. 27. S.

הַשְּׁמִידָעִי לית ומלא. Mp. Num. 26, 32.

שַׁמְהוּת לית. Mp. 1 Chr. 27, 8.

שַׁמּוּעַ ב׳, ושובב בני דוד דשמואל. Mp. Num. 13, 4. (2 S. 5, 11.) S. 1 Chr. 14, 4. 1)

אֶת שַׁמַּי (1 Chr. 2, 44.) לית וחד וְאֶת שַׁמַּי (1 Chr. 4, 17.) Mf. את, 3.

שַׁמְלַי כתיב מוקדם מאוחר (שַׂלְמַי) קדמא דסיפרא. Esr. 2, 46. Mf. ו׳, 14. או״א, 91.

שִׁמְעָה, כתיב שמעי (2 S. 21, 21.). Mf. ו׳, 7. או״א, 116.

וּבְנֵי שִׁמְעִי (1 Chr. 23, 10.) לית. Mf. בן, 9. או״א, 366.

עַל שְׁמַעְיָה לית. Mf. על, 3. או״א, 76.

שְׁמַעְיָהוּ ה׳ וכו׳ וכל וּשְׁמַעְיָהוּ דכו׳ במ״א וכו׳. Jer. 26, 20. 2 Chr. 11, 2. Mf. שמ, 107.

רְאוּבֵן שִׁמְעוֹן׃ רְאוּבֵן S.

וְשִׁמְעוֹן ד׳. Gen. 42, 36. 48, 5.

וְשִׁמְעוֹן וְלֵוִי (Gen. 35, 23.) לית. Mf. ו׳, 31. או״א, 253.

לְשִׁמְעוֹנִי ב׳ א׳ חסר וא׳ מלא. 1 Chr. 27, 16. Num. 25, 14.

שִׁמְעַת ב׳. Mp. 2 Chr. 24, 26. S. 2 Reg. 12, 21.

שִׁמְעָתִים לית. Mp. 1 Chr. 2, 55.

וְשָׁמֶר לית. Mp. 1 Chr. 8, 12. (S. מ״ש ibid.)

וְשִׁמְרֹן לית. Mp. Gen. 46, 13.

שִׁמְרוֹן ג׳. Mp. Jos. 11, 1. 12. 20. 19, 15.

הַשִּׁמְרֹנִי לית וחסר. Num. 26, 24.

שֹׁמְרוֹן וּבְנוֹתֶיהָ (Ez. 16, 53.) לית וחד וְשֹׁמְרוֹן וּבְנוֹתֶיהָ (Ez. 16, 55.). Mf. ו׳, 33.

וְשֹׁמְרוֹן ב׳ ובסיפרא. Mp. Ez. 16, 55. ibid. 16, 51. Mf. אב, 23. או״א, 61.

וּמִשֹּׁמְרוֹן ב׳. Mp. Jes. 10, 10. Jer. 41, 5.

שֹׁמְרוֹנָה ג׳. 2 Reg. 14, 14. Mf. שם, 117.

הַשֹּׁמְרֹנִים לית. Mp. 2 Reg. 17, 21.

וּשְׁמִירָמוֹת כתיב מוקדם מאוחר שמרימות. Mp. 2 Chr. 17, 8. S. Mf. ו׳, 14. או״א, 91.

וְשַׁמְשְׁרַי לית. Mp. 1 Chr. 8, 26.

וְהַשֻּׁמָתִי לית. 1 Chr. 2, 53.

בֵּית שָׁן ב׳. Mp. 1 S. 31, 10. 12. Mf. שטה, 6. או״א, 272. S. בית

וְשֶׁנְאַצַּר לית. Mp. 1 Chr. 3, 18.

שְׂנִיר ב׳. Deut. 3, 9. Cant. 4, 8.

מִשְּׂנִיר לית. Mp. Ez. 27, 5.

וּשְׂנִיר לית. Mp. 1 Chr. 5, 23.

וּמִשִּׁנְעָר לית. Mp. Jes. 11, 11.

וּבְנֵי שֵׂעִיר לית, ולית בטעם (מנח וז״ק) בענינא. S. 1 Chr. 1, 38. Mf. בן, 9. או״א, 366. und Mf. בן, 18.

שֵׂעִירָה ג׳. Gen. 33, 14. Jos.*12, 7. Mf. שע, 3.

הַשְּׂעִירָתָה לית. Mp. Jud. 3, 26.

וּבְשַׁעַלְבִים ב׳. Mp. Jud. 1, 35. 1 Reg. 4, 9. S. Mf. ב׳, 8. או״א, 62.

וְשַׁעֲלַבִּין לית. Mp. Jos. 19, 42.

הַשַּׁעַלְבֹנִי ב׳. Mp. 1 Chr. 11, 33. 2 S. 23, 32.

שַׁעֲלִים לית. Mp. 1 S. 9, 4.

שַׁעַף לית. Mp. 1 Chr. 2, 49.

וְשַׁעַף לית. Mp. 1 Chr. 2, 47.

שַׁעֲרַיִם לית וחד וְשַׁעֲרָיִם. 1 S. 17, 52. Jos. 15, 36. Mf. ש׳, 1. או״א, 1. ש.

---

1) Das ב׳ = 2 ist schwierig, da es ja 5 M. vorkommt, wie Heid. bemerkt: Num. 13, 4. 2 S. 5, 14. 1 Chr. 14, 4. und Neh. 11, 17. 12, 18. und warum gerade דשמואל? — Merkwürdig ist, dass auch Mpt. Erf. zu Num. l. c. bemerkt: ב׳ דשמואל. —

שַׁעַשְׁגַז לית. Mp. Est. 2, 14.

שְׁפוֹ לית. רמ"ה Mp. Gen. 36, 23. S.

(שָׁפָט. 1 S. 7, 17. מ"ש S.)

וּשְׁפַטְיָהוּ ג'. Mp. 2 Chr. 21. 2. (S. 1 Chr. 12, 5. 27, 16.)

וְשָׁפָם לית. Mp. 1 Chr. 5, 12.

וְשֻׁפִּם לית וחסר. Mp. 1 Chr. 7, 12.

וּלְשֻׁפִּים לית. Mp. 1 Chr. 7, 14.

בְּשִׁפְמוֹת לית. Mp. 1 S. 30, 28. ?

הַשּׁוּפָמִי לית ומלא. Mp. Num. 26, 39.

וּשְׁפוּפָן לית. Mp. 1 Chr. 8, 5.

עַל שָׁפָן לית. 76. או"א 3. על Mp. 2 Reg. 22, 8. Mf.

שָׁפֶר ג'. (שפר S.) Mp. Num. 33, 23.

שִׁפְרָה ב' ומב' לישן. 59 או"א 22. א' Ex. 1, 15. S. Mf.

שָׁפִיר לית. Mp. Micha 1, 11.

שָׂרָה שם איתתא. 269. או"א S.

אֶל שָׂרָה לית. (וְאֶל שָׂרָה S. unten) 13. אל Mf.

וְאֶל שָׂרָה (Jes. 51, 2.) לית. 85. או"א 14. אל Mf.

וְאֶת שָׂרָה (Gen. 49, 31.) לית. 1. את Mf.

וְשָׂרָה ג'. Gen. 25, 10.

וּלְשָׂרָה ב'. Mp. Gen. 20, 16. 18, 14.

שִׁרְטַי. שִׁטְרַי S.

שָׁרַי לית (שום גבר וס"פ). Mp. Esr. 10, 40.

אֶת שָׂרַי (Gen. 12, 5.) לית וחד וְאֵת שָׂרַי (Gen. 11, 31.).
Gen. 11, 31. Mf. את, 3.

וְשָׂרַי ב' ר"פ בב' לישן. שרר S. M. marg. Jud. 5, 15.
או"א, 59. Anmerkung.

שִׂרְיֹן לית וחסר. Mp. Deut. 3, 9. S. Mf. ס', 1.

וְשִׂרְיוֹן וחד שרון וחסר. Mp. Ps. 29, 6. 1) ס'. 1. או"א

לְשֵׁשְׁבַּצַּר ב'. Mp. Esr. 1, 8. 5, 14.

שָׁשַׁי לית. Mp. Esr. 10, 40.

שֵׁשַׁךְ ב'. Mp. Jer. 25, 26. 51, 41.

וּלְשֵׁת לית. 12. ל' Mf.

שְׁתַר ב' וב' וּשְׁתַר (בווני). Esr. 5, 3.

ת.

וְתַאֲרֵעַ לית. (תַּחְרֵעַ S.) Mp. 1 Chr. 8, 35.

כְּתָבוֹר לית. 19. או"א 2. כ' Mp. Jer. 46, 18. Mf.

תִּבְנִי ג'. Mp. 1 Reg. 16, 21. und 22.

וּבְתַבְעֵרָה לית. Mp. Deut. 9, 22.

תַּדְמֹר, כתיב תמר. (181. או"א S.) Mp. 1 Reg. 9, 18.

וְתִדְעָל לית. 2) Mp. Gen. 14, 1.

תּוּבַל ו' פתח. מ"ש Gen. l. c. (S. 1. תו Gen. 4, 22. Mf.
und ibid. 10, 2.) 3)

תּוֹחַ לית. Mp. 1 Chr. 6, 34.

תֹּחוּ לית. 212. או"א 1. Mp. 1 S. 1, 1.

תּוֹלָע ב' בב' לישן. 4) 3. תו Gen. 46, 13. Mf.

תְּחִנָּה לית שום אנש. 12. Mp. 1 Chr. 4, 12.

תַּחְפַּנְחֵס (Jer. 2, 16.), כתיב תחפנס. (ד' מלין וכו').
S. 2 Reg. 17, 21. 5)

---

1) In Mp. Ps. l. c. muss es heissen: וחד שִׂרְיֹן וחסר, beide werden aber mit Sin gelesen. —

2) Das ל' der Mp. ist, wie oft, aus ב' = 2 entstanden, denn es kommt 2 M. vor, hier und ibid. 9. —

3) Die 6 mit Pathach sind 5 M. nom. propr. und 1 M. ein Zeitwort (Ps. 45, 66.) Wenn Gen. l. c. ראש משך ותובל angeführt wird, so ist das ein Fehler; diese Verbindung kommt 3 M. vor (Ez. 38, 2. 3. und 39, 1.) und zwar immer mit Kam. des Beth. — Mpt. Hamb. hat richtig statt dessen: שם משך תבל (Ez. 32, 26.). — רמ"ה bemerkt, dass תּוּבַל nach der Mass. 4 M. plene Waw (nach dem Thaw) vorkommt und zwar 2 M. im Pent. (Gen. 4, 22.); die anderen 2 sind nach Heid. Jes. 66, 19. und Ez. 27, 13., s. Mp. zu den Stellen. —

4) Die Angaben, sowohl Gen. als Mf. l. c. sind unrichtig; das Wort kommt 5 M. als Nom. propr. (Gen. 46, 13. Num. 26, 23. Jud. 10, 1. 1 Chr. 7, 1. und 2.) vor und 1 M. (Thr. 4, 5.) als Appellativum. —

5) Dass Jer. 2, 16. תחפנחס gelesen werden soll, obgleich nur תחפנס (ohne zweites Cheth) steht, ist Mm. 2 Reg. 17, 21. bemerkt; es gehört nemlich zu den 4 Wörtern in denen Cheth gelesen wird, obgleich es nicht steht. — Wenn aber Heid. bemerkt, dass die Mp. Jer. l. c. unrichtig angiebt ה' חסר בסיפר', da es in Jer. 6 M. vorkommt (Jer. 2, 16. 43, 7. 8. 9. 44, 1. 46, 14.), so hat er irrthümlich diese Bemerkung zu תחפנחס gezogen, denn sie gehört zu יֹשֶׁב in derselben Reihe.

תחפנים ג׳ חד חסר. 1) Mp. 1 Reg. 11, 19. und 20.

ובתחפנחס לית. Mp. Ez. 30, 18.

ותחרע לית וחד (קדמא) ותארע. 1 Chr. 9, 41.

תחת ג׳ שום אנש. Mp. 1 Chr. 6, 22. (S. ibid. 6, 9. u. 7, 20.) Mpt. Hamb. ebenso. 2)

תחתים לית. Mp. 2 S. 24, 6.

ותילון, כתיב ותולון. 1 Chr. 4, 20. S. Mf. ר׳, 6. או״א, 81.

ותימא ה׳ בלישן ד׳ מלא וא׳ חסר. Gen. 25, 15. Jes.* 21, 14. Jer. 25, 23. Mf. תי, 1. תם, 5. (S. מ״ש Job 6, 19. 3)

תימן כל לישני מלא במ״א חסר. Mp. Gen. 36, 15. (S. Job 9, 9. Mf. תי, 2.)

מתימן ג׳. Mf. תי, 2.

תימני לית. 1 Chr. 4, 6.

ותכן ב׳, לבנים. Mp. 1 Chr. 4, 32. (Mf. א׳, 22. או״א, 59.)

תמח ב׳. Mp. Esr. 2, 53. Neh. 7, 55.

תמנה לית. 4) Mp. Jos. 15, 10.

ותמנתה לית בסיפרא וכל קריא דכו׳ במ״א. Mp. Jos. 19, 43. 5)

תמנע כל׳ קמץ במ״א. 6) Mp. Gen. 36, 39.

ותמנע ג׳ מלין פתחין. Mp. Gen. 36, 12. (S. Mf. פת, 16. או״א, 22.) 7)

תמר לית. Mp. Jud. 4, 5.

תנחמת ב׳. Mp. 2 Reg. 25, 23. Jer. 40, 8.

ותפוח ג׳ בתלת לישן ב׳ מלאים וא׳ חסר. Jos. 17, 8. Joel*1, 12. Mf. תפ, 2. או״א, 59. Anmerkg. 8)

תפל לית וחסר. Mp. Deut. 1, 1.

מתפסח לית. Mp. 1 Reg. 5, 4.

כתפת לית. Mf. כ׳, 2. או״א, 19.

תפתה לית. או״א, 74.

תוקהת לית ומלא. Mp. 2 Chr. 34, 22. (S. Mf. ו׳, 30.)

תקוה ב׳ שום אנש. Mp. Esr. 10, 15. 2 Reg. 22, 14.

וכתקע (Jes. 18, 3.), ובתקוע (Jer. 6, 1.) לית. או״א, 4.

מתקוע לית. Mp. Am. 1, 1.

תקועה לית ומלא. Mp. 2 S. 14, 2.

התקועי מלא. Mp. 1 Chr. 27, 9.?

התקועית ב׳ חד מלא וחד חסר. Mp. 2 S. 14, 4. 9. (S. Mf. ה׳, 2. או״א, 64.)

התקועים ב׳ חד מלא וחד חסר. Mp. Neh. 3, 5. 27. (S. Mf. ה׳, 2. או״א, 64.)

ותראלה לית. Mp. Jos. 18, 27.

אל תרהקה לית וחד על תרהקה. Mp. 2 Reg. 19, 9. Jes. 37, 9. (S. Mf. א׳, 24. או״א; 2.)

תרח תרח לית (מותאמים). Mf. ב׳, 14. או״א, 72.

תיריא לית. Mp. 1 Chr. 4, 16.

תרעתים לית. Mp. 1 Chr. 2, 55.

כתרצה לית. Mp. Cant. 6, 3. Mf. כ׳, 2. או״א, 19.

תרצתה לית. Mp. 1 Reg. 14, 17.

תרשישה ד׳ בקריא וחד ותרשישה. Jes. 23, 6. Mf. תר, 2. (S. Mf. ר׳, 10. או״א, 17.)

תתני ב׳ בטעם (תלישא גדולה). Mp. Esr. 6, 6. S. ibid. 5, 3.

---

1) Das ג׳ = 3 bezieht sich auf 1 Reg. 11, 19. und 20., wo der Frauenname תחפניס 2 M. plene (Jod nach dem Nun) und 1 M. (das dritte) def. vorkommt; über die Form תחפנס als Stadtname in Jer. 2, 16. s. vorige Anmerkung. —

2) Es ist auffallend, wie Heid. bemerkt, dass nicht 4 angegeben sind, da es 1 Chr. 7, 20. 2 M., im Ganzen also 4 M. vorkommt. —

3) Das Richtige hat Jes. l. c. In Gen. l. c. ist das vierte unrichtig und muss lauten: את דדן ואת תימא Jer. 25, 23.

4) Das לית ist auffallend, da es ja 2 Chr. 28. 18. nochmals vorkommt und mit Waw copulat. auch Jos. 15, 57.? — Warum ist es nicht zu Mf. ו׳, 6. או״א, 13. gezählt? —

5) Der Sinn ist, dieses Wort kommt im B. Jos. nur 1 M. vor, während es sonst תמנה heisst; in den anderen BB. der heil. Schrift kommt es immer so vor, mit Ausnahme von einer Stelle (2 Chr. 28, 18.) wo es תמנה gelesen wird. —

6) Das במ״א bezieht sich auf Gen. 36, 16. Hieraus will Heid. beweisen, dass ותמנע 1 Chr. 1, 36. mit Kam. gelesen werden muss gegen die Ausgg. —

7) Das ג׳ פתחין וכו׳ in Mp. Gen. l. c. muss ג׳ מלין פתחין וכו׳ lauten s. Mf. u או״א, l. c. indem das ותמנע zu den 50 Wörtern gehört, die nur 1 M. mit Pathach vorkommen. S. vor. Art. —

8) Der Sinn ist, dass die Form ותפוח (mit Waw copulat.) 3 M. vorkommt und zwar 2 M. plene Waw nach dem Pe (Jos. l. c. und Joel 1, 12.) und 1 M. def. (1 Chr. 2, 43.). In der Aufzählung der Stellen ist תפוח והעינם (Jos. 15, 34.) fehlerhaft (da es תפוח ohne Waw copulat. lautet) und muss dafür ותפוח ורקם (1 Chr. 2, 43.) gelesen werden, wie es auch ein Mpt. bei Heid. ausdrücklich hat. —

III. כללים — Allgemeine Zusammenstellungen.

Die Bemerkungen sind geordnet zuerst nach dem Alphabet und dann nach Zahlenverhältniss. Uebersetzung und Erläuterung findet nur bei den Angaben statt, die nicht im Buche אכלה ואכלה vorkommen; bei denen, die im letztern sich finden, wird blos auf dieses verwiesen, da sie daselbst ausführlich besprochen sind.

א״ב.

א.

א״ב מן חד וחד חד א׳ וחד בא׳. או״א ,6 ב׳ ,5 א׳ ,11. Mf. (S. Mf. ג׳ ,1. ה׳ ,16. ס׳ ,4. פ׳ ,2. Prov. 8, 27. Job 28, 9.)

א״ב מן חד וחד חד א׳ וחד ה׳. או״א ,8. א׳ 12. ה׳ ,31. Mf. und 9.

א״ב מן חד א׳ וחד וא׳ ולית דכותי. זוגין א׳ ,13. S. Mf.

א׳, מלין (כ״ג, א׳). Ex. 1, 1. Umschrift. Dan. 8, 10. או״א ,1. ausführlich.

א״ב מן תרין א׳ וחד וא׳. Koh. 11, 9. Dan. 3, 19. Mf. א׳ ,15. (auch ר׳ ,6.) או״א ,13. 1)

א״ב מן ג׳ א׳ וחד וא׳ דלוג. או״א ,15. ו׳ ,8. א׳ ,16. Mf. (s. unten ו׳) וחלופיהון. 2)

א״ב מן ד׳ א׳ וחד וא׳. או״א ,17. ו׳ ,10. א׳ ,17. Mf. S. Ex. 4, 25. 3)

א״ב מן חד חד א׳ וחד לא׳ דלוג ולית דכו׳. Gen. 31, 42. או״א ,10. ל׳ ,7. Mf. 4)

---

1) S. או״א, l. c. Es fehlen: אַכְשָׁף (Jos. 11, 1. 12, 20. und 19, 25.), אֶמְחֶה (Ex. 17, 14. Deut. 9, 14.), גָּלָל (Mp. 1 Chr. 9, 15. und 16.), הֲמוֹנוֹ (S. Jud. 4, 7. Jes. 5, 13.), הַשַּׂהֲרֹנִים (Jud. 8, 21. 26. Jes. 3, 19.), חֲשַׁבְיָהוּ (1 Chr. 26, 30. 2 Chr. 35, 9.), יִדֹּם (Ps. 30, 13. Lev. 10, 3.), יַדּוּעַ (Neh. 10, 22. 12, 11. 22.), יִזְרַחְיָה (1 Chr. 7, 3. Neh. 12, 42.), כַּמָּטָר (S. Mf. מט, 6. u. Prov. 26, 1.), לְאֹם (Prov. 11, 26. Gen. 25, 23.), מְבָרֲכֶיךָ (Mm. Gen. 12, 3.), מִמֵּי (Gen. 9, 11.), נֶחְמָד (Prov. 21, 20. Gen. 3, 6.), נָפִישׁ (Mp. 1 Chr. 1, 31. 5, 19.), שְׁאֵלָתֵם (Job 21, 29. 1 S. 25, 5.), שַׁמָּה (Jes. 23, 13. Jer. 12, 11. 13, 16.).

2) Ueber den Buchstaben ת׳ s. Koh. 7, 19. und Mf. ת׳, 5. und או״א, l. c. Ueber אֲקוּמָה s. oben S. 166, Anmerkung 2; über בֵּרַכְתִּי s. ברך; über חֵרֵשׁ s. diesen Art. oben und besonders Lev. 19, 14. — Warum ist nicht gezählt: נשׂא s. לְמַשָּׂא — נשא s. מַשְּׂאת — חפה s. חָפּוּ — לקח s. oben לְקָחִי — s. Dan. 7, 1. Mf. כת, 6. und Esr. 4, 8. כְּתָב

3) S. או״א, l. c. Es fehlt: אֶחְיֶה s. חיה — בְּחָזְקָה s. חזק — בִּכְתָב s. כתב S. 103, Anmerkung 1. — בְּרָאשֵׁי s. diesen Art. S. 175, Anmerkung 6. — יָצוּק s. צוק oben S. 160, Anmerkung 3. — נָאוָה s. S. 114, Anmerkung 2. — נִדְרֵיכֶם s. Deut. 2, 11. und 12, 6. — נִשְׁקָפָה s. שקף — עֲלָמוֹת s. Mf. על, 76. und Cant. 6, 8. — רַחֲמָה s. Mf. רח, 9. — שְׁמוֹ S. Mf. שם, 33.

4) S. או״א, l. c. In der Anmerkung daselbst ist zu מוֹצָאֵיהֶם nachzutragen: s. Mf. מ׳, 14., wo nur ה׳ זוגין = 5 Wörterpaare u. s. w. angegeben u. daher auch מוֹצָאֵיהֶם ausgelassen ist, wie in או״א daselbst. Vielleicht wird es deswegen nicht gezählt, weil es zu einer anderen Gruppe gehört, s. Lev. 25. 51. או״א, 12. u. Anmerkg. daselbst. — Es fehlt

ב׳

א״ב מן חד וחד חד חסר ב׳ וחד נסיב ב׳ בריש תיבותא׳ Prov. 8, 37. (S. Job 28, 9.) Mf.* ב׳, 5. ה׳, 16. או״א, 6. (S. oben א״ב, 1.)

א״ב מן חד חד בא׳· Gen. 30, 13. Mf.* ב׳, 6. או״א, 36.

א״ב מן חד חד חד בא׳ וחד כא׳· Job. 32, 2. ibid. 34, 7. או״א, 4. (S. unten Buchstaben כ׳).

א״ב מן חד וחד חד כ׳ וחד ב׳· כ׳ S.

א״ב (מן ד׳) ג׳ כ׳ וא׳ וכ׳· א׳ Gen. 33, 11. (S. oben unter ג׳ א׳ וחד וא׳.)

ד׳

א״ב מן חד חד חד ד׳ וחד ד׳· Gen. 36, 38. Prov. 4, 12. Job 41, 13. Mf.* ד׳, 1. או״א, 7. (S. מ״ש Deut. 4, 13. 2 S. 22, 43. Ps. 110, 3. Prov. l. c. 1 Chr. 1, 6. 7.

ה׳

א״ב חד נסיב ה׳ וחד לא נסיב ה׳ (מן חד וחד ומן תרתין תיבותא דלוג קדמא לא נסיב ה׳ ותנינא נסיב ה׳ כצ״ל)· Gen. 22, 3. Zach. 2, 12. Mf.* ה׳, 11. או״א, 3.

א״ב מן חד חד מפיק ה׳ בסוף תיבותא׳ Mf. ה׳, 13. או״א, 42. (S. מ״ש Ez. 22, 24.)

א״ב מן חד חד לעיל וקמץ לפניה משמשין ה׳ בסוף תיבותא׳ Ex. 14, 25. Est. 9, 7. Mf. א׳ 26. ה׳ 32. או״א, 32. 1)

א״ב חד ה׳ וחד וה׳· ה׳ 1. או״א, Gen. 35, 2. Mf. ה׳, 19. (S. unten Artt. מלין und זונין, ר״ח).

א״ב מן חד חד הא׳·
א״ב מן חד חד ה׳ בריש תיבותא בתמיה
Gen. 42, 16.? Mf.* ה׳, 3. או״א, 65. (S. Job*38, 31) und unten ה׳, מלין.

א״ב מן ב׳ ב׳ הא׳ בריש תיבותא׳ Mf. ה׳, 2. או״א, 64.

ו׳

א״ב מן חד וחד וי״ו בריש וקמצין׳ Ex. 9, 15. Est. 8, 15. Mf. ו׳, 5. או״א, 71. 2)

א״ב מן חד חד מן תרתין תיבותא נסבין ו׳ בריש תיבותא וכל קריין לא נסבין ו׳· Mf. ו׳, 2. או״א, 31. (S. מ״ש Micha 2, 2.?)

א״ב מן חד חד מן תרתין תיבותא לא נסבין ו׳ בריש תיבותא דמטעין דלוג׳ Mf. ו׳, 11. או״א, 30. (S. מ״ש Gen. 27, 33. Num. 8, 4. Deut. 29, 10. Jos. 1, 14. 1 S. 9, 10. 2 S. 5, 4. 2 Reg. 4, 42. ibid. 5, 23. Jes. 5, 12. ibid. 58, 8.? 61, 10. 63, 1. Jer. 31, 39. Ez. 34, 31. Hos. 7, 1. 8, 10. Micha 7, 20. Hab. 3, 4. 11. Ps. 115, 1. 1 Chr. 5, 16. 8, 40. 23, 10.)

א״ב מן חד וחד ו׳ בסוף תיבותא׳ Gen. 39, 21. Num. 18, 29. Job 2, 28. ibid. 39, 20. Mf.* ו׳, 12. או״א, 33. 3)

א״ב כתיב ו׳ במצעות תיבותא וקריא י׳ דלוג׳ Mf. י׳, 6. או״א, 81. (S. מ״ש Gen. 39, 20. und 22. Prov. 23, 24. und או״א, 139. Anmerkung.)

---

daselbst אֲבִיטָל und לַאֲבִיטָל s. Mp. 1 Chr. 3, 3. und 2 S. 3, 4. — לְיִרְחָע יַרְחָע 1 Chr. 2, 34. und 35. — יָשְׁבְּקָשָׁה und לְיָשְׁבְּקָשָׁה 1 Chr. 25, 4. und 25. S. auch unten זונין, (ג׳ זונין יחידאין חד ב׳), auch (ג׳ זונין חד י׳ וחד לי׳ —

1) S. או״א, l. c. Warum ist וַיַעֲקֹבָה (1 Chr. 4, 36.) nicht gezählt? — Sollte dies den Accent auf ult. haben, wofür 2 Mpte. bei Heid. sprechen?

2) Ueber וָרֹאשׁ s. או״א, 59., wo es zu ב׳ מב׳ לישן als 2 M. vorkommend gezählt wird. — Mpt. Hal. zählt es nicht. Ueber einzelne Stellen der Mf. l. c. ist (ausser den Druckfehlern) Folgendes zu bemerken: וָדָם kommt in Ez. 4 M. vor (s. Concord. s. v.); sollte die Mass. die anderen mit Schwa des Waw gelesen haben? וָחָי kommt gleichfalls mehrmals vor, wenn nicht die Mf. das וָחָי (Ez. 47, 9.) meint, das zu den Wörtern gehört, die nur 1 M. vorkommen mit Kam. und Sakef s. Lev. 1, 1. etc.; aber dann ist die angeführte Stelle (Deut. 5, 21.) unrichtig. — וַיּוֹר hat Waw mit Pathach? — וָנָסֶךְ (das Nun mit Kam.) kommt nur 1 M. vor l. c., sonst hat das Nun Segol mit vorhergehendem Waw, das Kam. hat. וָעָנָן hat das Waw Pathach. — וָצֶדֶק kommt 4 M. vor, s. Abth. 1 s. v. —

3) S. או״א, l. c. Was die Mf. l. c. betrifft, so ist יקראהו in יִקְרָאוּ zu verändern, wie es auch ed. Bomb. richtig hat. — צִדְקוֹ kommt mehrfach vor; Heid. will dafür צִדְקוֹ (Job 32, 2.) lesen. — תִּתּוֹ kommt, besonders in Jer. mehrmals vor? Heid. führt eine handschr. Mass. an, welche zu Deut. 2, 30. bemerkt: לית וכל ירמי׳ דכו׳ במ״א? או״א, l. c. zählt es nicht. S. auch Mf. א׳, 18. und או״א, 37. wo תִּתְּנוּ, aber nicht תִּתּוֹ gezählt ist. S. או״א, 37. Anmerkung.

א״ב מן ב׳ ב׳ חד נסיב ו׳ וחד לא נסיב ו׳ וכו׳. Job 3,4.
(S. Mf. unter d. betreff. Buchstaben die Paare, von denen eins mit und eins ohne Waw am Anfang vorkommt.) או״א, 1.

א״ב מן ב׳ ב׳ וא׳ וחד א׳. Ex. 39, 3. Mf. ו׳, 7. או״א, 14. 1)

א״ב מן ג׳ וא׳ וחד א׳. Mf. א׳, 16. ו׳ 9.* או״א, 16. 2)

א״ב חד וא׳ וחד והא׳. Mf. א׳, 14. ה׳, *18. וא׳, *2. 1 Chr. *3, 20. או״א, 9.

א״ב מן ב׳ ב׳ וכ׳ בריש תיבותא. Gen. 31, 33.? Mf. ב׳, 8. או״א, 62.

א״ב מן ב׳ ב׳ וה׳ בריש תיבותא. Mf. ה׳, 20. או״א, 63. S. Ez. 21, 15. und M. marg. Gen. 37, 24.

א״ב (מן) וי בריש הו בסוף. Mf. ה׳, 33. וי, 3. Ein alphabetisches Verzeichniss von ein M. vorkömmenden Wörtern, die mit וי anfangen und auf הו ausgehen. 3)

א״ב מן ב׳ ב׳ ויא׳ מלעיל. 2 Chr. 21, 4. או״א, 68.

א״ב מן ג׳ ג׳ קדמא ותנינא קרחי ותליתאה נסיב ו׳. Mf. ה׳, 6. ו׳, 6. או״א, 13. (S. Mf. א׳, 15. Koh. 11, 9 Dan. 3, 19.) 4)

ט.

א״ב מן חד ט׳ וחד וט׳. Gen. 43, 16. או״א, 1. ט׳.

י.

א״ב מן חד וחד י׳ בריש תיבותא. Mf. י׳, 4. או״א, 67. S. auch Mf. י׳, 29.? 5)

א״ב מן ב׳ ב׳ י׳ ברישיהון. Ez. 14, 11. Ps. 67, 2. Mf. י׳, 3. או״א, 66.

א״ב כתיב י׳ באמצע׳ תיבותא וקרינן ו׳ דלוג. Dan. 2, 22. Mf. י׳, 5. או״א, 80. (S. מ״ש 2 S. 13, 32.)

א״ב יו״ד ברישיהון ון בסופיהון. Mf. י׳, 29. (S. Mf. נ׳, 2. או״א, 75.? auch Mf. י׳, 4. או״א, 67. u. vorige Anmerkung, auch Job 15, 12., wo statt יך stehen muss י׳ ברישיה).

כ.

א״ב מן חד חד כ׳ בריש תיבותא. Gen. 38, 11. Num. 15, 12. Ez. 35, 15. Ps. 119, 70. Cant. 1, 5.? Mf.* כ׳. 2. או״א, 19. (S. מ״ש Deut. 20, 2. 1 Reg. 14, 5. 2 Reg. 2, 9. Hos. 9, 1.)

א״ב מן חד וחד חד כ׳ וחד ב׳. Num. 4, 20. Ps. * 71, 9. 89, 37. Prov. 5, 11. Job 32, 2. und 34, 7. Koh. 7, 16. Dan. 4, 5. או״א, 4. (S. מ״ש Prov. l. c.)

א״ב מן ב׳ ב׳ חד מלרע וחד מלעיל כ׳ בריש תיבותא דלוג. Ez. 38, 9. Prov. 12, 4. Mf. כ׳, 1. או״א, 11. (S. Thr. 2, 4.?)

---

1) Warum ist nicht gezählt: וּמִכְרוּ? — וִידַעְתֶּן? s. diesen Art. Abth. 1. s. v. וְנָפִישׁ s. Mp. 1 Chr. 1, 31. 5, 19. — וּשְׁפַטְיָהוּ s. Nom. propr. s. v. — Ueber וְנִבְנָה s. auch Num. 32, 16., wo die beiden וְנִבְנֶה (das Waw mit Schwa) nicht gezählt sind. —

2) S. או״א, l. c. Es fehlen: וְזָרַח, וַיִּמְצָאֵהוּ, וַיָּפֶץ, וְלִשְׁנִינָה, וּמַרְפֵּא, וּמִשְׁמְנָה, וְנוֹסַף, וְנֶחֱרָצָה, וְנִכְבְּשָׁה, וַנִּסְתֶּם, וְסָרָה, וְשָׁמוּ s. über diese Art. Abth. 1. s. v.

3) Diese Angabe, wie auch die Ausführung ist corrupt und wird auch, dies sei beiläufig bemerkt, in או״א nicht angeführt. Das א״ב וי״ו בריש וכו׳ in ed. Bomb. muss lauten: א״ב וי בריש וכו׳; dagegen fehlt in ed. Buxt. das דלוג, welches stehen muss, da der Buchstabe Jod fehlt. — Von den angeführten Wörtern sind folgende falsch: וַיְלַמְּדֵהוּ kommt 2 M. und zwar in demselben Verse (Jes. 40, 14.) vor, s. Mp. daselbst. — וַיְסִירֵהוּ kommt auch 1 S. 18, 13. vor, freilich daselbst def. Jod (nach dem Samech)? — וַיְצַפֵּהוּ kommt mehrmals vor; vielleicht wird es hierhergezogen, weil es im Pent. nur 1 M. vorkommt. — וַיְקַדְּשֵׁהוּ kommt auch Ex. 20, 11. vor? — וַיִּשְׁאָלֵהוּ kommt 3 M. vor, s. שאל; vielleicht wieder, weil es nur 1 M. im Pent. vorkommt. — וַיְשַׁנְאֵהוּ kommt gar nicht vor; wahrscheinlich soll es וַיְנַשְּׂאֵהוּ (Est. 3, 1. s. Mp. daselbst) heissen, dann gehört es aber nicht unter ויש׳, sondern unter וינ׳, u. gehört etwa nach ויניפהו. Heid. bemerkt zu diesen Schwierigkeiten nichts, führt aber eine alte massoretische Handschrift an, welche zu Ez. 31, 9. fragmentarisch die Wörter angiebt, von denen unsere Angabe spricht, wo die oben fehlerhaft angeführten Wörter nicht gezählt, aber 3 andere mehr angeführt werden, nemlich: וַיְחַטְּאֵהוּ (Lev. 9, 15.), וַיַּמְלִיכֻהוּ (2 S. 2, 9.) und וַיִּתְקָעֵהוּ (Ex. 10, 19.); er bemerkt, dass וַיַּמְלִיכֻהוּ (2 Chr. 36, 1.) auch dazu gehört und nur falsches Lesen des Abschreibers hat beide Stellen für eine gehalten und darum habe er eine ausgelassen.

4) S. ausführlich או״א, l. c. Anmerkg. Warum ist nicht angeführt אֶמְחֶה s. Ex. 17, 14.? — כַּמָּטָר s. Mf. מט, 6.

5) S. או״א, l. c. Es scheint, das Mf. י׳, 4. und 29. zusammengehören und aus או״א, 67. geflossen sind, wenngleich auch dann noch manche Schwierigkeit ungehoben bleibt und aus Art. 4 solche, die auf ון ausgehen zu Art 29 gezogen werden müssen. —

ל·

א״ב מן חד חד מלרע ל׳ בריש תיבותא· Num. 10, 31. Mf. ל׳, *4. או״א, 27. (S. Ps. 109, 16. und unten מלין Buchstaben ל׳). 1)

א״ב מן חד חד מן תרתין תיבותא ולית דכו׳ נסבין ל׳ ברישיה· Mf. ל׳, 1. או״א, 20. S. unten Art. שטה

א״ב מן חד חד לא׳ מלעיל דלוג· Mf. ל׳, 3. או״א, 26.

א״ב מן ב׳ ב׳ דלוג מלעיל לא׳· Mf. ל׳, 5. או״א, 28.

א״ב מן ב׳ ב׳ דלוג מלרע לא׳ ברישיה· Mf. ל׳, 6. או״א, 29.

מ·

א״ב חד מ׳ וחד ומ׳· Gen. 41, 32. Mf. מ׳, 5. או״א, 1. מ׳· (S. unten י״ח זוגין).

א״ב מן חד חד ם׳ בסוף תיבותא· Mf. מ׳, 16. או״א, 34.

א״ב מן חד חד חד נ׳ וחד מ׳· S. נ׳

א״ב מן ב׳ ב׳ מ׳ בריש תיבותא· Mf. מ׳, 1. או״א, 69.

נ·

א״ב נו״ן ארוכה בסוף תיבותא ולית דכותי· Job 24, 22. Mf. נ׳, 2. או״א, 75. (S. Prov. 31, 3. Dan. 7, 12.) u. unten נ׳, כ׳ מלין·

א״ב מן חד חד חד נ׳ וחד מ׳ בסוף תיבותא, וכל חד וחד לית דכו׳· Lev. 25, 51. Mf. נ׳, 3. או״א, 12.

ת·

א״ב מן חד חד נסיב תת בריש תיבותא· Mf. תת, 1. Ein alphabetisches Verzeichniss von 1 M. vorkommenden Wörtern, die mit doppeltem Taw (תת) anfangen.

א״ב מן חד חד משמש אב, בג, גד וכו׳· Ex. 2, 20. Mf.* א׳, 18. או״א, 37. (S. Ps. 119, 113.)

א״ב מן חד חד אא, אב, אג וכו׳ וכל חד לית דכו׳· Cant. 3, 9. Mf. א׳, 3. או״א, 35.

א״ב דמשמשין אב״ג בג״ד· Ps. 119, 113. (S. oben א״ב וכו׳ אב, בג, גד וכו׳)

א״ב מן חד וחד משמשין את, בש ריש וסוף ולית דכותהון· Gen. 37, 25. Mf.* א׳, 19. או״א, 38.

א״ב תאומים בפסוק (וכל חד וחד לית דכו׳)· Ps. 93, 1. Cant. 2, 15. Dan. 3, 9. 1 Chr. 29, 5, Mf. ב׳, *14. או״א, 72. 2)

א״ב מן חד חד אֶל דלוג· 2 Reg. 17, 4. Mf.* אל, 23. או״א, 77. 3)

א״ב מן חד חד נסיב עַל· 4) Mf. על, 3. או״א, 76.

א״ב מן חד חד קמץ בזקפא· Lev. 1, 1. Umschrift. ibid. 21, 10. Ruth 4, 18. Mf. קמץ, 4. או״א, 21. (S. מ״ש Jes. 47, 3.) 5)

א״ב מן אֶת ולית מנהון וְאֶת· Mf. את, 8. או״א, 79. (S. מ״ש Num. 21, 14.)

א״ב מן מלין דכתיבין מוקדם מאוחר· Koh. 9, 4. או״א, 91. (S. ס״ב מלין)

א״ב חד בתלים וחד בקריא· Ps. 125, 1. או״א, 60.

---

1) S. או״א, l. c. Warum ist nicht לְיָקִים (1 Chr. 24. 12.), לְצִידוֹן (1 Reg. 17. 9.) gezählt? S. Mp. dazu. —

2) Zu Mf. ist Folgendes zu bemerken: das erste הב הב (nach הנני) in ed. Buxt. muss הֵם הֵם lauten (Jes. 57, 6.). Das „ב׳ בפסוק" zu לרעב לרעב ist ungenau, indem es ג׳ בפסוק sind, da לַמָּוֶת לַמָּוֶת dazu gehört und in demselben Verse (Jer. 15, 2.) sich findet. — Zu מדינה מדינה muss, wie in או״א, hinzugefügt werden „תנינא" = Est. 8, 9., denn ibid. 3, 12. hat das zweite ein Waw copulat. —

3) Warum ist nicht gezählt: אֶל הָעֹמְדִים (Zach. 3, 4.), אֶל בְּאֵר (Gen. 24, 11.), אֶל טוֹב (Jer. 40, 4.), אֶל עַזָּה (Jer. 47, 5.)? —

4) S. או״א, l. c. Wenn עַל בַּעְשָׁא (S. Mp. 1 Reg. 16, 1.) nicht gezählt wird, so folgt die Mass., wie gewöhnlich, den Maarbai, die daselbst אֶל lesen. —

5) Der Sinn ist, dass die angeführten Wörter (ausser mit Athnach und Silluk) nur 1 M. mit Kam. vorkommen; darum ist וַיִּישָׁן (Gen. 41, 5.) gezählt, obgleich es nochmals mit Kam. vorkommt (Gen. 2, 21.), weil es daselbst Athnach hat und daher nicht hierhin gehört; also וַיִּישַׁן mit Sakef nur 1 M. vorkommt, s. oben S. 96, Anmerkg. 1; auch Mf. l. c. Zu אַף, das Tipcha hat s. Mp. 2 Chr. 28, 13. — Warum ist zu Waw nicht וּבְצִקְלַג (1 Chr. 4, 30.) und zu Lamed nicht לְצִקְלַג (1 Chr. 12, 1.) gezählt? S. Mp. daselbst. —

א״ב מן חד וחד חד מלעיל וחד מלרע ולית דכותהון. Koh. 12, 4. Mf. 'א, 24. או״א, 5.

א״ב מן חד וחד חד אֶל וחד עַל. Lev. 4, 12. Ez. 38, 2. Am. 3, 5. Prov. 24, 13. Job 38, 20. Est. 3, 9. Mf. עַל,* 24. או״א, 2. (S. מ״ש 1 Reg. 1, 33.)

א״ב מן חד חד מן ב׳ ב׳ אתיין דלוג קמץ. Lev. 15, 3. Dan. 6, 15. Mf. קמץ, 6. או״א, 40. 1)

א״ב מן חד וחד חד פתח וחד קמץ. Ps. 83, 8. 112, 10. Dan. 7, 8.? Mf.*פת, 17. או״א, 23. (S. מ״ש Ez. 27, 9.) 2)

א״ב מן ב׳ ב׳ ותרויהון בחד פסוק. Ps. 150, 5. Prov. 30, 33. Job 2, 10. 19, 21. Cant. 2, 15. Koh. 9, 9. Esr.*1, 9. 8, 17. Mf.*ב׳, 13. או״א, 58. 3)

א״ב מן ב׳ ב׳ בחד לישן. מ״ש Mf. 'א, 25. או״א, 76. (S. Jes. 58, 2.) 4)

א״ב מן ב׳ ב׳ ותרויהון בב׳ לישני. Mf. 'א, 22. או״א, 59.

א״ב מן ב׳ ב׳ ותרויהון בסיפרא. Gen. 45, 6. Mf. 'א,*23. או״א, 61. 5)

א״ב מן ב׳ ב׳ פתחין דלוג. Mf. פת, 18. או״א, 24. 6)

א״ב מן ב׳ ב׳ מן ג׳ אתין. Gen. 32, 2. Mf.*א׳, 27. או״א, 41. 7)

א״ב מן ל״ב זוגין מן ב׳ ב׳ עַל דלוג. Cant. 7, 5. Est. 4, 5. Mf.*עַל, 7. או״א, 87 8)

א״ב מן ג׳ ג׳ וכל חד וחד לית דכו׳ חד באוריתא וחד בנביאים וחד בכתובים. Mf. 'א, 21. או״א, 57.

א״ב מן ג׳ ג׳ בחד לישן ולית דכותי׳ חד באוריתא וכו׳. Thr. 5, 13. Est. 3, 15. Mf. 'א, 20. או״א, 56. (S. מ״ש Num. 1, 16.) 9)

---

1) S. או״א, l. c. Was die einzelnen Stellen betrifft, so hat יַךְ ein Pathach in d. Ausgg. — Die Stelle zu מַן muss heissen: ישב עולם לפני (Ps. 61, 8.). Das Wesentliche dieser Angabe besteht darin, dass jedes der angegebenen Wörter aus 2 Buchstaben besteht und nur 1 M. vorkommt; das Kam. ist nicht erforderlich, wie auch einige Pathach haben und או״א das Kam. auslässt. — Wenn גָב und אָט gezählt wird, obgleich auch אַט und גַב vorkommt, (S. Mf. פת, 17. או״א, 23.) so ist allerdings das Kam. berücksichtigt, doch ist die Zweibuchstäbigkeit die Hauptsache; warum ist aber רָד (Hos. 12, 1.) nicht mitgezählt, das wie גָב und אָט in Mf. פת, 17. etc. aufgenommen ist? —

2) Mf. פת, l. c. sind folgende Stellen zu verbessern: zu הֲנָחַת muss statt וכדורים gelesen werden: וכדי רם (Dan. 5, 20.), zu לבנת (Jos. 19, 26.) lies statt ועמעד ומשאל, ועמעי ומישאל. Bei סַלְקַת sind die Stellen versetzt und muss erst Dan. 7, 20. (סַלְקַת) und dann ibid. 7, 8. (סַלְקַת) stehen. Bei שְׁנוֹתַי (Jes. 38, 15.) muss אדבר statt תדבר gelesen werden. Warum fehlt וְצִלְּתַי (1 Chr. 8, 19.) und וְצִלְּתָי (ibid. 12, 20.)? —

3) S. ausführlich או״א, l. c. Anmerkung. Daselbst (16a. Z. 34.) ist zu bemerken, dass z. B. דִימוֹן (s. Mp. Jes. 15, 9.), יְהוֹשַׁבְעַת (s. Mp. 2 Chr. 22, 11.), וַיְלַמְּדֵהוּ (s. Mp. Jes. 40, 14.) fehlen. —

4) S. או״א, l. c. und 59. Anmerkg. — Zu Mf. l. c. ist zu bemerken: אָן gehört nicht hierher, es ist בתרי לישני s. או״א, 59. Anmerkg. — ישמעאל (zu וְיוֹשֵׁב) muss ישמע אל (als 2 Wörter) gelesen werden. — זָקֵן gehört nicht hierher; es ist בתרי לישני und gehört zu Mf. 'א, 22. — חֶרֶשׁ und חֲרַשְׁתֶּם ist gleichfalls Mf. 'א, 22. gezählt und gehört nicht hierhin. לְרַגְלֶיךָ ist Deut. 33. 3. def. Jod und Sing. — רֹעָה ist Mf. 'א, 22. gezählt. — Warum ist זֵרוּ s. Zach. 1, 19. und מַגָּל Joel 3, 13. nicht angeführt.? —

5) Gen. l. c. (wo das כ״ב gelesen werden muss ב׳ ב׳) und Mf. fehlt in der Ueberschrift „ואו׳ ברישי׳“, indem hier nur von solchen Wörtern die Rede ist, die mit Waw präfix. anfangen; denn sonst müsste z. B. זֵרוּ, זְקֵנִים (s. Zach. 1, 19. etc. auch gezählt werden. Warum fehlt וּבְהִקָּבֵץ? S. Est. 2, 8. und או״א, 62. —

6) Zu אָשָׁם s. Mm. Num. 5, 7., wo ב׳ פתחין statt ב׳ קמצין zu lesen ist; die Mp. daselbst ist fälschlich zu לַאֲשֶׁר angezeigt; gehört aber zu אָשָׁם. — Ueber בַּהַחַת s. oben s. rad. und Anmerkung dazu. In dem von Heid. in שום שכל zu Gen. 16, 18. angeführten alten Mpt. scheint mir das כ״ב פתחין gelesen werden zu müssen ב׳ ב׳ פתחין. —

7) Diese Angabe steht in Verbindung mit Mf. 'א, 22., indem hier viele gezählt sind, die בב׳ לישן stehen und zu Art. 'א, 22. gehören und auch daselbst angeführt sind z. B. סַלָּה, טָרָף, חֶרֶשׁ etc., doch fehlen wieder viele z. B. מָנָה, נֵצַח etc. — Ausserdem ist die Aufzählung nicht vollständig, so fehlt z. B. בַּקָּשׁ. Der Art. scheint immer nur von jedem Buchstaben 1 Beispiel anführen zn wollen, was freilich auf keine Vollständigkeit Anspruch machen kann. —

8) Zu unserer Bemerkung או״א, 87. s. Mf. עַל, 24. und Job 22, 26., wo ג׳ זוגין עַל דסמיך לש׳ angegeben ist, woraus allerdings hervorgeht, dass dieser Art. auch **alphabetisch** geordnet sein soll. —

9) S. או״א, l. c. und Anmerkung. Für die Mf. d. h. für den Zusatz חד באוריתא חד בנביאים וכו׳ spricht, dass unter 'ע drei von עשׂה angeführt sind, da nach Job 41, 24. etc. ja viele Hapaxlegomena sich finden. — Aber von den

הו״יה

Bemerkungen der Massora zu dem vierbuchstabigen Namen Gottes (Quadrilitterum) in seinen verschiedenen Formen und Verbindungen.

Geordnet: zuerst י״י allein und mit Präfixen; dann in seinen Verbindungen und zwar so, dass zuerst die angeführt werden, in welchen י״י vorangeht, dann, wo es das zweite, dritte u. s. f. Wort ist; jede Abth. ist wieder alphabetisch. Das Quadrilitterum ist immer durch י״י bezeichnet.

וַי״י ב׳ בטעם פזר. (M. marg. Ex. 13, 21. [Jos. 10, 11.]

וַי״י ה׳ ה״פ בספר בראשית. Mf. אד, 35.

וַי״י ז׳ בטעם (רביע) בריש פסוק. טעם S.

וַי״י ח׳ בטעם גרשים. טעם S.

כַּי״י ד׳. 1) Ex. 8, 6. Deut.*4, 7.? Ps.*113, 5. Mf. אד, 28.

מֵי״י ג׳. 2) Mf. אד, 36.

וּמֵי״י ד׳. Prov. 16, 1. 16, 33. 19, 14. 29, 26.

זוגין מתחלפין קדמא אֱלֹהִים תניא י״י. זוגין S.

י״י אֲדֹנֵינוּ ג׳ דסמיכי. Ps. 8, 2. Mf. אד, 122.

י״י אֱלֹהִים, אֲדֹנָי יֱיִ, יֱיִ אֲדֹנָי. Gen. 15, 18. Deut. 3, 24. 9, 26. 2 Reg. 19, 19. Ps.*69, 7. 71, 5. 140,*8. Mf. אד, 26. (S. מ״ש Gen. 15, 2.) 3)

י״י הָאֱלֹהִים י׳ דסמיכי. Jos. 22, 34. Mf. אד, 37.?

י״י אֱלֹהֵי אֲבוֹתָם ד׳. Jud. 2, 12. Mf. אד, 39. (S. אלהי אבותם)

י״י אֱלֹהֵי הַשָּׁמַיִם ו׳ בלישן. Gen. 24, 4. Mf. אד, 38.

י״י אֱלֹהֵי צְבָאוֹת י״ב. 4) Am. 5, 15. Mf. אד, 112.

י״י אֱלֹהֵי צְבָאוֹת אֱלֹהֵי יִשְׂרָאֵל ג׳. S. Am. 5, 15.

י״י אֱלֹהֶיךָ ו׳ וכל סופי פסוקים דכו׳ במ״א (Am. 9, 15.). Jer. 2, 19. Zeph. 3, 17. Mf. אד, 27. 5)

י״י אֱלֹהָיו עִמּוֹ ד׳ דסמיכי. אלה S.

י״י אֱלֹהֵיהֶם ד׳ (בתורה?). 6) Ex. 10, 7. Mf. אד, 115.

י״י שְׁמוֹ ו׳ (ד׳ כצ״ל). 7) Mf. אד, 34.

כַּי״י אֱלֹהֵינוּ ד׳. Deut. 4, 7. (S. oben Anmerkg. 1.)

---

angeführten 3 von עֹשֶׂה findet sich je eins im Pent., eins in den BB. der Proph. und eins in d. Hagiogr. Auch אַשּׁוּרִים Gen. 25, 3. spricht für die Mf., weil es ja noch ein M. in Ez. 27, 6. vorkommt, s. Mp. daselbst. — Warum ist nicht gezählt: כְּבַלַּע (Num. 4, 20.), בְּבַלַּע (Hab. 1, 13.) und בַּלַּע (Ps. 55, 10.)? —

1) Deut. 4, 7. ist das Schlagwort כי״י אלהינו unrichtig; das ד׳=4 bezieht sich nur auf כי״י; mit אלהינו verbunden kommt es nur 3 M. vor. Mf. l. c. ed. Buxt. ist irrthümlich בי״י (mit Beth) statt כי״י (mit Kaf) gesetzt. —

2) Es sind viel mehr als 3, z. B. Num. 32, 32. Thr. 2, 9. —

3) Mf. אד, 26. muss nach Heid. lauten ח׳ כתיבין כן ד׳ מנהון בתורה וד׳ בכתובים וכו׳. S. auch Mf. אד, 23. ed. Buxt. am Ende. Wenn daselbst zu den 5 M. י״י אֱלֹהִים in den BB. der Proph. auf 2 Reg. 19, 19. hingewiesen ist, so finden sie sich daselbst nicht und ist nur wieder auf Mf. verwiesen. Heid. führt sie aus einem Mpte. an; sie finden sich in 2 S. 7, 22. 25. 2 Reg. 19, 19. Jer. 10, 10. und Jona 4, 6. Zu den 5 M. אֲדֹנָי יֱיִ s. Ps. 140, 8., wo das: וחד אֲדוֹנָי מלא zu streichen ist, da es nicht hierhin gehört. — Das Resultat über diese Verbindung ist, dass 1) im Pent. sie immer י״י אלהים heisst, mit Ausnahme von 4 Stellen, die אֲדֹנָי יֱיִ haben s. Gen. 15, 8. 2) in d. Hagiogr. (Pss.) gleichfalls immer י״י אלהים mit Ausnahme von 4 Stellen, wo es אֲדֹנָי יֱיִ heisst, s. Ps. 69, 7. Dagegen 3) in den BB. der Proph. ist die Regel: אֲדֹנָי יֱיִ mit Ausnahme von 5 Stellen die י״י אלהים haben, s. oben die Anführung aus Mpt. von Heid. auch Mp. zu Micha 1, 2., wo das ו׳ כ״ב בסיפרא (zu אדני יֱיִ) auf die 12 kl. Proph. sich bezieht. 4) אֲדֹנָי יֱיִ kommt nur 5 M. vor, s. Ps. 140, 8. (wo es ה׳ בלישנא lauten muss, indem Ps. 68, 21. es וְלֵיִי heisst) und unsere obige Bemerkung. —

4) S. Mf. צב, 3., wo das ה׳=5, wie auch Heid. aus Mpten. nachweist, richtig ist, woraus auch hervorgeht, dass hier das י״ב=12 richtig ist und die Bemerkung des B. Chajim zu Mf. אד, 112. ihre Bedeutung verliert. —

5) Das בנביאים der Mp. und das בקרי׳ der Mm. sind beide dasselbe aber auch mit Recht überflüssig, da es im Ganzen nur 6 M. vorkommt. Das וכל סופי פסוקים bezieht sich wohl auf נביאים? —

6) Das ד׳=4 bezieht sich auf d. Pent.=בתורה, denn in anderen BB. kommt es noch vielfach vor. Das וידיעו ויהללו ist falsch und muss וְיָדְעוּ כִּי (Ex. 29, 46.) lauten. —

7) Das ו׳=6 in Mf. l. c. muss ד׳=4 sein, indem durch falsche Abtheilung die Stelle Am. 5, 8. und 9, 6. je in 2 vertheilt sind, was unrichtig ist. Die Mp. zu Jer. 33, 2. hat richtig ד׳. —

לַי״י אֱלֹהֵינוּ ט׳. (1 Ex. 3, 18. 8, 22. Deut. 29, 29. Mf. אד, 32.

א׳

אָמַר י״י ג׳ ר״פ בתרא כתיב אדני. Ps. 68, 23. Mf. אד, 53.

כ׳ ס״פ בנביאים. Am. 1, 5. Mf. אד, 110

(אָמַר) י״י אֱלֹהֶיךָ לית ס״פ. Am. 9, 15. (s. oben (י״י אֱלֹהֶיךָ

אָמַר י״י לָהֶם ד׳. Ex. 6, 26. Ps.* 106, 34. Mf. אד, 118.

אֲנִי י״י כ׳ ס״פ בספר ויקרא. Lev. 18, 5. 22, 30 Mf. אד, 123. 2)

אֲנִי י״י ב׳ בטעמא (גרשים ומנח) ר״פ. Num. 15, 41. (S. עין הקורא und טעם Lev. 26, 13.)

אֲנִי י״י אֱלֹהֵיכֶם ה׳ ר״פ. Mf. אד, 79.

י״ז ס״פ. Mf. אד, 101. (S. Mp. Num. 15, 41.) 3)

אֲנִי י״י אֱלֹהֵיהֶם ח׳. (4 Ex. 29, 46. Mf. אד, 96,

אֲנִי י״י דִּבַּרְתִּי ב׳ ר״פ. Ez. 24, 14.

אֲנִי י״י מְקַדִּשְׁכֶם ד׳. Ex. 31, 13. Lev. 20, 8.

אֲנִי י״י מְקַדְּשָׁם ד׳. (5 Lev. 22, 16. Ez.* 20, 12. Mf. אד, 74.

אָנֹכִי י״י י״ב. Ex. 20, 2. Deut. 5, 6. Ps. 81, 11. Mf. אד, 124. 6)

---

1) S. Mm. Ex. 3, 18. Daselbst ist eine Stelle (Ex. 8, 22.) ausgelassen, dafür aber angeführt הן לי״י אלהינו, was nicht vorkommt. Das Richtige hat Mpt. Hamb., das das הן לי״י וכו׳ nicht hat, dafür aber vor דרך שלשת ימים (Ex. 8, 23.) anführt: לא נכון לעשות כן (Ex. 8, 22.) wodurch das ט׳ = 9 richtig ist. — Zu bemerken ist noch, dass die neunte Stelle (Dan. 9, 9.) לַאדֹנָי (und nicht das Quadrilitterum) hat, woraus man sieht, dass die M. mehr die Aussprache und nicht blos die Schrift (Consonanten) berücksichtigt, was noch oft so vorkommt. —

2) S. ausführlich Lev. 18, 5.; auch M. marg. und עין הקורא daselbst, sowie Heid. Bemerkung zu letzerem. In der Concord. s. r. אלה spricht er sich weiter darüber aus und bemerkt, dass wenn man die Angaben der Mass. zu כי אני י״י אלהיכם (Mf. אד, 99.) und אני י״י אלהיכם (Mf. אד, 79. und 101.) zusammennimmt und die 2 in der Mitte des Verses (Lev. 19, 36. und 20, 24.) sich befindenden אני י״י אלהיכם dazu rechnet, so ergiebt sich erstens, dass אני י״י אלהיכם im Pent. 28 M. vorkommt u. zwar 8 M. mit vorhergehendem כִּי und 20 M. ohne dasselbe. Von diesen stehen zweitens 21 am Schlusse des Verses (בס״פ) und zwar 6 mit vorhergehendem כִּי und 15 ohne dasselbe. Ebenso kommen drittens von diesen 28, 22 im B. Lev. vor. Hieraus entspringen die verschiedenen Angaben der Mp., die bald כ׳ = 20, bald כ״א = 21 auch כ״ב = 22 hat. Die, welche 20 angeben, beziehen es auf אני י״י אלהיכם, das, ohne vorhergehendes כִּי im Pent. 20 M. vorkommt; das כ״א = 21 bezieht sich auf diese Verbindung (mit und ohne כִּי) am Schluss des Verses, (בסוף פסוק); das כ״ב = 22 hat das B. Lev. im Sinne (= בסיפרא), in welchem diese Verbindung (mit und ohne כִּי) 22 M. sich findet; wobei wohl auch das „בס״פ" in den Handschriften von den Abschreibern bald בסוף פסוק und bald בסיפרא gelesen wurde. — אֲנִי י״י (ohne אֱלֹהֵיכֶם) kommt aber in Lev. am Schlusse des Verses = בס״פ nur 20 M. vor, wie in unserem Art. angegeben. Uebrigens kann auch das כ׳ = 20 zu אני י״י אלהיכם auf einer Verwechselung mit אֲנִי י״י (ohne אלהיכם) beruhen. —

3) Mf. אד, 79. ed. Bomb. steht ודברתיה als fünfte Stelle, was aber keinen Sinn hat; Heidenheim's Erklärung, als wäre das eine andere Angabe, ist gesucht und ungenügend. — Buxt. hat es als vierte Stelle genommen und vor בחקתי לכו gesetzt. Diese Verbesserung ist richtig, doch hat er den Sinn nicht verstanden. Es soll heissen ודבתריה בחקתי לכו (Ez. 20, 19.) d. h. bei den 3 erstgenannten folgt אשר הוצאתי u. s. w., bei dem vierten folgt בחקתי לכו דיחזקאל וכו׳. Es kommt aber nur 4 M. = ד׳ vor und nur durch Missverstand des Abschreibers wurde es getrennt vom Folgenden und das ד׳ = 4 in ה׳ fälschlich geändert. Ein Mpt. bei Heid. liest ausdrücklich ד׳. — Was das י״ז = 17 am Schlusse des Verses = בס״פ betrifft, so sind 15 davon im Pent. und 2 in Ez. befindlich, s. vorige Anmerkung. —

4) Von diesen 8 sind 7 mit vorhergehendem כִּי und 1 ohne dasselbe, s. Mp. Ez. 28, 26. 39, 22. und 28. Zach. 10, 6., wo das ח׳ zu denen mit כִּי bemerkt ist. —

5) Mf. אד, 74. ist der Fehler eingeschlichen, dass das Schlagwort lautet: אני י״י מקדשכם, was unrichtig ist; die Hinweisung auf den Abschnitt אמור (Lev. 22, 16.) und Ez. (20, 12.) zeigt, dass מְקַדְּשָׁם und nicht מְקַדִּשְׁכֶם gemeint sei, obgleich auch dieses 4 M. vorkommt, s. den vorigen Art. —

6) Wenn Ex. l. c. hinzufügt: ד׳ מנהון ואנכי י״י אלהיך, so ist das schwierig, da nur 3 Stellen ואנכי (mit Waw copulat.) haben, nemlich Jes. 51, 15. Hos. 12, 10. und 13, 4. — Weder Mf. l. c. noch Mpt. Halens. (61a) hat diesen Zusatz. Auffallend ist ferner, dass 2 S. 7, 18. dazu gezählt wird, da erstens das אנכי daselbst nicht zu dem folgenden אדני gehört und zweitens ist das auf אנכי folgende Wort nicht das Quadrilitterum, sondern אֲדֹנָי (von אָדוֹן)? —

(אֲנֹכִי לַי״י לית. (Mp. Jud. 5, 2.

אֲרוֹן י״י כ״ג. (1 Mf. אר, 109. ibid. אר, 18.

אֲרוֹן י״י אֱלֹהֵי יִשְׂרָאֵל ב׳. אלהי S.

אֲשֶׁר י״י אֱלֹהֵיכֶם ד׳ בטעם בסיפרא בלישן. טעם S.

אַתָּה י״י ג׳ ר״פ. Ps. 12, 8. Thr. 5, 19. Mf. אר, 54.

ב׳

בְּאָזְנֵי י״י ג׳. Mf. אר, 56.

בְּבֵית י״י ט״ל. Jer. 52, 17. Ps.*135. 1. 2 Chr. 20, 5. Mf. אר, 105. 2)

בִּדְבַר י״י ה׳ ומן והנה איש אלהים בא מיהודה עד אחר הדבר הזה לא שב (1 Reg. 13, 1.) ירבעם דכו׳ במ״א וישמע הנביא (ibid. 13, 33.) אשר השיבו (ibid. 26.). 1 S. 3, 21. Jer.*8, 9.? Mf. אר, 76. (S. מ״ש 2 Chr. 30, 12.) 3)

בְּהַר י״י ג׳ דסמיכי וכו׳ אנ״ך. Gen. 22, 15. Mf. אר, 48.

בְּמִקְדַּשׁ י״י ב׳. מ׳ S. unten

בְּעֵינֵי י״י אֱלֹהֶיךָ ד׳. (4 Mf. אר, 81.

בָּרוּךְ י״י ב׳. Gen. 26, 29.

בָּרְכוּ י״י ה׳ (וכל שארא ברכו אֶת י״י). Jud. 5, 2. Ps. 103, 20. Mf. אר, 68.

בְּשֵׁם י״י אֱלֹהֵינוּ ג׳. Jer. 26, 16. Micha*4, 5. Mf. אר, 62.

בְּשֵׁם י״י צְבָאוֹת. שם י״י צבאות S. unten

ד׳

דִּבֶּר י״י בְּיַד מֹשֶׁה ד׳. Ex. 9, 35. Mf. אר, 120.

דִּרְשׁוּ י״י ג׳. Jer. 55, 6. Ps. 105, 4. Mf. אר, 55.

דְּרוֹשׁ לַי״י ד׳. (5 Mf. אר, 75.

ה׳

הָאָדוֹן י״י צְבָאוֹת ה׳. מ״ש (S. Jes. 3, 1. Mf. אר, 41. Jes. 10, 16.)

הוֹדוּ לַי״י. ידה S.

ו׳

(וְאֹיְבֵי י״י לית. (Mp. Ps. 37, 20.

---

1) Das כ״ג = 23 der Mf. אר, 109., wie das כ׳ = 20 der Mf. אר, 18. ist unrichtig; es sind 26, wie auch die gedruckte Mp. und besonders das Mpt. Erf. zu den meisten Stellen bemerkt כ״ו = 26. Es fehlen in unserer Angabe 3 Stellen 2 S. 6, 11. 6, 17. und 2 Chr. 8, 11., zu welcher letztern Mpt. Erf. bemerkt כ״ו mit dem Zusatz: ומן ויהי ארון וכו׳ wie am Schluss unserer Angabe. Heid. führt auch an, dass das Mpt. von 1294 diese 3 Stellen aufzählt, auch כ״ו angiebt und aufzählt. Wenn unsere Angabe לא לשאת, תנינא דפסוק (1 Chr. 15, 2.) anführt, so scheint sie das zweite in diesem Verse „ארון י״י" gelesen zu haben, gegen die meisten Ausgg., die auch das zweite ארון האלהים lesen. Jedenfalls ist es unrichtig, wenn in ed. Buxt. die Mp. auch zum ersten כ״ו = 26 bemerkt, denn dieses wird entschieden הָאֱלֹהִים gelesen. Heid. findet es auffallend, dass 1 Reg. 2, 26. mitgezählt wird, da hier אדני und nicht das Quadrilitterum folgt; doch bei solcher Zusammenstellung wird das nicht berücksichtigt und läuft auch אדני mit unter, s. vor. Anmerkg. —

2) Ps. l. c. ist zwar ל״ט = 39 angegeben, es sind aber nur 38 gezählt; es fehlt 2 Chr. 20, 5., wo sowohl Mm. als Mp. angeben ל״ט = 39. Heid. bemerkt mit Recht, dass die Anmerkung des B. Chajim zu Mf. אר, 105. unstatthaft ist, da weder ויעמד המלך על עמדו וכו׳ in Ps. l. c. angeführt wird, noch ויעל המלך בית י״י דד״ה, da letztere St. daselbst mit den Worten angeführt ist: ויעל הַמלך בית י״י וכל איש יהודה תנינא דפסוק דמלכים, also nur die Stelle in Reg. und nicht in Chr. —

3) In Reg. 13, 1. bis 13, 33. kommt בדבר י״י 7 M. vor, wie die Mp. daselbst bemerkt, ז׳ בענין d. h. 7 M. in diesem Abschnit. Wenn daher manchmal die Angabe der Mp. lautet: י״ב = 12 so sind diese 7 mit den 5 M. in der übrigen Bibel zusammengezogen. Diejenigen aber, welche ה׳ = 5 angeben, beziehen sich nur auf die übrige heil. Schrift, ausser 1 Reg. 13., wie das Jer. l. c. angegeben ist. —

4) Von den Mf. angeführten 4 Stellen sind, wie Heid. bemerkt, die 2 ersten (Deut. 31, 29. und 29, 8.) falsch und muss dafür Deut. 4, 25. und 17, 2. gesetzt werden. —

5) Mf. l. c. ed. Bomb. giebt ד׳ = 4 an, zählt aber nur 3 Stellen auf. Buxt. fügt als vierte Stelle 2 Chr. 15, 13. hinzu, was richtig ist, indem die Angabe sagen will: der Stamm דרש kommt mit dem daranffolgenden לי״י 4 M. vor und zwar 3 M. לִדְרוֹשׁ und 1 M. יִדְרֹשׁ. — Heid. will das Schlagwort דְּרוֹשׁ in לִדְרוֹשׁ ändern und dafür sprechen allerdings die 3 angeführten Stellen, in denen letzteres sich findet; es bleibt aber alsdann das ד׳ = 4 in der Angabe schwierig. —

וְאַף י״י לית. Num. 11, 33.

וְאֵת י״י ו׳. Mf. אד, 87.

וּבְשֵׁם י״י ג׳. Ps. 116, 13. Mf. אד, 47.

וּדְבַר י״י ז׳. 1 Reg. 17, 24. Mf. אד, 90.

וְהָיָה י״י ו׳. Gen. 28, 21. Jud. 2, 18. 1 S. 24, 16. 2 Reg. 18, 7. Zach. 14, 9. Mf. אד, 86.

וְהִנֵּה י״י ד׳. Gen. 28, 13. 1 Reg. *19, 11, Mf. אד, 63. הן, 20. 1)

וַיֹּאמֶר י״י י״ב בטעם קדמא ואולא. טעם S.

וַיֹּאמֶר י״י אֵלָיו ו׳ ר״פ. 1 Reg. 9, 3. 19,*15. Hos.*1, 4. Mf. אד, 88.

וַיֹּאמֶר י״י אֶל אַהֲרֹן. טעם. אמר S.

וַיֹּאמֶר י״י אֶל מֹשֶׁה ד׳ בטעמא. טעם S.

וַיֹּאמֶר י״י אֶל מֹשֶׁה לֵאמֹר ו׳ ר״פ. ? Num. 31, 25. Mf. אד, 94. 2)

וַיֹּאמֶר י״י אֶל מֹשֶׁה וְאֶל אַהֲרֹן ו׳. Ez. 7, 8. Num. 20, 23. Mf. אד, 93. 3)

וַיָּבֹא י״י לית. (Mp. 1 S. 3, 10.

וַיְדַבֵּר י״י ו׳ ר״פ בטעם וכו׳. טעם S.

וַיְדַבֵּר י״י ד׳ בנביאים וכל אוריתא דכו׳. (4 Mf. אד, 73.

וַיְדַבֵּר י״י אֶל אַהֲרֹן ב׳ בטעמא זרקא. טעם S.

וַיְדַבֵּר י״י אֶל מֹשֶׁה י׳ דלוג לֵאמֹר. אמר S.

וַיְדַבֵּר י״י אֶל מֹשֶׁה וְאֶל אַהֲרֹן י״ב. Ex. 6, 13. Lev. 14, 33. 15, 1. Num. 4, 1. 14, 26. 19,*1. Mf. אד, 125. 5)

וַיְדַבֵּר י״י אֶל מֹשֶׁה בְּמִדְבַּר סִינַי ג׳. Mf. אד, 59.

וַיַּרְא י״י ד׳ בתורה (וחד בנביאים (Jes. 59, 15. Gen. 6, 5. 29, 30. Deut.*32, 19. Mf. אד, 66.

וּמִן י״י ב׳. 1 Chr. 13, 2. או״א, 185.

וְעַתָּה י״י אֱלֹהִים ג׳ דסמיכי בקריא וחד עַתָּה י״י אֱלֹהִים. Jes. 48, 16. Mf. אד, 51.

וְרוּחַ י״י ג׳. Jud. 6, 34. Mf. אד, 46. רו, 2. (s. unten רוּחַ י״י).

---

1) S. Gen. 28, 21. Die vierte Stelle muss lauten: כה הראני וְהִנֵּה אֲדֹנָי (Am. 7, 7.). Auch hier hat wieder die Mass. אדני, mit denen die das Quadilitterum haben, zusammengestellt, s. oben S. 333, Anmerkg. 6. und 334, Anmerkg. 1.

2) Das ו׳ = 6 in der Angabe ist unrichtig und muss ה׳ = 5 heissen, wie die Mp. es an verschiedenen Stellen hat. Das מי שם פה וכו׳ (Ex. 4, 11.) gehört nicht hierher, da dieses zu ויאמר י״י אליו gehört, s. oben diesen Art. — Mpt. Hamb. hat das Richtige; es bemerkt zu Num. l. c. חד מן ה׳ וכו׳, lässt Ex. 4, 11. aus, wie auch das ר״פ in unserer Angabe. Die angegebene Phrase bildet in allen 5 Stellen einen ganzen Vers und lässt sich also nicht sagen ר״פ d. h. „am Anfang“ des Verses. —

3) Wenn die Mass. Ex. 7, 8. ו׳ = 6 angiebt und Ex. 12, 43. mitzählt, so ist das schwierig, weil in dieser Stelle nicht וְאֶל אהרן, sondern ואהרן steht. S. Mp. und עין הקורא zu der letzten Stelle und Heidenheim's Bemerkung dazu. Er will das ו׳ = 6 beziehen auf וַיֹּאמֶר in Verbindung mit dem folgenden משה ואהרן (ohne Rücksicht auf ואל אהרן oder ואהרן), welches 6 M. vorkommt, als Gegensatz zu וַיְדַבֵּר mit darauffolgendem משה, אהרן, das 12 (11) M. sich findet, s. unten וַיְדַבֵּר וכו׳. An einer anderen Stelle will er die Angabe so lesen ויאמר י״י אֶל מֹשֶׁה וְאֶל und statt des angeführten Ex. 12, 43. einfügen: Num. 26, 1. (ויאמר י״י אל משה ואל (אלעזר, was aber sehr gewagt ist. Sollte nicht ה׳ = 5 zu lesen sein, da die Mass. zu Num. 20, 23. auch fehlerhaft ist und heissen muss (s. Mp. daselbst) (ה׳) ו׳ דסמיכי = 6, was sich auf die ganze Verbindung bezieht und dann ד׳ בטעם דרגא תביר, was zu וַיֹּאמֶר י״י (mit Darga und Thebir) gehört. S. מבין חדות zur Stelle. —

4) Das ד׳ בנביאים ist nicht richtig, da zwei der angeführten Stellen in d. BB. d. Chr. sich finden; auch ist das וכל אוריתא דכו׳ nicht correct, da im Pent. 3 M. nach וַיְדַבֵּר das Wort אֱלֹהִים folgt, s. oben unter אלהים. — Heid. will daher so lesen: ד׳ בנביאים וכתובים וכל אוריתא דכו׳ במ״ג אלהים. Der Sinn ist, dass in den BB. d. Proph. und Hagiogr. auf וידבר in der Regel אלהים (als Name Gottes) folgt, mit Ausnahme von 4 Stellen, wo י״י damit verbunden ist; im Gegensatz folgt im Pent. in der Regel י״י und nur an 3 Stellen steht אֱלֹהִים nach וַיְדַבֵּר. —

5) Der י״ב = 12 ist nicht richtig, da nur 11 Verse aufgezählt werden; auch die Mp. hat an manchen Stellen י״א = 11. — Ebenso hat Mpt. Hamb. י״ב דסמיכין בתורה, zählt aber nur 11 auf. Wenn zu Lev. 14, 33. die Mp. bemerkt: וי״א מנהון חסר לאמר, so ist das gleichfalls fehlerhaft und muss וא׳ חסר וכו׳ heissen, da nur 1 M. in dieser Verbindung לֵאמֹר fehlt. —

ח׳

חַג י״י ד׳. Ex. 10, 9. Lev. 23, 39. Mf. אד, 67. חג, 2.

י׳

יֹאמַר י״י י׳. 1) Mf. אד, 32.

יְבָרֶכְךָ י״י ד׳ וכל תהלות דכו׳ ושארא יְבָרֶכְךָ י״י אֱלֹהֶיךָ. (יחידאין) Num. 6, 24. Deut. 15, 4. 2) Jer. 31, 23. Mf. אד, 65. בר, 23.

כ׳

כִּדְבַר י״י ד׳ בטעם (זקף). טעם S.

ל׳

לֹא י״י לית וחד וְלֹא י״י. י״א זוגין מיחדין וכו׳ S. unten

לִפְנֵי י״י ב׳ סבירין אֲשֶׁר. סבירין S.

מ׳

מַהֵר י״י לית. S. Gen. 22, 15. Mf. מ׳, 2.

מִי י״י ב׳ דסמיכי. Prov. 30, 9.

מִלִּפְנֵי י״י ח׳ וסי׳ וכל אוריתא דכו׳ במ״ב וכו׳ מִפְּנֵי וכל שאר קריא דכו׳ מִפְּנֵי י״י. Jona 1, 3. Ps. 97, 5. Mf. אד, 95.

מֵעִם י״י ט׳. 3) Deut. 18, 16. 29, 18. Mf. אד, 97.

מִפְּנֵי י״י אֱלֹהִים ב׳ באוריתא. Ex. 9, 30. Ps. * 97, 5.

מִצְוַת י״י ג׳. Jos. 22, 3. Ps.*19, 9. 119, 115. Mf. אד, 49.

מִצְוֹת י״י אֱלֹהֵיכֶם ה׳. Deut. 11, 27. 1 Chr.* 28, 8. Mf. אד, 80. 4)

מִקְדַּשׁ י״י ג׳ וב׳ בְּמִקְדַּשׁ י״י. Num. 19, 20. Mf. אד, 58. 5)

נ׳

נְאֻם י״י ד׳ בספר יחזקאל וכו׳. 6) Mf. נא, 2.

נְאֻם י״י אֱלֹהִים ז׳. 7) Am. 8, 3. Mf.*אד, 89.

---

1) Der Sinn ist, dass יֹאמַר י״י absolut, d. h. ohne Verbindung mit einer Präposition oder אלהים etc. 6 M. vorkommt; darum sind die 2 Stellen 1 Reg. 1, 36. und 22, 14. unrichtig, indem es daselbst nicht absolut steht. Mpt. Hamb. zu Jes. 1, 11. hat richtig dafür (als dritte und vierte Stelle) Jes. 33, 10. und 41, 21. —

2) S. M. marg. zu Ruth 2, 4. Es muss daselbst heissen: ח׳ וכל למען יברכך דאוריתא וכל תהלות דכו׳. Der Sinn ist, 4 M. kommt יברכך י״י absolut=יחידאין d. h. ohne darauffolgendes אֱלֹהֶיךָ und 4 M. mit אֱלֹהֶיךָ vor; ausserdem kommt es im Pent. mit vorhergehendem לְמַעַן (3 M.) und in den Ps. immer absolut (2 M.) vor. — Die Angabe der Mm. bezieht sich auf diese Verbindung, wenn sie absolut steht. Die Angabe zu Mf. בר, 23. hat ed. Bomb. mit Recht nicht angeführt, weil sie bei Buxt. nur unnöthige Wiederholung ist. —

3) In den angeführten 3 Stellen fehlt die Verzeichnung der Schriftstellen. Heid. führt sie aus einem Mpt. folgendermassen an: מֵעִם י״י ט׳ וסי׳ ככל אשר שאלת (Deut. 18, 16.), אשר לבבו פנה (ibid. 29, 17.), וישמע דוד (2 S. 3, 28.), שאל לך אות (Jes. 7, 11.), אנכי (ibid. 8, 18.), גם זאת מעם י״י (ibid. 28, 29.), ברעם וברעש (ibid. 29, 6.), עזרי מעם י״י (Ps. 121, 2.), ותהי משכורתך שלמה (Ruth 2, 12.), וכל מלכים עד וירא כל ישראל (1 Reg. 12, 16.) דכותיה. מֵעִם י״י צְבָאוֹת ג׳ דסמיכי וסי׳ וכו׳ (die obigen Jes. 8, 18. 28, 29. 29, 6.). מֵעִם י״י אֱלֹהֵי יִשְׂרָאֵל ב׳ וסי׳ ותהי משכרתך (Ruth 2, 12.), כי נטה לבבו דמלכים (1 Reg. 11, 9.). Wenn nun Mp. 1 Reg. 2, 33. zu מֵעִם י״י bemerkt י׳=10, so ist das auffallend, da nach obiger Angabe in 1 Reg. bis 12, 16. diese Verbindung mehrmals vorkommt, ausser den angeführten 9 Stellen in den anderen BB. —

4) Die Angabe Deut. 11, 27. ist unklar, da auf סדר פקודי hingewiesen ist, wo diese Verbindung nicht vorkommt. Sie ist angegeben 1 Chr. l. c. Was bedeutet das ג׳ דסמיך=3 in der Mp. zu 1 Chr. l. c.? —

5) Mpt. Hamb. fügt hinzu וא׳ מקדש י״י כוננו ידיך, (Ex. 15, 17.) d. h. 1 M. kommt מִקְדָּשׁ (das Daleth mit Kam.) in der Verbindung mit י״י vor. Unsere Angabe hat es ausgelassen, wahrscheinlich weil das י״י nicht eng damit verbunden ist, wie auch der Accent nachweist. — Merkwürdig ist, dass nicht nur unsere Stelle, sondern auch Mp. Hamb. an mehren Stellen 1 Chr. 22, 19. ועתה (mit Waw) lesen, während die Ausgg. עַתָּה (ohne Waw) haben. —

6) Dieser Art. fehlt ed. Bomb. Das folgende וכן שארא דסיפר׳ וכו׳ ist fehlerhaft und muss wohl lauten: וכל שארא דסיפרא נאם אֲדֹנָי יֱיִ — S. folgende Anmerkung. —

7) Dieser Art. mit den angeführten Stellen findet sich nur ed. Buxt.; in ed. Bomb. ist nur auf Amos 8, 3. (und Hos. Anfang, wo er sich nicht findet) hingewiesen (wo er, nach Heid. in ed. Bomb. gleichfalls nur sagt ז׳ דסמיכי und auf Mf. hinweist). Es ist also nur Zusatz von Buxt. — Das Schlagwort ist übrigens an allen Stellen unrichtig angegeben und

נְאֻם י״י צְבָאוֹת כ״ז. Mf. אך, 114. נא, 4. (S. מ״ש Hagg. 2, 8.) 1)

ע.

עֲבוֹדַת י״י ג׳. Num. 8, 11. Jos.*22, 27. 2 Chr.*35, 16. Mf. אך, 57.

עַד י״י ה׳. Deut. 4, 30. Hos.*14, 2. Mf. אך, 78.

עַל י״י ל״א וב׳ וְעַל י״י. Ex. 16, 7. Num. 16, 11. Jes. 58, 14. Ps.*2, 2. וְכו׳. 2 Chr.*13, 18. Mf. אך, 106. (S. auch Mf. על, 5. עד, 45. או״א, 185.)

עתירה לַי״י ב׳. Ex. 10, 17. (S. Mp. daselbst.)

צ.

צִוָּהוּ י״י ו׳. Gen. 7, 5.? Ex. 19, 7. (S. oben S. 159 Anmerkung 4.)

ר.

רוּחַ י״י ה׳ בסיפרא. 1 S. 10, 6. 2)

ש.

שֵׁם י״י צְבָאוֹת ד׳. 3) 1 S. 17, 45. Mf. אך, 102.

אֵל אֱלֹהִים י״י ג׳. Ps. 50, 1.

אמירה אֵלַי י״י ה׳ (ושארא אמירה י״י אֵלַי).
Ez. 44, 5. Mf. אך, 71.

אֲרוֹן, וַאֲרוֹן בְּרִית י״י כ״ז וסי׳ וכל מלכים דכו׳ במ״א.
Mf. אך, 108. אר, 19. S. וַאֲרוֹן oben S. 25. 4)

אִשֶּׁה הוּא לַי״י ג׳. Ex. 29, 25. Mf. אש, 5.

אֲשֶׁר צִוָּה י״י ג׳ ס״פ. Ex. 35, 10. 36, 1.

אֶת דִּבְרֵי י״י ה׳ חסר כָּל. Mf. אך, 85.

וַיֹּאמֶר לוֹ י״י ד׳. 5) Mf. אך, 70.

וַיִּשְׁאַל דָּוִד בַּי״י ה׳. 1 S. 23, 2. Mf. אך, 83.

(וַיְהִי דְבַר י״י אֵלַי בַּבֹּקֶר לֵאמֹר לית דסמיך. Mp. Ez. 12, 8.)

זביחה לִפְנֵי י״י ד׳. Mf. אך, 69.

---

muss lauten: נְאֻם אֲדֹנָי יְיָ, das in den Büchern der übrigen heil. Schrift nur 7 M., in Ez. aber in der Regel vorkommt, mit Ausnahme von 4 Stellen, in denen blos נְאֻם יְיָ steht. — S. vor. Art. Heid. führt folgende Angabe aus einem Mpt. an, die mit Buxt. Anführung übereinstimmt, sie lautet: ז׳ וסי׳ מקבץ, דישעי׳ נכתם, דירמי׳ וחמשה בספר עמוס וכל יחזקאל דכו׳ במ״ד נאם י״י. —

1) Auch Mpt. Hamb. Hagg. 1, 9. giebt כ״ז=27 an und schliesst mit כי כה אמר י״י צבאות, wie bei uns; doch ist diese Stelle nicht zu finden. Auch Heid. sagt, er könnte sie nicht finden und liest daher כ״ו=26. —

2) Es muss wohl heissen: ה׳ בסיפרא בלישנא, da eins von den fünf וְרוּחַ (mit Waw copulat.) hat, s. oben Art. וְרוּחַ י״י. Die Mp. bemerkt zu וְרוּחַ י״י in Sam. bald ג׳=3 bald ה׳ בסיפרא, was beides richtig ist; das erste bezieht sich auf den Art. ורוח י״י; das andere auf רוּחַ oder וְרוּחַ mit י״י verbunden im B. Sam. —

3) Nach ד׳ muss בלישנא hinzugefügt werden, indem zwei Stellen בְּשֵׁם (mit Beth präfix.) haben (1 S. 17, 45. und 2 S. 6, 18.). —

4) Die Angabe leidet an vielen Schwierigkeiten 1) ist כ״ז=27 angegeben und werden nur 26 Stellen aufgezählt. 2) wird Jos. 3, 17. mitgezählt, das הָאָרוֹן (st. absol.) hat; auch das angeführte בית מנוחה (1 Chr. 28, 2.) gehört nicht zu der Angabe, da es לַאֲרוֹן lautet. 3) ist der Schluss: וכל מלכים דכו׳ במ״א ארון ברית האלהים unverständlich, da diese Verbindung in Reg. nicht vorkommt. Was Nr. 1 betrifft, so fehlt Deut. 10, 8. In Rücksicht auf 2 wäre wohl statt כ״ז=27 mit Heid. nach einigen Mpten. כ״ו=26 zu lesen und die Ueberschrift müsste lauten: אֲרוֹן, וַאֲרוֹן, לַאֲרוֹן בְּרִית יי כ״ו, so dass die M. angeben will, wie oft der st. constr. von ארון in Verbindung mit dem darauffolgenden בְּרִית י״י vorkommt, und Jos. 3, 17. wäre zu streichen. In Beziehung auf (3) den Schluss aber ist entweder mit einer Handschrift zu lesen: וכל מלכים דכו׳ במ״ב וסי׳ כי נשאת את ארון י״י (1 Reg. 2. 26.) ויעלו את ארון י״י (ibid. 8, 4.) und die Ausnahmen bezeichnen die 2 Stellen in Reg., wo בְּרִית nach אֲרוֹן fehlt, oder nach Heidenheim's Correctur: במ״א אֲרוֹן בְּרִית אֲדֹנָי, (1 Reg. 3, 15.), wo in dieser Verbindung (in Reg.) nicht das Quadrilitterum, sondern אֲדֹנָי steht, wie es auch Mf. אך, 23. zu den 134 Stellen (קל״ד ודיא) gezählt wird, die אדני haben, s. oben S. 5, Anmerkg. 4. —

5) Die dritte und vierte Stelle müssen heissen: קח את פר השור (Jud. 6, 25.), ונתתים בידך (1 Chr. 14, 10.). —

כַּאֲשֶׁר צִוָּה י״י ג׳ ס״פ׳. Lev. 9, 7. *10, 15. 2 S.*24, 19. Mf. צו, 15.

(כַּאֲשֶׁר דִּבֶּר י״י אֱלֹהֵי אֲבוֹתֶיךָ לָךְ ג׳ וסי׳. Deut. 1, 2. 6, 3. 27, 7.

כֹּה אָמַר י״י ד׳ בטעם׳ טעם S.

כֹּה אָמַר י״י אֱלֹהֵי יִשְׂרָאֵל׳ S. אמר oben S. 19. Anmerkung 2.

כֹּה אָמַר י״י צְבָאוֹת י״ו מיחדין וסי׳ ומן ריש דחני עד סוף תריסר דכוותהון במ״ב וסי׳. Jer. 25, 27. Zach.*8, 6. Mf. אד, 113. 1)

(כֹּה אָמַר י״י אֱלֹהֵי צְבָאוֹת אֱלֹהֵי יִשְׂרָאֵל ג׳ דסמיכי וסי׳. 2) (S. Anmerkung.

(כֹּה אָמַר י״י צְבָאוֹת אֱלֹהֵי יִשְׂרָאֵל לֵאמֹר ג׳ דסמיכי. 3) (S. Mp. Jer. 28, 2.

כִּי אֲנִי י״י אֱלֹהֵיכֶם י׳. Mf. אד, 99. (S. oben S. 333, Anmerkg. 2.)

כִּי פִי י״י דִּבֶּר ג׳. Jes. 40, 5. Mf. אד, 60.

כִּי פָקַד י״י ד׳. Ex. 4, 31. Ruth*1, 6. Mf. אד, 64.

עַל פִּי י״י בְּיַד מֹשֶׁה ו׳. 4) Num. 4, 37. Mf. אד, 82.

צַדִּיק אַתָּה י״י ב׳. Ps. 119, 37.

אֶת כָּל מִצְוֹת י״י ג׳. Num. 15, 39. Mf. אד, 103.

וַיֹּאמֶר מֹשֶׁה אֶל י״י ה׳. Ex. 4, 10. 19, 23. 33, 12. Lev. 17, 12. Mf. אד, 84.

וִידַעְתֶּם כִּי אֲנִי י״י י״א ס״פ בספר יחזקאל וב׳ וִידַעְתֶּן. 5) Mf. אד, 160.

כִּי כֹה אָמַר י״י אֱלֹהִים י״ג. 6) Mf. אד 116.

(כִּי כֹה אָמַר י״י אֱלֹהֵי יִשְׂרָאֵל ה׳. 7) (S. Anmerkg.

לָכֵן כֹּה אָמַר י״י כ״א מיחדין. 8) Mf. אד, 107.

לָכֵן (כצ״ל) כֹּה אָמַר י״י אֱלֹהֵי יִשְׂרָאֵל ג׳. Mf. אד, 52.

ב׳ פסוקים רמז הו״ה ראשי תיבות׳. Est. 5, 4.

ג׳ פסוקים רישא וסיפא אדכרא׳. Deut. 31, 3. Mf. אד, 50. Drei Verse giebt es, deren Anfang und Schluss das Quadrilitterum ist.

---

1) Der Sinn ist, dass diese Verbindung ohne vorhergehendes לָכֵן und ohne darauffolgendes אֱלֹהֵי יִשְׂרָאֵל (=מיחדין) nur 16 M. vorkommt u. s. w. — Uebrigens leiden die Stellenanführungen in Jer. und Zach. l. c. an Fehlern. Das הנני אשלח בכם muss heissen: הנני מְשַׁלֵּחַ בם (Jer. 29, 17.), wie es ein Mpt. hat; das letzte רעה את צאן (Zach. 11, 4.) gehört nicht hierher, da hier אֱלֹהָי folgt. Darum will Heid. so lesen: ומן ריש חגי עד סוף תרי עשר דכו׳ במ״ב כה אמר י״י וסי׳ שבתי לירושלים ברחמים (Zach. 1, 16.), שבתי אל ציון (Zach. 8, 3.), וחד כה אמר י״י אלהי, דרעה את ציון (Zach. 11, 4.). —

2) Diese Angabe führt Heid. so an: כה אמר י״י אלהי צבאות אלהי ישראל ג׳ דסמיכי במסרה וסי׳ לכן כה אמר וגו׳ הנני מביא אל יהודה ואל כל ישבי ירושלים (Jer. 35, 17.), כה אמר וגו׳ אם יצא תצא (Jer. 38, 17.), ועתה כה אמר וגו׳ למה אתם עושים רעה (Jer. 44. 7.). Er giebt die Quelle dieser Angabe nicht an; auch die Mp. bemerkt nichts zu allen 3 Stellen. Uebrigens sind die Stellen nicht ganz gleich, indem es nur 1 M. so vorkommt, da bei einem von ihnen לָכֵן und bei einem וְעַתָּה vorhergeht. — Auch in Mpt. Erf. herrscht Unklarheit darüber. —

3) Die Mp. zu Jer. 28, 2. giebt an ג׳ דסמיכי, wo freilich die Stellen nicht angeführt sind; nach Heid. sind es: Jer. 28, 2. 29, 25. und 44, 25. —

4) Die Mp. bemerkt ה׳=5, was das Richtige ist, denn das Num. l. c. angeführte in Jos. 19, 50. gehört nicht dazu, da hier nicht בְּיַד מֹשֶׁה folgt. Das Unrichtige sieht man auch aus der Unordnung der angeführten Stellen. —

5) Die Stelle, welche nach der Bemerkung des ersten Herausgebers fehlt, ist Ez. 14, 8., wie sie auch Mpt. Hamb. zu Ez. 12, 20. vor וברותי anführt. Das תנינא (das in ed. Bomb. fehlt) soll den vorhergehenden Vers 10 ausschliessen. —

6) Die Angabe Mf. l. c. ist, wie Heid. bemerkt, unrichtig und muss das Schlagwort lauten: כִּי כֹה אָמַר אֲדֹנָי יֱיָ, so dass erst אֲדֹנָי steht und dann das Quadrilitterum folgt, das אֱלֹהִים g e l e s e n wird. —

7) Die Quelle dieser Angabe ist die Mp. zu verschiedenen Stellen. Heid. führt die 5 Stellen an: Jos. 7, 13. 1 Reg. 11, 31. 17, 14. Jer. 25, 15. 33, 4. —

8) Buxt. bemerkt, es fehle eine Stelle, was richtig ist, denn es fehlt: הנני מביא אליהם (Jer. 11, 11.). Uebrigens steht 2 Reg. 1, 4. וְלָכֵן (mit Waw copulat.); die richtigere Angabe hat daher ein von Heid. angeführtes Mpt., welches liest כ׳ מיחדין וכו׳ וחד וְלָכֵן, welches bei uns das erste ist. — Statt ואל העם הזה תאמר liest Heid. nach einem Mpt.: המטה אשר עלית הנני נתן אל העם הזה (Jer. 6, 21.). Bei אל יהויקים muss vor מֶלֶךְ eingeschaltet werden: בן יאשיהו (Jer. 22, 18.). Das folgende (יען) אמרתם muss in אמרכם verändert werden. —

מ' מלין יחידאין נסבין ו' ואינון קרבין לאדכרא ולית להון זוגא. Deut. 7, 12. Jud.*1, 1. Ps. 117, 2. Prov. 28, 5. Mf. אד, 44. או"א, 187. (S. מלין)

ה' זוגין מתחלפין קדמא אֱלֹהִים תנינא י"י. S. זוגין

י"א זוגין מיחדין חד לא נסיב ו' וחד נסיב ו' ובתריהון י"י. Mf. אד, 43. או"א, 186. (S. זוגין)

י"א זוגין מן ב' ב' נסבין ו' בריש תיבותא ובתריהון אדכרא. Mf. אד, 45. או"א, 185. (S. זוגין)

זוגין.

Geordnet zuerst nach dem Alphabet und zwar bei jedem Buchstaben nach der Reihenfolge der Zahlen; die übrigen nur nach Zahlenverhältniss.

א.

ג' זוגין מן ב' ב' בענין קדמא חסר אֶת תניא נסיב אֶת. Gen. 23, 4. 3 Wörterpaare, welche in einem Abschnitte je 2 M. vorkommen, von denen das erste ohne und das zweite mit את verbunden steht. 1)

ד' זוגין מן ב' ב' קדמאה מפיק א' ותנינא לא מפיק א'. Gen. 42, 38. 2 S. 23, 37. 1 Chr.*7, 1. או"א, 200.

ד' זוגין מתחלפין מן ב' קדמא לא מפיק א' תנינא מפיק א'. Gen. 25, 24. 1 Chr.*7, 1. Mf. א', 6. או"א, 201.

ה' זוגין מן ג' ג' חד א' וחד וא' (צ"ל מן ד' ד' ג' א' וחד וא'). Cant. 3, 2. (S. oben א"ב, א' und S. 166. Anmerkung 2.)

ו' זוגין דמיין מן ב' ב' אִישׁ. Ex. 34, 3. Mf. אי, 51. או"א, 243.

ו' זוגין מן ג' ג' חד אֶל וחד עַל וחד וְעַל. Ex. 12, 22. Jer. 27, 13. Mf. עַל, 9. או"א, 89. (S. Deut. 25, 1.)

ז' זוגין וְאַל ומלה אחרי. Mf. אַל, 21. — 7 Wörter, die nur 2 M. mit vorhergehendem וְאַל verbunden sind.

ט' זוגין חד וְאֶל וחד וְעַל. Num. 4, 49. Job 32, 21. Mf. עַל, 6. או"א, 86.

ט' זוגין חד אֲנִי וחד וַאֲנִי. Mf. אנ, 4. — 9 Wörter, die nur 2 M. mit vorhergehendem אֲנִי verbunden sind und zwar 1 M. ohne und 1 M. mit Waw copulat. des Fürworts.

י"א זוגין מן ב' ב' בחד פסוק חד אֶת וחד וְאֶת. Ex. 35, 18. Num. 32, 33. Deut. 9, 25. Mf. את, 7. או"א, 230. (S. unten י"א פסוקים).

י"ב זוגין מן ב' ב' חד כתיב א' בסוף תיבותא וחד כתיב ה'. Ps. 10, 12. או"א, 95. (S. מ"ש Ps. 4, 7. und unten י"ו זוגין)

י"ב זוגין חד אִם וחד וְאִם. Mf. אם, 14. — 12 Wörter, die je 1 M. mit vorhergehendem אִם und 1 M. mit vorhergehendem וְאִם vorkommen. 2)

י"ג זוגין חד אֵין וחד וְאֵין. Mf. אי, 31. — 13 Wörter, die je 1 M. mit vorhergehendem אֵין und 1 M. mit vorherg. וְאֵין vorkommen. 3)

י"ו זוגין חד כתיב א' וחד כתיב ה'. Jer. 52, 33. Mf. א', 10. או"א, 95. (S. oben י"ב זוגין).

כ' זוגין תרין אֶל ותרין עַל. Gen. 34, 24. Ex. 22, 1. Zach. 9, 9. Dan. 4, 25. Mf.*אל, 16. *על 8. או"א, 88.

כ"ג זוגין חד נסיב א' וחד וא'. Cant. 7, 8. Ruth 2, 2. Mf. א"ב, 13. או"א, 1. א'. 4)

נ"ב זוגין מן ב' ב' וְאֵת. Mf. את, 6. — 52 Wörter, die nur 2 M. mit vorhergehendem וְאֵת verbunden sind.

---

1) Das לית בסיפרא der Mp. zu Jer. 7, 31. bezieht sich wohl auf das fehlende אֶת in dieser Verbindung aber nicht auf וּבְנוֹ. —

2) In Mf. l. c. sind statt 12 in der Angabe (י"ב = 12) 13 gezählt; es muss aber das daselbst angeführte אִם יֵשׁ gestrichen werden, da וְאִם יֵשׁ nicht hierhingehört, indem dieses 3 M. vorkommt, s. 2 S. 14, 32. und Mf. אם, 15. Auch Mpt. Hamb. Ruth 3, 10. hat י"ב und zählt אִם יֵשׁ nicht. Warum ist aber בְּזֹאת nicht gezählt, das nach Mp. Lev. 26, 27. 1 M. mit אִם und 1 M. mit וְאִם vorkommt? Zu אִם אָמֹר muss es heissen: אָמֹר לַנַּעַר (1 S. 20, 21.). —

3) Bei den angeführten Stellen sind manche Fehler eingeschlichen: zu לילה ויומם (Jes. 34, 10.) heisst es אֵין עֹבֵר während das folgende (Jes. 60, 15.) וְאֵין hat; ebenso bei לֵב ist das erste (Hos. 7, 11.) אֵין und das zweite (Jer. 5, 21.) וְאֵין; auch bei תבונה ist das erste (Obad. 1. 7.) אֵין und fehlt das zweite ואין תבונה (Prov. 21, 30.). Das erste אין לָהֶם muss לָהֶן lauten (2 Chr. 18, 16.) —

4) או"א, l. c. ist nachzutragen: אֱהֶבוּ (Ps. 31, 24.) und וְאֶהֱבוּ (Am. 5, 15. s. Mp. daselbst). — Auffallend ist die Angabe der Mm. zu Ps. l. c., welche zu אֶהֱבוּ bemerkt ב' בקרי' und auf Am. l. c. hinweist, während hier Mp. und Ausgg. mit Waw lesen. אַרְדְּ (Num. 26, 40.) und וָאַרְדְּ (Gen. 46, 21.), s. Mp. zu den Stellen. אֹרֶן וְאֹרֶן, s. Mp. 1 Chr. 2, 25. —

ע"ב זוגין חד אֶת וחד וְאֶת. 1) Ez. 30, 22. Mf.*את, 3. (S. מ"ש Lev. 18, 22.) — 72 Wörter, die nur 1 M. mit vorherg. אֶת und 1 M. mit vorherg. וְאֶת vorkommen.

זוגין מן ב' ב' א' ברישא וחד וא'. Zach. 1, 9. (S. או"א, 13. מ"ש 2 Reg. 19, 25. Jer. 6, 13. und oben unter א"ב.

ב.

ג' זונין יחידאין חד ב' וחד לב'. Mf. ב', 9. (auch Mf. ל', 7. und או"א, 10. s. oben א"ב מן חד חד א' וחד לא' וכו') Drei Wörter, die mit Beth anfangen und nur 1 M. ohne und 1 M. mit Lamed präfix. vorkommen.

ה' זוגין חד בֵּית וחד בְּבֵית. Ex. 12, 29. 2 Reg. 15, 5. Jer.*37, 16. Prov. 3, 33. Est.*5, 1. — 5 Wörter, die nur 1 M. mit vorhergehendem בֵּית und 1 M. mit בְּבֵית vorkommen.

י"א זוגין מן חד חד חד מלרע וחד מלעיל ב' בריש תיבותא. Lev. 7, 8. 13, 10. Jes.*8, 1. Mf.*ב", 2. או"א, 49.

י"ג זוגין חד ב' וחד וב'. 2) Mf. ב', 7. או"א, 1. ב',

ג.

ג' זוגין חד ג' וחד כג'. (S. Mf. ב', 5.) Mf. ג', 1. או"א, 6.

ה' זוגין חד ג' וחד וג'. Mf. ג', 2. או"א, 1. ג'.

ד.

ג' זוגין מיחדין חד ד' וחד וד'. Cant. 8, 14. Mf. ד', 2. או"א, 1. ד'.

ה.

ג' זוגין חד נסיב ה' וחד נסיב לה' ולית להון זוגא. Mf. ה', 22. (S. oben א"ב מן חד חד א' וחד לא' וכו' und או"א, 10.) 3)

ג' זוגין מן ב' ב' בחד ענינא קדמא הָיוּ תנינא הָיָה. Gen. 41, 49. 1 Chr.*23, 22. Mf. הי, 8. או"א, 238. (S. מ"ש Gen. 41, 48. Koh. 2, 7. 1 Chr. 24, 28.)

ה' זוגין מן ב' ב' חד ה' בסוף תיבותא וחד י' וקמצין. Deut. 7, 15. Prov. 19, 16. Mf. ה', 27. או"א, 94.

ד' זוגין חד נסיב ה' וחד נסיב בה' ולית להון זוגא. Mf. ה', 16. (auch ב', 5. und oben א"ב, ב') או"א, 6.

ד' זוגין דשָׁמַיִם וחדא מלה חד לא נסיב ה' וחד נסיב ה'. S. unter שמים oben S. 199. Anmerkung 2.

ט' זוגין מן חד חד לא נסיב ה' בריש תיבותא. Gen. 35, 5. Mf. ה", 29. או"א, 188. (S. auch Ex. 25, 30.)

(ט') זוגין מן ג' ג' ה' ברישיהון קדמא ותנינא ה' ותליתאה וה'. Job 37, 15. Mf. ה', 6. או"א, 13.

י"א זוגין מן חד חד חד מפיק ה' וחד לא מפיק ה'. Gen. 25, 31. 29, 16. 40, 10. שטה Deut. 33, 27. Prov. 5, 3. Mf. ה' 14. או"א, 44. (S. מ"ש Lev. 13, 4. Jes. 18, 5. 23, 18. 28, 4. Jer. 6, 6. Ez. 22, 24. 27, 20. Hos. 9, 10. Ps. 48, 14. Job 33, 5.

י"א זוגין חד הִנֵּה וחד וְהִנֵּה. Mf. הן, 17. — 11 Wörter, die nur 1 M. mit vorhergehendem הִנֵּה und 1 M. mit וְהִנֵּה vorkommen.

י"ד זוגין קדמא לא נסיב ה' ותנינא נסיב ה' בחד ענינא. Mf. ה', 12. — 14 Wörter, die in einem (zusammenhängenden) Abschnitte 2 M. vorkommen und zwar das erste M. ohne He und das zweite M. mit He (des Artikels). 4)

י"ד זוגין מן ב' ב' מלין ותרויהון ה' בריש תיבותא. Mf. ה', 4. או"א, 371.

י"ו זוגין מיחדין נסבין הָאָרֶץ. Mf. אר, 56. — 16 Wörter, die nur 1 M. in Verbindung mit הָאָרֶץ vorkommen. 5)

---

1) Diese Angabe ist auch unter שטה (ohne Zahl) angegeben Ez. 30, 21., was wohl das Richtigere sein dürfte, da es noch mehr als die angeführten 72 giebt, so ist z. B. את יעקב und ואת יעקב nicht angeführt, s. Mp. Ex. 1, 1. und 2, 24. Die übrigen kleineren Fehler bei der Aufzählnng sind leicht zu verbessern, was auch beim Druck des Textes geschehen soll.

2) Dass das י"ג = 13 in ed. Buxt. falsch ist, s. או"א, l. c. und Anmerkung, wonach auch das י"ז = 17 der ed. Bomb. das Richtige ist, indem das בְּמִזְרָה und בַּעֲבֹדוֹתֵינוּ nicht dazu gehört. Warum ist aber בָּאָה und וָבָאָה (s. Mp. 1 Reg. 13, 7. und 1 S. 20, 21.) nicht gezählt, da nach Mp. jedes von ihnen nur 1 M. vorkommt? —

3) S. או"א, 10. Anmerkung, wo nicht angeführt ist, dass unsere Angabe dieselbe ist, welche daselbst unter dem Buchstaben He sich findet. —

4) S. M. marg. zu 1 Reg. 8, 35., wo es heisst, והוא חד מן ו' זוגין קדמא לא נסיב ה' ותניין נסיב, was scheinbar gegen unsere Angabe wäre. — S. או"א, 2. Anmerkung S. 4. unten, wo Heid. das ו' = 6 in י' = 10 umändert und es auf die mit Beth anfangende Gruppe des Nr. 3 daselbst bezieht, welche 10 Wörter anführt, von denen das erste ohne und das zweite mit Waw anfängt; diese Angabe hat aber zu obiger Angabe keine Beziehung. —

5) Dieser Artikel leidet an mehren Fehlern: 1) ist das zu השאיר רב טבחים דמלכים ומדלות angeführte (2 Reg.

י״ח זוגין חד נסיב ה׳ וחד נסיב וה׳ ולית להון זוגא.
Gen. 34, 5. (4.) Mf. ׳ה, 19. או״א, 1, ה׳.

זוגין דלא נסבין ה׳ · (ט׳ זוגין S. oben) Ex. 25, 30. Mf. ׳ה, 29.

ו׳

ב׳ זוגין מן ג׳ דכתיב ו׳ במצעות תיבותא וקריא י׳.
Job 39, 12. Mf. ׳ו, 21. או״א, 141.

ב׳ זוגין בתרי לישני וב׳ תיבין קדמא וצ׳.
Gen. 37, 25. S. Mf. ׳א, 22. או״א, 59. 1)

ד׳ זוגין מן ג׳ בענינא קדמא נסיב ו׳ ותנינא ותליתאה
לא נסיב ו׳.
Mf. ׳ו, 40. או״א, 240.

ד׳ זוגין מיחדין חד נסיב וה׳ ברישא וחד נסיב ול׳ ולית
דכו׳. Mf. וה, 2. (ed. Bomb. hat ׳ח = 8?) — 4 Wörter, die
je nur 2 M. vork. und zwar 1 M. mit ׳וה und 1 M. mit ׳ול
anfangend.

ד׳ זוגין ולש׳ ברישא מן ג׳.
Job 27, 4. Mf. לש, 3.
4 Wörter, die nur 3 M. vorkommen und mit ׳ולש anfangen. 2)

ה׳ זוגין מן ב׳ ב׳ כתיב ו׳ במצעות תיבותא וקריא י׳.
Mf. ׳ו, 19. או״א, 139.

ה׳ זוגין ב׳ מנהון נסיב ו׳ וב׳ מנהון לא נסיב ו׳.
Mf. ׳ו, 34. או״א, 251.

ה׳ זוגין משמשין וה׳ חד לשון רבים וחד לשון יחיד
ולית להון זוגא. Mf. וה, 1. — 5 Wörter, die mit ׳וה anfangen
und nur 2 M. vorkommen, 1 M. im Sing. und 1 M. im Plur.

ו׳ זוגין מן ג׳ ג׳ בענינא קדמא ותנינא נסיב ו׳ ותליתאה לא
נסיב ו׳. Ez. 40, 36. Mf. ׳ו, 41. או״א, 241.

ז׳ זוגין מן ב׳ ב׳ דמשמשין וה׳ · (ו׳, א״ב S. oben) Ez. 21, 15.
ו׳ זוגין דאית בהון והב׳ (S. auch M. marg. zu Gen. 37, 24.
בריש תיבותא) — Wörter, die mit ׳וה anfangen und nur
2 M. vorkommen.

ז׳ זוגין מתחלפין קדמא ו׳ תניא י׳. Num. 8, 16. Mf. ׳ו, 39.
או״א, 237. (S. מ״ש Num. 3, 9. 5, 15. Deut. 31, 7. Jos. 2, 14.
Prov. 3, 31.

ח׳ זוגין תנינא נסיב ו׳ בענין (וקדמא לא נסיב ו׳).
Gen. 14, 1. Mf. ׳ו, 25 und 56. או״א, 247.

ט׳ זוגין חד וְאֶל חד וְעַל. Num. 4, 49. Job 32, 21.
Mf.* על, 6. או״א, 86.

י״א זוגין מיחדין חד לא נסיב ו׳ וחד נסיב ו׳ ובתריהון
אדכרא. S. הו״יה gegen Ende S. 339.

י״א זוגין מן ב׳ ב׳ נסבין ו׳ בריש תיבותא ובתריהון
אדכרה. S. הו״יה gegen Ende S. 339.

י״א זוגין נסבין ות בריש תיבותא חד מלרע וחד מלעיל.
Mf. ׳ת, 7. או״א, 50.

י״א (י״ב) זוגין חד מלעיל וחד מלרע נסבין ו׳ בריש
תיבותא. 3) S. unten ו״ו זוגין und או״א, 46. Anmerkg. 1.

י״ב זוגין מן ג׳ ראשי פסוקים נסבין ו׳ בריש תיבותא.
Gen. 48, 10. 27, 4. Mf. ׳ו, 22. או״א, 173.

י״ד זוגין מן ב׳ ב׳ ר״פ לא נסבין ו׳ בריש תיבותא וכל
קריא נסבין ו׳. Num. 2, 7. Ps. 95, 10. Koh. 1, 16. Mf. ׳ו, 21.
או״א, 171.

י״ד זוגין חלופי׳ מן ב׳ ב׳ ר״פ נסבין ו׳ בריש תיבותא
וכל קריא לא נסבין ו׳. Est. 1, 18. Dan. 5, 22. 7, 3. Mf. ׳ו, 4.
או״א, 172.

25, 12.) falsch, da es ומדלת heisst und auch in Jer. 40, 7. nochmals vorkommt, gegen unsere Angabe. Es muss vielmehr ומדלות הארץ השאיר heissen, wie es 1 M. Jer. 52, 16. lautet; das רב טבחים דמלכים ist Irrthum des Abschreibers oder Herausgebers. 2) das עמי (הארץ) ist irrthümlich aus ענוי entstanden, indem man das נו (Nun und Waw) als ׳מ (Mem) ansah; es bezieht sich auf Zeph. 2, 3., wie angegeben. 3) ist die angeführte Stelle הארץ כנען sehr dunkel, s. Mp. zu Num. 34, 2., wo bemerkt wird ׳מטעין ביה ספרי; doch in diesem Verse steht nicht דבר אל בני ישראל und ist auch nicht הארץ das zweite Wort in der Verbindung, wie die übrigen dieses Artikels. Es giebt noch 2 Verbindungen mit הארץ, die nur 1 M. vorkommen, nemlich וְשָׁבְתָה הארץ (Lev. 25, 2.) und מִלֶּחֶם הארץ (Num. 15. 19.); sollte vielleicht ersteres gemeint sein, da dieser Vers mit דבר אל בני ישראל anfängt? — Jedenfalls ist das י״ו = 16 in der Ueberschrift unrichtig; es muss nach Obigem entweder י״ן oder י״ח lauten. —

1) Das „וב׳ תיבין קדמא“ in der Angabe muss wohl וב׳ תיבין קדמאי lauten; das תיבין ist in dem Sinne von אתין = Buchstaben zu nehmen und bedeutet „die zwei ersten Buchstaben.“ —

2) In Job 27, 4. sind nur angeführt וְלָשׁוֹנִי ,וְלִשְׁנִינָה und וְלָשׁוּב. Das vierte fehlt; es ist aber וְלִשָׁלוֹם, s. oben diesen Art. S. auch oben S. 197, Anmerkung 1. Das daselbst Gesagte über וְלִשָׁלוֹם findet durch unsere Angabe seine Bestätigung, indem, wenn das ׳ג = 3 daselbst richtig wäre, es hier statt ׳ד = 4 heissen müsste ׳ה = 5 (mit ולש am Anfang). —

3) S. או״א, Anmerkung l. c. Daselbst ist zur Stelle „ist das וי in ו״ן verwandelt worden“ hinzuzufügen: s. Mf. ׳ה, 33. וי, 3. ed. Bomb. und unsere Anmerkung 10 zu אב. —

ט"ו זוגין קדמא נסיב ו' ותניא לא נסיב ו' ולית דכו'· Ex. 39, 4. (S. unten י"ט זוגין).

י"ו זוגין מן חד חד חד מלרע וחד מלעיל ו' ברישיהון· Mf. ו', 3. או"א, 46. Anmerkg. und oben י"א זוגין.

י"ז זוגין יחידאין מן ב' מלין לא נסבין ו' ולית זוגא· Mf. ו', 32. או"א, 252. 1)

י"ט זוגין קדמא נסיב ו' בענינא ותנינא לא נסיב· Gen. 41, 27. Ex. 35, 31. Mf.* ו', 24. או"א, 246. 2)

כ' זוגין מן חד חד מלרע וחד מלעיל וא' ברישא· ? Koh. 4, 8. Dan. 8, 27. Mf.* ו', 1. או"א, 47.

כ"ג זוגין נסבין וי ברישא ונסבין ו' בסופא חד מלרע וחד מלעיל· Job 6, 20. 26, 11. Mf. וי, 1. או"א 45. (S. מ"ש 1 S. 25, 12. (כ"ב). ibid. 30, 2.) 3)

כ"ה זוגין ר"פ חד נסיב ו' וחד לא נסיב ו'· Ps. 114, 3. Mf.* ו', 27. — 25 Wörter, die 2 M. am Anfang des Verses vorkommen und zwar 1 M. mit und 1 M. ohne Waw präfix.

כ"ו זוגין חד מלא ו' באמצע תיבותא וחד נסיב ו' בריש תיבותא וחסר· Prov. 14, 28. Mf.* ו', 59. או"א, 248. (S. מ"ש Prov. 11, 26.)

ל' זוגין יחידאין וְכִי· Gen. 29, 12. (S. Mf.* כִּי, 1. u. unter יחידאין, auch Partikel s. v. כִּי).

ל"ב זוגין מן ב' ב' וְלֹא ולית דכו'· Mf. לא, 20. — 32 Wörter, die nur 2 M. mit vorhergehendem וְלֹא verbunden sind.

נ' זוגין מן ב' ב' מלין חד נסבין ו' וחד לא נסבין ו' ולית זוגא· Mf. ו', 33. — 50 Wörterpaare, die nur 2 M. vorkommen, und zwar 1 M. mit Waw (beider Wörter) und 1 M. ohne Waw (präfix.) des ersten Wortes. 4)

נ"ב זוגין מן ב' ב' וְאֵת· Mf. את, 6. — 52 Wörter, die 2 M. mit vorhergehendem וְאֵת vorkommen. 5)

ס"ה זוגין יחידאין ב' מלין נסבין ו' ולית זוגא· Mf. ו', 31. או"א, 253. Anmerkg. ausführlich. (S. מ"ש Zach. 9, 15.)

ז·

ג' זוגין קדמא ז' ותניא ש'· Gen. 28, 19. Ex.* 20, 8. 34, 25. 2 Reg. 11, 4. Ps. 59, 10. Mf. ז', 2. ש', 4. או"א, 203. (S. מ"ש Deut. 5, 12. Jud. 18, 29.)

ד' זוגין חד ז' וחד וז'· Prov. 23, 21. Mf. ז', 1. או"א, 1. ז'.

ח·

ב' זוגין חד ח' וחד לח'· Mf. ח', 5. ל', 7. או"א, 10. 6)

ה' זוגין חד ח' וחד כח'· Job 28, 9. (S. Mf. ב', 5. או"א, 6.)

י"ב זוגין מיחדין חד ח' וחד וח'· Mf. ח', 4. או"א, 1. ח' Anmerkg. (ט')?

ט"ו זוגין חד קריא ח' וחד קריא ה' ולית דכו'· Job 30, 12. Cant. 5, 6. 1 Chr.* 8, 7. Mf. ה', 26. או"א, 213. (S. מ"ש 1 Chr. 8, 7.)

---

1) S. או"א, und Anmerkung l. c. Zu Z. 11 daselbst ist zu bemerken, dass auch ראובן שמעון fehlt s. Mp. Ex. 1, 2.

2) Zu או"א, 246. Anmerkung ist hinzuzufügen: (1 Chr. 7, 8.) יוֹעָשׁ, (1 Chr. 27, 28.) וְיוֹעָשׁ. —

3) Zu או"א, Anmerkung l. c. ist zu bemerken, dass Job 6, 20. die Angabe unrichtig ist, indem וַיֶּחְפָּרוּ nicht hierhin gehört, da וְיֶחְפָּרוּ (mit Schwa des Waw) nicht vorkommt. — S. Ex. 28, 28., wo unsere Gruppe auch mit א"ב verzeichnet ist. —

4) Einige Stellen der angeführten Verse müssen umgesetzt werden, z. B. שורו וחמורו muss bezeichnet werden durch דמשנה תורה = Deut. 5, 18. und ושורו וחמורו mit דיתרו = Ex. 20, 14. u. s. w. — Mpt. Hamb. zu Deut. 16, 13. hat blos זוגין מן ב"ב וכו' ohne eine bestimmte Zahl anzugeben, was richtiger ist, denn statt נ' = 50 werden nur 48 aufgezählt, wie Buxt. am Schlusse bemerkt. — Doch hat Mpt Hamb. nach יעקב ובניו als drittes: אברהם ושרה, השדה (ibid. 18, 11.) ואברהם ושרה זקנים, (Gen. 25, 10.), wodurch nur noch 1 an der Zahl 50 fehlt. —

5) Es fehlt eine Stelle und sind nur 51 angeführt. B. Chajim bemerkt nichts. Einige Stellen sind leicht zu verbessern. Zu ואת כל יושבי (Jer. 13, 13.) muss „תנינא" hinzugefügt werden, da das erste in diesem Verse את כל יושבי (ohne Waw) lautet. —

6) An 3 Stellen (in d. Concord. und Mf. l. c.) bemerkt Heid., dass er das לְחַטָּאָה nicht finden könne; er bemerkt zur Concord. s. rad. כל קריאה חַטָּאָה רפה במ"א. וכעבות העגלה חַטָּאָה וחד ופשע וְחַטָּאָה (מס"ג) וכ"כ יה"בי בפרש' כי תשא לכן קשה מה שמסר במערכת אות ח' כ' זוגין חד ח"ת וחד למ"ד ח"ת וכו' לְחַטָּאָה והקריבו לחנכת וכו' ולא מצאתי פסוק זה במקרא וכו' was auffallend ist, da dieses Wort ja als קרי sich Esr. 6, 17. findet, wo zu לְחַטָּיָא die Mp. bemerkt לחטאה קרי; ebenso מ"ש ibid. und die Mass. ja bekanntlich dem קרי folgt. Doch wo das קרי וכתיב dieses Wortes in der Mm. vorkommt, weiss ich (augenblicklich) nicht anzugeben. — Gehört es etwa zu den נ"ח מלין חסרים אל"ף וכו'? S. Art. מלין. —

כ׳

זוגין מן חד וחד נסבין כ׳ ברישיה חד מלרע וחד מלעיל.
Prov. 12, 4. Thr. 2, 4. (S. oben א״ב ,כ׳ .אר״א, 11.)

ג׳ זוגין חד כ׳ וחד ב׳. (5 .Ps. 71, 9. S. oben א״ב ,כ׳, 1

ד׳ זוגין מן ב׳ ב׳ כם׳ ברישיהון. Ez. 35, 15. S. oben
א״ב ,כ׳ und אר״א, 19. Anmerkg. 6)

ח׳ זוגין חד לשון זכר וחד לשון נקבה ך בסוף תיבותא.
Mf. כ׳, 3. אר״א, 54.

ט״ו זוגין חד כ׳ וחד וכ׳ ברישיה. Mf. כ׳, 5. אר״א .כ׳, 1.

מ״ה זוגין חד כָּל וחד וְכָל. Mf. כל, 13. — 45 Wörter,
die nur 1 M. mit vorhergehendem כָּל und 1 M. mit וְכָל
vorkommen. 7)

ל׳

ד׳ זוגין מן ב׳ ב׳ בחד ענינא קדמא נסיב לא תניא לא נסיב
לא. Gen. 23, 11. Mf.* לא׳, 12. אר״א, 250.

ו׳ זוגין תנינא נסיב ל׳ בחד ענינא וקדמי קרחי ולית
דכותי׳. Mf. ל׳, 16. אר״א, 245.

י״ד זוגין קדמא נסיב ל׳ ותנינא לא נסיב ל׳ ולית
דכותי׳ דסמיכי. Deut. 22, 19. Mf.* ל׳, 15. אר״א, 244.
(S. מ״ש Deut. 22, 29.)

י״ח זוגין מן חד וחד חד מלרע וחד מלעיל ל׳ בריש
תיבותא. Ez. 27, 9. Mf. ל׳, 8. אר״א, 48.

כ״ב זוגין קריא ח׳ וכל חד וחד לית דכו׳. Gen. 39, 21.
(S. Mf. ח׳, 2. אר״א ,ח׳, 212.) 1)

ט׳

ג׳ זוגין חד ט׳ וחד וט׳. Mf. ט׳, 1. אר״א ,ט׳, 1.

י׳

כ׳ זוגין מן ג׳ ג׳ דכתיב י׳ במצע תיבותא וקריא ו׳.
Gen. 36. 5. Mf. י׳, 20. אר״א, 140. (S. auch Mf. יע, 14, חו, 11.
חי, 28. מ״ש 2 Chr. 9, 10. ausführlich.)

ג׳ זוגין חד י׳ וחד לי׳ ולית להון זונא. Mf. י׳, 24.
ל׳, 7. אר״א, 10. 2)

ד׳ זוגין דריש תיבות י׳ בתרי לישן. Gen. 41, 40. (S. Mf.
א׳, 22. אר״א, 59.

ה׳ זוגין דמיין קדמא י׳ תניא ו׳. Gen. 24, 25. (S. Mf.
י׳, 23. אר״א, 214. 3)

ה׳ זוגין מן ב׳ ב׳ דכתיב י׳ במצע׳ תיבותא וקריא ו׳.
Gen. 25, 23. Mf.* י׳, 18. אר״א, 138.

י׳ (ו׳) זוגין מן ג׳ ג׳ י׳ ברישיהון וא׳ וי׳. Est. 3, 2. Mf. י׳,
28. (S. Mf. ו׳, 8. אר״א, 15.) 4)

ט׳ זוגין מן חד וחד חד י׳ וחד ו׳ בסוף תיבותא. Mf. י׳,
2. אר״א, 53.

כ״ו זוגין חד י׳ וחד וי׳. Mf. י׳, 1. S. אר״א, 1. י׳. und
Anmerkung daselbst unter dem Buchstaben Jod.

---

1) Das זוגין ist jedenfalls unrichtig, da es nur zu ein M. vorkommenden Wörtern gehört? — S. אר״א, l. c. Anmerkung. —

2) Warum ist nicht יָרְחָע und לִירְחָע ,יְשָׁבְקָשָׁה und לְיָשָׁבְקָשָׁה mitgezählt, etwa weil es Nom. propr. sind? s. vor. S. Anmerkung 4. —

3) Gen. l. c. ist auf Mf. hingewiesen, wo sich aber die Angabe nicht findet. — Nach Mf. י׳, 23. und אר״א, 214. scheinen sie folgende zu sein: לָלוּן und לָלִין (Gen. 24, 23. und 26.), פְּנוּאֵל und פְּנִיאֵל (Gen. 32, 31. und 32.) לַחֲלֹק und לַחֲלִק (Jer. 37, 12. Neh. 13, 13.), לַשְׁמִעַ בְּקֹל (Ps. 26. 7.) und לִשְׁמֹעַ בְּקֹל (Ps. 103, 20.), יְדִיתוּן und יְדוּתוּן (1 Chr. 16, 31. und 41.). —

4) Das ו׳ = 6 in Est. l. c. scheint das Richtige zu sein, aus welchem durch Schreib- oder Druckfehler das י׳ = 10 der Mf. entstanden ist. Es sind nemlich die 5 mit Jod anfangenden Wörter, die Mf. und אר״א, l. c. aufgezählt sind und das יְהַלֵּךְ zu Mf. י׳, 28. S. oben Abth. 1. unter jedem Art. die betreffenden Wörter. Dies muss אר״א, 15. Anmerkung hinzugefügt werden. —

5) Das ג׳ = 3 bezieht sich nur auf die 3, welche (nach dem Kaf. u. Beth präfix.) ein Kaf haben, wozu das Schlagwort Ps. 71, 9. gehört, s. אר״א, 4. —

6) Die Angabe ist unrichtig und muss lauten: חד מן ד׳ מלין כם׳ ברישיהון וכו׳; sie bezieht sich auf כְּשִׂמְחָתְךָ; in אר״א, 19. sind auch כְּשָׂכִיר und כְּשָׂדֶה gezählt, die hier fehlen; s. אר״א, l. c. Anmerkung. —

7) Sowohl ed. Bomb. als Buxt. haben מ״ה = 45 und zählen nur 43 Stellen auf; keiner von den Herausgebern bemerkt etwas darüber. —

Prov. 29, 24. Mf. לא, 17. ע״ח זוגין חד לא וחד ולא׳
78 Wörter kommen nur 1 M. mit vorhergehendem לא und 1 M. mit ולא vor. 1)

זוגין חד ל׳ וחד ול׳. Mf.* ל׳, 9. או״א, 1. ל׳. 2)

מ׳

ג׳ זוגין מן ד׳ ד׳ משמשין מש בריש תיבותא׳ Prov. 1, 1. — 3 Wörter, die mit מש anfangen und 4 M. vorkommen (und die letzte Silbe Zere hat). 3)

ה׳ זוגין חד מ׳ וחד המ׳. Gen. 42, 23. Mf. ה׳, 31. או״א, 8. 4)

ה׳ זוגין חד נסיב מ׳ וחד נסיב למ׳. Mf. מ׳, 14. S. auch Mf. ל׳, 7.? או״א, 10. (S. Thr. 4, 5.) 5)

ז׳ זוגין מן ב׳ ב׳ חלוף מיחדין חד מ׳ וחד מן׳ Ex. 5, 23. Mf. מ׳, 15. או״א, 197. (S. מ״ש 2 S. 22, 4. Jer. 31, 15.)

ח׳ זוגין מן ב׳ ב׳ מ׳ בריש תיבותא וחד ומ׳. Mf. מ׳ 4. S. Mf. ו׳, 6. או״א, 13. und Anmerkung daselbst.

י״ח זוגין חד מ׳ וחד ומ׳. Mf. מ׳, 5. או״א, 1. מ׳. 6)

נ׳

י״א זוגין מיחדין חד נסיב נ׳ וחד נסיב מ׳ בסוף תיבותא׳ Job 29, 9. Thr. 1, 16. S. א״ב Buchstaben נ׳. 7)

ט״ו זוגין חד נ׳ וחד ונ׳ ולית דכו׳. Esr. 8, 31. Mf.* נ׳, 1. או״א, 1. נ׳.

ס׳

ה׳ זוגין חד ס׳ וחד בס׳ ברישיהון׳ Mf. ס׳, 4. ב׳, 5. או״א, 6. S. oben א״ב, א׳, 1. und ב׳, 1.

ה׳ זוגין חד ס׳ וחד וס׳. Mf. ס׳, 1. או״א, 1. ס׳. (S. מ״ש Ps. 29, 6.)

ע׳

ג׳ זוגין על דסמיך לש׳. Job 22, 26. Mf. על, 24.
3 Wörter, die mit Schin anfangen und nur 2 M. mit vorhergehendem על vorkommen.

ה׳ זוגין מן ב׳ ב׳ מיחדין חד על וחד עד׳. Gen. 49, 27. Ez.* 41, 19. Mf. עד, 4. או״א, 218.

ח׳ זוגין חד ע׳ וחד וע׳ ולית דכו׳. Mf. ע׳, 1. או״א, 1. ע׳. 8)

---

1) Mf. l. c. hat blos "הלין זוגין" ohne Zahlangabe; nur ed. Buxt. hat ע״ח=78 und scheint dieser Zusatz von Buxt. zu sein, der die angeführten Stellen gezählt hat. — Abgesehen von einigen Fehlern in den Citaten, die leicht zu verbessern sind, muss noch Folgendes bemerkt werden: 1) die Stelle לא חָשַׂךְ ist versetzt, denn Gen. 39, 9. hat ולא und Ps. 78, 50. hat לא (ohne Waw), das geht aus der Reihenfolge der Stellen (Pss.) hervor, wie es auch die Ausgg. im Ps. לא und in Gen. ולא haben. Ebenso ist 2) הן אל שגיא וְלֹא חֵקֶר (Job 36, 26.) und יָרֹעַ כַּבִּירִים לֹא חֵקֶר (Job 34, 24.) zu lesen und hier also versetzt. — Das לָא בְחָכְמָה (Dan. 2, 30.) ist hier mitgezählt, obgleich es chaldäisch ist für das hebräische לא, was Heid. in d. Concord. s. v. בְּחָכְמָה nicht bedacht hat und darum eine unnöthige Correctur vornimmt. —

2) S. או״א, 1, ל׳. Anmerkung. Dass keine bestimmte Zahl angegeben ist, ist insofern richtig, als die Zahl unbestimmt ist; nach או״א, l. c. sind es 15; nach Mf. l. c. sind es 17 und mit denen in Mpt. Hamb. sind es 19. Es fehlen aber noch manche, z. B. לְבָאוֹת und וּלְבָאוֹת s. Mp. Jos. 15, 32. und 19, 6. Ebenso, wie Heid. bemerkt, לְמוֹעֲדֵי (Job 12, 5.) und וּלְמוֹעֲדֵי (2 Chr. 2, 3.) s. Mp. daselbst. (Ueber das Kam. und Pathach von לַעֲגָלִים und וְלַעֲגָלִים s. Mf. ל׳, 3.) מוֹדַע und וּמוֹדַע u. Aehnliche. —

3) Nach בריש תיבותא muss wohl eingeschaltet werden: "וקמצין" d. h. sie endigen auf Zere; es sind מִשְׁלֵי, מִשְׁנֵה und מַשְׁקֵה, S. die Mp. zu den Stellen und Abth. 1, unter den betreffenden Wörtern. —

4) Nach Mf. und או״א, l. c. sind es vom Buchstaben מ׳ 8, die 1 M. ohne und 1 M. mit He des Artikels vorkommen. Das ה׳=5 in Gen. 42, 23. muss daher ח׳=8 gelesen werden. —

5) Hier sind ה׳=5 angegeben, wie או״א, l. c. unter dem Buchstaben Mem auch nur 5 aufgezählt sind; ebenso Mpt. Hamb. Lev. 14, 21. — Das מוֹצָאֵיהֶם der Mf. ל׳, 7. ist ausgelassen, vielleicht deswegen, weil dieses Wort zu einer anderen Gruppe gehört, s. Mf. נ׳, 3. או״א, 12. Lev. 25, 51. wie das oft so in der Mass. vorkommt, dass ein Wort, welches eigentlich zu 2 Gruppen gehört, in der einen fehlt, um es nicht 2 M. zu zählen. —

6) S. או״א, l. c. Es fehlt z. B. noch מַדְמַנָּה und וּמַדְמַנָּה (1 Chr. 2, 40. Jos. 15, 31.), מֵיְרָד und וּמֵיְרָד s. Mp. Num. 11, 26. und 27. —

7) Wenn hier nur י״א=11 angegeben und angeführt sind, so fehlt כָּהֶם und כָּהֵן; es sind nach או״א, l. c., 12 mit dem letzten. — Sollte es etwa ausgelassen sein, weil das He in dem einen Zere und in dem anderen Segol hat? —

8) S. או״א, 1. ע׳ und Anmerkung dazu. Es fehlt auch dort עָרְפְּכֶם (2 Chr. 30, 8.) und וְעָרְפְּכֶם (Deut. 10, 16.) s. Mp. zu den Stellen. Ueber die unrichtige Angabe der Mm. zu Deut. 10, 16., s. oben unter ערף, S. 147, Anmerkg. 4.

י״ב זוגין חד עַד וחד וְעַד׳ Mf. עד, 5. — 12 Wörter, die nur 1 M. mit vorhergehendem עַד und 1 M. mit וְעַד vorkommen.

ל״ב זוגין מן ב׳ ב׳ עַל דלוג׳ S. א״ב unter Buchst. ע׳.

פ׳

ג׳ זוגין חד פ׳ וחד כפ׳ Mf. פ׳, 2. או״א, 6. und oben א״ב, א׳, 1. und ב׳, 1.

ד׳ זוגין חד פ׳ וחד ופ׳ Mf. פ׳, 1. או״א, 1. פ׳. 1)

צ׳

ב׳ זוגין חד צ׳ וחד וצ׳ Mf. צ׳, 1. או״א, 1. צ׳.

ק׳

ה׳ זוגין משמשין חד ק׳ וחד וק׳ Job 29, 20.? Mf. ק׳, 1. או״א, 1, ק׳. und Anmerkung.

ר׳

ט׳ זוגין חד ר׳ וחד ור׳ Gen. 32, 16. Dan. 6, 25. Mf.* ר׳, 1. או״א, 1, ר׳.

ש׳

ג׳ זוגין קדמא ש׳ ותנינא ז׳ 2 Reg. 11, 4. Ps. 59, 10. 2 Chr. 23, 1. Mf. ז׳, 3. ש׳, 5. או״א, 204. (S. מ״ש Ps. 42, 10.)

ד׳ זוגין מן ב׳ ב׳ ש׳ דמשמש ס׳ Koh. 11, 9.? S. Mf. ו׳, 6. או״א, 13. 2)

ד׳ זוגין בתרי לישן ורישיהון ש׳ Gen. 44, 2. S. Mf. א׳, 22. או״א, 59,

ה׳ זוגין חד נסיב ש׳ וחד נסיב הש׳ Job 30, 7. Mf. ש׳, 2. — 5 Wörter, die mit Schin anfangen und nur 2 M. vorkommen u. zwar 1 M. ohne u. 1 M. mit He präfix. 3)

ז׳ זוגין חד ש׳ וחד וש׳ Num. 2, 16. Mf. ש׳, 1. או״א, 1, ש׳. 4)

כ׳ זוגין חד ש׳ וחד ס׳ Gen. 50, 5. Lev. 4, 35. Cant.* 1, 1. Dan.* 1, 1. Mf. ס׳, 3. או״א, 52. (S. מ״ש Deut. 4. 48. Hos. 5, 2. Ps. 101, 3.) 5)

ת׳

ג׳ זוגין מן ג׳ ג׳ תי״ו ברישיה וא׳ ות׳ Koh. 7, 19. Mf. ת׳, 5. (S. Mf. ו׳, 8. [Ende] או״א, 15.)

כ״ד זוגין מיחדין חד ת׳ וחד ות׳ Gen. 19, 19. Job 3, 4. Mf. תת, 2. או״א, 1, ת׳.

(אילין זוגין חד דגש וחד רפי וסי׳ וכו׳. (S. מ״ש Ex. 15, 1.)

ג׳ זוגין מן ב׳ ב׳ בחד לישן׳ Neh. 7, 21. Mf. חז, 22. 3 Wörter, die je nur 2 M. in dieser Form vorkommen, die aber alle dieselbe Grundbedeutung haben. (לחזקיה ב׳. (ליחזקיהו ב׳. יחזקיה ב׳.

ה׳ זוגין מתחלפין קדמא אֱלֹהִים תנינא יְיָ׳ Ex. 5, 17. Num. 23, 20. Mf. אך, 119. — 5 Wortverbindungen, die 2 M. vorkommen und zwar das erste M. mit אֱלֹהִים und das zweite M. mit י״י verbunden. 6)

---

1) Zu או״א, l. c. Anmerkung ist hinzuzufügen: warum ist nicht angeführt וּפָקְדֵנִי, פָּקְדֵנִי s. Mp. zu Jer. 15, 15. und Ps. 106, 4. —

2) Das ד׳ = 4 ist schwierig, da Mf. und או״א, l. c. nur 3 mit שׂ (Sin) am Anfang angeführt sind, die 2 M. vorkommen, nemlich: שָׂמֵחַ, שׂוּם und שָׂנִיר; das vierte סוֹרָה hat ja ס׳ (Samech). — Sollte wohl ג׳ = 3 statt ד׳ = 4 gelesen werden? —

3) Das ה׳ = 5 ist nur insofern richtig, als es 5 Wörter giebt, die mit der Form ש (Schin oder Sin) anfangen und 2 M. vorkommen, ein M. ohne und ein M. mit He präfix., wozu auch das dortige שִׂיחִים (Job l. c.) gehört. Aber als Schin (שׁ) kommt es nur 4 M. vor, s. Mf. und או״א, l. c., woselbst שִׂיחִים zum Buchstaben Samech gezogen wird. Man sieht, dass die Mass. bisweilen das Schin und Sin promiscue gebraucht. —

4) S. Mf. und או״א l. c. Warum fehlt שׁוּחַ und וְשׁוּחַ s, Mp. Gen. 25, 2. und 1 Chr. 1, 32. —

5) Ueber das לְרֹאשׁ (mit Kam. des Lamed, als Gegensatz zu לְרֹם mit Samech) s. oben unter לְרֹאשׁ, S. 174, Anmerkung 3, wo nachgewiesen ist, dass Mf. רא, 48. in 2 Chr. 11, 22. fälschlich das Lamed mit Schwa liest. —

6) Die Angabe der Mm. Num. 23, 20. ist die richtige, welche blos hat: קדמא אלהים תני׳ י״י das חד אלהים וחד י״י ist in den anderen Stellen unrichtig, da von den 5 in Ex. 5, 17. angeführten Stellen nur 3 zuerst אלהים und dann י״י haben; die 2 letzten Beispiele: בְּשׁוּב (Ps. 14, 7. und 53, 7.) und יִגְדַּל (Ps. 35, 27. und 40, 17.) haben zuerst י״י und dann אֱלֹהִים. Es muss demnach lauten: ה׳ זוגין מתחלפין חד אלהים וחד י״י, oder ג׳ זוגין מתחלפין קדמא אלהים תנינא י״י, wie ein Mpt. bei Heid. liest. —

ה׳ זוגין דפשטין צבחר. 3. קמץ, 12. Mf. Ez. 6, 9.? *45, 12. Mf. קמץ, 3. או״א, 210. 1)

ה׳ זוגין מן ב׳ ב׳ בענין מתחלפין בטעמא. טעם S.

ה׳ זוגין מן ג׳ ג׳ דכתיבין חדא מלה וקריא מלה אחרי. Mf. כת, 16. או״א, 93.

ו׳ זוגין מתחלפין חד בדרגא וחד במאריך. טעם S.

ו׳ זוגין מן ב׳ ב׳ בסיפרא קדמא נסיב אות וחסר מלה ותנין חסר אות ונסיב יתיר מלה. Deut. 6, 13. 14, 2. 19, 15.? Jes.*1, 1. Ez.*11, 13. Mf. ו׳, 54. או״א, 234. (S. מ״ש Ps. 24, 7.)

ז׳ זוגין מיחדין חד מיעוט וחד רבוי. Num. 5, 16. Mf. ה׳, 30. או״א, 236.

ח׳ זוגין בסיפרא קדמא חסר תניא מלא. Ex. 39, 24. Mf. ו׳, 60. (S. מ״ש Ex. 39, 21.) — 8 Wörter, die 2 M. im B. Exod. vorkommen und zwar das erste M. def. und das zweite M. plene. 2)

י״א זוגין מתחלפין מן ב׳ בענין קדמא רביע ותניא זקף. S. טעם.

י״ב זוגין חד מלרע וחד מלעיל. Gen. 19, 20. או״א, 51. (S. מ״ש Ps. 49, 15.)

י״ג זוגין מתחלפין בטעמא. טעם S.

י״ו זוגין מן ב׳ ב׳ קמצין. Lev. 25, 4.? Num.*1, 1. 3, 47. Mf. קמץ, 5. או״א, 25.

י״ז זוגין מתחלפין בטעמא בחד ענינא חד זקיף לרומא וכו׳. טעם S.

כ׳ זוגין חד ר״פ וחד ס״פ. Gen. 35, 5. (S. Deut. 1, 1.) או״א, 90.

כ״א זוגין חד אוֹ וחד אוּ. Mf. ו׳. 13. או״א, 55

טעם.

Ordnung: 1) Zeit- und Hauptwörter, 2) Partikel und Eigennamen, 3) Nach Zahlangabe der Gruppen.

א.

וְהָאִישׁ ג׳ בטעם. 3) Mf. אי, 48.

בֶּן אָדָם ל״א בזקף גדול. אדם S. unter Mf. אד, 14. S. 3, Anmerkung 5.

אֱלֹהֵי ג׳ בטעם לעיל. S. oben S. 17, diesen Art.

אמירה בטעם פזר Gen. 43, 7. (וַיֹּאמְרוּ ב׳ בטעם פזר וסי׳ וא׳ וַאֲמַרְתֶּם וא׳ וְאָמַרְנוּ וא׳ וָאוֹמַר וא׳ וָאוֹמְרָה). 4) וַיֹּאמֶר und וְאָמַרְתָּ s. unten

כֹּה־אָמַר ד׳ בטעם זרקא ביחזקאל. Ez. 28, 25. *44, 9. Mf. אמ, 80. 5)

כֹּה אָמַר ה׳ בטעם מאריך טרחא ביחזקאל. Mf. אמ, 79. 6)

---

1) S. או״א, 210. Anmerkung. Vielleicht ist das ה׳ זוגין statt ו׳ מלין u. s. w. deswegen gesetzt, um das Jod (als Bezeichnung für Gott) als Angabe zu vermeiden, wie sie z. B. כ״ו = 30 für ל׳ setzt, um es nicht mit לית = ל׳ zu verwechseln. —

2) Das ה׳ = 5 in der Angabe muss ח׳ = 8 gelesen werden. —

3) Diese Angabe ist unverständlich, da dieses Wort an den angegebenen Stellen verschiedene Accente hat. —

4) S. Mp. Ex. 12, 27., wo sie zu וַאֲמַרְתֶּם bemerkt: ב׳ בטעם פזר, was gegen unsere Angabe ist. Auffallender ist aber noch, dass Mpt. Erf. zu Ex. 12, 27. bemerkt: ב׳ בטעם זבח משפחה = 1 S. 20, 29., wo es aber ויאמר heisst und zu den י״ד gehört, die Paser haben, s. Ex. 34, 9. und unten Art. וַיֹּאמֶר, wie auch dasselbe Mpt. Erf. zu 1 S. l. c. bemerkt י״ד בטעם? —

5) Die Angaben lauten etwas verschieden; Ez. 28, 25. heisst es ד׳ בטעם (so auch in Mpt. Erf. ibid.); Ez. 44, 9. heisst es ד׳ בטעם זרקא; in Mf. l. c. ed. Bomb. lautet es: ד׳ בתרין זרקא, was ungewöhnlich ist, s. משפטי הטעמים S. 7ab, und S. 19a. Das Richtige ist, wie es Ez. 44, 9. und Mf. ed. Buxt. angegeben ist. Was will die Mp. sagen, wenn sie zu Ez. 28, 25. bemerkt ה׳ בטעם בסיפרא = 5? Uebrigens fehlt in der Angabe das ר״פ d. h. am Anfang des Verses kommt diese Verbindung mit Sarka etc. nur 4 M. vor; aber in der Mitte des Verses kommt sie mehrmals vor; so bemerkt die Mp. oft י״ב בטעם. — Was aber diese י״ב = 12 betrifft, so glaube ich mit Mpt. Erf. י״א = 11 lesen zu müssen (obgleich auch dieses Mpt. an manchen Stellen י״ב bemerkt) und sie sind: Ez. 11, 7. 11, 16. 11, 17. 12, 23. 20, 5. 21, 29. (24?) 23, 22. 24, 21. 36, 5. 37, 19. und 37, 21. Die 4 am Anfang des Verses sind ibid. 28, 25. 44, 9. 45, 18. und 46, 1; im Ganzen sind es 15. —

6) Auch hier fehlt (s. vor Anmerkg.) das ר״פ d. h. am Anfang des Verses kommt diese Verbindung mit dem Mercha und Tipcha 5 M. vor. —

כֹּה אָמַר ה׳ בטעם בתריסר (מקף וזרקא)· Am. 3, 12. Zach.*8, 23. Mf. אמ, 87.

כֹּה אָמַר ו׳ בטעם בירמיה (מאריך תביר)· Jer. 7, 21. 27, 21. 29, 4. Mf. אמ, 86.

כֹּה אָמַר ז׳ בטעם בירמי׳ (מהפך פשטא)· Jer. 9, 17. 29, 17. Mf. אמ, 85. 1)

כֹּה אָמַר ז׳ בטעם בירמי׳· 2) Mf. אמ, 88.

כֹּה אָמַר ח׳ בטעם בירמי׳ (יתיב מנח קטן)· Mf. אמ, 89. 3)

כֹּה אָמַר י״ח בטעם בירמי׳ (מנח לגרמי׳ מנח רביע)· Jer. 12, 14. 37, 9. Mf. אמ, 93.

כֹּה אָמַר י״י ד׳ בטעם בספר ישעי׳ (יתיב מנח קטן)· Jes. 56, 1. Mf. אד, 104.

כֹּה אָמַר י״י ח׳ בטעם גרשים ביחזקאל· Ez. 30, 13. Mf. אמ, 76. 4)

כִּי כֹה־אָמַר ז׳ בטעם בירמי׳· 5) Mf. אמ, 84.

לָכֵן כֹּה אָמַר· ·כן S. unten

וְאָמַרְתָּ ג׳ בטעם (פזר)· 6) 2 S. 23, 17. S. משפ״הט 24a.

וְאָמַרְתָּ ה׳ בטעם גרשים בסיפרא (ביחזקאל)· Ez. 17, 3. Mf. אמ, 47. 7)

וְאָמַרְתָּ אֲלֵיהֶם ג׳ בטעמא קדמא ואזלא בירמיה· Mf. אמ, 72. 8)

וַיֹּאמֶר ד׳ ר״פ בטעם זרקא· Gen. 32, 9. S. Num. 11, 21. und Mf. אמ, 44. 9)

---

1) Für ז׳ = 7 in der Angabe will Heid. ו׳ = 6 lesen, wie es ein von ihm angeführtes Mpt. hat und Mpt. Erf. an manchen Stellen bemerkt. Das Jer. l. c. angeführte צורפם ובחנתים (Jer. 9, 6.) gehört nicht hierher, weil לָכֵן (mit Rabia) vorhergeht, ebenso wie ibid. 11, 22. nicht mitgezählt ist. Es bleiben also nur 6 am Anfang des Verses im B. Jer., die Mahpach-Paschta haben. Uebrigens bezieht sich wohl die Angabe auf die Verbindung: כֹּה אָמַר י״י צבאות (Mahpach Paschta und Munach Katon) am Anfang des Verses. —

2) Von den ז׳ = 7 werden nur 6 aufgezählt? Das חנניה muss wohl mit Heid. הנני gelesen werden und ist Jer. 28, 11. damit gemeint. Das דרור soll wohl ibid. 34, 17. sein, da geht aber לָכֵן voran; auch ist das החכם und נתן nicht klar. Die Stelle bedarf noch der Untersuchung. —

3) Die Angabe bezieht sich auf כֹּה אָמַר י״י am Anfang des Verses im B. Jer. die Jethib-Munach und Sakef Katon zum Accent haben, deren es 8 Stellen giebt. Durch falsche Abtheilung ist הנה עם als 2 Stellen bezeichnet, die aber nur 1 Stelle bilden, nemlich Jer. 6, 22. Es fehlt demnach 1 Stelle an den 8 der Angabe. Heid. fügt hinzu: אם לא בריתי (ibid. 33, 25.), wo die Mp. gleichfalls bemerkt: ח׳ בטעם בסיפרא· — Vielleicht hat אם oben nach הנה gestanden und ist irrthümlich עם (mit Ain) daraus geworden. Das ימצא an obiger Stelle muss in מצא (ibid. 31, 2) umgeändert werden. Das ה׳ בטעם בסיפרא der Mp. zu letzter Stelle muss ח׳ = 8 sein. —

4) Das ח׳ = 8 in unserer Angabe bezieht sich auf den Anfang des Verses. Ed. Bomb. Mf. l. c. hat ט׳ = 9 wahrscheinlich, wie Heid. meint, rechnet sie 1 aus der Mitte des Verses mit hinzu. —

5) Diese Verbindung, nemlich כִּי durch Makkef verbunden, כֹה mit Munach Legarme und אמר י״י mit Munach-Rabia kommt 7 M. im B. Jer. vor, wie Mf. l. c. angegeben. Das סרו muss נירו (Jer. 4, 3.) lauten; ebenso muss משפטים in משפטם (ibid. 49, 12.) umgeändert werden. —

6) S. 2S. l. c., wo die zweite Stelle הנבא וכו׳ הלא עוד unrichtig ist, indem es solchen Vers nicht giebt; es muss vielmehr lauten: הנבא וכו׳ ואמרת להרים ולגבעות (Ez. 36, 6.). Uebrigens giebt es noch eine vierte Stelle, wo ואמרת ein Paser hat, nemlich Ez. 21, 12., wozu auch Mpt. Erf. bemerkt ד׳ בטעם, was also das Richtigere ist, obgleich dasselbe Mpt. Erf. zu den 3 anderen Stellen ג׳ = 3 bemerkt; auch ist das ד׳ = 4 zu Ez. 21, 12. in Klammern gesetzt, so dass es nicht vom Original herzukommen scheint. —

7) S. Heid. zu משפטי הטעמים S. 20b ff. über טרם· Er bemerkt daher zu der fünften Stelle in Ez. l. c., welche lautet דַּבֵּר (Ez. 29, 3.), dass hier וְאָמַרְתָּ nur 1 Geresch (und nicht Gerschajim) hat, nach der Regel, wenn אזלא als Conjunctivus vorhergeht, was also nicht zur Angabe passt? Ausserdem hätte auch הנבא ואמרת (ibid. 37, 12.) mitgezählt werden müssen, das gleichfalls Geresch mit vorhergehendem Asla hat? — Wahrscheinlich weil לָכֵן vorhergeht, es also nicht zu den ר״פ gerechnet werden kann. —

8) Mf. l. c. ed. Bomb. hat (ausserdem, dass nach dem ersten Verse [Jer. 13, 12.] folgt ושלאחריו, was Buxt. ausgelassen hat) nach dem dritten Verse noch אשר למות למות (ibid. 15, 2.)? Heid. will daher in der Angabe lesen: ג׳ ר״פ d. h. 3 M. am Anfang des Verses, wie die 3 angeführten und dann: וחד מצע פסוק d. i. 1 M. in der Mitte des Verses und zwar das letzte (Jer. 15, 2.). —

9) Die Angabe muss lauten, wie es auch Mp. ibid. andeutet, ד׳ ר״פ בטעם זרקא בתורה, wie angeführt. Es sind

וַיֹּאמֶר י״ד בטעם פזר׳ Ex. 34, 9. 2 S.*23, 10. Mf. אם, 90.
(S. מפה״ט S. 24a.) 1)

וַיֹּאמֶר אֱלֹהִים ג׳ בטעם (קדמא ואזלא)׳ Mf. אל, 92. 2)

וַיֹּאמֶר אֵלַי י׳ בטעם זקף קטן ר״פ ביחזקאל׳ Mf. אם,
78. 3)

וַיֹּאמֶר אֵלָי ז׳ בטעם (טפחא אתנח) ביחזקאל׳ Ez.
46, 24. Mf. אם, 92.

וַיֹּאמֶר י״י ד׳ בטעם זרקא בספר ואלה שמות׳ Ex. 4, 21.
8, 1. Mf. אם, 75. 4)

וַיֹּאמֶר י״י ה׳ בטעם קדמא ואזלא ר״פ בספר ואלה
הדברים׳ Mf. אם, 77.

וַיֹּאמֶר י״י ט׳ בטעמא (קדמא ואזלא) בסיפרא (במדבר)׳
Num. 3, 40. Mf. אד, 117. (י״ב) 5)

וַיֹּאמֶר י״י י״ב בסיפרא (שמות) בטעם קדמא ואזלא׳
Ex. 4, 11. 7, 19. 10, 12. 17, 14. 19, 9. Mf. אם, 74. 6)

וַיֹּאמֶר י״י אֵלַי ד׳ בטעמא בסיפרא׳ Jer. 1, 7. 11, 6.
Mf. אם, 73. 7)

וַיֹּאמֶר י״י אֶל אַהֲרֹן ג׳ בטעמא׳ Num. 18, 20. (S. Ex.
4, 27.) 8)

---

eigentlich 5 Stellen mit ויאמר האדם (Gen. 2, 23.); da aber dieses kein Nom. propr. ist, so wird es nicht mitgezählt, indem hier nur von Nom. propr. die Rede ist und diese Angabe nur ein Theil von denen ist, die unten unter ויאמר פלוני angeführt sind, s. diesen Art. Wenn Num. 11, 21. die Mm. bemerkt: ב׳ בטעם זרקא, so hat wieder die Mp. das Richtige, welche liest: ב׳ בטעם בסיפרא d. h. diese 2 St. (von den 10, וי׳ בטע׳ בפלוני) finden sich im B. Num. Das Mpt. Erf. zu Gen. 2, 23. bemerkt: י׳ ר״פ בטעם (וה׳ מהם בתורה), so dass sie auch diese Stelle mitzählt, obgleich kein Nom. propr. folgt, weil sie doch zu den ר״פ gehört. —

1) S. Ex. l. c., wo die Anführung — abgesehen von einigen kleinen Schreibfehlern — ganz corrupt ist, denn 1) fehlen Gen. 27, 33. und 2 S. 23, 17. und 2) ist וישמע אליו דוד 2 M. gezählt, die nicht vorkommen. Das Richtige hat Mm. zu 2 S. 23, 17., wo die Stellen richtig angegeben sind, wenn auch das י״ו = 16 in der Ueberschrift in י״ד = 14 umgeändert werden muss. Daselbst ist statt des einen וישמע אליו דוד angeführt: ויאמר אליו דוד (1 S. 30, 15.) und das andere ist ausgelassen. Was nun die Stelle 2 S. 23, 17. betrifft, so hat Ex. l. c. dafür 1 Chr. 11, 19. Die Verschiedenheit ist entstanden durch den gleichlautenden Anfang: ויאמר חלילה לי, so dass die eine Stelle (Gen. l. c.) dafür 1 Chr. 11, 19. und die andere (2 S. l. c.) 2 S. ibid. genommen hat. Da nun aber nach den Ausgg. in beiden Stellen das ויאמר ein Paser hat, so sind es eigentlich 15 mit Paser. Vielleicht soll das י״ו in der Ueberschrift 2 S. l. c. ט״ו = 15 lauten und ist nur wegen des gleichlautenden ויאמר חלילה לי, dieses durch Irrthum 1 M. ausgefallen, was in der gedruckten Mass. nicht selten der Fall ist. — Merkwürdig ist, dass der correcte Heid. in משפטי הטעמים S. 24a statt י״ד (oder ט״ו?) anführt: ויאמר י׳ בטעם. —

2) Das בטעם soll heissen, diese Verbindung kommt 3 M. mit gleichem Accent, d. h. mit Kadma und Asla und darauffolgendem Rabia vor. Doch sind die angeführten Stellen unrichtig, da diese den angegebenen Accent nicht haben. Woher dieser Irrthum entstand und welche Stellen es eigentlich sind, darüber s. ausführlich Heid. im שום שכל zu Gen. 6, 13., wo die Stellen so angegeben sind: ויאמר אלהים לנח (Gen. 6, 13.), ויאמר אלהים אל אברהם (Gen. 21, 12,), ויאמר אלהים אליו דשלמה (1 Reg. 3, 11.) S. oben S. 15, wo zu dem Art. ויאמר אלהים ל׳.... ד׳ דסמיכי hinzugefügt werden muss: S. Heid. ש״ש Gen. 6, 13. —

3) Die Angabe י׳ בטעם זקף קטן וכו׳ = 10 muss sich beziehen auf den **Anfang** des Verses, weswegen Heid. auch ר״פ hinzufügt; denn in der Mitte kommt es noch 3 M. vor in Ez. (ibid. 3, 21. 3, 23. und 41, 4.). Auffallend ist, dass Mf. l. c. י׳ = 10 angiebt und nur 9 aufzählt. Buxt. Mf. l. c. sucht zwar durch die Hinzufügung von זה קדש הקדשים (ibid. 41, 4.) die Schwierigkeit zu heben, was aber unrichtig ist, da diese Stelle in der **Mitte** des Verses steht. — Am besten wäre wohl zu lesen: י״ב בטעם ט׳ ר״פ וג׳ במצע פסוק וכו׳, so dass die 9 am Anfang des Verses aufgezählt, die 3 anderen aber ausgefallen sind. —

4) Wenn Ex. 4, 21. die Angabe lautet ויאמר י״י אל מֹשֶׁה, so sind die beiden letzten Wörter zu streichen, indem es sich nur auf das Sarka des י״י bezieht, wie Mm. Ex. 8, 1., Mf. l. c. und Mpt. Halense es haben; denn in der vierten Stelle (Ex. 9, 8.) hat משה kein Segol; es wären nach obiger Angabe in Ex. l. c. dann nur 3 Stellen. —

5) Ex. l. c. sind nur 10 Stellen angeführt; es fehlen die 2 Stellen Ex. 8, 16. und 17, 5. —

6) Sollte das י״ב = 12 in Mf. l. c. ein Fehler sein? Num. l. c. sind nur 9 (=ט׳) angegeben und aufgezählt. —

7) Die Angabe zu Jer. l. c. ist die richtige, indem sie sich auf den Accent Mahpach-Paschta bezieht, wozu auch die angeführten Stellen und das chaldäische Gedenkzeichen passt; wenn es aber Mf. l. c. heisst: ד׳ בטעם קדמא ואזלא und darauf jene 4 Stellen mit dem chaldäischen Zeichen angeführt werden, so ist das unrichtig und muss nach Heid. etwa so heissen: ד׳ בטעם קדמא ואזלא בירמי׳ וד׳ בטעם מהפך פשטא וסי׳ בלשון ארמי וכו׳, so dass das Zeichen nur auf die vier letzten sich bezieht; die vier Stellen mit Kadma und Asla sind nicht angeführt, sie sind: ibid. 3, 6. 13, 6. 14, 14. und 24, 3. —

8) Das ג׳ בטעמא ist unrichtig, indem die Accente dieser 3 Stellen nicht gleich sind; die Bemerkung bezieht sich überhaupt nur auf das dreimalige Vorkommen dieser Verbindung, ohne Rücksicht auf die Accente, wie auch Ex. 4, 27. blos ג׳ = 3 hat und das בטעמא fehlt; ebenso Mpt. Hal. Nr. 154. —

וַיֹּאמֶר י״י אֶל מֹשֶׁה ד׳ בטעמא בסיפרא. S. oben
S. 348 Anmerkung 4. ויאמר י״י

וַיֹּאמֶר י״י אֶל מֹשֶׁה וְאֶל אַהֲרֹן ו׳ בטעם דרגא תביר. Num. 20, 23. und Mp. daselbst. (S. הו״ה) 1)

וַיֹּאמֶר לָהֶם ג׳ בטעם בשופטים. 2) Mf. אם, 82.

וַיֹּאמֶר מֹשֶׁה ב׳ בטעם זרקא. 3) Num. 11, 21.

וַיֹּאמֶר פלוני י׳ ר״פ בטעם זרקא. Mf. אם, 44. (S. Gen. 32, 9.) 4)

וַיֹּאמֶר פַּרְעֹה ג׳ בטעם (מנח) זקף ר״פ. Ex. 5, 2. Mf.*פר, 12.

וַיֹּאמֶר שְׁמוּאֵל ו׳ בטעם (מנח זקף קטן) בסיפרא (שמואל). Mf. אם, 83.

(וַיֹּאמְרוּ לית בטעם (רביע) בתורה. (M. marg. Num. 12, 2.

וַיֹּאמְרוּ ב׳ בטעם פזר. 5) Gen. 43, 7. Mf. אם, 91.

(וַיֹּאמְרוּ לוֹ ב׳ בטעם (מנח קטן) ודגש. (Mp. Gen. 19, 2.

וַיֹּאמְרוּ ג׳ ר״פ בטעם זרקא. Gen. 29, 8. Ex. 14, 11. Neh.*1, 3. Mf. אם, 43.

וַיֹּאמְרוּ ו׳ ר״פ בטעם גרש. Gen. 11, 3. 1 S.*11, 9. Jer. 42, 2. Mf. אם, 42.

אֲנִי ב׳ בטעמא (גרשים) ר״פ. Num. 15, 41. (S. Mp. Lev. 26, 13. und עה״ק daselbst.)

אָרוּר ח׳ בטעם זקף גדול. Deut. 27, 16. Jer.*48, 10. Mf. אר, 13. 6)

אָרוּר ה׳ בטעם רביע. Deut. 27, 19. Jer. 48, 10. Mf. אר, 14.

וְאֵשׁ ג׳ בטעם (זקף גדול). Ex. 9, 24. 40, 38. Mf. אש, 1.

אִשֶּׁה כל ויקרא אִשֶּׁה בטעם תביר תחת אִשֶּׁה במ״ב שהתביר תחת עלה וכל במדבר דכו׳ במ״ב וסי׳ 7) Lev. 1, 9. S. עה״ק

אֲשֶׁר י״י אֱלֹהֵיכֶם ד׳ בטעמא (אולא דרגא תביר) בספר בלישנא. 8) Deut. 3, 20.

אַשְׁרֵי ד׳ בטעם זרקא. Mf. אש, 36. S. Ps. 1, 1. 32, 2.? S. אַשְׁרֵי. 9)

ב.

לְהַבְדִּיל ב׳ בטעם (בתורה) (זקף גדול). Gen. 1, 14. S. Mp. Lev. 11, 47. und oben בדל.

---

1) S. oben S. 335 Anmkg. 3. u. מבין חדות zu Num. 20, 23., der ה׳ = 5 liest und die 5 Stellen (in denen ויאמר י״י mit dem Accent Darga und Thebir vorkommt) anführt; sie sind: Num. l. c. Jos. 7, 10. Jer. 1, 12. Job 1, 7. 2, 6. —

2) Der Sinn ist, dass im B. Jud. diese Verbindung mit den Accenten Mahpach und Paschta am Anfang des Verses 3 M. vorkommt, wie angegeben. Das ר״פ = am Anfang des Verses will Heid. einschalten, weil es in der Mitte des Verses noch 1 M. (Jud. 15, 12.) mit diesem Accent vorkommt. —

3) Der Sinn ist entweder, dass diese Verbindung (mit מֹשֶׁה) nur 2 M. mit Sarka des וַיֹּאמֶר vorkommt, wie angegeben, oder, dass von den 10 M. וַיֹּאמֶר mit einem folgenden Nom. propr. und Sarka (s. Mf. אם, 44,) zwei im B. Num. sich finden, wie auch Mp. z. St. bemerkt: ב׳ בטעם בסיפרא. S. oben S. 347 Anmerkung 9. —

4) Wenn einige Handschriften nur ט׳ = 9 angeben, so rechnen sie ויאמר האדם (Gen. 2, 23.) nicht dazu, indem hier kein Nom. propr. auf ויאמר folgt. S. auch Gen. 32, 9., wo gleichfalls die 4 aus dem Pent. angegeben sind und Gen. 2, 23. ausgelassen ist. S. vorige Anmerkung und oben S. 347 Anmerkung 9. —

5) S. oben S. 346 Anmerkg. 4 und S. 347 Anmerkg. 6. —

6) Es muss בלישנא hinzugefügt werden, indem nur 7 M. אָרוּר und 1 M. וְאָרוּר (Jer. 48, 10.) mit Sakef vorkommt.

7) S. עין הקורא zu Lev. 1, 9. und Heid. daselbst. Letzterer will unsere Angabe so lesen: כל ויקרא אִשֶּׁה בטעם תביר במ״ב אשה במאריך (Lev. 1, 9. 23, 18.), וכל במדבר דכו׳ אִשֶּׁה במ״ב אשה במאריך (בתביר) וסי׳ וכו׳. Es ist also nur von dem Accent des אִשֶּׁה die Rede, ob es Thebir oder Mercha hat; das שהתביר תחת עלה in unserer Angabe scheint ein aus Missverstand entstandener Zusatz zu sein. —

8) Das בלישנא soll heissen s. v. a., dass das dritte Wort (mit Thebir) nur 1 M. אֱלֹהֵיכֶם und 3 M, אֱלֹהֶיךָ lautet. Ueber den Accent selbst s. מפ״הט S. 29 a. und b. —

9) Das בטעם זרקא in Mf. l. c. ist ein Fehler; das Richtige hat Ps. l. c., welche liest: ד׳ בטעמא ר״פ d. h. 4 M. kommt אַשְׁרֵי am Anfang des Verses vor mit dem Accent Mercha. S. auch תורת אמת von S. Baer, S. 29. welcher die Mass. so anführt: ד׳ ראשי׳ פסוקים בטעם שני מאריכין, d. h. mit Gaja und Mercha. —

וּלְהַבְדִּיל ב׳ בטעמא (ז״ק) בתורה. Lev. 10, 10. (S. Gen. 1, 18.) 1)

בֵּית אֵל ג׳ בטעם (זקף) שופר מנח ושארא בנעיא. Gen. 35, 16. 1 Reg.*12, 32. Mf. בי, 38. 2)

הַבָּתִּים ב׳ בתרי טעמי. 3) Mf. בי, 35.

מִבֶּן וכו׳ ג׳ בטעם תלישא קטנה בענין. Num. 4, 23.

בְּנֵי ד׳ בטעם זרקא. 4) י׳ שמות .טע, 11. Num. 26, 12. Mf.

בְּנֵי ג׳ בטעמא (מאריך). Num. 26, 19. (S. Mp. daselbst und עה״ק z. St.)

בְּנֵי ג׳ בטעם שופר (מהפך) ופשטא בענינא. Num. 26, 23.

בְּנֵי פלוני ה׳ בטעם (מנח וז״ק) בד״ה. 5) Mf. בן, 18.

הַבְּרָכָה ב׳ בטעם אתנחתא. Ps. 133, 3.

ד.

דַּבֵּר ד׳ ר״פ בטעמא תביר בסיפרא. Lev. 1, 23. 23, 24. Mf. דב, 7.

דַּבֵּר אֶל בְּנֵי ב׳ בטעם זרקא בתורה. Ex. 14, 2.

וַיְדַבֵּר י״י ו׳ ר״פ בטעם דרגא תביר. Ex, 6, 29. Lev.*11, 1. Num.*33, 50. 2 Reg.*21, 10. Mf. אד, 91. 6)

וַיְדַבֵּר י״י אֶל אַהֲרֹן ב׳ בטעם זרקא. 7) Num. 18, 8.

הַדָּבָר ד׳ בטעם גרשים. Jer. 51, 59. Mf. דב, 42.

הַדָּבָר ה׳ בטעם (תביר) בסיפרא. Jer. 44, 16. 35, 1. Mf. דב, 41.? (S. משפ״הט 29b.)

---

1) Bei vorigem Art. muss בתורה hinzugefügt werden, indem es ausser dem Pent. noch 1 M. (Ez. 42, 20.) mit Sak. Gad. vorkommt; in unserm Art. aber muss ובתורה gelesen werden, indem das וּלְהַבְדִּיל überhaupt nur 2 M. in der Bibel sich findet und zwar beide im Pentat. = ובתורה —

2) S. עין הקורא Gen. 12, 8. und Heid. dazu; ebenso Gen. 35, 16., wo עה״ק bemerkt: ג׳ בתרי טעמי בלישנא S. auch משפטי הטעמים S. 13a. und 62a. Der Sinn unserer Angabe ist, nach Heid. l. c., dass da בֵּיתְאֵל als ein Wort (das Taw habe ein Schwa?) betrachtet wird, muss die Silbe בֵּית (nach der dort angeführten Regel) ein Gaja-Metheg haben; bei den 3 angeführten Wörtern aber, in denen בֵּית nicht die Silbe anfängt, wird aus dem Metheg ein Munach und das heisst: בתרי טעמי (Doppelaccent in einem Worte). Es bleibt aber die Frage, wenn das Munach in diesen 3 Wörtern regelmässig wäre und die Massora nur darauf aufmerksam machen will, warum dieselben Formen, in denen das אֵל Sakef hat, nicht immer בֵּית, wenn es die Silbe nicht anfängt, ein Munach habe? so kommt in 1 Reg. 35, 12. (vor dem, zu welchem unsere Angabe ihre Bemerkung macht) und ebenso ibid 13, 4. בְּבֵית אֵל vor, das in den besten Ausgg. ein Metheg und nicht Munach vor Sakef hat? —

3) S. מפ״הט S. 49b, wo das Metheg des Beth in diesen Formen (בֵּית im Plur.) als Eigenthümlichkeit angeführt ist; das Munach aber ist regelmässig aus dem Metheg entstanden, da es auf der zweiten Silbe steht; s. ibid. S. 13a und vorige Anmerkung. S. auch Mp. 1 Chr. 28, 11. und oben S. 34 Anmerkung 5. Der Grund, warum gerade an diesen 5 Stellen das Taw härter (doppelt = בחוזק der Mp. l. c.) ausgesprochen wird, scheint zu sein, weil das Taw an sich ausnahmsweise mit Dag. gelesen wird und nun noch eine betonte (lange) Silbe hinzukommt, die ein Dag. forte erfordert? — S. auch עין הקורא zu Ex. 1, 21. —

4) Das י׳ שמות in Mf. l. c. ist ein Fehler und muss ז׳ = 7 heissen, wie Num. l. c. angegeben ist. —

5) Heid. bemerkt, dass בענינא hinzugefügt werden muss, denn ausser dem ersten Cap. (= בענינא) kommt diese Verbindung mehrfach mit dem angeführten Accent vor. Er bemerkt ferner, dass in den Ausgg. בְּנֵי יֶפֶת (ibid. 1, 5.), וּבְנֵי כוּשׁ (ibid. 1, 9.) und בְּנֵי אֵצֶר (ibid. 1, 42.) nach Einigen gleichfalls Munach und Sakef haben. Er will daher nach Handschriften ersteres und letzteres mit Makkaf und ובני כוש mit Rabia lesen, wie Gen. 10, 7., S. עה״ק an letzter Stelle. —

6) Die Angaben sind an den verschiedenen Stellen fehlerhaft; das Richtige hat 2 Reg. l. c. (auch theilweise Lev. 11, 1.) welches ז׳ = 7 angiebt und richtig 7 Stellen aufzählt; das ו׳ = 6 ist aus der unrichtigen Abtheilung der Verse entstanden. Ex. 6, 29. fehlt die Stelle 2 Reg. 21, 10. Lev. 11, 1. sind die beiden Stellen: Num. 33, 50. und ibid. 35, 1. corrumpirt, wie auch die 2 Stellen: 2 Reg. 21, 10. und 2 Chr. 33, 10. ungetrennt als eine Stelle angegeben. Ebenso müssen Num. 33, 50. und die verschiedenen Angaben der Mp. hiernach verbessert werden. —

7) Die Worte: בטעמא זרקא in Num. l. c. sind ein falscher Zusatz, da an der anderen Stelle (Lev. 10, 8.) das וידבר י״י Munach-Katon hat. Das Richtige hat Mp. zu beiden Stellen und das Mpt. Hal., welche blos ב׳ = 2 angeben und dies bezieht sich auf die Verbindung: וידבר י״י אל אהרן, welche nur 2 M. in der Bibel vorkommt. —

כִּדְבַר י״י ד׳ בטעם (מנח ז״ק) בספרא. 2 Reg. 24, 2. Mf. אר, 72. 1)

ה׳

הָיָה ג׳ בטעם מאריך ולעיל. Mf. הי, 10.
הָיָה ה׳ בטעם מלעיל. Mf. הי, 23.
S. מ״ש 1 Reg. 17, 7. 2 Reg. 25, 3. 2)

וְהָיָה ג׳ בטעם רביע [בספרא]. 3) (Mp. Ex. 17, 11.

וְהָיָה ה׳ בטעם גריש ר״פ בתורה. Mf. הי, 47.? 4) Ex. 12, 25.

וְהָיָה בַּיּוֹם ו׳ בטעם בספרא. 5) Mf.* יו, 27. Hos. 2, 22.

וְהָיָה י״ג בטעם פורין. 6) (S. היה) Mf. הי, 50. Jos. 2, 19.

---

1) Heid. bemerkt mit Recht, dass das ד׳ = 4 ein Fehler sei, da 1 Reg. 17, 16. ausgelassen ist, zu welchem auch die Mp. bemerkt ה׳ בטעם; es sind also mit diesem 5 dieser Verbindung im B. Reg., die Munach Katon haben. — Die Auslassung ist dadurch entstanden, dass man אשר דבר ביד אליהו (1 Reg. 17, 16.) und אשר דבר אל אליהו (2 Reg. 10, 17.) aus Aehnlichkeit für eine Stelle hielt. —

2) S. מ״ש l. c. Nach Kimchi (Michlol 6b) bilden die angegebenen הָיָה gerade Ausnahmen dadurch, dass sie gegen die Regel von נסוג אחור auf ultima den Accent haben. Auch scheinen die beiden Angaben in Mf. היה, 10, und ibid. 23. in Widerspruch zu sein? Ferner hat ed. Bomb. Mf. היה, 23. zu der letzten Stelle nach ולא והיה צדק אזור ; ודין פליגי, welches ולא Buxt. auslässt, weil es ihm unverständlich und darum ein Fehler zu sein schien. — Heid. will daher mit Recht, wie auch מ״ש l. c. sowohl Mf. היה, 10. als auch ibid. 23 statt מלעיל lesen: מלרע und der Sinn der beiden Angaben ist folgender: Mf. היה, 10. giebt an, dass הָיָה 3 M. mit dem Accent Mercha und zwar gegen die Regel auf ultima vorkommt; (die Stellen sind 1 Reg. 17, 7. Jer. 14, 4. Jer. 52, 6.); mit anderm Accente kommt הָיָה gleichfalls ausnahmsweise mit dem Accent auf ultima noch 2 M. sicher vor (nemlich Jer. 14, 5. und 2 Reg. 5, 1.); noch 2 M. ist es aber streitig = פליגי, nemlich 2 Reg. 25, 3. (ולא היה לחם) und Jes. 11, 5. (והיה צדק אזור). In diesem Sinne bemerkt Mf. היה, 23. ה׳ בטעם מלרע, d. h. 5 M. kommt הָיָה ausnahmsweise mit dem Accent auf ultima vor (wie bemerkt 3 M. mit Mercha und 2 M. mit anderm Accent), ausserdem sind 2 streitig = דין פליגא, nemlich ולא d. h. ולא היה לחם (2 Reg. 25, 3.) und והיה צדק אזור (Jes. 11, 5.). — Hier sei nur noch bemerkt, dass ein Mpt. zu Mf. היה, 10. zur Stelle ויחזק הרעב בעיר ausdrücklich bemerkt: דירמיה, so dass in der ähnlichen Stelle 2 Reg. 25, 3. das הָיָה regelmässig penult. ist. —

3) Sie sind nach Heid.: Ex. 17, 11. 33, 8. und 9. Vielleicht ist ר״פ, d. h. am Anfang des Verses hinzuzufügen, da die 3 angeführten am Anfang des Verses sich finden. —

4) S. Heid. im עה״ק zu Ex. 13, 14., wo er mit Recht bemerkt, dass die Stelle אבנים גדולות (Deut. 27, 2.) nicht hierhergehört, indem das וְהָיָה daselbst ein Rebia und kein Geresch hat? — Er sucht daher zu corrigiren und ד׳ = 4 zu lesen etc. Das Richtige ist aber, was er nachträglich ibid. zu Deut. 27, 2. bemerkt, dass nemlich die Stelle אֲבָנִים גְּדוֹלוֹת ein Schreibfehler für עָרִים גְּדֹלֹת (Deut. 6, 10.) ist, wie es ein Mpt. anführt und demnach das ה׳ ר״פ בטעם בתורה = 5 richtig ist; es muss demnach das ד׳ = 4 in der Mf. l. c. ה׳ = 5 gelesen werden. —

5) Wenn Hos. und Mf. l. c. das Schlagwort mit וְהָיָה בַּיּוֹם bezeichnen, so ist das, wie Heid. bemerkt, ungenau, denn der Sinn ist, dass וְהָיָה mit Munach-Legarme und dem darauffolgenden Munach-Rabia in den 12 Proph. min. nur 6 M. vorkommt, wie dies auch die angeführten Stellen aus Micha 4, 1. und ibid. 5, 6. beweisen, wo nicht בַּיּוֹם auf וְהָיָה folgt. — Ferner ist die angeführte Stelle תִּקְרְאִי (Hos. 2, 18.) unrichtig, indem das וְהָיָה daselbst kein Munach-Legarme hat; es muss dafür והיה ביום ההוא יצאו (Zach. 14, 8.) gesetzt werden, wozu die Mp. gleichfalls bemerkt: ו׳ בטעם בספרא. Ich will hier nicht unterlassen zu bemerken, dass Mp. zu Jes. 2, 2. (וְהָיָה בְּאַחֲרִית) bemerkt ו׳ בטעם בספרא d. h. 6 M. mit diesem Accent im B. Jes., was aber eine Verwechselung mit unserer Angabe, die nur von dem Buche der Proph. min. spricht, zu sein scheint. Heid. führt aber ein Mpt. an, welches so lautet: ח׳ בטעם בסיפר׳ וסי׳ לא יוסיף עוד (Jes. 10, 20.) יוסיף י״י שנית ידו (ibid. 11, 11.), יסור סבלו (ibid. 10, 27.), נכון יהיה הר בית י״י (ibid. 2, 2.), הנשאר בציון (ibid. 4, 3.), ישרוק י״י לזבוב (ibid. 7, 18.), יתקע בשופר גדול (ibid. 27, 13.), והיה על כל הר (ibid. 30, 25.). So hat es auch Mp. zu den meisten angeführten Stellen. —

6) S. die Bemerkung des ersten Herausgebers zu Jos. l. c. — Heid. führt Mpte. an, die י״ד = 14 angeben; nach diesen gehört das היה (2 S. 4, 4.) mit dazu, während es nach denen, die י״ג = 13 angeben, besonders hervorgehoben wird durch das וחד — S. oben S. 51 Anmerkung 4. —

וְהָיְתָה ג׳ בטעם (אזלא וטרס) בנביאים· Mf. הי, 38. (S. מפ״הט, 21a) 1)

וְהָיְתָה ג׳ בטעם גרשים בנביאים· 2 Reg. 9, 37. Zeph. 2, 6. Mf. הי, 40. (S. משפטי הטעמים S. 21a)

וַיְהִי ד׳ בטעם גרשים בעזרא· 2) Mf. הי. 13. S. Neh. 4, 15.?

וַיְהִי ה׳ בטעם גרש בסיפרא· 3) Gen. 10, 19. Mf. הי, 24.

וַיְהִי כ״א ר״פ בטעם תברין· Num. 31, 37. 2 Chr.*12, 11 Mf. הי, 22. 4)

הִוא. וְהִוא ז׳ בטעם זקף גדול· Gen. 38, 14.

ז·

מִזְמוֹר ב׳ בטעם פזר· Ps. 30, 1. 98, 1.

שִׁיר מִזְמוֹר ג׳ בטעם (טרחא מנח)· Ps. 83, 1. 108, 1. Mf. שר, 7. (S. תורת אמת S. 13.)

וְזָרְקוּ אם הוא בתלישא או בפזר· Lev. 3, 2.

ח·

וַיְחִי ה׳ בטעם (וַיְחִי במקף והשם בזקף גדול) וסי׳ שילנ״ע· Gen. 5, 6.

וַיְחַפֵּשׂ ב׳ בטעם זקף גדול· Gen. 44, 12.

שָׁלַח חֹשֶׁךְ ב׳ פסוקים מטעין בטעם בסיפרא חד חטף וחד געיא וסי׳· Ps. 105, 28. (S. תורת אמת S. 22.) 5)

י·

אֲנִי י״י אֱלֹהֵיכֶם ב׳ בטעמא (גרשים ומנח ורביע) ר״פ· Num. 15, 41. S. עה״ק Lev. 26, 13.

וַי״י ז׳ בטעם (רביע) ריש פסוק· Gen. 19, 24. 1 Reg.*5, 12. Job*42, 10. Mf. אד, 31. 6)

וַי״י ז׳ בטעם גירש ר״פ· 7) Ex. 12. 36. Mf. אד, 30.

וַיּוֹאֶל ז׳ בטעם מלעיל· (S. oben S. 74 Anmerkung 2.)

---

1) S. die Bemerkung des B. Chajim zu Mf. l. c. Heid. im משפטי הטעמים l. c. liest statt חבל הים (Zeph. 2, 6.) והיתה חרפה וגדופה (Ez. 5, 15.). Alle 3 haben der dort angeführten Regel gemäss, ein Asla und Teres (gewöhnlich Kadma und Asla genannt), weil kein Rabia darauffolgt, während 3 וְהָיְתָה (s. folg. Art.) ein doppeltes Geresch (Gerschajim ohne vorhergehendes Asla) haben, weil Rabia folgt. —

2) Das ג׳=3 in Neh. l. c. ist wohl richtiger, wie auch die Mp. zu den 3 Stellen bemerkt ג׳ בטעם בסיפר׳ d. h. in Esr. und Neh. —

3) Das בסיפרא ist s. v. a. in Genesis. Das letzte hat das וַיְהִי in der Mitte des Verses, darum ist es nach ויהי כי באנו, das später steht angeführt, weil die 4 ersten es am Anfang des Verses haben. Mf. l. c. hat deswegen nur ד׳=4, weil sie nur die am Anfang des Verses = ר״פ angiebt. —

4) Das כ׳=20 in Mf. l. c. ist wohl das Richtige, wie sie auch 2 Chr. l. c. angeführt sind; das כ״א=21 in Num. l. c. ist wohl Schreibfehler? Uebrigens sind in 2 Chr. l. c. bei der Aufzählung 2 Fehler eingeschlichen; erstens ist daselbst ויהי הדבר הזה לחטאת (1 Chr. 12, 30.) und וילכו העם (ibid.) als 2 Stellen gezählt, da sie doch nur 1 Stelle bilden; zweitens heisst es zuletzt nach: ויהי דבר י״י צבאות „וחברו", was aber וחבריו lauten muss, da diese Form mit ויהי, das Thebir hat, 3 M. in Zach. (7, 4. 8, 1. und 18.) vorkommt; so dass gerade mit Ausfall des וילכו העם es 20 Stellen sind. Vielleicht rührt der Irrthum כ״א=21 von dem überzähligen וילכו העם und dem וחבריו her? —

5) S. Baer in s. תורת אמת l. c., wo er diese Angabe so erklärt: שָׁלַח מֶלֶךְ (Ps. 105, 20.) ist das שָׁלַח durch Makkaf mit מֶלֶךְ verbunden, also שָׁלַח accentlos (accentberaubt = חטף), während in שָׁלַח חֹשֶׁךְ das Schin Munach hat und weil es, vermöge der Regel von נסוג אחור, penult. ist, muss das Schluss-Cheth Gaja haben, um es nicht durch das folg. Cheth zu elidiren; also = חד חטף וחד געיא. S. daselbst über eine andere, ähnliche handschriftliche Massora. —

6) Ueber diese Angabe s. Heid. im שום שכל zu Gen. 19, 24., wo nachgewiesen ist, dass das ו׳=6 in Job l. c. das Richtigere ist, da die hier und 1 Reg. l. c. angeführte siebente Stelle (2 Reg. 7, 6.) gar nicht hierhingehört, indem daselbst das Schlagwort nicht Rabia, sondern Gerschajim hat und ferner das Wort nicht וי״י als Quadrilitterum, sondern וַאדֹנָי (von אדון und gehört zu den קל״ד ודיא, s. oben S. 5 Anmerkung 4. und Mp. zu 2 Reg. 7, 6.) lautet. — Auch Mpt. Hal. hat ו׳ ר״פ בטעם רביע und lässt 2 Reg. 7, 6. aus. S. auch עה״ק Gen. l. c. und Heid. Bemerkung dazu. —

7) Mf. l. c., wie auch Mpt. Hamb. haben ח׳=8, wie sie dort aufgezählt sind. Das וַאדֹנָי (2 Reg. 7, 6.) ist nicht mitgezählt, weil es nicht Quadrilitterum ist, s. vor. Anmerkung. Wenn dennoch Mp. zu vielen Stellen und Mm. Ex. 12, 36. ו׳=7 angeben, so beruht das wahrscheinlich auf einer Verwechselung mit der Angabe zu Gen. 19, 24. (wie auch Ex. 12, 36. fälschlich auf Gen. 19, 24. hingewiesen wird), wo aber von Rabia und nicht von Gerschajim die Rede ist. Ueber die Verwechselung des Rabia und Gerschajim, s. ausführlich Heid. zu עין הקורא Ex. 18, 1. und ausführlicher Num. 21, 1.

וְיֶתֶר דבחד טעמא (תביר) בספר מלכים. 1) Mf. יתּ, 4.

וְיֶתֶר ה׳ בטעמא במלכים. 2) Mf. יתּ, 4.

מ.

אַחֲרֵי מוֹת ג׳ בטעם (מנח זקף קטן). Lev. 16, 1.

נ.

לַמְנַצֵּחַ ב׳ בטעם (טרחא). (S. 12.) Ps. 70, 1. (s. תורת אמת

ע.

י״א פסוקים מאריך עַד ומלה חדא בס״פ. Gen. 38, 17. 3) S. שום שכל daselbst.

הָעָם ו׳ בטעם (פזר). S. הָעָם S. 142 Anmerkg. 1.

כל לשון עשׂייה במתג במ״ד במנח. Mf. עש, 14. 4) S. מפ״הט 13a.

פ.

כָּל הַפְּקֻדִים ג׳ בטעמא (גרשיים). Num. 2, 16.

ר.

וְאִם יִרְאֶנָּה הַכֹּהֵן ב׳ בטעמא (מנח לגרמיה מנח רביע) ובענין. Lev. 13, 21. (S. עה״ק ibid.)

ש.

וַיִּשְׁחָט ג׳ קמצין ובענין ומשתנין בטעמא קדמא רביע תניא אתנחתא תליתאה שלשלת וסי׳ ישן יושב עומד. Lev. 8, 15. S. י״א זונין unter טעם und 5) Lev. ibid. עה״ק, 227. או״א

וַיִּשְׁמַע ב׳ בטעם שני גרשין. Ex. 18, 1. (S. Heid. zu עה״ק Ex. l. c. und Num. 21, 1.)

שָׁמְרָה ב׳ גרשין בסיפרא. 6) Ps. 119. 167.

שָׁפָךְ ב׳ זקפין קמצין. Lev. 17, 4.

Partikel und Eigenname.

אֱדַיִן ט׳ ר״פ בטעם (תלישא גדולה). Dan. 6, 6. Esr.*6, 13. Mf. אד, 1.

בֵּאדַיִן ה׳ בטעם (גירש) בסיפרא. Dan. 3, 21 Mf. אד, 3.

אַחַת ו׳ פתחין בזקפא. S. אחת

1) Das אבים (1 Reg. 15, 7.) in Mf. l. c. ist wohl ein Schreibfehler, da dieses kein Thebir hat und Mp. dazu bemerkt: ה׳ בטעם d. h. mit Asla und Mahpach, wie auch ebenso Mpt. Erf. angiebt. Es bleiben also nur 14, die im B. Reg. ein Thebir haben. Auffallend ist es aber, dass die Mp. fast immer י״ג = 13 angiebt. —

2) Die Angabe Mf. l. c. ist schwierig, da es doch mehr als 5 Stellen giebt, in denen das Wort וְיֶתֶר ein Kadma hat, z. B. 1 Reg. 15, 7. (s. vor. Anmerkung) 1 Reg. 10, 34. 13, 8. 13, 12. — Darum ist wohl die Leseart richtiger, welche Heid. aus einem Mpte. anführt, die so lautet: ה׳ בטעם וסי׳ אבים (1 Reg. 15, 7.), עמרי (1 Reg. 16, 27.), יואש (2 Reg. 13, 12.), ויתר דברי מנשה (2 Reg. 21, 17.), ויתר דברי חזקיהו (2 Reg. 20, 20.). — Der Sinn ist: 5 M. kommt im B. Reg. וְיֶתֶר mit Kadma und darauffolgendem Mahpach-Paschta vor, wie angegeben; es bezieht sich die Angabe auf die Verbindung des וְיֶתֶר mit andern Wörtern. Aber וְיֶתֶר mit Kadma ohne Rücksicht auf die folgenden Wörter kommt mehrmals vor, wie oben bemerkt. —

3) Der Sinn ist, dass עַד (oder וְעַד) mit einem Worte am Schlusse des Verses verbunden 11 M. mit dem Accent Mercha vorkommt; während es sonst durch Makkef mit dem folgendem Worte verbunden ist. —

4) Der Sinn ist (s. מפ״הט l. c.), dass bei diesen 4 Wörtern vom Stamme עשׂה die Silbe vor dem Ain mit Chataf ein Munach statt des gewöhnlichen Metheg hat, weil sie die zweite Silbe im Worte ist, entweder durch das Präfix., wie bei וּמַעֲשֵׂיהֶם (Ez. 1, 16,) oder dadurch, dass das vorhergehende einsilbige Wörtchen mit demselben durch Makkef verbunden ist und beide also wie ein Wort betrachtet werden, wie in den 3 anderen angeführten Stellen. — S. Jes. 26, 18., wo Mp. bemerkt ה׳ בטעם = 5; Heid. glaubt, dass מַה־נַּעֲשֶׂה (2 Chr. 20, 12.) das fünfte sei, weil מַה durch Makkaf damit verbunden ist, obgleich die Ausgg. ein Metheg setzen. —

5) Ueber den Widerspruch dieser Angabe mit sich selbst, indem nach dem ersten Theile das וַיִּשְׁחָט (Lev. 8, 23.) ein Schalscheleth und nach dem anderen Theil ein Sakef hat, s. או״א, 227. Anmerkung. —

6) Ueber diese Angabe s. ausführlich תורת אמת S. 22ff. Der Verf. erklärt das גרשין mit „vertrieben, verdrängt", d. h. das natürliche Kam. Chataf des Schin in שָׁמְרָה wird in diesen beiden Stellen verdrängt und in ein langes Kamez umgewandelt durch das Gaja, das dabei steht. (S. oben S. 352 Anmerkung 5, wo er das חטף in ähnlicher Bedeutung: „wegnehmen, verdrängen" erklärt.). —

אֵלֶּה ד׳ בטעם טפחא בענין· Num. 26, 7. (S. Mp. das.)

אֵלֶּה ו׳ ר״פ בטעם תביר בענין וכו׳· [1]) Num. 26, 22.

כל אִם, וְאִם דענינא במקף במ״א וסי׳· Ex. 21, 36. (S. עה״ק ibid. 21, 19.)

וְאִם ב׳ בטעם זרקא ובענין· Lev. 13, 53.

כל כִּי־אִם הטעם תחת כִּי ואִם במקף במ״ג וכו׳· S. oben unter כִּי S. 241.

אֲנִי ו׳ זקפין קמצין בסיפרא (בקהלת)·- Koh. 2. 24. Mf. אן, 6.?

אֲנִי י״י· הו״יה S.

וַאֲנִי ד׳ בטעם (רביע בתלים)· Mp. Ps. 5, 8. (S. תורת אמת S. 29.)

אָנֹכִי ח׳ בטעם לעיל· Gen. 3, 10. Ex. 4, 10. Mf. אן, 16. (S. מ״ש 2 S. 3, 8. Job 33, 9. und Partikel s. v.)

וְאֵת ז׳ בטעם טפחא· S. oben S. 221 Anmerkg. 6.

(וְאַתָּה ג׳ בטעם בסיפרא· (S. oben S. 229 Anmerkg. 5.

וְאַתָּה ד׳ בטעם פזר· S. oben S. 229, Anmerkg. 2.

וְאַתָּה ה׳ בטעם (תביר)· Mf. את, 40. S. oben S. 229 Anmerkg. 3.

וְאַתָּה, וְעַתָּה י״ח בטעם תברין· S. S. 229 Anmkg. 4. und מפ״הט 29b.

וְאַתֶּם ד׳ בטעם גרשים ר״פ· S. S. 230.

לְדָוִד ז׳ בטעם (אזלא לגרמי׳) בתלים· Ps. 26, 1. 37, 1. 103, 1. 138, 1. 144, 1. Mf. דו, 9. (S. תו״אמ S. 34.)

לְדָוִד ב׳ בטעם (פזר) בסיפרא· Ps. 25, 1. (S. תו״אמ S. 31.)

הוּא, וְהוּא ז׳ בטעם זקף גדול· S. oben S. 234 und מפ״הט 15a.

זֶה ג׳ ר״פ בטעם מנח לפני לגרמי׳· S. oben S. 237 Anmerkg. 5.

הַזֶּה ג׳ בטעם פורין וא׳ זֶה· S. oben S. 237 מפ״הט 24a.

יַעַן ג׳ בטעם זקף· S. oben S. 239.

כִּי במקף או בטעם· S. oben S. 239.

כִּי ד׳ בטעם (ר״פ מרכא ואחריו מהפך וצנורית)· S. oben S. 239 und תו״אמ S. 19.?

כִּי ה׳ ר״פ מטעם מנח לפני גירש וכו׳· S. S. 240 Anm. 2.

כִּי י״א בטעם· תו״אם S. oben S. 240 Anmerkung 3a u. S. 35.

כִּי כ״ג בטעם פורין· S. oben S. 240.

כִּי נ״ה בטעם בספר תהלות· S. S. 240 Anmerkg. 3b.

עַל כֵּן ב׳ בטעם תלישא גדולה· S. S. 245.

עַל כֵּן ט׳ בטעם פזר גדול· S. S. 245 und מפ״הט 24a.

וּבְכֵן ב׳ בטעמא (גרשים)· Est. 4, 16.

לָכֵן ב׳ בטעמא בסיפרא (ת״ע)· S. S. 245.

לָכֵן ג׳ בטעם רביע· S. S. 245 Anmerkung 6. Mf. לך, 14.

לָכֵן ג׳ בטעם (מנח) ביחזקאל· S. S. 246 Anmerkung 1.

לָכֵן ה׳ בטעם (רביע) בישעי׳· S. S. 246 Anmerkung 2. und מפ״הט 26a.

לָכֵן ה׳ בטעם (ז״ג) ביחזקאל· S. S. 246 Anmerkung 3.

לָכֵן ח׳ בטעם (ת״ג) בירמי׳ וישעי׳ ויחזקאל· S. S. 246 Anmerkung 4. und מפ״הט 30a.

לָכֵן י״א בטעמא (גרשים) ביחזקאל· S. S. 246 Anmkg. 5.

לָכֵן י״ד בטעמא (גרשים) בסיפרא· S. S. 246 Anmkg. 6.

לָכֵן ט״ו בטעמא (רביע) בירמי׳· S. S. 246 Anmkg. 7.

לָכֵן כ״ב בטעמא (רביע) ביחזקאל· S. S. 246 Anmkg. 8.

לָכֵן כֹּה אָמַר ג׳ בטעם בירמי׳· S. S. 246

לְבַדֶּךָ ג׳ זקף וכל אס״ף דכו׳· Ex. 18, 14

לְךָ י״ד זקפין וכו׳· S. S. 247 Anmerkg. 2.

לְךָ י׳ זקפין בנ״ך וכו׳· S. S. 247 Anmerkg. 1.

עַד, וְעַד י״א בטעם מאריך ס״פ· Cant. 3, 5. 8, 4. Mf. עד, 25.

עַל ח׳ בטעם מאריכין בסיפרא· Lev. 1, 11. 14, 7. Mf. על. 25.

וְעִמּוֹ ח׳ בטעם זקף גדול· Gen. 33, 1. Esr. 8, 9. Mf. טע, 8. עמ, 20. S. מפ״הט 14b.

---

1) S. auch עה״ק zur Stelle. Was das mnemonische Zeichen יש״ג א״זני betrifft, so sind es zwar 7 Buchstaben, die aber nur für 6 Stellen gelten, indem das יש nur für eins (=יששכר) gilt, das zum Unterschiede von dem letzten Jod ׳י = יהודה mit ר״ש d. i. die 2 ersten Buchstaben von יששכר bezeichnet wird. —

א״ב מן חד חָד בזקפא· א״ב .S
פתח באתנח. S. Mf. ed. Bomb. am Schlusse des Buchst.
פ׳ und ed. Buxt. am Schlusse der Mf. s. auch Dan. 1, 11.

ג׳ מלין בטעמא פיר׳ אולא ומרכא בתיבה אחת לזרקא·
Lev. 10, 12. (S. Mp. Jud. 21, 21. מפ״הט, 16b. ff.)

(ג׳ בטעם מאריך ותברא במלה חדא ומלך ביניהון וסי׳ וכו׳·
S. מ״ש 2 Chr. 13, 12. מפ״הט 26b ff.)

(ג׳ מלין בטעם וְזָהָב וכו׳· מלין .S)

ג׳ פתח באתנח בסיפרא· מ״ש .Ex. 10, 29. Mf. diesen Art. (S
Gen. 17, 17. Ex. 16, 21. Heid. zu עה״ק Ex. 15, 7.)

ג׳ פסוקים אית בהון תרין מלין בתרי טעמי· Deut. 4, 24.
Mf. ׳טע, 5, 1)

ד׳ מלין בטעם תלישא קטנה ואחריה אולא וטרס בתיבה
אחת· (2 21b. מפ״הט 10. ,טע Mf.

ה׳ זוגין מן ב׳ ב׳ בענין מתחלפין בטעמא· Ex. 36, 9.
Mf. טע, 16. או״א, 222. 3)

ה׳ מלין בב׳ טעמי (פי׳ מנח ורביע בתיבה אחת)· Gen.
45, 5. 50, 17. Ex. 32, 31. Zach.*7, 14. Koh.*4, 10. Mf. טע, 13.
(S. מ״ש Koh. l. c. und מפ״הט 26a.) 4)

ה׳ מלין בטעמא (פי׳ סוף פסוק עם מאיילא בתיבתו)·
Lev. 21, 4. Hos. 11, 5. Mf. טע, 23. (S. מפ״הט 30b.) 5)

ה׳ מלין בתרי טעמי (פי׳ בתלשא גדולה וגירש)· Gen. 5, 29.
Lev.*10, 4. Mf. זה, 5. S. מפ״הט 30a. 6)

ו׳ מלין בטעם אולא ומהפך· Lev. 25, 46. Num. 20, 1.
Mf. טע, 22. מפ״הט 25a.

ו׳ מלין בטעם שני שמות· (7 Deut. 8, 55. Mf. טע, 4.

---

1) Diese Angabe ist fehlerhaft, wenn sie auf die Verschiedenheit der Accente eines Wortes, das 2 M. in einem Verse sich findet, sich bezieht, da כְּפוֹרֵי (Esr. 1, 10.) beide M. ein Mahpach hat, also derselbe Accent. S. מבין חדות zu Deut. l. c., der die Angabe nicht auf den Accent, sondern auf die Stellung desselben, ob er nemlich auf ultima oder penult. steht; er meint ferner, der Herausgeber habe die Angabe zu בָּנִים irrthümlich angegeben; sie gehöre vielmehr zu וַעֲשִׂיתֶם, das 2 M. in diesem Verse vorkommt, das erste M. mit dem Accent penult. und das zweite M. ultima, ebenso verhält es sich mit עוּרִי (Jud. 5, 12.) und כְּפוֹרֵי (Esr. 1. 10). Diese Erklärung hat vieles für sich, nur dass die 3 Beispiele auch nach dieser Erklärung nicht ganz gleich sind, indem ועשיתם erst penult. und dann ult. ist, während bei den anderen beiden das erste auf ult. und das zweite auf penult. den Accent hat. — Heid. meint, dass statt כְּפוֹרֵי zu lesen sei וְלִכְפוֹרֵי (1 Chr. 28, 17.), das zum ersten M. Asla und zum zweiten M. Mercha hat; aber dann müsste doch wohl לִכְפוֹר und וּכְפוֹר desselben Verses mitgezählt werden, die doch auch verschiedene Accente haben. — Uebrigens scheint diese Angabe nicht von grosser Autorität zu sein, da sie nur zu Deut. l. c. angeführt, an den beiden anderen Stellen aber nicht erwähnt ist; auch im Mpt. von 1294 fehlt sie ganz, wie Heid. bemerkt. —

2) S. Heid. im מפ״הט l. c., wo er bemerkt, dass das angeführte לא תעלו וכו׳ 2 M. (1 Reg. 12, 24. und 2 Chr. 11, 4.) vorkommt; es wäre demnach nicht ד׳ = 4, sondern ה׳ = 5 u. s. w. zu lesen. Er führt ein altes Mpt. an, in welchem wirklich das ולא תלחמו in 2 Chr. l. c. ein Gerschajim und nicht Asla und Geresch hat, wonach unsere Angabe ד׳ richtig wäre; doch hätte alsdann die Mass. zu לא תעלו bemerken müssen: דמלכים; auch ist, wie Heid. bemerkt, der Grund nicht einzusehen, warum sie verschiedene Accente haben. —

3) S. או״א, l. c. Es ist dazu noch zu bemerken, dass Mpt. Halense angiebt: ד׳ זוגין מן ב׳ בענין בתורה מתחלפין וכו׳ und die Stellen in Jos. l. c. auslässt, weil es nur vom Pent. (בתורה) spricht. — Doch ist das chaldäische Denkzeichen daselbst etwas verstümmelt. —

4) Hier ist nur von 5 Wörtern die Rede, die Munach und Rabia in demselben Worte haben, s. מפ״הט l. c. Wenn die Msss. zu Gen. 50, 17. bemerkt: חד מן ה׳ מלין בתרי טעמי וסי׳ וכו׳ so ist das unrichtig, indem die bez. 5 Wörter Munach und Rabia haben, wozu auch אָנָּא (Ex. 32, 31.) gehört; unser אָנָּא (Gen. 50, 17.) gehört nicht dazu. — S. מ״ש Gen. 50, 17. —

5) Der Sinn ist, dass während sonst der verbindende Accent des Silluk immer Mercha ist, an 5 Stellen ein Meaila (ähnlich dem Tipcha, aber verbindend = משרת) dem Silluk vorangeht und zwar in demselben Wort, wie angegeben. S. מפ״הט l. c. —

6) D. h. 5 Wörter haben den doppelten Accent: Tlischa-Gedola und Geresch (oder Gerschajim), s. die angeführten Stellen und Heid. im שום שכל zu Gen. 5, 29. Das וחד פסוק סימן כי תכלה לעשר in Lev. 9, 4. ist undeutlich; das Richtige hat Gen. l. c.; das Verszeichen bezieht sich nur auf die Modulation beim öffentlichen Vortrag, wo man erst das Geresch und dann das Tlischa Gedola moduliren soll, obgleich das Tlischa zuerst steht und dann das Geresch. Hieran soll die Stelle כי תכלה לעשר (Deut. 26, 12.) erinnern, wo erst Geresch gelesen wird und dann Tlischa-Gedola folgt. —

7) S. עין הקורא zu Ex. 30, 34. und Heid. daselbst. Der Sinn ist, dass 6 M. das Psack zwischen 2 Wörter tritt, von denen das erste Mahpach und das zweite Paschta hat. Nach Angabe der Mp., die an manchen Stellen ז׳ = 7 bemerkt,

ו' תיבין וכו' קמץ בסגול. Gen. 42, 25. (S. Lev. 2, 13. und שום שכל Gen. l. c.) **1**)

ו' זוגין מתחלפין חד בדרגא וחד במאריך. Lev. 11, 12. Deut. 14, 10. Mf. טע. 24. או"א, 221. מפ"הט 28b.

ז' מלין בטעמא מרעימין ומפסיקין. Lev. 8, 23. Jes.*13, 8. Am. 1, 2. (ר"פ). Esr. 5, 15. Mf. טע, 12. מפ"הט 7a. **2**)

ח' מלין בתרי טעמי, פי' בח' מקומות ישרת המירכא לטפחא בתיבתה. Lev. 23, 21. 2 Reg. 15, 16. Ez.*36, 25. 44, 6. Cant.*6, 4. Mf. טע, 25. (S. Mp. Jer. 8, 18. מ"ש Dan. 5, 17. מפ"הט 22b.) **3**)

ח' פסוקין אית בהון תלשין ופסקין. 1 S. 12, 3. Mf. טע, 6. **4**)

י"א בטעם לגרמיה וכו'. Gen. 28, 9. Jer. 4, 19. Hag.*2, 13. Mf. טע, 21. מפ"הט 34a. **5**)

י"א בטעמא לאתנחתא פי' מאיילא לאתנחתא וכו'. Lev. 21, 4. Num.*28, 26. Jer. 2, 31.? Ruth 1, 10. Dan. 4, 18. 2 Chr.*20, 8. (S. מ"ש Ez. 7, 25. 10, 13. 2 Chr. 20, 8. מפ"הט 12a. **6**)

י"א בטעמא לאחור פי' פשטא ולפניה יתיב. Lev. 5, 2. Deut. 1, 4. Dan.*2, 10. Mf. טע, 19. מפ"הט 20a. **7**)

י"א בטעמא מאריך ס"פ. Deut. 28, 35. Jos. 5, 8. **8**)

---

will Heid. noch חֲמָת׀בֵּרוֹתָה (Ez. 47, 16.) als siebentes hinzufügen, die auch Mahpach Paschta und ein Psack dazwischen haben. — Ueber Psack s. מפ"הט 31ff. —

1) Der Sinn ist, dass im Pent. 6 Wörter wegen des Accents Segol ein Kam. statt des regelmässigen Pathach haben (obgleich dieser Accent zu den geringeren trennenden Accenten gehört). Die Angabe leidet an mehren Schwierigkeiten; denn 1) hat das angeführte בַּסָּף (Ex. 12, 22.) nicht Segol, sondern Athnach; freilich hat das in demselben Verse vorhergehende בַּסַּף ein Segol; aber das Samech hat da nur Pathach und nicht Kam. 2) hat Lev. 2, 13. wo die 22 Wörter aufgezählt sind, in denen wegen des Accents Segol das Pathach in Kam. übergeht, allerdings unser בַּסָּף ausgelassen, zählt aber dafür mehr Deut. 31, 7. und 31, 23., so dass es im Pent. 7 und nicht 6 sind, die wegen des Accents Segol ein Kam. haben. 3) fehlt, was Heid. aus einem Mpt. anführt אל תשפכו דָם (Gen. 37, 22.), wo דָם ein Kam. hat wegen des Segol? Es wären demnach 8 mit Kamez. Heid. will daher statt Ex. 12, 22. lesen Gen. 37, 22., indem der Irrthum durch das verwechselte הַדָּם mit דָם entstanden ist, wenn aber hier ו'=6 angegeben ist und es, wie bemerkt, 8 sind, so macht derselbe darauf aufmerksam, dass die Mass. sagt: ו' תיבין d. h. 6 Wörterpaare, so dass die beiden הָאֶחָת (Ex. 26, 5. und 36, 12.) und וֶאֱמָץ (Deut. 31, 7. und 23.) je nur für eins gezählt werden und es also richtig 6 im Pent. sind. S. unten Art. כ"ב קמצין und oben S. 131 Anmerkung 5. —

2) D. h. in den 21 BB. der heil. Schrift (die Pss. Prov. und Job nicht mitgezählt) kommt der Accent Schalscheleth mit darauffolgendem Psack (am Anfang des Verses) nur 7 M. vor, wie angegeben. S. darüber מפ"הט l. c. —

3) Der Sinn ist, dass nur in 8 Wörtern der heil. Schrift das Mercha dem Tipcha vorangeht in demselben Worte, während sonst erforderlichen Falls ein Metheg statt des Mercha steht. —

4) Wenn in Mf. l. c. auf 2 Chr. 35. hingewiesen ist, so fehlt die Angabe daselbst und ist sie nur 2 S. l. c. angegeben. Der Sinn ist, dass an 8 Stellen nach dem Tlischa Ktana (vor Geresch) ein Psack steht. — Heid. führt ein Mpt. an, das nur ז'=7 angiebt und rechnet wahrscheinlich, wie er meint, 1 Reg. 21, 2. nicht dazu, weil hier in den Ausgg. das פסק nach נָבוֹת steht, also nach Munach (und nicht nach dem Tlischa); es ist also ein Legarme und kein Psack, obgleich die Mp. bemerkt: פסק? S. auch Heid. zu Est. 9, 27. — S. folgenden Art., wo es nicht zu den 11 Legarmes vor Geresch (Teres) gezählt, also als Psack betrachtet wird. —

5) S. מפ"הט S. 34a. Der Sinn ist, dass das Legarme nur an 11 Stellen vor dem Geresch steht, mit dazwischentretendem Asla. Das משרת in der Mf. l. c. soll heissen s. v. a. „untergeordnet", obgleich Legarme an sich ein trennender Accent ist. S. auch מפ"הט S. 20 Anmerkung. —

6) S. ausführlich מפ"הט S. 12a. Der Sinn ist, dass während gewöhnlich vor dem Athnach ein Munach steht, an 11 (10) Stellen ein Meaila (in Form des Tipcha, aber als verbundener [משרת], Accent) kommt, wie angegeben. Wenn Jer. 2, 31. und Mp. an verschiedenen Stellen auch Kimchi zu Ez. 11, 8. nur י'=10 angeben, so beruht das auf לאופנים, Ez. 10, 13., das streitig ist, s. Mm. Jer. 2, 31.; auch unser דרכי הנקוד ed. Hannover Anmerkungen S. XLIV. —

7) S. מפ"הט l. c.; דרכי הנקוד ed. Hannover Anmerkungen S. XLVI. Der Sinn ist, dass das Jethib nicht unmittelbar vor Paschta kommt, mit Ausnahme von 11 Stellen. — Wenn Lev. l. c. mitrechnet Jer. 29, 32. (איש יושב בתוך העם) so gehört das nicht hierher, wie es auch Dan. 2, 10. nicht angeführt ist. Demnach ist aber das daselbst und מפ"הט l. c. dafür gezählte Jes. 5, 24. (את תורת) zweifelhaft, da es in den besten Ausgg. Mahpach hat, was hiernach Jethib sein müsste? —

8) Was soll diese Angabe bezeichnen, da der verbindende Accent des Silluk ja in der Regel ein Mercha ist und

ר״א זוגין מן ב׳ בענין קדמא רביע ותניא זקף. Lev. 8, 15. Num. 14, 38. 25, 9. Hag.*2, 3, Mf. טע, 14. או״א, 227. מפ״הט 15a. und 26a.

ר״א פסוקים בטעמא מרכא לזרקא. Ex. 6, 6. 30, 12. Mf. טע, 20. מפ״הט 15b. 1)

ר״ג זוגין מתחלפין בטעמא וכו׳ משרת דרגא לתביר וכו׳. Ex. 21, 35. S. או״א, 221. Anmerkung. מפ״הט 27b. 2)

ר״ד פסוקים בטעמא תרין חוטרין (מרכה כפולה) וכו׳. Num. 32, 42. Hab. 1, 3. Zach. 3, 2. Esr. 7, 25. Neh. 4, 6. Mf. טע, 17. מפ״הט 22aff. 3)

ר״ו זוגין מתחלפין בחד ענינא חד זקיף לרומא וחד נחית לתהומא. Ex. 6, 9. Lev. 23, 12. 26, 40. Zach. 10, 4. 1 Chr. 18, 1. (? ר״א זוגין) Mf. טע, 15. ? או״א, 228. מפ״הט 14b. 4)

ר״ו פסוקים בטעם פזר גדול וגלגל. Num. 35, 5. 2 Reg. 10, 5. Jer. 38, 25. Ez.*48, 21. Neh.*13, 5. Est.*7, 9. Mf. טע, 3. מפ״הט 24a. 5)

ר״ח מאיילין מאריכין בין אזלא לזרקא באוריתא וסי׳ וכו׳. Gen. 30, 16. Num. 36, 3. Deut. 19, 5. Mf. טע*18. או״א, 374. מפ״הט 17b. 6)

כ״ב קמצין בסגולא אחר זרקא. Lev. 2, 13. Mf. קמץ, 1. 7)

---

davon nur 5 Stellen eine Ausnahme bilden, die ein Meaila vor Silluk (in demselben Worte) haben, s. oben S. 355 Anmerkg. 5. Weder M. Naksan (s. dessen Fragment ed. Hannover S. 30) noch מפ״הט S. 30b erwähnen dieser Massora, noch ist sie in Mf. abgedruckt, auf welche Deut. und Jos. l. c. hingewiesen wird. —

1) Der Sinn ist, dass an 11 Stellen vor dem Sarka (das nur einen verbindenden Accent vor sich hat) ein Mercha steht, während sonst in diesem Falle ein Munach (Illui) steht. Ueber die Verschiedenheit und die richtige Stellenangabe dieser Massora s. שום שכל zu Gen. 30, 16. und 41, 45., מפ״הט S. 15b, auch unser דרכי הנקוד Anmerkung S. XLV. —

2) Der Sinn ist, dass an 13 (?) Stellen der verbindende, dem Thebir vorhergehende, Accent ein Darga ist, selbst wenn nur eine (oder mit noch einem Schwa quiescens) Silbe dazwischen ist, wo gewöhnlich ein Mercha kommt. S. ausführlich מפ״הט 27b ff. unser דרכי הנקוד S. XLVII ff. und או״א, l. c. Anmerkung. —

3) Der Sinn ist, dass in der Regel der dem Tipcha vorangehende, verbindende Accent ein Mercha ist, mit Ausnahme von 14 Stellen, wo ein Darga und doppeltes Mercha (Chefula) vorangeht, s. darüber מפ״הט 22a ff. ausführlich. —

4) S. או״א, l. c. und Anmerkung daselbst, wo wir ausführlich über diese Stelle gesprochen haben. Wenn ich daselbst bemerkte, dass או״א zuerst (228) diejenigen Stellen angiebt, wo erst Sakef und dann Tebir, und dann (229) die angeführt werden, welche erst Tebir und dann Sakef haben, so muss ich das zurücknehmen, denn auch 228 kommen solche vor, die zuerst Tebir etc. und dann Sakef haben, z. B. ויהי אחרי, ואף, וידבר משה, (Tipcha und Sakef) ויכהו (Mercha und Sakef) אשר הגלה. Es scheint, als habe 228 nur auf die Verschiedenheit des Accents aufmerksam machen wollen, so dass die eine von den ähnlichen Stellen Sakef und die andere einen untergeordneten Accent hat, ohne Rücksicht darauf, welcher von beiden vorangeht oder folgt; in 229 aber sollen nur solche gezählt werden, die zuerst Tebir und dann Sakef haben. Es bleibt aber immer noch schwierig, warum in 229 nicht auch die, welche zuerst das Tebir und dann das Sakef haben, aufzählt, welche, wie bemerkt, schon in 228 angeführt sind. Ferner ist schwierig, warum ואלה und קלעים nicht mitgezählt sind, wie sie sich in Ex. 6, 9. finden. Es kann sein, dass unser Buch letztere beiden nicht mitzählt, weil hier bei וְאֵלֶּה die Formen nicht gleich sind, da das eine mit und das andere ohne Waw copulat. steht; bei קְלָעִים ist wohl der Grund, dass dieses Wort mehrmals unter verschiedenen Accenten in demselben Abschnitt (Ex. 38. etc.) vorkommt. Im Ganzen scheint die Ueberlieferung ursprünglich ר״א = 11 gelautet zu haben, wie sowohl das chald. Denkzeichen, die Angabe zu 1 Chr. 18, 1. als auch Art. 228 in או״א beweisen. Später sind noch, zuerst die 3, welche או״א, 229. angiebt, dann noch die zwei: ואלה und קלעים, — nach Art des ולבד ממסורת׳ in או״א — hinzugekommen, so dass die Angabe, wie in Ex. 6, 9. auf 16 = ר״ו gesteigert worden, wie das schon oben öfters nachgewiesen ist, dass die Angaben nach gefundenen und hinzugefügten Stellen modificirt wurden. Was nun das Incorrecte der Ex. l. c. angeführten Stellen betrifft, so soll auf die Verbesserung derselben im Text hingewiesen werden. —

5) Der Sinn ist, dass der Accent Paser-Gadol (auch Karne-Para genannt) nur 16 M. in der Bibel vorkommt und zwar immer in Begleitung des verbindenden Tonzeichens Galgal (auch Jerach ben Jomo genannt). S. ausführlich darüber משפ״הט S. 24a. —

6) Der Sinn ist, dass im Pent. an 18 Stellen der zweite verbindende Accent (der Accent nach dem Asla oder nach Anderen Kadma) nicht, wie in der Regel, ein Munach, sondern ein Mercha ist, und zwar wegen des Meaila, d. h. des Gaja (oder des dem Tipcha ähnlichen Accents, der Meaila genannt wird) welches zwischen dem zweiten verbindenden Accent und dem Sarka steht. S. ausführlich או״א, 374., wo auch auf die betreffenden Schriften hingewiesen ist, welche ausführlich darüber handeln. —

7) S. oben ר׳ תיבין und oben S. 356 Anmerkung 1 dazu. Der Sinn ist, dass an 22 Stellen in der ganzen Bibel der kurze Vocal Pathach in ein Kam. übergeht wegen des Accents Segol, der doch zu den untergeordnet-trennenden Accenten

כ"ט מלין נסבין ב' בריש תיבותא ופזרין. Mf. ב', 4. מפ"הט 23b. 1)

יחידאין.

Geordnet: 1) die einzelnen Wörter alphabetisch; 2) die anderen Angaben, nach der Zahl der Gruppen.

א.

אֲדֹנָי קל"ד י"ד מנהון מיחדין בתורה. Ex. 34, 9.
S. אֲדֹנָי oben S. 5 Anmerkung 4.

לְאֹהֶל ה' מיחדין. S. אהל oben S. 6. Anmerkung 1. Der Sinn ist, dass לְאֹהֶל (das Lamed mit Schwa) allein, ohne Verbindung mit אֹהֶל מוֹעֵד nur 5 M. vorkommt.

אֶחָד י' יחידאין נסבין אֶחָד ולית להון זוגא. Ez. 37,22. Mf. אח, 12. 2)

אֵין ה' יחידאין. S. oben S. 210 Anmerkg. 6.

וְאֵין ח' יחידאין. 3) S. oben S. 211.

ד' פסוקים מיחדין (אֵין וְאֵין). S. oben S. 211 Anmkg. 2.

אַל ה' יחידאין. S. oben S. 212 Anmerkg. 3.

וְאַל, כ"ב יחידאין וְאַל. S. oben S, 212 Anmerkg. 7.

מלין יחידאין וְאֵל. S. oben S. 214. Anmerkg. 3.

וְאֵלֶּה ז' יחידאין. S. oben S. 216 Anmerkg. 1.

אֱלֹהֵי הַשָּׁמַיִם ג' מיחדין. 4) Mf. אל, 91.

אֱלֹהֵי יִשְׂרָאֵל כ"ח מיחדין. S. oben S. 17. Anmerkg. 2. und S. 19 Anmerkg. 4.

אֱלֹהַי י"ד מיחדין. S. oben S. 17 Anmerkg. 5.

וְאִם י"ו יחידאין. S. oben S. 217. — 17 Wörter kommen mit vorhergehendem וְאִם je nur 1 M. vor, sonst mit אִם (ohne Waw copulat.).

הָאָרֶץ, י"ו זוגין מיחדין נסבין הָאָרֶץ. S. ה', זוגין und S. 340 Anmerkg. 5.

וַאֲשֶׁר ל"ו יחידאין. S. oben S. 220.

ד' פסוקים מיחדין אית בהון ה' אֵת. S. פסוקים.

י"א יחידאין משמשין אַתָּה. S. oben S. 228.

ח' יחידאין משמשין וְאַתָּה. S. oben S. 229.

---

gehört und eigentlich die Kraft nicht hat, eine Pause zu bilden. An den in der Angabe bemerkten כ"ב = 22 fehlt eine Stelle, indem nur 21 aufgezählt sind. Heid. ergänzt die Zahl durch Gen. 37, 22., wo דָּם ein Kam. hat mit dem Accent Segol? Er scheint aber nicht daran gedacht zu haben, dass דָּם ursprünglich ein Kam. hat, also nicht wegen des Accents Segol. S. oben S. 49 Anmerkung 1., wo Heid. selbst von der Form. דָּם sagt: כי לא יבואו פתחים כי אם הסמוכים וכו'. S. auch oben S. 131. Anmerkg. 5 und unten Art. אָדָם. —

1) Mf. l. c. ed. Bomb. hat zwar gleichfalls כ"ט = 29, zählt aber 31 Stellen auf und zwar באמה (Num. 35, 5.) und בטחת (Jes. 36, 6.), mehr als ed. Buxt., welche letztere mit Auslassung der beiden genannten, richtig 29 Stellen anführt. Buxt. scheint das בָּאַמָּה ausgelassen zu haben, weil dieses kein Paser-(Katon), sondern Paser-(Gadol), auch Karne-Para genannt, hat. Auch das בָּטַחְתָּ hat er nicht mitgezählt, weil die Angabe in ed. Bomb. הנה בטחת לך (2 Reg. 18, 21.) unrichtig ist, indem das Paser daselbst nicht auf בטחת, sondern auf לְךָ steht. Heid. will daher בטחת על משענת (Jes. 36, 6.) dafür setzen, indem dieses ein Paser hat. Es sind also 31, wie ed. Bomb. es hat, oder 30, wenn man בָּאַמָּה wegen des oben angeführten Grundes nicht mitzählt. Die Angabe כ"ט = 29 scheint also jedenfalls verändert werden zu müssen.

2) Die Ez. 37, 22. abgedruckte Angabe scheint corrupt zu sein, denn erstens sind 2 aufgezählt, die אֶחָד haben Gen. 22, 2. und 32, 23.) und unsere Angabe ja nur von אֶחָד (stat. absol.) handelt; zweitens sind nur 9 Stellen angeführt, während die Ueberschrift י' = 10 angiebt; drittens warum sind nicht gezählt אֲחִיכֶם אֶחָד (Gen. 42, 19.), הַכֶּבֶשׂ אֶחָד (Num. 28, 4.), וַיֵּצֵא אֶחָד (2 Reg. 4, 39.) s. Mf. ה', 11. או"א, 3. Auch zu שׁוֹר אֶחָד (Neh. 5, 18.) und וְהָיוּ אֶחָד (Ez. 37, 19.) bemerkt die handschr. Mp. לית. — Wenn man sich erlauben dürfte durch Conjectur zu verbessern, so wäre statt der beiden angeführten אַחַד zu setzen: שׁוֹר אֶחָד und אֲחִיכֶם אֶחָד und das fehlende zehnte wäre הַכֶּבֶשׂ אֶחָד. Das ויצא und והיו berücksichtigt die Angabe nicht, weil sie nur von der Verbindung mit Substantiven und Partikeln spricht, wie das häufig vorkommt, dass sie nur auf eine gewisse Klasse von Wörtern sich bezieht und die anderen ähnlichen auslässt. —

3) Der Sinn ist, dass die angeführten 8 Wörter nur 1 M. (=יחידאין) mit vorhergehendem וְאֵין vorkommen, sonst geht immer (wenn die Verneinung durch אֵין ausgedrückt werden soll) אֵין vorher. —

4) Der Sinn ist, dass diese Verbindung, ohne vorhergehendes Quadrilitterum ausnahmsweise = מיחדין nur 3 M. vorkommt. Mit vorhergehendem Quadrilitterum kommt es 6 M. vor, s. הו"יה.

ב׳

כְּבֵית י״א מיחדין. S. oben S. 34 Anmerkung 3.

וּבְנֵי ל״ו יחידאין. Mf. בן, 9. או״א, 366. = 36 Wörter kommen mit vorhergehendem וּבְנֵי je nur einmal = מיחדין vor.

וּבִנְיָמִן ט׳ יחידאין. Ex. 1, 3. Jud. 20, 39. Mf. בן, 40.

יְבָרֶכְךָ י״י ד׳ יחידאין (י׳) הו״יה S.

ג׳

גָּרֹן ד׳ מיחדין. S. גרן oben S. 90.

ה׳

הִנֵּה ו׳ יחידאין. S. oben. S. 236.

וְהִנֵּה י״ג יחידאין. S. oben S. 236 Anmerkg. 5.

ח׳

יְחִיֶה י״ח יחידאין. Gen. 17, 18. Mf. חי, 3. S. חיה oben S. 62 Anmerkung 8.

י׳

אלין מיחדין חסר י׳ בלשון **יציאה**. Num. 14, 37. Ez.*28, 18. S. oben S. 88 Anmerkg. 2.

וִיחִזְקִיָּהוּ ד׳ מיחדין. יחזקיהו S. Nom. propr,

כ׳

וְכִי, כ״י **וְכִי** יחידאין. Gen. 29, 12. Ruth 2, 13. Mf.* כי, 1. (S. Mp. 1 Reg. 11, 21.)

כָּל, ה׳ יחידאין לא נסבין **ה׳** וכל קריא נסבין **ה׳**. Mf. כל, 7.

כָּל י״א מיחדין. Mf. כל, 2.

וְאֵת כָּל כ״א יחידאין. Mf. כל, 14.

וְכָל ס״ח מיחדין. Mf. כל, 1.

וּבְכָל י״ג יחידאין. Gen. 1. 26. Mf.* כל, 18. או״א, 255.

וּלְכָל ט׳ יחידאין. Mf. כל, 5.

ל׳

לֹא, וְלֹא יחידאין. Mf. לא, 15. 16.

וְלַלְוִיִּם ב׳ יחידאין. S. Nom. propr. s. v.

וּלְמַעַן ט׳ יחידאין. Ex. 9, 16. Deut. 4, 40. Jes.*37, 35. Mf. לם, 6.

וְלִפְנֵי י״ו יחידאין. Num. 27, 19. Job 8, 12. *15, 7. Mf. פנ, 19.

מ׳

וּמָה ט׳ יחידאין. S. Partikel s. v.

וּמִי ד׳ יחידאין. Mf. מי, 1.

וּמִן ט״ו יחידאין. S. Partikel s. v.

ע׳

י״ו יחידאין **עַד** ומלה אחרי. Job 22, 23.

עַד הַיּוֹם ט׳ מיחדין. Gen. 19, 37.

ג׳ זוגין יחידאין חד **ב׳** וכו׳. ב׳, זוגין S.

ד׳ יחידאין (**וְעַד יָם**). S. oben S. 82 und Anmerkung 4.

ד׳ יחידאין נסבין י׳ וכו׳. י׳, מלין S.

ה׳ זוגין מן ב׳ ב׳ מיחדין וכו׳. ע׳, זוגין S.

ה׳ יחידאין משמשין סופיהון **ה׳** ורישיהון **נ׳**. (1) Mf. ה׳, 9.

---

1) Diese Angabe leidet an manchen Schwierigkeiten, indem sie ה׳ = 5 angiebt und nur 4 zählt; ebenso fehlen viele. Der Sinn ist, wie Heid. bemerkt, dass die 3 p. fem. präter. Niphal in Pause penult. (= mit Nun anfangend und He am Schluss) nur 5 M. und zwar 1 M. in je einem Stamme = יחידאין vorkommt. Das fünfte (fehlende) ist nach ihm נֶעְדָּרָה (Jes. 34, 16.) Aus diesem Grunde ist z. B. נִלְקָחָה (1 S. 4, 17.) nicht mitgezählt, weil das He paragogisch ist, indem die Grundform נִלְקַח (3 p. s. masc. im Niphal) sein muss, da sie sich auf אֲרוֹן bezieht, das masc. ist. — Er will daher auch נֶעֱזָבָה (Jes. 62, 12.) gegen unsere Ausgg., ult. lesen, weil es Particip ist (s. Kimchi im Commentar Jes. l. c.), das aus diesem Grunde nicht zu unserer Angabe gehört. Jedoch fehlen auch nach dieser Auffassung noch gar manche z. B. נָעֵמָה (Gen. 49, 15.), welches Mf. ה׳, 32. und או״א, 32. nebst den obigen 5 als sechstes gezählt ist; ebenso נִשְׁאָרָה (2 S. 14, 7.); נִגְלָתָה Jes. 53, 1. u. a. M. S. auch Mf. ר׳, 3. —

ה׳ ר״פ יחידאין מן ג׳ ג׳ מלין דמיין קדמא נסיב ותנינא ותליתאי קרחי· ו׳, פסוקים S. unten Art.

ז׳ יחידאין נסבין י׳ בסוף תיבותא ופתחין· י׳, מלין S.

ז׳ זונין מן ב׳ ב׳ חלוף מיחדין חד מ׳ וכו׳· מ׳, זונין S.

ז׳ זונין מיחדין חד מיעוט וחד ריבוי· זוגין S.

ח׳ מלין מיחדין מלעיל (תַם)· מלין S.

ח׳ יחידאין במצעות פסוק מסורתא מכא ומלה ביניהון קדמא נסיב ו׳ ותנינא לא נסיב ו׳· 1) Mf. ו׳, 43.

ט׳ יחידאין משמשין מ׳ בריש תיבותא· 2) Mf. מ׳, 2.

ט׳ מלין יחידאין משמשין ה׳ ריש וסוף וכו׳· ה׳, מלין S.

י״א ר״פ מיחדין· ו׳, פסוקים S.

י״ד פסוקים מיחדין· ו׳ פסוקים S.

כ׳ זונין מיחדין חד ס׳ וכו׳· ש׳ זונין S.

כ״ד זונין מיחדין· ת׳, זונין S.

כ״ה מלין מיחדין קמץ· מלין S.

כ״ח מיחדין· אלהי ישראל S.

כ״ט יחידאין נסבין ב׳ בריש תיבותא ולית להון זוגא· Mf. ב׳, 1. או״א, 215.

ל׳ זונין יחידאין וְכִי· זוגין S.

מ׳ מלין יחידאין וכו׳· ו׳ מלין S.

מ׳ יחידאין משמשין תָם בסוף תיבותא· 3) Mf. מ׳, 22.

מ״ח מלין מיחדין חסר ו׳· ו׳, מלין S.

ק״ח יחידאין משמשין ול׳ בריש תיבותא· ו׳, מלין S.

מלין סופי תיבות מיחדין קמצין· מלין S.

מלין (תיבין)·

Geordnet: 1) nach dem Alphabet und zwar bei jedem Buchstaben erst allgemein מלין und dann nach Anzahl der Wörter. 2) im Allgemeinen nach Anzahl der Wörter, welche zusammengehören.

א·

מלין דמשמשין חד א׳ וחד וא׳· Mf. א׳, 13. או״א, 1. (S. oben אב, 4. מ״ש Deut. 1, 13. 1 S. 1, 9.)

מלין דחסר א׳ באוריתא· 4) Lev. 11, J3.

מלין דמשמשין א׳ בסוף תיבותא וכל חד וחד לית דכו׳· Koh. 8, 1. Ez. 36, 5. 31, 5. Ruth 1, 20. Mf. א׳, 9. (S. מ״ש Koh. l. c. Jer. 50 11. Ez. 27, 31. u. l. c. Ps. 139, 20.) 5)

---

1) Der Sinn ist, dass 8 Wörter je 1 M. (=יחידאין) so eigenthümlich in der Mitte des Verses vorkommen, dass zwischen beiden nur 1 Wort steht und das erste mit Waw copulat., das zweite aber ohne Waw steht. Diese Angabe correspondirt mit Mf. ו׳, 42, wo aber vom Anfang des Verses (ר״פ) die Rede ist. So bringt sie auch Mpt. Hal. durch das Wort: וחלופיהון in Verbindung, s. ו׳, פסוקים Art. י״ב ר״פ וכו׳. Es muss in der Angabe, wie es auch Mpt. Hal. hat, מסורתא מכא ומסורתא מכא וכו׳ heissen, indem das zu Bemerkende (=מסורתא) auf die beiden durch das Zwischenwort getrennte Wörter sich bezieht. —

2) D. h. es giebt 9 Verbindungen von 2 Wörtern, die je nur 1 M. vorkommen mit Mem am Anfang des ersten Wortes. Was die Aufzählung betrifft, so ist das ממדבר סיני nicht richtig, indem es 2 M. (Num. 10, 12, und 33, 16.) vorkommt und auch die Mp. bemerkt: ב׳=2. Heid. liest dafür: ממדבר פארן (Num. 13, 3.), das nur 1 M. vorkommt, s. die Mp. daselbst? (Mp. Mpt. Erf. sagt ausdrücklich ל׳). Zu מחצי המטה bemerkt Heid. לא מצאתי. Ich glaube, es muss מחצי מטה (Jos. 21, 27.) gelesen werden, das nur 1 M. vorkommt. —

3) S. Mf. l. c. Ed. Bomb. hat als Ueberschrift נ׳=50, zählt aber nur 40 Stellen auf, weswegen Buxt. wahrscheinlich das נ׳ in מ׳=40 verändert. Er zählt aber nur 39 auf, indem er das וְרִמְתָּם (Ez. 23, 20.) in ed. Bomb. auslässt, s. Mf. מ׳, 16. Aus letzter Angabe fehlt שָׁתָּם (Gen. 30, 40.). Abgesehen von einigen Druckfehlern in ed. Buxt. ist diese Angabe unvollständig; warum fehlt מַנְגִּינָתָם (Thr. 3, 63.), בְּתִתָּם (Ez. 43, 8.), לְתִתָּם (2 Chr. 35, 12.)? — Die 3 ähnlichen Angaben: Mf. ל׳. 17. מ׳, 16 u. מ׳, 22. wollen ein M. vorkommende Wörter bezeichnen und zwar die erste (מלין) unter der Form לָם am Ende; die zweite (א״ב) unter der Form ם׳ am Schlusse mit vorhergehendem Kam. und die dritte (יחידאין) als תָם oder תָּם am Ende. —

4) S. die Aufzählung der Stellen. Zu מֵחֲטוֹ s. oben S. 61. Das ולחטת muss לַחֲטֹת lauten. Warum ist aber נַחְבִּי (Num. 13, 14.) nicht gezählt, s. Mp. daselbst und Mf. חב, 1. S. unten נ״ח מלין. —

5) Der Sinn ist, dass die angeführten Wörter ausnahmsweise ein Alef am Schlusse haben, während sie sonst mit He schliessen. Darum werden, wie Heid. bemerkt, Wörter wie אָגֵא (2 S. 23, 11.), עַבְדָּא (1 Reg. 4, 6.) nicht mitgezählt, weil

מלין דבכל קריא אֵל ולית וְאֵל. S. oben S. 213 Anm. 2.

מלין יחיראין וְאֵל. S. oben S. 213.

ו׳ מלין דמשמשין וְאֵלֶּה וכו׳. S. oben S. 216. Anmerkung 1.

מלין משמשין אֱלֹהִים ולית דכו׳. S. oben S. 14. Anmerkung 2.

י״ב מלין כתיב א׳ בסוף ולא קרינן. Num. 13, 9. Ez. 1, 1. Joel 3, 19. Prov.*1, 1. Esr.*1, 1. Dan.*3, 29. Mf. 'א, 8. או״א, 104. (S. מ״ש Jos. 10, 24. 1 S. 17, 17. Joel 4, 19. Dan. 2, 39. Esr. 3, 7. 6, 15.)

י״ז (מלין) מן חד וחד מפקין א׳. Ex. 6, 24. Mf.*'א, 4. או״א, 198. (S. מ״ש Ps. 93, 5. Cant. 8, 10.)

י״ז מלין לא מפקין א׳ ולית להון זוגא. 2 Reg.* 16, 7. Mf. 'א, 5. או״א, 199. (S. מ״ש 2 Reg. 19, 25.)

מ״ח מלין נסבין א׳ באמצע תיבותא ולא קרינן. Ex. 5, 7. Ez.*1, 1. Job*1,1. Mf.*'א, 7. או״א, 103. (S. מ״ש Num. 11, 4. Jud. 4, 19. (הגהה) ibid. 13, 18. 2 Reg. 5, 20. Zach. 14, 10.)

נ״ח מלין חסרים א׳. Num. 15, 24. (S. auch Lev. 11, 43. מ״ש Jer. 32, 35.) 1)

ב.

מלין מן חד חד חד ב׳ וחד וב׳. S. ב׳, זוגין und S. 340 Anmerkg. 2.

מלין דמשמשין בָהּ בסוף תיבותא (ולית להון זוגא). Jes. 50, 11. Zach. 9, 8. S. unten ב׳, שטה. Mf. 'ב, 12. 2)

ג׳ מלין כתיבין כ׳ וקרין ב׳. 2 S. 12, 31. Hos.*1, 1. 1 Chr.*1. 1. Mf.*'ב, 10. או״א, 150. (S. מ״ש ibid. und Prov. 21, 29. 2 Chr. 33, 16., auch unten י״א מלין וכו׳)

ד׳ מלין דכתיב ב׳ בריש תיבותא ולא קריא וחד חלוף וכו׳. Prov. 28, 8. Mf. 'ב, 3. M. marg. 2 S. 21, 9. (S. מ״ש ibid. Mp. 2 S.*10, 9.)

ו׳ מלין דכתיב ב׳ וקרין מ׳ וחד חלוף. Mf. 'ב, 11. או״א, 154. (S. מ״ש Jos. 3, 16. 22, 7, 24, 15.)

י״א מלין כתבן ב׳ וקרין כ׳ וחילופיהון ג׳ כתיבין כ׳ וקרין ב׳. Jos. 6, 5. Hos.*1, 1. 1 Chr.*1, 1. Esr. 8, 14. Mf.*'ב, 10. או״א, 149. (S. מ״ש Jos. 4, 18. 6, 5. 15. 1 S. 11, 6. (ר״ד?) 9. 2 S. 5, 24. (י״א) 2 Reg. 3, 24. Job 21, 13. Esr. 8, 14,)

כ״ט מלין נסבין ב׳ בריש תיבותא ופזרין. S. טעם am E.

ד.

ב׳ מלין חסרים ד׳ וקרין. 1 Reg. 9, 18. מ״ש (S. 181, או״א 2 Chr. 8, 4. Dan. 2, 9.)

ב׳ מלין כתיב ד׳ וקרין ר׳. Mf. 'ד, 3. או״א, 123. (S. מ״ש Esr. 8, 14.)

ד׳ מלין כתיב ר׳ וקרין ד׳. Jer. 31, 40. Mf. 'ר, 2. או״א, 122. (S. מ״ש 2 S. 13, 37. 2 Reg. 16, 6. Jer. l. c.)

ה.

מלין דלא מפקין ה׳ בסוף תיבותא. Ex. 17, 16. Mf. 'ה, 17. (S. מ״ש Ex. l. c. Jos. 15, 28.) 3)

מלין חד נסיב ה׳ וחד נסיב וה׳ ולית להון זוגא. Mf. 'ה, 19. או״א, 1, 'ה.

מלין דמשמשין הו בסוף ולית להון זוגא. Prov. 18, 14. Job 14, 20. 40, 7. Mf. 'ה, 34. 4)

---

sie nicht auch mit He am Ende vorkommen. In den einzelnen Stellen sind Fehler eingeschlichen; st. וּפְוּא l. וּפָא, st. שֵׁינָא l. שֵׁנָא, st. הֲרָא l. וְהָדָא und כְּלָא l. בְּלָא. Die Angabe zu לְמָא ישגא חבלה (Esr. 4, 22.) ist falsch, denn dieses hat He am Ende; sie muss heissen: לְמָא די תעבדון (ibid. 6, 8.), wo לְמָא auf Alef ausgeht. —

1) Num. l. c. ist auf Mf. hingewiesen, wo die Angabe sich aber nicht findet. Lev. 11, 43. sind die im Pentat. vorkommenden angeführt; auch Kimchi Michlol hat an verschiedenen Stellen einzelne Wörter, in denen das Alef fehlt, angeführt, doch immer nur sporadisch; die angegebene Zahl נ״ח = 58 konnte ich nicht finden. S. oben S. 360 Anmkg. 4.

2) Das Verzeichniss ist unvollständig; aus Mf. l. c. fehlt: עֲקֻבָּה und מִצְּבָה; aber es fehlen auch noch andere, z. B. כִּמְרִיבָה (Ps. 85, 5.), וְהַקֵּבָה (Deut. 18, 3.). S. ähnliche Bemerkungen der Mass. über חָה (Mf. 'ה, 3.), רָה (Mf. 'ר, 3.).

3) Hier ist nur die Rede von der Endung יָה (welche grösstentheils aus dem Gottesnamen יָהּ mit hörbarem He entstanden ist, theils aber auch als He fem. mit vorhergehendem Jod, z. B. כְּעַשְׂיָה, הַיְהוּדִיָּה) in der das He ruht (=Raphe). Das במרחביה muss במרכביה gelesen werden. Mit כְּסִיָּה sind hier 12 aufgezählt, während Mf. l. c. nur ה׳=5 angiebt, was auffallend ist. — Das וישלח in Mf. muss בשלח gelesen werden. Warum ist wohl בְּסוֹדִיָּה Neh. 3, 6. nicht mitgezählt. S. מ״ש Ps. 104, 35. Heid. zu עה״ק Ex. 17, 16. —

4) Die Angabe bezieht sich nur auf die Wörter, die auf הוּ ausgehen und so je nur 1 M. vorkommen. S. oben

מלין דמשמשין הת ברישי׳. ה׳, א״ב Job 38, 31. S. oben am Ende.

ב׳ מלין כתיב ה׳ במצעות תיבותא ולא קריא וחד פלינא עליה׳. Koh. 6, 10. או״א, 110. (S. מ״ש ibid. und die Anmerkung in ed. Wien, auch unten ה׳ מלין

ב׳ (מלין) כתיבין ה׳ במצעות תיבותא וקריין כ׳. Mf.׳ה,28. או״א, 151. (S. מ״ש Jer. 21, 12. 49, 30.)

ג׳ מלין חסר ה׳ באמצע תיבותא וקריא. Mf. ׳ה, 24. או״א, 109.

ג׳ מלין מורדפין ומפקין ה׳. ה׳, פסוקים S.

ה׳ מלין כתיבין ה׳ במצע תיבותא ולא קרין. Mf. ׳ה, 24. או״א, 110. (S. מ״ש 2 Reg. 7, 15. auch oben (ב׳ מלין

ז׳ (מלין) נסבין ה׳ בריש תיבותא ולא קריין. Mf. ׳ה, 23. או״א, 166. (S. מ״ש Jer. 52, 20.)

ח׳ מלין נסבין ה׳ בריש תיבותא וי״וד במצעות תיבותא. Mf. ׳ה, 5. 1)

ט׳ מלין יחידאין משמשין ה׳ ריש וסוף ולית להון זוגא. Mf. ׳ה, 1. S. unten ר׳, מלין S. 367 Anmerkung 3. — 9 Wörter kommen nur 1 M. vor, die He am Anfang und am Schlusse haben.

י״ג מלין חסרים ה׳ בריש תיבותא וקרי׳. 2 S.* 23, 9. 1 Reg. 7, 20. Mf. ׳ה, 23. או״א, 165.

י״ד מלין כתיב ה׳ בסוף תיבותא וקריין ו׳ שורק. Lev. 21, 5. 2 Reg.* 24, 10. Ps. 73, 2. Thr.* 4, 17. Mf. ׳ה, 26. או״א, 113. (S. מ״ש Lev. l. c.)

י״ו ר״פ משמשין ה׳ ולית להון זוגא. Mf. ׳ה, 8. או״א, 174. und Anmerkung.

י״ח מלין דלא מפקין ה׳ בסוף תיבותא ומטעין. Ex. 2, 3. Job 31, 22. Mf.*׳ה, 15. או״א, 43. (S. מ״ש 12, 25. 1 Reg. 14, 12. Jes. 21, 2. Ez. 14, 4. 16, 44. Ps. 104, 35. המשתדל von Luzzato zu Ex. 9, 18?

כ״א תיבין כתיב ה׳ בסוף תיבותא ולא קריא. Gen. 27, 3. Mf. ׳ה, 25. או״א, 112. (S. מ״ש Gen. l. c. auch Jos. 7, 21. ׳כ? ibid. 24, 8. Jer. 43, 11.)

כ״ט (מלין) חסר ה׳ בסוף תיבותא וקרין. Ps. 6, 4. Prov. 31, 16. Thr. 5, 1. 2, 19. Koh. 7, 23. Mf. ׳ה, 25. או״א, 111. (S. מ״ש Jos. 24, 3.)

(מ׳ מלין מן א׳ א׳ קדמא נסיב ו׳ ותנינא ה׳).

ו.

אלין תיבותא יתרים ו׳ וחטפין קמצין. Mf. ׳ו, 30. (S. מ״ש Deut. 32, 13. Jos. 9, 7. 1 S. 22, 15. 25, 31. Jes. 18, 4. 26, 20. Jer. 33, 8. Ez. 21, 68.! 24, 2.!! 27, 15. Am. 7, 8.! Nah. 1, 3. (und bes. Ps. 145, 8.) Nah. 2, 1. Ps. 10, 15. 89, 29. 101, 5. Prov. 22, 8. 22, 11. 12. Neh. 13, 33. 1 Chr. 7, 34. 18, 10. 2 Chr. 34, 22. ibid. 36, 14. 2)

הלין מלין מַלאי׳ ו׳ ולית דכותהון. Gen. 41, 8. Mf. ׳ו, 26. 3)

S. 329 Anmerkung 3. Aber auch diese Angabe ist unvollständig; es fehlt z. B. מַחֲלֵהוּ (Prov. 18, 14.), גִּבֹּרֵהוּ Nah. 2, 3. In einer von Heid. angeführten Handschrift ist auch angeführt: הֱצִיקַתְהוּ (Jud. 14, 17.), אֲהֵבַתְהוּ (1 S. 18, 28.), וַתְּאַלְצֵהוּ (Jud. 16, 16.), וַתְּיַשְּׁנֵהוּ (ibid. 19.), עֲמָמֻהוּ (Ez. 31, 8.). — Das וַעֲתַלְיָהוּ ist 2 Chr. 22, 10.; in 2 Reg. 11, 1. schliesst es יָה ohne Waw am Schluss. —

1) Der Sinn ist, 8 Wörter, die mit He anfangen und ein müssiges Jod in der Mitte des Wortes haben, kommen so nur je 1 M. vor. Als sechstes hat ed. Bomb. יַגִּיד (Koh. 10, 2.), dieses gehört aber nicht hierher, da es nicht mit He anfängt. — Buxt. wollte das dabeistehende הַכְּנָפַיִם daraus machen, was aber doppelt unrichtig ist, weil es 1) kein müssiges (ruhendes) Jod hat und besonders 2) das He nicht gelesen wird, s. Mf. ׳ה, 23. und או״א, 166. Heid. liest dafür הַעֲנִיק (Deut. 15, 14.). S. auch Kimchi im Michlol und W. B. s. rad. נגד. —

2) Der Sinn ist, dass bei den angeführten Wörtern das Waw vor dem Chataf-Kam. stehen geblieben ist, etwa anzuzeigen, dass das Kam. kein langes Kam. ist. — S. מ״ש zu den verschiedenen Stellen. Das לִקְסָום (Ez. 21, 26.) ist wohl richtiger כִּקְסָום (ibid. 28.) zu lesen. Statt עֲבָור (Am. 8, 2.) liest Heid. mit Recht (s. מ״ש Am. l. c.) לַעֲבָור (Nah. 2, 1.); s. auch Mm. Num. 22, 26. Ueber יְכָונְיָה (Jer. 27, 20.) s. Mf. ׳ו, 61. —

3) Der Sinn ist, dass folgende Wörter, grösstentheils Participialformen, nur 1 M. plene Waw (nach dem ersten Wurzelbuchstaben) vorkommen; in der Regel ist diese Form def. Waw. Diejenigen welche mehr als 1 M. plene sind, oder die zu einer anderen Gruppe gehören, werden nicht gezählt; s. Mf. ׳ו, 59. או״א, 248. Gen. l. c. und Mf. l. c. differiren dass jene mehr zählt חוֹרֵב (Ex. 33, 6.), וְהַנּוֹשֵׂא (Lev. 15, 10.) und נוֹטֵל* (2 S. 24. 12.); diese zählt mehr אוֹנֵךְ (Jer. 4, 14.), וְנוֹטֵר (Nah. 1, 2.), הַדּוֹלֵג (Zeph, 1, 9.). Ueber עוֹרֵף in Gen. l. c. s. מ״ש Jes. 66, 3. Das וחובר חבר in Mf. l. c. (Deut. 18, 11.) ist unrichtig, denn dieses ist def. Waw; es muss wie in Gen. l. c. lauten חובר חברים מחכם (Ps. 58, 6.) Das Segol in הוֹלֶם (Jes. 41, 7.) steht wohl statt Zere wegen des נסוג אחור im Verhältniss zu פָּעַם, das den Accent auf der ersten Silbe hat. —

מלין כתיבין ו׳ בסוף תיבותא וחסרים י׳ בלשון ארמית׃ Dan. 3, 22.

שמהת גברי נסבין ו׳ באמצע תיבותא וכל חד וחד לית ליה זוגא׃ Mf. ו׳, 61. — Männernamen, die plene Waw nur 1 M. vorkommen.

שמהת גברי חסרים ו׳ ולית להון זוגא׃ 1) Mf. ו׳, 62.

מלין דנסבין ול׳ סמוך למ״ם׃ 2) Prov. 5, 13.

מלין דמשמשין ומ׳ ברישי׳ בא״ב׃ Mf. ומ, 1. מ׳, 6ff. (S. auch Prov. 30, 12. ומצ. Job 31, 23. ומש Lev. 8, 26. ומס׳ .אר״א, 18.)

מלין דמשמשין ומא׳ ibid. ומב׳ ibid. ומג׳ S. שטה ibid. ומה׳ בריש תיבותא׃ ibid. ומו׳ ibid. ומח׳ ibid. מן ל׳ עד ת׳ .אר״א, 18. S. unten S. 367 Anm. 1.

ג׳ ג׳ (מלין) ול׳ ברישיהון׃ 3) Koh. 3, 18.

ה׳ (מלין) כתי׳ ו׳ בסוף תיבותא וקרין ה׳ ? ח׳ Jud. 19, 3. Dan. 5, 5. ? Mf. ו׳, 15. אר״א, 115. (S. מ״ש Jer. 37, 19.) 4)

ח׳ מלין נסבין ו׳ קמצין בתמני׳ אפי בא״ב רבתי׃ Ps. 119, 106. und 158. Mf. ו׳, 57. (S. מ״ש Ps. 119, 44.) 5)

י׳ מלין דכתי׳ ו׳ בריש תיבותא וקריין י׳׃ Hos. 1, 1. Prov.* 11, 3. 1 Chr.*1, 1. Mf. ו׳, 16.? אר״א, 135. (S. מ״ש Ex. 13, 11. 2 S. 6, 23. Ez. 43, 26.)

י״א (מלין) דכתי׳ ו׳ בריש תיבותא ולא קריין׃ Dan. 9, 5. Mf. ו׳, 17. אר״א, 118, (S. מ״ש 1 Reg. 7, 36. Jer. 8, 1.)

י״א (מלין) כתיב ו׳ בסוף תיבותא ולא קריא׃ 1 Reg. 12, 3. Mf. ו׳, 19. אר״א, 120. und Anmerkung dazu. (S. מ״ש Jos. 6, 7. 9, 7. 1 Reg. 12, 3. ausführlich.)

י״ב מלין דחסרים ו׳ בריש תיבותא וקריין׃ Mf. ו׳, 16. אר״א, 117.

י״ג מלין כתי׳ תרין וו״ין׃ Ex. 39, 4. Prov. 5, 22. Est.*4, 8. אר״א, 184. (S. מ״ש Ex. 37, 8.)

י״ח מלין חסרים ו׳ בסוף תיבותא וקריין׃ 1 Reg. 1, 1. Mf. ו׳, 18. אר״א, 119. (S. מ״ש Est. 9, 27. Dan. 5, 21.)

כ״ה (מלין) ר״פ חד לא נסיב ו׳ וחד נסיב׃ — Mf. ו׳, 27. 25 Wörter, die am Anfang des Verses 2 M. vorkommen und zwar 1 M. ohne und 1 mit Waw copulat. (Es fehlt eins; es sind nur 24 gezählt.)

מ׳ מלין יחידאין דנסבין ו׳ בריש תיבותא ואינון קריבין לשם ולית להון זוגא׃ S. הו״יה am Ende.

מ״א (מלין) דכתי׳ ו׳ בסוף תיבותא וקרין י׳׃ 1 S. 1, 1. Jer.*1. 1. Mf. ו׳, 20. (S. Ps. 71, 20.) אר״א, 136. (S. מ״ש Ex. 17, 4. Deut. 5, 10. 2 S. 12. 9. Jer. 4, 19. Ps. 24, 4. 2 Chr. 32, 21.

מ״ח מלין מיחדין חסרים ו׳׃ 6) Gen. 24, 39. Mf. ו׳, 28.

מ״ח מלין נסבין ו׳ ברישי׳ ו׳ בסוף תיבותא רפין וכל חד וחד לית זוגא׃ 7) Prov. 4, 10. Mf. וי, 2,

---

1) Folgende Verbesserungen sind von Heid. nach einem Mpt. — ועבד muss lauten וְעֶנ (1 Reg. 4, 19.). St. עבריה l. וְטֹבִיָּה הָעֶבֶד (Neh. 2, 19.). Daselbst wird auch gezählt שְׁכַנְיָה רְחֻם (Neh. 12, 3.) s. Mf. ו׳, 28? —

2) Das וְלִמְלַמְּדַי gehört eigentlich zu den ק״ח יחידאין Mf. ל׳, 12., ist aber daselbst nicht mitgezählt? — Unsere Angabe scheint einen Art. in der Mf. beabsichtigt zu haben, der lauten sollte מלין הנסבין ול׳ סמוך למ״ם welcher sich aber daselbst nicht findet; auch sind die ק״ח in Mf. ל׳, 12. nicht einmal alphabetisch geordnet, s. diesen Art. (was bei dem Art. ומ׳, Mf. מ׳, 6ff. der Fall ist. —

3) Diese Angabe fehlt; s. auch וּלְשׁוֹנִי Ps. 22, 16. Job 27, 4. S. oben S. 341 Anmerkg. 2, auch vor. Anmerkg. —

4) 8 Wörter schliessen mit Waw, werden aber gelesen, als bilde ein He (fem.) den Schluss. Ueber die Correctur dieses Art. s. אר״א, l. c. Mpt. Hamb. hat zu Jer. 37, 19. und Dan. l. c. die Angabe ganz so, wie אר״א, l. c. —

5) 8 M. kommt in dem grossen, achtmalig alphabet. Ps. = 119 ein Waw (convers. futur.) mit Kam. vor dem Alef (1 pers.) vor, (während es sonst Schwa hat.). Das angegebene Denkzeichen bezieht sich auf die Buchstaben der Alphabetgruppe, in welcher es vorkommt. Es muss heissen: ו״ז חנ״פק ר״ש, denn nicht in der Gruppe Teth steht וָאֶשְׁתַּעֲשְׁעָה, sondern in Kuf = קִדַּמְתִּי בַנֶּשֶׁף. Bei ואשמרה תורתך תמיד ist das תמיד zu streichen; es bezieht sich auf ibid. 55. unter dem Buchstaben Sain. S. מ״ש l. c. —

6) 48 Wörter, die nur 1 M. so def. Waw vorkommen. Für וְהֻכַן (Jes. 16, 5.) muss וְהֻכַן הַסֹּכֵךְ (Nah. 2, 6.) gelesen werden; ersteres ist plene. Statt חֲרֻצִים (Job 14, 5.) will Heid. ונפש חָרֻצִים (Prov. 13, 4.) lesen, wozu die Mp. bemerkt: לית חסר, während ersteres in d. Ausgg. plene Waw ist. Auch ist das ויעבדם (1 Reg. 9, 9.) in d. Ausgg. plene; doch im Mpt. v. 1294 ist es nach Heid. def. Waw. —

7) Es sind nur 45 Stellen angeführt und man würde mit Recht statt מ״ח = 48 lesen מ״ה = 45. Doch kommt noch וַיִּכְתְּבוּ ,ויתהלכו (Jos. 18, 4.) hinzu, da die Mp. dazu bemerkt לית. — Auch Mp. im Mpt. Erf. bemerkt zu allen dreien:

קי"ח מלין משמשין ול' בריש תיבותא. Jer. 52, 16.
Job 10, 6. Dan. 1, 4. Cant. 6, 1. Mf. ול', 1. ל', 12. 1)

ח.

מלין דמשמשין חָה בסוף. Mf. ח', 3. — Wörter, die auf חָה ausgehen und nur 1 M. vorkommen. 2)

ד' (מלין) קרי' ח' ולא כתי'. 2 Reg. 17, 21. — In 4 Wörtern wird ein Cheth gelesen, obgleich es nicht steht.

ד' מלין דכתי' ח' וקרין ה'. Prov. 20, 21. Cant. *1, 16. Mf. ח', 1.? או"א, 121. (S. מ"ש 2 S. 13, 37. Prov. l. c. Dan. 9. 24.)

כ"ב מלין קרין ח' וכל חד לית דכו'. 212. או"א, 2. ח' Mf.

י.

מלין כתיבין י' בסוף תיבותא וקרין ה'. 2 S. 21, 21. Mf. י', 7. או"א, 116. (S. מ"ש 2 S. l. c.)

מלין יחידאין חסרים י'. ג' חסר, נחל Lev. 14, 41. 20, *26. (S. בלישן 3)

מלין לית דכותהון משמשין א"ב, י' ברישיהון ון' בסופיהון. Mf. י', 29. (S. א"ב, י' 4.)

ב' מלין חסר י' בריש תיבותא וקריין וחילופיהון:

ויכתבו und ויקמו (Jos. l. c.) לית. Auch Heid. will statt ב' lesen ג' בפסוק. Wie nun aber die Mf. einmal liest, sind es 45 = מ"ה. Das וילכו (Jos. 7, 3.) muss וַיַּכּוּ gelesen werden, ebenso muss ויעבידו in וַיַּעֲבִירוּ (mit Reseh) geändert werden (Neh. 8, 15.). —

1) Diese Angabe ist corrupt in Angabe und Aufzählung. Sie giebt 118 an und zählt viel mehr auf. Jedenfalls ist die Ueberschrift: מלין נסבין ול' (s. Jer. 52, 16. Cant. 6, 1.) viel richtiger, so dass keine bestimmte Zahl angegeben ist. Aber es werden auch solche gezählt, die 2 M. vorkommen und also nicht hierher gehören, z. B. wie Heid. bemerkt, וְלִהְיוֹת (Est. 8, 13.), das ja auch 2 Chr. 29, 11. vorkommt, s. Heid. zu עה"ק Est. l. c. und oben S. 52 Anmerkung 3; ebenso וּלְיֹגְבִים Jer. 52, 16., s. Mm. daselbst. Es fehlen auch viele, z. B. וּלְאִשָּׁה (Jes. 45, 10. s. Mp. daselbst) וּלְחַטָּאתִי (Job 10, 6.) s. Mm. daselbst.) וּלְעֹבַדְיָה, וּלְמִיכָיָהוּ 2 Chr. 17, 7. s. Mp. daselbst. Abgesehen von den einzelnen Unrichtigkeiten, die bei der Herausgabe des Textes verbessert werden sollen, sind auch sonst wesentliche Fehler eingeschlichen, z. B. was soll das ולשלום mit der Beifügung ויאמר אוריה אל דוד (2 S. 11, 11.)? Auf וְלִשְׁכַּב kann es sich nicht beziehen, da dies schon vorher gezählt ist? Ueber ולשלום und וְלִשְׁלוֹם s. oben unter שלם S. 96 und 97. Das ולחום, בן אדם soll wohl heissen: וְלִחֲמָם, והצרתי לאדם wozu die Mp. Zeph. 1, 17. bemerkt: לית וחסר. — וּלְמָרְדֳּכַי ist nicht Est. 9, 29., sondern ibid. 8, 7. wo die Mp. bemerkt לית. Das ולעולת (1 Chr. 23, 29.) muss וְלַסֹּלֶת heissen, wie auch oben zu וללחם, המערכת (1 Chr. ibid.) bemerkt ist: ב' בן d. h. 2 in demselben Verse. —

2) Die Angabe ist nicht vollständig; so fehlt z. B. בָּטְחָה Zeph. 3, 2. s. Mp. daselbst. — מִבְטֶחָה (Prov. 21, 22.) — Bei פִּתֻּחָהּ (Zach 3, 9.) ist auffallend, warum es nicht zu Mf. ה', 15. gezählt wird, da man doch ein He mit Mappik erwarten sollte, s. או"א, 43. פִּרְחָהּ Num. 8, 4. scheint unsere Angabe raphe zu lesen — s. auch Mf. ה', 15. או"א, 43. — während es bei uns Mappik hat; auch Heid. Num. l. c. bemerkt nichts dazu. — Zu נִשְׁלְחָה (Deut. 1, 22.) bemerkt Heid., dass es 1 Chr. 13, 2. nochmals vorkommt; es gehört also nicht zu unserm Art., der von 1 M. vorkommenden Wörtern spricht; er liest dafür בְּשַׁלְּחָהּ (Jes. 27, 8.) s. Mp. daselbst. (Die dabei angeführte Stelle אנשים לפנינו וכו' ist also erst nach der irrthümlichen Leseart hinzugefügt worden.).

3) Die beiden Angaben Lev. l. c. ergänzen sich wechselseitig. Der Sinn ist, dass die angeführten Wörter mit def. Jod (3 pers. masc. sing. futur. Hiph.) nur 1 M. vorkommen. Das יַחֲרִם (Lev. 27, 28.) und יַחְשִׁךְ (Jer. 13, 16.) in Lev. 14, 41. fehlt in Lev. 20, 26. Das ינח ist verstümmelt und soll יַנְחִל (Ez. 46, 18.) lauten, wie in Lev. 20, 26. — Die vollkommenere Angabe hat Lev. 20, 26., nur muss Folgendes verbessert werden. Die dritte Stelle הקרב muss in יַקְרִב verändert werden, wie es auch Lev. 14, 41. hat und ist damit gemeint, Ez. 46, 4., s. Mp. daselbst. — יקשיב וישבע ist יַקְשֵׁב וישמע (Jes. 42, 23.): יבכר ist יַכְבִּר (Job 35, 16.). Wenn nun aber zu וָאַבְדִּל Lev. 20, 26. bemerkt wird: והוא חד מן מלין מיחדין ח"י obgleich dies die 1 pers. sing. futur. Hiphil ist, so bezieht sich das auf eine andere Zusammenstellung der 1 pers. etc., welche Heid. aus einem Mpt. so anführt: אילו הן חסר יו"ד וָאַבְדִּל (Lev. 20, 26.), וָאַשְׁלִךְ (Deut. 9, 21.), וָאַחְרִב (2 Reg. 19, 24.), וחברו (Jes. 37, 25.), אַחֲרִשׁ (Jer. 4, 19. s. Gen. 34, 5.), וָאַשְׂבִּעַ (Jer. 5, 7.), וָאַקְדִּר (Ez. 31, 15.), וָאַסְתִּר (Ez. 39, 23.), ושלאחריו (Ez. 39, 24.), אַטִּף (Micha 2, 11.), וַאעְשִׁר (Zach 11, 5.), אַרְנִן (Job 29, 13.). Beiläufig will ich hier nicht unterlassen, eine andere, hiermit in Beziehung stehende Zusammenstellung über pl. m. des ersten Particip im Hiphil, welche Heid. aus einem Mpt. anführt, hier anzufügen. Sie lautet: אלין חסרים יו"ד קדמא מַקְדִשִׁים (Lev. 22, 2.), מַקְצִפִים (Deut. 9, 22.), מַעֲבִרִים (1 S. 2, 24.), וּמַקְדִּשִׁים (Neh. 12, 47.), מַגִּשִׁים (1 Reg. 5, 1.),

ב׳ (מלין) כתי׳ (יו״ד) ולא קריין· 1 S. 20, 2. (2 S.*21, 12.)
Mf. ׳ר, 8. und 9. או״א, 124. und 125.

ג׳ מלין דכתבין תים יתירים ר׳· 2 S. 21, 9. Mf. ׳ר, 14. תָּם, 6.
או״א, 132. (S. מ״ש 2 S. 21, 9.)

ד׳ יחידאין נסבין ר׳ בסוף תיבותא בחירק· Mf. ׳ר, 26.
או״א, 208. und Anmerkung daselbst.

ז׳ מלין כתיבין ר׳ באמצע תיבותא ולא קרי׳· Mf. ׳ר, 13.
או״א. 129. (S. מ״ש Prov. 16, 27.)

ז׳ (מלין) יחידאין נסבין ר׳ בסוף תיבותא ופתחין· Mf. ׳ר, 25.
או״א, 209. und Anmerkung daselbst.)

י״ב מלין חסר ר׳ בסוף תיבותא· Job 7, 1. Mf. ׳ר, 10.
או״א, 126. (S. מ״ש Job 15, 22.)

י״ג חסר ר׳· דְּבָרֶיךָ 13 M. wird das Wort S. 47. כִּדְבָרֶךָ S.
(pl.) def. Jod (wie sing.) geschrieben.

כ״ב מלין דכתי׳ ר׳ בריש תיבותא וקרין ו׳· Hos. 1, 1.
Prov. 18, 17. 20, 4. (וחד מנהון פלוגתא דרב נחמן)
Job 10, 20. 1 Chr.*1, 1. Mf.*׳ר, 15. או״א, 134. (S. מ״ש
Jud. 6, 5. 2 S. 6, 23. Jes. 49, 13. Zach. 14, 6.
Job 17, 10.)

כ״ד מלין כתי׳ ר׳ בסוף תיבותא וקרין ו׳· Jer. 1, 1.
Job 33, 28. Mf.*׳ר, 17. או״א, 137. u. Anmerkg. daselbst.

כ״ו מלין כתי׳ ר׳ בחירק במצע תיבותא דכל חד לית דכו׳·
Mf. ׳ר, 23. או״א, 214.

כ״ח מלין כתיבין ר׳ בצירי בסוף תיבה בסיפרא· Dan. 2, 12.
7,*25. (כ״ה ?) Mf. ׳ר, 22. 1)

מ״ג מלין כתיב ר׳ בסוף תיבותא ולא קרי׳· 1 Reg. 1, 1.
Mf. ׳ר, 11. או״א, 127. (S. מ״ש 2 S. 14, 21. Jer. 3, 5.
13, 21. 22, 23. Ez. 16, 20. 36. Ps. 58, 8. Cant. 2, 13.
Ruth 3, 3. ausführlich.)

נ״ו חסרים ר׳ באמצע תיבותא וקרי׳ ולית דכו׳· Gen. 33, 4.
Ps. 147, 18. Mf.*׳ר, 12. או״א, 128. (S. מ״ש Gen. 45, 14.
Ex. 16, 13? 2 S. 23, 9? Ez. 31, 5. Ps. 24, 4. 95, 5? 105, 22?
Prov. 6, 13. Job 24, 1. 27, 15. Thr. 3, 22. 31? auch מכתב
מאליהו zu Ex. 39, 4. und oben S. 68 Anmerkung 5.)

כ·

מלין דמשמשין כֶם בסוף תיבותא· Mf. ׳מ, 20. 2)

(כ״א) כ׳ מלין כתבין כה בסוף תיבותא וודיא· Ex. 7, 29.
1 Reg. 18, 10. Ps. 139, 5. Prov. 24, 10. Mf.*׳ה, 21.
׳כ, 4. או״א, 92. (S. מ״ש Ex. 13, 16. Ps. 145, 10.)

ל·

מלין דמשמשין ל׳ בש״וא בריש תיבותא· Ps. 109, 16.
Mf. ׳ל, 4. או״א, 27.? S. oben ל׳, א״ב.

מלין דמשמשין לָה בסוף תיבותא· Prov. 6, 6. Job 4, 18.
30, 26. Mf.*׳ל, 18. 3)

מלין דמשמשין לוֹ בסוף תיבותא וכל חד וחד לית דכו׳·
Job 26. 5. Mf. ׳ל, 19. 4)

מַקִּפִים (1 Reg. 7, 24.), מַגְשִׁמִים (Jer. 14, 22.), מְמִתִים (Jer. 26, 15.), מַרְבִּצִים (Jer. 33, 12.), מַעֲבִדִים (Ex. 6, 5.), הַמַּזְכִּרִים (Jes. 62, 6.), מוֹשִׁעִים (Ob. 1, 21.), וּמַלְעִגִים (2 Chr. 30, 10.), מַלְעִבִים (2 Chr. 36, 16.), מְבִאִים (Jer. 33, 11.).

1) Der Sinn ist, dass im B. Daniel 28 Wörter mit Jod am Ende und Zereform vorkommen. Sie sind: חַכִּימֵי, לְיָדְעֵי, בְּנֵי, אַחֲרֵי, רעיוני, אדרי, שִׁלְטֹנֵי, זְנֵי, גִּבָּרֵי, וְהַדָּבְרֵי, חטי? צִפְּרֵי, תְּרֵי, וחזוי, דָּארֵי, זיוי? מאני, לֵאלָהֵי, וְקִטְרֵי, כעיני, קַדִּישֵׁי, עֲנָנֵי, כעינֵי, רוחֵי, מַעֲלֵי, סרכי, יתקרי, מִלֵּי. — Das אִדְרֵי f. הדרי, דָּארֵי f. לחרי, לאלהי f. לאהלי und כעיני f. בעיני in der gedruckten Mm. Dan. l. c. ist nach einem Mpt. — Wenn aber die Angabe כ״ח = 28 hat und zwei davon, wie Heid. bemerkt, nemlich חטי (nach einem Mpt. חנוי?) und זיוי nicht existiren, so ist wohl richtiger כ״ה = 25 zu lesen, wie es auch Dan. 7, 25. hat, obgleich daselbst auch 27 gezählt sind. — Heid. findet auffallend, dass וּבְיוֹמֵי Dan. 5, 11. nicht mitgezählt wird. Auch lesen einige Mpte. וְתַלְתֵּי Dan. 5, 7., was in d. Ausgg. וְתַלְתִּי gelesen wird; auch וּמְצַלֵּי lesen Einige für וּמְצַלֵּא Dan. 6, 11., was aber gegen unsere Mass. ist. —

2) Ausser einigen Druckfehlern muss noch nach הַזְּכַּרְכֶם (21, 29.) angeführt werden הַזְּכַרְכֶם (ibid.), das wegen der Aehnlickeit und weil beide in demselben Verse vorkommen, wahrscheinlich ausgefallen ist. —

3) Wörter, die auf לָהּ ausgehen und so nur 1 M. vorkommen. In die Aufzählung sind einige Fehler hineingekommen; so wird כָּלָה (Job 7, 9.) gezählt, das doch viel mehr als 1 M. vorkommt; ebenso kommt חָלָה 3 M. vor, s. oben S. 60 Anmerkg. 4. — עֲמֵלָה (Prov. 16, 26.) ist 2 M. gezählt; אֻמְלְלָה (Jer. 15, 9.) kommt mehrfach vor und wenn auch אֻמְלָלָה (mit Kam. des ersten Lamed) gemeint sei, so ist das auch nicht richtig, denn auch dies kommt 2 M. vor (1 S. 2, 5. Joel 1, 12.)? — Sollte nicht für das zweite עֲמֵלָה und für אמללה lieber gelesen werden נְמָלָה Prov. 6, 6. und מַאֲכָלָה ibid. 8.?, s. Prov. 6, 6. — Hat die Mass. מַאֲכָלָה ohne Mappik das He gelesen? —

4) Wörter, die auf לוֹ ausgehen und so nur 1 M. vorkommen. Auch hier sind Fehler eingeschlichen: בְּשַׁלְוֹ ist 2

מלין (יחידאין) דמשמשין לָם בסוף תיבותא· Job 24, 5. Mf. 'ל*17.? ibid. 'מ, 19. (auch 'מ, 16.) 1)

ד' (מלין) נסבין יתיר ל' וחד חלוף· Dan. 4, 4. Mf 'ל, 2. und 10.? או"א, 152. (S. מ"ש 2 S. 16, 2. Dan. l. c.)

ה' (מלין) משמשין לה' ברישא· Mf. 'ל, 13. — 5 Wörter, die mit Lamed und He anfangen und so nur 1 M. vorkommen.

י"ד מלין משמשין לל' בריש תיבותא· (2 Mf. 'ל, 11.

כ"ב (מלין) וְלֹא ולית מנהון לֹא· S. לא, S. 349 Anm. 5.

כ"ו (מלין) נסבין לְמ' ברישי' ולית דכו' זוגא· Mf. 'ל, 14. או"א, 367.

מ"ט (מלין) קרין לא ולית מנהון וְלֹא· S. לא, S. 349 Anmerkg. 2. (S. מ"ש Joel 2, 8.)

מ·

מלין דמשמשין מוֹ בסוף תיבותא· (3 Mf. 'מ, 21.

ה' מלין דכתיבי' מ' בסוף תיבותא ולא קרי'· Prov. 20, 16. Mf. 'מ, 17. או"א 156. (S. מ"ש 2 S. 22. 15.)

ה' מלין קרי' מ' בסוף תיבותא ולא כתיב· 1 S. 20, 38.? Mf. 'מ, 18. או"א, 157.

ט"ו מלין מן חד חד מִן ולית דכו'· מִן S. oben

כ"ב מלין נסבין מה' בריש תיבותא· Gen. 6, 20. Ps. 41, 14. Mf. 'מ, 3. או"א, 195.

נ·

מלין דמשמשין נָה בסוף תיבותא· Job 20, 12. 13. 31, 18. Mf.*'נ, 5. (S. Prov. 4, 8.) 4)

מלין דמשמשין נִי בסוף תיבותא· Job 6, 4. 7, 14. 14, 13. ibid. 16, 8. Mf.*'נ, 4. 5)

ו' מלין חסרים נ' וקרין· Prov. 3, 15. Mf. 'נ, 6. או"א, 158. (S. מ"ש Jud. 4, 11. und Prov. l. c.)

M. gezählt; wahrscheinlich ist das eine בְּשָׁלוֹ (Ez. 24, 5.) zu lesen, das nur 1 M. vorkommt. וַיְכַלּוּ (Esr. 10, 17.) kommt 3 M. vor, s. oben S. 100? — Das vierte ויכלו muss וַיְסַלּוּ (Job 19, 12.) heissen, aber auch dieses kommt nochmals vor (ibid. 30, 12.)? — Statt יחלו lies יְיַחֵלוּ (Jes. 42, 4.) — יִשְׁפָּלוּ (Jes. 10, 33.) kommt nochmals ibid. 40, 4. vor? — תבהלו lies תֶּהְבָּלוּ (Ps. 62, 11.), kommt aber auch Job 27, 12. vor. — Ueber יִבָּלוּ (Job 21, 13.) s. Mf. 'ב, 10. או"א, 149. und oben unter מלין (י"א מלין) ב', das wird aber יְכַלּוּ (mit Chaf) gelesen; das zu Jes. 65, 22. wird gelesen und geschrieben יְבַלּוּ mit Beth. Nach der corrupten Schriftstelle soll es wohl יְכַלּוּ (Job 36, 11.) sein, was entschieden nur 1 M. mit Chaf gelesen und geschrieben wird. — Warum ist nicht auch mitgezählt: הַקְהִילוּ (Deut. 31, 28. s. Mp. daselbst), וְהִבָּדְלוּ (Esr. 10, 11. s. Mp. daselbst?) —

1) Wörter, die mit לָם schliessen und so nur 1 M. vorkommen. Zu בִּשְּׁלָם (1 Reg. 19, 21.) bemerkt Heid., dass es auffallend sei, warum nicht auch בִּשְׁלָם (von שלם) Esr. 4, 7. gezählt ist? Warum ist aber nicht טַלָּם (Zach 8, 12.) gezählt, das Mf. 'מ, 16. gezählt ist? S. או"א, 34. Anmerkung. —

2) Unsere Angabe ist nach ed. Buxt. Ed. Bomb. hat י"א זוגין, was aber unrichtig ist, da ausser לַלְבוּשֶׁךָ und לְלַעֲנָה alle angeführten Wörter nur e i n M. vorkommen, also keine Paare = זוגין bilden. Buxt. hat daher das זוגין weggelassen, was aber unrichtig ist, denn alsdann dürfte ללבושך und ללענה nicht mitgezählt werden und es sind alsdann nur 11 und nicht י"ד = 14. Heid. will daher mit Recht statt זוגין lesen יחידאין d. h. 11 Wörter, die mit 'לל anfangen, kommen nur 1 M. vor, wie angeführt. —

3) Wörter, die auf מוֹ ausgehen und so nur 1 M. vorkommen. — Das עָלֵימוֹ (Job 27, 23.) ist nicht richtig, da es mehr als 1 M. vorkommt, z. B. Job 20, 23. Das richtige Wort ist כַּפֵּימוֹ in demselben Verse, das nur 1 M. vorkommt. — Zu בְּשׂוּמוֹ bemerkt Heid., dass es nochmals, Jes. 27, 9. vorkommt, wozu die Mp. bemerkt: 'ב = 2. Er will unsere Mass. dadurch rechtfertigen, dass es in einem Mpt. zu Jes. l. c. heisst: שימו כתיב בשומו קרי die Mass. zählt also nur das bestimmte בשׂוּמוֹ. —

4) Die Angabe ist eine unvollständige Verzeichnung der 1 M. vorkommenden Wörter, die auf das suffix. נָה ausgehen (mit oder ohne Dag. des Nun). So hat Mm. zu Prov. 4, 8. 'תְּחַבְּקֶנָּה, לי, das hier fehlt; so auch תִּשְׁמְטֶנָּה Ex. 23, 11., יַכְחִידֶנָּה Job 20, 12., אַנְחֶנָּה Job 31, 18. S. auch Ex. 6, 16. Lev. 6, 14. und unten S. 368 den Art. ח' מלין דכל חד וחד לית דכו' דגש. —

5) Gleichfalls ein unvollständiges Verzeichniss von 1 M. vorkommenden Wörtern, die auf das suffix. נִי ausgehen. So fehlt z. B. וְחִתַּתַנִי Job 7, 14., תַּצְפִּנֵנִי ibid. 14, 13. וַתִּקְמְטֵנִי ibid. 16, 8., wo auf unsere Mf. hingewiesen ist. Es fehlt auch עִוְּתָנִי (Job 19, 6.) s. Mp. daselbst. —

ז׳ מלין כתיבי׳ נ׳ יתיר ולא קרין׃ 2 S. 21, 6. Prov. 3, 15. Thr. 4, 3. 2 Chr.*41, 18. Mf. נ׳, 7. או״א, 159. (S. מ״ש 2 S. l. c.)

ח׳ מלין דכל חד וחד לית דכו׳ דגש (נָּה)׃ S. unten ח׳ מלין S. 368.

כ׳ מלין דמשמשין ן׳ אריכא בסוף תיבותא׃ Prov. 31, 3. Dan. 7, 12. (Mf. נ׳, 2.) או״א, 75. und oben א״ב, נ׳.

ס׃

מלין מן חד חד סמ״ך במצעות תיבותא ווריש תיבותא ו׳. Lev. 8, 26. S. Mf. מ׳, 13d. או״א, 18. Buchst. ס׳. 1)

ע׃

מלין מיתדרין בלשון עֲשִׂיָּה׃ S. עשה

ק׃

מלין דמשמשין קָה בסוף תיבותא׃ 2) Job 29, 10. Mf.* ק׳, 2.

ר׃

מלין דחד ר׳ וחד ור׳׃ Gen. 32, 16. Dan. 6, 25. או״א, 1. S. oben זוגין, ר׳, ר׳.

מלין דמשמשין רָה בסוף תיבותא׃ 3) Mf. ך׳, 3.

שׂ׃

מלין דחמין שׂ וקרין ס׳׃ Hos. 2, 6. Job 5, 2. 6, 2. 10, 17. Mf. ס׳, 2. ש׳, 3. או״א, 191. (S. besonders מ״ש Gen. 31, 47. Mp. 1 S. 5, 9. und מ״ש daselbst etc.)

מלין דשמשמין שֶׁת׃ Mf. ש׳, 6. — Wörter, die auf שֶׁת ausgehen und so nur 1 M. vorkommen.

ת׃

מלין דמשמשין ת׳ ברישי׳ ון בסופי׳׃ Job 32, 11. Mf. ת׳, 6.

מלין דמשמשין תוֹ בסוף תיבותא׃ 4) Mf. ת׳, 9.

מלין דמשמשין תִּי בסוף תיבותא ולית דכו׳׃ Prov. 20, 9. Mf. ת׳, 10. 5)

מלין דמשמשין תָם בסוף תיבותא׃ Job 31, 29. 24, 11. Mf. ת׳, 8. (S. מ׳ מלין, יחידאין S. 360 u. Anmerkg. 3.

ג׳ מלין ת׳ בריש תיבותא וב׳ ב׳ בפסוק׃ Ez. 32, 16. א״ב מן ב׳ ב׳ ותרויהו׳ בחד פסוק׃ Mf. תר, 5. S. oben 3 Wörter, die mit Taw anfangen und je 2 M. in einem Verse vorkommen (ausserdem nicht weiter).

---

1) Die Angabe ist eigenthümlich und verstümmelt. Während sonst immer angegeben wird: מלין דמשמשין ומ׳ בריש תיבותא u. s. w. ist es hier verändert, so dass der Irrthum entstände, als wäre von Wörtern die Rede, in welchen ein Samech vorkommt und die mit Waw anfangen, was falsch ist. Der Sinn ist vielmehr, folgende Wörter die mit ומ׳, auf welches ein Samech folgt, anfangen kommen nur 1 M. vor. Die Aufzählung ist unvollständig und fehlerhaft, s. darüber Mf. und או״א, l. c.; in der Anmerkung zu letzterem ist der Hinweis auf Lev. 8, 26. ausgelassen. —

2) Heid. setzt nach Mpt. von 1294 hinzu: יחידאין, d. h. folgende Wörter, welche ausnahmsweise auf קָה ausgehen, kommen nur 1 M. vor. Das genannte Mpt. hat noch folgende 4: הַמְעֻשָּׁקָה (Jes. 23, 12.), וְנִבְקָה (Jes. 19, 3.), לַעֲלוּקָה (Prov. 30, 15.), חֻקֹּקָה (Jos. 19, 34.). —

3) Auch hier ist von 1 M. ausnahmsweise vorkommenden Wörtern (=יחידאין) die Rede, die auf רָה ausgehen. Auffallend ist, dass נִגָּרָה mitgezählt ist, das 2 M. vorkommt (Ps. 77, 3. und Thr. 3, 49.). — Uebrigens ist auch dies Verzeichniss nicht vollständig; so rechnet noch ein Mpt.: נִשְׁאָרָה (2 S. 14, 7.), הֶרָה (Gen. 14, 10.), הַבֹּרָה (Gen. 37, 24.) הַיְאֹרָה (Ex. 1, 22.), וְטָהֵרָה (Lev. 12, 8.) u. s. w. S. oben S. 263; ט׳ מלין —

4) Auch dieses Verzeichniss ist unvollständig, warum ist z. B. וְנַאֲוָתוֹ. בְּגַאֲוָתוֹ nicht gezählt, die doch auch nur 1 M. vorkommen? Ueber חִתִּיתוֹ (Ez. 32, 32.) s. oben ו׳, מלין (מ״א מלין), besonders או״א, 136.; es gehört demnach zu denen, die Waw am Ende haben, das wie Jod gelesen wird; folglich würde unsere Angabe dem כתיב folgen, was selten vorkommt, da die Mass. in der Regel dem קרי folgt. — Uebrigens scheint die Angabe sich nur auf die Endsilbe תוֹ, d. h. wo das Taw ohne Dagesch ist, zu beziehen. Ueber תּוֹ d. h. das Taw mit Dagesch führt Heid. ein Mpt. an, welches lautet: וּבְמִשְׁפַּחְתּוֹ ל׳ (Lev. 20, 5.), אֻמַּנְתּוֹ (2 S. 4, 4.), צַמַּרְתּוֹ (Ez. 31, 3. und 10.), יוֹנַקְתּוֹ (Job 8, 16. 15, 30.), וְיֹנַקְתּוֹ (Job 14, 7.), מַפְרַקְתּוֹ (1 S. 4, 18.) (alle mit ל׳ bezeichnet.). —

5) Auch hier ist von 1 M. vorkommenden Wörtern, die auf תִי oder תִּי ausgehen, die Rede. Aber auffallend ist, 1) dass וּבְתוֹרָתִי nicht 1, sondern 4 M. vorkommt; מַשְׂכֻּרְתִּי kommt 2 M. vor Gen. 31, 7. 41. 2) warum ist nicht טִהַרְתִּי und וְטִהַרְתִּי gezählt, die ja nach Prov. 20, 9. dazu gehören? —

ד׳ מלין עטור סופרים· Ps. 36, 7. Mf. עט, 3. או״א, 217. (S. מ״ש Gen. 18, 5. Num. 12, 14. ausführlich Ps. 68, 26.)

ד׳ מלין דאית בהון אות תלוי· Jud. 18, 30. Ps. 80, 14. Job*38, 13. Mf. תל, 2. או״א, 160. (S. מ״ש Jud. u. Job l. c.) **3)**

ה׳ מלין בב׳ טעמי· טעם S.

ה׳ מלין בטעמא· טעם S.

ה׳ מלין בתרי טעמי· טעם S.

ו׳ מלין בטעם ב׳ שמות· טעם S.

ו׳ מלין בטעם אולא ומהפך· טעם S.

ו׳ תיבין באות קמץ בסגול· טעם S.

ז׳ מלין בטעמא מרעימין ומפסיקין· טעם S.

ח׳ מלין דכל חד וחד לית דכו׳ דגש· Gen. 6, 16. Lev. 6, 14. Mf. נת, 98. או״א, 369. (S. מ״ש Lev. l. c. Jud. 5, 29. Ez. 17, 23. **4)**

ח׳ מלין כתיבין ולא קרין· Ruth 3, 12. Mf. כת. 12. או״א, 98. (S. מ״ש Ruth 2, 11. 3, 5. 3, 12. 2 S. 13, 33. Jer. 32, 11. 38, 16. 39, 12. Ez. 48, 16.)

ח׳ מלין כתבין תרין וקרין חדא· 2 Chr. 34, 6. Mf. כת. 11. או״א, 100. (S. oben Art. מלין כתיבין תרין u. s. w. מ״ש Gen. 14, 18. auch 14, 1. Jud. 16, 25. 1 S. 24, 9. 2 S. 12, 25. 2 Reg. 5, 12. Jes. 9, 6. 37, 38. 44, 24. 55, 11. Ez. 30, 17. Thr. 1, 6. 4, 3. Esr. 4, 2. 2 Chr. 34, 6. Ex. 18, 8. Ps. 119, 129. **5)**

ח׳ מלין מיחדין מלעיל (תָם)·

ז׳ מלין כתיבן ת׳ ולא קרין: 1 Reg. 19, 4. Mf. ת׳, 4. או״א, 163. (S. מ״ש 2 S. 17, 12. 2 Reg. 11, 2. ausführlich.)

י״א מלין קרין ת׳ ולא כתבין· Jud. 1, 1. Koh. * 12, 6. Mf. ת׳, 3. או״א, 162. (S. מ״ש 2 S. 12, 24. 2 Reg. 11, 2. ausführlich und 2 Reg. 25, 1.)

מלין כתיבי׳ תרין וקרין ואינון חד שמא· Gen. 46, 20. (S. מ״ש Gen. 39, 1. 41, 45. und שום שכל ibid.)

מלין תאומים· א״ב תאומים S. Ps. 93, 1.

מלין מלאים דלית דכו׳· S. oben unter ו׳ S. 362 Anmerkung 3.

מלין סופי תיבות מיחדין קמצין· Koh. 1, 4. — Wörter, die ausnahmsweise am Schlusse (des Verses) Kam. haben und so nur 1 M. vorkommen. **1)**

ב׳ מלין תנינא נסבא מן קדמיתא· Esr. 4, 12. Mf. כת, 15. או״א, 102. (S. מ״ש 2 S. 21, 12. und Esr. l. c.)

ג׳ מלין מן י״א אתיין· Ez. 20, 44. או״א 192.

ג׳ מלין קדמיתא נסיב מן תנייתא· 2 S. 5, 2. Esr.* 4, 12. Mf. כת, 14. או״א, 101. (S. מ״ש 2 S. 5, 2. Ez. 42, 9. Job 38, 12.)

(ג׳ מלין אנדרוגינים· (S. Mp. Gen. 30, 38. u. מ״ש daselbst. 3 Wörter, die das Zeichen des männl. u. weibl. Geschlechts an sich tragen (androgyne).

(ג׳ מלין בטעם וְזָהָב וכו׳· שום שכל (S. מ״ש Gen. 2, 12. daselbst.) **2)**

ג׳ מלין דגשין ורפין מתחלפין· Ps. 68, 18. Mp. Ez. 23, 42. (S. מ״ש Ex. 2, 3. und מאירי zu den פרקי אבות am Ende, auch בָּה oben S. 230 Anmerkung 5.)

---

1) Der Sinn ist, dass die aufgezählten Wörter am Schlusse des Verses (mit Silluk) ein aus einem kurzen Vocal entstandenes Kam. haben und so nur 1 M. vorkommen. Das סופי תיבות ist wohl s. v. a. סופי פסוקי, — wenn es nicht ein Schreibfehler ist. — Der Accent und so auch das Kam. ist ja bei den meisten auf der vorletzten Silbe, also nicht סופי תיבות d. h. auf der letzten Silbe. —

2) Der Sinn ist, dass die 3 angeführten, eigenthümlich vocalisirten (der erste Wurzelbuchstabe mit Chataf-Pathach) Wörter denselben Accent (Tebir) haben. S. שום שכל l. c. —

3) Der Sinn ist, dass in 4 Wörtern ein Buchstabe sich findet, der nicht auf, sondern über der Linie steht, gleichsam schwebend ist. Nach Heid. befindet sich in vielen Mpten. über dem betreffenden Buchstaben ein Zeichen, ähnlich dem Nun finale; der Buchstabe selber aber steht, wie die anderen, auf der Linie. —

4) S. oben S. 366 Anmerkg. 4. Hier scheint die Mass. diejenigen Wörter zusammengestellt zu haben, welche mit Taw anfangen und auf die Silbe נָּה mit Dag. des Nun ausgehen. S. Heid. in שום שכל und מפורש zu Gen. l. c. Er meint, die Mass. will hier nur die bezeichnen, die der Form nach Plural sein könnten, und um diesen Irrthum zu verhindern, dient das Dag. im Nun und def. Jod), während der Plural plene Jod und das Nun ohne Dag. ist, z. B. תַּעֲנֶינָה (Jud. 5, 29.) תִּרְאֶינָה (Micha 7, 10.). Solcher Zweideutigkeit giebt es nach unserer Angabe 8, die sie zusammenstellt. —

5) Der Sinn ist, dass 8 Wörter (Ps. l. c. hat blos "מלין" ohne bestimmte Zahl) die auf תָם ausgehen und penult. sind, je nur 1 M. vorkommen. Ex. l. c. fehlt אֲחָזָתַם (Ps. 48, 7.), so dass es richtig 8 sind. S. Heid. zu עין הקורא Gen. 31, 32., wo er unsere Angabe rechtfertigt gegen יה״בי und מקנה אברם, die 10 Wörter angeben, dadurch, dass das von diesen angeführte וַאֲכַלְתֶּם nicht hierhingehört, da solches 2 M. (Jer. 5, 14. Hos. 2, 14.) vorkommt; unsere Mass. aber nur solche zählt, die nur 1 M. so vorkommen (=מיחדין). —

י' מלין דקרין ולא כתבין. Deut. 1, 1. 2 S. 8, 3. 2 Reg. 19, 31. Ruth*3, 17. Mf. כת, 13. או"א, 97. (S. מ"ש Jud. 20, 13. 2 S. 8, 3. 16, 23. 18, 20. 2 Reg. 19, 31. Jes. 53, 4. Jer. 31, 37. 50, 29. Ps. 86, 11.)

י"א בטעמא מאיילא לאתנחתא. S. טעם

י"ד פסוקים מן ג' ג' מלין. S. פסוקים

ט"ו מלין כתבין מלה חדא וקרין תרין. Gen. 30, 11. Ex. 4, 2. Job 38, 1. 1 Chr.*27, 12. Mf. כת, 9. או"א, 99. (S. מ"ש Gen. l. c. Deut. 33, 2. Jes. 7, 14. 8, 8. Jer. 6, 29. Ez. 8, 6. Ps. 10, 10. 55, 16. 104, 35. Job 38, 1. Neh. 2, 13. 1 Chr. 27, 12. Auch Heid. zu עין הקורא Deut. 33, 2.)

י"ח מלין תקון סופרים. Num. 1, 1. 11, 15. Ez. 8, 17. Hab. 1, 12. Ps.* 106, 20. Mf. ספ, 13. או"א 168. (S. מ"ש Gen. 18, 22. Num. 11, 15. 12, 12. 1 S. 3, 13. 2 S. 16, 12. 20, 1. 1 Reg. 12, 16. Jer. 2, 11. Ez. 8, 17. Hos. 4, 7. Hab. 1, 12. Zach. 2, 12. ausführl. Mal. 1, 13. Ps. 106, 20. Job 7, 20. 32, 3. Thr. 3, 20. 2 Chr. 10, 16.)

כ"ב מלין קמצין בסגולא אחר זרקא. S. טעם

כ"ה מלין מיחדין קמץ. Ex. 22, 23. Lev. 11, 42. Jes. 9, 7. Mf.*קמץ, 1. 1)

ס"ב מלין דכתי' מוקדם מאוחר. Prov. 13, 20. 23, 26. Koh. 9, 4. Mf.*ו', 14. כת, 8. או"א, 91. (S. מ"ש 1 S. 19, 18.? 2 S. 17, 16. Jes. 37, 30. Est. 1, 5. 16. Esr. 8, 17.)

סבירין.

Alphabetisch geordnet.

א.

הָאֵל ח' סבירין הָאֵלֶה. S. 215. אלה, S.

אֱלֹהֵיכֶם ב' דמטעין בענין וסבירין אֱלֹהֵיהֶם. מ"ש S. Deut. 31, 12.)

אַלְפֵי ד' סבירין אֲלָפִים. אלף S.

---

1) Diese Angabe lautet an den verschiedenen Stellen etwas verschieden. Ex. l. c. heisst es: כ"ה מלין מיחדין קמץ. Lev. 11, 42. heisst es: כ"ה מלין מיחדין בלישן וקמצין. Mf. l. c. כ"ה מלין קמצין. Aber wollte man auch auf diese Verschiedenheit wenig Gewicht legen, da solche an den verschiedenen Stellen nicht selten sich findet, ohne den Inhalt der Angabe zu ändern, so bietet sie doch in anderer Hinsicht viele Schwierigkeiten; sie hat die bedeutendsten Grammatiker und Massoreten, wie die Verfasser des אור תורה, מנחת שי, שערי תפלה, תקון סופרים und besonders Heid. beschäftigt, und ist von den meisten schliesslich nicht, oder missverstanden worden. S. darüber שום שכל zu Gen. 31, 50. und Heid. Bemerkungen im Pent. מאור עינים Gen. 31, 50. Ex. 22, 22. Lev. 11, 42. Num. 8, 7. 19, 21. und Deut. 23, 11. Die Hauptschwierigkeit ist 1) dass die Angaben bald ט"ו = 15 bald כ"ה = 25 haben und 2) nach welchem Grnndsatz ist die Zusammenfassung geschehen, da so viele ähnliche Ausnahmen d. h. in denen das Wort auf He mit Zere ausgeht, nicht mitgezählt sind; s. Heid. l. c. Was nun 1 betrifft, so ist wohl das Richtige, was Heid. Deut. 23, 11. angiebt, obgleich er gerade hier nicht klar genug sich ausspricht. Es soll heissen, dass die, welche ט"ו = 15 angeben, nur die zusammenstellen, welche auf He mit Zere ausgehen; 10 aber giebt es, die nicht auf He ausgehen, wozu auch תָּבֵא und וַתִּקְרֵא gehört (über letzteres s. Mf. 'א, 9.), obgleich das Alef am Schluss für ein He steht. — Die also 25 angeben, ziehen beide Gruppen zusammen unter der Angabe: כ"ה מלין מיחדין קמץ. Die zweite Schwierigkeit ist nicht so leicht zu beseitigen; denn allerdings will die Angabe nur solche bezeichnen, die 1 M. unter Aehnlichen ausnahmsweise = יחידאין, (nicht לית wie Heid. bemerkt) ein Zere haben, während sonst ein Segol steht, mag diese Form überhaupt nur 1 M. vorkommen, wie לְמַרְבֵּה, das nie mit Lamed, weder mit Zere noch mit Segol ausserdem sich findet, oder nur 1 M. mit Zere, sonst mit Segol, wie מַרְבֵּה, das sonst nur מַרְבֶּה mit Segol des Beth vorkommt; auch darf zwischen der Ausnahme und den anderen kein anderer Unterschied obwalten, als das Zere und das Segol. Darum gehört בּוֹקֵר (im Gegensatz zu בֹּקֶר), הִשָּׁמֵר (im Gegensatz zu הִשָּׁמֶר) לְמַחֲבֵה-לוֹ (im Gegensatz zu מַחֲבֶה) u. dgl. nicht hierher, weil hier noch eine Accentverschiedenheit stattfindet; das eine ist penult. oder ohne Makkef und das andere ist ult. oder mit Makkef. — Warum ist aber z. B. וּמַזֵּה (Num. 19, 21.) nicht mitgezählt, eben so gut, wie לְמַרְבֵּה; es heisst ja sonst יַזֶּה mit Segol und nur 1 M. kommt וּמַזֵּה vor, oder sollte die Mass. wirklich וּמַזֶּה (mit Segol des Sajin) gelesen haben? — Was nun noch einzelne Wörter betrifft, so muss Mf. l. c. statt תאבה gelesen werden תָּבֵא (wie oben bemerkt); das יְיַשֵּׁר gehört eigentlich nicht hierher, da die Form ursprünglich Zere hat, wie אֲיַשֵּׁר, תְּיַשֵּׁר etc. und das יְיַשֶּׁר (Prov. 15, 21.) hat nur durch Makkef ein Segol. Ueber כֹּהֵן Ez. 18, 14. s. או"א, 19. und oben כ', א"ב . . das gehört doch aber nicht zu יחידאין, sondern zu den לית, da es doch immer Zere hat, wie כָּהֵן etc. s. Michlol von Kimchi (264b), der כָּהֶן (Ez. 18, 14.) mit Segol liest. —

(ג׳ סבירין אַתָּה וקרינן עַתָּה׃ S. מ״ש 1 Reg. 1, 18. und 20. S. auch oben S. 229. Anmerkung 3 und 4.)

ב׃

בָּה ב׳ סבירין בָּם׃ Mf. בה, 3. (S. מ״ש Hos. 9, 2. 2 Reg. 3, 24.) — 2 M. kommt בָּה vor, wo man בָּם (3 pers. pl. m.) erwarten sollte.

בּוֹ דסביר בָּהּ ו׳. Ex. 4, 17. Mf. בה, 3. (ד׳?) (S. מ״ש Deut. 17, 19. 24, 7. Jes. 30, 21. Ez. 2, 9.) 4)

בָּם ד׳ סבירין בָּה׃ Mf. בה, 3. (S. מ״ש Jud. 2, 22. Jes. 6, 13. 30 32. 63, 19. 5)

וַיָּבוֹא ח׳ סבירין לשון רבים׃ Num. 13, 22. Ez. 13, 24. Mf. בא, 9. (S. Mp. Jes. 45, 24. [ו׳] Jer. 51, 48. [ה׳] Ez. 20, 38.? — מ״ש. Num. l. c. Ez. 14, 1. 23, 44. 36, 20.) 6)

וַיֹּאמֶר י״ב סבירין וַיֹּאמְרוּ׃ Ex. 14, 25. Num.*32, 25. Jud.*11, 15. 1 Reg. 20, 3. 2 Reg. 9, 11. Hos. 12, 8. Zach. 6, 7. Mf. אמ, 57. (S. מ״ש Ex. 14, 25 Num. 32, 25.? Jud. 8, 6. 1 S. 12, 1. Zach. 6, 7.) 1)

אֶרֶץ ה׳ סבירין אַרְצָה׃ ארץ S.

אֶל הָאָרֶץ כְּנַעַן מטעין ביה ספרי. Num. 34, 2. d. h. man sollte אֶל אֶרֶץ כְּנַעַן erwarten.

אִשׁ ג׳ סבירין יֵשׁ׃ 2 S. 14, 19. (S. מ״ש ibid.) 2)

(אִשָּׁה ג׳ סבירין לְאִשָּׁה׃ 3) 2 Chr. 21, 6. מ״ש (S.

ה׳ סבירין כַּאֲשֶׁר וקרינן אֲשֶׁר׃ Lev. 7, 38. S. oben S. 220 Anmerkung 2. (auch מ״ש Ex. 14, 13. Num. 4, 49. Deut. 4, 23.)

כַּאֲשֶׁר י׳ סבירין אֲשֶׁר. (S. oben S. 221 Anmerkuug 2. und מ״ש Deut. 16, 10. 24, 8. Jos. 2, 7. 13, 8. Jona 1, 14.

---

1) Nicht nur in der gedruckten Mass. an beiden Stellen (Num. 32, 25. und Jud. 11, 15.), sondern auch im Mpt. Hamb. ist immer י״ב = 12 angegeben, aber nur 11 Stellen sind aufgezählt. S. מ״ש Num. 32, 25., der י״א = 11 lesen will und Heid. zu עה״ק ibid., der Jud. 11, 19. als zwölfte Stelle angiebt und nur das נעבר (das freilich in unseren Ausgg. der Mm. nicht steht?) zu der Stelle ויאמר בני גד ובני ראובן קדמא (Num. 32, 25.) trennt und als besondere Stelle betrachtet, nemlich נַעְבְּרָה in Jud. 11, 19. Wenn diese letztere Correctur auch ziemlich gezwungen ist, (auch Heid. in letzter Stelle ויאמר לו בני ישראל zu lesen scheint, da in den Ausgg. בְּנֵי nicht steht), so scheint doch die Stelle richtig zu sein; denn wenn auch das Wort ישראל als Collectivum den sing. zulässt, wie auch in diesem Verse, wie Vers 17 der sing. וַיִּשְׁלַח vorangeht, so würde man doch in Vers 19 den Plur. (וַיֹּאמְרוּ) erwarten (= סבירין), weil das Zeitwort נַעְבְּרָה im Plur. folgt, was in Vers 17 nicht der Fall ist, da es daselbst אֶעְבְּרָה (Sing.) heisst. Auch יה״בי l. c. hat י״ב = 12, was also die bewährtere Angabe ist. —

2) Der Sinn ist, dass dieses Wort 3 M. in der Bedeutung von יֵשׁ vorkommt, obgleich man es der Form nach, als Subst. = אִישׁ nehmen sollte; 2 M. ist es def. Jod und 1 M. plene (Prov. 18, 24.), s. Mp. 2 S. l. c. Die Mass. scheint das אִישׁ in Prov. l. c. für יֵשׁ zu nehmen, weil (אוהב) וְיֵשׁ als Parallelstelle folgt. S. die Commentare. —

3) Der Sinn ist, dass an 3 Stellen אִשָּׁה vorkommt, wo man לְאִשָּׁה (mit Lamed präfix.) erwarten sollte; die Stellen sind: Esr. 2, 61. Neh. 7, 63. und 2 Chr. 21, 6. —

4) Der Sinn ist, dass an 6 Stellen בּוֹ (masc.) steht, wo man בָּהּ (fem.) erwarten sollte. Die Mf. l. c. hat nur ד׳ = 4. Wenn das kein Druckfehler ist, so hat letztere vielleicht die 2 letzten Stellen nicht dazu gezählt, indem Jes. 30, 21 דֶּרֶךְ ja communis ist, zumal auch זֶה (masc.) vorhergeht und also בּוֹ richtig ist; ebenso ist חֶרֶשׂ (Job 2, 8.) masc. Ex. 4, 17. hat die Mass. das בּוֹ auf יָד bezogen, folglich ist בָּהּ (fem.) zu erwarten; ebenso Deut. 17, 19. wird בּוֹ zu תּוֹרָה gezogen; ebenso ibid. 24, 7., wo es auf נֶפֶשׁ bezogen wird. Auch Ez. 2, 9. bezieht es sich gewiss auf יָד, zu dem auch שְׁלוּחָה (fem.) gehört. —

5) D. h. 4 M. steht בָּם (pl. masc.), wo man בָּהּ (sing. fem.) erwarten sollte. S. מ״ש Jes. 63, 19. der nach einer Handschrift ג׳ = 3 zu lesen vorzieht, weil Jes. l. c. das בָּם an seiner Stelle ist und keine Veranlassung giebt, dafür בָּהּ zu lesen. S. vor. Anmerkung. —

6) Ueber die Schwierigkeit dieses und des folgenden Artikels s. מ״ש Ez. 23, 44. ausführlich. Die Angabe Num. 13, 22. ist unverständlich; denn 1) macht sie die Bemerkung zu וַיָּבוֹא (mit Waw convers.) und führt dennoch 3 Stellen von יָבוֹא (ohne Waw) und sogar eine Stelle von בָּא (Präterit.) an. 2) rechnet sie nur 3 M. יָבוֹא, die im Sinne des Plurals (= סבירין) stehen, während nach Lev. 11, 34. dieses 14 M. der Fall ist. Aber auch in Lev. l. c. (s. folgenden Art.) ist auffallend, dass עתה יבא דברך (Jud. 13, 12.) angeführt wird, da hier ja דְּבָרְךָ Sing. ist und daher das darauf

י"ד סבירין יָבוֹאוּ וקרין יָבֹא׃ Lev. 11, 34. Ez. 20, 38. Mf. בא, 8. (S. מ"ש Lev. l. c. Jos. 6, 19. Jud. 13, 12. Jes. 45, 24. 66, 23. Jer. 49, 36. 51, 48. Ez. 20, 38. 23, 44. 44, 9. 25! 46, 10. Micha 7, 12. Ps. 55, 6. 71, 18. auch vor. Art.) — 14 M. kommt יָבוֹא (Sing.) vor, wo man יָבוֹאוּ (Plur.) erwarten sollte.

בַּיִת, וּבַיִת ד' סבירין בְּבַיִת, וּבְבַיִת׃ Ex. 8, 20. 2 Reg.* 2, 3. 10, 29. Mf. בי, 27. (S. מ"ש Ex. 8, 20. 2 Reg. l. c.) 4 M. kommt בַּיִת oder וּבַיִת vor, bei denen man ein Beth präfix. (בְּבַיִת oder וּבְבַיִת) erwarten sollte.

ד' סבירין וּבְנֵי וקרין וּבֵן וד'. סבירין וּבֵן וקרין וּבְנֵי׃ Gen. 46, 23. Mf. בן, 7. (S. מ"ש Gen. l. c.) 1)

ב' סבירין לִבְנֵי וקרין לִפְנֵי׃ Prov. 4, 3. Mf. פנ, 15. (S. unten s. v. לִפְנֵי. מ"ש Jos. 18, 10. Prov. l. c.) 2 M. kommt לִפְנֵי vor, für welches man לִבְנֵי (mit Beth) erwarten sollte.

ג׳

גִּבּוֹר ג' סבירין גִּבּוֹרֵי׃ 2) S. גבר.

ה׳

(הוּא ד' דסבירין הַהוּא׃ S. הוּא, oben S. 105 u. בַּלַּיְלָה S. 233.

---

bezügliche יָבוֹא im Sing. stehen muss und nicht zu den סבירין לשון רבים d. h. zu denen, die den Plur. vermuthen lassen, gehören kann. Wollte man aber auch כי יבוא דבריך (ibid. 13, 17.) dafür lesen, das allerdings in Pluralform (mit Jod nach dem Resch) geschrieben ist (s. אר"א, 131.), so ist es doch äusserst selten, dass die Massora die Schreibeform (כתיב) berücksichtigt, da sie in der Regel dem קרי, d. h. der Leseform folgt, die hier den Sing. hat, worauf sich das יָבוֹא (Sing.) bezieht. Besonders aber sind die verschiedenen Angaben ח'=8 und י"ד=14 (und in der Mp. ה', ו', ז' und י"א) sehr schwierig. — Sehen wir aber genauer die Aufzählung der 14 Stellen in Lev. 11, 34. an, so ist merkwürdig, dass zu 6 Stellen: Jos. 6, 19., Jud. 13, 12. (oder 17.), Ez. 44, 25., Micha 7, 12., Ps. 55, 6. und 71, 18. die Mp. (weder die gedruckte, noch die im Mpt. Erf.) nichts bemerkt, während zu den andern 8 eine von den oben angegebenen Bemerkungen der Mp. steht. Nehmen wir nun noch hinzu die von מ"ש l. c. angeführte Massora, welche zu וַיָּבוֹא (mit Waw convers.) noch 2 Stellen (2 S. 3, 35. und 19, 9.) rechnet, so dass 6 M. וַיָּבוֹא im Sinne von וַיָּבוֹאוּ (=סבירין) vorkommt, so glaube ich, die obigen Angaben auseinanderhalten und erklären zu können. Die ursprüngliche Angabe, ח' סבירין לשון רבים (=8) bezog sich auf יָבוֹא (ohne Waw convers.) das, nach Abzug der 9 Stellen, zu denen die Mp. nichts bemerkt, die also nicht dazu gehören — 8 M. in Singularform steht, obgleich man nach Ansicht der Mass. den Plural erwarten sollte. — וַיָּבוֹא aber (mit Waw convers.), das nach der Aufzählung in Num. 13, 22., 4 M. vorkommt und die 2 von der M. in מ"ש l. c. angeführten Stellen hinzugerechnet — kommt 6 M. im Sinne des Plurals vor und die Angabe lautete: וַיָּבוֹא ו' סבירין ויבואו (Mpt. Erf.) oder ו' סבירין לשון רבים (die gedruckte Mp.). Später hat man dann beide Angaben zusammengefasst und es entstand daraus י"ד (=14, 8 + 6) und diese Angabe lautete dann: יָבוֹא י"ד סבירין יבואו בלישנא (s. מ"ש l. c., der das בלישנא ausdrücklich anführt) d. h. יָבוֹא und וַיָּבוֹא (=בלישנא) kommen 14 M. im Sinne des Plurals vor, obgleich sie die Form des Sing. haben. So sind beide Angaben der Mass. m. ח' und י"ד gerechtfertigt. In der Mp. ist wegen der Kleinheit und Gedrängtheit der Buchstaben leicht aus ח' ein ה' und aus ו' ein ז' irrthümlich entstanden; das ח'=8 und ו'=6 ist das Richtige; ח' bezieht sich auf יָבוֹא und ו' auf וַיָּבוֹא, wie oben nachgewiesen; beide zusammen bildeten das י"ד=14, das gleichfalls die Mp. an verschiedenen Stellen hat. Das י"א=11 in Mp. Mpt. Erf. zu Ez. 20, 38. ist noch etwas schwierig, wenn es nicht ein Schreibfehler ist für י"ד, zumal, da es nur in Mpt. Erf. und auch nur an einer Stelle sich findet. — Auf obige Erklärung der schwierigen Massora-Angabe hat mich m. l. Sohn Julius עמ"ש geführt. —

1) Wenn Mf. l. c. auf 1 Chr. hingewiesen ist, so findet sich die Angabe in der gedruckten Mass. daselbst nicht. Die Angabe zu Gen. l. c. hat ו'=6 und zählt ובן יהונתן mit; dies kommt aber 2 M. vor, 1 Chr. 8, 33. und ibid. 9, 40. Es sind nach dieser Zählung also 7, wie auch Mp. zu einigen Stellen, z. B. 1 Chr. 3, 21. und 23. ז'=7 bemerkt; das ו' muss demnach in ז' umgeändert werden. Sieht man aber die beiden Stellen 1 Chr. 8, 33. und ibid. 9, 40. genauer an, so passt daselbst gar nicht, wie Heid. bemerkt, das וּבְנֵי, da nur einer (מריב בעל) daselbst genannt wird; Heid. will daher nach einer Handschrift ה'=5 lesen, was wohl das Richtige ist. Aber auch der andere Theil dieser Angabe, ובני ד' סבירין ובן ist sehr schwierig, da es viel mehr als 4 Stellen giebt, in denen man für וּבְנֵי erwartet וּבֵן (Sing.), wie auch die Mp. an verschiedenen Stellen, z. B. 1 Chr. 3, 21. und 23. 4, 13. ט"ו=15 bemerkt. —

2) D. h. 3 M. steht der Singular dieses Wortes, wo man den Plural (st. constr.=גִּבּוֹרֵי) erwarten sollte. Die Mass. giebt das Zeichen so an: וסי' ערך עמסיא וישכר. Die Stellen sind, nach der Erklärung des מ"ש: 2 Chr. 13, 3. (das zweite im Verse, wo עֲרַךְ steht); ibid. 17, 16. (wo עֲמַסְיָה vorkommt) und ibid. 25, 6., (wo der Vers mit וַיִּשְׂכֹּר anfängt.).

וְהָיוּ ב׳ סבירין וְיִהְיוּ· Ex. 36, 30. (S. מ״ש ibid. 36, 29.)

וַיְהִי ד׳ סבירין וַיִּהְיוּ· Mp. Num. 9, 6. (S. מ״ש ibid. und oben S. 79 Anmerkung 2.) 1)

ד׳ סבירין וְהִנֵּה ואינון הִנֵּה· S. oben S. 236 u. Anm. 2.

י׳

בַּיּוֹם נ׳ דגשין ומטעין· יום S.

כ׳

ד׳ סבירין וְכל ואינון כל· S. 241. כָּל S.

ה׳ סבירין כל וקריין לְכל· S. oben S. 243.

וּבְכל ה׳ דמטעין בהון דסבירין בְּכל· Ez. 27, 22. 27. S. oben S. 243 Anmerkung 2.

ח׳ סבירין בְּכל וקריין בכל· S. oben S. 243 Anmerkung 3.)

(כָּמוֹהוּ ב׳ סבירין כָּמוֹהָ בענין· (S. S. 245.

ל׳

ג׳ סבירין וְלֹא ואינון לֹא· Ex. 22, 25. Deut. * 16, 19. Mf. לא, 14. (S. Mp. Num 22, 12. M. marg. Ex. 23, 13. מ״ש Ex. l. c. und 23, 13. Deut. l. c. und 17, 11. und oben S. 248.)

לָהֶם ה׳ דסבירין לָכֶם וכו׳· Num. 11, 21. Mf. הם, 10. (S. מ״ש Num. 35, 5. Deut. 3, 20. Jos. 1, 15. 22, 4. Ez. 21, 19. und oben S. 234 Anmerkg. 8 und S. 248.

לָכֵן סבירין עַל כֵּן, אָכֵן, לְמַעַן· S. oben S. 246.

לִפְנֵי י״ו ב׳ דסבירין אֲשֶׁר· Lev. 4, 4. (S. מ״ש daselbst und 2 Chr. 1, 6. auch oben S. 220.)

מ׳

(מִמֶּנָּה) ו׳ סבירין מִמֶּנָּה וקריין מִמֶּנּוּ· S. oben S. 255. und Anmerkung 3 daselbst.

מִצְרַיִם ו׳ סבירין מִצְרַיְמָה· (2) Ex. 4, 19. Mf. מצ, 20.

מִמִּצְרַיִם ב׳ סבירין מֵאֶרֶץ מִצְרַיִם· Mf. מצ, 21. (S. Mp. Ex. 18, 1. auch עה״ק u. מבין חדות daselbst.) 3)

ע׳

עַל י״א סבירין עַד וקריין עַל· S. oben S. 257 Anmkg. 7.

(עַל ב׳ דסבירין עִם וכו׳· S. oben S. 257 u. Anmkg. 7. auch מ״ש Gen. 32, 23. Jos. 13, 16. Neh. 12, 22.

עָלֶיךָ ג׳ מטעין· (4 Ez. 25, 7.

עַמִּי ג׳ סבירין עַמִּים· עמם S.

(יַעֲשֶׂה ב׳ סבירין תַּעֲשֶׂה· S. M. marg. und עה״ק Ex. 25, 39. und 26, 31.)

פ׳

ג׳ סבירין פִּי, מִפִּי וקריין פְּנֵי, מִפְּנֵי· Num. 33, 8. 2 S. 17, 19. Mf. פה, 7. (S. מ״ש 2 S. l. c. Am. 5, 19.)

ש׳

שֶׁבַע ג׳ סבירין וּשְׁבַע· Mf. שב, 52. (S. עין הקורא Num. 26, 51.)

---

1) S. oben S. 79 Anmerkung 2. Es ist oben hinzuzufügen: ויהי הם קוברים (2 Reg. 13, 21.), wenn man Dan. nicht hinzurechnen will. Es kann auch ה׳ statt ד׳=4 gelesen werden, s. z. B. S. 234 Anmerkung 8. und 236 Anmerkung 2. —

2) Mf. l. c. hat ה׳=5, was das Richtige ist, denn das erste, welches Ex. l. c. gezählt wird, ist unrichtig, da daselbst (Gen. 37, 36.) vor מִצְרַיִם die Präposition אֶל steht, man kann also hier kein He locale erwarten; es passt also auch nicht zu unserm Art. — Das Schlagwort in Mf. ist unrichtig (ממצרים) und muss מִצְרַיִם (ohne Mem präfix.) lauten. —

3) Es ist nicht abzusehen, warum gerade diese beiden Stellen מֵאֶרֶץ vermuthen lassen, da doch der Stamm יצא im Hiphil mehrfach bald mit מארץ מצרים und bald mit ממצרים vorkommt. —

4) Der Sinn ist wahrscheinlich, dass im B. Ez. 3 M. (Ez. 25, 7. 28, 19. und 29, 3.) עָלֶיךָ vorkommt, wo man אֵלֶיךָ (mit Alef) erwarten sollte; doch ist auch hier (s. vor. Anmerkg.) nicht leicht einzusehen, warum nicht an den 3 genannten Stellen עַל zu gebrauchen ist und man die Präposition אֶל erwartet. —

שֵׁנִי ב׳ סבירין שֵׁנִית· S. 203. שֵׁנִי S.

(שָׁלוֹם ג׳ סבירין הֲשָׁלוֹם· 2S. 18, 29. מ״ש S.)

פסוקים·

Geordnet: 1) alphabetisch und zwar bei jedem Buchstaben nach Zahl der Gruppen; 2) nach Anzahl der Gruppen.

א·

פסוקים שיש בהם אֵין, וְאֵין, וכו׳· א׳ S. Partikel unter

פסוקים שיש בהם אַל וכו׳· S. Partikel s. v.

פסוקים שיש בהם אֶל וכו׳· ibid. s. v.

פסוקים דאית בהון אֵלֶּה וכו׳· ibid. s. v.

פסוקים דאית בהון אִם וכו׳· ibid. s. v.

ב׳ פסוקים דאית בהון ד׳ וַיֹּאמֶר· Gen. 22, 7. 1 Reg. 20, 14.

ג׳ פסוקים אית בהון וַיֹּאמַר וַיֹּאמֶר. Gen. 18, 29. 2 Reg.*7, 19.

ד׳ פסוקים וַיַּעַן וַיֹּאמְרוּ. Gen. 24, 50. Ex. 24, 3.

ז׳ פסוקים אית בהון וַיֹּאמֶר וַיֹּאמַר. Gen. 27, 36. Job*1, 7.

י״א פסוקים אית בהון וַיִּקְרָא וַיֹּאמַר. Ex. 32, 5. Jud.*15, 18. 1 Reg.*17, 21. Jona 3, 4. Dan. 8, 16. Mf. אמ, 46.? 1)

ז׳ פסוקים וַאֲנִי אֲנִי· S. oben S. 219 Anmerkung 5.

ו׳ פסוקים וְאַתָּה אָתָּה· S. Partikel S. 229.

ב·

ג׳ פסוקים דאית בהון בֵּינִי וּבֵינְךָ וּבֵין וּבֵין· S. Partikel S. 230 und Anmerkung 8.

ו׳ פסוקים בָּם בָּם וכו׳· S. Partikel S. 230.

ג·

פסוקים דאית בהון גַּם וכו׳· S. Partikel s. v.

ה·

ב׳ פסוקים מן ג׳ מלין מורדפין ומפקין ה׳· Ex. 21, 10. Job 28, 27. (ג׳ וכו׳) Mf. ה׳, 35. (S. M. marg. Hos. 2, 11. מ״ש Job l. c.) 2)

---

1) Das י״א = 11 in Ex. l. c. ist unrichtig und muss י׳ = 10 lauten, wie Mf. l. c. und Mp. es an verschiedenen Stellen hat. Die richtige Aufzählung hat Mm. zu 1 Reg. l. c., obgleich die Zahl der Verse fehlt. Wenn Jud. l. c. nur ז׳ = 7 M. in einem Verse angiebt und auch nur 7 Stellen aufzählt, so ist das eine Verstümmelung und muss בחד פסוק nach 1 Reg. l. c. verbessert werden. —

2) Der Sinn ist, dass 2 Verse vorkommen, in denen drei Wörter hintereinander auf He mit Mappik ausgehen. Die Angabe Ex. l. c., welche ב׳ = 2 hat, ist jedenfalls unrichtig, da es noch einen dritten Vers giebt, in welchem 3 Wörter hintereinander auf He mit Mappik ausgehen, wie ihn auch עין הקורא zu Ex. l. c. anführt, nemlich Jes. 5, 14., wie auch Mf. l. c. richtig ג׳ = 3 hat. Sieht man auf die Anführung in Job 28, 27. (und auch das dort angegebene mnemonische Zeichen, wie auch M. marg. Hos. 2, 11.), so scheint zwar unsere Angabe in Ex. l. c. richtig; denn da sie Hos. 2, 13. als besondere Stelle, in welcher 4 Wörter mit He und Mappik aufeinander folgen, angiebt, so bleiben von den 3 in Job l. c. angeführten Versen nur 2 Stellen übrig. Jedenfalls ist doch aber schwierig, warum nicht in der That Ex. l. c. 3 angeführt sind, wie עה״ק sie hat, mit Jes. 5, 14. — Auch ist Job l. c. scheinbar auffallend, warum nicht Jes. 5, 14. als vierte Stelle angeführt ist. Es scheint daher die Angabe in Job l. c. ג׳ פסוקים דכל מליהון מפקין ה׳ das Richtige zu sein, indem sie sagen will, dass 3 Verse vorkommen, in welchen alle betreffenden Wörter auf He mit Mappik ausgehen und das sind nur die 3 angeführten, indem Jes. 5, 14. nicht dazu gehört, weil ein M. פִּיהָ (also He ohne Mappik) darin vorkommt. In Ex. l. c. aber, wo von Versen die Rede ist, in denen 3 Wörter vorkommen, die hintereinander auf He mit Mappik ausgehen, ist jedenfalls das ב׳ = 2 ein Fehler und muss ג׳ = 3 lauten wie die Anführung in עה״ק l. c. Aber auch die Angabe ג׳ = 3 ist noch schwierig, dass nicht, wie in Mpt. Hamb. auch Deut. 21, 14. (בָּהּ וְשִׁלַּחְתָּהּ לְנַפְשָׁהּ) als viertes angeführt wird. Zu Job l. c. freilich gehört es eben so wenig, wie Jes. 5, 14., weil תִּמְכְּרֶנָּה, also ein Wort, das nicht He mit Mappik hat, darin vorkommt; aber das Mappik He kommt ja wie bemerkt, 3 M. hintereinander darin vor. Der einzige Erklärungsgrund dürfte etwa darin bestehen, dass die Mass. nur solche 3 Wörter berücksichtigt, die gleichartig sind, d. h. wo alle drei entweder Substantive, wie Ex. 21, 10. (Hos. 2, 13.) oder Zeitwörter, wie Job 28, 27.; Deut. l. c. aber ist eins Präposition, eins Zeitwort und eins Substantiv, die gehören also nicht dazu. —

ט"ו ר"פ משמשין ה' ולית דכותהון· Gen. 48, 16. Mf.
S. או"א ה' 8. 174. und Anmerkung ausführlich.

ב' פסוקים רמז (הו"יה) ראשי תיבות· הו"יה S.

ג' פסוקים רישא וסיפא אדכרא· S. Ende. הו"יה

(ד' פסוקים דאית בהון שם הקדוש ד' פעמים· מ"ש S. Num. 9, 23. Jer. 23, 38. 33, 11. 2 Chr.*14, 10.)

פסוקים דאית בהון הוא וכו'· S. Partikel s. v.

פסוקים דאית בהון הִנֵּה וכו'· S. Partikel s. v.

ו׳

ג' פסוקין דמין אית בהון ו' מלין דמיין לא נסבין ו' וקד' ר"פ· Ex. 22, 8. Lev. 21, 20. (S. M. marg. Prov. 23, 29.) 3 Verse, die mit einem Worte anfangen, das 6 M. in diesem Verse vorkommt und alle 6 ohne Waw copulat. stehen.

ג' ר"פ מן ג' ג' מלין דמיין קדמא ותליתא קרחי ותניא נסיב ו' וכו'· Gen. 31, 53. Mf. ו', 51. (S. Mp. zu den Stellen.) 1)

(ג' פסוקים אית בהון ו' עממין קדמא ושתיתאה קרחי· Mp. Jos. 24, 11.) 2)

ד' פסוקים אית בהון ד' מלין דמיין קדמא ותנינא ותליתא קרחי ורביעא נסיב ו'· Ex. 18, 21. Ps.*27, 9. Mf. ו', 23. 4 Verse, in denen 1 Wort 4 M. vorkommt und zwar die 3 ersten M. ohne u. das vierte M. mit Waw copulat.

ה' ר"פ דמיין אית בהון ג' מלין קדמא ר"פ ונסיב ו' ושארא לא נסיב ו'· Gen. 36, 17. Mf. ו', 47.? (S. Ez. 41, 23. auch oben יחידאין.) 3)

ו' ר"פ מן ג' ג' מלין דמיין קדמא לא נסיב ו' וב' בתראי נסיב ו'· Mf. ו', 49. — 6 Verse, die mit einem Worte anfangen, das 3 M. in demselben vorkommt und zwar das erste M. (der Anfang des Verses) ohne und die 2 andern mit Waw copulat.

ו' פסוקים מן ד' ד' מלין ב' קדמאי קרחי וב' בתראי נסבין ו' וחד חלוף וכו'· Mf. ו', 53. Hos.*11, 9. — 6 Verse, in denen ein Wort 4 M. vorkommt und zwar die zwei ersten ohne und die zwei letzten mit Waw copulat. und 1. Vers, in welchem es in Beziehung auf das Waw umgekehrt ist.

ח' פסוקים זוגין קדמא לית בי' ו' בתרא אית ביה ו'· S. ו' זוגין

ח' פסוקים מסורתא מכא ומסורתא מכא דלא נסבין ו' ומלה במצע'· Zach. 1, 13. Mf. ו', 36. 4)

ח' ר"פ מסורתא מכא ומסורתא מכא ומלה ביניהון (נסבין וי"ו בראש)· Lev. 7, 24. Ez.*46, 7. Mf. ו', 38. 5)

---

1) Der Sinn ist, dass 3 Verse mit einem Wort anfangen, das in demselben Verse 3 M. vorkommt und zwar so, dass das erste und dritte ohne und das zweite mit Waw (copulat.) anfängt. Wenn die Mp. zu den verschiedenen Stellen (wie auch Mpt. Hamb.) angiebt ג' פסוקים דמיין u. s. w., so ist das falsch, denn als Verse sind es nicht 3, sondern 12, in denen die angegebene Eigenthümlichkeit stattfindet, s. Mf. ו', 51. und unten (י"ב) אילין פסוקים u. s. w. — Es muss wie Gen. und Mf. l. c. heissen ג' ר"פ u. s. w., d. h. 3 Verse, die mit einem Worte anfangen, u. s. w., wie angegeben. —

2) Die Angabe der M. marg. ist fehlerhaft, 1) ist das Zeichen nicht מוּפכת"נום, sondern מפכת"נום, da es nur 7 und nicht 8 Völkernamen sind, s. או"א, 274. ausführlich. 2) fehlt entweder vor קדמא das Wort ודין und die Mass. will sagen, dass in 3 Versen, die bekannten 7 Völkernamen vorkommen und von diesen 3 hat dieses (Jos. 24, 11.) in Beziehung auf das Waw (copulat.) das erste und sechste ohne und die andern mit Waw; oder es soll heissen ג' פסוקים אית u. s. w., d. h. in 3 Versen, von denen in einem die 7 Völkernamen vorkommen, kommen 7 (zusammenhängende) Wörter vor, von denen das erste und sechste ohne und die andern mit Waw (copulat.) stehen; es sind Jos. 24, 11. Jer 31, 28. Hos. 4, 2. S. ausführlich hierüber או"א. 274. und Anmerkung. —

3) Das ה'=5 in der Angabe ist falsch und muss ח'=8 lauten, wie Mf. l. c. ed. Bomb. und M. marg. zu Ez. 41, 23. es haben. Der Fehler ist wahrscheinlich dadurch entstanden, dass Gen. l. c. 3 Stellen ausgefallen sind und danach 5 statt 8 angegeben wurde. Die 8 Stellen sind Ez. l. c. aufgezählt. Der Sinn ist, dass 8 Verse mit einem Worte anfangen, das 3 M. in demselben Verse vorkommt und zwar das erste M. (der Anfang des Verses) mit, die beiden folgenden aber ohne Waw copulat. —

4) Der Sinn ist, es giebt 8 Verse, in denen (am Schlusse) ein Wort 2 M. und zwar getrennt nur durch ein Wort vorkommt, und beide haben kein Waw copulat. Heid. bemerkt, dass hier nur vom Schlusse des Verses die Rede ist, indem es sonst mehrfach vorkommt, z. B. גַּם אֶתְמוֹל גַּם (2 S. 5, 2.), אֶת עַמִּי אֶת (ibid. 2, 5.). Derselbe will auch nach einer Handschrift statt ח'=8 lesen ט'=9, indem Zach. l. c. fehlt עַל עַמִּי עַל יִשְׂרָאֵל (2 S. 7, 8.). Aber auch die Zahl 9 ist nicht vollständig; es fehlt z. B. גַּם לְדָוִד גַּם לְאַבְשָׁלוֹם (2 S. 16, 13.). —

5) Hier ist der Sinn, entgegen dem vor. Art., dass in 8 Versen am Anfang ein Wort 2 M. vorkommt, die beide

ח׳ פסוקים דבהון ב׳ מלין קדמא סופה ׳׳ ותנינא סופה ו׳.
Mf. ׳ו, 58. 1)

ח׳ פסוקים אית בהון, ג׳ ג׳ מלין קדמא ובתרא נסיב ו׳ ותנינא לא נסיב ו׳.
Gen. 31, 53. Jud. 19, 19.
Mf. ׳ו, 50. 2)

י׳ ר״פ מן ג׳ ג׳ נסבין ו׳. Ez. 3, 13. Ob.*12. Mf. ׳ו, 52. — 10 Verse, die mit einem Worte anfangen, das noch 2 M. in demselben Verse vorkommt und alle 3 haben ein Waw copulat.

י׳ פסוקים אית בהון ג׳ מלין דמיין ב׳ קדמאי לא נסבין ו׳ ותליתאי נסיב ו׳.
Gen. 49, 31. (S. unten י״ב פסוקים.) 3)

י״א ר״פ מיחדין מן ד׳ מלין נסבין ו׳. Mf. ׳ו, 46. 4)

י״ב ר״פ דמיין מן ב׳ מלין דמיין מסורתא מכא ומכא ומלה ביניהון קדמא לא נסיב ו׳ תניא נסיב ו׳.
Deut. 10, 21. Gen. 38. 25. Mf.*׳ו, 42. — 12 Verse, die mit einem Worte anfangen, das sich gleich wiederholt und von dem zweiten nur durch ein Wort getrennt ist, von denen das erste ohne und das zweite mit Waw copulat. steht.

(י״ב) אילין פסוקים דאית בהון ג׳ מלין קדמא ובתרא לא נסיב ו׳ בריש תיבותא ומצע׳ נסיב ו׳.
Gen. 9, 5. Jes.*49, 21. Mf. ׳ו, 51. (S. מ״ש 2 Reg. 7, 6.) 5)

---

nur durch ein Wort getrennt sind u. beide ein Waw copulat. haben. Wie Heid. richtig bemerkt, fasst diese Gruppe nur solche Verse zusammen, in denen die zwei genannten Wörter nicht wieder vorkommen; darum ist z. B, וְכָל בֶּגֶד וְכָל (Num. 31, 20.) nicht mitgezählt, weil וְכָל noch mehrfach im Verse sich findet und also nicht hierhingehört. Uebrigens sind Ez. l. c. nur 7 Verse aufgezählt, obgleich ח׳ = 8 angegeben ist; es fehlt: וְהָאַמָּה מִזֶּה וְהָאַמָּה (Ex. 26, 13.). S. unten כ״ה פסוקים und ל״ה פסוקים. —

1) D. h. in 8 Versen kommt die Eigenthümlichkeit vor, dass in zwei Wörtern das Suffix so abwechselt, dass zum ersten M. ein Wort mit Jod (also erste Pers. Sing.) und das zweite M. ein Wort mit Waw (= erste Pers. Plur. oder dritte Pers. Sing.) schliesst. S. die Bemerkung des B. Chajim Mf. l. c. Das רישא in Mf. ed. Bomb. ist ein Druckfehler. —

2) Die Aufzählung der Stellen in Jud. 19, 19. ist die richtige; in Gen. l. c. ist der doppelte Fehler eingeschlichen, 1) dass 9 statt 8 Verse angeführt sind; das כי אם את ר״ו ist keine besondere, sondern Fortsetzung der vorigen Stelle (Jos. 24, 15.) und muss lauten: וכו׳ אם את אלהים; 2) das והיו בני ישראל ist unrichtig und soll heissen: ויהיו בני שאול (2 S. 14, 49.). Der Sinn ist, dass in 3 Versen ein Wort 3 M. vorkommt, jedoch so, dass das erste und dritte mit und das zweite ohne Waw copulat. steht. Heid. scheint es auffallend, dass nicht auch Jud. 10, 11. (וּמִן מִן וּמִן) angeführt ist; er will daher alle 3 mit Waw lesen, wie er es auch in einem Mpt. und in ed. Bomb. von 1718 gefunden hat. —

3) Das ׳ו = 10 ist unrichtig und muss י״ב = 12 lauten, s. unten י״ב פסוקים. —

4) Nach unserer Angabe ist der Sinn, dass 11 Verse die Eigenthümlichkeit (מיחדין) haben, dass sie mit einem Worte anfangen, das Waw copulat. hat und dem noch 3 unmittelbar folgen, die gleichfalls ein solches Waw haben, also der Vers am Anfang 4 Wörter hat, die mit Waw copulat. beginnen. Die ed. Buxt. angef. Stellen sind verstümmelt u. müssen nach ed. Bomb. verbessert werden. Die elfte Stelle ist nicht zu finden, da Jer. 29, 18. 42, 18. und 44, 22., in welchen das וּלְשַׁמָּה vorkommt, keine 4 Wörter sich finden, die hintereinander mit Waw copulat. anfangen. Allerdings könnte man Jer. 42, 18. dahin rechnen, indem es daselbst lautet: וּלְשַׁמָּה וְלִקְלָלָה וּלְחֶרְפָּה וְלֹא; die stehen aber nicht am Anfang des Verses, wovon unser Art. spricht. Aber auch noch eine andere der angeführten Stellen (וירמיה ויחזיאל וכו׳ 1 Chr. 12, 4.) hat die 4 Wörter nicht am Anfang des Verses. Heid. will aus diesem Grunde so lesen: י״א פסוקין וכו׳ ט׳ מנהון ר״פ, so dass in 9 Versen diese 4 Wörter am Anfang des Verses stehen. Heid. scheint aber nur die Ausgg. berücksichtigt zu haben, die allerdings וירמיה ויחזיאל in der Mitte des vierten Verses lesen. Er hat aber מ״ש zu Chr. l. c. übersehen, der ausdrücklich sagt, dass nach allen Handschriften und den alten Ausgaben der fünfte Vers ibid. mit וירמיה anfängt u. s. w. Es ist auch merkwürdig, dass מ״ש für seine Behauptung nicht unsere Mass. anführt, nach welcher es ja auch 2 Verse sind und וירמיה den neuen Vers anfängt. —

5) Der Sinn ist, dass in 12 Versen ein Wort 3 M. vorkommt und zwar so, dass es das erste und dritte M. ohne und das zweite mit Waw copulat. anfängt. In diesen 12 Versen findet jene Eigenthümlichkeit 3 M. am Anfang des Verses statt, s. oben ג׳ ר״פ S. 374 Anmerkung 1.; 8 M. kommen die betreffenden Wörter in der angegebenen Stellung nur 1 M. in der Bibel vor = יחידאין, und 4 M. mehr als 1 M. s. Heid. zu עין הקורא Lev. 6, 20.; zu מִיַּד s. 1 S. 17, 37., zu כִּי 1 S. 22, 17. s. oben S. 241 Anmerkung 2. Ebenso unter אֶת und עַל. Wenn Heid. die M. m. zu Jes. 49, 21. anführt mit ח׳ = 8, so muss er eine andere Ausgg. vor sich gehabt haben; bei uns steht י״ב = 12. Nur עה״ק hat ח׳ = 8 In Mm. Jes. l. c. ist zu Jos. 20, 6. nicht אָז das betreffende Wort, sondern אֶל und muss daher auch אָז in אֶל verändert werden. —

י"ב פסוקים דאית בהון ב' מלין קדמא ר"פ נסיב ו' ותנינא מצע פסוק ולא נסיב ו'. Num. 4, 16. Mf. ו', 35. S. עה"ק Num. 5, 10.? (ז') — 12 Verse, die mit einem Worte anfangen, das in demselben Verse noch 1 M. vorkommt, aber so, dass das am Anfang mit und das in der Mitte ohne Waw copulat. steht.

י"ב פסוקים דמיין אית בהון ג' ג' מלין דמיין קדמא ותנינא לא נסיב ו' ותליתאה נסיב ו'. Mf. ו', 48. (S. Gen. 49, 31. und oben י' פסוקים). 1)

י"ד פסוקין מיחדין דאית בהון ד' מלין ב' קדמאי לא נסיב ו' בתראי נסבין. Mf. ו', 45. — 14 Verse, in welchen 4 aufeinander folgende Wörter so vorkommen, dass die 2 ersten ohne und die 2 folgenden mit Waw copulat. anfangen.

י"ד פסוקים מן ב' ב' ר"פ לא נסבין ו'. (ו') זוגין S.

ט"ו פסוקים רישיהון וסופיהון מלה חדא רישא נסיב ו' וסיפא לא נסיב ו'. 1 Reg. 22, 48. Mf. סס, 12. (S. Mp. Est. 7, 7. י"ט?) 2)

כ' פסוקים דאית בכל חד ד' מלין דמיין קדמא לא נסיב ו' וג' בתראי נסבין. Ex. 39, 3. Ez. 1, 10. Mf.* ו', 29. 3)

כ"ב פסוקים לית בהון לא אריך ולא זעיר (לא ו' ולא י'). Num. 7, 20. Ps. 105, 11. (כ"ג?) Mf. י', 27. (S. Pinsker Einleitung in das bab. hebr. Punctationssystem S. 123 Anmerkung 2. 4)

---

1) Mf. l. c. ed. Bomb. hat י"א = 11, zählt aber 12 Stellen auf; das י"ב = 12 in ed. Buxt. ist richtig. S. Gen. 49, 31., wo nur י' = 10 angegeben sind, was aber wahrscheinlich ein Schreib- oder Druckfehler ist; s. auch oben S. 275 Anmerkung 3. Das bei אֵלֶּה angeführte דיחזקאל muss lauten דישעיה, indem Jes. 49, 11. gemeint ist. —

2) Der Sinn ist, dass 15 Verse mit ein und demselben Worte anfangen und schliessen und zwar das Wort am Anfang Waw copulat. hat und das am Schluss nicht. S. Mp. Est. 7, 7. und M. marg. 1 Reg. l. c., welche in ט"ו = 15 zu ändern sind, s. auch unten י"א פסוקים בתורה ff. und Anmerkung. —

3) Diese Angabe, welche sagen will, dass in 20 Versen ein Wort 4 M. vorkommt und zwar das erste M. ohne und die 3 folgenden mit Waw copulat. bietet viele Schwierigkeiten; 1) differiren die Angaben zwischen כ' = 20 wie unsere Angabe (s. auch Ex. 39, 3., wo sowohl in der Mm. als in der M. marg. das ב' = 2 in כ' = 20 umgeändert werden muss) und י"ח = 18 (s. עין הקורא zu Lev. 23, 38. und Heid. daselbst.); 2) zählt die Mass. אֶת ואת ואת ואת 2 M. (Num. 35, 5. und Ez. 34, 4.), da es doch einerseits noch mehrmals so in einem Verse vorkommt z. B. 1 Chr. 6, 56. 57. und 59. (S. oben S. 222 ב' פסוקים את ואת ואת ואת, wo auf unsere Angabe Mf. ו', 29. hingewiesen wird, was aber unrichtig ist und hiermit zurückgenommen wird) und andererseits die Mass. doch ersichtlich nur solche Wörter anführen will, die in der angegebenen Form je nur ein M. so sich finden. Dasselbe ist der Fall bei לֹא וְלֹא וְלֹא וְלֹא (Deut. 5, 17.), da ja nach Mf. לא, 9. diese Verbindung in einem Verse 9 M. vorkommt (s. oben S. 250 Anmerkung 4, auch רמ"ה s. v.). Aber auch 3) ist auffallend, wie die Mass. ומן רבותא וכו' (Dan. 5, 19.) mitzählen kann, da hier ja die Form ist דִּי דִּי וְדִי ודי ודי und nicht zu unserer Angabe passt? — Doch gerade diese letzte Frage führt uns auf das Richtige; die Angabe bezieht sich nicht blos auf einzelne Wörter, sondern auf Wörtergruppen (Phrasen), so dass in Dan. l. c. nicht das Wort דִּי, sondern die Phrase: דִּי הֲוָא צָבֵא, welche daselbst zuerst 1 M. ohne Waw copulat. und dann 3 M. mit Waw sich findet. — Dasselbe ist nun auch der Fall bei ומדותם (Num. 35, 5.), wo nicht das אֶת, sondern das אֶת פְּאַת gemeint ist, das 4 M. in obiger Form in diesem Verse sich findet. Schliessen wir nun die 2 Stellen (Deut. 5, 17. und Ez. 34, 4.) aus, weil, wie bemerkt, לא und אֶת mehrmals in angegebener Form in einem Verse so vorkommt, so bleibt 18 die richtige Zahl und die da י"ח = 18 lesen, haben das Richtige. Wenn Heid. zu לבני גרשון דד"ה bemerkt, dass es וְלִבְנֵי גֵרְשֹׁם (1 Chr. 6, 47.) heissen muss und es sich auf die Gruppe מִמַּטֵּה וּמִמַּטֵּה וכו' bezieht, so findet durch unsere Erklärung diese Annahme ihre Berechtigung, denn das לבני גרשם (1 Chr. 6, 56.) könnte sich nur auf die Gruppe אֶת beziehen und diese kommt hier nicht in Betracht, wie bemerkt. Die nun aber כ' = 20 lesen und obige beiden Verse mitzählen, berücksichtigen vielleicht die Eigenthümlichkeit eines jeden derselben. Deut. 5, 17. wird nur berücksichtigt nach dem טעם התחתון, während beim feierlichen, öffentlichen Vorlesen (טעם העליון) dieser Vers in 4 kleine Verse zerlegt wird und also gar nicht zu unserer Angabe gehört (S. Einleitung in das babylonisch-hebräische Punctationssystem von S. Pinsker S. 123 Anmerkung 2.). — Ez. 34, 4. hat die Eigenthümlichkeit, dass die 4 (את ואת ואת ואת) durch einen Zwischensatz (וְלַנִּשְׁבֶּרֶת לֹא חֲבַשְׁתֶּם) getrennt sind und also den anderen Versen, in welchen את ואת ואת ואת vorkommt, nicht gleichkommen. Jedenfalls scheint י"ח das Richtige zu sein. —

4) In den angeführten Versen kommt weder Waw (=אריך), noch Jod (=זעיר) vor. Wenn Ex. 20, 13. mitgezählt wird und zwar nur als eine Stelle, so ist das nach dem טַעַם התחתון, denn bei feierlicher öffentlicher Vorlesung = טעם העליון wurde dieser Vers in 4 kleine Verse getheilt und müssten also 3 mehr = 25 angegeben sein. S. vorige

ל״ה פסוקים מסורתא מכא ומסורתא מכא נסבין ו׳ ומלה בינ֗יהון. Ex. 26, 13. 2 S. 21, 20. (ל״ב?) Mf. ו׳, 44. (S. unten כ״ה פסוקים). 1)

ח·

ח׳ פסוקים דמיין אית בהון חטייה ועשייה. Num. 5, 7. 1 Reg. 16, 19. Ez.*18, 14. Mf. חט, 17. 2)

ו·

(ז׳ פסוקים מן ז׳ תיבות בכל תיבותא יו״ד. S. Mp. Hos. 6, 2. 2 Chr. 25, 22. ו׳?)

י״ח פסוקים משמשין יִשְׂרָאֵל ולית זווגא. 3) Mf. יש, 63.

כ·

פסוקים דאית בהון כָּל וכו׳. כָּל. S. Partikel s. v.

ג׳ פסוקים מן פ׳ אתין רישיהון וְכָל וכו׳. S. Partikel s. v. S. 244?

ל·

פסוקים דאית בהון לֹא וכו׳. לא. S. Partikel s. v.

ב׳ פסוקים מטעין (בין לָכֶם ולָהֶם). מ״ש Lev. 16, 29. (S. Lev. l. c. und 24, 3.; auch עה״ק zu den beiden St.)

י״ד פסוקים לָךְ . . . . לָךְ. S. oben S. 247 Anmerkg. 6.

ו׳. פסוקים לְמַעַן לְמַעַן וכו׳. S. Partikel s. v.

Anmerkung und Pinsker l. c. Die 22 Verse sind, die 10 einzeln gezählten und die 12 (wiederholten) in Num. 7, 14ff. — Das למך, welches bei שם ארפכשד (1 Chr. 1, 24.) steht, ist entweder in שלח umzuändern, oder ganz zu streichen, wie auch Mpt. Hamb. nur שם ארפכשד anführt. Das לבלנה ist לבלנה zu lesen. Ueber das mnemonische Zeichen s. unsere Abhandlung über diese Zeichen. —

1) Das ל״ה = 35 unserer Angabe findet sich nur Ex. und Mf. l. c. ed. Bomb. — 2 S. 21, 20. hat ל״ב = 32, s. auch Mp. an den verschiedenen Stellen. Noch schwieriger ist aber, dass nur 25 Stellen aufgezählt werden, weswegen Buxt. Mf. l. c. wahrscheinlich das ל״ה in כ״ה = 25 umänderte, (s. auch M. marg. Num. 24, 24.). — Auch bemerkt Heid., dass bei den 25 auch noch eine Stelle fehlt, nemlich וחרשי קיר וחרשי עצים (1 Chr. 14, 1.), die beide in den Mpten. und Ausgg. ein Waw copulat. haben; er glaubt, dass dieser Ausfall durch einen Irrthum des Abschreibers entstanden sei, der es mit dem angeführten וחרשי עץ וחרשי אבן (2 S. 5, 11.) identificirte. Fassen wir nun diese 25 (26) zusammen mit den 8 oben angeführten, welche am Anfang des Verses vorkommen, (s. oben S. 374 ח׳ ר״פ וכו׳ und Anmerkg 5.), so sind es 33 (34) Verse im Ganzen, in welchen e i n W o r t 2 M. mit Waw copulat. anfangend und nur durch e i n Wort getrennt, vorkommt, so dass wohl ל״ד = 34 (statt ל״ה) die richtige Angabe ist, nur, dass bei der Aufzählung die 8, welche am A n f a n g des Verses sich finden, ausgelassen sind, weil sie einen besonderen Art. bilden, wie oben angegeben. Die 9 letzten der 25 angeführten Stellen (von ומן הרמונים incl. an) kommen am E n d e des Verses vor, so dass 8 am A n f a n g, 9 am S c h l u s s e und 17 in der M i t t e des Verses sich finden, wonach die verschiedenen Angaben in der Mp. zu erklären und zu berichtigen sind. Zu der Stelle והוא לוי והוא (Jud. 17, 7.) bemerkt Heid., dass 2 Wörter (גָר־שָׁם) am Schlusse stehen, was bei den andern nicht der Fall ist. Wahrscheinlich betrachtet sie die Mass. als 1 Wort wegen des verbindenden Makkef. —

2) D. h. in 8 St. kommt der Ausdruck חַטָּאת mit dem Zeitw. עשה verbunden vor (=dem Zeitw. חָטָא „sündigen“). In der Aufzählung der Verse sind einige Fehler eingeschlichen; in der dritten Stelle ist חטאתו in חטאתיו, in der vierten Stelle ist דאביה in דאבים zu ändern. Das והוליד בן פריץ ist והנה הוליד בן zu lesen. Das כי על את י״י kommt 2 M. vor (2 Reg. 24, 20. Jer. 52, 3.), in beiden Versen steht aber nicht חטייה ועשייה; es muss nach Heid. אך על פי י״י (2 Reg. 24, 3.) gelesen werden. —

3) Der Sinn ist, dass 18 M. das Wort יִשְׂרָאֵל in einer Verbindung vorkommt, die nur 1 M. sich so findet. Das י״ח פסוקים in ed. Buxt. lautet in ed. Bomb. י״ח זונין. Bei den aufgezählten Stellen sind mehre Fehler zu berichtigen: die vierte Stelle lautet ed. Bomb. בני ישראל, was aber nichtssagend ist, da diese Verbindung ja oft vorkommt. Buxt. hat dafür בתוך בני ישראל, was aber bei dem beigefügten ועבד הלוי (Num. 18, 23.) unrichtig ist und heissen muss וּבְתוֹךְ (mit Waw); hierdurch wird auch die zehnte Stelle בתוך בני ישראל verständlich; es ist nemlich (Num. 18, 24.) s. עין הקורא Num. 18, 23., wo es heisst: ובתוך תנינא דלקמן בתוך. Das bei letzter Stelle angeführte כי לא יהיה ist wohl in (כי) את מעשר zu ändern? Das achtzehnte שבטי ישראל muss וכל שבטי ישראל (Zach. 9, 1.) gelesen werden, da שבטי ישראל ohne וכל mehrmals vorkommt. Das „וחד ומלך ישראל“ ist eine richtige Verbesserung Buxtorf's; in ed. Bomb. wird es als neunzehntes angeführt. Wenn Ez. 37, 16. zu ולבני ישראל die Mp. bemerkt: לית בסיפרא so ist das בסיפרא nach unserer Massora-Angabe zu streichen und muss blos לית lauten. —

מ׳

ב׳ פסוקים בתורה כל סוף מליהון מ׳. Num. 29, 33.

ה׳ פסוקים אית בהון מָה מָה. Gen. 31, 36. Ex. *3, 13.? 17, 2. Mf. מה, 7. (S. מ״ש Gen. 31, 36. Ex. 17, 2.) 1)

פסוקים דאית בהון מִן וכו׳. S. Partikel s. v.

ד׳ פסוקים מטעין ומתחלפין מן בְּאֶרֶץ מִצְרַיִם, בְּמִצְרַיִם. Deut. 15, 15. 16, *12. או״א, 290.

נ׳

ט׳ פסוקים אית בהון הדין סימן נו״ן הפוכה. Num. 10,35.

ח׳ נונין מנוזרות וכו׳ אור תורה (S. Ps. 107, 23. Num. l. c. מ״ש Gen. 11, 32. Ps. l. c. או״א, 179. Heid. zu עה״ק Num. l. c.)

י״א פסוקים רישיהון נ״ון וסופיהון נ״ון. Lev. 13, 9. Num. 32, 32. Deut. 18, 15. Ps. *46, 5. Cant, 4, 11. Mf. נ׳, 8. (S. ם׳ מעמדות ed. Amst. Props. v. J. בשר).

ס׳

(ב׳ פסוקים רישיהון ס״מך בתורה. Mp. Ex. 32, 8. Num. 14, 9.)

ע׳

פסוקים דאית בהון עַד וכו׳. S. Partikel s. v.

י״א פסוקים מאריך עַד וכו׳. ע׳. S. טעם, Buchst.

פסוקים דאית בהון עַל וכו׳. S. Partikel s. v.

ב׳ פסוקים אית בהון וְעִמְּךָ וְעַמְּךָ. מ״ש (S. Ex. 33, 16. Dan. 12, 1.) 2)

ק׳

ד׳ פסוקים אית בהון קְרוֹבִים וּרְחוֹקִים. (3 Mf, קר, 35.

ש׳

ג׳ פסוקים רישיהון וסופיהון ש׳. Ex. 29, 30.

ג׳ פסוקים דאית בהון שוים שתי תיבין ואות ראשונה ש׳. Ex. 12, 42. (S. Mf. ב׳, 13. או״א, 58.) 4)

ו׳ פסוקים דכל תיבותיהון אית בהון ש׳. Num. 26, 24. Cant. 1, 1.? Mf. ש׳, 8. 5)

ד׳ פסוקים וְשֵׁם וְשֵׁם וחד וְשֵׁם וְשֵׁם. Gen. 36, 38. 1 S. 14, 4.? Mf. שם, 8. 6)

פסוקים דאית בהון שָׁם, שָׁמָּה וכו׳. S. Partikel s. v.

ג׳ פסוקים שָׂרֵי שָׂרֵי שָׂרֵי. Ex. 18, 21. Ps. 68, 28.

---

1) Das ח׳=8 in Ex. l. c. u. a. scheint Fehler zu sein und muss ה׳=5 lauten, wie Gen. 31, 36. und Mf. l. c. u. a. es haben. Die angeführten 3 Stellen (Gen. 44, 16. 1 S. 20, 1. und Thr. 2, 13.) gehören nicht zu unserer Angabe, wo nur von 2 M. מָה in einem Verse die Rede ist, ohne dass nochmals מָה oder וּמָה im Verse vorkommt; s. jedoch מ״ש l. c.? Auffallend ist jedenfalls, warum אם חטאת (nicht חטאתי = Job 35, 6.) angeführt ist und der darauffolgende Vers (35, 7.) fehlt, da daselbst ja auch 2 M. מָה sich findet? —

2) Der Sinn ist, dass in 2 Versen das Wort עָם, sing. verbunden mit dem Suffix der 2 pers. s. m. 2 M. vorkommt und zwar so, dass das erste M. das Mem ein Segol und das zweite M. ein Schwa hat, wie angegeben, aber ohne Rücksicht darauf, ob das Wort ein Waw copulat. hat oder nicht. —

3) Mf. l. c. ed. Bomb. hat ז׳=7, was aber unrichtig ist, indem nur 4 Verse angeführt werden; das Richtige ist ד׳ =4, wie es Mpt. Hamb. und ed. Buxt. haben. —

4) Der Sinn ist, dass in 3 Versen ein Wort, das mit Schin anfängt, 2 M. vorkommt. Diese Angabe ist ein Theil der alphabetischen Angabe von Mf. ב׳, 13. und או״א, 58. —

5) Das ו׳=6 in Num. l. c. ist ein Fehler und muss ד׳=4 lauten, wie Cant. und Mf. l. c. auch Mpt. Hamb. und Mpt. Hal. es haben. Der Fehler ist dadurch entstanden, dass Num. 26. 24. und ibid. 31. je als 2 Verse abgetheilt sind, während jeder nur einen Vers bildet; durch die falsche Abtheilung von 6 Stellen ist die Angabe ו׳=6 irrthümlich entstanden. —

6) 1 S. und Mf. l. c., sowie auch die Mp. zu den verschiedenen Stellen haben ו׳=6, was wohl das Richtige ist, da das Gen. l. c. angeführte ושם הקטנה מיכל (1 S. 14, 49.) nicht hierhingehört, indem daselbst zwischen den beiden וְשֵׁם noch 1 M. שֵׁם steht. — Auch Mpt. Hamb. zu 1 Chr. 7, 15. hat nur ו׳=6 und lässt ושם הקטנה מיכל aus. Letzteres scheint nur als unrichtiger Anfang des folgenden Verses vom Abschreiber hinzugekommen zu sein. —

ב׳ פסוקים מטעין בתורה וסי׳ קדמא ח׳ מלין בב׳ אהי
אהי ברישיהון ואהי בסופיהון, בתרא תלת מלין ואהי
ותלת מלין ואהי וסי׳. Ex. 27, 21. (S. מ״ש ibid. auch
עה״ק daselbst.) 1)

(ב׳ פסוקים מטעין בטעמא וכו׳. 2) Ex. 36, 3. (S. עין הקורא

(ב׳ פסוקים מטעים וכו׳. S. 377. (S. oben unter ל׳

(ב׳ פסוקים דמטעין באוריתא. וכו׳ וחד פסוק סי׳. מ״ש S.
Deut. 1, 27. Jos. 7, 7.) 3)

ב׳ פסוקים מטעין בענין. 4) 2 Reg. 10, 17.

ב׳ פסוקים מטעין. 5) Jer. 52, 25. (S. מ״ש 2 Reg. 25, 19.)

ב׳ פסוקים מטעין בטעם בתלים. חשֵׁךְ, טעם S.
Job 9, 10. (S. מ״ש daselbst
und 5, 9.) 6)

(ב׳ פסוקים מטעין בסיפרא. S. Mp. und מ״ש 1 Chr.
9, 38.) 7)

ב׳ פסוקים בא״ב (Ps. 119.) מן י׳ מלין. S. Mp. Ps. 119,
128. (und 43.) 8)

ג׳ פסוקים מטעין (וזרעך עד עולם). Deut. 28, 46. (Jud.
4, 16.) Mf. עו, 22.? או״א, 268. (S. מ״ש Gen. 13, 15.
Ex. 14, 28.?) 9)

ג׳ פסוקים משלשין בקריא וחד היכל י״י וכו׳. Jer. 22, 29.
מתאימין. Mf. של, 64. und הי, 53. (S. Mp. Ez. 21, 27.
מ״ש Jes. 6, 3. Jer. 7, 4. 22, 29. Ez. 21, 32.) 10)

---

1) S. מ״ש l. c. Die Massora will den Unterschied in Wortzahl und Wortfolge der beiden ähnlichen Verse: Ex. 27, 21. und Lev. 24, 3. angeben. Sie bemerkt demnach קדמא, d. h. der erste der beiden Verse (Ex. l. c.) hat 8 Wörter, denen ein Wort, das mit Alef und He anfängt, vorangeht (=באהל) und ein Wort, das mit Alef und He anfängt, folgt (=אהרן); בתרא d. h. der zweite Vers (Lev. 24, 3.) hat 3 Wörter, denen ein Wort folgt, das mit Alef und He anfängt (=באהל) und dann wieder 3 Wörter, denen ein solches folgt (=אהרן). Es muss etwa gelesen werden: קדמא ח׳ מלין באה׳ ברישיהון ואה׳ בסופיהון, בתרא תלת מלין באה׳ ותלת מלין אה׳ וכו׳; das massoretische Zeichen im עין הקורא l. c. ארבע בארבע תלת בתלת bezieht sich nur auf die Differenz, dass in Ex. l. c. וּבָנָיו auf אַהֲרֹן folgt und in Lev. l. c. es fehlt (d. h. in den Abschnitt תְּצַוֶּה, das 4 Buchstaben hat, stehen 4 Wörter mit וּבָנָיו; im Abschnitte אֱמֹר aber, das nur aus 3 Buchstaben besteht, stehen nur 3 Wörter, d. h. ohne וּבָנָיו); s. Heid. daselbst. —

2) Angabe der Verschiedenheit zwischen den ähnlichen Redensarten in Ex. 36, 3. und Num. 15, 25.; erstere hat וְהֵם mit dem trennenden Tlischa gedola, in letzterer hat וְהֵם das verbindende Tlischa ketanna mit darauffolgendem Asla und Geresch (= Teres). Das mnemonische Zeichen dafür ist הִנֵּה וְאֶשְׁלְחָה (2 S. 14, 32.), wo das erste Tlischa gedola und das darauffolgende Tlischa ketanna hat. —

3) Angabe der Verschiedenheit zweier ähnlichen Redensarten; in der einen folgt auf לָתֵת אֹתָנוּ בְּיַד הָאֱמֹרִי (Deut. 1, 27.) לְהַשְׁמִידֵנוּ; in der andern (Jos. 7, 7.) folgt: לְהַאֲבִידֵנוּ. Das mnemonische Zeichen ist Dan. 7, 26., wo erst שמד steht und dann אבד folgt. —

4) Angabe der Verschiedenheit der beiden Verse 2 Reg. 10, 11. und ibid. 16., die durch ihre Aehnlichkeit zu unrichtiger Leseart veranlassen könnten = מטעין. —

5) Unterschied zwischen den 2 ganz ähnlichen Versen: 2 Reg. 25, 19. und Jer. 52, 25.; in ersterem heisst es הוּא פָּקִיד; in letzterem הָיָה פָּקִיד. Der Gedenkvers ist Gen. 10, 9., wo erst הוּא steht und darauf הָיָה folgt, also auch in Reg., das vorangeht, heisst es הוּא, in Jer. aber, das folgt, heisst es הָיָה. —

6) Verschiedenheit zwischen Job 5, 9. und ibid. 9, 10.; in ersterer Stelle heisst es וְאֵין חֵקֶר נִפְלָאוֹת; in der anderen עַד אֵין חֵקֶר וְנִפְלָאוֹת. Das Gedenkzeichen ist וְנָעוּ (Am. 8, 12.) d. h. zuerst (Job 5, 9.) steht Waw (וְאֵין) und Nun (נִפְלָאוֹת ohne Waw copulat.); das folgende (Job 9, 10.) hat עַד = ע׳ und Waw (וְנִפְלָאוֹת mit Waw copulat.). —

7) Verschiedenheit zwischen zwei ganz ähnlichen Versen in den BB. d. Chr. und zwar zwischen 1 Chr. 8, 32. und ibid. 9, 38.; in ersterem heisst es שִׁמְאָה וְאַף הֵמָּה; in dem andern: שִׁמְאָם וְאַף הֵם, so dass, wo das erste ein He am Schlusse hat, auch das dritte auf ein He ausgeht (שִׁמְאָה . . . הֵמָּה), wo es aber ein Mem am Schlusse hat, geht auch das dritte auf ein Mem aus (שִׁמְאָם . . . הֵם). Der mnemonische Denkvers ist Num. 1, 50., wo erst הֵמָּה steht und dann הֵם folgt, wie hier 1 Chr. 8, 32. הֵמָּה und dann ibid. 9, 38. הֵם gelesen wird. —

8) 2 Verse kommen in dem Ps. 119 vor, die nur aus zehn Wörtern bestehen, es sind Vers 43 und 128. —

9) Die Angabe Deut. l. c. bezieht sich auf die Phrase: וזרעך עד עולם, die 3 M. variirend vorkommt, s. או״א, l. c. und Anmerkung. Die Angabe Jud. 4, 16. bezieht sich auf die Phrase לא נשאר אחד, die gleichfalls 3 M. variirt. Ueber die Mp. Ex. 14, 28. s. מ״ש ibid. und מבין חדות ibid. —

10) In 3 Versen kommt ein Wort 3 M. hintereinander vor und 1 Vers, in welchem 2 (verbundene) Wörter (היכל י״י) 3 M. hintereinander folgen. Wenn Mf. הי, 53. ד׳ פסוקים = 4 angiebt, so fehlt in ed. Bomb. das קָדוֹשׁ (Jes. 6, 3.) und in ed. Buxt. הֵיכַל י״י (Jer. 7, 4.). —

ג׳ פסוקים דמיין ומתחלפין ב׳ במלכים וא׳ בד״ה. 2 Reg. 3, 7. 1)

ג׳ פסוקים אית בהון תרי מלין בתרי טעמי. טעם S.

(ג׳ פסוקים מן מ׳ מלין וסי׳ Heid. aus einem Mpt.:
ויאמרו השרים אל המלך יומת נא Jer. 38. 4., כען
הן איתיכון עתידין Dan. 3, 15., ועל מרא שמיא
התרוממת Dan. 5, 23.).

(ג׳ פסוקים, י״י בם, קו תהו ודין. Mp. Ez. 23, 42. 2)

(ג׳ פסוקים דכל מלין בטעם [מפסיק]. Mp. 1 Chr. 3, 15.)

(ג׳ פסוקים דמיין. Mp. Jes. 30, 5.)?

(ד׳ פסוקים מן ז׳ ז׳ מלין מן ד׳ ד׳ אתיין. S. Mp. Ps. 73, 2. Prov. 17, 3. und oben S. 147 Anmerkg. 1. — 4 V. von je 7 Wörtern, die je nur aus 4 Buchstaben bestehen.

ד׳ פסוקים אית בהון **פנים ואחור**: Ex. 10, 14. Jos. 10, 14. Joel 2, 3. Mf. פנ, 25. S. oben S. 253.

ד׳ פסוקים דמיין. Mf. הי, 53. S. oben S. 379 Anmerkg. 10.

ד׳ פסוקים דמיין תרין במלכים ותרין בד״ה ומתחלפין: 1 Reg. 22, 6. 3)

ד׳ פסוקים בא״ב מן ד׳ ד׳ מלין. Ps. 119, 47. Mf. עד, 17. 4)

ד׳ פסוקים דאית בהון מלין וכו׳. ו׳ פסוקים S. unten

ה׳ פסוקים דמיין מן ב׳ מלות קדמא קמץ תנינא פתח. Gen. 31, 18. Mf. פת, 14. (S. Ex. 38, 21. ז׳?) 5)

ה׳ פסוקים מתחלפין ומטעין. Gen. 47, 4. — 5 ähnliche Verse in ihrer Verschiedenheit angegeben, weil man sich sonst irren kann (ומטעין).

ה׳ פסוקים דמיין בשמהתהון ומתחלפין באתיהון. Ex. 6, 18. (24.) או״א, 288. (S. מ״ש 1 Chr. 5, 28. 6, 3. 23, 12.) 6)

ה׳ פסוקים בתורה וכו׳ דלית להון הכרע וכו׳. Deut. 31, 16. Mf. טע, 9. או״א, 194. (S. מ״ש zu den Stellen, ferner Gen. 34, 7. 49, 7. Ez. 24, 5. Deut. 31, 16.)

ה׳ פסוקים אית בהון ה׳ מלין מן ב׳ ב׳ אתיין. 1 Reg. 3, 26. Neh.*2, 2. Mf. נם, 5. (S. Mp. 1 S. 20, 29. ו׳? — מ״ש Ex. 17, 16.) 7)

(ה׳ פסוקים מטעין. מבין חדות S. Mp. Num. 10, 11. und daselbst.) 8)

ו׳ פסוקים דאית בהון מלין דדמין בשמהן ומתחלפין באתיהון. Num. 26, 33. 36, 11. Jos. 17, 3.? או״א, 275. 9)

(ו׳ פסוקים דאית בהון ב׳ מלין קדמאה מלא תנינא חסר וסי׳ וכו׳. (S. מ״ש Ex. 29, 3. Handschriftliche Mass. s. unten ט׳ פסוקים.) 10)

---

1) Verschiedenheit zwischen den 3 ähnlichen Versen: 1 Reg. 22, 4. 2 Reg. 3, 7. und 2 Chr. 18, 3. —

2) In 3 Versen kommt als Ausnahme vor, dass nach einer geschlossenen Silbe der folgende בג״ד כפ״ת-Buchstabe ohne Dagesch (lene) gelesen wird (Jes. 34, 11. Ez. 23, 42. und Ps. 68, 18.). S. oben S. 368 ג׳ מלין דגשין ורפין, מלין. —

3) Angabe über die Verschiedenheit der ähnlichen Verse 1 Reg. 22, 6. und 15. und 2 Chr. 18, 6. und 14. — Das Denkzeichen א״א נ״נ bedeutet אלך אחדל נלך נחדל so im B. Reg.; aber in Chr. heisst es in beiden Versen: נלך אחדל=נ״א נ״א. —

4) D. h. 4 Verse kommen in Ps. 119 (=בא״ב) vor, von denen jeder aus 4 Wörtern besteht. וסי׳ בו״סק soll heissen s. v. a. unter diesen Buchstaben des Psalms finden sich die 4 Verse (Vers 15. 47. 113. und 146.). —

5) Der Sinn ist, dass in 5 Versen ein Wort 2 M. vorkommt und zwar das erste M. mit Kam. und das zweite M. mit Pathach. Wenn Ex. 38, 21. ז׳=7 angegeben wird, so ist daselbst Lev. 15, 9. und 27, 10. mitgezählt, weil die beiden Wörter aus e i n e m S t a m m e sind (רַע und בְּרַע, יִרְכַּב מֶרְכָּב); Gen. und Mf. l. c. sind sie aber ausgelassen, weil es doch nicht d i e s e l b e Form ist, denn deren giebt es nur ה׳=5. —

6) Diese Angabe bezieht sich auf die Aufzählung der Söhne קְהָת, die 5 M. vorkommt und zwar verschieden in Beziehung des Waw copulat. — Ex. l. c. fehlt eine Stelle Num. 3, 19., wo das erste und dritte o h n e und das zweite und vierte m i t Waw copulat. gelesen wird. S. מ״ש und או״א, l. c. —

7) Der Sinn ist, dass in 5 Versen 5 Wörter hintereinander vorkommen, die je aus nur 2 Buchstaben bestehen. — Wenn Mp. 1 S. 20, 29. ו׳=6 angiebt, wie es auch מ״ש l. c. aus einer handschriflichen Mass. anführt, so zählen diese Ex. 17, 16. mit, was aber noch streitig ist (פלינא ביה), und davon abhängt, ob כֵּסְיָה 1 oder 2 Wörter bildet. —

8) Nach מבין חדות ist der Sinn, dass an 5 Stellen, wo man לְחֹדֶשׁ (besonders bei einem Datum) erwarten sollte, בַּחֹדֶשׁ steht; die Stellen sind: Num. 10, 11. 1 Reg. 5, 28. 12, 33. und Ez. 45, 20. Esr. 10, 9. —

9) Das ו׳=6 ist ein Schreibfehler und muss ד׳=4 lauten, wie es Jos. 17, 3. und או״א, l. c. haben. Jos. l. c. ist eine Abkürzung der Angabe des או״א, l. c. — Der Sinn ist, dass in 4 Versen 4 Wörter aus einer Gruppe von 5 Wörtern vorkommen, die in ihrer Aufeinanderfolge und in Beziehung auf das Waw copulat. von einander abweichen; es sind die Namen der 5 Töchter Zelophehad's (בנות צלפחד Jos. l. c.). —

10) Der Sinn ist, dass in 6 Versen ein Wort 2 M. vorkommt und zwar das erste M. plene und das zweite M. def. Waw, 5 M. אוֹתָם und 1 M. חַלּוֹת. Die Verse sind: Ex. 29, 3. Lev. 7, 12. Deut. 12, 29. Ez. 5, 4. 20, 21. 39, 27. —

ו׳ פסוקים מן ג׳ ג׳ תיבות מתחלפות· Deut. 30, 16. Mf. חק, 5. או״א, 276.

ז׳ פסוקים אית בהון ט״ו מלין ז׳ מכא וו׳ מכא ומצעיתא כתיב וקרי· 1 S. 13, 19. Mf. כת, 10. או״א, 164.

ח׳ פסוקים מן ד׳ מלין דמיין תליתאה משנין· Gen. 41, 26. או״א, 296.

ח׳ פסוקים אית בהון תלשין ופסקין· טעם S.

(ח׳ פסוקים אית בהון מ׳ מלין· Mp. Est. 3, 12. Jer. 38, 4. [ה׳] Dan. 5, 23.) 1)

ט׳ פסוקים אית בהון תרתין מלין ופתרונן חד· 1 S. 12, 2. Job 16, 19. *40, 13. Mf. פת, 15. — 9 Verse, in denen 2 Wörter neben einander stehen von gleicher Bedeutung.

(ט׳ פסוקים בס׳ בראשית מן ב׳ ב׳ מלין קדמאה מלא ובתר׳ חסר· Mp. Gen. 23, 16. 47, 17. (S. auch מ״ש Ex. 29, 3. 2)

י״א פסוקים בתורה רישיהון וסופן חד· Ex. 32. 16. Lev. 7, 19. (ו׳) Num. 3, 33. 31, 40. Mf. סס, 11. 3)

י״א פסוקים בטעם מארכה לזרקא· טעם S.

י״ד פסוקים מן ג׳ ג׳ מלין· Ex. 28, 13. Num. 26, 8. Mf. יך, 1. 4)

י״ד פסוקים בטעמ׳ תרין חוטרין· טעם S.

י״ו פסוקים בטעם פזר גדול וגלגל· טעם S.

י״ח פסוקים חד ר״פ וחד ס״פ· Deut. 1, 1. (S. כ׳, זונין זונין, חד ר״פ וכו׳·)

כ״ה פסוקין דמיין· Gen. 19, 16. Mf. ן׳, 44. (S. oben ל״ה פסוקים, ו׳ S. 377 Anmerkung 1.)

כ״ו פסוקים אית בהון כל הא״ב· Ez. 38, 12. Est. 3, 13. Mf. א׳, 28. (S. Mp. Jos. 23, 13., auch Raschi zu Ez. 17, 9. מ״ש Zeph. 3, 8.) — 26 Verse, in denen das ganze Alphabet sich findet. 5)

שטה·

Geordnet: alphabetisch und nach Zahl der Gruppen.

א·

שטה חרא מן חד אֶת וחד וְאֶת· — ·א׳, ע״ב זונין S.
Eine Reihe von Wörtern, die nur 1 M. mit אֶת und 1 M. mit וְאֶת vorkommen.

---

1) Das ח׳ = 8 in Mp. Est. l. c. ist wohl ein Schreibfehler und muss ה׳ = 5 lauten, s. oben ג׳ פסוקים. Es sind 4, nemlich die oben genannten 3 und Est. 3, 12. Das fünfte ist mir bis jetzt unbekannt. —

2) S. oben S. 380. ו׳ פסוקים und Anmerkg. 10. Die Angabe der Stellen fehlt (bis jetzt) ausser den 2 in der Mp. angeführten. Es sind also 9 in Gen. und 6 in den anderen BB. der Bibel, in denen ein Wort 2 M. vorkommt, das erste M. plene und das zweite M. def. S. auch מ״ש Ex. 29, 3. ed. Wien, wo ומ׳ פסוקים בס׳ בראשית gelesen werden muss: ·וט׳ וכו׳ —

3) Der Sinn ist, dass im Pent. 11 Verse vorkommen, die mit demselben Worte anfangen und schliessen, wenn sie auch in der Form etwas variiren. 5 von diesen 11 haben die Eigenthümlichkeit, dass das Wort am Anfang des Verses mit und am Schluss des Verses ohne Waw copulat. steht; sie gehören zu der Gruppe: ט״ו פסוקים רישיהון וסופיהון וכו׳, s. diesen Art. oben S. 376 Anmerkung 2. —

4) Der Sinn ist, dass es 14 Verse im Pent. giebt, die nur aus 3 Wörtern bestehen. Nach י״ד פסוקים muss eingeschaltet werden בתורה, wie es Buxt. in Mf. l. c. richtig verbessert hat, denn im Pent. sind es nur 14; in der übrigen heil. Schrift kommen noch mehr solcher Verse vor, (z. B. die 1 Chr. 1, 1. 2. 3. 2, 8ff). Wenn ויהי אחרי המגפה (Num. 26, 1.) nicht mitgezählt wird, so ist der Grund davon, dass diese 3 Wörter nur einen Halbvers bilden (פיסקא באמצע פסוק); eine handschriftliche Mass. die ט״ו=15 angiebt, zählt wahrscheinlich den erwähnten Halbvers mit? Hierher gehört eine interessante Stelle zu מעמדות (ed. Props.-Amst. vom Jahr בש״ר=1742.) welche so lautet: איתא במסורה בפרשת תצוה י״ד פסוקים הם מן ג׳ מלין ובתוכם הוא הפסוק של ארור טנאך ומשארתך, ומסדר המעמדות לא רצה לכוללו פה עם האחרים ושם במקומו ויהי אחרי המגפה הנם שאינו פסוק מלא מ״מ להיותו פיסקא שם אותו כאן Man sieht zugleich hieraus, wie vorsichtig man sein muss bei Benutzung von Massora-Angaben in untergeordneten, tendenziösen Werken. —

5) S. M. marg. Zeph. 3, 8. und מ״ש daselbst, wo angegeben ist, dass in diesem Verse sogar auch die 5 Endbuchstaben (א״ב בכפופות ובפשוטות) sich finden. Auffallend ist, dass Raschi zu Ez. 17, 9. bemerkt, dass dieser Vers in der Massora nicht angeführt ist, da er Ez. 38, 12. ja mitgezählt ist; Raschi scheint also entweder unsere Angabe nicht vor sich gehabt zu haben, oder er hat ihn übersehen, weil er merkwürdiger Weise nicht nach dem Anfang des Verses, sondern unter הלא את שרשיה ינתק (aus der Mitte) angeführt wird. —

ב׳

שטה חדא דמשמשת כה בסוף תיבותא׳ Jes. 50, 11.
Zach. 9, 8. Mf.*ב׳, 12. (S. מ״ש Jer. 44, 19.) 1)

ה׳

שטה חדא מן ל״א קריין ה׳ וכל חד לית דכו׳. Mf.׳ה, 7.
או״א, 211. (S. מ״ש Jes. 19, 18.)

ו׳

שטה חדא משמשת ומא׳. Mf. מ׳, 6.

משמשת ומב׳. Mf. מ׳, 7.

משמשת ומג׳. Mf. מ׳, 8.

משמשת ומה׳ בר״ת. Ez. 43, 15. Mf.*מ׳, 9.

משמשת ומז׳. Mf. מ׳, 10.

משמשת ומח׳. Prov. 19, 26. Mf.*מ׳, 11.

משמשת ומל׳— ומת׳. מלין. S. Mf. מ׳, 13ff.

משמשת ומע׳. Job 10, 14.

משמשת ומצ׳ ברישיה וכו׳. Job 11, 17.

Eine (alphabetisch geordnete) Reihe von Wörtern, die mit ומ׳ anfangen. 2)

י׳

שטה חדא כתיב יו״ד דכל חד וחד לית דכו׳. Job 4, 4.
(נ׳ ארוכה) נ׳. א״ב Anmerkg. 12. S. oben א״ב ,י׳.
מלין ,נ׳ י׳ (כ׳ מלין). 3)

ל׳

שטה מן ט״ו לא מלעיל בריש תיבותא׳ Job 12. 6.
(S. Mf. ל׳, 1. או״א, 20. und oben א״ב ל׳.) 4)

ע׳

שטה חדא דכל לישן עַל ב״מ אינון וכו׳. ?Ps. 4, 6.
Mf. בט, 2.? 5)

שטה דכל חד וחד לית דכו׳ וכל מלה אחרי מן לישנא דכו׳. חילופי Mf. Prov. 1, 1. Esr.*1, 1. 2 Chr. 32, 10.
קריא, 3. או״א, 269.

שטה חדא דכל חד וחד מלעיל ולית דכו׳. חילופי Mf.
קריא, 1. או״א, 372, S. מ״ש Gen. 21, 6. Jud. 13, 20. 18, 28. 1 S. 30, 6. 2 S. 23, 1. 2 Reg. 6, 7. ibid. 7, 6. 16, 18. Jes. 6, 13. ibid. 24, 19. 32, 11. 63, 12. Ez. 14, 13. 19, 14. 24, 11. 40, 19.? 42, 20. Prov. 1, 19. 2, 15. 7, 13. 11, 26. 17, 10. 30, 24. Hiob 6, 22. 7, 20. 19, 14. 23, 9. 26, 8. Ruth 4, 15.

---

1) Diese Angabe ist Jes. 50, 11. unter אילין מלין וכו׳ angeführt; daselbst sind nur 17 Wörter angegeben und fehlt מַצָּבָה und עֲקֻבָּה. In Mf. l. c. ed. Bomb. sind 18 aufgezählt und fehlt שְׂגָבָה. Ed. Buxt. sind 19 richtig gezählt. Aber die Angabe ist nicht vollständig: warum ist nicht gezählt: כִּמְרִיבָה Ps. 85, 5. וְהַקֵּבָה Deut. 18, 3.? — —

2) Ueber diese Angaben von Wörtern, die mit ומ׳ anfangen und nur 1 M. vorkommen, s. ausführlich או״א, 18. und oben ו׳, מלין und will ich hier nur einige Zusätze zu letzterer Angabe und Anmerkung dazu, beifügen. Mf. l. c. führt unter ומב׳ an: וּמִבֶּטֶן (Hos. 9, 11.); das kommt aber auch Job 31, 18., also 2 M. vor und gehört demnach nicht zu unserer Angabe. Wenn die Mp. daselbst bemerkt לית, so kann sich das, wie Heid. bemerkt, auf die Verbindung וּמִבֶּטֶן אִמִּי beziehen, indem diese nur 1 M. so vorkommt, sonst מִבֶּטֶן אִמִּי (ohne Waw). — Warum ist aber וּמְבִינֵי Dan. 1, 4. nicht mitgezählt, da die Mp. dazu bemerkt לית? — Zu וּמִזַּרְעֲ, das או״א, l. c. mehr angeführt wird, s. Mp. Lev. 18, 21. (וחד ומזרעו). Zu ומח׳ fehlt in Mf. und או״א, l. c. וּמַחְפִּיר, s. M. marg. Prov. 19, 26. — Zu ומם׳ fehlt in beiden: וּמִמִּצְפֵּה s. Mp. Jud. 11, 29. — Zu ומנ׳ fehlt in beiden וְמִנַּפְתָּלִי s. Mp. 1 Chr. 11, 34. Wenn unter ומכ׳ angeführt ist וּמִכַּף, so ist das unrichtig, indem dies 4 M. vorkommt; die Mp. zu Jes. 38, 6. sagt nur: לה׳ ר״פ, d. h. es kommt am A n f a n g d e s V e r s e s nur 1 M. vor, ausserdem aber mehrfach, es gehört also nicht zu unserer Angabe. — Zu ומס׳ vergl. Lev. 8, 26. Zu ומצ׳ fehlt in beiden וּמַצֵּבוֹת (1 Reg. 14, 23.) s. Mf. ו׳, 6. או״א, 13., wo dieses Wort als drittes zu מַצֵּבוֹת gleichfalls consequent fehlt. —

3) Die Angabe muss wohl lauten שטה וכו׳ כתיב יו״ד ברישיהון וו׳ן בסופיהון. S. ausführlich Mf. 67. und 75. und Anmerkungen dazu. In der Anmerkung zu או״א, 75. fehlt die Hinweisung auf Job 4, 4. שטה. —

4) S. או״א, 20. Unsere Angabe in Job l. c. muss, wie dort bemerkt, wohl lauten: שטה חדא מן ט״ו מן תרתין תיבותא לא׳ בריש תיבותא. Es sind die 14 unter לא׳ in Mf. und או״א, l. c. angeführten Verbindungen von je 2 Wörtern, die nur 1 M. vorkommen; das funfzehnte ist wahrscheinlich לַאֲשֶׁר לוֹ (Lev. 27, 24.), wozu die Mp. bemerkt: לית. —

5) Fehlt in der Mf. —

lautet, mit Ausnahme einer St. die wie das gewöhnliche in jenem Buche lautet. (S. die Beispiele).

Gen. 24, 23. שטה מן כ״ז דכל חד וחד לית דכו׳ וכו׳.
ibid. 32, 30. S. י׳ מלין 5)

Job 29, 2. שטה מן ל׳ דכל חד וחד לית דכו׳ חלוף. S. Mf.* חילופי קריאה, 7. או״א, 273. S. oben שטה דכל חד und Anmerkg. 2.

Mf. פת, 16. שטה חדא מן נ׳ פתחין מן חד חד ולית דכו׳. או״א, 22.

לקוטים — Nachträge.

A. חלופים.

Jer. 24, 9. אלין מתחלפין (לחרפה למשל ולשנינה ולקללה).
Aehnliche Wörtergruppen in ihrer Verschiedenheit.

Dasselbe im B. Numeri. Num. 10, 9. חלופי דספר במדבר.

Ueber die ferneren חלופים s. die Artt. שטה· זונין·

Job 23, 7. Mf.* שטה דכל חד וחד לית דכו׳ מלרע.
1) 373. או״א, 2. חילופי קריא

Job 16, 11. שטה דכל חד לית דכו׳ וכל קריא חילופיהון.
S. Mf.* חילופי קריאה, 7. או״א, 273. 2)

שטה חילופי׳ כל קרי׳ חדא מלה וכל ספר חלוף להי.
Dan. 4, 28. Mf.* חילוף קריא, 6. או״א, 272. 3)

Deut. 33, 27. שטה מן י״א חד מפיק וחד לא מפיק.
S. ה׳, י״א זונין. — Eine Reihe von 11 Wörtern, die He am Schlusse haben, das 1 M. Mappik hat u. 1 M. nicht, also unhörbar ist.

Lev. 13, 51. Mf. שטה מן י״ז דכל חד וחד לית דכו׳.
4) 270. או״א, 4. חילופי קריא

שטה מן כ״א דכל חד וחד לית בסיפרא דכו׳ וכל קרי׳ דכו׳ בר מן חד.
Mf. ibid. 5. או״א, 271. (S. מ״ש Ps. 86, 2. und תורת אמת von S. Baer S. 22 und 23. Eine Reihe von 21 Wörtern, von denen jedes nur ein M. in einem Buche der heil. Schrift vorkommt, während es immer so in der übrigen heil. Schrift

---

1) Diese Angabe hat Mf. ed. Bomb. von 1525 nicht. S. או״א, l. c. Anmerkung. —

2) Der Sinn ist, dass eine Wortverbindung nur 1 M. so vorkommt; sonst aber immer in einer anderen Wortfolge. Die Angabe zu Job l. c. ist corrupt und muss, wie Mf. und או״א, l. c. lauten: שטה מן (ל״ט, מ׳) מלין דכל חד וחד לית דסמיך וכל קריא חלוף; daselbst ist auch unsere Stelle (אֶל אֵל sonst אֵל אֶל) angeführt. Ueber die angeführten Stellen s. או״א, l. c. Anmerkung. In Mf. ist zu verbessern: המלך אֲדֹנִי (2 S. 14, 15.) statt המלך י״י, wie es auch ed. Bomb. hat. — וְרָבוּ וּפָרוּ ist die Ausnahme und וּפְרוּ וּרְבוּ das Regelmässige; die gedruckte Angabe ist falsch. — Uebrigens ist das שטה מן ל׳ in Mf. l. c. und Job 29, 2. verstümmelt und muss ל״ט = 39 lauten, wie es ein Mpt. hat und die Zahl der aufgezählten St. 39 beträgt. Nach או״א, l. c. sind es מ׳=40, indem בַּבֹּקֶר הַשְׁכֵּם hinzukommt. Wenn חַי אֵל (wozu d. Mp. Job 27, 2. bemerkt: לית) dazu gerechnet würde, so sind es 41 = מ״א, s. או״א, l. c. und Anmerkung. S. Mm. zu Gen. 5, 4., wo es heisst: כל קריא בָּנִים וּבָנוֹת במ״א ויולד בנות ובנים (2 Chr. 24, 3.), wonach auch diese Stelle zu unserer Angabe gehörte. Indessen beruht diese Angabe auf einem Missverständnisse (s. שום שכל von Heid. zu Gen. l. c.), indem Ausgg. und Handschrift auch 2 Chr. l. c., wie immer בָּנִים ובנות lesen. Die Angabe bezieht sich vielmehr auf den Accent und zwar soll es heissen: כל קריא ויולד בנים ובנות במ״א ויולד בָּנִים ובנות, wie auch Mp. Chr. l. c. zu ויולד bemerkt: לית בטעם, die Massorabemerkung will also nur sagen, dass sonst immer in dieser Redensart das ויולד בנים den Accent Mercha Tipcha haben, während 1 M. (2 Chr. l. c.) וַיּוֹלֶד ein Tipcha und בָּנִים ein Mercha hat; die Wortfolge bleibt aber unberührt. S. oben S. 36 Anmerkung 2. —

3) D. h. eine bestimmte Form kommt nur in einem Buche vor, während in den übrigen BB. der heil. Schrift eine andere Form sich findet. S. או״א, l. c. ausführlich. Das Einzelne wird zu den einzelnen Stellen in der Ausgabe berichtigt werden. Ueber וַיּוֹשִׁיבוּם s. מ״ש 1 S. 30, 21. und 12, 8. Die Verschiedenheit besteht darin, ob die Endsilbe בום oder בָם lautet. — Freilich kommt letztere nur 1 M. vor (Job 36, 7.) und ist das וכל קריא wie bei manchen anderen nicht präcise. —

4) Der Sinn ist, dass es 17 Wörter giebt, von denen jedes in der heil. Schrift, mit Ausnahme eines Buches nur 1 M. vorkommt, in dem bezeichneten Buche aber immer so steht. — Lev. l. c. sind Angabe und Aufzählung unvollständig und muss nach Mf. und או״א, l. c. ergänzt werden. Das י״ז = 17 ist richtig; zu den י״ו = 16 in Mf. und או״א, l. c. muss הַבֵּלִים hinzugefügt werden; s. או״א, l. c. Anmerkung. —

5) Was hier unter שטה angegeben ist, wird Mf. י׳, 23. או״א, 214. unter כ״ז מלין angeführt. In Gen. l. c. muss es heissen: שטה מן כ״ז דכל חד וחד לית דכו׳ י׳ במצע תיבותא וכל דכו׳ כתי׳ וי״ו. Der Sinn ist, dass 27 Wörter mit Jod in der Mitte nur je 1 M. so vorkommen, sonst haben sie Waw. —

B. האותיות ונקודתם

א׳

א״ב מאותיות גדולות· Gen. 1, 1. Prov. 1, 1. Cant. 1, 1. Est. 9, 7. 1 Chr.*1, 1. או״א, 82. und 88. (S. מ״ש Gen. 30, 42. 34, 31. מכתב מאלי״ Ex. 2, 2.)

א״ב מאותיות קטנות· Lev. 1, 1. Deut. 9, 24. Prov. 16, 23. Est. 9, 7. Mf. א׳, 2. או״א, 84. **1**)

ג׳ פסוקים מן פ׳ אתיין· Mf. כל, 23. או״א, 316. Mp. Num. 36, 8. Jos. 11, 14. s. oben S. 244.

ד׳ מלין דאית בהון **אות תלוי**· Jud. 18, 30. Ps. 80, 14. Job 38, 13. Mf. תל, 2. או״א, 160. (S. מ״ש zu den Stellen.) **2**)

ד׳ אלפין דגשין בקריא· Lev. 23, 17. Job*33, 21. Esr.*8, 18. (S. Gen. 43, 26. מ״ש ibid. und zu den Stellen, auch unsere Ausgabe des דרכי הנקוד S. 23 und Anmkg. dazu S. XXXVI. — 4 M. hat das Alef ein Dagesch in der heil. Schrift.

ה׳ כתיב **את** וקרין **אַתָּה**· S. 228. S. אַתָּה

ב׳

(כ׳ בית״ין בפסוק אחד· (Mp. 2 Chr. 2, 14.

ד׳ כתיבין ב׳ בריש תיבותא ולא קרין וא׳ חלוף· ב׳, מלין S.

ו׳ דכתיב ב׳ וקרין מ׳· ב׳, מלין S.

י״א דכתיב ב׳ וקרין כ׳ וג׳ חילופיהון· ב׳, מלין S.

ד׳

י״ח דגשין בתר יה״וא בלא מבטל· Dan. 5, 11. Mf.*בט, 4. (S. Gen. 19, 2. מ״ש Gen. ibid. Ex. 15, 1. 11. 13. 16. 25, 29. Jud. 18, 19. Ps. 35, 10. 77, 16. 147, 17. Est. 6, 13. דרכי הנקוד ed. Hannover S. 23ff. u. Anmrkgn. dazu. 18 M. hat der Buchstabe mit welchem das Wort anfängt ein Dag., wenn auch das vorhergehende Wort mit einer offenen Silbe schliesst (gegen die massoretische Regel.)

ה׳

ג׳ **הה״ין** בתורה דנראין תמוהות ואינן תמוהות וכו׳· Gen. 18, 25. **3**)

ו׳, ז׳

ח׳ **וו״ין** קמצין בתמניא אפי·. S. 363 Anmkg. 5. ו׳, מלין S.

וַיְזָתָא ו׳ רבתא וז׳ זעירא· Est. 9, 9.

ו׳ **דויזתא** צריך לממתחיה כמוריא דלכרות· ibid. **4**)

---

1) Die Angaben über die g r ö s s e r und k l e i n e r zu schreibenden Buchstaben der heil. Schrift sind untereinander sehr verschieden. S. unsere Anmerkungen zu או״א, 82, 83 und 84; auch das ספר תגין von Bargès, Paris 1866 S. 47—55.

2) Der schwebende Buchstabe steht nicht immer ü b e r der Linie, sondern selbst in guten Handschriften steht, wie auch Heid. bemerkt, über dem betreffenden Buchstaben ein dem Nun finale ähnlicher senkrechter Strich. —

3) Der Sinn ist, dass im Pent. 3 M. ein Wort mit He anfängt, das man als He der Frage nehmen sollte, es aber dennoch die Frage nicht bezeichnet, da diese auf einem anderen Worte im Satze ruht, wie in den angeführten Beispielen (wo die Frage auf לא יעשה משפט, oder וישפוט שפוט ruht) es sichtbar ist. Das Folgende will sagen, dass das Frage-He (statt, dass es sonst, mit Chataf-Pathach gelesen wird), wenn ein Gutturalis folgt ein Pathach hat, wie הַאֱלֹהִים (2 Reg. 5, 7.); wenn aber die Frage nicht auf dem He ruht, wie in den zwei angeführten Stellen (Gen. 19, 9. Num. 16, 22.), so hat es ein Kam. weil es ein He des Artikels ist, das vor einem Gutturalis ein Kam. erhält. —

4) Die Quelle dieser Angabe ist Talm. b., Tr. Megilla S. 16b., Tr. Sopherim Cap. 13, 7., s. auch über מורדיא דלבְּרוּת Talm. b. Tr. Baba Mezia 87a unten. S. auch מ״ש Est. l. c. Der Sinn ist, entweder in Bezug auf das V o r l e s e n, man soll bei der Silbe וָ in וַיְזָתָא etwas länger anhalten, oder in Beziehung auf die S c h r i f t f o r m, man soll das Waw in diesem Worte etwas mehr ausdehnen, verlängern. Unsere Massora scheint es in letzterem Sinne zu nehmen, weil sie ja nur von der Schrift handelt, indem das V o r l e s e n ja nicht Gegenstand der Massora ist. (S. ש״ע ארח חיים Cap. 691. § 4.). Die Leseart unserer Angabe weicht in den oben angegebenen Quellen von einander ab; in Talm. b. l. c. heisst es: וי״ו דויזתא צריך למימתחה בזקיפה כמורידא דלברות וכו׳; in Tr. Sopherim l. c. lautet es: וי״ו דויזתא צריך למזקפא כמדורא דדברות. Vergleicht man damit die Stelle Baba Mezia l. c., so ist die Leseart des Talm. wohl die richtige, wonach unsere Massora-Angabe berichtigt und כמורדיא דלברות gelesen werden muss. Ueber die Bedeutung der Wörter מורדיא דלברות s. Aruch s. v. und Raschi zu Baba Mezia l. c. (auch Buxt. Lexic. Chald. Talm. s. v. unter רדה, II). Nach denselben ist לברות der Name eines Flusses (Lafros nach Buxt.) und מורדיא = Ruder oder Steuer eines Schiffes, also man soll das Waw verlängern (oder mit der Stimme anhalten) wie ein Ruder am Lafros. (Dürfte man wohl bei מורדיא an Mordio! oder an das amnis m o r d e t rura des Horaz denken? das e r s t e in Beziehung auf das kräftige Hervorstossen des Waw beim Vorlesen, das a n d e r e in Beziehung auf die Schreibform = gestreckt etc.)? Beides (sowohl in Beziehung

ח.

ד׳ קרין ח׳ ולא כתיבין. ח׳, מלין s.

י.

כ״ב אתיין דכתיב י׳ בריש תיבותא וקרין ו׳. י׳, מלין s.

כ.

ל״א מלכים וי׳ בני המן אריח ע״ג אריח ולבנה ע״ג לבנה שיפלו ולא יקימו למפלתם. Est. 9, 9. (S. מ״ש 1 S. 30, 27.?) 1)

כל ך׳ פשוטה בלשון ארמי קמץ במ״ד פתחין. Dan. 3, 12. ibid.*6, 23. — Das Chaf fin. hat im Aramäischen (der Bibel) ein Kam. (vorher), ausser 4 Wörtern, wo Pathach vorhergeht.

טְחוֹרים דכתיב עפולים ו׳ בקריא וכו׳. 1 S. 5, 6. Mf. טח, 3. או״א, 170. (S. מ״ש 1 S. 6, 11.)

ג׳ מלין כתבין כ׳ וקרין ב׳. ב׳. S. oben unter

ה׳ זוגין מן ג׳ ג׳ דכתבין חדא מלה וקרין מלה אחרי. Mf. בת, 16. (S. זוגין).

ו׳ מלין קרין ולא כתבין. מלין s.

ז׳ פסוקים אית בהון ט״ו מלין ד׳ מכא וז׳ מכא ומצעיתא כתיב וקרי. פסוקים s.

---

auf Aussprache als auf die Schriftform) passt zu der Stelle Baba Mezia l. c. — Auf die Frage: פת קטנית תנן u. s. w., d. h. soll es in der Mischna קטנית ohne, oder וקטנית mit Waw heissen, antwortet er, es muss entschieden mit Waw (das so lang ist wie ein Ruder) geschrieben werden. Bezieht sich aber die Frage auf den Arbeitgeber, ob er deutlich das Waw aussprechen muss, oder ob auch ohne Waw seine Bedingung vom Arbeitnehmer verstanden wird (s. daselbst Thosaphot s. v. פת קטנית תנן), so ist die Antwort, er muss das Waw so laut und deutlich aussprechen, wie das Ruder (einen Ton oder Schlag ins Wasser hervorbringt, oder wie das mordio am Lafros). — Wenn Buxt. l. c. bemerkt: videtur etc. esse proverbiale de re summopere necessaria, so beruht das auf einem Missverständniss. Die Nothwendigkeit einer Sache liegt durchaus nicht darin, sondern nur die Form in der Schrift oder das Laute u. Vernehmliche in der Aussprache soll bezeichnet werden und darum kommt es nur (in beiden Talm. Stellen) in Betreff der Aussprache oder Schreibform des Waw (das auch äusserlich mit dem Ruder Aehnlichkeit hat) vor. —

1) Diese Stelle ist angeführt Talm. b. Tract. Megilla S. 16b. Tr. Sopherim Cap. 13 § 3. לבינה = Länge eines Ziegels, der gewöhnlich das Maass von 3 Spann (טֶפַח) hatte. אריח ist die Hälfte einer לבינה = 1½ Spann. S. Talm. b. Tr. Erubin Seite 13b. Mischna; auch Tr. Chethuboth 77b. Weil nun beim Aufbau einer Mauer, um das Auseinanderfallen zu verhüten, die Verkittung derart vorgenommen wurde, dass in der Mitte unter einem Ziegel die Verkittung zweier Ziegel geschieht, so dass der obere zwei Hälften der unteren Ziegel deckt, so hat man diese Form als Beispiel genommen für die Schreibart eines Gedichtes u. dgl., das nicht hintereinander fortlaufend, sondern nach regelmässiger Wiederkehr von Abwechselung der Schrift mit leerem Zwischenraum geschrieben werden musste. In diesem bildlichen Gebrauche bezeichnet nun אריח den beschriebenen Theil der Reihe und לבינה den leer gelassenen Zwischenraum. Wo also die Form angegeben ist: אריח על גבי לבינה ולבינה ע״ג אריח (s. Talm. b. Megilla 16b. u. Tr. Sopherim Cap. 12 § 10.) so soll das heissen, dass die Columne so geschrieben sein soll, dass immer der geschriebene Theil auf einen leeren Raum und ein leerer Raum auf einem geschriebenen Theile ruht (s. die besseren Ausgg. und die geschriebenen Gesetzesrollen zu Ex. 14, 28ff. und z. B. Heid's. Pentat. מאור עינים S. 74ff.). Wenn es aber heisst אריח ע״ג אריח ולבינה ע״ג לבנה (s. Talm. b. Megilla l. c. und Tr. Sopherim 13, 3.) so bezeichnet das, die Columne soll so angefertigt sein, dass immer der geschriebene Theil übereinander und der leere Zwischenraum übereinander steht. Unsere Angabe will demnach sagen, dass die Stelle Est. 9, 7. bis 9, 10. (die Aufzählung der Söhne Haman's abwechselnd mit dem Worte וְאֵת) so geschrieben werde, dass immer die Namen u. dann וְאֵת übereinandergeschrieben werden, so dass auf der ganzen Columne in der Mitte ein leerer Zwischenraum entsteht; ebenso Jos. 12, 9ff. Diese Erklärung ist die Raschi's. Andere Erklärer weichen davon etwas ab; s. אור תורה u. מכתב מאליהו zu Ex. 14, 28. Deut. 32, 1. מ״ש Ex. u. Deut. l. c. Jos. 12, 6. Jud. 5, 1. Ps. 18, 1. Est. 9, 4. auch ausführlich Heid. in seiner Ausgabe des Buches Est. (in s. סדר ימי הפורים) am Schluss Bemerkung 13. S. auch מ״ש zu 1 S. 30, 27., wo diese Schriftform auch auf andere, als die im Talmud und Tr. Sopherim erwähnten Stellen angewandt wird. — Wenn nun in Talm. Tr. Megilla l. c. es heisst: כל השירות כולן וכו׳ חוץ משירה זו ומלכי כנען וכו׳ wo also die prosaische Aufzählung der 31 Könige (Jos. 12, 9.) und der 10 Söhne Haman's (Est. 9, 7.) שירה = Lied genannt wird, so ist das auffallend, wenn wir nicht annehmen, dass auch solche Stellen in den Schulen singend vorgetragen wurden, und wegen dieser Vortragsweise und nicht wegen des poetischen Inhaltes שירה genannt werden. Das כל השירות und die oben von מ״ש zu 1 S. 30, 27. angeführte Stelle deutet darauf. So wurde z. B. der Segen Jacob's (Gen. 49ff.) früher in den jüdischen Schulen nach einer eigenthümlichen Sangweise vorgetragen und erklärt, wie ich mich noch aus meiner Jugend erinnere. —

ח׳ מלין כתיבין ולא קרין. S. מלין

ח׳ מלין כתי׳ תרין וקרי׳ חד. S. מלין

ט״ו מלין דכתיבין תיבה חדא וקרי׳ תרתין מלין. S. מלין

ל.

ל׳ שנית **דגלגלתם** דשמעון עשויה כמגירה ווקופה ואין לה כובע בראשה לפי וכו׳. — M. marg. Num. 1, 22. Das zweite Lamed im Worte לְגֻלְגְּלֹתָם (Num. 1, 22.) solle eigenthümlich geformt werden. S. אור תורה und מ״ש zu der Stelle.

(**לוּלֵא** נקוד למעלה ולמטה וכו׳. Num. 3, 39. או״א, 96. S. מ״ש מכתב מאלי׳ Ps. 27, 13. Anhang u. unten ט״ו נקודות.

מ.

מ׳ מִשְׁלֵי מן א״ב רבתי. Prov. 1, 1.

ג׳ מפקין דגשין רפין. S. מלין

נ.

ג׳ נונ״ין זעירין. Jes. 44, 14. Jer. 39, 14. או״א, 178. (S. מ״ש zu den Stellen.) — In 3 Wörtern ist das Nun fin. *kleiner* als die übrige Schrift.

נונ״ין אריכין. S. נ׳ unter א״ב, מלין

נ׳ הפוכין. S. נ׳, פסוקים

נ׳ יתרים ולא קרין. S. נ׳, מלין

(וַאֲנִי נון עקומה. Mp. Ex. 3, 19 — Ex. l. c. ist das Nun in וַאֲנִי etwas krumm gezogen.

י׳ נקודות בתורה וכו׳. Gen. 18, 9. Num.*3, 39. 21, 30. (S. מ״ש Gen. 16, 5. 37, 12. Num. 3, 39. ibid. 9, 10. מכתב מאלי׳ Anhang.)

ט״ו נקודות בקריא. או״א, 96. Deut. 29, 29.

י׳ נקודות בתורה וד׳ בנביאים. Num. 3, 39. Jos. 44, 9. Mf. נק, 1. וחד בכתובים (הו״ו נקודה מלרע). ibid. — 15 Wörter, (und Wörterpaare) haben über einzelnen Buchstaben derselben Punkte; 10 davon im Pent. 4 in den BB. der Proph. und eins in den Hagiogr. S. oben Art. לוּלֵא.

ח׳ ן׳ בסוף תיבותא. S. תַּנִּין

ק.

ב׳ קופ״ין דבוקין בתורה. Ex. 32, 25. או״א, 161. (S. Mp. Num. 7, 2. und מ״ש zu den St. auch מכתב מאלי׳ Ex. l. c. ausführlich). — In 2 Wörtern ist das ק׳ so geschrieben, dass der senkrechte Strich oben das Dach berührt.

ש. ת.

ש׳ **פַּרְשַׁנְדָּתָא** רבתי ות׳ זעירא. Est. 9, 7.

ת׳ ש׳ זעירא **פַּרְמַשְׁתָּא**. Est. 9, 7.

ג׳ כתיבין **תים** ולא קרין י׳. 2 S. 21, 9. Mf. תם, 6. (S. Mf. י׳, 14.) או״א, 132. — 3 Wörter haben **תים** am Schlusse, das aber ohne Jod gelesen wird, s. S. 365.

(מִשְׁתֵּים לית ש״ין רפה. Mp. Jona 4, 11. S. מ״ש das. und Jud. 16, 28. [1])

(ה׳ תר״ין דגשין בחוזק. (Mp. 1 Chr. 28, 11. [2])

---

1) Der Unterschied zwischen dieser Form und מִשְׁתֵּי (Jud. 16, 28.) mag wohl darin liegen, dass letzteres ein selbstständiges Wort ist (ohne Makkaf und mit Accent) und daher in seiner natürlichen Form und Länge bleiben kann, also mit Dag. des Schin nach מ׳ (statt מִן); folglich hat dann das Schin ein Schwa mobile und das Taw muss das Dag. lene verlieren; während מִשְּׁתֵּים (Jona 4, 11.) tonlos und durch Makkef verbunden ist, folglich muss es verkürzt werden und statt aus $2\frac{1}{2}$ Silben ursprünglich bestehend, zu 2 verkürzt wird; daher hat das Schin sein Dag. forte verloren und wird mit Schwa quiescens gelesen; darum ist die erste Silbe eine geschlossene und folgt ein Taw mit Dag. lene, wie überhaupt das Wort שְׁתֵּים u. s. w. S. Kimchi im Commentar zu Jona l. c. und besonders Michlol 187b ed. Venet. parva; auch die Notiz des Levita ibid., wo das דווקא בו״ו וכו׳ unrichtig ist, da es auch bei Mem (in unserem Falle) stattfindet und das Schin ein Schwa quiescens hat u. das אַף על פי ש . . . במאריך הש״וא נח darauf anzuwenden ist. S. auch Aben Esra Zachoth S. 19b ed. Berlin (Buchstabe נ׳), wo er מִשְּׁתֵּים das Schin mit Dag. forte zu lesen scheint? auch מאזנים S. 30 ed. Heid. (Offenbach v. J. תק״נא) — מִשְׁפְּטֵי הטעמים (von Heid.) S. 41bff., wo unser מִשְׁתֵּים hätte angeführt werden sollen. —

2) Der Sinn ist, dass 5 M. in der Pluralform von בַּיִת ausser in וישימה תֵּל עולם (Jos. 8, 28.) und תִּלְתֵּהוֹן (Dan. 3, 23.) das Taw härter, als in den gewöhnlichen Formen dieses Plurals ausgesprochen werden soll; s. darüber oben S. 34 Anmerkung 5, aus einer Anmerkung von Heid. zur Concord. s. v. S. aber auch Heid. im משפטי הטעמים S. 40b, wo er

Mf. 'חילופי קריא 8 und 9. ,או"א, 274. כנעני חתי וכו'.

S. 1Chr. 16, 15. סימן להפרש בין תהלים ק"ה ודה"א ט"ז ח'.

Neh. 4, 5. סימן לנהרדעי מערבאי, מדנחאי, וסוראי.

1 Chr .1, 1. Umschrift. פלוגתא דרב נחמן.

פסקתות דתנ"ך. Mf. in ed. Bomb. am Schlusse des Buchstaben Pe; in ed. Buxt. nach dem Buchstaben Taw.

פתח באתנח וס"פ. Mf. verbunden (abwechselnd) mit den פסקתות in den beiden ed. nach Verschiedenheit ihrer Stellung. (Die Verbesserung u. Erläuterung beider Artikel wird im Texte folgen).

שִׁבְטֵי (2 S. 7, 7.), שֹׁפְטֵי (1 Chr. 17, 6.). 1 Chr. 17, 6.

שְׁמוּאֵל הָרֹאֶה (1 Chr. 29, 29.), שְׁמוּאֵל הַנָּבִיא (ibid. 35, 18.).

(ד' תו"ין דגשין אחר שופר הולך. S. מ"ש Dan. 3, 23. und Anmerkung zu vor. Art.)

כל א"ב רבתי (תמניא אפי) אית בכל פסוק חד מן עשרה לשונות וכו' במ"א. 1) Ps. 119, 122.

כל ריבוי מנין מלא במ"א. 2) Est. 2, 16.

ב' פסוקים רמז יה"וה ראשי תיבות. Est. 5, 4. — In zwei Versen der heil. Schrift ist der Name Gottes (das Quadrilitterum) am Anfang von 4 hintereinander folgenden Wörtern angedeutet.

גרמי = גרשים. Neh. 4, 15.?

ד' נקרא שמהתהון עד לא אתבריאו. 12, שם 1 Reg. 13, 2. Mf. 4 Personen kommen in der heil. Schrift vor, deren Name schon vor ihrer Geburt bestimmt ist (Ismael, Isaak, Salomo und Joschiahu).

---

statt לְבָתִּים (Ez. 45, 4.) angiebt: וּבָתִּים (Deut. 6, 11.). S. auch עי"הק zu Ex. 1, 21. Aus diesen verschiedenen Angaben wie auch aus טעמי המקרא von שער הת"יו, ז' בלעם, (von Heid. in מה"פט l. c. nicht richtig angeführt) und aus עין הקורא, שער יה"וא geht hervor, dass das ה' תווין דגשין בחווק=5 der Massora nicht genau ist; denn wegen des Doppelaccents sind es 6, die mit verstärktem Taw ausgesprochen werden müssen, nemlich die 3 M. הַבָּתִּים (Ex. 12, 7. Jes. 22, 10. Zach. 14, 2.), 1 M. לְבָתִּים (Ez. 45, 4.), בָּתָּיו (1 Chr. 28, 11.) und וּבָתִּים (Deut. 6. 11.); die 4 ersten haben Munach-Katon und die 2 letzten haben Asla-Teres. — Richtiger ist die zu Dan. 3, 23. im מ"ש angeführte Massora ד' תווין וכו' (s. folg. Art.), wo 4 Taw angegeben werden, die nach Munach vor Sakef-Katon (=שופר הולך) ein Dagesch haben; es sind die 3 הַבָּתִּים und לְבָתִּים, die in demselben Wort auf der Silbe unmittelbar vor der Tonsilbe ein Munach haben; בָּתָּיו und וּבָתִּים aber haben, wie bemerkt, Asla und Teres und gehören nicht dazu. Das im עי"הק l. c. angeführte בָּתֵּיהֶם (Jes. 13, 16.) gehört nicht dazu, weil das Munach nicht unmittelbar vor der Tonsilbe steht. —

1) D. h. es giebt 10 Ausdrücke in der heil. Schrift für „Religion", „Lehre Gottes", von denen wenigstens einer in jedem Vers des 119ten Psalms (=א"ב רבתי) vorkommt, mit Ausnahme eines Verses (122), in welchem keiner von diesen 10 Ausdrücken sich findet. —

2) Der Sinn ist, der Plur. masc. hat immer ־ִים plene ausser 1 M. (כִּשְׁלֹשִׁם 1 S. 9, 22.), wo er def. Jod ist. Ueber die unrichtige Anführung zu הָעֲשִׂירִי s. oben S. 197 Anmerkung 7. —

Verbesserungen.

N. B. Die Verbesserungen beziehen sich nur auf den Text; die Fehler in den Anmerkungen möge der geneigte Leser selbst verbessern.

I. Fehler, die vor dem Gebrauch zu verbessern sind.

Seite und Columne	Zeile von oben	statt	lies
5, 1.	9.	אל אדמת . . . . ה׳	ח׳ (= 8.)
17, 1.	5.	באלהִים י׳ ר״פ	ו׳ (= 6.)
25, 2.	14.	— — — —	אֶל, עַל הָאָֽרֶץ·
29, 1.	19.	בְּבוֹאָן	בְּבֹאָן
30, 1.	5.	יָבוֹאוּ ו׳ מלא	יָבוֹאוּ ג׳ מלאים . . . .
38, 1.	9.	בְּעֶלַת	בְּעֶלַת
ibid. 2.	15.	בַּבֹּקֶר בַּבֹּקֶר ג׳	בַּבֹּקֶר בַּבֹּקֶר י״ג
40, 1.	19.	בֵּרַכְתָּ	בֵּרַכְתִּי
46, 2.		vor Z. 3, von unten einzuschalten:	וַיְדַבֵּר י״י אֶל אַהֲרֹן s. טעם·
47, 1.	14.	vor דְּבָרִי einzuschalten:	כִּדְבַר י״י ד׳ בטעם. s. טעם·
58, 2.	3.	gehört הַזָּקֵן nach	זְקֵנִים
61, 2.	3.	וַיְחַזֵּק	וַיְחַזֵּק
73, 2.	4.	ד׳ חס״ח	ד׳ חד״ח
79, 1.	14.	יְמֵי שְׁנֵי	יְמֵי שְׁנֵי
80, 1.	2.v.u.	וְהוֹכֵחַ	וְהוֹכִחַ
87, 1.	13.	והיעצים	וְהַיְּעָצִים
87, 2.	2.	יָפֶה ח׳	יָפֶה ה׳
91, 1.	11.	וְיִירָא	וַיִּירָא
92, 1.	4.v.u	תּוֹרוֹתָיו ג׳ zu	וא׳ וְתוֹרוֹתָיו
97, 2.	7.	נִכְבָּדוֹת	נִכְבָּדוֹת
100, 2.	5.v.u	וְכָל כְּלִי ח׳	וְכָל כְּלִי ה׳
108, 2.	11.	לִפְנֵי מוֹתוֹ	לִפְנֵי מוֹתוֹ
117, 2.	vor 1. v. u.	einzuschalten:	תַּנַּח ג׳ וחד וַתַּנַּח· Koh. 7, 19. Mf. ר׳, 8. אנ״א, 15.
124, 1.	9.	Ueberschrift נצה	נצח
125, 1.	9.	וּנְשָׂא ב׳ בקריא	וּנְשָׂא ד׳ בקריא
126, 2.	1.	תַּשֵּׂג ב׳ וה׳	תַּשֵּׂג ב׳ וא׳ . . . .
129, 1,	14.	נָסַבּוּ	נָסַבּוּ
137, 2.	13.	וְעֵינֵי ו׳	וְעֵינֵי י׳
144, 1.	13.	וַתַּעֲמֹדְנָה	וַתַּעֲמֹדְנָה
146, 1.	19.	וְאֵת עַצְמוֹת	ואת

Seite und Columne	Zeile von oben	statt	lies
157, 1.	20.	פָּתַח	פְּתַח
160, 2.	1.v.u.	— — — —	צַוָּארוֹ
165, 2.	16.	קלוֹת י׳ כ״כ	קלוֹת ו׳ כ״כ
168, 1.	18.	עַל הַקִּיר ב׳	עַל הַקִּיר ג׳
169, 1.	3.	מִקְנָה	מִקְנה
172, 2.	3.v.u.	בְראֹתָם	בִּרְאֹתָם·
177, 1.	13.	לָרוֹב מְאֹד ד׳	לָרוֹב מְאֹד ה׳ . . . .
180, 1.	3.v.u.	וַיָּרֶם ה׳	וַיָּרֶם ח׳.
ibid. 2.	5.	ב׳ בנתינה	ה׳ בנתינה
196, 2.	8.	שָׁלֹם ה׳ חסר	שָׁלֹם ח׳ חסר . . . .
203, 1.	vor 4. v. u.	einzuschalten:	מִשְׁנֵה ד׳ קמצין· s: Prov. 1, 1.
222, 1.	4.	einzuschalten:	s. unten S. 276 Anmerkung 3.
235, 2.	1.v.u.	וְהֵן ח׳	וְהֵן ה׳ . . . .
256, 1.	6.v.u.	— — — —	עַד לֹא
ibid.	2.v.u.	עַד עַתָּה	עַד עָתָּה
262, 1.	8.	אבים	אבים
266, 2.	8.	אֱלִישָׁה נ׳	אֱלִישָׁה ג׳
274, 1.	12.	הַבְּשׂוֹר	הַבְּשׂוֹר
282, 1.	6.	— — — —	לִזְבוּלֻן
283, 1.	1.v.u.	— — — —	חֹרֹנַיִם
322, 2.	14.	שִׁיאֹן לית חסר	שִׁיאֹן לית וחסר . . . .
324, 2.	13v.u.	וּבְנֵי שֵׂעִיר	וּבְנֵי שֵׂעִיר
334, 1.	8.	בְּבֵית י״י	בְּבֵית י״י
336, 1.	4.	יֹאמַר י״י ו׳	יֹאמַר י״י ו׳
350, 1.	5.	ב׳ בתרי טעמי	ג׳ בתרי טעמי
355, 1.	1.	מן חד חד בזוקפא	מן חד חד קמץ בזוקפא·

II. Leichtere Fehler.

Seite und Columne	Zeile von oben	statt	lies
3, 2.	4.v.u.	אך, 3.	אך, 4.
4, 2.	2.v.u.	Jer. 14, 23.	Jer. 10, 23.
5, 1.	5.	hinzuzufügen:	Mf. אך, 16.
ibid.	8.	Jos. 6, 11.	Jes. 6, 11.
5, 2.	8.	אך, 71.	אך, 77.

Seite und Columne	Zeile von oben	statt	lies
7, 2.	1.	חר	חד
ibid.	6.	Gen. 4, 9.	Ex. 4, 9.
ibid.	4.v.u.	(Ps.) 78, 1. Job 33, 1.	*78, 1. *Job 33, 1.
ibid.	2.v.u.	Jud. 5, 3.	*Jud. 5, 3.
		Jes. 28, 23.	*Jes. 28, 23.
8, 1.	3.	Job 23, 1.	Job 13, 1.
14, 1.	1.v.u.	hinzuzufügen:	או"א, 93.
15, 1.	4.	hinzuzufügen:	s. שום שכל Gen. 6, 13. ausführlich.
21, 1.	10.	אר, 121.	אד, 121.
23, 2.	11.	Ex. 14, 16.	Ex. 14, 6.
25, 1.	7.	Ex. 31, 7.	Ez. 31, 7.
ibid.	21.	Num. 8, 89.	Num. 7, 89.
29, 1.	12.	Heid. das.	Heid. שום שכל das.
32, 1.	2.	Mf. כא, 43.	Mf. בא, 43.
33, 2.	8.	צורת האתיות	S. 384 י"ח דגשין
37, 1.	3.v.u.	אֶת בָּנָיו ד'	אֶת בָּנָיו ד' וכו'
		Gen. 42, 33.	Gen. 49, 33.
39, 2.	6.	Ez. 36, 33.	Ex. 36, 33.
40, 1.	15.	Jes. 12, 12.	Jer. 12, 12.
43, 1.	1.	*Est. 9, 6.	*Est. 9, 4.
49, 1.	4.	*Jos. 57, 15.	*Jes. 57, 15.
ibid.	3.v.u.	hinzuzufügen:	s. Mf. ר'. 6. או"א, 13.
50, 1.	1.v.u.	hinzuzufügen:	s. לקוטים S. 384.
55, 1.	8.	*Jos. 57, 7.	*Jes. 57, 7.
56, 2.	4.v.u.	Ps. 86, 14. 69.	Ps. 86, 14.*119, 51. 69.
60, 1.	6.v.u.	הד, 5.	חד, 5.
60, 2.	11.	Mf. חם', ב'.	Mf. חם, 2.
78, 1.	4.	Ez. 16, 5.	Ex. 16, 5.
81, 2.	10.	Est. 1, 1.	Ex. 1, 1.
88, 2.	5.	Mf. ר', 8. und 9.	Mf. ך', 8 und 9.
97, 1.	11.	hinzuzufügen:	s. Mf. על, 8. או"א. 88.
100, 2.	8.v.u.	Ex. 9, 1.	Ez. 9, 1.
101, 1.	6.	Ez. 39, 36.	Ez. 39, 36.
102, 1.	5.	Ez. 33, 22.	Ex. 33, 22.
ibid.	6.v.u.	*Jos. 27, 9.	*Jes. 27, 9.
ibid.	5.v.u.	Job 28, 29.	Job 38, 29.
104, 1.	7.v.u.	Ex. 16, 61.	Ez. 16, 61.
107, 2.	1.	Neh. 1, 5.	Nah. 1, 5.
108, 2.	1.v.u.	einzuschalten nach:	Mf. מת, 20. ת', 5.
114, 2.	6.	Ps. 1, 1.	Prov. 1, 1.
ibid.	17.	Prov.	*Prov.
120, 2.	4.	Mf. ןי, 1.	ני, 1.
ibid.	12.	מ"ש Ez.	מ"ש Ex.
122, 2.	6.v.u.	Gen. 46, 24.	Gen. 46, 34.
128, 2.	6.v.u.	Ez. 5, 16.	Ex. 5, 16.

Seite und Columne	Zeile von oben	statt	lies
157, 1.	12.v.u.	Ex. 21, 28.	Ez. 21, 28.
158, 1.	6.	Mf. אב, 12.	Mf. צב, 12.
163, 2.	5.v.u.	Ex. 32, 23.	Ez. 32, 23.
174, 2.	2.v.u.	nach „s. unten"	S. 176, 2.
189, 2.	2.	*Jes. 46, 16.	Jer. 46. 16.
194, 2.	1.v.u.	Ex 9, 18.	Ez. 29, 18.
195, 2.	12.v.u.	2 Reg. 42, 2.	2 Reg. 24, 2.
ibid.	9.v.u.	Gen. 25 9.	Gen. 25, 6.
196, 2.	1.	hinzuzufügen:	Ps. 65, 2. Prov. 11, 31? 13, 13. Mf. של, 30.
198, 2.	7.	1 S. 7, 9.	2 S. 7, 9.
199, 1.	5.v.u.	Gen. 45, 5.	15, 5.
203, 1.	12.v.u.	Ex. 35, 10.	Ez. 35, 10.
205, 1.	14.v.u.	Prov. 11.	Prov. 1, 1.
236, 1.	2.v.u.	Num. 32, 28.	32, 23.
253, 1.	7.v.u.	1 Reg.	2 Reg.
261, 1.	4.v.u.	2 S. 7, 25.	2S. 17,25.
274, 2.	6.	2, 4.	3, 4.
279, 1.	14.v.u.	דן, 4.	די, 4.
ibid. 2.	10.v.u.	1 Chr.	2 Chr.
282, 1.	7.v.u.	תו"א	או"א
288, 1.	4.v.u.	Gen. 46, 18.	Gen. 46, 28.
292, 1.	8.v.u.	או"מ	או"א
302, 2.	4.	Jes. 16, 6.	Jos. 16, 6.
305, 2.	8.	Ex. 44, 25.	24, 1.
ibid.	10.	Ex. 12, 15.	16, 15.
309, 1.	6.	einzufügen nach סִינַי:	(Ps. 68, 9.)
311, 1.	1.v.u.	Ex. 11, 1.	Ez. 11, 1.
312, 1.	3.v.u.	Jos. 15, 25.	15, 34.
316, 1.	3.v.u.	13, 15.	13, 5.
317, 2.	6.v.u.	או"א, 58.	או"א, 158.
319, 2.	12.	21, 44.	21, 34.
322, 2.	11.v.u.	einzufügen nach מ"ש:	Deut. 4. 48.
324, 1.	5.	1 S.	2 S.
ibid.	14.	2 S. 5, 11.	2 S. 5, 14.
331, 1.	2.v.u.	או"א, 76.	או"א, 70.
338, 1.	7.	Anmerkung 2.	Anmerkung 4.
ibid. 2.	7.	Mf. אד, 160.	אד, 100.
341, 1.	7.v.u.	ר', 34.	ך', 34.
ibid. 2.	7.	3, 31.	3, 21.
354, 1.	16.v.u.	Mf. אח, 40.	את, 49.
359, 1.	8.	oben S. 90	S. 45.
360, 2.	4.v.u.		Lev. 11, 43.
367, 1.	2.	*2 Chr. 41, 18.	*2 Chr. 11, 18.
ibid.	2.v.u.	vor או"א, 1. einzufügen:	Mf. ר', 1.
368, 2.	11.v.u.	Mf. נת, 98.	נת, 38.

Printed in Great Britain
by Amazon